献给克里斯蒂娜

蜜蜂就在地上升起
拍着蜜的翼翅飞翔
拍着迅速的翅膀高飞
拍着小小的翅膀向上
它急急地飞过月亮
经过了太阳的边缘

——《卡勒瓦拉》[①]

[①] 芬兰民族史诗。引文出自：[芬]埃利亚斯·隆洛德整理、编纂，孙用译，《卡勒瓦拉》，人民文学出版社2022年版。

1848
欧洲革命之年

Revolutionary Spring
Fighting for a New World 1848—1849

[澳]**克里斯托弗·克拉克**（Christopher Clark）◆ 著

朱莹琳 王力子 袁尚 姚聪 王亦威 张雨枫 ◆ 译
周保巍 ◆ 审校

中信出版集团｜北京

图书在版编目（CIP）数据

1848：欧洲革命之年 /（澳）克里斯托弗·克拉克著；朱莹琳等译. -- 北京：中信出版社，2025.6.
ISBN 978-7-5217-7250-0
Ⅰ.K504
中国国家版本馆 CIP 数据核字第 202402RJ03 号

Revolutionary Spring: Fighting for a New World 1848-1849 by Christopher Clark
Copyright © 2024 by Christopher Clark
Simplified Chinese translation copyright © 2025 by CITIC Press Corporation
ALL RIGHTS RESERVED
本书仅限中国大陆地区发行销售

1848——欧洲革命之年
著者：　　[澳]克里斯托弗·克拉克
译者：　　朱莹琳　王力子　袁尚　姚聪　王亦威　张雨枫
审校：　　周保巍
出版发行：中信出版集团股份有限公司
　　　　　（北京市朝阳区东三环北路 27 号嘉铭中心　邮编 100020）
承印者：　河北鹏润印刷有限公司

开本：880mm×1230mm 1/32　印张：27.75　　字数：836 千字
版次：2025 年 6 月第 1 版　　　印次：2025 年 6 月第 1 次印刷
京权图字：01-2023-2443　　　　书号：ISBN 978-7-5217-7250-0
审图号：GS（2024）4270 号（本书地图系原书插附地图）
　　　　　　　定价：179.00 元

版权所有·侵权必究
如有印刷、装订问题，本公司负责调换。
服务热线：400-600-8099
投稿邮箱：author@citicpub.com

推荐序　革命与解放

李宏图
复旦大学历史系暨全球史研究院教授

自20世纪80年代开始,由于革命史观渐趋消退,在国内学界,具有欧洲性的1848年革命几乎已经无人问津,但令人欣喜的是,近十年来出版界相继出版了英国学者罗杰·普赖斯的《1848年欧洲革命》(郭侃俊译,北京大学出版社2014年版)、英国格拉斯哥大学教授迈克·拉波特的《1848:革命之年》(郭东波、杜利敏译,上海社会科学院出版社2019年版),法国巴黎大学教授伊伯特·圣阿曼德的《1848年革命:席卷法兰西的大风暴》(华静译,华文出版社2020年版),也有一些青年学人开始专攻1848年革命。在这一研究悄然复苏之时,中信出版社推出了一部研究1848年革命的重量级著作,这便是由剑桥大学近代史皇家钦定教授克里斯托弗·克拉克所撰写的这部《1848》。

的确,研究1848年革命是一件异常困难的事情,诚如作者所言:"1848年革命有一种难以概述的特质。它无边无际地向四处蔓延,主角蜂拥而至,彼此矛盾的主张和观点喧嚣刺耳。围绕这一石破天惊的现代事件产生了海量的文献,其中充斥着有关民族国家、农业、政治、社会、历史编纂等各种问题。我不能宣称已然捕捉或理解了这场革命的全部，抑或是它的大部分——我每天都会想到那些本应在本书中出现，却被略过的事件、地点和人物。写作本书时，我时常想起我的已故友人兼博士导师乔纳森·斯坦伯格（Jonathan Steinberg）。在20世纪80年代晚期，乔纳森就1848年革命发表了一场设计精妙的演讲。讲座中，他用一个纸圆盘呈现1848年革命，圆盘中间别着双头箭，圆盘外围则写着1848年的各种'选项'：自由主义、激进主义、联邦主义、单一主义、君主主义、共和主义、绝对主义、宪政主义、民族主义、地方主义等。他顺时针或逆时针地转动着箭头，说道：'我教了这个主题20年，却仍然不理解它！'"尽管如此，作者在阅读了大量资料的基础上，以历史学家特有的那种洞察力和才华撰写了这部杰作。此书视野恢宏，简洁凝练，新意迭出，让人击节赞叹。此书的审校者，华东师范大学政治系周保巍副教授也忍不住予以好评：这是一本激奋人心的书，将历史、哲学和文学，以及历史与当下完美地交融在一起，让人不忍释手，不愧是第一流历史学家的巅峰之作。

长久以来，我们都把1848年革命笼统地概括为民主和民族革命，但囿于研究条件，如需要掌握多种欧洲语言的能力、资料文献的阙如，更受到苏联历史观念的影响，对1848年革命的了解可能也只是肤浅的，甚至是错误的。而克拉克教授的这部著作无疑为我们打开了新的视野，让我们领略到了别样的风景，促进了我们对1848年革命的研究。

由于1848年革命是一场欧洲范围内的革命，作者改变了过往以国别为单位的研究范式，真正从欧洲乃至全球史的视角来展开研究。视野的变换自然会带来问题意识的不同，其考察的路径也别致多样。例如，1848年革命的原点究竟在哪里，是原先所认为的巴黎二月革命，还是现在挖掘出的意大利巴勒莫起义？如果是从意大利开始的，那么这一起源又何以蔓延成了一种欧洲性的革命？也就是说，某一狭小空间里的革命如何具有能量性的突增，以至成为遍布全欧洲的一场大革命？

对此，作者从引用美国历史学家的提问开始进行解析。他写道："在关于19世纪中叶欧洲街垒战的一项经典研究中，美国历史学家马克·特劳戈特（Mark Traugott）在附录里提出一个有趣的问题：'1848年的革命浪潮起源于巴勒莫，还是巴黎？'在他的研究中，他并未找到证据能证明，'活跃于二月革命的巴黎人提到或记得上个月巴勒莫的事'。由此，他得出结论：'巴勒莫起义的直接影响大体局限于意大利语地区。'"

对比历史，事实并非如此。实际上，正是意大利巴勒莫的起义带来了连环效应，为此，克拉克教授运用自然科学的"波"理论来展开解析，认为"波"是"不断传播的动态干扰"。"当我们按时间顺序在欧洲大陆的空间中定位1848年的骚乱时，这些骚乱似乎确实是从中心向外扩散的，如同将石子投入水后泛起的涟漪。不过，这种波在空间和时间两个维度传播。一方面，我们可以把革命想象成从高强度震荡的节点（巴勒莫、罗马、巴黎、维也纳、柏林）向四周传播的过程。另一方面，我们可以想象震荡随时间的演进而不断扩散，即冲突不断积累。第一个方面引导我们思考，革命在何处'兴起'，从哪里扩散而来。第二个方面让我们思考，许多地方经过数周、数月或数年的演变，形成了众多累积的动荡。我们应该将这两个方面都纳入考量范围，这样才能真正理解1848年到底发生了什么。革命在很大程度上并不是相互引发的，不像一连串的多米诺骨牌，一个推着一个倒下，但它们也并非彼此孤立。因为这些革命是类似的，扎根于同一个互相联系的经济空间，在相似的文化和政治秩序中展开，由社会政治和意识形态的变革进程推动，而这些变革进程一直都存在跨国联系。当1848年革命爆发时，共时的传播作用与随时间不断演进的震荡情况相互作用。"

不仅如此，作为欧洲范围内的一场革命，一次小小的起义能够迅即在欧洲这一更大的空间里激荡开，在其后一定隐藏着更为一致性的条件，使别的空间的人们得以产生共鸣、增强信心，并借以展开行动。

而要理解这种一致性的条件，就需要引入那个时期的社会状况。这也是作者着重强调"社会问题"，并且将其作为本书第一章主题的原因。为此，作者不厌其烦地征引了各种材料："1839年，当比利时激进主义者佐薇·加蒂·德·加蒙（Zoé Gatti de Gamond）考察当时的欧洲时，举目所见尽是变迁与动荡。她写道：'每个阶层的精神都已陷入怀疑、焦躁和不安。'一切信仰都已黯淡，一切权威皆已动摇，社会纽带也已几近分崩离析。政治前景晦暗不明。民族和政府都不知道自己将要走向何方。空气中弥漫着一股'血腥战争与内乱迫在眉睫'的气息。在这个分崩离析的世界中，欧洲人构建了种种思想观念，设想了各种方式，来更好地处理个人与民族的种种事务。有些人拥抱在当时已经初露端倪的变革进程，有些人诉诸理想化的过去，还有些人则期盼尚未降生的未来。"

"激进的德意志民主派人士兼社会福利活动家奥托·吕宁（Otto Lüning）博士是一名医生，与安热·盖潘（Ange Guépin）一样活动于贫困群体。1845年，他发表了前一年的'政治综述'：'工人的动乱太普遍了，很难将其归咎于个别人的恶意煽动。布雷斯劳、波希米亚、西里西亚、柏林、马格德堡都发生了起义；这样的骚乱频发，难道不是表明问题的根源深植于我们的社会状况吗？'"正如作者所描写的那样，贫困就是当下"文明的一个现象"。

作者对社会问题，特别是贫困底层民众的考察，似乎是要告诉人们贫困带来了革命，实际上却完全相反，作者恰恰是通过翔实的研究，得出了背离人们常见想法的结论："暴动不管有多普遍都仍是例外，它们证实了一个更大的法则：贫困和谋生途径的丧失更可能让人民'失语'和消极，而不是促使他们采取一致行动。这有助于解释为什么1845—1847年闹饥荒的地方和1848—1849年爆发革命的地方并不一致。假如饥荒与革命有直接联系，那么闹饥荒最严重的地方也应该是1848年革命最活跃的地方。但事实截然相反。就拿爱尔兰这个极端案例来说，饥荒一直持续到革命那年，它侵蚀着当地人的政治能量，也削弱了正在欧洲其他地方如火如荼展开的革命事件的影响。在尼德兰，闹饥荒最严重的地方在革命危机年代大体是沉默的。像西里西亚山谷这样连年受食品短缺和营养不良之苦的地区，在革命爆发时往往表现得消极被动。在普鲁士，革命激进主义思潮和暴力活动最火热的中心是那些在饥年根本没出现过粮食骚乱的城镇。纵观人类历史，令人惊讶的不是最贫穷者摩拳擦掌地准备改变贫苦现状，而是他们的逆来顺受。最近一项关于起义暴力的研究总结道：'这是个深刻的、反复被印证的发现，即贫困和不平等的事实本身，甚至这类状况的恶化，都不足以导向政治……暴力。'这些观察很重要，因为它们提醒我们革命是政治事件，在革命进程中政治享有一定自主性。革命不完全是社会系统中不断累积的疾苦与不满的必然结果。

因此，这几十年的社会疾苦与1848年革命的爆发之间并不存在直接的因果关系。但这不意味着前文所考察的暴动和抗议无关乎革命的开始和进程。社会冲突即便在动机上常是自发的或非政治的，但其影响仍有可能是高度政治化的……但革命从来就不只是革命者的梦想。革命释放了社会中积压的一切紧张与不满，而不仅限于那些进步的诉求。"

作者的这些论述也不由得让我想起19世纪法国著名思想家托克维尔的那句名言："贫穷带来的只是暴动和造反，而非革命。"一种悖论是，1848年偏偏发生了一场声势浩大的革命。就如何找到一种合理的解释，托克维尔的表述值得重视，在他看来，这场革命并非源于贫困，而是因为观念。也就是说，一批思想家和理论家通过自己的宣传，鼓动了这些深陷贫困的人挺身而出，发起革命。翻阅文献，我们可以看到托克维尔的睿智之见。同一时期的思想家蒲鲁东写下了《什么是所有权》一书，他以异常激越的文字写道："所有权就是盗窃！这是1793年的口号！这是革命的信号！"工人阶级思想家路易·奥古斯特·布朗基（Louis-Auguste Blanqui）疾呼，1789年的革命是一场政治革命,而现在要进行一场"社会革命"。路易·勃朗也大力号召人民,现在"应该进行一次社会革命的尝试"。而"社会革命"就是摧毁现存的体制,重建新的社会。正是在这些思想家和理论家的鼓动下,"社会革命"成了1848年革命重要的主旋律。

也正是托克维尔,将1848年革命的"社会革命"特性看得异常透彻。"起义的目的并不在于改变政府的模式,而在于变更社会秩序。说实话,它并非一场政治斗争(就迄今为止我们给予这个字眼的含义而言),而是一场阶级战斗,一种奴隶战争……他们为摆脱被人们称为非法压迫的生存环境,为了开辟一条通往他们向往的幸福生活——很久以前人们就给他们指出,那是他们的权利——的道路而不惜使用武力,工人的这种力量是强大的。错误的理论与贪婪的欲望掺和在一起,正是这一点诱发了起义并使之变得一发不可收。人们向这些可怜的人断言富人的财产几乎就是从他们身上窃取的。人们还向他们断言,财富不均既有违于伦理、社会,又与天理相悖。在需求和激情的推动下,许多人对此信以为真。这种含糊、错误的法律概念,与暴力混为一体,把某种潜能、某种韧性以及某种纯粹的武力永远不能具备的威力注入其间。"

作为思想家,对于这场即将到来的、完全有别于1789年法国革命"旧革命"的"新革命",托克维尔早在19世纪30年代就曾发出警告:

> 我还是感到不安且这种感觉正在加重,我们正在走向一场新的革命,这一预感在心里越来越根深蒂固。这标志着我思想中的一个重大转变。在这场革命中,贫困会是最大的战场,这场战役将会发生在那些有钱人和穷人之间。

1848年1月,就在法国二月革命爆发之前,托克维尔再次发出预警。对此,克拉克在书中也做了简洁的引用。在这里,为了便于读者更为准确地理解，还是将托克维尔的这段话较为完整地加以引用。托克维尔说道：

> 人们说丝毫没有危险，因为没有发生暴动；人们说，由于社会表面不存在经济紊乱，革命还离我们很远。
>
> 先生们，请允许我告诉你们，我认为你们错了。或许，无政府主义状态在事实上并没有出现，然而它已经深入人心。请注意工人阶级内部发生了什么，我承认，今日，这些阶级依然平静。的确，他们并没有达到往日受政治热情煎熬的程度；但是，难道你们看不见他们的热情已从政治转向社会了吗？
>
> 难道你们看不见在他们内部逐渐流传一些意见和思想，其目的不仅是要推翻这样一些法律、这样一届内阁、这样一个政府，而且是要推翻这个社会本身，要动摇它目前赖以支撑的基础吗？难道你们没有听见每日在他们中间传播的话语吗？难道你们没有听见人们在那里不断重复说着，所有位居其上的阶级既无力也不配统治他们，到目前为止世间财产的划分是不公平的，所有权得以成立的基础并不公正？当这样的舆论扎下根来，当这样的舆论广泛传播开来，难道你们不相信，当它们深入民心的时候，它们迟早要引发，我不知何时，我不知以何种方式，总之它们迟早要引发最可怕的革命吗？
>
> ……………
>
> 此刻我并非危言耸听，我在对你们讲话，我相信我的话不带党派思想……你们是否知道从现在起一年、一个月，或许一天后，法国会发生什么事呢？你们一无所知，然而，你们所知道的，就是暴风雨就在天边，正向你们迎面扑来，你们会听任它抢在你们前头吗？

那时，没有人在意托克维尔的预警，就连法国国王路易·菲利普也自信满满地说道，工人阶级不会在寒冷的冬天闹革命的。可是话音刚落，声势浩大的二月革命就猛然爆发。

正是在这场革命中，革命者提出了自己的诉求。这些诉求体现在政治、社会等各个层面，如对政治改革的要求（建立议会，颁布宪法，扩大选举权、出版和结社自由等）与对社会改革的要求（设立最低工资，控制必需品价格，建立劳动组织，承认工作权等）。由此形成了自由主义、社会主义、民族主义等诉求不同的思想流派。同样，反对革命的力量也在积聚，并在最后将革命镇压下去。

无论是革命还是反革命，确有一点不可忘记，那就是1848年革命是以暴力革命闻名于世的，其惨烈程度也是前所未有的。托克维尔亲身经历了法国1848年革命。在他的《回忆录：1848年法国革命》中，他对这场革命有这样震撼人心的评价："这是怎样的战争啊！六十年来都未曾见过。跟它比起来，法国大革命期间最血腥的日子也只是儿戏。"

面对这一要推翻资本主义体制的"革命"，反革命一方也十分凶悍，调动了强大的武装力量将其镇压。就连托克维尔这样的文弱书生也下定决心参加战斗。请看他的表态："所以我下定决心要奋不顾身地投入政治舞台，全力捍卫组成社会本身的法律以及我的财产、安宁与人身，而不是为捍卫政府而献身。"他还表示，在尚未明确另一种更好的体制之前，诚实的人们还是要站起来为他们理解的唯一的体制辩护，甚至为它献身。而这个体制的核心就是自由、文明和财产。可以想见的是，1848年革命在强力的镇压下失败了。由此，书写1848年革命的历史学家不禁提出疑问：1848年革命究竟是胜利还是失败了？如果从形式上看，这场革命的确是失败了，但若是仔细考察便会发现，1848年革命改变了原有的社会内容，在一定程度上实现了革命者的目标。从这一意义上来说，这场革命并未失败，而是获得了成功。

从历史的长时段来看，我们要格外重视托克维尔所说的这段话，即工人阶级不就是"要动摇它目前赖以支撑的基础吗？难道你们没有听见每日在他们中间传播的话语吗？难道你们没有听见人们在那里不断重复说着，所有位居其上的阶级既无力也不配统治他们，到目前为止世间财产的划分是不公平的，所有权得以成立的基础并不公正？"这正是问题的核心所在。通过这一表述，可以看到，这是社会主义思想家对社会重构的向往，期冀通过一场"社会革命"，构建一个自由、公正、和谐共享的社会。尽管1848年革命具有民族革命的内容，但如果就现代社会的基本构建而言，社会主义思想家通过对现实资本主义的批判与对未来和谐共享社会的思考，丰富了现代性的内容，并在与自由主义的斗争中重塑了现代社会的基础。更需重视的是，正是在这一思想观念的感召下，普通民众开始有了一种自我的觉醒，要为自身的权利奋起斗争。

当然，就构建一个新社会而言，1848年革命无疑没有实现这一目标。具体而言，社会主义思想家对未来和谐共享社会的描画没有变为现实；自由主义者对宪政体制的追求也未实现，例如德意志法兰克福国民议会未能通过建立共和体制的宪法；从民族主义来说，意大利和德意志的统一与建立民族国家的重任则被留给了下一个时代。尽管如此，在我看来，1848年革命留下了丰富的历史遗产。其中之一就是，我们将要以什么内容来构建社会的基本秩序，或者说，现代社会的基础和秩序的支撑应当是什么：是确立以私有财产权为基础的资本独占性社会，还是要构建以共享和谐为目标的社会？既然自由仅仅是有产者的自由，那么劳动者的自由又如何得到保证？一个民族是应该在帝国的空间里存在，还是应该获得自身的独立，形成民族国家？人们如何能免除被奴役的、奴隶般依附的状态，实现自由？在1848年革命中，我们可以第一次看到那一代人对这些问题深切的思考以及有关这些问题英勇的抗争。其核心就是托克维尔所提出的那个问题，即一个以自由、文明和财产为核心的社会究竟应该是什么样的。对于这个问题的答案，既有同时代英国自由主义思想家约翰·穆勒

（John Stuart Mill）在 1848 年出版的《政治经济学原理》(*Principles of Political Economy*) 一书中所提出的对劳动阶级未来的安排，也有芬兰作家所说的，欧洲各民族将以独立的民族这种方式走向未来。

1848 年革命早已终结，"过去即是异乡"。但不可忘却的是，历史从未逝去，这些核心主题依然存在，继续扑面而来，猛烈地击打和拷问现世的人们。面对 1848 年革命，我们的确既要从当下来思考历史，又要将历史与当下贯通融会。这既是此书的一种视角，又是其意义所在。如果从这一维度上看，今天重回 1848 年革命，阅读和思考这段历史，不禁令人想到，我们究竟该如何理解和消化这场革命的遗产。回望那段历史，如果不再囿于单一的对未来社会的描画，而是拓展我们的视野，将不同的诉求、不同的"主义"，如社会主义、自由主义、民族主义等融合在一起来考察，可以清楚地看到，尽管不同的理念与群体在革命中诉诸迥然各异的目标，并在迥异的思想观念指导下展开行动，但总体而言，这场革命实质上就是一场消除奴役、实现自我解放的革命。

1828 年，德国诗人海因里希·海涅问道："我们时代的任务是什么？""是解放。不仅仅是爱尔兰人、希腊人、法兰克福犹太人、西印度人、黑人和各个受压迫民族的解放，而且是整个世界的解放，特别是欧洲的解放。"对于"解放"，从概念内涵的演进来看，"解放"一词最初指的是罗姆奴隶的解放，而现在指特定群体——种族、阶级、民族（海涅没有提到妇女）的解放——融合成一个单一的、包罗万象的过程。事已至此，"解放"就成了历史流经的通道，仿佛没有历史不是由此经过的。受此启发，作者在书中也单列了一章，标题即"解放"。的确，如果要对 1848 年革命进行一种定性理解的话，完全可以将其概括为，这场革命就是欧洲近代历史上"奴役"与"解放"之间的第一次全面大决战：劳动要从资本的奴役下解放，人民要从个人执政的专权下解放，民族要从帝国的统治下解放，女性要从男权的控制下解放。总之，就是要走出被奴役的状态，实现人的自由与全面解放。

法国作家维克多·雨果在观察和沉思了那个时代的历史之后，写下了《悲惨世界》这部文学名著。百年之后，人们将其改编为音乐剧，其主题曲为《你可曾听到人民的呐喊》。

> 看看人间的苦难，可听见人民在呐喊？
> 再不愿忍受剥削的人们将这世道来推翻。
> 让你良心的碰撞，敲得那战鼓声声响。
> 让我们以勇敢去迎来新生曙光！
> 你会加入正义军吗？与我并肩去作战。
> 用血肉筑起街垒，为那理想共患难！
> 铲除不平，让人人共享那自由灿烂。
>
> 看看人间的苦难，听听这人民的呐喊？
> 再不愿忍受剥削的人们将这世道来推翻。
> 让你良心的碰撞，敲得那战鼓声声响。
> 让我们以勇敢去迎来新生曙光！
> 来吧，奉献你的力量，紧跟红旗闯前方。
> 前仆后继、不怕牺牲，牺牲总比苟活强。
> 让烈士的鲜血使法兰西四季芬芳！
>
> 看看人间的苦难，听听这人民的呐喊？
> 再不愿忍受剥削的人们将这世道来推翻。
> 让你良心的碰撞，敲得那战鼓声声响。
> 让我们以勇敢去迎来新生曙光！

通过这雄壮的歌声，我们分明可以领略到1848年那时的人民为获得自身权利而呐喊，为创造一个新世界而奋起战斗。

阅读这部书写1848年革命的作品，在字里行间可以发现，历史没有断裂，事实仍在延续。正是如此，相信这本书的出版将会重新激发人们对这场革命的思考，探寻未来的"大变局"之路。

目 录

导 言   1

第一章　社会问题   001
    描述的政治   002
    不稳定与危机   019
    织工   035
    1846 年，加利西亚   053
    结论   068

第二章　秩序的构想   075
    属于男性的世界   076
    自由的拥护者   090
    激进主义者   099
    保守主义者   105
    宗教   111
    爱国者与民族   122
    自由与不自由   141
    历史中的位置   148

第三章　对　抗　　153

光荣三日：七月的巴黎　　153
自由主义革命　　160
未竟的事业　　166
社会革命家　　168
秘密组织　　178
民族起义的倡导者　　184
德意志的政治动荡　　194
瑞士的文化战争　　210
匈牙利的激进化　　213
法国七月王朝的没落　　219
意大利温和派的胜利　　228
秩序的基石　　232
大坝上的裂痕　　236
雪崩之势　　244

第四章　爆　炸　　248

"我预言将有一场动乱"　　248
"纷繁的消息"　　261
二月革命　　267
"我们完了"　　276
"我们愿做奴隶吗？"　　286
"士兵撤回去！"　　293
"米兰五日"　　303
不叫的狗　　309
开端的结局　　320

第五章　改朝换代　**322**
　　革命空间　322
　　向逝者致敬　329
　　建立政府　340
　　选举议会　354
　　起草宪法　371

第六章　解　放　**382**
　　废奴主义者之日　383
　　黑色 1848　388
　　向窗外挥手　398
　　自由与危险　415
　　解放"罗姆奴隶"　433
　　解放的时代　436

第七章　熵　**441**
　　漂泊的主权　443
　　激进派的割席　461
　　城市与乡村　472
　　民族问题　487
　　自行结束的革命　517
　　在世纪的热潮中　532

第八章　反革命　**536**
　　夏日的那不勒斯　536

帝国的反击	553
铁网降临	586
狭小地区的反革命	592
第二波	599
地缘政治	620
诞生自反革命精神的现实主义	636
逝者	641

第九章 1848之后   645

当下即异乡	645
全球的1848	658
新体系	669
流通的时代	675
物质进步	680
后革命的城市	684
从出版审查到公共关系	689
结论	694

尾　声	701
致　谢	713
注　释	717
译后记	845

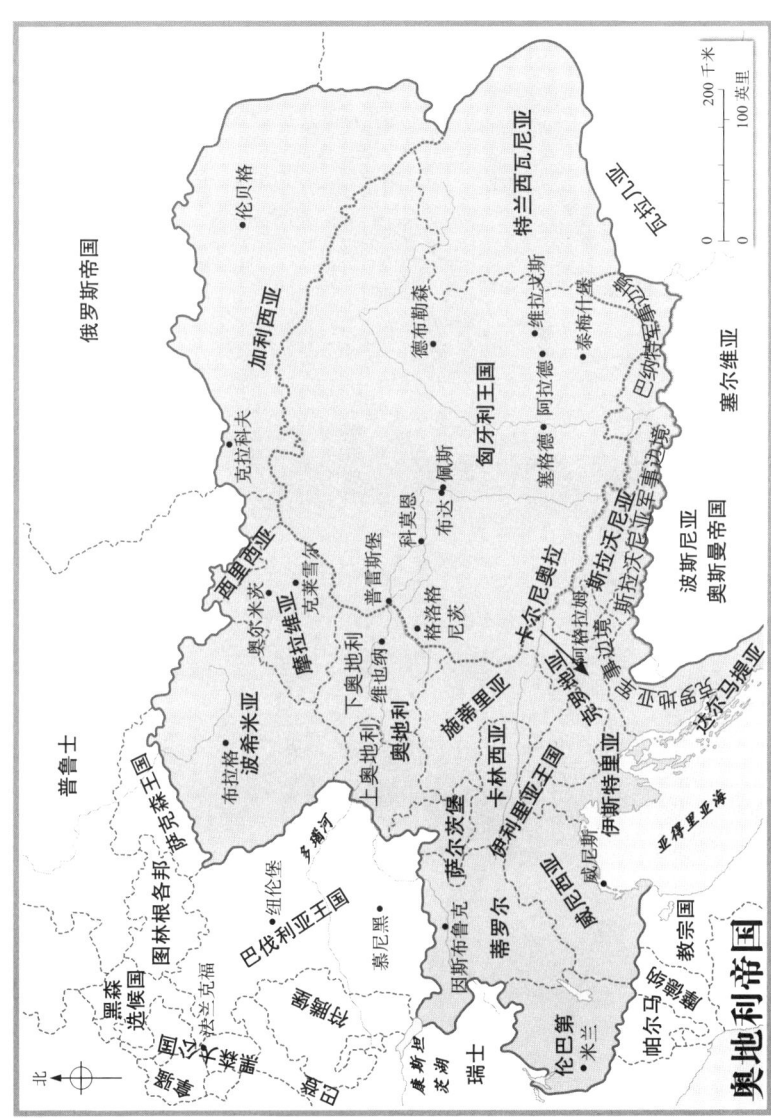

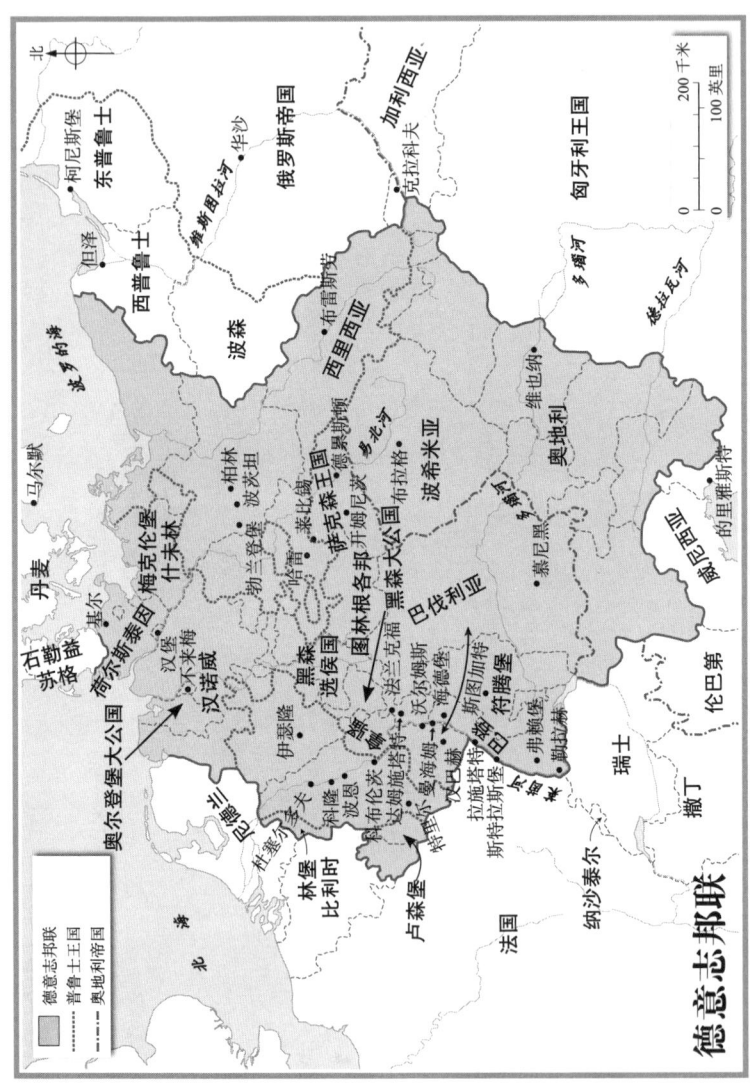

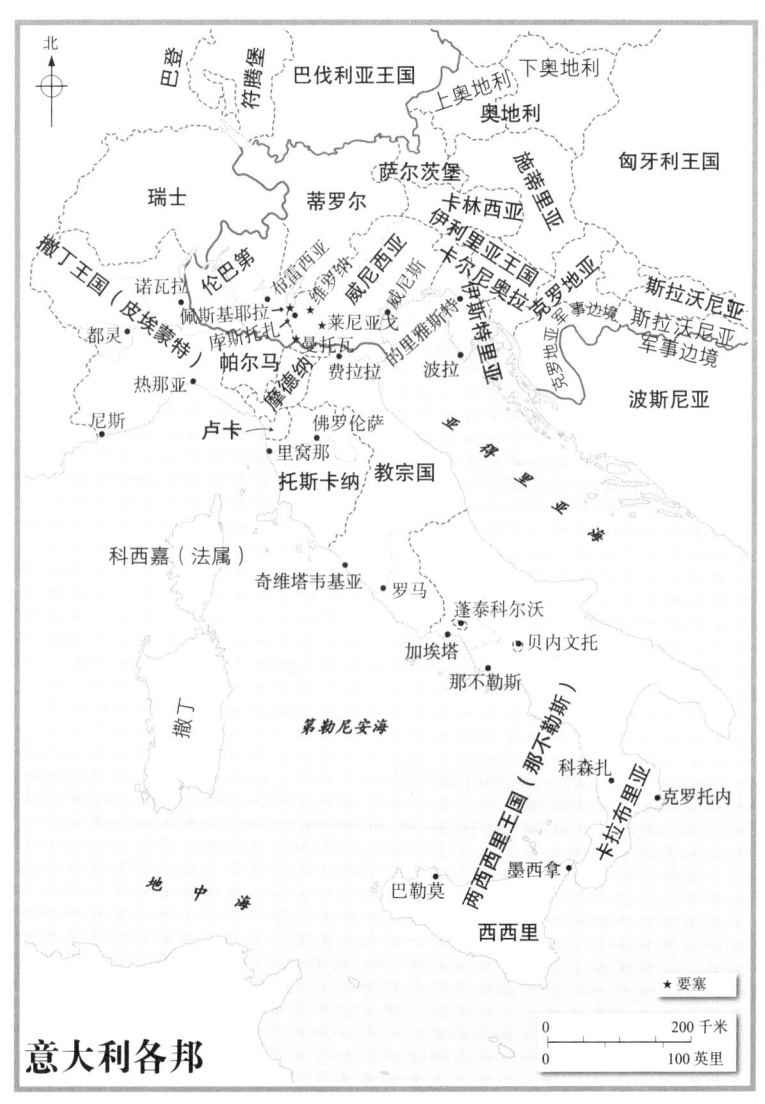

意大利各邦

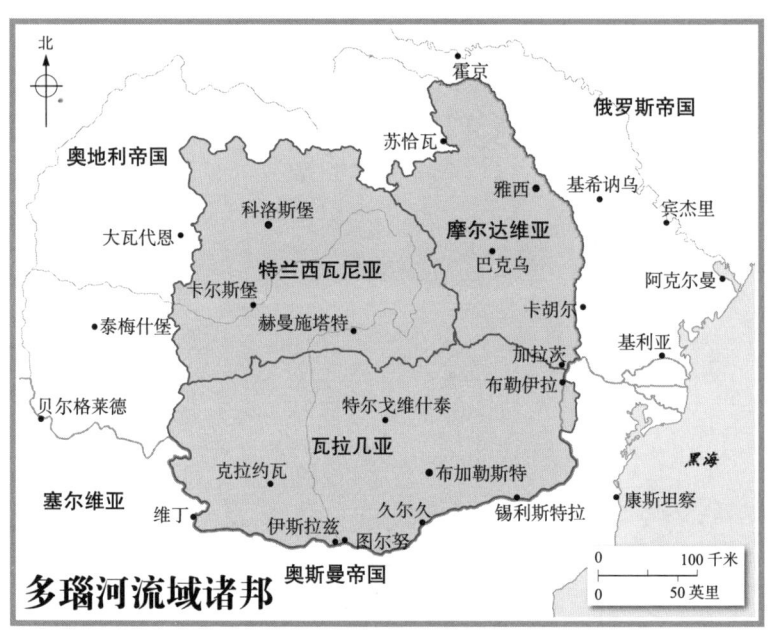

导　言

　　1848年革命因其激烈程度与地域广度而独一无二，至少在欧洲历史上是如此。1789年法国大革命、1830年七月革命、1871年巴黎公社、1905年和1917年的俄国革命都没有像1848年革命那样冲击整个欧洲大陆。1989年的事件似乎是个更好的参照，但能否将那些反抗行为称为"革命"还有待商榷。与之相较，1848年，从瑞士和葡萄牙到瓦拉几亚和摩尔达维亚，从挪威、丹麦和瑞典到巴勒莫和伊奥尼亚群岛，整个欧洲大陆同时陷入政治动荡。这是有史以来唯一一场真正的欧洲革命。

　　1848年革命在某些方面也是一场全球性剧变，至少是一场有全球维度的欧洲剧变。巴黎爆发革命的新闻对法属加勒比海地区产生了深远的影响；伦敦当局为防止不列颠本土爆发革命而采取的举措在整个英帝国范围内激起了抗议与暴动。在新近独立的拉美国家，欧洲的革命也使自由主义和激进主义政治精英振奋。二月革命掀起的政治浪潮甚至远及澳大利亚，不过要到1848年6月19日，二月革命的消息才传到新南威尔士殖民地的悉尼。这令人想起澳大利亚史学家杰弗里·布莱内（Geoffrey Blainey）曾哀叹的"距离的暴政"。

　　革命牵扯形形色色的魅力超凡、天赋异禀的参与者。从朱塞佩·加里波第（Giuseppe Garibaldi）到玛丽·达古（Marie d'Agoult,

她用男性笔名写作，是当时法国最优秀的革命史家），从法国社会主义者路易·勃朗（Louis Blanc）到匈牙利民族运动领袖科苏特·拉约什（Kossuth Lajos），从杰出的保守自由主义社会理论家、史学家、政治家托克维尔到瓦拉几亚革命战士、记者、支持激进农业改革的尼古拉·伯尔切斯库（Nicolae Bălcescu），从年轻的爱国诗人裴多菲·山陀尔（Petöfi Sándor）到忧心忡忡的教士费利西泰·罗贝尔·德·拉梅内（Félicité Robert de Lamennais）（前者为匈牙利人朗诵的全新民族之歌激励了布达-佩斯的革命群众，后者试图将自己的信仰和政治观点相结合的努力虽以失败告终，却使他成了1848年以前最著名的思想家之一），从为巴黎的临时政府写了许多"革命简报"的作家乔治·桑（George Sand）到罗马人民的领袖、被亲切地称作"胖子"的安杰洛·布鲁内蒂（Angelo Brunetti，他对推动1848—1849年罗马革命发展的贡献良多），更别提那些在欧洲的大街小巷卖报、在街垒当中战斗的女性了（她们的形象在描绘革命的图画中尤其突出）。对有政治意识的欧洲人而言，1848年革命是共有的经验，是个包罗万象的时刻。它使所有人都成了同代人，在他们心中留下了终生难忘的记忆。

1848年革命是场**全欧洲**的剧变，有许多证据足以表明这一点，但如今回想，革命却被民族化了。[1] 欧洲各民族的史学家和记忆的司掌者将革命纳入各民族独特的故事。德意志革命所谓的失败被纳入了名为"特殊道路论"的民族叙事，为关于德国走向现代化反常道路的论述提供了依据，道路的终点是希特勒灾难性的独裁统治。类似的情况也发生在意大利，1848年革命的失败为新生的意大利王国的威权主义转向埋下了伏笔，因此也为1922年的"向罗马进军"和此后的法西斯夺权铺平了道路。法国人则认为1848年革命的失败开启了第二帝国这一波拿巴主义的历史插曲，同时也预示了戴高乐主义在日后的胜利。换言之，聚焦于1848年革命所谓的失败，同样会造成革命的故事被吸纳进许多平行的、以民族国家为焦点的叙事。在现代人的记忆中，这些本应相连的激变却被沿着国界切割成碎片。要展现民族国家作为塑造历史记录的路径之伟力，没有比这更好的例子了，我们至今仍能体会到此种力量。

1848年的事件可分为三个阶段。2月和3月，动乱如野火般在整片大陆蔓延开来，从一座城市烧至另一座，在其间的乡镇撒下无数星火。奥地利首相克莱门斯·冯·梅特涅（Klemens von Metternich）逃离维也纳，普鲁士军队撤出柏林，皮埃蒙特-撒丁、丹麦和那不勒斯国王颁布宪法，一切似乎都非常顺利。这是1848年的"解放广场时刻"：如果有谁认为这场运动席卷了整个社会也无须责怪他，全体一致的狂喜令人迷醉。一位德意志的激进主义者写道："我不得不在冬天的寒气里走到精疲力尽，只为了让我的血冷下来，让心跳慢下来。我的心前所未有地莫名地躁动着，简直要从胸膛中跳出来。"[2] 米兰街头，素不相识的陌生人相拥。这便是1848年的春日。

然而，这场剧变内部的裂痕（在冲突爆发的最初几个小时内就已经存在）很快变得鲜明夺目：5月，激进的示威者已经在尝试冲击并推翻二月革命时在巴黎成立的国民议会；与此同时，在维也纳，奥地利的民主主义者抗议慢吞吞的自由主义改革，自己成立了一个公共安全委员会。6月，在各大城市的街头巷尾，自由主义（在法国则是共和主义）领导者与激进人群发生了武装冲突，在巴黎则以六月起义的残酷流血告终，牺牲的起义者至少有3000人。这便是1848年漫长而炎热的夏天，马克思不无欣喜地判断道：在此时此刻，革命已失去了纯真，春天里甜蜜（但带有欺骗性）的全体一致正让位于苦涩的阶级斗争。

1848年的秋天则呈现出一幅更为复杂的图景。9—11月，在柏林、布拉格、维也纳和瓦拉几亚，反革命开始涌动。议会被解散，起义者遭逮捕、被判刑，大批军队进入城市。但与此同时，在德意志中部和南部的诸邦国（尤其是萨克森、巴登和符腾堡），在法国西部和南部，在罗马，由民主主义者和形形色色的社会共和主义者主导的第二阶段激进起义活动爆发了。11月24日教宗出逃后,罗马的激进主义者终于宣布成立共和国。在德意志南部,第二阶段动乱直到1849年夏方告平息,当时普鲁士军队最终攻占激进主义者起义的最后堡垒,即巴登的拉施塔特要塞。此后不久的1849年8月,法军摧毁了罗马共和国,恢复了教宗的统治,这令那些一度尊法国为全欧革命捍卫者的人深感失望。几乎与此同时,奥地利和俄国的军队占领匈牙利,那场决定匈牙利王国未来的残酷战争也最终尘埃落定。1849年夏末,革命基本结束。

这些阴暗而常常极尽暴力的终局意味良多,其一便是这些剧变的叙事缺少一个救赎性的终局时刻。当学生时代的我第一次接触1848年革命时,正是其"以失败告终"的坏名声使我敬而远之。结局中的复杂性与失败可不是什么讨人喜欢的组合。

那么,为什么我们今天还要费力去反思1848年革命呢?首先,1848年革命实际上并非一场失败:它在许多国家引发了迅速而持久的宪法改革,1848年以后的欧洲是,或者说已成为一个与此前大不相同的地方。不妨将这场横跨整个欧洲大陆的起义想象成位于19世纪欧洲中心的一间粒子对撞室。人、各色群体和观念涌入其中,在此碰撞、融合、分裂,复从新事物的大潮中涌现,其轨迹延及此后数十年。从社会主义和民主激进主义到自由主义、民族主义、法团主义和保守主义,各种政治运动和观念都在此试验,一切都变了,现代欧洲史受到了深远的影响。尽管将这场革命视为"失败"的观点根深蒂固,但1848年革命还是深刻地改变了全欧洲的政治和行政实践,这是一场欧洲"政府革命"。

其次,1848年的起义者们所提出的问题并未失去效力,虽然仍存在例外:我们不再为教宗的世俗权力或"石勒苏益格-荷尔斯泰因问题"而头疼,但我们仍然担心当政治或经济自由的要求与社会权利的要求相冲突时,事态将如何发展。1848年的激进主义者津津乐道的出版自由确实有万般好处,但饿得什么也读不进去的时候,一份阳春白雪的报纸又有何益？当德意志的激进主义者不无幽默地把"读报的自由"和"吃饱的自由"并列时，他们就抓住了这一问题的关键。

名为"贫困化"的幽灵在19世纪40年代的上空徘徊。为什么就连全职工作的人都难以养活自己？所有制造业部门（纺织业是最突出的例子）似乎都深陷此种困境。但这波贫困化的浪潮意味着什么？贫富悬殊是否果真如保守派所言，只是上天注定？或如自由主义者所言，是过度管制与落后的症候？抑或如激进主义者所言，是现行政治与经济体系结出的恶果？保守派指望慈善事业来解决问题，而自由主义者则指望放宽经济管制与工业增长，但激进主义者就没那么乐观了：在他们看来，整个经济制度都建立在强者对弱者的剥削上。这些问题并未随时间的流逝而褪色。"工作贫穷"是今天的社会政策当中最令人焦灼的问题之一。资本主义和社会不平等之间的关系也仍在接受检视。

劳动问题尤为棘手。要是工作本身成了一种稀缺商品，又该如何呢？1847年冬到1848年春的商业下行周期使成千上万男女失去了工作。公民是否有权要求政府在必要时将劳动作为一种有尊严的生活必需品分配给自己？正是在努力回答这一问题的过程中，诞生了巴黎饱受争议的"国家工场"及欧洲其他地方的许多类似部门。但要说服辛勤劳作的利穆赞农民缴纳额外的赋税，以资助为他们眼中的巴黎懒汉而打造的就业方案绝非易事。然而，正是国家工场突然关停，才导致10万名失业者涌向巴黎街头，引发1848年巴黎六月起义。

杜塞尔多夫的艺术家约翰·彼得·哈森克勒费尔（Johann Peter Hasenclever）在其油画《市议会前的工人》（*Workers before the City Council*）中捕捉到了同样的问题。这幅作于1849年、以多种版本广泛展出的油画描绘了一个前来抗议的劳工代表团，他们本来靠着就业促进计划得到一份疏浚莱茵河各条支流的工作，但到1848年秋，这一工程却因资金短缺而中止了。于是，他们向那些坐在豪华会议室中的杜塞尔多夫市权贵递上了表示抗议的请愿书。窗外，一位演说者正在广场上对着愤怒的人群演讲。马克思认为这幅画直白地描绘了一次阶级斗争，因而对它十分喜爱。在他为《纽约论坛报》写的一篇长文的结尾，他称赞这位艺术家把进步作家要花上好几页纸才能分析清楚的事态"极生动"地浓缩在了一幅画面里。[3] 1848年夏，社会权利、贫困和工作权的问题撕裂了革命。这些问题直至今日也没有失去其紧迫性。

作为一场非线性的、剧烈动荡的、时有暴力且具有变革性的"未竟革命"，1848年革命对今天的读者而言仍是个有趣的研究课题。在2010—2011年，许多记者和史学家都注意到了那些有时被称为"阿拉伯之春"的杂沓剧变与1848年革命（也被称为"人民之春"）之间不可思议的相似性。与阿拉伯国家的剧变类似，1848年的诸场革命各具特色、地域分散却又相互关联。1848年革命最醒目的特点就是其共时性——这在时人看来是个谜，在后世史家看来亦是如此。这也是2010—2011年在阿拉伯发生的事件最神秘莫测的特点之一：它们有着深刻的地方根源，却又显然相互关联。威尼斯的圣马可广场和开罗的解放广场在许多方面并不相似，《福斯报》也不是脸书，但它们的相似度足以引发更广泛的联想。重要的相似点是一般性的：19世纪中叶的骚乱与今日剧变的类似之处在于，二者参与人数众多，诸多势力都在其中难以捉摸地相互作用，只是今日剧变还很难找到明确的终点。

1848年革命是一场议会革命。所涉议会包括：巴黎制宪议会，后来被名为立法议会的一院制立法机构取代；柏林的普鲁士国民议会，或称制宪议会——依照为制宪而制定的新法律选出；法兰克福国民议会，在该市圣保罗教堂典雅的圆形大厅内召开。匈牙利议会历史悠久，但在1848年匈牙利革命的过程中，一个新的国民议会在佩斯召开。那不勒斯、皮埃蒙特-撒丁、托斯卡纳和教宗国的起义者都成立了新议会。试图脱离那不勒斯统治的西西里革命者成立了他们自己的全西西里议会，该议会在1848年4月废黜了那不勒斯的波旁王朝国王费迪南多二世（Ferdinando Ⅱ）。

约翰·彼得·哈森克勒费尔,《市议会前的工人》(1849)。1848年秋,莱茵河上一项公共工程项目关停后,下岗工人向市议会请愿,要求重新启动工程。对此,议员们表现得很惊恐。窗外,一位演说者在向激动的人群讲话。这幅画与发生在杜塞尔多夫的一件事有关,但背景中的建筑并不是这座城市所特有的,而是暗示了更普遍的城市困境

资料来源:Museum Kunstpalast, Düsseldorf (Inv.-Nr. M 1978-2). (Photo: akgimages)

但议会并非唯一的行动舞台。时至1848年夏,各个国家的议会都处于双重压力之下,压力既来自君主行政部门,也来自一系列更具激进色彩的竞争机构,例如"委员会"和俱乐部的网络,或是像工匠总会和制造业代表大会之类的激进对抗性代表大会。制造业代表大会于1848年7月在法兰克福成立,代表的是未得到自由主义者和中产阶级主导的国民议会照拂的技术工人。甚至连这个组织在五天后也分裂成了两个独立的代表大会,因为事实证明它无法弥合师傅和帮工之间的分歧。

自由主义者尊崇议会,以惴惴不安的挑剔眼光审视激进主义者的俱乐部和集会,在他们看来,这些东西就是对经妥当选举而组建的议

会的崇高程序文化的拙劣模仿。在"议会自由派"眼中，那些打算直接介入议会事务的有组织的示威，甚至更加值得警惕。这类事情确实发生了：在1848年5月15日的巴黎，一群人冲进疏于守卫的制宪议会的会议厅，打断议程，并宣读了一份请愿书，而后前往市政厅，宣告一个由著名激进分子担任领导的"起义政府"成立。议会和其他形式的代表机构关系紧张（这也是代议制民主和直接民主之间的紧张）是1848年革命的另一特征。以下特点也见于今日的政治舞台——议会在公众眼中的信誉下降，形形色色的非议会或议会外团体涌现且与之竞争，它们利用社交媒体，围绕着那些或许不会引起职业政客注意的问题形成组织。

1848年革命不只是革命者的故事。20世纪和21世纪那些本性自由的史学家自然而然地被某些人的事业吸引。这些人要求结社、言论、出版自由，要求制定宪法、定期选举和组建议会，他们的诉求已成为现代自由民主的保留项目。尽管我和那些读报纸、喝咖啡的自由主义者和激进主义者在这点上志趣相投，但在我看来，关于1848年革命的叙事若囿于起义者或自由主义者的视角，就会错失这场革命大戏及其意义的关键部分。新旧势力的碰撞相当复杂，旧势力和新势力一样塑造了革命的短期和长期结果。即便这一修正也不全面，因为革命后幸存的"旧势力"本身也受到了革命的改造，尽管此种改造通常并不会让大多数史家感到有趣。未来的普鲁士首相、德意志政治家奥托·冯·俾斯麦（Otto von Bismarck）在1848年还是个小角色，但革命让他得以将自身命运和国家未来融为一体。他始终认为1848年是一个时代与另一个时代之间的断裂，是变革的时刻。如果没有1848年革命，他自己的职业生涯是不可想象的。教宗庇护九世（Pius IX）的统治，还有天主教会及其与现代世界的关系都被革命深刻改变。今天的天主教会在许多方面都是那时的结果。拿破仑三世（Napoléon III）并不觉得自己是摧毁革命之人，反而觉得自己是恢复秩序之人。在论及革命释放出的力量时，他重疏不重堵，引导其将国家建设成为物质进步的先锋。

1848年的动荡中,革命与反革命的界限有时模糊不清。许多1848年的革命者为了自己的信念而死,或遭到流放和监禁;但也有许多人转变立场,与革命后的行政机关握手言和。不过行政机构自身也受到了革命冲击的改造或磨炼,由此开启了漫长的制度化征程。在1848年之后波拿巴主义的法国,超过1/3的警长(地方治安官员)是从前的激进主义者;1849年7月以后的奥地利内政部长亚历山大·冯·巴赫(Alexander von Bach)曾登上维也纳警局开列的民主派可疑分子名单。反革命常常将自己视作革命的遗嘱执行人而非掘墓人,理解这一点能使我们更清楚地看到这场革命是如何改变欧洲的。

回忆里的革命(至少对许多原先的参与者而言)在情绪上有着强烈的明暗对比:初期是明亮的狂喜,在"反革命的铁网"〔如柏林人范妮·莱瓦尔德(Fanny Lewald)所言〕笼罩起义城市之后,则是挫败、苦涩与忧郁。狂喜和失望是这个故事的一部分,但恐惧亦然。士兵害怕愤怒的市民,正如后者害怕前者。在每个城市中都能见到与军队对峙的人群因突然的恐慌而毫无预兆地作鸟兽散。巴黎国家工场的建筑师、日后狂热的波拿巴主义者埃米尔·托马(Émile Thomas)写道:"自(1848年)2月25日之后,我们就处在恐惧的统治下,这位邪恶的顾问麻痹了一切善的意向。"4

自由派领导人怕自己可能驾驭不了革命释放出来的社会能量。社会地位更低的人则担心有人正阴谋破坏革命,推翻已取得的成就,将他们推入万劫不复的贫穷和无助。城市中产阶级看见那些郊区莽汉涌入无人看守的城门时愁眉紧蹙,他们为自己的财产,有时也为自己的性命担惊受怕。在巴勒莫,起义大潮之下涌动着一股猛烈、复杂、难以驾驭的社会潜流。巴勒莫革命的早期领导者是感情淡漠、墨守成规的显贵。但正如一本未出版的巴勒莫革命编年史的作者、时人费迪南多·马尔维卡(Ferdinando Malvica)指出的,路上很快就同样满是武装起来的工匠;更令人不安的是,那些来自周边农村的队伍也涌上街头——这些人在他笔下都是"近乎没有人性的暴徒,嗜血而粗鄙。丑恶的民众包围了西西里美丽的首府。这些仿佛来自地狱的生物身上唯一像人的地方就是那张黝黑的脸"[5]。如果没有这些人的推动和可能的威胁,1848年的起义绝无成功之可能。尽管如此,对底层的普遍恐惧在后期还是让革命陷于瘫痪,令各派革命者更容易相互仇视,令自由主义者更容易被争取到当局一边,也令激进主义者更容易被孤立,成为社会秩序的敌人。同时,恐惧的消退会激起狂喜的亢进,正如那年春天许多欧洲城市里的情况一样,那时的市民突然失去或克服了他们对治安部队和秘密警察的恐惧。

特定的情感表达有时会发展成对革命感性的抒发,其中一些表现出了1848年革命作为中产阶级反叛时刻的独特性。1848年11月9日早晨,激进主义议员罗伯特·布卢姆(Robert Blum)在维也纳郊外被行刑队处决。根据几首纪念他牺牲的诗歌,他落下了一滴泪。一个军官跟他说:"别害怕,一瞬间就结束了。"布卢姆没有接受他的安慰,而是挺直了算不得伟岸的身躯,反驳道:"这滴眼泪不是德意志民族议员罗伯特·布卢姆的眼泪。这是一位父亲和丈夫的眼泪。"

布卢姆的眼泪成了激进主义者传说的一部分。在南德意志诸邦,直至20世纪仍传唱着《罗伯特·布卢姆之歌》,其中提到了在处决政治犯这样一个公共仪式上流露出来的个人的悲伤情感,歌中庄重地唱道:"为妻儿流下的眼泪无损人的荣誉。"这滴泪留在了人们的记忆中,因为这证明了布卢姆是个有中产阶级情感和价值观的人,是进入公众生活的个人。这是带有资产阶级基调的政治。(直至今天,"像罗伯特·布卢姆一样被射杀"在南德意志的部分地区仍是一句谚语。)

当然,反革命分子也有情感。奥托·冯·俾斯麦向柏林的联合省议会做了一番非凡的演说,结尾时他不情愿地承认革命是不可逆转的这一历史事实,承认新产生的自由主义内阁是"未来的政府",而后泣不成声地离开讲坛。俾斯麦的眼泪与布卢姆的不同,在表演性和起因两方面都是决然公共的。3月,从勃兰登堡的边远之地召来的农民军在首都一边吼着"柏林猪猡",一边用木棒和铁棍殴打那些可疑的街垒战士。这种称谓在一定程度上(当然并不全然)使我们了解到农村青年是怀着何种情感来镇压城市起义的。像朱利叶斯·雅各布·冯·海瑙(Julius Jacob von Haynau)这样的奥地利将军之所以如此残酷,报复心和愤怒是很重要的因素,他在判决和处死战败的匈牙利起义者时,似乎能从中获得快感。

本书第一章论述的是1848年之前风雨飘摇的欧洲社会。那是个大多数人都因骤变而困顿流徙的时代。社会困苦与政治动荡之间的关联即便不算直接,也是深刻的。由经济因素驱动的抗议和极端困苦的社会景象触发了日渐两极化的政治能量,这有助于塑造那些将来会发动或继承1848年革命的人的政治忠诚。爆发革命的那个政治世界(第二章)并不是由忠心耿耿和坚定的党派认同构成的。那个时代的欧洲人穿行于论争的群岛和思想的山脉之间,进行着相当奇异的旅行。他们的想法变动不居,在1848年革命当时和之后都是如此。19世纪三四十年代的政治冲突(第三章)是沿着多条断层线展开的。不存在非黑即白的分野,有的只是许多四散辐射的裂痕。这也是革命本身的特征,革命乍看起来惊人地混乱而令人费解——在这一方面,1848年革命和当下令人关注的那些冲突是相似的。

第四章到第六章聚焦于革命本身:是革命者塑造了革命,还是革命塑造了革命者?动荡通常始于极具戏剧性的场面。在叙述革命的开端时,不仅要阐明其中所蕴含的伟力,还要弄清楚为革命最终失败埋下伏笔的社会结构层面和社会心理层面的脆弱之处。第五章探讨的是在革命主舞台上并辔而行的诸进程:城市转变为政治情感激荡其中的场域,人们为革命牺牲者举办庄严葬礼,新政府、新议院和新宪法常常在极端不确定的情况下创设。1848年的革命者认为自己带来和促成了"解放",但这对那些想要靠他们求得解放的人而言又意味着什么?考察法兰西帝国的黑奴、活跃于政治舞台的女性、犹太人和罗马尼亚土地上的"吉卜赛奴隶",能为我们提供一条路径,以探知1848

年革命成果的范围与局限。

第七章和第八章考察了革命的退潮。首先聚焦于逐渐逸散的革命能量、愈加分散的行动,以及脱离共同事业的倾向——这些便是1848年夏天和秋天的特征。随之而来的是一长串暴力逐渐升级的镇压行动,它们为革命画上了句号。为了理解这部分故事,我们不仅要明白革命内部有什么弱点遏制了革命动力,还要明白反革命成功的根源——这一部分源于他们从过去继承来的潜在优势,一部分源于他们在观察革命展开时学到的经验。革命的终幕尤为清楚地表明:在实现国际合作方面,反革命分子比其对手优秀得多。事实证明,影响1848年革命轨迹的不只有各国内部的动荡,还有各国之间的关系。第九章的内容在时间和空间上离开了革命的震中。19世纪中叶欧洲革命的涟漪穿过北美、南美、南亚和环太平洋地区,波及各个复杂社会。它们或极化或澄清政治论争,使每个人都意识到一切政治结构的可塑性和脆弱性。但是,我们离欧洲越远,"冲击"的隐喻就越不贴切——相较于革命内容的扩散,更重要的是远方的人们如何选择性地理解这场革命,而他们的理解则取决于地方的政治分化和政治冲突的进程。与之相较,在欧洲大陆上,1848年革命的遗产是深刻且持久的。为了清楚地理解这一点,我们必须跟随19世纪中叶的民众、观念和思维方式,来重新进入和告别这场革命。

欧洲人和其他地方的人一样健谈,而且没有哪场革命比1848年革命被人谈论得更多。关于革命的个人见闻数不胜数。我始终试着去倾听不同的声音,并思考他们能提供哪些线索,以使我们能更深刻地理解他们身边的事的意义。但这些七嘴八舌的声音并不总是能够达意,我们也应该反思,在某些场合中,1848年的人们与其说是在**相互交谈**,不如说是在**自说自话**。激动人心的演说也可能同时是空洞的。自由主义者和激进主义者在农民面前大谈特谈革命斗争的好处和必要性,却收效甚微。自由主义者知道如何歪曲激进主义者的诉求,或是索性置若罔闻。一如今日,信息在谣言和假新闻的迷雾中流传,而恐惧使人偏听偏信某些声音和观念，对另一些却充耳不闻。

有关这场革命的一件醒目之事是许多革命主角有强烈的历史意识。这是1848年革命与18世纪之前革命之间的一大区别：1789年的革命完全出乎意料。而19世纪中叶各场革命的亲历者则对照着这一伟大原型的模板来解读当时的事件。而且，在他们那般行事的世界里，"**历史**"这一概念已经获得了相当重的分量。较之1789年的男男女女，1848年的革命者更加真切地感受到历史正发生在当下。人们能从革命进程的每个转折和变化中觉察到历史的运动。相当多的当事人都创作了标满脚注的回忆录或历史论文。

对某些人而言，这种返身回顾的倾向让1848年事件成了对法国大革命的拙劣模仿，马克思的著作最为雄辩地阐述了此种观点。但是对其他人而言，两者的关系正好相反：1789年的史诗并未退化成一出滑稽戏，相反，因第一次革命而促成的历史意识已然得到积聚、深化和广泛传播，1848年的事件充满意义。智利作家、记者兼政治家本哈明·比库尼亚·麦肯纳（Benjamin Vicuña Mackenna）在其回忆录中便持后一种观点：

> 1848年法国革命在智利引发了强有力的回响。1789年的先行革命尽管在历史上大受颂扬，可是对我们这些太平洋沿岸可怜的殖民地居民而言，那不过是黑夜中的电光一闪罢了。但半个世纪过后，大革命的孪生兄弟光彩熠熠。我们眼见它到来，并且研究、理解、钦佩它。[6]

第一章
社会问题

　　本章悬停于1848年以前欧洲社会的上空，聚焦于紧张、流徙、封锁和冲突的地区，所描绘的场景包括经济上的不稳定、焦虑的氛围、营养危机和极端暴力。社会不满不会"引起"革命，否则革命应该普遍得多。不过，19世纪中期欧洲人窘困的物质生活构成了政治极化进程不可或缺的背景，而革命正是因为政治极化才成为可能的。物质因素是许多城市居民参与骚乱的核心动机。与苦难的现实和程度同样重要的，是那个时代看待社会失调并以数据形式呈现的方式。令19世纪的人操心的社会问题不仅是一堆现实世界的问题，还是一种看待问题的方式。本章开头描绘了穷人和比他们稍富一些的人的生活，并思考是什么机制使得各社会群体彼此疏离，将勉强维持生计的人推入危机。文中考察了那些用自己的双手劳作的人（尤其是织工）通过集中抗议和暴力来改善自身处境的手段。本章以1846年的政治和社会动乱作结。当时在加利西亚，一场剧烈的社会动乱从下往上，吞噬了一场流产的政治起义，这对1848年的革命者而言是富于警醒意义的一课。

描述的政治

你要是想知道最穷的工人住得怎么样,就去大粪街看看吧,那里住的几乎都是这个阶级的人。低下头,走进一条朝着路面敞开的下水道,踏入一条如洞穴般湿冷的地下通道。你会感到自己在肮脏的地面上打滑,你会害怕陷入泥潭。你会发现通道两侧都是些昏暗、冰冷、墙上渗出脏水的房间,仅有的微弱光亮是从一扇粗制滥造到无法关紧的小窗照进去的。如果恶臭的空气没有吓退你的话,那就推开那扇薄板门走进去吧。不过要当心,因为坑坑洼洼的地面上满是粪便,地面既没有经过平整处理,也没有铺上地砖。这里有三四张用绳子加固的发霉的破床,上面盖着几乎没有清洗的破布。橱柜呢?根本用不着。像这样一户人家是没有什么东西要放进橱柜的。一台纺车、一架织机就是剩下的全部家当了。

1836年,安热·盖潘和欧仁·博纳米(Eugène Bonamy)两位医生就是这样描述他们这座城市里最贫困的街区的。[1] 他们笔下的场景不在巴黎或里昂,而在南特,一座位于法国西部上布列塔尼区、毗邻卢瓦尔河的外省城镇。南特不是个熙熙攘攘的大都会(1836年住在此地的有近7.6万人,此外还有约1.07万名主要由男性构成的流动人口,包括流动工人、水手、旅人和卫戍士兵),位列欧洲人口最多的前40个城市之外。这座城市仍在挣扎着从法国大革命和拿破仑战争的冲击中复原。18世纪时,大西洋贸易(尤其是非洲奴隶贸易)为南特带来了财富,许多发财的奴隶商人在城里最好的地段造起了豪华的宅邸。[2] 然而,地缘政治的动荡摧毁了这一切。南特的人口在战争期间下降了,尽管1815年后商业有所复兴,但人口增长仍然缓慢。这部分是因为法国的沿大西洋地区从未从英国封锁的冲击中完全恢复过来,部分是因为纺织业的竞争更激烈了,部分是因为卢瓦尔河淤塞而导致大船开不进镇上的码头。1837年,南特的外贸交易额甚至比其在1790年的交易额还要少。[3] 该市市长在1838年开展的一次统计调查表明，当地的工业主要由小企业构成：25家棉纺织厂（雇了1327名工人），12家建筑企业（雇了565名工人），38家毛料、粗斜纹布和其他类型的布匹厂，9家冶铜和炼钢厂，13家小糖厂（雇了310名工人），5家蜜饯厂（雇了290名工人），38家鞣皮厂（雇了193名工人）。[4] 还有更多的人在工厂外工作，他们要么做计件工作，要么给人浆洗衣服，要么在建筑工地上干活，要么当各种各样的仆役。

然而，这座不起眼的小城是人类生活质量极端多样性的一个缩影，正是这一点吸引了有着强烈社会良心的医生兼公共卫生专家盖潘和博纳米的注意。在一部运用了统计描述的巨著里，两位医生把南特栩栩如生地呈现在了读者面前——街道、码头、工厂、广场、学校、俱乐部、图书馆、喷泉、监狱、医院无不包括在内。但是，书中最引人入胜的评论性段落出现在终章"论南特社会各阶级的生存模式"中。此处的重点在于社会命运的多样性。作者在南特观察到了八个"阶级"，这一概念和马克思之后支配社会主义的、辩证的三大阶级迥然不同。第一阶级仅由"富人"构成。接下来是四个资产阶级：高等资产阶级、富裕资产阶级、困顿资产阶级和贫穷资产阶级。位于金字塔底层的是三个工人阶级：富裕工人、贫穷工人和贫苦工人。[5]

两位医生所做观察之全面和社会学素养之高令人惊叹。他们不仅描写了各阶级的经济状况，还进一步评论了各阶级的风格、习惯、意识和价值观。他们发现富人的孩子通常不多（平均是两个），他们的住所往往有10~15个房间，有12~15扇宽敞的窗户。这里居民的生活因"上千种微妙的享受"而美妙无比，"若非绝大部分人无力承担，人们或许会觉得这些享受是不可或缺的"。

下一阶级，即高等资产阶级，则需耗费大量精力为他们的女儿筹办季节性舞会。整间房子都得腾出来供舞者们使用，长辈则被挤到阁楼里的沙发床上休息。理发师在舞会季忙得团团转，简直就像疫情期间的医生一样被团团围住（在抗击1832年肆虐南特、造成800人

描述的政治　003

死亡的霍乱期间，盖潘和博纳米出力甚多）。接下来的狂欢之夜是否值得如此大费周章是值得怀疑的，至少在两位医生看来如此。事实上，南特的大型舞会常常"拥挤不堪，你站在里面汗流浃背，呼吸着污浊的空气，肯定会缩减你的寿命"。次日清晨，如果气温足够低，你就能看到窗缝上结了一层"脏得可怕的冰"，"这就是昨晚300名宾客呼出的水汽结成的"[6]。

高等资产阶级养着自己的马和马车，富裕资产阶级（第三阶级）则满足于坐公共马车穿行于市。富裕资产阶级的男性家长是读书俱乐部的忠实会员，但他们永远处于焦虑之中，因为"他们很清楚，要收支相抵就必须勤俭节约"。节俭的需求使得他们不能像最富有的那两个阶级那样张扬，不过相较于他们本人，他们的子女能够更容易地融入上流社会。

尤其值得同情的是困顿资产阶级（第四阶级）。他们是雇员、教授、店员、店主、"下层艺术家"：这些人构成了"最不快乐的阶级之一"，因为和更为富裕阶级的交往使得他们入不敷出。医生们指出，这些家庭只有厉行节俭才能维持生活。贫穷资产阶级（第五阶级）在社会结构中的位置尴尬：他们每年的开销在1000~1800法郎，挣的却比下一阶级的富裕工人（第六阶级）多不了多少，因此只住得起有两三个房间的房子，请不起仆人，给孩子提供的教育也参差不齐。他们是店员、出纳和地位较低的学者，其命运注定是"勉强活在当下，又为未来焦虑"。不过，他们眼中的贫穷对富裕工人而言富庶有余。富裕工人收入虽少（年收入在600~1000法郎），却能够"不操心未来"。这个阶级主要由印刷工、石匠、木匠、家具工人构成，"都是些好工人，通常为人正直，对朋友讲义气，讨人喜欢，家里整洁，牵挂并养活着自己的大家庭"。他们工作时间长且辛苦，却吃苦耐劳，甚至带着喜悦感操劳。他们会因为自己的家人能吃饱穿暖而心满意足，晚上回家时，"会看到冬日的炉火和足以补充体力的食物"。这是城里最幸福的居民，因为在他们这里，财力和心气匹配得最完美。[7]

第七阶级是每年靠 500~600 法郎过活的贫穷工人，我们对这一阶级知之甚少。在他们之下，即金字塔的底部，是那些挣扎在"极端穷苦"（第八阶级）状况中的人。他们生活的方方面面都和富裕工人不同，这不仅因为他们的收入（每年 300 法郎）微薄，还因为他们缺少无形慰藉和补偿：工作结束后，他们也得不到真正的休息，活干得漂亮也没有奖励，"没有微笑，只有无尽的叹息"，而正是这些使比他们更富裕的工人的日子变得美好。在这些最穷苦者的生活中，不存在能振奋石匠和家具工人的那种物质的、道德的快乐与成就感。"对他们而言，生活仅仅意味着苟延残喘。"他们住在大粪街散发着臭气的地下室里，或是其他同样糟糕的街上，比如巴士底街或马奇街上。他们在这种地方每日为了 15~20 苏的工钱，借着树脂蜡烛的微光，劳作长达 14 小时。[8]

两位医生反复援引统计数字，这不仅因为统计数字能使其描写建立在无可辩驳的事实上，从而能使其叙述超越单纯的政治论断，还因为数字有时比文字更直白。下面是每年靠 300 法郎过活的一户人家的开支：

> 对于社会中这部分穷苦的民众，我们不管说什么，都不如列出开支细目来得直白，如下：
>
> | | |
> |---|---|
> | 房租 | 25 法郎 |
> | 洗衣 | 12 法郎 |
> | 燃料（木头和泥炭） | 35 法郎 |
> | 照明 | 15 法郎 |
> | 修理坏掉的家具 | 3 法郎 |
> | 搬家（至少每年一次） | 2 法郎 |
> | 鞋 | 12 法郎 |
> | 衣服（他们穿别人送的旧衣服） | 0 法郎 |
> | 看病 | 0 法郎 |

描述的政治　005

买药（仁爱会的修女遵照医嘱给他们送药）　　0 法郎

（合计）：104 法郎

扣除这些开支后，这户穷困潦倒的人家每年还有 196 法郎来应付其他需求。但是，150 法郎的面包钱是一定得花的，所以（每年！）只剩下 46 法郎用于买盐、黄油、卷心菜和土豆。"如果你想到还有一笔钱会花在酒馆里，那么你就能明白，尽管慈善机构时不时地会分发几磅面包，但这些人家的生活仍是如此糟糕。"[9]

再没有比南特各区的死亡率更能清晰地表现钱财对该城居民的影响力的了。迪盖克兰街是一条大宅林立的富裕街道。盖潘和博纳米发现，这里每年每 78 名居民中有 1 人死去。但是在同一城区靠近玛德莱娜街的大粪街，即南特最贫困的区域，每年每 17 名居民中就有 1 人死去。用更触目惊心的话来描述这种差异便是，他们发现迪盖克兰街居民的平均寿命是 59.2 岁，大粪街的则是 31.16 岁。

19 世纪三四十年代，类似的报告席卷全欧。作者们探访工厂，走进最穷困的城区。他们的书和小册子反映了时人对准确观察和量化统计的尊崇。1832 年，爱丁堡大学医学院毕业生詹姆斯·凯（James Kay）发表了关于曼彻斯特棉纺织业工人的研究成果。该研究讨论了织工之间的死亡率差异，并且列了许多张表格以呈现最贫穷区域的潮湿的住所、未整修的街面和露天污水坑的分布状况。对于"工作着的穷人"日常生活的乏味和肮脏，此研究也有所思考。凯写道，棉纺织业工人生活困苦，但主要由爱尔兰人构成的手工织工群体的处境尤其恶劣，因为动力织机的引入让他们的劳动贬值。他们的住所里最多有一两把椅子、一张不结实的桌子、一些简陋的厨具和"一两张沾满污物的床"。全家人可能挤在一张床上，盖的是一堆脏稻草，被套则是用旧麻袋做的。甚至有好几个家庭共 16 个人一块儿挤在一间湿漉漉、臭烘烘的地下室里。[10]

路易-勒内·维莱姆（Louis-René Villermé）的《棉、羊毛及丝绸纺织厂工人的身体和道德状况表》(*Tableau de l'état physique et moral des ouvriers employés dans les manufactures de coton, de laine et de soie*, 1840)是他长年研究法国上莱茵省、下塞纳省、埃纳省、北部省、索姆省、罗讷省和瑞士苏黎世州纺织工人的成果。作为卫生改革的先驱和社会流行病学的先驱,维莱姆关心的是工业化对工人阶级健康和生活质量的影响。此书受巴黎道德和政治科学院的委托而成,建立在对细致观察得来的数据的仔细分析和费心分类之上。维莱姆对工人的工作时长、进食所需时间、通勤距离、报酬的方式和数额感兴趣。他亲自赶往工作现场,观察描写对象,耐心地和被观察者一起度过漫长的工作日,并表示自己"有义不容辞的责任去如实描述我所观察到的事实"[11]。维莱姆早上看着阿尔萨斯的棉纺织业工人去往工厂,晚上又看着他们离开,他观察到"一群面色苍白、瘦骨嶙峋的女性赤脚走过泥泞",在她们身边跟着的是一帮"同样肮脏、同样憔悴的幼童,他们衣衫褴褛,上面沾满了工作时从工厂机器上滴下来的油"。这些孩子没有用来装食物的包,"他们只是把面包拿在手里,或藏在衬衣下,在他们回家前只能靠它充饥"[12]。

像盖潘和博纳米一样,维莱姆也踏进了工人的住处:昏暗的房间里,两户人家各占一角,睡在铺在地上的用两块木板拢起来的稻草上,只盖着破布和一床肮脏的被子。他也看到并描述了简陋的厨具和破旧的家具。他还发现,要住在条件如此恶劣的地方竟然需要支付高得离谱的租金,这诱使投机者建造越来越多的出租屋,他们确信穷人不久之后就会填满这些房间。维莱姆还提到了收入和预期寿命间的关系。维莱姆注意到,在法国东部、毗邻瑞士的上莱茵省,贫困严重影响了人的寿命:大商人、生意人和工厂董事的家庭中有一半孩子能活到29岁,而织工和棉纺纱工的孩子当中却有一半活不过2岁。"这向我们传达了什么?"维莱姆问道,他的同情心与某种更具批判性的东西斗争,"关于缺少照顾、父母的疏忽,关于他们的贫困和苦难?"[13]

卡洛·伊拉廖尼·佩蒂蒂·迪罗雷托(Carlo Ilarione Petitti di Roreto)

伯爵写了一本关于工厂劳动对儿童影响的书，他是皮埃蒙特-撒丁王国的高级官员，也是当时皮埃蒙特最著名的自由主义者之一。佩蒂蒂从一开始就表示，他理解工厂使用童工的价值和必要性。儿童个头小、动作灵活，能接、绕、卷那些磨损的或不齐整的线头；他们能爬到机器底下进行调试，同时又不打乱生产节奏（维莱姆在阿尔萨斯棉纺织业童工身上看到的油渍就是这么来的）；凡是需要纤细手指和快速反应的活儿，他们都干得很漂亮；他们比成人廉价，因此对维持低成本至关重要。而且，儿童也能贴补自己贫困的父母。

在这类工作中使用童工的现象逐渐增多。现在，孩子七八岁就开始工作；在这些工厂里，他们的人数竟升至工人总数的一半之多。佩蒂蒂指出，工厂主毫不掩饰自己对产量最大化和成本最小化的追求，因此，即便是对这些最年幼的雇员，他们也会要求最大的劳动量。贫穷的父母也想减轻抚养后代的负担，因此十分愿意让孩子尽可能早地开始工作。所有利益相关方（除了孩子本人）似乎都可从这个剥削的体系中获益，但结果是可悲的。这些年幼的无产者因无休止的劳动和不充足的睡眠而精疲力竭，经常干着干着就打起瞌睡，在梦里"跑跑跳跳"，直到一声训斥将他们拉回手头的活计。他们要是反抗的话，就会挨打，或是挨饿。[14]

一个人开始劳动的岁数越小，成长过程中因特定工作而患上职业病或发育畸形的风险就越大。菲利贝尔·帕蒂西耶（Philibert Patissier）在观察欧洲最大的丝织中心之一里昂的织工时，发现他们普遍虚弱，这似乎与其工作性质相关，而且这种虚弱不只体现在外貌和活力上，还体现在情绪和态度上。织工们脸色苍白，他们的四肢"因淋巴水肿而虚弱浮肿。肌肉绵软，没有活力，个头也比平均身高要矮"，"他们脸上带有一股痴呆气，交谈时的声调特别低缓"，他们的身体饱受佝偻病和各种畸形的摧残，远远地就能"凭借发育不良的体格和踉跄笨拙的步态"被认出来。[15]

这就是工厂对工人身体所施加的暴力，帕蒂西耶写道，里昂附近农村来的年轻人在从事丝织业后不久就失去充满活力的表情和丰满的身姿:"腿上的静脉曲张和几种淋巴结核类疾病很快揭示出他们体内发生的剧变。"[16] 里昂贫民区恶劣的居住环境使得问题雪上加霜,那里昏暗污浊的小巷里杂乱无章地建着许多粗劣且通风不畅的房子,屋里塞满了"各年龄段的男男女女"。以如此方式居住的工人之间的关系十分亲密,早在"他们的生理状况发育到足够成熟之前",淫乱就已经不可避免地在他们中间扎下了根。"这些工人很小就开始自慰,难以确定他们到底是在多大养成这种恶习的。"[17]

1843 年,贝蒂娜·冯·阿尼姆(Bettina von Arnim)出版了一本题为《此书属于国王》(*This Book Belongs to the King*)的文集,批评了普鲁士政府对穷苦臣民的忽视。她委托 23 岁的瑞士学生海因里希·格伦霍尔策(Heinrich Grunholzer)写了一份关于柏林贫民窟的报告,并将其附在书后。对这位阅历丰富的作家、小说家兼作曲家而言,这是个不寻常的决定。此书其余部分在批评社会时采用的都是传奇而迂回的对话体(对话对象是个女祭司般的角色)。阿尼姆没有选择将格伦霍尔策的报告融进她自己的文本,而是原封不动地将其附在书后,似乎是为了表明"社会事实高于文学创作"[18]。自拿破仑战争结束以来,普鲁士首都的人口从 19.7 万增长至近 40 万。许多最穷苦的移民(大部分是雇佣工人和工匠)都住在城市北郊人口稠密的贫民窟中,格伦霍尔策就是在这儿记录下了他为阿尼姆的书所进行的观察。他花了四周时间摸排当地的廉租公寓,采访住户;他用简洁、非正式的散文记录下自己的印象,同时统合了支配着这座城市中最贫困家庭生活的残酷的统计数字。对话被编织到叙述中,现在时的频繁使用则表明这些笔记是在现场写下的。[19]

恩格斯 1845 年出版的《英国工人阶级状况》(*Condition of the Working Class in England*)是一部论述对社会和文化的观察的著作。该书副标题"根据亲身观察和可靠材料"中的"亲身观察"四个字就表明了这一点。恩格斯也喜欢巨细靡遗地列举并归类各种事物和现象,他看

描述的政治　009

到并描述了许多凯、维莱姆、沃尔夫、格伦霍尔策、佩蒂蒂、帕蒂西耶、盖潘和博纳米早先就见过的情况。他注意到最贫穷和最富裕的街区相邻。在距伦敦摄政街和特拉法尔加广场不远的圣贾尔斯，他发现"纵横交错的街道"上盖满了三四层高、里外都污秽不堪的廉租公寓。但与那些搭在大街之间的院子和小巷里的住所相比，这简直就是小巫见大巫。因为后一类住所无异于由腐烂的垃圾堆、没装玻璃的窗户和坏掉的门框所构成的迷宫，最贫困的人就蜗居在这污秽阴湿的黑暗中。与维莱姆以及其他许多人一样，恩格斯也震惊于这种破地方的租金还高得离谱。他感叹道："这些不幸的穷人（连小偷也不指望在他们那里找到一点什么）是怎样受着有产阶级在法律掩护下的剥削呵！"[20]

尽管各有不同，但这些著作还是表现出某种相似性。它们在关注各自的主题时，都带有时代特色，乐于使用数字、表格和精确描述。统计推理方面的新趋势，使人们更容易调和以下二者之间的分歧：一方是"大数据"和平均值的提取，一方是个体行为，后者现在被视作更广泛社会现象的表征。推动此种统计学转向的主力是比利时的天文学家、统计学家和社会学家阿道夫·凯特勒（Adolphe Quetelet）。这位"19世纪统计学的柱石"在1835年出版了一篇论"社会物理学"的开创性文章，他在其中主张，只有通过研究庞大的数据集合，才能揭示支配人类社会行为的法则般的力量。比方说，基于庞大数据集合的相关性测算揭示了一些颇具煽动性的因果关系，例如，收入与死亡率之间具有因果联系。此种在社会理解上的范式转换一旦发生便不可逆转。盖潘得出的令人痛心的结论——"看来交的税越少，死得就越早"——就带有此种新的统计学意识的烙印。[21]

社会描述还有文学维度。描述社会问题的作家似乎是在描绘一个未经探索的世界，如德意志激进主义者弗里德里希·威廉·沃尔夫（Friedrich Wilhelm Wolff）在其一篇广为传阅的、关于布雷斯劳贫民窟的文章里所言，这个世界就像一本"摊开的书"一样摆在城墙前，但对大部分生活条件较好的市民而言，它是隐形的。[22] 这是一个非超越的、转喻的世界，在这里，物理上的接近很重要：最富裕和最贫穷的区域反常地挨在一起，脏兮兮的孩子在破布底下蠕动，成年人在肮脏的床铺上紧挨着，工人们挤在工厂门口，病人和水井间的距离近得可怕。读者的视线被引导着穿过空间，从一个物体转向下一个：一扇打碎的窗、一张两条腿的桌子、一个破碗、一块破布、一张肮脏的简易床。其他感官也会被调动：黏糊糊、湿答答的墙壁、焦躁的婴儿啼哭声、人类排泄物的气味。[23]

资产阶级读者在消费此类文本时无疑带着一丝窥淫癖式的快感。这类题材的吸引力太强了，甚至超出专业论文和官方报告的边界，侵入了虚构文学的领地。最突出的例子便是欧仁·苏（Eugène Sue）的十卷本畅销小说《巴黎的秘密》（*Les Mystères de Paris*）。该书描绘了巴黎的地下世界，最早于1842—1843年连载，对当时大量涌现的社会深描产生了重要影响。苏的书中角色比现实人物夸张，但他们所生活的世界正是我们在那些描述工业化和城市贫困的作品中所读到的，那里的街道满是泥泞，如迷宫般错综复杂：

> 房子色调暗沉，屋内采光靠的是破旧的窗棂上的几片玻璃，窗框还被虫蛀了。房子和房子之间挨得太近，街道又太窄，屋檐都快碰到对面邻居家了。散发着难闻气味的昏暗小巷通向更黑、更臭的楼梯。楼梯几乎呈直角，即便借着用铁扣固定在潮湿墙面上的绳子也很难爬上去。[24]

苏的作品在欧洲广受模仿。[25] 威廉·沃尔夫宣称，如果读者已经准备好让自己迷失在苏笔下五光十色的花花世界中，他们就更应该对自家门口真实的"布雷斯劳的秘密"感兴趣。奥古斯特·布拉斯（August Brass）创作了《柏林的神秘》（*Mysteries of Berlin*, 1844）。他不满地指出，苏的德语译者将标题中的"神秘"译成了"秘密"。他抗议道，这是错误的，因为穷人的生活并不关乎秘密，而关乎"每天

描述的政治　　011

都发生在我们眼前"的神秘、费解之事。布拉斯写道，只要"愿意费神去摘下那张由自私和自满编织而成的舒适面纱"，将目光从自己习惯的圈子转向"我们手足同胞的生活"，人人都能观察到普鲁士首都地下世界的悲惨和绝望。[26]《论英法工人阶级的贫困》(*On the Misery of the Working Classes in England and France*, 1840) 的作者欧仁·比雷 (Eugène Buret) 简明扼要地指出：

> 贫穷湮没无闻。致命病菌在国家的心脏中快速滋生，国家却很少注意到自己内部正在发生的罪恶；就像一个病人误把高烧当作活力的标志，他们用繁荣的表象自欺，对于已然感知到的内部苦难却充耳不闻。[27]

这就是后来以"社会问题"著称的一类文体。官方报告、受公众委托的调查、获奖论文、新闻报道、非虚构文学于此交融、互动，成为19世纪中期欧洲"调查文化"的一部分。[28] 在大多数情况下，这是一个以第三人称提出的问题：该对他们做什么？（安热·盖潘是个例外，他探究的目光不仅投向最悲苦者，还投向富人和中产阶级。）社会问题实际上是许多问题的集合，这些问题关乎公共健康、传染病的危险、职业病、社会凝聚力丧失、工业化的影响、犯罪、性道德、城市住房、人口增长、失业、童工、经济竞争潜在的腐蚀作用、城市对居民生活和态度的影响，以及所谓的宗教的衰落。

如何排序、展现和回答这些问题则取决于研究者的政治动机。对恩格斯而言，叙事的关键在于一个阶级对另一个阶级的剥削。如果他笔下弯腰驼背、步履蹒跚的工人看起来像老兵，那是因为在他看来，工人确实是"社会战争"中活生生的伤员。这场战争由生产资料所有者或直接或间接地发动，对象是那些除了劳动力就没有什么可出卖的无产大众。他指出，正是因为工业资本集中在一个阶级的手中，才会出现无产阶级。他相信，未来革命性转变的种子就藏在无产者与剥削者的对立中。因为在不远的将来——"这个时间几乎是可以算出来的"——"从格拉斯哥到伦敦的整个工人阶级对富有者"的怒火一定会在一场革命中爆发,"和这个革命比起来,法国第一次革命和1794年(雅各宾派恐怖统治的顶峰)简直就是儿戏"。[29]

此种革命的预言并没有打动盖潘和博纳米。在他们对南特的研究的前言中,两人就清楚地表示,研究目标在于找出"我们必须做出哪些改善……从而避免再次经历扎克雷起义或1793年(雅各宾派恐怖统治的开端)"[30]。在南特度过一生的盖潘首先是个医生和社会卫生学家,他将自己视作这座城市的"生理机能"的研究者。他相信,弥合社会分裂的关键在于推进以各色社团的激进活动为基础的改革。1830年秋,在这一年的政治革命后,他成立了南特工业社,以帮助失业工人。靠着政府和富裕赞助人的捐款,社团买下了一座建筑,里面带有图书馆和诊所;社团还资助各种互助活动。[31] 深信科学和社团是社会改革的工具,这使他一度与精英乌托邦主义者亨利·德·圣西门(Henri de Saint-Simon, 1760—1825)伯爵的思想很亲近。圣西门声称,现代科学的首要任务在于建立一套完整的"生理学",它能从牛顿式整体系统的视角出发,观察和解释一切社会和道德现象。预测和管理未来社会需求的任务就落到了此种科学的实践者肩上。正是圣西门思想的这方面吸引了盖潘,他后来表示自己是在完善并延续这位先哲的工作。[32] 圣西门模式是以渐进、和平的方式向技术官僚治国过渡,而非恩格斯想象的那种改变一切的暴力革命。改造社会的不是愤怒的无产阶级,而是由卫生学家、工程师、规划师和经理组成的"实业阶级"。[33]

有关社会问题的论文和小册子都受到一种道德化能量——"将道德移植到经济学上"的激励。[34] 至于将这种能量聚焦于何处,则情况各异。恩格斯毫不打算掩饰他对城市资产阶级的厌恶。这些人在日子过得舒服时完全无视穷人;但要是城里暴发霍乱,他们就"突然想起"贫民窟里的肮脏街道而"惶恐不安",唯恐穷人的住所变成传染病的温床,要求采取一些混乱而欠考虑的卫生措施。[35] 马德里的拉

描述的政治　013

蒙·德·拉·萨格拉（Ramón de la Sagra）则将"特定阶级的不幸"归咎于"政府的不道德与堕落"、某些不明智的直接税、基础教育的匮乏、对民众道德和宗教指导的忽视，以及向年轻人灌输"无限制的欲望和不切实际的希望"的倾向。[36]

与之相对，在其发表于 1840 年的论文《大城市人口中的危险阶级》（"dangerous classes of the populations of the great cities"）中，奥诺雷·弗雷吉耶（Honoré Frégier）则主要将愤怒的矛头指向穷人自己，认为他们参与塑造了自身的命运。弗雷吉耶是一名行政官员，担任塞纳省的部门首脑，有查看警察档案的特权。他主要关心的是贫困和犯罪之间的联系，他把自己的论文作为行动指南，提供给那些被委以"保卫大城市秩序及其居民的人身与财富安全"重任的官员。他认为，大部分犯罪的根源在于，穷人往往因恶习和懒惰而使自身处境恶化。弗雷吉耶眼中的男性城市工人是精明的滑头，夸夸其谈，狡猾奸诈，要是哪个哥们儿愿意请他喝一杯，他很愿意旷工。[37] 这就是贫困的"社会危害"的真正所在，因为"从工人屈服于欲望而不去工作的那一刻起，他就成了社会之敌"。[38]

那些从懒惰走向恶行的人进入了"堕落阶级"的行列："浪荡子、妓女和她们的情人、皮条客、老鸨、流浪汉、诈骗犯、无赖、恶棍、男女盗贼和销赃者"（在此，我们又发现了罗列的乐趣）。这种环境带来的危害不是煽动叛乱，这在"公共生活中是极少见的"（此话出自一位经历过两次转型革命的市民，值得关注），而是恶习本身的慢性危害，它像酸液一样腐蚀着文明的机体。解决办法一定不是改变或瓦解工业体系，而是在工厂主和工人之间重新引入家长制的顺从和保护关系。他写道："我的精神并未被庞大的工业财产冒犯，但求富人和穷人之间能发展和延伸出一种庇护关系，由此前者的慷慨得到表彰，而后者的人格也并未被贬损。"[39]

弗雷吉耶的文章发表两年后，欧仁·比雷在 1840 年出版的《论英法工人阶级的贫困》（*On the Misery of the Working Class in England*

and France）中提出了针锋相对的见解。巴黎道德和政治科学院在 1837 年宣布有奖（2500 法郎）征文时，比雷正做着记者的工作。该科学院要求投稿人"确定贫困的构成要素及其在各国的表征"。比雷的获奖论文提及了一切常见因素：过高的房租、"又湿又臭的稻草"做的床、毁坏的窗户、采光恶劣的房间，以及被忽视的人发出的"腐臭味和尖叫声"。[40] 但是与弗雷吉耶的论文不同，比雷批评的是工业体系而不是工人。他认为，将穷人的堕落归咎于他们自身是一种彻头彻尾的误解，因为"在我们看来，工人阶级的道德状况是结果，是其物质处境的直接后果"。一个观察者只有"全面而深入了解"是怎样的"现实构筑了物质的苦难"，才可能理解穷人的道德状况，才可能超越"因他们的堕落和恶行而生的厌恶感和蔑视之情"。[41]

文章《贫穷与共产主义》（"Poverty and Communism"）的插图，1843 年 11 月 1 日发表于《画报》。其中可以看到许多常见的元素：陈旧的家具、破烂的衣服、吵闹的孩子、常见的混乱，还有男性家长手中握着一瓶烈酒。这一图像表明，就像当时许多关于贫穷的描述一样，穷人对自己的困境负有部分责任

描述的政治　015

比雷主张，贫困不是现代工业体系的偶然特征，而是其必然结果；贫困不是像弗雷吉耶说的那样是对文明的威胁，而是"文明的一个现象"[42]。比雷的灵感主要来自瑞士政治经济学家让·沙尔·列奥纳尔·西蒙·德·西斯蒙第（Jean Charles Léonard Simon de Sismondi）。西斯蒙第在《政治经济学新原理》（*New Principles of Political Economy*, 1819）中主张：构成现代制造业经济特征的、无限制的竞争趋向于导致过量生产，与此同时，还会压低工资，进而抑制消费需求。这样看来，低工资不仅不是工业的福音，反而对整体经济是个负担。[43]

关于社会问题的论述主要基于对现实状况的细致观察，但有时也带有道德恐慌的性质。这在男性作者论及劳动女性的处境时表现得尤为明显。劳动女性既是受威胁的纯洁的载体，也是崩解和罪恶的孵化器。她们是能激起强烈情绪的象征，预示着人们对性别秩序稳定性的隐忧及"相互冲突的动机和欲望"入侵的潜在焦虑。[44]道德恐慌首要的导火索就是所谓的劳动女性和娼妓之间的紧密关系。19世纪30年代中期，在（带着好几箱论社会问题的书）回西班牙之前，拉蒙·德·拉·萨格拉一直在巴黎生活。他看见"自然和社会道德的法则遭到扰乱和违背"，因为工厂雇用了越来越多的女性和儿童。这就是社会失序、贫困、现代的道德败坏，以及大制造业中心和城市里卖淫普遍、私生子增多的主因。[45]欧仁·比雷引用了帕朗-迪沙特莱对巴黎娼妓的著名研究（1837）中的一段。据报告，女性性工作者几乎全是日结工、家仆、工匠和贫穷工人的孩子，这项发现表明，现代工业体系和性交易之间存在系统的相关性。[46]

一旦承认工业化和卖淫之间的因果关系，一种可能性就得以揭示：女性性工作者本身就可能是财富和权力严重不平等的产物，而这种不平等正是现代工业资本主义的特征。而且较之男性，这种不平等对女性而言更为严酷，因为女性的工资通常更低，这是因为人们觉得女性的工作价值更低，又认为她们的收入只是或只应该是对养家糊口的男性所赚工资的一种补充。[47]在许多工厂中，工时太长，工资太低，工作太苦,恩格斯评论道,女性因而"宁愿去做娼妓也不愿忍受这种暴虐的统治"[48]。对女性主义者安热·盖潘而言,真正令人愤怒的是,正是那些口口声声鄙弃卖淫的中产阶级男性让卖淫这种现象持续下去。盖潘写道,他们需要妓女来捍卫自己女儿的荣誉,"就像他们需要别人替自己的儿子服役一样"[49]。

几乎所有评论者都承认街头和妓院里的卖淫只是性交易的冰山一角。恩斯特·德朗克(Ernst Dronke)估计,在柏林的1.8万名家仆中,至少有5000人参与性交易,她们就算没有公开卖淫,也会秘密私通以换取某种好处。此外还有"灰姑娘"——特指那些与中产阶级学生同居或只是睡觉的年轻女工;还有被男人"包养"在其公寓内的交际花;最可怜的是那些受华服美酒的诱惑,被老鸨卖给柏林有钱人的年仅十三四岁的小姑娘。德朗克写道,在几年间,人们或许会看到她们和朋友(通常是个处境相同的年轻女性)一起在柏林最好的街道上散步,伪装成体面阶级的女性。但她们的好运是短暂的:

> 你也许会问,这些误入歧途者最后怎么样了?当青春和美貌不再,她们也随之从公众视线中消失,而她们此前很容易就能吸引公众的注意。那些从这些不幸妇人的绝境中榨取并占有其青春和美貌之人,同时也是最不可能知道其结局之人……她们中的大多数人都会走上一条不归路,读者自会原谅我不在这里予以详述。她们最后的下场无非是:警察会行使管辖权,像对待悲惨的不法之徒一样把她们从一个警局送到另一个警局,直到她们死去的那一天。

从这个角度来看,卖淫是一个"机体完全腐溃"的社会的病症。[50] 有关女性劳工和性剥削之间病态紧密联系的声音回荡在激进主义者的宣言书和小册子中间。"面包还是革命!这应该成为你们的口号!"1847年夏,在法兰克福流传的一张匿名传单写道:"你们(给公子哥们）造那些鸳鸯帐，好让自己的女儿沦为这些色鬼的猎物。"[51]

"世界是事实的总和，而非事物的总和。"这是维特根斯坦（Ludwig Josef Johann Wittgenstein）《逻辑哲学论》（*Tractatus Logico-Philosophicus*）中的第二句话。[52] 关于社会问题的论文与小说凭借表格、数字和细致描写表明，它们的确属于维特根斯坦这一思想形成的那个时代。正是在对社会状况的探寻中，新的统计学技术、现代城市作为人类历史上独特的存在形式的观念、观察性的社会学、后来以现实主义闻名的各种各样的文学实践得以交融、互动，并最终产生了新的知识形式。这种新措辞的"现实效应"不应使我们忽视其视野的缺陷和盲点。对巴黎的一项里程碑式的研究展示了巴黎的图景是如何演变的：万花筒般的旧图景中，巴黎是一座由无数生产和文化活动的"岛屿"构成的"多彩之城"，然而，在19世纪三四十年代，取而代之的是光影对比更加强烈的一幅图景。在其中，工人阶级的空间"逐渐隐入阴影中"，并有效地衬托出资产阶级崭新、明亮的消费空间——巴黎人的画廊——的光彩。中产阶级的社会弊病诊断者关注的是贫民窟的环境、污物和传染病，在经历了1832年霍乱冲击后尤为如此，但他们常常忽视了工人区的活力和变化的迹象，比如市中心日益稠密的商业和制造业网络，以及"自下而上"兴起的新型劳动组织形式。[53]

围绕社会问题而生的能量反哺了政治。恩格斯在《英国工人阶级状况》中提出的论点随后影响了他与马克思合著的《共产党宣言》。恩格斯的这本著作对马克思而言是个重要的经验来源，是"后来形成的马克思主义的社会主义传统的一份基础文献"。[54] 在那个时代最著名的小册子之一《劳动组织》（*The Organization of Labour*, 1840）中，社会主义者路易·勃朗详尽地援引了安热·盖潘发现的南特社会各阶层的平均寿命差异，以此论证现代的工业和商业竞争是一个"灭绝人的体系"。走出困境的唯一出路在于建立以社会工场形式存在的由国家管理的工人联盟。这些社会工场的内部生活和人际关系是合作性而非竞争性的。[55] 西班牙的拉蒙·德·拉·萨格拉是"社会经济"的早期拥护者。在他看来,如果没有受一种训练有素的"社会物理学"原则指导,富人与穷人之间的长期斗争"总会破坏社会秩序的原则",并让人对工业进步所付出的代价产生怀疑,但他并没有告诉读者,怎样才能将一种开明的科学精神注入所有政府机关。[56]

不稳定与危机

贫困不是什么新事物。但 19 世纪中早期的"赤贫"有别于传统的贫困。这个新词的抽象性抓住了该现象的系统性特质。赤贫是集体性的、结构性的,不取决于诸如疾病、亲友去世、受伤或歉收这类个人时运。赤贫是永久性的而非季节性的。赤贫展现出要吞没某些社会群体(如工匠,尤其是学徒和帮工,还有自耕农)的迹象,而此前这些群体的社会地位相对安稳。

当我们观察 1848 年之前的欧洲时,几乎在每个地方都能发现生活恶化的迹象。根据博洛尼亚 1841 年的特别人口统计,该市 7 万居民中有 1 万是"永久乞丐",另有 3 万人生活在贫困中,经常需要公共援助。[57] 在 1829—1834 年的不来梅市,每年有超过 100 名手艺人因乞讨被捕。[58] 19 世纪 40 年代的一份统计数据显示,普鲁士 50%~60% 的人口挣扎在生存线上。

正如我们在上文中看到的,城市贫民的困境在描写社会问题的作品中已经得到了充分的记述。但那么多工人涌入肮脏的城市街道就表明农村的情况更糟。19 世纪 30 年代,在爱尔兰北部多山且闭塞的弗马纳郡,村民住在"破烂的棚屋"中,根据官方的说法,它们"总体上不适合人类居住"。[59] 1841 年,在威尼西亚(威尼斯腹地)旅行的英国人塞缪尔·莱恩(Samuel Laing)震惊于当地人的贫穷,他写道:"这场面真是令人惊骇,丝绸是最昂贵的织物,干活的养蚕人却赤着双脚,衣衫破旧。"[60] 当地的农民靠毫无营养价值的食物勉强维生,在破败肮脏的房子里艰难度日。慢性病流行，负债者比比皆是。工作也是不稳定的，完全取决于收成。[61] 伦巴第乡村的情况也差不多，大约从18世纪与19世纪之交起，这里的生活水平一路下滑。低收入地区疟疾肆虐，佃农住在通风差、肮脏的小屋里，主要靠玉米过活。穷人以玉米这种廉价谷物为主而患上糙皮病——一种营养不良症，其症状包括皮炎、腹泻和精神失常。社会各阶层间的营养差距很明显，中产阶级（商人、有产者、律师和其他专业人士）的平均身高比纺织工人、马车夫和理发师高2.85厘米。[62] 19世纪上半叶，德意志人的平均身高也下降了，这在19世纪30年代末生人身上表现得尤其明显，因为他们遭遇了接下来10年的多场生存危机。[63]

时人为生存状况的此种恶化找出了不同的理由。保守派倾向于责怪现代社会的"去法团化"（decorporation），他们通常用这个词表示：行会的废止或削弱，以及与封建土地所有制相联系的相互权利和义务体系在法国大革命和拿破仑时代的终结。恩格斯将其归咎于资本主义的工业经济及其剥削逻辑。卡洛·佩蒂蒂则将矛头指向日益普遍的雇用女工和童工的现象：这两类人都在行会之外，且习惯于低工资，因而拉低了所有工人的报酬。在路易·勃朗看来，贫穷的根源在于同行企业间无处不在的竞争："我坚持认为是竞争导致了人的悲惨境遇，这是个已经得到数据证明的事实。"[64]

这些解释中没有哪个被完全接受，不过它们都捕捉到了部分真相。去法团化显然是整个故事的一部分：在巴塞罗那，旧行会在法律上的消失使工匠人数迅速增长，也使他们陷入了"无产阶级化"的进程。[65] 爱尔兰经济与正处于工业化进程中的不列颠经济融合，这给爱尔兰的家庭工业造成了毁灭性打击——在此，竞争显然是工人贫困化的一个因素。波希米亚纺织业的情况与之类似，19世纪40年代，当地的纺织业正奋力应对不断涌入的廉价英国商品。[66] 对法国某些地区的研究表明，人口显著过剩的农业区会抑制周边地区的工业工资。[67] 不过，当工厂主以"竞争"为由压低工资时，工人们通常是有理由警觉的。[68]

工业化本身是否"引起"了贫困则值得怀疑：威廉·阿贝尔（Wilhelm Abel）在他对近代早期欧洲贫困的经典研究中证明，全欧洲范围内不断加剧的现代贫困远早于工业化的肇始；在机器出现之前，就已经是贫者愈贫了。另外，有证据表明，欠工业化（under-industrialization）反倒可能加剧生存危机。[69] 不过，对19世纪早期英国工业化程度最高地区的研究则表明，新的生产方式产生了一群非专业化的流动劳动力，"结构性的弱点"使他们更可能在人生中某些阶段陷入最悲惨的贫困状况。[70] 与之相反，有证据表明，某些区域残存的行会对工人营养水平有正面作用。换言之，在某些情况下，传统形式的劳动组织能保障工人的生活水平，而那是更具活力的工商业环境无法做到的。[71]

大规模贫困化是在人口加速增长的背景下展开的，但这是问题的根源吗？1818—1850年，意大利诸邦的人口从1700万增长到2400万；德意志诸邦（不算奥地利帝国）的人口从2200万增长到3300万；从18世纪与19世纪之交到1848年革命，法国的人口从2600万增长到了3600万。而且，人口增长在农村尤为显著。在普鲁士王国，人口从1816年的1030万增长到了1846年的1590万，涨幅高达54%，但是城市人口占比仅从26%上升到28%，这意味着人口激增的主要地区是农村。1800—1848年，博洛尼亚省的人口增速惊人，博洛尼亚城的人口却停滞不前。爱尔兰是个极端的例子，其人口增长速度是西北欧平均水平的两到三倍，结果就是爱尔兰农村的人口密度在整个欧洲大陆都是数一数二的。[72]

但是若要在人口密度与贫困之间寻找直接关系，我们就碰到了麻烦。对饥荒之前的爱尔兰的一项重要研究表明，人均收入最低的地方不一定是人口密度最高的地方。[73] 也不能笼统地说这一时期的社会危机缘于马尔萨斯陷阱——人口对食物的需求超过可获得的农业生产供给。从19世纪初到1848年革命，耕地面积的扩大和农业生产率的提高使得欧洲的食物供给几乎翻了一番。换言之，以历史标准来看，当

不稳定与危机　021

时的人口增速固然高,但粮食供给的增速更高。但这当中也有问题:爱尔兰的食品供给越发依赖土豆(32%的可耕地都用来种土豆了),这有助于维持与停滞的经济相比高得不成比例的人口增速。在西班牙,也可见类似的效果,当地粮食产量由于耕地面积的扩大和地租结构的自由化改革而提高,这有助于维持马德里周边和东北沿海地区人口的快速增长。[74] 粮食供给的增加也反映在粮食价格上。从长时段来看,1815—1850 年谷物的平均价格是在下降的。因此,与其说问题在于人口数量超过了自然资源的承载限度,不如说尽管粮食产量整体上有所增加,但在面对自然灾害时仍极为脆弱。歉收、畜疫、农作物病害都会使粮食由原本有所盈余转为急剧短缺,从而引起价格暴涨,进而使许多人陷入生存危机。

不平衡的增长扩大了最不稳定的社会阶层。位于德意志西部、隶属于普鲁士威斯特伐利亚省的明登-拉文斯堡乡村地区,靠雇佣劳动为生的家庭与有地农民的比例从 19 世纪初的 149∶100 上升到了 1846 年的 310∶100。这些家庭日益微薄的收入既来自农业劳动,也来自供应跨区域市场的商人所分派的各种形式的家庭计件工作。这类乡村劳工将他们的大部分收入都花在了面包上。他们在面对谷物价格上涨时极为脆弱,不仅如此,商业周期的波动还会减少对他们参与生产的那些商品(尤其是纺织品)的需求,从而威胁其生计。[75]

意大利中部的情况与之类似。本就不足的土地承受越来越大的人口压力,这使得大部分人从传统的佃作转变为各种形式的无地工资劳动。佃作是一种艰辛的生活方式,但至少能提供稳定的住处和相对有营养的、稳定的伙食。相较而言,日结工则要为日薪工作,并频繁更换活计。他们是农业体系中最底层的成员。由于不能和佃农阶层结婚,他们形成了一个乡村无产阶级,作为犯罪和混乱的源头而普遍为人所畏惧。[76] 类似的情况也出现在制造业部门:1816—1846 年,普鲁士人口增长了 54%,同一时期工匠师傅的人数却增长了 70%,增长得更快(156%)、更成问题的是帮工和学徒的人数。19 世纪早期,纽伦堡的人口增长曾引发金属加工行业中师傅与帮工间的紧张冲突。师傅们抱怨大量帮工从小镇和农村涌入城市，"塞满"了他们的行当，使得劳动力市场人满为患；帮工则抱怨工匠执照的门槛太高。[77] 如果一个经济体中生计不稳的成员日益增多，那么，一时的不景气就会触发饥民的大规模流动，其中许多人会去镇上找工作或寻求施舍。1828 年谷价上涨，博洛尼亚市里挤满了来自农村的失业日结工。用一位高级官员的话来说，城里净是农村流浪汉，以至市政当局向全省颁布命令，禁止农民离开乡村。这条禁令徒劳无果，因为根本没有办法管控这样的人口流动。[78]

那些受苦受难的人不会从马尔萨斯理论的意义上，将稀缺或贫困理解为"自然的"或神定的，他们认为这些苦难的根源在于人与人之间权力关系的变动。由此，不稳定和粮食短缺的体验就构成了对公共秩序的潜在威胁。权力关系的变动可能发生在特定生产中心这种微观层面，也可能通过区域或全国范围的政治和法律变革发挥作用。技术工人可能会容忍低工资，但他们要是觉得管理者在对他们滥用权力，便会不服管束。例如，在里昂的丝织业和西里西亚的亚麻纺织业中，商人评估织工师傅上交的成品质量和价格的整个流程复杂且缺少监管，很方便操纵和滥用权力，因而这一过程一直是双方的冲突之源，其结果就是两个力量悬殊的群体之间连续不断的争斗。[79] 巴塞罗那的工人与纺织业老板也经常发生冲突，原因是后者向前者索要备用材料的费用。[80] 南特建筑工人复杂的工资体系为分包商提出相互冲突的解释和滥用权力大开方便之门，在因为坏天气或其他干扰而停工的时候，情况尤其如此。1836 年夏，南特建筑工人不满于反复无常的工资计算法而罢工。工人以自己的荣誉起誓，不再给任何拒不认可他们诉求的分包商打工。诉求得到满足的工人每人每天要捐赠 50 生丁给那些仍在罢工的工人，破坏罢工者则要向仍在罢工的同志们支付 5 法郎的罚金。这些方法很有效，大部分分包商很快就让步了，接受了向工人提供相对透明且固定的收费标准的要求。但是既然还有些分包商拒绝

不稳定与危机　023

让步，罢工和骚乱就继续。当局以"非法联合"为由逮捕罢工领袖时，罢工者们集体向押送领袖出法院的警察和军人扔石头。在最终达成了一个普遍的工资协议后，骚乱才得以平息。[81]

此类劳工抗议在有限的范围内挑战了当地的劳动纪律和管控体系。当更大的社会政治结构处在变动中时，面对超越地区和国家边界的抗议浪潮，一度被视作永恒不变的法律安排也会变得脆弱。在19世纪早期欧洲的社会冲突中，土地所有权和开发的问题首先爆发，这正是因为围绕土地问题的规范性结构本身也在变化。在法国大革命和拿破仑时期，教会和大封建主凭借封建土地保有制占有的土地被没收并转卖给私人，这为之后数代人埋下了冲突的伏笔。19世纪20—30年代，西班牙南部安达卢西亚的小农户们在夺回那些被当地地主"侵夺"的农田时，进行了抗租、诉讼、强行占有土地等多种形式的斗争。[82] 19世纪40年代，在马德里以南约161千米的雷阿尔城省，围绕公地的封建地租问题爆发了一场冲突，这项地租一度由卡拉特拉瓦骑士团（一个可以追溯到12世纪的卡斯蒂利亚骑士团）征收。根本问题在于，封建制的废除只解决了土地所有权的问题，没有解决土地使用权的问题。[83]

凡是在更同质化的商业所有权和开发形式取代了传统的"封建"使用权体系的地方，当地社群都会通过抗议、诉讼、非法侵占、攻击执行官员的方式来反抗。受到威胁的是各种传统使用权，它们准许当地社群利用公地的水源、森林和牧场。19世纪20年代，在加泰罗尼亚赫罗纳附近的乌利亚镇，一个当地大地主刚买下了三月屋森林，当地居民就要求他归还土地的共同使用权。省当局指出这些土地现在是私有财产，拒绝了村民的诉求。此后便爆发了一场大规模骚乱，出现了入侵、强占土地等行为和武装冲突。[84]

这些都是因为当地不满而爆发的地方性骚乱，但这并不意味着它们是"原始的"或非政治的。19世纪20年代，塞维利亚省的小土地承租人埃尔科罗尼尔和洛斯莫拉莱斯发动了一场组织性极强的运动，以支持其抗租斗争。他们筹到了一笔对他们来说算是巨款的钱,以雇用律师起诉当地公爵。能说会道、满腔热血的当地神父则帮他们把抗议提升到具有法律和意识形态条理性和连贯性的高度。地主管家企图收税,但无果而终;据他报告:"我和所有这些居民都吵翻了。鉴于他们目标一致,我认为这背后有个普遍的阴谋。"[85]

在西西里,新法律也允许地产所有者主张"不受限制的私有财产权",不理会那些与传统的封建保有权相关的权利和义务,包括公用权(usi civici)。农民本据此有权使用领主土地上的牧场、柴火和水源。那不勒斯政府意识到了这个问题,在1817年、1839年和1841年立法规定:公地在转为私有时,只要农民能"证实世世代代的使用习俗",他们就有权得到赔偿(形式是从公地分得一部分土地)以弥补传统使用权的丧失。但现实是,许多地方既没有档案或记录来证明使用权的存在,也没有合适的执法手段。公地被简单粗暴地夺走,并由恐吓者和武装打手看管。这种事情一旦发生,波旁家族的统治者往往会把事实上的占有等同于法理上的所有。[86]西西里西南部萨拉帕鲁塔村的案例生动地说明了要从这个体系中寻求公道有多困难。1829年,这个村子起诉维拉弗兰卡亲王非法占有了原先公有的林地。亲王对这些乡下人的冒犯怒不可遏,一把火烧了这片森林。直到1842年,地方当局才做出不利于他的判决。亲王随后上诉,而直到1896年,上诉法庭才判村民胜诉。这片有争议的林地的剩余部分直到1903年才还给这个村子,此时,最初对簿公堂的双方都去世几十年了。[87]

在法国,针对各种各样的地方使用权问题,有关公地的政策更加渐进和灵活谨慎,不过,普遍倾向仍然是分割、出租、售卖、开垦公地,这种趋势有利于中农和小土地所有者。正是由于村社的坚决抵制,这儿才没有发生大规模出售公地的情况。[88]如果说在1815年后的法国关于耕地的冲突相对较少的话,那么林业权依然极具争议,在1827年的新森林法颁布后尤其如此。先前的政府容忍了各种形式的

不稳定与危机　025

集体使用权，而新法则力图将之废除。从今以后，在树林里放羊就被禁止了（猪是个例外，它们要吃橡子），开垦土地也严格受限，捡树枝的人也会受到惩罚，因为掉落的树枝现在也算所有者的私有财产。

1829—1831 年，在阿列日省的比利牛斯山区爆发了名为"姑娘之战"的抗议，这是上述措施激起的众多抗议之一。地方当局和私人企业家（尤其是加泰罗尼亚的铸造厂主）否认当地人在树林里捡柴火和锯木材，以及放牧家畜的传统权利。为此，当地的男性农民穿上女装来抗议。他们身着宽松的白衬衫，下摆不掖进裤子里，腰系彩带，脸上或抹了厚厚的红色或黑色颜料，或戴着布或纸做的面具。"姑娘们"朝天放枪，威胁且有时袭击那些负责阻止他们进入林地的护林员。这种奇装异服（通常还包括拿破仑时期的帽子以及其他战争纪念品）既是一种伪装，也是一种象征：它将抗议者与农民传说中被称为"姑娘"或"白夫人"的森林精灵联系起来。[89] 新法太不得人心了，上阿尔卑斯省省长都找不到愿意当村长的当地人，因为没人想当如此遭人憎恨的政策的替罪羊。[90] 普鲁士政府颁布新法规定，民众如果从他们享有传统使用权的森林里"偷窃"木材，将受到处罚。此后，类似的紧张局面也在莱茵兰出现。1824—1829 年，光是特里尔一地就出现了 37 328 份木材盗窃案判决，以及 14 000 余份"其他与森林相关的违法行为"的判决。[91]

这些故事都表现了如下两者间的冲突：一方是贪婪的地主或咄咄逼人的国家，另一方是捍卫自己古老权利的英勇农民。但并不是每一个地方都发生了从公地到私地的转变，变化的主导者也因地而异。在法国朗格多克-鲁西永大区的科比耶尔，是拥有小块土地的农民推动了经济变革的进程，他们通常在没有任何授权的情况下就占领并分割了公地。在弗洛朗斯·戈捷（Florence Gauthier）所举的一个"农民走向资本主义的道路"的例子中，农民将公地纳入一种以市场为导向的葡萄种植占主导地位的农业。[92]

这些变化所引起的冲突不仅是社会性的，而且是环境性的，因为"自由的"私有财产模式必然会推广一种以市场为导向的新型资源管理模式。农业会优先于其他混合式的土地使用形式（放牧、采集、林业）。公地传统的"农林牧复合"体系和土地的公共使用不复存在。这是农业生态系统不同的管理视野之间的冲突。[93] 1827年森林法颁布后，法国的森林被滥伐，导致了深远的生态后果：罗讷河流域在1843年暴发了严重的洪灾；19世纪50年代末，阿尔卑斯山区诸省森林遭滥伐的地区也出现大洪水。[94]林地不是唯一以这种方式退化的资源。在亚平宁山脉和西西里王国北境的第勒尼安海之间的利里河谷，废除旧封建体系和私有化水源，为造纸和纺织厂混乱而匆忙的建设打开了方便之门。各方围绕着用水权爆发了激烈冲突，他们或毁坏对方的水坝，或在对方的土地上兴建非法工厂。这个过程中，河谷的生态被彻底改变。由于大肆兴建水利设施和采伐坡地森林，洪水的暴发愈加严重，1825年和1833年发生了毁灭性的洪灾。当地的工业也没有像预料的那样腾飞。"个体'所有者'对水源不受限制的自由导致了'所有人的毁灭'。"[95]

工人会自发地动员起来，对抗那些被他们视作稀缺资源竞争者的"外人"。1843年，摩拉维亚首府、工业城镇布吕恩（今布尔诺）的失业织工攻击了那些带着计件工作从城里工厂回家的农村织工，前者误认为正是后者夺走了他们的工作。[96]在安达卢西亚的农村，"外地来的工人"是在土地上劳作的人当中最边缘化的群体。这些被称作"贫农"的人仅拥有一小块贫瘠多石的土地，这勉强让他们感到自己不仅仅是劳工。他们会在一年当中四处流动，会到山谷里找工作，因为单凭自己那一小块地是养不活一家人的。1825年3月，塞维利亚总督报告称，在拉阿尔加瓦（在阿拉伯语中意为"森林"）镇发生了一起暴力抗议。当地的日结工攻击来自科尔多瓦和格拉纳达的工人，后者"因为家乡遭受旱灾而大批前来此地，做起割草的工作"。当地人认为，这些人的到来把工资压得"如此之低"，以至当地工人"无法缓解寒冬的困苦"。[97]共同的悲惨命运本身并不足以让最困苦的人团结起来。

纵观1848年革命前的欧洲，人们为竞争每一种可想象得到的资源而爆发社会冲突，这幅全景图以资源稀缺性和增长缓慢的生产率为特征。怨恨烟草税的公民烧掉了装满贵重烟叶的仓库，在树林里捡柴火的农民向林业官员放冷枪，相邻城镇的渔民因捕鱼权起冲突，此外还有针对税吏和海关官员的袭击事件。约翰·戴维斯（John Davis）指出，在经济严重停滞、管制极其严格的意大利中部和南部，烟草、盐、纸牌、彩票等王室垄断商品的销售执照分发体系本身，就成了在每一个交易层级进行敲诈的由头，这仅仅是因为敲诈消费者是让利益最大化的最简单的方法。向那不勒斯王国臣民征收的许多直接税，实际上是腐败的官员或地方敲诈者强加的非法捐税。这种混乱局面不仅导致贫困加剧和需求减弱，而且在供应链的每一个环节都引发了愤怒和冲突。[98]

这些脆弱而缺乏弹性的系统会周期性地受到短期食品供应问题的冲击。1829年，小麦价格的突然上涨引发了一系列暴动和抢粮事件。在法国中西部的商业城镇蒙莫里永，愤怒的镇民侮辱并殴打磨坊主和谷物商人，连镇长也不放过。商人们被迫以低价出售商品。当地宪兵抽出刺刀准备动武时，抗议者闯入刀具作坊，抢走了镰刀、小刀和干草叉。直到50名猎骑兵到来后，动乱才得以平息。[99]这类骚动在广大的农村地区迅速传播开来，展现民众的集体愤怒情绪。在有些地方，每当价格再次上涨时，暴动的浪潮就会再现，致使富裕阶层心惊胆战。19世纪30年代末，歉收引起了一波又一波的粮食暴动，集中于布雷斯特、南特和拉罗谢尔等大西洋沿岸的港口城市，因为运往英国的谷物存放在这里的出口仓库中。在卢瓦尔河以南的地区，粮食时常遭劫，且大多发生在通往卢瓦尔河的水道上。与德意志和其他地方类似，在法国，若某地本就粮食匮乏或粮价猛涨，却还要从该地输出或转运粮食，那么发生暴动的可能性就相当大。[100]最贫困者聚集在镇上，不是手持干草叉，就是在围裙里装满了铺路石。看到这幅景象，支持开放市场和任意处置私有财产等自由经济秩序的那些人怎么会不害怕呢？1831年秋，法国西北部的贝尔纳堡的公诉人写道："一想到即将到来的冬天会在我们那些最穷苦的民众引发怎样的盲动和混乱，我就感到心慌。"[101]

1845—1847年的情况更糟，当时，一场工农业双重危机席卷整个欧洲大陆。1840年左右，马铃薯晚疫病的致病疫霉孢子从美洲传到欧洲。这种真菌繁殖极快，而且靠着风和雾的传播，能在数小时内感染一整片马铃薯田。马铃薯的叶子在感染后会发黑、腐烂；如果下雨的话，真菌很快会侵蚀到根部和块茎。1845年的夏天异常潮湿，这种致病疫霉在黏土里生长得最快，因此马铃薯晚疫病在黏土里传染性最强，而食用马铃薯（不同于工业用或饲料用马铃薯）就栽培在黏土里，后果变得更为严峻了。1845年荷兰的马铃薯收成遭到了毁灭性打击，产量从1842—1844年的平均每公顷17.93吨下降到4.45吨。实际情况比数据表现出来的更糟，因为1846年收获的马铃薯大部分是工业用马铃薯，收成中只有极少的一部分是耐储存的冬马铃薯。早熟品种的马铃薯得病的可能性要小得多，因为马铃薯晚疫病每年7月中旬开始发威，而此前早熟品种已经成熟了。[102]次年，荷兰的灾情有所缓解：1846年8月和9月的干旱减缓了马铃薯病害的发展和蔓延；没有下雨，因此孢子难以传播到地下的块茎。

爱尔兰的情况却截然相反：马铃薯病害在1845年摧毁了将近一半的马铃薯，在1846年则令农民颗粒无收。尼德兰饥荒造成的死亡总数约为6万人，爱尔兰饥荒及随之而来的疫病直接导致的死亡人数高达当地总人口的1/8（830万中约有110万）。这是"欧洲现代史上最严重的自然因素导致的人口灾难"[103]。这也是一起生态事件，因为病害对马铃薯造成的伤害是永久性的，这种作物再也没能恢复。这里的问题不在于工业化本身，因为以当时的西欧标准来看，爱尔兰和尼德兰都是"欠工业化"地区。灾情的严重程度差不多，但农业工业化和商业化程度更高的比利时和苏格兰反倒更好地挺过了马铃薯病害的冲击。换言之，造成脆弱性的不是向资本主义生产方式的转变，而是过度依赖一种脆弱的商品（在此之前，没人知道马铃薯竟如此脆弱）。爱尔兰的情况则因饥荒加重后政府的应对不力而进一步恶化。

马铃薯病害暴发的同时，粮食经济的其他环节也出了问题。1846年的干旱虽减缓了马铃薯病害在北欧的蔓延，却转而损害了谷物的收成，尤其是贫困阶级的主食小麦和黑麦。法国的小麦产量从1844年的约315万吨下降到1846年的约203万吨。黑麦秆锈病使北欧黑麦产量几乎减半。由于马铃薯危机耗尽了粮食储备，本来可以用作缓冲的储备粮也没有了。接着便是1846年年末到1847年年初那个异常漫长而严酷的冬天。1847年春，从小麦、黑麦到荞麦、燕麦、大麦和豆子，所有替代食品的价格都在飙升，这令穷人更难填补马铃薯的空缺，如今这是他们无论如何都负担不起的。在法国卢瓦尔河以北各省，小麦价格从1845年的每吨2法郎涨到1846年的2.4法郎，在1847年5月的饥饿季（青黄不接的时节）则涨到3.9法郎。

欧洲各大经济体中，食品短缺引发的价格飙升抑制了对工业制品的需求，与此同时，投资者信心不足导致商业领域的流动性紧缺。人们很容易将19世纪50年代经济"步入稳步增长"之前的时期，想象成一切都依赖于食品供应的"农业经济"时代，但天平正在向另一端倾斜。诚然，法国仍有80%的人住在农村。但农产品在GDP（国内生产总值）中的占比已从1820年的45%下降到1850年的34%，工业产品（即制成品）的占比则从37%上升到43%。这类制造业中的很大一部分都分散在农村。在阿尔卑斯山谷和上西里西亚，到处都是小纺织厂。随着农村的人口密度增加，农村人身上的压力也越来越大，他们不得不在种地之外找些活儿干。[104]

不管在哪儿工作，为他人生产商品的人很容易受供应链中断和市场需求波动的影响。面包对穷人来说是无可替代的主食，面包价格的上涨则会抑制他们对其他商品的需求，进而使作坊和工厂的收入减少，许多工人也随之失业。由此产生的反向乘数效应使得工业生产急剧收缩。[105]在毛纺业中心鲁贝市,1847年2月,有30%的工人失业,5月中旬的失业率上升至60%。许多工厂关停、裁员或减产,缺少资金的经营者们以存货为抵押向商业银行贷款,却因普遍的信贷短缺吃了闭门羹。[106]美国接连两次的棉花歉收(1845—1846年和1846—1847年)使得工业的情况更加恶化。棉花进口减少导致1845—1847年原棉价格暴涨50%,进一步抑制了本就因粮价高企而低迷的家庭消费。首当其冲的是兰开夏郡的棉纺织厂,当地出现了严重的失业和工时缩短的现象,类似的情况很快遍及全欧洲的棉纺织业。

国际性工商业危机、食品短缺和粮价上涨的组合拳是致命的,将无地的或几乎无地的农村贫困人口逼上了绝路。他们光靠自己的土地养不活一家人,所以才需要依靠诸如纺纱、织布等各类计件工作的收入维生。他们现在面临双重危机:一是食品价格高涨;二是订单减少导致的计件工资下降,甚至失业。就像卢森堡大公国的一位评论家注意到的,工人阶级或下层工匠的生活处境是无法精确量化的,因为"工作机会越来越少,食物却变贵了,他们的收入甚至都不够勉强维持生计,只能听天由命,依赖慈善救济"[107]。

社会下层受到了直接且严重的冲击。里昂教会的记录显示,在1845—1847年死去的13 752人中,有10 274人没有为子孙留下任何遗产。在总人口245 000的弗里斯兰,1844年共有34 859人领取了贫困补助,1847年,这一数字上升至47 482人。在列日市,1847年年中到1848年年中,接受紧急赈济者从不足8000人飙升至近17 000人。[108]在此种状况下,德意志各城镇中被官方认定为穷人的人数膨胀至总人口的2/3甚至3/4。[109]粮食骚乱遍及全欧。1845年秋,由于人们害怕马铃薯歉收和粮价上涨会使得即将到来的冬天格外难熬,莱顿、海牙、代尔夫特、哈勒姆发生了严重的骚乱。一位历史学家统计,仅普鲁士一国,在惶恐不安、青黄不接的1847年4—5月,就发生了158起粮食骚乱。实际参与者人数要远多于上述数字:1847年春记录在案的约200起暴动中,总共约有10万公民积极参与。暴动采取了各种形式。在有许多无地农村劳工的东普鲁士,劫掠或乞讨的群体发起了"食物行军",他们有数百人,手里拿着麻袋和篮子。[110]这些人就是在德意志农村生计最不稳定的佃农、贫农和长工,他们和春天从安达卢西亚山区到来、迫切想找一份工作的贫农很像。在整个欧洲,流浪汉和乞丐的人数剧增。1847年5月,尼德兰布拉班特北部的一份报告显示:"在乡村,许多人,其中还有些相当富足的人","正在靠田野里的草药、刺荨麻和野生接骨木"填饱肚子;穷人们在乡野拼命搜寻这些植物,令它们几近绝迹。[111]在爱尔兰,许多人离乡背井找工作或食物,而这又大大促进了传染病的传播。精疲力尽的人们没条件洗漱或换衣服,身上很快长满虱子,而正是虱子所携带的斑疹伤寒在饥荒年代要了许多人的命。

人口统计数据最为冷酷地证明了荒年的恶劣环境所造成的苦难。前文提到,马铃薯病害对爱尔兰造成了灾难性影响,并在尼德兰引起了大量死亡。实际上,整个欧洲大陆的死亡率几乎都上升了。德意志诸邦1847年的死亡率比平时高8.8%,奥地利的死亡率则比平时高48%。法国受灾要轻些,即便如此,其死亡率仍略有上升,比平均水平高出5.3%。[112]数十年间困扰着社会问题相关文献的"赤贫"现象至此臻于顶点。

这类灾难有时候看起来像是地震或极端天气这样的自然现象。但是正如诺贝尔经济学奖得主阿马蒂亚·森(Amartya Sen)所评论的,饥馑不是自然现象,而是政治现象。[113]欧洲的这场生存危机更是典型的政治现象,因为这危机既是不同社会群体间权力关系的社会结构塑造的结果,也迫使当地和地区官员在压力下做出决策。西班牙就有一城镇成功避免了1846年粮食危机的最坏结局,通过考察这一案例,我们能更清楚地理解上述观点。

时至1846年初秋,西班牙南部收成极差这一点已显而易见。距西班牙西南部的加的斯不远的赫雷斯-德拉弗龙特拉城,小麦价格在9月就开始猛涨,尽管收获季才刚开始。这是极不寻常的。在往常的年份，这座城市为了避免需求波动，会从该省内陆小镇购买谷物以平衡其谷物输出，但这一年，到处粮食短缺，而人们一筹莫展。最先对迫近的危机做出反应的是投机者和谷物商人，他们涌上公路，抢购骡夫从周围农村运往赫雷斯-德拉弗龙特拉的粮食。随着价格继续攀升，城内和该地区的许多小镇也深感不安。市政府下令调查城内粮食储量，而答复令人忧虑。根据商务委员会的报告，在下一个收获季到来前，现有的储粮仅能满足总需求的一半左右。由心系慈善的地方权贵组成的爱国经济协会则给出了直白的警告，他们坚持认为：当局必须把人民的营养需求置于农业部门的商业利益之上，即便这样做意味着在短期内有损一部分大宗商品投机商的利益。

就在这些事进行时，恐慌在城里爆发了。1847年2月23日，一个当地的面包师向市议会陈情：他买不到足够的小麦来做面团，所以这周六没法给零售商供货了。他认为这是粮商囤积居奇的结果。当局暂时决定继续相信市场，令当地官员制止任何阻碍或扰乱谷物交易的行为。但与此同时，他们把粮商召集到市政厅，以确认当前哪些商人囤积了小麦。市议会强令谷物商人开仓售粮，并警告称，如果他们的不配合致使"本市公共秩序发生重大变化"，那么他们是要负责任的。粮商和粮农还受命详述他们的储量。市议会宣布，报告有瞒报、漏报者，须重新提交，且将受到重罚。

时至1847年3月，这些措施都没能阻止面包价格一路上扬。3月11日晚8点，市议会召开特别会议，决定召集市内最重要的12名面包师。当晚11点，面包师到场，市长要求他们考虑下调面包价格，让城里的普通百姓也买得起。面包师们对于此种压低自己利润空间的方案犹豫不决。但是在第二天，超过36名面包师到场后，人们达成协定：该市的面包房每天会以约定好的折扣价出售1140个面包（随着危机加深，这个数字上升到了6000）。市政府会补贴每个面包，以补偿面包师的一部分损失。由此，赫雷斯-德拉弗龙特拉市及其面包师分担了应对供给不足的紧急措施所带来的负担。这项协定一直执行到 5 月底，那时，粮食价格开始下跌，紧张局势有所缓解。

在 19 世纪中叶的西班牙，这是一次极为深刻且大胆的行政干预实践。本能地倾向于自由主义经济政策的市政当局推崇自由市场，他们一般不愿意限制财产所有人自由买卖商品的权利。尽管在这个案例中，谷物投机商行事与卡特尔类似，很难说是自由市场治理的光辉典范，但作为预防重大社会动荡的一种方式，赫雷斯-德拉弗龙特拉市达成的务实方案还是卓有成效的。6 月，由于人们预测今年会有好收成，作物价格再度下跌。[114]赫雷斯-德拉弗龙特拉市的面包师们选择配合市政当局的举措是明智的：在欧洲的其他地方，面包师是暴动人群攻击的首选对象之一。1847 年 4 月 21—23 日柏林的"马铃薯革命"期间，暴动者袭击、洗劫的 45 家店铺中，有将近 30 家是面包房。[115]

当局如何应对这些骚乱带来的挑战因地而异。在普鲁士，30 年的自由主义经济治理使得政府不愿干预危机，他们只出台了一些旨在建立公共信心的表面政策。普鲁士政府更相信强力且有效的镇压。但在地方层面，人们也采取了很多与赫雷斯-德拉弗龙特拉市类似的积极举措。在莱茵河流域（也包括普鲁士）的一些工商业城镇，如科隆、巴门、埃尔伯费尔德、索林根、克雷菲尔德，当地中产阶级精英带头采取各项纾困措施并为其出资，这些行动强化了富裕资产阶级对社会和政治领导权的主张。在但泽，私人也愿意出资补贴廉价土豆销售点和施粥站。柏林的情况要糟得多，因为普鲁士当局不愿意把任何主导权让渡给城市资产阶级精英，结果就是资产阶级对预防措施和组建民兵的要求全都遭到了拒绝。在授权中产阶级维持其所在地区的治安，和相对混乱的粮食暴动中，当局"宁选暴动"[116]。

在法国的比藏赛、利雪和勒芒，也发生了饥荒暴动，报刊大肆渲染这些事件。但在法国大部分地区，当局组织的面包分配并没有出大问题。比利时议会投票通过一笔特别济贫贷款，使得几乎每个地区都得以成立慈善委员会。以修缮地方道路为主要内容的政府就业计划帮助许多失业者度过了最艰难的时光。在工业化程度较高的瓦隆尼亚地区，仍在大量招工（尽管工资极低）的工厂也有助于缓解食品短缺的严重影响，所幸粮食短缺周期与工业危机周期只是偶然相关，而非完全同步。[117]

虽然爱尔兰的情况要糟得多，但这并不是因为英国政府完全没有干预。马铃薯病害在1845年造成歉收时，罗伯特·皮尔（Robert Peel）领导的政府迅速做出反应：从美国进口玉米到爱尔兰出售，扩大了现存的公共工程计划，在1846年削减关税以促进谷物进口（瑞典、比利时、尼德兰和皮埃蒙特-撒丁也推行了类似的关税改革[118]）。但是此种干预举措引起的争议最终导致皮尔政府下台。继任首相约翰·罗素（John Russell）勋爵是自由放任原则的坚定拥趸，因而反对国家干预社会或市场的运行。罗素的财政大臣查尔斯·伍德（Charles Wood）爵士也是自由放任主义的狂热信徒，他把饥荒看作神的审判，认为这能引起有益的结构性变化，最好还是任其自行展开。[119]皮尔政府于1845—1846年采取的大部分措施都在次年被废止，公共工程计划被叫停，1847年2月建立的成效显著的施粥站网络（和欧洲大陆城镇的慈善委员会类似）也在当年10月被关停。当时的英国人普遍担心纾困措施会造成财政负担，"饥荒疲劳"也日渐普遍。在此背景下，人们任由这场灾难肆虐，直至1/8的爱尔兰人死去，成千上万人背井离乡。本书作者的祖先就是在那时来到新南威尔士农村的爱尔兰移民中的一员。

织工

1831年11月21日周一早晨7点左右，400名丝织工人在里昂市郊的红十字区有序集结。他们计划沿大海岸路向市中心行进，要求其雇主，即该城的丝绸商人，接受几天前与市政当局共同商定的最低工资标准。织工向奉命阻止游行的50名国民卫队成员猛掷石头，并迫使他们在包围下缴械。当时群情激愤，织工师傅、这场抗议的重要组织者之一皮埃尔·沙尔尼耶（Pierre Charnier）好不容易才阻止了愤怒的抗议者绞死警察专员图桑。织工们手挽手组成四人小队，继续沿大海岸路行进，继而又碰上了国民卫队第一营的掷弹兵。国民卫队成员中，有许多人是雇用了起义织工的丝绸制造商。卫队开火，数名织工受重伤倒下，一名军官的大腿中弹。卫队被织工击溃，仓皇撤退；织工们则急匆匆地号召红十字区的人们拿起武器。大街入口处筑起了高高的街垒，织工们展开一面精美的旗帜（他们毕竟是织工）。绣在旗帜上的话语直到20世纪仍在回响："工作不能活，毋宁战斗死。"

这便是发生于1831年11—12月的里昂工人起义［在法语中，这些工人被称为canut（卡努）］的序章。在接下来的几天里，织工们攻占了位于邦巴斯德的警察营房，抢夺了军火库中的武器，并向国民卫队和陆军的多支营队发起进攻。争夺里昂城的战斗造成600人伤亡。11月23日早晨，市长和守军指挥官都已逃离里昂。在开始阶段，这场起义和同时期的其他社会抗议活动并无不同。前一年发生在巴黎并因霍乱流行而加剧的革命、拉丁美洲的诸场革命，以及美国的银行业危机共同扰乱了丝绸贸易，导致订单、价格和工资下降。织工师傅们要求制定一份最低计件工资标准。市政当局认可了统一的工资标准并建议推行，但商人们拒绝按最低计件工资标准支付。[120]织工们于是开始罢工，要求还他们一个公道。

里昂工人起义的一个更显著的特征是其背后复杂的组织方式。1827年，一群织工师傅成立了一个互助协会。该协会的基础是由许多支部构成的复杂的网状结构，每个支部由不超过20名织工师傅组成（以防触犯1810年《法国刑法典》第291条），由一位代表领导，两名秘书辅佐。代表需要向由一名理事、两名副理事、一名秘书和一名会计所组成的中央办公室汇报情况。所有代表和中央办公室的五名成员一同构成一个大委员会。[121]其主要发起者皮埃尔·沙尔尼耶后来称呼其为织工共济会，它不只是互助组织，还试图矫正在法国大革命期间开始并得到欧洲有产阶级推崇的商业自由所带来的不公平的历史后果。1791 年的《列·霞白利法》不仅废除了旧的行会，而且否认了公民罢工或联合起来追求"所谓的共同利益"的权利。然而，工厂主和商人却能合法地参与卡特尔式的活动，或结成商会之类的组织。[122]

在沙尔尼耶构建的这种支部必须向一个中央办公室汇报的全方位组织体系背后，存在着令人鼓舞的原则——联合。今天的我们很难理解这个词在 19 世纪中叶的魅力（这对法国人来说或许要容易些，因为他们那儿直到 2017 年还有一个"负责联合生活"的部长）。广大劳工只有依靠联合才能克服个体的结构性弱点。这个观念对织工师傅来说尤其有吸引力，他们并不在开放式的工厂里工作，而是拥有自己的织机，在自己的工坊里工作，支持他们的帮手包括学徒、帮工、分包商、专业女工和助手，这些人的级别、年龄、社会地位各异。如果没有一个强有力的组织，商人很容易离间这些师傅，让他们各自为战、彼此争斗。而通过协会联合起来之后，织工们就能获得自己应得的尊重：

> 我们能在联合中找到慰藉一切苦难的良方。我们会明白，财富的匮乏不一定意味着品格的匮乏。一旦我们获得了作为人的尊严，这座城市的其他居民（多年来我们一直不遗余力地创造着他们的荣耀和财富）将不再以一种嘲笑的或侮辱的方式使用"卡努"一词。[123]

1831 年，织工师傅的互助协会与代表工人或出师学徒的丝绸工人协会合并。这些机构使得集体处理共同经验、集体议价、集体执行协议，以及确立集体战略成为可能。这种合作的能力本身就值得注意。师傅是小型企业家，是生产资料所有者，他们经常出租一两台织机给帮工，而帮工自己也会雇助手。与之相较，大部分出师学徒是除了劳动力就一无所有的无产者。尽管如此，里昂城里的八千余名师傅和两万余名出师学徒在大部分情况下还是能和衷共济的。这种成功的原因或许在于里昂织工在空间上的亲密关系：出师学徒通常寄宿在师傅

织工 037

家里。像红十字区郊区这样的地方挤满了织工：1832 年红十字区的 16 449 名居民中有 10 000 名以上是织工及其家眷。[124]

1831 年的里昂工人起义乍看像是 1830 年巴黎的政治革命在外省引起的纯"社会"或"工业"的翻版。起义爆发时，恰好在这座城市的小说家兼诗人马塞利娜·德博尔德-瓦尔莫尔（Marceline Desbordes-Valmore）就是这么认为的。"政治在这场大骚乱中无足轻重。"1831 年 11 月 29 日，她在给波尔多一位朋友的信中写道："这是一场因饥饿而爆发的起义。冲向枪林弹雨的女性们喊道：'杀了我们吧！这样我们就不用再饿肚子了！'虽然能听到三四声'共和国万岁！'的呼声，但工人和群众总是回应道：'不！我们是在为面包和工作而战。'"[125] 中产阶级评论家经常坚持认为起义的动机是纯粹社会的、无关乎政治的，进而把这种动乱上升到悲剧层面。但总的来说，里昂织工并不是社会卫生学家笔下贫民窟中的那种饥民，织工的世界浸透了政治。里昂工人联合抗议的传统可以追溯到 18 世纪，而织工们的记性是很好的。[126]

起义前夜，里昂就已吸引了激进知识分子的兴趣。1831 年 5 月，一个激进主义代表团到访该城，他们的公开演讲吸引了大批听众。让·雷诺（Jean Reynaud）出生在里昂，后来在 1848 年巴黎的革命政府中任职，在他最具轰动性的、以财产为主题的"布道"中，他向听众说道："看啊！（财产的）荣耀正在消逝，它的统治正在瓦解。"[127] 6 月，里昂市新发行了两份共和派报纸，一份是约瑟夫·伯夫（Joseph Beuf，后来因煽动叛乱罪被罚款和逮捕）主编的《国民哨兵》，另一份是阿道夫·格拉涅尔（Adolphe Granier）主编的《拾穗者》。《拾穗者》是一份印在粉色纸张上的诙谐讽刺刊物，孜孜不倦地以短文、短篇小说、笑话、假秘方和广告等体裁，嘲讽 1830 年新建立的法国君主政体的装腔作势和自命不凡。但 11 月 21 日起义后，这份报纸没有刊登讽刺笑话，取而代之的是一篇严肃社论，它哀悼死者，歌颂战胜了"秩序"的武装力量的织工们："我们要高声宣告，我们是站在最广大、最贫困阶级一方的！从今以后，我们将永远是他们的捍卫者；从今以后，我们将为他们争取神圣的公正权和人权！"[128]

《工厂回声》完全没有《拾穗者》那种善意但屈尊俯就的"为"下层发声的色彩，这份非凡的报纸创刊于 1831 年 10 月，它的专栏反映了织工，至少是织工师傅的世界观。这份报纸的创刊股东当中有 31 名织工师傅，专栏里充斥着关于工业谈判、劳动仲裁和织工会议的新闻。这份报纸在其发刊词中公开声明，创刊的目的在于与老板（大商人）的"贪婪和自私"斗争，扼制制度的滥用，并"建立一种平衡，在不损害雇主总体利益的前提下，改善雇工们赖以生存的收入状况"。《工厂回声》旨在为劳工群体提供一个以新方式发声的渠道——邀请全里昂的织工投递他们觉得有新闻价值的素材。[129] "社会问题"文学那种疏离的、第三人称的视角让位于一种新的话语。这种新话语一方面以一种兼收并蓄的方式，受到圣西门主义和后来的夏尔·傅立叶的社会主义的影响；另一方面也受到其研究对象鲜活的生命体验的影响。这一话语可清楚表达和规范工人运动的情感特质，还给里昂织工与其雇主间的冲突赋予了伦理和政治正当性。[130]

令人惊讶的是，1831 年政府在收复里昂的过程中并未造成流血事件。在 1830 年的革命中登上王位的新王路易·菲利普（Louis Philippe）对这场爆发在法国第二大城市的起义感到震惊，他命令军队在采取强力行动的同时，避免伤亡。12 月 3 日，经历过拿破仑战争的老兵让-德-迪厄·苏尔特（Jean-de-Dieu Soult）将军率领两万名士兵进入里昂。许多人被逮捕，但只有极少数人被起诉，而且他们最后都被无罪释放。

故事本可以就此结束，但里昂的丝织工人在三年后再次起义，只是这次的背景大不相同。丝绸市场已然恢复过来，丝绸工人的计件工资也大幅上涨，但商人担心市场又会陷入衰退，于是试图削减工人工资。长毛绒工人对降薪的抗议逐步升级，进而引发了整个行业的罢工。1834 年春，出现了新一轮冲突和逮捕行动。在发现一封由激进织工撰写、充满了所谓的煽动性话语的信之后，警方开始了严酷的镇压。

4月，全面起义爆发；在之后的"血腥周"里，城市到处筑起街垒，以阻碍军队的行动。工人们突袭邦巴斯德营房（一如他们在1831年所为）和军火库，并将几个街区改造成设防营地。核心起义者大约有3000人，但许多居民也参与其中。例如，书商让·科西迪埃（Jean Caussidière）的妻子和女儿为街垒中的起义者送去子弹和食物。根据一位目击者的报告，在织工所掌控的地区，没有参与战斗的居民对军队的态度是"带有敌意的中立"[131]。

政府这次的回应是残酷的。内政大臣阿道夫·梯也尔（Adolphe Thiers）将军队从城内撤出后再围城，一个街区一个街区地夺回城市。在此过程中，军队毫无顾忌地使用火炮，并屠杀了许多工人和无辜的旁观者。梯也尔晚年时还会再次使用这套手法镇压1871年的巴黎公社。火炮用来清理广场。用来炸开建筑物大门的爆炸物在一些城区引起了火灾。一个躲在烟囱里的人被故意烧死。让·科西迪埃的一个儿子在战斗中牺牲，其遗体被士兵用刺刀反复捅刺。[1848年革命爆发后，他的另一个儿子马克·科西迪埃（Marc Caussidière）成为附近的圣艾蒂安的共和派领袖，并短暂地担任巴黎警察局长。]士兵们模仿他们的对手，爬上建筑物的屋顶，同起义者进行了一场"烟囱之战"。当时的画作生动地表现出了在四周高楼林立的小广场上近身肉搏的野蛮。军队和起义者在街垒及其周围爆发冲突时，战斗很快演变成屠杀。

医生、记者、图书馆馆长、土生土长的里昂人让-巴普蒂斯特·蒙法尔孔（Jean-Baptiste Monfalcon）注意到了两次起义之间的关键差异："（这场起义）起初纯粹是经济性质的，后来却逐渐带上了经济和政治的双重色彩，它几乎完全呈现出政党政治的特质，实乃时代的不幸。"1831年11月，蒙法尔孔写道，工人起义是因为工资问题的"提出和理解都欠妥"。但到1834年4月，起义就不再只关乎工资了：工人们"在公开反对当权者政党的领导下，以共和派的名义筑起街垒"[132]。

对于此种观点需要做些补充。在两次起义之间，事情确实起了变化。1831年后，共和派活动家逐渐渗透到里昂工人阶级当中；报刊上，

《里昂恐怖大屠杀》(Horrible Massacre at Lyon, 1834), 作者未知。它表现了里昂内城狭小空间里暴力在近距离间发生的切身特点。在这场围绕工资、工人结社权和罢工权的激烈冲突中, 有 300 多人丧生, 近 600 人受伤

资料来源: Bibliothèque nationale de France, département Estampes et Photographie (RESERVE QB-370 (93)-FT4). (Photo: BnF)

共和派的政治言论越发尖锐, 里昂成了共和派活动在法国东部的一个中心。第二次起义时, 有人在城内散发共和派传单, 并将它们张贴在建筑物上。这些传单声称, 如今的起义不再是出于工作上的不满, 而是要挑战奥尔良王朝的权威。在当时的环境下, 宣传政治观念是相对容易的, 因为里昂约 3/4 的男性丝织工人都识字。师傅们需要识文断字, 以便能审查他们与商人的合同。织工(包括许多出师学徒)的孩子会上郊区的免费小学。许多父母也会上这些学校的晚间和周日课程, 以掌握那些维持阅读俱乐部和图书馆协会的网络所必需的技能。[133]

尽管共和派在少数地方领导了 1834 年 4 月的抵抗, 大部分反抗力量还是从当地招募的, 并由互助协会的成员, 或直接由织工或

其他工人领导（通常相当混乱）。在里昂第五区的战斗中被捕的 108 人中，只有 5 人被列为共和派。织工一方则继续在他们传统的道德经济观念框架内行事：他们的动机更多来自关于何为公正的传统假设，而非政治团体的理论或计划。共和派煽动者努力尝试把织工的行动主义[①]引向政治行动，但总体来说织工不愿意按照他们的指导行事。[134] 在巴黎受审时，被起诉的共和派人士试图将审判转变为对七月王朝进行政治否定的舞台，但同被指控的里昂织工拒绝配合。[135] 被指控的共和派一方则很少直接提到里昂工人，就算提到了，用的也是社会问题文学中的陈词滥调。共和主义者夏尔·拉格朗日（Charles Lagrange）是这样解释他及同事为何如此热衷于联合原则的：

> （我们）在这座不幸的城市中看到，有 15 000 名女性从凌晨 5 点工作到午夜，却挣不到维持生活所必需的钱。她们中的许多人没有父亲，没有兄弟，没有丈夫，为了生存而被迫走向堕落……是的，我们看到了这一切，这就是为什么我们要对无产者们说：联合起来！[136]

但织工们不会将自己描述为"无产者"，也不需要拉格朗日这样的人来引导他们理解联合的价值。而且，没有哪个织工会在贵族院面前说自己社区的年轻女性是妓女。简而言之，共和主义的政治和织工行动主义的政治在 1834 年相汇聚却不交融。

1834 年的起义仅持续了几天，但它对法国文化界产生了深远的影响。1835 年 7 月，在巴黎，对受指控的叛乱者的大规模审判已接近尾声，塞纳河畔的书店和货摊上正在出售那些在法庭上最直言不讳的被告人的平版肖像画。这"两场伟大事件"的"精彩戏剧"（司

---

① Activism，一种强调通过采取积极行动促进、阻止、指导或介入社会、政治、经济或环境等议题的学说或实践，其目的是推动社会变革。奉行这套策略的人即活跃分子或活动家（activist）。——译者注

汤达语）在这一时代男性文豪的文章、信件和小说中反复出现，从拉马丁（Alphonse de Lamartine）到巴尔扎克、雨果、夏多布里昂（François Chateaubriand）和阿尔弗雷德·德·维尼（Alfred de Vigny）都是如此。费利西泰·罗贝尔·德·拉梅内是一位激进的神父，他出版于1833年的小册子《一位信徒的话》(*Paroles d'un croyant*)在当时就备受推崇。他为里昂织工写了一本激情澎湃的小册子，在其中指责贵族院的审判违背了1830年革命所承诺的自由。他质问，人民把波旁王朝赶下台难道就是为了这样的结局吗？拉梅内警告道，"人民"最终会发展出"对自身权利的意识和感受"，从今以后，那些不能完全理解这意味着什么的人将永无宁日。[137] 对女扮男装旁听贵族院审判的乔治·桑而言，这次审判促进了其政治上的觉醒。被告的辩护律师团汇集了左翼群英：亚历山大·赖德律-洛兰（Alexandre Ledru-Rollin）和路易-安托万·加尼耶-帕热斯（Louis-Antoine Garnier-Pagès）会在1848年2月的临时政府中任职；阿尔芒·巴尔贝斯（Armand Barbès）是地下革命活动的常客，他将在1848年革命的左翼中扮演重要角色；辩护律师、日后一度担任左翼议员的米歇尔·德·布尔热（Michel de Bourges）也在1848年大显身手，他和乔治·桑的情事恰始于二人此次在法庭上的会面。[138] 从布朗基、马克思、恩格斯和傅立叶，到革命记者、文学批评活动家兼法国工人党的联合创始人保罗·拉法格（Paul Lafargue），在这些左翼人士的历史想象中，里昂占据着一个独特且持久的位置。19世纪80年代，拉法格会告诉其党派的干部，里昂织工伟大的社会起义令1789年、1830年和1848年的革命都相形见绌。[139]

马塞利娜·德博尔德-瓦尔莫尔在第二次起义后不久所作的一首诗，极为有力地表现了这些事件对时人情感造成的冲击。德博尔德-瓦尔莫尔把诗中的情节设定在起义刚被镇压之后，从而遮掩了起义的政治属性。她笔下的织工不是活动家，而是血腥镇压之下的受害者。织工的辩护人——一位无名女性和一个以古希腊戏剧方式组成的女性合唱队,没有做出特别的指控,但她们的语言中有一种激进的力量。说"杀人犯当上国王"不等于说国王就是杀人犯,但言外之意已经很明显了。德博尔德-瓦尔莫尔将镇压起义的暴力描述为对道德秩序的残暴颠覆,这不啻对教会所承诺的精神慰藉的无情嘲讽:

《在里昂黑暗的一天》

女性们
没钱埋葬我们的死者。
神父却来索要丧葬费,
被子弹击穿而倒地的尸首,
等待着裹尸布、十字架和忏悔。
杀人犯当上国王……
上帝召去的女性和孩童,
就像被摧折的花……
死神,这个雇来的守卫立在路旁,
是个士兵。他射杀并解放
叛乱的见证者,明天再也听不见他的声音。

女性们
戴上我们的黑纱,流尽我们的泪水。
他们不许我们带走被害者:
他们只是将苍白的遗体堆叠。
上帝啊!祝福这些人吧,他们全都手无寸铁!

1834 年 4 月 4 日

诗中对死去的女性和孩童的描写令人痛心。尽管在 1834 年 4 月的战斗结束后，被捕者当中似乎没有女性，随后的"大规模审判"的被告席上也没有女性，但死去的平民中还是有相当多的女性和儿童（无法给出准确数字）。这可能意味着，尽管在暴力开始时，女性往往会退出抗议人群，但她们及其孩子很难逃脱火炮射击和爆炸引起的火灾。德博尔德-瓦尔莫尔没有亲眼见证第二次起义，但她15岁时亲眼见证了1802年瓜德罗普的起义。起义的导火索是拿破仑决定在这个岛上重新推行已被废除八年之久的奴隶制。当时她与因黄热病而奄奄一息的母亲一起居住在皮特尔角城，在那里，她看见曾经的奴隶被扔进"铁笼"。她1821年出版的小说《萨拉》（Sarah）的主角之一是曾被奴役的男性难民阿尔塞纳，他充当了与书名同名的白人女主人公的替代"母亲"角色。在她对1834年无差别屠杀的描写中，我们可以窥见殖民地压迫行动中暴力的影子。[140]

对那些同情丝绸商的人而言，起义的经历令他们充分意识到，即便是富裕资产阶级，其生存境遇也是极为脆弱的。1831年11月22日，战斗爆发后的第二天，医生兼记者让-巴普蒂斯特·蒙法尔孔自告奋勇，将警长的公告带到位于红十字山顶的起义军总部。当他沿着大海岸路向上走时，他震惊于四周的寂静："这条平日里熙攘的街道上如今听不到一点织机声或人声。"他还没登上红十字山，就被40个人团团围住，其中有几个人背着粗制滥造的步枪。他们骂骂咧咧地抢走了他的步枪、刺刀和国民卫队军官的臂章。雨点般的拳头接踵而至。起义者把他自愿带来的公告夺走，踩在脚下。

> ……从各个方向传来了复仇的吼声："他是个商人，他要为其他人抵罪……"几只强有力的大手卡住我的脖子，把我拖到阴沟里。当我在一片吼叫声中听到有人说"别杀了他，他是我的医生，让他走"时，我意识到暴力可能快结束了。这是一个瘸腿丝绸工人的声音，虽然不是我的病人，但我和他很熟。

织工 045

这位从中说项的熟人说服愤怒的织工检查一下蒙法尔孔的步枪，发现这把枪最近没有开过火，就让他走了。这是一段挥之不去的亲身经历，令蒙法尔孔终生难忘。[141] 蒙法尔孔自己就是织工师傅的儿子，他受过良好教育，因为免费给贫困的织工家庭看病而扬名里昂城。带着那个时代典型的对统计分析和社会卫生学的兴趣，他也写了不少备受推崇的社会问题相关文献——在帕蒂西耶著名的职业病汇编中，就收录了一篇蒙法尔孔关于织工典型疾病的论文。在4月21日下午，蒙法尔孔照料着第一天战斗的伤者——正是在这天，他遇到了会在次日救他一命的那个人。这段与死神擦肩而过的经历最早发表在报纸上，而后又修订过数版，最终在20年后被写入他的回忆录。故事向读者传达了复杂的信息。这是一个有教化意义的寓言，它表明，投身社会服务有救赎的作用。但是像蒙法尔孔这样一个受尊敬的中产阶级人士竟会蜷缩在乱拳之下，代表军阶的标志被人扯掉，他本人像只待宰的羔羊一样被拖到阴沟里，这种描写无疑传达了一种紧迫的信息：城市秩序是多么来之不易，而且不可或缺。

1843年5月布吕恩的暴动从未获得里昂工人起义般的神话地位，但它同样扰乱了一个重要的地区纺织业生产中心的秩序。布吕恩号称"摩拉维亚的曼彻斯特"，是中欧许多著名纺织品牌的发源地，包括奥弗曼、舍勒、佩斯基纳、斯基恩、豪普特，此外，一众瞄准了维也纳、佩斯和米兰小众市场的小企业也发源于此。[142] 1842—1843年的冬春之际，食品价格的上涨抑制了对纺织品的需求，同时温暖的天气减少了人们对冬衣的需求，因此，工厂里货物积压，其结果就是一波破产和裁员的大潮。布吕恩对此类市场波动极为敏感——该城和城郊的45 000多名居民中，约有8000人是织工。报告称，到1843年春，其中1/3左右（2600多人）被裁员。但这里的失业工人没有意识到彼此共同的经济利益。他们没有向老板施压，反而攻击那些仍在工作的工友。比方说，一群织工带着一包包要加工的棉花返回位于拉耶茨、拉齐采和扎布尔多维采的山村时，在路上遭到失业者的伏击。被袭击的工人既不是外国人也不是新来者，他们已经在布吕恩的工厂工作了许多年，从来没碰到过这种敌意。减薪会催生工人的义愤和对未来的恐惧，失业却倾向于钝化和削弱工人的政治意识。[143] 对布吕恩失业织工而言，唯一的好消息就是他们是在夏初被裁的，那时他们还有希望找到一些临时的、工资没那么高的农活，或是到正在建设的布吕恩-斯维塔维铁路上干体力活。

次年席卷布拉格纺织业区的骚乱展现出更强的组织性。1844 年 6 月 16 日，波格斯印花布工厂经理宣布减薪后，麻烦便开始了。工人离开了工位，派代表团与管理层交涉。他们不仅要求维持现在的工资水平，还要求工厂主放弃采用新式的模板印花机，即波若丁印花机。管理层拒绝了这两项要求，并把工人代表的名单交给警察，当晚就有六名工人代表被捕。事态迅速升级。工人冲进波格斯工厂，破坏了几台新机器。一股砸毁机器的浪潮席卷布拉格。在被拒绝进入各种场所之后，罢工者在布拉格佩尔施丁区建起了指挥部，就在城外工人所租住的公寓面前。整整一周，布拉格每座工厂的工人基本上都在罢工。6 月 24 日，经省长办公室、驻军指挥官阿尔弗雷德·楚·温迪施格雷茨（Alfred zu Windischgrätz）将军、布拉格市长约瑟夫·米勒（Josef Müller）三方磋商后，军队和警察开始了行动，525 名罢工者被捕。

女性的缺席是这些抗议活动的显著特征。女性构成了纺织业劳动力的很大一部分，而且还有许多工种仅限女性参与，她们和男性一样面临着波若丁印花机的威胁。但在 6 月 24 日被捕的 525 名罢工者中没有一位女性。女性回避或害怕暴力冲突的说辞根本站不住脚，因为根据目击者的报告，在被捕的男人被带至位于牲畜市场的法庭后，"女人们聚在一起，挨家挨户地叫上反叛者。她们每个人的围裙里都兜着石头，先是砸碎工厂的窗户，而后又到牲畜市场，开始向士兵扔石头"[144]。有几个人被捕了，包括她们的领头人约瑟菲娜·米莱罗娃（Josefina Müllerová），其余人则被士兵用刺刀驱散。

所以，女性在抗议和示威中缺席的原因既不是她们恐惧或厌恶暴力，也不是忙于家庭琐务，更重要的原因是布拉格织工社团以男性为主导的特征。和里昂织工一样，布拉格的纺织业工人也建起了互助协会网络，以便在其成员受伤、生病、去世或失业时提供保障。但这些协会仅对男性开放，通常禁止女工加入。在奥地利帝国以及大部分欧洲大陆国家，法律一概禁止任何女性协会。这进而意味着罢工开始后，只有男性印花工能拿到补贴，同样因骚乱而失业的女工则无法获得补贴。根据大部分互助协会的章程，唯一有权领取罢工补贴的女性是"被监禁者的妻子"。女工因此不仅没法平等地享受互助协会所提供的经济好处，而且无法享受更深层的文化好处，比如不能参与每个季度召开的仪式烦琐的集会，不能参与讨论和投票，而正是这些场合提供了有关集体行动的丰富训练。因此，布拉格劳动女工与英国的女工面临相似的处境，工人阶级精致的社团文化反而带来了新形式的性别不平等和性别隔离。[145]

政府投入大量警力来终结叛乱，追踪并逮捕那些逃脱的罢工者。1844年的工人抗议"招致了自拿破仑战争以来中欧地区最大规模的警务和军事行动"。工人们当然没能阻止工厂采用波若丁印花机。这些年里，破坏机器的现象在整个中欧都极为普遍。许多地方的工人也像布拉格的罢工者一样，向管理层提出类似的请愿和要求，但他们从未成功阻止科技变革，甚至连减缓其步伐都做不到。[146] 不过，他们的工资略有上涨。罢工发生后，大部分布拉格的雇主悄悄地提高了工人工资，以绝后患。省政府也发布了日后调节内部劳资关系的指导方针，它至少赋予了工人最低限度的权利。[147]

布拉格事件的残响仍回荡在波希米亚北部，在西里西亚彼得斯瓦尔道和朗根比劳一带的纺织业区，上演了1848年革命前普鲁士最血腥的起义场景。动乱始于1844年7月4日，一群愤怒的织工袭击了彼得斯瓦尔道大纺织企业茨万齐格尔兄弟纺织厂的总部。当地人认为，这家黑心企业利用当地过剩的劳动力来压低工资、恶化工作环境。当地一首民谣唱道："茨万齐格尔兄弟是刽子手，他们的仆人是恶棍。

他们不保护工人,像对待奴隶一样压榨我们。"[148]

织工们冲进总部后,砸烂了他们找到的一切东西——镜子、贴着瓷砖的烤炉、镀金镜框、枝形吊灯和昂贵的瓷器。他们把书籍、债券、期票、记录以及一切文书都撕了个粉碎;接着冲进临近的商店、滚压车间、打包间、工棚和库房,走到哪儿砸到哪儿。直到傍晚,破坏行动才停止,一群又一群织工不断从郊外乡村赶到事发现场。第二天早晨,一些织工又回来摧毁了仅保留了完好的建筑,就连屋顶也不放过。要不是有人指出工厂主能从火灾保险中获得赔偿,整片厂区都会被工人们一把火烧了。

至此,约3000名带着斧子、草叉和石头的织工离开彼得斯瓦尔道,朝着位于朗根比劳的迪里希家族宅邸进发。吓呆了的公司职员向他们保证,每个同意放过公司建筑的织工,都能拿到5银格罗申的现钱。与此同时,罗森贝格尔(Rosenberger)少校指挥的两个步兵连已经从施韦德尼茨赶来恢复秩序,士兵们在迪里希宅前的广场上整队。导致之后灾难的一切要素已经齐备。因为担心织工们马上就要袭击迪里希家宅,罗森贝格尔下令开火。三轮齐射后,11人倒地身亡。他们之中,有在起义者队伍中的一名女性和一名儿童,也有几个旁观者,包括一个正要去上缝纫课的小姑娘、一个站在200步外的家门口看热闹的妇女。如今,群众的反抗和怒火都不可遏制。人群奋不顾身地向军队发起一轮冲锋,成功将其击退。当晚,织工们大肆洗劫迪里希家宅及其附属建筑,摧毁了价值8万泰勒的商品、家具、书籍和文件。

次日清晨,增援部队带着火炮抵达朗根比劳,迅速驱散了还在迪里希家宅内外的群众。随后附近的弗里德里希斯格伦德也发生了暴动,布雷斯劳的一群工匠则袭击了犹太商人的住宅,但该市驻军成功阻止了进一步的骚乱。约50人因参与暴动被捕,其中有18人被判处监禁,附带苦役和肉刑(抽24下鞭子)。[149]

与里昂和布拉格类似,低工资在此次事件中是一个关键诱因;和

织工 049

布吕恩类似，订单短缺也是一个因素。但是，西里西亚织工的处境恶化已经持续了一段时间，正如《泰晤士报》在7月18日报道的那样：

> 很长一段时间以来，手摇亚麻织工的悲惨处境一直令人十分担忧。如今棉纺工人的生活也恶化到了同等境地，对这些曾经如此淳朴、平和、勤劳、幸福的西里西亚山民外貌的描写令人心痛。他们面无血色、身体虚弱、两眼昏花，有气无力地走下山，手里拄着拐杖，身穿蓝色的亚麻夹克，吃力地背着要交给老板的亚麻布捆，120埃尔（约138米）亚麻布只能卖得1先令6便士。这就是亚麻织工的真实处境。[150]

这里的情况和里昂丝织业完全不同。这里的工人是亚麻或棉纺织工，而不是丝织工，他们和国际市场的联系更不稳固。且相较于里昂同行，他们更容易受英国的机织布和地缘政治动荡（东西里西亚与俄国的跨境贸易最近中断了）的影响。这里没有互助协会，没有《工厂回声》，没有竭力在织工中间宣传政治、协调起义的共和派网络。这里的暴动更为原始，带有更浓重的守旧色彩。

西里西亚纺织工人起义真正令人惊讶的一点在于，它在整个普鲁士的公共生活和智识话语中引发了反响。早在叛乱爆发前，西里西亚纺织区已成为人们关注的焦点。莱茵兰的纺织业城镇中有不少西里西亚人的社区。1844年3月，诗人兼激进文学研究者卡尔·格林（Karl Grün）在各个城镇进行了关于莎士比亚的巡回演讲，并大受欢迎，他把演讲所得收入通过省政府捐给了利格尼茨地区的织工。5月，起义前夜，省政府的官员、布雷斯劳协会成员亚历山大·施内尔（Alexander Schneer）在一些苦难最深重的区域挨家挨户走访，详细记录下了他们的处境。在这种充满同情的文化环境中，无怪乎时人会把1844年6月的起义视作潜在社会弊病的必然表现，而非不可接受的骚乱。

尽管审查官员百般努力，起义和镇压的新闻还是在几天之内就传遍了普鲁士王国。从柯尼斯堡和柏林到比勒费尔德、特里尔、亚琛、科隆、埃尔伯费尔德和杜塞尔多夫，西里西亚织工起义激起了大规模的报刊评论和公众热议。一时涌现出许多激进的织工诗歌，海因里希·海涅（Heinrich Heine）就在1844年写了一首启示录式的《西里西亚织工》(The Weavers' Song)。诗中描绘了一幅令人悲愤而无望的画面，织工们虽无休止劳作，但仍不免饥寒交迫："机杼作响，梭子飞动；/我们织布，日夜匆忙。/德意志，我们织的是你的棺材罩；/我们织进去三重诅咒，/我们织，我们织！"

卡尔·威廉·许布纳（Carl Wilhelm Hübner），《西里西亚织工》(The Silesian Weavers, 1844)。这幅画在科隆、柏林和其他德意志城市展出时吸引了大批观众。许布纳并不关注起义本身的暴力，而是关注引发起义的社会矛盾。此画中，他描绘了一个富商拒收一个绝望的织工家庭送交一匹布的场景。在这类交易中，质量评估过程暴露了权力的严重不对等，这也是许多社会暴力事件的核心

资料来源：LVRLandesMuseum, Bonn (Inv.-Nr. 1981.57,0-1). (Photo: J. Vogel, LVRLandesMuseum, Bonn)

对激进主义者而言，人民为生存而发起的暴动给他们提供了一个机会，去聚焦和提炼他们的观点。一些左翼黑格尔派成员像社会保守派一样主张：防止社会两极分化的责任应当落在作为普遍利益守护者的国家的肩上。1844 年西里西亚织工起义促使作家弗里德里希·威廉·沃尔夫详述并完善他对危机的社会主义分析。在 1843 年关于布雷斯劳贫民窟的报告中，他行文的布局还是围绕"富人"和"穷人"，"这些人"和"有钱人"，或"日结工"和"独立的资产阶级"这种松散的二元对立展开。然而，七个月后，他详论西里西亚纺织工人起义的长文在理论抱负上则要远大得多。在此，"无产阶级"被置于"资本的垄断"的对立面，类似的还有"生产者"与"消费者"相对，"人民中的劳动阶级"与"私有制"相对。[151]

阿尔诺德·卢格（Arnold Ruge）和马克思关于西里西亚起义之意义的争论，则进一步展现了上述理论化进程。《前进报》是侨居巴黎的德意志激进主义流亡者创设的刊物。卢格在上面发表了一篇悲观的文章，认为这场织工起义不过是场饥饿引发的暴动，不会对普鲁士的政治权威构成真正的威胁。马克思针锋相对地发表了两篇长文，来驳斥这位旧友的看法。马克思的话听起来甚至不乏普鲁士爱国主义的骄傲，他认为英国和法国的"工人起义"都不如西里西亚纺织工人起义"有阶级意识、有理论品性"。马克思宣称，只有"普鲁士人"采取了"正确的观点"。他暗示，在西里西亚的织工烧掉茨万齐格尔兄弟和迪里希家族的账册时，他们的怒火直指"财产所有权"，因此他们攻击的就不只是工业家，还有工业家背后的金融资本体系。[152] 这场争论指向的终极议题是，被压迫者在何种情况下才能成功地革命化。争论标志着两人彻底分道扬镳。

不论是在西里西亚、布拉格、布吕恩还是里昂，激进左翼的政治诉求和织工的行动主义都未能结合。但是围绕着资源而展开的激烈的社会冲突释放出负面能量，进而加速了政治分化的进程。西里西亚纺织工人起义的影响一直持续到 19 世纪末。盖哈特·霍普特曼

（Gerhart Hauptmann）的五幕剧《织工》（*Die Weber*, 1892）是德意志自然主义的经典之作，这部剧如此生动而强烈地唤起人们对起义的回忆，以至演出一开始就遭到柏林警方禁演。被霍普特曼戏剧打动的人当中就有凯绥·珂勒惠支（Käthe Kollwitz），这个主题令她着迷，促使她创作出令人难忘的系列版画《织工暴动》（*Ein Weberaufstand*）。在其中一幅版画中，憔悴且两眼空洞的织工身陷与压迫性体制的徒劳斗争，这幅画至今仍在塑造着有关1844年事件的公共记忆。

1846年，加利西亚

谈到由社会问题触发的怨恨与政治冲突相结合的后果，在1848年以前的欧洲，没有哪里比奥地利帝国的加利西亚更深受其害。1846年2月18日或19日的晚上，加利西亚西部重镇塔尔努夫以北大概七千米的利西亚古拉，一家旅馆门前发生了一次不同寻常的会面。波兰爱国者集合于此，以策划一场反抗奥地利当局的起义。他们之中有流亡巴黎的波兰民族政府的代表，如弗朗齐歇克·维肖沃夫斯基（Franciszek Wiesiołowski）伯爵和其他名流，还有波兰的土地贵族及其庄园管理者，以及神职人员和专业人士。这些人都全副武装，准备发动一场旨在控制加利西亚和克拉科夫自由市的起义，接着建立民族执行委员会，再朝着复兴独立的波兰努力。不过波兰很大程度上是个农业社会，密谋者们明白，他们的事业若想成功，就必须得到农民的支持。附近多个村庄的农民被召集到了这家旅馆，他们拿着镰刀、草叉、连枷和铁镐之类的武器。一个名叫莫根施特恩的神父参与了这场密谋，他向农民发表演说，号召他们加入波兰贵族的起义军。接着是维肖沃夫斯基伯爵的发言，他向农民承诺，参加起义的回报相当丰厚：所有的封建赋税都能免除，以后不再有劳役，招人恨的食盐和烟草王室专卖制度也会被废除。用镰刀和连枷武装起来的农民应该加入向塔尔努夫进发的队伍，为建设新波兰出一份力。

维肖沃夫斯基讲完后，一直与农民站在一起的一个名为施特尔马赫的村官公开向维肖沃夫斯基发难。他让农民想想奥地利政府为他们做过的善事，请求农民继续效忠皇帝。有个农民听到这话后胆子大了起来，警告其他人："要是听信了这些贵族的话，他们就会把你们当牛马一样套上挽具驱使了。"这一瞬间似乎万事都静止了。但紧接着，一个贵族抬枪射杀了这个发言的农民。他本想震住这群人，结果却适得其反：愤怒的农民开始攻击起义者，地主们则用手枪和猎枪还击，"但在肉搏战中，拿着镰刀的农民占据了决定性优势"。双方互有伤亡。40名起义者（大部分都身受重伤）落入农民手中，剩下的则逃离了现场。在这些被俘的人当中有维肖沃夫斯基伯爵、罗默和斯托约夫斯基。他们被五花大绑，关在旅馆里一整夜。次日早晨，一支来自塔尔努夫的奥地利骑兵中队将他们押走。[153]

类似的场景接下来几天在加利西亚西部反复上演。同一天在距塔尔努夫不远的奥莱斯诺，一位颇有名望的当地地主，在与不久前才参与密谋的起义者卡罗尔·科塔尔斯基（Karol Kotarski）伯爵和其他起义者会面后，召集了早已武装好的农民。他把波兰国旗插到他们面前的地上，向农民保证：将来农民可免除劳役，拥有自己的土地，并可获得社会平等地位。这里的农民也没有被说动。农民祝科塔尔斯基好运，但不打算和他们的好皇帝斐迪南（Ferdinand I）开战。科塔尔斯基不再试图说服农民，准备在当晚前往克利科瓦的集合点。但此时农民的情绪越发敌对，他们开始在宅邸周围聚集。科塔尔斯基再次现身，跟在他身旁的神父也劝农民参加起义。但农民轰走了神父，要把伯爵押到奥地利在当地的驻军总部，因为他现在是个实打实的叛乱分子。局势开始失控。当农民试图抓住科塔尔斯基时，有人开了枪，农民也挥舞起了镰刀。在接下来的血腥冲突中，科塔尔斯基、神父、管家（一位高级庄园管理人），以及两个姓名不详的人被杀。剩下的奥莱斯诺密谋者大部分都受了伤，农民把他们全抓起来，五花大绑，次日早上用马车押解到塔尔努夫。

1846年加利西亚起义是拿破仑战争结束和1848年革命之间欧洲最血腥的内部冲突。它事实上是两场起义而非一场。第一场是加利西亚省和邻近的克拉科夫自由市的波兰精英试图发动的民族起义；第二场是农民的反起义暴力浪潮，它将前一场起义扼杀在摇篮中。

　　波兰在1772年、1793年和1795年被它的三个邻居普、奥、俄三次瓜分后，落入奥地利手中的原波兰王国南部地区被称作加利西亚。其面积约占原波兰王国的18%，人口却占该王国的32%。加利西亚位于奥地利与俄国两大帝国交界的山区，即便以哈布斯堡王朝领地的标准来看，它的民族构成也是极为多元的。这里散布着犹太人、德意志人、亚美尼亚人、捷克人、斯洛伐克人和罗姆人的社群，此外在外喀尔巴阡山区还零星分布着一系列高地文化社群：有从前（和现在）说乌克兰语方言的兰克人、博伊科人和胡楚尔人，还有讲一种类似于乌克兰语的波兰高地方言的戈拉尔人。在加利西亚西部（今属波兰）占支配地位的民族是波兰人，而在伦贝格（今利沃夫）一带的东部区域（今属乌克兰）占优势的则是乌克兰人。

　　多年来，波兰民族主义者在加利西亚密集开展政治活动。1830—1831年起义失败后，许多逃离俄占区的波兰难民流落到了加利西亚，他们希望在此建立一个跨俄国边境的领土收复运动中心。奥地利当局驱赶这些人员的行动收效甚微，因为难民轻易地融入了波兰的庄园环境，而且还能从爱国神父那儿取得伪造的洗礼证书，以证明自己是加利西亚人。从19世纪40年代初开始，来加利西亚地区的奥地利警情报告就一直显示，当地的波兰土地贵族及其支持者正在频繁进行革命活动。该省充斥着从边境的数条秘密渠道偷运来的民族主义小册子和书籍。1845年，当局对戈尔奇库夫一个名叫爱德华·雷尔斯基（Eduard Rylski）的人展开调查，他是庄园主的儿子，曾劝说庄园上的农民反抗奥地利政府。调查显示，雷尔斯基曾向农民承诺：要从劳役中解放农民，要废除盐税和烟草税，关键在于赶走"德意志人"。[154] 他的言辞很诱人，但是承诺解放农民的土地贵族面临着信任问题：封建体系的最大担保人和受益者正是这些波兰贵族自己，而劳役是这一体系不可或缺的部分。盐和烟草专卖是另一回事，那是由奥地利王室垄断的。但农民为什么会相信波兰贵族会废除那个把贵族归为特权阶层的体系呢？

未来波兰起义的性质应该是纯粹民族性的、政治性的，还是也要包含社会改造的维度？关于这一点，巴黎的流亡者所领导的波兰复国运动内部并不能达成共识。总的来说，侨民中贵族的、保守的或温和的派系倾向于前者：先尽可能通过国际外交的手段来光复历史悠久的祖国，之后再处理内部问题。民主派则倾向于社会革命的方式：光复祖国应该与社会解放相结合，如此才能确保这一事业在最底层的波兰人眼中具有正当性。[155] 19世纪三四十年代，民主革命派与贵族派之间关于波兰民族未来问题的分歧始终困扰着加利西亚的波兰复国主义者。贵族派的理想合乎地主的胃口，但对背负着封建义务的农民而言没什么好处。民主派的方案对社会下层有潜在的吸引力，对许多传统的贵族而言却是令人厌恶的。

加利西亚的农村也不能幸免于那些折磨欧洲其他农业社会的问题。与许多地方类似，这里的人口增长加剧了日渐两极化的社会结构的不平衡：一方面是一小群富裕农民；另一方面是人口越来越庞大的边缘阶层，他们靠着耕种小块土地和在庄园里劳作勉强维生。这里有一些农村纺织业和手工业，但它们主要面向当地消费市场：农民的制成品不会流入出口导向的商业网络，而是由庄园主直接收购，庄园主垄断了买方市场，这使得他们能够压低价格。在这里，庄园经济与资本主义市场结构相互渗透的程度远不如普鲁士等地。因此，这里的问题不在于工业化或商业化，而在于农民接触不到庄园之外的经济机会。作为消费者，许多庄园农民也在一定程度上与外界隔绝，比方说，他们只能买到在庄园里用本地产的谷物酿造的定量啤酒和烈酒。

结果，加利西亚农业所创造的繁荣只有很少一部分惠及真正耕种土地的人。加利西亚农民贫困加剧的一个标志，是他们愈加依赖马铃薯。1845年马铃薯病害席卷全欧时,加利西亚马铃薯的播种面积是小麦和黑麦的播种面积之和的4倍。[156] 1845年与1846年之交的冬天,饥饿在加利西亚农村蔓延,奥地利当局和欧洲其他许多政府一样采取了赈济措施,向较大的城镇供应低价面包和其他食物。这些措施也附带着强化了农民对奥地利当局的忠诚。

在一个被如此严重的不平等割裂的农业社会中,波兰地主始终难以说服他们的属民为了贵族的反奥地利民族起义赌上身家性命。更何况,低识字率(该省只有20%的儿童接受教育)使得侨民组织更难在农民间开展宣传工作。[157] 起义领袖发布的指令称,要用演讲和布道鼓动农民,令他们相信起义的目标不是恢复旧波兰,而是在"完全自由和人道的基础"上建立一个新波兰。[158] 诚然,土地所有者承诺减免"封建负担",但农民很可能问:要是他们这么热衷于贵族和农民间兄弟般的平等,之前为什么不做出改变呢?在许多起义者的庄园里,直到1846年,农民和庄园管理层仍时常因苛重的劳役负担和其他地方性争端对簿公堂。这本身没什么奇怪的——在当时的欧洲,这种争端随处可见,但在当时的特殊背景下,这些争端就破坏了波兰民族运动的逻辑,因为它的前提假设是全体波兰人存在共同感情,团结一致。欧洲大陆许多地方的农民都会向上级权威请愿,把他们从所谓的地方精英的虐待中解救出来。但在加利西亚,这种仲裁使问题变得很复杂,因为农民并没有把奥地利司法当局当作压迫者,而是当作调停者和担保人。让事态进一步复杂化的是,在加利西亚东部庄园里劳动的大部分都不是波兰人,而是乌克兰人,他们的神职人员和宗教仪式与波兰地主阶层不同。相较于遥远西部的波兰农民,波兰民族起义的想法对乌克兰农民的吸引力就更小了。因此,波兰起义哪怕组织得再好,也会在号召加利西亚人起来反抗奥地利帝国时面临重大困难。更别提这场起义从一开始就命运多舛了。

筹备起义的中心不在加利西亚本土,而在流亡团体中,尤其是在1830—1831年起义失败后成立于巴黎的波兰民主协会的圈子里。协会任命作家兼军事理论家卢德维克·梅罗斯瓦夫斯基（Ludwik Mierosławski）为加利西亚行动的领袖和指挥官。起义者制订了详尽的计划，不仅包括未来波兰的国家制度，还包括外交、贸易和社会政策。不过，未来的波兰政府到底要如何处理社会问题仍然悬而未决。起义者一心在为他们的冒险做军事准备。起义会在加利西亚和克拉科夫自由市打响，之后将扩展到被普、奥、俄瓜分的全部三个区域。

梅罗斯瓦夫斯基深信，光靠迅速且组织良好的贵族起义就足以达成主要目标。然而在 2 月 15 日，他们的密谋受到一记重击：指挥官本人及其副手在波森城内被普鲁士警察逮捕，而密谋者已聚集在此地，为起义做最后的安排。重要协调人以及梅罗斯瓦夫斯基的秘密文件统统落入警方手中，其中不乏骇人听闻的指示：在起义后的最初几小时内杀掉各地的"压迫者"，并以"诡计和西西里晚祷"相结合的手段消灭驻军，最终建立一个拥有独裁权力的临时政府。更令人难堪的是，普鲁士警方之所以能突袭起义委员会，是因为那些担心革命前景的波兰地主把起义消息泄露了出去。[159] 此般凶兆为整场短命的起义蒙上阴影。

起义仍能进行下去或许才是令人惊讶的。起义者仅在克拉科夫短暂地取代了当局。波兰民族复兴的梦想在这座城市得到了广泛的社会支持，起义者一度成为这座占地约 60 平方千米的自由市不可挑战的统治者。克拉科夫的起义要到格杜夫战役后才彻底失败。此战中，由路德维希·冯·贝内德克（Ludwig von Benedek）上校率领的奥地利军队（在许多农民志愿军的帮助下）消灭了仍在此地区活动的最大一支起义军。正如我们已经看到的，在加利西亚，起义从一开始就受到本土农民的阻挠。

那些天发生的事件最令时人震惊的一点是其极端的暴力性。根据一份以目击者证词为基础的叙述，2 月 19 日，"区首府塔尔努夫的景象史上罕见"[160]。雪橇和马车涌入镇子，上面装满浸透了鲜血的贵族、官员和管事的残尸，扛着镰刀、长矛、连枷、草叉和枪支的农民围在一旁。农民先是在起义者动员时打败了他们,再用死者的步枪武装自己,开始到各家各户搜查可疑分子。有时,吓破胆的起义者或疑似起义者从窗子里朝攻击者开火自卫残害尸体,农民就会冲进房子或将其点燃,有时会杀死里面男女老幼。这种暴力持续了好几天。一些尸体被运往塔尔努夫;另一些则被直接倒进墓地外的沟,草草掩埋。在死者家人面前残害尸体、实施酷刑和表演性斩首的行径见于大屠杀暴行的传说。

起义发生时,正在加利西亚的三个区进行为期六个月的传教活动的卡罗尔·安东涅维奇(Karol Antoniewicz)神父惊骇于这种无差别的暴行。他在毁灭和伤害的景象间穿行了数日,看到庄园宅邸或被洗劫一空,或被夷为平地。他走近一幢房子的废墟问道:"主人在哪儿?"当地人答道:"被人用连枷打死了。"尤其令他震惊的是有关神父被残杀的报告和教堂被亵渎的景象。那些曾经如此虔诚的信徒如今成了"劫掠教堂的人","他们毁坏、亵渎了十字架,但就在一个月前,他们还跪在这些十字架前"。整个"教区的社会秩序"都毁于一旦。[161] 安东涅维奇没有意识到,正是因为起义者招募加利西亚的波兰神职人员作为密使和鼓动者,他的同事们才会陷入险境。

博古施家族的命运尤其骇人。87岁的任齐奥维采庄园主斯坦尼斯劳斯·博古施在自己的宅邸中被杀。在他的几个儿子当中,生病的维克托林和几乎完全瘫痪的尼科代姆在妻儿面前被人用连枷活活打死。他14岁的孙子弗拉迪米尔被割断了喉咙。另一个儿子蒂图斯被人从阁楼扔到院子的鹅卵石地面上摔死了。46岁的小斯坦尼斯劳斯在亚沃采被农民抓住,带到了皮尔兹诺的治安官那儿。但另一帮农民强令镇长把他交出来,然后扒掉了他的衣服,他试图逃走的时候被人用连枷把"脑浆打了出来"。[162] 农民追上了从庄园里出逃的四人(包括博古施家的另一个兄弟维克托和一个叫亚当·波霍雷茨基的当地教师),对他们先殴打,再割喉。[163]

塔尔努夫一带的局势完全失控,起义军总指挥部于是立即命令其

1846年,加利西亚　　059

他地区的指挥官暂停行动，观望并等待进一步指示。但并不是所有的命令都能顺利送达。给桑博尔（今乌克兰桑比尔）地区起义军指挥官西科尔斯基伯爵传令的信使在路上被捕，于是连人带信被移交到伦贝格警方的手中。与此同时，西科尔斯基还不知道其他地方起义的结果就开始了行动。2月20日晚，我们熟悉的那一套又开始了：伦贝格东南方向的霍罗扎纳庄园下属6个村子的农民被告知，次日早晨带上镰刀、连枷、草叉和铁镐集合。约60个密谋者在大院门前预先搭好的木制主席台上就座，他们中许多人都是当天早晨坐马车来的。来自各村的农民各自列好队，在讲坛前围成大型的半圆。各村队伍前站着的是村治安官和市政官员。根据一份资料所述，西科尔斯基登上主席台，升起波兰国旗，发表了一番激情澎湃的演说，称他的听众为"波兰兄弟"。这个开头不好。农民开始高呼："我们是鲁塞尼亚人！我们是鲁塞尼亚人！"根据另一份报告，发言的是管家恰普利茨基，他举起右手对天发誓自己接下来说的话句句属实，而后宣称：从今往后废除一切赋役；烟草和盐会变得便宜；所有人，不论是地主还是农民，都享有自由，都是兄弟；但他们必须先和地主一起武装起来，赶走欺压农民的皇帝和"德意志人"。[164]

这时，村治安官、鲁塞尼亚人德米特罗·库哈尔开始发言。他表示，事情的发展不会如这位官员所愿。他们不会赶走皇帝，因为那只会回到以前波兰联邦的日子，那时，每个人都想当国王，每个波兰贵族都能随便虐待自己的农民。于是战斗爆发了。密谋者成功地在院子里筑起工事。农民则纵火围攻大门，密谋者成群突围时，他们遭遇了与全国各地的许多同伴相同的命运：或是被镰刀砍死，或是被连枷打死。死者和半死不活的人被堆上马车，送往伦贝格。[165]西科尔斯基的结局尤其悲剧性：他和一个朋友成功逃脱了，但当他们发现自己跑不过追捕者的时候，就把枪口对准了彼此。此处的底层逻辑和加利西亚西部地区的一样，只不过多了民族差异。但这类暴力在加利西亚东部并不普遍，这里的大部分起义没有流血就直接失败了。

加利西亚事件之残酷，以及近身屠杀之惨烈震惊了许多时人，至今仍令人震惊。死者人数据估计在 500~3000 人，最可靠的估计是 1000 人左右。约 500 幢庄园宅邸被毁。事件发生时一名年仅 4 岁的贵族幸存了下来，他在 50 年后的叙述展现了这一创伤的持久影响："那些感情如此猛烈，足以震动一个孩子的灵魂。这段经历太重大了，就像是自我认同发展的起点。"[166]

那时到底发生了什么？为什么会发生这一切？关于这些问题，人们从未达成共识。留存下来的记录或来自受害者的亲戚和支持者，或来自奥地利官方，对事件的叙述可谓天差地别。当时的报刊报道也好，后世的历史书写也罢，人们对同一事件的看法因民族和意识形态的不同而严重割裂。那些肯定奥地利帝国及其代表的政治秩序正当性的人，倾向于强调起义者的鲁莽无谋。起义只有得到人民的支持才能成功，在大部分人民都不信任或憎恶起义精英的情况下，起义者们为什么还要铤而走险发动起义？对心怀民族情感的波兰人和认同其事业正义性的人们而言，起义的正当性是毋庸置疑的（尽管侨民团体对起义的时机和策划仍有些不愉快的争论）。起义叙事的每一个要点几乎都存在争论。[167] 奥地利方面的叙述强调波兰地主压迫农民的行为，波兰方面的叙述则声称是奥地利人存心挑拨农民与地主的关系。[168] 在奥地利方面的叙述中，杀人者是心怀怨恨的农民；在波兰方面的叙述中，杀人者则是"轮休的帝国士兵"、罪犯和"大路上的流民"——他们是背弃祖国召唤的流氓无产者。[169] 在奥地利方面的叙述中，反起义是忠诚的帝国臣民自发的回应；在波兰方面和同情波兰方的叙述中，反起义是犯罪者和奥地利当局在起义前就谋划好的残暴回击。

奥地利当局付给农民钱和盐，以换取其俘虏的波兰起义者的头颅，这一信念在波兰人的公共记忆中根深蒂固。扬·内波穆岑·莱维茨基（Jan Nepomucen Lewicki）的油画《加利西亚大屠杀》（*Galician Massacre*）完美地再现了这一传说。在此画中，我们可以看到农民在奥地利军营前恭恭敬敬地排队，手里提着波兰贵族的头颅，一名军官正在给他们发钱和盐，桌子底下堆着一摞从庄园宅邸里抢来的瓷器。实际上，在当时的文件里，没有任何证据表明奥地利当局为起义者的头颅开出了"犹大的赏金"，也没有证据支持在早期的波兰叙述中反复提及的一种说法：用活捉的起义者只能从奥地利人那里换来 5 兹罗提，用其尸首却能换来 10 兹罗提。[170] 另外，奥地利人尽管在事前掌握了充足的情报，他们应对起义的安保措施却相当不力。毫无疑问，一旦发现事态发展对他们有利，奥地利人便连着几天都任其自流，连皇帝最有权势的大臣克莱门斯·冯·梅特涅也批评奥地利当局反应迟缓。[171] 也确实有两个地方的基层官员，因为警力和军力不足而奖赏那些将（活着的）起义者移交给当局的人。不管怎么说，暴力一旦开始，很快就不再需要任何政治借口，而自有其动力。不论地主参与起义与否，杀人团伙都开始追猎他们并抢夺其财产。

两场势同水火的起义同时发生，给解读带来了困难。多年以来，波兰人为争取民族独立发动了一系列英勇但失败的起义，这次起义可以轻易地纳入这一语境。解放与现代化为它提供了部分动力，至少在一些参与起义谋划的流亡者眼中如此。这是否意味着农民起义是反革命？又或者它是农民对封建制的反抗？毕竟，大部分地主对于激进的社会起义的前景不感兴趣，像雅各布·谢拉（Jakub Szela）这样的农民领袖则在波兰起义中看到了封建主义卷土重来的可能性。谢拉的名声也因评论者的民族和意识形态立场不同而迥异。在奥地利人眼里，他是个被地主（博古施家族）的长年虐待逼反的正直农民。在幸存的博古施家族成员眼中和波兰乡绅传统的民族记忆中，他是个可恶的讼棍、奥地利的走狗，一有机会清算那些社会地位更高的人，便成了冷酷的杀人犯。但是塔尔努夫的农民将他视作敢于反抗主人的"农民王"。在一些冷战时期的波兰和西方马克思主义史学家看来，谢拉是个农民革命者。

不管我们怎么解读中欧这段短暂但极度暴力的历史，它都表明了社会动乱是复杂而多维的。地主的民族复兴美梦在农民眼里也许是封

扬·内波穆岑·莱维茨基,《加利西亚大屠杀》。在这幅插图中,哈布斯堡之鹰的存在表明政府卷入了暴力活动。奥地利官员用盐和现金向农民购买波兰贵族的头颅,而从波兰贵族乡间别墅掠夺来的银器则堆积在桌子周围。另有一名奥地利官员在一丝不苟地将这一切(从银器和被砍下的头颅到所提供服务的报酬)记录在一本账簿上。图中的这一切都没有真实发生过,但莱维茨基富有震撼力的画面捕捉到了1846年加利西亚波兰精英记忆的关键元素

资料来源:Polish Army Museum, Warsaw (Acc. No.30305 404).(Photo: East News)

建制复辟的噩梦。政治的不满和社会的愤懑可能无法携手一致。各种动乱可能汇聚、共振,也可能相互抵消。这两种情况在1848年革命时都会出现。正如马克思在他写于1842年的关于森林法的文章中所言,世界的多面性是由其无数组成部分的单面性构成的。[172]

加利西亚事件也提醒了世人,如果政治领袖不考虑农民,会带来怎样的风险。在1846年3月写给奥地利驻意大利最高指挥官、陆军元帅拉德茨基(Radetzky)的信中,梅特涅不无得意地夸口道:"新

时代已经到来。民主派搞错了他们的社会基础,没有人民的民主不过是妄想。"[173] 梅特涅时代很快就会终结,但费利克斯·冯·施瓦岑贝格(Felix von Schwarzenberg)亲王到访暴行现场后,得出了自己的结论。(1848—1849 年的政治动荡后,施瓦岑贝格将在奥地利体系的重建中发挥中心作用。)当时的一个象征性事件尤其吸引了他的注意力。他声称自己在皮尔兹诺遇到了一群武装的加利西亚农民,并询问他们要去干什么。农民(用波兰语)答道:"我们押来了几个波兰人。"施瓦岑贝格被弄糊涂了:"'波兰人',这是什么意思?那你们是什么人?"农民答道:"我们不是波兰人,我们是帝国的农民。"施瓦岑贝格问道:"那谁是波兰人?"他们答道:"哦,波兰人!地主、官吏、文书、教授才算波兰人,而我们是农民,帝国的农民!"[174] 施瓦岑贝格是当真参与了这场对话,还是道听途说的?这一切是否确实发生过?所有这些都是次要的,最重要的是,他的故事反映了奥地利人对这些事件的某种理解。其中尤为值得注意的是,皮尔兹诺的"帝国的农民"的答复似乎暗示,尽管最贫穷、最卑微者完全有理由感到不满,但他们仍是保守派或至少是想要维持、恢复秩序的人在紧急情况下可依靠的一种资源。如果比起波兰民族运动,帝国在人民心中扎根更深,对帝国权威的捍卫者而言,这无疑是个令人心安的消息。施瓦岑贝格在 1848—1849 年革命当时和之后都会牢记这次"教训"(这和许多"历史教训"一样,不过是确证了想从历史中吸取教训者的一厢情愿的直觉)。

一些波兰民族运动的积极分子察觉到了同样的问题。加利西亚起义前夕,流亡民主主义者兼哲学家亨里克·卡缅斯基(Henryk Kamieński)发现,农奴制下的波兰农民不知道什么是"祖国母亲",因为对他们而言,波兰不是母亲,而是凶恶的继母。[175] 波兰诗人、地理学家兼革命者文岑蒂·波尔(Wincenty Pol)曾在 1830—1831 年的起义中英勇奋战,加利西亚起义爆发时正住在塔尔努夫东南约四十千米的克罗斯诺。他被农民痛打了一顿,其手稿和文书连同他藏身的宅邸被付之一炬。要不是奥地利人赶到，他很可能已然身亡。对他而言，1846年的创伤永久摧毁了他的信念——通过农民和民主的道路实现政治改革。其他人则从中学到了更为偏狭的教训：对卡罗尔·安东涅维奇神父而言，罪魁祸首显然是"犹太人"，"他们像蜘蛛一样，用不道德的网裹住了贫苦农民"。[176] 匈牙利的反对派领袖也吸取了加利西亚"教训"，在加利西亚事件之后，他们才接受科苏特·拉约什的主张：将彻底解放匈牙利农民作为反对哈布斯堡王朝的手段。[177] 匈牙利农民群体要是像加利西亚农民一样反对马扎尔爱国地主阶级领导的话，后果将不堪设想。在有民族主义倾向的克罗地亚贵族和知识分子当中，加利西亚事件的冲击突显了农村问题之重要性及其对克罗地亚民族团结的威胁。[178]

加利西亚事件在西欧几乎被彻底遗忘了，但它在东欧和中东欧的记忆中留下了浓墨重彩的痕迹，在奥地利、波兰、乌克兰作家和史家的史著、回忆录和虚构文学中反复出现。[179] 利奥波德·冯·萨赫-马索克（Leopold von Sacher-Masoch）的小说《东斯基伯爵：一部加利西亚史》（*Graf Donski. Eine galizische Geschichte*）是加利西亚事件最奇异的回响之一。此书两个略有不同的版本分别于1858年和1864年出版。萨赫-马索克写了著名的《穿裘皮的维纳斯》（*Venus in Furs*）。他的名字还是"masochism"（受虐症）一词的词源，精神病学家理查德·冯·克拉夫特-埃宾（Richard von Krafft-Ebing）未经他同意就用他的名字来命名这种心理状态。他的父亲也叫利奥波德·冯·萨赫-马索克，在1846年起义时任伦贝格帝国警察局长。其父据信是《波兰起义：来自加利西亚的回忆》（*Polnische Revolutionen: Erinnerungen aus Galizien*）的作者。此书于1863年匿名出版于布拉格，对起义做了细致的描写，在许多方面相当真实，但也颇具争议。关于作者的猜测是有道理的，因为从书中可看到警方档案和行政管理知识的痕迹。但是这位父亲在回忆录中对暴行和苦难的密切关注非同寻常，这一特点在他儿子更加怪异的小说中还会出现。

小说的主角是东斯基伯爵，一名潇洒的波兰起义者。起义发动的 2 月 19 日早晨，他正在霍沃扎尼（可能是在影射霍罗扎纳）庄园宅邸的一间卧室里和万达调情，她是一位亲王的妻子、起义领袖罗兹明斯基的女儿。当时，起义者在这里集合。接着便是奥地利人的记述中那些熟悉的场景：农民带着武器到起义者面前集合。庄园管家以标准的演说开场：

你们或许以为是叫你们来打猎的吧。确实是打猎，但稍有不同，这回要猎杀的是压迫我们的德意志豺狼。皇帝是个好人，但他的官员都是嗜血之徒。我们不是奥地利人，我们是波兰人，你们也是波兰人！……孩子们，我会给你们**免除劳役**，给你们免费的盐和烟！

农民们沉默不语，东斯基伯爵失去了耐心。"你们这帮不知感恩的狗东西！"他怒吼道，"看来你们不想要仁慈和享乐，更喜欢吃棍子！该说的都说了，要是你们这帮贱民不愿意安安静静地跟我们走，就用鞭子抽着你们走。"

东斯基伯爵又说了些难听的话，这时，"温柔的巨人奥努夫里"——一个四肢发达、秉性温和的鲁塞尼亚人——推开人群，走到了最前面，向管家说道："我是个农民，但我也有记忆。"他提醒农民许多年前地主老爷也曾像这样把他们召集起来。农妇们被强令站到中间，弯下腰，掀开裙子。男人们则被命令靠看屁股来辨认自己的妻子，认错的人要挨 50 下藤条。奥努夫里在最后慷慨激昂地呼吁农民不要参加起义。有个贵族开了一枪，奥努夫里的镰刀一闪，管家的脑袋"被劈成了两半"。接下来的场景极其残暴。作者重点描写的是万达。骑在马上的她突然被乌克兰人包围了。有人用镰刀从身后砍她的坐骑，马被吓得腾空而起。万达从马鞍上摔了下来，脚却卡在了马镫里。

东斯基听见了她的尖叫，听见她在死亡的恐惧中哭泣……东斯基离她越近，马就蹦得越野，拖着亲王夫人四处跑。她试图用手撑地，但手很快就磨烂了，而身上的肉也被一片片撕扯而下，她只得听天由命，那颗漂亮的脑袋也渐渐耷拉了下来。血已经开始从她的胸口渗出，染红了积雪。东斯基现在看到，那颗漂亮的小脑袋（他仍然爱她，他的脸颊上好像还残留着她嘴唇的触感）撞在石头和冰面上，血和脑浆溅在乌黑的散发上，血肉模糊的脖颈上还系着那顶联邦帽（波兰爱国者的帽子）。

暂时赶走暴动农民后，东斯基一行人把万达抬进了屋里。她奇迹般地还活着。血从她的唇间，从他"不久之前以渴望亲吻的眼神注视着的"嘴唇中间流了出来。他撕开她的上衣好让她呼吸，于是"亲王夫人迷人的白胸脯露了出来"。她的身体状况似乎在好转。但又一股"血流"的出现表明情况并不乐观。东斯基没有被吓倒，他抓起一块亚麻餐巾，蘸了点水，用它"轻轻地把脑组织从伤口处按了回去，然后用湿布包住伤口"。这种大胆的做法惊人地有效，至少暂时如此。万达猛地睁开眼，激动地将血肉模糊的手伸向东斯基，亲吻他，露出天使般的笑容，然后死了。[180]

读了这些段落，我们就能明白为什么克拉夫特-埃宾要用作者之名来命名一种性心理疾病。但我们也知道，这种栩栩如生的暴力描写与其他回忆并无根本的不同。比方说，万达脑浆迸流的景象就与波兰贵族卢多维克·德比茨基（Ludowik Dębicki）回忆中一个令人难忘的场景颇为相似。起义发生时，德比茨基只有 4 岁。他描写了一个农民怎样"用斧子一下劈开（一个年轻人的）脑袋，脑浆都溅到了谷仓顶上"。这个年轻人吓得魂飞魄散的姐妹试图"擦掉兄弟脸上的鲜血和脑浆"，此时几个农民拿来水"想要唤醒他"（这不太可能）。[181] 萨赫-马索克的小说还有其他有趣的特点。最值得注意的是，他的叙事是破碎的、多视角的。他在描写当事各方——波兰地主、波兰农民和乌克兰农民——时考虑到了各人不同的志向、价值观和对过去的意识，从而创造出了丰满鲜活的人物形象。他笔下的每个人都值得同情，但都有缺点。萨赫-马索克或许是想通过这种方式回答如下问题：在一个仍试图弥合裂痕（至少在官方层面如此）的社会，要如何回忆过去的暴力冲突？他从暴力中获得的可怕的、性爱化的愉悦更难解释。一个或许还算恰当的解释是：若要真正地全面理解暴力发生时的情况，必须从施暴者和受害者的角度去设身处地地想象和思考。萨赫-马索克关于1846年加利西亚暴力事件感知的核心，是他亲历并铭记的事。在1879年出版的一篇自传片段中，他回忆起自己10岁时所看到的场景：

> 我永远也不会忘记1846年的恐怖场景……2月里的一个阴天，我看到起义者有的死了，有的受了伤，被武装起来的农民押到（伦贝格）；他们躺在肮脏的小车上，血从稻草里流出来，狗就在旁边舔这些血。[182]

结论

激进的德意志民主派人士兼社会福利活动家奥托·吕宁博士是一名医生，与安热·盖潘一样活动于贫困群体。1845年，他发表了前一年的"政治综述"：

> 工人的动乱太普遍了，很难将其归咎于个别人的恶意煽动。布雷斯劳、波希米亚、西里西亚、柏林、马格德堡都发生了起义；这样的骚乱频发，难道不是表明问题的根源深植于我们的社会状况吗？[183]

吕宁不是唯一一个认为当时的抗议和起义是社会弊病征兆的人，

正如前文所见，这是全欧洲自由主义和激进主义社会评论者的共识之一。1845年，吕宁写下这些话时，局势正在急剧恶化。1844年工业综合性危机的第一波浪潮刚席卷纺织业工厂。而后，1846—1847年，马铃薯病害和谷物价格暴涨波及整个欧洲大陆，进一步的困难接踵而至。而这些危机和困难经过民族的、区域的、地方的权力结构的折射，最终造成了严重程度各异的生存危机，有小规模的，有中等规模的，也有灾难性的。

我们很容易认为，这些问题逐渐升级，最终在1848年革命中达到了高潮。但是社会动荡和革命起义之间的关系并没有如此直接。加利西亚的问题始于当地波兰贵族的政治雄心，而非农民的疾苦，后者的愤怒在反起义的大屠杀中得以释放。1848年革命之前的10年里，抗议和动荡确实如奥托·吕宁所言，是慢性病的症候。它们更像是痛风或风湿，而非心搏骤停——它们是间断性的，中间隔着许多平静期。而且，就像痛风一样，它们影响的是社会机体的特定部分，比方说，19世纪上半叶，奥地利帝国的德意志和波希米亚领土上，农民抗议活动就相对较少，因为当地的情况相对较好。在欧洲大陆的大部分地区，多亏了1847年的粮食大丰收，革命爆发时，19世纪40年代的生存危机已经结束。粮食骚乱参与者无论如何都不是革命的先驱，他们的抗议在政治意义上并不激进。他们往往会按照传统的社会规范来行事，这反映了其所属社群的道德经济观念。他们也许会采取务实的措施，以重新控制食物供应。例如，爱尔兰抗议者试图阻止原定出口的粮食离境，但他们并没有偷任何东西。又或者，粮食骚乱参与者可能有意提醒当局，他们负有赈济灾民的传统义务。骚乱参与者并不是以阶级成员的身份行事，也不是以革命者或其他什么身份行事，而是以丧失了正当权利的地方社群代表的身份行事。

至于1848年革命之前欧洲如此普遍的森林冲突和土地斗争，它们通常是（尽管不总是）防御性行为，针对的是更加同质化、更加界限分明的所有权形式，而这种所有权形式正是"现代"社会的典型特征。织工（和其他工人）的抗议和起义活动有时在组织上较为复杂成熟，但它们仍然是对紧急状况的零星回应，从未升级成某种对抗运动。使如此之多生计不稳的人流离失所的社会变化发生在全欧洲范围内，但争夺生存资源的冲突是在较小范围内展开的，它们缺乏协调，受到了领导者个性和地方局限性的影响。大部分社会抗议关注点狭隘，在政治上短视，这使得一些观察家深感沮丧。1847年有人匿名出版了一本痛斥那不勒斯波旁王朝政府的小册子，其中，那不勒斯自由主义者路易吉·塞滕布里尼（Luigi Settembrini）抱怨道：贫苦民众将怒气都撒在了"那些直接压迫他们的人"身上，因而没能认识到"所有人都深受压迫，而罪魁祸首是政府"。[184]

暴动不管有多普遍都仍是例外，它们证实了一个更大的法则：贫困和谋生途径的丧失更可能让人民"失语"和消极，而不是促使他们采取一致行动。[185] 这有助于解释为什么1845—1847年闹饥荒的地方和1848—1849年爆发革命的地方并不一致。假如饥荒与革命有直接联系，那么闹饥荒最严重的地方也应该是1848年革命最活跃的地方。但事实截然相反。就拿爱尔兰这个极端案例来说，饥荒一直持续到革命那年，它侵蚀着当地人的政治能量，也削弱了正在欧洲其他地方如火如荼展开的革命事件的影响。在尼德兰，闹饥荒最严重的地方在革命危机年代大体是沉默的。像西里西亚山谷这样连年受食品短缺和营养不良之苦的地区，在革命爆发时往往表现得消极被动。在普鲁士，革命激进主义思潮和暴力活动最火热的中心是那些在饥年根本没出现过粮食骚乱的城镇。纵观人类历史，令人惊讶的不是最贫穷者摩拳擦掌地准备改变贫苦现状，而是他们的逆来顺受。最近一项关于起义暴力的研究总结道："这是个深刻的、反复被印证的发现，即贫困和不平等的事实本身，甚至这类状况的恶化，都不足以导向政治……暴力。"[186] 这些观察很重要，因为它们提醒我们革命是政治事件，在革命进程中政治享有一定自主性。革命不完全是社会系统中不断累积的疾苦与不满的必然结果。[187]

因此，这几十年的社会疾苦与 1848 年革命的爆发之间并不存在直接的因果关系。但这不意味着前文所考察的暴动和抗议无关乎革命的开始和进程。社会冲突即便在动机上常是自发的或非政治的，但其影响仍有可能是高度政治化的。关于森林权的争议能开启政治推理和立场明确化的进程。1827 年，莱茵兰的一些村社起诉普鲁士当局，因为后者拒不承认他们在当地森林享有放牧和拾柴的传统权利。村民选择的辩护律师不是别人，正是特里尔的海因里希·马克思（Heinrich Marx）——卡尔·马克思的父亲。这个案子极为复杂，一系列古已有之的使用权与新森林法规定的同质化的"资产阶级"所有权形式相冲突。其父亲答应接手此案时，卡尔·马克思只有 9 岁，而诉讼一直延续到 1845 年，那时，年轻的马克思已经为《莱茵报》撰写了数篇关于林木盗窃的文章。他在其中批评莱茵兰森林法一边倒地保护一种权利形式（财产权），却无视另一种权利形式（传统使用权）。"狭隘、麻木、沉闷、自私的利己心"战胜了允许不同阶级的人从同一种公共资源中获益的混合所有形式。[188] 在 1859 年出版的《政治经济学批判》（Critique of Political Economy）中，马克思回忆起，正是其早年与莱茵兰森林法的论战，让他第一次有机会深入研究经济问题。[189]

全欧洲的织工、农民、帮工、学徒和饥饿的暴动者所提过的零星要求在 1848 年革命中重新出现，这些要求不仅出现在马路上和街垒里，还出现在工匠代表大会和数不清的小型集会中。在革命席卷的每座大城市中，对政治改革的要求（建立议会、制定宪法、扩大选举权、出版和结社自由）与对社会改革的要求（最低工资、控制必需品价格、劳动组织、承认工作权）竞相争夺人们的注意力。1848 年，柏林的面包房又像 1846 年那样受到袭击。整个莱茵兰地区，酝酿了数年的冲突于此时重新沸腾。在西西里，农村的暴力卷土重来。成群结队的农民自称"社员／共产主义者"，因为他们是在捍卫村社对公有土地的权利。这些人组织大规模的非法占领运动，带着牲畜侵入森林或圈

结论　071

起来的土地，销毁税收和土地账册，将市政府的金库付之一炬。乡间弥漫着一种"阶级复仇"的情绪。[190] 在西班牙，1848 年，政治上最活跃的地区是纺织工人积极参与抗议的东北部。纽伦堡熟练的五金工人在 1830—1832 年就参与过暴力抗议；1848 年，心怀不满的他们不仅再次要求降低师傅资格的准入门槛，其中许多人还参加了当年 5 月在激进中产阶级提议下成立的工人协会。1849 年 6 月，六名熟练的五金工人和学徒被捕，因为他们秘密地用长柄镰刀武装起工人协会的成员，为革命起义做准备。在法国比利牛斯山区的森林里，"姑娘之战"在 1848 年达到了戏剧性的高潮，一个又一个村社发动起义，与派来协助护林员的军队展开了激烈的战斗。[191]

如果"革命性"指的是合乎自由主义或激进主义知识分子所追求的目标，那么并非所有这些骚乱都具有革命性。一些骚乱与革命精英的利益相抵触。1846—1849 年震动西班牙北部的第二次卡洛斯战争（也称"早起者战争"）的核心是一场加泰罗尼亚人的起义。其导火索部分在于没收教会地产与土地所有制的变革，后一政策剥夺了农民对于这些土地的传统使用权，包括烧炭、拾柴和放牧的权利。起义矛头指向拉蒙·马里亚·德·纳瓦埃斯（Ramón María de Narváez）的现代化和中央集权化政策，以及他在马德里的温和派政权。一些地方的起义者攻击那些被他们认定为"自由主义者"的富人。[192] 类似的动机也推动了 1846 年的玛丽亚·达·丰特起义——葡萄牙北部的农民发动的反对安东尼奥·达·科斯塔·卡布拉尔（António da Costa Cabral）的自由主义政权的起义，它起初主要由女性领导。[193] 法国居民为捍卫自古以来的权利而进行森林斗争，震动了巴黎二月革命后新建立的共和国。在 1848 年早春成立临时政府的巴勒莫自由主义要人，对农村"社员"的反侵占行为没有什么同情心。袭击犹太商人是 19 世纪 40 年代德意志社会动荡的一个特征，该现象在 1848 年革命时重现，而这对于促进革命事业显然毫无帮助。但革命从来就不只是革命者的梦想。革命释放了社会中积压的一切紧张与不满，而不仅限于那些进步的诉求。

当秩序的崩溃促进了冤屈的表达时，其结果常常是暴力。暴力一旦开始，很快就可能愈演愈烈。粮食骚乱一开始或许只是为了填饱肚子，但旋即演变为针对"财富的象征、奢侈的场所，以及地方和国家权力"的普遍攻击。[194] 骚乱也可能会采取无政府主义和机会主义的形式。1847年4月普鲁士纺织业城镇施维布斯的一场粮食骚乱，始于饥民成袋地抢夺土豆和豌豆，但不久就扩展为一场大规模叛乱，将近1/4的居民都参与其中。[195] 英国驻维也纳公使庞森比（Ponsonby）子爵在1848年11月的报告称，成群结队的武装工人试图闯入其邻居斯蒂芬·齐奇（Stephen Zichy）伯爵的家中，并劫掠其财物。他报告的到底是一场政治抗议活动，还是单纯的抢劫？[196] 1846年加利西亚西部可怕的暴力事件体现出的是对横征暴敛的正义抵抗和对于受到起义威胁的奥地利秩序的忠诚，还是像一些人宣称的那样，纯粹是恶棍和"大路上的流民"犯下的莽撞暴行？

不论过去还是今天，暴力和政治间的界限都不好划定。在2011年伦敦骚乱期间，劫掠者从被毁的商店中搬走电视机，媒体对此场景极为震惊。这是在表达某种政见，还是只是在秩序普遍崩溃后释放出的贪婪，即对商品的欲望？博主里斯·威廉斯（Rhys Williams）评论道，如果暴徒组织起来，如果他们向国家提出要求，如果他们把自己的愤怒聚焦于一点，"我们更有可能称它为革命，而非刑事犯罪"。劫掠者很清楚地在表达一些东西——一种否定与一种匮乏，但他们的做法显得粗暴且令人费解，因为：

> ……若要成为对话的一部分，若要"抗议"而不仅仅是制造骚乱，你得有条理清楚的、以政治语言表达出来的理想。应该改变什么，应该怎样改变，对于这些问题，你得有一套清晰连贯的思路。你得有组织。你得相信有人会倾听你的话，你得相信自己的言行多少能带来些许改变。[197]

不过，即便社会暴力的实施者得不到理解和尊重，至少也会令人恐惧，而这也很重要。说到底，是武装起来的工人群体所制造的恐惧，逼着自由主义和激进主义领袖负起真正的责任。正是同样的恐惧，迫使各国政府让渡权力于新的运动，并允许在城市里成立公民卫队——这支穿着制服的纳税人组成的武装队伍，在富人区的街道上巡逻。同样的恐惧也能解释，为什么在更激进的群众暴力的幽灵逼近时，自由主义者会如此轻易地倒向传统的权威。恐惧在大部分情况下是对既定事实的反应，但有时也能起到未雨绸缪的作用。例如，皮埃蒙特-撒丁、尼德兰和丹麦那些机敏的自由主义大臣们，每当预见起义即将爆发，便成功引入改革。对于下层暴力的恐惧塑造了革命展开的全过程。恐惧不是外界强加给革命的外源性因素，而是革命本身的一部分。

第二章
秩序的构想[*]

> 所有重要的东西在1848年之前都早已说过。
> ——卡尔·施米特（Carl Schmitt）[1]

1839年，当比利时激进主义者佐薇·加蒂·德·加蒙考察当时的欧洲时，举目所见尽是变迁与动荡。她写道："每个阶层的精神都已陷入怀疑、焦躁和不安。"一切信仰都已黯淡，一切权威皆已动摇，社会纽带也已几近分崩离析。政治前景晦暗不明。民族和政府都不知道自己将要走向何方。空气中弥漫着一股"血腥战争与内乱迫在眉睫"的气息。[2] 在这个分崩离析的世界中，欧洲人构建了种种思想观念，设想了各种方式来更好地处理个人与民族的种种事务。有些人拥抱在当时已经初露端倪的变革进程，有些人诉诸理想化的过去，还有些人则期盼尚未降生的未来。

我们已经习惯把种种现代政治意识形态看作一系列不同的方案，从持保守立场的右翼方案，经由各种自由主义形态的中间派方案，到激进主义的和社会主义的（或共产主义的）左翼方案。然而，在1848年革命前的几年间，这个选项清单还几乎没有引起人们的注意。

---

[*] 我从已故的友人、同事迈克尔·奥布莱恩关于美国南部社会与政治思想的两卷本杰作那里借来了这个标题。Michael O'Brien, *Conjectures of Order. Intellectual Life and the American South, 1810–1860* (2 vols., Chapel Hill, 2004).

民间的确还有关于18世纪90年代初巴黎议会中各种党派建制的记忆，但诸如"自由主义""社会主义""保守主义"这样的术语此时才刚开始流传，其含义尚未明确——它们常常被用以指称种种模糊不定且不能逻辑自洽的观点与主张。在此时的欧洲大陆上，还没有哪个政党能以纪律约束其成员，或是将他们绑定在普遍认同的立场之上，此时的政党不过是志趣相投者组成的松散的网络或派系。如教义一般有权威性的"意识形态"还不存在，有的只是种种文本与人物所构成的群岛，欧洲人围绕它们构想出种种奇特的道路：即便是那些追随特定的思想家或作者的人，例如自视为法国思想家夏尔·傅立叶门徒的佐薇·加蒂·德·加蒙，也把他的观点与来源各异的种种观念加以混合。

在这种状况下，当时那些伟大的思想形态注定要变动不居，一直在变化、重组。而这就意味着，政治主张常常会以不可预测的方式，受到经济话语、爱国主张或宗教信仰语言的渗透。关于如何建构行政机构与立法机构关系的讨论，与教会中何者拥有教义权威，或者国民身份附有何种权利之类的问题，难以区分。而且，各种政治立场都仍然深深根植于特定的历史记忆方式之中。即便这些历史共鸣通常都不是自然浮现于脑海中的"记忆"，而是作为修辞工具，给当下政治主张赋予历史深度和合法性，令这些主张看起来不再像是新奇的发明，而更像是在完成某种由来已久的任务。在某种意义上，19世纪三四十年代思想生活中那种多变性、非线性、模糊性与我们今天的混乱局面颇为相似。在他们那个时代，现代政治的那些界限分明的身份认同尚未建立；而在今天，这些认同正在迅速瓦解。

属于男性的世界

巴黎作家克莱尔·德马尔（Claire Démar）在1833年写道："在诸多古老权力尘烟未散的废墟之间，仍有一种骇人的权力，一种神圣的律法，威严地肃立在其古老的基石之上发号施令。"几个世纪以来，这座巨像久历惊涛骇浪而仍巍然挺立。德马尔所说的权力既非君主，亦非宗教，更非资本，而是"父权"，摧残人类生存状态的种种形式的不平等都植根于此。[3] 在德马尔看来，父权在深度与广度上都是独一无二的，因为它与人类在童年和青少年时期被社会化和规训的过程交织在一起。正是借着这种权力，父亲摧残自己的儿子，殴打他们至"瘀青"来迫使他们屈服。它也是男性施加于女性的权力，男性借此掌控她们的财产，要求性满足，虐待、侮辱她们而不受任何惩罚。父权的影响无处不在，很难想象一个不受它统治的世界。在高等学府中，在法律和立法机关中，在军队、政府部门、工厂、外交使团中，在上流的社交场合和粗野的酒馆中，在亲密行为中，到处都能看到父权的身影。

人们可以设想废除封建制度、贵族特权或者行会的特殊管辖权——这些都已经在法国大革命中实现了；就连废除奴隶制这种古老的畸形制度似乎也变得可行——英国《废奴法案》正是在 1833 年 8 月 28 日签署的，距离克莱尔·德马尔写下她的宣言仅仅过去了几周。但男性对女性的权力依然未被动摇。设想这种权力的废止意味着设想一个截然不同的世界，一个没有父亲身份的世界，一个没有可继承财产或世袭权利的世界，一个婚姻制度要么已经废除、要么发生根本性变革的世界。

德马尔相信，婚姻制度是问题的关键所在。家庭如同一个个细胞，其他一切统治结构都建立在这些细胞的基座之上，而正是在这些狭小的隔间中，女性亲身经受父权的束缚。婚姻纽带的"专制不可谓不荒谬"[4]，它本质上是异常的，在社会上却被视作常规。在七月王朝时期的法国，尽管革命余温尚在，但男性对女性的权威仍然由法律镌刻在婚姻之中。《拿破仑法典》（即法国《民法典》）"配偶的义务"条目下有法条明确规定，"妻子应当服从丈夫"。有关婚姻的一切都是不平等的。一旦进入婚姻生活，女性就失去了对自己财产的控制。一旦她们因通奸而违反了关于性道德的通行标准，她们的丈夫就可以把她们赶出家门，并且禁止她们接触自己的孩子，而其丈夫通奸则不受任何惩戒。由于没有以不和谐为由单方面结束婚姻的权利，女性面对羞辱、虐待或漠视自己的丈夫而没有任何办法。根据这种结合的条款，女性注定沦为男性的"玩物"与"奴隶"。[5] 德马尔主张，经由这种既不平等也不自由的结合所诞生出来的孩子，在这样的父母关系中被养育成人，注定成为不自由的人。

婚姻不仅是不平等的，也有悖于人类精神与欲望的特质：造物主并不是以永久的结合为目标而设计人类的。有关婚姻的一整套情感与道德价值皆是文化与自然之间不匹配的结果。德马尔引述了斯塔尔夫人（Germaine de Staël）的一句评论——婚姻之爱不过是"双重的利己主义"罢了。[6] 毒害了许多婚姻的嫉妒心理，源自"可憎的利己与自我之情"。"忠贞，"德马尔写道，"几乎总是出于恐惧，或是别无他法的无奈！"人们期望女性忠贞不贰，在资产阶级社会中，女性的忠贞更是经受极其严苛的监视。这种期待是一种奴役："按照**反复多变的**自然法则，女性应当得到解放。"[7]

在以性别平等为基础的未来社会中，男女将会以根本不同于以往的前提结合。两性的结合将建立在"最广泛和最稳固的相互倾慕"之上，并且以"或长或短的同居（试验期）"加以检验。[8] 未来的新女性将能够自由地选择步入没有固定期限的结合，并且能在她们认为合适时结束这段关系。在两性关系调整的过程中，父权秩序下的"确定性"和"推定权利"将会被"探索"与"神秘"所驱动的新秩序取代。[9] 德马尔评价道，而结果将是一场革命，其意义要比1830年七月革命那种小骚乱深远得多。"因为婚姻的革命不是在风和日丽的短短三日之内、在两条街交会的广场上就能完成的。它发生在每时每刻，且无处不在，无论是剧院的包厢、冬天的社交聚会、夏天的街头闲逛，还是漫漫长夜……"[10] 虽然德马尔对这些事情具体将如何发生的因果链条语焉不详，但她仍然提出，这些变革将会引发一场全面的解放。[11] "只有通过我们女性的解放，无产阶级、穷苦大众阶级的解放才可能实现。"就长期而言,其结果注定会包括"奴隶、无产者、孩童等一切人的解放"。[12]

如今,在近两个世纪之后,这些文字仍未失去其激进的锋芒。将女性在法律和社会上的从属地位等同于奴役并非新事。英格兰哲学家、女性平等教育倡导者玛丽·阿斯特尔(Mary Astell)在《对婚姻的反思》(Reflections Upon Marriage,1696)中就提出了这一重要问题:"如果所有男性生而自由,为何女性就要生而为奴?"[13] 然而,将女性的解放与性欲的解放联系在一起,将性忠贞斥为一种伪装成美德的压迫形式,拆除婚姻的神学与道德支撑,使解放事业服务于改造日常行为的大规模试验——这些观点就算是在德马尔所处的激进圈子里,也是非同寻常、令人震惊的。德马尔为自己的文章所拟的标题为《我的未来法则》("My Law of the Future")。她清楚地知道,自己所熟知的世界与可能发生这些变革的世界之间存在一道鸿沟。她写道:"时日尚未到来,世界还没有做好准备。"未来的曙光仍在地平线之外,而当下仍是一个"夜影笼罩"的世界,其中"混杂着各种思想","我们的愿望、言辞与行动在困惑之中自相冲突"。只有这样一个念头能够给她带来慰藉:她是第一个在"咒骂、愤恨和厌弃"["甚至我们为其幸福而献身的(女性)同胞也如此对待我们"]的环境中站出来"为自由呐喊"的人。[14] 对德马尔来说,当下与未来的差异大到难以承受。1833 年 8 月 8 日,在把文章投稿给报纸的几天后,她选择了自杀,年仅 32 岁或 34 岁(她的出生年月不详)。激进记者兼裁缝苏珊·瓦尔坎(Suzanne Voilquin)出版了德马尔的《我的未来法则》,并在文末加上了"历史注释"。其中,瓦尔坎称赞自己这位朋友的临终绝唱是"世上由女性所发出的最强劲有力的(对自由的呼唤)"。[15]

德马尔的斗争精神非同寻常,但并非孤立无援。她的密友苏珊·瓦尔坎是一家报社的编辑,该报用过多个名字,包括《新女性》《女性使命》《女性论坛》等。作者均为女性,大多数来自劳动阶级。她们在发表文章时只署名不署姓,以避免父姓所带有的父权制意味。

立场激进的女裁缝让娜·德鲁安（Jeanne Deroin）把父姓视为"奴隶主在奴隶额头上烙下的字符"。[16] 19世纪30年代早期，许多激进的异见者都已经开始关注性别不平等问题。参加圣西门主义运动的人数在巴黎和外省都日益增长。圣西门主义运动从早先致力于改革的政治派别逐渐演变为准宗教组织，四处"宣讲"关于社会变革的新福音，而

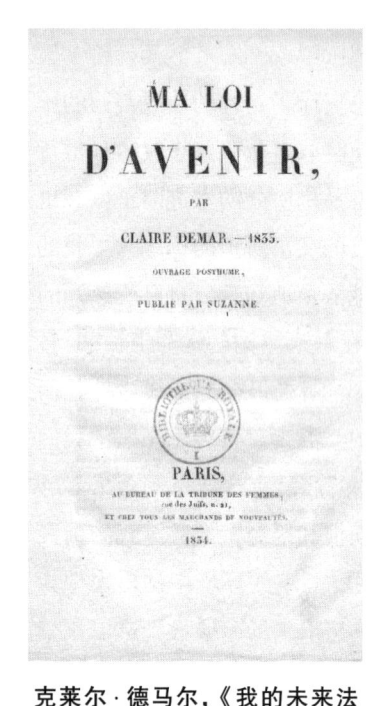

克莱尔·德马尔，《我的未来法则》(1834)。其在出版近200年后，仍保有激进的锋芒

资料来源：Bibliothèque nationale de France, Paris. (Photo: BnF)

苏珊·瓦尔坎的铅笔肖像画，由艺术家菲利普-约瑟夫·马歇罗绘制（1833）。瓦尔坎如今最为人所知的身份是作为《女性论坛》的创始人和编辑，她将新闻领域的文学激进主义与多方面的社会激进主义结合起来，希望向其他女性展示如何才能过上更为自主的生活

资料来源：Saint-Simonian collection, Bibliothèque de l'Arsenal, Paris［FE-ICONO-48 (2)］. (Photo: BnF)

性能量的解放将在其中起到关键的作用。

圣西门伯爵克劳德-昂利·德·鲁弗鲁瓦于1825年去世，他留下的思想遗产并不简单：他早年在著作中对技术创新大加赞赏，预测欧洲将在单一的法律和制度秩序下实现统一并因此受益；后来他构想了一种未来社会，其中为进步提供保障的不是暴力变革，而是科学与工业所释放的力量，那是足以与中世纪教会相媲美的道德力量。他的最后一部著作《新基督教》(New Christianity)将基督教的兄弟之爱置于完善后的社会秩序的中心。这位圣徒去世之后，他的追随者就如何解释并传播他的理念产生了分歧，他所开展的运动也随之陷于分裂。一部分追随者转向了工商业，另一部分则专注于政治改革。不过，在个人魅力与公众反响方面，最为成功的莫过于前银行家、葡萄酒商、烧炭党成员普罗斯珀·昂方坦（Prosper Enfantin）。他在圣西门的一部分教义中融入了以离婚自由化、改善女性合法权益等为中心的社会道德改革信条。昂方坦一派很快就显现出教派的特征，包括一套独特的蓝色套装，再搭配招牌式的、只能从背后束紧的白色马甲，用以提醒每个成员，他们依赖彼此的帮助。昂方坦后来以圣西门"教会"的"崇高圣父"而著称。有那么一段时间，他设想自己与一位"女性弥赛亚"结合，后者将为他生下救世主。1832—1833年，他因有伤风化、非法集会和严重的财务不当行为而被拘捕并遭起诉。他请求法庭允许他的两位女性同伴——阿格莱·圣伊莱尔（Aglae Saint-Hilaire）与塞西尔·富尔内尔（Cécile Fournel）——当庭为他辩护，但遭到了拒绝。[17]

圣西门主义者转向性别不平等问题的一个灵感来源是夏尔·傅立叶，后者将资本主义与婚姻视作"当今苦难的两大主要源泉"。女性对男性的从属并不是诸多歧视形式中的一种，而是一切不平等最为原始的范式。不解决这一症结，更加全面的社会改革就无从谈起。傅立叶在他的未来主义宇宙观中描绘了这一观念的内涵，他的宇宙观聚焦于以人类激情解放为基础的"和谐时代"的降临。傅立叶所想象的未来女性将会从"婚姻的奴役"中解放出来,并享受一系列"不同级别的爱情结合",包括与丈夫的结合、与"共同生育者"的结合、与"情人"的结合。未来女性可以和自己的丈夫生育两个孩子,和"共同生育者"生育一个,和"情人"则只是为了享受鱼水之欢。她可以按自己意愿升降丈夫、"共同生育者"和"情人"的地位。[18]

与其他激进女性一样,德马尔也从圣西门主义运动的傅立叶阶段中得到了灵感。但两者的区别和共性一样显著。德马尔将自己所设想的女性解放的场景置于遥远的未来——正是在她的时代,"乌托邦"这个术语不再指代当下不可能存在的地方,而是未来某个可能会存在的地方。并且,和傅立叶一样,德马尔也想创造一个更顺应人类本性的社会秩序。但除此以外,她与傅立叶的每个观点都截然不同。和她社交圈子里的那些女性活动家一样,德马尔感兴趣的是**女性**解放,傅立叶感兴趣的却是**性**解放,两者无论在过去还是现在都不是同一回事。[19]对德马尔来说,重要的是性别之间的不平等;对傅立叶来说,"和谐"则比平等更有吸引力。傅立叶仍然把女性描述成"美好的性别"和"软弱的性别"。他所设想的性解放不仅包括欲望的解放,也包含"需求"的满足。非自愿的独身将会被消灭,所有男女都会得到一份"最低性工资"。残疾人和老人的特殊需求将会由一个自愿分发"性慈善"的高尚的小团体来满足。傅立叶对愉悦的坚持几乎到了专横和管控的地步:在为了实现他的愿景而有意组织起来的社区法兰斯泰尔中,他设想靠"性爱法庭"来安排"狂欢活动",且为了透明公开,此类活动安排在白天进行。这样的设想,并没有给作为德马尔"未来法则"根源的个人自主性留下多少空间。

傅立叶个人生活的一个特征是分裂性:作为一家小商贸公司的出纳,他的日常生活乏味无聊,而他的作品却充满奇幻色彩。他似乎从来没有成功地和真实的女性建立满意的性关系——他满怀期望地向滥交的侄女示好,却遭到断然拒绝。相比之下,像当时许多激进女性那样,德马尔依靠个人经验写作。将爱之欢愉从传统与金钱利益的束缚中解放出来，这样的事必须亲身实践和检验。"我就这么说！"她写道，"我真的自愿在某个男人的怀里躺过一个小时。仅这一个小时的时间里，我们之间就筑起了一道名为厌倦的高墙……一个小时已经够长了，在我的眼中，他又变回沉闷乏味的庸人……"[20]

傅立叶想象自己的"制度"将在未来大获全胜。在《四种运动的理论》（*Theory of the Four Movements*，1808）中，他写道："只有我战胜了 20 个世纪以来的政治愚昧，现在和未来的所有世代都会把他们无限幸福的开端归功于我一人。"[21] 德马尔则没有这么确信。对她来说，解放并不是以实施某种制度的形式到来的，它的实现要靠反抗压迫的女性所发出的刺耳合唱，其中一些声音会是尖锐、愤怒且严厉的。最重要的是，德马尔不是臆测女性需求的男性，而是一个讲述她自己及其同代女性亲身经验的女性："我，身为一个女性，我要发言。"[22] "**谁在发言**"这一点和"发言的内容"同样重要。

德马尔的朋友苏珊·瓦尔坎自 1830 年开始同巴黎的圣西门主义者一道参与政治生活。瓦尔坎童年时期的天主教信仰正在动摇。而且，正如许多激进主义者那样，她在七月革命的那几天及其余波中看到了庸俗与空虚，并为此心灰意冷。与圣西门主义者的相遇成了转折点。拒不跟随她进入这个新圈子的朋友都被她抛诸脑后了，她也不再只为了享乐而参加聚会。从没有哪一个人的个人生活经历过如此彻底的转变："我们将自己的身体与灵魂都奉献给了这个新家庭；从那一刻起，这个家庭的一切社会、经济与宗教原则便是我们自己的。"[23] 而据瓦尔坎后来所说，昂方坦所宣传的信条最初吸引她的地方，是"一种无限进步的观念，它有如天主般永恒"：

> 当我理解、领悟了昂方坦神父所说的关于我们的自由和未来的宗教信仰的那些基本观念之后，我感到眩晕，"主啊，一切男男女女的父母"。这些神圣的信条给我带来了思想、心灵和行动的自由，我为此感到无上的喜悦。[24]

这种眩晕的体验，在许多激进女性的早期生活中都曾出现。让娜·德鲁安回忆道："在一片黑暗的废墟之中，透出一束亮光，圣西门主义出现了！"但是，这些与亮光相遇的描述不应被误解成对某个富有感召力的男性圣徒的从属宣言。让娜·德鲁安并不需要加入圣西门派才能成为女性权利倡导者。她转向这番事业的原因要追溯到她的青少年时期，当时她读到了法国《民法典》中关于婚姻的段落，并深感愤怒。法典明文写道："丈夫必须保护他的妻子，妻子必须服从她的丈夫。"从那一刻起，她就投身于一项严苛的自我教育计划。用她自己的话说，这就是为了"积极参与……反抗这一辱没人性的丑恶陋俗"[25]。当她接触圣西门派时，支撑她在1848年及其后的几十年间积极活动的那些理念早已形成。[26]

换言之，激进女性也和当时的男性一样，从他人的思想中兼收并蓄，并借此规划自己前进的道路。一些女性最初被昂方坦神父关于解放的福音吸引，而后又退出这个"教会"，因为事实越发明显——圣西门派里那些身居高位的男性根本没打算让女性平等地进入这套等级体系的高层。为《女性论坛》撰稿一些记者就来自这些脱离者，其中也包括德鲁安。她们自称"新女性"，立誓要走一条不同的道路。约瑟菲娜·费利西泰（Joséphine Félicité）在《女性论坛》上写道："如今我们依靠自己来为我们的自由而奋斗，我们依靠自己而不需什么主人的帮助。"[27]

对这些年间的女性主义运动来说，最核心的就是清楚地认识到1830年七月革命的成果具有局限性。1836年创刊的月刊《女性公报》关注的并不是女性的自主权和自我解放，而是"1830年宪法和其他法国法律"所规定的女性权利与义务，旨在揭露现政权的虚伪——它一边大肆鼓吹政治平等原则，一边在实践中否认半数国民的平等地位。该刊物并不否认现代法国已取得的宪制进步，但1814年和1830年取得的进步只把男性从暴政中解放了出来，女性依然如故——这足以解释新秩序的专横。一篇文章宣告，"在过去的50年间"，一场"巨大的革命""彻底地改变了我们社会的面貌",但"在这场社会剧变中,我们什么也没得到"。该刊物质问道:"修订后的 1830 宪法第一条规定'一切法国人,无论头衔和社会地位,在法律面前一律平等',而法国《民法典》(第一卷第六编第六章)第 213 条却规定'丈夫必须保护他的妻子,妻子必须服从她的丈夫',二者如何协调一致? [28] 为什么男性通奸为法律所允许,而且实际上得到政府许可经营妓院的政策的鼓励,但女性通奸就要受到惩罚? [29] 为什么巴黎的女性性工作者不得不接受警方兼具性骚扰和羞辱性的'体内检查',而她们的'男同行'(男妓)明明至少达三千之众,其存在却被当局否认,并且安然无恙?"[30]

《女性公报》一期接着一期地炮轰那些声称维护宪法原则、实际却反其道而行之的法律。为何仍有法条规定女性有义务"与丈夫同居,且不论其丈夫判断何处适宜定居,都应当伴其左右"(法国《民法典》第 214 条)?[31] 既然法国人"在法律面前一律平等",那为何女性不被允许担任陪审员?为何她们被排除在法兰西学院之外?[32] 宪法中涉及"法国人"的段落应当被修订,以包含法国女性——倘若政府拒不承认法兰西国王陛下的臣民既包含法国男性,也包含法国女性,那按法律来说,岂不意味着这个国家的一半人口是生活在另一个共和国之中?[33] 女性应当获准研习医学、法律、艺术和科学。[34] 该刊物就这样月复一月地历数着政治进步的机制如何对女性的诉求无动于衷,并以严肃的讽刺揭露自由主义父权制建立在何等的双重标准之上。不过,这份刊物并没有像同时代的许多女性活动家那样强调个人经验,这无疑是因为刊物主编名义上是玛丽(Marie)或马德莱娜·普特拉斯·德·莫尚(Madeleine Poutras de Mauchamps),但实际上是男性共和派记者弗雷德里克·埃尔比诺·德·莫尚(Frédéric Herbinot de Mauchamps),这颇为怪异。顶着主编名号的是埃尔比诺的女伴。她从前是家仆,很可能不识字,我们也无从得知她是否对这份刊物的内容产生过实质性的影响。[35]

埃尔比诺对女性境况的关注不同寻常，但并非独一无二。尽管有关"社会问题"的文献大多出自男性作者，不过它们确实常常关注女性劳动者特有的劣势和苦难，只是鲜少支持特定的女性权利或者法律改革。以南特社会"制图师"的身份出现在第一章的安热·盖潘医生也是圣西门思想的拥护者，他曾大费笔墨，讨论富裕家庭和资产阶级家庭女孩经受的失意：当她们的兄弟或进入商界，或接受高等教育带来的广阔视野时，她们却注定只能无所事事、一无所知。他评论称，年轻女性的机会遭到剥夺，这是她们"患上神经症的一个最主要原因"，而"所有的这些病症，包括僵硬症、癔症、梦游症，似乎都在某种程度上是一种与外界因素相隔绝的、神秘的私人生活的表现"。[36]西班牙同样有一批男性圣西门主义者，他们梦想，有一天压在"同胞兄弟和不幸的女性"身上的枷锁将被打碎，两性都将"从压迫我们所有人的奴役"中得到解放。[37]英国哲学家、社会活动家约翰·斯图亚特·穆勒作为外国观察家也注意到了这场论争。穆勒早在19世纪30年代初就开始思考圣西门主义对婚姻制度的批判。1849年2月，他在给自己的文学合作伙伴、未来的妻子哈瑞特·泰勒（Harriet Taylor）的信中写道，他认为"无论是在平等问题还是婚姻问题上，傅立叶关于女性的观点都是完全正确的"。1859年，穆勒把自己的一系列思考成果都凝聚到了论文《女性的屈从地位》（"On the Subjection of Women"）之中。[38]

然而，将女性"解放"与性许可相联系的做法既令许多女性感到惊恐，也便于不少男性污蔑女性主义主张。捷克作家博任娜·聂姆曹娃（Božena Němcová）在她写给摩拉维亚一份报纸的文章中哀叹女性教育不易，认为这使得女性"远远落后于时代，只能遥望自由与文化的旗帜"。但她也向友人坦承，一想到自己可能被指斥在要求"女性解放"，她就感到羞愧。[39]佐薇·加蒂·德·加蒙在1830年革命前开始了政治生涯，当时她担任比利时激进反对派主要男性领袖人物之间的联络人。她是傅立叶的热心读者，但反对傅立叶关于"性解放"的激进行为，认为它不仅令人反感，而且容易引发丑闻。[40]她对傅立叶社会科学的阐述见于《傅立叶及其体系》(Fourier et son système, 1838)，该书后来也出了西班牙语版和加泰罗尼亚语版。书里全然未提这位圣贤关于解放性欲的奇思妙想。[41]居住在莱比锡的年轻作家路易丝·奥托（Louise Otto）在1843年观察到，给"女性解放"强加上性许可的含义，这纯属**男性**所为。否则难以解释，在一个"解放"已经成为极富号召力的口号的时代，为何诸多社会群体之中唯独女性没有得到应许。在1847年的一篇文章中，奥托规避了"解放"问题，转而讨论"女性参与国家事务"的问题。[42]

　　这个时代的激进作家和活动家不仅发起了论争，也塑造了新型的政治自我。玛蒂尔德·安内克（Mathilde Anneke）在威斯特伐利亚的天主教环境中长大。与暴虐丈夫离婚的创伤推动她走出原来的环境，转向包括性别平等理念在内的政治激进主义道路。当时她年方二十且怀有身孕，被法院断定为有罪的一方，并且因为"恶意"抛弃丈夫而被剥夺一切接受经济援助的权利。后来她写道，这场离婚诉讼的结局让她"觉醒"，并且认识到"女性境况之荒谬，无异于人性的堕落"。[43]弗洛拉·特里斯坦（Flora Tristan）关于自我塑造的叙述也始于逃离一段失败的关系。1838年，她出版了轰动一时的自传《贱民游记》(Peregrinations of a Pariah)，着重描述一个女人在社会中的孤立无援：她无法爱自己的丈夫，甚至无法尊敬他，因此逃离了婚姻，前往秘鲁（她有法国和秘鲁血统），孤注一掷地试图恢复自己的继承权。她写道，所有地方的女性都生活在奴役之下，就像美国的奴隶、罗马犹太区的犹太人和俄国的农奴一样。[44]面对这种无处不在的压迫，唯一的行动路径就是打破私人领域的禁锢，这种禁锢将奴役的苦果隐藏在大量的个人传记中，使人们难以将它们视为一种系统性压迫的形式。[45]特里斯坦把造成她的不幸的人指名道姓地一一列出，希望以此为她的同胞树立一个榜样："我会列出那些与我接触过的人的名字，他们来自各个社会阶层，目前都还在世，我会让知道他们的言行。"[46]

暴露这些关系意味着将最为隐私的经历作为政治表达中的素材,使其成为新群体发声的权威来源。

一些激进女性组建起了大体上不受男性权威影响的社交圈子。对弗洛拉·特里斯坦通信的研究表明,她的朋友和伙伴中绝大部分都是女性,包括:欧仁妮·尼布瓦耶(Eugénie Niboyet)和波利娜·罗兰(Pauline Roland)等社会主义者,欧仁妮·苏代(Eugénie Soudet)等工人阶级活动家,诗人马塞利娜·德博尔德-瓦尔莫尔和小说家乔治·桑等作家,以及巴黎的波兰移民圈中的重要人物奥兰普·霍吉科(Olympe Chodzko)。[47] 玛蒂尔德·安内克与许多女性都建立了深厚的友谊,后来还转而在女性中寻找"生活与爱情的首要伙伴"。过去的一些著名的知识型女性成了她的榜样,例如斯塔尔夫人。另一些女性则以有力且令人信服的姿态而成为女性自主权的象征,例如乔治·桑,她以魅力非凡的形象挑战了性别的传统边界。正如一位男性作者的观察,乔治·桑"时而像个随心所欲的18岁少年,抽起香烟或鼻烟的时候派头十足;时而又像是25~30岁的迷人贵妇,才智过人、超乎想象,令人惊叹,又让人自惭形秽"。她永远不会把自己限定为女性或者男性,而是会"沉着平静地居于两个对立阵营的边界上,成为女性眼中的王子,男性眼中的女王"[48]。她一生所著的将近60本小说深深铭刻在同时代人的想象中。俄国革命家亚历山大·赫尔岑(Alexander Herzen)对她的小说极为痴迷,甚至在心里用她笔下的角色来给自己的熟人和朋友归类。[49]

激进女性在描述彼此时也不再像传统中那样强调外貌和性吸引力,而是采取了新的方式。苏珊·瓦尔坎在一份笔记中悼念已故友人克莱尔·德马尔:"她的手脚很漂亮,面色疲惫但面容端庄,眉目之间透着高傲,但也多少有些冷峻……她讲起话来长篇大论,才思敏捷,但言辞唐突,又有些磕磕绊绊。"[50] 这段描述与埃尔比诺·德·莫尚笔下的弗洛拉·特里斯坦形成了鲜明的对比:"你该亲眼见见这个女人……人们会情不自禁地欣赏她那藏匿于深邃眼眸中的热火、乌黑飘逸的秀发、随着情感的细微变化而泛红的棕色皮肤，进而理解女性所受的苦难……社会如躲避贱民那般躲避她们。"[51] 莫尚的描述令我们关注吸引人的体态姿色，瓦尔坎则让读者感受到外表下的个人。

由呼吁性别平等而引发的争议也常常反映在当时的女性小说中。弗吉尼亚是奥雷莉·德·苏比朗（Aurélie de Soubiran）1845年出版的同名小说的女主人公，她身着男装，独自旅行，烟不离手，并且在罗马和自己的恋人公开同居。[52] 克拉拉·蒙特（Clara Mundt）以路易丝·米尔巴赫（Louise Mühlbach）为笔名出版了许多小说，它们相对来说比较克制，但书中满是不愿用自由去换取婚姻枷锁的女性角色。"人只有被枷锁束缚之后方知其重。"[53] 乔治·桑1832年出版的小说《印第安娜》（*Indiana*）的核心情节是：同名女主人公陷入与老男人徒有其名的婚姻，只能借由离家出走和通奸才能得到些许自由。奥尔唐斯·阿拉尔（Hortense Allart）是一名育有两子的单身母亲，她的小说和自传式写作（两者之间没有明确的界限）赞美了那些独立于男性，并以友谊、爱情和才思来界定自身的女性。[54]

就像当时欧洲的其他政治运动一样，倡导女性自主权的运动在意识形态上仍然模糊、涣散。激进女性和她们的男性同侪一样，抱持着各种不同的政治立场。公民法律的变革与行为模式的转变之间仍然充满冲突，这也并不奇怪，因为性别不平等本就是由许多不同的因素所造成的。女性在民事上或政治上的权利当然重要，但在男性看来，毫不退让地维护在他们看来纯属自然秩序的特权同样重要。因此，加的斯激进主义者玛加丽塔·洛佩斯·莫拉（Margarita López Morla）号召读者向她们的丈夫——"我们的男性生活伴侣"普及关于公平分配权力的观点。[55] 但是，束缚女性发展的部分障碍根植于她们作为个体的成长过程，可能是教育（或缺乏教育），或是与父母、同代男性之间的互动。"唯有自我的重生才能带来精神与道德自由的重生。"伊达·弗里克（Ida Frick）1845年出版的女性主义幻想小说《女性的奴役与自由》（*Slavery and Freedom of Women*）里的先知角色如是

属于男性的世界　089

说。[56] 1846年，居住在柏林的诗人路易丝·阿斯顿（Louise Aston）因"道德败坏"被逐出该城，后来她写道："我们至高无上的权利，也是最值得我们为之奉献的，就是人格自由的权利，不受任何外界因素干扰地发展我们内在本质的权利。我们的一切力量和信仰都栖息于此。"[57] 在她看来，女性创作的小说之所以重要，恰恰是因为它们能够探索内在的世界，而崭新未来的希望之种必将播撒于此。[58]

最为重要的是，激进女性揭示出性别秩序的人为建构性和偶然性。性别不平等是社会组织化的结果，而不是生理上的必然。在确定这一对现代资本主义社会的运作和自我理解必不可少的因素时，相比于同时代的男性，激进女性在挖掘现代社会存在的本质方面走得更深、更远。但是，有谁在听呢？19世纪早期和中期，抗争运动对各种不平等的体制发起了挑战，其中人们最不愿意改变的就是性别不平等。1848年革命期间，整个西欧的女性再次奋起抗争，要求进入新组建的议会，争取公民权，组织政治俱乐部，出版报纸。德鲁安、安内克及许多其他女性纷纷创办报刊，鼓动并组织运动，提名自己的政治候选人。然而，在言论审查机构被取缔，新议会通过新宪法，封建土地所有制遭到废除时，女性在民事和政治上的从属地位却岿然不动。19世纪三四十年代，奋起抗争的女性面临着与20世纪早期美国城市贫民窟中的非裔美国女性类似的困境：不平等的宏观结构扭曲了一切情感与行为，自由不是一种政治现实，而是需要付出艰辛努力才能赢得的个体经验——激进女性不得不在这样的世界中探寻自己的路途。她们开始了"不羁的生活和美好的实验"。[59] 成功的希望渺茫，但正如苏珊·瓦尔坎所言："正如身处政治革命的时代一样，身处道德革命时代，就必须勇于前行。"[60]

自由的拥护者

在19世纪早期的欧洲，自由主义是什么？只有在定义上不那么严苛，我们才有可能对这一问题给出一个简短的答案。一项关于"自由"（liberal）与"自由主义"（liberalism）这些术语在1789—1870年的德意志、法国、意大利与英格兰的演进过程的里程碑式研究显示，实际上存在多种不同的自由主义，它们对不断变化的历史情境做出了不同的回应。它们之间虽然也有互动和思想的交流，但最终不愿走向融合。[61] 另一项富有洞察力的研究则描绘了19世纪早期的"自由国际"，它向我们展示的不是一种稳定的信条，而是一个由活动家、记者、政客与作家组成的密集的人际关系网，思想观念在其中流动并获得重组。[62] "自由"这一术语可以追溯到古罗马时期，当时，它指的是高尚公民慷慨而无私的行为。到了法国大革命和拿破仑战争时期，它才转而被用以指代某种特定的政治形态。[63] "自由"这一术语的语义扩张表明，它成功地渗透到了19世纪的公共话语之中，但这也使得清晰地确定其含义成了一项几乎不可能完成的任务。[64]

然而，在那个时代，的确有人以自由主义者自居，或声称在"自由原则"中找到了未来政治的基础。最早的一批人为法国大革命和拿破仑时代大断裂的动荡所震撼，他们既反对旧制度下的团体特权和森严的等级制度，也反对雅各宾恐怖统治时期和拿破仑统治时期的威权主义。在这两个极端之间寻找一条中间道路并非易事。这意味着既要肯定法国大革命的价值，又要反对它"错误地"转向国家恐怖主义；这意味着既要否定出身带来的特权，又要承认财富带来的特权（对自由主义者来说，这并不是一种特权，因为不同于血缘，财富可以通过后天的努力赢得）；这意味着要求政治平等，却并不坚持社会平等；这意味着拥抱代议制，却否定民主；这意味着肯定人民主权的原则，却又要对这一主权加以限制，以防其危及自由。

瑞士政治理论家斯塔尔夫人在1797年写道，拥护自由主义原则就意味着要把共和制的自由与君主制的稳定相结合。她写道："没有和解就没有安宁，没有宽容就没有平静；没有任何一个政党，在消灭了它的对手之后，还能使其狂热的支持者感到满足。"[65] 这种对和解的热情能够解释自由主义者最奇妙的特征之一，即他们坚信自己的政治原则不是一种"意识形态"。这里的"意识形态"意味着一种无所不包的观点或理论，而自由主义只不过是一组"基本的文化前提"，一套用于协调利益冲突的工具。就此而论，自由主义可以说是一种元政治学、一套程序，它因其来者不拒的公开性而平易近人，但也容易被指责"空洞、缺乏积极内容"。[66]

19世纪欧洲的自由主义运动始终具有一种特征，那就是热爱1789年的革命，却厌恶1793年的革命。将革命一分为二的看法已经成了自由主义政治思想结构的一部分，这有助于解释自由主义政治为何在政治极端化时期显得如此脆弱，因为那时的人偏爱简单易懂的解决方案。自由主义也很容易同时招致左、右两派的歪曲：对旧秩序的拥护者来说，自由主义者像是革命者和无政府主义的鼓吹者；对左翼批评家来说，他们像是有产阶级利益的狭隘维护者，其身上的压迫性并不比其声称要取代的那些"封建"精英少。面对这些对手所下的定义，自由主义者不得不无休无止地解释自己的立场。1814年，利马律师兼作家曼努埃尔·洛伦索·德·比道雷（Manuel Lorenzo de Vidaurre）曾受秘鲁总督指控，作为"自由主义者"密谋在库斯科发起暴动。对此，他回应道，如果"自由主义者"指的是那些寻求以人为编造的体系来制造"混乱和无政府状态"的人，那么他绝不同意把这标签贴在自己身上；但如果这个词指的是"追求以法律保障财产、生命和名誉安全的人"，那他就会欣然承认他的确是个自由主义者。[67]

瑞士-法国政治理论家邦雅曼·贡斯当（Benjamin Constant）于1819年在巴黎雅典学院发表的文章，是颇有影响力的、早期概述自由主义政治思想的文本。贡斯当聚焦于斯塔尔夫人（贡斯当曾受其保护多年，且是她的情人）作品中的主题，提出法国大革命为一种全新的政治创造了条件，而新政治的基础就是保障根植于个人权利的自由。贡斯当主张，这种新的自由也就是个人"有权只受法律的约束，不会因一人或多人的专断而遭逮捕、拘留、处死或任何形式的虐待"。每个人都有表达自己意见、选择并实践某一职业、结社、公开表明信仰、自由迁徙，以及处置财产的权利。在这些公民权利的基础上，贡斯当还加入了一条至关重要的政治权利："每个人都有权对政府的行政管理施加某种程度的影响，可以通过选举全部或特定的政府官员，也可以通过代议制。"[68] 这种关于自由的观念渗入了 19 世纪欧洲自由主义的血脉，但有趣的是，"自由主义"这个术语最早并不是在法国或者瑞士出现的，而是在西班牙。在西班牙，这个术语反映了《加的斯宪法》公布所导致的政治动乱。1813 年 7 月，在圣地亚哥·德孔波斯特拉出版的报纸《明智者》上，一位匿名作者将"自由主义"定义为"1812 年在加的斯因无知而发明出来的，荒谬、反社会、反君主制、反天主教、对民族荣耀极为致命的思想体系"。[69]

自由主义日后的诸多特征在这些早期的阐述中已经清晰可辨。当运用于跨越国界的事务时，自由处置个人财产的权利也就意味着贸易自由——一项源自 18 世纪政治经济学，并在 19 世纪受到许多自由主义者推崇的理想。在一个关税边界纵横交错、海关林立的世界里，资本和商品应当自由流通的信念多少带有乌托邦的色彩。法律的首要性，尤其是宪法的首要性，也是一个持久的主题。自由主义者通常是代议制政府的拥护者，并渴望为人民代言。但是自由主义者所说的"人民"通常指的是一小部分受过教育的男性纳税人。汇聚了各地代表的议会并不应当是全体人民的缩影，[70] 而应体现整个民族中最出色、最值得代表的群体。自由主义者断然不是民主主义者，他们相信一种有限的选举权。自由主义者给出的理由有二：在过去，法国大革命最为暴力的那几年曾触发无政府状态；而在未来，随着财富的增长和教育的改善，社会中有资格并能实际参与国家政治生活的人将会稳步增多。

自由主义者为其政治思想的非理论特性、注重实际而自豪。弗朗西斯科·马丁内斯·德拉罗萨（Francisco Martínez de la Rosa）是 19 世纪中叶西班牙最出色的自由主义政治家之一。在斐迪南七世

自由的拥护者　093

（Ferdinand VII）于 1814 年返回西班牙之后，他曾遭到流放；而后在自由三年（1820 年里埃哥起义之后的三年）担任政府首脑。在 1823 年的立宪政府倒台之后，他和许多同僚一样流亡巴黎，在那里怀着钦羡之情近距离观察了蓬勃发展并最终于 1830 年夺得政权的法国自由主义运动。在斐迪南七世去世、西班牙宣布大赦之后，包括他在内的许多流亡自由主义者返回祖国。作为首相，马丁内斯·德拉罗萨起草了一份新的基本法，即《王国宪章》——一份短命的宪法，马丁内斯·德拉罗萨于次年失势之后就遭废除。《王国宪章》旨在通过建立议会制政府来恢复西班牙政局的平衡。马丁内斯·德拉罗萨亲笔撰写的序言宣称，重新召集在 1823 年被解散的议会是"压制不公正主张"，使国内各政党"放下武器"的唯一的可行之路。像许多欧洲自由主义同人那样，他也设想了一种有限的选举权，以使"与社会共同遗产休戚相关的阶级和个人"能够"在重要事务中发挥一定的影响"。这也就意味着，将"中间阶层"（clases medias）纳入政治至关重要。[71]

在首卷出版于 1835 年的著作《世纪精神》（*El Espíritu del Siglo*）中，马丁内斯·德拉罗萨评论道，绝对君主制的捍卫者和民主的拥护者实际上颇为相似。前者对君主制极尽恭维，而后者对大众的谄媚也不遑多让，民众有求必应。两者都从遥远而抽象的权威那里获取自己主张的合法性。绝对君主制的捍卫者诉诸没有实证支持的"神圣权利"，或者是从远古时代继承下来的特权。自诩为"人民自由的捍卫者"的那些人则援引以想象中的"自然状态"为基础的理论。马丁内斯·德拉罗萨认为，这两种道路都一样荒谬不经，它们的原教旨主义特性意味着两者永远自说自话，永远也不可能走到一起。想要在两者之间找出些许共识是天方夜谭。一种以社会利益为导向的政治，他写道，"必须由**实际利益**构成，而非**古老特权**或者**原初权利**"。这种政治的基础既不能是"从前曾经如何"，也不能是"将来可能如何"，而必须是"民族与人类的实际现状"。[72] 在这里，构建一种政治平衡的元政治主张再次出现，这一平衡只有在社会现存的各方势力开始对话之后才能确定。

但是，即使自由主义者原则上就许多议题达成了共识，其内部也仍有分歧。就以"限制"这一观点而论，它在自由主义思想中极为关键，且必然包含着调整和裁判标准的过程，而该过程很容易引发争端。即使自由主义者都同意"有限的选举权"，但就如何设定选民资格门槛，也会引起激烈的争论。在这个问题上，政治权利的话语有和社会需求的话语纠缠不清的危险。一个满是饥饿的无产者的议会能对财产权的不可侵犯性表现出多少尊重？所有的自由主义者都支持代议制政府，但代议制又应当采取何种形式？马丁内斯·德拉罗萨坚持重新召集议会，但不愿看到《加的斯宪法》中的一院制议会。他希望建立一种两院制的结构，其中，上议院由贵族及高级教士组成，借以提防"大众阶级的暴力冲动"。他力求废除《加的斯宪法》中广泛但间接的选举权，试图以严格的财产条件缩小选民范围。这些政策使他受到更为激进的自由主义者的蔑视，后者将他视作自由主义事业的叛徒——这也是1848年许多温和自由主义者的命运。不仅他的政策遭人诟病，他温顺而稍显狡猾的行事风格也为他赢来"糕点师罗西塔"的绰号，"糕点师"是暗示他擅长和稀泥。[73]一边被右翼指责为革命者，一边被左翼斥为妥协者，这种两边不讨好的境遇是19世纪中期自由主义者面临的普遍困境。

自由主义者痛苦地意识到社会问题所带来的道德恐慌，但他们往往优先采取政治而非社会的解决方案。皮埃蒙特的温和自由主义者马西莫·达泽利奥（Massimo d'Azeglio）承认，社会不平等会给一部分人带来痛苦，但这只是"人类注定要忍受的诸多不幸之一"。他注意到，英国社会是世界上最不平等的社会，但英国又是政治最为稳定的国家之一。原因在于英国人的"法治精神"——一种"默契而普遍的尊重既定法律的共识"。法律之所以受人敬重，是因为不论个人的社会地位如何，它保障正义既不迟到也不缺席，因此使所有人都享有尊严。"人若不感到受轻视，就不难适应物质的贫瘠。"[74]并不是所有

自由的拥护者　095

的自由主义者都回避不平等问题。如何处理这一问题则取决于他们在其他问题上的信念。自由主义者中的贸易保护主义者更倾向于支持国家采取干预措施，以保障最底层人民的福利；而贸易自由的支持者则更可能把撤回一切国家管控职责、"释放"企业活力视作普遍解决方案的关键。[75]

要想在君主制的稳定和共和制的自由之间找到平衡，就必须对君主的权力加以限制。但应当限制到何种程度依旧难以确定。在危机爆发，这类问题亟待解决时，情况尤其如此。1848年，自由主义者之间激烈的分歧就部分来源于以下重任：在君主的权力与尚缺乏经验的新兴立法机构之间达成平衡。

宗教则是另一个纷争之源。自由主义者往往会对天主教会持怀疑态度，因为在他们看来，天主教会的神学和制度文化是神权的、专断的，也是不利于自由的。这种敌意也与性别息息相关：在女性修道机构和负责听取已婚女性告解的独身教士之中，自由主义者看到了对他们自己那种纯然男性化政治秩序的倒置，这种秩序由不受信仰约束的男性纳税人主导。自由主义者会因为选举权、君主主权、民政-军队关系，以及其他摆在面前需要平衡的事务而产生分歧，分歧愈甚，反教权主义就愈加成为一种自由主义的文化准则，它常常被视为对所有自由主义者而言都理所当然的情感。这种憎恶之情在未来会引发更多的动荡不安：随着时间的推移，世俗化的自由主义运动与决心维护教会的权威及独立地位的天主教徒之间的斗争，将成为欧洲政治中最核心的分裂之一。这种极化最早的受害者自然是自由派天主教徒，他们在法国和意大利人数尤其众多。他们对信仰的执着，与其他自由主义者本能的反教权主义产生了冲突。[76]

自由主义者喜欢市场。如今，市场已经被全球性巨头所把控，我们很难重温"市场"这一概念在当年曾具有的颠覆性魔力。市场不是庄园或封地，它既不代表王权，也不属于教会。市场是交换空间，个人在其中（至少在理论上）可以不受专制政府的安排，而在一个相对公平的竞争环境中经商。[77] 但是"自由贸易"应当自由到何种程度？对普鲁士和其他德意志北部的自由主义者来说，由于他们关注对英国的粮食出口，或德意志各个港口城市的商业贸易，他们往往有充分的理由支持贸易自由。与之相对，在德意志南部，尤其是巴登，与工业利益休戚与共的自由主义者则更可能支持贸易保护主义政策。尽管自由主义的语言是具有普适性的，但在这类问题上，它却显示出明显的地区差异。[78]

大部分自由主义者希望区别对待不同情况。举例来说，意大利自由主义经济学家兼政治家安东尼奥·夏洛亚（Antonio Scialoja）原则上强烈拥护贸易自由，但他也认为，在实践中有必要根据各国的不同情况提供津贴。在一个"统一而幅员辽阔"的国家中，实行贸易自由单纯意味着"降低壁垒"；但在（意大利这样的）"层层分裂"的地区，贸易自由的实现形式则是"几个强权之间坚实的经济统一纽带，亦即关税联盟"。[79] 19世纪二三十年代，普鲁士决心建立德意志关税联盟，在普鲁士政府中，这是自由主义者热衷讨论的话题。一些自由主义者将自由贸易与贸易保护主义相混合，提倡针对不同的产业实施特定的政策。在政治经济学这一领域中，自由主义的演化也与民族主义思想的兴起交织在一起。匈牙利的温和自由主义者塞切尼·伊什特万（Széchenyi István）提出了诸项基建计划，旨在打开匈牙利与更加广阔世界之间的贸易通道。而与此同时，以科苏特·拉约什为中心的更为激进的匈牙利自由主义者则于1844年创建了保护协会。它是个贸易保护主义的游说团体，旨在说服成员只穿着和使用匈牙利王国制造的产品。[80]

法国仍在贸易保护主义与自由贸易之间摇摆不定。在1814—1815年战败之后的数年间，拿破仑保护主义"体制"的痕迹仍在。直到1825年左右，在以让-巴蒂斯特·萨伊（Jean-Baptiste Say）为首的自由主义经济学家的影响下，关于自由贸易的论点开始传播。1830年后，英国激进主义者约翰·鲍林（John Bowring）对全球自由贸易的鼓吹又为自由主义论点增添了动力。[81]然而，自1840年左右开始，风向迅速发生转变，"民族国家"成了支配框架，经济利益的论证和理论化都在这套框架下进行。自由贸易逐渐被视为实现英国专属的国家利益的工具，这种联想使得商品与资本跨国自由流通的愿景褪去了不少世界主义的光泽。19世纪40年代，充斥着民族主义情绪的贸易保护主义立场主宰法国政坛，其支持者声称要"保护国民的艰苦劳动"。[82]这些来自法国的观点得到了德意志政治经济学家弗里德里希·李斯特（Friedrich List）的肯定，李斯特又进一步将它们与亚历山大·汉密尔顿（Alexander Hamilton）以及新兴的"美国学派"的思想相融合。李斯特是来自德意志南部的自由主义者，他既主张建立德意志民族的自由贸易区，也要求对德意志工业采取保护措施，以抵御外来竞争。李斯特的论点转而得到了以科苏特为首的匈牙利自由主义者的接纳。

自由主义者深度卷入了这个时代的诸场革命，但他们是不情愿的革命者。1830年，巴黎爆发七月革命，自由主义者下定决心抵制波旁政府发布的紧急法令。在他们看来，这些法令与宪法相抵触，因而是非法的。不过，最终将波旁王朝推翻的却是巴黎人民的起义。自由主义者不得不敏锐地紧跟不断变化的局势，而一旦自己的诉求得到满足，他们就立即尽其所能把社会动乱压制下去。自由主义者热爱宪法，因为宪法不仅能够约束君主的专制权力，也能给革命的冲动套上法律的绳索。作为中间派，自由主义者常常恼于自己要在两害之间做取舍。巴伦西亚的一份温和自由派报纸在纷繁之中捕捉到了这一困境："但愿一连串的谬误不会将我们推入革命和专制之间的两难困境，我们为了拒斥革命，已饱尝专制的谬误之苦。"[83]对许多自由主义者来说，如果把句子里的两个关键词的顺序颠倒一下，似乎也不会引起不适。进退两难已经成了他们的特征。

激进主义者

在自由主义者政治立场的左侧,存在着一系列相当不同的派系,其中包含了民主主义者和社会主义者。他们时常被统称为"激进主义者",但这个术语甚至比自由主义者更加模糊。一般而论,激进主义者要求普选权。他们认为,即使是最贫穷的男性工人也应当拥有选举权(极少有男性激进主义者会为女性的选举权发声)。激进主义者对渐进式的立法改革缺乏兴趣,他们更愿意直接采取行动。他们对待传统当权者的态度更具有对抗性,也更缺乏耐心。他们可能既关注政治权利(出版自由,或自由主义宪法所保障的其他自由权利),也关注社会权利(最低工资、主食价格管控、劳动权)。不过,"政治"改革和"社会"改革之间的区分也不是那么明显。举例来说,选举权的扩大就具有二重性。因为它涉及的宪法修改会导致社会性的结果——选举权的扩大势必会在国家政治中引入一个新的社会阶层。

激进主义者担忧劳动力市场的结构,忧虑当劳动本身变成一种稀缺商品时应当如何应对。这一问题在1848年的革命中非常重要。自由主义者将经济竞争视为一种有助于优化生产率的力量,而激进主义者将它视为社会毒瘤。对路易·勃朗来说,它是一切社会罪恶的根源,甚至可以算作一种"灭绝体系"。[84] 一些激进主义者将竞争视为阶级意识诞生的障碍,而工人要想为自身利益开展有效的游说活动,便需要这种意识。在《工人联盟》(*The Workers' Union*,1843)中,弗洛拉·特里斯坦劝说工人克服行业、性别与社会的竞争,团结一致地行动,不只是为了确保物质利益,更是为了"构建工人阶级"——此时离《共产党宣言》的诞生还有五年之久。[85]

自由主义者一般认为,财富将会逐步增加,并且从长远来看,它能够改善所有人的生活。而激进主义者更关心财富的分配问题,他们认为,财富(或资本)的集中建立在与贫困的零和博弈上。在他们看来,富人之所以富,似乎是因为穷人穷。必须说明的是,1830年左右和40年代后期的社会危机使这种观点看起来愈加合理且紧迫。格奥尔格·毕希纳（Georg Büchner）出版的小册子《黑森信使》（*The Hessian Courier*, 1834）用一组隐喻将穷人和富人联系在一起：工人的汗水变成了富人脸上涂的油，而富人家中显摆的财富是从穷人家里掠夺来的。两者之间是直接的、剥削和寄生的关系。1847年，法兰克福粮价飞涨、因饥饿引发骚乱时，一份在城内外流传的传单也生动地表达了同样残酷的逻辑：

> 无产阶级！面包或者革命！这应当成为你们战斗的口号……你们建造了宫殿，于是闲人得以在其中纵情声色；你们建造了存放财宝箱的城堡，于是他们得以把剥削你们而得的金钱锁好；你们制作了精美的床架和柔软的床垫，于是你们的女儿成了他们淫欲的牺牲品。一切都是为了他们，你们除了饥饿一无所有……[86]

像这样的文本暗示了最富有者和最贫穷者之间掠夺与被掠夺的紧密关系，以及将弱小的工人和富有的闲人对立起来的两极化社会秩序。其中穷人的女儿沦为妓女的事情并非臆想，在关于社会问题的文献中，许多作者都提到了自己观察到的现象：在较大的城镇中，女性性工作者大多是穷人的女儿。德意志共产主义者奥古斯特·贝克尔（August Becker）质问读者："什么是金钱？""金钱就是……被偷走然后储存起来的镀了银的劳动。现在，你们还没明白他们是用什么支付你的报酬的吗？这是肮脏的欺诈！他们把你们自己的劳动（支付给你）！……他们吸干你的骨髓，然后用你自己的汗水付给你作为薪水。"贝克尔总结道，工人出卖了自己的身体和灵魂，而得到的报偿不过是"他们失窃的影子"。社会可以纵向划分为生产者和非生产者，"从罗斯柴尔德到卖水果的女人，从财政部长到当铺里的男人，从将军到列兵，从男爵到佣人"。这与圣西门把所有阶层都区分为"实业者"和"闲人"颇有近似之处。[87]

对极"左"翼的激进主义者来说,"和谐"这一理念具有独特的吸引力。他们渴望重新规划社会,消除一切社会与政治冲突。他们所梦想的政治是参与性的,却不是个人主义的。[88] 德意志乌托邦激进主义者威廉·魏特林(Wilhelm Weitling)将他 1842 年出版的巨著命名为《和谐与自由的保证》(*Guarantees of Harmony and Freedom*)。[89] 伊加利亚运动的发起人艾蒂安·卡贝(Étienne Cabet)希望通过工人之间的互助合作来克服资本主义的对抗逻辑。[90] 在他的设想之中,最核心的隐喻是一场田园盛宴——社会地位各不相同的伊加利亚人在优美的环境中享用美食,或者说在尼古拉斯普桑(Nicolas Poussin)的风景画中塞满了弗兰斯·哈尔斯(Frans Hals)所绘制的角色。夏尔·傅立叶的社会转型理论也是一种"和谐微积分"。[91] 亚历山大·赫尔岑相信社会主义继承了"基督教最原初的应许——普天之下人人友爱,四海之内皆为兄弟"。[92] 相反,自由主义者则假设冲突是不可避免的:既然在一个复杂的社会中,各方的利益必定互相冲突,那么良好的政治秩序就不应该以压制或取代利益为目标,而应当对这些利益加以管理、协调。自由主义者极为看重的宪法,就其本质而言,正是一纸合约,设计的初衷就在于管理那些结构性对立群体之间的关系。这也能够反过来解释自由主义者对"温和"的关注:对致力于达成妥协而非制定最终解决方案的政体来说,"温和"至关重要。朱塞佩·马志尼(Giuseppe Mazzini)偏重于义务而非权利,因为前者团结人民,而后者会分裂人民。(另外,他坚持实行民主,偏好暴力起义。)这使他更多地被视作激进主义者,而非自由主义者。

激进主义者可再细分。举例来说,阿尔方斯·德·拉马丁和路易·勃朗都是赞同男性普选权的民主主义者,因此都可以说是激进主义者。这将他们置身于自由主义阵营之外,因为自由主义者要么维护法国既存的选举制度,要么支持在其基础上稍微扩大选举权的范围。勃朗和拉马丁都把针对"社会问题"的批判性观点纳入自己的政治纲领，并引以为傲。当拉马丁于1833年作为一名议员进入政界时，他加入了一个松散的议员团体，他称其为"社会党"；勃朗的小册子《劳动组织》广泛参考了当时的批判性社会观察文献。然而，在如何组织劳动市场的问题上，两人的立场却有本质上的不同。勃朗提出了一种制度，其中政府将会取代商业资本家，成为"生产的最高监管机构"。国家赞助支持的企业将由政府进行监管，由选举产生的工人领导经营。勃朗宣称，这种企业不仅会获取丰厚的利润，而且对工人和投资者都极富吸引力，很快就会淘汰旧式的私有产业，并确保"联合原则"战胜"竞争原则"。[93]

拉马丁则厌恶这种观点。他在1844年写道，如果劳动组织意味着"以国家的名义攫取实业和劳动者的财产权与自主权"，那么这种计划"不过是在劳动领域应用国民公会（的雅各宾原则）"罢了。在一个以快速变化为标志性特征的环境中，实业的自由确实会引起"困难和不便"，但问题在于如何管控它们，而不是一刀切地压制它们。和专制君主制的政治暴政相比，一个工人国家的经济暴政难不成会更好？

> ……专断（统治）不论由谁执掌，都改变不了它的本质……如果说国王和贵族的专断统治是傲慢的，那么人民的专断统治则是可恶的……不要再……在群众面前煽动这些空洞的思想了！它们不过是听起来响亮，因为里面除了空话与风波就什么也没有了。

拉马丁总结道：在一个自由的国家中，唯一可行的"劳动组织形式"就是"通过竞争、技能和道德来争取回报的自由"。[94]这是对勃朗那本著名的小册子的尖锐反驳。拉马丁和勃朗都会在1848年2月成立的临时政府中任职，而在巴黎这场革命的进程中，围绕如何处理劳工问题而产生的分歧将发挥核心作用。

对知识分子来说，再没有哪一种左翼政治思想比"社会主义"更具吸引力了。在马克思与恩格斯的思想成为主流之前，这一术语指代的并不是某个特定的理论，而是一众各不相同的思辨作品和改良主义运动。1841年，年轻的北德意志学者洛伦茨·冯·施泰因（Lorenz von Stein）前往巴黎，去研究那里如雨后春笋般的各种社会主义运动，结果发现这个术语仍然缺乏"明确的专业定义"。有些人认为"社会主义"可以用来指称一切有关社会条件改善的运动，另一些人则认为只能用于描述夏尔·傅立叶等特定思想家的追随者。[95] 随着马克思主义取得优势地位，社会主义将急剧转向专门化和狭义化，但目前距离这一转变还有一段时间。路易·勃朗设想由公共权力来监管和保护劳动力，而傅立叶对"国家"则几乎不置一词。傅立叶（相当吊诡的是，他经常使用"自由"一词来描述自己的设想[96]）想象了这样一种社会，其中，管理性欲的复杂机制将取代国家权威，劳动将与享乐别无二致。他暗示，一旦人的需求与社会责任达成和谐，就再没有任何必要去使用强制手段。威廉·魏特林也设想了一个极尽和谐且可控的未来：其中试图"逃避为公共利益制定的规则"之人，不会被认为是邪恶或错误的；他们只是"生病"了而已，需要的不是惩罚而是"治疗"。

圣西门的追随者则设想，塑造公共生活的权威将会落到一群开明的工程师、实业家、知识分子和科学家的手中，至于在这种新的安排下，"国家"应被置于何处，则鲜有提及。傅立叶主义者和部分圣西门主义者热切要求女性解放（当然，他们对"解放"内涵的理解不尽相同），而德意志激进主义者威廉·魏特林坚持认为，只要男性在"实用科学、发明和天赋"方面仍然优于女性，负责"社会管理"的职位就应当把女性排除在外。[97] 匈牙利激进主义者裴多菲·山陀尔相信政治是男性的事情："（女人）应该在厨房里做做饭，在花园里除除草，但马厩里的事，她们就应当相信男人，让他们去做。"[98] 社会主义者就这一问题及其他所有的问题，都未能达成共识。路易·勃

激进主义者　103

朗认为，傅立叶的性欲主义和圣西门"废除家庭"的口号压根不切实际。[99] 圣西门主义者皮埃尔·勒鲁（Pierre Leroux）和朱尔·勒鲁（Jules Leroux）兄弟采纳的是相当不同的方案：对皮埃尔来说，根本议题是在共和制下实行普选；而对朱尔来说，促成工人联合才是关键。[100] 威廉·魏特林嘲笑傅立叶，竟幻想自己设计的"协作"制度就足以实现社会的和谐。[101] 激进的天主教神父费利西泰·德·拉梅内在1848年写道，如果"社会主义"意味着"对财产和家庭的否定"，那么"我拒绝它，我不是社会主义者"；"但如果社会主义意味着联合的原则……那我赞同它，我是个社会主义者。"[102] 盖潘批评圣西门主义者，因为他们设想伟大的社会变革不是由人民大众，而是由运动领袖发起的。[103] 马克思将当时的大部分社会主义者都斥为空想家。但在19世纪40年代，马克思仍不过是诸多发声者中的一个，他的独特性在于以下事实：马克思拒不追求和谐，反而接纳社会冲突（对他来说，这意味着阶级矛盾），视之为进步的必要动力。

政治理论家洛伦茨·冯·施泰因坚持认为，社会主义的观点尽管分散且多样，仍然值得细致而紧迫的研究。这不是因为它思想的内在价值，而是因为社会主义运动的兴起本身是一种征兆，暗示着某些极为重要的事情。它标志着"社会"已经成为政治思想与行动的主体和推动力。"社会"现在可以被理解为一个独立的范畴，而不再能被化约为政治。施泰因认为，这一点至关重要，因为它表明"纯政治运动的时代已然终结"。未来的变革将由社会力量而非政治力量来推动。他观察到，就当时而言，社会主义在很大程度上仍是法国特有的现象，在法国，它已经获得了堪比"民间传说的地位"。但是，鉴于"在欧洲，任何一种深入的运动都不会局限于它最初诞生的国家"，人们完全可以预测，社会主义也必将传遍整个欧洲大陆，因为其他社会也经历着使社会主义兴起的变革。至关重要的是，勤奋工作却极度贫困的无产者群体出现了，并且已经有了阶级集体意识。[104] 施泰因诊断性地去理解社会主义，而非肯定或拒斥其原则，从而得以摆脱充斥于主流评论中的对动乱的恐惧情绪，并剥离出社会主义的思想本质。社会主义不是就社会贫困问题给出的药方，而是这一问题的症状。施泰因总结道，面对社会主义提出的挑战，密探渗透或警方镇压都并非解决之道，答案在于创立一门新的"社会科学"以指导国家制定安定社会的政策。[105]但在当时，这种想法仍遥不可及，被19世纪中叶革命的群山隔离在视线之外。

保守主义者

位于政治光谱另一端的"保守主义者"又是一群怎样的人呢？最浅显的回答或许是，他们认同并支持当下的现状。但现实并没有这么简单。保守主义者也常常反对当局。例如在普鲁士，保守的政治圈子就反对政府官员的改革措施。柏林著名法学家弗里德里希·卡尔·冯·萨维尼（Friedrich Carl von Savigny）通常被认为是当时著名的保守主义者之一，但他拒不同意法律源于君主意志或者国家权威。他主张，法律真正的来源在于"民族的意识"（Bewußtsein des Volkes）。[106]"当下的现状"时刻在改变，从前支持维护现状的人则滞留在新的困境里。在巴登大公国，保守贵族拒绝接受大公于1819年提出的宪法，并抵制召开议会。法国七月王朝期间，出现了一批"正统"反对派，他们仍然坚持复辟波旁王朝的念头。一开始，他们希望查理十世（Charles X）重返法国；在查理十世于1836年去世后，他们转而拥戴其子路易十九（Louis XIX）。与此同时，参与了革命的自由主义者成了新秩序的支柱，于是从某种意义上说，他们成了新的保守主义者。一些保守主义者的反对派立场，可能会驱使他们暂时与激进主义者合作。例如，1848年春，西班牙的专制主义报纸《希望》与法国的激进主义者一同庆祝七月王朝倒台，理由是这个世俗的、自由派君主政体"跟共和国没什么区别"。[107]

瑞士法学家卡尔·路德维希·冯·哈勒尔（Karl Ludwig von Haller）

是保守主义政治理论最具影响力的早期倡导者之一。在他看来，法国大革命是一种恶行，它的根源在于自托马斯·霍布斯（Thomas Hobbes）以来就扎根于西方政治思想中的社会契约论。社会契约论假定，主权的存在与人类摆脱以高度的暴力为特征的、无政府的自然状态相关。该理论认为，为了保障彼此的安全，人们最终一致同意，将权力让渡给一位君主，由他负责维护和平、保卫领土。在这一过程中，人们用一部分个人自由来换取一定程度的集体安全。他们就此离开了自然的领域，而进入主权和安全的世界。哈勒尔认为，这种主张的问题部分在于它无法对应到具体的历史上：这个"契约"到底是什么时候制定的？它具体包含哪些条款？哈勒尔质问，谁授权契约起草人承担如此重大的责任？这份契约现存何处？在做出这种安排时，如何测算可能的风险？怎么应对风险？这一连串的论述显示出了早期保守主义论述的普遍性特征，即偏爱具体的、"历史"的例证，而非构建"哲学"体系。

但是，即使人们认可社会契约论，视之为一种法律上的虚构，它的逻辑也仍然使保守主义者深感不安，因为它暗示政治权力的存在反映出一种人为的、非自然的状态。另外，既然君主的权力是由人民通过契约托付给他的，人民当然也可以单方面收回这一权力。哈勒尔认为，正是这一错误导致了法国大革命爆发。为替代这一理论，他提出，一些人拥有对其他人的权威，这是符合自然秩序的特征，不需要社会契约。父亲总是拥有对孩子的权威，这不是因为孩子聚在一起签订了一份"契约"来把权力让渡给父亲，而是因为父亲对孩子的权威是神圣的造物主所规定的父权的自然属性（这一论点与克莱尔·德马尔对"父权法则"的谴责之间存在有趣的联系）。人与人之间的不平等本就是人类原始状态的特征，它既是自然的，也是必要的。而且，原始状态在现实中从未以霍布斯所想象的那种方式中断过。政治权力根植于"自然优越性"这一事实。在霍布斯所说的"自然状态"下，人们激烈争夺各种资源，他们的生命"肮脏、野蛮而短暂"；他们的"自然状态"不仅是虚构的，而且不虔诚地拒不承认上帝的旨意。它对今天的邪恶影响表现在"人民主权"的观念、对王权的否定和对人民代表与宪法的时髦追捧之中。[108] 值得注意的是，并非只有保守主义者否认自然状态曾是一种无政府状态。西班牙自由主义者马丁内斯·德拉罗萨和丹麦-德意志自由主义者弗里德里希·克里斯托夫·达尔曼（Friedrich Christoph Dahlmann）同样如此，他们认为即使在最原初的状态下，人类也拥有理性，并构建了类似于国家的结构。[109] 不同之处在于，马丁内斯和达尔曼在自然状态中看到了**理性**，而哈勒尔看到了**权力**。

并不是所有保守主义者都反对社会契约论，但是很多保守主义者都有一个共同点，那就是尊重他们所认为的自然秩序。对哲学家、法学家，同时也是萨伏依家族（统治撒丁岛和皮埃蒙特）臣民的约瑟夫·德·迈斯特（Joseph de Maistre）来说，自然秩序是由上帝制定的。所有人都通过一条柔软的锁链与至高者相连，这条锁链"约束我们，却不奴役我们"。通过革命的手段来追求自身自由的实现，这样的举动造成了一种复杂的灾难，它最终反而让他们的自由沦为表象。最后，天主的忠仆变成了历史的奴隶。迈斯特宣称，罗伯斯庇尔本人从未想过要建立革命政府或恐怖政治，但他和他的同志们被"周遭的环境""难以觉察地引向了"这一境地。这些"平庸之人"刚被推上高位，就被一种任何个人或团体都无法控制的进程扫荡和摧毁。革命最终变成了上帝用来引导世人的工具，旨在展示当人类过于自负，试图按自己的方式去攫取"自由"时，将会发生什么事情。照此推论，适当的宪法并不是经过精心考量而写成的文件，而是经上帝之手逐步成熟的事务的自然状态。自然演化而成的制度并不需要成文宪法，因为它们所包含的权利的价值是不证自明的。从这个角度看，成文宪法只不过是动乱的一种症状罢了。[110]

对普鲁士政论家亚当·米勒（Adam Müller）来说，法国大革命最根本的错误在于制造出一个"融合了绝对国家、绝对法律和绝对理性的怪物"。他认为，在追求这个迷梦的过程中，传承下来的秩序的

保守主义者　107

真正特性——特殊性、分散性、非标准化也受到了扭曲。现实是，政治领域是由许许多多的附属实体组成的，每个实体都像一个国家一样有自治的能力。男性家长（Hausvater）类似于国家首领，只是这个国家的形式是家庭。在扮演首领角色的同时，他也是一系列"国家"的成员，这些"国家"包括社区、行会或公会、城市、王公领地，它们构成一组同心圆。现实世界中已经存在如此多样的自治团体，谁还会需要抽象的"权利"呢？不管是谁，只要不带偏见地思考一下，都会发现这个明显的事实：这个自然演化而来的状态源自上帝的权威。现实秩序复杂嵌套的特征也揭示了"社会契约"神话的欺骗性，因为实际上国家中存在无限多样的契约。因此，革命者建立"单一而不可分割"的共和国的行为是对自然与上帝的暴行。革命者及其帮凶在摧毁行会、城镇、庄园领主和省份的特权时，也一并摧毁了真正的自由，并用虚假的自由取而代之。革命者就像是动物标本制作师，从受害者身上盗走活生生的器官，再往尸体里填满毫无生气的碎屑——虚构的"权利"。政治权威不应当走向普适国家的噩梦，那里是一切特殊权利的坟墓，而是应该回望那还没被近300年的现代抽象哲学所破坏的古老世界，从中寻找灵感。[111]

尽管各有侧重，但这些主张都有一个共通之处：它们都偏爱以家长制和地方化的权力结构为基础的、"自然的"社会关系，而反对官僚制的现代化和自由立宪主义的平均化和同质化的倾向。这既解释了许多欧洲贵族为何喜好保守主义，也解释了他们对待政治权威的矛盾心理。在普鲁士，贵族的特权和政治地位在战争改革时期遭到了削弱。在战后的几年间，保守主义贵族强烈抨击了新的、"像蛀虫一样吞噬一切的行政专制主义"。[112]对匈牙利的保守主义者来说，政治权威必须掌握在地主贵族手中，这是理所当然的事。渐进式的改革措施可以容忍，但前提是旧贵族的特权要完整保留。他们认为，等级制度和阶层划分是一切社会组织固有的。[113]他们看来，与传统社会秩序的"自然性"相对立的，是宪法的"专断权力"和强加的法令（例如《拿破仑法典》)。这一脉络的保守主义与农业贵族的特殊诉求时常相差无几。

相较于假定的普遍自由，保守主义更偏好继承自历史的特殊权利。这种偏好也体现为保守主义支持地方分权的政治结构，这套结构被认为更有利于保护地方自治。在西班牙，对自由主义革新的拒斥，与地方及城镇对其"自由"传统的依恋密不可分。1833—1840年，一场激烈的冲突席卷西班牙东北部，这便是第一次卡洛斯战争。在此背景下，本来各自为政的各种地方主义运动因为共同反对自由主义的"中央集权化"而走到了一起。保守主义在此反对的是自由主义实现民族统一的愿景，这不是自由反对专制，而是两种不同的"自由"之间的争执。类似的冲突也存在于温琴佐·焦贝蒂（Vincenzo Gioberti）和朱塞佩·马志尼之间。前者主张在意大利建立联邦制和地方分权的政治体制，后者则希望意大利在未来实现民族统一。[114] 在瑞士，保守主义者同样倾向于保护各州的权利与独立性，自由主义者则试图加强联邦政府的权威。到1847年，两者之间的紧张关系将引发一场战争。

保守主义者对地方分权的偏好有地缘政治的维度。1815年，由战胜国强加给瑞士的宪法遭到了自由主义者和激进主义者的愤恨，这恰恰是因为它维持了中央的弱势，而让权力流向各州，其中的很多州仍然处于传统贵族的统治之下。这使得各地协调一致的"民族"改革进程几乎不可能实现。拿破仑战争之后建立的德意志邦联也陷于类似境况。邦联的中心是设在法兰克福的虚弱议会，其成员为各邦诸侯派驻的特使，绝大部分权力都掌握在各邦政府手中。包括普鲁士在内的一些邦国直到1848年都还没有宪法或议会。意大利分属七个国家——这还没有算上奥地利治下的伦巴第和威尼西亚，它甚至没有任何形式的邦联机构。奥地利政治家克莱门斯·冯·梅特涅是这种方案的主要缔造者。他之所以偏好这样的安排，是因为它似乎代表着欧洲未来稳定的最大希望。虚弱的邦联结构比强大的民族国家更有利于国际间克制：梅特涅能够以极低的成本和风险来干涉德意志、瑞士和意大利的事务；而对法国来说，这种低成本的干涉根本难以想象。这些

保守主义者　109

软弱的邦联所具有的秩序稳定性（至少理论上是稳定的）在梅特涅的眼中极具吸引力——这位政治家正是在大断裂时代的战争和动乱中成年并迈入政界的。

在政治光谱上处于保守主义一端的政治家和作家还有一个共通之处，那就是他们都意识到现存政治秩序在面对挑战力量时极其脆弱。普鲁士法律史家兼最高审查委员会成员卡尔·威廉·兰西佐勒（Karl Wilhelm Lancizolle）在一篇关于1830年七月革命的文章中激愤地写道："在七月革命的那些日子里，毒辣的阳光让污秽的政治流言与写作重获生机、恣意生长。"兰西佐勒宣称，无论立宪运动所提出的革新是如何的出于好意，它也仍是"一桩恶行，为毁灭和混乱敞开了大门"。115 似乎兰西佐勒从来没有问过自己，倘若保守的秩序真是神定的、"自然的"，为何它在挑战面前竟显得如此脆弱。

革命动乱的传染性尤其令人警惕。来自1830年巴黎的那些"魔术般的口号"足以在全世界激起更危险的动荡。116 兰西佐勒指出，立宪制度一旦建立起来，似乎就会助长一种不可阻挡的力量，这源自该制度内在的矛盾。他讥讽称，自由主义者一边声称主权来自"人民"，一边又只愿意把真正的政治公民权交给"少得可笑的一小撮人"。在他看来，这种精英主义的制度安排很难与以下事实相适应：自由主义者得以迅速掌权，通常归功于"武装群众"所发起的暴乱。对兰西佐勒来说，这些观察表明，自由主义的实验就长期来看是不可持续的。由于自身缺乏合法性逻辑，自由主义摇摇欲坠的宪政架构很快就会被那些曾经使其掌权的社会力量所推翻。117 这种分析固然充满敌意，但并不愚蠢；吊诡的是，这一论调将兰西佐勒置于几近极"左"的位置。

兰西佐勒的分析背后隐藏着"政治"革命与"社会"革命的区分，而在1848年之前的几十年间，这一区分越发重要。在西班牙的立宪政权于1823年倒台之后，更加务实的保守主义者意识到，"要想阻止**社会**革命，唯一的替代方案就是更加广泛地推动**政治**革命"。而在1830年的革命之后，"革命"这一概念分化成了政治革命和社会革命两个变体，在欧洲的政治话语中日益普遍。对许多激进主义者来说，这是一个充满希望的构想，它意味着政治革命只不过是更加深刻的"社会"革命的序章。而在另一边，一些保守主义者使用这种区分来反对哪怕是最为温和的让步，因为政治改革的进程（无论它是否有革命之嫌）一旦开启就永远不会终结。这种解读意味着，在传统秩序的大厦上今日拆一砖、明日拆一瓦，最终必然把整个建筑毁灭殆尽。由此，人们不难进一步想象，1789 年开始的革命实际上从未结束。它伪装成了一种无处不在的"破坏精神"，在整个欧洲游荡。[118]

对兰西佐勒来说，自由主义本质上是对上帝的亵渎，因为它"要求并企图"从"人类的智力和行动"那里获得"唯有全能者……才有权赋予"的利益和好处。[119] 保守主义者经常将革命与傲慢之罪联系在一起，而最早犯下此罪的正是反叛上帝的天使撒旦。利奥波德·冯·格拉赫（Leopold von Gerlach）认为，革命者未能认识到人性中的罪恶，也未能认识到上帝为约束肉体凡胎而设置的权威有着神圣的起源。[120] 在卡斯蒂利亚天主教政治理论家胡安·多诺索·科尔特斯（Juan Donoso Cortés）看来，战斗已然失败，历史（意味着启蒙运动、法国大革命、法国对西班牙的侵略、1820 年的革命等）已经使尘世远离上帝所安排的和谐的社会秩序。异教正在宗教、哲学和政治中获胜。为了应对这段历史带来的极端情况，必须做出一些战术上的举措，向这个敌对政治的腐朽世界让步。然而，在已经失去的领地上进行这种战术性斗争是一回事，天主教社会秩序的全面重建则是另一回事，如何在两者之间过渡尚且无人知晓。多诺索·科尔特斯从未找到解决之道。[121]

宗教

1832 年秋，也就是波兰人在俄国占领区上发动的十一月起义失败的一年后，波兰小说家、诗人亚当·密茨凯维奇（Adam

Mickiewicz）出版了一本著作，其中收录的两篇文章表达了这位流亡的波兰爱国者心中的悲痛。密茨凯维奇大可以简单地回顾一遍波兰三次被瓜分的历史，再复述一下最近这场起义的故事，然后告诉读者自己坚信波兰人争取自由的斗争尚未结束，但他写了一个完全不同的故事。他使用了《圣经》的语言，创作了一段神圣的历史，波兰民族所经受的苦难与奴役都被编入了一种寻求救赎的叙事。

《波兰民族之书》（*The Books of the Polish Nation*）像《若望福音》那样以"起初"作为开篇，然后一路回顾了从罗马帝国、基督降生到欧洲诸王兴起的历史。诸王之中最为险恶的当数普鲁士、俄国和奥地利的君主，他们组成了一个"撒旦的三位一体"，并且树立了一个名为自利的邪恶偶像。在这种渎神之物面前，欧洲所有民族都屈服了，只有波兰仍在反抗。波兰宣称："不论谁来到我的面前，他都会是自由且平等的，因为我即自由。"出于对自由的憎恨，撒旦三人组决心消灭波兰。因此，波兰民族被钉在十字架上，抬入坟墓。但是波兰的灵魂并没有死去，它的复活近在眼前，而且预示着历史的终结："随着波兰民族的重生，基督徒之间的一切战争都将结束。"[122]

密茨凯维奇是波兰最著名的现代诗人之一，阅读他的这些文字，仿佛在梦中遇见了一系列熟悉的《圣经》场景和历史事件：年表被打乱了；人物的名字和性格都变了；引文似乎都很熟悉，但都不准确；你觉得自己仿佛在阅读《圣经》，但你知道事实并非如此。宗教流淌在文字之中，却不是欧洲人从教士那里听到的宗教。这是一个先知对宗教真理的重述。救赎之方舟现在被系于波兰民族（它是各民族中的基督）的神圣历史之上。这份文本与约瑟夫·史密斯（Joseph Smith）两年前（1830年）才改写并出版的《摩尔门经》（*Book of Mormon*）颇为相似。后者将《圣经》的措辞和先知般的宏大叙事与美国的启示联系在一起。[123]

19世纪早期，宗教作为一股精神力量，席卷整个欧洲，有时甚至会威胁整个社会秩序。它为欧洲的各种政治信念注入力量，并创造出无数种新的组合。这些新组合得以出现，是因为革命的大裂变冲击了宗教，使它的一部分从神学与教会的权威机关中松脱出来，流入尘世。与教会权威衰落并行的是宗教情感的日益勃发。结果便是确定性的丧失和可能性的激增。自由主义天主教政论家夏尔·德·蒙塔朗贝尔伯爵（Charles Comte de Montalembert）在为密茨凯维奇著作的法译本所撰写的序言中写道，流亡不仅仅关乎空间上的位移，也指示人心的变化，人们发现自己在心理上丧失了宗教确定性。他宣称"现代社会"中存在"比人们想象中更多的流亡者"，这些灵魂发现，"在经历了痛苦的挣扎之后，他们被放逐了，再也无法找回年轻时的热忱和昔日的信仰……"[124]

不论其形式如何，宗教情感总是不同于政治或社会的直觉，因为它往往会把人的事业嵌入无限宏大的宇宙图景。它将特定的政治主张与关于人类历史进程的论断相联系。在《和谐与自由的保证》（*Guarantees of Harmony and Freedom*，1842）一书的末尾，威廉·魏特林改以先知的口吻预言道，一位新的弥赛亚将会降临，并实现基督有关社会主义的教导。他将"摧毁旧社会秩序的腐朽大厦"，从"富裕之巅降临贫困之谷"，行走在"悲惨而绝望"的人群中，和他们一同哭泣。世界将见识到"比第一位弥赛亚更加伟大的新弥赛亚"。[125]

以这种方式来增强政治的号召力可能会导致两极分化，因为宗教观点屡屡把政治问题与全人类的救赎或者毁灭联系在一起。一个保守的人会将革命者看作误入歧途之人，还是背弃上帝的撒旦，其间有着巨大的差别。文化上持保守态度的天主教徒在西欧日渐增多，这让自由主义新教徒深感恐惧，因为这意味着新教启示中的世界历史车轮正在倒转。对厌恶法国大革命或1830年七月革命带来的世俗化冲击的保守主义天主教徒来说，自由主义的反教权主义者是无神论者、注定要下地狱的流氓、扭曲的理性生下来的杂种，两方之间没有任何协商或妥协的余地。从西班牙到普鲁士、瑞士，乃至法国，对立各派之间的口舌之争无不用宗教语言充当武器。随着争论日渐远离教会权威的轨道，宗教直觉不再与教义相关，而变成了美国文学评论家哈罗德·布卢姆（Harold Bloom）所说的"散落的诗篇"；它开启了人们的想象力，在基于历史的理性思考与对超验秩序的信仰之间搭建桥梁。[126] 宗教直觉与政治直觉的融合并不是什么新鲜事：英国近代早期历史和美国早期殖民历史中都满是类似的事情。在 19 世纪中期的欧洲，这一现象真正的独特之处在于，正当各种形式的政治宗教（甚至是世俗宗教）层出不穷时，传统教会对信众的动员能力也在增强。

对于密茨凯维奇的《波兰民族之书》，蒙塔朗贝尔最为赞赏的一点就是其语言的精神感染力。蒙塔朗贝尔认为，在法国，从来没有一种本民族的权威《圣经》译本能够像英文的钦定版《圣经》或德语的路德《圣经》那样，将《圣经》的语言固定下来；这也就意味着，法国没有能与密茨凯维奇那种"既是《圣经》的，也是通俗的"散文相对应的作品。[127] 仿佛就是要证明这个观点的错误，蒙塔朗贝尔的友人、天主教神父、政治理论家费利西泰·德·拉梅内次年出版了一部即将震撼世界文坛的作品。在密茨凯维奇著作的法译本中，拉梅内也贡献过一篇《波兰颂》（"Hymn for Poland"）。拉梅内在布列塔尼长大，他的家人曾为拒绝宣誓认同《教士公民组织法》的当地神职人员提供庇护。他厌恶拿破仑试图让天主教会从属于法国政府的行径。他早期出版的著作采取了教宗至上的立场，谴责国家对教会事务的干预，敦促天主教徒向教宗寻求权威和保护。他最初成名是在 1817 年，当时他出版了一部讨论宗教冷漠的著作，其中指出，现代社会的病根不在于异教，而在于私人理性战胜了集体的、制度化的、自古传承下来的宗教智慧。在这一时期，拉梅内看起来很像个保守主义者。他与维莱尔（Villèle）伯爵的圈子过从甚密，后者是查理十世最有权势的大臣之一。1826 年，他因为一篇捍卫教宗无谬误论的文章而得到了罗马教廷的喜爱。[128] 教宗利奥十二世（Leo XII）授予他枢机主教之位，但他没有接受。

此后，变化悄然发生。拉梅内深受 1830 年法国和比利时革命的感染。当年 10 月，他创办了报纸《未来》，呼吁扩大选举权，实现教会与国家的彻底分离，保障普遍的良心自由、教育自由、集会自由和出版自由。正如许多欧洲人一样，拉梅内为波兰人民的起义而振奋，为其失败而沮丧，并为教宗谴责这一起义而震惊。后来，在教宗通谕《我想你们好奇》(*Mirari Vos*，1832) 中，教廷不点名地谴责了《未来》所持的观点。拉梅内被要求声明遵守新的指示，但他拒绝了。1832 年 12 月，他放弃了自己在教会的职务，不再宣誓效忠教会。

几个月后，拉梅内出版了《一位信徒的话》(*Paroles d'un Croyant*)。这是一本非同寻常的著作。它用祈祷和启示的语言写成，实际上，它恰恰创造出了那种"既是《圣经》的，也是通俗的"散文，而蒙塔朗贝尔不久之前还在哀叹这种文体在法国的缺失。拉梅内阅读过蒙塔朗贝尔所翻译的密茨凯维奇的一系列作品，并且对其赞赏有加。在这本书中，他采取了同样的文体多样化的杂糅风格。[129]《一位信徒的话》不断地切换场景，使用了各式各样的口气和措辞，包括教士的、政治人物的、先知的、神灵的：就像沃尔特·惠特曼 (Walt Whitman) 的诗歌的预告一般。我们在书中看到烟雾、泥沼、蜜蜂、鲜血、会说话的石头、险恶的魅影、谜团和幻象，也会读到歌颂人类的慷慨和创造力的优美寓言。其中有善意的祝福，也有对《圣经》的离奇改编。与密茨凯维奇一样，在拉梅内看来，执掌政治权威的人是撒旦的玩物，他们的骄矜则是民族的不幸。书中还有对革命的晦暗预感："我看到人民在骚动中奋起，我看到头戴荣冠的君王大惊失色。"书中描述了人们普遍异化的境况。现代社会的人们是"同一个世界中的陌生人"，因为经济上的竞争使他们彼此对立。[130]

罗马的震怒须臾即至。1834 年 6 月 25 日颁布的教宗通谕《为了促进团结》(*Singulari nos*) 完全是在针对"拉梅内的错误"。格列高利十六世 (Gregory XVI) 写道："我们已经得知了这本小册子，因为此人已经将其付梓，并且四处传播。它篇幅虽短，却贻害无穷。"教

宗教　115

宗称，拉梅内"用诱人的言辞诡计包装天主教的教理，以最终反对它、摧毁它"，他以一种"邪恶的新观念""将君主的权力……调换成撒旦的权力"：

> 他借着圣三位一体的名义说话，以《圣经》为借口，要将人民从服从的律法中解放出来，就仿佛他是被天主所差遣、受天主启发似的。他斗胆狡诈地歪曲《圣经》的话语，以此来稳固自己的邪说。[131]

抛开文字中的愤怒不谈，这段对拉梅内文本的分析的确中肯。格列高利十六世的愤怒，部分源自该书的巨大成功。《一位信徒的话》的出版引起了罕见的轰动。各种版本和译本层出不穷。阅读室前排起长队，阅读它还得按小时付费，学生们聚集在卢森堡公园里聆听他人朗诵这本书。蒙塔朗贝尔从维也纳寄信给作者，告诉他："我翻开任何一份报纸，都会在头版看到你的名字。"[132]

拉梅内是一个桀骜不驯的人，很难将其归类。他是教会自主权和教宗权威的捍卫者，却突然冲破了天主教官方教义的藩篱；他的思想变化无常，甚至有些神经质。[133]但他的书确实比其他任何人的都更鲜明地道出了时人的忧虑。与密茨凯维奇的爱国主义教理问答不同，《一位信徒的话》声称是为了全人类发言（而不只是为了波兰人）。书中充满了对社会问题带来的广泛苦难的回应，而密茨凯维奇的作品则对社会问题不置一词。著名评论家夏尔·圣伯夫（Charles Sainte-Beuve）指出，拉梅内谈到的"自由"，一点也不"响亮而空洞"，而是充满了"对穷人所受的苦难和不公的精准洞察"。[134]最重要的是，《一位信徒的话》记述一段探索之旅程，角色在其中找到了将宗教情感与世俗的政治考量联系在一起的新方式。

法国的左翼政治中也充斥着大众的宗教信仰。18世纪90年代的山岳派已经弃绝了天主教，很多时候甚至抛弃了整个基督信仰，这一点难免令人惊讶。两者的重新结盟无疑是始于革命冲击旧教会之后的宗教复兴运动。这场复兴运动有深厚的群众基础，在许多地区，教会只能部分掌控运动的发展。到了19世纪30年代，形势发生逆转：左翼知识分子和激进的工匠或产业工人借用了通俗的天主教语言和形象，以反对七月王朝。当局的自由主义和保守主义精英采用的是一种鲜明的世俗腔调（时至今日，这仍是法兰西共和国的一大特征）。左翼的宗教并不属于教会，也与主教及教士的权威无关。这种宗教是临时拼凑起来的，它得以成形只是因为，左翼的重要思想家开始将"真正的"或"原本的"基督教，与纯建制性教会的实践及人员区分开。圣西门在其晚期的作品中提倡建立"新基督教"，以摆脱教会千年来的权威积淀。傅立叶主义者维克多·孔西得朗（Victor Considerant）宣称，两千年来，基督教的神学发展不过是遮蔽了基督想要传达的信息，也就是"关于爱和慈善的教义"。在1835年的一次演讲中，他声称，虽然耶稣基督本人是一位解放者，但制度化的基督教不过是"奴隶所创造的奴隶的宗教"，传播的教义也"对人类极为有害"。在蔑视教会的等级制度的同时，他们也热忱地呼唤作为"爱的化身"的基督，后者的教义已经预示了现代社会思想中最好的那些特征。[135]

我们发现，在政治光谱的左侧，这种将基督信仰与改革或社会主义的观点结合起来的做法极为普遍。对艾蒂安·卡贝来说，共产主义只不过是"基督教的实践"罢了。他的追随者在自己主办的报纸上热忱地对这种观点大加宣扬。路易·勃朗宣称："我们这个时代的任务，就是使宗教情感重新焕发生机，以对抗怀疑论的傲慢。"[136]这些信息之所以为左翼赢得了成功，是因为它与众多地位低微的天主教徒的宗教信仰相吻合。根据教区教士的报告，这些天主教徒仍然怀有强烈的宗教情感，但用一位神父的话说，他们是用"自己的突发奇想"来塑造自己的信仰的。一位来自巴亚斯（大致在夏纳与格勒诺布尔中间）的神父称，他所在教区的"普通人""在宗教信仰上行使着人民主权：不是神父，而是他们自己来决定什么信仰和仪式才是重要的"。[137]

这些观察表明，宗教情感已经脱离了宗教权威。这一现象也并不局限于法国左翼。瑞士自由主义理论家邦雅曼·贡斯当也提到了类似的脱离，他在《论宗教》(*On Religion*)中写道，尽管已经证实欧洲的各种建制性宗教都不利于自由，"宗教情感"本身却是支持自由的。自由主义的宪政秩序需要宗教情感所提供的信任、团结与社会纽带。相反地，宗教情感的全然缺失往往会"招致自命不凡的暴政"。[138] 关键的区别在于宗教是"自由的"还是"祭司的"（神父的）。前者能够灵活地适应人类智慧的进步；后者受到僵化教条的禁锢，最终只能与理性为敌，并通过强制和操控来维持对公民思想的控制。[139]

19世纪的意大利人曾经极力试图挣脱宗教情感与教会权威的联系。[140] 对流亡在外的意大利爱国者朱塞佩·马志尼来说，宗教是一种无形的力量，它赋予公民"将理想化为实际行动的力量"；没有宗教，也就不可能有民族的解放。马志尼赞同贡斯当所提倡的这种强烈但与制度实体相分离的宗教信仰，认为它有利于对自由的追求。马志尼所说的宗教显然不是一种"祭司的"宗教：在1847年9月8日致教宗庇护九世的一封公开信中，他敦促宗座抛弃世俗和教会权威的虚饰，让自己重生为"爱的神父"。对忠教会的天主教徒来说，这种姿态只会显得狂傲且愚蠢；但对另一种信徒而言，它是合理的。后一种信徒，用马志尼的话来说，信奉的不是"君王和特权阶级"加之于他们的宗教，而是直接从上帝那里来的宗教，"圣灵降临到因上帝之名而聚集起来的人们身上"。马志尼宣称，"人民已经在十字架上挣扎了几个世纪，上帝必会用信仰祝福他们"。如果教宗拒绝接受这一新的信仰，拒绝统一意大利，那么他就只能"被上帝与人民弃于道旁"。[141] 在教宗应当怎么理解自身角色的问题上，这封信态度坚定，丝毫没有做出让步。它转而提供了一种乌托邦式的愿景：传统的宗教依恋被一扫而空，上帝、人民与民族融合成了新的"圣三位一体"[142]。罗马对此从未回复。

新教徒也经历了这种脱节。在普鲁士易北河东部诸省的贵族庄园，如，格拉赫斯、塔登斯、森夫特·冯·皮尔萨赫斯、克莱斯特-雷措斯、贝洛斯、厄尔岑斯等，捍卫贵族自治权与特权的行动充满了虔敬运动的福音派狂热。在这些保守的圈子里，我们发现了类似的信仰与教会权威结构脱钩的情况，但新教地主精英在政治和社会上的保守主义使这种脱钩不那么明显。在这些觉醒者的庄园里，最重要的是精神重生的内在体验，而不是国家教会里那些理性主义牧师平淡乏味的所谓仪式。这种类型的基督徒更愿意加入阅读《圣经》的小团体和"秘密聚会"，而不是去教堂做礼拜。为首的虔敬贵族吸引了一众虔诚的工匠、劳工、农民，他们跪在田地里，聆听五旬节派牧师的布道。[143]

这并不是说传统教会中的制度化宗教已经或正在消亡。事实恰恰相反：对天主教会来说，这是一个大规模复兴和变革的时代。正如我们所见，天主教会曾是法国大革命和拿破仑政府各种政策针对的主要目标之一。神圣罗马帝国治下的教会封邑被解散，而后并入新建或扩大的世俗邦国，一些国家中新教徒占多数。我们必须在这样的背景下理解波旁王朝复辟时期的典型现象：一方面，宗教正在天主教信众中复兴；另一方面，教会对大众宗教生活的控制在增强。天主教的复兴反映出了更大的趋势，即摒弃理性主义，转而更加强调情感、神秘和启示。至少从这个意义上讲，天主教和新教的复兴有共同的渊源。但这也为教会在物质资源和政治影响上的惨重损失提供了一种补偿。新教的觉醒运动主要由平信徒发起，而天主教的复兴往往由教士加以引导，尽管驱使它的原动力常常来自下层。民众的朝圣活动显著增加，最著名的一次发生在 1844 年，当时，整整 50 万天主教徒聚集在仅有 2 万人口的普鲁士治下莱茵兰城市特里尔，瞻仰一件极少展出的圣物：据说是基督走向十字架时所穿的长衣。令当时观察者震惊的是教会的高度纪律性，近代早期传统朝圣活动中不修边幅的狂欢人群消失了，取而代之的是教士监管之下的有序团体。[144]

在许多天主教地区，复兴也带来了日益增强的越山主义（即教宗绝对权力论，其术语起源是，教宗身在阿尔卑斯山以南，山脉以北的信众要"越过山"去追随他。）越山主义者（拉梅内年轻时就是其中

宗教　119

的一员）认为，教会对教宗权威的严格服从是保护其自身免受国家干预的最好方式。他们将教会视为一个高度集中化的国际机构。直到大约 1830 年，天主教保守主义者最为关心的还是宗教的"内在"更新。此后，他们的活动转而集中于加强同罗马之间的联系。仅从其定义就不难看出，越山主义的兴起将导致天主教徒与国家权威之间的冲突愈演愈烈。1831 年，一场争论在巴伐利亚爆发，主题是天主教徒和新教徒的混合婚姻中，孩子应该由谁教育。越山主义者发起攻势，而无论是天主教的还是新教的自由主义宣传家，都把这场争论描述成光明与黑暗之争。六年之后，同样的问题在普鲁士引发了更为严重的争端。在那次事件中，当局逮捕并监禁了持越山主义立场的科隆大主教。

这些冲突也助长了越发自信而激进的"政治天主教主义"。约瑟夫·格雷斯（Joseph Görres）1837 年在慕尼黑创办的报纸《天主教德意志历史与政治》成了这个派别最主要的喉舌之一。它支持传统的社会合作团体在政治上团结起来，并要求重建一个由哈布斯堡家族领导的德意志帝国。在能言善辩的格雷斯看来，特里尔朝圣是现世的启示。仅仅"一小撮羊毛"就让整整 50 万人行动起来，没什么能比这更好地证明，基督道成肉身的光芒仍在信众的灵魂之中闪烁，就如同在视网膜上留下的残像一般。数十万天主教徒汇聚在莱茵河畔的一个城镇里，这一宏大而神秘的景象本身就揭示出，"1844 年的世界"超出了欧洲的"哲学家和鲁莽的思想家"似可理解的范围。没有任何政治或社会运动——无论是自由主义的、爱国主义的，还是激进主义的——堪与这场恢宏的信念游行相媲美。[145]

朝圣的消息对新教和天主教的激进主义者也产生了影响。1845 年在莱比锡开启的德意志天主教运动，号召切断与罗马的联系，并开展一场开明的精神复兴运动。这一运动将抛弃传统的教条，并为一个天主教和新教共存的德意志"民族教会"奠定基础。不到两年，这个运动就发展了 250 个教团，共 6 万名成员，其中 4 万人是天主教激进主义者，另外 2 万人则从新教改宗而来。这个运动与德意志政治激进主义的领导人关系密切。它最主要的支持者之一是莱比锡的激进主义者罗伯特·布卢姆，他利用自己手中的《祖国报》，将反罗马的论战与对官僚、警察及审查制度的攻击结合在一起。另一位是古斯塔夫·冯·施特鲁韦（Gustav von Struve），在1848年的春秋两季，他将帮助领导巴登的激进主义者起义。

宗教批评和政治激进主义之间的联系在一个名为"光明之友"的新教运动中表现得同样明显。和德意志天主教运动一样，光明之友运动将理性主义神学与长老制的民主组织文化相结合。在这种民主制度下，权威被分散到各个团体及其选出的长老手中。光明之友运动尤其成功地吸引了许多城市和农村的穷苦工匠——在德意志邦联中工业化程度最高的邦国萨克森，情况尤其如此。[146] 无论光明之友运动还是德意志天主教运动，都集中了来自各阶层的成员，而且这两个运动活动的地区后来都成了激进民主活动的中心，包括西里西亚、萨克森、黑森选侯国、巴登、维也纳。这些运动介于教派和政党之间，鲜活地证实了1848年之前的几十年里政治与宗教之间的紧密关联。

在19世纪三四十年代的欧洲，无论我们望向何处，都能发现宗教情感与政治信念相互融合。1847年，佩斯的保守主义俱乐部中1/4的成员是天主教教士。[147] 在西班牙，自由主义政权没收教会财产的行为不时地增强着保守主义反对派的吸引力，这些反对派中充斥着极端反自由主义的天主教保皇主义色彩。[148] 1840年，苏黎世州的自由主义与保守主义新教徒之间爆发了一场文化战争，起因是该市大学神学院一项极具争议的教授任命。梅特涅相信，匈牙利占少数的新教徒是对（信奉天主教的）哈布斯堡皇室权威造成激进挑战的关键推动力量之一。[149] 除此以外，还有数不胜数的类似案例，它们都说明了宗教情感和信念能够通过各种方式与政治动员及舆论的形成相交织。这些案例也提醒我们，这并非一个简单意义上世俗化的时代，而是一个宗教复兴和世俗化运动无意间彼此塑造甚至彼此促进的时代。[150]

对这一时期新教英国的研究已经能够详尽地告诉我们,对《圣经》的不同理解是如何与不同的政治倾向联系在一起的。[151] 对整个欧洲进行的类似研究尚不存在,但我们仍然能够想象出一张以各种颜色标记的动态数字地图,其中随着时间而演变的宗教情感(从自由宗教的即兴发挥到天主教的韦森伯格派、自由主义、高卢主义、詹森主义、越山主义,从新教理性主义、新虔敬主义、正统派、加尔文主义、长老派、联合主义、分离主义到犹太教改革派)可能与不同政治信念的诞生密切相关。在纷繁复杂的间断、分化和流变之中,很难辨识出一种简单明了的模式。

爱国者与民族

"对我来说,"摩尔达维亚自由主义律师、政治家米哈伊尔·科格尔尼恰努(Mihail Kogălniceanu)在1843年宣称,"战地村战役(即白谷战役,1476年奥斯曼军队于此役击败了摩尔达维亚军队)比温泉关之战更有吸引力。"[152] 19世纪早期和中期的民族主义首先是一种情感,而不是一整套原则或观点。这种情感可以呈现在与历史的特定关系中。民族记忆使人们对某些事情感到亲近,对其他事情感到疏远。塞尔维亚极其丰富的史诗歌谣文化保存了这个民族长期以来反抗外族统治的记忆。这场斗争可以追溯到1389年6月28日,这一天,塞尔维亚人在科索沃战役中被土耳其人击败。一部编年史由此诞生,其中不仅有闪光的英雄,也有背信弃义的反派:前者在危难之际团结塞尔维亚人;后者则在共同大业中袖手旁观,甚至向敌人出卖了自己的民族。[153] 西尔维奥·佩利科(Silvio Pellico)加入了意大利的爱国主义运动,并因此长期被关押在奥地利的监狱里。他的爱国事业开始于年轻时阅读浪漫主义诗人乌戈·福斯科洛(Ugo Foscolo)的作品,尤其是后者的诗歌《墓地哀思》(*Dei sepulcri*)。诗歌想象当时的意大利是一片颓败的墓园,地下埋葬着声名显赫的逝者,而如今这个国家除了对过往荣光的记忆,早已一无所有。佩利科深深为这首诗所震撼,甚至有段时间,他不管看到什么书,仿佛都能在封面上看到"墓地哀思"这四个大字。福斯科洛的挽歌成了一面透镜,佩利科透过它审视自己的国家。1820 年,他在给自己兄弟的一封信中写道:"威尼斯是一座何其宏伟的城市!但在回忆它往日的强盛与繁荣,并在心底感到油然而生的敬意之后,又不得不为这幅庄严的残垣断壁之景而感到痛心。"[154] "我们今日不再为奴!"这句话出自裴多菲《民族之歌》(*Nemzeti dal*)的第二节。在 1848 年,这首歌也被匈牙利的革命运动采纳为国歌。"我们的祖先生而无羁,死亦自由,如何能在被奴役的土地上安眠?"[155]

1842 年,西西里学者米凯莱·阿马里(Michele Amari)出版了一部史书,介绍西西里晚祷战争(1282—1302)。这是一场王朝继承战争,始于西西里人为反抗当时岛上的法国统治者而发动的起义。阿马里以一种更为现代的风格重塑了这段叙事。在通常的叙述中,战争由贵族阴谋导致的王朝更替引发,而阿马里却聚焦于西西里人民身上,将他们塑造成舞台上的主角。在该书第一版的序言中,阿马里写道,自己越是深入地研究这场晚祷战争,就越能发现其中"更加崇高的光芒","背叛和阴谋的痕迹消退了",他转而开始歌颂"被这场革命唤醒的社会与道德力量"。在阿马里的笔下,晚祷战争不像是一场精心策划的阴谋,而更像是"一个既不习惯也不愿忍受外国暴政枷锁的民族在适当的社会与政治条件下……发动的起义"。[156]

在阿马里时常掺杂着想象的重述中,显贵变得渺小,人民越发高大,晚祷战争则成了人民起义的指南。阿马里曾经希望"五个半世纪之久的时间间隔"足以迷惑审查官,但他还是低估了那不勒斯当局:他的书被封禁;最初让这本书通过审查的三名审查官被解雇;敢于发表书评的报刊被查封;他的西西里出版商因遭到莫须有的指控而被流放到蓬扎岛,不久之后就去世了。阿马里被邀请出席那不勒斯的一场"谈话",他敏锐地察觉到事有蹊跷而逃往巴黎。在巴黎,他出版了这

爱国者与民族 123

部著作的第二版，随即成了文学界的名人。[157]

选择史书这一体裁让阿马里得以实现其他体裁（例如小说、戏剧或史诗）无法达成的效果。他之所以选择史书，是因为他相信，一个民族的自我意识存在于关于自己过往的认识之中。[158] 史书将当代人从当下的暴政中解放出来，含蓄地给既存秩序打上一个大大的问号。单单是叙述过去一场"成功的"革命的进程，就能赋予新的变革追求以合法性。在一个珍视传统的世界里，它意味着君主制可能是短暂而肤浅的，起义反而是古老而深刻的。阿马里对西西里晚祷战争的重述把现实置于新的历史基座之上，把现代西西里波旁王朝的编年史从西西里岛长时段的历史中剥离了出来。在阿马里笔下，独立和议会君主制"曾在西西里持续了七个世纪"，"直到波旁家族从这一代人手中窃取了它们"。[159] 因此，波旁王朝是漫长的本地历史中迟至晚近才长出的异物，并不比13世纪那些注定失败的法国入侵者具有更多的合法性。

爱国主义历史学家经常用这种方式重塑过去，但也不存在一个单一的模板。意大利复兴运动从各式各样的元历史神话中汲取灵感，有的专注于史前的伊特鲁里亚人，有的记述古罗马，有的聚焦于中世纪的城邦，凡此种种，不一而足。[160] 但有一点是共通的：在过去的辉煌与当下之间，总有一段衰落和毁灭的黑暗时代。在米哈伊尔·科格尔尼恰努1837年出版的《瓦拉几亚史》（*History of Wallachia*）中，爱国者的愤恨没有聚焦于该公国的奥斯曼统治者，而是集中在他们在当地的代理人——讲希腊语的法纳尔精英身上。这些人才是"瓦拉几亚真正的僭主"。正是这些"腐化堕落的希腊人"肆意掠夺当地居民，将"比修筑中国长城更残暴"的专制强加在他们身上，才腐化了瓦拉几亚曾经淳朴的道德。[161] 史书之所以能够承担意识形态工作，恰恰是因为它并不只是过往事件的编年史：它构建了某种现代与历史之间的联系，让某些与当下有关联的历史时刻被置于聚光灯下，而其他时刻则逐渐隐入尘埃。

历史先例殊为重要，因为这是一个浪漫主义的时代，连续性和时间的深度受到推崇。在 1845 年，恼于丹麦王室统治的冰岛爱国者在雷克雅未克召开了一届临时的议会，并称其为"阿尔庭"——源自冰岛中世纪集体大会的名称。[162] 对爱国者来说，"民族"显然不是一个新发明，而是继承自历史的某种东西，它独一无二但并非凭空产生。弗勒斯马尔蒂·米哈伊（Vörösmarty Mihály）创作的史诗《卓兰的出走》（The Flight of Zalán，1825）以气势恢宏的六音步诗体，叙述了阿尔帕德王对匈牙利的征服。借着模仿维吉尔《埃涅阿斯纪》（Aeneid）的叙事结构，《卓兰的出走》为这部匈牙利历史剧踵事增华。[163] 但是，为流传下来的历史构建一个形象，这本身就是一项包含考据、发明和即兴创作的任务。这是所有民族主义事业的核心矛盾，它反映在民族主义文献之中，这些文献往往可以被分为彼此对立的两个阵营：原生主义和建构主义。原生主义者认为，民族主义可以追溯到现代以前，它根植于种族与文化特殊性的深层事实；建构主义者则认为，民族主义是一个晚近的现象，它的出现很大程度上是现代化进程的结果，尤其是大众传播和识字教育普及的结果。

我们不需要在这两种选项中做出判定，它们都为我们提供了有价值的洞见。一方面，现代民族主义并不纯粹是无中生有的发明，它借鉴了历史和传统；另一方面，现代民族主义的强烈程度和深刻的社会影响也标志着民族主义的一个新起点。虽然 19 世纪 40 年代开始流行的匈牙利民族服饰的确参考了古代的案例，但它在很大程度上也是佩斯的裁缝们运用本地生产的原材料，迎合爱国转向的审美趣味而做的创造（或再创造）。[164] 深受德意志爱国体操练习者和兄弟会学生喜爱的古德意志服饰，大致仿照德意志文艺复兴风格，但实际上是反拿破仑战争时期由爱国主义宣传家弗里德里希·路德维希·雅恩（Friedrich Ludwig Jahn）推广的现代复古设计。[165] 1848 年，斯拉夫椴树协会成立了一个特别委员会，召集一批艺术家来共同设计一种波希米亚服饰，设计理念并非忠实地模仿某种具体的民间服饰，而是抽取不同的民间元素来创造一种民族风格。[166]

爱国者与民族　125

爱国主义的情感特性也解释了它的反应性特征，或者说它根据历史上外部压力的变化而时起时落的倾向。作为一种大众现象的德意志民族主义，往往因为感知到外部的威胁（尤其是法国的威胁）而激增，之后又悄然回落。一个例子是1840年的莱茵危机。危机起因是法国首相阿道夫·梯也尔既不明智也无益处的提议——重新将莱茵河设为法国的东部边界。这意味着法国要兼并德意志32 000平方千米的领土。[167]这一问题十分敏感，因为它唤起了人们对18世纪90年代的记忆：当时法国军队跨过了莱茵河，并且确实将河两岸都划为自己的领土。爱国主义的激愤之情立即如风暴席卷了整个德意志，激发诸多诗人（也可能是蹩脚诗人）创作"莱茵颂"。其中最为著名的当数律师兼作家尼古劳斯·贝克尔（Nikolaus Becker）创作的《莱茵之歌》（*Rheinlied*）。他的其他诗歌都已被人遗忘，但这首《莱茵之歌》却被谱曲200多次。

> 他们永远不会得到
> 我们自由的、德意志的莱茵河
> 尽管他们如渡鸦般喧嚣
> 贪婪地叫着"我的，我的！"
>
> 只要它依旧蜿蜒
> 绿水如长裙柔曼
> 只要它恬美的浮波间
> 仍漂荡着一叶轻帆。
>
> 他们永远不会得到
> 我们自由的、德意志的莱茵河
> 只要我们的心灵安适于
> 它甜蜜赤热的琼浆。[168]

如 20 世纪 90 年代的嘻哈歌手进行说唱对抗一样，诗人、小说家、巴黎花花公子阿尔弗雷德·德·缪塞（Alfred de Musset）用以下讽刺戏谑的诗节回应了贝克尔的小调：

> 我们占领过你们德意志的莱茵河。
> 拿高脚杯盛来解渴。
> 至于你那些镇痛的诗句
> 能不能抹去法国人的靴底
> 在你们屁股上留下的血迹？
>
> 我们占领过你们德意志的莱茵河
> 如果你忘记了那些时刻
> 不妨去问问女孩儿吧——因为她们还记得
> 是她们款待了我们
> 用你们那喝不出什么味儿的酒 [169]

关于 18 世纪 90 年代的历史记忆在这些诗句中历历可见：法兰西共和国的军队跨过莱茵河，兼并了神圣罗马帝国西部边境的大片德意志领地。1848 年 2 月，当柏林的普鲁士政府收到法兰西第二共和国在巴黎成立的消息时，第一反应不是逮捕街头可疑的民主主义者，而是立即取消了驻科布伦茨邦联要塞的部队的春夏假期——科布伦茨位于莱茵河畔，与法国边境相距不远。

这种对外国统治的敌意是 19 世纪早期民族主义最容易引发共鸣的主题之一。在希腊人反对奥斯曼帝国、争取独立的战斗中，欧洲人满怀热忱地同希腊人站在一起。在德意志、法国和意大利的"波兰俱乐部"中，自由主义者和激进主义者肩并肩地热切支持波兰摆脱俄国统治的抗争。在伊凡·屠格涅夫（Ivan Turgenev）的《前夜》（*On the Eve*）中，奥地利军官在威尼斯街头现身（"他的胡子、他的帽子、他整个的样子"），这让小说主人公义愤填膺，因为他自己就是不堪奥斯曼统治者迫害而逃离家乡的保加利亚人。[170] 在整个 19 世纪 20—30 年代，自由斗士从一个前线赶往另一个前线，先是支援意大利人，然后是西班牙人、希腊人、波兰人。其中一些人活到了 1848 年，并参加了爱国主义军队的战斗。

这种国际爱国主义的团结也有其他表达方式，例如对被囚禁在外国监狱中饱受折磨的爱国者的关心。夏尔·德·蒙塔朗贝尔伯爵描述了 1832 年巴黎的一场晚宴中的对话：

> 在沃尔孔斯卡娅家中。谈论奥地利和俄国令人揪心的暴行细节。前者甚至比后者更恶劣。贡法洛涅里（此处原文有误）伯爵的恐怖经历。他被关押在摩拉维亚的施皮尔贝格监狱，距离布吕恩不远。他被关在重犯监狱里，用很短的锁链拴着，这样他就既不能躺下，也不能走动。每到他被判处死刑的周年纪念日，都要挨 100 下鞭打。[171]

虽然这些传闻的细节并不都是真实的（例如，周年纪念日的鞭刑就是编造的），但这些恐怖的流言仍是爱国主义团结纽带的一部分。正是在这样的环境中，伦巴第爱国者、剧作家兼新闻编辑西尔维奥·佩利科的狱中回忆录收到了热烈的反响。到 19 世纪 30 年代中期，佩利科于 1832 年出版的《我的狱中生活》(Le mie prigioni) 已经成了讨论最为广泛的书籍之一。单单在法国，这本书就发行过多达 165 个版本。[172] 佩利科因卷入 1820 年意大利的政治动乱而遭到逮捕和审讯，在不同的监狱中被关押了九年，其中包括米兰的前圣玛加丽塔修道院、铅皮监狱（设于威尼斯总督宫殿中的监狱），以及上文提到的施皮尔贝格监狱。佩利科对自己多年监禁生涯的叙述使拉梅内"深感着迷"，而蒙塔朗贝尔更是在此书出版后第一时间就读完了，并且直呼从未"读过如此令人赞叹、使人同情、引人愤怒的著作"。在蒙塔朗贝尔看来，佩利科的作品"揭示了有史以来玷污过地球的最卑劣的暴政",可以说是"这个世纪最引人注目的作品"。阅读这些"专制政府用撒旦的头脑发明出来的恐怖的精神与生理折磨",令读者"愤怒到全身发颤、血液沸腾"。[173]

也有人更近距离地看到了奥地利当局的严刑峻法。德拉戈伊拉·亚尔内维奇(Dragojla Jarnević)日后将成为克罗地亚著名的作家、教育家。在现今位于克罗地亚西北部的卡尔洛瓦茨,年仅21岁的亚尔内维奇曾目睹近400名从意大利押解来的囚犯被运往匈牙利监狱。这些人是伦巴第和威尼西亚的爱国者,因参与了1831年的起义而被捕。囚犯们六人一组,被关在马车里,周围是持枪的士兵。她在日记中写道:"他们的脚被锁链锁住,所有锁链都在马车下面连为一体。他们两两拴在一起,又由下面的脚镣全都连到一起。"这些男性囚犯"年轻而英俊",尤其令她惊讶的是,尽管被镣铐锁住,他们却仍面带笑容。她写道:"看到对家庭和故乡的爱遭受严酷之手的镇压,任何爱国者都无法不为之痛心。"囚犯被暂时关押在城外的一个大谷仓里,那里储存着给帝国马匹准备的草料。几乎所有城镇居民都前来围观异乡的反叛者。当时天气炎热,而这些年轻的意大利囚犯身着长衣,下摆一直拖到脚踝。谷仓四周都有守卫放哨,但正门大开,人们可以看到他们"或爬或坐,或高歌或大笑,其中大部分囚犯站到门口对着围观人群,特别是对着女人们微笑。所以一个有教养的女性要是不想身陷窘境,最好还是站在五十步之外"。[174]

民族主义话语把民族描述成一种继承自历史之物,但对许多欧洲人,尤其是中东欧人来说,民族是仍然需要学习和理解的东西。爱国主义的起点是搜集各种音乐、文学、艺术、民俗,以及与其他表现形式相关的知识。[175] 在欧洲的许多地区,杂志支撑着爱国主义的亚文化,它们不仅刊载诗歌、短篇小说、民俗笔记、历史文章,也刊载关于烹饪、园艺和农业的文章。1836年,三个讲乌克兰语的学生在伦贝格出版了《德涅斯特河的宁芙》(*The Nymph of the Dniestr*)。这是一本内容丰富的杂录，同时收录了加利西亚民歌、乌克兰诗歌散文、从一份 15 世纪手稿中摘录的抒情诗与英雄史诗选段，以及翻译成乌克兰语的塞尔维亚民歌。作为编辑之一的马尔基安·沙什克维奇（Markiian Shashkevych）撰文赞美了乌克兰本地语言传统的优美，并概述了当下俄国统治下的乌克兰中东部地区文学与民俗的研究。

摩尔达维亚爱国者格奥尔基·阿萨基（Gheorghe Asachi）是一位博学家。他一生做了许多工作，创办了第一份以罗马尼亚语出版的政治与文学杂志，为现代罗马尼亚语成为文学和高等教育的媒介奠定了基础。像他这样的博学家之所以重要，是因为他们将认识本民族的各种方式联系了起来，从自然科学和制图学到诗歌和视觉艺术。1829年，阿萨基在他创办的杂志《罗马尼亚的蜜蜂》的第一期中写道，只有通过祖国传统的教导，他的同胞才能获取足以支撑一个"强大而幸福的民族"的"精神财富"。[176] 1847 年，捷克爱国者卡雷尔·弗拉迪斯拉夫·扎普（Karel Vladislav Zap）出版了《布拉格指南》（*Guide to Prague*），这是第一本用捷克语写成的有关该城的指南，作者旨在鼓励自己的同胞前往首都街头，在广场、纪念碑和建筑中阅读捷克的历史。爱国者们通过这种方式获得的知识不仅仅是理论性的观点，而且是身临其境、切实可感的体验。[177]

对很多爱国主义的文化运动来说，最核心的莫过于统一和完善本民族语言的热情。恩斯特·莫里茨·阿恩特（Ernst Moritz Arndt）曾经写道："一个民族唯一真切的边界是语言。"[178] 仇法的现代德意志体操运动创始人弗里德里希·路德维希·雅恩编著了一本同义词词典，目的在于表明，高地德语的习语可以通过吸收日耳曼部落方言词汇加以丰富。在他看来，巩固、完善一个民族的书面语言并不一定会让言说者远离民众所讲的、本真的德语，相比于从低劣的外语中借词，以方言来补充语言要好得多。[179] 在雅西出版的期刊《达基亚文学》的编者希望能够完善罗马尼亚文字，使罗马尼亚文学能够"自豪地屹立于欧洲文学之林"。[180] 以柳德维特·加伊（Ljudevit Gaj）为中心的"伊利里亚"爱国者在 19 世纪 40 年代致力于清除克罗地亚语口语和书面语中的外来词汇,例如,štampa(出版、印刷之意,来源于意大利文 stampa)一词被改成了其南斯拉夫语替代词 tisak。[181] 在匈牙利,语言民族主义者担心马扎尔人及其语言难以抵抗充满自信的斯拉夫文化,后者在匈牙利王国内部和周边都颇具势力。爱国者科苏特·拉约什警告称,为了避免这种情况出现,匈牙利人必须坚持将马扎尔语运用于行政、立法和执行机关、政府管理、法律、公安、税务、商业等领域。任何妥协都有招致民族消亡的风险。[182]

追求语言的完整性并不必然意味着种族上的排外:法国大革命时期所采取的语言同化政策旨在增强共和国的公民身份认同;而且至少从理论上说,被视为语言共同体的民族对"刚开始听、说、读这门语言的人"来说始终是开放的。[183] 对本民族的文明优越地位充满自信的爱国主义者,有时会期望其他族群的成员通过语言同化而融入自己。在他们看来,这不是强迫,而是一种恩惠。而在哈布斯堡王朝的领地上,这一观点在进步的马扎尔和德意志民族主义者中颇为流行。[184] 还有一些爱国主义者支持多语言共存,例如在自由三年时期(1820—1823)的西班牙,不少教育家渴望赋予加泰罗尼亚语与卡斯蒂利亚语平等的地位。[185]

对许多爱国主义者来说,语言首先是一种工具,用于习得日益扩张且较为文雅的公民文化。1846 年,布拉格成立了市民俱乐部,该城的捷克爱国者常出入此处,不断壮大的捷克中产阶级可以在此平等地与德意志人进行礼貌的谈话或娱乐。[186] 1835 年 6 月在摩尔达维亚雅西落成的米哈伊尔学院,以及 1831 年在佩斯作为学术团体成立、1845 年改为学院的匈牙利科学院,都为思想交流和知识传播做出了贡献。它们涉及的知识领域相当宽广,从历史、哲学、法学到化学、农学、建筑学。治学方法是整体和普遍的,学者们在跨学科的联合会议上交流讨论。即便在讨论科学知识的特定领域时,匈牙利的学者也忙着收集方言词汇和专业术语,对术语加以筛选和重新创造,并推动书面语言的标准化。[187]

类似地，对改良语言的关注也驱动着捷克社的工作。这一组织由以历史学家弗朗齐歇克·帕拉茨基（František Palacky）为首的捷克爱国者团体于1831年创建，旨在改良捷克语，使其成为科学交流的媒介。捷克社在专业词汇和词典编纂方面取得了惊人的成果，将自己打造成捷克学术著作的旗舰出版商。

在上述三个事例中，爱国者都在反抗高雅文化的语言，后者的统治阻碍了其民族语言的发展。捷克人反抗德语，匈牙利人反抗德语和拉丁语，摩尔达维亚人反抗希腊语。[188] 不过，改良语言与唤醒民族意识之间的因果关系也不总是直接的。第一份以阿尔卑斯斯拉夫语，或者说斯洛文尼亚语出版的期刊于1843年在卢布尔雅那诞生，它收获了500名左右的读者。但这份期刊出版的目的并不是推动斯洛文尼亚民族的解放，而是推广最新的农业技术知识。[189]

虽然大多数爱国者更关心的不是政治独立而是文化整合，但对民族的歌颂总是会带来激进的意识形态冲击。它并不必然提出某种人民主权思想，但它的确有所暗示，因为民族系于人民而非王朝。它具有一种潜在的力量，能够把通过继承确立的外国君主统治转变为一桩令人憎恶的丑闻。它在人们心中描绘的地图与欧洲大陆实际的政治地理划分并不一致。波兰人的脑海中还记得近代早期的波兰-立陶宛联邦，它领土广袤，从波罗的海一路延伸至黑海；德意志人梦想着民族统一，把德意志邦联之下的39个邦国合为一体；乌克兰人认为，从哈布斯堡领地东部的加利西亚到俄国统治下的东乌克兰都是自己祖国的领土；对匈牙利人来说，"匈牙利"意味着圣斯蒂芬治下的所有土地①。与之相较，1834年一位斯洛伐克新教牧师出版的、关于"匈牙利的马扎尔主义"的小册子，将匈牙利按族群划分为不同的区域：鲁塞尼亚（乌克兰）、马扎尔、瓦拉几亚、克罗地亚等。[190] 克罗地亚爱国者

---

① 圣伊什特万圣冠领地理论上包括匈牙利、特兰西瓦尼亚、斯洛伐克、克罗地亚、斯拉沃尼亚和伏伊伏丁那，等等。——译者注

梦想在哈布斯堡临近亚得里亚海的领地上建立一个伊利里亚民族联盟。只有当革命爆发时，这些不同愿景之间的潜在冲突才会完全显现出来。

对某些爱国者来说，民族的"纯洁性"乃是一个不可忽视的目标。在爱国活动家、体操之父弗里德里希·路德维希·雅恩看来，仅仅鄙视外国人是不够的，必须禁止他们接触本民族的血统。他在1810年写道："民族越纯正越好。""越是和异族混血，它就越像是流氓犯罪团伙。"[191] 雅恩的呼吁在我们听来极其刺耳：我们知道这种思想会带来何其可怕的未来，尤其是在德意志。但也有热衷于民族统一的人明确否定净化民族血统的想法。"只有衰败的民族才没完没了地念叨他们的祖先，"摩尔达维亚爱国者米哈伊尔·科格尔尼恰努在1843年如此写道。在他看来，民族是复合的实体——事实上，这也是他们强大的关键。希腊人之所以屈服于罗马，恰恰是因为"他们不想做希腊人，而只想做普拉提亚人、忒拜人、雅典人、斯巴达人"，正如"我们的祖先只想做特兰西瓦尼亚人、蒙泰尼亚人、巴纳特人、摩尔达维亚人"。[192] 在1835年的一篇论文中，德意志自由主义历史学家弗里德里希·克里斯托夫·达尔曼也提到了类似的观点：佩拉斯吉人、色雷斯人、亚加亚人和伊奥尼亚人曾经共同组成了富有活力的古阿提卡民族；而作为布立吞人、罗马人、撒克逊人、丹麦人和诺曼人的复合体，不列颠民族也证明，一个"混合民族"，例如日耳曼人，完全有能力实现民族的蓬勃发展。达尔曼暗示，随着时间的推移，血缘亲属关系在民族历史中的重要性会逐渐降低，并让位于以共同地域和教育发展为基础的身份认同。[193] 对出生在巴勒莫的历史学家、东方学者米凯莱·阿马里来说，西西里民族的文化力量恰恰在于它是伊斯兰、高加索及犹太元素的"地中海式"的混合。[194]

作为一种受信念驱动的行为，爱国主义比自由主义和各种形式的激进主义更加包容，因为它（至少在理论上）欢迎语言或文化共同体内的每一个成员，包括女性。母亲非常重要，因为她们肩负着教育子女的使命。民族寓言常常以女性角色展开。男性爱国者用杂志来吸引女性加入：1822 年，匈牙利爱国者基什福卢迪·卡罗伊（Kisfaludy Károly）创办了《欧若拉》杂志，这是一本以红色、粉色或白色皮面装订的面向女性的文学年鉴。[195] 尽管女性仍然被排除在爱国主义运动的核心政治团体（俱乐部、报社、学院、政治协会）之外，家境富裕的女性还是能够通过引人瞩目的消费来表达民族情感的。例如著名的齐奇姐妹：这两位匈牙利女贵族因为在舞会季节穿着精美的爱国主义服饰而出名——整套装束都是用本地制造的织物制成的。[196] 在布拉格的爱国女性群体中，捷克爱国者卡雷尔·弗拉迪斯拉夫·扎普的波兰妻子所穿的民族服饰广受追捧。与另外一位"斯拉夫"已婚女性——克罗地亚人约瑟帕·库宾诺娃（Josipa Kubínová）的衣着一样，她的穿着打扮鼓舞这座城市的捷克女性纷纷穿上了自己的民族服饰。[197]

在欧洲各地，爱国主义的社交网络在 19 世纪 30—40 年代几乎都得到了深入的发展。1842 年，针对德意志体操运动的禁令终于解除，其参与者的人数急剧增长。到了 1847 年，已经有约 300 家体操俱乐部和 9 万名练习者。1843 年 2 月，一个伊利里亚爱国者兴奋地描述了伊利里亚爱国主义是如何"取得进步并演化"的，尽管当局禁用"伊利里亚"这个词。她写道："两天前，在阿格拉姆的一个射击场举办了一场华美的舞会，我们这些爱国者全都穿着民族服饰参加。舞会上有民间舞蹈，人们唱歌交谈，一切都极为美妙。感谢上帝！至少我们的敌人（她指的是匈牙利人）会看到，我们的民族……还没有亡。"[198] 在佩斯城中，舞会和晚会成了展示匈牙利民族文化的一种方式。1846 年，兼具阅读和社交功能的佩斯俱乐部举办了一场狂欢舞会，在场的所有人都身着匈牙利民族服饰。除了为纪念加利西亚波兰贵族起义而安排的两支波兰舞蹈及另外一支华尔兹，人们跳的全都是匈牙利舞蹈。所有人都讲匈牙利语，即便那些更习惯说德语的人也一样。这些都是有意设计的，邀请函上就已注明"交谈使用的语言，以及服装的材料和剪裁"都必须是匈牙利的。两个匈牙利男性宾客没有注意要求，身着燕尾服前来，随即羞愧离场。而一个身着燕尾服的外国人获许留下了，因为他搞不清楚状况。[199]

19世纪40年代，布拉格的捷克人也经历了相似的情况。捷克社的成员直到革命前夕都一直在增加，原本由绅士显贵推进的运动逐渐变为由中产阶级所主导。[200]波希米亚的实业促进会在1843年修改章程，允许中产阶级加入，而后协会成员立即迎来爆发式增长。1844年，捷克爱国者成立了秘密社团里皮尔（Český Repeal），这个名称来源于丹尼尔·奥康奈尔（Daniel O'Connell）1830年为争取废除1800年《联合法案》[①]而创建的取消合并协会。次年，为说捷克语的中产阶级男性而设的布拉格公民俱乐部成立，它成了捷克爱国主义观点的传播场所。自1846年起，卡雷尔·哈夫利切克（Karel Havlíček）利用他的报纸《布拉格报》在避免引起奥地利审查官注意的同时促进捷克的利益。[201]

芬兰大公国当时在俄国治下，政治氛围平和，但就连这里也出现了民族情感勃发的迹象。1846年，波尔沃的博尔戈中学校长约翰·路德维希·鲁内贝格（Johan Ludwig Runeberg）写下了诗歌《我们的国土》（瑞典文为Vårtland，或芬兰文为Maamme），日后它将成为芬兰国歌歌词。这首诗也是鲁内贝格编纂的、包含35首英雄史诗的诗集的序章。诗集聚焦于1808—1809年的芬兰战争，瑞典因为在这场战争中落败而将芬兰割让给了俄国。鲁内贝格并不是一个激进主义者，相反，他是一个温和的保守主义爱国者，忠于俄国的统治，极力避免招致镇压。这首诗意在抚慰学生们的爱国热情，同时阻止他们参加起义活动。在提到芬兰土地时，鲁内贝格使用将来时，以防给自己惹上麻烦。他写道："你已含苞待放/必将崛起"，"看吧！你的光辉、你的喜悦、你的希望、你的炽热/都将在我们的爱中复兴"。结尾的几行诗句将视角重新带回国土："我们的国土将会歌唱/歌声将越发清亮。"这些文本故意把芬兰的领土范围和位置写得模糊不

---

① 英国根据该法案兼并了爱尔兰。——译者注

清，只是简单提到"我们的北方故乡"和"我们祖先的土壤"。出生于德意志的音乐教师弗里德里希·帕修斯（Friedrich Pacius）为《我们的国土》谱了曲。1848年，这首歌在赫尔辛基大学合唱团一场庄重的公演中首次亮相。5月13日是芬兰大学的春季花神节，标志着一个学年的结束。当天，学生们在库姆塔提公园再次演唱了这首歌，并打出一面专为此次演出制作的爱国主义旗帜，上面绘有芬兰的狮子纹章，狮子头戴桂冠，脚踏白地。旗帜上完全没有任何与俄国相关的标记。学生会主席先发表了一番爱国主义演说，并在演说的结尾邀请大家为芬兰干杯。随后，在场的数百名学生激动地齐声高唱《我们的国土》。

在少数情况下，我们能够跟踪观察到特定个人的爱国意识是如何逐渐增强的。卡尔洛瓦茨诗人、散文家兼教育家德拉戈伊拉·亚尔内维奇于1812年出生在一个讲德语的克罗地亚富商家庭。在她写于1848年3月之前的日记中，她不时重思一个问题——成为一个克罗地亚人意味着什么？她回忆道，在18岁的时候，她意识到克罗地亚人"教育水平低下"，而且"天生头脑简单"。这个民族为数不多受过教育的男性要么是律师——往往专横跋扈、铁石心肠，要么是教士，想要在这个民族里找一个合适的丈夫根本就不可能。[202] 在23岁那年（1836年），她用德语写道："我真希望出生在不像克罗地亚人如此心胸狭隘的民族里！"[203] 这一年的晚些时候，她第一次听说伊利里亚主义，它渴望改良克罗地亚及其他南斯拉夫民族的语言和文化。这一运动的核心人物、政治活动家柳德维特·加伊敦促所有"善良的爱国者"通过通用书面语言教育来团结所有"伊利里亚国家"（指古罗马帝国治下的亚得里亚海东岸各省份）。萨格勒布的一群天主教神学院学生响应他的号召，创办了一个伊利里亚民族协会。亚尔内维奇起初不为所动。"我不在乎，他们爱写什么就写什么，反正我也不喜欢克罗地亚语。所有来访的客人都说德语，如果我说克罗地亚语，他们只会觉得我很奇怪。"[204] 但她没能摆脱语言问题。1837

年 10 月的一个下午,她的兄弟约瑟普带了一群朋友来家里,讨论到当克罗地亚人好还是当伊利里亚人好的问题。现在,她糟糕的克罗地亚语口语让她十分尴尬。"我就是说不好伊利里亚语或者克罗地亚语,因此当这些年轻人非要我说时,我闹了很多笑话。"[205] 1838 年 5 月,她记录了自己的挫败感,因为她不能像使用德文那样自如地使用克罗地亚文写作。

到 1838 年秋,事情发生了变化。现在,无论她兄弟的朋友弗拉尼奇和内拉利奇何时来访,她都能和他们说克罗地亚语。但她仍觉得自己年龄太大(当时她 25 岁),学不好这门语言。而到了 1839 年夏,她进一步掌握了这门语言:"我很高兴答应特恩斯基的来访,这样终于有机会说克罗地亚语了。我很久没说自己的母语了,现在我内心充满喜悦。"伊万·特恩斯基(Ivan Trnski)是一位作家、爱国者,也是伊利里亚运动的提倡者。亚尔内维奇爱上了他,这进一步激励了她的努力。特恩斯基没有回应她的爱意,但赞赏了她学习"克罗地亚语,或者用现在的说法,伊利里亚语"的努力,并且和她一起阅读以帮助她提高水平。[206] 出国旅行又进一步增强了亚尔内维奇的爱国主义热情。在格拉茨逗留期间,她路过了一座塔楼(很可能是这座城市古老的钟楼),许多参观者都会在那里留言。阅读这些留言时,她发现其中一条是用克罗地亚文写的,她后来回忆道:

> 哦,我的心情多么奇怪!自从离开克罗地亚起,我就没怎么再想过它了。但是现在,看到这条克罗地亚文留言,我有一种莫名的感动。留言的开头是这样的:愿我的每个兄弟都身体健康……我只记得,这个人想向每一个能看懂的人问好,并且署名"一个来自克罗地亚的伊利里亚人"。我立即拿出笔来,拼凑了几句回复,但我没有给自己留一份副本,所以也没能记在这里。不过,我确实记得自己写了一个伊利里亚女人看懂了这些话,并且向他问好,然后署名"一个来自卡尔洛瓦茨的伊利里亚女人"。[207]

爱国者与民族　137

到了 1840 年，亚尔纳维奇已经在奋力为一家伊利里亚刊物创作诗歌，并且意识到自己作为作家的贡献将使自己的民族受益，自己的作品会对公众有用。对一个痛恨性别隔离将自己排除在公共生活之外的女性来说，这种想法殊为重要。她越来越享受和爱国者们一同工作，并且开始密切关注克罗地亚议会的政治议程。1842 年，议会正在反抗匈牙利当局，目的是使克罗地亚语成为官方语言。她已经成为和民族荣辱与共的爱国者之一。她对这项事业的热爱也与她对马扎尔人的强烈仇恨紧密相连。马扎尔人计划通过语言来加强对其治下的斯拉夫地区的文化控制，她把这种控制视为一种生存威胁。"我们必须勇敢地蔑视一切危险，向这帮愚蠢且邪恶的匈牙利人证明我们不畏惧他们，我们坚定地站在爱国主义的立场上。"[208] 1843 年 4 月 8 日，她写下了坚决的效忠誓言："我只关心自己的祖国，我愿为之奉献一切力量与热爱。"[209]

这段情感与思想的旅程表明，与自由主义和激进主义不同，爱国主义对女性的参与是开放的。尤其值得我们思考的是，德拉戈伊拉·亚尔内维奇通过努力学习克罗地亚语得到了什么：其他爱国者们的陪伴和交谈、视野的拓展、有风险的事业所带来的兴奋感，以及与远远超越了一个偏远小镇的伟大事业的联系。她写道，民族的事业"吸引着（她的）灵魂"，使她超越了自己。"我的灵魂感到生命并不只是针线和锅碗瓢盆，我的灵魂把我拖拽出日常琐事，驱使我去寻找和享受生命。"[210]

"任何否认自己民族性、亵渎民族共同体的人都是我们的世仇，他们是侵犯主权的叛徒，发誓要用险恶疯狂的阴谋诡计来反对我们的祖国。"[211] 1833 年，煽动家弗里德里希·路德维希·雅恩如是说。这种特征鲜明的极端咒骂提醒我们，民族沙文主义永远在与怀疑论及冷漠做斗争。民族主义设计了一套完整的社会愿景：它的传说和故事中都是农夫、渔民、森林住民，民族服饰是传统农村和地区风格的体现。但在这一时期,爱国主义很大程度上仍然是文化精英的专利。哲学教授雅各布·弗里德里希·弗里兹(Jakob Friedrich Fries)在 1816 年写道:"德意志的爱国主义是且必须是受教育之人的事务,而非一般大众的事务。"[212] 匈牙利自由主义作家厄特沃什·约瑟夫(Eötvös József)在其重要的社会观察小说《乡村公证人》(The Village Notary)中承认了社会地位与民族身份之间的关系。小说中的一个角色观察道,农民是"受轻蔑的"。他们虽然出生于此,"却既无权利,亦无财产,更无祖国"!怎么能指望他们对一个轻蔑自己的国家产生依恋之情呢?[213] 1846 年,奥属加利西亚爆发的、由波兰贵族领导的起义最终以惨败收场,因为农民更畏惧和仇视他们的封建领主,而非奥地利人。如前文所述,在加利西亚,一些讲波兰语的农民称贵族地主、庄园管理人、办事员和教士为"波兰人",而把自己描述成"帝国的农民"。马志尼在意大利各邦策划的爱国起义都失败了,部分原因就在于在一些预期会发生起义的地区,人民实际上根本没有起义的意愿。

民族情绪摇摆不定。由于需要由书籍、报刊及其他印刷媒体所打造的生态系统来进行宣传,民族主义在很大程度上仍然局限于识字的城市社交圈,这些圈子参与了民族文化的改良,规模往往很小:匈牙利的特兰西瓦尼亚省有 200 万讲罗马尼亚语的居民,而罗马尼亚爱国主义观念的唯一一个重要载体——布拉日出版的《特兰西瓦尼亚公报》总共只有 250 个订阅者。即使我们想象每份订阅的背后可能都存在 10 个甚至 20 个读者,这个爱国主义者的圈子仍然小得可怜。在相对落后贫穷的奥地利帝国行省达尔马提亚,内陆农业地区居民说各种南斯拉夫方言,而占比很小的城镇人口则讲意大利语。这里的人们更钟爱一个复合的"达尔马提亚民族",而不是各色族群共同体。此外,地方精英还指望维也纳来提供经济与文化刺激。[214]

一旦离开较大的城镇,人们对爱国主义的兴趣就迅速消失了。一个失望的匈牙利爱国者从尼特拉县(现位于斯洛伐克西部)发回报告称:"这里没有公共精神,什么精神也没有。"[215] 1843年,匈牙利国民议会在普雷斯堡(今斯洛伐克布拉迪斯拉发)召开会议。年轻的女贵族勒韦伊·克拉拉(Lövei Klara)在其中一位代表家中做保姆,她为当地女性民族意识的缺失感到震惊。她写道,"极少有女性关心祖国的事务,很多人甚至理解不了当下的问题"——此时匈牙利爱国复兴运动正处于高潮。[216] 在意大利语人口占绝大多数的的里雅斯特,人们的意大利民族主义意识非常薄弱,而对哈布斯堡王朝的忠诚依然强劲,这与威尼斯和伦巴第的情况恰恰相反。[217] 意大利爱国者常常哀叹,很难说服意大利人超越自己城市或地区的边界团结合作。西西里的知识分子,如弗朗切斯科·伦达(Francesco Renda)、尼科洛·帕尔梅里(Niccolò Palmeri)、乔瓦尼·埃万杰利斯塔·迪布拉西(Giovanni Evangelista di Blasi)和罗萨里奥·格雷戈里奥(Rosario Gregorio),曾用历史来赞颂"对祖国与民族的爱"(迪布拉西语),但他们指的是西西里民族,而不是意大利民族。[218] 作曲家久罗·阿诺尔德[Đuro Arnold,又名捷尔吉(György)],也是一位多产的词作者,既创作宗教作品,也创作世俗作品。他用克罗地亚语的伊卡维亚方言出版了一部赞美诗集,希望以此鼓励并改善匈牙利-南斯拉夫边境、伏伊伏丁那西部的伊利里亚人(即说克罗地亚语的人)的宗教生活。但他也用马扎尔语为匈牙利和特兰西瓦尼亚的音乐家创作安魂曲、受难曲、连祷曲、圣咏和其他作品,还出版德语的音乐主题著作。他能流利地讲匈牙利语和德语,并且精通克罗地亚语。他从来没有表现出任何想要把其中某种语言当作身份认同的意向,并且显然"安适于(哈布斯堡)王朝多文化、多语言的环境"。[219]

民族情感并不是从过去继承下来的明确无疑的身份认同,也不是报纸编辑和小册子作者的发明。它是一个不断演化的意识领域,一种归属感的形式,且不得不和其他归属感(如宗教信仰、对地域和王朝的忠诚、政治愿景)共存。在某些情况下,如战争、战争恐慌或者革命时期,它可能会一跃成为最主要的归属感形式。但对许多欧洲人来说，是宗教、社会或团体地位、政治、城市或地域塑造并强化了民族归属感，而不是民族归属感决定这些因素。只有在1848年革命爆发之后，民族主义思想动员和分裂欧洲人的巨大能量才得以完全显现。

自由与不自由

政治上活跃的欧洲人在批判同时代人的不自由时，经常使用"奴隶"的概念。对克莱尔·德马尔和弗洛拉·特里斯坦来说，女性是男性的奴隶。让娜·德鲁安把已婚女性从夫姓比作奴隶被奴隶主打上烙印。[220] 在约瑟夫·德·迈斯特看来，革命者不是自由的斗士，而是历史的奴隶。维克多·孔西得朗谴责基督教是"奴隶的宗教"；夏尔·傅立叶指控天主教会奴役女性，期待终有一日女性将会从"婚姻奴隶制"中解放出来。[221] 托斯卡纳爱国者乔瓦尼·巴蒂斯塔·尼科利尼（Giovanni Battista Nicolini）在他的戏剧《乔瓦尼·达·普罗奇达》（*Giovanni da Procida*）中夸张地再现了西西里晚祷战争，形容西西里受到外国统治者的掠夺而"沐浴在奴隶的血汗中"[222]。在1831年2月印制的公告中，博洛尼亚的起义者声称，居住在教宗国的意大利人是"教士专制统治下的不幸奴隶"，而他们在奥地利治下的同胞则是"外国人的奴隶，这些外国人抢夺你们的财产，让你们的生活日渐悲惨，好让他们自己富有"。[223] 路德维希·伯尔内（Ludwig Börne）在1832年写道："是的，因为我经受过奴役，所以我比你更理解自由。"[224] 他指的是自己作为犹太人而遭受的歧视。亚当·密茨凯维奇写道，留在祖辈土地上的波兰人注定要"耐心忍受奴役"。[225] 提到1834年1月的里昂工人起义，一个当地的激进主义者宣称，欧洲各民族很快就会加入起义的行列，并"终将把旧世界从奴役的锁链中解放出来"。[226] 圣西门主义者皮埃尔·勒鲁则写道："把无产阶级和古代的奴隶相比较是完全正当的。"[227] 简而言之，奴隶制已经成了西方政治哲学乃至语言中的一个根本性的隐喻,一个用以指代"贬损人类精神的权力"的极具力量的修辞。[228]

当我们查找有关奴隶制的引述时,会发现它们几乎无处不在,但令人震惊的是,它们从来都没有被用来指代 19 世纪早期真实存在的奴隶制现象,甚至连隐晦的提及也没有。对这一时期的许多批判作家来说,奴隶制要么是一个隐喻,要么是早已逝去的现象,要么是理论上的抽象。甚至当他们谈论这个概念时,他们似乎把视线从现实的奴隶制上移开了。在《和谐与自由的保证》中,德意志激进主义者威廉·魏特林对奴隶制进行了详尽的思考。他认为,奴隶制是私有财产观念最黑暗、最肮脏的后果,它早在人类的历史出现前就已经成为可能。人类先是努力捕捉地上的野兽,继而用他们渎神的口舌说:"这是我的。"然后他们占有了土地及其出产物,说:"这是我的财产。"最后,他们把手伸向同胞,将其降格成可被买卖的物品。

但对魏特林来说,"动产奴隶制",即人类对人类的占有,只不过是前奏,此后还有更糟糕的事情——现代的金钱奴隶制。他写道,"从前",奴隶被鞭子驱赶着工作,他们是"被剥削、被交换、被继承的财产",但他们仍然保留了固有的价值。"在那个时代,奴隶主还会留心不要让奴隶劳累过度,因为害怕他会因此生病、死掉",但随着"金钱的引入",一切都改变了。在这之后,"奴隶的境况与先前截然不同":

(今天的奴隶)要耗尽心血地工作,这样才能充分榨取他们的所有体力;如果他们生病、衰老或虚弱了,就会被赶出车间、工厂和住房,这样就不会再消耗生活物资了。而后他们只能成群地站在外面,一批一批地躺进殉难者的墓穴……(新奴隶制)丑恶的外表被合同和法律隐藏了起来。在更晚近的时代,(旧形式的)奴隶制至少在名义上被部分废除了,但(奴隶的)境况却一如既往,在许多方面甚至越来越糟。[229]

魏特林似乎恰恰是为了不谈奴隶制才谈及奴隶制的。他使用这个词，是为了表现现代经济体制的压迫性，以及它对最穷苦的欧洲人所强加的限制。要想实现这一效果，魏特林就不得不把动产奴隶制说成是一件古老的事情和一桩较小的恶行。魏特林的做法并不少见。黑格尔是一位比魏特林更深刻、更重要、影响更深远的思想家，"他出人意料地频繁提及奴隶制"。[230] 近来的研究重新解读了黑格尔关于主奴之间"殊死斗争"的思考。研究表明，黑格尔的思考不仅来源于亚里士多德或对古罗马历史的研究，而且来自他阅读的德意志媒体对1791—1804年的海地大规模奴隶起义的报道。起义的结果是起义者获胜，海地人民获得解放，并史无前例地建立了一个新国家。这就是黑格尔探究主奴辩证法的真实语境。这个概念不仅是他在《精神现象学》（*Phenomenololgy of the Spirit*）中提出的自由哲学的核心，也深远地影响了从马克思到尼采再到后世的欧洲哲学的发展。有趣的事实是：黑格尔**借由**海地进行思考，却并没有**对**海地进行思考。海地的语境的确在场，却如"用隐形的墨水写成般"未被言说。[231]

　　讨论奴隶制的概念，却不把它置于当时的语境中，这一趋势无疑是吊诡的。因为19世纪上半叶，欧洲大陆殖民列强对奴隶的使用扩张到了空前的程度。众所周知，在1807年后，英国发起了一场反奴隶贸易的国际运动，虽然该国一度是这种贸易的主导者。丹麦和美国紧随其后，放弃了奴隶贸易（但未放弃使用奴隶）。而其他国家，如西班牙、葡萄牙、法国、尼德兰，则在抵抗英国试图终止这项贸易的压力。这些国家依然认为奴隶贸易是有利可图且合法的。尽管此后法国、葡萄牙和西班牙先后正式禁止了奴隶贸易，但奴隶贸易实际上仍在继续。在英国禁止奴隶贸易之后离开非洲的300万人中，大约2/3是被非法贩运的。[232] 而且，在欧洲列强的殖民地上，对奴隶的**使用有增无减**。教宗格列高利十六世在许多方面都极为保守。1839年12月，他在英国人的鼓励下，颁布了宗座牧函《最高使徒职责》，明确谴责奴隶贸易，命令所有虔诚的天主教徒立即停止"奴役、不公

自由与不自由　143

正地迫害，或掠夺印第安人、黑人或其他人种"，否则将被革除教籍。[233] 但没有人听从。伦敦希望教宗的强烈谴责能够促使西班牙和葡萄牙执行禁止奴隶贸易的法律，但竹篮打水一场空。

失败的原因部分在于提倡禁止奴隶贸易的是英国。举例来说，在葡萄牙，爱国的活动家和新闻报纸往往认为禁止奴隶贸易是英国的一种策略，而有损于葡萄牙的利益。到了19世纪30—40年代，葡萄牙转而愿意禁止南大西洋的奴隶贸易，这也并不是因为其奉行废奴原则，而是出于对巴西的担忧。巴西在1822年获得独立，且是非洲奴隶最大的消费国。为了弥补巴西独立所造成的损失，里斯本当时正试图把安哥拉建成一个以奴隶制为基础的蔗糖生产经济体，而巴西有可能从葡属安哥拉吸纳大批奴隶，并由此阻碍里斯本的计划。为避免出现这种情况，葡萄牙才加入废奴的队伍。[234] 关键问题不在于奴隶贸易的利益相关者反对废奴（虽然他们确实反对），也不在于缺少对依赖奴隶的产业进行补偿的财政措施（虽然确实缺少），而仅仅在于消息灵通的国内人士（尤其是左翼的九月党人）以国家利益为由反对废奴。[235] 在葡萄牙和西班牙，反奴隶制的团体往往由少数精英组成，在更广泛的大众中几乎得不到任何支持，政治影响力也相当有限。英国的废奴运动得到了英语世界新教福音派的大力支持，他们接二连三地组织请愿、出版废奴宣传册、召集民众集会，但在欧洲大陆上，类似的势力并不存在。[236]

维克托·舍尔歇（Victor Schoelcher）曾前往墨西哥、古巴及美国南部旅行。在返回巴黎后，他于1833年出版了一本废奴主义著作《论对黑人的奴役》(De l'esclavage des noirs)。舍尔歇非常清楚，想要改变社会的惰性是极其困难的：人们知道奴隶制的罪恶，但还没有忧心到要采取行动来反对它。他写道，反对这种制度的观点已经屡见不鲜，由来已久，几乎不可能提出什么足以吸引公众注意力的新观点。欧洲人很容易被种种关于不公正和暴行的叙述激怒，但他们的同情心和兴趣用不了多久就会消失。在书中开头部分的几段话中，他令人信服地描述了欧洲人在探访殖民地时多么容易受到诱惑,转而支持奴隶制。他写道,刚抵达某个蓄奴国家,你就会被热情好客的白人团团围住,听他们讲述自己的逸事;你身边的整个(白人的)社会构成了一个"联盟",致力于灌输奴隶制的优点和必要性。你开始为自己天真的想法而脸红,先前那些想法在你如今所处的世界里似乎完全失去了吸引力:

> 你很快就改变了想法。你一开始的怀疑一触即溃,你又如此孤立,以至无力与周遭的人对抗。更何况,在这个国家,你经常要去拜访的那些人把你那慷慨的原则视作一种危害所有社会秩序的偏见。[237]

在承认奴隶制作为一种社会形态所具有的心理影响力之后,舍尔歇用剩余的篇幅对奴隶主的主要观点进行了驳斥:黑人并不比白人低能,是奴隶制本身使奴隶变得顺从、愚钝,因为奴隶制剥夺了他们的尊严和主动性;自由农业的生产率更高,因为它更能够激发动力和进取心;与普遍观点相反,奴隶主为保护自己的人类财产所做的考虑并不能充分保证奴隶免于被残暴对待;奴隶的死亡率远高于欧洲的无产阶级;说奴隶比"我们的农民"过得更好纯属无稽之谈,说他们"满足于自己的命运"而不愿用它来换取自由同样荒谬。[238]整本书都在炮轰奴隶制文化中的种种成见。舍尔歇认为,是时候抛弃这些"空洞的理论"了,应该转而实事求是地分析奴隶制是如何运作的,并详尽论证废除它的理由。不过,他此时也并不支持立即解放奴隶,而是支持渐进式的解放,让奴隶像学徒一样一步步地习惯自由。这个观点是从英国人那里学来的。另外,尽管他反对在种植园中使用体罚,但他在 1833 年仍然反对立法禁止使用鞭子。鞭子是用来维持奴隶纪律的常见工具。他相信,禁止使用鞭子可能导致混乱。[239] 不过后来,他放弃了这些保留意见。

自由与不自由

大约在舍尔歇的著作发表的同一时间,一个来自马提尼克的"有色自由民"西里尔·比塞特(Cyrille Bissette)开始出版废奴期刊《殖民地杂志》。比塞特是一个商人,也曾是奴隶主。1823年,他因为参与分发一本谴责殖民地白人歧视有色自由民的小册子,触怒了法国殖民地当局。他肩上被打上烙印,遭受监禁,并被剥夺财产,之后又与来自法属安的列斯群岛的140名马提尼克有色人种囚犯一起被流放。随后他来到巴黎,这时他已经彻底成为激进的废奴主义者,认为有色自由民和被奴役的加勒比非裔黑人有共同的利益。[240] 1834—1842年间每月出版一期的《殖民地杂志》刊载了当时常见于宣传期刊的各种体裁的文章:诗歌、短篇小说、与废奴相关的各种官方法令和公告文本、详尽的法律案例研究、关于海地革命的讨论,以及废奴请愿书。[241] 比塞特在世界各地积极寻找背井离乡的非洲黑人作家。他连载的作品包括:伊尼亚斯·诺(Ignace Nau)创作的短篇小说《伊莎莉娜:一个克里奥尔故事》(*Isalina: un scène créole*),这是最早的几部海地小说之一;出生于新奥尔良、定居巴黎的剧作家维克托·塞茹尔(Victor Séjour)创作的《混血儿》(*Le Mulâtre*),被认为现存最早的由非裔美国人创作的虚构作品。[242]

在比塞特的主张中,最为重要的就是理论与现实之间的张力。比塞特反复提及这一主题。他写道,奴隶制"既是一个事实,也是一种观念"——战胜这一事实和消除这种观念是两个不同的任务。在《殖民地杂志》创刊号的序言中,他写道:"殖民地只在理论上知道'博爱'这种伟大的观念,对于行动中的自由,他们一无所知。"[243] 杂志有时可能有必要刊载一些关于具体案例的翔实调查报告,因为"杂志的解放任务不仅要从理论中,也要从现实中汲取力量"。于是,对一个在欧洲工作的废奴主义者而言,首要的任务就是将奴隶制的理论含义与现实中奴隶制对当时社会的影响联系起来。然而,在一个已经习惯将两者区分看待的宗主国,这并非易事。[244]

法国的废奴运动从未达到英国那样的社会深度。1833年,英国的请愿运动达到顶峰，有 150 万人签名表达支持；英国《废奴法案》于次年通过。[245] 在法国，也不时有为废奴事业争取更广泛支持的努力，但结果令人失望。1844 年在巴黎和里昂开展的请愿活动最后只收集到不足 9000 个签名。废奴在很大程度上只不过引起了少数文化精英的关注。比塞特的《殖民地杂志》仅有 250 个订阅者。尽管如此，还是有迹象显示，一种渐进式的废奴形式正逐渐得到政治阶层的支持。1835 年，在英国《废奴法案》通过的鼓舞下，这项事务被提交到法国众议院。议会报告表达了普遍的支持，但政府委员会制订的两个渐进式解放计划无一获得通过。1844 年，海军与殖民地大臣、海军上将马科（Mackau）提交了一项议会法案，该法案设想分阶段解放奴隶，对奴隶主提供补偿，允许奴隶在一段时间内赎买自由。马科法案尽管对奴隶主利益做出了慷慨的让步，但在殖民地仍遭到抵制，从未完全生效。[246]

到了 19 世纪 40 年代后期，一个更广泛的废奴主义阵线开始形成。《辩论日报》《宪法报》《国民报》都声援废奴。到 19 世纪 40 年代末期，在教士中影响巨大的天主教越山主义报纸《宇宙报》和新创办的激进主义《改革报》也加入了这一行列。1846—1847 年的第二次请愿争取到了 12 395 人签名，虽然数量依旧微少，但较之于 1844 年已有进步。在革命爆发之前的 18 个月里，200 多份谴责奴隶制的小册子先后涌现，其中不少都出自舍尔歇之手。舍尔歇还孜孜不倦地为《世纪报》《法兰西信使报》《独立评论》《经济学人报》《工场报》撰稿，最重要的是为《改革报》撰稿——舍尔歇自己就是它的创始人之一。[247] 在几年之后，舍尔歇已经抛弃了渐进主义的立场，转而坚定地倡导立即的、完全的解放。但是，尽管反对奴隶制的情绪已经缓慢而稳定地积累了许多年，它还是没有造成多少重大的政治影响。在 1847 年出版的一本文集的结尾，舍尔歇表达了对废奴事业进展极其缓慢的失望之情："我们每天都能听说，废奴事业在法国确实胜利了，每个人都在说，这只是时间问题。但是人们已经这么说了 25 年了，而奴隶们仍生活在镣铐下。"[248] 这时，一个完全出人意料的转变发生了：1848年2月，一场革命选出了废奴运动最坚定的支持者，并把他们置于政治权力的中心。隐喻与本体、辩论的意愿与行动的力量突然间结合在一起，并将造成深远的影响。

历史中的位置

> 这些脆弱的芦苇何其可悲，竟试图阻挡奔涌的激流！这些虫豸何其可叹，它们自不量力的冲锋竟妄图从宽厚的侧翼刺入愤怒的雄狮的心脏！激流依然奔涌向海，狮子依然紧追猎物，我们的原则也正奔向最终的实现。但我问你，这些芦苇、虫豸和我们面前的阻碍，这些无用的宪章和交易，它们又会怎样？[249]

以上是《我的未来法则》中一段令人费解的段落，克莱尔·德马尔在此表达了一种历史进程不可阻挡的感触。参与起义的社会主义者马丁·贝尔纳（Martin Bernard）在其狱中回忆录里也表达了同样的感受。大人物们所强加的那些"不明智的限制"，他们试图回到"已成幻影的过去"的努力，对那宏大的历史叙事根本毫无影响："想要阻挡进步之战车的人有祸了！他们必将被车轮碾碎！"贝尔纳对这辆不可阻挡的战车充满信心，甚至在内心深处产生了对反革命者的同情：因为历史已经证明，"像那些为了胜利而献身的人一样"，反革命者也必定只会加速进步的步伐。[250]

以上都是法国激进主义左翼的声音。但实际上，历史的运动轨迹不可逆转之感在整个欧洲的激进主义者、自由主义者和保守主义者身上都能够找到。意大利爱国者弗朗切斯科·萨韦里奥·萨尔菲（Francesco Saverio Salfi）、德乔·瓦伦蒂尼（Decio Valentini）和费代莱·博诺（Fedele Bono）都承认，法国大革命并不只是一个历史事件，而是世界历史进程的一部分；在意大利，它的变革性影响仍在发酵，重生的进程也正在展开。[251] 从那不勒斯到加的斯、巴黎、巴登、巴伐利亚、皮埃蒙特–撒丁、葡萄牙、布鲁塞尔，19 世纪早期，欧洲的宪法数量激增，这滋养了自由主义者的信心，使他们相信自由主义的宪政秩序终将胜利。波兰自由主义者弗朗齐歇克·格日马瓦（Franciszek Grzymała）在 1820 年为期刊《白鹰》（该刊很快遭俄国当局查禁）所撰写的文章中说道："宪法已是可以预见的未来。"格日马瓦认为，作为一种政治工具，宪法的威力在于它多元、平衡的性质。它不啻"所有等级、党派、阶级甚至各种敌对势力之间的一个和约"。[252]

欧洲各地的自由主义者都将宪法的这种温和特质视为无价之宝。那不勒斯杂志《宪法之友》的格言就是"温和而坚定"。最重要的是，温和的宪政将保证历史不再重复，保证人们能从过去的错误和过度行为中获得教训。在 19 世纪 20 年代早期，在西班牙、葡萄牙、两西西里王国和皮埃蒙特接连爆发的一连串革命吸引了人们的注意力。这四场革命的共同点在于，起义者都宣布采用《加的斯宪法》，也就是半岛战争期间于加的斯起草的宪法。这些自由主义政权都在国际干预下迅速倾覆，最后一个覆灭的是西班牙的自由主义政府，1823 年它因法国的武装干涉而倒台。对葡萄牙自由主义者阿尔梅达·加雷特（Almeida Garrett）来说，无论这些革命多么短命，它们都展示了一种新的"南方自由体制"的力量，而为这种体制赋予活力的正是自觉的、"温和"的政治形式。阿尔梅达认为，自由主义宪政这种"平静"而"有吸引力"的力量代表了一种明确的进步，标志人们已经超越了 18 世纪末那种"毁灭性的""蛮横的""爆炸式的"革命，尤其是法国革命。[253]

保守主义者往往质疑如下观点——自由主义者已经从早先的错误中"吸取了教训"。在他们眼中，自由主义革命的景象唤起的是对激进化的回忆，正是这种激进化将大革命的法国拽入雅各宾专政的极端暴力。作家、历史学家、时任外交大臣弗朗索瓦-勒内·德·夏多布里昂（François-René de Chateaubrian）曾在众议院发表演说，指出了

历史中的位置　　149

西班牙立宪政权的不稳定，并且提出了严厉警告："大革命的法国催生了（雅各宾的）国民公会，西班牙革命难道不会创造出自己的国民公会吗？"保守主义者倾向认为，历史会陷入某种循环、重复的结构。法国极端保守主义报纸《日报》支持插手对抗西班牙的立宪政权。该报纸在1823年同样清晰地总结出这一观点："革命总是在同一个圆圈里打转，说着同样的话语，并走向同样的结果。"[254] 与之相对，自由主义者则坚持认为，他们踏上了通往更加美好的未来的旅程。

宣称要阻止变革的人最敏锐地意识到周遭要求变革的压力。普鲁士保守主义贵族利奥波德·冯·格拉赫在1843年写道，似乎没有什么人或物能安稳地扛过"时代精神清新的劲风"——即使是他那些看似保守的挚友，也总是在寻求与这些时髦的自由主义观念达成某种妥协。[255] 19世纪第二个和第三个十年，时代精神也是波兰自由主义者的口头禅之一。它是一个代号，指示着推动欧洲各个社会沿着一条殊途同归的道路走向现代性的一切力量。对波兰改革家博纳文图拉·涅莫约夫斯基（Bonawentura Niemojowski）来说，时代精神"就像是古代的斯芬克斯，谁要是猜不出它的含义，就要被它吞噬"。[256] 西班牙自由主义者弗朗西斯科·马丁内斯·德拉罗萨在《世纪精神》(Spirit of the Century, 1835) 中将他所处的时代描述为一个改革的时代，而改革是"暴动的一个默默无闻的兄弟"。他认为，改革之所以重要，正是因为它是唯一手段，可用来调节各种"政治和民事关系"，以便缓和"社会秩序的剧烈变动"。[257] 德意志各邦大臣曾集会商讨应对激进主义和自由主义团体的治安措施。奥地利政治家克莱门斯·冯·梅特涅在会上发表讲话，他表达了对秩序受到威胁的担忧，言语中传递出类似的、历史的运动轨迹不可逆转的观念："如果我们不建起一座大坝来控制奔腾的洪水，我们很快就会看到君主权力消失得无影无踪……"[258]

无论选择站在政治光谱的哪个位置，欧洲人都不得不面对和理解这股变革的浪潮。由此，他们踏上了一段漫长的旅程，用19世纪

30—40年代席卷欧洲的各种思想的链条编织出多变的理想与信念之网。社会主义起义者马丁·贝尔纳最初是被圣西门主义者引入政治领域的。他对苏珊·瓦尔坎那些"令人眼花缭乱的"性别平权呼声兴趣寥寥，但对"联合"这个"意味深长"的观念兴味盎然。他一度在其中找到了自己的"指南针"。[259] 但后来他放弃了圣西门主义，转而通过博纳罗蒂（Buonarroti）的著作来研究罗伯斯庇尔。费利西泰·拉梅内一开始作为教会权利的捍卫者，反对大革命与拿破仑的威权主义，但在研习一系列的自由主义信念之后，他最终把自己残存的基督教精神同某种社会主义的福音结合在一起。他最初是法国大革命的反对者，最终却肯定了革命的价值。在这些思想转变的中心，是对重塑社会凝聚力的关注，因为他们所处的社会似乎正不断分裂成无数相互疏离的个体。[260]

在流亡的意大利爱国者朱塞佩·马志尼的作品中，我们也能找到类似的转变。1832年时，马志尼还在称赞法国大革命的雅各宾阶段，认为它预示着即将到来的"伟大的社会革命"。但1833—1834年，他的社会激进主义观念逐渐消退，他开始采纳更加基于唯意志论和唯灵论的革命观念，谴责国家恐怖政策，并宣布放弃对社会所有制基础做出深刻变革的主张。[261] 马克思在1837年还醉心于黑格尔的著作，这些著作给他带来了巨大的启示性冲击。"有一段时间"，他在这年11月告诉自己父亲，他激动得"几乎无法思考"，他"在污浊的施普雷河旁的花园里狂奔"，不能自已地渴望去拥抱柏林街角的每个流浪汉。[262] 但马克思随后抛弃了黑格尔的唯心主义。在构建自己的唯物主义历史观时，他消化、吸收、重组了许多其他人的思想，在这方面，他的渴求与睿智可谓世所未见。[263]

胡安·多诺索·科尔特斯后来被誉为伊比利亚模式中不妥协的、雄辩的保守主义的象征，但即便是他，最开始踏入西班牙政治生活的时候也是一个心境复杂的自由主义者。他转向更加保守的立场是在1836年8月拉格兰哈的激进主义者起义之后。[264] 荷兰自由主义者约翰·鲁道夫·托尔贝克（Johan Rudolf Thorbecke）的政治生涯则代表了一段截然相反的旅途：刚成年时，他是一个浪漫主义保守派，对宪政试验充满敌意。1824年，他在一篇文章中写道，法律的唯一合法性来源就是"已经逝去的历史"，任何更高的标准都纯属"幻觉"。尽管如此，到19世纪40年代早期，托尔贝克已经蜕变成自由主义的先锋、激进宪政改革的支持者，并且将在1848年的革命中发挥关键的作用。[265]

在对阿历克西·德·托克维尔的政治新闻事业所做的分析中，罗杰·博舍（Roger Boesche）注意到，托克维尔以一种不协调的方式将不同的观点融合在一起，其中似乎既有夏多布里昂的保守主义，又有贡斯当的自由主义和儒勒·米什莱（Jules Michelet）的激进共和主义。博舍将这种异质性解释为托克维尔"奇异"的自由主义的标志。[266]然而，在19世纪30—40年代的世界里，没有谁不是"奇异"的。跨越了整个19世纪的曲折思想旅程的也不仅限于文化精英。皮埃尔-西蒙·巴朗什（Pierre-Simon Ballanche）是一位相当晦涩难懂的哲学家，他的思想就经历过多次转变。据他19世纪30年代的记载，他结识过一位工头，后者召集工友们组成了一个哲学小团体。"最开始他是个圣西门主义者；不久之后，他抛弃了圣西门，转而宣讲傅立叶的政治经济学；但他又很快就意识到，仅仅构建在物质福祉基础上的政治经济学是不充分的。现在他开始研究我的作品，并对我的学说产生了真挚的热情……"[267]

一切人和事物都处在变化之中。或许这是世间常态。不过，有一些时代的特征就在于趋向稳定，而先前不稳定的形态历经熔铸，边界逐渐明晰：加洛林文艺复兴，13—14世纪领土国家兴起，认信运动的时代，现代民族国家兴起，还有冷战。但也有一些时代特征在于变化与过渡，时代前进的方向难以辨识，不同的身份认同和信念出人意料地交织在一起。我们的时代便是如此。19世纪革命那几十年的魅力也部分来自于此。

第三章

对　抗

光荣三日：七月的巴黎

1830年7月26日周一的清晨，巴黎市民刚一醒来就得知了一个非同寻常的消息：国王查理十世下达了压制新闻媒体的法令，在新议会召开之前就将其解散，将众议院的规模缩减到近乎原来的一半，还修改了选举法。这些措施没有提交给议会讨论，而是作为各部大臣会签的法令单边强制施行。大批部队正在朝巴黎集结。看起来，政府正试图以政变的形式来彻底摧毁自由主义反对派的力量，而后者几周之前刚在全国选举中获得了令人瞩目的胜利。

那个周一，22岁的瑞士诗人朱斯特·奥利维耶（Juste Olivier）正要结束在巴黎为期六个月的逗留。在进入洛桑的一所学院任教之前，他想要先了解一下巴黎的文学界。奥利维耶有写日记的习惯，这一天他为这个"重大的坏消息"而深感震惊。很难想象刚刚在6月的选举中因战果辉煌而信心倍增的自由主义反对派会做出让步，但是，同样没有理由认为法国晚近历史上最为顽固的保守派内阁会就此退缩。奥利维耶好奇："这将把法国引向何方？法国又将把世界引向何方？"当他前去印刷商处询问自己正在出版的诗集进展如何时，他的印刷商，那个"通情达理、热爱和平、喜欢秩序与工作的小伙子"正处于罕见的激愤之中。他大吵大嚷着:"他们又要革命了!"他还用印刷商特有的隐喻补充道:"那就给他们革命,但要更正、修订、放大!"[1]这天的晚上,当奥利维耶和朋友一起沿着圣奥诺雷街往嘉布遣大道走去时,街道前方的人群突然莫名掉头涌来,店主们纷纷跑出来关闭店铺。奥利维耶及其友人害怕被卷入争端,于是跳上了一辆看起来还在正常运行的公共马车。马车一路安然穿过人潮。

第二天,也就是7月27日的早上,奥利维耶和酒店的服务生让聊了起来。让知道一些新消息,因为头一天晚上他一直忙着搬石料,在街上挖堑壕以阻止骑兵,拆掉大门来修筑街垒。他告诉奥利维耶大麻烦即将来临,因为一旦议会被关闭,工厂和作坊也很快会关门,数千人将因此失业:"没有议会就没有工坊!"奥利维耶对此仍有怀疑,但实际上,对于政治动荡给城市工人造成的影响,让的判断相当准确。报社及印刷厂的强行关闭即刻把排字工、叠纸工和装订工统统推到了大街上。出版自由不单单是一种政治规范,也是一种经济实务。不再为印刷商所需的工人很快就有了伙伴——商店店员和助手,店主们为了躲避首都正在酝酿的动乱已然关门歇业。

事件的进程还在加速。早上9点30分,一位名叫亨利·拉达姆(Henri Ladame)的朋友来到奥利维耶的住处,带来了关于昨天事件的新消息。尽管奥利维耶所住的旅店附近一片祥和,王宫那边显然爆发了激烈的战斗。几家主要的自由派报社的所有者和编辑在《国民报》的办公室里集会,共同签署了一份抗议政府措施的宣言。《国民报》发表声明,宣称该报将继续出版发行,风雨无阻。人们纷纷把新出炉的报纸藏起来,以免遭到没收。议员们在一位长年履职的同僚家中举行集会,宣称他们绝不屈服,并且认为自己仍是法兰西的合法代表。

事情的全貌模糊不清,宛如正在信号奇差的无线网络里加载图片一般,而正在形成的图景似乎远比一场城市骚动复杂。到现在为止,奥利维耶所住的宾馆附近依然平静如常。这天晚上,他在王宫广场附近一家空荡荡的餐厅里和朋友聚餐,晚饭后他们顺着黎塞留街朝着圣奥诺雷街走去。这回他们撞上了一场严重的暴乱。两队骑兵从大街两头逼近人群,一路开枪射击、乱刀挥砍、纵马踩踏。奥利维耶及其朋友看不清到底发生了什么,但他们在远处看到人群来回奔涌,先是向前行进,随即又奔逃退回,往复循环。安全返回酒店房间后,他从窗口里看到矾鞣工场滨河街上的人群被大队骑兵驱赶得四散而逃。四面八方响起了"宪法万岁!大臣下台!"的呼喊声,其间夹杂着枪声和不知来自何处的人群的呼叫。不久之后,酒店附近的街区就安静了下来,但远处的叫喊声和枪声一直持续到了后半夜。[2]

到了 7 月 28 日周三,冲突事件越发频繁。奥利维耶在这一天的 8 点、10 点、10 点半、1 点、2 点、4 点半、5 点、6 点、7 点、7 点半、7 点 45 分和 9 点都写了单独的日记条目。市中心的许多区域都爆发了激烈的冲突。有人看到一大群人手持长矛和棍棒穿过新桥。一群资产阶级人士和工人朝骑警开枪射击,打死了其中五名骑警。奥利维耶的住处俨然变成了剧院包厢,而奥利维耶既想坚持写日记,又按捺不住,想要亲眼去看看正在发生的事,越发觉得两者难以兼顾:

> "他们就在那儿!就在那儿!"一个小男孩喊道。"天哪,那群人来了!"拉达姆站在窗前惊呼。我起身离开书桌,看到一大群人沿着大街走过,随后如一缕烟一般消失在远处。

暴乱的过程中也常常点缀着一些显得不协调的常态生活,这是城市暴动的一个典型特征。费拉耶滨河街上一片车水马龙的景象,仿佛对暴动毫不知情。市场照常开门营业,宾客如云。暴动的人群里夹杂着的扛着梯子的巴黎市民,想着能站得更高,看得更清楚。在暴动的间歇,奥利维耶大为震撼地看着一个衣着光鲜的纨绔子弟在其时髦的腰带上挂着手枪,肩上还扛着一把步枪,懒散地朝着暴动现场走去。

他看起来更关心自己的扮相,而不是面前这出大戏。

也有一些极端恐怖的时刻,那时,所有的常态就会被打破。周三晚上6点,奥利维耶的住处附近枪炮齐鸣,震耳欲聋。奥利维耶第一次看到有尸体从现场抬出来。他后知后觉地意识到,当晚自己原本计划参加的晚宴不会照常举办了。这本来是场星光闪耀的文学聚会,雨果预计也会出席。写日记不再让他分心,反而变成了他的避难所。他这样写道:"在日记里记下所有的事情是不可能的。我写日记是为了让自己有事可做,保持头脑冷静。"[3]

直到7月29日周四的中午,奥利维耶和拉达姆才得知,在几位知名的自由派人士的领导下,临时政府已经宣布成立。国民卫队正在重组,准备从国王的军队手中夺回城市的控制权。两人觉得终于可以出门到街上走走。地面上到处都是子弹和炮弹的碎片,空气中弥漫着尸体在烈日下逐渐腐烂的恶臭。奥利维耶在卢浮宫附近的塞纳河畔发现了三具并排躺着的士兵遗骸,其中一个的面容已经发黑,但另一个保存得相当完好,他的头部"微微歪斜,靠在草地上,看起来肃穆而温和"。走近之后,奥利维耶发现第三具尸体的衬衫上别着徽章,上边写着他的名字"卢茨"。人群中有人议论道:"这几个是瑞士人。"[4] 和已故同胞的这场相遇是奥利维耶与这场屠戮距离最近的一次。

当这位瑞士诗人透过旅店的窗户遥望事件发生时,年轻的轮胎装配工让-巴蒂斯特·博德里(Jean-Baptiste Baudry)正身处激烈的战斗之中。革命结束后的8月11日,他给自己在旺代圣埃尔默利纳村的父母写信报了平安,并且描述了自己参与过的种种事件。他回忆道,在1830年7月27日,一群扛着三色旗的武装群众一边高呼"宪法万岁!波旁王朝下台!大臣下台",一边横扫了整个城镇。他们进入商店、酒馆和工场,呼吁所有人加入他们,共同对抗"在巴黎的每条街道推进、维持秩序"的守军。很多人前往圣奥诺雷街、市政厅或圣但尼门,而博德里一大早就去了圣安托万郊区——首都工人阶级聚居的城区。一路上,他所在的队伍从 800 人膨胀到了 2.5 万人以上。加入队伍的人中就有他的老友乌夫拉尔(Ouvrard)。乌夫拉尔恰好在自家窗边看到了博德里,于是"不顾妻子和小女儿号啕大哭",毅然前来和他并肩作战。

在圣安托万郊区,博德里、乌夫拉尔和其他起义者很快发现自己是与大批正规军对抗,包括王室卫队的步兵、枪骑兵、胸甲骑兵、宪兵,甚至还有从万塞讷调来的一队炮兵。他们全都归拉古萨公爵奥古斯特·弗雷德里克·路易·维耶斯·德·马尔蒙(Auguste Frédéric Louis Viesse de Marmont)指挥。一名副官来到起义者面前,要求他们放下武器,否则就准备"横尸街头"。起义者回复说,民不畏死,只要副官喊出"宪法万岁!国王下台",他们就会立即撤退。副官恼羞成怒,于是传令开火。战斗就此打响,从上午 10 点一直持续到晚上 6 点多。尽管伤亡甚众,起义者还是成功地守住了阵地,甚至以刺刀冲锋逼退了敌人。起义者分兵 1000 人去夺取士兵的弹药库。等到胸甲骑兵抵达并试图夺回弹药库时,起义者已经夺走了两门大炮,并将其部署在奥斯特里茨桥桥头。起义者靠着步枪和大炮的威力,在此接连三次击退敌人的进攻——虽然拿破仑战争已经过去了 15 年,但依然不难找到受过训练、懂得如何装填炮弹和开火的老兵。在守住了弹药库之后,这部分起义者便前往市政厅前的格雷夫广场,支援仍在作战的友军。[5]到深夜战斗结束的时候,广场仍然牢牢地掌握在起义者的手中。

> 但是,唉!这是何等凄惨的景象!在格雷夫广场上,尸横遍野,无从下脚,这还是已经运走了整整五船尸体之后的情形……周三到周四的这一整晚,我们都时刻保持警戒。只要有一点风吹草动,我们就被召唤拿起武器。人们趁着夜色把石头搬上每一层楼(以便在需要的时候朝军队头上砸去)。所有街灯都被砸碎。所有行道树都被砍倒,用来构筑街垒,以阻止骑兵通行。

光荣三日:七月的巴黎　157

最后，大街小巷和码头上都布满了街垒，驻军想要夺回失去的阵地已是难上加难。[6]

周四，杜伊勒里宫和王宫附近爆发了更激烈的战斗。不过起义者获得了胜利，毫不留情地用刺刀捅死了他们的敌人（尤其是国王手下令人憎恶的瑞士卫队，奥利维耶在卢浮宫附近遇到的卢茨就是其中的一员）。在度过了一个相对平静的周五之后，博德里加入了出城追捕逃脱的查理十世的分队。在巴黎西边的圣克卢城堡，他们赶走了王室卫队，缴获了他们的大炮，进入城堡，却发现国王刚逃往朗布依埃。"但我们发现了国王的晚餐，兴奋之余立即大快朵颐了一番，"博德里写道，"较之于喂给国王，这顿饭拿来填饱我们的肚子可是好得多了。"[7]

7月27日周二下午5点左右，当玛丽·达古伯爵夫人第一次听到隆隆炮声时，她惊呼道："这些可怜人！"奥利维耶和博德里两人都支持抗议政府最近的政策，但达古身边的人则心绪复杂。达古后来以达尼埃尔·斯特恩（Daniel Stern）为笔名出版了自己的回忆录，晚些时候还写了一部关于法国1848年革命的当代史，写得相当出彩。当时正在拜访她的朋友们听到她口出此言，不由大为惊诧："夫人，他们算什么可怜人？这就是一群恶徒，只想把城市洗劫一空！"[8]和奥利维耶一样，达古在战斗爆发的数日里也听到了各种各样的谣言。"我们的朋友、邻居和佣人都吓坏了，人们进进出出，每个人都能捎来新的坏消息。"由于报社几乎都被关停了，她和家人朋友聊天时，所有人都在一头雾水地互相询问："国王在哪里？波利尼亚克亲王（时任首相）在哪里？战争大臣又在忙什么？"[9]

达古当时正在孕后期，夏天的酷暑让她备受煎熬。有人提议她到布鲁塞尔去，远离巴黎的种种纷扰，眼下那里还算风平浪静，但她的兄弟始终觉得这趟旅途的风险更大。她和母亲住在博讷街上，与卢浮宫及王宫隔河相望。到了7月29日，战斗越发激烈，而且离她越来越近：她从家里就能看到工人和学生的队伍沿着码头涌向卢浮宫和杜伊勒里宫。家人禁止她到外面的露台上去，但从二楼的窗台上，她还是看到了一场奇景：在杜伊勒里宫的花园里，士兵们正慌不择路地四处逃窜。她忽然意识到，查理十世的统治就要瓦解

让-维克托·施内茨（Jean-Victor Schnetz），《在市政厅前的战斗，1830年7月28日》（*The Battle for the Hôtel de Ville, 28 July 1830*, 1833）。在这幅由成功的学院派画家让-维克托·施内茨创作的作品中，我们可以看到1848年街垒画的许多常见主题：从街垒后方俯瞰的视角，描绘不同社会阶层和类型，出现三色旗，使用明暗对比来增强戏剧性，以及关注城市建筑细节。一个有趣的不同点是，三色旗右后侧有一面红旗，但上面绣着"宪法万岁"的字样，因此它并不意味着社会因素对自由革命的激进挑战。1830年革命展现了与1848年革命相似的连通性和连锁扩散效应，但地域规模较小

资料来源：Petit Palais, musée des Beaux-Arts de la Ville de Paris. (Photo: CC0 Paris Musées)

了。第二天，即 7 月 30 日，一连串消息传遍全城：王储取代拉古萨公爵成为首都驻军的指挥官；查理十世逃离了圣克卢城堡，不知所踪；奥尔良公爵被任命为摄政王；查理十世退位；随后，王储也宣告放弃王位。城里到处都贴出了布告，敦请奥尔良公爵登基。[10] 在 72 小时的激战之后，七月革命结束了。后来，这 72 小时在法国历史上以"光荣三日"著称。三天的战斗导致 800 名平民和 200 名士兵死亡，4000 名平民和 800 名士兵负伤。革命期间，起义者在巴黎的大街小巷中建了 4000 多座街垒。[11]

自由主义革命

与 1789 年法国大革命，以及 19 世纪 20 年代早期的西班牙革命、两西西里王国革命、皮埃蒙特–撒丁王国革命不同，1830 年的七月革命是在宪政秩序下爆发的。毋宁说，引发这场革命的正是政府对宪法约束的违犯。路易十八在 1814 年颁布宪章，授权成立议会，其成员由定期选举产生——虽然选举权受到了极其严苛的限制，全国人口中仅有 0.3% 的人有投票资格。1830 年 3 月，议会中占据多数席位的自由派与路易十八的继任者查理十世发生了冲突，危机由此引爆。在总共 430 名议员中，221 名自由派议员联合通过了一份宣言，宣布国王的政府不再享有人民的支持。查理十世迅速做出反应：解散议院；宣布将在 6 月举行新的议会选举；与一群忠于王室的政府官员合作，试图操纵公众情绪，以选出一个更加保守的议会。国王希望法国远征阿尔及利亚的新闻能够激发起人民忠于君主的爱国情感，并瓦解他们对反对派的支持。但一场突如其来的风暴使得远征不得不推迟，法军迟至 7 月 5 日才攻进阿尔及尔城区，而这一消息还要再花上 5 天才能传到巴黎。消息来得太晚，对选举结果已经产生不了多少影响了。[12] 新选出的议会反而比早先的议会更具自由主义色彩，反对派现在控制了 274 个议席。

查理十世悍然决定违宪，重组政治秩序，而这也注定了波旁王朝在法国的灭亡。1830年7月25日的国王法令激起众怒，也使得捍卫宪法乃至捍卫更加普遍的法治成了起义的核心诉求。7月26日上午11点，12名记者聚集在《宪法报》编辑部法律顾问安德烈·迪潘（André Dupin）的办公室，讨论应对政府措施的行动。几乎与此同时，《国民报》的办公室里举行了一场规模更大的集会。在这里，法律咨询意见同样至关重要：到场的除了《国民报》《宪法报》《巴黎日报》《法兰西信使报》的记者们，还有著名辩护律师约瑟夫·梅里尤（Joseph Mérilhou）。这位律师早先曾为与1820年西班牙革命的报道相关的一系列出版自由案件进行抗辩，并由此声名大振。《国民报》的办公室成了反对派的非正式指挥部。梅里尤往来于关键人物之间传递信息，从而帮助议员和关键的司法部门就国王法令的非法性达成共识。[13]

7月27日，43名"仍运营的巴黎报纸的经理及编辑"联合签署了一份宣言，矛头直指政府对法律的违犯。"法治已遭中断，"宣言称，"暴力的统治取而代之。在此情况之下，服从已不再是我们的义务。"最早被新法令针对的群体正是记者，他们面临横遭非法审查的前景；鉴于此，记者们被迫充当"最早反抗撕下法律伪装的政府当局的榜样"。下一个进行抵抗的群体当然是最近的选举所产生的议员，他们被非法剥夺了自己的代表席位。然而，他们召集议会并担当法兰西代表的权利并未受损。"法国恳求他们不要忘记这一点。"[14]

从某种意义上来说，这可以称得上是一种相当克制的抗议姿态，它精准地针对政府挑衅的本质。"服从已不再是义务"的宣言听起来激进，但宣言的作者所针对的只是**国王的法令**，而不是法律本身——它们依然有效。记者和议员两个群体在这场革命中特殊的重要性也由此显现，因为他们的权利受到了国王法令最直接的影响；律师的重要性与此类似，他们的专业知识对于向政府提起诉讼至关重要。宣言作者指出，法国宪法第八条规定公民有义务"遵守法律，而不是'遵守法令'"。

自由主义革命　161

不过，发起这次抗议的知名自由派人士很快就吸引了大批起义工人的加入。没有这些工人的支持，自由派根本没有推翻政府的胜算。工人加入革命的理由乍看上去并不明显。自由主义者本身起初认为群众起义的前景并不明朗，但一旦起义成为现实，自由主义者立即就接受了。[15] 问题是，这些制鞋匠、制糖工人、木匠、铸造工、纺织工为什么要为了他们根本无权选举的议会议员们赌上自己的性命？他们又为什么为了自己基本上不读的报纸而拿起武器？社会主义者路易·勃朗在他关于这几年的叙述中认为，普通人只是受自由派领导人的裹挟才被卷入革命的。他的这部作品在19世纪40年代的法国一度颇为畅销。"人民陷入了一场自己无法理解的运动，强劲的煽动释放出行动的浪潮，而他们就一点点被浪潮吞没"，进而"模仿"资产阶级革命者。[16]

但有理由相信，工人对自由主义理念的拥护其实有比上述分析更加深刻的社会层面的理由。大部分印刷工人都能自如阅读，其中很多人长期阅读自己参与印制的报纸。[17] 对他们来说，压制新闻媒体意味着对生存的威胁，而在1830年7月，印刷工正是最先走上街头的群体之一。巴黎也不缺能让自由主义知识分子和有志趣的工人交流的场所。19世纪20年代，工艺学院内开设了一所免费的学校，自由主义活动家在这里为"巴黎的工头和工人们"授课。这所学校的氛围并不激进，也不倾向共和。举例来说，它的大多数授课者都不支持男性普选权，但它的确公开反对教权、批判政府。根据警方的监视记录，参与此类活动的工人之后经常会在自由派的咖啡馆或图书室聚会。受到这种亚文化吸引的工人能够毫无阻碍地接触到他们买得起的阅读材料。廉价文学和政论自有其市场，在这里，只要10苏就能买到反教权和反对王室的编年史，或其他迎合自由主义趣味的书籍（普通的巴黎工人的日薪大概在20~100苏）。在巴黎及其他许多市镇，反教权主义是某种将自由主义者与城市工人相联系的东西。哪里发生了反对耶稣会或其他传教会的暴动，哪里常常也会有自由主义者在报纸和小册子上发起的反教权主义攻势，这些印刷品的售价可能低至 5 苏。[18]虽然空论派自由主义者对"自由"这一术语的定义很严格，但许多工人都把它与改善社会条件、获取安全且有尊严的劳动相联系。这就导致了最终的事态：国王躲在名誉扫地、遭人厌弃的大臣身后，公然实施挑衅政策，进而招致各个阶层对其政府近乎一致的反对。"整个国家都反对国王，"作家、社会名流阿代勒·多斯蒙（Adèle d'Osmond）回忆道，"我说*整个*，是因为在那些日子里，没有一个人站出来说那些把国王推进深渊的政策是合理的，甚至那些追随他逃离（巴黎）的人也没有。从来没有哪个王权是在如此群情一致的反对声中倒台的。"[19]

无论工人参加 1830 年战斗的动机为何，"人民"在这场革命中所扮演的角色都给观察者留下了深刻的印象。在城市的许多区域，起义者的表现丝毫不比政府的军队逊色。匆忙筑起的街垒挫败了骑兵强攻战略要地的努力；不仅如此，人们还常常在敌人通过后，在他们身后筑起街垒，将他们围困，然后从屋顶或高层的窗户向他们射击，或倾倒石头、瓦片及其他物品。[20]暴力事件发生之后，自由派媒体使出浑身解数论证，工人的战斗性不会对自由主义革命的崇高理念构成威胁。动乱中以及动乱之后出版的报纸上刊载着参加战斗的工人无私奉献的画面。据说，巴黎工人逼迫差点就成为强盗的人把抢来的家具和书籍扔进塞纳河，并质问他们："难道我们是盗贼吗？"还有流言描述一个年轻工人舍身保护一个受伤的瑞士卫兵，以免他被愤怒的群众打死。7 月 31 日发行的《宪法报》的专栏里满是关于起义者高尚的自我约束精神的逸事。一群工人闯入宪兵营里寻找枪支弹药，在那里发现了一个装着钱和支票的箱子，只说了一句"这不是我们要找的"，就合上箱子离开了。其他"正直的工人"冒着生命危险把杜伊勒里宫里的珍宝转移到了市政厅，以保证这些珍宝能够得到妥善的保管。其中一个工人说："我们或许会变革政府，但我们不会改变良心。"[21]《私掠船报》报道了杜伊勒里宫遭劫掠期间群众的高尚行为。[22]在很多目击者的叙述中，我们也能看出类似的看法，他们坚称起义者品行端正。朱斯特·奥利维耶在 7 月 30 日写道："人们小心翼翼地不劫掠或侵占任何东西，只不过拿了几瓶王室的红酒罢了。怎么赞扬他们都不为过。他们甚至射杀了几个胆敢抢劫的人。"[23]

这些传闻逸事塑造了时人对所发生之事的认知。自由派的新闻机关一致称赞动员起来的工人为推翻绝对主义所做出的贡献。自由派媒体的评论把武装工人纳入"公民团结"这幅令人欣慰的全景图。"一切归功于人民，"《宪法报》的编辑们写道，"'**人民**'这一词语永受尊崇，我们用这一词语指代所有公民，无论他是巨富还是赤贫。"[24] 路易·菲利普的君主政权成了有史以来第一个公开将其诞生归功于工人起义的政权。当时，数不清的印刷品向人们传播着这幅团结一致的景象："女人和小孩、戴高帽的资产阶级绅士和穿长袖衬衫的工人、拿破仑时代的老兵和综合理工学院的年轻学生"并肩作战，捍卫"他们团结一致、反抗暴政的象征——街垒"。[25]

根据 1830 年 12 月 13 日颁布的国王法令，在光荣三日的战斗中阵亡的起义者所遗留的孤儿、寡母、姐妹乃至年迈的父母，都将获得一笔抚恤金；政府负责安排阵亡爱国者的子女在适当的学校中接受教育；因截肢或疾病永久伤残的，或伤情对谋生能力造成影响的起义者，都将视其伤情的严重程度而获得相应的补偿。为了纪念光荣三日的奋战和牺牲，一座纪念碑拔地而起，时至今日，这座七月纪念碑仍矗立在巴士底广场的中央。[26] 为了纪念参加战斗的英雄，政府设立了两种勋章：一是七月十字勋章，用以表彰投身自由事业的表现杰出者；二是七月奖章，用以表彰革命期间的英勇事迹。这些奖章绝大多数都颁给了巴黎人，但也有颁给外省人的事例。1789 枚七月十字勋章中有 68 枚、3763 枚七月奖章中有 65 枚颁给了南特市民。获奖者包括：南特市的圣西门主义者、卫生专家安热·盖潘医生，炉灶安装工米歇尔·罗谢，木匠沙佩。**南特的石匠泰西耶在 7 月 30 日起义者和政府军爆发激烈战斗之后挺身而出维护了秩序，因此获得了荣誉军团勋章。[27]不过，将起义工人纳入新政权诞生神话的努力在多大程度上奏效，还有待更长期的观察。

对这场革命的参与者来说，七月革命给人的感觉是一场法国自己的革命，源于一场法国特有的危机。不过，它同样是一个"欧洲的媒体事件"。[28]当时的人们注意到，关于巴黎事件的新闻在城市之间"飞速传播"。8月3日，蒂宾根出版的《汇报》已经援引来自贸易快件的报告，称巴黎爆发了战斗。不过，关于革命的更完整的报道依赖于通讯员的信件和巴黎当地报社的文章，因此要再晚三天才能见报。和许多欧洲人一样，诗人海涅在革命爆发时正在海边度假。他在德意志北海海岸附近的黑尔戈兰岛收到了消息。多年之后，他回忆起1830年8月10日这一天，自己满怀兴奋地打开刚刚从大陆送来的厚厚一摞报纸。"印纸包裹着的阳光"照进他的脑海，点燃了他的思绪。他把头埋进海水，但这并没能让他的热情冷却下来。"这是任何水都浇不灭的希腊之火。"所有游客似乎都被同样的"巴黎热"感染，就连穷苦年迈的本地人也为之兴奋，虽然他们对事件只有一点"本能的理解"。将海涅摆渡到一个小沙洲的渔夫笑着对他说："这是穷苦人的胜利！"[29]

甚至因参与1825年俄国十二月党人起义而被举家流放到西伯利亚的幸存者，也在8月底通过书信得知了革命的消息。守卫们没受过教育，对欧洲政治一无所知，根本不理解他们为何如此狂喜。从卢加诺到奎德林堡，再到哥本哈根，全欧洲的出版商都在搜罗目击者证言、全景图、速写画、历史短篇，争相将其付梓。[30]

在1830年，我们已经能够看到政治起义的扩散，这也将成为1848年欧洲革命的醒目特征。就在巴黎爆发七月革命几周之后，布鲁塞尔、那慕尔、列日及其他尼德兰南部城镇都爆发了骚乱，随后一场全面的革命推翻了荷兰在尼德兰南部的统治，建立了独立的比利时王国，并且颁布了自己的自由主义宪法。在1830年秋至1831年夏之间，瑞士、德意志和意大利诸邦相继爆发起义，但都规模有限，且很

自由主义革命　165

快就平息了。而规模最大的起义则发生在俄国统治下的波兰王国，但这场起义注定失败。从地理范围上来说，1830年革命的影响远远不如1848年革命，那时，革命将会遍及整个欧洲大陆。但1830年革命已经显示出欧洲统治精英的脆弱，以及欧洲各国对革命传播是何等敏感。欧洲将在接下来的18年间慢慢消化1830年革命所带来的影响。

未竟的事业

从前，巴黎的某条街道上有一块铺路石，没人知道它从哪里来。有人说它从新生的美利坚合众国漂洋过海而来；也有人称它完全是法国本土的石头，直到1789年7月14日之前都还是巴士底狱高墙的一部分。不管它来自何处，在1830年巴黎爆发革命的7月27日，它正和其他石头一起闲适地躺在圣日尔曼-奥塞尔广场上。这天早上，它听到人们谈论政府颁布了非法的法令。人民高呼："宪法万岁！"在这一刻前，它还完全身处宁静之中，但此时它忽然感到有人正用铁锥撬它的脑袋。它转头去看发生了什么，只见一个人的脸，他的浓眉之下长着一双充满了活力的眼睛。想象一下这块石头该有多么震惊！这块石头挣扎着想要回到自己的洞里去，却徒劳无功：它被一双强劲有力的手握持着，随后被安置在一处街垒的顶部。枪声四起，令人心惊胆战，这块石头时不时地感到又一个新阵亡者沉重的身躯跌落在自己身上。这块石头的经历无须详述——它的回忆录很快就会出现在最好的书店里。7月29日晚，街头重归平静。国王一家逃到了瑟堡，而后前往苏格兰。这块石头现在被搬运到了杜伊勒里宫前，这座宫殿里已经住进了新王一家。今天已没人还记得这块曾属于人民街垒的老旧铺路石了。大臣们计划在王宫四周修筑一圈石墙，于是这块石砖现在又成了这座宫墙的一部分。这块石头曾经保卫人民不受国王侵害，现如今却要保卫国王不受人民侵害。

这篇《铺路石的故事》（"Story of a Paving Stone"）登载在1831

年 11 月 29 日的《拾穗者》上，这是一家在里昂发行的左翼共和主义报纸。[31] 在当时，这种寓言相当受欢迎。1833 年，即兴诗人欧仁·德·普拉德尔（Eugéne de Pradel）因为能用观众现场给出的词语即兴创作出复杂精妙的诗歌而在巴黎小有名气。他用与上述寓言相似的标题在一本著名的文学选集中发表了一则短篇小说。德·普拉德尔讲述了一块能言善辩的石头的回忆：它先是在巴黎的一座花园里见证了一个凄美的爱情故事，随后发现自己在光荣三日的战斗中被迫成了一件武器。[32] 在匿名发表的《一面镜子的回忆录》（"Memoirs of a Looking-Glass"）中，一面会说话的镜子讲述了自己的遭遇：早先它常常映照着拿破仑的面容，而当波旁王朝复辟之后，新主人因为它的镜框上装饰着帝国的鹰徽而丢弃了它。自此，它流入民间，在各个社会阶层间辗转：先是装饰"灰姑娘"接待男伴的住所，后来则被挂在工匠家单调朴素的小屋里。[33]

由于这些非人类主角能经历超出人类个体所能经历的时间跨度，所以它们能讲述无辜者有趣的虚幻故事，为观察历史的风云变幻提供了一个决然超脱的视角。小说和历史无缝融合在一起。《拾穗者》登载的铺路石的故事暗示着历史进程的中止。1830 年的革命远远没有开创一个全新的美好时代，而不过是实现了新一轮的王朝更迭；新王朝也没有比旧王朝更维护人民的利益。《拾穗者》是一家小本经营的报社，它的读者也不过是外省的少数共和主义者。[34] 它和审查机关反复拉锯，编辑锒铛入狱，报社最终在 1834 年关门。这块铺路石原本守卫着巴士底狱，而后一度变成人民的武器，最终却嵌入了另一堵王室的高墙。它的故事捕捉到了人们的愤怒和失望之情，而这些情感将塑造 1830 年之后充满异见的政治格局。

可以肯定的是，1830 年革命的确带来了变化，不论在象征意义上还是在实质层面上都是如此。新王并非承袭王位而来，而是由两院选举产生的（尽管有许多议员缺席）。旧王朝的旗帜被换成了革命的三色旗。法国现在享有一套新的选举制度，选民大致有过去的两倍之多，虽然有投票权的公民所占的人口比重只不过从 0.5% 上升到了 0.9%，或者说人数从全部 2600 万人口中的 14 万人增加到了 24.1 万人。天主教会的宪法特权地位被降低了：1814 年宪章规定天主教为官方国教，而修改后的宪章仅仅将其描述为"大多数法国人的宗教"。复辟王朝的国王在加冕礼上要对着宪法宣誓，而新王则改在"联合的两院面前"宣誓（宪章第 65 条）。宪章第 14 条限制了君主凌驾于法律之上的权力。选举的范围扩大到了法国各行政区和自治市的议会，而此前这些机构的人员都是由政府任命的。

这些成就远非微不足道，它们是典型的**自由主义**成就。全国选举很大程度上依旧由富豪垄断，宪法权威在仪式上有所提高，天主教的特权被温和的反教权主义修正，整个政治体系的质量有所提高。这些内容并没有表达在一部新宪法中，而是写在一部修订版宪章中，这体现出了一种温和的自由主义精神。受过教育的有产阶级的世界观借着修订版宪章得以表达。不过，对那些将对旧王朝的不满集中在社会需求层面的人而言，新的制度安排并没有给他们带来多少好处。这是新政权的一大问题。因为七月王朝初期，过去曾为革命推波助澜的经济危机并未得到缓解。19 世纪 30 年代初的法国仍为粮食供给问题的阴影所笼罩；罢工频繁发生，巴黎尤甚，仅 1830—1833 年巴黎爆发的罢工就多达 89 次。不到一年，里昂就爆发了 1831 年起义，这突显了那些在新体制下仍被排除在正式政治生活之外的社会群众的不满。这正是《拾穗者》所登载的那块石头的故事的背景：报纸的编辑阿道夫·格拉涅尔在里昂工人起义时成了临时参谋部的一员，他的雇员也加入了起义队伍，和他们一起并肩奋战。

社会革命家

1830 年七月革命标志着温和自由主义者所提倡的"中道政治"取得了巨大的胜利，但它也催生了一种新的政治反对形式，其核心是正在蓬勃发展的共和主义运动。从某种意义上说，这种发展势头不免令人感到意外，因为"共和主义"一词会让人联想到1792—1804年的法兰西第一共和国，而在法国人的记忆里，它仍与国家恐怖政治及欧洲大陆战争紧密相连。1815年之后，对共和主义的热情主要在一些脆弱、人员稀少的秘密协会和组织网络中存续。[35]恰恰是七月革命给共和主义思想注入了新的活力。共和主义的人民之友社成立于1830年7月30日，它的领导成员都是在七月革命中发挥了关键作用的活动家。科学家、公共卫生改革者弗朗索瓦-樊尚·拉斯拜尔（François-Vincent Raspail）在生物学领域是细胞理论的先驱，他在攻打塞夫尔-巴比洛内的兵营时负了伤。社会主义革命者路易·奥古斯特·布朗基曾参与强攻司法宫的战斗。戈德弗鲁瓦·卡芬雅克（Godefroy Cavaignac）的父亲曾加入1793年的国民公会，是弑君的山岳派（左翼）的一员，并在波旁王朝复辟期间逃离法国。在七月革命中，戈德弗鲁瓦协助战友把三色旗插在了卢浮宫的屋顶。尽管协会的成员并不算多（大约300人），但他们还是设法经营了一份报纸；他们在蒙马特街举办的集会通常都能吸引到1200~1500名有共同志趣的路人参加；协会出版的小册子印数可达8000册之多。烧炭党人、共济会员、新雅各宾主义者和圣西门主义者蜂拥而至，在协会里聚会、讨论。聚集在协会里的也并不都是无产阶级人士，第二波加入的共和主义者大多是医生、商人、学生及文学界人士，他们有国际化和世界主义的视野。协会发起了支持波兰人反对沙俄统治的抗议活动，并且帮助波兰难民寻找住所，一些难民后来也加入了协会。协会在1831年10月发表的一篇宣言称："支持各民族人民从暴君统治下获得解放，是一个自由民族的神圣职责。"[36]

共和主义反对派并非一致主张对奥尔良王朝采取直接行动。随着共和主义的发展，它的政治风格也越发多种多样，从温和、偏向自由主义的团体到社会主义左翼，不一而足。一些左翼共和主义者倾向于发动武装起义推翻政府当局，但也有像路易·勃朗这样的社会主义共和派人士拒绝阴谋与暴力。尽管如此,政府与其最顽固的敌人之间仍然爆发了几场大规模的冲突,并给公众留下了深刻的印象。19世纪30年代的三场起义震惊了巴黎,但也暴露出极"左"的问题:组织脆弱,且越发激进。

1832年6月5日,一位备受尊敬的将军的葬礼在巴黎举行。他是拿破仑战争时代的老兵,因为和政治反对派走得近而闻名。葬礼期间警察和群众的冲突不久后便演变成一场起义,并从圣安托万郊区迅速蔓延到圣但尼街和圣马丁街附近的城市中心地带。起义者闯入枪械商店,解除了哨兵的武装,并且在城市中心狭窄的中世纪街区里四处筑起街垒。警察局长后来回忆说,起义者不到两个小时就取得了4000支步枪以及其他军需品,并且占据了接近一半的城区。[37] 军队、国民卫队和城市卫队被陆续调往支援,直至政府武装力量达到6万人左右。战斗持续了一整夜,城市中四处回荡着炮火的轰鸣。起义爆发大约24小时之后,随着最后的街垒被大炮轰成碎片,街道重新归于宁静。起义者付出了死伤800人左右的代价。[38] 雨果在《悲惨世界》高潮部分所描述的街垒战场景正是受到这一历史事件的启发。两天后,海涅探访了死难者的停尸房,逝者的遗体在那里等待亲朋好友前来辨认。海涅发现,前来辨认遗体的人们排起了长队,仿佛在歌剧院外等待观赏梅耶贝尔的《恶魔罗勃》(*Robert le Diable*)的队伍一般。

政府对人民之友社发起猛烈的攻击,协会的主要成员遭到罚款和逮捕,蒙马特街的集会被查禁,领导人以违反结社法之名遭到起诉。1832年起义之后的审判显示出了左翼共和主义的境况:1830年的那些相对温和的资产阶级人物逐渐退出舞台,取而代之的是工人(主要是技术工人),他们倾向于采取直接行动。人民之友社在这次动乱后瓦解,一个新的协会取代它成了共和主义的主要组织:人权和公民权社(以下简称"人权社")。

政府试图粉碎共和主义团体的行动招致了1834年4月的另一场暴动。为了反对政府对结社自由和新闻出版自由所进一步施加的法律限制，抗议者涌上巴黎街头。人权社受到第二次里昂工人起义消息的鼓舞，相信自己得到人民中的进步力量的支持，因此在巴黎发动了起义。这是一种与先前不同的冒险行动。1830年和1832年的起义是自发的，这次起义却是有预谋的。在塞纳河右岸，从圣马丁街到圣殿街，到处都筑起了街垒；而在左岸，索邦大学周围同样遍布街垒。这一次，警方的反应更加迅速，组织也更为娴熟。傍晚时分，索邦大学附近的起义者已被驱散；次日清晨，国民卫队和城市卫队逼近右岸的街垒地带，与起义者在街头交火，将他们从住宅楼中驱逐出去。在战斗过程中，至少发生了两起无差别屠杀。

在圣马丁地区的特兰斯诺南街上，国民卫队第35营的士兵闯入了一幢建筑，他们认为有人从这栋楼上开枪射杀了一名军官。士兵们射杀或刺死了几个楼层的十几个居民。艺术家奥诺雷·杜米埃用一幅巨型版画纪念了这一事件，当时他的住所离事发现场只有三个街区的距离。版画的标题为《特兰斯诺南街，1834年4月15日》，描绘了一个工人阶级家庭在袭击中惨遭屠戮的景象。这幅画描绘的并非行动场面，而是惨剧发生后阴森恐怖的寂静。画面中只有事件所留下的痕迹诉说着恐怖：散乱一地的尸首、浑浊的血迹、翻倒在地的椅子。观众不得不自行想象刚刚发生的恐怖事件。

当人权社的领导人也锒铛入狱，运动随之转入地下时，一个更加激进的新组织诞生了：路易·奥古斯特·布朗基、阿尔芒·巴尔贝斯和马丁·贝尔纳三名极"左"翼领导的四季社。对四季社来说，重点不再是推翻君主制——这件事理所当然，无须多言，而是关于革命性的社会转型的全盘计划，为达到目的，就得与武装工人活动的干部们合作。[39] 但他们在1839年5月12日周日发动的起义从一开始就出了差错。大约400名活动分子袭击了枪械商店，拿走了武器，控制了哨所，随即向警局发起进攻。军队、国民卫队和城市卫队迅速进入起义者控制区域的中心，将其击退。起义者随即分散开来，在右岸的几条街上筑起街垒做困兽之斗。战斗短暂而激烈，起义者和安保力量在多

社会革命家　171

奥诺雷·杜米埃（Honoré Daumier），《特兰斯诺南街，1834年4月15日》（*Rue Transnonain, 15 April 1834*）。在这幅恐怖的作品中，杜米埃描绘了一个工人阶级家庭在首都起义失败后的报复行动中被屠杀的情景。艺术家关注的不是事件本身，而是事件的后果。这是一幅想象之作，杜米埃并未亲自进入房间，但标题中所包含的日期表明，这也是对一个历史事件的记录。与杜米埃的许多版画作品不同，这幅画没有引发笑声或揶揄，而是让人沉默和恐惧

资料来源：Metropolitan Museum of Art, New York. Rogers Fund, 1920 (Acc. No. 20.23). (Photo: Met, NY)

个地点用各种武器互相搏杀，甚至用上了刀剑和战斧。到了晚上11点，街垒已被推平，起义者或被击毙，或被逮捕，或四散逃跑。较之于1832年，这次起义伤亡小得多：军队和卫队方面有28人阵亡，66名平民被杀，其中27人是围观者，包括一名18岁的披巾工米内特·沃尔夫（Minette Wolff），她试图跑回家中躲避，却被流弹击中身亡。[40]

幸存的起义者被送往贵族院受审。协助案件审理的调查员和律师们率先对鼓动了1839年起义的政治构想进行了分析。政府彻底搜查了死者、被捕者及通敌嫌疑者的衣物、住宅和藏身地点，起获大量笔

记和计划书，并在此基础上还原了四季社内部的生活景象：四季社最底层的成员每七人编为一组，被称为"周"，其组长被称为"周日"；四个"周"合在一起组成一个"月"，其领导者被称为"七月"；三个"月"连在一起就构成了一"季"，由一名被称为"春"的领导人负责指挥；四"季"合起来又组成了一"年"，由一位"革命代理人"负责领导。这种组织形式的目的有二：第一，确保每个单元都对组织中其他部分的行动一无所知，以防其干部被警方线人渗透；第二，通过小单位运作来规避结社法的限制。这些封闭的结构令人联想到烧炭党蜂窝状的等级结构。

值得玩味的是，负责起诉多名被告的首席律师不是别人，正是那位约瑟夫·梅里尤。这个颇有魅力的人曾是法国烧炭党的高级成员，在查理十世治下为被起诉的报社做过出色辩护，在1830年7月的光荣三日中更是自由派起义者最重要的法律顾问。而现在，波旁王朝的心腹之患已经成了七月王朝的柱石。"如你所见，"梅里尤告诉法庭，"（阴谋者）想要的并不只是一场政治革命，而是一场社会革命，他们要修订、改进和变更的是财产权制度。"[41]梅里尤坚持认为，这种阴谋政治非但不能代表进步的理想，反而退回到1793年的雅各宾专政与大恐怖。如此一来，梅里尤就将极"左"翼从温和自由主义者的进步历史中剔除了。[42]

四季社的积极分子越发自我孤立于法国的政治社会之外，大多数人都对他们的图谋感到恐惧。四季社秘密的内部组织结构也促使这场运动进一步远离人民大众。[43]不过，这些起义的共和主义者倒是与欧洲的流亡者网络保持着联系。从这些激进主义流亡者身上，我们能够追踪到左翼思想如何以各种变体传播。[44]海涅对德意志、意大利和波兰流亡团体的民族旗帜与法国的三色旗并肩飘扬的景象，感到十分震惊。[45]在1839年起义的阵亡者中，有一个名叫费拉里的意大利流亡帽匠。在被捕并受审的起义者中，有一位波兰鞋匠弗洛伦茨-鲁道夫-奥古斯图斯·奥斯滕，人称"波兰人奥斯滕"，来自但泽市，曾

社会革命家　173

参加1831年十一月起义。奥斯滕此前在法国只有一次被起诉的记录，罪名是"乞讨"。在起义的审讯中，他声称自己是"被迫"帮助起义者的。有人当堂提出疑问，指出他身上有多处子弹、刀剑和刺刀留下的伤痕，证明他无疑参加过战斗。他回复说，自己是"因遭到反复殴打才被迫接下武器的"。法庭没有采信他的说法，他最终和起义的领导者路易·奥古斯特·布朗基、阿尔芒·巴尔贝斯及马丁·贝尔纳被关进了同一座阴冷潮湿的法国监狱。

约瑟夫·梅里尤正确地指出，这些左翼激进分子在社会上十分孤立。从某种意义上说，他们之所以坚持采用密谋手段，恰恰是因为他们觉察到自己缺乏手段去动员大众反抗现行政治秩序。缴获的文件显示：起义者计划建立一个"专政政权"，由"尽可能少的人"来掌权；他们的任务是"指导革命运动"，激发群众热情，"镇压那些在激烈的斗争中还没有被群众的怒火吞噬的敌人"。[46] 权力将不再以农业、工业和商业的种种剥削者的名义，而是以除体力外一无所有的无产者的名义来行使，这一事实会赋予专政政权合法性。[47]

观念的内涵是一回事，这些活动家如何体现并践行革命观念则是另一回事，两者同样重要。被指控的起义者并没有"像那些应当为自己的所思所为而感到可耻的地痞流氓一样"试图逃避惩罚，而是决意选取与自己有共同政见的辩护人，对方可能是议员、律师、记者或文人，无论他们是否登记在律师名册上。起义者的目的不是借庭审之机逃避惩罚，而是将庭审视作"荣耀他们事业与信念"的手段。[48] 当布朗基因参与1832年的起义而受审时，他拒绝扮演法庭分配给自己的被告角色。"我不是站在法官的面前，而是站在敌人的面前。在这种情况下，为自己辩护根本毫无意义。"[49] 1839年革命的许多主要领导人不论是在被警察拘留期间，还是在被贵族院审判期间，都拒绝回答任何问题。在被问及为何保持沉默时，阿尔芒·巴尔贝斯回复说："因为你我之间不可能有真正的正义。你们要在这里演一出戏，而我不想出演。你站在王权那边，而我是为平等事业而战的斗士……这里只有实力的问题。"[50] 在这番回答中,最引人注目的是它在本体论上的激进主义:巴尔贝斯在上述回答中彻底否认了法院的规范性主张和程序性的威严,斥责其不过体现了"剥削者"政权的暴力。在这个历史时刻,将政治秩序理解为赤裸裸的实力角逐还只是左翼的专长,直到 1848 年革命之后,它才渗透到了自由主义和保守主义的话语中。

借着对"资产阶级"社会的政治和伦理规范的挑战,左翼激进主义者创造出了一个全新的政治自我。比较一下这个时代两个囚徒的狱中叙事,能使我们更清楚地看到这一点。西尔维奥·佩利科的回忆录《我的狱中生活》已成经典(见第二章),时至今日,仍是意大利的中学生读物。这份回忆录给读者留下的最深印象莫过于其文笔的克制、简明及道德说教的强度。佩利科没有在任何一句话里表达对那些诱捕、背叛、审问或惩戒他的人的愤恨或报复心理。整本书聚焦于他经常表现出的不稳定、容易激动的心理状态。看到监狱看守抚养的聋哑流浪儿童,他萌生出一种悲伤的父爱;看到另一个被关押的爱国者透过牢房窗户挥舞着手帕,他高兴得泪流满面;回想起家人和朋友,他感到痛苦难耐;他用一小片碎玻璃沾上自己的血,来给另一间牢房中的同志写信;在阴暗孤独的牢房中,他绝望地祈求上帝的庇护;狱中的日常生活异常残酷,且单调得令人窒息。[51] 与此同时,政治完全从这一叙事中被抽离了。[52] 这一点对于该书的成功至关重要。《外国季度评论》的一位评论家写道,如果这本书只是"以意大利人那常见的激情澎湃的方式去构思和写作,平淡无奇地对奥地利人的压迫谩骂一番,那么两周之内它就会被人遗忘",然而,佩利科"对苦难的叙述构成了一幅沉静、经典而动人的景象,它不知不觉间深入人心,并将在人们的记忆中长久地占据一席之地"。[53]

马丁·贝尔纳,1839 年 5 月 12 日起义的三位领导者之一,于 1851 年完成了自己的狱中回忆录。在这份回忆录中,他采取了另一种叙事方式。贝尔纳出生于 1808 年,比佩利科小 19 岁,是法国中部的蒙布里松一名印刷商的小儿子。他在 19 世纪早期的政治光谱中展开了一段颇富代表性的旅程。在青少年时期,他渴望为希腊独立而战;19世纪20年代晚期,他如饥似渴地阅读了大量自由派出版的报纸和宣传册。1830年革命成了他人生中的一个转折点:他错过了光荣三日的战斗和胜利的喜悦,但当他于次年返回巴黎时,他震惊于"革命原则"是怎样遭到了"背叛的"。一群"无耻的江湖骗子"掌控了国家,窃取了胜利的果实。这些自由主义者依然"沉迷于选举权和人民主权"。与这些人不同,贝尔纳的思想则已经转向"对社会组织的批判"。[54] 为了寻找理论基础来发展他的社会批判,贝尔纳先是诉诸圣西门主义者,随后又转向夏尔·傅立叶,最终则回到了罗伯斯庇尔,开始追求"民主与社会的博爱,这是我们父辈的目标,也将是我们这个世纪的追求"。[55]

由于他在1839年5月的起义中所扮演的重要角色,贝尔纳一直被囚禁在距诺曼底海岸1000米左右的圣米歇尔山城堡中,直到1848年革命爆发才意外获释。在地牢中,他经历了与佩利科相似的严酷挑战:沉闷、孤独、寒冷、潮湿、空气污浊、缺医少药。但他的回忆录所体现出的情感特质却和佩利科的作品毫无相似之处。[56] 佩利科的回忆录是一首"动人的挽歌",它的鲜活来自它柔和而悲悯的阳刚之气;贝尔纳的回忆录则表现出一副骄傲和不屈的反抗姿态。典狱长警告贝尔纳,他如果胆敢违反保持沉默的禁令,就会被单独关到一处远离其他囚犯的小牢房里。贝尔纳则反过来警告典狱长:"你要小心,先生……总有一天……你会被要求交代自己是怎么执行这些禁令的。"[57] 佩利科总是找寻狱卒身上的人性;贝尔纳则将他们看作政权软弱无力的工具,本身无所谓善恶,不过是庞大的镇压机器上的一些微不足道的人形齿轮罢了。

贝尔纳相信,他和佩利科之间的区别源于意识形态立场上的差异。佩利科和他的意大利爱国者同伴之所以被囚禁,是因为他们沉迷于"关于民族独立和自由主义的一厢情愿的模糊幻想,以及永恒权利的摇曳光芒"。与之相比,贝尔纳和起义同伴则"怀抱对被热月政变推翻的不朽者（指罗伯斯庇尔和雅各宾党人）的信仰，而回炉重造"，他们是为了"必须再造这个世界这一理想"而行动的。因此，佩利科只能用无奈的顺从来面对挫败，而贝尔纳则会用无情的"蔑视"来面对它，这是理所当然的。"蔑视"是贝尔纳叙事的关键词之一，但这并不是 18 世纪贵族的那种充满傲慢的蔑视，而是一种直接从其信仰中萌生出来的自信的姿态。这信仰便是"神圣的平等信条"，它在不久的将来必定获得胜利。[58] 到 19 世纪 40 年代晚期，这种气质差异逐渐被视为一种新形式的左翼政治的行为标志：1848 年 1 月，一家德意志报纸这样写道，较之于老派政治狂热分子的激昂和外放，共产主义者直奔目标的"冷漠和平静"要危险得多。[59]

不过，也不是每个被关进圣米歇尔山城堡的人都像贝尔纳一样坚强，能表现出他那种理想的、坚忍的革命男子气概。1839 年入狱的更年轻的起义者们被监狱日常生活的种种限制搞得挫败不已。不到 20 岁的诺埃尔·马丁（Noël Martin）就是其中之一。他因朝其他囚犯怒吼而违反了监狱规定，而后当看守要把他铐起来时，他又试图反抗。在随后的骚乱中，他先是被刺伤，然后挨了一顿拳打脚踢，最后浑身是血、遍体鳞伤地被捆起来，单独拘禁。波兰激进分子奥斯滕在狱中一直很难沟通，因为他只说一种夹杂着波兰语和法语的奇怪方言，这给负责审讯他的巴黎法官们平添了不少笑料。在贵族院中，奥斯滕没有遵守禁言规定，而是用各种不合常理的理由试图为自己开脱。有一次，他似乎在监狱里患上了一种"奇怪的缄默症"，只有在抱怨一些他臆想出来的事情时才说话。直到他在牢房里用小刀自残，监狱才不得不承认他可能患有精神疾病。奥斯滕随即被转移到单人牢房里关押，最终被关进了蓬托尔松的一所精神病院。根据贝尔纳的回忆，奥斯滕被关进精神病院的消息可能比他的死讯更令他的激进主义狱友感到震惊，因为他们都还记得：

> 这个波兰孩子气质高贵，身材高挑，一头金色长发，面色

社会革命家

苍白而恍惚，但脸部线条笔直而端正。他那双蓝色的眼睛时而充满忧郁，时而又充满一种不同寻常的好斗的激情。我们都还记得他在格勒内塔街垒中的英雄事迹，当时他被20把刺刀刺倒在地……[60]

秘密组织

对某些卷入了这些年间的政治动乱的人来说，秘密活动作为一种政治行动的方式，获得了近乎神圣的地位。意大利比萨作家、"秘密活动者"博纳罗蒂是雅各宾主义信条的狂热追随者，他在19世纪二三十年代对起义的政治思想产生了独一无二的影响。居留巴黎期间，他参与了1796年的平等派秘密活动——这是一场失败的、针对法国督政府的起义，其领导人弗朗索瓦-诺埃尔·巴贝夫计划建立一个按照雅各宾主义路线设计的共和国。时至1828年，博纳罗蒂已经67岁，在布鲁塞尔居住。这年，他出版了一本关于起义的著作，详细描述了起义之前的种种精心策划，对雅各宾时期的恐怖政治和1793年宪法大加赞赏。这本书在流亡激进团体中影响深远，在意大利人中尤甚。[61] 1793年，也就是恐怖政治的顶峰时期，博纳罗蒂第一次见到马克西米利安·罗伯斯庇尔，与之结识。而滋养博纳罗蒂激进主义的情感根源便是其对罗伯斯庇尔的深切仰慕。对博纳罗蒂来说，用暴力手段夺取政权的目的不是政治改革，而是以平等的名义对整个社会与经济秩序进行彻底的改造。他的著作之所以重要，是因为当时流行的关于法国大革命的历史著作，例如梯也尔、基佐和米涅所撰写的作品都不约而同地称赞了1789—1792年的温和君主立宪制，而谴责雅各宾派的极端主义。与之相对，博纳罗蒂则将罗伯斯庇尔置于舞台中央，称赞他是"人类的解放者""受压迫者的慰藉、压迫者的克星"。[62] 1796年因密谋起义而被处决的巴贝夫则被他描述成献身起义的光辉典范。

博纳罗蒂终生都与地下网络保持联系。从1796年直到1837年去世之前，他都由此与欧洲几乎所有重要的持异见的活动家保持着直接或间接的联系。对这个终身革命者来说，秘密活动已经成为一种生活方式。被囚禁多年之后，博纳罗蒂于1806年被驱逐，而后来到日内瓦，成了真诚之友社的高层成员，这个团体曾遭到日内瓦当局查禁，后来又以一种毕达哥拉斯风格的晦涩名称——"三角形"，重新开始活动。在社团**内部**，他将共济会的一个秘密支部——费城人（该支部与密谋革命活动有联系）组为一个新社团，命名为"完美崇高大师会"，社团宗旨是在整个欧洲推行共和主义。这个完美崇高大师会堪称共济会内部的共济会，它在共济会的掩护之下秘密运作。博纳罗蒂写道：对秘密社团的成员来说，隐藏在其他协会的组织架构下是一种权宜之计，虽然这在法律上是禁止的。[63] 与同类的其他网络一样，完美崇高大师会也有复杂的等级制度：最底层被称为"教会"，由一名"贤者"领导；中层被称为"公会"，其成员被称为"崇高选民"；"领地执事"负责监管教会，而他们又经由"机动执事"从组织顶层的"伟大苍穹"接受指令。只有在进入组织的最高层之后，成员才能获准了解组织的社会主义信条；根据这一信条，社会的一切罪恶都源于财产私有制。1820年的一份计划宣称，在经新共和国改造后的社会秩序中，国家将成为唯一的财产所有者："它会像母亲一样，为每个成员提供平等的教育、食物和劳动机会。""伟大苍穹"的大师们宣称："这是哲学家所追求的唯一复兴之路，也是重建耶路撒冷的唯一途径。"[64]

想要衡量类似网络的影响力是相当困难的。历史的真正推动力可能隐藏在秘密社团网络之中——这种想法不仅迷住了那个时代的许多人，而且直到今日，它对焦躁不安的人的吸引力也未曾减弱。秘密活动者本人和追捕他们的检察官尤其倾向于高估这些网络的作用。然而，博纳罗蒂式团体的秘密性质使得我们几乎不可能确定或估测其成员数量，甚至无法判断这些组织中哪些真实存在，哪些只是博纳罗蒂的假想。当这些秘密社团展开实际行动时，它们往往管理不善。1823年，

秘密组织　179

博纳罗蒂派遣一个名叫亚历山大·安德里安（Alexandre Andryane）的法国年轻人，携带装满与秘密团体有关的"法令、证照和密码"的公文包从日内瓦前往奥地利统治下的伦巴第。不料这个年轻人既多嘴又冲动，屡屡做出不慎之举，导致这些文件被当局缴获。博纳罗蒂的名誉也因此受损。安德里安被当局逮捕，而这场灭顶之灾也导致他本人和一众受牵连的伦巴第爱国者都被关押多年。[65]

或许，与其评估类似的激进组织网络的活动究竟对既存的政治权力架构（至少）产生了多少影响，不如将它们看作一种维持和补充某种补偿性情感的机制，至少在持不同政见者的圈子里如此。对19世纪二三十年代深感自己陷入困境的人们来说，秘密社团的价值正在于此。博纳罗蒂不只是阐述他的政治观点，通过对雅各宾派历史的极度忠诚和将一生献给革命事业的无悔热忱，他同样践行了这些观点。1830年，烧炭党人约阿基姆·保罗·德·普拉蒂（Joachim Paul de Prati）拜访博纳罗蒂之时，他看到的是一个"70岁的男人，满头银发，面容迷人，全身充满了普罗米修斯一般的力量，对世间的一切权威不屑一顾"。[66]

在阅读了博纳罗蒂的著作并深受触动的人中，有一个名叫格奥尔格·毕希纳的黑森年轻人，他是一个风格神秘但才华横溢的剧作家。在阅读了这位意大利共产主义智者的著作之后，他得出结论：无论是对现有的社会秩序进行自由主义改革，还是对物质利益进行和平的调节，都不足以实现人类的救赎。[67]剩下唯一可行的道路就是：通过秘密活动的手段发动自下而上的革命。1834年夏，毕希纳出版了一本毫不退让的激进主义小册子，取名《黑森信使》。在这篇短短八页的充满煽动性的散文里，毕希纳和他的合作者、牧师弗里德里希·路德维希·魏迪希（Friedrich Ludwig Weidig，他在小册子出版前修改了其中言辞最为激烈的段落）描绘了黑森-达姆施塔特的农民与控制着国家的富裕地主及官僚之间的黑暗剥削关系。民众是他们的羊群，他们则是民众的"牧羊人、挤奶工和屠夫"，用"农民的人皮做成大衣，裹在自己的身上"，"对穷人的掠夺"就发生在他们的家中，"孤儿寡母的眼泪成了涂在他们脸上的油脂"。"你交给他们600万弗罗林的税款，来让他们统治你；换种说法，就是让你养活他们，任由其抢走你的人权和公民权。看啊，你的辛勤劳作收获了什么！"在小册子的结尾，作者明确地提出了暴力起义的号召：

> 举剑挥向人民的人，必将死于人民的剑下……你在田地里挖了一辈子土，现在是时候给你的暴君挖一座坟墓了。你曾经建起一座座坚固的城堡，现在把它们统统推倒，建起一座自由的厅堂吧！[68]

小册子还教导读者不要立即发起革命，而是要保持警觉，等待时机成熟之时，"上主的使者"会给他们发来起义的信号。

这本冒险出版的作品并没有任何起义网络的支持，有的只是几个能言善辩又充满幻想的人组成的小圈子。黑森-达姆施塔特的农民大多是文盲，没有任何理由相信他们会追随这些自由的先驱投身起义斗争。但对检察官和内政大臣来说，这成了他们的噩梦。和这些年间的诸多激进秘密活动者一样，毕希纳等人也遭到了背叛——间谍提前通报了警方。小册子刚出版，作者及其同伴就遭到了追捕。格奥尔格·毕希纳躲藏了起来，随后先后越境逃往法国和瑞士。1837年他在苏黎世因伤寒病逝，时年23岁。与他的朋友兼合作者相比，他已经算走运了。魏迪希在1833年曾参与筹备自由主义大型"节庆"——汉巴赫大会（详见下文），并因此被捕。《黑森信使》出版后，他再次被捕入狱。他的姐夫特奥多尔·雷（Theodor Reh）是达姆施塔特的一名律师，也是自由派活动家，1848年革命中，他将担任德意志革命议会的代表。他为魏迪希辩护，但徒劳无功。魏迪希在达姆施塔特的拘留所中经受了两年的折磨，最终选择自杀。[69]

《黑森信使》的语言固然有长久的魅力，但它实际上给我们提供

秘密组织　181

了一个政治动员失败的研究案例。甚至博纳罗蒂也曾经警告同僚,"说服大众"相信革命的意义是极为困难的,正因如此,他才始终坚持革命专政的必要性。[70] 格奥尔格·毕希纳身边的人既没有说服大众的手段,也没有强迫大众的手段。他们与德意志、法国与瑞士的异见知识分子网络保持交流,但他们之中并没有能够夺取政权的革命骨干。[71]《黑森信使》的两位作者之间甚至都没能达成一致:毕希纳得知魏迪希修改他的文章后勃然大怒,他觉得对方想要消除文章中的激进内容,于是拒绝与该书有任何关联。最终,这次冒险不过留下了一场言辞雄辩的梦,讲述着上帝和正义对群众起义的认可;以及可怜的魏迪希的殉道故事,直到多年之后,他的名字仍在许多激进团体中传颂。

菲利波·博纳罗蒂的肖像,由艺术家菲利普·奥古斯特·让龙 (Philippe Auguste Jeanron) 创作。博纳罗蒂的《巴贝夫的平等派密谋史》(*History of Babeuf's Conspiracy of Equals*, 1828) 成为极"左"翼革命者的护身符。它重新唤起了人们对罗伯斯庇尔和 1793—1794 年雅各宾派政权的政策的兴趣。这位成就卓著的记者和煽动家代表了一种新的社会典型:终身的、全职的阴谋革命家,为革命斗争奉献了一切

资料来源:Musée du Louvre, Paris. (Photo: NPL-DeA Picture Library / Bridgeman Images)

这类革命者的人生被一种范围广、强度高的全新的政治追求推动。路易·奥古斯特·布朗基终生从事革命事业,组织了许多秘密团体;在 1839 年巴黎的起义失败后,他和自己的朋友巴尔贝斯、马丁·贝

尔纳一起被关进了圣米歇尔山的地牢。他体现了一个纯粹的活动家的形象。布朗基生于 1805 年，22 岁第一次参加武装起义，除了二月革命和 1871 年的巴黎公社起义，每次巴黎发生起义都少不了他的身影（他缺席这两次起义有充分的理由：当时他被关在巴黎之外的监狱里）。布朗基从未放弃革命事业，因为对他来说，只要资产阶级的社会秩序一日没有垮台，革命就一日不会停止。1832 年巴黎起义之后，他在巡回法院的法庭上宣称："你们收缴了七月革命的步枪，但是子弹已经射出。巴黎工人射出的每一颗子弹都会飞向整个世界。它们会一直找寻目标，直到最后一个阻碍人民获得自由和幸福的敌人倒下为止。"[72] 1881 年，他在狱中去世，享年 76 岁，他一生中的 33 年是在君主制、帝制与共和制之下的监狱中度过的。

和博纳罗蒂一样，布朗基的政治愿景也根植于对 1792—1794 年的雅各宾派尝试的虔诚执着，尽管布朗基并不像博纳罗蒂那样崇敬罗伯斯庇尔本人——布朗基认为罗伯斯庇尔是"革命精神"之敌。[73] 在布朗基的想象中，胜利的起义会采用专政手段来稳固权力：所有的法律都会被暂停，独裁者将在一群紧密团结的"人民之友"的支持下，负责提供必要的公共服务。独裁的期限将是无限的，至于此后将发生什么，布朗基少有提及。[74] 这一切看起来都无异于 1793 年的公共安全委员会的重生。但不像博纳罗蒂，布朗基本人并没有亲身经历过它的统治，只是在博纳罗蒂的《巴贝夫的平等派密谋史》等书中读到过而已。这一代活动家的一个有趣特点是：他们并没有经历过法国大革命的时代，但法国大革命仍然占据着他们的想象，就像对他们的前辈一样，其影响力未曾减弱分毫。布朗基终其一生都渴望回到那个"幻想中的革命诞生之地"。[75] 他的渴望表现成了一种张扬的、戏剧性的表演：他故意穿上破衣烂衫，以示和他最贫苦的同胞团结一致，并且多次和自己的门徒一起前往共和主义殉道者的墓地朝圣。

这种类型的革命者在 1848 年的事件中的作用有限，但他们却是保守派、温和自由派与警长的脑海中挥之不去的噩梦。最重要的是，

秘密组织　　183

他们代表了一种将自己的人格完全政治化的范式。这不仅仅意味着，他们已经做好准备，必要时为革命献身；而且意味着，政治追求是一项终生的事业，它凌驾于所有的人际交往和个人享乐之上。莱比锡激进主义者罗伯特·布卢姆就是个范例。布卢姆并非布朗基那类威权社会主义者，他热切支持议会民主制和社会公正，并在1848年的革命中发挥了重要作用。他深切地体会到了政治志向和私人情感之间的紧张关系。1838年，布卢姆与年轻女子珍妮相爱，但他提醒自己的未婚妻，他严肃的性情只允许自己短暂地享受"爱情之花的绽放，那甜美、香槟味的情感与声色的双重迷醉"。珍妮并没有灰心，依然不离弃。布卢姆告诉他的妹妹，无论婚后的家庭生活多么幸福，一旦受到崇高使命的召唤，他还是会抛妻弃子；如果他的未婚妻不能接受这一点，他就无法和她结婚。甚至他所爱的家人必将陷入穷困潦倒这一点，也完全不能阻止他"献身伟大的事业，为祖国献身"。[76]

民族起义的倡导者

和法国的情况类似，在1830—1831年这一分水岭之后，武装起义在意大利也越发普遍。造成这一转变的关键人物是流亡的意大利爱国者朱塞佩·马志尼（1805—1872）。在19世纪30—40年代欧洲民族统一运动的圈子里，马志尼比其他任何人都有影响力。许多年来，他都是整个欧洲大陆最受欢迎的人。时至今日，他仍是一个颇为棘手的人，很难描述他在那个动荡的时代中的准确定位。他是意大利民族主义者中最重要的人物，然而他一生中大部分时间都在流亡，先是在法国，然后是瑞士，最后定居伦敦。与伟大的波兰爱国者恰尔托雷斯基（Czartoryski）类似，马志尼运营着一个庞大的协会与运动网络，以实现意大利的解放和政治统一。不过，恰尔托雷斯基是在金碧辉煌的朗贝尔酒店（这是他的私产）里发号施令，而马志尼则长年在伦敦一处狭小的单间里奋笔疾书。马志尼极为无私，每每收到稿费或母亲寄来的补贴,他都会捐给身无分文的意大利难民或他自己创办的意大利孤儿学校。马志尼不仅是意大利民族自决的热忱拥护者,也是一个先知,预言各个被解放的民族会联合组成一个民主的欧洲。他似乎从未担心过民族解放运动可能会导致各民族间的冲突。这主要是由于他相信真正的民主国家很可能是彼此的天然盟友。[77]马志尼在创办组织、发起运动方面极具天赋,他所创办的青年意大利和青年欧罗巴在全世界广受赞誉,效仿者甚众。到19世纪60年代,他已成为欧洲、亚洲和美洲各地激进自由主义者和民主民族主义者的偶像。他的写作产量惊人,正式出版的文章、宣言、小册子、书籍、信件加起来甚至超过了100卷。即便如此,他的社会网络所造成的政治影响依然很难估量。[78]

像甘地一样,马志尼也践行了自己的政治理念。在他憔悴的脸庞和消瘦的身躯上,印刻着他的禁欲和克己。他的朋友兼崇拜者托马斯·卡莱尔(Thomas Carlyle)写道:"他把自己当成一个殉道者,完全献身给了意大利的事业。"卡莱尔不遗余力地在英国塑造马志尼的声誉。"(马志尼)几乎过着赤贫的生活;他的健康状况从一开始就很差,但他对此毫不在意。他烟不离手,用面包蘸咖啡吃,一点儿也不在意自己吃什么。"

马志尼的照片,摄于19世纪50年代。马志尼脸色苍白、面容憔悴,可见破釜沉舟、铤而走险的政治举动对他的影响。他将自己的一切都投入了争取意大利共和国独立的斗争中

资料来源:Hulton Archive / Getty Images

民族起义的倡导者 185

马志尼总是爱穿一身黑，这又强化了其人格中教士般神秘的色彩。"我从未见过如此出众的人，他的目光柔和而闪烁，面容充满智慧。"卡莱尔如此赞叹道。[79] 美国记者、评论家玛格丽特·富勒（Margaret Fuller）形容马志尼是她见过的"最英俊的男人"。[80]

不过，马志尼虽然在餐桌旁和小圈子里光芒四射，在讲台上却是个蹩脚的演说家，常常苦恼自己难以打动听众。他有着"小圈子里的领袖魅力"，这足以给他带来一批坚定的支持者，但他却缺乏朱塞佩·加里波第那样"民众中的领袖魅力"。[81] 马志尼之所以能掀起运动，激励狂热支持者以自我牺牲的勇气行动起来，不是因为他个人的威信，而是因为他文字的力量。马志尼为爱国运动书写的文章一直反复强调几个象征性的关键术语：民族、共和、责任、信念、使命、使徒、联合、人类。[82] 1831年秋，马志尼在写给一名巴黎追随者的信中表示：

> 我们迫切需要找到一个词语，它要有足够的力量，能让人们决意组成一支军队，长期艰苦奋战。这些人要愿意葬身于自己城市的废墟之中，要愿意追随我们，相信我们能引领他们走向最好的归宿。[83]

19世纪20年代，年轻的马志尼曾参与一些爱国主义网络，比他年长许多的博纳罗蒂同样参与其中。22岁时，他在托斯卡纳加入了烧炭党；而在1830年左右，他又成了秘密武装组织"死士"中的一员，博纳罗蒂也隶属于这个组织。这个组织采用类似烧炭党的入会仪式，且有一套复杂的等级制度，致力于在其成员中培养自我牺牲的精神——它的名字就来自希腊语，意为"决意赴死的人"。[84] 不过，在19世纪30年代早期，随着意大利中部一系列起义失败，马志尼逐渐远离了博纳罗蒂。在革命问题上，两人逐渐走上了两条截然对立的道路。对博纳罗蒂来说，平等一直都是最重要和最终的目标。在他所设想的未来中，专政将通过暴力手段强行实现平等，平等是人类解放至关重要的前提。[85]

马志尼对未来的设想在19世纪30年代早期历经演变，最终走向了完全不同的方向。1833年7月，他给一个朋友的信中提到，他所设想的共和国应当"以人民为基础"。但对马志尼来说，"人民"并不是一个社会范畴，至少不是那种要将一个民族的部分成员排斥在外的概念。他既无意抬高某个社会阶级，也无意贬损另一个阶级。"当我说'人民'的时候，我指的是各个阶级的总和——我希望所有人都能自由、进步和改善。我从不会问他们：'你叫什么，属于哪个阶级？'"[86]马志尼的斗争从本质上来说不是社会的，而是道德的。构成民族的**人民**是一个有高尚情操的共同体，与宗教会众颇为类似。他将民族理解为"信仰，一种有力量的观念"。对马志尼来说，在政治上协调一致的共和国是一个神圣的目标；而对博纳罗蒂而言，共和国只不过是通往更加深刻的社会变革的中转站而已。[87]

然而，马志尼对社会革命的拒绝并不意味着他放弃了暴力手段。19世纪30年代，马志尼变成了整个欧洲最恶名昭彰的武装起义策动者。1833年，马志尼策划在都灵发动武装起义。这场失败的起义招来了凶残的报复：在被捕的密谋者中，有12人被处决；马志尼最亲密的朋友之一雅各布·鲁菲尼（Jacopo Ruffini）在接受了数周的审讯之后，最终在热那亚的地牢里自杀身亡。马志尼被缺席审判并被判处死刑。马志尼毫不气馁，随即在1834年对萨伏依（当时是皮埃蒙特-撒丁王国的领土）发动了一场武装入侵，约有200名来自波兰、瑞士、法国和德意志的志愿者（马志尼不在其中）聚集在边境线的瑞士一侧，由法国-意大利将领、烧炭党人杰罗拉莫·拉莫里诺（Gerolamo Ramorino）负责指挥。拉莫里诺将军曾率领一支国际志愿军队伍在波兰作战，后来途经奥属加利西亚返回巴黎，而后又去葡萄牙组织志愿军为自由而战。不过，萨伏依远征并不是拉莫里诺将军人生最辉煌的时刻。这次冒险行动在正式开始之前就已经瓦解了。最早退却的就是拉莫里诺本人：萨伏依政府早在行动之前就获知了起义者的阴谋，拉莫里诺狼狈逃离。少数密谋者设法越过了边境，结果很快就被萨伏依警方逮捕。

马志尼并未因这场惨败而灰心丧气。接下来的几年间，意大利半岛的许多地方都爆发了起义，但全都失败了。其中最著名的是1844年班迪耶拉兄弟在卡拉布里亚海岸登陆的事件，它也对马志尼的名声造成了最严重的打击。阿蒂利奥·班迪耶拉（Attilio Bandiera）和埃米利奥·班迪耶拉（Emilio Bandiera）两兄弟是隶属于奥地利海军的意大利军官，受到马志尼的感召而投身民族大业。兄弟二人曾尝试鼓动一场针对奥地利人的军事政变，失败后逃往当时由英国人控制的科孚岛（又称克基拉岛）。得知那不勒斯本土人民只要有坚定的领导者，就愿意掀起大规模起义的消息（可能是从马志尼处得知的）后，两人决定在科特罗内伊（今克罗托内）附近登陆，向附近的城市科森扎进军，沿途聚集志愿者、释放所有能找到的政治犯，然后发布独立宣言。和之前一样，计划从一开始就出了问题：只有19个人愿意参加这场冒险；而无论是在科特罗内伊城里城外，当地人都没有提供援助。这批年轻人很快就被那不勒斯宪兵重重包围，在逮捕的过程中，两人被射杀，稍后又有九人被处决，这些被处决的人中就包括班迪耶拉兄弟。两人不失尊严慨然赴死，甚至和行刑队说笑，死前一直高呼："意大利万岁！"

事件发生后，马志尼否认自己曾经参与策划班迪耶拉兄弟的远征，坚称"熟悉我的人都知道，我绝不会组织别人去远征，而自己却不分担参与者可能遭遇的任何风险"。但真相很可能并非如此。实际上，马志尼一再催促他人投身战场，而自己却并不参加战斗。而且，事情很快明了：不管马志尼有没有切实谋划班迪耶拉兄弟的远征，他都深度参与其中。英国政府被爆出丑闻，他们非法获取马志尼的私人信件，然后把其中的细节泄露给奥地利当局，奥地利由此事先就得知了登陆的时间地点。[88] 可见，马志尼确实涉事。无论如何，马志尼从不掩饰自己政治计划的核心就是暴力起义。暴力起义并不只是爱国运动夺取政权的方式，它也是用来唤醒民族意识的历程，对铸造一个民族而言至关重要。马志尼在《青年意大利宣言》(*Manifesto for Young Italy*)中写道,"教育和起义"必须同时进行,互为支撑。"教育必须始终以实例、言辞和笔墨来教导人们起义的必要性;起义无论何时得以实现,都应当使它成为民族教育的手段。"

马志尼相信,对于此类起义,最合适的战术就是游击战,这意味着动员非正规的游击队。这是唯一能够弥补缺乏正规军这一劣势的手段。游击战的人数可多可少。它也是吸引平民加入武装斗争的最可靠的手段,而且通过"铭记类似战争的行动","祖国的每一寸土地都会变得神圣"。[89] 在表达对游击战的偏爱时,马志尼也是在转述卡洛·比安科·迪·圣约里奥(Carlo Bianco di St. Jorioz)著作中的说法。比安科曾经是皮埃蒙特军队中的一名军官,因参加了1821年的起义而被判处死刑。他逃往西班牙,在那里为里埃哥立宪政权而战。与他并肩作战的指挥官早已在反拿破仑战争中精通游击战。马志尼也熟知比安科,因为他是"死士"的创始人之一,马志尼也曾提出让他来指挥1834年对萨伏依的军事入侵。

比安科根据他在伊比利亚半岛的作战经验,写成了一部论述游击战的著作《论游击战形式的民族起义战争》(*On the National Insurrectionary War by Bands*),并于1830年出版。[90] 在书中,比安科设想整个民族能够团结一致,拿起武器奋起反抗"野蛮的哥特人"(指奥地利人),发动一场无休无止的战争。每一次的挫败都会激发新一轮斗争。意大利人会撤退到山间的堡垒中去,在那里重新武装、做好准备,然后如洪水向山谷倾泻一般,带着"顽强的怒火"冲向"筋疲力尽、饥肠辘辘的敌人",将"那群无耻"的入侵者片甲不留地驱逐出半岛的土地。这些景象以慷慨激昂的意大利复兴运动风格描绘而成,其中充满了密集的、如战鼓一般的韵律和响亮的华美辞藻。[91]

对马志尼来说,斗争本身要比最终的胜利更加重要(对比安科来说可能并非如此)。他写道:"哪怕一次起义失败了,第三次、第四次也总会成功。反复失败又能怎样?我们必须教导人民坚韧不拔,而

民族起义的倡导者　189

不是顺从。他们必须学会站起来，就算被打倒一千次，也要毫不气馁地站起来！"[92] 正如米兰的烧炭党成员、共和主义者卡洛·卡塔内奥（Carlo Cattaneo）所言，马志尼"认为只要挺身战斗，哪怕毁灭也是胜利"。[93] 毁灭是重要的，它用殉道者的鲜血浇灌这场运动。殉道者也是重要的，因为意大利民族主义运动最顽固的敌人就是意大利人自身的懒惰、顺从、犬儒主义、自私自利和狭隘的地方主义。要想在他们顽石一般冷漠的心中种下信仰的种子，非同寻常的牺牲必不可少。1835年，马志尼给自己的情人朱迪塔·西多利（Giuditta Sidoli）写信称，意大利人是"全世界最低劣的种族，根本不愿意行动起来……真希望你看见我对他们露出的嘲讽的微笑"[94]！俘获了马志尼心灵的是意大利，而不是意大利人。[95]

　　作为秘密活动者和起义的策划者，马志尼是失败的；但作为民主和民族观念的宣传家和传播者，他是无与伦比的。他的爱国者队伍没能成功推翻绝对主义政体，但的确已经被打造成"阐述和传播同类思想"的绝佳工具。[96] 作为宣传家，马志尼取得了惊人的成就：他是总共20家报社的创立者、经营者、编辑、通讯作者和印刷者，利用最少的资源产生了全球性的影响。在打造意大利爱国运动的语言、象征和世俗神学方面，他所做的贡献无人能及。作为网络缔造者，他也发挥了巨大的影响，创造出横跨欧洲和大西洋两岸的青年意大利运动网络。最重要的是，正是在马志尼的努力下，"意大利"这个曾经局限于浪漫主义诗歌和小说中的梦幻概念，才变成了一种具有吸引力的政治理念。马志尼常常被拿来和伟大的自由斗士加里波第相比，仿佛两人代表着两种截然相反的政治追求方式：前者是以思想和文字来推进的激进主义，后者则是以武装斗争和以身涉险来推进的血肉的激进主义。而实际上，两者是互相依存的：加里波第是因为马志尼的感召才投身爱国事业的，并得到后者的支持；马志尼和他遍布世界的青年意大利运动支持者则以加里波第为中心，编织了高尚的意大利英雄主义神话，将后者树立为意大利民族运动魅力非凡的代表。[97]

马志尼英勇地投身工作，借此克服流亡生活中的种种不便。但也有很多人因绝望或精神崩溃而放弃了斗争。热忱提倡游击战的圣约里奥灰心丧气，于1843年在布鲁塞尔吸入毒气自杀。马志尼坚持了下来，但他为之奉献一生的事业仍被长期流亡的困境所影响。虽然立志献身祖国，但他越来越少获得有关国内事务的一手信息，他为民族所设想的前景在原则上是民主的，但缺乏社会的维度。他写道："国家是自由平等的人们所组成的团体，他们依据兄弟般的情谊和劳动团结在一起，并朝着同一个目标努力。我们必须实现并保持这一点。"国家不是"乌合之众的集合体"，而是一种"联合"，只有组成它的所有个体都能自由地施展他们的"力量和才能"，国家才能兴盛。没有一个"全体国民都接受、认同并发展的共同原则"，国家就无法存在。他在结尾的分析里表明，国家是靠着"爱的情感"把它的成员聚集在一起的。在这种组织中，根本不应该有"种性、特权和不平等"的容身之地。[98]这一愿景固然有吸引力，但它太粗略了。既然马志尼不愿接受社会革命，也不愿思考再分配的机制，那怎么才能废除不平等呢？一个复杂社会的标志就是其中的人具有彼此冲突的物质利益和意识形态倾向，马志尼要怎么调和它们？想长期维持这样一种高尚的集体情感状态，是否现实？

对于走中间道路的意大利自由主义"平庸之辈"，马志尼只有嘲讽和蔑视，视之为逆来顺受的代名词。这些人包括：为佩利科的狱中回忆录落泪的人，寄希望于国外势力来解放意大利的外交官，还有鼓吹"顺势疗法"的渐进主义者。这些渐进主义者相信，通过开办幼儿园、召集学术会议、修建铁路就能再造一个新的意大利。[99]不过，虽然对意大利（以及全欧洲的）自由主义者来说，君主权力、暴力威胁、社会动荡等都是极为棘手的问题，但是他们中的一些人至少确确实实设计出了一些复杂的政治变革措施，给许多潜在的利益冲突保留了协商的空间，使各方都享有某些权利。与之相比，马志尼所设想的则是一个不可分割的民族共同体，其中的所有人都"要共同服从于普遍的信仰和义务"。义务对马志尼来说是重要的，因为它能将人民团结在一起；而权利则是个麻烦，因为它使人民分裂。马志尼相信，过去的革命都是建立在权利理论基础上的，正因如此，它们全都以混乱告终。是时候告别18世纪的法国大革命了，意大利需要追寻新形式的统一。因此，并不意外的是，20世纪意大利的法西斯主义者认为，马志尼虽"稍显前后矛盾，但的确是先驱"。[100] 他们对于这位19世纪的流亡政治家的记忆是扭曲且片面的。有些部分注定被忘却，包括：马志尼的世界主义，他对民主和不分性别的普选制的呼吁，他将争取民族自由视为解放全人类的事业的一部分的信念。另一些部分则与极权主义的规划严丝合缝：马志尼对个人主义的敌视，对英雄和殉道者的崇拜，他沉醉于将集体情感状态视为政治凝聚力的关键，以及他将民族视为灵魂的融合这种近乎神权政治的愿景。

无论马志尼是否以自己的方式取得了成功，他都堪称那个时代绝对激进主义的代表。他日夜不息地为意大利的国家事业而奋斗，愿意倾尽所有。游击队的领袖、自由斗士朱塞佩·加里波第和马志尼在体格和性情上都大相径庭，但加里波第同样深度投身爱国事业，即便不如马志尼那样一心一意。加里波第刚成年的时候做了商船水手，他转而从事民族斗争的契机很可能要追溯到他与马志尼在黑海港口塔甘罗格的相遇。1833—1834年，他参与了马志尼在皮埃蒙特策划的一次起义。起义失败之后，加里波第被皮埃蒙特当局缺席判处死刑。他先逃到马赛，在那里化名生活，继续当商船水手，在经过敖德萨和突尼斯的航线上工作。他也始终和意大利流亡团体保持着联系。1835年夏，他迁居里约热内卢，原因至今不明。

在里约热内卢期间，加里波第接触了一个活跃的流亡团体，其中不少人是马志尼的追随者。最初的一段时间他仍然从事自己的老本行，后来加入了里奥格兰德共和国反抗军，参与反抗巴西帝国的独立战争。加里波第在拉丁美洲的岁月令人想起20世纪早期的小学生读物：有沉船事故、沿河而上的冒险旅程、监禁和折磨的考验、险象环生的逃脱、失败的商业冒险，还有在里奥格兰德错综复杂的战争中的战斗，更不必说他和阿尼塔私奔的故事了。阿尼塔是一个巴西鞋匠的妻子，年方十八，热情洋溢。

里奥格兰德到处都是来自意大利的流亡者和移民。1841年，加里波第搬到了蒙得维的亚，那里住着6000名意大利人。从1843年开始，加里波第指挥着一支由约600名志愿者组成的意大利军团。这个军团一直因不可靠而声名狼藉，直到1846年2月，加里波第率领这个军团在萨尔托的圣安东尼奥战胜了人数占优的保守派军队，即乌拉圭民族党白党的军队。这是一个转折点：从这一刻起，加里波第的名字传遍了世界，他的功绩在马志尼主义组织网络的出版物中受到称颂，为大西洋两岸的自由主义媒体所报道。和波兰的前例一样，意大利军团成了所有意大利爱国者的希望和骄傲的焦点。在1839—1851年的乌拉圭内战（或者说"伟大战争"）中，意大利军团只是零星参与了这场错综复杂的战争，但其经历被改编成了为自由而战的传奇。在这段经历中，加里波第遇到了一些极为重要的政治伙伴，其中最重要的是安娜·玛丽亚·德·赫苏斯·里韦罗·达·席尔瓦（Ana Maria de Jesus Ribeiro da Silva），她被称为"阿尼塔"，一个无所畏惧的战友、无与伦比的骑士，她帮助加里波第融入乌拉圭和阿根廷平原的牛仔文化。加里波第变成了牛仔，一个不承认任何主子的"马背上的游牧民"，这个和资产阶级社会截然不同的形象，使他在19世纪40年代的浪漫政治想象中占据了独特的一席之地。[101]阿尼塔给他生了四个孩子，与他并肩作战，直到1849年去世，年仅28岁。

1848—1849年欧洲革命前的几十年间，有许多这种闯荡四方的人物，他们的生命就像从一场战斗到另一场战斗、从一次冒险到另一次冒险的旅程。他们中许多年纪较长的都是拿破仑战争时代的老兵，属于当年的"自由大军"。[102]在1830年的革命之后，这类前拿破仑军队的老兵逐渐减少，因为他们中的许多人都与七月王朝和解了。但也有人仍然保持政治活跃：不知疲倦的波兰人约瑟夫·贝姆（Józef

Bem）（1794年生）就是其中一例。他曾因在1813年法国的军事行动中英勇作战而获得荣誉军团奖章，后来参加了1830年11月的波兰起义，而后又前往葡萄牙为那里的自由事业而战。在1848年革命爆发之后，他指挥着一支规模不大的匈牙利军队，在反抗奥地利的独立战争中表现突出。

19世纪30年代，老兵的空缺被受政治感召的年轻一代斗士和活动家填补。弗朗切斯科·安扎尼（Francesco Anzani）是加里波第在蒙得维的亚最亲密的伙伴，曾在希腊独立战争中奋战，而后又在巴黎1830年的光荣三日和1832年不幸失败的六月起义中战斗。之后，因不再受七月王朝欢迎，就像约瑟夫·贝姆和意大利烧炭党人杰罗拉莫·拉莫里诺那样，他前往葡萄牙，同自由主义者并肩作战，反抗国王米格尔一世的政府。后来，他又前往西班牙参加了反卡洛斯派的战斗。被关在米兰的奥地利监狱里一段时间之后，安扎尼长途跋涉来到里奥格兰德，受加里波第之托出任意大利军团的指挥官。安扎尼属于"挥洒热血"的一代，出生于"战争的怀抱中"。阿尔弗雷德·德·缪塞在1836年形容他们是"（拿破仑）帝国的孩子，大革命的后裔"。[103]

德意志的政治动荡

巴黎的七月革命在德意志各邦引发了长久的政治危机。萨克森、不伦瑞克、黑森-达姆施塔特和黑森选侯国，都爆发了受巴黎的七月革命影响的大规模内乱。不伦瑞克发生了公开的叛乱，9月7日公爵府邸被纵火焚毁，遭民众厌憎的公爵不得不逃走。但这些动乱几乎没有对高层政治造成什么影响。对高层来说，更重要的问题是，各邦政府在1829—1830年歉收之后无力满足社会需求。但动乱确实导致了持久性的政治后果。动乱之后，上述四邦都颁布了宪法。汉诺威虽然在1830年相对平静，但随后也颁布了新的自由主义宪法。1833年的汉诺威宪法增加了三级会议的权力，对选举权适用的范围进行了少许扩展，并为各部大臣规定了一定程度的责任。议会中的派系政治越发具有对抗性。在德意志邦联的各个邦国中，政治小册子空前增多，新兴的异见组织数量激增。

在这些组织中，最重要的莫过于"支持出版自由的爱国者俱乐部"（以下简称"出版俱乐部"）。它成立于1832年，起初是为了协调针对巴伐利亚政府限制自由的政策的各种抗议活动。俱乐部的成员分属在巴伐利亚及邻近各邦的116个附属协会。虽说出版俱乐部的宣传品关注更多的是宪政议题，传递的是商业和知识市民阶层的世界观，但其个别成员发表煽动性演说的时候，往往更关注社会议题，语气也更为激进。出版俱乐部煽动活动的巅峰是汉巴赫大会。这是一场在诺伊施塔特附近的汉巴赫城堡废墟举办的政治节庆，至少吸引了两万名参与者。之所以选择节庆的形式，是因为节庆与法国的自由主义者和激进主义者所热衷的宴会一样，不在审查当局的直接管制之下。在这里，反对派内部的矛盾同样明显，一些演讲的激进程度远远超出了组织者的预期。这场活动没能逃过奥地利首相克莱门斯·冯·梅特涅的眼睛，他派出间谍密切监视整个活动进程。他注意到在自由主义运动的左翼边缘，激进主义势力正在发展。在写给奥地利驻柏林大使的一封信中，梅特涅评论道："自由主义已经让位于激进主义。"[104]

这是一种简单化的说法。德意志的动荡揭示的是抗议活动背后令人费解的复杂动因。黑森选侯国就是一个恰当的例子。1830年，这里发生的动乱的一大特征就是，不同的社会阶层都在同时发起抗议，但互相之间完全没有协调。当年9月2日，行会的管理者举行集会，他们撰写了一份请愿书，详细列出了各种不满。四天之后，卡塞尔的面包师发起罢工，宣称只要不立即暂停征收面包税，他们就拒绝烤制面包。消息刚一传出，人群立即涌入市中心，捣毁了那里的12家面包店。当时的一份报告称，参与者都是"大老粗、临时工、学徒工和底层女性"。[105] 只有少量中产阶级人士卷入其中。政府担心这些过激行为会发展成对私有财产的全面侵犯，于是下令动员市内的射击俱乐部（一个冷漠无情的资产阶级组织），并派出政治上可靠的志愿者给予协助，让射击俱乐部成员到街道上巡逻。大臣们害怕城市中的"危险阶层"，但和许多同时代的人一样，他们也害怕心怀不满的周边村民，担心这些人因为1830年歉收而涌入卡塞尔去制造暴乱。

和许多其他地方一样，自由派精英利用全面动乱的威胁来迫使政府让步。9月15日，选帝侯接待了一个由20名市政府代表组成的代表团，后者带来了一份请愿书，要求进行政治改革，包括推行一部宪法。这是一个标志性的时刻。卡塞尔的自由主义市长朔姆堡（Schomburg）在一段简短的演讲中对请愿内容做了介绍，然后强调市民已经"感到进入了全面的紧急状态"。他警告称，如果不立即同意改革的请求，平民很有可能就会发动起义："愿上帝保佑这个国家免受无政府主义的恐怖和人民的愤怒！"当选帝侯允准接受请愿，并表现得像是因此情此景而感动流泪时，大厅内、广场上一片欢腾。当回忆起这个欢欣雀跃的时刻时，请愿团成员、自由主义律师弗里德里希·哈恩（Friedrich Hahn）简要地说出了自由主义者对民众骚乱的态度："人人眼中都噙满泪水，魔法一般的力量阻遏了革命。"[106] 正如这些言语所暗示的，许多自由主义者将城市动乱同时视为威胁和机遇。1848年，他们仍如此认为。

借助德意志邦联的机构以及与各邦君主之间的合作，梅特涅推行了一系列新法令，禁止"节庆"和大型聚会，并收紧了审查管控。1834年，一系列会议在维也纳召开，德意志各邦的大臣们汇聚一堂，梅特涅协调各邦一致采取进一步安保措施，以支持各邦政府打压反对派政治网络的行动。1819年，奥古斯特·冯·科策布（August von Kotzebue）遭激进主义者卡尔·桑德（Karl Sand）暗杀，事后美因茨成立了调查局。以此为基础，邦联在法兰克福设立了中央调查局，继承并扩展了早先机构的职能。梅特涅还建立了自己的境外情报机构，称为美因茨中央警察局或美因茨情报局。这是一个更加隐秘的机构，其主要目的就在于协调政治谍报工作，以及柏林、威斯巴登、达姆施塔特和维也纳宫廷的安保工作。这是"德意志领土上第一个以国家权威机构形式组织起来的、在建制上独立的中央秘密情报机构"。[107] 它建起了一个由间谍、特工和线人组成的情报网,范围覆盖整个邦联,在苏黎世和巴黎还设有境外办事处(同样执行特工任务)。这个机构编写了大量关于可疑人士、可疑协会和可疑事件的报告。它的目的在于监视侨民和流亡者的社交网络,渗透阴谋团体,将起义扼杀在计划阶段。这是一次充满预兆意味的适应性策略,国家机关模仿、跟踪、学习它的平民对手,组织起了与异见组织网络相似的地下网络。只有像对手那样行动,奥地利警察及其遍布日耳曼欧洲的附属机构才有希望在对手发起的挑战中掌控局势。[108]

在这些措施的鼓舞下,一些德意志邦国发起了镇压行动,试图弥补自己曾经做出的让步。在黑森选侯国,政府与议会中占多数的自由派就新出版法问题发生冲突,国家随即陷入宪政冲突频发的时期。在冲突最严重时,宪法甚至被暂停实施。[109] 在汉诺威王国,自由派的治理原则也受到正面攻击。1837 年,英王威廉四世去世,维多利亚女王登上英国王位。英国和汉诺威之间的共主邦联关系由此宣告结束,因为汉诺威王朝的继承法不允许女性继承王位。新的汉诺威国王是英王乔治三世的儿子恩斯特·奥古斯特(Ernst August),他曾在第一次反法联盟战争中加入汉诺威和英国的联军参加战斗,后来又加入了英王的日耳曼军团。恩斯特·奥古斯特在英国时就反对解放天主教徒,在 1837 年登上汉诺威王座时,他已因极端反自由主义的立场而闻名。他登基之后的第一件事就是废除了温和自由派推行的 1833 年宪法,理由十分牵强:宪法通过时并未征求他和他的亲属的意见。这造成了一个诡异的境况:德意志各邦最反动的君主之一竟是一个英国亲王。

汉诺威政治异见的中心在哥廷根这座大学城。包括著名的格林兄弟〔雅各布·格林(Jacob Grimm)和威廉·格林(Wilhelm Grimm)〕、历史学家弗里德里希·克里斯托夫·达尔曼与格奥尔格·戈特弗里德·盖尔维努斯(Georg Gottfried Gervinus)在内的七名哥廷根大学教

德意志的政治动荡　197

授联名签署了一份抗议书，提交给校长。其中简明扼要地指出，他们早先是对着1833年宪法宣誓就职的，因此他们反对国王单方面废除宪法。换句话说，它是一种有关程序的抗议。然而，媒体得知了此事，随后所有德意志邦国的目光都汇聚于此。新王大为震怒，下令解雇这七人，并将他们逐出汉诺威王国。于是这一事件变成轰动德意志各邦的大案。今天，"哥廷根七君子"对于哥廷根大学的网络形象至关重要，他们被视为不畏强权的民间学术英雄。而在当时，他们在大学机构中几乎受到孤立，大多数同事认为，大学教授就应当专注学术，与政治保持距离。

尽管遭遇了许多挫折和失败，但德意志各邦的议会仍是政治争论的重要舞台。在19世纪30年代中早期的黑森-达姆施塔特，反动的大公路德维希二世（Grand Duke Ludwig II）与反对派之间的斗争持续多年。结果是一个自由主义派系在路德维希·冯·加格恩（Ludwig von Gagern）的杰出领导下迅速崛起，加格恩及其政党在1847年9月的议会选举中获得了令人瞩目的胜利。巴登大公国议会原本用抓阄的方式决定议员的座位，但在1843年，自由派议员决定坐在一起，以此宣示他们将在一个共同纲领下携手并进。同年，下议院通过了不信任案，虽然没能更换内阁，但这件事成为德意志议会政治发展的又一个里程碑。

普鲁士王国没有宪法，其下的省议会即使以当时的标准来看也相当落后。[110]不过这些初始的代表机构仍成为政治变革的中心。省议会不断尝试扩大自己的职能，起先是试探性的，后来语气越发强势。[111]它们还试图借助更广泛的、具有政治素养的公众对政府施加压力。1843年，在来自东普鲁士城镇因斯特堡（今切尔尼亚霍夫斯克）的一份请愿书上，签署者不仅有商人和地方官员，也有木匠、石工、锁匠、面包师、腰带工匠、皮匠、玻璃工、装订工、屠夫、肥皂匠等。这个多样化的群体不仅要求召开全国议会，公开议会议程，而且要求"改变代表模式"，降低地主在议会中的比重。[112]在普鲁士属莱茵兰，省议会同样成为自由派动员的中心。[113] 蓬勃发展的商业群体正围绕省议会不断扩大自己的政治声势，这一进程缓慢但确定无疑。

围绕着省议会的活动增加，这反映的是一种深入社会各个群体的政治化进程。在莱茵兰，报纸的销量在 19 世纪 40 年代飞速增长。按照欧洲大陆的整体标准来看，普鲁士的识字率相当高，即便是文盲也可以在酒馆中听其他人高声诵读报纸内容。在报纸之外，还有一种出版物更受大众欢迎，那就是"人民日历"，它采用传统、廉价、适合大规模分发的印刷方式，给读者提供新闻、小说、奇闻逸事、实用指南的信息，并且试图迎合各种不同的政治偏好。[114] 即使是传统的、面向大众的预言书（现在占星专栏的前身）这门生意在 19 世纪 40 年代也变得更加具有政治倾向。[115] 歌曲则是表达政治异见的更加普遍的媒介。在莱茵兰，人们对法国大革命的记忆尤为清晰，当地警察的档案中大量记录着有人歌唱被禁的"自由歌曲"，其中就包含《马赛曲》和《会好起来的》的各色改编版本。这些自由歌曲，有的回忆激进主义刺客卡尔·桑德的人生和行动，有的歌颂希腊反抗土耳其暴政或波兰反抗俄国暴政的崇高斗争，有的则纪念人民起义反抗非法政权的时刻。从 19 世纪 30 年代开始，狂欢节和其他传统公众节日（例如五朔节花柱庆典和喧器庆典）也越来越多地传递出（异见者的）政治信息。[116] 如果没有游吟诗人参与，那么集市和公共节庆就是不完整的，他们的歌曲常常含有不敬的政治内容。西洋镜表演者是一群四处旅行的卖艺人，他们用小小的看片箱给观众展示错视画。就连这些人也十分擅长在评论中夹带巧妙的政治批评，以至表面无害的风景画也成了讽刺的由头。他们很像艾梅·塞泽尔（Aimé Césaire）笔下比属刚果"油嘴滑舌"的行商，在推销话术中掺杂反殖民主义的政治隐喻。[117]

在整个王国，政治批判的声音都愈加尖锐，也更加成熟。激进的内科医生约翰·雅各比与同道者组成了一个团体，在柯尼斯堡的西格尔咖啡馆讨论政治问题。他在 1841 年出版了一本小册子《四个问题，以及一个东普鲁士人的回答》（*Four Questions, Answered by an*

德意志的政治动荡　199

East Prussian），要求"合法参与国家事务"，认为这不是一种当权者的让步或者恩惠，而是"不可剥夺的权利"。雅各比随后被指控叛国，但历经上诉法庭一系列审判之后，被无罪释放。在这个过程中，他成了普鲁士反对派的运动中最有名望的人之一。和东普鲁士省的自由派省长特奥多尔·冯·舍恩（Theodor von Schön）身边的上流圈子相比，雅各比代表了城市职业阶层更为急躁的激进主义。和南特的安热·盖潘和欧仁·博纳米类似，雅各比也是医生和公共卫生专家，曾在1831年帮助政府应对严重的霍乱疫情。正是1830年的法国革命使他涉足政坛，从这时起，他开始从温和自由主义立场逐渐向越发激进的社会共和主义立场转变。

雅各比与全德意志的自由主义者和激进主义者之间的联系说明了异见网络的迅猛发展，而这正是1848年之前那几年的突出特点。在19世纪40年代早期，雅各比曾为罗伯特·布卢姆在莱比锡出版的激进报纸《前进报》和马克思及阿尔诺德·卢格编辑的《德法年鉴》撰稿。1847年，他沿着德意志激进活动区域展开了一次长途旅行，先是前往柏林，然后是萨克森（他在那里见了布卢姆）、德意志南部、瑞士、科隆和布鲁塞尔。[118] 在普鲁士的各大城市里，新的政治协会激增，雅各比这类激进主义知识分子在这些地方找到了舞台。布雷斯劳有资源俱乐部，马格德堡有市民俱乐部，柯尼斯堡有星期四社，即西格尔咖啡馆聚会更为正式的版本。[119] 不过，政治参与也可以在其他场所中展开。例如，科隆的大教堂建设协会就演变成了自由主义者和激进主义者重要的聚会场所，哈雷的酒庄也会延请外部人士前来演说。[120]

这些早先各自为战的自由主义和激进主义运动逐渐发展成了跨区域的松散联盟。来自普鲁士、巴登、黑森、符腾堡、拿骚和萨克森的政治活动家，汇集在一起，形成了哈尔加滕圈（Hallgarten Circle）。他们从19世纪30年代早期就开始在自由主义议员约翰·亚当·冯·伊茨施泰因的葡萄园中聚会，后者是巴登下议院的反对派领袖。一开始，聚会上讨论的基调还主要体现主人的温和倾向，但到了19世纪40年代,在莱比锡民主主义者罗伯特·布卢姆不懈努力的影响下,这个圈子的激进色彩越发浓重。1847 年 9 月,来自多个德意志邦国的激进主义者和左翼自由主义者(包括哈尔加滕圈的部分成员)在奥芬堡(位于巴登)的一家宾馆举行集会,拟订了 13 项要求。随后,这些要求取得了超过 500 名参与者的公共代表大会的支持。一个月后,来自普鲁士、拿骚、符腾堡、巴登和黑森–达姆施塔特的 18 位著名的自由派政治家(也是各地议会的温和派议员)在黑森小镇黑彭海姆的半月酒店举行集会。在漫长的讨论之后,他们起草了一份政治纲领。

这两场集会的参与者日后都会在 1848 年的革命中起到重要作用。这两份政治纲领也反映出德意志政治异见者群体中激进派与温和派的观点分歧。奥芬堡的宣言要求获得新闻出版自由、结社自由,并推行一部"民主的军事宪法",因为"唯有受过训练、懂得如何使用武器的武装公民方能保护国家"。政治诉求清单上的其他条款还包括实行累进式所得税、德意志邦联层面实施民主代议制、停止警察对公民的任意侵扰等。宣言的第 10 条提出劳动保护诉求:"我们要求矫正劳资失衡,社会有责任提升和保障劳工权益。"[121]

与之相比,根据与会者、巴登自由主义者卡尔·马蒂(Karl Mathy)在会后不久撰写并出版的摘要来看,黑彭海姆集会主要关注的需求为:在交通、司法、军事开支等领域的政治改革,以及促进德意志民族国家创立的必要措施。其语气克制而务实,符合人们对一个能够娴熟地与政府进行紧密合作以实现渐进式改革的政治家的期待。[122] 社会问题也受到了关注,但被视为没那么紧迫的事项。根据马蒂的记载,会议"花费了时间、精力来讨论解决贫困和苦难的措施",但同意"这些重要而广泛的议题"太过复杂,不可能立即解决。[123]

根据罗伯特·布卢姆去世后出版的自传手稿,布卢姆 1807 年生于科隆,童年在科隆鱼市的一间小屋子里度过,他的父亲靠制作木桶来谋取微薄的收入。1815 年,他的父亲去世之后,母亲开始做裁缝

德意志的政治动荡

养家。罗伯特一边帮母亲缝缝补补,一边照顾弟弟妹妹。母亲再婚嫁给了一个莱茵河船工,继父是一个饱受创伤的拿破仑战争老兵,终日酗酒。这次再婚并没有缓解一家人的生活窘境。在1816—1817年的饥荒期间,他的继父每天的收入甚至买不起能养活一家人的面包。

童年的布卢姆生活在天主教环境中,他们的房子离科隆大教堂只有一步之遥。在堂区教堂里,他接受了神父的教育,做辅祭儿童,赚一点零花钱带回家交给母亲。在童年时代,他遇到了许多神父,但和他们的关系好坏不一。有几位神父确实给予了他温情和肯定,正是堂区的神父最早发现他才智不凡。但也有一些早年的冲突对他影响深远。在一次告解中,布卢姆分享了他个人对三位一体教义的怀疑。告解神父吓得退缩,"仿佛听到蛇在耳边发出嘶声",然后把这番言论告知了自己同事。[124] 临时设立的宗教法庭对布卢姆进行了质询,但他毫不退让。成年后的布卢姆将会彻底否定教会。由于家里交不起中学学费,布卢姆不得不在14岁时辍学,寻找当学徒工的机会。前两次他都遇上了名声很差的师傅,因而不了了之;之后他在一个铜匠手下做杂役,度过了艰苦的几年。到1827年,他开始为灯具制造商约翰·威廉·施米茨(Johann Wilhelm Schmitz)工作。作为销售员和客服经理,他有机会到德意志各地旅行。但此时他人生的整体方向仍不确定。直到他23岁那年,施米茨的灯具生意破产了,布卢姆再次漂泊无定。

决定性的改变开始于布卢姆在弗里德里希·泽巴尔德·林格尔哈特(Friedrich Sebald Ringelhardt)所管理的科隆城市剧院获得了一个职位。1847年以前,他一直为林格尔哈特工作,先是在科隆,随后在莱比锡。他在工作中学得很快,从各种助理干起,一步步晋升,最后成了林格尔哈特手下一家规模不大但发展成熟的剧院的管理者和财务总管。薪水固然不多,但也足够建立一个小家庭了。1837年,他和阿德尔海德·梅伊结婚,但仅仅102天后,她就因流产而去世了。之后他又娶了他好友的姐姐珍妮·金特。

对这个收入始终配不上才能的人来说,剧院的工作给他提供了许多机遇。剧院对资产阶级来说非常重要，但剧院本身不是资产阶级的：在这个世界，追求与才华要比社会地位和背景更加重要。为签署合同而谈判，管理收入和名望各不相同的众多演员，在艺术创作和票房收入最大化之间取得平衡，和市政当局联络，吸引评论家（或在报纸上对这些人的苛责予以反击）：这个利润不多但自我意识膨胀的世界所需要的正是高超的政治和外交技能。最重要的是，布卢姆意识到，自己身边的人都相信言语的重要性和力量。

在青年时代，布卢姆就已经养成了专心自学的习惯，他把所有闲暇时间都用来读书了。布卢姆以能在城中边走边读书而闻名，他有办法躲避障碍物而同时不影响他的阅读速度（确实发生过一些意外，但次数极少）。19世纪30—40年代，他不断打磨自己的文学技巧。他的诗歌大多技巧娴熟，虽说还达不到一流的水平；戏剧则往往是过于夸张造作的史诗故事，不适合实际演出。相较而言，他的政治写作却显示他对当时各种重要问题的理解越发深入。

和当时的许多人一样，布卢姆一边参与政治，一边逐渐形成自己的观点。他分享自己的观点，也从越来越多志同道合的友人那里借鉴其他人的观点。在这个过程中，他逐渐从温和主义走向更加激进和民主的立场。在19世纪30年代早期，他还是一个君主立宪制的支持者，但到1848年革命爆发时，他已经尝试走向共和主义了。"社会问题"这个词虽然准确地体现出了对贫困和社会极端不平等的道德恐慌，但布卢姆早先对此并没有多少兴趣。这可能是因为和许多在贫困问题上极有影响力的评论家不同，布卢姆自己就是在贫困中长大的。但到了19世纪40年代，社会公平问题逐渐成为他的世界观的核心。

布卢姆在当时政治网络中的角色给他提供了机遇，使他得以完善自己的观点，表明自己的立场。他是哈尔加滕圈的领导者之一，也是《萨克森祖国报》最重要的撰稿人之一。这份激进主义刊物每周出版三期，从1840年起就一直在呼吁新闻出版自由，并为政治迫害的受害者募捐。从1843年起，他开始编辑政治刊物《前进报》，这份年鉴吸引了包括柯尼斯堡的约翰·雅各比在内的许多著名激进主义者的投稿。1845年12月，他成立了莱比锡演讲培训社。虽然成立这个组织是为了掩护激进主义的讨论，但组织的名称并非毫无意义。布卢姆认为演讲极为重要，尤其与争取政治自由密不可分。他在《戏剧百科》(*Theater-Lexikon*)的一个条目中写道："历史证据告诉我们，只有在自由宪政之下，演讲才能繁盛。自由衰落，演讲亦然。"要熟练运用演讲技巧，需要清晰的理解力、良好的判断力、活跃的精神，"发表演讲时还需要有力而悦耳的声音和无可比拟的庄严"。[125] 这些言语恰恰可以用来描述布卢姆自己。

同年（1845年），布卢姆成为德意志天主教运动最早的拥护者之一。这是一个强烈反教宗、反教权主义的运动，起源于莱茵兰，旨在谴责并回击由1844年的特里尔朝圣所代表的新越山主义大众敬拜文化。布卢姆在莱比锡建立了德意志天主教协会的一个分支，在这个王室信仰天主教但居民几乎全都是新教徒的王国里，这无疑是挑衅之举。和德意志其他地区一样，在萨克森，德意志天主教运动表面上是一个准宗教运动，实际却是政治不满的发泄口，吸引了许多来自工业地区的、偏下层的中产阶级天主教徒，成为一座沟通资产阶级与平民异见团体的桥梁。[126]

布卢姆的政治思想针对的是一系列政治概念：自由、进步、公正等。在他看来，这些价值观在很大程度上是相辅相成的。将它们联结起来的核心概念是统一。只有统一的民族才能在争取自由的斗争中取得胜利，只有统一的国家才能在国际上确保自己的权利和公平待遇。然而，如果没有达到一定程度的社会和法律平等，就不可能统一。在一篇讨论统一的短文中，布卢姆写道，对统一的追求和对自由的追求是不可分割的，因为民族内部或外部的分裂总是源于统治者所采取的"分而治之"策略。反动政府当局用"等级、信仰、收入、行会，以及无数种其他划分方式"将民族分割成小团体，让每个小团体都只关心自己，从而避免它们联合，由此让它们始终保持无力反抗的状态。[127]

这也意味着争取统一的事业同时也是争取民主的事业，因为将社会划成"积极"公民和"消极"公民与统一是不相容的。和同时代几乎所有的激进主义者一样，布卢姆只把政治统一和解放的梦想寄托于男性身上，尽管他经常对女性在文化和思想上所取得的成就表达敬意。

1845年8月13日，罗伯特·布卢姆搭乘清早的火车从德累斯顿出发前往莱比锡。他刚在德累斯顿处理了一些剧院事务，现在正打算回家。刚一到莱比锡，他就发现这座城市正处于骚乱之中。一群朋友来火车站给他接风，也把城里发生的事一五一十地告诉了他。前一天晚上，军队和市民发生了冲突，导致八人死亡，四人受伤。城市如今处于暴动的边缘。布卢姆是莱比锡最有声望的激进主义者，他的判断力和正直人品都广受尊重，因此，他的干涉对解决这场危机至关重要。这天所发生的事件成了他人生的一个转折点。

莱比锡的骚乱始于前一天（也就是8月12日），当时萨克森国王的弟弟约翰亲王造访了这座城市。1843年，萨克森国王弗雷德里希·奥古斯特二世（Frederick August II）任命强硬派尤利乌斯·特劳戈特·冯·肯纳里茨（Julius Traugott von Könneritz）为首相，随即开展了对保守派的镇压。自此，萨克森王国的政治局势越发紧张。政府加强了对激进主义网络的监视和干扰，对德意志天主教协会尤甚。1845年8月12日晚，约翰亲王及其随行人员在普鲁士酒店与政府官员及社会名流共进晚餐，人群聚集在酒店前的罗斯广场上。有人用石块砸碎了酒店的窗户。

酒店里的显贵们一时不知如何是好。他们向城中的市民卫队指挥部和当地驻军营地发出了增援请求，当时萨克森王室军队的预备役部队正驻扎在军营里。两支部队派出的援军同时抵达，于是军队指挥官告诉市民卫队没必要留在这里，可以离开了。这是对代表了守法纳税市民的民兵的羞辱，进一步来说，这也是对市政自治的公然冒犯，而且，这还是一个严重的战术错误，因为市民卫队惯于处理这种暴动，能灵活且相对得当地解决问题，但驻军没有此类经验。

结果，一场混战就此爆发。军官们失去了冷静，下令士兵开火。大多数死者都是在逃跑时被逼近的士兵从背后被射杀的。印刷校对工戈特黑尔夫·海因里希·诺德曼是受害者之一。他当时走出家门想看看到底发生了什么，却被一颗子弹击中胸部，留下了妻子和五个孩子相依为命。

第二天，激进的学生们在莱比锡射击俱乐部门前集会，这座大型建筑位于内城边缘。布卢姆迅速赶到现场，他的到来引得群情激奋。对布卢姆来说，这是一种全新的体验。他常常在盟友聚会上致敬酒词、发表演说，而现在，他第一次站在一群陌生人面前，发现他们忽然安静下来，急切地想要听他说些什么。布卢姆所说的话在某些方面相当出人意料。他并没有煽动群众，让他们更为愤怒，而是呼吁人们保持克制和冷静。他对群众说："保持在合法范围内行事！"[128] 与其进行一场无意义的复仇之战，市民们不如专注于向当局传达自己的诉求。他提议人们排好队向市政厅前进，在那里与市政当局谈判。

这是一个明智之举。德意志各邦的城市政府要对当选代表组成的议会负责，因此较之于中央政府派驻地方的使者，市政府对批评意见更加开放。到1848年时，很多欧洲城市的市政府都会充当革命的中转站。近万人的游行队伍几乎无声地从火车站出发，向西南方向的歌德街走去，然后沿着格林迈舍街走向位于集市广场的市政厅。抗议者们组建了一个代表团，布卢姆自然是成员之一。代表团进入议会厅后，布卢姆做了发言，代表激愤的市民提出了意外温和且务实的请求：死者必须得到体面安葬；城市的安全必须由市民卫队单独负责；军队必须撤离城市，驻军应被更换；8月12日的事件必须得到公开且详尽的调查。在之后的几天里，布卢姆始终坚持这一温和、务实的路线，即使在死者的葬礼上也是一样。在葬礼上致悼词时，他以显而易见的克制表达了公众的悲痛和政治决心。

当局很快恢复了镇定。他们炮制了一份虚假的调查报告，完全开脱了军队的责任,并正式指责市议会在镇压闹事者方面行动迟缓;射击俱乐部的集会被禁止;数名重要的激进主义者被逮捕,其中包括在葬礼上致悼词的另外两位发言者。莱比锡市民纷纷递交请愿书,要求新闻出版自由、结社自由,修改选举法,以及官方对德意志天主教运动的容许。而这批请愿书遭到彻底无视。身兼首相和司法大臣的肯纳里茨甚至在萨克森议会上信口雌黄,称莱比锡的暴动是"提前数周"策划的革命阴谋的一部分。[129] 市议员们害怕城市的贸易特权被暂停,于是联署了一封信,向政府屈膝求饶,乞求君主不要收回他的恩宠。只有一个保守派议员没有签字,因为他遵纪守法的邻居恰好是8月12日屠杀的遇难者之一。

1845 年,罗伯特·布卢姆在莱比锡向群众发表演讲。对布卢姆来说,第一次在沸腾的人群面前露面是他政治生涯的转折点

资料来源:Stadtgeschichtliches Museum, Leipzig. (Photo: akg-images)

布卢姆没有被捕,不是因为他赢得了官方的认可,而是因为官方无法把任何罪责栽赃给他。骚乱爆发的时候他不在市内,他也没有煽

德意志的政治动荡　207

动使局势恶化，他让示威者保持冷静和秩序的努力反倒有目共睹。一个左右为难的警方间谍向奥地利人汇报称，"他的演讲内容可能具有煽动性和破坏性"，"但他的每句话都在讲'法律'和'秩序'"，"还一直在警告示威者不要采取任何极端行动，拒绝容忍任何直接辱骂政府的言论"。[130] 不过，布卢姆也并未因逃脱了官方的处罚而感到高兴。在给朋友约翰·雅各比的一封信中，他表达了自己的悔恨和自我厌恶。显然，激进主义批评者有理由认为，在局势呼唤疾风骤雨的时刻，布卢姆的举措过于轻描淡写。他唯一能给自己辩护的理由是，他身边那些无动于衷、昏昏欲睡的莱比锡市民似乎没给他留下什么其他选择，无论他如何心烦意乱，都只能极为谨慎地行事。[131]

罗伯特·布卢姆的肖像，由艺术家奥古斯特·洪格尔（August Hunger）绘制于 1845—1848 年。布卢姆声音高亢、身材矮壮、作风朴实，相较于 1848 年的其他革命领袖，更能赢得群众的信任

资料来源：Stadtgeschichtliches Museum, Leipzig. (Photo: akg-images)

不过，莱比锡事件依然深刻地影响了布卢姆此后的人生。在布卢姆演说时，号召改善女性社会地位的作家路易丝·奥托也恰好在场。她听到在人群中发表演讲的"洪亮的声音"。她日后回忆称，布卢姆的公众形象既不"邪恶"也不"残忍"。事实上，"他在群情激奋之中的谨慎、他言谈和思考中的恳切，都对激动的群众造成了魔法一般的影响，这样的成就空前绝后"。[132] 他这样一个出身贫寒、聪明活跃、自学成才的人的确在那个短暂时刻亲手掌握了一座城市的命运。在 1845 年 8 月的分水岭之后，布卢姆以更加旺盛的精力投身政治工作。到这一年年底，他当选市议会的议员。这是他第一次接触到莱比锡的专家学者和商界精英的社交圈子，也是他初次接触议会政治。到了 1847 年夏，布卢姆感到越来越难在政治工作和剧院的本职工作之间取得平衡，于是辞去了剧院的职位，并打算创办一家独办的激进主义出版社。

这是一个大胆的举动。布卢姆几乎没有攒下什么钱，市议会代表的工作是无偿的，而此前他的妻小一直靠着他在剧院工作的微薄收入度日。况且，靠出版专门迎合激进主义者的作品来赚钱的可能性十分渺茫。这家新出版社最早出版的作品之一是 1847 年的"圣诞相簿"，它面向"全德意志思想自由的男女"，歌颂"当代的进步人物"。它为读者呈现了六幅值得尊敬的男性自由主义者和激进主义者的画像，其中包括明显持温和立场的哈尔加滕圈的召集人兼东道主约翰·亚当·冯·伊茨施泰因和柯尼斯堡激进主义者约翰·雅各比，还令人意外地包括排外的民族主义者、反犹主义者恩斯特·莫里茨·阿恩特。布卢姆坚称，在这里赞颂阿恩特不是因为他的排外，而是因为他对德意志统一事业的坚定支持。[133]

至此，布卢姆的政治天赋中的几个显著特征已经展现：善于用修辞演讲、写作；声音洪亮，即使相距很远也能听清（这一点在扩音设备出现前至关重要）；作为"人民的代表"的个人魅力，他矮小敦实的身材赢得了底层人民的信赖；有着诚实可靠的声誉；偏好实际而温和的解决方案，不走极端；在广场和议会等不同的交流环境之间切换自如的能力。跟许多事件一样，莱比锡事件转瞬即逝，但它预示了革命的魔力，这魔力终将吞噬布卢姆的生命。

瑞士的文化战争

与德意志各邦类似，1830年的动荡也给瑞士带来了一系列新的宪法。一些更为自由的州（其中大部分信仰新教）与联邦议会之间出现了裂隙。议会是根据1815年由维也纳会议所强加的条款建立起来的一个弱势的联邦机构。1832年对中央政府进行改革的尝试被保守州（其中大部分信仰天主教）阻挠，但围绕宪法改革问题而生的冲突仍时有发生，并且与长期存在的宗教分裂交织在一起。

在阿尔高州，主要由加尔文宗所把持的政府与州内信奉天主教的地区之间的气氛从1835年开始变得剑拔弩张。这一年，当局下令关闭修道院学校，并勒令修道院不得接纳新人。1841年，保守派未能通过公投阻止自由主义改革，于是发动了一场起义，并得到了阿尔高州和邻近几个州的修道院及其他宗教机构的支持。政府于1841年1月10日派出军队前去逮捕起义领导人，但愤怒的人们不仅从他们手中解救了被捕者，还把逮捕者关押了起来。第二天，阿尔高州东南部一个原本静谧的小镇维尔默根爆发了一场冲突，导致两名士兵和七名起义者身亡。在恢复秩序之后，州政府决定查禁境内所有修道场所，导致局势再次升级。南边的卢塞恩州就此措施向联邦议会提出抗议，理由是瑞士联邦宪法禁止各州干涉既存的宗教场所。围绕这个问题的争端一直持续到19世纪40年代中期。类似的案例表明，宗教矛盾正在愈演愈烈，不仅在瑞士，在整个欧洲大陆都是如此。

在阿尔高州，日渐两极化的双方是持自由主义立场的新教徒（主要是加尔文宗信徒）和天主教徒。而在东部的苏黎世州，分裂双方则是新教徒内部的保守派和自由派。这里的冲突始于1839年，当时该州的激进派政府任命德意志自由派神学家大卫·弗里德里希·施特劳斯（David Friedrich Strauss）为苏黎世大学的神学教授。施特劳斯当时已经因为其著作《耶稣传》(*The Life of Jesus*)而享誉世界。这本书于1835—1836年面世，当时施特劳斯年仅27岁。这本书没有把福音书作为神圣真理的启示来阅读，而是将其视为历史文献在语境中加以分析，并得出结论：福音书中记载的神迹实际上是"神话"。他使用的这个词并不意味着福音书是虚假的，而是指它是与耶稣同时代的人借以赞美他的一种语言形式。施特劳斯将耶稣置于第二圣殿时期犹太教的语义和民俗背景之下加以解读。在这种解读中，神话变成了将福音启示置于历史批判之下的工具。今天的人们很难想象这本书在保守派基督徒中引发的震怒。能够与之类比的是伊斯兰世界对萨尔曼·拉什迪（Salman Rushdie）的《撒旦诗篇》(*Satanic Verses*)的反应，尽管后一事件要血腥得多，但它有助于我们理解《耶稣传》在当时造成的影响。在《耶稣传》出版后的几周之内，施特劳斯就被蒂宾根神学院解除了教职，全德意志的神学家都纷纷谴责这本书。[134]

施特劳斯将在苏黎世获得教职的消息一经传开，就在整个州的新教神职人员中激起了洪水般的抗议。州内到处都成立了"宗教议会"，它们很快也被称为"信仰委员会"，并迅速演变成了起义组织。1839年3月10日周日，首都的中央信仰委员会起草了一份请愿书，要求撤销这一任命。请愿书也被展示给了所有堂区的选民。它宣称，市政当局任命施特劳斯的做法有违州宪法。请愿者宣称："在各州的发展历程中，总有一些时刻，法定机构会越权行事，而人民会奋起反抗，惩罚违法行径！"在抗议的风暴中，39 225名选民，也就是几乎所有拥有选举权的人都投票支持这份请愿书，只有1048人投票反对。[135]执政的苏黎世大议会为集体抵制的强烈程度而惊恐，撤回了施特劳斯的教职任命，转而给他发了一笔补偿津贴，让他离职了。

但是动乱仍愈演愈烈。信仰委员会现在像是个预备政府，令它恼火的是，施特劳斯在大议会中的辩护者拒绝引咎辞职。[136] 教职任命所引发的宗教问题越发和自由、人民主权、限制政府权力等问题交错在一起。牧师煽动农村堂区愤而反抗首都。在神职人员的带领下，武装民众唱着圣歌开进了苏黎世，驱逐了执政大议会的成员。约翰内斯·雅各布·黑格施魏勒（Johannes Jakob Hegetschweiler）是位广受敬重的医生，因撰写了阿尔卑斯山植物志而声名远扬。他试图在议会与起义者之间进行调停，却被子弹击中头部，三天后不幸身亡。[137] 这次事件被称为"苏黎世暴动"，它也标志 putsch（意为"打击、冲突"）这个瑞士-德意志词语进入现代政治术语的范畴。[138]

极其相似的事情也发生在瓦莱，但这个位于阿尔卑斯山区的州主要信奉天主教。地理环境在这里是极为重要的因素，政治分歧主要存在于上瓦莱与下瓦莱之间：上瓦莱人口稀少，政治倾向保守；下瓦莱一直延伸到罗讷河畔的葡萄种植地区，这里虽然同样信奉天主教，却自由得多。在是否要颁布一部更趋于自由主义的宪法的问题上，政治矛盾不可避免地与宗教信仰纠缠在一起。因为1815年的瓦莱州宪法不仅将占据优势的政治影响力赋予了人口较少的上瓦莱，还将州议会置于该州最高级别的神职人员锡永主教的领导之下。经过下瓦莱居民的长期抗争，1839年颁布的自由主义宪法得以在一定程度上修正了上述不平衡，但天主教会依然享有备受争议的特权和豁免权。

和许多其他地方一样，瓦莱关于宪法的斗争也伴随着牵涉更广的意识形态的两极分化。上瓦莱人被恩格斯称为"受神父驱使的赶牛人"，他们拒绝接受1839年的自由主义宪法，并成立了一个由教会控制的非法反政府组织。于是，自由主义者的军队向北进军，试图以武力把分离主义者赶下台。马丁·迪斯特里（Martin Disteli）的版画作品描绘了1840年4月1日的圣莱奥纳尔之战中上瓦莱人和下瓦莱人近距离交火的场景。背景是陡峭的阿尔卑斯山地，其间密布溪流和树木，一座教堂俯瞰一切。这场战役以下瓦莱人的胜利而告终，上瓦莱人被迫接受了新宪法。然而，围绕教会特权和豁免权的斗争仍在继续。

州议员莫里斯·巴曼（Maurice Barman）是一个温和自由主义者，致力于调解上下瓦莱双方的矛盾。但他的声音很快就被激进的左翼组织青年瑞士淹没了，后者成立于 1835 年，旨在推进民主并反对教会的特权。内战再次爆发，这回是上瓦莱入侵南方。1844 年 5 月，青年瑞士的志愿步枪兵与上瓦莱军队交战，结果 60 人阵亡，自由主义者惨败。瓦莱由此落入保守的教会手中，许多主要的自由主义者流亡海外。[139]

正如这些冲突所揭示的，宗教有能力加深和扩大利益对立双方之间的鸿沟。当一个群体视为神圣的事物被另一个群体蔑视的时候，两者之间就再无对话的余地。黑格施魏勒早就明白了这一点。他出生在阿尔卑斯山脚下的宁静村庄里费尔施韦尔，在那里，丘陵丛生，草木繁茂。他长成了一个有学识的人，却从未远离他童年时代那虔诚的乡村世界。作为一个医生，他每天都能在病人和临终之人的床榻旁，见证信徒从信仰中汲取的力量，即便在他们极尽痛苦的时刻也是一样。他曾经在大议会上警告反教权的激进主义者，不要急于授予施特劳斯教职，因为这一任命带来的冒犯永远不会得到原谅。当激进民兵与武装抗议者在议会外的街道上交火时，他是第一个跑到现场的人，孤注一掷地期望自己在民众中的声望能让他在激战正酣的双方之间斡旋。

匈牙利的激进化

1802—1848 年，匈牙利的议会在普雷斯堡召开。今天，这座城市被称为布拉迪斯拉发，是斯洛伐克的首都；从前召开议会的地方今天成了这座城市的大学图书馆。议会是匈牙利最重要的政治平台，也是一个古老的政治机构。它可以追溯到中世纪，自 1527 年就开始召开（其间有过几次中断）。不过，1825 年的议会确实是自 1811—1812 年以来的第一届。这个议会在某种程度上算是一个代表大会，但马扎尔土地贵族和乡绅在其中占据了压倒性优势，农民、无产者、斯拉夫少数民族和特兰西瓦尼亚的罗马尼亚人都没有自己的代表。议会下院的代表是由各州的选举委员会选出的，他们不是受命参与辩论的政客，而是背负各自州议会的指示而来的使者。州议会关注的通常是某些特定事务上的不满，例如未受地方批准的征税、征兵，王室恩赏的分配等。这让它不太可能演变成现代意义上的议会。不过，正如普鲁士和丹麦的省议会一样，即使是这种过时的政治机构也成了表达政治异见的重要平台。从 1825—1827 年的这一届议会开始，奥地利派来监视会议进程的密探就注意到一个新的反对派正在诞生，这一派别的核心是塞切尼·伊什特万伯爵，一个能言善辩、游历甚广的贵族。

塞切尼出版过一系列政治作品，其中的第一本《论信贷》(*Hitel*) 出版于 1831 年，对匈牙利的政治经济提出了全面的批评。停滞不前的农村经济、匮乏的基础设施和不合时宜的政治机构令匈牙利人陷入落后与贫穷。为了解决这些问题，塞切尼提出了各种建议，如改善教育、增加透明度、成立国家银行、设置出口津贴，以及最重要的一点——为信贷提供充足的法律保护。信贷不只是一种促进投资的手段，还是建立在诚实互信基础上的道德体系的一部分。[140] 旧式的乡村精英阶层中有许多保守的地主放贷人，他们向来对政治经济、银行、纸币充满怀疑。是时候让他们克服这些怀疑，给新兴精英——信贷商、金融家和商人——腾出空间来了。[141] 塞切尼写道，世界上没有什么是静止的，为什么唯独匈牙利一成不变呢？塞切尼擅长协调利益、构建联盟。相较于虚幻的完美，他更喜欢温和、切实可行的目标。"对于过去的事情，我们已经无能为力，"他写道，"但未来仍在我们手中。"[142]

在改革派中，这可以说是最为温和的声音了：持渐进主义立场，尊重传统权威，诚挚地邀请所有利益相关者参加讨论。塞切尼很像后来波兰的"有机工作"倡导者，他们在反抗沙俄的起义屡遭失败之后，转而采取政治上更加低调的建设性爱国行动方案。塞切尼及其盟友希望实现农业改革，设立储蓄银行和信贷机构，建造现代化的交通设施。

他们既不寻求独立，也不把匈牙利的现状归罪于奥地利。但塞切尼温和的倡议几乎没有成功的可能。在哈布斯堡王朝统治下的匈牙利，温和的改良方案也需要得到奥地利政府的支持，但奥地利并无这种打算。梅特涅与塞切尼两人同为哈布斯堡王朝的上层贵族，有社交往来，但奥地利人还是把塞切尼视为叛乱分子而回避他，拒绝合作。这是个严重的错误：塞切尼的主张是奥地利人在 1848 年之前实现非革命变革的最佳机遇。[143]

塞切尼的声音很快就被立场更强硬的自由派淹没了。跟其他地方一样，温和改革的失败总能给激进路线提供更坚实的理由。特兰西瓦尼亚的贵族韦塞莱尼·米克洛什男爵（Baron Miklós Wesselényi）富有、自信、仪表堂堂，熟稔马扎尔语且能言善辩，在政治上是个亲英派，生性爱好交际，风采迷人、精神昂扬。在他的推动下，议会辩论的政治模式逐渐从抱怨不满走向不同政见立场的明确表达。他走遍全国，到各州议会中发表演说，鼓励议员们互相沟通协调。尽管遭到奥地利人的禁止，他还是用平板印刷机将议会辩论内容公开出版，甚至把自己的小型印刷机献给了议会，议员们对此报以热烈的欢呼。[144]通过这些方式，他"把人民的激情和尚未确定的目标汇聚到了一点"。[145]他呼吁解放农奴，实现法律面前人人平等、全民纳税、新闻出版自由和内阁责任制。

韦塞莱尼坚称，自己的要求并非标新立异，而只不过是"恢复古老的贵族民主宪政"罢了。[146]他的亲密伙伴、律师凯梅尼·德奈什（Dénes Kemény）不承认他们是"自由主义者"，也不承认他们"反对"政府，他们仅仅是寻求公正地实施现有法律而已。[147]但实际上，较之于塞切尼的渐进主义，韦塞莱尼的异见政治风格确实代表一种激进的转变，因为它试图将议会转变为一个全国性的论坛和改革的驱动者。奥地利人看出了这一点：1835 年，他们控诉韦塞莱尼犯下莫须有的叛国罪。调查和审判持续了多年，其间佩斯在 1838 年暴发了水灾，韦塞莱尼因救助了大量灾民而声望愈隆。到了 1839 年，他最终因被判三年监禁而从公众视野中消失,这立即成了匈牙利轰动一时的案件。

但奥地利人做的一切似乎没什么效果。的确,把韦塞莱尼投入监狱既损害了他的健康,也把他排除出了公共生活(至少在1848年他重返政治舞台之前如此);但这不仅无损他的声望,还导致更直言不讳的人接替他的领导位置。奥地利人试图继续追踪、逮捕、监禁在议会中从事政治活动的更年轻、更激进的人,但这反而让火越烧越旺。通过恩威并施来阻挠地方议会把自由主义者选进下院的确小有成效,不过这也同时损害了君主制的名誉,使得匈牙利的政治阶层越发疏远维也纳。随着匈牙利的政治风格越发具有对抗性,王国的政治社会开始分裂成不同的意识形态阵营。议会会议期间的社交活动一直是根据社会地位而分的,但到了1839年议会,观察者发现,社交活动开始按自由派与保守派来分隔了,两边只跟各自派别内的成员或同行共进午餐,无论贵族还是平民。[148]

匈牙利政治世界的分裂在一定程度上源自社会经济的变化。大贵族和小贵族(或乡绅)之间已经出现裂痕,其原因部分在于生活方式的转变。对匈牙利的土地贵族来说,19世纪上半叶是一个财富增长的时期,农产品出口的需求持续旺盛。但是,这些增长的财富部分被急剧提高的消费期望抵消了。在过去,贵族家庭住在木屋里就可以了,现在却必须住在石屋或砖房里。议会召开期间,以往的贵族都住在帐篷里,用露天明火自己烤肉;现在,他们则需要能接待宾客的公寓。糖、咖啡、餐具、手表和进口纺织品现在都成了贵族生活的必需品。对最富有的大贵族来说,巨大的庄园和新建的酿酒厂或工厂的收入足够他们轻松地承担这笔开销。但对很多乡绅来说,要想维持贵族的生活标准,他们本就少得多的收入又要被吞掉不少。虽然这个社会等级的收入普遍在增长,但他们感到越发窘迫,地位不保。他们实际上(稍稍)变富了,但感觉上却贫穷了许多。[149]以马扎尔贵族"古老的权利"为基础而提出的主张不太可能给这类人留下什么深刻的印象。

因此，许多新一代的匈牙利自由主义活动家虽然是贵族出身，却深陷财务困境。厄特沃什·约瑟夫男爵是一位成就斐然的作家，在1848年革命中身不由己地担任了公职。他总是手头拮据，甚至一度因无力负担自己的住宿花销，不得不在朋友家中辗转借宿。诗人、律师塞迈雷·拜尔陶隆（Szemere Bertalan）出身贵族世家，革命后将会成为总理，但他同样"生活在压抑与忧闷的贫困中"。科苏特·拉约什在19世纪40年代将领导匈牙利的反对派政党，但维持生计对他来说是个永远的难题。[150]

就像塞切尼和韦塞莱尼一样，科苏特也明白，反对派行之有效的策略就是必须介入公共领域，超越国家的政治分野，以便为自由主义的爱国改革赢得大众的支持。在政府查禁议会辩论内容的出版之后，科苏特转而以地下出版物的形式继续传播议会的议程报告。到了1833年秋，他已经向全国的付费订阅者发送了70份手抄的议会报告，他在其中特意强调并美化了自由派和改革派的发言（保守派的发言则要么被略过，要么就被加上了"恶意评论"）。甚至到1836年议会休会之后，他还继续写作有关各州议会的新闻报道，称为"市政报告"。尽管标题索然无味，但这些文本实际上比早先的议会报告更加大胆：它们攻击政府腐败官员，称赞爱国者，谴责保守派政敌。[151] 和韦塞莱尼一样，科苏特也被逮捕、审判，而后被监禁四年。和韦塞莱尼一样，他的入狱也成了所有政治异见运动都必不可少的那类轰动性案件。从"哥廷根七君子"到激进的巴黎漫画家、奥地利地牢里的意大利爱国者，被骚扰、流放或监禁的政治活动家有助于人们聚焦政治信念。

令人震惊的是，在1841年科苏特出狱之后，奥地利人允许他负责一份新的政论报纸。鉴于提议与他合作的印刷商实际上是奥地利警察的特工，有可能是梅特涅在背后支持这一冒险举措。而梅特涅为何愿意冒这个风险，原因尚不清楚。或许，他希望出版报纸的工作能占用科苏特的精力和天赋，也让当局能够更轻易地监控反对派的发展。或许，他认为，科苏特激进的言辞和态度会把匈牙利自由主义中间派推远，进而分裂改革派的阵营——这并非没有道理：科苏特行事粗鲁、性情冲动，为不少匈牙利温和派所厌恶。一个温和保守派团体正围绕着戴谢夫菲·奥雷尔（Aurél Dessewffy）伯爵成形，看上去很可能会削弱科苏特的影响力。[152] 又或许，到了1841年，梅特涅只是觉得自己的政治实力已经足够强大，能够控制不断发酵的异见了。他所考量的政治领域是地缘政治且涉及整个欧洲。他相信，自己应对国内挑战的能力取决于他的帝国在世界上的地位。奥地利与基佐治下的法国的关系正在改善。而且一旦到了危急时刻，他还能召唤他的普鲁士与俄国盟友。即使匈牙利的激进分子真的失控了，他也自信能动员农民和非马扎尔族裔来对抗不安分的贵族们的阴谋。[153]

暂且不论梅特涅出人意料的宽宏大量是出于何缘故，科苏特的《佩斯消息报》一经出版，就立刻在匈牙利的舆论界引发了轰动。在措辞激烈的社论中，科苏特猛烈抨击匈牙利陈腐的政治与社会结构，坚持要求政府建立问责制度，实现公开透明："我们需要透明度；先生们，出来晒晒太阳吧，阳光能纠正我们的问题。"[154] 同时，他还刊登全国各地的通讯员发来的稿件，这使得《佩斯消息报》成了全国批评意见的集散中心，匈牙利政治共同体的意识在这里逐渐成长。这份报纸拥有4700名订阅者，读者估计多达10万人。[155] 当然，科苏特的崛起并非没有遭到反对。1845年，塞切尼出版了一本名为《东方人民》（People of the East）的小册子，谴责科苏特的社会"激进主义"与马扎尔民族主义，认为这有疏远王国中非匈牙利族裔的危险。[156] 1846年，梅特涅秘密赞助的保守党在布达-佩斯浮出水面，其宣言批判"盲目模仿外国"的行为，赞颂匈牙利王国的"古老宪政"，试图从反对派手中夺回自由主义话语中的一个关键概念。[157]

但现在阻止科苏特已经太晚了。《东方人民》没有引发多少关注，也没能阻止科苏特在全国舆论中高歌猛进。保守派一蹶不振，而科苏特则在1847年6月主持起草了一份宣言，阐明了自由主义爱国者的要求：实现匈牙利王国的行政统一，制定权利法案，进行经济与社会改革，保障出版自由和宗教自由，扩大选举权，新建国民议会及对其负责的匈牙利内阁，以及废除农奴制度——在 1846 年加利西亚爆发恐怖事件后，最后一点已经变得尤为紧迫。奥地利当局禁止该宣言出版，但它的地下版本很快就传遍全国。10 月的议会选举引发了前所未有的广泛关注，在佩斯和普雷斯堡的咖啡馆和俱乐部中，到处都有爱国者在兴奋地讨论此事。大型宴会和游行此起彼伏。1847 年 10 月 18 日投票正式开始，科苏特的支持者们戴上象征匈牙利国旗的红白绿三色羽毛，排成整齐的队伍去投票。在科苏特成功当选议员之后，支持者们举办了狂热的庆祝活动。看上去，政府和反对派在议会中摊牌似乎已迫在眉睫。兴奋的表象掩盖了以下事实：佩斯这个州级市有 60 万居民，其中只有 1.4 万名贵族拥有投票权；而在人数极少的男性选民中，费心去投票的还不到 5000 人。[158]

法国七月王朝的没落

时至 19 世纪 40 年代初，法国的政府已经渐显颓势。在 1842 年的议会中，政府有 185 个保守派代表和 25 名"教条主义"自由派代表的支持。反对派则分为两个强势的阵营：中左翼和王朝左翼，分别由活跃的律师阿道夫·梯也尔和奥迪隆·巴罗（Odilon Barrot）领导，两人各掌控 100 个议席。此外还有一个混杂的群体，包括大约 25 名正统派的极端保守主义者与秘密的共和主义者。这个政府最致命的弱点与查理十世的君主立宪制政府如出一辙：由于选举权受到了极端严格的限制，不管政府在"政治国民"中获得多么稳固的支持，这个小圈子都依然规模极小。然而，路易·菲利普国王及其大臣反对进行选举制度改革，在宪法问题上采取了放任体制惯性的政策，这也将成为这个政权最大的麻烦。

主导并捍卫这一政策的最重要的政治家是弗朗索瓦·基佐（François Guizot）。基佐时任外交大臣，也是实质上的政府首脑。从 1840 年 10

月到1848年革命爆发，他一直主导奥尔良王朝的政治生活。基佐精力旺盛、才智惊人。19世纪中叶，有许多我们无法用标签来分类的人物，基佐就是其中之一。他是一个孜孜不倦的作家，作品包括政治和文学文章，但最重要的还是历史作品，尤其是英国史。只有在充当法国最重要的政治家的那些年月里，他的学术生产力才稍有下降。他早年关于欧洲和法国文明史的论文在全欧洲备受赞誉。他是教育改革强有力的支持者，并且在将历史学建设为一门以严格的史料工作为基础的学科方面做出了很大贡献。他是莎士比亚著作杰出的译者、编辑和阐释者。不论在精神上还是性情上，他都是一个严肃的加尔文主义者；在有必要的时候，他也会使用一些不择手段的政治伎俩。他是一个本性保守的自由主义者。他在87年的人生中写了70本著作，其中许多是内容扎实的多卷本。他受人尊敬，却从未为大众所欢迎。

基佐出生于法国大革命爆发前两年。大革命和拿破仑时代的动荡不安深刻地影响了这一代人，基佐也不例外。[159] 1794年4月8日，他的父亲在尼姆被送上断头台，当时基佐只有6岁。有关此事的记忆塑造了他后来的政治风格，使他对极端主义和政治暴力深恶痛绝。他始终坚定地支持废除死刑，毕生致力于寻找一条温和的政治路线，希望在绝对主义和人民政权之间找到一条中间道路，借以同时避开革命暴动和反革命的报复。在拿破仑战争结束时，他选择站在路易十八和1814年宪章的君主立宪制一边。但之后他因为厌恶贝里公爵遇刺后的反动镇压而改换立场，最终成了查理十世时期自由主义反对派的领导人物之一。1830年3月，作为利雪选区的议会代表，基佐在众议院发表演讲，呼吁更进一步实现政治自由。大多数议员对此报以热烈欢呼，结果触发国王解散议会。这又成为其后一连串事件的导火索，最终导致了1830年革命的爆发。

1830年后，基佐接着捍卫根据修订版宪章建立的精英主义有限君主制。他始终相信"人民主权"是一个虚假且反自由的概念，只有青睐暴动和混乱、不要秩序和公正的人才会喜欢。基佐认为，要想君主制国家的权威服务于自由主义的目标，也就是保护自由，那么权威就不能来源于人民，而是要掌握在受过良好教育、训练有素的统治阶层手中。这一阶层对公共利益更高层面的理解将会超越特定利益阶层的专制统治。执行这一任务的贵族精英与旧制度下的世袭贵族没有关系。毋宁说，这个阶级因其所受教育和所享有的财产而具有了治理的"能力"。[160]这些观点背后是基佐刻在骨子里的恐惧，他害怕普选制将招致无政府状态。这种恐惧不仅来自他对1794年的记忆，而且来自他作为法国新教徒的历史认识。在法国，作为加尔文主义者意味着有被天主教多数派暴力迫害的记忆。这种恐惧绝不是路易十四时代遗留下来的古老记忆。在基佐的故乡尼姆附近，在1815年"白色恐怖"期间和1830年都发生了严重的教派暴力冲突。[161]

不论背后的动机为何，基佐身上都体现出了同样见于许多政治家的那种矛盾情感，他们希望变革的进程能停止在自己认为最合适的地方。1843年，他在众议院演讲时表示，那些要求扩大选举权的人应当谨记，"追求权利"的斗争在法国已经结束了。当务之急是"利用这些权利"。他对想要得到投票权、成为政治国民的人提出建议："去接受教育，富起来，改善法国的物质和道德状况吧，这才是真正的创新，这样才能满足人们对政治运动的欲求和对进步的需要——这也是国民的特色。"[162]后来，"富起来"这一表达被反对者断章取义地截出来，以抨击他的政府是被资产阶级把持并为其利益服务的阶级政权。

尽管存在这些结构上的弱点，对七月王朝来说，19世纪40年代仍是一个发展巩固的时期。19世纪30年代，来自极"左"的威胁曾催生多场大规模动乱，如今它们已然消退。起义者网络仍然被社会所孤立，其中许多领导人如今还在狱中煎熬。右翼也是一样，君主制的敌人看起来日渐失势。支持波旁王朝复辟的正统派极端保守势力的影响正在减弱。19世纪第二至第三个十年，波拿巴主义者曾多次在地方上掀起暴动，但如今他们也陷入了类似的颓势。拿破仑的神话在七月王朝的统治下仍在继续，但它已不再和暴力抗议相关联。

歌颂拿破仑不再意味着反对王权，而是代表对法国复兴的自豪。七月王朝努力将已故皇帝的威望挪为己用，且颇有成效。拿破仑一世于1806—1810年为纪念奥斯特里茨战役的胜利而竖起的旺多姆圆柱，在1833年得以修复重建。1837年，凡尔赛宫作为博物馆开放，展厅中有一间满是帝国时代画作的房间，皇帝本人的肖像画就在其中。[163]

1840年12月，拿破仑的"遗骸回归"成了奥尔良王朝时期最盛大的场面。这是一场令人惊叹的肃穆而奢华的葬礼游行。拿破仑的遗体实际上并未被火化，而是在隔绝空气的棺椁中被保存得相当完好。法国政府把遗体从圣赫勒拿运回，装在一辆重达13吨的灵车里，由16匹披着金饰的黑马拉着，穿过巴黎的街道，最终运抵荣军院圆顶教堂。这一事件由国王及其内阁元老阿道夫·梯也尔策划（后者在游行时已离职），旨在巩固政权的爱国主义立场。帝国带有分裂色彩的政治遗产已经被抹消了，拿破仑现在代表了一种关于强盛而统一的法国的抽象理念。[164]虽然有一群学生趁机唱起了《马赛曲》，高呼"基佐下台"，但典礼还是在平静中结束了。一部分议员曾拒绝投票支持转运遗体，他们害怕拿破仑遗体回归法国，会掀起一场全国性的骚乱。事实证明，他们的恐惧是没有根据的。一整天都没有露面的基佐松了一口气。"这完全是一幅壮观的景象，"他在给伦敦的一位朋友的信中写道，"一百万法国人来瞻仰拿破仑……但没有激起一点火花。"[165]

这恰恰有助于解释，为何已故皇帝流亡在外的侄子路易-拿破仑·波拿巴（Louis-Napoléon Bonaparte）两次试图通过起义夺权，但都以惨败收场。1836年，此前一直居住在瑞士的路易-拿破仑·波拿巴突然穿着炮兵军官制服现身斯特拉斯堡。他效仿拿破仑一世在"百日王朝"时的做法，赢得了当地一个军团的支持，并占领了省长的公署。驻军指挥官向当局发出警报，一个效忠于王权的军团抵达，将叛乱者包围起来；路易-拿破仑·波拿巴先是逃回瑞士，随后去往美国，之后又经欧洲大陆抵达英国。第二次起义的尝试甚至更加滑稽。法国政府宣布要将他伯父的遗体运回国。1840年8月，他希望能利用这一消息所激发的同情，于是纠集了一支武装队伍，用租来的船只渡过英吉利海峡，试图夺取布洛涅的港口——这种做法类似于三年之后班迪耶拉兄弟在卡拉布里亚的行动。[166] 在短暂的交火中，密谋方有一人掉进水里淹死，一人受伤，一人被击毙，其他试图成为起义者的人均被轻松逮捕。路易-拿破仑·波拿巴受审并被判处终身监禁，收监于哈姆要塞。在贵族院受审时，当被问及职业，他回答道："流亡的法国亲王。"旁听席上一片哄笑。报界纷纷讥讽这次冒险。《宪法报》宣称："如果不是有人流血，我们本该轻蔑地嘲笑这些愚蠢行为的。"《辩论日报》则评论道："你不会处决一个疯子，但你会把他锁起来。"[167] 路易-拿破仑·波拿巴一直被囚禁到1846年。那年，他装扮成一个木匠，肩扛着一摞木材悠然走出要塞，然后逃到英国。如果要证明大众对拿破仑的普遍怀念并不等于波拿巴主义叛乱的威胁，这便是确切无疑的证据。

在旧威胁消退的同时，基佐政权也享受了一段经济回暖的时光。19世纪40年代的法国经济至少到1846年为止，一直在强劲增长。1842年6月颁布了《铁路法案》。据此，国家资助修建了1400多千米新铁路，创造了数万个就业岗位，并促进了采矿、冶金和化学工业的迅速发展。实践证明，在法国"立法国民"的狭小范围内，基佐政府依然能娴熟地利用体制来为政府服务。议会中的反对派虽然对一些特定的政策持批评意见，但大多数仍然忠于现政权。政府也可以收买贫困乡村选区选出的独立代表，或设法确保领取国家薪水的政府官员当选，借此组建议会的多数派。[168] 时不时取得的外交胜利也能够激起爱国热情的浪潮。例如，1846年，基佐成功促使西班牙女王接受了一位来自法国的配偶。

在有选举权的政治阶层之外，景象就显得不那么乐观了。政治媒体曾经在七月革命中起到了至关重要的作用，它引导人们做出反抗政府"法令"的决定，并在革命后协助巩固新秩序。编辑办公室曾经被

法国七月王朝的没落　　223

用作起义的指挥部。"报刊文明"的时代由此开始了，当时的报纸表达和组织公共舆论的能力几乎是今天不可想象的。[169] 然而，随着新政权的稳固，一种新型的反对派媒体开始用文字和图像对政府宣战。[170] 人数不断增加的全职记者虽然写出了一些具有持久影响的优秀作品，但也产出了大量充满党派偏见的攻讦，"侮辱、诽谤、带有偏见的报道、对复杂的议题做出简单和扭曲的判断"是它们的共同特征。[171] 在这场战争中，图像和文字论述同等重要。没有什么比漫画家菲利庞（Philipon）著名的讽刺画更能毁坏新王室的尊严了：他把国王的脑袋画得像个梨。这种生理嘲讽的做法迅速扩散到了七月王朝的整个政治出版界。这种浑圆而可口的水果变成了一种"讽刺黑话"或"暗号"，只要有人提及，所有认出其含义的人就都成了反对当前宪政政体的密谋者。[172] 1832 年夏尔-约瑟夫·特拉维耶斯（Charles-Joseph Traviès）发表在菲利庞的周刊《漫画》上的一幅作品就是个很好的例子。他的画标题叫《屎罐》（Crock of Shit），画中有一个巨大的黑色铸铁罐子，上面系着一条饰带，饰带上写着 mélasse（意为"糖浆"，排泄物的俚语），罐顶上放着一只摇摇欲坠、几乎没有任何特征的梨。而在画面的背景中，象征着法国各社会阶层的人群正厌恶地看着这个令人困惑的东西。[173]

政府用尽一切手段来限制批判性媒体的自由。警察对报社进行骚扰属于家常便饭。每次发生群众骚乱之后，报社都会遭到搜查，编辑会被押到法庭、判处沉重的罚款和监禁。《日报》《法国公报》《论坛报》《国民报》的编辑们时不时就会被关进圣佩拉吉监狱，以至监狱甚至给他们准备了专门的区域。1835 年 9 月的新闻出版法设立了一系列新罪名以使控诉更加容易。有些报纸，如《国民报》，在忠实订阅者和赞助者的支持下勉强存活了下来；有些则倒闭了，如《论坛报》。截至 1835 年 5 月《论坛报》倒闭，这家报社总共经历了 111 起诉讼，罚款总额高达 157 630 法郎。1835 年的新闻出版法还导致了 30 多家外省报刊倒闭。[174]

尽管如此，政府还是无法阻止嘲讽的浪潮。审判和重罚反而突显了媒体的重要性。菲利庞，这位最才华横溢也最无礼的漫画家，利用受审之机，向法庭展示了如何在四步之内把国王的脸画成一只梨子。他想说明的是，在去掉国王的胡须和面部特征，将其简化为一个水果之后，他已经把君主的形象抽象成了他所代表的权力原则。菲利庞质问法庭："我们的作品说了这就是国王吗？标注了他姓名、头衔或纹章吗？完全没有！我用这个符号象征的是一种权力，你可以说它像国王，我也可以说它像某个石匠，它指的确实不是国王。你得相信我。"如果法庭真的判他有罪，他们就不得不起诉所有水果画作。[175] 这场恶作剧使菲利庞在巴黎红极一时。它成功说明"象征不必非要有说服力，它只要出现就足够了"。[176]

政府制定法律，为的是保护国王免于敌对性或侮辱性图像和言论的攻击，结果却只是把谩骂的矛头转向了大臣、保守派议员和资产阶级显要。杜米埃在作品中讽刺了资产阶级的生活，嘲笑资产阶级家庭的虚荣、自私和伪善。但这并不是政治上的天真无知，因为这些作品间接暗示了奥尔良王朝的"资产阶级"性质：它的社会秩序建立在自私的家族网络的贪欲和虚荣之上，而国王和王室正是这一秩序的化身。由此，尽管法国王室的私生活实际上颇有操守，也不乏温情，但它仍被当成了腐败的标志，用来攻击它本身。[177]

所有这些都说明了一个问题：奥尔良王朝在面对充满敌意的媒体时几乎始终处于守势。由于暗杀企图不断增加、愈演愈烈，国王在公众面前露面的次数大幅减少，政权的透明度也随之下跌。基佐继续抓住一切机会指控新闻媒体。1847年就出现了一连串此类案件，当时警方侦破了几个秘密社团的行动，但这反而激起了记者们的愤怒。要想知道一个政权陷入与媒体无休无止的拉锯战时会发生什么，奥尔良王朝就是一个典型的例子。1847年，美国驻法国大使为这里的反差深感惊讶：一方面，媒体"猛烈抨击""一切公共政策"；另一方面，巴黎的富裕阶层明显对现状感到十分满意。[178]

法国七月王朝的没落　　225

政治宴会是在狭小的选举人圈子外的另一种交流意见和情感的方式。在法国，宴会一直以来都有社交和政治的双重功能，它们对各种团体、大家族、(宗教或世俗的)社区、行业共同体的社交活动来说至关重要。王室宴会自古以来就是展示权力的一种方式，君主可以借此机会展示自己作为人民哺育者的象征形象。但拿破仑战争结束之后，宴会的功能也发生了改变。从1818年以来，自由主义者开始借用宴会来批判查理十世政府的政策。宴会是由选举人捐款赞助的，或是用于准备选举，或是用于庆祝反对派议员发表的重要演讲。不断演化的自由主义反对派圈子以这种公开的社交形式来向外界展示自己。宴会之所以重要，恰恰因为它是公开进行的。由此，它彰显出自由主义者对地下活动的拒斥，以及对合法、透明的政治沟通形式的追求。从这个意义上说，宴会恰恰和博纳罗蒂的完美崇高大师会那种秘密集会构成鲜明对比。宴会上的一切，包括演讲者的顺序、场地的装饰、祝酒词和菜单的内容都是精心安排的，它不是起义暴动的工具，而是凝聚人心的工具。

被革命推上权力宝座后，自由主义者的宴会越办越多，尽管此时他们是在为当权者庆祝。对革命取得的成果之有限感到失望的人们现在变成了新的反对派，他们很快就开始组织自己的宴会。"王朝反对派"组织的宴会仍然是自由主义者的那种类型：参加者举止得体，大多是有选举权的名流显贵；而共和派则发明了"民主宴会"，它向所有人敞开大门，入场费用低廉，中产阶级下层甚至普通工人都能承受。这些集会有时会聚集数千名宾客，人们在这里发表长篇大论的政治演讲，戏弄官方的标准造像，比如"故意不小心"摔碎俯视会场的国王半身像。1840年，一场呼吁扩大选举权的宴会运动吸引了全国各地超过两万名宾客。早期自由主义者的宴会是对议会的补充，是在小规模的选举人圈子里开展的一种社交形式，但现在更为激进的宴会则旨在扩大政治参与的范围。1847年，关于选举权改革的提案屡遭失败，从而引发了遍及全国的宴会抗议活动。这些活动的目的不仅仅是改革选举权，而且是要通过突出那些被排除在选举进程之外的人的政治诉求，来显示法国已经做好了扩大选举权的准备。[179]

这些活动并不是一个单一的、有组织的执行机构的成果。恰恰相反，它们由各个地方发起，这反映出全国各地反对派政治诉求的多样性。没有一种改革方案得到所有人赞同，宴会上的演讲者往往站在不同的立场上发言。有些人言辞温和地批判某一特定政策，有些人要求改善工人阶级的境遇，有些人则隐晦地表达了共和主义的观点。例如1847年10月在当维尔的一场宴会上，一位演讲者宣称："在目前的状况下，当务之急就是要对选举权进行激进的大幅度改革，这也是一切其他政治与社会改革的关键所在。"[180] 不过，就算在最激进的诉求里，扩大后的选民群体仍然由男性占主导。1848年之前，只有极少数宴会上出现了女性的身影，并且她们大都被限制在边缘。据当地报纸报道，1847年12月在沙隆举办的改革派宴会上，该镇的女士们"不畏寒冷、潮湿和雨水，亲自前来向这场重要的示威活动致敬"。随后她们获准到餐桌之外的"保留区域"就座。1847年7月，在拉马丁举办的宴会上，男性为在场女性的"美丽"和"优雅"而惊叹。这些女性是赞助者的妻子或者亲戚，坐在会场边缘特地为她们预留的"旁听席"上，身着精美的布雷斯和马贡的地方服饰。[181]

政府没有太多阻止宴会运动的办法。宴会的组织者们极力避免违反公共秩序，而且口头上对君主制不乏溢美之词，例如在祝酒词里表达忠诚。宴会不归维持治安或查禁政治结社的法律管辖，这也正是反对派对这一形式青睐有加的部分原因。宴会也不煽动暴力或其他的非法行为。而且宴会举办非常普遍：在1847年的运动中，有30多个省都举办了大型聚会。它是一种根深蒂固的社会习惯，政府大臣不愿意针对它们，他们中的很多人自己就曾经参加过宴会、发表过演说。然而，到了1847年，宴会运动激进化的势头已经昭然若揭。1847年7月，在马孔的一场宴会上，一向温和的拉马丁正因为《吉伦特派史》（*Histoire des Girondins*）的成功而兴奋不已，当场抨击七月王朝是腐

法国七月王朝的没落　　227

败的"资产阶级摄政政权";他警告说,如果它继续让人民失望,就只会倒在一场"蔑视它的革命"中。[182] 1848 年 1 月 2 日,在利摩日的一场宴会上,参加者举杯敬"人民主权、劳工组织、无产阶级问题、普选权、耶稣基督、人民"。在各种宴会上,越来越多的祝酒词聚焦超出议会自由派视野的社会问题。[183] 至少在巴黎,基佐内阁面临越来越大的禁止宴会运动的压力。1848 年 2 月,政府禁止宴会的尝试引爆了革命。

意大利温和派的胜利

在回顾自己漫长的政治生涯时,博洛尼亚经济学家、政治家马尔科·明盖蒂(Marco Minghetti)觉察到 1840 年是一个转折点,活跃在意大利各邦政治舞台上的人物对未来的期望在这一年前后都发生了巨大的转变。他写道,大多数年轻人的确已经接受了建立一个"伟大而自由的祖国"的想法。但经验证明,阴谋、政治党派斗争和半途而废的起义"几乎毫无成效"。这些都只不过给现政权徒增烦扰,阻碍了公共进步,妨碍了公民财富的增长,使许多家庭陷于贫困。马志尼在遥远且安全的伦敦,写下"令人费解的宣言",鼓动"起义和屠杀",其言辞开始让爱国者反感。明盖蒂写道,这些都表明,"是时候走一条新道路了,一条更严肃、更实际,也更安全的道路"。[184]

在向渐进式改革的温和政治方案转变时,最具有代表性的政治家莫过于温琴佐·焦贝蒂,一位在都灵大学受过训练的自由主义天主教神职人员。焦贝蒂于 1825 年成为神父,曾在撒丁国王查理·阿尔贝特(Charles Albert)的宫廷中担任宫廷神父。而后他被卷入爱国者圈子,并因涉嫌参与秘密活动而被逮捕。在短暂入狱之后,他在 1833 年被流放。他先是在巴黎逗留了一段时间,随后移居比利时,在一所私立学校工作,并撰写了一部定义其历史角色的著作《论意大利民族在道德和文明方面的优越性》(*On the Moral and Civil Primacy of the*

Italians, 1843）。这部著作冗长而枯燥，上下两卷长达1100余页，却成了革命前数十年间的畅销书，五年之内就出版了八个版本，销售了大约八万册，而实际读过它的人只会更多。整个意大利半岛的人都在阅读这本书。

焦贝蒂迎合了爱国者的虚荣。他在书中宣称，意大利是"欧洲文明"以及"教养"的"创造者、守卫者和恢复者"。[185] 他写道，如果没有"意大利的天才人物"，人类就不可能获得维护良好协调的政治秩序所需的一系列文明成就。[186] 而且，意大利不仅是一个值得效法的优越国度，还是上帝选中的神圣工具。它的独特性体现在教宗这一特殊角色身上。18个世纪以来的历史已经将这个民族与宗座紧密地联系在一起，正是对天主教的深切眷恋使意大利能够重生并获得统一。实现统一的途径不是革命，而是教宗在半岛的诸侯和人民之间进行和平斡旋。[187] 是教宗，而不是人民，将成为意大利复兴的代理人；意大利复兴将通过建立意大利联邦来实现。[188]

这本书为什么能够如此成功？答案必然在于它刻意低调，内容也相当克制。公正、宽容、节制、温和、适度都是书中的关键词，再佐以典型的焦贝蒂式形容词——明智、合理、审慎、不偏不倚。焦贝蒂既不想要议会制，也不想要绝对主义的政府。在他看来，政府当局应当设立一个没有立法权的咨询会议来为自己出谋划策，并且从公众论辩中获知民意；只有这种温和的方式才能同时避免诸侯的专制和人民的无政府主义。[189] 焦贝蒂的论点之所以能够吸引意大利人的注意，恰恰是因为它把先前似乎不可调和的立场结合在了一起：教宗的普遍权威和意大利的民族运动、天主教信仰和政治现代化、君主主权和对公共舆论的尊重、意大利精英的历史记忆和大众的天主教宗教认同。[190] 在焦贝蒂有时令人昏昏欲睡的行文之中，现代生活中的种种悖论似乎都在平静的应许中消解了。这既不热情洋溢，也不令人兴奋颤抖，但对很多人来说，它比马志尼崇高的激进主义，比起义者和秘密社团的冒险行径都更加可取。[191]

意大利温和派的胜利

焦贝蒂是个自由主义者吗？自由主义政治思想的一个本质特征就是，它假设许多种不可避免的矛盾，并将政治设想为一种在彼此冲突的利益之间进行调解的手段。焦贝蒂对此并无兴趣。在他看来，自然本身的特性并不是矛盾，它是一个和谐的整体的一部分。政治应当尽可能地反映出这种固有的存在平衡。焦贝蒂主张，黑格尔以及其他各种辩证法思想的问题在于，它们认为矛盾在人类事务中发挥本质性作用：如果没有互相否定，也就没有进步。假如这种理论是对的，那么所有政治生活便都是由两个极端之间你死我活的拉锯战构成的。[192] 对焦贝蒂来说，温和不是矛盾的结果，而是一种理想型政治的本质性前提，这种政治以亚里士多德所称颂的方式追求共同福祉。[193] 政治的任务不是在彼此冲突的利益之间取得平衡，而是防止破坏稳定的潜在对立因素浮出水面。这是对温和的极致颂扬，它将和谐与社会安宁置于自由之上。

在19世纪40年代早期，焦贝蒂和他的作品是全意大利温和派的焦点，在意大利北部由萨伏依王室统治的皮埃蒙特尤其如此。焦贝蒂式的温和派将"对'消极'自由的谨慎倡导"和对爱国美德的呼吁结合在一起。[194] 和焦贝蒂一样，意大利爱国者、皮埃蒙特贵族切萨雷·巴尔博（Cesare Balbo）也主张建立"非代议性质的中间机构"，它没有立法权，只充当咨询议会。[195] 另一位皮埃蒙特温和派的主要人物马西莫·达泽利奥于1846年发表了一篇关于教宗国经济与社会压迫的调查报告。这一调查报告很有冲击力。但他在第二年发表的关于意大利解放的论文中，对宪法只字未提。在达泽利奥看来，解决人民苦难的办法不是代议制，而是更好的政府："行政统一，经济自由化，推进法治的改革"。[196] 在邻近的教宗国也有类似的努力。博洛尼亚农业协会和周报《费尔西纳报》聚集了一批温和派的重要人物。《费尔西纳报》的主题相当广泛，但尤为关注当地的社会问题：失业、流浪、贫困、犯罪。它的投稿人大多是当地的富裕名流，他们提议改进教育和技术培训、革新传统的分成制农业、投资基础设施，以解决无业男性青年过剩的问题（这些人被认为对社会的稳定构成了威胁）。这些要求改革的活动的真正重要性不在于提议本身，而在于越来越多的精英愿意视自己为政治参与者，对公共安全与福祉负有责任。[197]

虽然当时的人们时常提及"温和党"一词，但这些人之间从来不存在一个共同宣言或政治纲领。诚然，温和派人士大都关心犯罪问题，担心底层人民对社会稳定的威胁，但就像这个时代的许多其他"党"人一样，温和派也在许多议题上存在分歧，因而从未形成一个单一的组织。温和主义始终只是一种态度，但它在最富裕的阶层中获得了越来越广泛的支持。它的流行反映出一个混合型的精英阶层正在走上历史舞台：既有来自意大利北部贵族的实用主义、进步主义人士，也有工业、金融和文化资产阶级的要人。它非常适合奥地利统治下的伦巴第-威尼西亚地区，因为它旨在增强实力，而非向现存政权发起自杀式的正面攻击。例如，在威尼斯，改革者的目标是首先建立一个推进农业、制造业和商业活动的协会，然后在此基础上打造一个协会式网络，以便"使威尼西亚社会的各主要群体站在同一条战线上"。很多激进主义人士都受到了这一愿景的吸引，例如年轻的威尼西亚律师达尼埃莱·马宁（Daniele Manin），以及威尼西亚的众多名门显贵、文学青年和专业人士——犯罪学家、统计学家和科学家。这类人也曾围绕博洛尼亚的《费尔西纳报》而聚集在一起。[198]

温和主义的重心在最富裕阶层，这一点使人怀疑它的社会深度。不过，尽管脆弱且有局限性，意大利自由主义的温和转向仍具有重要的意义。它让意大利最保守的自由主义者与执意保持现状的法国基佐政权、拉蒙·马里亚·纳瓦埃斯领导下的西班牙温和派的威权自由主义，都有了联系。它的魅力会在1848年革命中受到削弱，革命将把更为激进的思想和人物推到前台。但我们也不应低估这些有局限性的政治思想在日后的影响。它立足于中间道路，使得因财产和教育程度不同而划分出的政治群体能够携手共进。它的出发点是意大利社会当下的政治力量平衡，而不是某种理想化的状态。它是精英主义、技术官僚主义的，追求现代化，并且毫不掩饰其反革命的立场。由此，它预示了在 19 世纪中叶的革命浪潮之后将会主宰大多数欧洲国家的政治生活的改良主义中间路线。

秩序的基石

面对自由主义者和激进主义者的挑战，欧洲各国当局都采取了一系列反制措施：军事镇压、法律诉讼、秘密资助亲政府的组织或媒体、设立间谍和线人网络等。1815 年后，欧洲安全体系开始出现，并在 1830 年后得以进一步深化：各国警察展开合作，以追捕逃离各自司法辖区的嫌犯。[199] 正如我们已经看到的，各国的警察展开了适应性模仿行动，他们学着加入地下秘密活动网络，渗透当地的地下组织分支，然后通过跨国合作网络来整合情报信息。他们对根除秘密活动团体、扰乱激进组织网络运作已经颇有心得，这是他们的长处。但是，这些措施是否真的延缓了革命的到来则非常值得怀疑。1848 年爆发的革命不是长期计划和秘密活动的结果。长期的政治异见和极端的经济混乱带来了大规模的社会抗议，这才是革命的起因。保守派挖空心思，想要在 1848 年 3 月的死伤名单里找出几个来自外国的职业煽动家，但一无所获。[200] 考虑到地下组织自诩为暴动的策划者和发动者，警方将注意力放在他们身上倒也合情合理，但挫败这些阴谋的努力也转移了当局的注意力，使他们没能专注于更紧迫的任务：进行广泛的社会、政治和经济改革，以改善现存社会政治秩序，从而避免革命的爆发。

在巴黎，警方对 1832 年、1834 年和 1839 年的一轮轮新起义都有所准备。根据 1832 年起义爆发后警方所拟定的动员方案，在发生小规模冲突时，军队应当留在兵营里。一旦爆发大规模暴动，就应当在全市的七个集结点分别部署一个国民卫队营和一个陆军军营，这些集结点都位于市内最关键的开阔地带。孤立哨位上的卫兵须向这些集结点撤离，以免被俘。一旦确认了暴动的核心区域，部队就会向该区域集结，以控制事态的发展。1834年和1839年的两次起义都迅速被镇压了，这似乎表明这一整套新方案在应对秘密社团领导的起义时行之有效。但是，巴黎和欧洲其他各国首都（伦敦除外）一样，对最终导致了1848年革命的大规模政治示威活动几乎毫无准备。[201] 因此，相较于这个时代的起义者的组织技巧或政治目标，这类起义的重要性更在于无意间吸引了当局的注意力，使政府没有注意到真正的威胁。

在所有的政治家当中，克莱门斯·冯·梅特涅是战后欧洲秩序的维护者中最具有代表性的一位。梅特涅曾协助瑞士和德意志建立了各自地方分权的宪政方案。他率先强化了政治警察的跨国行动，尤其是在1830年后。他手中握着由无数警官、特工和间谍组成的巨大情报网，他位于情报网中央，成了全欧洲消息最灵通的人之一。梅特涅之所以坚持反革命遏制策略，不是因为他的世界观使他把这看作上帝与魔鬼的战争，而是由于他在大断裂年代的亲身经历，以及年轻时受到埃德蒙·伯克（Edmund Burke）的《法国革命感想录》(*Reflections on the Revolution in France*)的启示。在梅特涅看来，伯克似乎提出了一种中间路线，它既不同于法国流亡贵族那种毫无妥协余地的保王立场（梅特涅厌恶他们的绝对主义），也不同于雅各宾派的激进威权主义。梅特涅可与变革共存，只要它缓慢、渐进，且与"秩序"相协调。从这个角度来看，梅特涅更像是英国的保守派辉格党人，而非欧洲大陆上的反动派。他在给自己的朋友利芬公主多萝西娅的信中写道："如果我不是现在的自己，那我愿意当一个英国人。如果我既做不了自己也当不了英国人，那我宁可不存在于这个世界上。"[202]

年轻时的梅特涅曾目睹一些原本和蔼可亲的老师是如何沉溺于启蒙运动后期的理性主义，最后走上暴力革命之路的。他刚成年的时候生活在边境地区——斯特拉斯堡、美因茨和布鲁塞尔，这些地方最先且最强烈地感受到了革命在欧洲造成的影响。在法国革命军跨过边界深入德意志西部之后，他见证了日耳曼民族古老的神圣罗马帝国轰

秩序的基石

然倒塌，它繁复的分权结构迅速崩溃，而他的家族世代都在为这个体制服务。对他来说，这不仅是一场政治灾难，更是一场经济灾难：他的家族失去了在莱茵地区的大部分财产，只能靠着波希米亚柯尼斯瓦特庄园的收入度日。梅特涅仔细阅读了各种小册子以及宪法条文。他很清楚观念的力量，也很清楚四处宣传这些观念的团体的力量。他目睹美因茨的雅各宾俱乐部从一个读书会逐渐变成了社会革命的助推器，也看到革命彻底改变了传统的战争法则。在1794年匿名发表的小册子里，梅特涅描述了这一改变的后果："无论老幼，无论自愿与否，也无论胆量大小，所有人都加入了战斗。人民向军队发起猛攻，人数有限的军队不得不抵抗无穷无尽的人民大众。人民一方有成千上万人倒下，又有成千上万人来接替；军队一方有数百人倒下，但他们的位置无人接替。"[203]

由于早年深受动荡不安的环境的影响，梅特涅把建设一种全面的和平体系当成了自己毕生追求的核心。对他来说，和平不仅仅意味着没有战争。他所经历的暴力使他深知，和平是不堪一击的，除非它构建在坚实的原则与架构之上——简单来说，就是建立在一种欧洲秩序之上。它是一种特殊的秩序：将规范国家间互动的方案，与确保国内社会和政治秩序稳定的因素相联系。因此，梅特涅一方面支持干预19世纪20年代初西班牙和19世纪30年代意大利争取宪政的起义，另一方面支持强化对激进主义和自由主义网络的监视、渗透和镇压。1859年5月底，也就是梅特涅去世的一周前，他的朋友、从前的下属亚历山大·冯·许布纳（Alexander von Hübner）拜访了这位已经86岁高龄的政治家。在朋友面前，梅特涅如此总结自己的政治生涯："我一向是秩序的基石。"[204]

亨利·基辛格（Henry Kissinger）对梅特涅十分推崇。在反思梅特涅的政治思想时，基辛格为我们揭示了"保守主义的困境"。他认为，保守主义是不稳定所带来的结果。因为一个社会只要仍保持团结，"就没有人想当保守主义者"。而当变革的时代来临时，捍卫那些我们曾经认为理所当然的东西就成了保守主义者的重担。但问题的症结在于，"捍卫的行动常常导致僵化"。秩序捍卫者和变革支持者之间的鸿沟越深，教条主义对保守主义者的诱惑就越大，到最后，双方不再有任何沟通的余地，因为他们所说的已经不是同一种语言了。"稳定与改革、自由与权威似乎变成了敌对关系，政治斗争开始以教条为纲，而不再尊重实际经验。"[205]

尽管梅特涅的天赋无可置疑，但他的确变成了僵化的典型案例。在国际事务上，他始终保持灵活现实的外交风格：在希腊爆发革命，从奥斯曼帝国独立并宣布建立民族国家时，他接受了此事，甚至最终还给予支持；对于在1830年革命中独立而成为民族国家的比利时，他予以默许，并且反对进行国际干预。但在他能直接控制的地区（德意志诸邦、意大利和他治下的奥地利帝国），他越来越分不清谁是激进派，谁是改革者。这个错误使他失去了一些本来可以合作的盟友，如匈牙利爱国者塞切尼·伊什特万。塞切尼立场温和、善于调停，若要阻止更加强硬的科苏特·拉约什得势，塞切尼是唯一有潜力的盟友。"自由主义势头正盛，"梅特涅在给利芬公主的信中讽刺道，"到处都在下沙雨。"[206]"沙"（Sands）指的是卡尔·桑德（Karl Sand），一个德意志大学生、兄弟会成员，因1819年刺杀剧作家奥古斯特·冯·科策布而出名。但卡尔·桑德并非自由主义者，而是一个精神不稳定的狂热之徒，满脑子都是拿破仑时代反法战争的狂热，心理上无法融入当下。在这一点上，梅特涅可能也有类似问题。在19世纪50年代，他根据笔记和日记撰写并出版了自己的回忆录，其中1813—1815年的事占据了超过1/3的篇幅，而1815—1848年的整整33年竟连1/10的篇幅都没有。正如他最好的传记作者沃尔弗拉姆·西曼（Wolfram Siemann）所言：梅特涅"在规划未来的时候，始终未能摆脱过去"。[207]海特涅的敏锐才思帮助他在群雄逐鹿欧洲大陆时纵横捭阖，但在面对欧洲社会正在觉醒的力量时，聪明才智似乎已经离他而去了。

"在我们这个时代的风暴中诞生了一个党派，它从一开始就胆大

秩序的基石　235

妄为，今天更是已经目空一切。"1834年，梅特涅面对聚集在维也纳的德意志邦联39个邦国代表说，"如果我们不建起一座大坝来阻挡汹涌的洪水，君主权威很快就将瓦解得无影无踪……"[208]"大坝"这个比喻表明，梅特涅已经本能地意识到，自己面对的是一场不可逆转的运动。一股力量蓄势待发，它有洪水一般的破坏力，而保守派政治家的任务就是要控制它。1848年，这座隐喻性的大坝终将决堤。后革命时代中欧的政治主导权逐渐落到了俾斯麦手中，他在某种意义上可以说是19世纪晚期普鲁士的梅特涅。不过对俾斯麦来说，筑起一座大坝早已是陈年旧梦，他的任务不再是控制洪水，而是要在历史的惊涛骇浪之中借势行船。

大坝上的裂痕

在匆匆两天的教宗选举会议结束后，乔瓦尼·马里亚·马斯塔伊-费雷提（Giovanni Maria Mastai-Ferretti）于1846年6月16日登上了教宗的宝座。人们对他尚且知之甚少，但对于他的前任、顽固反动的格列高利十六世的去世，很多人感到松了一口气。老教宗去世时已达80岁高龄。新教宗以庇护九世之名继位，时年48岁，为人热情，仪表迷人，举止优雅，颇得人心。格列高利十六世在1831年上任时就立即推行了一系列暴力镇压的举措，庇护九世上任后的第一件事却是向关押在教宗国监狱里的政治犯颁布了大赦。

大赦的反响出乎意料，甚至超出教宗本人的预期。随着消息传开，城中掀起了一阵狂欢的浪潮。在夏日的暮色之中，人群蜂拥而至，高呼："庇护九世万岁！"当时的亲历者表达着各种快乐、惊喜和陶醉的情绪。一位神职人员回忆说，这就仿佛天主的圣爱之光忽然闪现在这片城区。教宗宫殿前的奎里纳尔广场上景象壮观，成千上万罗马人聚集于此，希望获得降福。晚上10点半左右，教宗出现在宫殿的阳台上，向人群挥手致意。人群先是爆发出震耳欲聋的欢呼声，随即又沉默下来。人们纷纷跪倒在地，接受他的降福。根据一位亲历者的说法，"根本不可能用语言描述这种万众欢腾的景象，不是困难，是根本不可能。每个人都抬头仰望这一最令人敬爱的景象；所有人都泣不成声，哭天喊地"。[209] 几个小时后，到凌晨1点，又有更多的人聚集在广场上，教宗在这一晚第二次为他的人民降福。

教宗的统治开启了一种新局面：它充满魅力，动人心弦。对于在罗马发生的事情，美国记者玛格丽特·富勒为我们做了最生动且最有洞察力的记述。她在坎帕尼亚和一位朋友一同骑马时，恰巧看到教宗正在徒步。他健步如风，身着"简单的白衣"，身边只跟着两个一身紫色的年轻神父。她写道："他的所有半身像和版画都无法展现其神韵，他的面容散发着迷人的亲和力，一缕柔光映上他的面庞。只有天才和像他一样温柔的人才拥有这样的气质。"[210] 事情很快明朗，新教宗就自己的角色而言十分温和。用一位评论者的话说，他"乐于取悦他人"。[211] 他采取的改革又换来了更多的赞誉。司法和监狱改革得以实施；考察铁路建设的委员会得以成立（格列高利十六世拒绝支持这个项目）；主要谷物的关税得以降低，从而缓解了穷人的困难处境。教宗还公布了在首都增设瓦斯路灯的计划（格列高利十六世对此也深恶痛绝），放宽了审查限制，允许平信徒加入此前只有神职人员才能进入的重要行政与议事机关，并建立了一支由罗马的纳税公民组成的市民卫队来维护城市的秩序。1847年10月1日，教宗宣布，罗马未来将由两个机构统治：一个是议事市议会，成员约100人，其中仅有4名神职人员；另一个是由9人组成的元老院，成员由市议会选举产生。这一让步引发了格外热烈的欢呼。10月3日举行了一场感恩游行，参加者中有4000名市民卫队成员。受到城中越发强烈的民族主义情绪激励，庇护九世甚至在1848年1月成了第一个公开宣称"天佑意大利"的教宗。

然而，在教宗与罗马市民越发密切的新式关系之中也存在不稳定的因素。当成千上万市民半夜聚集在他宫殿前的广场上时，除了现身降福，教宗真的有其他选择吗？这个夏天的几个月里，民众闹哄哄地向教宗表达的热情让富裕市民开始感到紧张，他们担心这可能成为劫掠财产甚至政治动乱的掩护。[212] 这的确是问题的要害，因为民众对庇护九世的热情很快就染上了政治色彩。"庇护九世万岁"的口号很快就演变成了"意大利国王庇护九世万岁"，很快口号又加上了"奥地利人去死"，甚至连"处死教宗的邪恶顾问"的口号都出现了。如果有一天，人们先是聚集在托斯卡纳公使馆前，为托斯卡纳公爵利奥波德二世欢呼，再前往皮埃蒙特公使馆，为皮埃蒙特-撒丁的国王查理·阿尔贝特欢呼，然后精神亢奋地向奥地利公使馆所在的威尼斯广场进发，那么事情会如何？1847年9月7日周二晚上，上述情况确实发生了。作为伦巴第和威尼西亚的外国统治者、意大利半岛上的保守派天主教强权，奥地利一直是意大利自由主义者、爱国者和各派民主主义者极端仇恨的对象。人群在罗马街头高呼"奥地利人去死"和"意大利统一万岁"的景象在维也纳敲响了警钟。[213] 梅特涅于1847年夏写道："革命已经把庇护九世掳为自己的旗帜。"[214]

从庇护九世的角度来看，事情的发展令人深深不安。教宗愿意做出的改革相当有限。他是有进步声誉的温和派的一员，但不是自由主义者。在一个本质上属于神权统治的国家里，由天主所任命的君主怎么可能真的将决定国家大事的权力分享给平信徒和人民议会？教宗也不可能支持针对奥地利人的行动，因为他自身的安全还有赖奥地利人的支持和他们在当地的势力。他并非对意大利同胞的爱国情感无动于衷，但在他看来，**在政治上统一意大利只是一个妄想、一个危险的陷阱**。随着罗马的自由主义者和激进主义者越发自信，也越来越敢于表达，他的忧虑也随之加深。1848年1月10日，他向聚集在宫外的人群喊话："天佑意大利！"但随即又补充道："但不要强迫我做我不能、不应也不愿去做的事情。"玛格丽特·富勒在1847年5月写道："意大利人满怀着他们天性中的热情，发出永无止境的欢呼，呼喊万岁，燃放烟火，举行火炬游行。我时常会想象教宗的感受：他独坐窗边，听着窗外充满期待的喧嚣，内心该是何等沉痛、悲伤。"[215]

在罗马喧嚣的欢庆背后，整个欧洲的政治局势日渐紧张。1846—1847年的农作物歉收导致粮食价格上涨，西班牙、德意志、意大利和法国都发生了饥荒骚乱。仅在普鲁士一地，在粮价最高的1847年4—5月，就发生了158起骚乱（市场骚乱，商铺遭到攻击，交通被封锁）。意大利各邦的偷盗案件和轻罪案件数量激增，使得中产阶级深感恐惧。当时人们已注意到政治话语正日益强硬。正如我们之前提过的，在法国，宴会上的祝酒词和演讲也更加激进了。到1847年夏，温和派报纸《费尔西纳报》注意到，新的、"有害的"共产主义信条正在从邻近的托斯卡纳传入博洛尼亚。[216]

奥地利人对庇护九世周围的自由主义爱国狂热深感不安，于是向邻近教宗国北部边境的要塞城市费拉拉增派了驻军。1847年7月17日，奥地利的两位将军努根特和达斯普雷率领800名奥地利士兵进入该城，军旗飞扬、刺刀闪亮。尽管根据条约，奥地利在费拉拉拥有长期权利，但增援行动还是引起了轩然大波。教宗身边的骚动到达了一个新高度：虽然毫无根据，但全意大利的自由主义者和激进主义者都在风传，奥地利调集部队是在密谋推翻庇护九世。不安和愤怒的情绪愈演愈烈。激进的托斯卡纳报纸《人民报》在1847年9月报道称，在阿雷佐和锡耶纳之间的河谷小村落瓦尔迪基亚纳，农民对时局十分清楚，他们只谈论"教宗和日耳曼人（指奥地利人）"："对他们来说，教宗就是一切，他们借由教宗来理解或替代所有其他的观点。每个人都在说：只要教宗开口，他们就会抛下一切去帮他抵抗日耳曼人。"[217]

意大利各邦的君主回应这场政治情感浪潮的方式各不相同。托斯卡纳长久以来一直以相对温和的治理而著称。托斯卡纳大公也与改革派精英更加亲近，颁布法令放宽了新闻审查，并扩大了作为咨询机关的议会。皮埃蒙特-撒丁国王查理·阿尔贝特犹豫不决，虽然他乐于顺应反奥地利情绪的浪潮，但暂时只愿向改革派做出些微让步。温和派对这种僵局感到不耐烦,于是转而与激进主义者达成妥协:不再寻求部分调整,而是要求对王国的行政管理和制度安排进行全面的改革,包括颁布宪法。在南方,两西西里王国的国王费迪南多二世尝试了另一条道路:他更换了几个大臣,向最贫困的阶层提供福利(如废除受人厌恶的磨粉税),以此阻碍实质上的改革。但与皮埃蒙特国王不同,这位那不勒斯波旁王朝的君主既不愿意,也不可能真心诚意地支持民族主义。在他眼中,民族主义不过是一个有害的乌托邦幻想。[218]

1847年,当歉收开始影响王国经济的时候,那不勒斯文人路易吉·塞滕布里尼秘密印刷了一本匿名的小册子,猛烈抨击了君主制及其仆从。塞滕布里尼在充满激进主义和爱国主义思想的环境中长大。他的父亲是一个律师,曾参与1799年那不勒斯的革命。在1820—1821年的宪政革命期间,7岁的塞滕布里尼经常跟随父亲一起参加烧炭党的聚会。1834年,他加入了马志尼的青年意大利,以及一个更加隐秘的教派——青年意大利之子,它模仿光明会,引导成员在感性上认同民主主义和新雅各宾主义。第二年,他在两西西里王国的四所高中之一——卡坦扎罗的高中——得到了教师职位,同时依然积极参与激进组织的地下活动。1839年5月,他被人出卖,继而被逮捕,在监狱中度过了三年。1842年出狱后,由于无法重获教职,他只能靠做家教勉强营生。他一度对焦贝蒂的观点颇有好感,但不久就将其摒弃,认为这纯属不切实际的幻想。1847年夏,他写下了猛烈攻击那不勒斯政权的小册子《两西西里人民的抗议书》(*Protesta del Popolo delle Due Sicilie*),时至今日,这仍是他最为人所知的作品。

《两西西里人民的抗议书》几乎对波旁王朝的每一个特征都展开了猛烈的攻击。塞滕布里尼写道,这个国家的政府是个"巨大的金字塔",它的基础是"警察和神父",顶端则是国王——这一堆人里"最大、最令人生厌的寄生虫"。(有趣的是,毕希纳和魏迪希也曾如此描述黑森-达姆施塔特大公路德维希二世。)"从门房到大臣,从普通士兵到将军,从宪兵到警务大臣,从堂区神父到国王的告解神父",这个王国的每个官员都是"对下属毫无人性的疯狂暴君,对上级卑躬屈膝的奴隶"。

> 26年来,两西西里一直被一个无比愚蠢而残忍的政府压迫……这个政府的每个大臣都又蠢又坏……这里本是经济科学诞生的土地,直到今天,仍有许多杰出的人在这里撰写博学的论文,但它却由一帮白痴和窃贼管理……这个王国如此美丽而丰饶,它的物产足够养活两倍于当下人口的居民,但面包竟然经常短缺,以致人们饥饿至死,而粮食经常不得不从敖德萨、埃及和其他堪称野蛮之地的国家进口。如果你问大臣们还有多少粮食,王国需要多少粮食,他们根本就一无所知……所有人都受到了压迫,而一切罪恶的源头就是这个政府。[219]

即使在那个充斥着诋毁文字的年代,这些文字也算得上激烈了。与北方温和派转弯抹角的批评不同,塞滕布里尼的指控没有留下半点谈判或妥协的余地——人怎么可能和寄生虫谈判呢?《两西西里人民的抗议书》在王国甚至整个意大利半岛的文坛都掀起了巨浪,甚至有狂热之徒往正在巴勒莫访问的两西西里国王费迪南多二世的马车里扔了一本。[220] 一位那不勒斯的自由主义者估计,在半岛上应当有超过1000册抗议书在四处流传,那不勒斯和其他各省的人都在谈论它。警察抄没并销毁了许多册,但"人人都在阅读"幸存下来为数不多的珍贵副本,"无论是政府的朋友还是敌人"。涉嫌撰写这本书的自由派活动家或参与印刷出版的工人都被捕了。[221] 有人把它翻译成了法语,进一步摧毁了那不勒斯波旁家族在欧洲大陆自由主义者中(原本就已不多)的声誉。塞滕布里尼担心自己的作者身份暴露,进而被逮捕处死,于是在1848年1月3日逃到了马耳他。几周之后,当在巴勒莫爆发的革命蔓延到那不勒斯时,他才返乡。

到了19世纪40年代中期,普鲁士的政治体制似乎已时日无多。问题不仅在于民众的期待日渐增长,而且在于财政上的窘迫。根据1820年1月17日颁布的《国家债务法》,普鲁士政府不经全国三级会议批准,无权发行国债。在19世纪二三十年代,普鲁士的历任财政大臣一直都在通过名义上独立的国家银行——海事银行——间接筹措贷款,以此避免召集议会的麻烦,同时在总体上将负债保持在最低限度。但这种花招不可能永远用下去。国王弗里德里希·威廉四世(Friedrich Wilhelm IV)对铁路事业极为热情;而在这个时代,交通技术的革命在经济、军事和战略上的重要性也确实越发明显。[222] 铁路部门事关重大,不宜交给私人承办。于是很显然,普鲁士政府很快就必须扩大自己的职权范围;但如果不大规模举债,政府根本就无力承担这笔天文数字般的基建费用。要想发行这种规模的国债,就不得不召开全国三级会议。国王并不情愿,但别无选择:没有议会,就没有铁路。

这个召集起来的新复合机构被称为联合省议会,它甚至在实际举行第一场会议之前就已经惹来争议。只有少数温和保守主义者对此大唱赞歌,但他们的声音很快就被自由主义者和激进主义者潮水般的抨击淹没了。在大多数自由主义者看来,这个新成立的议会远远没有达到他们合理的期望。西里西亚的自由主义者海因里希·西蒙(Heinrich Simon)在一篇论战文章中怒斥:"我们要面包,你却给我们石头!"为了避开普鲁士的审查,这篇文章在萨克森的莱比锡出版。[223] 召开议会的诏书不仅冒犯了自由主义者,而且给强硬的保守主义者敲响了警钟。在后者看来,召开议会给全面实施宪政敞开了大门。与此同时,召开议会的布告也刺激了民众政治期待的进一步扩大。

1847年4月11日周日,这一天,柏林寒冷灰暗,阴雨连绵。600余名来自各省的代表涌入王宫的白厅,参加联合省议会的开幕典礼。国王致开幕词,在脱稿的情况下滔滔不绝地说了半个多小时,这已经算是个危险的信号了。国王根本没有妥协的念头。他宣称:"尘世间没有什么权威能让我把君主与人民之间的自然关系……转变为死板的宪法关系。我永远不会让一纸空文挡在上主与这片土地之间。"演讲的结尾提醒代表,这个联合省议会绝不是立法机构,召开它纯粹是为了一个特定的目标——批准新的赋税和国债。而这个议会的未来完全取决于国王的意愿和决断。它的任务绝不是"代表舆论"。国王告诉代表们,他有可能在未来重新召开议会,但前提条件是他认为这个议会"良好且有益,而且议会能够证明这样做不会损害王权"。[224]

结果,议会的讨论证明,极端保守派的担心完全正确。在普鲁士,各派别自由派人士有史以来第一次汇聚一堂。他们发起了一场攻势,要求将联合省议会变成一个真正的立法机构。他们坚称,如果政府拒绝,议会就不会同意政府的开支计划。普鲁士的新闻和政治团体大都分散在各地区,在这种情况下,此次经历的重要性怎么夸大都不为过:它不仅给自由派增添了信心和使命感,还让他们首次领略到政治合作和妥协的益处。一个保守派人士懊丧地评论道,自由派时常工作"到深夜",以协调策略来应对关键政治问题的论辩。[225] 借着这些努力,自由派成功地在大多数议会辩论中都掌握了主动权。

与之相比,保守派则是一片混乱。在会议期间,他们似乎大部分时间都处于守势,只能对自由派的提议和挑衅做出些许回应。作为捍卫各省多样性和地方自治的急先锋,保守派要想在"全普鲁士"层面上达成合作也更加困难。对许多保守派贵族来说,他们的政治观点必然与他们在精英圈层中的地位密不可分,这就使得他们很难和地位稍低于他们的潜在盟友达成共识(匈牙利的保守派也面临同样的问题)。自由派已经在某些宽泛的原则上达成了一致(如宪政、代议制和出版自由)。而保守派似乎距离一个明确的共同纲领还十分遥远,他们所共有的仅仅是一些模糊的直觉:在传统基础上的渐进式改革要优于激进变革。[226] 保守派缺乏领袖,在组织政党方面也非常迟缓。利奥波德·冯·格拉赫在 5 月 7 日,也就是议会开幕四周之后总结道:"这是接二连三的溃败。"[227] 1848 年 2 月中旬,自由派议员阿道夫·克雷米

大坝上的裂痕 243

厄（Adolphe Crémieux）在巴黎也注意到了同样的差距："巴黎的（反对派的）运动如火如荼，而保守派阵营则乱作一团。"[228]

但纯粹就宪政方面而论，普鲁士的联合省议会并没有取得什么成果。它没有被允准成为一个立法机构。在 1847 年 6 月 26 日休会之前，它否决了政府发行国债以建设东部铁路的提案，宣称只要国王不同意定期召集议会，就永远不会予以合作。自由主义企业家、议会代表达维德·汉泽曼（David Hansemann）的讽刺广为人知："在钱的问题上，和善也是有限度的。"即便如此，在政治文化方面，联合省议会仍然是一座重要的里程碑。与之前的省议会不同，联合省议会是一个公开的机构，它每天的议程都被记录在案并且公开出版，这使得议会中的辩论内容能在王国的每一寸土地上引发政治回响。议会盖棺论定地证实，君主制的遏制策略已成强弩之末。它还预示着真正的宪政变革已然临近，势在必行。然而，这种变革究竟会以怎样的形式到来，这一点尚未可知。

雪崩之势

到了 19 世纪 40 年代中期，瑞士各独立州之间的冲突逐渐演变成全瑞士的危机。1845 年，卢塞恩州的天主教政府宣布通过一项新法令：重新接纳被瑞士的新教地区痛恨的耶稣会士，并委派他们掌控州内的教育体系。为了预防可能的骚乱，政府拘捕了自由派领袖，这激起了更大的怒火，促使大量难民涌向周边的几个州。一个自由派目击者宣称："如此之多的民众竟然因为他们的政治观点而背井离乡，逃离这样一个小邦（指卢塞恩州），这在我们祖国的历史上简直闻所未闻。"[229] 毗邻的阿尔高州的自由主义者组织了两次对卢塞恩州的武装袭击，但均遭失败。在 1845 年春的第二次袭击中，超过 4000 人在伯尔尼州激进律师乌尔里希·奥克森拜因（Ulrich Ochsenbein）的率领下向卢塞恩州进军。自由派指望他们会被当地人视为"反对天主教平民主义暴政的解放者"。[230] 但卢塞恩人在邻近的保守州楚格、乌里和翁特瓦尔登的联军支援下两次击退了自由派的袭击。进步派与天主教阵营之间的鸿沟日渐加深。进步州的自由派推动了各自宪法的修订，而天主教州则越发紧密地团结在一起，形成了分离主义者联盟。这是一个成熟的军事联盟，制定有关于中央军事指挥权的条款。[231]

第二年，联邦议会中的自由派做出了回应：他们提议宣布分离主义者联盟违反了联邦宪法（实际上，是否真的违反宪法取决于你认为瑞士是一个真正的联邦，还是只是由准独立的邦国所组成的邦联）。1847年1月，议会的轮值主席岗轮到了伯尔尼州，这个州有强烈的自由主义倾向，其政府领导人正是曾率志愿军袭击过卢塞恩州的乌尔里希·奥克森拜因。议会决定对分离主义者联盟采取行动，并颁布组建联邦军的法令。结果几乎没有什么悬念可言：进步州的人口是保守州的3倍，手上的资源则有9倍之多。

接下来的战争持续了25天，双方共计93人死亡，510人受伤。如果联邦指挥部没有推行人道主义克制政策，伤亡可能会远超这一数字。[232] 最激烈的战斗是发生在卢塞恩州罗伊斯河谷的基西孔之战。分离主义者联盟的部队在罗伊斯河谷的高地上挖掘了防御工事，联邦军的齐格勒上校率领部下连续三次向对方阵地发起进攻。在两小时苦战之后，分离主义者联盟的军队放弃阵地撤退了。这次战斗导致37人死亡，大约100人受伤。这不仅是这场战争中最漫长、最血腥的战斗，也是瑞士军队历史上参与的最后一次对阵战，还是世界历史上第一次使用了专门设计的救护车的战斗。苏黎世的护士和志愿者使用这些马拉的救护车在战场上救治伤员。

对于这场冲突的重要性，当时的人毫不怀疑。对乌尔里希·奥克森拜因这位充满激情、立场鲜明的新教徒来说，袭击卢塞恩州称得上是一场耶稣会奴役与"争取精神和肉体自由的人民"之间具有世界历史意义的正邪之战。[233] 在巴黎和维也纳，瑞士危机（尤其是在政治家眼中）被视为"中欧革命者与反动派斗争的预演"。法国驻柏林公使

雪崩之势　245

在给基佐的信中写道，不应孤立地理解瑞士的事件，它应被视为"普遍的革命问题"的一个方面。[234]梅特涅和基佐都希望防止瑞士自由主义运动的成功影响相邻的地区，两人都支持天主教州；不过，相互的不信任导致二者都没有进行军事干预。法国的官方媒体将这场战争描述成保卫受压迫州和宗教自由的斗争。普鲁士也卷入瑞士的动荡。普鲁士国王弗里德里希·威廉四世也是瑞士联邦下辖的纳沙泰尔州的君主。尽管普鲁士官方在冲突中保持了中立，但国王本人深切同情分离主义者联盟，厌恶自由州建立新的瑞士政治体制的斗争。

没有人能阻止瑞士自由派的战斗热忱蔓延到法国和德意志西南部。在1847年与1848年之交的秋冬，法国宴会上的激进演讲者纷纷为"瑞士的自由"而举杯。在德意志南部和莱茵兰，人们自发组织游行，发表附有联署者名单的公开信，以表达对联邦事业的支持。来自德意志邦联、法国、比利时和英格兰的捐款源源不断地涌向瑞士，以帮助阵亡联邦将士的遗孀和子女。[235]意大利爱国者甚至从奥地利控制下的米兰赶来瑞士。

德意志的激进主义者开始将瑞士的事件视作次年革命的序章。德意志革命的激进派游吟诗人费迪南德·冯·弗赖利格拉特（Ferdinand von Freiligrath）唱道："在高地第一枪打响了，/在高地上打倒神父！"在弗赖利格拉特的诗中，分离主义者联盟战争是一场"愤怒的雪崩"，一旦开始就将席卷整个欧洲，从西西里到法兰西、伦巴第和德意志各邦。[236]在巴登和符腾堡，志愿者们（其中多数是激进主义者）自愿前往瑞士，为自由事业而战。联邦军的军官中有来自德意志的激进主义者约翰·菲利普·贝克尔（Johann Philipp Becker）。贝克尔1809年出生于普法尔茨的弗兰肯塔尔，因参加1830年革命后的政治骚乱而被监禁，并于1837年携妻儿定居瑞士。定居后，他依然作为激进民主主义者参与政治活动，不过他也通过各种商业活动挣得了稳定的收入，包括担任一家雪茄厂的合伙人。1847年他被任命为奥克森拜因所率领的联邦军部队的副官，在战场上英勇地与分离主义者联盟对抗。他在这场战争中获得的军事经验将会在1848—1849年德意志的革命起义中给他带来莫大的帮助。

欧洲舆论把瑞士危机简化成了一场二元冲突：一方是新教自由主义者，另一方则是天主教保守主义者。然而，在这个面积不大却高度多样化的国家里，实际情况要复杂得多。双方阵营里都有天主教徒和新教徒。信仰天主教的提契诺州并未加入分离主义者联盟。无论天主教还是新教的自由主义者都不相信同一阵营里的新雅各宾主义激进派，并对他们感到恐惧。双方的最高指挥官［分离主义者联盟的总指挥约翰·乌尔里希·冯·扎利斯-索利奥（Johann Ulrich von Salis-Soglio）将军和联邦军指挥官纪尧姆·亨利·杜福尔（Guillaume Henri Dufour）将军］都是新教保守主义者。在联邦军的军官里，有对伯尔尼州的自由主义者持怀疑态度的新教保守主义者；而在分离主义者联盟的军官里也有持自由主义信念的个人。双方官兵都相信自己是在反抗"暴政"，为"自由"而战（没有人会在奴役的旗号下战斗）。[237] 将瑞士的战争描绘成进步与反动之间二元对立的图景，使得这场规模不大的战争在全欧洲引发了远超其规模的影响，人们借此团结一致、抖擞精神。但这种描述也掩盖了参战各州卷入的不那么起眼的各种冲突：城市与农村的冲突、山地与低地的冲突、自由主义者与激进主义者的冲突、天主教州内部地方主义者和越山主义者的冲突，新教徒内部保守主义者和自由主义者之间的冲突等。如果瑞士的战争持续更久，这些裂隙很可能会扩大，削弱双方的凝聚力，那么奥地利便有机会进行军事干预，以支持分离主义者联盟，从而使天平朝着另一个方向倾斜。欧洲的自由主义者和激进主义者从"自由"对"反动"的胜利中收获了鼓励，却忽视了许多裂痕和不稳定因素。在这件事情上，胜利并非良师，过去和未来的许多事件亦是如此。

第四章

爆　炸

"我预言将有一场动乱"

  1848年1月初,巴勒莫各处的墙上都贴满了印刷的告示,宣布一场革命将在1月12日国王生日庆祝活动的掩护下爆发。此事令人困惑:这场密谋仍在酝酿之中,而其领导人为何提前警告政府?告示发出后的几天,城市的驻军处于高度戒备状态。当天清晨,巡逻队就从港口的要塞出发,在城市各处盯梢。刚开始,没有骚乱的迹象。直到下午早些时候,确实有许多人开始在圣安东尼奥门、教授之家、佩佩里托和花神花园等许多地点聚集起来。当军队奉命驱散人群时,冲突爆发了。市民从公寓较高楼层的窗户向下投掷石头、木片和瓦片,狠狠砸向士兵。夜幕降临时,巴勒莫大部分地区都发生了起义,起义者人数不多,但在持续增加——武装的起义队伍正从首都附近山区的城镇和乡村不断涌向城市。

  正如那个春天引发横扫欧洲的革命的所有起义一样,这次起义的爆发存在一定的偶然因素。城市各处张贴的告示上,都写着起义由"革命委员会"批准,但这一落款是捏造的,而且是否真的存在计划或密谋都值得怀疑。[1] 这些告示真正的作者是弗朗切斯科·巴尼亚斯科(Francesco Bagnasco),他经历过1820年革命。他个人坚信巴勒莫的市民领袖已准备好要对抗暴君,而宣布起义的消息则足以促成此事。[2] 事实证明,他的判断是正确的。在他预告的那天,事实上本没有什么计划好的起义。对起义的期待将一群好奇的人带到市中心。届时,只要有一名哨兵不小心擦枪走火,触发军队和市民之间的交锋,一大批人的在场本身就足以酝酿出大规模的骚乱。[3] 阿尔方斯·德·拉马丁在描述六周后爆发的巴黎革命的开场时,注意到了类似的情形:"好奇且无恶意的围观者一直在街上游走,人越走越多,而另一些人从巴黎市郊涌来,不过,他们并不是来谋划什么行动的,只是想来看看到底发生了什么。似乎是到场之人的好奇引发了这一事件。"[4]

1月12日的巴勒莫起义并非晴天霹雳。据时人的观察,自1820年革命之后,这座小岛就一直处在政治躁动的状态,多次发生动乱。[5] 1837年,霍乱席卷西西里,很多人认为是那不勒斯的波旁政府给整座岛下了毒,于是许多被怀疑是波旁密探的人遭谋杀。到1847年夏,那不勒斯政权一直处于防御状态。来自西班牙波旁家族的费迪南多二世有一位奥地利妻子,首相彼得拉卡泰拉(Pietracatella)恳求他"立刻采取措施",颁发批准出版自由的法律,招募"有才能者"在他治下各省担任公职,而费迪南多二世对此充耳不闻。[6] 相反,他致力于建设军队和教会这些能够维护其权力的主要机构。另外,他通过巡游、减轻磨粉税(最贫穷的阶层尤为厌恶这项赋税),以及偶尔撤换不得民心的大臣,来讨好民众。1847年8月11日,费迪南多二世发布法令,向他的臣民强调他在减税和削减公共债务方面的措施。然而,他的王国已经跨过了那道神秘的门槛。至此,渐进式改革的承诺在"太少且太晚"的无情逻辑前失效。过了这个临界点之后,妥协就再也无法安抚政治反对者,反而会刺激他们。

1847年9月1日刚到下午,一小伙人从西西里岛东北部墨西拿的圣莱昂内村及博切塔、赛拉和波尔塔莱尼等城郊向市中心聚集。他们大多带着老式猎枪。这支队伍鱼龙混杂:总共有大约97人,其中有12名学生,剩下的人包括数名掮客、鞋匠、教授、伞匠,一名店主,一名船长,几名店员,一个帽商,一名王室乐队的演奏者,一名神职人员,一名纺纱工人,一名裁缝,一名金匠,一名银匠,一名建筑师,一名理发师和一名军械工人,另有两个低阶贵族,以及两个城市劳工阶级的成员——绰号"小玻璃"和"三个鼻子"。[7]这场骚乱的结果可以预料:队伍很快被镇压,叛乱在天黑前就结束了,仅仅持续了几小时。

事后观之,墨西拿叛乱从一开始就注定失败:行动没有明确的政治领导、组织或计划。事实证明,墨西拿市民也不够团结,他们在冲突开始后就跑回家中。叛乱者所设想的更大规模的骚乱并未成真:巴勒莫、科森扎、卡坦扎罗都风平浪静,只有雷焦卡拉布里亚爆发了起义。[8]而对那些仍青睐传统权威的人而言,此时已然充满不祥之兆。资产阶级的杰出工匠与社会最贫穷阶层共同现身,这反映出经济衰退的影响。它最早在农业领域显现,现在正波及商业和制造业领域。墨西拿叛乱者在游行时挥舞着意大利三色旗,这证明《毛罗里科》和《赞克莱观察者》这类地方自由主义期刊的爱国言论在城市居民心中留下了印记。墨西拿市民识字率较高,而颇为讽刺的是,这要归功于波旁时代所开展的教育改革。[9]"庇护九世万岁"的呼喊也暗示了意大利半岛不同地区所出现的政治风暴之间存在深刻的联系。费迪南多二世曾明确表示他无意效仿教宗的做法,并下令立即禁止任何支持这位热心改革的教宗的活动。然而,这种让王国的政治生活与意大利半岛其他地区的动荡脱钩的努力完全未起作用。

整个1847—1848年之交的秋冬,两西西里王国都处于热切的期盼中。根据1847年9月7日的急件,奥地利驻那不勒斯公使施瓦岑贝格亲王报告称,"搅动着整个王国的……革命运动"有"两个明显的倾向",那不勒斯城和内地省份的人民希望通过宪政和代议制来获得"积极有序的治理";与此不同,西西里人民则普遍希望实现独立:"对那不勒斯和那不勒斯人的仇恨是每个人内心最鲜活的情感……他们还没有忘记，西西里曾有过这样一个时代，英格兰人可以说是逼迫费迪南多国王批准了一部宪法。"[10]

英国贵族埃奇库姆山伯爵欧内斯特·奥古斯塔斯（Ernest Augustus）于1847年11月10日抵达巴勒莫，他此行的目的是治疗自己的疾病。在回忆录中，欧内斯特记录了当时的景象：首都四处传播着公共动乱即将来临的传闻。这个城市中与他有过交谈的所有人——其中大部分人是巴勒莫贵族，都认为社会中存在"极端和普遍"的不满。[11] 1847年11月底，瑞士内战中自由州获胜的消息引发了那不勒斯和巴勒莫的新一轮游行和动乱。[12] 11月27日，"男人和女人们为国王，为庇护九世，为意大利，最重要的，为西西里独立热烈鼓掌欢呼"。第二天，在花神花园中也能听到相同的呼喊；当晚，剧院内挂起了三色旗。11月30日，马德里切广场上聚集了一大批人，他们来此聆听一位教士的布道。这位教士在巴勒莫的守护神圣罗莎莉娅雕塑的手里插了一面三色旗，以向自由致敬。一位目击者称："人群不断扩大，当布道结束，教士从雕塑上拿下旗子后，人们就立刻向警察局发起进攻。"但军队出现后，人群很快散去，徒留旗子散落在鹅卵石街道上。[13]

零星的骚乱很容易控制，但频发的骚乱就势不可当了。零碎的改革、军队的威慑行动、一波又一波的逮捕行动、罢免不得人心的大臣，这些行为似乎没有起到任何作用。意大利中部和北部传来的消息也使人无法安心。"欧洲和意大利新命运"公认的领导者庇护九世的上台，促动巴尼亚斯科印刷并张贴告示，"宣告"起义即将到来。1847年12月底，皮埃蒙特和罗马的66位著名自由主义者签署了致费迪南多二世的公开信，力劝他效仿"庇护九世、（托斯卡纳的）利奥波德和（皮埃蒙特-撒丁的）查理·阿尔贝特的政策"，并以此与"意大利的政策和上帝的旨意"保持一致。这封信被自由主义媒体广泛转载，它揭示了半岛局势的分歧动荡，有一些国家似乎已经做好开启改革的准备，但另一些还没有。

在 1 月 9 日告示中，巴尼亚斯科表述了政治精英的不耐烦，他不再相信改革的可能性：

> 西西里人啊！无用的祷告已经过时了。抗议、请愿、和平游行都是没用的。费迪南多二世对这些不屑一顾；而我们，镣铐和苦难加身的自由民族，还要多久才能夺回我们的合法权利？拿上武器吧，西西里的儿女，拿上武器吧！全体的力量必将无所不能：民族团结之时，便是国王倒台之日！1 月 12 日黎明，普遍新生的荣光时代即将开启！[14]

最为奇怪的是，这场 1 月 12 日夜里开始的起义最后居然成功了。早期的抗议者人少、混乱，很容易被驱散。政府都做好了准备，事实上，他们比起义者的准备更为充分。整个城市遍布着治安卫所，士兵们可以在此躲避充满敌意的人群。其中包括一座位于码头的牢固防御工事，便于船只在此地提供补给。在要塞，政府还筑起了高地，以观察人群聚集的具体街道和房屋，并据此调配炮兵轰击。费利切门外的水域上停着一艘那不勒斯战舰，随时准备沿着托莱多大街（今天的维托里奥·埃马努埃莱大街，但旧名称现在还在使用）发动炮击。自腓尼基人建城以来，这条大道就将城市一分为二，士兵们可以向整条街道发射炮弹或霰弹，防止反叛者大规模聚集。那不勒斯的援军也能迅速抵达。1 月 16 日早晨，9 艘那不勒斯战舰带来 6000 名王室军队的新兵，包括一个炮兵营，与已在巴勒莫的 4000 名军人会合。此时，埃奇库姆山伯爵后来回忆说，"任何一个有理智的人都不相信革命者有成功的机会"。[15]

然而，到了 2 月 4 日，政府军队已大多从城市撤离；第二天，城里就举办了庆祝起义胜利的圣歌会。事情怎么会发展成这样？一部分原因是波旁政权在西西里相对不受欢迎，尤其是在巴勒莫。施瓦岑贝格于 1848 年 1 月 3 日从那不勒斯发来报道称："这里的人民在极端贫困中煎熬，而上层阶级则一致反对现政权，在这样的国家里，政府软弱无能，只控制了一些驻防要塞。"[16] 贯穿巴勒莫的两条大道可以很容易为骑兵和炮兵所控制，但这两条大街也将城市分为四块错综复杂的小巷迷宫，逃散的起义者能藏身其中以确保安全，军队却无能为力。在码头附近水域上巡游的炮艇能向城市发射炮弹，但它们也不是战无不胜的。1月24日，一艘炮艇停在一条狭长街道街口的正对面，这条街横穿该城一条中心大道。炮艇开始不时发射炮弹，而一些起义者成功抢到一门老旧的野战炮，将其推至岸边，开始对船开炮。"交火次数不计其数，"埃奇库姆山伯爵评论道，"当第一枚炮弹发射后，双方立马进行回击。炮艇开始后撤，并继续发射，在岸上开炮的人也加倍予以反击。"[17]

起义胜利更为根本的原因是政府和军队的优柔寡断。在装备落后的起义者袭击士兵时，将军命令士兵们撤退，集中精力守卫更重要的目标，如财政部、王宫、警察局和法院等。这意味着人群可以先集中攻击一栋重要建筑，然后再攻击下一栋。他们用步枪驱赶守卫，甚至用抢来的大炮开火。让王室军队感到尤为挫败的另一因素是，乡村小队源源不断地涌入，这些人随时准备与起义者并肩作战。甚至在那不勒斯的援军到来后，政府仍然瞻前顾后，犹豫不决。早在1月16日，军队新任指挥官罗伯托·德·索热（Roberto de Sauget）就下了结论：西西里政权大势已去。在发往那不勒斯的报告中，他反对围城和以断粮的方式迫使起义者投降。德·索热没有夺取主动权，而是固守码头附近的堡垒，派遣人马向仍驻守城内的军队提供补给和弹药，他们的驻地包括王宫、财政部及几个其他场所。这些援助小分队经常遭到射击，并在匆匆赶往目标地点时，被投掷石头和瓦片。于是，正如一位那不勒斯目击者所言，"救活一些人的代价是另一些人的生命"。[18]

军队的犹豫更多是出于政治因素而非军事因素：尽管德·索热是波旁王朝的一名高级军官，但他是出了名的支持立宪主义的温和自由主义者。在1820—1821年革命中，他是弗洛雷斯塔诺·佩帕

（Florestano Pepe）的参谋长，这位将军受那不勒斯革命者派遣，旨在恢复西西里的立宪政权。当时，德·索热就出版了一本讨论西西里问题的小册子，重申自己支持革命政府，并且主张向西西里起义者做出让步。支持波旁家族的保守派认为，这些倾向削弱了他执行镇压任务的热情，他们后来将 1848 年 1 月那不勒斯军事干预失败的责任怪到了德·索热头上。[19] 然而，认为德·索热应该为岛上政权的倒台负责的观点是不得要领的。波旁君主与他的将军一样优柔寡断，施瓦岑贝格亲王震惊于那不勒斯宫廷如此迅速就放弃了战斗。他观察到，国王软弱无能且胆小如鼠，他的幕僚也是如此，这场危机所引发的恐惧情绪"让一些大臣胆怯，让其他人更向往自由主义"。国王的扈从里，没人力图让他们的"主人重整旗鼓"，反而都谈论着"当下最紧迫的任务是满足时代需求和避免更大的不幸，以拯救君主制"。[20] 奉命守卫要塞的瑞士卫队军官萨穆埃尔·格罗斯（Samuel Gross）接到国王的命令：避免向城市开炮，只需专注守卫堡垒要塞和财政部。前往西西里进行干预的、国王的亲兄弟唐·路易吉（Don Luigi）也在回来时力劝政府放弃抵抗，满足起义者的要求，即使这意味着将岛屿的管理与大陆完全分开。[21] 与那年许多欧洲的首都类似，这里的政府早已失去自信，这反而对反政府革命起到了推波助澜的作用。

巴勒莫领事团体的积极活动和城市附近水域上外国战舰的出现，是导致政府谨小慎微的另一个因素。在巴勒莫，王室炮兵之所以被要求停止向城市开炮，是出于领事官邸安全的考虑。这些领事会定期拜访王室指挥部，坚称军队应该避免采取危害平民的生命和财产安全的措施。英国领事在城市革命临时委员会与那不勒斯当地驻军的谈判中发挥了重要的协调作用。在 1 月的最后一周，在墨西拿爆发起义时，类似的事情也发生了。在这里，领事们成功地从多梅尼科·卡尔达莫内（Domenico Cardamone）将军处得到承诺——将停止炮击平民地区。而当卡尔达莫内违背承诺，重新开炮时，由英国战舰"忒提斯"号船长科德林顿和美国战舰"普林斯顿"号船长英格尔率领的领事代表团来到将军住所，指责他食言。当卡尔达莫内辩称自己只是奉命行事时，一位法国领事将剑横放于这位将军的双膝上，并告诉他，如果他的君主命他犯下如此残忍的罪行，他本应当场折剑，掷于君主足下。[22]

这些有权势的外国人的存在是西西里革命最有趣的特征之一。这些领事承担了一种道德法庭的职责：他们给卡尔达莫内的抗议信是"以愤怒的欧洲之名"发出的。[23]英国领事，甚至英美两国的重要人物和其他侨民都发现，大门随时向他们敞开，他们可以检查王室的防御工事，探访起义者的战壕，随意穿越路障而不被逮捕或干扰。[24]而外国列强的战舰甚至更为重要，这些享受治外法权的大型战舰提供了难以在陆地上获得的会面、谈判和避难空间。在墨西拿，城市革命临时委员会的代表团在众领事的陪同下，多次与那不勒斯军队指挥官在科德林顿船长的"忒提斯"号上会面，商谈停火和其他安排。这些会面往往是相当情感化的，革命代表们和那不勒斯官员"按照意大利风尚互相亲吻，并流下喜悦的眼泪"。[25]但战舰还是地缘政治力量的展现，具有给革命赋予国际合法性的潜力。例如，2月22日，在起义者夺取了一些堡垒和军火库后，美国战舰"普林斯顿"号就"卸下帆索，用所有火炮鸣礼炮"。美国人声称他们只是在庆祝华盛顿将军的生日，但英国观察者认为，美国船员的共和主义同情心战胜了他们的谨慎。马修·巴宾顿（Matthew Babington）写道："我很确定，他们对于这种一举两得的事一点儿也不会感到抱歉。"[26]

英国人精通于此，他们在地中海地区拥有绝对的制海权。10艘英国战舰一度在海军上将威廉·帕克（William Parker）爵士的指挥下，开到那不勒斯前列队停泊。当那不勒斯人抱怨他们对西西里的远征受阻时，英国在那不勒斯的临时代办内皮尔勋爵指责这些言论是诽谤，坚称这些海湾里的船只没有排成作战阵形。（这不禁令人好奇，如果一支那不勒斯舰队反过来以同样的方式对爱尔兰发起海上远征，英国政府会如何回应。）在革命最初的暴力阶段，巴勒莫和墨西拿附近水域的英国船只和人员多次发起伦敦授意的武装调停。1848年1月18

"我预言将有一场动乱" 255

日，临时委员会的成员鲁杰罗·塞蒂莫（Ruggiero Settimo）签署了一份公告，感谢一名"不愿意透露姓名的英国人"向委员会提供了"他船上所有的军需品"。[27] 一位匿名作者（他很可能是为国王效劳的官员）在写作巴勒莫叛乱的"军事史"时，愤恨地描绘了当钟声在所有教堂的塔楼上响起时，叛乱队伍带着步枪和榴弹炮攻击警察局、法院和财政部的画面，这些武器"全都是英国人提供的"。[28] 这种干预倾向是由多种因素交织而成的，其中之一是有关"英国式"宪法的回忆。1812 年，西西里从拿破仑的妹夫若阿基姆·缪拉（Joachim Murat）治下的"法属"那不勒斯王国独立，由英国充当保护人。当时在海军上将本廷克的监督下，西西里拟定了一部"英国式"宪法。经过英国相当迂回的外交，1812 年宪法继续生效，没有被修改或废除，也没有"经西西里自己同意而终止"。[29] 英国外交大臣帕麦斯顿（Palmerston）的特使明托（Minto）勋爵知会身在那不勒斯的内皮尔勋爵："如果英国有任何道义责任，那一定是支持 1812 年宪法，它是利用英国的影响力和权威强加给西西里的。"[30]

人道主义目标给干预赋予了公共合法性，不过对战略优势地位的追求才是更为根本的动力。帕麦斯顿勋爵从最开始就表明他支持西西里的事业（尽管几十年来英国每年都向那不勒斯宫廷提供津贴）。他在幕后操纵，打算从意大利王公中挑选出该岛的新君主。但同时，他也提醒，西西里的完全独立可能会导致局势动荡。他对驻那不勒斯大使说，如果西西里完全脱离那不勒斯，那么"西西里就有可能成为争夺的对象，并最终沦为欧洲某个强国的附属国"。[31] 责任和利益是绑定的。

对美国人来说，1848 年的事件同样代表了地缘政治机会。1848 年 3 月，美国地中海舰队的指挥官海军准将乔治·C. 里德（George C. Read）利用皮埃蒙特–撒丁王国的政治动荡，要求获取在利古里亚海岸拉斯佩齐亚小镇的基础权利。都灵政府意识到美国战舰的存在可能有利于他们与奥地利的对抗，于是迅速以最慷慨的条款满足了美方的要求。里德受此鼓励，也向西西里新成立的起义政府提出类似要求，并获得了在该岛伊奥尼亚海岸锡拉库萨港的基本权利。这些尝试激发了美国人强烈的兴趣，他们认为以自由的名义向地中海沿岸的欧洲共和政权提供"政治慈善"，可能是增强美国势力的一种手段。[32] 正如我们将看到的，在西西里和欧洲许多地方，政治动荡被卷入了国家间关系的齿轮，这对革命的进程和结果都产生了深远的影响。

没有人比奥地利人对地缘政治的纠葛更为敏感了。他们比其他列强更为依赖"欧洲协调"的脆弱机制。施瓦岑贝格亲王对英国公开介入那不勒斯王室事务心生反感，而毫无疑问，英国能够从西西里叛乱的胜利中获"利"。[33] 临时委员会决定"将自己交付给英国和法国"，施瓦岑贝格亲王认为，"它的无知造成了最严重和最不可饶恕的错误"。[34] 梅特涅镇定如常。梅特涅告诉他的大使，他对这场危机早有预料，并装着像一位早已看穿一切的政治家一般沉着冷静。解决西西里危机的唯一方法在于"大国宫廷之间签订协议"，他已经着手准备，计划与柏林、圣彼得堡和巴黎采取联合行动。很明显，英国人并不可靠。但是"我认为可以确定地说，法国政府会同我们步调一致"。[35] 如果基佐继续掌权，梅特涅的预言毫无疑问会得到验证。但在他写下这封信的10天后，巴黎爆发革命。

如同1848年的其他许多地方，发生起义的巴勒莫见证了暴力的迅速升级。在民众与军队和警察发生初步冲突之后，斗争迅速席卷全城。人们筑起了街垒，监狱敞开大门，囚犯四下逃散，收税员和警察惨遭杀害。在初期，军队还冒着危险进城，被公寓窗户处的狙击手轻易打退了。1月29日，两队士兵离开萨拉切尼门，前往位于奥地利大街的街垒，很多人在炮火中身亡（起义者声称，有35名士兵身亡，而军队只承认有19人丧生）。[36] 炮轰城市实际上没有造成太大伤亡，但它的滥杀无辜引发了道德谴责。墨西拿的受害者中包括"四名贫穷的男孩，他们原本挤在城镇北部的一间茅舍中，后来全部丧命

"我预言将有一场动乱" 257

于炮火"。[37] 作为还击，狙击手们击退了守卫设防建筑的卫兵。当然，很多时候也存在惊人的克制：起义者抓捕了士兵但又释放了他们，或允许人员撤离设防建筑而不进行袭扰。不过，不同人员的待遇通常有别：一方面，国王的军队人员及其家属的待遇较好；另一方面，当地的警探被俘后经常遭到残杀或射杀。埃奇库姆山伯爵震惊地看到，人们兴致勃勃地拖着被杀害警察的尸体，并"允许他们的孩子加入令人作呕的毁坏尸体活动，仿佛这是一种活动"。[38] 整座岛屿的起义态势如此残暴和迅速，几周之后，只有港口小镇墨西拿的一些堡垒仍然在君主的控制之下。

政治动乱和变化多端的平民暴力并辔而行，其中并无新颖之处。作家多梅尼科·希纳（Domenico Scinà）在他关于 1820 年西西里叛乱的笔记中，描绘了这场叛乱爆发时，城市周围的山丘上是如何狼烟四起的。他回忆道，那是"赶来支援的农民"；监狱被迫打开；警察遭到抓捕、缴械和屠杀；军队驻地遭到袭击并被攻占，士兵们也被私刑处死。在数百人死亡之后，最高革命委员会艰难地控制住了局面，其成员包括曾担任 1812 年西西里议会议员的贵族。[39] 我们在时人费迪南多·马尔维卡的叙述中也能发现类似的描述。马尔维卡于 1834 年起在两西西里王国的公共行政部门任职，是一位同情那不勒斯反对派的文学家。他是一名温和派人士，尽可能地缓和那不勒斯过激的治安措施。当他于 1848 年回到巴勒莫后，他整理了自己的笔记，这份材料后来成了未出版的手稿《1848—1849 年西西里革命史》(*Storia della rivoluzione di Sicilia negli anni 1848 e '49*）。马尔维卡写道，在革命爆发的最初几周，巴勒莫反对派领导人迅速崛起，包括：朱塞佩·马萨、罗萨利诺·皮洛男爵、维托·拉戈内牧师、老兵鲁杰罗·塞蒂莫、律师保罗·帕泰尔诺斯特罗，以及很多其他自由主义者和爱国名人。但是，街上则鱼龙混杂，有武装的工匠团体，也有邻近乡村来的小队。

> 这些残忍的人,几乎没有人类情感,既嗜血又粗鲁,美丽文明的西西里首都被丑陋的人们包围了,这群恶魔唯一的人类特征就是他们黝黑的脸庞。[40]

如果说,1848 年的社会冲突范围变得更深、更广,那是因为在 19 世纪上半叶,社会结构的变化加剧了岛上的社会矛盾。跟欧洲的很多地区类似,这里的土地持有模式的变化是矛盾的核心所在。1815 年波旁政府的土地改革政策废除了旧土地贵族残存的经济和司法管辖权,建立了更自由的土地市场,废除了公地及其混合使用权。这些措施旨在打破旧贵族的权力垄断,创造一个忠于波旁政权、与其利益休戚与共的中产阶级。而实际上,从拿破仑战争结束到 19 世纪 40 年代,前收租人开始购买大量贵族地产,由此出现了新兴的土地阶层,他们的形成得益于公地的分割和买卖,他们甚至获得了原本作为圈地补偿而分配给农民的土地。这些人还利用自己的法律专业知识,确保在有土地诉求的农民面前占领先机。结果,大多数农民处境显著恶化,农民的暴力行为难以遏制。这是因为农民先前因债务和依附关系而受到旧土地贵族约束,现在的他们因新土地模式而丧失保障,也不再顺从。农民的暴力一旦释放,就很难遏制。1848 年西西里乡村革命的一个重大特征便是针对地主的暴力和武装占领公地。[41]

对卷入西西里起义的精英阶层(包括同情革命的人)来说,骚乱的经历总是伴随胆战心惊。当马修·巴宾顿与妻子汉娜于 1 月底走在墨西拿大街上时,他们经过了一个"混杂的团体"。那些人携带枪炮、手枪、长矛、出鞘的剑和大刀。汉娜吓坏了,她拖着丈夫来到一家小店,购买了革命帽徽。马修不乐意戴着这个徽章走在大街上,"我一生都对徽章深恶痛绝,因为这会让我想起幼时法国大革命的恐怖气氛"。[42] 在埃奇库姆山伯爵看来,巴勒莫上层人士参加革命,仅仅是因为那时"暴民比政府更可怕"。[43] 弗朗切斯科·克里斯皮(Francesco Crispi)曾任起义委员会秘书,而后担任西西里新议会议员。在他关于巴勒莫革命的回忆录中,他指责温和自由主义者"害怕人民的胜利更甚于害怕波旁军队的胜利"。[44] 革命年间,在欧洲的其他地方也能发现类似的现象。当然,没有人不害怕穿过墙壁和隔板、直冲卧室和厨房而来的炮弹。领事们在官邸挥舞着各自的国旗,徒劳地希望这可以阻止炮手瞄准自己。较贫穷的西西里本地人将他们喜爱的圣人或圣母像钉在门上。轰炸特别猛烈时,巴勒莫和墨西拿的侨民团体逃到外国船只上避难,在那个时代,大量个人财富都被套牢在货仓的账簿上,直接逃离这个国家不是明智之举。

另一方也感到害怕。那不勒斯指挥官罗伯托·德·索热报告称,他的军队"十分灰心丧气,疲惫不堪",军人无法承受这巨大的压力:这场战争里看不到敌人,只看到冒着硝烟的窗户、墙壁和排水沟,他们行进的街道两侧是充满敌意的市民的居所,市民"受到陌生人的支持和煽动"。[45] 王室军队奉命乘船撤离巴勒莫时,那不勒斯的船长们因担心遭市民攻击而拒绝派船去接他们,于是王室军队只得转而求助英国船只。德·索热将军指挥下的撤离行动仓促而狼狈。因为急着离开而没有足够的运输船只,将军下令杀死所有战马。很少有骑兵忍心下手,大多数人只是解开了马儿的缰绳,哭泣着抛弃了它们。一位目击者回忆:"有些马死了,还有一些马奄奄一息,那些活着的马在嘶鸣,许多马追着船只扑向大海,一直跟着船只,直到精疲力竭,消失在波涛之下。这就是这场难忘的撤退的悲惨落幕。"[46]

光是来自西西里的消息就足以使那不勒斯街上挤满了人,其中有城市咖啡馆的自由主义者和激进主义者,还有大量流民、贫民窟里的暴民——他们正在被经济危机吞噬。奇伦托省爆发农民起义的消息传到首都时,政府陷入了恐慌。于是,1830—1831年骚乱期间许多地方出现的模式再度被效仿,城市上层阶级的自由主义者发现了机遇,进而向费迪南多二世施加压力,声称只有政治改革才能解决危机。一连串的让步接踵而至:自由派领袖卡洛·波埃里奥(Carlo Poerio)获释出狱,人们欢呼雀跃。1月27日,首都爆发了一场声势浩大的游行，人数庞大到连军队都无法驱散。由于对西西里的控制有所松动，国内的兵力也因西西里战争而减员，费迪南多二世最终做出让步，承诺颁布宪法。

"纷繁的消息"

在关于19世纪中叶欧洲街垒战的一项经典研究中，美国历史学家马克·特劳戈特在附录里提出一个有趣的问题："1848年的革命浪潮起源于巴勒莫，还是巴黎？"在他的研究中，他并未找到证据能证明，"活跃于二月革命的巴黎人提到或记得上个月巴勒莫的事"。由此，他得出结论："巴勒莫起义的直接影响大体局限于意大利语地区。"[47]

在考察巴黎与巴勒莫之间的关系之前，我们不妨先思考一下"波动"这一隐喻所包含的假设。这一词语普遍存在于有关1848年革命的文献中。在物理学和数学领域，"波"是"不断传播的动态干扰"。当我们按时间顺序在欧洲大陆的空间中定位1848年的骚乱时，这些骚乱似乎确实是从中心向外扩散的，如同将石子投入水后泛起的涟漪。不过，这种波在空间和时间两个维度传播。一方面，我们可以把革命想象成从高强度震荡的节点（巴勒莫、罗马、巴黎、维也纳、柏林）向四周传播的过程。另一方面，我们可以想象震荡随时间的演进而不断扩散，即冲突不断积累。第一个方面引导我们思考，革命在何处"兴起"，从哪里扩散而来。第二个方面让我们思考，许多地方经过数周、数月或数年的演变，形成了众多累积的动荡。我们应该将这两个方面都纳入考量范围，这样才能真正理解1848年到底发生了什么。革命在很大程度上并不是相互引发的，不像一连串的多米诺骨牌，一个推着一个倒下，但它们也并非彼此孤立。因为这些革命是类似的，扎根于同一个互相联系的经济空间，在相似的文化和政治秩序中展开，由社会政治和意识形态的变革进程推动，而这些变革进程一直都存在跨国联系。[48]当1848年革命爆发时，共时的传播作用与随时间不断演进的震荡情况相互作用。

在1848年的巴黎革命中控制住局面的革命者对欧洲其他地方的情况了如指掌。如果仔细阅读激进共和派的《改革报》在二月革命前几个月每天报道的新闻，我们就会发现，他们不仅关注法国的政治动乱，也详细深入地报道欧洲其他地方的骚乱。《改革报》是一份尤为有趣的材料，因为其编辑和投稿人中不乏二月革命的重要参与者。该报的创办者亚历山大·赖德律-洛兰支持普选权，是工人阶级的捍卫者，后来担任二月革命后建立的临时政府的内政部长。社会主义者路易·勃朗一度担任编辑和撰稿人，他是著名的社会问题专家，后来也加入了临时政府。前烧炭党人兼1832—1834年的起义者艾蒂安·阿拉戈（Étienne Arago）也曾任编辑和撰稿人，他在二月革命期间参与了街垒战，革命战斗期间占领了邮政部大楼，后来成为邮政局长。另一位撰稿人是记者费利克斯·皮亚（Félix Pyat），他先是担任革命临时委员会的成员，后来成了制宪议会的左翼议员。

简而言之，《改革报》阐明了一些积极参与二月革命及其后续事件的人的观点。如果有人在革命爆发前的最后几周阅读这份报纸，那么他会震惊于报道所采取的欧洲视角。1848年1月23日，报纸刊登了第一则有关巴勒莫起义的报道。自此以后，每一期都有对西西里最新消息的翔实论述。报道的语调是津津乐道、欢呼雀跃的。编辑写道，尽管"英勇非凡"，但（墨西拿）的"第一次起义"还是失败了，因为起义团体之间缺乏团结。但现在情况不同了："不仅仅是墨西拿、雷焦、巴勒莫或锡拉库萨在对抗那不勒斯的波旁王朝；西西里也参与其中，带着它所有的城市、所有的村庄加入。"同一期报纸上也报道了其他地方的起义。这些事件并不被理解为欧洲发生的孤立的动乱，没有它们，欧洲便和平安宁，而是被理解为互相关联之现象的组成部分。"西班牙的工人阶级并不比法国、比利时、英国的工人好过——所有地方都哀鸿遍野，所有地方都工资过低，所有地方都出现了同样的危险现象。"[49] 1月26日的这期报纸详细报道了西西里和那不勒斯所发生的事件，并连载了塞滕布里尼的《那不勒斯人民的反抗》（*Protest of the Neapolitan People*）的节选。此外还有意大利媒体的报道，事关联邦军战胜分离主义者联盟之后的瑞士局势；另有一篇故事，说的是在巴伐利亚普法尔茨的诺伊施塔特修建隧道的矿工的起义。[50]

可以确定的是，这些报道意识到，意大利、瑞士和德意志等其他地方的事件都有特定的背景。但《改革报》的撰稿人认为，对权威的挑战显然不会止步于法国的政治边界。不能对欧洲的国家做出"先进"和"落后"这种根本性的区分，欧洲人共享一套政治文化。一位支持基佐的议员在议会发言时声称，落后的意大利没有政党，因此与法国先进的政治生活毫不相干。但《改革报》的编辑完全不这么想："意大利同法国和德意志一样，孕育着所有的起源、所有的政党，它滋养着所有的希望，寻求所有的解决方案。如果你对此感到怀疑，那么应该好好研究和观察发生在意大利报刊上的所有论战，虽然很稚嫩，却如此激烈。"[51] 2月5日，报纸报道了匈牙利议会的激进派首次代表帝国全境发言，这标志着它成了无法逆转的政治变革的先锋。"在所有地方"，人民"厌倦了系统监视和精神奴役"，他们感到有必要"更加积极地参与国家和民族的利益"。[52] 这些变化绝不可能让旧的欧洲机构毫发无损地存续。在"那不勒斯这台大戏的震荡"之后，在都灵、佛罗伦萨和罗马的起义之后，欧洲大陆的君主都"喘不过气来"。而瑞士共和派在分离主义者联盟战争后迅速取胜，这"深刻腐蚀"了欧洲在维也纳会议后达成的保守共识。[53] 公众对这些外国骚乱兴趣浓厚。1月29日，拉马丁计划就意大利问题在议会发言，早在会议开始前，旁听席上就挤满了人。女士、外国人，以及来自外省的民众都在争抢座位，议会厅也比以往拥挤得多。好奇的围观者挤在波旁宫的入口处，全然不顾大雨和脚下泥泞。[54]

《改革报》的编辑宣称，真正令人震惊的是法国领导人的骄傲自大，他们似乎认为自己能安稳过关。当时法国政府选择遵循旧秩序，希望"扼杀"处于初期的革命。这种拒绝与历史接轨的行为，法国人民还可以容忍多久？"我们在法国空谈，他们在西西里战斗。"2月1日的头版社论咏叹道，"这里恐惧笼罩着议会，那里革命正在进行。我们像懦夫一样评论着1815年的和约，而意大利人却把它撕得粉碎！"不论是宪政的、协商的，还是绝对主义的，欧洲所有政府都面临同样的劫难："社会战争"正无差别地啃噬着所有政府的内脏。"继续睡吧，由3%的人口选出的议员们！在你们的钱箱上沉睡吧！用不了多久，你们就会再次被唤醒！"[55]

1847—1848年之交的冬季，欧洲面临重重危机。一份左翼刊物以这种方式将遍布欧洲的各种危机联系起来，似乎并不奇怪。对马克思和恩格斯来说，共产主义的幽灵在**整个欧洲**游荡，而不仅仅是在最专制的国家。有人可能会说，这种强调欧洲各地相互联系的观点是一种历史哲学的产物。它将欧洲视为一个相互冲突的社会，而不是一排由王朝、民族和帝国所构成的互不连属的孤岛。然而，不仅仅社会主义者和激进主义者持有这种观点，性情保守的自由主义者、学者、诺曼底瓦洛涅镇的代表托克维尔也如此认为。1848年1月27日，他在议院的一次演讲中同样暗示灾难将至，并把它置于欧洲动乱的大背景之下。

（他对着政府大臣发表演讲）用那难以解释但不可否认的直觉，你们没感到欧洲大地正再次震颤吗？你们没有感到……我该怎么说呢……就像革命的风暴正在酝酿吗？没人知道这场风暴从何而来，吹往何处，相信我，也没人知道谁将卷入其中……今天的你们能确定明天会怎样吗？你们知道法国在一年后，甚至一个月后，或一日后会发生什么？你们不知道，但你们一定知道暴风雨即将到来，它正向我们袭来。你们要被它打得措手不及吗？[56]

托克维尔是在恳求政府立即改革，而不是在幸灾乐祸地呼唤迫近的灾难。《改革报》的编辑并未被托克维尔打动。他们评论说："他说话的时候像个呆板严肃的贵格会信徒；他像神父一样发言；他的愤怒透着古板和迂腐；他有着正确美德的精神，却包裹在一位守旧和因循之人的骄傲之下。"编辑们嘲讽托克维尔还天真地相信七月王朝王室有可能改变他们的本性——他难道没有看到大臣们被行将就木的结构"死死困住"，成为"迫于时势的仆人"？[57] 但是《改革报》和托克维尔一致同意，法国独特的国家机构不可能使国家安然渡过风暴。欧洲各地已经浮现的革命很快就会在巴黎街头上演。

换句话说，人们并不是逐个地分析国外的冲突和政治失序事件，视之为孤立、分散的灾祸，而是将其视为互相联系的失序的一部分。[58] 在欧洲其他地方可以发现相似的倾向。1848年2月，西班牙激进主义报纸《公众的呼喊》广泛地报道了在瑞士、两西西里王国、皮埃蒙特、伦巴第、教宗国和法国所发生的事件，明确表达了对自由事业的偏爱。《公众的呼喊》并不将西班牙视为孤立的王国，而认为它与欧洲大陆的政治命运紧密纠缠在一起，并且面临赶不上最新的政治变革潮流的危险。[59] 1848年2月22日，刊登在《贸易回声》上的一篇名为《人民及其压迫者》("The People and Their Oppressors")的文章描绘了欧洲动乱的全景：西班牙王室及其温和派大臣必须立刻采取行动，以免为时太晚。[60]《世纪报》详细报道了法国宴会运动，并刊登了两西西里国王在那不勒斯革命后批准的新宪法。[61] 这些报纸全都是左翼自由主义和激进主义的，有人可能会认为，它们向来喜欢为国外动乱欢呼。而我们发现，与温和派政权关系密切的更为保守的《先驱报》同样关注欧洲革命。《先驱报》也报道了瑞士和西西里的事件，以及匈牙利议会在教宗国近期改革的激励下提出的新要求。整个2月，报纸上都是关于意大利烽烟四起的详细报道。[62]

荷兰的《商业汇报》注意到，费迪南多二世如果通过及时改革而先发制人，就不会陷入如此糟糕的境地。该报接着称，"这或许能让那不勒斯以外的王公和政治家们认真思索片刻"。[63] 早在1847年11月和12月，柏林的报纸就在密切跟进瑞士发生的事件；同时也注意

"纷繁的消息"

到，作为纳沙泰尔的君主，弗里德里希·威廉四世在瑞士的冲突中与耶稣会一方的利益一致——在那几个月的瑞士和其他一些地方，攻击耶稣会被理解为对普鲁士君主制隐晦的攻击。[64]柏林日报《福斯报》持温和自由主义的态度。1848年1月17日，它细心的读者不太可能忽视一个更广泛的趋势：卡尔斯鲁厄（属巴登）下议院提议，要求给予媒体完全的自由；瑞士新宪法得到许多州的批准；黑森选侯国撤销了对一位著名的自由派政治家兼反对派议员莫须有的指控；米兰发生了抵制赋税的运动，帕尔马、那不勒斯和热那亚出现骚乱；在巴黎，要求改革的宴会运动兴起；罗马公众反叛情绪高涨，政府试图"不惜一切代价压制叛乱发酵的因素，以尽可能延缓一触即发的动乱"。[65]每期报纸都展示着相似的图景：星星之火、政治动荡，以及山雨欲来的信号。[66]来自各起义首都的消息要经过一个月才能传到俄国治下的赫尔辛基，而当地的芬兰语报纸《芬兰女性》在报道中也将这些事件描绘为相互关联的冲突，读者完全可以看出编辑同情起义者的立场。[67]

重要的是，巴黎二月革命爆发的前几周，欧洲报纸的读者（主要在城市）就对政治骚动的前线动态了如指掌，并且乐意承认其跨欧洲的特质。即使是欧洲"边缘"地区的读者也是如此。2月10日，每周刊发两期、由温和自由主义者扬·海利亚德·勒杜列斯库（Ion Heliade Rădulescu）编辑的布加勒斯特《罗马尼亚信使报》，开篇就报道了里窝那和米兰的动乱，以及去年12月巴勒莫万人签署民众请愿书的（迟来的）消息。[68]一周后，该报发长文报道了1月12日的巴勒莫事件。编辑写道，原是为国王庆生的这天，一场"人民革命"爆发了。该报用其他文章报道了意大利其他邦国所发生的骚乱，并刊登了巴伐利亚国王宣布废除审查制度的告示。[69]3月2日，一篇根据来自热那亚的通讯而作的文章指出，两西西里王国的运动正在震动整个意大利；在佛罗伦萨和比萨，"宪法"一词已经成了"人民的集结号"。随后报纸突然一改往日不谈政治的超然语气，写道："两西西里的事件证明，如果人民要求他们的真正权利，他们就能全都获得。"[70]

只有资金十分充裕的极少数报纸雇得起自己的通讯员。大多数报道都是拼凑出来的，其消息来源既包括私人通信，也包括从有新闻价值的地方报纸或权威刊物（如伦敦的《泰晤士报》或《奥格斯堡汇报》）上摘编或翻译而来的稿件。《罗马尼亚信使报》的很多消息就来源于《特兰西瓦尼亚公报》。后者是匈牙利王国境内发行的一份报纸，也报道法国、罗马、皮埃蒙特、托斯卡纳、伦巴第、威尼西亚和瑞士等地的政治动态。[71] 不过，新闻报道的来源是次要的，真正重要的是这些报纸让欧洲人感到他们共享一个当下——此刻，历史正在走入艰难的时刻。在这样的一个相互关联的情景中，"波动"是"起源"于巴黎还是巴勒莫就没有那么重要了。

奥地利首相梅特涅和法国外交大臣、1847年9月18日后出任首相的基佐，也都关注着欧洲局势。对梅特涅而言，欧洲发生的所有动乱，尽管处于不同的发展阶段，似乎都遵循着相同的脚本。"如果我将革命比作一本书，"他在2月23日分析道，"我会说我们现在还处于序言阶段，而法国人已经快到终章了。"[72] 梅特涅和基佐眼中的欧洲，不是一个充满起义和社会运动、由跨国的激进组织网络联系起来的世界，而是基于1815年维也纳方案建造的相互联系的结构。这套方案是后拿破仑时代的"安全体系"，是由法律和条约编织而成的国际网络。[73] 两人都密切关注瑞士和意大利的动乱，不过他们的消息来自一手外交通信而非报纸。对基佐而言，南部的动乱并不是在呼吁改革。他认为，在欧洲大陆动荡不安的时刻，突然的让步只会引起进一步的不稳定。只有政府坚守阵地，直到国家之舟驶入平静的水域，空论派自由主义主导的法国才能在这场遍及欧洲大陆的动乱风浪中存活下来。

二月革命

基佐和大臣依然保持自满，这部分是由于他们的权势似乎依旧稳固。1846年的选举增加了支持政府的多数派在议院中的席位，这些人代表了法国人口中最富裕的 3%。1847 年，大多数议员否决了两项温和的选举权改革提案。作为回应，反对派组织了一轮政治宴会，重点讨论选举权问题。当地的国民卫队本来计划于 2 月 22 日在躁动不安的巴黎第十二区举行宴会，作为这一系列活动的终章，但在 1 月 14 日，政府宣布禁止举办最后一场宴会。

禁令让承担组织宴会任务的国民卫队感到惊愕。当他们向议院中的反对派议员寻求支持时，对方告知，如果要规避禁令，就必须让活动保持低调。为了实现这一目标，反对派议员强加了一些条件。宴会必须在一个委员会的监督下召开，其成员主要包括议员和塞纳选举委员会成员——与最初的组织者（属于小资产阶级的卫队成员）不同，这些人拥有投票权。原本相对低廉的宴会入场费也必须提高，以排除不良人士。（这一决定令人尴尬，因为几百张门票已经售出，现在要么退款，要么把它们更换为更昂贵的新票。）"十二区宴会"的名称可以保留，但是地点必须从骚动的第十二区迁至更稳定、更舒适的香榭丽舍大道。[74]

至此，一场骚乱的要素已然具备。这场骚乱将触发二月革命，进而扫除法国最后一个君主政体。将十二区宴会的控制权从国民卫队的地方营队手中夺走（卫队成员几乎都没有选举权），致使政府疏远了国民卫队的许多其他营队，尤其是首都那些较为桀骜不驯的地区的营队。与此同时，参与宴会计划的共和派决定号召国民卫队成员、学生和工人，在议员前往宴会的途中伴其左右、给予支持。由此，宴会变成了一场声势更为浩大的公共游行的核心。政府禁办宴会的消息在议院中引发了激烈的讨论。多日来，议员们谈论"改革主义宴会"，以及政府查禁行为的合法性。[75] 公民是否拥有举办宴会的根本权利？政府是否有权禁止举办宴会？内政大臣迪沙泰尔伯爵夏尔·马里·塔内吉（Charles Marie Tanneguy, Comte Duchâtel）和掌玺大臣米歇尔·埃贝尔（Michel Hébert）立刻指出，1830 年修订的宪法中没有提及集会权利。对此，一位幽默的议员讥讽道，宪法也没有提到呼吸权，但没人会提议赋予政府禁止呼吸的权力。[76] 最有趣且最引人注目的是激进的反对派议员亚历山大·赖德律-洛兰的演讲。他主张，无论 1830 年宪法是否承认集会权，"保护集会自由的庄严的基本文本"始终存在，"并将它的践履视为公民的责任之一"。他指的是 1791 年宪法，这份宪法明确保障了公民"在不带武器的情况下，有集会的权利"。[77]

赖德律-洛兰能做出如此论断，部分是因为没有明确的条款来界定集会权，这就造成了法律上的空白，借由这一空白，便可能（也确实如此）回顾更遥远的过去。但他的观点也表达了对特定宪法的崇敬。如上文所述，这在 19 世纪初的欧洲并非罕见：1812 年的《加的斯宪法》也在欧洲和拉丁美洲广受推崇，被其信徒亲切地称为"神圣宪法"和"漂亮女孩"。1823 年，自由主义政权被推翻后，许多西班牙激进主义者认为，既然国王废除宪法的行为是未经批准的非法行为，那宪法就继续有效。到 1848 年，英国政府和一些西西里人对于 1812 年西西里宪法持有类似的观点。在他们看来，宪法从未被合法撤销，它的效力能够为英国支持西西里起义提供合法性。波兰人也对 1791 年的开明宪法怀有敬意，甚至在一定程度上尊重被强行施加的 1807 年和 1815 年宪法。基佐身边的空论派自由主义者有自己推崇的宪法，即 1830 年 8 月 14 日修订的 1814 年宪章。不计其数的过去和当下宪法的存在是这个时代欧洲革命的显著特征之一，其中许多宪法甚至可以追溯到法国大革命和拿破仑战争时期。

即使政府感觉自己有坚实的法律基础，认为法律允许自己查禁有害于公共秩序的集会，这个问题在政治层面的解决依然要困难得多。如我们所见，宴会在法国享有特殊地位，是一种具有深厚习俗根基的社交形式。集会权和共进晚餐的权利对教授和各个名校学术圈的社交生活而言十分重要。1847 年，政府禁止印刷工人年度宴会的行为招致了怨恨。1848 年 1 月，学术圈的学术宴会也被取消，同样引发了不满。与此同时，极具魅力的激进历史学家、印刷商的儿子儒勒·米什莱在法兰西公学院的演讲也被取消。随着民主宴会所表达的要求越来越激进，政治宴会的社会反响也在深化。越来越多的宴会召集人向没有选举权的平民大众敞开大门（并调整价格）。1847年，女性也开始加入其中，并且不仅限于扮演边缘角色。1838年，傅立叶主义领导者维克多·孔西得朗曾拒绝弗洛拉·特里斯坦参加为纪念圣人傅立叶的首个冥诞而举办的宴会，但1847年举办的致敬傅立叶、波兰和女性解放的宴会，却因上百位来自不同社会阶层的女性的出席而变得极为特别，有些女性还带着孩子。[78]

这些改变推翻了隔离少数政治国民与更广大的社会国民的高墙。选举权显得越发怪诞和离奇。阿尔方斯·德·拉马丁在2月11日于议院进行的一次演讲中指出，七月王朝最根本的缺陷在于，1830年建立的"体制""拒绝用宪法所承诺的广泛民主来取代狭隘的寡头制，它换汤不换药"。[79]这一论断甚至受到了激进左翼批评者的赞赏，批评者们称其有一种新颖、毫不妥协的论调。只有在这样的背景下，我们才会明白，关于在宴会上集会权利的争论何以会产生如此爆炸性的威力。这股力量不仅能激起人们的义愤乃至狂怒，还能将各种社会群体凝聚到一起，从包括自由主义和激进主义精英的反对派议员，到激进的女性、学生、印刷工人、行会成员和国民卫队队员等。《改革报》的编辑们并不知道革命有多迫近，但在2月14日，他们清楚地看到，关于十二区宴会的冲突创造出了新的政治局面。大臣和反对派的对峙已经进入僵局。现在只有两个选项：反对派要么让步，要么"破釜沉舟"。如果出现的是前一种情况，那么反对派将"永远地消失在公共舆论中"；而如果是后一种情况，预计会造成"深远的影响"。"因此，这是一场危机，在我们眼前发生的是一场真正的国家危机！"[80]

政府依然坚持推行禁令，即便反对派议员提出改变意见后也是如此。随后是一段不明朗的时期。宴会虽然被政府下令禁止，但仍计划如期举行，为致敬与会者而策划的、在他们参会途中举办的游行示威活动也是同样的情况。危机的氛围进一步加深了。《改革报》的社论令人印象深刻地预见了未来："这里万众瞩目的焦点是即将举办的宴会。这让人感觉似乎革命必然马上就要发生，参加宴会的各色人等也会卷入其中。"[81] 几周里，政府一直在为最坏的情况做准备。2月11日，陆军第一师的指挥官塞巴斯蒂亚尼将军已下令，所有的巴黎军营都要储备额外的补给，包括饼干、柴火和大米。他随后又下令储备马饲料、镐和斧头（用于拆除路障）、步枪子弹和爆破炸弹（也用于拆除路障）。激进主义者关注到了这些措施，《改革报》在2月14日宣称："我们会面只是为了清点炸弹、火药、白兰地、成捆的斧头和成箱的子弹，这些应该分发到军营里去……"[82]

直到2月21日，军队指挥部才得知自由派领导取消了宴会。为应对大叛乱做准备的命令也被撤销了，军队回到了他们为应付小型骚乱而设的驻地。但此时要阻止人群次日围观或加入游行为时已晚，尽管游行的目的已不复存在。2月22日，差不多中午时分，庞大的人群开始在塞纳河左岸沿途的各个地点聚集。他们从桥上穿过塞纳河，前往玛德莱娜广场与协和广场。一路上，人群不断扩大。有些人明显无视了禁令，而其他人就像六周前聚集在巴勒莫市中心的男男女女，只是单纯好奇，想看看发生了什么。当宴会和游行已取消的消息传开时，人们失望至极。聚集在玛德莱娜教堂前与协和广场上的人群迟迟无法驱散：实在是太多人了。直到下午5点左右，城市各个国民卫队集结点的鼓声才陆续响起，这是动员的信号。但反响却令人失望：大多数卫兵都待在家里，或只是混在人群中。2月23日上午的第二次征召暴露了国民卫队与政府的隔阂之深。一些国民卫队长官非但没有报到，反而跑到反对派议员家中向他们请求指示。[83] 即使是少数应召集结的士兵，纪律性也很差。卫兵们更愿意与示威者打成一片，或者在城市卫队与起义群众之间调停。（城市卫队广受敬畏，他们对君主的忠诚度依然很高。）正如记者菲利普·富尔（Philippe Faure）在谈到许多卫兵的小资产阶级出身时说："小店主并不想为路易·菲利普而战。"[84] 对军队和城市卫队来说，在没有国民卫队帮助的情况下，平定叛乱是一回事，而要在对抗国民卫队的同时恢复首都和平又完全是

二月革命　271

另一回事。[85] 军队被分散到全市各处的集结点，随时准备应对出现的"动乱点"。一夜冷雨过后，人群更加密集。但由于人群过于密集且充满敌意，军队指挥部现在几乎无法收发信息或提供补给。混乱加剧了。

在局势愈演愈烈之时，基佐仍然相信自己可以保持1830年体制的运转。他和他的政府断然无视要求选举权改革的呼声，依旧规划着未来。2月22日下午，《改革报》的一名通讯员发现，议院正就一项有关波尔多银行的法律进行深入讨论。在议院外，每条街道上都是被砸毁的街灯、街垒、军队和民众；而在议院内，议员们在逐字逐句、一丝不苟地讨论银行法。基佐显得愁眉不展，但议院内没有人对首都局势的演变说过一句话，也没有人对议员提及局势的演变。议员们当然并非对此一无所知，代理人们时不时地穿过议院来到议席前，带来关于这座城市的最新消息。政府更像是处于一种惯性运行的状态。这种状态在濒临灭亡的政权中经常出现，他们沉浸在一种恍惚的幻觉中，认为一切如常，并决心不顾一切地照常推进。作为一位敏锐和老道的政治家兼文人，基佐竟然完全没能意识到这场即将把空论派自由主义者赶下台的灾难的意义。直到去世那天，他仍然认为自己是自由宪政原则绝对正确的捍卫者。在一种极为狭隘的意义上，他的确是。他一直坚信，现实一定会赶上他的理论。[86] 2月23日下午，国王撤回了对首相的支持，基佐随即辞职。他对这场危机最后的贡献是在2月23日深夜至2月24日凌晨，力劝王国使用一切必要手段镇压叛乱。

"这场动乱犹如一场龙卷风侵袭，我们随风飘荡。"《改革报》的编辑写道。他们希望读者可以明白"人们因自己强烈的躁动而制造的各种事端和意外，造就了这些接连不断的动荡"，动乱让"整个巴黎的人都涌到街道和广场上"，要把所有细节都报道出来是不可能的。2月23日，从圣但尼门和克莱里街到新圣厄斯塔什街、蒙马特街和老圣殿街，市中心大部分地区都爆发了战斗。街垒建起来了，又被军队拆除了；而军队刚一撤退，它们又被重建。在大道和码头之间的街道上，每15步就有一个街垒，这令居民区变成了一个起义者的蜂巢。[87]

城市空间变得支离破碎，目击者的叙述逐渐碎片化，其叙述所涵盖的时间也越来越短，整体概述为信息碎片所取代：一名市民独自走在街上，手臂被恰好飞驰而过的城市卫队骑兵毫无原因地连刺两刀；下午1点半，另一个人在圣奥诺雷街和新卢森堡街的十字路口盘算自己的事，却被城市卫队卫兵用刺刀从背后刺入左肩。"刺刀从他的胸前刺出，这个可怜人当场毙命，当时的场面就是如此暴力。"当晚，在嘉布遣大道，局势发生了决定性的升级。三个连的正规军步兵已经在基佐的外交部门口部署完毕，并由国民卫队将其与平民隔开。但由于国民卫队被调去处理其他地方的骚乱了，于是留下的正规军不得不直面大批群众。晚上8—9点，大批欢呼着的市民混杂着少量叛变的国民卫队卫兵，向外交部大楼挺进，似乎要冲进去。军队试图将横冲直撞的人群向后推，如此反复数次，而后不知道是谁开了第一枪。虽然可能是意外，但作为回应，惊慌失措的步兵在未发出警告的情况下，向人群多轮齐射，共造成52人死亡，74人受伤。

局势急转直下。嘉布遣大道发生致命冲突的消息以惊人的速度传遍全城。那天晚上，阿梅莉·克雷米厄（Amélie Crémieux）和她的母亲一起来到街上，她母亲是一位目睹过两次法国革命的沉着冷静的女性。她们发现，军队已不见踪影，大家自发地点亮灯火，把街道照得像剧院布景一样敞亮。"巴黎灯火辉煌。我们还在大道上就听到了连排齐射的回响，这彻底激怒了人民。我们看到消息传播得是多么迅速；当我们沿原路返回家中时，我们发现，所有人都知道发生了什么。我们看到了躁动和愤怒……"[88]新的街垒（一共有1500处）遍布城市，从议会厅到街头巷尾，到处都是激愤的人群。军队遗弃的营房被占领并被洗劫，铁路被蓄意破坏，以防止更多军队到来。随机的暴力活动侵扰着人们的生活，巴黎人处于失控的状态，情况太分散、太多变，无法用文字描述。"根本没法写下什么，我们被事情拖着走，记录只能留待以后再书写。"[89]

2月24日太阳升起时，军队仍然分散在各个"动乱点"。很多部队都与指挥部失联，并且供给不足。人们看到，越来越多的国民卫队成员与起义者打成一片。军队想要夺回首都控制权，但失败了：被派去夺回战略要地的部队被人群淹没，武器被游行示威者抢走。政治图景仍不明朗。国王任命路易·马蒂厄·莫莱（Louis-Mathieu Molé）伯爵接任基佐的首相职位，但后者没能成功组建内阁；国王先是尝试任命受欢迎的中左翼议员阿道夫·梯也尔代替莫莱，后来又任命民主主义者奥迪隆·巴罗。巴罗认为选举权改革是避免革命的唯一方法。但撤换官员的最后时机已经过去了。法国国王路易·菲利普在绝望中退位，并逃离巴黎。第二天，《改革报》头版刊登了来自临时政府的激动人心的宣言。新政府宣告："倒行逆施的寡头政府"被"英勇的巴黎人民"推翻了。旧政府已逃离了这个国家，"在它身后留下的斑斑血迹，必排除了它重新掌权的可能性"。这些话可能曾出现在 1830 年的任何一份自由主义刊物上，但宣言随后的言辞暗示与过去彻底决裂："人民挥洒鲜血，正如（1830 年）7 月一样，但这一次，这慷慨的热血将不会被背叛。"

2 月发生的事件显示，在过去的 18 年里，巴黎的军队和警察机构与其众多欧洲同僚一样，为革命所做的准备完全错了。巴黎当局的反叛乱计划关注的是组织严密、计划周详的起义，即 1832 年、1834 年和 1839 年的那类。但 1848 年发生的是更自发、多点爆发、具有社会深度的起义，其基础不是煽动性的阴谋，而是尊重和信任的衰减，以及意外出现的——集会权。这个导火索能将各类心怀不满者（至少暂时地）聚集到一起。于是，密谋起义者所留下的最重要遗产，是将政府的注意力从眼下真正的任务上转移。而真正的任务就是以某种方式修改政府的运行程序，以满足和传达日渐政治化且更具批评意识的社会的期待。假如法国政府敢于这样做，那么空论派自由主义者在自我描述中所采用的"中间道路"（含有幸福的中间、明智的温和之意）一词，或许本可以代表法国政治社会广泛而多元的核心价值观，将左翼起义者和正统派人士放逐到体制的边缘地带。而事实上，这一词语指的是纯数学意义上的中间：与"极'左'"和"极右"等距的"中间点"，这个中间点被选举权的壁垒所包围。那些本应在危急时刻拥护王室的人却没有选举权。

在革命以前，最重要的人物认为，选择改革之路是不可能的，这一论断基于很多原因。其一，共和派所否定的1830年七月革命，对奥尔良王室和为其效力的温和自由派而言，仍是神圣的开端。这似乎免除了他们支持进一步变革的责任。其二，扩大选举权的前景引发了由来已久的棘手问题：这些并不那么富裕的公民，这些"贪婪阶级"的人民，进入政治大本营之后会发生什么？在基佐"富起来"这自信的鼓吹背后，是对平民阶层发自肺腑的恐惧。他们为七月王朝的建立付出了这么多，却没得到什么好处。"我们已经说过：政府很害怕。"《改革报》在2月16日写道，当时关于宴会运动的争议正处于白热化阶段，"事实很明显；自1830年以来，政府首次承认了这一点。"[90] 君主立宪制的官方思想由此陷入僵局，只有大动乱的暴力才能打破它。

围绕选举权问题所积聚的压力让我们注意中间层面的因果关系。有时我们会忽略这一层面，例如当我们把革命视为远期原因和近期事件的结果时。（远期原因如经济周期、观念的提炼和升华。近期事件包括：宣告起义将至的告示、子弹的意外走火、改变城市的情绪氛围的大屠杀。）在远期和近期之间是中间层面的因果关系：政治紧张局势的积累、言辞的日渐强硬、共识的瓦解和妥协的耗竭、导火索问题的出现。这类政治动态的时间单位既不是年，也不是小时，而是月和周。[91]

这就是"政治的时间"，它吻合所有1848年革命危机的节奏。在普鲁士，如前文所述，柏林政府和1847年新召集的荷兰议会之间的僵局催生了新的局面。在德意志各邦国，这一年也见证了反对派的强化和政治宴会数量的激增。在匈牙利，议会中的反对派有史以来第一次拟定了综合性的政治方案，政府禁止其出版，却无法阻止它的秘密副本在全国流传。在意大利半岛上的各邦国中，如我们所见，对庇护九世的热情与自由主义者及激进主义者的躁动相融合。在一些国家，丑闻和道德恐慌（巴伐利亚一位不得人心的王室情妇、1847 年夏两名法国大臣因腐败被定罪、反对耶稣会的运动）激起人们的愤怒。在所有地方，具体原因逐渐将各类群体聚拢在一起。这些原因包括集会权、抵制烟草、不受欢迎的新税种、著名活动家被监禁、著名小册子被禁售等。同时也出现了似乎能够抓住主流情绪的人物。在欧洲很多地方，正如我们所看到的，这些压力不断累积的背景是经济危机的浪潮。危机首先在农业部门开始并得以平息，但依然在侵蚀很多欧洲城市的商业和制造业。

"我们正站在欧洲命运的转折点上，" 1848 年 2 月 28 日，普鲁士官员和外交官约瑟夫·冯·拉多维茨（Joseph von Radowitz）在从柏林写给其妻子的信中说，"从瑞士开始并在整个意大利阔步前进的这场危机，如今进入了席卷欧洲阶段。"[92] 巴黎的二月革命并不是动摇欧洲的 1848 年一系列革命的开始，但的确标志着革命进入了一个势头更强劲、局势更复杂的阶段。从 1848 年 3 月开始，便不可能以从一个地区的骚动到下一个的这种线性序列去追溯革命的发展。革命来到了裂变阶段，几乎同时发生的爆炸性事件产生了复杂的反馈回路。科隆、曼海姆、达姆施塔特、拿骚、慕尼黑、德累斯顿、维也纳、佩斯、柏林、米兰和威尼斯以及其他地方发生政治动乱的报道融合成了一场吞噬一切的危机。于是叙述冲破了堤岸，历史学家感到绝望，"与此同时"成了他们叙述中的首选副词。[93]

"我们完了"

1848 年 3 月 10 日，《维也纳日报》官方栏目的一篇声明，陈述了奥地利政府对巴黎最新事件的看法："陛下认为法国出现的政府更选属于该国内政。"这位匿名作者表示,奥地利不打算干预法国内政,但如果巴黎新政府以任何方式对奥地利帝国或德意志邦联的领土构成威胁,那么"届时,陛下将用上帝赋予他的一切手段,击退这种破坏和平的行为"。

对那些在奥地利首都咖啡馆仔细研究报纸的市民来说,这则声明一定是一份奇怪的文本。几周来,关于意大利愈演愈烈的动乱(巴勒莫革命,那不勒斯国王承认宪法,罗马、博洛尼亚、托斯卡纳、威尼斯和米兰的动乱)的消息渐渐涌入。在同一期《维也纳日报》的非官方栏目中,满是政治风暴的警告:在科隆,人群强行冲进市议会,向代表们提交了"人民的需求"(报纸随后附上一张需求清单);在慕尼黑,市民代表团向国王提出请求,遭拒的武装人群逼迫政府让步;在拿骚,公爵刚宣布"人民的需求"会得到满足;"一直风平浪静"的城市达姆施塔特也出现了"最令人不安的景象"。[94]在哈布斯堡王朝边境内外的嘈杂声中,霍夫堡宫发布了一则异常平静的声明:巴黎事件是发生在法国境内的一场远方的风暴,维也纳仍然是欧洲秩序的维护者,皇帝信赖其忠实臣民的团结和忠诚。

事实上,维也纳已一片混乱。食品价格飙升,工商企业信心崩塌,银行出现挤兑,信贷紧缩:恐慌已经出现。2月29日,卡林西亚门上出现了一张神秘的告示,让人想起上个月巴勒莫的告示。告示上写着:"梅特涅亲王将在一个月内倒台。宪政奥地利万岁!"[95]3月4日,激进的医生路德维希·冯·勒纳(Ludwig von Löhner)为新成立的奥地利进步党草拟了纲领,呼吁奥地利领土上的公民起义,用自己的双手在旧奥地利的废墟上建立一个新奥地利。[96]忧心忡忡的公民给哈布斯堡政府的最高级官员致信,警告危机迫在眉睫,并提出了一系列补救措施:为哈布斯堡领地和整个帝国制定宪法,任人唯贤,官员任命透明化,推行出版自由,废除审查制度。[97]3月3日,下奥地利议会中的33名反对派成员向负责监管议会事务的机构提交了一份备忘录,警告称,如果不立即彻底改造官僚国家吱呀作响的旧机器,君主制将

"我们完了" 277

面临危险。[98]

六天后，一大群知名市民聚集在激进派医生亚历山大·巴赫博士的公寓里，签署了递交给议会的请愿书，要求推行一系列常见的改革：国家财政全面公开，组建定期开会、拥有预算权和立法权的完全议会，以出版法代替审查制度，建立受公众监督的司法体系，建立现代的地方和城市代议制度，等等。这份文本被法律与政治读书会这一由改革派官员、律师和教授组成的组织当作请愿书，并迅速由三千人联署。巴赫博士亲自骑马带着请愿书在维也纳庄严巡游，而后将它呈递到即将召开议会的省议院。这一举动进一步增加了它的影响力。[99] 3月12日，几千名学生聚集在大学前的广场，打算要求君主允许他们参加议会的商议。当天下午，一份有着三万维也纳市民签名的请愿书被呈至皇帝面前。正如许多革命情境里常常出现的，个人、团体或机构组织突然纷纷发声，声称他们有权影响变革进程。

要求变革的声音越来越响、越来越多，爱国领袖科苏特·拉约什于3月3日在匈牙利议会发表特别演说的消息传到了维也纳。在演讲中，科苏特将君主制的所有弊病都归咎于哈布斯堡王朝，并提出了一系列要求：设立独立的匈牙利行政机构，废除"封建"土地义务（需要给土地所有者补偿），废除贵族的赋税豁免权，将选举权扩大至城市中产阶级和独立的有地农民，组建对匈牙利议会负责的匈牙利内阁。这些措施还要伴随着哈布斯堡王朝奥地利部分君主制的类似改革。他宣称，哈布斯堡的绝对主义是"让我们的神经变得迟缓、让我们的精神陷于崩溃的有害空气。王朝必须在自己的福祉与维护腐朽制度之间做出选择"。[100]这次演讲的德语译本后来传到了法律与政治读书会那里，并在整个首都秘密流传。一位见证者回忆称："它就像是星星之火，点燃了维也纳人已经躁动不安的心"。[101]

科苏特说的最后一点很重要，因为这表明他是要改革君主制而非推翻它。总的来说，这些早期的革命抗议并不呼吁摧毁现存的权力结构，而是发出警告，目的在于拯救这一体系，使其免于因管理者的错误而造成的恶果。甚至在革命开始之前，来自资产阶级的抗议往往就会指出，若不及时进行改革以安抚"不满的群众"，后果将是不可名状的灾难。这些抗议主张有产阶级的权力，同时要求保护他们的资产，避免进一步激进化。在某种程度上，甚至路德维希·冯·勒纳的宣言都可算是早期最激进的表达了。尽管他刻意避免使用"革命"一词，拒绝暴力，并且表达了通过重建君主与臣民之间的信任纽带，来"拯救国家、帝国和皇帝"的雄心。在维也纳，与其他地方一样，改革者的愤怒聚焦于大臣们，而非君主或他所代表的体制。这部分是因为斐迪南皇帝广受爱戴。斐迪南皇帝虽然是个既不聪明也不能干的统治者，但非常和蔼可亲、热情机智，具有与平民大众沟通的天赋。但是维也纳人寄希望于君主还有其他原因：在首都的大街小巷，人们都知道，帝国朝廷的主要人物对于如何行事存在分歧。有些人认为，现在是时候放弃不得人心的治安大臣泽德尔尼茨基（Sedlnitzky）和首相兼外交大臣梅特涅亲王了。梅特涅亲王被自由主义和激进主义知识分子视为奥地利制度诸多弊病的持久化身。

下奥地利议会终于在 3 月 13 日召开，人们无比兴奋。当时已经控制了大学的学生们在省议院外组织了一场游行，正在庆祝传统"蓝色星期一"的工匠们也加入其中。建筑四周全是人，很难挤进庭院。当议员们在建筑里进行商讨时，建筑外的人民也在发表自己的演讲。第一位爬上喷泉池边演讲的是来自布达的 32 岁的医生阿道夫·菲施霍夫（Adolf Fischhof）。他激动人心地表达了群众的希望，谈论了自由和宗教平等，尽管很少人能在喧闹的欢呼声中听清他在说什么——后来出现的他演讲的通行本（要求出版自由、陪审团审判、召开现代议会，以及君主制下各民族的团结统一），很可能大多是别人杜撰的。对菲施霍夫本人来说，当时正是关键时刻，是他踏上政治舞台的第一步。这可以与罗伯特·布卢姆在莱比锡射击俱乐部前的初次登场等量齐观。而对一个奥地利帝国的犹太臣民来说，这更是尤为重要的一步。如我们即将看到的，对于积极参与政治的欧洲犹太人，

1848年是一个满载希望和机遇的时刻，也是一个危险重重的时刻。[102]在菲施霍夫之后，所有人都希望一展身手。正如美国驻维也纳宫廷的代办后来回忆的，人民"被自己的胆大妄为吓得脸色惨白"，他们带着恐惧重复着一直以来的要求。[103] 一个蒂罗尔人站了出来，他声音洪亮，在震耳欲聋的欢呼中宣读了科苏特在匈牙利议会演讲的德语版讲稿，同时，人群中有人在散发讲稿。

当时年仅18岁的卡尔·威廉·里特尔·冯·博尔科夫斯基（Carl Wilhelm Ritter von Borkowski）从家乡切尔诺维茨（今乌克兰西部城市切尔尼夫齐）来到维也纳的理工学院学习。他感受到了每次演讲之后的群情激昂。在莱比锡，一个代表团曾从人民中产生，并进入城市议会。与此类似，省议院外组建起了一个由学生和医务人员组成的委员会，他们走进议会议事厅，向里面的代表传达人民的要求。阿道夫·菲施霍夫也身在其中。议会感到恐慌，他们转而向宫廷派遣了小型代表团，并且提交了要求改革的信函。

在写给身在切尔诺维茨的父母的信中，博尔科夫斯基描绘了接下来发生的事情：人群对等待政府回应感到厌倦，开始砸省议院的窗户和家具。城市的军队总指挥阿尔布雷希特大公（Archduke Albrecht）带着部下赶来时，"被石块、木片和其他类似的（投掷物）击中"。总指挥冷静地指挥军队停止前进，而后下令开火。[104] 5人因此丧生，其中4人被枪杀；另一名死者是一位老妇人，她在避难途中被慌忙逃跑的人群踩踏致死。被射杀的四人包括：酿醋商菲尔斯特，当时他正要去拜访一位客户，却被卷入省议院周围的骚乱；18岁的理工学院犹太学生海因里希·施皮策，他是一位极具天赋、有着大好前途的年轻人；另外两人身份未知，但"似乎来自工人阶级"。[105] 当士兵们追赶沿着边街里巷四处逃窜的市民时，发生了更多的射击和刺杀事件。共有29人身亡。

1848年3月13日，一位演说家在下奥地利省议会外向群众发表演说。在相对平静的议会和内阁之外，向群众发表演说并吸引他们注意力的能力，可能是进行有效政治领导的核心

资料来源：SZ Photo / Alamy

傍晚，在维也纳郊区也爆发了暴力冲突。一队队工人袭击工厂，挖掘地下的煤气管道，并且开始纵火，火光甚至能照亮整座城市。管道煤气是近来的新东西，事实证明，在饱受革命蹂躏的城市，它出奇地脆弱。在城市郊区芬夫豪斯和泽希斯豪斯，警察指挥部受到猛烈攻击，4个工厂被摧毁并被付之一炬，两座教堂遭到劫掠，所有的煤气灯都被砸碎。大约200人袭击了扎佩特加工厂，工厂规模达到可雇用180名工人。人群不仅砸毁了所有机器，还毁坏了所有家具、马车，以及他们能够拿到手的所有值钱的东西。蒸汽机的锅炉被砸成碎片。位于老城以西的玛丽亚希尔费大街（今欧洲广场）的消费税办公室也遭到洗劫。这项税人憎鬼厌，而该建筑在1830年就遭受过攻击。[106]

这些事件表明，1848年3月的郊区工人阶级的暴力活动不止针对一个攻击对象。机器遭到毁坏，这似乎是由于它们对就业构成威胁。这种做法让人想起19世纪40年代中欧纺织工的抗议活动。如同1844年的西里西亚织工，人们挑出了特定的工厂，其工厂主被视为恶棍。而那些管理较为仁慈、有一定程度的家长式援助的工厂主则幸免于难。行政大楼也遭到洗劫，尤其是与治安部门或消费税这类赋税有关的建筑。消费税提高了主要粮食的价格，因而对最贫穷的人来说尤为沉重。因此，政府部门对郊区动乱最早的回应是取消或削减对土豆、牛奶和谷物制品等重要食物的赋税，"以惠及贫困阶层"。[107]

局势渐趋复杂。在内城，工人阶级成功越过城门的岗哨，与市民和学生一起示威或对抗帝国军队。3月21日，报纸《幽默家》列出了36位已知的、3月的老城战斗遇难者的名字。他们当中有熟练鞋匠、丝带工人、车工、铁匠、面包师、木匠、一名织袜工、佣人、一个洗衣妇、一个女仆、两个日工和一个石匠，但也有一个教授的妻子、一个工厂会计和一个外科医生。[108]如同在柏林一样，遇难者绝大多数来自社会底层。这些人的去世很快就被纳入确保革命迅速取得成功的抗争和牺牲的叙事。但那些以社会苦难为名在城墙之外战斗的人没有获得同样的待遇。卡尔·冯·博尔科夫斯基作为学院军团成员的首项任务是与巡逻队一起，在维也纳以南的城郊行进。他们穿过埃德贝格区，进入西梅林格荒地。在这片开阔的土地上，他们挖掘壕沟、等待"渴望掠夺的乌合之众"的到来。来者有180多人，携带"沥青火炬，以及用于纵火和劫掠的所有必需品"。在漫长的近身肉搏之后，双方互有伤亡，学生们俘虏了剩余的"乌合之众"。城市周边很多地方也发生了类似的冲突。[109]

政府刚刚同意下放维持法律和秩序的职责，新组建的国民卫队和学院军团的武装公民就被要求前去镇压小规模的无产阶级暴力抗议活动。他们并不将这些抗议视为他们自己投身其中的政治革命的一部分，而是将它们视为乖张和堕落的犯罪，毫无政治内涵且无权获得旁观者的支持。国民卫队的马蒂亚斯·克奈泽尔（Matthias Kneisel）回想起

1848年"奥地利帝国难忘的春季",描绘了学院军团的武装学生与劫掠工人的冲突,事情发生在老城西南偏西方向的芬夫豪斯和泽希斯豪斯郊区。这些"年轻人",他写道,在清理被掠夺者占据的房屋时表现出了巨大的勇气和智慧。乌合之众中"最冥顽不化的被扔下了楼,而后被人用枪托和佩剑殴打,这都是他们应得的。很不幸的是,这群人中,劫掠、酗酒的女人呈现了最可怕的一幅景象,她们衣衫褴褛、嗜血成性、步履蹒跚、酩酊大醉、满身赃物,一个个都被赶到了一起"。

革命中的城市和叛乱中的城郊似乎是两个完全不同的世界。学生和国民卫队成员在工厂和工厂主的住所前站了好几个小时的岗,"被所经历的恐怖场面弄得疲惫不堪,灰头土脸,深感沮丧",希望回到"被装点得欢乐喜庆的城市"。[110] 马蒂亚斯·克奈泽尔描述了一群工人和一位女性工厂主之间的相遇。工厂主问:"你们这些人想要什么?"他们回答道:"你能从我们的脸上看出来!我们无处谋生,几周来都没有活计。穷困让我们铤而走险。我们来毁坏搞得我们一贫如洗的所有机器!"然而,多年来对社会问题的苦苦思索似乎并没有激起资产阶级评论家对无产阶级的同情,后者因最迫切的需要而发起抗议。恰恰相反:克奈泽尔在描述郊区平乱时,津津乐道于大规模施加给工人的致命暴力。[111] 在3月的那些日子里,政治和社会叛乱的同时性和分隔性在维也纳表现得淋漓尽致。

"你们真的明天就要走了吗?"艾什泰哈齐伯爵夫人以宫廷中常见的阴阳怪气的口吻问道。这问题让梅拉尼·冯·梅特涅很是惊讶。为什么这么问?伯爵夫人解释说:"啊,塞切尼·路易斯(Louis Széchény,匈牙利著名改革家的哥哥)刚刚告诉我们,我们明天应该买点照明用的蜡烛,因为你们马上要被送走了。"在日记中记下这段对话时,梅拉尼认为,多年担任宫廷重臣的塞切尼·路易斯一定是有根据才这么说的。[112] 维也纳权力中心以前和现在都空间狭小。梅特涅首相办公室的窗户距离省议院的门廊只有约300米远,在办公室里可以清楚地听到议院里人群的喧闹声。74 岁的梅特涅耳背，很难听清别人说话，不过他有一位秘书负责为他记录。他现在是维也纳最不受欢迎的人。

尽管梅特涅影响力非凡，但他从不像自由派舆论说的那样一手遮天。这里没有"梅特涅体系"，有的只是众多合纵连横、纵横捭阖的权力中心。1835 年 3 月起，患有脑积水、每天癫痫发作多达 20 次的斐迪南皇帝的无能，加深了行政体系的分裂。国务会议是由哈布斯堡宗室成员和大臣组成的内部圈子，在某种程度上起着摄政的作用，却加深了混乱。更糟糕的是，由于梅特涅（外交大臣）和安东·科洛弗拉特（Anto Kolowrat）伯爵（内政和财政大臣）两位权臣的激烈对抗，斐迪南在位时期，政府长期陷于瘫痪。奥地利外交官许布纳伯爵在 1848 年 2 月 26 日拜访了梅特涅。他注意到，首相已被其宫廷政敌的阴谋推向了守势，"亲王孤立无援、难以行动，简而言之，他失势了"。[113]

当 1848 年 3 月的危机加剧时，在这个蜂巢结构中的很多人分化到了两大阵营中：一方支持政治让步；另一方认为应该坚守阵地，穿越风暴。梅特涅属于后一阵营。表面上，他似乎总是以温和的态度对待改革——至少在理论上如此，并且他指的是由合法权威发起和监督的政治变革；但是他发自内心地厌恶在革命的压力下做出让步的想法。3 月初，许布纳伯爵与梅特涅站在一边，前不久梅特涅才收到巴黎建立共和国的消息。"所有人都说我们必须做些什么，"梅特涅评论道，"好吧，当然，但做什么呢？……对这些人我会说：我们必须革新所有事物，但这样的重建不可能是即兴的。"[114] 其中包含着某种逻辑：这个体系越失灵，修复它所需的时间就越长。这也意味着，当局势变化在加速时，梅特涅的政治进程却在放缓。不过，如今这个意义上的"改革"已经太晚，梅特涅撤职是激愤的维也纳人民所要求的让步之一。而且，他的宿敌科洛弗拉特伯爵也在幕后密谋，意图在宫廷建立一个联盟来驱逐梅特涅。

3 月 13 日夜，引爆点到来了。在国务会议的一场令人非常不快的会议中，梅特涅被迫辞职。当他回到自己位于巴尔豪斯广场的宅邸时，他的妻子强颜欢笑地迎接了他："我们彻底完了吗？""是的，亲爱的，"梅特涅回答道，"我们完了。"[115]梅特涅夫妇迅速逃离首都，首相用伪造的证件出行，冒充格拉茨商人弗里德里希·迈耶，前往伦敦。他在鹿特丹停留了两周，等待起航。与此同时，一行人也在等待宪章运动的结果，宪章派计划于1848年4月10日在伦敦肯宁顿公地上举行大规模示威游行。

如果问海明威小说《太阳照常升起》里的角色比尔·戈顿他是如何破产的，他会这么回答："存在两个阶段：逐渐地，然后突然崩塌。"正如我们所见，革命也有这双重节奏的特点：先是压力和不满的中速积累，然后是随着政权屈服和新权力中心出现而做出的仓促让步。如同其他革命爆发地一样，维也纳经历了令人头晕目眩的加速。"三天过去了，比三个世纪发生的事情还多。"《幽默家》记者莫里茨·扎菲尔（Moritz Saphir）于3月15日写道，"昨天还难以想象的事，居然就成了今天的现实和明天的历史！"[116]

梅特涅3月13日出逃的消息引起了普遍的欢欣鼓舞。但是城墙上仍然布满大炮，霍夫堡宫被部队的层层警戒线包围着，野战炮正对着人群最密集的街道。学生们非常开心，因为政府同意组建武装学院军团，负责维持秩序和保护财产。指挥官正是阿道夫·菲施霍夫。军团很快便征召到三万多人，但是武装这支民兵的进展很慢，气氛依旧紧张，动乱"每个小时都在加剧"。3月14日，政府宣布了两项重要宣言：推行出版自由的政策（同时废除审查制度），组建国民卫队。议会成员与由武装学生和市民所组成的巡逻队在全城宣传这一消息。街道上出现了写有"出版自由""国民卫队""秩序和安全"等字样的仓促制作的旗帜。人们用白色肩带、"和平帽徽"打扮自己。

并不是所有消息都是好消息。年迈但精力充沛的反革命陆军元帅阿尔弗雷德·温迪施格雷茨亲王被任命为首都军事和民事总指挥官。

这一消息的发布激起了人们的担忧：镇压可能近在眼前。亲王签署的一份公开声明进一步引发了人们的忧虑。该声明敦促该市公民"继续遵守建立及维护和平与安全所需的公共措施"，并警告称，不会容忍"对帝国和皇家军队的任何侮辱"。[117]人们不禁要问，如果军队一直控制首都的街道，国民卫队的意义何在？另一份公告称，不日将联合召集囊括德意志、斯拉夫和意大利行省成员的三级会议委员会。这引发了人们的兴趣，但也引起担忧。这就是政府打发愤怒百姓的方式吗？组建了一个由帝国倒行逆施的议会成员构成的"联合委员会"，但同时拒绝颁布宪法、建立正规议会？这是弗里德里希·威廉四世在1847年为柏林提出的解决方案，如今，采取这种折中措施的时机无疑早已逝去。

"我们愿做奴隶吗？"

从3月15日开始，维也纳革命走上了不归路。这并不是因为首都的局势失控，而是因为这一天，维也纳的权力危机与匈牙利自去年秋天以来就不断加深的危机融合在了一起。在佩斯和普雷斯堡（匈牙利议会所在地），科苏特3月3日的演讲触发了政治期望的螺旋式上升。科苏特在这极其动荡的局势中展现出了雄韬伟略，他找到反对派党的佩斯支部，要求他们将他的演讲改为一份声明，作为人民请愿书呈交给政府。如前文所述，反对党是上一年联合成立的。它的佩斯支部将任务分派给了十人社，其成员是一群整日泡在咖啡馆的激进主义者，他们以马志尼的方式自称"青年匈牙利"。简而言之，通过将这项政治动议推向左翼，科苏特加大了赌注。

十人社的主导人物是25岁的诗人裴多菲·山陀尔，他是一名炽热的爱国者，具有狂热的政治信仰。他了解并热爱匈牙利大草原的农民世界，憎恨大贵族的等级精神，不熟悉首都仍以德语为主的技术手工业和制造业环境。裴多菲及其友人创作了一份比科苏特演讲激进得多的文件。这并不是一份声明,而是一份《十二条要求》清单,其中包括:获取出版自由,建立位于布达-佩斯、对民选议会负责的独立匈牙利政府,建立国民卫队,陪审团参与审判,建立国家银行,建立匈牙利国民军队,撤走哈布斯堡的"外国"军队,特赦政治犯,以及合并特兰西瓦尼亚——从此将它作为独属匈牙利的领土来管理。然而,这份非常先进的要求清单完全没提到城市工人阶级或无地农民。

3月14日,维也纳发生革命的消息传到布达-佩斯,推动事态进一步升级。当晚,激进主义者在比尔瓦克斯咖啡馆聚集。在热烈的讨论中,人们认定,现在为《十二条要求》征集签名,再将其作为请愿书提交给议会,为时已晚,需要直接采取行动,并且立刻行动。3月15日早晨,裴多菲带着他近几天创作的诗歌《民族之歌》("National Song")现身。人们在咖啡馆里宣读了这首诗。裴多菲的朋友约卡伊·莫尔(Mór Jókai)宣读了《十二条要求》。这群人走上了佩斯街头,后面跟着的人越来越多。他们在各个进步地点(包括一所女子学校和大学的法学院)停留,再朗诵和演讲。当他们来到兰德雷尔·拉约什(Landerer Lajos)的印刷厂时,已经有大约2000人。印刷厂紧急印制《十二条要求》,并向众人分发传播。下一个停留点是新开的国家博物馆,裴多菲在那里对着近万人朗诵《民族之歌》。文本中蕴含的全民表决式的大声疾呼的能量与当时的情境正好匹配。"起来,马扎尔人,祖国正在召唤!是时候了,现在干,还不算太晚!愿意做自由人呢,还是做奴隶?"在叠句部分,这名匈牙利爱国者在上帝面前发誓,他们再也不会当奴隶:"我们宣誓,我们不再继续做奴隶!"这强烈的表达让人联想到《统治吧,不列颠尼亚!》("Rule, Britannia")的文字。这是欧洲民族记忆的梦境:遥远的过去绽放着自由和荣光,中间是一个屈辱和"奴役"的时代,而现在被赞颂为一个通过坚定行动来变革的时刻。

队伍仍然在扩大,人们越发癫狂。如同那一年的很多革命队伍一样,他们向市政厅进发,当时,由100人组成的市议会正在开会。副市长罗滕比勒·利波特（Lipót Rottenbiller）受命批准《十二条要求》，他的回应很有趣："我们不能让佩斯落后于其他欧洲运动，从而在历史中留下骂名。"[118]《十二条要求》上盖上了城市印章。在讨论的过程中，公共安全委员会得以成立，负责协调双子城（布达和佩斯）的政治管理。成员包括裴多菲小圈子里的四位激进主义者（包括裴多菲本人）、六名佩斯议会的自由主义者，以及三名贵族——他们是科苏特的盟友。在将倡议像足球一样传给极"左"翼，致使危机升级之后，科苏特派正在重新夺回权力。离开市政厅之后，人群涌向了佩斯街头，跨越多瑙河前往布达——总督议事会所在地。他们的计划是提交《十二条要求》，并且坚持主张释放该市唯一一名政治犯坦契奇·米哈伊（Mihály Táncsics），他因煽动叛乱被监禁。公共安全委员会的一名发言人对自己的新身份还不太适应，他"谦卑而结结巴巴"地向总督议事会的显要发言。裴多菲后来回忆称："他颤抖得如同在老师面前的小学生。"[119] 但议员与请愿者一样紧张，立刻就做出了让步，原因显而易见：大约有两万人包围了城堡，从城堡阳台看去，花园里人山人海——在一座河流两岸人口加起来才14.5万的城市中，这种场景前所未见。主要由意大利人构成的城堡守军开心地迎接了游行者，显然守军是靠不住的。驻军奉命不得干涉该城正在发生的政治变动，审查制度被废除，坦契奇也立即得到释放。

同在3月15日早晨，150多人组成的匈牙利代表团乘坐两艘汽船，沿多瑙河前往维也纳。他们于下午2点左右抵达奥地利首都，被维也纳方面称为"阿耳戈英雄"（古希腊神话中的一群英雄，同乘快艇"阿耳戈"号去觅取金羊毛），因为他们乘船而来。匈牙利代表团发现，这座城市被革命的浪潮紧紧裹挟，状况之激烈远超他们通过前一天的报纸所了解的程度。很显然，人民控制了街道，哈布斯堡统治摇摇欲坠。[120] 上午11点左右，皇帝、他弟弟和他最年长的侄子弗兰茨·约瑟夫（Franz Joseph）一道乘车出行，来到了喧闹的街道。人群以"山呼海啸般的欢呼"迎接三位帝国皇室成员。维也纳变成人的海洋,这一场景对皇帝的随行人员产生了双重影响:一方面,这提醒他们,政府如果不迅速采取行动,很快就会面临全面动乱;另一方面,雷鸣般的欢呼声表明,哈布斯堡王朝的帝国-皇家资本还远没有耗尽。革命是对某些政策和大臣的谴责,而并非针对君主制本身。如果情况如此,那么假设谋划得当,就依旧有宽广的操作空间。(正好在三天之后,普鲁士国王也被迫进行了类似的谋划。)

在大约下午4点,皇帝的传令官在宫殿门前宣布了一个轰动性公告:不久将召集全奥地利的代表讨论君主刚刚决定颁布的宪法。皇帝签署的一项声明宣称,他出于"对我的人民的热爱"而迈出这一步。他接着说:"我如今更乐意这么做,因为我在你们之中确认了你们对皇家的忠诚。"[121] 科苏特和一部分匈牙利代表穿越挤满了欢呼的人和国民卫队士兵的街道,准备前往宫殿时,传来了皇帝许诺颁布宪法的消息。《维也纳日报》称:"这是激动人心的时刻,人们互相拥抱、握手,眼中盛满了喜悦,庆祝活动无休无止。在奥地利权杖下团结起来的各民族的兄弟情谊展露无遗。"[122] 维也纳的学生激动不已,因为据传匈牙利和波希米亚的大学青年组成了武装分遣队,正在从普雷斯堡、布拉格、奥尔米茨赶来。卡尔·博尔科夫斯基告诉他的父母,他们受到了维也纳市民"令人难以置信的热烈"欢迎。[123] 这是崇高的时刻,革命成果融合为一体,全体意见达成一致。

匈牙利代表团惊讶于奥地利政府如此迅速就做出了让步,于是决定加大压力。作为代表的三个领袖人物科苏特、塞切尼和包贾尼·拉约什(Batthyány Lajos)进行了复杂的讨论,制订了一套新政策方案。它聚焦于不久就要建立的匈牙利体制。根据设想,匈牙利将成为哈布斯堡王朝君主制下的一个单独治理的政治实体。该方案要求:立即成立一个匈牙利国民政府,由包贾尼担任首相——这比差不多同一时期获得佩斯市政府盖章认可的《十二条要求》走得更远。3月15日下午,代表们达成协议:他们不再以请愿书的方式向奥地利宫廷提出要求,而将起草一份法令,并要求国王在上面签字。(国王即指奥地利皇帝,由于哈布斯堡王朝的王位合并，奥地利皇帝同时也是匈牙利国王。）

将一份政策文件呈交给君主并要求他签署，这极其背离常规，匈牙利代表团实际上是在主张像君主立宪制的内阁大臣一样行事的权利。3月16日下午，在宫廷为匈牙利人举行的正式招待会上，出现了"令人痛苦的一幕"。最近几天的骚乱让斐迪南皇帝精疲力竭、无所适从，他的焦虑症开始发作。皇帝找到匈牙利总督斯蒂芬大公（Archduke Stephen）寻求帮助，他举起双手，如同在祷告一般，并用维也纳方言恳求道："我请求你，请不要夺走我的王冠！"这次交锋既悲怆又危险：一方面，它揭示了居于哈布斯堡王朝制度中心的皇帝个人的脆弱；另一方面，它提醒人们，塑造君主制未来的真正力量不在于坐在王位上的那个人，而在于他周围由大公、女大公、大臣、将军、官员和廷臣组成的晦暗不明的网络。[124]

奥地利政府否决了匈牙利代表们要求的形式和内容：3月17日，政府签署了一份法令，并返还给匈牙利人，但并不是匈牙利人呈交上去的那份。国王并未许诺立即批准由匈牙利议会通过的法律，也没有提到任命包贾尼。相反，哈布斯堡国务会议赋予匈牙利总督斯蒂芬大公更大的权力，他现在受命扮演皇帝本人的"分身"。这不是阿耳戈英雄们所希望的安排，但是它一方面满足了维护哈布斯堡正统结构的需求，另一方面也给匈牙利人进一步巩固其立场留了所需的回旋余地。科苏特及其支持者立刻采取行动，设法让斯蒂芬大公任命包贾尼为首相。包贾尼接受了该项任命，并由此开启了匈牙利政治革命的进程。1849年10月，奥地利行刑队处决了包贾尼，政治改革随之告终。

3月17日傍晚，回到普雷斯堡的代表团被欢呼的群众包围了。"我的朋友，"塞切尼当晚给他的秘书写信说，"我们活在奇迹中！戏剧的第一幕大获成功！我现在满怀最宏伟的期望。"但是在那一刻，无法抑制的兴奋掩盖了对事态发展的深深担忧。正如我们所看到的，塞切尼一直反对科苏特粗犷的风格，以及其目标的激进性。塞切尼更想走一条渐进式道路，给皇室保留更多的尊严，同时尽可能少地引发匈牙利王国内其他民族的敌意。在塞切尼看来，他和科苏特似乎代表着两种截然不同的政治收益形式。塞切尼追求年复利 10% 的稳定增长，是指望收益递增和长期可持续发展的政治家；而科苏特则相反，他是一个灾变论者、一个赌徒，他会在决定性时刻选择孤注一掷，要么大获全胜，要么倾家荡产。此刻，看起来是科苏特的道路获胜了，塞切尼告诉他的秘书："我的政策是稳妥的……但见效缓慢。科苏特孤注一掷，但赢得的东西比我的政策实行 20 年的收益还要多！"不过，科苏特的道路是否具有长期可持续性尚不明朗。我们从塞切尼的

塞切尼（左）和科苏特（右）都是才华横溢、精力充沛的爱国者，他们对匈牙利的解放事业采取了截然不同的态度：塞切尼主张渐进式改革和逐步改善，而科苏特则是不惜一切代价获取最大利益的赌徒。他们之间的紧张关系延续到了革命结束

资料来源：(left) István Széchenyi, portrait by Joseph Kriehuber after Daffinger. Albertina, Vienna. (Photo: Wikimedia Commons); (right) Lajos Kossuth, portrait from the journal *Pesti Hírlap*, 27 April 1842

日记得知，那个晚上他噩梦缠身：他发现自己身处一艘沉船上，海面波涛汹涌，而他周围的世界正陷入一片黑暗。[125]

1848年3月中旬的匈牙利-奥地利动乱不仅仅是一场政治事件，也是一出大戏。裴多菲在3月15日带领人群横穿佩斯时，他特意盛装出席，头戴插着鸵鸟羽毛的斜毡帽，身穿镶有银色纽扣的黑色丝绸阿提拉夹克——上流人士喜爱的匈牙利夹克，以及紧身长裤和簇绒晚装鞋。[126]当爱国者们走到多瑙河畔，国家剧院的著名女演员绍特马里·法尔卡斯·卢伊佐（Szathmáry Farkas Lujza）挥舞着巨大的匈牙利三色旗，引导人们穿过浮桥，登上河对岸的陡峭街道。[127]塞切尼和他的阿耳戈英雄们也在维也纳现身：他们头戴黄色簇绒帽，身穿饰有金线和毛皮的红色天鹅绒上衣、紧身红裤子，脚蹬叮当作响的黄色马刺靴，外披黑色天鹅绒长袍（一种厚重、束腰的刺绣外套），更不用说装饰华丽的剑鞘了。[128]裴多菲的妻子森德赖伊·尤利娅（Szendrey Júlia）已经因穿着带有匈牙利民族特色的服饰而闻名。[129]卡尔·博尔科夫斯基看到匈牙利法律专业的学生分队"穿着极有品位的匈牙利民族服装"，不禁为之动容。后来，他看到从外省涌来的德意志学生穿着学生兄弟会的传统德意志服饰时，同样心生感慨。[130]在爱森纳赫召开学生大会时，德意志激进主义者卡尔·舒尔茨（Carl Schurz）惊讶于维也纳学院军团的制服包括"插着鸵鸟翎的黑色毡帽，带黑色闪亮纽扣的蓝色上衣，黑红金三色肩带，明亮的钢柄剑，浅灰色长裤，内衬为大红色的银灰色斗篷"；在他看来，他们就像一队"古老的骑士"。这有多重意味，其中一点是，"跟维也纳人争夺异性好感的竞争都是徒劳"。[131]在卡尔洛瓦茨，来自克罗地亚的老师、爱国者德拉戈伊拉·亚尔内维奇高兴地看到，有40位克罗地亚代表前往维也纳，呈递他们的要求。他们"戴着红色帽子，穿着长袍"，这正是19世纪三四十年代伊利里亚运动的克罗地亚拥护者所穿着的民族服装。[132]

在欧洲所有地方，城镇广场、俱乐部和咖啡馆都为学生、护民官、演讲者提供了发声的舞台。威尼斯的马志尼主义活动家古斯塔沃·莫代纳（Gustavo Modena）就是个例子。[133] 舞台恐惧也是革命经验的一部分。因为人们不一定习惯在公共场合发声，他们经常要探寻适应之道。[134] 阿道夫·菲施霍夫和同他一起在省议院庭院里发表演讲的伙伴第一次当众发言时都脸色煞白；派往总督议事会的代表们在向哈布斯堡王朝的代表发言时，也结结巴巴。革命的戏剧特质需要戏剧形式的演讲。几乎所有涉及革命早期的回忆录都描绘了灯火通明的城市里的奇异景观，家家户户的窗台上都点起一支蜡烛，让人想起夜幕下舞台布景的灯火。

夸张姿态和表情常是革命情境的典型特征，它引起了时人相互矛盾的反应。托克维尔和福楼拜都性格严谨，很容易对事情心生厌恶。面对不真实的哑剧和起义者笨拙地扮演的陌生角色，他们皱眉蹙额。激进的柏林法学院学生保罗·博尔纳（Paul Boerner）挖苦开会时站在桌上发言的人。但是，对革命的参与者而言，戏剧性十分重要。它赋予了事件一种史诗般的氛围，并且推动事件的进展；它让人们能够更充分地沉浸在集体情感之中，摆脱束缚，将个人与公共事业融合在一起；它提供了一个即兴的壮观场面，使人们得以体验那个正作为历史徐徐展开的当下。

"士兵撤回去！"

2月28日，柏林《福斯报》的特刊专题事关路易·菲利普国王退位的"电报"。从"法国和欧洲的当前形势"看，编辑声称，"这一事件的转向如此突然，如此暴力，如此全然始料未及，看起来更为异常，其后果可能比（1830年）七月革命的冲击力更大"。[135] 自从巴黎的消息传入普鲁士首都后，柏林人便涌上街头打探消息，一时议论纷纷。"激奋之情四处洋溢，"一位见证者回忆道，"从资产阶级社会的最高阶层到酒馆里的无产阶级，所有人如遭雷击。"[136] 对法律专业学生保罗·博尔纳来说，继续把自己关在房间里是不可能的：

我不得不在冬天的寒气里走到筋疲力尽，只为了让我的血冷下来，让心跳慢下来。我的心前所未有地、莫名地躁动着，简直要从胸膛中跳出来。[137]

读书会、咖啡馆，以及各类公共场所都沸腾起来。"无论是谁拿到了一份新报纸，都必须爬上椅子，大声朗读内容。"[138]当消息的发源地离家乡越来越近，人们越发激动了：曼海姆、海德堡、科隆和其他德意志城市都爆发了大游行，巴伐利亚国王路德维希一世（Ludwig Ⅰ）在政治改革和公民自由方面做出了让步，萨克森、巴登、符腾堡、汉诺威和黑森的保守派大臣也都纷纷倒台。

跟很多城市类似，柏林的争论和抗议的一个中心在于市政大会。其成员由市民精英组成，定期开会讨论城市事务。这个机构曾一度是自由改革派人士表达诉求的通道：早在1846年与1847年之交的冬季，议会中的左翼自由派与温和派已经通过决议，要求为光明之友和德意志天主教协会等持不同政见的教派团体，争取出版自由和宗教平等，甚至要求"完全解放犹太人"。[139]3月9日，一群人强行闯入柏林市政厅。此后，以往相当严肃沉闷的议会开始演变成抗议集会。

勃兰登堡门外蒂尔加滕区的"帐篷区"每天也有政治集会，这一区域原本用于户外休闲和娱乐。这些集会刚开始是非正式的，但很快具备了临时议会的雏形，有投票程序、决议和选举代表，是1848年在德意志各个城市展开的民主的公共集会典型范例。[140]很多人壮着胆第一次在充满期待的人群面前发言，激进主义学生保罗·博尔纳就是其中之一，但演讲效果并不特别理想。人潮非常庞杂、拥挤，有工匠、学生、公司职员和文化界人士，讨论极为热烈。一开始，博尔纳什么也看不到，什么也听不到。他的心怦怦地跳，但他仍鼓起勇气举起手，要求发言。可是他的喉咙似乎被勒住了。他犹豫了一下，退了回去，待重整旗鼓后，立即进行了第二次尝试，登上木讲台：

现在我站在高处，眼前是黑压压的人群，这让我十分紧张。我忘了所有想说的话！最终我成功开始了演说，像往常一样谈及"33年的耻辱奴役"。人们爆发出了掌声。然后，我想表达我们必须为自己争取自由。然而，我刚开始说"我们并不想在法国的帮助下获得自由"，人们就把我当成法国二月革命的反对者，一片嘶嘶的议论和嘲笑声迫使我放弃了对演说名声的追求，至少今天是这样。[141]

不久之后，市政大会和帐篷区开始合作。3月11日，市政大会讨论了一份来自帐篷区的请愿草案，它要求一系列政治、法律和宪政改革。到了3月13日，帐篷区的集会人数已经超过两万，这些人开始听工人和工匠的演讲。这些工人和工匠的核心关切并非法律和宪政改革，而是劳动人民的经济需求。在人群一角的工人另行组织了集会，并起草了一份请愿书——要求出台法律，保护工人不受"资本家和高利贷者"剥削，并请求国王建立劳动部。在城市已经动员起来的人群中，清晰的政治和社会利益诉求逐渐成形。

人群的"坚定和无礼"日益增长，并在城市大街小巷传播。警察局长尤利乌斯·冯·米努托利（Julius von Minutoli）对此十分警惕，并于3月13日下令调新军队进城。当晚，一些平民在王宫附近的冲突中身亡。博尔纳当时正在从帐篷区赶往市中心的途中，看到街上满是平民和士兵，他和一位朋友便到施特希巴恩街的沃尔皮咖啡馆观望事态发展。在那里，他平生第一次见证了士兵对手无寸铁的平民的杀戮。在没有警告的情况下，一支重甲骑兵卫队突然攻击从帐篷区返回的人群：

我根本看不下去，当看到他们竟然用帕拉什剑（一种又长又直的单刃剑）殴打女性时，我不由得从窗边后退了一步……我情不自禁地想到人们惊恐的尖叫、受伤的女人、在我们眼前被杀死的男孩……我数百次问自己：我们的同胞怎么能如此行事？

这些放肆行为引起的公愤一直持续到3月14日、15日和16日，迅速蔓延到"所有阶层的人"。[142]

民众和士兵正为争夺城市空间的控制权而处于集体敌对状态。在接下来的几天，人们在傍晚时分穿梭于整个城市。用马志尼令人难忘的比喻来说，他们就像"晴朗的天空中那些飘散的云朵，疾驰而过，让每个人都抬起头，说天气还没有稳定下来"。[143] 人群害怕军队，但也接近军队。他们哄骗、劝说和讥讽士兵。军队有一套复杂的流程：当遇到反叛的臣民时，他们要宣读三遍1835年的反暴乱法案，然后用鼓或喇叭发出三次警告信号，之后就会下达进攻的命令。因为人群中很多人曾在军队服役，这些信号能够被普遍识别和理解。反暴乱法案的宣读总是遭遇口哨和嘲笑之声。打鼓标志着即将前进或冲锋，具有更强的威慑力，但这种威慑力通常只是暂时的。在柏林的一些冲突中，人群迫使驻防的军队一遍又一遍地重复他们的警告程序：先是挑衅军队，然后在鼓声响起时一哄而散，之后再次现身，重启这一"游戏"。[144]

城市的氛围充满敌意，那些穿着制服在街上独自或三五成群行走的人因而处于极度危险之中。3月15日，自由主义作家、日记作者卡尔·奥古斯特·瓦恩哈根·冯·恩泽（Karl August Varnhagen von Ense）从家中一楼的窗户往外看，只见三名军官正在人行道上缓步行走，后面跟着大约200个大声叫嚣的男孩和年轻人。

> 我看到石块如何砸向他们，一根高举的棍子如何砸在其中一人背上，但他们没有退缩，没有转身，而是走到了远处的街角，拐进了瓦尔街，躲入了一栋行政大楼，那里的武装守卫吓走了施暴者。

这三人后来为一支部队分遣队所救，并且被护送到了更为安全的城市军械库。[145]

如同其他城市一样，柏林的军事和政治领导者发现很难就下一步行动达成一致。温和聪明的恩斯特·冯·普菲尔（Ernst von Pfuel）将军是柏林的长官，负责首都内外的驻军。他支持政治手腕和让步相结合。与之相对，国王的弟弟威廉王子力劝君主下令全面围攻叛乱者。冯·普里特维茨（von Prittwitz）将军是国王近卫军的指挥官和威廉王子的强硬支持者，他后来回忆了宫廷中的混乱气氛。普里特维茨称，国王被一大群幕僚和支持者相互矛盾的建议搞得焦头烂额。随着梅特涅在维也纳革命起义两天后就倒台的消息传来（3月15日传到柏林），转折点到来了。如果说来自巴黎的消息令民主主义者和激进主义者为之振奋，那么来自维也纳的消息对柏林宫廷信心的打击则是最大的。国王身边的大臣和幕僚一如既往地敬重奥地利，他们认为这是一个预兆，决心在政治上进一步退让。3月17日，国王同意发布王室诏令，宣布在普鲁士王国废除审查制度，并且引入宪政体系。

但渐进式改革的时机已经过去了，主动权早已从政府手中溜走。人们计划在第二天，即3月18日下午，在宫殿广场举行集会。那天早晨，官方向全城发布了最新的让步消息。市政大会代表在大街上与公众一起载歌载舞。市政府下令城市彻夜点灯照明，以此作为一种感激的象征。[146]但是现在要阻止已经计划好的游行为时已晚：大约从中午开始，人流在宫殿广场聚集起来。他们之中有富裕的市民和"安全官员"（从中产阶级招募而来的非武装官员，他们的职责是在军队与平民之间斡旋），也有很多来自城外贫民窟的工人。当政府的决策传播开，部分人沉浸在节庆般的欢乐气氛中。空气中弥漫着欢呼声。在被阳光照拂的温暖广场上，人群越发密集。人们希望拜见国王。

王宫里的气氛也是轻松的。警察局长米努托利在下午1点左右前来警告国王，他相信一场大动乱近在眼前。国王对他轻松地笑了笑。国王感谢了他所做的工作，并说："亲爱的米努托利，我要告诉你一件事,你总是把事情看得太过负面了!"听到广场传来的掌声和欢呼声,国王及其随从朝着人群的方向走去。"我们去收获欢呼声咯。"普菲尔将军俏皮地说。[147] 最后国王来到了石质阳台上,俯瞰广场,人们欢呼着迎接了他。然后首相冯·博德尔施文格(von Bodelschwingh)站出来宣布:

> 国王希望出版自由得以普及!国王希望立刻召集联合省议会!国王希望一部有着最自由基础的宪法能覆盖整个德意志领土!国王希望有一面德意志民族旗帜!国王希望所有的海关关卡都被撤除!国王希望普鲁士引领这场运动!

人群中大部分人没有办法听清国王及其大臣所说的话,但是最新公告的传单很快就在人群中传播开,阳台周围狂野的欢呼声很快在一片欢腾的浪潮中传遍整个广场。

不是所有人都欢呼雀跃。见证者注意到,站在最前排、离王宫最近的人都来自较富裕的社会阶层——到处可见高顶礼帽和深色西装。这个区域的人们互相拥抱,"相互庆祝这一绝妙的成就"。而后面的人就没那么高兴了。这片地方毗邻通向宫殿广场的各条街道,挤满了"无产阶级和工人。看到周围的笑脸时,他们说:'这对我们这些穷人来说全无用处!'"[148] 人群的视野中出现了一片乌云:在宫殿拱门下和大门后面的庭院里,可以看到一排排士兵正在缓慢进入广场。人群边缘有一些人感到惊慌,他们担心会被挤出去与士兵迎面相撞。有人呼喊道:"士兵撤回去!士兵撤回去!"广场的局势似乎即将失控。此时大约是下午 2 点,国王把首都军队的指挥权从普菲尔那里移交给了更为强硬的普里特维茨,并命令军队立即清场,"必须结束那里盛行的混乱局面"。但是必须避免流血冲突:骑兵队应以行军速度推进,但是不能拔出剑来。[149] 接下来是一片混乱的场景。一队龙骑兵缓慢在人群中推进,但是无法驱散人群。控制军队很困难,因为声音太过嘈杂,士兵听不清命令。一些马受到惊吓,开始后退。有两名士兵的坐骑在鹅卵石上失足摔倒,这两人随即跌落。直到龙骑兵举起马刀准备冲锋时,人们才逃离广场中央。

大量的人依旧聚集在朗根布吕克街和宽街之间的宫殿区域东侧。鉴于此,一小队掷弹兵被派去驱散人群。就是在这场行动中,两件武器意外走火:掷弹兵屈恩的军刀手柄不小心击发了火枪,准尉黑特根的枪在被一名示威者用棍子敲击时也走火了。两次射击都未造成伤亡,但是人群听到了枪声,认定军队开始射击平民。愤恨的言辞迅速席卷全城。宫廷为了纠正这一错误信息,雇用了两名平民,让他们举着一条巨大的亚麻横幅上街巡游,横幅上面写着:"这都是误会!国王的本意是好的!"不出所料地,这一荒诞离奇的举动没什么效果。

1848年3月,柏林,起义者与军队在宽街上交战
资料来源:Landesarchiv, Berlin. (Photo: akg-images)

在柏林,到处都建起了街垒,都是就地取材。保罗·博尔纳指出,如果这些街垒与巴黎等地的非常相似,那不是因为"波兰或法国密使"也在这里捣鬼，而是因为柏林的建筑结构和材料特质决定了搭建方式："我们本能地找到了正确的方法。"与巴勒莫和巴黎的情况类似，所有能想到的材料都被投入使用，包括马车，它们为街垒提供了很好的支撑点。马夫很快就意识到了这一点。在那一整年中，每当人群聚集时，都可以看到有马车小心翼翼地从市中心疾驰而出。[150] 这些临时搭建的街垒成了斗争的据点，而整个城市的斗争都遵循着类似的模式：向街垒挺进的步兵遭到从附近建筑物窗户射出的枪弹袭击；瓦片和石头从屋顶上掷下；军队闯入民房，并对其进行"清剿"；街垒毁于火炮轰击或被军队拆除，有时候，这一过程也会得到战俘的帮助。瓦恩哈根·冯·恩泽描述了其住所附近的街垒的守卫者如何应对步步逼近的军队："战斗者迅速就位。你可以听到他们窃窃私语，然后一个铿锵有力的年轻声音发令道，'先生们到屋顶去！'所有人都各自就位。"[151] 但起义者的决心无法弥补武器装备的短缺：枪支店被搜刮一空，可事实证明，这些地方没多少火器。各家各户都被仔细搜查，为的是寻找私人拥有的武器。在起义第一阶段，只有极少数街垒战士拥有火器，其他人只能凑合着用干草叉、斧头或木板。[152]

斗争的社会地理环境更增添其复杂性：街垒大多由各类工人建造和守卫，而周围的房屋则大多为中产阶级所有。保罗·博尔纳观察到，房屋建筑是起义者最好的防卫，甚至比街垒更有效。但是"房屋属于资产阶级"。"因此，只有得到'非利士人'（资产阶级）支持，才有可能在战斗中获胜。"隐蔽的劳动分工由此出现：涉及"身体暴力"的任务落在"青年和劳工"身上；资产阶级人士的任务是提供"消极"支持，即允许工人叛乱者不受阻碍地进入他们的房屋，储存武器和投掷物，以及允许他们将自己公寓的窗户作为据点向外射击或投掷石头。[153]

列兵沙德温克尔参加了攻打宽街街垒的行动，他后来回忆起自己在行动中的角色。在他身边的战友头部中弹而毙命后，他加入了一队士兵，他们闯入了一栋有抗议者的建筑。士兵们怒火中烧，冲上楼梯，冲进公寓，"砍杀任何抵抗者"。沙德温克尔称："我无法准确描述屋内发生的事情。我当时处于一种前所未有的躁动状态。"[154] 跟柏林其他地方一样，这里的无辜旁观者和部分卷入冲突的人都被视同战斗人员，一道被杀。博尔纳在街垒被炮轰之后，逃进了一所公寓的一楼。公寓的主人是一名富裕的中产阶级人士，他看到这名年轻人突然出现时被吓了一跳，但他的妻子坚持要把博尔纳藏在客房的四柱床下面。博尔纳在黑暗中蜷缩着，听着军官在公寓搜寻起义者时的靴子声和地板嘎吱声，被死亡的恐惧折磨，想着自己年纪尚轻，不该就这么死去。他很幸运地逃过了一劫。[155] 其他人就没么幸运了。两个逃到斯比特尔市场街公寓二楼的年轻人，带着步枪藏在沙发后面。追兵将他们拖了出来，用枪托痛打一顿。而后，军队指挥官潘内维茨上尉下令将两人当场射杀。"一名士兵立即执行命令，他把步枪的枪口抵在一个还很年轻且英俊的青年的太阳穴上，打穿了他的脑袋，墙壁和挂在墙上的镜子上都溅满了脑浆。"另一名俘虏随后也被击毙。[156]

虽然镇压行动十分残暴，但是控制城市远比指挥官们想象的难。大约3月18日午夜时分，负责镇压行动的新指挥官普里特维茨将军在宫中向弗里德里希·威廉四世报告时，不得不承认，尽管他的军队控制了施普雷河、新弗里德里希街和斯比特尔市场街之间的地带，但现在无法进一步推进。普里特维茨提议撤离城市，包围和轰炸柏林，迫使反叛者屈服。国王以近乎超凡的冷静回应了这一噩耗。在感谢了将军之后，国王回到了书桌前。普里特维茨观察到，在那里，"国王陛下以一种精心而适意的方式，脱下靴子和长筒袜，然后套上毛茸茸的脚套。似乎是为了准备撰写另一份冗长的文件"。[157] 他所说的文件是《致我亲爱的柏林人》。文件在第二天凌晨发布，国王在信中呼吁柏林居民，"回归和平，清理依然存在的街垒……我以王室之名保证，所有的街道和广场上不会再有军队，只对少数必要的建筑驻军布防"。[158] 军队撤离城市的命令在第二天午后就下达了。国王已将自己置于革命的掌控中。

这是一项重大且充满争议的决定。普鲁士军队被迫"撤离"柏林——自 1806 年被拿破仑击败以后,普鲁士军队还没有受过如此恼人的待遇。国王只是胆怯了吗?军队中的强硬派就是这么看的。[159] 普鲁士的威廉王子因主张采取强硬措施获得了"炮弹王子"的绰号。他也是强硬派里最暴虐的人。听到撤离的消息,他冲到哥哥面前向他大声咆哮:"我一直知道你喜欢胡说,但没想到你是个懦夫!没有人会尊重你、侍奉你了!"然后把剑扔到国王脚下。据说,国王眼中满是愤怒的泪水,回敬道:"太不像话了!你不能待在这里!你必须离开!"威廉现在是城市中最遭人痛恨的人,最终他被说服,乔装打扮离开了柏林,到伦敦冷静情绪。[160]

国王虽然深受震动,但还是巧妙地处理了这些事件。军队早早撤离,避免了进一步的流血牺牲。鉴于 3 月 18 日夜至 19 日凌晨冲突中的激烈程度,这也是一项意义重大的考量。战斗中共有 300 多名抗议者身亡,士兵和军官一方也有约 100 人殉职。柏林发生了德意志三月革命最血腥的城市战斗。相比之下,维也纳 3 月那几天的死亡人数约为 50 人。[161] 弗里德里希·威廉四世决定保护柏林免受大炮轰炸,而在那一年,有很多欧洲城市都遭受了这一劫难。最重要的是,国王在 3 月 18 日之后的举动让他得以从骚乱中脱身,使他的声誉不受首都暴力冲突的玷污;同时,他还利用了绝大多数柏林人仍存的拥护王室之情。[162] 3 月 21 日,弗里德里希·威廉四世在没有护卫的情况下穿行于柏林的街道,并受到百姓的热烈欢呼。而六天前,斐迪南皇帝及其侄子弗兰茨·约瑟夫在维也纳做了同样的事。

德意志的许多邦国都上演类似的场景:人群因革命的成功如释重负,拥戴他们谦卑的君主。拿骚公爵 16 岁的儿子尼古劳斯当时正身处柏林。他走向愤怒的武装市民,向他们保证他的父亲爱他们,等他回去后会满足他们的愿望,他也赢得了热烈的喝彩。"旧的忠诚与对新自由的无条件要求奇迹般地融合在一起,给我们的这场三月大戏里投去一抹明亮、和谐的光芒。"拿骚自由派记者威廉·海因里希·里尔(Wilhelm Heinrich Riehl)回忆道,"只是这光芒后来渐渐暗淡了下来。"[163]

"米兰五日"

1848年2月18日，奥地利驻莱比锡公使馆代办许布纳伯爵收到了梅特涅亲王召他前往维也纳的急件。来到首都，他才知道原因：亲王想要派他担任奥地利公使，前往意大利各宫廷。他的任务是安抚意大利各邦国，向它们保证奥地利会给予支持，并且帮助协调各邦国的反革命活动。在首都短居期间，许布纳阅读了纷至沓来的急件，由此熟知了法国和意大利的局势。到了2月28日，他断定大势已去。"外交函件和报刊文章无力阻止革命，"他在日记中写道，"你能用一根棍子让火车停下吗？"[164]

许布纳在3月2日离开维也纳，乘火车抵达塞默灵山脚下，再从那里驾驿马出发——他花了74个小时才到达米兰。他震惊地发现奥地利派驻此地的总督施保尔伯爵正准备离开。他在日记中写道："现在似乎是最不适合度假的时候。""他的临时接替者……奥唐奈伯爵对形势一无所知。"[165]总督的匆匆离去又添一抹阴郁的预兆。晚上，许布纳照例参加文化活动。在斯卡拉歌剧院，他注意到意大利和奥地利的贵妇们身着优雅的服饰，也看到了管弦乐队正前方观众席的前两排整齐的白色。（这一区域的座位专为身着华丽制服的奥地利军官保留，此项特权可以追溯到1815年。）他满腹狐疑，"我们的头上风暴正隆隆作响，而我们"为何还能"如此欢愉舒适"？[166]

在与最高层的奥地利官员谈话之后，许布纳了解到了米兰局势的演变进程。陆军元帅拉德茨基的副官告诉他，在过去6~8个月里，人们的态度发生了显著变化。本地公务员以前兢兢业业，现在分成了两类：一类"惊慌失措"，另一类成了"叛徒"。由"看不见的手"组织的敌对示威愈加频繁。激进爱国者年初组织的烟草抵制活动引发了冲突，加剧了怨愤情绪。爱国者希望切断奥地利当局通过烟草垄断获得的收入，从而煽动米兰人加入禁烟运动。但奥地利军队里的很多人依旧公然在街上抽烟，一些人晚上甚至叼着烟招摇过市。他们被人群攻击，继而发生了打斗，士兵们拔出了军刀，一些平民被杀。该市市长加布里奥·卡萨蒂（Gabrio Casati）率领代表团向奥地利人抗议，但后者拒绝禁止军人在公共场合抽烟。这些打斗和抗议最后都得以平息，但是气氛依旧紧张。所有人似乎都在等待发生什么。权力的天平也已经倾斜："人们服从意大利政党的领导人，但不再服从帝国政府，因为事实上他们不再能控制群众了。"[167]

3月17日，许布纳收到维也纳方面最新的消息：人群砸毁了梅特涅亲王宅邸的窗户，学生举行示威游行，要求获得"德意志革命者"所主张的自由，政府宣布了重大让步。但为什么没有来自梅特涅或其他人的关于意大利事务的指示信呢？在这座成熟复杂、拥有20万人口的意大利城市，一个奥地利公使很容易感到孤立无援。天气和气氛一样阴沉：又细又冷的雨淅淅沥沥地下着。他和朋友晚上上街时，发现大教堂广场附近平时熙熙攘攘的街道现在空空荡荡。三五成群的人们在附近游荡，他们互相低声耳语，"但看到我们走近，他们就散开了"。街头手风琴师还在咖啡馆门口卖艺，但没有人理会他们。那天晚上，许布纳深感沮丧。他住在已离开的总督那宽敞的居室里，但无济于事。最让他烦恼的是"梅特涅亲王将我置于这般不确定中，我甚至怀疑他是否仍是首相"。"对暴力和全面动荡的恐惧像噩梦一样压得我喘不过气来，使我无法安睡……"[168]

当许布纳在床上辗转反侧时，米兰自由主义反对派的领导人正举行集会，讨论如何应对维也纳急剧变化的局势。大家一致同意，第二天，市长加布里奥·卡萨蒂应该领导一场和平游行，以实现各种要求：废除旧警察制度，建立公民卫队和伦巴第临时政府。对卡萨蒂来说，这是一种极其艰难的平衡之举。他并非没有受到爱国情感感染，但是他多年来与奥地利人紧密合作，与他们建立了良好的关系。没有什么比他对两个儿子的安排更能体现其分裂的忠诚了：一个儿子被送到皮埃蒙特军队当炮兵军官，另一个在因斯布鲁克大学学习法律。卡萨蒂向奥地利代理总督奥唐奈保证，游行是和平的，并成功说服后者不调动驻军。而陆军元帅拉德茨基决心避免措手不及的状况，下令向城市增派炮兵，并且增加了城墙上的哨岗。

第二天（3月18日），许布纳在咖啡馆吃早饭，一个男人进来贴了一张小报，并很快离开了。一些人默默离开座位前去研究，并交换眼神，"无须言传，就能意会"。许布纳很好奇，为什么大家的行为如此不符合意大利做派。在他们离开之后，许布纳也读了小报，上面写着皇帝废除了审查制度，宣布即将召开奥地利各邦的三级会议。但对于为什么会发生这种"制度变革"，仍然没有任何线索。对一名公使而言，这局势令他不安。他回到房间之后，发现奥地利官员——年轻的图恩伯爵正在等他，两人一起吸了烟。

整座城市的每个人似乎都感到一场重大事变即将到来，但不知道会以什么形式出现。城市被一场没有阴谋策划者的阴谋笼罩。爱国者恩里科·丹多洛（Enrico Dandolo）后来回忆称，起义的开始"更多源于战斗者之间的团结一致，而非预先的行动计划"。[169]穿过街道，年轻的共和主义者卡洛·奥西奥（Carlo Osio）看到了一张张"愤怒"的脸，那表情"混合着恐惧和抑制不住的复仇渴望"。商店很快闭门谢客、紧锁门窗，各家各户的大门都紧闭着。"先是窃窃私语声此起彼伏，而后顿时喧闹起来，最后出现普遍骚乱。"奥西奥冲回家，拿起几把手枪、一把匕首和一根铁棍，和朋友们一起前往东门。随后，他们随着汹涌的人潮前往政府官邸。在这里，他看到起义者向守卫这栋建筑的军队开了第一枪——这便是日后被称为"米兰五日"的事件的序幕。[170]第一个落入起义者手中的奥地利官员是图恩伯爵，他还不太清楚这座城市里发生了什么。刚离开许布纳的公寓，他就被武装人员包围，遭到逮捕并被立刻投入监狱。

对卡洛·奥西奥来说，反奥地利人的全面起义来得还不够快。他的共和主义同伴卡洛·卡塔内奥的态度则更加模棱两可。卡塔内奥认为，伦巴第人民的经历与法国人民非常不同：法国不过是曾在1814年战败，伦巴第却是被征服。"外国军队对法国的占领只是一个偶然和短暂的事件,而维也纳条约规定了对意大利的永久占领",它将伦巴第和威尼西亚永久划归奥地利管辖。[171] 那么一个国家被永久占领意味着什么?意味着不止一代人的智识生活受到抑制,新闻和信息被过滤,收入被大规模榨取,尊重被剥夺。总的来说,就意味着无权无势:

> 我们现在的核心问题是,为了获得独立,我们必须斗争;为了斗争,我们必须有军队。但是……已有34年不存在军队了。从我们中间招募的士兵本可以组成优秀的部队,但是他们大部分散在帝国最边缘地区的驻军中,在匈牙利、加利西亚、福拉尔贝格、布拉格;他们的长官大多是德意志人和斯拉夫人。[172]

对卡塔内奥来说,这意味着人民起义根本就不是一个可行的选项。因为那无异于将满是民宅的城镇拱手相让,任人洗劫和掠夺。卡塔内奥对君主主义爱国者也不耐烦。这些人老说要鼓动皮埃蒙特的查理·阿尔贝特国王把奥地利人赶出伦巴第,将其纳入他的王国。更换君主有什么意义?卡塔内奥认为,那些支持查理·阿尔贝特的爱国者对于解决"革命的问题并不感兴趣,只对战争问题感兴趣"。那些呼吁皮埃蒙特征服伦巴第的人没有看到,正是**意大利王公们的可悲统治**,才让奥地利人如此轻松地统治着他们的意大利属地。意大利并不是奥地利的俘虏,而是"它自己的王公们落后观念"的俘虏。[173]

卡塔内奥看到,1848年最初两个月,整个城市沉浸在无比兴奋的情绪中。"先是巴勒莫起义了,然后是那不勒斯、佛罗伦萨和都灵……随后是来自巴黎的惊雷般的消息。"但他也看到,这些真实事件的影响是如何被谣言的洪流放大的。例如,有人说皮埃蒙特国王向伦巴第前线运送了6万支步枪,还有4万支要送到米兰本地,据说军队也正赶来帮助米兰。卡塔内奥对此表示怀疑。3月18日早晨,当街上遍布起义者时,两个朋友兴奋地来找他,认为推翻暴君的时刻已经来临。卡塔内奥试图抑制他们的热情。他问道：他们打算用什么力量来攻打帝国驻军？而帝国驻军已为战争做好准备，甚至可能刻意激起当下的骚乱，以便先发制人。起义者到底有多少人？他的朋友不好意思地说，只召集到几十名武装人员，但是肯定很快会有更多人来，因为皮埃蒙特的4万支步枪已经在运送途中了。卡塔内奥问，他们看到那些枪了吗？他们回答说："我们还没看到这些枪，但我们知道，指导委员会认为皮埃蒙特会送来。"可是这个指导委员会在哪里，卡塔内奥问，它真的存在吗？"毫无疑问，所有人都知道它，所有人都在谈论它。""好吧，我的朋友，"卡塔内奥回答说，"你很快就会看到既没有步枪，也没有指导委员会。"[174] 事实证明，当天围绕卡萨蒂市长形成的执行机构只是市政管理机构的延伸，它主要由一向对奥地利忠心耿耿的保守派公务员组成。和在很多其他地方一样，在这里，是革命造就了革命者，而非革命者造就革命。

然而，这些并没有减轻接下来的争斗的惨烈和残酷程度，也没有削弱参与者的勇气。尽管卡塔内奥曾提醒友人提防不成熟的起义，而后他自己还是克服了疑虑，掌管战争委员会。该委员会的任务是协调起义活动——最初起义只是分散在城市各处、完全缺乏协调的零星行动。战斗经常是近身肉搏。为了克服武器和弹药的匮乏，一些年轻的米兰人会蹲守在门后或小巷里，突袭落单的士兵，抢走他们的步枪。在巴洛克风格的圣弗朗切斯科·迪保拉大教堂（位于今亚历山德罗·曼佐尼街上），一个年轻人从小巷的街垒后方猛扑到一名前沿哨兵身上，当着整个营队的面抢走了他的枪，并将他射杀。缴获的枪炮和弹药由起义者精心看管，只有训练有素的人才获许使用。这些起义者小心翼翼地只进行近距离射击，因为担心浪费子弹，"在我们指挥部，火药是按撮分配的，就像烟草一样"。随着起义者占领城市的军营和军火库，军火问题大体得到解决。[175] 对卡塔内奥、奥西奥和其他米兰的评论家而言，这些起义者是在压倒性的逆境中投身战斗的英雄。奥地利评论家则更关注己方部队的危险处境：许布纳看到一队匈牙利轻骑兵从德尔佩谢街慢跑而出，遭到来自屋顶和地下室窗户的猛烈射击。过了一小会儿，一队克罗地亚分队现身。士兵们"脸色苍白、平静且坚定"，手指扣在步枪的扳机上，而军官们手持出鞘的军刀。当他们靠近道路的狭窄处时，军队遭受了"可怕的火力"。他们在街上回击，"但子弹怎么能成功击中躲在墙后、看不见身影的敌人呢"？[176]

所有人都参与其中：米兰的天文学家和光学仪器专家在瞭望台和钟楼上各就各位，监视城墙外敌人的动向。为了节约时间，他们把报告系在金属环上，让它们顺着滑索滑到地面；孤儿院的男孩在下方捡起报告，送至指挥部。这些男孩现在组建了临时的军事邮政局。请求支援的消息通过小气球送往乡村——它们升上天空，缩成一个个带着希望的小点，飘向全国各地，远远超出了奥地利军队的射程。有些气球甚至跨越了皮埃蒙特和瑞士的边界。这一做法起了作用，因为处于腹地的城镇纷纷开始起义，俘虏或驱赶了当地的小规模驻军。一些援军正在从山上下来，赶往被围困的米兰，包括瑞士境内说意大利语的提契诺州的500名士兵。[177]这是米兰对于去年伦巴第自由斗士在瑞士的分离主义者联盟战争中提供援助的回报。

3月21日夜至22日清晨，都灵发来了一份提议：查理·阿尔贝特愿意率军进入伦巴第，与奥地利作战，前提是他收到米兰人的正式邀请。卡塔内奥反对这个想法。他正确地认识到，皮埃蒙特君主的目标是吞并伦巴第，很有可能同时吞并威尼西亚。到时米兰的共和主义运动会演变成什么样子呢？但他同意妥协：米兰会发出援助请求，但求助对象包括"意大利的所有王公和所有人民"，而不仅限于皮埃蒙特。至于新的伦巴第或意大利政治实体的政治形式，将留待"胜利"之后讨论。事实上，拉德茨基已经决定从城市撤军。3月23日，米兰人一早就听说他们已经撤走了。奥地利军队先火葬了死难将士的遗体，再悄悄逃到了"四边形"的安全地带。这是由维罗纳、佩斯基耶拉、曼托瓦和莱尼亚戈构成的一道坚不可摧的堡垒。这顶多是一场战略性撤退，而不是战败。不过，眼下没人担心这个，尤其是在皮埃蒙特国王最终越过提契诺河,进入伦巴第领土的消息传来之后。

和其他欧洲城市类似,随后出现了狂欢的场景:米兰人"热泪盈眶地在街上奔跑",陌生人像兄弟般彼此拥抱,"举止庄重的人"也在大街上"欢呼雀跃"。人们走出住所,在大街上漫无目的地游荡,"似乎想要在开阔的天空下呼吸自由的空气"。参与者给朋友们指他们战斗的场所,分享故事。后来,"米兰五日"起义的英雄们撰写了回忆录,互相指责对方歪曲事实,夸大自己的作用,叙述出现了分歧。但是当时仍是一派和谐。恩里科·丹多洛写道:"那一天,所有人都血脉相连,无论一个人多么自私和充满怨愤,都几乎无法抵抗这普世的欢乐和喜悦的感染。"[178]

不叫的狗

当我们回想 1848 年春时,脑海中就会浮现起义街垒和城市篝火的画面。但是,在有些并未出现重大起义的地方,也发生了政治变革。尼德兰就是个很好的例子。1847 年,爆发大动乱的要素正在不断累积。人们对 1815 年的威权主义君主制宪法的失望与日俱增。选举权是间接的,且受众范围狭窄:阿姆斯特丹 1845 年共有 215 297 人,只有 6000 人有投票权,仅 1259 人有资格被选举为下院代表。上院议员全部由君主任命,终身任职。"在尼德兰",荷兰历史学家皮特·代·罗伊(Piet de Rooy)观察道,"爆发叛乱的条件已经全部具备:饥饿的人们和愈加激进的中产阶级。在这里,也出现了要求降低赋税和食物价格、主张更民主的游行和示威"。[179]

19 世纪 40 年代中期,在大学教授约翰·鲁道夫·托尔贝克的领导下,出现了一个自由派团体。托尔贝克刚成年时是一名浪漫主义保守派,但在 19 世纪 40 年代早期转向支持激进的宪政改革的进步自由主义。[180] 但是,1840 年 10 月继位的国王威廉二世(Willem Ⅱ)依旧拒绝让步。他保守的妻子、沙皇保罗一世(Paul Ⅰ)的女儿安娜·帕夫洛夫娜（Anna Pavlovna）也是如此。1847年10月，国王原则上同意进行一些非常有限的改革，但是这离自由派的要求相距甚远。政治僵局又正好撞上了经济危机加剧：在1846年、1847年和1848年春季，土豆歉收导致了暴动和其他骚乱，由农业危机引发的经济衰退波及制造业和商业，大量企业破产和倒闭。[181]

1848年2月，来自巴黎的消息传到布鲁塞尔和海牙，自由派希望国王会惊慌失措并且做出让步。但事与愿违：3月初，国王的情报机构和警方的线人网络调查显示，没有必要担心动乱的到来。受到这些报告的鼓舞，国王在3月11日的一场公共晚宴上宣布："尼德兰没有发生革命的可能性。"[182]由保守主义效忠派组成的内阁也对国家的安定抱有信心。他们断定，公共舆论认为国王不可能"做错事"。但是，当月中旬，国王突然屈服了。他召下院的议长来商讨，并在没有咨询其大臣的情况下宣布有必要进行重大的宪政改革，还邀请了托尔贝克和自由派议员唐克尔·库尔修斯（Donker Curtsius）加入新成立的制宪委员会。内阁大臣们感到恐慌，集体辞职。保守派议员哀叹，国王无缘无故地向极"左"翼投降，无视谋臣的建议，将自己重塑成"议会的国王"、人民的国王。[183]

国王为何这么做？从巴黎传来的消息虽然鼓舞了自由主义反对派，但是并未给他留下什么印象。更为重要的是他在3月9日收到的他女儿索菲的两封来信。索菲的公公是萨克森-魏玛-爱森纳赫大公卡尔·弗里德里希（Carl Friedrich），他位于小城魏玛的宫廷已经遭到多次骚乱的震动。卡尔·弗里德里希的回应是满足自由主义者的要求：长期任职的保守派大臣被撤职，取代他们的是更具进步思想的人士，后者很快便忙于削弱君主权力。大约与此同时，阿姆斯特丹民兵上校约安·霍德斯洪（Joan Hodshon）的报告警告称，阿姆斯特丹的紧张局势正在升级。海牙的警察局长亚伯拉罕·阿姆普特（Abraham Ampt）起初轻视社会动乱的危险，而现在他也加入了警告政府的行列：如果不做出重大让步，将会出现严重后果。[184]

310　第四章　爆　炸

国王也承受着许多私人压力。1848年2月20日,他被罕见病折磨多年的长子于葡萄牙去世。这一噩耗令他悲痛万分。这些年来,他还一直承受来自轻罪罪犯、记者和职业阴谋家的压力,他们威胁要曝光披露荷兰国王政治阴谋的文件。那是针对1830年后的布鲁塞尔政府的阴谋,如今若曝光会让国王极其难堪。1848年春,敲诈勒索事件的两个主要人物是阿德里安·范·贝弗福德（Adriaan van Bevervoorde）和雷格内鲁斯·范·安德林加·德·肯佩纳（Regnerus van Andringa de Kempenaer）。他们都是家道中落的贵族。他们已养成了为人不齿的恶习,每当他们缺钱了（他们几乎一直缺钱）,就提议要"保护"国王免遭勒索的威胁,即除他们自己以外的其他勒索者的威胁。他们在1848年2月的姿态尤其强硬,因为一名德意志敲诈勒索者彼得鲁斯·扬森（Petrus Janssen）带来了一份详细记录国王同性关系的文件。贝弗福德和安德林加成功让扬森返回德意志,为此得到了丰厚的报酬。而同时,他们向其他丑闻写手泄露了一些猛料,于是这些人也来索取封口费,国王的"保护人"则从中榨取了更多佣金。国王花费了1万多荷兰盾摆平勒索者。这件事从根本上也让他心烦意乱,不得安宁。

对贝弗福德而言,这不只是钱的问题。1845—1847年,他像许多其他人一样从自由主义转向激进主义。1847年11月,他出席了布鲁塞尔的民主协会的成立仪式,马克思是该协会主席。贝弗福德还经营了三家小报社,在报上为出版自由辩护,主张采取措施应对失业和贫困问题。3月8日,他到王宫觐见国王,以改革者自居,力劝国王与保守派大臣们分道扬镳。由此,国王个人私事曝光的威胁就与满足自由派要求的压力纠缠在一起。威廉二世最终让步,让托尔贝克组建负责宪政和其他改革事宜的委员会。而那时,他看起来精神已几近崩溃。[185]

如果不是这些极具偶然性的事件使奥兰治家族走上了意义深远的改革和政治革新的道路,很难说革命是否会爆发。刚熬过危险期,荷兰自由主义者就像他们的英国同道一样,倾向于庆祝他们自由的政治和社会秩序的优越性。"在一些国家，公民流血牺牲，每一步都带来了混乱和无政府的景象，"一位议员 8 月在议会下院发言时说，"我们很幸运，通过互相协商和小心谨慎的方式实现了社会改革；尼德兰依旧保持稳定，各地仍遵纪守法。"[186] 不过也有消息灵通的同时代人感到，正是国王及时的回应挽救了局势。3 月 28 日，议员尼古拉斯·范·赫洛马（Nicolaas van Heloma）在议会下院的一次发言中表示：在其他国家，国王依旧在他们的王座上颤抖，但在尼德兰，"我们以欢乐的呼声迎接国王，因为他了解尼德兰居民的需要和利益，并且凭借他自己的意志和决断满足了人们公平合理的愿望"。[187] "看到备受蹂躏的城市火光冲天，听到凶杀的惨叫，这仿佛回到了中世纪！"约翰内斯·克内佩尔豪特（Johannes Kneppelhout）在一本 1848 年 4 月出版的小册子里这样表示。在尼德兰，"亲王适时地用他的权杖感动了人民，他识时务，顺应时势，避免了革命风暴"。[188] 国王发布自由主义宪法的决定"消弭了叛乱"。[189] 这并不是说抗议全都停止了，只是说君主启动的政策变革避免了抗议活动对体系的稳定造成威胁。[190]

荷兰事件展示了君主行为有多重要，即使是像威廉二世那样焦躁多变的君主。这些事件展现出，以前不可能战胜大臣和官员的自由主义活动家多么迅速地获得了足以影响政治结果的权力。它们也展现出，对社会动乱的恐惧如何放大了自由派诉求的影响力。它们提醒我们，欧洲革命之间的关联性有多种多样的构造。对荷兰自由主义者和激进主义者而言，巴黎的二月革命是划时代事件；但对国王及其大臣而言，事情远不是这样，因为他们认为法国是个特例。真正触动威廉二世的是从魏玛传来的消息，而不是基佐的倒台。在柏林，也可以发现类似的不同反应，在那里，主要是二月革命鼓动了激进主义者，但其实是维也纳和德意志各邦国所发生的事让国王及其周围的人为之震动。与其说尼德兰在 1848 年"避免"了一场革命，不如说它成功地吸收和转化了横扫欧洲的革命危机。正如荷兰驻布鲁塞尔大使巧妙评论的那样:"受制于人不如先发制人。"[191]

在其他国家,先发制人的举措也同样有助于抵御革命的威胁。在皮埃蒙特,查理·阿尔贝特国王在2月9日宣布了一部宪法,并于3月4日正式出台宪法。托斯卡纳大公利奥波德也在2月11日同意颁布宪法而保住了他的王座。而比利时的情况有所不同,前不久发生的1830—1831年革命让新国家获得了一部广受推崇的宪法。空论派自由主义者很轻易就掌控了政府,政府要员大部分都是1830年革命的老兵,因此也获得全国人民爱戴。但这里仍存在革命动乱的潜在可能性。在其他国家引发动乱的社会经济危机也出现在比利时,尤其是在佛兰德的乡村。1848年春,饥饿和大规模失业依旧是大问题。这里也有对于激进社会改革的无数要求,不乏激进的协会、报纸和网络。选举权的范围极其狭窄,只有1.1%的人口符合严苛的财产资格要求,而这一选民群体由富有的地主、神职人员和大学毕业生组成。[192] 由此,这里的很多情况与法国类似,其中包括在激进主义者中普遍存在的一种感觉:1830—1831年比利时国家的诞生是一场被背叛的革命,其社会潜能被蓄意压制和浪费了。

比利时从未发生全面革命,这部分是由于该国的治安管理十分严厉。巴黎二月革命的消息刚传过去,全比利时的省长和市长们就接到命令,必须在维护秩序方面提高警惕;军队迅速清洗了所有被认为对军队政治凝聚力构成威胁的军官;正在休假的预备役军人和士兵也被召回;扩大后的宪兵队密切监视潜在的动乱点;国家安保部门运行良好,且设有遍布各地的间谍和线人网络,由此掌握关于可疑人员和团体的实时信息。[193] 激进的瓦隆工人组成代表团,从巴黎坐火车而来,打算在布鲁塞尔传播革命思想,但是,他们的车厢与火车的其他部分脱钩,滑入一条支线,让人想起巴斯特·基顿(Buster Keaton)创作的电影中的情节。火车上的乘客被比利时军队包围了,他们被赶下车,并且遭到了缴械和盘问。无数外国人被驱逐,其中包括马克思和燕妮,他们与另外大约40名政治上活跃的德意志人一起被赶到边境线另一

不叫的狗　313

侧的法国。布鲁塞尔市议会反对这种高压做法,但是政府置若罔闻,正如它对本土激进运动的抗议和抱怨的反应。

在采取这些镇压行动的同时,政府还制定措施,压制最贫困阶层中的激进诉求。统治比利时国家的空论派自由主义者基于个人经验,深知经济停滞和失业会给公共秩序造成威胁。在自由主义内政大臣夏尔·罗日耶(Charles Rogier)的灵活领导下,政府启动了一项反周期的投资计划,内容包括铁路扩建、其他基础设施项目,以及创造就业岗位的项目——该项目特别针对受经济萧条打击最严重的佛兰德地区。与法国临时政府不同,比利时的大臣们并没有通过增加引人争议的赋税来满足这些开支需求,而是通过发行强制公债——根据不同的收入类别,分派了价值2700万法郎的公债。这笔公债并不怎么受欢迎,但并没有像法国的45生丁税那样激起人们的强烈怨愤(后文将详述)。与此同时,罗日耶通过扩大选举权从政治上孤立激进派。这一举措深受左翼自由主义者和温和激进主义者的拥护。这样一来,他们便"清除了激进主义者脚下的障碍"。[194]

这种主动出击并略带侵略性的革命危机管理值得我们注意。因为它让我们得以超越一种陈旧的假设——欧洲西北部各国之所以免于1848年革命,是因为在这些国家,人们的政治和社会改革诉求已经得到满足。这种假设在早年的文献中反复出现,在19世纪的英国最为根深蒂固。"如果我们问,为什么这个国家几乎没有感受到整个欧洲现在所遭受的震撼?"1848年3月21日英国《泰晤士报》称:"最明显的答案是,这个国家已经收获了播种的果实,而欧洲大陆刚开始播种。"英国人已经拥有了"其他国家处处渴望的东西"。[195]英国人为他们国家在欧洲大陆充满危机时保持安宁而感到高兴。他们普遍认为这是一个值得庆贺的事情,同时证明了——如果还需要其他证据的话——其他欧洲国家及其人民的低劣。这种相当肤浅的评价在英国史学界回荡了一个多世纪。[196]

然而,有理由认为,不同于上述沾沾自喜、居高临下的态度所暗示的，英国实际上距离革命危机很近。宪章派是英国政治中规模最大的异见派别。宪章运动是一种非常分散的现象，汇集了各种迥然不同的抗议活动，如围绕土地管理的冲突、对《济贫法》的敌意、对印花税的不满，因为印花税使大多数工人买不起报纸。宗教议题也掺和进来，例如禁酒运动，以及不信奉国教者对圣公会特权的敌意。宪章派创造了独特的修辞和服饰风格——费格斯·奥康纳（Feargus O'Connor）因为戴着红色自由帽演讲而出名。[197] 但是，正如我们所看到的，所有这些也同样是欧洲其他国家异见政治的特点。欧洲很多改革者同样执迷于选举权；宪章运动与欧洲大陆激进运动之间的多重联系，意味着政治观点上没有深刻分歧。[198] 与其他地方的激进运动类似，宪章运动往往在社会-经济危机汹涌而至的时候臻于顶峰，如19世纪30年代早期和40年代早期，以及1847—1848年。

如果说英国在1848年避免了一场大规模起义，那并不是因为宪章运动的内在脆弱性。相反，在整合异见、使其获得公众广泛关注方面，宪章运动比欧洲的其他运动做得更成功。1840年7月，英国宪章协会在曼彻斯特成立，有5万名会员和超过400个分支；而欧洲大陆没有这样的组织，也没有最具影响力的宪章派报纸那样庞大的读者群。英国当时的保守派和自由主义人士认为宪章派与欧洲大陆的激进主义者不同。他们提出，宪章派人士即便有种种缺点，但毕竟是英国人，是愿意回家跟妻子喝茶而不愿到同胞家放火的好人，与那种狂妄自大、杀红了眼的大陆革命者毫无共同之处。革命那几个月里，英国中产阶级报刊上满是这样的言论。这无疑为发表和听到这些言论的人带来了安慰，但是也反映出，他们对参与欧洲大陆抗议运动的绝大多数人有根本上的误解，正是这些抗议活动触发了革命。欧洲大陆的起义并非由"革命者"所组成的团结阵线引发。恰恰相反，那些一直自视为革命者，以及被彼此或其他人视为革命者的人，在1848年的事件中扮演的往往是边缘角色。革命的先导者并不是1848年的革命者，而是那些在旧政府突然倒台后被推上负责人岗位的人。

不叫的狗　　315

作为"19世纪最重要的工人阶级政治运动",宪章运动的早早兴起,很可能使英国政府中较为灵活的人物能够及时做出反应,并着手进行改革,以削弱该运动的影响力。从这个意义上说,1832年的选举权重大改革的影响是矛盾的,因为10英镑财产资格的职业选举权明确并强化了人群的经济划分:一方在议会有代表——大约占人口的10%,另一方没有。19世纪40年代的经济改革更为重要:1842年对上层中产阶级征收所得税;1844年通过《银行特许证条例》抑制金融投机;最重要的是,1846年废除了《谷物法》,以打击地主的谷物垄断。[199] 这些改革都出自罗伯特·皮尔爵士之手,提供了精心设计的反革命预防措施。几乎所有欧洲大陆国家都缺乏这样的方案,因为它们没有感受到堪比宪章运动的大型运动所带来的政治压力。当欧洲各国政府从1848—1849年的革命危机中重生时,皮尔的创新举措被广泛效仿。

最为重要的是英国治安管控的力度和规模。1843年秋,在一系列工业骚乱之后,英国政府当局逮捕了1.5万名活动人士。1848年4月10日,15万人在肯宁顿公地集会参与宪章运动。惊弓之鸟般的梅特涅夫妇因此推迟了从鹿特丹去伦敦的计划。这些人对抗的是4000名警察、1.2万名预备役军人和8.5万名挥舞着棍棒的志愿警察(志愿警察的数量有可能更多)。当时的一些人相信,他们的人数甚至比游行示威者还多。[200] 我们很容易对志愿警察的"闹剧"付之一笑,并将他们与巴黎或柏林严密部署的重装骑兵做对比。但是在欧洲的其他地方,没有哪个政府能动员如此惊人规模的防卫力量。大言不惭的极端托利党议员查尔斯·西布索普(Charles Sibthorpe)认为,假如宪章派展现出更强的战斗力,"他们会遭受人类有史以来最凶恶的打击"。[201] 就这个观点而言,他并不是唯一一个这样想的人,也并非毫无道理。这些志愿警察可能会有一些古怪之人,但也包括未来的皇帝拿破仑三世。当时他仍在英国流亡,并作为"秩序"的狂热支持者报名加入了志愿警察的队伍。一旦眼前的危险过去,巴黎六月起义的消息又让中产阶级舆论开始反对宪章派，政府便开始镇压活动，逮捕并起诉了许多关键的激进主义者。1848年9月，英国历史学家博伊德·希尔顿（Boyd Hilton）写道："宪章运动已经死亡，不过，它是被国家的强大武力杀死的，而不是死于自身的虚弱。"[202] 这一论断更适用于爱尔兰。爱尔兰是出了名的暴乱频发地，其治安力量是英格兰农村的5倍。1848年，饥荒造成的综合后果、通过逮捕和流放而清除煽动者，以及坚定的治安行动，所有这些因素已经足以消除大叛乱的潜在威胁。

英国遏制革命行动的成功没有被欧洲大陆各国政府忽视。普鲁士人对其甚为钦佩，以至在1848年夏派柏林前警察局长尤利乌斯·冯·米努托利前往英国，考察其治安体制。米努托利花了一个月在伦敦学习行政管理和规程，后来又前往爱丁堡、格拉斯哥、利物浦和都柏林考察地方治安措施。柏林政府对爱尔兰尤其感兴趣，米努托利发回了一份报告，详述了新近（1836年）成立的爱尔兰警察部队。这是一支文官政府控制下的武装警察部队。他的报告为次年柏林警察机构的改革提供了借鉴。[203] 由此可见，至少在治安这个领域，英国并不是宽松自由的典范，而是活跃强势的模板。

与19世纪英国的几乎所有事务相类，其反革命政策也具有帝国的维度。英国通过采取安抚本国人民、加剧帝国边缘地区紧张局势的政策，来保护本土免受动乱的影响。[204] 政府把大量可能闹事的人从英国和爱尔兰转运到殖民地，这引发了澳大利亚和开普殖民地的抗议活动。为了保持糖价的低廉，英国政府放弃了被称为帝国特惠制的关税壁垒制度，使牙买加和英属圭亚那的殖民地种植园主面临来自大英帝国以外的竞争，进而引起了抗议、骚乱和政治瘫痪。在锡兰，为了在不增加英国中产阶级纳税人负担的情况下减少开支，英国引入了新税。这引发了一场抗议运动，很快就有约六万人参加。后文将继续讲述这些"全球"影响。而现在我们应该注意到，这种将政治斗争转嫁到帝国边缘地区的做法，使"英国不存在1848年革命"这种神话不攻自破。

不叫的狗

在西班牙，叛乱的爆发遵循欧洲其他地区的模式；但它激起的政府回应在速度和镇压力量方面是欧洲独一无二的。与法国类似，这里由空论派自由主义者掌握权力，在西班牙他们被称为温和派。这些人轻易地控制由占总人口 0.8% 的选民选出来的议会。激进主义者和民主派批判者认为，温和派政权是西班牙对巴黎基佐政府的庸俗模仿，尽管西班牙首相拉蒙·马里亚·纳瓦埃斯（Ramón María Narváez）比基佐暴虐和独裁得多。他的幕僚敦促他培养"良好的媒体舆论"，他嘲笑说唯一的方式是把所有记者都处决了。很多年后，他在临终时被要求原谅他的敌人，他回答道："敌人？我没有敌人，我把他们都杀了。"[205] 当巴黎革命的消息传来，纳瓦埃斯要求紧急立法，以压制宪法所赋予的个人权利和自由，批准政府筹集紧急资金来支付镇压叛乱的军事活动的费用。3 月 13 日批准的特别权力法建立了一个合法的独裁政权，纳瓦埃斯可以不受惩罚地逮捕、监禁和驱逐进步派和民主派的反对者。[206]

虽然进步派和民主派各自只控制了议会 349 个席位中的 47 个和 6 个，但他们在议会外组建了强有力的网络，包括激进的文学和辩论社团、俱乐部、学术团体和报纸。至少有两个激进主义者的社交活动中心同时兼作储备武器的仓库。[207] 来自巴黎的消息使这个进步派系产生了分歧：较为温和的一派倾向于遵守法律，向纳瓦埃斯政府靠拢；较为激进的一派则认为二月革命值得效仿。其中最为激进的那些人派遣使者前往巴黎，希望获得法国的支持——巴黎是西班牙左翼流亡者的活动中心之一。3 月 26 日，西班牙民主派与法国时任外交部长拉马丁进行会谈，拉马丁给他们的希望浇了冷水，他宣布法国"不会把自己的意愿和利益强加于人"。[208]

马德里 3 月 26 日爆发的起义尽显匆忙和计划不周之态。这次起义涉及来自军方和民间的两个密谋小组，双方在四天前才同意联手。与许多秘密谋划类似，这次密谋并没有那么保密：起义将至的谣言传到当局耳中，于是，军队提前动员。与比利时的情况类似，军队中的颠覆者要么被逮捕，要么被转移，关键地点的守卫力量也得到加强。事实上，政府的措施威慑力十足，以至起义的领导者决定取消计划。但为时已晚：在维也纳和柏林传来的最新消息的鼓舞下，更为激进的人继续行动，在约定时间走上街头。马德里部分街区建起了街垒。政府军队花了些时间才赶到骚乱地点。暴力反抗和激烈冲突持续到晚上 11 点左右，当时分别被围困在圣杰罗尼莫街和亲王街的两小队残余起义者被逮捕并送走。大约 200 人在战斗中死亡，这一数字多过维也纳，但少于柏林。

第二天，政府宣布进入戒严状态：激进的辩论社团和几家反对派报社被查封。5 月 7 日，即戒严结束后没几天，骚乱再次爆发。这一次，叛乱主要来自军队中的心怀不满者：在大约 100 名中产阶级平民的支持下，西班牙军队的两个营在凌晨 3 点控制了市长广场及附近街道。几个小时之后，他们在战斗中被击溃和俘虏，此次战斗造成 35~40 人死亡。之后，8 名士兵和 5 名平民被处决，1500 名叛乱嫌疑人被逮捕，还有 800 多人被驱逐出境，大部分运往菲律宾。另有数百名进步派和激进分子离开这座城市或流亡。尽管遭受了这些挫败，但巴塞罗那和巴伦西亚仍分别在 3 月 28 日和 3 月 30 日爆发起义。5 月，第二次马德里起义之后，新一轮循环开始了，在塞维利亚、穆尔西亚、卡塔赫纳、萨拉戈萨、加利西亚、阿尔赫西拉斯、休达和其他地方也爆发了起义。这些活动全都遭到严酷的镇压。[209] 西班牙北部也出现了一波学生抗议活动，它开始于 3 月 29 日的巴塞罗那，那里的学生把自己关在大学里。抗议活动于 5 月 3 日传播到巴伦西亚。在萨拉戈萨市，80 名年轻人发表了一封信，祝贺法国临时政府战胜了奥尔良君主制。该城镇压的影响是持久的。民间传统的 3 月 5 日节庆遭到取消，因为政府担心它可能成为抗议者发起行动的幌子；审查制度严格推行，"民众能嗅到秘密警察的气息"，一位大学教授回忆称，萨拉戈萨市民多年来被当成"奴隶和野蛮人"对待。[210]

正如这些事件所揭示的，西班牙参与了动摇整个欧洲的 1848—

1849年抗议和起义浪潮。西班牙并非如文学作品中时常想象的伊比利亚一样与世隔绝——被比利牛斯山脉阻隔，困于内乱的循环，以至与欧洲大陆的政治生活隔绝开来。西班牙的起义揭示了与欧洲其他地区相似的诉求。由温和派政府发动的镇压行动异常迅速和果决，但在所有其他方面，"在马德里所经历的景象，无论是参与者、形式还是话语，与我们在巴黎或柏林街头看到的那些大同小异"。[211]

开端的结局

这些共同点十分显著。同样的诉求出现在所有地方：宪法、自由、出版自由、结社和集会自由，公民（或国民）卫队、选举权改革。这是19世纪欧洲自由主义的术语，是几十年来跨国对话的结果。这些革命没有一个是密谋的结果——马德里不成功的起义或许可以排除在外。它们也都不是由单一组织控制的。1848年的革命者并不是计划的执行者，而是见机行事的应变者，他们所处的现场就是没有掩护的前线。所有人都强烈感到自己置身于一个特殊的时代。用保罗·博尔纳的戏剧性描述来说，这是1815年维也纳条约开创的"奴隶时代"。获胜的迅疾程度令人震惊，随后的狂喜也完全可以理解。但是大量问题尚存，解决这些问题的任务将以不同的紧迫程度压向不同的革命舞台。人们如何与仍在宝座上并且控制了军队的君主进行谈判？在哈布斯堡领地、普鲁士，以及德意志和意大利的诸多邦国，这一问题尤为紧迫。因为在这些地方，人们仍然对君主怀有深厚的感情，并且非常尊敬君主所代表的体制。在警察机构已经被解散或被满腔热忱的外行所取代的地方，谁来维持公共秩序？城市自由派所热衷的"政治革命"如何与激进主义者及工业城郊躁动的工人所要求的"社会革命"相协调？选举权应该扩大到何种程度？革命后政府的资金从何而来？怎样才能把局限于地方的各个起义联合起来，以支持更广阔的地区乃至全国的行动？妥协政策何时应让位于武装对抗政策？

当然，不应该把论断推得太远：每个政府都有难以解决的问题——这也是政府存在的原因。政治问题的本质之一在于它们不能被"解决"，这正是它们区别于物理和数学问题的地方。然而，在这些问题和很多其他问题上的分歧，给因动荡而催生的新政权架构带来了细微的裂痕。多年来一直在思考和讨论那个时代的重大问题的人民，有生以来第一次被期待去解决这些问题。这绝对不是轻易的转变。

当那不勒斯军队从巴勒莫撤退的形势变得明朗之后，人们感到欢欣鼓舞，当瑞士驻军指挥官萨穆埃尔·格罗斯上校率领部下走向码头时，人们纷纷拥抱并亲吻他。看到"大块头"上校弯腰把他"饱经风霜的脸凑到普通人面前，被脏兮兮的、长着胡须的嘴亲吻"时，埃奇库姆山伯爵被逗乐了，也感到一丝恶心。在2月5日教堂的感恩节礼拜中，城里的上流人士、文人、政治领袖和神职人员，与乡下来的武装群众摩肩接踵，一起鸣枪庆祝。有人看到身着华丽服饰的贵妇握着"那些明显从来不洗的手"。[212]

甚至在最后一支那不勒斯军队离开巴勒莫回到大陆之后，仍有很多不确定因素。墨西拿的要塞因海路补给便捷，依旧处于那不勒斯的控制之下。那些富裕家庭已经带着金银细软，逃离了主要城市，前往乡村别墅或投奔亲戚。王室金库被转移到那不勒斯，现金很快就出现短缺。还不清楚新政权如何能成功让市民缴税，毕竟，在波旁王朝统治下，逃税成了人的第二天性。对警察的攻击导致岛上已无警治力量，军队也离开了，这对社会治安造成了严重威胁。临时政府的应对之策就是建立国民卫队，那一年，欧洲许多起义政府也给出了同样的举措。这是只有富裕公民才能加入的安保民兵队伍，主要任务是保护财产。这些武装的、穿着制服的纳税人在政府中的作用变得越来越重要，他们如何与革命队伍中的"野人"相处呢？后者自视为革命中的真正勇士，并且同样期待他们的努力可以得到回报。埃奇库姆山伯爵在他的日记中写道，新西西里所面临的挑战，"让那些瞻望未来的心灵充满恐惧，几乎看不到希望"。[213]

第五章
改朝换代

在胜利最初几个小时的短暂喜悦中,1848 年的革命者很容易忘记,他们要做的事情还有很多。随着政府迫于群众起义的压力而垮台或让步,这些意图夺取权力的革命者面临艰巨的任务——巩固革命成果。他们必须确保对作为革命诞生地的公共空间的控制。反叛运动必须获得事后认可,并且包装成新政治秩序的伟大序幕——很多城市举行复杂仪式来悼念在春天的斗争中丧生的人,进而实现上述目标。现在必须产生新的领导层,他们必须确保自己拥有全部或至少部分行政权力,要么通过组建某种形式的临时政府,要么通过在现存政治结构中获得一席之地。他们必须找到一些可接受的手段,以维护公共空间的秩序。1848 年的所有革命者都信奉代议制政府,这意味着新政权必须召集民选议会。这一议会则肩负着打造持久的宪法框架的重任,以便将革命的能量转化为稳定和持久的政治秩序。这些任务齐头并进是 1848 年革命进程的核心所在,过程中结合了各种手段,包括暴力、公开仪式、旷日持久的谈判,以及对新规范秩序的艰难确立。

革命空间

1848 年,城市的街道和广场笼罩在革命的短暂狂欢中:维也纳的省议院庭院或大学广场、柏林的宫殿广场、巴黎的市政厅、罗马的奎里纳尔广场、佩斯的剧院广场或比尔瓦克斯咖啡馆前的绅士街。[1] 在这些地方，人们成为比自身更宏大的事物的一部分。人群涌入内城的街道，犹如血液在血管里奔流。在这些公共环境中，人们产生的情绪构筑出一种休戚与共的感觉，所有人都能从中汲取养分。"我真想拥抱整个世界，"保罗·博尔纳写道，"我眼中的阴霾已然消散，我看到了一个陌生的新世界！我听到人们的心跳，我明白他们的想法……"[2]

这座城市像有知觉的生物的躯体一般活了起来，仿佛它的建筑结构本身也参与了这些活动。当作家范妮·莱瓦尔德于3月12日，也就是二月革命的两周后抵达巴黎时，她惊讶于日夜传唱的歌声。当她走在城市街道上，她看到"一支支三四十人的小组，成员几乎都是工人"。他们唱着《马赛曲》和一支古老的吉伦特派歌曲，歌曲谱成进行曲的曲调，歌颂为国捐躯者。"共和国万岁"的呼喊每几分钟就会响起。这些歌声与呼喊声让她彻夜难眠。马车大多不见了，但到处都是行人，每个人都"坚持自己的主张，毫无保留地表达着自己的想法"。[3] 佩斯充满了三月革命的活力，一位观察者写道，人们甚至恨不得让多瑙河也加入庆祝活动。[4] 当海因里希·布罗克豪斯（Heinrich Brockhaus）于1848年4月6日来到法兰克福时，他发现"这里美不胜收，到处都洋溢着欢乐的气氛，所有房子都装点着旗帜和鲜花，所有的教堂塔楼上都悬挂着旗帜，整个城市充满活力，到处都有人欢呼和敬礼"。[5] 那不勒斯的自由主义者弗朗切斯科·米基泰利（Francesco Michitelli）回忆起2月10日国王宣布新宪法那天，那不勒斯的夜晚灯火通明："在广阔的那不勒斯，从最宏伟的宫殿到最狭小的住所，目之所及都灿烂明亮。"位于托莱多大街的财政部"一片光明"，在集市广场，一幅巨大的彩绘油画描绘了国王对宪法宣誓的场景。[6]《画报》的一篇目击者报道描述了佩斯类似的夜景：小镇被点亮了，公共大楼都穿上了一样的"灯光制服"，咖啡馆和烟草店开到很晚，窗户通明。即使在最朴素的住宅的窗户里,也可以看到蜡烛和灯的光亮。这可能不如过去官方为致敬朝臣而举行的灯火仪式那样在视觉上给人留下深刻印象,但这是城市自发的活动,这一点使它特别激动人心。[7]当小说家阿达尔贝特·施蒂弗特(Adalbert Stifter)走到维也纳的格拉本大街上,他开心地发现窗户上挂着旗帜,房屋装饰得很漂亮,街上售卖着没听过的报纸,大街上熙熙攘攘,人人欢欣。"我永远不会忘记这些喜气洋洋的表情,那是一种从一切恐惧中解脱出来的、极度振奋而无畏的神情。"[8]黑森作家海因里希·柯尼希(Heinrich König)回忆起他的故乡卡塞尔时也提到了类似的场景,仿佛"这座城市置身于另一片天空下,一股全新的空气涌入了(人们)所居住的房间"。

人们不仅仅在这些空间里聚集或行走,他们还以一种新的方式存在于这些空间里:"人们走路多么轻快,昂首挺胸,目光炯炯有神,笑声多么响亮!"[9]军队的缺席是人们如此洒脱的原因之一。阿历克西·德·托克维尔在回忆2月25日时称:"在巴黎,这一整天我都没见到一个前政府公职人员,没有一个士兵、宪兵或警察,甚至连国民卫队都不见踪影。"并非所有人都将政治秩序维护者的撤离视为解放。托克维尔注意到武装工人在保卫公共建筑,评论说:"看到拥有如此多财富的巨大城市……却整个落在那些一无所有的人手中,这是一件十分不同寻常且可怕的事情。"[10]可能有人会说,这座城市已经被翻了个底朝天。那些曾以自己的秩序观念规训和控制公共空间的人,如今正焦虑地从独栋房屋和公寓这些私人空间向外张望;而那些过去最害怕安保力量的人,如今则在街道和广场上感到安逸自在,一切尽在他们掌握中。

正是在这些空间中,革命所引发的变革变得可见可闻。审查制度的暂停或松懈为新报纸、小册子和传单敞开了大门,在城市的各个角落都能看到有人在叫卖它们。范妮·莱瓦尔德写道:"你只要在大街上,就会被卖报纸的人包围,其中有男人,有女人,有儿童。《新闻报》!《新闻报》!《晚报》,第二版!——先生,《箴言晚报》! ——看这儿,女士!《女性之声》!买《女性之声》吧!——先生,买《日报》吧!《自由报》,《自由报》只要1苏,先生!这是正牌的《共和报》!坏蛋路易·菲利普和他的恶棍大臣们的罪行全都写在里面!《自由之歌》!《人民之声》!'这些嘈杂的叫卖声在你耳边回响,将你环绕。"[11] 正如莱瓦尔德所描述的,突然激增的不仅有新出版物,还有售卖它们的小贩,其中许多都是女性。她们把在集市做生意的技巧应用到新闻和思想的售卖上。在维也纳,"传单女郎"成为革命年代城市生活的代表人物之一,她们以叛逆不羁的举止和犀利巧妙的应答而闻名。[12]

卡洛·卡内拉(Carlo Canella),《米兰五日:托萨门附近的街垒,1848年3月21日》(*The Five Days of Milan: Barricade near Porta Tosa, March 21, 1848*,1848)。米兰起义军为控制后来改名为胜利门的托萨门进行了艰苦卓绝的战斗。这幅画是画家基于速写创作的,事发时,他就住在附近。注意画中有妇女和儿童

资料来源:Museo del Risorgimento, Milan.(Photo: Photo12 / Alamy)

新政权意识到了某些场所的重要性,在革命后的几周内对它们进

行了更名，使之成为纪念性场所。在佩斯，豪特沃尼街被更名为"新闻自由街"，因为3月15日上午印刷《十二条要求》并向欢呼人群分发的兰德雷尔与黑克纳斯特出版社就坐落于此。市政厅广场更名为"自由广场"。而比尔瓦克斯咖啡馆获得了"革命厅"的光荣称号，因为裴多菲在此创作《民族之歌》，并且喝咖啡提神。[13] 在维也纳，肉市街、美灯街和红塔街都被命名为"街垒街"，位于市中心的米歇尔广场获得了"宪法广场"的新名。其他新奇的地名还包括统一广场、自由巷、三月街、学生街、和解街与人民广场，这些地名大多与三月革命期间以及之后发生的重大事件有关。[14] 1848年4月6日，米兰临时政府颁布法令，宣布米兰起义军和奥地利军队激战的地点——托萨门——更名为"胜利门"，因为它是"第一个被人民的勇气征服的地方"。[15]

激进主义者和自由主义者经常见面的咖啡馆成了革命城市的活力空间的一部分。在罗马，咖啡馆是政治社交的中心：游行是在人们离开咖啡馆后开始的；在这里，人们了解到正在发生的事情，并决定集体的应对措施；如果你需要召集支持者，这就是你应该去的地方。在巴黎，托尔托尼咖啡馆、英格兰咖啡馆、巴黎咖啡馆、里奇咖啡馆，以及最重要的迪万咖啡馆，都是最知名的报刊记者经常光顾的地方：这里是协调舆论活动的地方。对这个环境中占绝大多数的男性常客而言，咖啡馆处于中间地带：它的一侧是女性主持的沙龙的文雅世界，另一侧是街道和广场的无序生活。[16] 在维也纳、米兰、威尼斯、柏林和其他城市，咖啡馆是阅读和讨论报纸的地方。1848年2月和3月，保罗·博尔纳就每天都去施特赫利咖啡馆，此处以文学格调和种类繁多的德意志及外国报纸而闻名。博尔纳成功地进入了"红色房间"，这是一个只对值得信赖的圈内人开放的密室。在阿道夫·鲁滕贝格（Adolf Rutenberg，曾在科隆担任《莱茵报》的编辑，他的继任者是马克思）博士温和的主持下，人们每天下午4点都会在这个房间进行政治讨论。在1848年年初的几周，随着普鲁士首都的形势日渐严峻，光顾这间咖啡馆的人越来越多：

每天来这里听最新消息的人实在太多，房间都挤满了。报纸不够了，因为没有人愿意等待，哪怕一分钟也不愿意。因此，人们临时搭建了一个讲台，由鲁滕贝格博士用他那洪亮悦耳的嗓音朗读报纸，他豁出去了，还加上了他自己的解释和评论。[17]

当一群顾客听够了新闻和讨论的时候，另一群人取而代之。这些地方是城市的神经中枢，对那些缺乏其他娱乐和讨论场所的群体来说，它们尤其重要。例如，法国法律限制行业公会和工人兄弟会，巴黎工人被迫在工人阶级区将咖啡馆作为组织中心。当1848年3月大部分商店在节日氛围中关门时，咖啡馆还在坚持营业，并且人满为患。新政府为了嘉奖咖啡馆在近期一系列事件中所发挥的作用，于3月底调整了对酒精饮料的间接税，以减少对酒馆和咖啡馆饮品所征收的赋税。"与其他小商店店主不同"，工人阶级咖啡馆的店主"认为有害于经营的不是革命，而是镇压"。[18]

在那不勒斯，欧罗巴咖啡馆成了温和自由主义者的避风港，尤其是在2月16日之后。那时，富裕的市民和那不勒斯贵族在该咖啡馆举行了一次宴会，以庆祝新宪法的颁布。在欧罗巴咖啡馆，可以看到很多会去那不勒斯上流社会青睐的保卢奇理发店做头发的人。博诺咖啡馆则主要是卡拉布里亚激进主义领袖的聚集地，也有来自各省的、有民主倾向的学生，简而言之，就是偏向于拒绝或要求大幅修改君主提出的宪法的人。[19]这里的精神领袖是萨韦里奥·沃拉罗（Saverio Vollaro），他"身材矮小纤瘦，却精力旺盛，总是跳到桌子上，滔滔不绝，永远把他们拖到最奇怪的街头游行中"。[20]

这两个咖啡馆都位于托莱多大街。从这条繁华大道的街头走到街尾，沿途尽是形形色色的人群。这些人要么聚集在商店和咖啡馆前，要么聚集在出售并大声朗读报纸和传单的摊位周围。记者和著名的政治人物，或者是前去觐见国王的大臣们经常会路过此地。[21]若想感受更纯粹的激进氛围，可以到美术咖啡馆，它位于该城的历史中心，在美术学院旁边。正是在这里,那不勒斯的青年黑格尔派聚集在一起,在波旁王朝警探的监视下讨论哲学问题,警探则记录着每一个光顾这里的人的名字。[22] 在那不勒斯革命结束后,这些反革命警探负责编制颠覆分子嫌疑人名单,因为没有人比他们更了解革命活动与这些政治聚会场所之间的关系。警探们除了记下所有参与大型示威游行或发表过激进演讲的人的姓名,还列出了"在公共场所从事阴谋行为"或"在首都某些咖啡馆参与煽动性聚会"的人员名单。[23]

因此,革命城市的复合空间(部分为公共空间,部分为商业空间)发挥着双重功能。咖啡馆、旅店和其他待客场所可以成为分化的引擎,或增强特定职业从业者或社会出身之人的友情和凝聚力,或协助志同道合者组成派系。与此同时,街道和广场在动乱时刻也成了消弭差异的场所,陌生人之间、不同社会阶层之间的距离得到了暂时性的消除。时人对革命期间街头生活的视觉作品,着重展现了处于不同位置的人们之间的亲密无间,并强调女性的存在——她们在街头卖报、躲避来袭的军队、照顾伤员、挥舞旗帜、在路障后准备铅弹,甚至与男性起义者并肩作战。

大街上还存在很多观察者和旁观者,他们并不一定具有政治意图,但很容易被拉入游行和反抗活动。他们的参与可以把高度集中的地方性抗议转变成大规模的群众运动。2月12日夜晚,一小队市民跟随沃拉罗从博诺咖啡馆出发,沿着通向各大臣宅邸的街道行进,高呼"与西西里和谈""大臣下台",并向不得人心的大臣住所泼泥浆。乔瓦尼·拉·切奇利亚(Giovanni La Cecilia)就在现场,目睹了反抗运动的发展:"我和这些游行者一起,有了看热闹的人和稀里糊涂的人的加入,队伍从几百人逐渐扩大到几千人。"[24] 在整个欧洲,"看热闹的人"和"稀里糊涂的人"都对群众行为的动态变化发挥着至关重要的作用。

历史学家卡尔·施勒格尔写道:"我们是空间性的存在。"他补充说,这对历史学家来说可能是个问题,因为"空间不能被言说"。[25]

在这些空间里，革命令人陶醉的共时性得以存在。时人本能地明白空间的根本重要性。关于这一点的证据，我们只需看看革命失败后，反革命当局为抹平和消除革命化的街道景观费了多少力气。再没有哪个地方比巴黎在这个过程中表现得更为激进。在巴黎，奥斯曼男爵（Baron Haussmann）发起庞大重建工程，导致城市群众空间被彻底"肢解"，以及用他自己的话说，城市古老中心——"暴动和街垒的社区"——被"开膛破肚"。[26] 在维也纳，曾被革命政权更名的街道到1848年后又全都换回原名；警察高度戒备，以防任何形式的纪念性活动。在柏林，1848年革命后的政府不遗余力地防止哪怕是小规模人群在有象征意义的地点聚集，以免其进行纪念活动。这些地点包括埋葬了许多"三月阵亡者"的弗里德里希斯海因公墓。[27]

向逝者致敬

3月4日周六早上10点，巴黎的玛德莱娜教堂举行了一场盛大的公共仪式，以纪念那些在2月22—24日的战斗中丧生的人。教堂被装饰成表示哀悼的黑色，正门上方的铭文写道："纪念为自由而牺牲的公民"。从玛德莱娜教堂到巴士底广场，沿街的路灯和树木都悬挂着以法国国旗的三种颜色绘制的、长长的旗帜；在七月纪念柱顶端的自由神像上悬挂着两面巨型条幅：一面是黑色的，闪耀着银星；另一面涂着代表法国的三种颜色。纪念柱周围立着20个古式的祭鼎，燃烧着绿蓝两色的火焰。仪式还专门为临时政府成员搭建了俯瞰广场的平台，平台上挂着三色旗。仪式开始时，一辆有三层楼那么高的灵车驶向玛德莱娜教堂的入口，花车的顶部是一座代表共和国的雕像，车上覆盖着橡树和月桂树的枝条。仪式结束后，灵车从教堂前的广场驶向巴士底广场，后面跟着一队载着逝者遗体的枢车，以及一群悲痛欲绝的亲属。据《改革报》的编辑称，这些车队后面跟着20万公民组成的庞大送葬队伍，现场总计有50万人。出席的有各界人士的代表，包括消防员、邮递员、圣西尔军校和巴黎综合理工学院等院校的学生、1830 年 7 月的革命英雄（他们编成 14 个队伍，各有各的旗帜）、装订工人、铁路工人、小学生房屋油漆工、音乐家、锡匠、大法院和法庭的工作人员、法官、学者、教师、印刷商、印刷工人、市场搬运工、铜冶炼商、记者、打着"三日伤员"旗帜的人等。

这是一个精心策划的公共情绪宣泄的时刻。在最后一辆灵车抵达巴士底广场的七月纪念柱时，出了一个令人不适的岔子：此前一直跟着灵车的逝者亲属误占了为临时政府成员保留的骨灰堂。国民卫队无法让他们离开，新政府的秘书长来到他们面前劝说：

> 家人的情感十分神圣，但今日必须让位于更宏大的国家情感。你们失去的亲人，你们为之哭泣的孩子，都是为共和国而牺牲的，他们首先是共和国的孩子……让我们来，让临时政府来承担这虔诚的使命，即在表达个人伤痛的同时，也致以深切的公共赞誉之情，以及公共的悲痛之情。[28]

那个月，各地都在为牺牲的起义者举行送葬游行，但这是其中最精致的一场。一切都带有象征性的意义。19 世纪巴黎所有的教堂中，玛德莱娜教堂是最不像教堂的。它原先是由拿破仑委托建造的，旨在充当"伟大军队的荣耀圣殿"。它是一座极具新古典主义风格的建筑，仿照位于尼姆的罗马时代的卡利神殿建造。游行的终点是俯瞰巴士底广场的七月纪念柱，这是一根由青铜铸成的 47 米高的科林斯式圆柱，用来纪念 1830 年的光荣三日。从玛德莱娜教堂到巴士底广场这条路线在 1840 年就曾被采用。当时，在时任内政大臣夏尔·德·雷米萨一丝不苟的安排下，伴随着埃克托尔·柏辽兹（Hector Berlioz）为这一时刻创作的葬礼交响曲，615 具七月革命牺牲者的遗体沿着同样的路线被护送，最后安置于基座下的骨灰堂里。[29] 这是一个纪念性的活动，也是七月王朝的一次强硬表态；传达在艰难的 19 世纪 30 年代后政府信心有所恢复的信号。[30] 1848 年革命政府选择了相同的路线，给这一片壮阔空间赋予了新的含义。甚至这一次，送葬花车更大、更令人印象深刻。1840 年，国王和首相由于担心暗杀而缺席；新的临时政府却全员出席为 1848 年 2 月牺牲者举行的葬礼，并且站在显眼位置。

1848 年 3 月 4 日的盛大葬礼是十分必要的，因为它不仅标志着新政府的建立，也标志着新国家形态的诞生。1816 年的王室法令规定，只有国王有权表彰为国家做出的贡献，奖励那些值此殊荣之人。[31] 在这种背景下，3 月 4 日的游行以最清楚的方式宣告，一种主权形式已被另一种形式取代。写着"他们为共和国捐躯"的巨幅横幅挂在送葬花车的正面。橡树和月桂树、燃烧的祭鼎和极具新古典主义风格的建筑环境都让人想起了古典时期的共和国。为玛德莱娜教堂的葬礼所选取的音乐（凯鲁比尼的葬礼进行曲、拉莫的《合唱》、罗西尼的《摩西在埃及》中的摩西祈祷曲）优美而庄重，但它们不至于过于宗教化，以免扰乱这场活动所传达的共和理念。

在国家的日常运行中，挑战当局和在与安保力量的冲突中丧生的人，本会被视为叛乱分子或罪犯。现在，需用"炼金术"式的手法把他们变成另一种人：新政治秩序的殉道者，新国家悲痛哀悼的"孩子"。为了实现这一目标，巴黎新政权提出了一个矛盾的主张：在 2 月 22—24 日的起义中牺牲，意味着为一个在起义发生时尚不存在的国家服务，或者更确切地说，是为一个现在才开始形成国家形态的政治理念服务。这样一来，临时政府就把起义者塑造成了革命者。在使他们合法化的同时，临时政府也使自己合法化。

在每一个有市民在战斗中丧生的城市，人们都在努力以与其牺牲相称的方式来纪念死者。但各地公众悼念的逻辑不尽相同。在巴黎，革命使得一个政权被另一个政权取代。在其他地方也有类似情况，但含义不同。例如，在米兰，人们通过起义从"外国"的控制中赢得解放。在这里，有 220 名去世市民身份可以辨认（其中 24 名是女性），而另外 76 名则身份不明（其中 5 名是女性）。他们在一场精心准备的仪式中被安葬。仪式在这座城市宏伟的大教堂举行,以安魂弥撒曲开场。临时政府全员、该市所有贵族、邻近城市的代表,以及外国使者和领事都参加了仪式。门外的大教堂广场上竖起了一座临时纪念碑:基座上竖立着一支伦巴第长矛,这是中世纪伦巴第人的王权象征;周围是一些小雕像和花瓶,花瓶里插着哀悼用的柏树枝。[32] 基座类似于矮小的方尖碑,两侧刻着爱国的颂词,赞颂逝者以及他们反抗"野蛮"领主的胜利。[33]

在柏林,这一过程以即兴并且十分戏剧性的场面开启。3月19日午后,人们从战斗最激烈的地方收集起义者的遗体,放到运货车或用作担架的木板上。许多遗体的状况都恐怖骇人。他们的衣服被掀起,方便人们看到他们的伤口。许多地方形成了游行队伍,遗体被缓缓送往宫殿广场——尽管后来已无法还原这一协调一致的行动是如何发起的。[34] 保罗·博尔纳参加了其中一场即兴的送葬游行。三年后,当他写下这件事时,记忆依然鲜活,就像事件发生在几天前一样。他所在的队伍从弗里德里希街收集了五具遗体,并将半裸遗体放在木板上,直到女人们给他们盖上枝条。当他们经过时,人们从窗户向他们撒下鲜花。一个"衣衫褴褛的小男孩"哭泣着跑了过来:前面那具有着灰白胡子、额头上有一个弹孔的遗体是他父亲。战斗结束后的几个小时里,小男孩一直守在遗体旁,不愿分开。每前进一步,送葬队伍的人数都在增加。[35]

经过陆军指挥部时,少数仍在站岗的士兵被迫向死者致以最后的敬意。在宫殿广场附近,来自内城各处的游行队伍汇合到一起,遗体被集中摆放在宫殿前面。每一分钟都有新的队伍带着状况凄惨的遗体抵达:一个男人背着他15岁儿子的遗体;一个工人的脸被子弹炸得血肉模糊;一个寡妇在战斗中丧生,遗体旁围着她的孩子们。悼念者沉默地聚集,直到有人大喊:"国王必须出来!他必须看看这些遗体!"[36]

在宫殿内,人们一片恐慌。新任命的大臣们脸色苍白地出现在人群的视野中。他们试图讲话,但是声音被人群"国王!国王"的呼喊声淹没了。[37]直到搬运工抬起遗体,将它们送进宫殿之时,国王才和面如死灰的王后一起出现,她甚至站都站不稳。国王碰巧戴着他的军帽;"脱下帽子!"人群前排的一位老人吼道。国王多次摘下帽子,低头致意。"现在只缺断头台了。"伊丽莎白王后低声嘟囔道,她"吓得脸色苍白"。国王距离人群仅仅几步之遥,他"脸色惨白,近乎颤抖",尽管一位中产阶级目击者称,他看到国王夫妇流下了同情的眼泪。[38]空气中弥漫着厚重的紧张气氛,直到人群中有人开始唱《耶稣,我信靠你》:

> (据保罗·博尔纳的回忆)当时,群众的激愤之情仿佛已经在这些悲痛的温柔音符中消融……当他们想起儿时虔诚的梦想,当他们忆起所爱之人,是那么真挚、那么温柔,于是,强壮的臂膀开始变得柔软,缄默而凄惨的尸身被轻柔地放到地上。每个人都加入其中。就在刚才,人们宣泄着最为狂躁的情绪,现在,古老的教堂之歌却在回荡。在歌声的保护下,国王再次向人群致意,然后带着妻子离开。[39]

在保罗·博尔纳看来,这场壮观的即兴表演堪称革命编排的杰作,体现了"沉睡在劳动者心中的深沉而宏大的诗意"。我们不难理解他的意思。那几日在欧洲各大城市的所有大戏中,悲愤的人民与蒙羞的国王之间的正面对抗格外显眼。一位不知名的中产阶级评论者指出,这是"古代和浪漫的艺术戏剧"中从未有过的"极具悲剧感染力的一幕"。这位评论者显然是一位有教养、见多识广的人,他紧接着将柏林的事件与巴黎最近的革命进行了比较,对柏林一方更为赞许。在巴黎,革命者把国王的宝座扔出杜伊勒里宫,将其毁坏并焚烧;柏林的革命者则只是让他们的国王心碎,用"净化之火"对其进行洗礼,"国王为了自己和人民的救赎,浴火重生"。[40]

向逝者致敬　333

去掉宗教式的感伤，这的确是一种不错的对比方式。法国人迫使他们的国王流亡，并且摧毁了其君主威仪的象征物。而柏林人只是让他们的国王自惭形秽：他们唱的赞美诗表达了悲伤，但也透露了宽恕的可能。柏林人将遗体带到宫殿门口，这一行为表明，他们的君主制思维习惯是多么根深蒂固，他们是多么不愿意把君主置于道德秩序的范畴之外。对国王而言，这毫无疑问是一个极其痛苦的时刻，是一场挥之不去的噩梦，从未从他脑海里消退。[41] 但他很快就镇定了下来，震惊很快就被复仇的决心取代，他决意恢复自己的权威，羞辱革命的始作俑者。在他看来，革命似乎是撒旦对神授之职的反叛。仅仅两天后，即3月21日，弗里德里希·威廉四世就采取了令人震惊的举动，他在几乎没有护卫的情况下，身披德意志三色旗，在首都街道上纵马；在热烈的掌声中宣布，他打算充当"运动的领导者"，以建立一个统一的德意志。

负责安排3月22日公开葬礼的是柏林市当局，而不是王国政府。葬礼的安排从一开始就存在争议。由市议会和市政大会的保守派成员组成的委员会最初打算将在同一场战役中牺牲的平民死者与士兵合葬，以示和解。然而，这一想法不仅遭到了民主派和自由主义左翼的强烈反对，也遭到了军方代表的反对。军方希望尽量避免给人留下军队承认叛乱的正当性这一印象。[42] 由此这一计划被舍弃，3月22日的仪式只聚焦被军队杀害的平民。在柏林市中心御林广场的新教堂前方，特地为此建造了一座多层的架子。当天上午，183副棺材被安放到上面。随后举行了丧葬仪式。在此期间，该市宗教团体的代表在棺材墙前发表了简短的讲话。自由主义神职人员卡尔·利奥波德·阿道夫·叙多（Karl Leopold Adolf Sydow）是新教堂的牧师，代表新教徒发言。圣黑德维希主教座堂的约瑟夫·内波穆克·鲁兰（Joseph Nepomuk Ruland）则代表天主教徒发言。拉比米夏埃尔·萨克斯（Michael Sachs）博士代表犹太社团讲话，他也是研究中世纪西班牙犹太宗教诗歌的学者。叙多和鲁兰都强调和解及德意志民族团结的救赎力量；

而萨克斯提出了不同的观点，他认为，并不是死亡本身将死者平等地聚集在一起，而是"观念的力量"，它可以"摧毁所有让人们自我疏离和彼此分离的壁垒和分界线"。[43] 在此，对政治自由的追求与犹太人特有的解放人类的梦想融合在一起。

接着，马车载着棺材，游行队伍缓慢向着弗里德里希斯海因公墓前进。他们后面跟着大约10万人的送葬队伍。与巴黎的情况类似，许多职业团体整齐列队其中，而围观人群估计超过20万。走完全程大约需要90分钟；后面的人刚出发，前面的人已经抵达终点了——各支队伍悉数来到弗里德里希斯海因公墓之时，已过去了大约三个小时。[44] 一个有趣的细节是，送葬队伍中有一支街垒战士的队伍，他们穿着3月18日夜至19日凌晨战斗时的衣服。这一戏剧性的安排让这场盛大表演的效果更为强烈，也更显真实。所有人都注意到了这一点。但它还展现了别的东西：19世纪中期人们将自我经历历史化的倾向。革命才刚刚开始，就有可能重演。这就是将当下理解为历史的延伸的意味所在，也有助于解释这些事件中的许多参与者为何能如此迅速地将个人经历转化为历史叙事。1848年4月1日，米兰起义过去还不到一周，《米兰公报》上刊登了一则书评，它介绍的是市民兼目击者伊尼亚齐奥·坎图（Ignazio Cantù）所著的《奥地利人在米兰的最后五日：记叙与回忆》(*The Last Five Days of the Austrians in Milan: Accounts and Reminiscences*)。[45]

与巴黎游行一样，柏林的游行也是一场精心策划的关于团结的展演。然而，当人群聚集在弗里德里希斯海因公墓未封土的墓穴周围时，后来促使革命分崩离析的裂痕也隐约可见。叙多在葬礼上是主要发言人，他借机将最近发生的暴力事件描述为一种宣泄。他说，"国王和他忠实的人民之间笼罩着一层蒸腾的、有害的阴云"，他提及的是19世纪中期仍然流行于医学界的瘴气感染理论。但现在这片阴云已经散去，"和谐之言"已经找到，"我们心中难以言喻的信任之福又回来了"。[46] 在叙多结束讲话后，主教内德安博士进行了祝福，代表团降下了他们的旗帜,射手俱乐部鸣枪致敬。如果不是民主俱乐部主席格奥尔格·容博士要发表个人演讲的话,仪式可能就此结束。尽管组委会的几位成员极力阻止,但没能成功。

人群完全沉默地听完了容的讲话。容认为,3月18—19日的事件不是一场消除怨愤的短暂风暴,而是留给在世之人的一份遗产和一个挑战。和解与和平的话语已经说过了,他对人群说。是的,是应该忘记和宽恕。"血债血偿的野蛮复仇"的要求必须摒弃。但是,这也是问题所在,生者只有担起责任,为实现逝者为之牺牲的事业而奋斗,才能告慰逝者。和平是好的,但不应是可耻的和平,后者夺走胜利者的战利品,让逝者的血白流。容认为,暴行发生的原因,正存在于军队为之效力的那个当局的本性之中,它是"一种黑暗的权力,居高临下地发布不可改变的指令",要求"盲目坚定的服从"。如果生者退却,不再与这种力量斗争,那么敌人就会在他们精疲力竭的时候悄悄逼近,"你的奴役或斗争将重启"。与叙多主张的悲伤、宽恕与和解的循环不同,容认为,必须继续为权利和自由而斗争,进而实现历史的进步。[47]

在维也纳,3月13日的送葬仪式也是一场极具庄重和戏剧性的活动。四天后,伴随着低沉的鼓声和乐队演奏的贝多芬《葬礼进行曲》(大概是《降E大调第三交响曲》的第二乐章),队伍步行至老城西北城墙的苏格兰门,然后前往施梅尔策公墓,全程约两个小时。技术学院等学校的学生按年级编队,全部佩戴黑色肩带和臂章。教授、神职人员、国民卫队队员,以及企业和行业代表行至之处,密集的围观人群让出通道,让他们轻松穿行,"就像红海的波浪曾经在以色列人面前分开一样"。[48]在游行队伍队首,一个学生高举着一块纪念匾,上面刻着"为祖国献身"的字样。这块匾是由橡树枝叶编成的花环框起来的,六个穿着白色衣服的小女孩握着匾上系着的白丝带的末端。当队伍经过的时候,人们从窗户挥动黑丝带。[49]在墓地,所有棺材都被放入同一个墓穴。

令在场很多人震惊的是，第一位受邀在未封墓穴前演讲的神职人员是改革派拉比伊萨克·诺厄·曼海默（Isaac Noah Mannheimer），因为利奥·施皮策和贝尔纳德·赫施曼这两位逝者信仰犹太教。紧随其后的是学院军团的天主教神父，以及其他几位重要人物。这完全是个闻所未闻、独一无二的安排。在10月维也纳更为致命的、对抗反革命的战斗中牺牲的犹太人和基督徒则没有这种待遇了。曼海默宣称，这些死者是"为祖国"斗争和牺牲的，是"正义之死"，这是最伟大的善举。他接着加入了一句引人注意的见解："他们的事业**应该**是正义的"，即使用他的话来说，在"这个时候没有取得胜利"。这与巴黎葬礼上的殉道词形成有趣反差：巴黎倾向于把逝者的牺牲与共和国的胜利联系起来，与此不同，曼海默把阵亡者的牺牲与当时的政治动荡分开讨论。对当时的人们来说，最值得注意的是其语言的包容性：

> 我为他们祈祷，也为他们的基督徒兄弟祈祷，因为他们对我们、对我的心来说都是同样可亲可贵的；他们都是人类，是按照您（上帝）的形象和样貌塑造的，他们在地上尊您的名为圣。因此，我用我灵魂的全部力量为他们祈祷，（愿他们）在你的天国里找到一个充满光明的地方。

在悼词的最后，他恳求基督徒听众在分配胜利的奖赏的日子到来时，铭记这种共同的人性和共同的奋斗："你们是自由人……也请接受我们也是自由人，愿上帝保佑你们！"[50]

而后是天主教神父、维也纳大学哲学系的教师安东·菲斯特（Anton Füster）。他强调了当前时刻的独特性和崇高性。他说，在人类事务中，有精神战胜物质的时刻。躺在未封墓穴中的逝者就证明了这样的时刻已经到来。逝者的死是"最美丽的死，为祖国而死"。他们为理念而死，为真理、法律、自由和爱——天父的四个女儿而死。

他们是倒下的战士,但他们也是胜利者,他们的名声永不褪色。

菲斯特的演讲与曼海默不同,几乎没有提到上帝,只是将其作为真理、法律、自由和爱的无名之父一笔带过。[51] 这可能是因为他代表大学哲学系而非教会前来演讲。邀请他来发言的是大学,不是他在教会中的上级。当他告知教会他将去发言时,对方回应冷淡。大主教官邸的主管问他,难道他不知道在奥地利,在墓前发表演讲是违法的吗?菲斯特反问道,难道主管不知道刚刚发生了一场革命吗?主管回答道,如果他必须发言,也可以,但不能穿着神职人员的服装。对此,菲斯特回答道,在几千人面前改变他的着装是不妥当的,而且这可能会传递出教会谴责革命的印象。主管回答,神职人员应该远离政治,他们应该凌驾于一切运动之上。而菲斯特回复,置身于舒适且富丽堂皇的大主教官邸,很容易袖手旁观,忙着满足自己宝贵的需要,而领导人民,与他们并肩作战,以及防范最糟糕的过激行为,则是全然不同的事务。菲斯特被告知,如果他一两个小时后回来,就可能见到大主教。但他回答说他不会回来,因为大学里需要他,他没有时间留给"不必要的散步"。[52]

这段对话清楚地表明,菲斯特与他在教会中的直属管理者的关系并不融洽,而且他似乎无意改善同他们的关系。他代表1848年有趣但并不特别常见的一种人——激进的神职人员。在整个欧洲,天主教高层往往与革命运动保持距离,支持革命运动的神职人员往往来自最低层。在两西西里王国,高级神职人员坚定地支持波旁王朝,但也有一些教区神父积极支持革命。同样的现象也出现在瓦拉几亚,许多当地的东正教教士支持革命,而他们的上司反对革命。[53] 作为维也纳大学的哲学教师,菲斯特已经因宣传民主观念而闻名。革命爆发后,他成为学生运动的热情捍卫者。作为学院军团的神父,他参加了5月爆发的街垒战斗,当时政府正试图解散学院军团。

换句话说,菲斯特与叙多完全不同。叙多是稳健、温和的自由主义牧师,负责主持柏林举行的葬礼。叙多曾是普鲁士宫廷的牧师,也是新教堂的讲道者：他的存在将这些活动融入该城官方教会的活动范畴。菲斯特是更为好斗和更具争议的人，仅仅与他的上级保持松散的联系，却已经与革命的激进主义者紧密相连。另外，在普鲁士，无论叙多是否愿意，国王都是革命戏剧的核心人物，无论是在3月18日那个创伤性的下午，还是在次日人们收集遗体时，抑或是3月22日送葬队伍经过宫殿广场时——那时，他的脑袋看起来就像个"白点"般，在灵车经过时频频朝着逝者点头。相比之下，在维也纳，皇帝几乎隐身。在城墙上可以看到站岗的士兵，他们的头盔在阳光下闪闪发光，但是并不清楚他们来这里是为了表达敬意，还是为了预防可能发生的过激行为（并没有发生）。柏林的葬礼是按城市政府的要求安排的；维也纳的送葬队伍则带有新兴的学生运动的印记，他们的积极性及其在起义中的中心地位是维也纳革命的一个显著特征。维也纳葬礼的规模也较小，部分原因是战斗不那么激烈（维也纳人在10月所面临的状况要激烈得多），部分原因是并非所有"阵亡者"都在这一天被安葬。

在为自由立宪派刊物《当代》撰写的一篇颇具影响力的文章中，署名法尔克的作者注意到了棺材数量较少的问题。其他去世的人去哪里了？为什么他们的棺材没有被抬到墓地？法尔克认为，答案就在于以下事实：一些消失的死者是郊区的无产者，他们得知起义后便在城墙外纵火抢劫。饥饿和苦难使他们对自由的崇高意义漠不关心。对他们来说，革命是他们为"多年来所遭受的苦难"复仇的时刻。但是，那些在市中心殒命的工人呢？他们与学生并肩作战，因人数和武器都比不过军队而陷入绝境。为什么他们的遗体只能留在停尸间腐烂？为什么没有将所有阵亡者合葬？这位作者评论道，鉴于仪式唤醒了人们深沉的情感，提出这些问题似乎很不合时宜，也许未来的岁月会给出答案。[54]与柏林的状况类似，在维也纳，致敬逝者的行动暴露出了革命的裂隙，而此时革命才刚刚开始。

向逝者致敬　339

建立政府

我们将革命视为一个政府取代另一个政府的过程。七月王朝为第二共和国所取代。以时间线来看，这种过渡似乎是自然而然和不言自明的，如同驾车穿过法国和西班牙的边境线一样。但是在巴黎，情况截然不同。在革命完成的时候，新形式的国家尚不存在，甚至连雏形都没有。既没有一群未来的部长等待就职，也没有提前形成的临时权力机构来监督解体和重组的过程。最重要的是，并不存在既定程序来裁定这种权威的出现，在协商一致的权力交接规则下展开的革命根本就不是革命。简而言之，二月革命并不是一场"过渡"，而是一个"中断期"，未来突然拥有了无限的可能性。[55] 由此，临时权力机构出现的过程比"过渡"的隐喻所暗示的更为神秘，也更值得我们关注。

对任何人来说，提出一份临时政府部长的名单都很容易。但谁有权这样做呢？目前，掌权的是人民自己。但是在没有选举程序的情况下，谁能说代表了人民？对于这些问题和其他问题，1848年2月的巴黎革命者找到了有趣的答案。2月24日一早，战斗仍在继续，《国民报》和《改革报》编辑部成立了委员会。起义者和国民卫队包围了这两个地方。

阿尔萨斯左翼律师、前议员爱德华·马丁在两家报社委员会之间进行协调。他得知《国民报》已经拟定了一份部长名单，便去找社会主义者路易·勃朗，并陪同他来到《改革报》编辑部。在那里，他敦促编辑部工作人员拟定一份替代名单——此时，编辑费迪南·弗洛孔还在街上某处晃荡。经过两家报纸的角力，激进主义者弗洛孔、赖德律-洛兰和路易·勃朗才得以加入名单。[56] 公开批准的过程同样混乱：之所以向国民卫队第二营宣读名单，以期获得他们鼓掌通过，主要是因为他们正好出现在附近的街道上。而后经修订的名单于大约一个小时之后在众议院宣读，当时这个地方已经基本被议员们抛弃，并挤满了国民卫队成员和起义者。再晚些时候，这份名单在法国历次革命的标志性场所——巴黎市政厅宣读。未来将担任巴黎临时内政部部长的埃利亚斯·勒尼奥（Élias Regnault，后来他还创作了临时政府史相关著作）这样描述：

> 这是一座巨大的巴别塔，人类所有的声音都在这里相互碰撞——喜悦的欢呼、痛苦的呻吟、突然的大笑、胜利的歌声、澎湃的热情、气势汹汹的演讲、词不达意的爱慕，这一切就像孩子的胡言乱语一样天真，又像巨人的狂热咆哮一样可怕。[57]

在这个仍然充满革命活力的空间里，最终版的临时政府名单得到了公众的认可。

在这些激进主义者中，最令人好奇的是被称为"工人阿尔贝"的技工。阿尔贝（Albert）是19世纪三四十年代秘密起义社团的常客。他以前从未引起过左翼媒体的注意，也从未担任过任何职务，无论是通过民选还是其他方式。玛丽·达古以达尼埃尔·斯特恩的笔名记录了这些事件。她回忆了这位技工突然高升时所面对的周围环境。她认为，阿尔贝先生突然被捧上权力宝座，想必是因为他表现出了"某种勇气，或者只是说了些恰到好处的话"。因为在随后的日子里，没有人能够解释为什么有"这么多更有能力、更有名气的人"，偏偏是他被选中。但她也承认，这一史无前例的做法有其必然逻辑。她写道，尽管他"平庸得令人讨厌"，但一个工人被提名进入临时政府是个"历史事实，其意义和性质不应被误解"，"这是工人阶级……获解放的标志，它标志着从政治革命向社会革命过渡的时刻"。[58] 在接下来的几周里，新政府的宣传从未遗漏"本身就是一名工人的阿尔贝先生"卑微的社会出身。

如果我们回想起1830年就曾发生类似事件，这种由媒体驱动的政治重建过程看起来就没那么奇怪了。当时，自由主义报刊宣布它们不打算接受查理十世的违宪法令。其中最重要的是《国民报》，它关

建立政府　341

注并领导了政治革命。《国民报》在引导巴黎人民从革命的混乱状态回归七月王朝的新秩序方面发挥了重要作用。1848年,更为激进的报纸《改革报》加入了这一事业,标志着巴黎政治文化的左倾转向。但是报纸能够担负起这样的重任,是因为它们已经是自由主义者和激进主义者交流观点的重要平台。这就是生活在"报刊文明"中的意味所在。

从这一奇特的过程中产生的临时政府根本就不是一个政府,而是一个"革命权力机构",其成员来自能在2月24日开始的中断期发挥影响力的团体和网络。[59] 临时政府成员涵盖了从《国民报》周围的温和自由主义者[阿尔芒·马拉斯特(Armand Marrast)、皮埃尔·马里·德·圣乔治(Pierre Marie de Saint-Georges)、加尼耶-帕热斯、弗朗索瓦·阿拉戈(François Arago)],到《改革报》周围的激进主义者(赖德律-洛兰、弗洛孔),再到社会主义者(勃朗、阿尔贝)等人。而且,这个政府涵盖了社会背景各不相同的成员:数名激进派记者、数名议会代表、一名社会主义作家、一名工人。拉马丁凭借其口才和声望而参与其中。律师雅克·夏尔·杜邦·德勒尔(Jacques Charles Dupont de l'Eure)到2月27日将年满81岁,他是一位经验丰富的议员,曾在1798—1799年担任五百人院(督政府时期的下院)议员。他是团体中唯一跨越了法兰西第一共和国与第二共和国之间漫长间隔的人。在接下来的几周里,路易·勃朗与其温和派共和主义同僚之间的敌意逐步加深,这将破坏政府的团结和行动能力。[60]

新政府的其他官员也以类似的混乱方式当选:马克·科西迪埃直接主动接管了警察局,他的兄弟在1834年里昂的战斗中丧生;艾蒂安·阿拉戈同样主动接管了邮政局,他是弗朗索瓦的弟弟,比他的哥哥更为激进。新政府随后在官方公告中认可了这两人。废奴主义者维克托·舍尔歇是《改革报》的创始人之一,他被任命为负责殖民地事务的副国务大臣。他负责领导一个委员会,起草有关解放法国殖民地奴隶的总法令。立法权垄断的潜在障碍已经被去除:贵族院被禁止召开会议；众议院被解散；政府各部职位被分配给受信任的公职人员（并非所有人都是政府成员）；自 2 月 26 日起，每份公告都附有官方标题——"法兰西共和国：自由、平等、博爱"。在其任期内，临时政府一直在作为革命象征之地的市政厅工作，而没有选择更符合其全国性使命的建筑。[61] 它并非旧政体，也不是新政体，这是革命本身的产物，体现了当时的矛盾和紧张局势。

在米兰，革命表现为反对外国政府的起义，临时政府的组建是在完全不同的背景下进行的。但在这里，如同在巴黎一样，问题在于如何让新政权拥有合法性。市长加布里奥·卡萨蒂及其伙伴找到了一个巧妙的答案。3 月 23 日，临时政府的机关报——新《米兰公报》——在第一期头版刊登了一连串的官方公告。开篇是奥地利代理总督奥唐奈伯爵于五天前（3 月 18 日）发布的三项公告。代理总督意识到城市的局势不再受他的控制，因此授权市政府武装公民卫队关闭警察局，并将维持公共秩序的责任移交给市政当局。起义期间临时领导层颁布的法令都是通过这种责任移交来获得行动权力的。[62] 由此便造就了一种假象：奥地利人自己为那个将他们驱逐出城的新权力奠定了基础。

无论如何，新政府的成立都是一项了不起的成就。卡萨蒂机智巧妙地处理了执行委员会与由激进主义者卡洛·卡塔内奥主导的战争委员会之间的政治分歧；3 月 31 日，卡塔内奥辞职，战争委员会被吸纳进新政府。在奥地利人逃离后的几天里，卡萨蒂将临时政府的控制权扩展到了整个伦巴第，邀请各省的主要城市派遣使节加入米兰政府。

作家兼记者克里斯蒂娜·特里武尔齐奥·贝尔焦约索（Christina Trivulzio di Belgiojoso）对奥地利人逃离后该城所面临的形势进行了尖锐的、几乎实时的分析，对米兰临时政权诞生的方式进行了反思。贝尔焦约索写道，看着白纸黑字的公告信上临时部长名单，很容易就产生这样的印象：一定是某种普选把主权交给了这一小群人。"没有什么比这更错误的了，当炮声、枪声、警铃声和军鼓声在空气中回荡，

建立政府 343

死神在街上徘徊……我们刚刚提到的这些人，大多数去了马里诺宫，瓜分了职位，并给自己分配了一部分权力。"

贝尔焦约索指出，在由这种相当随意的程序产生的政府中，职位并不能与经验、资历和能力匹配。新任警察局长安杰洛·法瓦（Angelo Fava）曾是帕多瓦的一名医生，于1840年移居米兰。他具有爱国情怀，但没有任何警务经验。他之所以能被任命为公共安全委员会主席，后来又被任命为警察局长，主要是因为他与加布里奥·卡萨蒂周围的人关系密切。贝尔焦约索写道，法瓦机智过人，但也虚荣、肤浅和反复无常，"没有一个职位比警察局长更需要兼具洞察力、敏捷性和坚定性，也没有人比他更不适合担任米兰警察局长这个职位了"。[63]

一个更严重的问题是，政府人员及伦巴第各城市派遣来的代表有迥然不同的政治立场。卡萨蒂和著名农学家和科研赞助人维塔利亚诺·博罗梅奥（Vitaliano Borromeo）伯爵有着保守的君主派作风，科莫代表弗朗切斯科·德拉·托雷·雷佐尼科（Francesco della Torre Rezzonico）也是如此。与之相对，切萨雷·科伦蒂（Cesare Correnti）长年反对奥地利统治，是名共和主义者，与半岛上更广泛的爱国组织有着密切的联系。1844年，他匿名发表了一本小册子，谴责奥地利人剥夺意大利人的民族自由，扼杀国家的经济进步。来自曼托瓦的代表圭列里（Guerrieri）侯爵是另一位著名的共和主义者。贝尔焦约索认为，这些任命的结果是，政府由对未来抱有截然不同的看法的两个派别组成，在起义后的几个月里，他们之间的互不信任将使公共事务的管理陷入瘫痪。在费迪南多·马尔维卡未发表的西西里革命史中，我们也能找到有关新领导人的类似的尖刻描述。[64] 贝尔焦约索和马尔维卡都很了解他们所描绘的人，以至难以由衷认可这些人的突然升迁。看到自己认识多年的人一跃成为掌权者，可能是一种矛盾的体验。

在威尼斯，反抗奥地利人的起义有着不同的结构。在米兰，卡萨蒂市长及其委员会成功掌控了起义局势，并压制住了敌对派别。在威尼斯则没有这样的控制机构，起义沿着几条平行的路线展开。城市的爱国领袖是共和主义律师达尼埃莱·马宁，他因煽动叛乱被判刑，刚从监狱出来。马宁忙于策划反抗奥地利人的起义，这让市政大会感到恐惧。他们既不希望看到哈布斯堡王朝统治终结，也不打算把城市的权力让给民众领袖。3月18日，军队和平民在圣马可广场发生了冲突，军队朝平民开火，造成8人丧生。此后，马宁成功地说服奥地利当局，让威尼斯获得成立公民卫队的权利——这与同一天奥地利代理总督奥唐奈伯爵向米兰人做出的让步如出一辙。

马宁希望公民卫队能发挥双重作用。一方面，它可以保护中产阶级的财产不受平民暴力的威胁；而另一方面，如果机会到来，这支由武装公民组成的队伍也可以用来对付奥地利人。[65] 但是，他要如何集结力量，驱逐奥地利的大规模驻军，此时尚不清楚。3月21日晚，当马宁告诉他最亲密的政治朋友，他打算在第二天发动起义时，他们对他的计划持怀疑态度，而新的公民卫队指挥官安杰洛·门加尔多拒绝将他的部队投入这种轻率的行动。

3月22日上午，马宁还没来得及发动起义，威尼斯兵工厂的船坞里就爆发了反抗活动。在这里，当地人的不满情绪在发酵。船坞的800多名工人（他们被称为"兵工厂人"）多次要求加薪，而其主管马里诺维奇（Marinovic）上校是个出了名的无情的克罗地亚人。马里诺维奇对这些要求的惯常答复是"也许下周（能加薪）"。3月初谷物价格飙升时，船坞的气氛逐渐紧张。3月18日，兵工厂人得知，他们被禁止加入新成立的公民卫队。这并不奇怪，因为卫队的建立正是为了保护有产阶级免受激愤的无产者伤害。3月21日，当兵工厂人向卫队的指挥官请愿，要求将他们纳入卫队时，他们对于公民卫队和工资问题的不满情绪达到了顶点。马里诺维奇第二天早上来工作，可谓是错误的人出现在了错误的时间、错误的地点。一群兵工厂人追着他穿过后院，爬上塔楼，用小刀将他扎得奄奄一息，而后抓着他的脚把他拖下楼。当时，马里诺维奇还有一口气，请求给自己找个神父。对此，那些折磨他的人回敬道，"也许下周"。[66]

马宁听到消息，立刻冲到船坞，控制局面。人们能接受他这个角色，显示了他高超的沟通技巧。当然，他也许能保护工人免遭奥地利报复，也可能对此有所帮助。公民卫队匆忙赶到现场，阻止奥地利驻军进入船坞。当奥地利人出现并下令向起义者开火时，士兵们拒绝了，并转而制服了他们的军官——军队中的大部分士兵是来自威尼西亚腹地的意大利农民。从此刻起，奥地利人在威尼斯的日子就屈指可数了。马宁成功地打开了武器库，让民众武装起来。奥地利人意识到，他们已经无可挽回地失去了对这座城市的控制权，于是溜走了，并未生出更多事端。

城里的奥地利人被打败了，但临时政府尚未成立。权力斗争在两派之间爆发：一派是由市长乔瓦尼·科雷尔（与加布里奥·卡萨蒂处于同等职位的威尼斯人）领导的保守派市政大会，另一派是以马宁为中心的起义领导人。3月22日晚，市政大会希望夺回对城市的控制权，宣布成立新政府，由温和自由主义律师吉安·弗朗切斯科·阿韦萨尼（Gian Francesco Avesani）担任总理。但第二天，一群有影响力的市民在圣马可广场的弗洛里安咖啡馆集会，抗议新政府将马宁排除在外，并要求阿韦萨尼辞职。阿韦萨尼和市政大会担心再发生骚乱，便屈服了。3月23日下午，马宁被宣布为威尼斯共和国总统。他宣读了政府成员名单，群众鼓掌欢呼。

马宁新政府的组成，体现了尽可能广泛团结不同社会出身人士和利益集团的努力。大部分部长都是可靠的资产阶级人士，拥有各种专业知识；但是内政部长是并不特别爱国或受欢迎的卡洛·特罗列（Carlo Trolli），多年来，他一直与奥地利人紧密合作。任命他可能是想安抚城市中支持奥地利的贵族。社会阶层的另一端则是裁缝安杰洛·托福利（Angelo Toffoli），他是一位"不管部部长（即没有专职负责某一具体部门的内阁成员）"。马宁后来解释说，选择他是因为"他在下层人民中的影响力，是民主的象征"。马宁的这番努力是在承认该城无产阶级为他登台贡献了力量，也是为了获取"工人阿尔贝"的神秘魅力。实际上，托福利先生根本不是工人，而是一名工匠师傅，也是一个雇用了数人的工坊主。这些被任命者大多与各自职责十分适配。但与米兰人类似，他们缺乏政治凝聚力。在管理这个动荡不安的新政治实体的压力下，他们的团结将很快开始瓦解。

在巴黎、米兰和威尼斯，临时政府都是在政权垮台或局部撤出的裂缝中产生的。在革命前的旧主权结构依然存在的国家，情况则截然不同。在这些国家，主要的异见人士（在许多国家被称为"三月部长"）与既存的当权者分享权力。随之而来的通常是复杂的权力斗争。这场斗争的核心既是新人与旧人的较量，也是新思想与旧思想的较量。在两股势力的对峙中，一边是来自底层的激进压力，表现为民主俱乐部和街头动员；另一边则是仍然享有主权的君主，对于是否接受对其权力的某些限制，其态度并不明确。

两西西里王国经历了两种模式。在巴勒莫，与米兰和威尼斯类似，临时政权产生于起义过程本身。一位观察者报告说："在城市中，政府的权威已完全不被承认，起义自然而然地形成了一种常规组织。"[67] 1月14日，新当局宣布成立四个委员会，分别负责粮食供应、战争和军需、财政，以及整理和发布相关信息。负责最后一项事务的第四委员会主席由退休律师鲁杰罗·塞蒂莫担任。[68] 从1月18日起，那不勒斯王室政府发给城市长官的通信转由这些委员会负责，委员会从此也负责与那不勒斯、外国领事或大国使节等调解人员的外交通信。1月23日，塞蒂莫被选举为四个委员会的总主席，两天后，他开始以此身份签署文件。[69] 那一天发布了一则公告，敦促在西西里其他城市起义中担任领导者的"有信誉和正直的公民"自己组建委员会，并向巴勒莫总委员会派遣使节（米兰和威尼斯将遵循类似的程序）。整个岛屿的起义者代表通过携手合作，将建立一个能"将所有的需求、偏好和观点转变为稳定、持久的法律"的"总议会"。[70]

从起义精神中产生的巴勒莫"政府"，仍然需要为岛屿整体建立一套行政机构。在这方面需要谨慎，因为1821年灾难性革命的记忆仍历历在目。那时,巴勒莫人试图将首都的权威强加给岛上其他地区,进而引发了一场内战。西西里岛东部的城市站在了那不勒斯一边,对抗巴勒莫。1848年的领导人吸取教训,决心不再重蹈覆辙。岛上的七个辖区及其政府和法庭将得到完整保留,地区和市政管理机构仍将"尽可能自由和独立"。鲁杰罗·塞蒂莫宣称,只有这样才能从过去的错误中吸取教训,"西西里人,我们过去的不幸至少为我们的未来留下了有益且有警示意义的教训"。[71]

那不勒斯内地则出现了截然不同的景象。在这里,来自西西里的消息引发了骚乱的浪潮,其中包括大规模的示威游行。1月29日,国王费迪南多二世成为当年第一个向臣民承诺制定宪法的意大利君主。该宪法于2月10日公布,它严格效仿1830年修订的法国宪章。事后观之,这似乎是个奇怪的决定。正如我们所看到的,在巴黎,法国极有限的选举权已经成为极其激烈的政治争论的主题,而且仅仅在两周后,它就会和法国空论派自由主义的整个表象一起被抛弃。除了提供一版宪章,那不勒斯君主还向几位著名的自由主义人士敞开行政机构的大门,其中就包括卡洛·波埃里奥。他早前因政治罪入狱,刚被释放。

这些都是权宜之计。当巴黎传来的消息抵达那不勒斯,当地对于法国旧宪法的那不勒斯版本的热情迅速冷却,要求民主化的呼声再次响起。如今在任的自由派大臣则被迫与来自绝对主义政权的同僚们尴尬又艰难地相处。例如,仍然身为大臣会议主席的塞拉卡普里奥拉公爵就是难以对付的同僚之一。自由主义者无法把行政部门的政策引导到新的方向。这些机构坚持推行西西里的反革命战争,拖延行政改革,否决改革选举权的要求。随着自由主义者在政府失势,最初支持自由派妥协方案的进步派和激进主义者退回到公开反对政府的立场,由此,分别主张接受与拒绝国王提供的宪法的两派之间产生了裂痕。3月1日,联合政府辞职,让位于一个更彻底的自由派政府。但是,在三足鼎立的局面下,政治运作仍然极其困难。这三方包括:君主及其统治机构、资产阶级和贵族自由派精英、善于动员城市民众的进步派和激进派活动家所组成的网络。

在普鲁士，与在那不勒斯一样，君主仍然是权力结构的中心。3月21日，国王弗里德里希·威廉四世发布公告，要求所有德意志邦国"制定真正的宪章，实行内阁责任制"。（鉴于几个德意志小邦国的宪法已经推行了几十年，"所有德意志邦国"的说法有些夸张了。）3月24日，18个莱茵城市向国王请愿，要求罢免不得人心的首相，国王很快就答应了，并且下令新内阁宣誓就职。新内阁由两位杰出的莱茵自由主义银行家戈特弗里德·卢多尔夫·坎普豪森（Gottfried Ludolf Camphausen，新首相）和达维德·汉泽曼（财政大臣）领导。

这是一个良好的开端：国王对莱茵自由派精英的回应标志着普鲁士王国的政治重心从易北河以东保守的乡村平原，转移到了莱茵地区繁荣进步的工商业中心。坎普豪森和汉泽曼聪明、果断且能干，是温和自由主义者。他们了解3月之后普鲁士局势的复杂性，并愿意做出巧妙的妥协。与欧洲众多同僚类似，他们是革命的受益者，但不是革命者。从一开始，新上任的大臣们就认为自己有两项任务：一是，让普鲁士君主制实现宪政和稳定；二是，为政府所采取的政策担负起政治责任，从而保护国王免受进一步政治动乱的影响。从前的反对派领导人如今成了新君主制的支柱。[72] 他们非但没有削弱国王的地位，反而在3月30日在一封信件中向国王保证，这种安排可以让他"在不可侵犯的平静中做决定，超脱于一时汹涌的激荡"。[73] 从字面上看，这很不错。但是如果国王拒绝平静地漂浮在"汹涌的激荡"之上呢？如果新议会挑战了大臣与君主达成的协议呢？而在国王-政府-议会的三角关系之外，柏林城市中有着强劲的激进民主运动，以及部分激进的无产阶级——他们急切地寻求真正的社会改革，并且憎恨自由派及其由富裕纳税者组成的公民卫队。在柏林之外，其他普鲁士城市，如布雷斯劳、科隆、柯尼斯堡等，也有强势的自由派和激进派精英。跟其他地区的同僚一样，柏林的"三月部长"们很快就会发现自己夹在

建立政府　349

议会、公共舆论和君主权力之间。

维也纳遵循自己的轨迹，与巴黎和柏林截然不同。在这里，旧政权既没有被消灭，也没有被迫与一部分自由派精英结盟。这里既没有临时政府，也没有"三月内阁"，因为革命的进程从未与帝国政府机构有效衔接。事实上，一场日益由激进学生和民主派主导的革命逐渐控制了维也纳，哈布斯堡政权则无法控制这一过程。但与此同时，君主行政机构采取了主动，在4月25日提交了一部比利时式的宪法，并要求在有财产限制的选举权的基础上，选举产生奥地利制宪议会。维也纳的民主政治反对派拒绝这部宪法，随后爆发了声势浩大的抗议活动，以至到5月15日，政府准备让步，同意组建一个加的斯式的一院制国民议会，由其负责起草一部最终宪法。

瓦拉几亚公国是奥斯曼宗主国主权和俄国保护下的半自治实体。其革命开始和终结的路线极其独特。我们可以追踪到一个团体的出现，它提前规划并在一定程度上协调了革命性转变。这个群体由多条线索交织而成，将成为革命的胚芽。多年间，被称为"兄弟会"的社团效仿烧炭党，培养了一种共济会式的保密和仪式文化。1848年2月底，在巴黎学习的年轻的瓦拉几亚人和摩尔达维亚人开始在夜间聚集，讨论如何在他们的家乡宣传革命。所有的瓦拉几亚人都在3月和4月带着二月革命的热情，成群返回布加勒斯特。[74]甚至早在他们回来之前，巴黎革命的消息就在3月第三周传到了瓦拉几亚首都，引发了强烈的骚动，在大富之家出生的年轻人中尤为如此。[75]据报道，城市中学里的男孩们都在课间讨论政治，年轻人在街上互称"公民"；夜间，街上出现匿名海报，要求废除贵族特权、成立公民卫队、实现出版自由。[76]在毗邻的摩尔达维亚公国的首都雅西，法国的消息引发了巨大轰动。普鲁士驻雅西的领事埃米尔·冯·里希特霍芬（Emil von Richthofen）指出，罗马尼亚精英对法国的深厚感情，使得来自巴黎的消息在当地的反响大大增强："这里的波雅尔（领主贵族）喜欢模仿法国的一切，他们喜欢称自己的国家为'东方法兰西'。"[77]

5月22日，包括归国留学生杜米特鲁和扬·布勒蒂亚努在内的一群起义者在布加勒斯特聚集，以成立"革命委员会"。他们的目标是推翻由俄国当局扶持的政权，目标直指格奥尔基·比贝斯库大公。成员们忙于在城市工人中招募活跃分子，定制旗帜和罗马尼亚三色帽徽，并在同情他们的神职人员的修道院中储备武器。到6月中旬，在对具体政策进行了一番争论后，该团体起草了一份包含22点内容的纲领，勾勒出政治秩序变革方向：农民将获得土地（他们的波雅尔将获得补偿），法律面前人人平等，税收将以收入为基础，等级和头衔特权将被废除，所有儿童都可接受免费教育，言论、出版和结社自由将得到保障。6月21日，在该国西南角的小村庄伊斯拉兹，委员会的一名成员宣读了该纲领，并将其分发给包括农民、神职人员和士兵在内的现场听众。几天内，首都就爆发了革命。一面罗马尼亚蓝黄红三色旗飘扬在了布加勒斯特的商业中心利普斯卡尼，这份后来被称为《伊斯拉兹宣言》的纲领被大声宣读，街上挤满了戴着帽徽、挥舞着宣言的人。人群在格奥尔基·比贝斯库的宫殿前汇集。

时机刚刚好。两天前，三名似乎与革命委员会没有什么关系的年轻波雅尔，趁夜色停在比贝斯库的马车旁，向他开了枪，然后消失在夜色中。三枚子弹均没有击中目标，只有一枚打穿了比贝斯库的肩章。追寻行凶者的努力徒劳无果——这些年轻人已逃离这座城市。由于受到了惊吓，6月23日，大公要求手下军队重申他们的效忠誓言。他被告知，他的部下依然忠诚，但无论如何都不会同意向他们的瓦拉几亚同胞开枪。这一消息传遍了整个城市，让市民们更加有了底气。下午4点左右，大主教山上的教堂警钟大作——用钟锤反复敲击钟的一侧，发出声响。晚上10点左右，比贝斯库准备让步。他在《伊斯拉兹宣言》上签了字（该宣言目前正处于转变为"宪法"草案的过程中），还同意任命一个由革命领袖指定的新内阁。革命者们本来希望他可以继续掌权，以此稳定局势，为"变革提供法律框架"。[78]但是，6月25日，比贝斯库放弃了权力，收拾行李，流亡至哈布斯堡治下的特兰西瓦尼亚。瓦拉几亚于是由革命政府接管。

临时部长的名单包括：《罗马尼亚信使报》编辑勒杜列斯库，他曾为布加勒斯特带来1848年欧洲革命的消息；瓦拉几亚将军克里斯蒂安·泰尔，他被称为"革命之剑"，因为他号召手下军队支持革命；格奥尔基·马盖鲁，他曾在1821年瓦拉几亚起义中跟随图尔多·弗拉迪米雷斯库作战；斯特凡·戈列斯库，他是爱国活动家，也是瓦拉几亚军队的少校。部长中有刚从巴黎学成归来的扬·布勒蒂亚努，商人、作家、记者、书商兼兄弟会核心领袖康斯坦丁·亚历山德鲁·罗塞蒂，以及农业问题专家尼古拉·伯尔切斯库，正是他力主将土地改革纳入《伊斯拉兹宣言》。勒杜列斯库、戈列斯库、布勒蒂亚努、罗塞蒂和伯尔切斯库都曾是革命委员会的成员，许多新部长也是与兄弟会网络关系密切的瓦拉几亚爱国者。泰尔、马盖鲁、戈列斯库都是军官。

瓦拉几亚的事件发生的顺序很不同寻常。如上文所述，其他地方的情况与之不同：在欧洲其他地方，从起义中脱颖而出的领导人几乎没有一个在革命行动之前就是革命者。马宁算是个例外，他曾策划发动起义，但他转向激进主义是很晚近的事，起义并不是在他的命令下爆发的。大多数新的领导干部都是以前不支持革命或警惕革命的人。他们不是革命的发起者，而是革命遗产的继承者。正如埃利亚斯·勒尼奥所说："时势造英雄。"[79]

然而，在瓦拉几亚，**是革命者创造了革命，而不是革命造就革命者**。瓦拉几亚爱国精英群体规模小、联系紧密是原因之一。布加勒斯特约有10万居民，是一个关系紧密的圈子，对最有特权的阶层而言尤其如此。（威尼斯、米兰、柏林和巴黎人口的大概数字分别为12.3万、16万、44万和100万。）领导革命的人们基于许多共同的背景（亲属关系、新闻工作、服兵役、在巴黎学习、参加兄弟会等）而相互了解，他们的亲属之间也互相认识。在这样的环境中，协调规划工作并非难事。此外，几个月来，国外革命的消息不断传入布加勒斯特。这意味着，本就亲法的瓦拉几亚的活动家可以模仿欧洲的先例来夺取政权，而这条道路在3月是不可能的。外国动乱的消息有助于为挑战传统的君主权力结构获取社会支持，并将瓦拉几亚乡村酝酿的不满情绪聚集起来。最后，还有来自历史的影响。瓦拉几亚革命在意识形态上可能与欧洲的同类革命相似，但军事人物的显要地位和起义领导层紧凑的社会结构，让人想起了1820—1821年以宣言为基础的革命。与1848年6月在伊斯拉兹发生的事件类似，在那场革命开始时，人们在偏远地点，在旗帜和骑马的官员中间大声朗读革命宣言。瓦拉几亚革命并不是（至少根本上不是）一场全社会的激变，它是精英阶层为获取对行政机构的控制而进行的一场斗争。

在整个欧洲，从动乱和冲突到起义后秩序初步稳定的这段历程揭示了革命形式的非凡多样性。在巴黎，两份报纸在政权完全间断的情况下引导着政治重建的进程；在巴勒莫、米兰和威尼斯，临时政权由起义运动中对立的派系掌控；在那不勒斯和柏林，在合作和部分更替中产生了联合政府；在维也纳，革命似乎（也确实）绕过权力结构而推进。只有在伊斯拉兹和布加勒斯特，事先制订的计划才确实在革命中结出了果实。这些区别并非偶然，它们展现了19世纪欧洲城市和国家政治的多样性。1848年，在集体解禁的时刻，城市社会的很大一部分人跨越了政治服从的界限，渗透到一些国家结构中，同时破坏或冲垮了另外一些国家结构。在这一不稳定的时刻，所有起义中心的精英政治群体都将其各色特征强加到了重建稳定的进程中。

无论这些新政权如何诞生，它们都是脆弱的，与缺乏领导力和凝聚力的各种社会联盟联系在一起。加入临时政府的人，大部分都对摆在面前的任务缺乏准备。他们从未有机会就执政后如何开展工作形成共识，便很快陷入派系纷争。他们仍然受制于让他们掌权的社会阶层，并因自身地位不确定而备受折磨。[80] 革命后，选举权急剧扩张；议会动荡不安，其中的党派纷争尚未因惯例而缓和；议会的缓慢政治，难以匹敌俱乐部及街头快速发展的激进政治。从长远来看，新政府必须应对上述改变造成的政治不可预测性。他们中的一些人还得面临为新的政治秩序提供资金的问题，但可能难以解决，因为当时资本正在躲藏或外逃，税收也因商业和贸易受到破坏而减少。最重要的是，权力问题仍未解决。在巴勒莫、维也纳和米兰，仍然存在这样的危险：暂时隐退的旧政权会卷土重来，重新掌权。在那不勒斯、柏林和维也纳，革命成果的持久性取决于仍指挥军队的君主们飘忽的善意。在瓦拉几亚，奥斯曼帝国和俄国施加复杂的双重控制，新领导层面临外国干涉的严峻前景。

选举议会

1848年3月25日，西西里议会在巴勒莫开幕。挂毯、三色旗和彩花装点着首都的商店、窗户和露台。墨西拿市选出的议会代表朱塞佩·拉·法里纳（Giuseppe La Farina）记得，当时天气很好。据他回忆，当时是西西里春天最美丽的时节，阳光明媚，空气甘甜。从卡萨罗街一直到圣多梅尼科教堂，沿途是新议会、国民卫队、城市卫队、革命小队的驻地。拉·法里纳写道，"看到这些骄傲的山民穿着简陋粗糙的衣服"，为他们最近"用鲜血赎回的"古代自由的复兴而欢欣鼓舞，"这真是美好而动人的事"。主席鲁杰罗·塞蒂莫率领总委员会在胜利的队伍中慢慢地走过整条卡萨罗街：四面八方都挤满了人；楼上，女人和孩子挤在一起，挥舞着旗帜和彩带，掷下鲜花和花环。中午时分，城里的名流齐聚圣多梅尼科教堂。上议院的贵族、当选代表、参议院成员、新西西里陆军和海军的高级军官、大主教、主教和修道院院长和大多数外国领事都到场了，这让奥地利和俄国领事的缺席显得颇为扎眼。

圣多梅尼科教堂的钟声曾经召唤人们参加起义，如今却在宣告总委员会的到来。塞蒂莫在教堂内专门建造的席位上发表了简短的讲话。公共安全这个"最崇高的理由"和人民的主权意志，要求总委员会在革命期间行使"独裁统治",它像"世界上任何政府一样合法"。在解散之前,委员会将把自身权力移交到议会,作为合法独裁的最后行动。主席在讲话结束时呼吁议会先起草一项法律,规定在当前情况下如何行使行政权,再开始审议工作。"愿上帝保佑并启发议会的表决,愿上帝仁慈地眷顾西西里岛,把它与一个自由、独立和统一的意大利国家的伟大命运联系起来!"这句话引发了"热烈的掌声"。枢机主教祝福了人群,一连串的礼炮轰鸣致敬,整个城市的钟声开始响起,各处的市民们相互拥抱,"流下喜悦和兴奋的热泪"。[81]

拉·法里纳的记述巧妙,将记忆的细节与革命进程中对议会地位的政治反思结合起来。这些革命小队的粗野士兵出现在城里,曾使富裕的巴勒莫人感到警惕,现在他们却成了维持良好秩序的支柱。曾经呼唤人民为自己的权利而战的钟声,现在象征着博爱与和平。曾经被用来攻击自由堡垒的大炮,现在被用来向革命致敬。以民事紧急状态为名主张的可怕的独裁权力,现在被温和地交到立法者手中。这是一个从混乱向有序政府过渡的范例。

1848年,议会和其他代表机构大量涌现。它们出现的环境和形式多种多样,令人眼花缭乱。在皮埃蒙特、普鲁士和奥地利帝国,出现了前所未有的现代型新议会,由选举产生,实行广泛的选举权,基于个人投票而不是团体投票。在丹麦,国王及其大臣们下令组织选举和召集制宪议会,以敲定新框架性法律的内容。在法兰克福召开的德意志国民议会是一个没有先例的实体,它的召开是为了监督德意志各邦的政治统一。其起源可追溯到海德堡市51名政治活动家参与的一次会议,当时与会者呼吁召开一次由德意志各邦现有的议会和市议会代表组成的全德意志大会。[82]在法国,七月王朝的旧两院制议会被取代,新议会是在更广泛的选举权基础上选出的。在匈牙利,旧议会废除了团体内部投票程序,通过了新的选举法,然后自行解散,由此诞生了一个现代议会。奥地利帝国的情况尤为复杂:一些旧的团体议会,包括摩拉维亚议会、施蒂里亚议会、卡林西亚议会、蒂罗尔议会和上奥地利议会，经过小幅改革，就成为能维护地区利益的类似现代议会的机构。其他议会，例如波希米亚议会和加利西亚议会，也做了类似的努力，但是遭到了奥地利当局的阻挠，根本就没有召集起来。[83] 同时，哈布斯堡当局勉强同意在维也纳召集新国民议会，所以同一时间六个类似议会的机构（不包括匈牙利的）在平行运作。在那不勒斯王国本土，根据费迪南多二世颁布的宪法，在1848年4月举行了议会选举。但是，议会在召集的第二天就因对宪法内容的激烈争议而解散。在革命结束后的6月又进行了新一轮的选举，但是议会又一次几乎刚召集就被解散了。此后议会的召集一再被推迟，直到1849年3月又一次被解散。

1848年5月4日，在巴黎召开的国民制宪议会的第一次会议。由艺术家夏尔·菲科（Charles Ficot）和朱尔·盖尔德罗（Jules Gaildreau）绘制并雕刻
资料来源：Bibliothèque nationale de France, département Estampes et photographie［RESERVE QB-370(112)-FT4］.(Photo: BnF)

新议会机构在整个欧洲大陆如雨后春笋般涌现，这反映了自由主义政治观的优势地位，它主张具有多种声音、冲突性和审议性的政

治。但许多问题仍未得到解答，管辖权也存在重叠。以法兰克福国民议会为例，许多被任命监督议会决议执行情况的大臣，同时也是德意志某邦国的官员。在有这种利益冲突的情况下，他们的任职资格难道不应该被剥夺吗？[84] 4 月，捷克人被告知，捷克王室领地（波希米亚、摩拉维亚和捷克西里西亚）的统一问题不能由即将被召集的波希米亚议会解决，而必须留待维也纳中央国民议会决断。[85] 而谁有权力颁布一项法律，以补偿废除封建税之后的摩拉维亚地主？1848 年 6 月 19 日，摩拉维亚议会呈交了这样一部法律，但在维也纳被内政大臣弗朗茨·冯·皮勒斯多夫（Franz von Pillersdorf）否决，因为他打算让国民议会决议。[86] 相互冲突的国家或机构的责权可能会造成混乱。例如，在法兰克福成立的德意志国民议会的管辖范围包括奥地利帝国的奥地利和波希米亚多民族地区。然而，当议会召开前，筹备委员会邀请布拉格的捷克政治家弗朗齐歇克·帕拉茨基（František Palacký）参加时，帕拉茨基却恭敬地回绝了，他的这封拒绝信出了名。他写道，这份邀请是一个巨大的荣耀，但如果他接受，他便是德意志国民议会的非德意志成员，到时他要么违背自己的感受去"扮演伪君子"，要么"一有机会就会大声反驳"。[87] 奥地利国民议会正式接收和听取了克罗地亚议会和匈牙利国民议会代表的请求，但是在激烈讨论之后，议会中的大多数议员投票否决了两地的请求。[88] 7 月 15 日，法兰克福国民议会的议员惊讶地得知，哈布斯堡王朝的亲王、新成立的德意志"帝国行政机构"的临时负责人约翰大公打算返回维也纳，以主持奥地利国民议会。[89]

议会之间甚至可以互相操纵或互相对抗。乌克兰国民议会在 1848 年 5 月 2 日开幕，得到了弗朗茨·施塔迪翁（Franz Stadion）伯爵的支持。施塔迪翁视之为对波兰民族主义骚动的一种制衡，而他一周前刚解散了波兰国民议会。[90] 当新的匈牙利政府向维也纳施压，要求把克罗地亚总督约瑟普·耶拉契奇（Josip Jelačić）赶下权力宝座时；耶拉契奇以提前召集克罗地亚议会作为回应，而议会最初出台的

选举议会　357

法案之一就是要赋予耶拉契奇独裁权力。这场反匈牙利运动得到了一群维也纳保守派人士的暗中支持,其中的核心人物是战争大臣特奥多尔·拜勒特·德·拉图尔(Theodor Baillet de Latour)伯爵。[91] 奥地利议员弗朗茨·舒泽尔卡(Franz Schuselka)怀疑,维也纳政府之所以给奥地利国民议会议员支付高额津贴,真正原因是要提升自己相对于德意志竞争者(法兰克福国民议会)的威严。[92]

尽管情况复杂,但议会的召开通常都是值得庆祝的时刻。玛丽·达古还记得,临时政府前往新议会开幕典礼的游行途中阳光灿烂。会场是波旁宫最近专门为此设立的会议厅。游行路线沿途挤满了人,队伍经过时,人群中、周围房屋的窗户里和屋顶上响起经久不息的掌声。"这不是安排好的。"她写道,"这是看到共和国的第一公民时自发发出的致谢,他们来向人民的合法代表移交他们因人民的拥护而掌握的权力。"[93] 新近当选的议员弗朗茨·舒泽尔卡坐火车从维也纳前往法兰克福。"这匹喷着云雾、火花四溅的铁马欢快而勇敢地领着我们穿过黑夜。我们几乎没有睡觉,睁着眼睛做着关于德意志统一和伟大的美梦。"当奥地利的代表们来到莱比锡时,消息已先他们一步到达。报纸公布了他们的行程,激动的人民在火车站聚集,并在沿途欢呼。[94] 剧院的经理和激进主义宣传家罗伯特·布卢姆带着无比兴奋之情来到法兰克福。当他的火车穿过满是三色旗和欢腾的市民的城镇时,车厢里挤满了杰出政治人物。德意志激进主义的支流似乎汇成了一条大河。布卢姆发现,他成了全德意志的名人。挥舞着方巾和投掷鲜花的年轻女士尤其引人注意。[95]

在维也纳,随着奥地利国民议会开幕临近,人们"暂停了任何形式的政治行动",因为他们更愿意等待立法机关做出的决定。[96] "真是令人触动,"一位见证者评论说,"看看人们是多么轻信国民议会能带来一切美好的事物。没有人会去想这样的集会将面临何种困难……'国民议会会解决一切问题!如果国民议会正在开会就好了'是普遍的愿望和想法。"[97] 在托斯卡纳,大公国政府通过及时让步避免了革命，并在 1848 年 4 月出版了关于宪法的问答手册，劝告选民将投票视为"人民主权的神圣行为"。教堂被留作投票之用，不只是因为缺少其他合适的公共建筑，还因为其庄严氛围适合彰显这一事件的重要性。[98] 弗朗茨·舒泽尔卡在 1848 年 5 月辞去了在法兰克福国民议会的席位，前往维也纳接受奥地利国民会议的席位。在那里，他代表老城外的众多工业郊区。当看到选民对他们未来的代表的尊敬时，他被感动了：

> 他们真诚而虔诚地相信，被如此众多的人民选中的人一定具有特殊的洞察力和意志力。我开始欣喜而谦卑地理解，代表这样的一个民族是多么崇高而神圣的使命。[99]

这种短暂的狂喜以及使命感很快就被消磨殆尽。任何在旁听席或电视上看过议会会议的人都知道，议会有一种沉闷的特质——既缺乏反叛运动的魅力，也缺乏传统权威的光芒。弗朗茨·舒泽尔卡回想起他来到法兰克福后感受到的失望。"当一个人从近距离观察人和事时，"他写道，"会发现诗意的光芒消失不再，其崇高和伟大也大幅缩减。"他观察到，这部分是源于外在的表象，因为没有人会否认，"相比穿着黑色礼服的议员，一位穿着貂皮大衣的统治者会得到欧洲人民多得多的尊重和服从"。但事情远不止于此。他对法兰克福的会议的有序和单调感到震惊。这是多么非凡的时刻，议员刚刚开始工作，然而这次会议似乎已经"完全缺乏冲劲和热情"。人们通常为了一件不太重要的事情而变得暴躁。新议会召开的第一天，代表们刚刚在仪式中迈入圣保罗教堂，就为议事规则草案中的两点大吵。[100] 回顾维也纳国民议会的工作时，前激进主义议员汉斯·库德利希（Hans Kudlich）表达了类似的愤怒："对议事规则的磋商是毫无意义、不必要且着实迂腐的"，它占用了议会前三个月的很大一部分工作时间。[101]

在维也纳国民会议这样一个几乎没有人有议会辩论经验的机构中，

人们很难就重要问题达成共识:"对每一个可以想到的问题的插话,就像彗星随意划过苍穹一样。"议会议长们缺乏经验,因此很难控制议程或确定议题的优先次序,以致议员们要花费很多时间辩论如下问题:是否应该允许观众持票或不持票入场,是否应该为学院军团的学生留出特定配额的赠票。[102] 但即使是在大量立法者经验丰富的议会中,如法兰克福国民议会或巴黎制宪议会,批评者也因程序的烦琐感到沮丧。在反思法兰克福国民议会之时,弗朗茨·舒泽尔卡怀疑,问题是不是出在法兰克福市的沉闷上,这种气氛像压在法兰克福城之上的一团瘴气,充斥着德意志邦联议会"外交上的腐臭味"。拿破仑战争结束后,邦联议会就驻扎于法兰克福。[103] 舒泽尔卡还补充了一个更严肃的思考:议会的怯懦反映出人们对自身权力缺乏信心。[104] 在她的《1848年革命史》(*History of the Revolution of 1848*)中,玛丽·达古指出巴黎制宪议会存在同样的缺陷,即"缺乏对自己力量的意识"。[105]

不过,1848年新议会最显著的特征或许在于:保守派占优势。在法国,有投票权的人口从原先的不到1%跃升到23.1%。然而,选举权扩大并没有淘汰旧精英,反而巩固了他们的政治优势地位。在被选入巴黎制宪议会的代表中,大约1/5的人曾在七月王朝的议会中效力——托克维尔也是其中之一,超过1/3的人在1848年之前担任过官职或行政职务。总的来说,2/3的新议员曾宣誓效忠路易·菲利普。大约3/4的人有可能符合七月王朝严格的财产资格要求。海因里希·贝斯特在法兰克福国民议会中发现了同样的模式:83%的法兰克福国民议员担任过国家官员,56%的议员是在职公务员。这并不是德意志特有的现象:我们在扩大后的尼德兰议会中也发现了同样的趋势,这一比例为46%。在法兰克福和巴黎的议员中,只有5%的人曾经在1848年之前因政治罪被捕或监禁。[106]

部分原因在于1848年选举制度的性质。虽然选举权的范围在不同程度上有所扩大,但仍未真正普及,即使是在男性人口中也是如此。哈布斯堡领地上的几个经过改制的议会采用了混合选举制,结合旧的团体元素与新的"利益"代表,如城市、商业或大学的代表。[107]奥地利国民议会的选举制度规定,所有"独立"的男性工人,只要能证明在过去六个月稳定居住于同一地区,就可以投票。但这仍然将许多人排除在外,因为维也纳的大多数工人都是流动人口、移民、没有证件或无法证明驻留时间的人。哈布斯堡当局在很多地区使用"独立"这一标准,以便排除帮工、受薪工人和农业劳工。[108]普鲁士国民议会和法兰克福国民议会的选举范围广泛,但采用间接选举的方式。在匈牙利、克罗地亚和意大利各邦国,选举是直接的,但有财产限制,选举权资格排除了大约1/2~2/3的成年男性。

很难得知,如果选举权的范围扩大,这些选举又会有什么样的不同。法国乡村的选举活动表现出对知名精英人物的强烈偏好,即使是刚获得选举权、第一次投票的选民也是如此。这也提醒我们,社会结构有多么抗拒迅猛的政治变革。[109]托克维尔曾多次参加七月王朝的选举,他愉快又欣慰地回忆起1848年4月的最后一周,他所在的农村选区的选民们去(为托克维尔本人)投票时所表现出的亲切举止:"我从没看到他们对我展露过如此多的敬意……"[110]弗朗茨·舒泽尔卡评论称,呼吁社会平等是一回事,在一个深度不平等的社会中根除顺从的习性则是另一回事。"那些为了使工作服成为人类唯一的通用制服而废除了礼服的人,总是不得不发现,如果是一个穿着工作服的人在发号施令,那么其他穿着工作服的人并不会服从。"[111]

但这不仅仅是服从的问题。如果说1848年选举权扩大后成立的议会由温和派占主导,那么这也是因为在1848年春末,大多数选民都是温和或保守的。在佩斯,激进的知识分子在3月15日事件后主导了革命的进程。他们在管理城市长达一个月的公共安全委员会中占据主导。然而,他们中只有极少数人成功当选为第一届议会议员。而在第一届议会中,包贾尼伯爵领导的温和派政府占据了压倒性的多数。就连3月15日的浪漫主义英雄、《民族之歌》的作者、魅力非凡的裴多菲也未能获得一席之地。[112]玛丽·达古写道,巴黎制宪议会的当选代表"从他们的省份带来了不加入任何党派的忠诚决心，对形势非常不了解，并且……渴望国家免遭……派系的冲击和内战的爆发"，他们在制宪议会早期会议的辩论中"带着审慎的印记"发言。[113] 弗朗茨·舒泽尔卡在法兰克福国民议会中注意到类似的趋势：议会中"非革命人物"占据了"压倒性的多数"，这些人想要在避免进一步动乱的前提下实现目的。舒泽尔卡暗示，许多德意志邦国在三月起义中做出的让步让大部分选民"产生了一种仁慈和轻信的心境，认为暴力革命措施纯属多余，甚至谴责这些行为，因为采取暴力手段会显得对已经做出如此让步的君主忘恩负义"。[114] 在两西西里王国的那不勒斯本土也可以看到类似的模式，1848 年 4 月的选举产生了一个议会，其中只有 20 名激进主义成员，温和派占绝对多数。[115]

对于如何处理引发了革命的起义所留下来的遗产，在这些议会内部存在深深的不确定性。在许多地方，新议会是起义者与军队战斗的直接结果。拉·法里纳正是为了强调这一点，才满怀希望地描述，在人民代表前往新西西里议会的和平游行中，革命小队的暴徒变成了他们的保护者。但起义的血腥战斗与议会的口水战之间的关系仍未解决，这也是令人不安的根源。大多数代表不愿意将议会视为起义延续的另一种方式。对主导议会的自由主义者与温和保守派来说，议会并不是革命的延续，而是对有序政治环境的回归，这种成就让起义不只变得不必要，而且从根本上来说是违法的。

随着革命逐渐淡出人们的视线，它的魅力和对政治想象的影响力也迅速消退。在巴黎，保守派利用议会辩论来拆解二月革命中的原则性主张。例如，他们集中精力将曾经是"社会革命"核心关注点的工作权从新宪法草案中剔除。[116] 范妮·莱瓦尔德注意到，早在 6 月初，"革命"一词似乎就已失宠了。人们转而谈论 3 月的"意外事件"或"重大事件"。她写道："坎普豪森先生（首相）及其同僚应该将这场革命视为他们的**母亲**，并认真考虑这条戒律：尊敬你的父亲和你的母亲。"[117]

柏林国民议会的一场辩论揭露了这一问题的尴尬。6月8日，激进主义议员尤利乌斯·贝伦茨（Julius Berends）提出了一项动议，大意是议会应正式记录如下观点："3月18日和19日的战士为祖国做出了重大贡献。"贝伦茨指出，自从街垒战役以来，革命"一直在不同的地方受到蔑视和贬低"，"人民的正义起义"堕落为"街头暴动"。"议会本身就是这场革命的产物，它的存在本身就是对革命的事实性认可。"贝伦茨认为，发表一项正式声明来确认上述观点，是强调人民通过革命赋予议会主权权力的一种方式。不过，议员们以微弱优势否决了这一提议，理由是在3月所取得的成功并不仅仅得益于"3月的重大事件"，也得益于"与君主的谈判"。贝伦茨的行动失败了。民主派报纸《机车报》对此进行了尖锐的批评，指责国民议会否认其来源，"就像一个教养不足的男孩，不尊重父亲"，不经意间对莱瓦尔德的女性隐喻做了男性化的呼应。[118]

对左翼派来说，这个问题事关重大。很多巴黎的左翼共和派人士预见到，迅速推行选举很可能是为了巩固温和派与保守派的主导地位。很多人担心，如果选举被证明是共和国的"灾难"而非"救赎"，将会发生什么。小说家乔治·桑也是表达担心的人之一。她受临时政府委托，负责起草被称为"共和国简报"的急件，这些急件由内政部长发往法国的86个省，以激励各省对共和事业的热忱。在一封日期为4月13日的急件中（当时距离投票开始还有一个多星期），她悲观地谈道，特权利益团体在各省"曲解"公意；并警告说，如果选举没有带来"社会真相的胜利"，那么"建造街垒的人们"将别无选择，只能"再次表达自己的意愿，并叫停这些错选的国家代表的决定"。[119]出于对左翼共和派的鼓动行为的回应，政府以技术困难为借口，同意将选举推迟两周。[120]

无论如何，新国民议会的温和/保守与"非革命"的特征对左翼来说都是一个深刻的冲击。玛丽·达古写道，当看到普选的后果后，巴黎的"主要革命领导"互相督促不要理会议会，并开始密谋推翻它。

选举议会 363

在内政部，激进派的"小团体"讨论了在议会开幕当日将其解散的可能性。激进派的媒体报道称："成千上万的暗箱操作手段篡改了普选结果，普选欺骗了人民，共和国已经误入歧途。"[121] 4月29日的一篇报刊文章反思了选举结果，其作者激进主义者皮埃尔-约瑟夫·蒲鲁东（Pierre-Joseph Proudhon）宣称，社会问题已被无限期地"推延"。无产阶级在2月的街垒上热切追求的事业在4月的选举中失败了。从此以后，资产阶级将决定工人的处境，就像从前一样。第二天，他愤怒地批判了"普选这个骗人的把戏"，认为普选原则建立在错误的假设之上，即通过计算个人选票可以辨识人民的意愿。蒲鲁东认为，普选是"让人民撒谎的最可靠的方式"，它把选民从共享遗产的利益相关者变成了小土地持有者和掠夺者。[122]

简而言之，部分巴黎左翼人士否认选举过程的合法性，以此回应其政敌的成功。蒲鲁东看到了这一讽刺场景：那些曾吵着要求扩大选举权的人抱怨因为一张"彩票"失去权力，那些曾对选举权改革持怀疑态度的人则公开赞许"这套赋予他们特权的机制"。[123] 但是，左翼的这种恐慌并不只是愤怒的失败者的恶意，因为选举显然未能产生一个能够推动社会改革进程的机制，而这会引发真正的问题。自由派的革命似乎成功了，但左翼的革命没有。如果一场革命出乎意料地造成了它原本否定的局面，那该怎么办呢？时人估计，法国总共有2万到10万名坚定的共和主义者。[124] 如果代表人民的过程阻碍而不是推进变革进程，如果议会成了革命进程心脏部位的一条被堵塞的动脉，又该怎么办？三种可能的行动路线出现了：激进主义者可以继续在新选举权创建的机构内，以少数派的身份推进自己的诉求；也可以通过各种形式的议会外动员，向政府和议员施压；还可以回归起义的政治道路，这一步骤可能会重新点燃革命，但也有摧毁2月和3月的成就的危险。解决这一问题的努力将对革命的进程产生深远的影响。

尽管有各种缺陷，议会代表一个政治体验的重要空间。议会提供了辩论场地，且这些议会辩论会得到广泛报道和讨论。公众，无论男女，都挤进了旁听席。门票交易很活跃。[125] 男性选举权的扩大将新的社会群体纳入政治进程。这一点在维也纳最为明显，新国民议会的成员包括大量农民，他们的奇装异服吸引了市民的目光。[126] 但并不是所有人都急不可待地接受投票的机会。在皮埃蒙特和托斯卡纳大公国，有投票权的人中只有大约 1/2 前去投票；在教宗国和两西西里王国，参与投票的选民不到 1/3。[127] 与之相对，在法国，获得选举权的选民投票率高达 83.3%。选举一名代表意味着或主动或被动地参加选举活动、政治辩论，以及酒馆和咖啡馆里的讨论。对那些真正进入议会的人来说，这是一次机会，可以与志同道合者联合起来，也可以检验自己所在的群体相对于其他意识形态联盟的实力。

定义明确的党派还需要一段时间才能出现。巴黎制宪议会最初缺乏议会党团或任何形式的党派投票规则。[128] 自由主义议员卡尔·比德尔曼（Karl Biedermann）回忆说，在法兰克福国民议会成立的早期，有俱乐部和集会，但"定义明确、有组织的政党并不存在"。[129] 人们因为碰巧来自某个特定地区而被聚集到一起。[130] 新来的代表在各俱乐部之间游走，寻找最适合他们的基调和氛围。到了 6 月初，分化的进程已经达到了如此程度，可以说存在"完全的、有规程、有组织的政党"了。由于当时还没有统一的党派名声，志同道合者的俱乐部往往以他们集会的地方来命名：米兰尼、娱乐场、兰茨贝格、符腾堡宫、奥格斯堡宫和荷兰宫。一个例外是极"左"翼的唐纳山（意为雷山），这是弗朗茨·舒泽尔卡的家乡，取这个名字是为了纪念 18 世纪 90 年代法国的山岳派。在巴黎也发生了类似的情况，以街道和集会地点命名党团，例如普瓦捷路派、国民宫派等。

卡尔·比德尔曼拜访过法兰克福的所有党团，发现了有趣的模式。米兰尼咖啡馆俱乐部位于政治光谱的最右端。这里禁止抽雪茄，会议在"优雅、舒适的环境召开，遵守上流社交活动的礼节"。在娱乐场的俱乐部，贵族气息没那么浓厚，人们可以抽雪茄，宽阔的场地中放了一张绿色的桌子，委员会的领导成员围坐在此处，旁边有个记录员。随着向政治光谱的左端移动,场地变得更加朴素,礼节也更加宽松。在奥格斯堡宫俱乐部和兰茨贝格俱乐部,成员们隔着一缕缕雪茄烟雾互相观察,演讲者不得不用声音盖过盘子和玻璃杯的碰撞声。在符腾堡宫俱乐部,人们挤在狭窄的房间里,在温暖的夜晚,夹克和围巾被扔到一边,使这里看起来更像是学生俱乐部,而不是人民代表的集会。比德尔曼注意到,有魅力的领袖对左翼和右翼俱乐部的凝聚力影响较大,而对持中间立场的团体影响较小,因为后者更关注问题和政策。中间派集会的演讲通常很短,直指要害。右翼和左翼集会的演讲则冗长而散漫:演讲者有一种倾向,即"在充满流行术语的热情洋溢的演讲中,激励并超越彼此"。[131]

所有选举产生的议会都以对立观点之间的竞争为标志,这也是议会存在的目的。在议会的法律地位和政治职能一开始就明确的环境中,分歧更容易被消化。然而,在1848年的许多议会中,议会本身的地位及其与其他权力来源的关系并不明确,党派分歧因此而加剧。这种情况发生时,派系斗争就有可能破坏议会的集体自信和功能。例如,法兰克福国民议会在自身性质的问题上存在严重分歧。在右翼看来,议会只是既存国家主权授权的机构,是一个由选举产生的大会。在左翼看来,议会是人民主权机构,有权独立草拟一份德意志宪法。[132] 类似的争论削弱了普鲁士国民议会和奥地利国民议会的活力,因为在这两个议会中,议会与仍然享有主权的君主之间的关系依然存在许多不确定性。关于赋税、权利和公民权的争论并没有危及议会的凝聚力——凝聚力甚至可能因此得到强化。但是关于权力、关于议会本身持久性的内部分歧则完全是另一回事。并不是所有的纷争都是有益的。

很多当时的观察者发现,1848年的议会没能发展出一种有关其政治使命的超越性的集体意识。"思想和情感的持久交流",玛丽·达古认为,通常会在由各色人等构成的集体中产生一种"集体精神"——在宗教团体、学术机构、市政府和军队的历史中,这类例子不胜枚举。但是巴黎制宪议会被"痛苦和矛盾"撕裂,从来没有发展到让这种"良好精神"得以形成的地步。[133] 对西西里的前烧炭党人、政府官员、君主主义者费迪南多·马尔维卡来说，西西里议会是"恶习的巢穴"，议员（除了少数道德高尚的例外）可以自由地用他们的席位来获取好处。"其大部分成员都是指定的部长、地方法官、主管、使节、财政人员、政治执行委员、军事指挥官、高级教士。"那些因职位不够分配而在巴勒莫没有职务的人"很快便弃议席离开，返回他们自己的地区，夺取行政机关的领导地位，开始惹恼他们的对手，消灭他们的宿敌，从而成为当地市政机关的暴君"。至于坐在旁听席上欢呼或吹口哨的公众，他们不是能够形成自己意见的自由公众的代表，而是拿着由政府发放的门票的"雇工"和"部长的朋友及家属"。部长们一起身发言就会收到热烈的掌声，而议员的质询或批评则被喊叫声、口哨声和其他反对的举动淹没，以致议员有时无法继续。[134] 义愤填膺的观察者马尔维卡将这些缺点归咎于新政治领导层的贪赃舞弊。一位更具包容心态的观察者或许会补充说，要消除世代相传、根深蒂固的裙带关系的影响，仅靠几个月的议会辩论是不够的。

1848年诞生的大多数议会都是短命的。随着反革命的君主政权的东山再起，议会被从一个地方赶到另一个地方。随着议会的政治影响力衰弱，议员们纷纷离去。在维也纳1848年10月的起义被镇压之后，奥地利国民议会从维也纳转移到了摩拉维亚小镇克莱雪尔（今捷克共和国境内的克罗梅日什）。维也纳哈布斯堡王朝的大臣们从1848年12月初就开始不再出席国民议会的讨论，甚至在应该回答与他们的职务相关的问题时，大臣们也不出席。1849年5月7日，议会被解散。1848年11月5日，普鲁士国民议会受命从柏林迁往外省城市勃兰登堡，一个月后解散。那些还在参加法兰克福国民议会的议员们（很多已经在其本国政府的要求下辞职）则必须在1848年5月离开法兰克福，作为"残余议会"迁往斯图加特，当时只有100多名左翼议员还留在议会。1849年6月18日，根据符腾堡司法大臣弗里德里希·罗默（Friedrich Römer，他本人此前就是法兰克福国民议会的一名代表）的命令，残余议会的会议被叫停。那些仍然试图守住席位的议员则遭到军队驱逐。议会文书被打包装箱，运往瑞士。[135]

这些议会不光彩的落幕不应影响我们对1848年议会深远意义的探讨。在欧洲那些民族和国家的范围并不一致的地区，议会讨论成了反思当地责任、地区责任、领土责任和民族责任之间关系的方式。1849年罗马共和国制宪议会选举期间，选民们被告知："请记住，你们的投票不仅会影响你们所在地方的命运，还会影响整个半岛的命运。你们要首先成为优秀的意大利人，才能成为优秀的罗马人。这些日子里尤其如此。"[136] 1848—1849年意大利各邦国的选举是"首次意大利选举"，是民族建设的一段重要的学徒期。[137]这些言辞也可以被用来形容法兰克福国民议会的选举：这是第一场"德意志选举"。

虽然议会无权在地缘政治的意义上解决民族问题，但它提供了辩论空间，而在革命存续期间，议会辩论在报纸和小册子上引起广泛回响。议员的讲话被广泛转载或摘录到主要的政治报纸上。当某个议员就一个特殊问题发表讲话时，他的选区对此报道得尤为热烈。德意志各选区和法兰克福国民议会之间出现了真正的反馈循环：议员将文章交给自己家乡的当地报纸去发表，当地的利益团体（工人、农民、工匠、天主教徒）向他们的代表提出议案、要求和请愿。[138]由此，他们都细化和规范了民族话语，宽泛的原则性承诺与组织的具体细节得到了联结，意大利和德意志各邦国的情况尤其如此。在德意志，法兰克福国民议会的商议设定了"日后的政治审议和辩论的……民族规范"；从这一点看，一位历史学家指出，德意志的革命是成功的。[139]法兰克福国民议会的经济委员会就管理未来民族电报网络的方案进行了广泛的讨论。议员们希望，这个网络能够成为统一的德意志民族国家的基础。[140]在这样的委员会讨论中，德意志民族的文化或宪法梦想逐渐被物质化、具象化的统一愿景取代。这种统一不是由情感、语言或文化构成的，而是由基础设施构成的，而基础设施已经开始获得它革命后将会享有的声望。

可靠的速记是议会辩论能够产生公共反响的很重要的一个方面,尽管这一点可能曾被忽视。速记术是一种古老的技能,议会速记制度在 18 世纪的英国就已经建立了,但是直到 1848 年,现代议会速记服务的基本框架才首先在巴黎出现。在 1848 年的制宪议会上,两名速记员(一名流动速记员、一名审校)分别坐在讲台的两侧。流动速记员相互轮替,每次做 2 分钟速记,然后匆忙誊写;审校则在 18 分钟内整理同事誊好的稿子,并通过"修订"文本来确定意义或含义。然后,所有材料均交由同在会场的速记长(他每次会议都在场)重组、核实和确认。速记完成后,誊抄好的文稿由递送员送到官方《世界箴言报》的印刷厂,再一次修正后,签字付印、授权发布。在所记录的会议召开的第二天,议会记录就能被送到主要新闻机构的手上。[141] 这就终结了各个政治报刊上同一场演讲存在相互冲突文本的情况,而这种情况曾经困扰七月王朝的立法者。[142]

新速记工作的主管伊波利特·普雷沃(Hyppolite Prévost)是一位无与伦比的速记术大师,也是 19 世纪中期法国速记术的领军人物。他坚持认为,好的议会记录不应该盲目地追求对口头表达的精准还原,而应该是"聪明地"将从会议厅收集的文本处理成"可读性强的口语形式"。这一点很重要,因为伦敦的媒体常用间接引语的方式来报道演讲,而法国和德意志的报道则意在抓住现场演讲的质感和腔调。将打断和起哄写入报道可以产生强烈的喜剧效果。例如,一个成员站在讲台前嘲笑一个啰唆的演说者,说:"不要给他更多的水了,他只有在渴的时候才停得下来。"速记此时用括号插入了议院的反应("左边长时间哄堂大笑""中间有人插嘴"),这让从未涉足议会的读者多少能把握辩论的空间性和气氛。[143]

将议会辩论这种几近实时的交流呈现出来,一个好处就是,让议会外政治活跃圈子中的读者能够参与判断和辨识的过程。海牙新的下院代表在 1849 年的一次演讲中赞扬了荷兰的新速记服务:迅速、准确地传达讨论内容的一大好处在于,有助于"在审议进行的过程

在法兰克福圣保罗教堂召开的德意志国民议会。这是一幅根据艺术家利奥·冯·埃利奥特（Leo von Elliott）1848—1849年的画作绘制的石版画。这个会议厅挂满了象征着德意志民族的三色旗，并挂有菲利普·法伊特（Philipp Veit）创作的巨幅画像《日耳曼尼亚》，旨在唤起人们对当时重大爱国主义问题的关注

资料来源：Berlin, Sammlung Archiv für Kunst und Geschichte.(Photo: akg-images)

中，代表机构与国民之间相互影响"。只有这样，广大公众才能对议会事务产生"间接和道德上的影响"，并避免出现如下假设，即建议普通民众最好把政治辩论和决策留给议会。这位发言者认为，这种情况在尼德兰普遍存在。但他的观点还具有反革命的一面。发言者纪尧姆·格伦·范·普林斯特勒（Guillaume Groen Van Prinsterer）是一位空论派、保守的自由主义者，他强烈反对革命，也反对更为激进的荷兰政治家通过改革来引导革命的行为。他希望即时报道能够赋予"国民"权力，使得议会辩论的重要性相对减弱，同时防止政治媒体自立为议会与人民之间的一股自治力量。[144]

1848年的许多议会还见证了强大的派系或政党结构的出现，就

此而言，1848 年议会同样起到了涵育的作用。新议会的初期可能是在动荡和混乱中开始的，但党团会议和俱乐部很快就非常有效地推行了团体纪律，明晰了共同立场。在巴黎，左翼和右翼都出现了纪律严明的组织（中间派的组织更有灵活性）。保守主义的普瓦捷路派一开始是由来自洛特和加伦的代表组成的松散组织，但是当阿道夫·梯也尔成为领袖后，它便开始从右翼和中间派中吸引无党派的代表，最终为日后的秩序党奠定了基础。[145] 1848 年 10 月，80% 的法兰克福国民议会代表从属于某个政治俱乐部。自由主义律师兼议员罗伯特·冯·莫尔（Robert von Mohl）在 1850 年回忆称："政治俱乐部的活动是议会的秘史，在许多情况下也是真正了解议会的唯一关键。"[146] 新加入者被要求签字同意纲领和章程。不允许有人拥有双重会籍。一些党团有自己的报纸，有些甚至出版自己的议会通信。[147]

这些组织经验有着深远的影响。许多 1848 年在法兰克福取得杰出成就的政治家在反革命反扑消退后重启他们的职业生涯。1848 年出现的法国秩序党在汇集第二帝国波拿巴主义的力量和理论方面发挥了重要作用。意大利各个革命议会中的许多代表和领导人在 1859 年后重出江湖，参与新意大利王国的统一和巩固。在捷克，1848 年的自由主义和激进主义活动家日后也会重返政治舞台，成为老年捷克人党和青年捷克人党的领导人。这些政党直到 20 世纪初仍影响着国家政治。[148] 1848 年的一代并不是"失落的一代"。[149]

起草宪法

1848 年是宪法之年。法国大革命时期的法国用宪法这一方式，给法兰西连续的政治变革赋予了规范性的法律表达。拿破仑将其用作帝国治理的工具。加的斯制宪议会利用 1812 年宪法（《加的斯宪法》），以人民主权的名义收复被占领的西班牙。到 19 世纪 20 年代初，宪法已成为跨国自由主义运动的通用语言。1830 年的革命引发了新一轮的创新和修订浪潮。法国修改了1814年宪章。革命的比利时则颁布了一部广受尊敬的宪法，涵盖两院制立法机构、责任制内阁、公民权和权力分立等内容。修补工作仍在继续：相对温和的1833年汉诺威宪法赋予了议会有限的预算监管权，并且向城市居民和农民开放下议院。1837年西班牙宪法结合了《加的斯宪法》和比利时宪法的元素，让10%的男性人口拥有了选举权，承认了公民权和权力分立，并且对王室行政权力加以限制。

其中一些宪法具有持久的影响：1831年萨克森宪法确立了该国的君主立宪制，它施行了87年，直到1918年德意志帝国崩溃才废止。比利时的1831年宪法（经过多次修订）至今仍然有效。当时的自由主义者将这些成就视为人类迈向自由的漫长征程中的里程碑，但宪法可以被废除或被不那么自由的宪法所取代。在西班牙，温和派用更专制的1845年宪法取代了1837年宪法，加强了行政权力，并且将选举权的范围缩小到不足男性人口的2%。黑森选侯国的摄政王弗里德里希·威廉（Frederick William）缩减了1831年给予的特许权。汉诺威的1833年宪法于1837年被君主单方面废除，从而引发了一场重大危机。

即使在这样的背景下，1848年仍然是脱颖而出的一年。每个经历了革命的国家都颁布了某种形式的宪法。它们的数量如此之多，而且是在如此不同的环境下产生的，因此很难进行概括。[150] 有些宪法（皮埃蒙特、尼德兰、丹麦）是由政府颁布或承诺颁布的，以预防和抵御革命。有些宪法（瑞士、法国、法兰克福国民议会）则由为制定宪法而选出的议会起草，目的是稳定革命，将革命能量限制在相对稳定的法律框架内，为未来巩固革命的成果，并防止革命进一步激进。有些宪法（普鲁士于1848年12月颁布，奥地利于1849年3月颁布）是在革命后，由卷土重来的君主行政机构作为反革命工具强制推行的。宪法一直都是用途多样的，1848年制定的宪法亦是如此。

但即使是1848年年初颁布的"先发制人"的宪法，也是革命动荡的产物。例如，皮埃蒙特于1848年3月4日颁布的宪法就不是在冷静地预见到未来会发生麻烦的情况下起草的，而是由恐惧和紧急的气氛推动的。就在1月，查理·阿尔贝特及其大臣仍然认为，同意制定宪法的想法是"不可容忍的"。当时在热那亚爆发了数场暴力动乱，热那亚的市民并未忘记1815年他们的共和国被萨伏依王朝吞并这一历史。在都灵，才华横溢的宣传家卡米洛·本索·加富尔（Camillo Benso Cavour）伯爵及他的《复兴报》观察到了公共舆论的迅速激进。之后，1848年2月3日就有报道称，两西西里的费迪南多二世在五天前做出了让步，并授予其臣民一部宪法。

从那不勒斯传来的消息让查理·阿尔贝特陷入了"愤怒和恐惧"。他一开始以法语宣称自己会"奋战到底"（都灵国务会议的辩论都是用法语进行的），以避免类似的命运。有人提议用"铅（子弹）和绞索"相结合的方法来挺过危机。而试图诱导君主妥协的国务会议坚称，如今颁布一部宪法是防止事态进一步恶化的唯一办法。教育大臣阿尔菲耶里（Alfieri）问道："在议会中引导公共舆论，难道不比让它一直处于当前这种敌对状态更好吗？当前公共舆论的直接效果就是每天都在动摇君主制的根基。"[151] 阿尔菲耶里的论点中隐含着这样一种观念：宪法不会削弱君主制，反而会巩固君主制——加富尔和其他报纸编辑也极力主张这一观念。这也正是1848年3月莱茵自由主义者卢多尔夫·坎普豪森向普鲁士的弗里德里希·威廉四世提出的论点：一个包含责任制内阁的宪政体制可以保护君主免受政治和舆论变动的影响，使王室更加独立，而不是相反。除了这些论点，皮埃蒙特的大臣还提出了另一个具有深远历史意义的观点。通过颁布宪法，查理·阿尔贝特在意大利各王公中要求更广泛领导权的主张，也将更有力量。[152]

3月4日公布的宪法被称为《阿尔贝特法令》，它的起草速度极快。国务会议只用了四次会议就完成了修订。它不是漫长而缓慢的"文化反思"的产物，而是在惊慌失措中临时拼凑而成的。在这个过程中，《加的斯宪法》、1830年修订的法国宪法和比利时宪法的零碎内容被拼凑成一个文本，目的是在不损害君主行政机构的首要地位的情况下，整合代议制要素。新法令保障法律面前人人平等，保障所有现存宗教形式的信仰自由，并保障一系列公民自由，包括集会权和出版自由。它明确规定（第五条），行政权只属于国王，法案成为法律需要国王的同意（签字）。一方面，只有议会两院批准之后才可以征税。国王可以解散议会，但是他一旦这么做，就必须在四个月内再次召集议会两院。议院可以发起立法，但是不能通过不信任投票罢免大臣，大臣只能由国王任命或罢免。另一方面，议会理论上可以通过拒绝签署法案抵制不受欢迎的大臣。简而言之，《阿尔贝特法令》是在意大利北部成为主导力量的温和自由主义的宪法表达。这是革命的结果，但不算成果。它反映了制定者的努力：整合公共舆论所要求的代议制要素，同时尽可能多地保留国王行政机构的首要地位。

由于《阿尔贝特法令》是国王送给人民的礼物，它选择了"法令"而不是"宪法"的表述。因为"宪法"可能暗示着这是由制宪会议起草的文件。相比之下，在法国，新的临时政府选择使用"宪法"一词。我们已经看到，新议会的组成令左翼团体非常失望。在负责起草新宪法的18人委员会中，保守派与温和派的优势更为明显——委员会中只有维克多·孔西得朗这一名社会主义者。起草者的目标不是将革命投射到未来，而是把革命成果困在某种冷静和无生气的牢笼里，保留对革命成果的自由主义理解，从而防止局势进一步激进。最后一点很重要。制宪委员会成员奥迪隆·巴罗后来回忆起"对社会战争的恐惧"如何在宪法起草过程中留下了印记："弥漫在这个社会的骚动、一些人的恼怒、一些人的焦虑，不允许人们平心静气，但制定宪法需要心灵的宁静。"他写道，他忘不了在委员会进行审议的房间里，内乱的声音是如何从窗户传进来的。[153]

这些话语表明，制宪委员会缓和与稳定局面的意图，与巴黎街道上持续发生的动乱之间存在分歧。"博爱"是激进运动的主旨，而这一概念的内涵复杂难解，与法律的编纂背道而驰。它表现在民众要求政府干预社会保障领域的呼声中，例如保护妇女和儿童的劳动立法、公共卫生等。与社会问题相关的各种需求如何与关于政府组织形式的宪政问题联系起来？要解答这个问题，仍然毫无头绪。[154]对这些事情进行规范难道是宪法的职责吗？对这一问题的讨论主要聚焦于，宪法是否应该承认"工作权"是一种需要国家积极干预的基本权利。讨论的来回交锋往往反映出整个国家的政治流变。法国新宪法的第一份草案中提及了工作权，但是在巴黎六月起义的极端暴力压力下，工作权的内容后来被删除了。不过，马蒂厄·德·拉·德龙（Mathieu de la Drôme）提出的一项修正案重申了这一点。马蒂厄是七月王朝的一位自由主义者，在19世纪40年代后期，他的政治观点日益激进，而此刻他与议会极"左"翼的山岳派坐在一起。但经过进一步争论，工作权再次从最终草案中被删除。[155]尽管存在这些争论，11月4日颁布的宪法仍属于欧洲最民主的宪法之一：它创立了一个一院制的立法机关，类似法兰西第一共和国早期和加的斯在1812年建立的议会。议会成员将由所有年满21岁的男性选举产生。主权完全属于法国公民，这意味着国家首脑，即共和国总统，也将由男性普选产生。革命将临时政府推上了台，这部宪法是革命的成果，但甚至连这部宪法也没有明确支持二月革命的主张。在神圣的革命原则"自由、平等、博爱"之外，被六月的暴力吓坏了的起草者又加上了"家庭、工作、财产（和）公共秩序"。[156]

即使在1848年炎热的几个月里没有发生重大革命事件的地方，宪法所造成的变化也是影响深远的。新的荷兰宪法就是一座里程碑，它规定了宗教自由、教育自由和结社自由，[157]将权力重心从国王及其大臣处转移到选民和议会下院手上。[158]宪法引入责任制内阁，使得国王神圣不可侵犯，而大臣为国王的行为负责。由此，新宪法的确废除了国王的很多个人权力。与此同时，下院也变得重要，因为它获得了修订法律的权利以及调查权——设立调查委员会的权力。它现在可以制定（和修改）年度预算，在殖民政策上也有了更大影响力。下院成员现在由直接选举产生。托尔贝克在代表制宪委员会写的报告中表示，旧宪法排除了"人民的权力"，而新宪法旨在将其"融入国家的每一条血脉"。[159] 现在整个选举的体验都大不相同了。[160]

但这并不意味着荷兰在 1848 年一夜之间成了"民主国家"。根据新的选举制度：男性选民必须缴纳最低额度的税才能获得选举权，根据地区差异，金额设定在 20—160 荷兰盾。实际上，这意味着在 1850—1880 年，仅有约 11% 的 23 岁以上男性人口有资格在下院选举中投票。[161] 这转而造成了一种诡异的效果：选民人数比旧体制下的选民人数略少；而不同的是，这些选民现在直接投票给他们所支持的候选人。[162] 根据新宪法首次选举产生的下院与其前身截然不同。在当选的 68 名成员中，只有 22 人曾经在议院中任职，大部分新代表都来自政治体制之外。[163] 难怪在 1849 年 2 月 14 日下院的第一次会议上，新议长欢呼"我们历史上一个新时代的开始"。[164]

在一些国家，宪法颁布了不止一次，每次都出于不同的目的。1848 年 7 月，经过漫长和艰苦的审议，普鲁士国民议会提交了宪法草案《瓦尔德克宪章》——以时任议会主席贝内迪克特·瓦尔德克（Benedikt Waldeck）的名字命名。这是一份十分激进的文件：除了赋予人民各种基本权利，它还提出建立一支由议会掌管的人民军队，限制国王否决议会决定的权利，并规定下议院将由男性普选产生。但是《瓦尔德克宪章》被君主否决了，而它必须得到君主的同意才能成为法律。1848 年 12 月，政府未经协商就颁布了一部更专制的宪法。它赋予君主对议会决议的绝对否决权，并恢复了他对军队的绝对指挥权。《瓦尔德克宪章》中的普选权以及保障各种公民权利的条款最初被保留了下来，但在次年，政府再次单方面修改宪法，强制推行三级选举制，这使得选举制度更有利于最富有的选民。

奥地利帝国的情况更为复杂，我们可以看到三种不同类型的宪法：预防性的、革命的和反革命的。1848 年 4 月 25 日，政府发布了《皮勒斯多夫宪法》，以起草宪法的内政大臣弗朗茨·冯·皮勒斯多夫的名字命名。这份文件专为在奥地利王室领地使用而设计，因此排除了依旧处在内战中的意大利省份，以及未来形势不明朗的匈牙利。宪法规定了相对广泛但间接的男性选举权，并赋予君主对议会决策的绝对否决权。在维也纳激进组织抗议和请愿的压力下，这部宪法被废弃。而后，起草新宪法的权力落入新国民议会的手中，这一议会先是在维也纳集会，后来从 1848 年 10 月起迁到克莱雪尔。这个机构是革命的真正产物，因为如果没有革命，议会根本不可能召开。它制定了一份进步得多的文件：提供一系列更全面的基本权利、一个更加强势和自主的议会，以及一个弱势的君主行政机构——君主只拥有暂缓否决权。这就意味着，如果议会一直投票支持某项具体措施，国王的否决权就会期满失效。但是就在宪法颁布的当日（1849 年 3 月 4 日），帝国政府强行颁布了自己的反革命宪法。该宪法主要由弗朗茨·施塔迪翁伯爵起草，他是哈布斯堡王朝不屈不挠的反革命建筑师。后一部宪法宣布，前一部宪法作废，克莱雪尔议会被解散。在这里，就像在普鲁士一样，一部宪法被用来扼杀另一部宪法。

丹麦在 1848—1849 年制定了两部宪法，第一部是国王身边的幕僚起草的预防性法案，第二部由普选的制宪议会制定。第二部宪法给丹麦的政治生活带来了深刻的转变——丹麦当时还是绝对君主制的国家。宪法规定，议会两院从此都在广泛选举权的基础上产生，选民囊括所有 30 岁以上有良好声誉的丹麦男性，没有家庭佣人和领取社会福利的人则被排除在外。[165] 在匈牙利，是旧世界法团结构的议会制定了被称为《四月法令》的立法方案。它将成为日益自治的匈牙利国家的宪法。[166] 奥地利领地上的各种地方议会都在推行自己的地区宪法。在蒂罗尔，德意志人和说意大利语的蒂罗尔人拒绝一起商议，并且制定了各自的地区宪法草案。在卢森堡的政治骚乱之后，荷兰国王叫停了旧的等级会议，宣布选举制宪议会。议会制定的宪法于 1848 年 7 月 10 日颁布。在瓦拉几亚，改革的愿望清单被称为《伊斯拉兹宣言》，它获得了宪法地位，这与匈牙利《四月法令》的情况类似。

至此，对于欧洲这场规模宏大的制宪运动，我难免挂一漏万。[167]宪法并不是大多数人心目中有趣的床头读物，但1848年的各种宪法，无论在过去和现在都不像人们想象的那么无聊。它们涉及了一些有趣而重要的问题，比如界定（或试图界定）行政权力与军队之间的关系（这对柏林的国民议会代表来说是一个争论特别激烈的问题）。在许多司法管辖区，宪法解放了犹太人，并消除了基于宗教信仰的政治歧视（没有一部宪法对女性解放做出任何表态）。《伊斯拉兹宣言》与罗马共和国的宪法是最早一批废除死刑的宪法文件。1848年的许多宪法废除了与"封建"土地保有制相关的特殊劳役和租税。几乎所有地方的宪法都扩大了选举权，加深了人民的政治影响力，尽管各地情况有所不同。而且，这些宪法也不仅仅关乎权利和自由。丹麦的宪政方案还将石勒苏益格与丹麦王国更紧密地联结在一起。而石勒苏益格-荷尔斯泰因的制宪议会也有类似的立场，于8—9月起草了民主反革命宪法，旨在强调两个公国的自治权和不可分割性。[168]法兰克福国民议会起草的宪法不仅仅将基本权利写入其中，还为当时尚不存在的德意志邦联提供了法律框架。瑞士的1848年宪法是分离主义者联盟战争的产物。1815年的方案规定瑞士为主权州的联盟，新宪法以一个新的联邦国家取而代之。《四月法令》也设想在包含所有"圣斯蒂芬领地"的马扎尔国家中，建立一个政治联盟，其中就包括特兰西瓦尼亚和克罗地亚。《阿尔贝特法令》意图为查理·阿尔贝特的杰出意大利君主身份增光添彩。宪法继续发挥着多种多样的作用。[169]

这些宪法并不是从一个共同的模板中抄袭而来的枯燥、千篇一律的法规，而是非常特殊的文件。在这些文件中，君主制或共和制的精英直接同被统治的群众对话。1848年宪法具有一种沟通的属性，这一点并未得到应有的关注。奥地利预防性的《皮勒斯多夫宪法》开篇就温和地解释了宪法是必要的，因为"国家体制"永远都必须反映"各民族文化和精神生活的进步发展"。[170]《阿尔贝特法令》的开篇是君主的话语，他向臣民们保证，这部新法律将是"加强王室与对其表现出忠诚、服从、爱戴的人民之间牢不可破的感情纽带最可靠的手段"。[171] 瓦拉几亚《伊斯拉兹宣言》的说明性文本是用拉梅内梦幻般的语言撰写的，它向全国人民发表演讲，仿佛他们是做礼拜的会众。[172]（1848年，拉梅内的《一位信徒的话》出版了罗马尼亚语版本，该版已经以手稿形式流传了一段时间。）宣言开篇就体现出宗教文本的风格："以罗马尼亚人民的名义宣布'上帝是主，已向我们显现；奉主名而来的人是有福的'。"为了说明出版自由原则的合理性，宪法起草者们的言辞远远超越了关于进步和自由的标准话术：

> 真理、思想和知识皆源自上帝，为了人类的整体福祉，就像阳光、空气和水一样，因此是普遍的财产。既然个人财产理应受到尊重，那么普遍的财产就更神圣和不可侵犯。亵渎真理，熄灭光明……是对上帝的背叛。出版自由只会伤害黑暗之子。[173]

法兰西第二共和国宪法的序言则近乎催眠，它宣称法国现在将"更自由地走在进步和文明的道路上"，共和国将会确保"社会负担和利益得到更平等的分配"，告诉公民"在不引发进一步骚动的情况下，通过其体制和法律持续不断的行动，走向更高程度的道德、启蒙和福祉"。[174]

这些宪法中有些是短命的。《皮勒斯多夫宪法》随着召集制宪国民议会的决定而失效，1848年2—3月制定的丹麦宪法草案也是如此。哈布斯堡王朝强制推行的《钦定三月宪法》宣布1849年3月4日的克莱雪尔宪法无效，而它自己又被恢复了奥地利帝国君主专制的《除夕夜特许令》（1851年12月31日）中止。我们已经看到，柏林国民议会起草的《瓦尔德克宪章》从未生效。法兰克福国民议会起草的《帝国宪法》也是如此，该宪法于1849年被重新崛起的德意志各邦君主否决。但即使是被否决或被撤销的宪法也可以以其他形式继续存在：《瓦尔德克宪章》中的许多条款被照搬到了1848年12月普

起草宪法　379

鲁士强制推行的宪法中；法兰克福《帝国宪法》的文本继续在《魏玛宪法》（1919）和《联邦共和国基本法》（1949）中留存；甚至在反革命的奥地利《除夕夜特许令》中，也明确保留了早前宪法的某些条款，如法律面前人人平等和废除封建主义。

这一时期的另一些宪法则注定有长久的生命力。1849年6月5日颁布的《六月宪法》至今仍是丹麦的宪法，丹麦人每年都会庆祝它的颁布。1848年10月11日颁布的荷兰宪法被视为现行荷兰宪法的模板；瑞士的联邦宪法也是如此，尽管之后经历了多次修改。《阿尔贝特法令》精准地完成了它的使命：它帮助皮埃蒙特成为意大利自由主义和民族主义舆论的焦点，并且，无论好坏，在政治统一之后被强加给半岛上的所有邦国。经过一些修订，它成为意大利王国的宪法。简而言之，1848年的宪法并不是一纸空文，而是处于革命和民族建设进程核心的鲜活文本。

这是一个空前绝后的时刻。有人可能会说，它代表着一种自由主义政治的巅峰。我们看到自由主义者（通常是律师）是多么热爱这些夸张的文本。他们珍视这些文本，视之为对行政专断约束、正确程序的承诺，以及对立的政治和社会利益之间的"和平条约"。1848年，宪法也被用作工具，否定左翼发起的激进主义挑战的合法性。在删除了工作权之后，法国宪法又将承诺社会改良的段落从正文有效条款的位置移到序言部分。在这里，它们只是读着舒心，但不具有法律效力。宪法与进步政治的联系被稀释，宪法得到了更为广泛的使用，这确实标志着宪法作为国家建设工具取得了成功。由此产生的一个结果是，人们不再听到某些反对观点。在1848年之前，一个重要的保守主义思想流派谴责宪法是反叛和混乱的产物，或是对君主与人民之间神秘纽带的邪恶破坏。1848年革命使得这一观点不再具有合理性。1848年后，大部分保守派都接纳了宪法，视之为政治稳定的一种工具。没有人比俾斯麦更能巧妙地利用这一工具来实现保守主义的目的了。

这些都意味着1848年涌现的宪法存在一种矛盾之处。它们无处不在、形式多样，却透露出一种意想不到的空洞。原本应该成为后果的事物逐渐退化成了一种手段。宪法仍将是一种不可或缺的建国工具——看看两次世界大战之后宪法的涌现。但是从加的斯开始，经过马德里、那不勒斯、皮埃蒙特、里斯本和布鲁塞尔，直到1848年的制宪议会，那个非同寻常的政治斗争时期已经结束了。斗争将继续，但不再是争取宪法的斗争。政治科学家洛伦茨·冯·施泰因是这一转变的见证人，他也捕捉到了转变的一个内涵：1848年代表宪法时代的终结和行政管理时代的开始。[175]

第六章
解　放

　　诗人海涅在1828年问道："我们这个时代的任务是什么？""是解放。不仅仅是爱尔兰人、希腊人、法兰克福犹太人、西印度人、黑人和各个受压迫民族的解放，而且是整个世界的解放，特别是欧洲的解放。"[1] 就像"历史"这个词一样，"解放"一词在这个时代也经历了一个语义膨胀的过程。它最初指的是罗姆奴隶的解放，而现在，特定群体［种族、阶级、民族（海涅没有提到女性）］的解放融合成一个单一的、包罗万象的过程。事已至此，"解放"就成了历史流经的通道，仿佛没有一条未来之路不由此经过。一位作者指出，具体的"解放问题"是不可逆转的"普遍解放过程"中的"个别组成部分或阶段"，解放的过程与历史进步和现代社会的出现密不可分。[2]

　　在1848年革命前的最后几年，解放的观念在报纸文章、公开演讲和议会发言中大量涌现。它影响了法律和宪法。被奴役的人及其支持者、女性和犹太人都在为自己的解放而奔走呼号。★ 对他们所有人来说，1848年标志着一个新起点。但革命并没有像这个词所承诺的那样，实现向自由的直线过渡。各个特定群体的解放努力

★ "解放"一词也用于描述农民，但意义截然不同，因为19世纪中期农民的不自由并不在于他们的人身，而是与他们的土地和土地保有权性质相关。出于这个原因，农民问题将在后续章节中讨论。

并没有融合成一首无所不包的变革交响曲,摆脱奴役、歧视和无公民权状态的道路不是线性的,而是坎坷和曲折的,充满陷阱和挫折。

废奴主义者之日

1848年3月初,维克托·舍尔歇在前往塞内加尔进行实况调查之后抵达巴黎,随即当选为新成立的"立即解放共和国所有殖民地法案筹备委员会"的负责人。没有人会对此感到惊讶。1846—1847年,舍尔歇在巴黎的改革派与共和派报刊上多次发表文章,猛烈抨击马提尼克岛、瓜德罗普岛、波旁岛(今留尼汪岛)和法属圭亚那的奴隶制度。他的观察细致详尽,囊括大量经由广泛分布的通信人网络所收集到的数据,包括许多来自这些岛上秘密线人的记述。他曾报道奴隶的频繁自杀,认为这是由奴隶制本身状况造成的"弃绝"行为。他嘲笑政府无效的改革努力与当地现实情况之间的差异。他的一些文章关注的是安的列斯种植园里对奴隶施加的可怕体罚,或者是在殖民地所谓"审判"的滑稽仪式表演;其他文章则愤怒地驳斥在巴黎社交聚会上流传的那些"相对而言"的荒诞说辞:奴隶比农民"过得更好",他们更喜欢不自由,没有他们糖业经济就会崩溃,等等。舍尔歇主张,奴隶制不是一种"必要之恶",它的恶果不能通过零零碎碎的监管来削减。这是一种必须无条件铲除的可憎之物。在他1847年出版的文集扉页上,印着这样一句话:"对奴隶制的人道管制就像对谋杀的人道管制一样不切实际。"[3]

舍尔歇并不是法国唯一的废奴主义者,临时政府的成员中亦有好几个人与他志同道合。但早在19世纪40年代中期,他就已经以一种独一无二的方式成为这场运动的化身。阿拉戈、赖德律-洛兰、路易·勃朗、拉马丁、托克维尔、布罗伊(Broglie)、阿热诺尔·德·加斯帕兰(Agénor de Gasparin)都赞成以某种方式废除奴隶制,但他们都没有像舍尔歇那样投身于此。因为他的决心不是浪漫式的，不是由体恤之情驱动的，而是哲思性的和坚定不屈的，所以舍尔歇比其他人都坚持得更久。舍尔歇自称无神论者，秉持简朴风格和品味，终生未婚，他把一种独特的正确无误带到对事业的追求中。早在1843年，马提尼克岛的有色人西里尔·比塞特（Cyrille Bissette）就指责他抢占了废奴运动的风头。[4] 舍尔歇死后，他在安的列斯群岛的声望日盛，特别是在马提尼克岛，那里的数条街道、西印度群岛最漂亮的图书馆、一个城镇，以及艾梅·塞泽尔和弗朗茨·法农（Frantz Fanon）就读的中学，都以他的名字命名。

舍尔歇对狂热仰慕者的赞美（以及敌人的大肆谴责）处之淡然，他谦称并非他一人之力。他在1883年（当时他已79岁）写道："我只是葡萄园里的一个工人，执行我有幸被委托的任务。"[5] 然而，这一说法并不完全准确：1848年3—4月，在推动法国实现立即和普遍的解放方面，舍尔歇的干预起到了决定性的作用。此时，临时政府仍在崎岖的道路上摸索，在搭建街垒和组织制宪议会之间游移不定。在巴黎的殖民者游说团体已经开始向新任海军及殖民地部长弗朗索瓦·阿拉戈施压，要求他推迟做出决定。作为阿拉戈部门的新任副部长，舍尔歇得以打乱这些计划。

舍尔歇的委员会是个多元的团队。阿尔芒·梅斯特

维克托·舍尔歇的肖像画，由艺术家路易-斯坦尼斯拉斯·马兰-拉维涅（Louis-Stanislas Marin-Lavigne）绘制（1848）。舍尔歇不是唯一的法国废奴主义者，但没有人比他更致力于废奴事业

资料来源：illustration from *Assemblée nationale, galerie des représentants du peuple* (4 vols.)

罗（Armand Mestro）曾担任该部门的殖民地事务总管多年。弗朗索瓦-奥古斯特·佩里农（François-Auguste Perrinon），来自马提尼克岛的黑白混血儿，是海军炮兵的指挥官，毕业于巴黎综合理工学院。阿道夫·加蒂纳（Adolphe Gatine）是参政院中的废奴主义律师。他自1834年以来崭露头角，因为在揭露奴隶制相关法律的不公的案件里，他为有色人种自由人辩护。"公民戈蒙"是一名钟表制造业工人，是委员会中唯一的"无产者"。他之所以位列其中，是因为他曾作为《工人联盟》的编辑，协调1844年的废奴主义请愿活动，以及他还有助于给这个具有精英社会背景的项目盖上工人阶级的印记。委员会的两位秘书之一亨利·瓦隆是巴黎高等师范学院的讲师，出版过一部三卷本的古代奴隶史，该书内容丰富，其中包含明显的废奴主义议题。[6]

委员会于3月6日召开了第一场会议，并在接下来的40天里召开了33场会议。他们与相关利益团体进行会谈，并宣读了收到的信件。瓜德罗普岛、马提尼克岛和留尼汪岛殖民者的发言人首先表达他们的观点。随后是一个"黑人和黑白混血儿"的代表团，其中有小兄弟维克托·马聚利纳（Victor Mazuline），他是定居巴黎的马提尼克人，后来成为第一个在国民议会中担任代表的前奴隶。维护海上贸易利益的港口城市代表也在委员会上发言。讨论涉及许多问题。留尼汪岛的代表德让·拉巴蒂（Dejean Labatie）质疑临时政府是否有权利"自行解决奴隶制问题"。[7] 舍尔歇对此态度坚定：一个通过革命摧毁了旧政权并建立了新政权的政府肯定拥有足够的合法性来"宣布解放黑人"。换句话说，委员会的合法性源于革命本身的合法性。殖民者提出反对意见：解放奴隶与政府宣称的对财产神圣性的尊重是不相容的。委员会对此拒不认同，他们中的一员写道："将一个人视作一份财产，这令人反感。"[8]

时机是另一个问题。殖民者和维护海上贸易利益的港口城市代表争辩称，在委员会解决向奴隶主支付赔偿金的问题前，解放进程应该暂停。他们的策略是假装支持解放，但通过使问题复杂化来延缓解放进程，这关系到赔偿金、解放后的劳工控制制度、对种植园糖产业的财政保护。然而，在舍尔歇的压力下，委员会选择将废除奴隶制作为一项单独的行政干预举措，而将其他问题留给制宪议会审议。舍尔歇不愿使用"赔偿"一词，因为这等于对将人作为财产的追溯认可。他质问一个殖民者代表："奴隶们长期被剥夺对自身的所有权，我们应该给予他们什么赔偿？"[9] 尽快推进似乎也是避免潜在混乱的最佳方式——在这最后一点上，委员会发现自己与来自留尼汪岛的殖民者蒙洛尔（Montlaur）达成了部分共识，蒙洛尔认为，任何拖延都会鼓励被奴役者"通过暴力手段加速解放"。[10] 与此相对，也有一些人对瓜德罗普岛一位代表的观点表示支持，即废奴法令不应该在8月1日之前生效，以免影响糖业的收成。[11]

然后是解放的政治意义问题。废奴法令草案的第一条宣称，那些被解放的人将自动成为法国公民。这是否意味着他们将有权投票？在这个问题上，委员会内部存

法国制宪国民议会议员维克托·马聚利纳（1848）的官方肖像。马聚利纳的父母曾被奴役，他年轻时也曾被奴役。1802年，马聚利纳跟随他的"主人"——一名法国警官离开该岛时，大约12岁。1848年革命爆发时，他已在巴黎自由生活并结婚，是卢森堡公园附近咖啡馆的常客。他被选为替补议员，在因所谓选举违规导致废奴主义者西里尔·比塞特丧失议席后，他就坐上了议员的位置。据说马聚利纳的女儿回到马提尼克岛开办了一所女子寄宿学校，她对于马聚利纳的当选发挥了重要作用

资料来源：Bibliothèque des Arts Decoratifs, Paris.(Photo: Archives Charmet / Bridgeman Images)

在分歧。梅斯特罗和佩里农是渐进主义者（部长弗朗索瓦·阿拉戈也是如此），而佩里农赞成立即解放，但不认可赋予新近解放的人选举权。马提尼克岛和瓜德罗普岛的种植园主代表们则完全反对授予他们选举权。[12]而获得自由的马提尼克岛人、"黑人和黑白混血儿"代表团成员之一马聚利纳也对向前奴隶开放选举权表示担忧，他问委员们："他们会明白自己在做什么吗？""他们会受到影响，会在不知情的情况下采取行动，会提名那些不能捍卫他们利益的人。"[13]

随着委员会对各类议题的仔细筛查，人们越来越清楚地意识到，解放不仅仅意味着法律地位的改变。在大多数人都是奴隶的社会中，在整个经济都建立在奴隶劳动基础上的社会中，这可能是一个具有深远影响的重大社会变革。从前被奴役的劳工住在属于主人的房子里，现在谁来负责这些建筑物的维护？如何支付从前被奴役者的劳动报酬？谁或什么能阻止他们直接离开种植园，转而四处游荡或在高地上建立自己的地盘？是否应该根据强制性法律，迫使解放的奴隶加入某种形式的协会？是否应该起草新的法律来限制劳动力的流动？3月17日，委员会讨论了为殖民地建立工场的可能性，类似2月26日宣布的要为巴黎工人建的那种工场。建立国家工场的想法与临时政府成员路易·勃朗有关，他是二月革命后负责处理劳工要求的卢森堡宫委员会主席。[14]

无论如何，舍尔歇得偿所愿，这些附带问题被搁置在一旁。废奴法令的序言指出，奴隶制是"对人类尊严的侵犯"，通过"摧毁自由意志"，它压制了"权利和义务的自然原则"。废除奴隶制及其附属条款包括：买卖不自由的人和使用体罚，将在该法令颁布两个月后执行（第1条）；"清除了奴役"的殖民地将在国民议会中拥有代表（第6条）；从今往后，"法国将解放所有踏上法国土地的奴隶"的原则将扩展适用于共和国的殖民地和属地（第7条）；法国国民从此禁止"拥有、购买或出售奴隶"（第8条），禁止以任何方式参与此类交易，任何违反这一规定的行为都将导致法国公民权的丧失；赔偿问题暂且搁置，留待国民议会后续讨论（第5条）。此外，法令没有谈到强制劳动的问题，也没有提及制定新法律来遏止流浪的需求。两个月的延迟不是"学徒期"，而是为做好准备，以便在解放到来时，迎来迅速而彻底的变革。4月27日法令是舍尔歇关于立即和无条件解放的愿景的胜利。

黑色1848

如果这一叙事开始听起来像"欧洲人提出了一个好主意，它的有益影响正向整个地球扩散"这类故事的话，那么我们现在就需要改变视角了。原因有二。第一，解放的过程并不是以线性的方式从宗主国向殖民地边缘地区扩散的。在新的共和国能够给予被奴役者自由之前，他们就已经在从主人手中争取自由了。第二，事实证明，颁布废奴法令和摧毁奴隶制是截然不同的事情。奴隶制的废除在巴黎实现，是一个从奴役到自由的彻底转变。解放（意味着向完全、自由的公民身份转变）则是一个极不相同、缓慢得多的过程。它受到地方抵抗的阻碍，由于中央政治意愿的消退而减速。解放在不同地方以不同的速度开展，过程并非一帆风顺，反而充满挫折和颠覆。[15]

1982年，作家艾梅·塞泽尔跟一位法国记者说，当我们庆祝舍尔歇的成就时，"我们绝不能忘记奴隶自身极其重要的行动……他们为自己的自由奋斗了许多年。我们已经为舍尔歇树起了雕像，但我们也应该为无名的黑人逃亡者树起丰碑"。[16]马提尼克岛曾在1789年、1800年、1811年、1822年和1831年爆发奴隶起义。这些起义为全世界的废奴运动鼓起风帆：它们削弱了作为一种制度的奴役，打击了殖民者的气焰，使被奴役的人们更加坚定，并让宗主国不那么听信奴隶主的论述。[17]奴隶们甚至利用法律来对抗这个制度。[18]在马提尼克岛，"有色人种自由人"与白人精英的疏远，破坏了有色人种上层阶级与白人种植园主阶级之间脆弱的权宜性联盟，促使当地出现了一批不再忠于现有制度的活动人士。西里尔·比塞特肩膀上的烙痕提醒人们，即使是自由、富足和教育也无法保护一个有色人种自由人免受奴隶制社会的种族主义之害。[19]

因此，早在1848年4月27日法令颁布之前，反奴隶制情绪就在积累，支撑奴隶制的制度就在衰弱。在越洋电报出现之前的年代，消息通过邮船从巴黎传到马提尼克岛大约需要30天。甚至在临时政府开始处理奴隶制问题之前，君主制垮台与共和国成立的消息在马提尼克岛就已被解读为奴隶即将被解放的预兆。[20] 4月12日，《马提尼克官方日报》和《马提尼克信使》都刊载了巴黎的3月4日法令，称已经成立了一个委员会，旨在尽快起草"一项在共和国所有殖民地立即生效的解放法案"。[21]

当舍尔歇委员会的1848年4月27日法令传至马提尼克岛时，被奴役的人们已经动手了。4月下半月，一股广泛的动乱浪潮席卷整个岛屿。抗议和示威发生，人群和军队之间出现冲突，大量奴隶逃离种植园，各类情形层出不穷。大家普遍感到，局部的骚乱可能会引爆更大的冲突。例如，杜尚种植园老板的儿子莱奥·杜尚是个顽固分子，拒绝一切变革和妥协。在4月的第三周，他突然禁止种植园的奴隶在周六制作木薯粉时打鼓。杜尚怒气冲冲，咄咄逼人，他打碎了工人罗曼的鼓，以此来强调自己的命令。这是一个出乎意料的禁令，因为在周六打鼓是一个非常古老的习俗，全岛广泛遵从。当罗曼在之后的一个周六（5月20日）在一个木箱上击鼓时，杜尚察觉到了挑衅的意味。他请求邻区主要城镇圣皮埃尔的镇长逮捕罗曼，将罗曼戴上手铐，投入监狱。消息传开以后，被奴役的工人和有色人种自由人从该地区的各个种植园涌向圣皮埃尔监狱。镇长的副官兼警察局长波里-帕皮（Porry-Papy，他的父亲是有色人种自由人，母亲是马提尼克岛的自由人）十分紧张，但又为群众的愤怒所感染，最终下令释放罗曼。

这类事件在全岛渐次爆发。[22] 5月22日，圣皮埃尔城区爆发了大规模冲突，被奴役者闯入城镇，与武装的白人居民交战。这些冲突起初只造成了黑人的伤亡。但在一场事件中，一群抗议者遭到来自某栋房屋的射击，强闯失败后，他们放火烧了房子，致使屋内被困的32名白人殖民者（包括妇女和儿童）身亡。此时，白人家庭纷纷逃离种植园，到船上避难。该岛处于普遍动乱的状态。5月23日下午，在巴黎方面尚未下达明确命令的情况下，罗斯托兰（Rostoland）总督屈服于多方压力，签署了一项地方解放法案。其中，他免去了巴黎政府规定的两个月过渡期，并无条件赦免"在我们刚刚经历的运动期间犯下的所有政治罪行"。[23] 实际上，被奴役者已经预料到了巴黎的事态发展，在4月27日法令推行到岛上之前就夺取了自由。[24]

几天后，瓜德罗普岛的总督也效仿此举，在5月27日发布了一份与罗斯托兰公告一模一样的文件，同样未经宗主国批准。事实证明，一旦马提尼克岛和瓜德罗普岛的被奴役者获得了自由，在附近荷兰人治下的岛屿——小安的列斯群岛、圣马丁岛、圣尤斯特歇斯岛和萨巴岛，奴隶主的权威也不可能维持。荷兰奴隶不再像奴隶一样行事，同时，由于他们的"主人"缺乏任何强迫他们的手段，这一制度便被单方面废除了。[25] 这是事实上的废除，而不是法律上的废除：要到许多年后，荷兰政府才会着手对奴隶主进行赔偿。在小安的列斯群岛的丹麦属地圣克罗伊岛也发生了大致类似的情况：1848年7月2日，反叛者们占领了种植园的建筑，敲响了解放的第一声警钟。次日，8000名奴隶拒绝工作，聚集在弗里德里希斯特德（今克里斯琴斯特德）镇，要求获得解放。丹麦总督的反应与罗斯托兰在马提尼克岛的作为如出一辙，他对着人群呼告："现在你们自由了，你们从此解放了。"[26]

在马提尼克岛的事例中，革命消息的向外传播与当地自发组织的运动交织在一起，力量强大到甚至先于法国本土的废奴行动。马提尼克岛起义的一个尤为突出的特点是，全岛种植园的被奴役者能迅速互助，进而协调他们的反抗活动。马提尼克岛和瓜德罗普岛上的起义还间接影响了另一个帝国在附近的属地。尽管荷兰当局在理论上似乎赞

弗朗索瓦-奥古斯特·比亚尔（François-Auguste Biard），《殖民地黑人自由宣言》（Proclamation of the Freedom of the Blacks in the Colonies in 1848, 1849）。在这幅画中，这位以描绘异国人物和风景而闻名的学院派画家表达了法国共和主义者的观点，即解放是殖民当局的慷慨之举，受到了感恩的前奴隶的欢迎

资料来源：Châteaux de Versailles et de Trianon, Versailles. (Photo: RMN-Grand Palais / Dist. Photo SCALA, Florence)

成解放，但若没有起义，他们也不会给安的列斯奴隶以自由，因为他们不愿意承担赔偿奴隶主的费用。有提案主张尼德兰彻底废除奴隶制，并向前奴隶主提供 1000 万荷兰盾的贷款以缓解过渡期的压力，但该提案被内阁否决。[27] 出于这样的考量，部分地区，比如位于南美大陆的荷属苏里南直到 1863 年才废除奴隶制。在荷属安的列斯群岛，后续变革得以触发，是因为它靠近另一个政治变革的地区，而不是因为来自宗主国的指令。此外，点燃圣克罗伊岛起义的不仅仅是来自巴黎的消息，还有丹麦国王即将颁布解放法令的传言。宗主国的决策以不可预知的方式与地方的自发行动、岛屿间的信息交流相互作用，催生

了1848年横扫加勒比地区的一连串事件。

在整个法兰西殖民帝国，1848年4月27日法令的影响因异质的社会和政治结构而不同。法属加勒比地区购买被掳的非洲人来维持高密度的动产奴隶制，废除此地奴隶制有独特的意味。而在马达加斯加沿海的岛屿属地贝岛和圣玛丽岛，或者在阿尔及利亚，废奴的实现方式又有所不同。这里的奴隶制不是由法国殖民者施行的，而是由本土各民族施行的。自1830年被入侵以来，阿尔及利亚对法国当局的抵抗一直异常持久和激烈。总督比若（Bugeaud）坚持认为：

> 要求像我们这样的政府进行必要的警惕监视，以防止黑人被沙漠商队运到阿尔及利亚并在市场上出售，这是不可能的。要做到这一点，我们需要的不仅仅是你们法国的那些大大小小的公职队伍，此外，我不禁要问：谁会支付所需的花销？[28]

1848年，塞内加尔的面积还非常小，只包括圣路易岛、戈雷岛和几个驻防的贸易站点——位于瓦洛的梅里纳根，以及沿河的达加纳、巴克尔和塞努德布。在这里，拥有奴隶的不是欧洲白人，而是**当地居民**——混合族群构成的沿海商贸阶层。被奴役者不在种植园工作，而是被他们的主人租借出去，充当泥瓦匠、织布工、洗衣工、水手和各种有技能或无技能的劳工。[29]他们在沿塞内加尔河溯流而上、与内陆进行贸易的船只上工作，有时甚至担任船长。塞内加尔的法国殖民官员倾向于支持**当地居民**，认为该地区的奴隶制与蔗糖产地的奴隶制完全不同，这是一种相对温和的奴役形式，废除这种奴隶制对改善被奴役者的命运几乎没有什么帮助。[30]

这些反对意见并没有阻止废奴法令的颁布。8月23日被确定为塞内加尔的解放日。当天，被解放的奴隶们一起下海洗澡，然后前往法国行政大楼，唱诵着对法兰西共和国的赞歌。然而，新的难题继续增加。法令第 7 条规定，"法国将解放所有踏上法国土地的奴隶"的原则今后将扩展适用于共和国的殖民地和属地。巴黎的委员们已经事先讨论过这样一种可能性：该规定落实后可能会引发邻近非洲邦国（全都是蓄奴的政治体）的难民以及逃离"内陆酋长"的非洲奴隶的涌入。[31] 佩里农和舍尔歇驳斥了这些担忧，认为难民可以作为劳动力而受到欢迎；由此，第 7 条规定在法令的最终版本中得到适当保留。但是，1849 年，总督博丹（Baudin）从塞内加尔报告说，确实有大量的被奴役者到圣路易岛寻求庇护。邻近的特拉扎酋长国在逃亡者被送还之前将暂停阿拉伯树胶贸易。卡约尔王国的达梅尔（即国王）扣留了一批买方已经付款的花生，并表示如果修改 4 月 27 日法令，他将限制向圣路易岛居民出口其他必需的消费品。由于塞内加尔此时的主要出口产品正从阿拉伯树胶转变为花生，这一情况不容轻视。[32]

废奴法令第 8 条威慑所有司法管辖范围内的法国公民，不管身处法国领土还是其他国家领土，如果他们在该法令颁布之日起的 3 年过渡期后仍"拥有、购买或出售奴隶"，那么就将失去法国公民身份。这一规定反映了委员会（尤其是舍尔歇）的意志，即共和国公民身份与对奴隶制的纵容水火不容，而且这种不相容没有地域限制。"每个在国外定居的法国人，"舍尔歇写道，"都应该在一定程度上是一个鲜活的、永久的反对奴隶制的抗议者。"[33] 这一规定的影响超出了法国殖民帝国的地理范围，波及巴西、古巴、波多黎各和美国的路易斯安那州的法国侨民。路易斯安那州从前属于法国，1803 年才被转卖给美国，那里居住着五六千名法国公民，其中许多人蓄奴。一些路易斯安那州的法国人带着他们的"人类财产"从法属加勒比地区移居至此，另一些人则与蓄奴的美国人结婚，还有一些人就像他们的美国邻居那样，购买了奴隶。在寄往巴黎的一系列信件中，法国驻新奥尔良的领事艾梅·罗歇（Aimé Roger）表达了他对这一措施的担忧。奴隶制是路易斯安那州的经济命脉，当地没有其他的劳动力来源。一旦当地的法国公民出售或解放奴隶，他们事实上就是在退出该州的经济体系，因为从农业到制造业的所有产业都以奴隶制为基础。单方面大规模解放法国公民的奴隶会"引发混乱,并且很可能危及公共安全"。领事个人正处于尴尬境地。他说,"我以作为一个人和一个法国公民的所有情感厌恶"奴隶制,但恰好他的美国妻子刚刚从她的祖父那里继承了"一家黑奴",她用他们为她打理家务。[34]

领事的妻子最终确实解放了这些黑奴,但她的做法并没有被广泛效仿,宗主国与海外侨民之间的争斗仍在继续。二月革命中的废奴热情开始冷却。舍尔歇仍然致力于此,但他被调离了海军及殖民地部的职位,仅担任国民议会的一名普通议员。从1849年起,历届法国政府依然在形式上遵守1848年4月的法令,但他们对蓄奴区的奴隶主所提出的宽限请求变得更加宽容。1851年2月,议会不顾舍尔歇及其盟友的抗议,通过一项修正案,将第8条规定的过渡期从3年延长到10年。1858年5月的一项新法律虽正式重申了这一禁令,但也制造了诸多漏洞和豁免条款,以致废奴措施基本上失去了效力。[35]

废奴主义者时常发现,奴隶制的原则和事实是两码事,也就是说,废除奴隶制的原则不等同于废除奴隶制的事实。由此引申,同样的道理也必然适用于自由,即可以在原则上授予奴隶自由,但他们事实上不能享有自由。法属安的列斯群岛上的解放经验证明了上述观点。殖民者所担心的奴隶大规模逃离种植园的情况并没有发生。绝大多数奴隶仍留在他们的工作岗位上。[36] 获得自由的劳工大多没有进行激烈的抵抗,但他们认定自己居住的老房屋、种植自用蔬菜的供给地是私人财产。许多人拒绝在自己曾经当奴隶的种植园里工作,宁愿去别的地方工作。监督田野工作和维持规律的工作时间,这两者始终不兼容,这些都从侧面反映出旧有的种植园管理方式留下的烙印。

被派来为奴隶制向自由的过渡铺平道路的人不是别人,正是弗朗索瓦·佩里农。1848年6—11月,他在岛上担任废奴特派员。在这种动荡不安的形势下,佩里农对劳动关系问题的解决办法是:起草一份标准化的协作合同,根据该合同,庄园主和工人将每年更新工作承诺——以合作的方式从庄园中赚取收入。工作日的工作时长被定为九小时，工人根据工作天数获取相应份额的作物当作劳动报酬。为了使这一制度推行下去，佩里农提出了严厉的惩处措施，以赶走那些不与庄园主达成协议却想留在他们房子里的"闲散人员"。同时，他还试图限制私人经济活动，规定了自用蔬菜种植用地的最大面积，并限制了公地在烧炭和捕鱼方面的使用。这类似于19世纪中早期欧洲的农业景观中对公共资源使用的压制（第一章）。但是，围绕房子和菜园的争夺，使社会紧张局势持续加剧：一方争取最大限度地提高工人自主性，另一方则抵制殖民者所追求的劳动力重造。当拉芒坦的田间工人拒绝继续在种植园工作时，佩里农派人把他们赶出了住所；作为回应，工人烧毁了自己的住所。后来，在拿破仑三世统治时期，殖民地甚至引入了更具压迫性的劳工章程。盖东（Gueydon）于1853年成为马提尼克岛的总督，他在任职期间，综合运用流浪法、工作手册制度和人头税，将之前的奴隶束缚在种植园里。[37]

在塞内加尔，情况也是如此，尽管有些人利用了解放带来的机会——技能和创业知识帮助他们顺利过渡，但大多数被解放的奴隶继续为他们的前主人工作。与此同时，在总督费代尔布（Faidherbe）的监督下，"自由土地"原则被获准弃用。这很有趣，因为费代尔布曾是舍尔歇式激进废奴主义者。在瓜德罗普岛任职期间，他经常出入有色人的住宅，这一点广为人知，导致他在克里奥尔人中口碑极差。如果他改变了对第7条规定的看法，那是因为如今自动解放逃亡奴隶和坚持废除奴隶制，完全有悖于法国在西非的帝国主义行事逻辑——扩大法国对附近独立的非洲蓄奴国家的影响力（并最终吞并它们）。1855年6月，新任海军大臣费迪南德-阿尔方斯·哈梅林（Ferdinand-Alphonse Hamelin）在解释这种调整的必要性时，给出了恰如其分的圆滑理由：

> 如果对我们周围的居民说，为了在我国旗帜的保护下生活，

他们必须立即放弃他们的奴隶，这无异于让他们永远与我们疏远，把他们推向敌人的怀抱，并且将完全违背我们为他们的未来解放和文明利益所着想的目标。[38]

如此一来，将"解放"纳入一个更宏大的文明帝国计划，便成了使奴隶制永久化的一种手段。总的来说，令人震惊的是，即使是那些对奴隶制持最严厉批评态度的人（除了极少数例外），也没有否定帝国或殖民主义本身。在1848年的欧洲，没有任何地方的革命对帝国主义及其令人眩晕的权力不对称造成严重挑战。相反，废除奴隶制被认为完全与帝国主义发展兼容：在帝国属地，在对其土地和居民的剥削方面，旧有的成果得到巩固，新的成果不断出现。一位历史学家指出，在法国，"帝国主义思想的胚胎在废奴主义伦理的核心地带茁壮成长"。[39]

直到1905年12月12日法令的颁布，法属西非地区的奴隶制才被彻底废除。对阿尔及利亚来说，1848年既废除了奴隶制，又将其领土纳入了法国的版图——一些美国南方人对这一举动表示欢迎，认为这与美国兼并得克萨斯的情况类似。[40] 在这里，就像在许多其他地方一样，先前的殖民习俗死灰复燃，奴隶贩子和奴隶主狡诈地绕开禁令，法国当局推行怠惰的实用主义——他们宁愿少惹麻烦，尤其是在更偏远的内陆地区。这些因素相加，导致阿尔及利亚的奴隶制在被法律废除后的近半个世纪里仍然实际存在。[41]

在法国殖民帝国，废除奴隶制的过程与地方-宗主国权力结构矛盾地交织在一起，无法像舍尔歇所希望的那样，实现从奴役到自由的彻底转变。这并不是法国特有的问题。西属古巴直到1880年才彻底废除奴隶制。但是，即便到了那时，西属古巴奴隶制的废除也是以一种明显渐进的形式实现的，这意味着，奴隶制首先为一种高度强制性的劳动管制体系所取代。[42] 而在葡萄牙统治下的安哥拉，1875年就颁布了废除奴隶制的法令，但各种形式的强迫劳动一直持续到20世纪。[43] 几乎在所有地方，包括南北战争后的美国，奴隶制都是一种棘手而顽固的制度。它已经深深地融入了社会关系的结构，以致与其相关的习惯和态度难以被轻易根除。因此，就这一方面而言，1848年的巴黎二月革命未能兑现其承诺。普遍公民权这一共和主义理念已然将女性拒之门外，而种族不平等的社会事实使其进一步分裂。新殖民地的公民在法律身份上仍然与他们的宗主国同胞有所区别，低人一等。阿尔及利亚就是一个典型的例子。1848年的临时政府赋予了那里的法国白人定居者充分的公民权，却拒绝给予本土居民同样的权利。[44]

1848年3月4日，巴黎宣布将进行奴隶制改革，同年4月27日废奴法令颁布，由此开启变革的进程。如同在1848年这个多事之秋发生的很多事一样，废奴改革可能被操控、阻碍或改变方向，但不可逆转。人类只有在无数次驶离肮脏的奴隶制的旅程中，才能辨别出它的长期影响。保罗·纳达尔（Paul Nardal）于1864年出生在马提尼克岛。他的父亲若阿基姆和母亲亚历山德里娜都是出生于圣皮埃尔的奴隶，都在1848年14岁时获得解放。保罗成为第一个获得巴黎工程技术学院奖学金的黑人，后来成为马提尼克岛公共工程部的第一位黑人工程师，作为公路和桥梁部的管理人员度过了漫长而辉煌的职业生涯，留下了许多不朽的工程杰作，包括大主教座堂的水库和阿布萨隆大桥。如果他从未走上行政职位的最高层，那是因为在一个重视种族差异的世界里，他在他的家乡马提尼克岛被归类为"黑人"，而不是混血的"有色人种"。但这位虔诚的天主教徒、著名的长笛演奏家致力于培养下一代马提尼克岛的工程师，并终其一生都对他的法国公民身份怀有热切的认同感。他的妻子是钢琴教师路易丝·纳达尔（Louise Nardal），女儿是作家、女权主义者和黑人精神运动中的杰出人物波莱特·纳达尔（Paulette Nardal）。保罗于1960年去世，享年96岁。在他最珍视的物品中（直到1956年家里的一场大火将其烧毁），有一封维克托·舍尔歇祝贺他获得奖学金的信。[45]

向窗外挥手

在 3 月 18 日晚的柏林，我们从街垒的后方看去，在远处浓烟的笼罩下，可见高高举起的军刀，骑兵的马匹因惊恐而前腿腾空、后腿直立。五层高的公寓楼屋顶隐入背景，屋顶边缘的小人儿在向我们看不到的部队投掷铺路石。由路障前方飞起的碎片不难得知，一枚炮弹刚刚爆炸。在街垒后方的前景中，是一片忙碌的景象：两个人挖掘并收集铺路石，另一个人正准备向部队投掷石头；有几个人正在给他们的步枪上膛；一个人被子弹击中，捂着喉咙向后倒去；一个戴着宽边帽的人爬上破碎的木制家具和马车车轮，把德意志三色旗插在街垒顶上，另外三个人则把一个受伤的战友抬到左侧。而在画面中央，出现了一幅超现实的平静场景：一名妇女和她的三个儿子从窗框上取下铅块，并将其熔化，以便为战士们灌制弹丸。一道白烟在她的身后升起，使她轮廓分明，观者由此得以看到她向儿子们的方向偏头。他们看起来像是在家里的壁炉旁烤着棉花糖。尽管周围战火纷飞，但吸引观众注意力的是他们。

这幅由平版画家诺德曼（Nordmann）所绘作品的标题《目击者眼中 3 月 18 日克罗嫩-弗里德里希街角的街垒》（*Barricade on the Corner of Kronen-and Friedrichstraße on 18 March by an Eyewitness*）表明了它的真实性。但是，我们看到的场景是一个高度协调的整体。实际上，当晚参与街垒战的主要是工匠，特别是帮工和学徒，而画作显示了丰富的社会阶层：几个戴软帽的学生让人想起弗里德里希·路德维希·雅恩的"旧德意志服饰"；两个戴高帽的人似乎是中产阶级人士；还有几个工人，他们的蓝色工作服表明了他们的身份。这幅画描绘各类社会群体，将家庭场景置于画面中央，其主题是：革命是人民的事情，它将所有性别、所有行业和所有社会阶层凝聚在一起。[46] 尽管如此，诺德曼的画作将女性形象置于行动的中心，传达了同时代人广泛关注的一个革命特征。

F. G. 诺德曼,《目击者眼中 3 月 18 日克罗嫩-弗里德里希街角的街垒》（1848）。这个充满戏剧性但又经过精心设计的场景将街垒战斗的许多特点浓缩在一个画面中：临时搭建的街垒、来自不同社会背景的战士、部队从屋顶上进行的轰炸、炮弹抛射出的碎片。最重要的是，它表现出了令当时许多目睹 1848 年革命的人印象深刻的一幕：女性身处战斗的中心。在这里，我们看到一位母亲帮助她的儿子们从一扇平窗上拆下铅条，以便将其熔化并制成枪弹

资料来源：Scala, Florence/bpk, Bildagentur fuer Kunst, Kultur und Geschichte, Berlin

女性几乎参与了影响 1848 年革命进程的所有事件。她们参与粮食暴动、市场骚乱和革命集会。她们或帮着建造街垒，或为守卫街垒的男人们带去吃食。她们照料倒下的战士，创办报纸，为之撰稿，出售大幅报纸，为国民卫队、各种民主俱乐部或学院军团缝制旗帜，并在窗口恣意挥舞旗帜。在柏林，女性们煮咖啡，在街上分发面包卷。据 3 月 20 日的《柏林报》增刊报道，人们看到妇女和女孩们，包括贵族女士和高官的妻子，纷纷用篮子和围裙将石头搬运

到屋顶和教堂的尖塔上,以及她们自住高层住宅的窗户旁。[47]一位见证者看到一名被描述为"女孩"的女性召集了一大群工人,并指挥他们搭建街垒。[48]二月革命期间,巴黎裁缝阿代拉伊德·贝特雷特在为街垒战士制作火药时,面部被烧伤。6月,皮包制作人约瑟菲娜·克拉博在贝尔维尔工人阶级街区的街垒上全副武装,扮成男人作战。在她的战友中,有一位76岁的寡妇安妮-玛丽·亨利,她以前参加过几次起义,曾带领一群女性在三王冠街的街垒上战斗。[49]在柏林,3月18日的死难者中有11名女性,米兰的死难者中亦有许多女性。[50]在布拉格的六月起义中,人们看到女性在照顾伤员和运送武器。[51]1848年6月,当保守派军官密谋推翻布加勒斯特的革命临时政府时,42岁的爱国者安娜·伊帕特斯库挥舞着手枪,带领人群冲进王宫,解救了被俘的部长们。1849年春夏两季,女性加入了德意志南部的激进民兵组织,她们为击退反革命势力而战,有时甚至承担指挥职责。[52]

然而,要确切了解女性的活动及其对革命进程的影响是很困难的,这不仅是因为她们参与的活动范围广泛,还因为大部分用以衡量她们贡献程度的资料(报纸报道、警方记录、绘画或版画)都是男性的作品。例如,现存有关激进女性俱乐部内部生活的留存图像,无一例外都是由男性漫画家绘制的。这些画像经常作为历史书的插图出现,用以展示激进女性的活动。画面里充斥着负面的女性形象:她们照顾哭闹的婴儿,忽视不听话的孩子,抽烟、闲聊或对骂。现存的武装女性图像大多描绘的是被称为"维苏威人"①的巴黎革命女民兵。然而,"维苏威人"并不真实存在:她们是一种幻想,灵感部分源自民间传说,部分来自激进主义分子达尼埃尔·博尔姆(Daniel Borme)在1848年3月印制的恶作剧招募海报。[53]博尔姆的海报宣称,既然女性要获得公民权,那么她们也必须承担与男性公民同样的军事责任。入

---

① 这个名字起源于维苏威火山。——译者注

选标准仅是"年龄在 15~50 岁"且"未婚"。这个想法被自由派媒体采用，他们刊登了一些图片，展现穿制服的丰满女性给她们轻信的丈夫戴绿帽子的场景，她们抽着烟斗或雪茄，戴着小撮的络腮胡或八字胡。这些描绘有的带有色情色彩，有的带有轻蔑之意，都没有告诉我们关于女性实际参与革命暴力活动的任何实质性内容。在维也纳，一份讽刺性报纸报道称，"自由女性"正被招募到巴黎的"亚马孙军团"中，并补充说，由于女性在家时最容易被激怒，所以带上她们的丈夫可能是个好主意，"以确保她们一直处于情绪爆发的状态"。[54]

如果我们转而把注意力放在被动员起来的女性的言论上，就会发现，她们的诉求与她们周围的男性一样多样化，且同样根植于当地的网络和环境。在由激进的欧仁妮·尼布瓦耶编辑的巴黎日报《女性之声》的创刊号中，刊登了一份《信仰宣言》，强调女性有权分享新革命的成果。尼布瓦耶采用了一种在 19 世纪三四十年代日渐锋利的修辞技巧（第五章），揭露了自由主义父权秩序的矛盾。她写道，男性因婚姻而结合在一起，无疑构成了社会秩序赖以建立的复合的"社会个体"。但是，如果我们允许男性进步，而阻止女性进步，那么这一社会单元的稳定性难道不会受到影响吗？"他们之间很快就会出现一道鸿沟。"还有，为什么要给男性选举权而不给女性呢？常见的回答是，男性的选票是"复合的"，因为他代表他的家庭做出选择。但如果是这样的话，尼布瓦耶反问道，为什么这种"复合性"单单压制妻子和女儿的权利，而不压制儿子的权利？民主是一种建立在大众集体选择基础上的制度，"最不聪明的男性公民拥有选举权，最聪明的女性公民却没有"，这样的选举制度必定有害于民主。[55] 在最近成立的女性解放协会所起草的宣言中，对政治权利的强调更为强硬。起草者们套用常见的自由主义观点，质问既然女性在通过法律时没有发言权，那么她们为什么还要纳税？女性必须和男性一起制定法律，以实现她们的共同利益。[56]

大约五周后，一份题为《匈牙利激进女性要求》的 24 条请愿书

向窗外挥手　401

出现在《佩斯时尚杂志》上,这是一份从 1844 年开始发行的爱国自由主义杂志,主要面向富裕且受过教育的女性,她们来自讲匈牙利语的乡绅和中产阶级群体。这份声称由"数百名匈牙利女性"签署的文件主张女性有权在公共生活中发挥更大的作用,并强调她们对革命的重要性。但在其他方面,该文件与尼布瓦耶的"信仰宣言"截然不同。第 1 条要求匈牙利女性"应全面满足知识发展的要求,熟悉……匈牙利和世界的形势、宪法、法律、政治关系和历史,或至少要有大致了解"。匈牙利女性应该能够"以与女性相称的方式谦虚发言,但也能理智地处理每一项公共事务"。匈牙利女性应随时准备支持爱国事业(第 2、3、12 条),这包括只讲匈牙利语,以便将它确立为"家庭和社会圈子的主导语言"(第 8、9 条)。作为母亲,应该为祖国培养"热情、忠诚的匈牙利儿女"(第 4 条),并在他们能"清晰、优美、流利"地说好民族语言前,拒绝教授他们任何外语(第 10 条)。匈牙利女性不应"在外国商品上浪费钱财",应只雇用匈牙利仆人(拒绝英国或法国的家庭教师),只阅读匈牙利报刊和书籍,只追求匈牙利式的时尚,"不仅在节假日,而且在家里一直"穿着民族服装(第 11、14、15、17、18、20 条)。[57]

　　在这份请愿书中,女性的事业几乎与民族事业完全融合在一起,这是民族主义将其他事务纳入自身范畴的一个突出例子。这种对民族的奉献伴随着中产阶级和乡绅对旧统治精英的不满。请愿书所呼唤的理想匈牙利女性,在行为上与贵族夫人们截然不同。只读外国报刊和小说的"叛逆的堕落女孩"将被逐出匈牙利新女性的圈子。新女性的匈牙利服装将是美丽的,也是朴素和经济的:"镶嵌着金色花边和银色装饰的贵族黄金时代已经过去。"(第 20 条)她们的举手投足将代表中产阶级在行为和情感上的勤俭,她们永远拒绝贵族夫人的浮华和奢侈无度:"我们要求将不得体的调情、装腔作势、刻板的礼仪、炫耀、暴躁,以及其他与匈牙利女性的真正品格相悖的弱点永远驱逐出我们的圈子。"(第 22 条)

在文化政治和对权贵精英的否定方面，撰写和签署这份请愿书的女性是激进的；然而，在代表女性**本身**这方面，她们的主张惊人地温和，甚至有些保守和倒退。从事文学工作的匈牙利女性提笔支持她们的祖国，却被告诫不要忘记"女性的领域和责任"。该文件对匈牙利女性的职责，包括对民族的、丈夫的、家庭的、孩子的、穷人的等，有很多论述，但对她们的权利只字未提。文件中没有提到选举权或被选举权、拥有和处置财产的权利、进入大学的权利。对于女性进入公共领域，还附加了严厉的警告："她应避免……无休止的、迂腐的政治活动"，而应投身于"符合女性性情的事务"，如艺术、文学和社交生活（第1条）。

如果我们考虑到巴黎和佩斯女性积极参与政治活动的背景环境截然不同，那么两地女性的目标大相径庭也就不足为奇了。在巴黎，激进女性围绕着《女性之声》所展开的性别政治也是一种阶级政治。编辑接收并发表了劳动女性的请愿书，报纸的社论也一再强调工人的事业与她们的事业不可分割。[58] 在将匈牙利女性的爱国主义与受过教育、拥有财产的资产阶级期望结合起来时，佩斯的激进主义者也在表现一种基于社会阶层的阶级政治。在巴黎和佩斯，都出现了将女性事业与未明确性别化的变革计划联系起来的趋势，它将女性的主张推往不同的方向。如我们所见，佩斯女性偏向义务而非权利，这是民族主义话语的更普遍的特征。1848年4月，随着选举的临近，《女性之声》发表了让娜·马里（Jeanne Marie）署名的声明《社会主义者想要什么》（"What the socialists want"）。这可能是女性解放协会副主席热尼·德里古（Jenny d'Héricourt）的化名之作。在声明中，德里古将社会主义描述为一种关注社会整体幸福的愿景，并将结束女性"奴役"的呼吁与有关弱势群体（工人、儿童、残疾人）利益的一系列要求相结合。[59]

对此，应该补充一点，对女性的压迫体现在许多层面（教育水平低下、遭受暴力和性侵、无法律行为能力、双重道德标准、无选举权、工资歧视、两极化性别规范的文化传播），以致人们一时不知从何处下手：学校教育？婚姻制度？劳动保护？道德改革？选举权？被选举权？这也有助于解释参与政治的女性为何持有各不相同的观点。热尼·德里古、欧仁妮·尼布瓦耶、德西蕾·盖伊（Désireé Gáy）和让娜·德鲁安对选举权改革感兴趣，因为对她们而言，女性的革命斗争和无选举权的工人阶级男性的革命斗争一样，都关乎公民身份的意义，不过她们也关注劳动保护、贫困、学校教育和其他问题。泰莱基·布隆考（Blanka Teleki）伯爵夫人是匈牙利革命中的杰出人物，她开办了一所女子爱国主义学校。她相信，女性首先应该为参与政治生活而教育自己，然后才是寻求选举权。她的核心关切是建立一支能够支持民族独立斗争的女性精英骨干队伍。[60] 出于对乔治·桑女扮男装的反文化形象及其激进政治的欣赏，以《女性之声》为活动中心的女性曾邀请桑参加国民议会的选举，但桑在给《改革报》编辑的一封信中傲慢地回应道：

> 一份由女士们编辑的刊物宣布我为国民议会议员的候选人。如果这个笑话只是把一种荒谬的野心强加于我，伤害了我的骄傲，那么我就把它当作任何人都可能遭受的那种恶作剧而不去管它。但我的沉默可能会使人们相信，我支持那本刊物想要传播的原则。因此，我请求你们接受并公布以下声明：
>
> 1. 我非常希望没有选民会愚蠢地在选票上写上我的名字，从而浪费他的选票。
>
> 2. 我并不认识任何组建俱乐部或编辑报纸的女士……
>
> 我不允许在未经我同意的情况下，把我作为一个女性小圈子的代表，而我与这个小圈子没有丝毫关系，既不交好也不交恶。[61]

乔治·桑相信，政治解放总有一天会到来，但那一天还很遥远。现在硬要推进这个问题无异于沉迷于"幼稚的游戏"。[62] 玛丽·达古也同意这一点。在《1848年革命史》中，她对那些追随圣西门和傅立叶的活跃女权主义者不屑一顾。她认为，在拥抱这些神秘圈子运动的宗派狂热时，她们被过度刺激的幻想冲昏了头脑。有些人因陷在与自己思想的斗争中而结束了自己的生命，这可能暗指克莱尔·德马尔（第二章）。当苏珊·瓦尔坎第一次进入普罗斯珀·昂方坦的圈子而"眼花缭乱"时，达古也并不同情她。[63] 在女性应该如何积极争取自身利益这一问题上，女性活动家之间矛盾重重。这类冲突显然不是女性独有的困境。但是，由于难以确定优先次序或在目标上达成共识，女性活动家在就其法律和政治劣等地位的相关条款进行重新协商时，遭遇了重大阻碍。在这个"问题时代"，至少在当时看来，似乎不可能将女性问题与它所关联的其他问题区分开。[64]

维也纳、柏林和巴黎的主流自由主义媒体充满了赞许女性的报道。她们为支持新政府，或是绣旗，或是举办慈善活动以筹集资金。在各种日报上，随处可见对女性从窗口挥舞彩带和手帕的描绘，这类画面温暖了中产阶级男性的内心，因为它们把女性对革命的支持与高雅礼仪及家庭生活相调和。莫里茨·扎菲尔写道："与3月15日的重大事件同样令人难忘的是，维也纳女性的美丽、动人和参与广泛程度。她们从窗口挥舞着丝带，向国民卫队捐赠漂亮的旗帜，带来食物和饮料；她们的手帕总是在舞动，在一派喧嚣中总是能听到她们的声音。"[65]

与此相对，那些试图作为自主行动者进入公共领域的女性，无论是通过参与选举权改革、游说、投身新闻业、参与协会、创办幼儿园，还是仅仅参与政治仪式，都有遭到男性怀疑、嘲弄或敌视的危险。保守派与共和派的刊物都嘲笑女权社会主义者是男人味十足的"女学究"和"离婚狂"。[66] 艺术家亨丽埃特在发表于《女性之声》的信件中说，她和她的许多请愿同伴（巴黎的女艺术家和女工人）曾拼命宣传她们起草并寄给临时政府的请愿书："给大多数报纸投寄了请愿书，亲自登门拜访，出言恳求，我们不遗余力……每天报纸都会刊登新的请愿书，但是，唉！我们的请愿书从未见报……让我们闭嘴的阴谋彻底得逞了……"[67]

对德拉戈伊拉·亚尔内维奇来说，革命带来了一种痛苦的被排斥感。她是一名36岁的教师和诗人，居住在奥地利帝国境内克罗地亚-斯拉沃尼亚王国的首都卡尔洛瓦茨。"日复一日，"她在4月16日的日记中写道，"我都很遗憾自己不是一个男人，不然我就可以加入整个欧洲都被卷入其中的行动了；一切都被政治化了，大大小小的事务都在发生，只有我不被允许参与其中。"[68]女性被禁止参与诞生于革命的各种机构。民主俱乐部拒绝接纳她们为会员，这也是一些激进女性自己建立俱乐部的原因之一。[69]一众新议会均未接受女性担任代表。在法兰克福，关于女性选举权的讨论引起了代表们的嘲笑和嘘声，提议被立即驳回。允许女性成为议会观众起初都存在争议。费了一番周折之后，作家马尔维达·冯·梅伊森布格（Malwida von Meysenbug）、她的一个朋友，以及几位议员的妻子才得以偷偷溜进圣保罗教堂，旁听预备议会的最后一场关于国民议会选举工作安排的公开会议。她们一起蹲在讲坛下，被讲坛前垂下的长长的三色旗遮住，她们俯视着会场，小声讨论着发言者的政治立场。[70]大多数议会最终允许女性在旁听席上就座，那是因为人们普遍承认，即便女性被禁止参与在政治上代表国民的正式程序，她们仍属于国民，能充当国民的化身。作为观众，她们成为男性表演的共鸣板，成为他们代表事业中被动的合作伙伴。她们虽能感受辩论的兴奋和戏剧性，却无法发言。伍珀塔尔的医生、温和自由派议员亚历山大·帕根施特歇尔（Alexander Pagenstecher）的妻子朱莉·帕根施特歇尔（Julie Pagenstecher）在给儿子卡尔的信中表达了作为女性观众的紧张感："我确实被卷入了政治，但我小心翼翼地不说一个字，不告诉任何人我在这里所写的东西。当女人谈论它时，总是听起来愚蠢，而且无论如何我必须告诉你一些事情，因为爸爸没有时间（写信）。"[71]即使成了议会的观众，女性仍然只能向窗外挥手。

议会是承载着政治目的的特殊场所，但在其他地方，参与政治或社会活动的女性也会激起男性有敌意的回应。1848年5月21日，巴黎战神广场上举行了协和节庆典。庆典上出现了有寓言意义的形象，它们象征着自由、平等、博爱，以及法国、德意志和意大利三个民族的友谊。音乐、游行、花车引人注目，最重要的是，其间有一支由来自巴黎的500名年轻职业女性组成的队伍。她们身着白衣，头戴橡树叶冠，代表了城市中女性主导的各行各业劳动者：披巾工、裁缝、流苏制作工、胸衣工、蕾丝工、瓷器画师和假花制作工等。另有些人从事零售业或家庭服务业，还有些人表示她们没有工作，和父母住在一起。这些女性并不是简单地被当局征召而来：她们是主动申请参与庆典的。亨丽埃特·贝卡（Henriette Bécat）曾写信给负责组织庆典活动的机构，表示她"热切希望"与妹妹一道被选中。约瑟菲娜·萨莱耶（Joséphine Saleilles）期望能和两个朋友一起到场，她写信给市长，恳求他"帮我们一个大忙，让我们能够共同庆祝一个盛大节日，并分享参与仪式的巨大喜悦"。[72] 巴黎警察局长马克·科西迪埃是一位左翼共和派人士，他在回忆录中提到，女性极度兴奋，她们中的许多人在仪式的前一天晚上都没有睡着，她们（对它）太重视了。

但是，当来自第一区女性国家工场的工人向她们的负责人申请横幅，以此作为代表团在游行队伍中的标志时，负责人断然拒绝，理由是"女性不适宜参与政治庆典"。事实上，上述500名女性出场时，观众的反应也各不相同。坐在看台上的显要人物包括议会代表托克维尔。托克维尔那天显然很紧张：他带着手枪，以防万一。庆典没有什么令他愉悦之处，但最令他感到冒犯的是那500名年轻女性。他指出，其中的大多数人都"以相当阳刚的气质，穿着纯洁的服饰，以至人们可能认为她们男扮女装"。她们的手臂肌肉过于发达，更适合于艰苦的劳动而不是采摘鲜花（他指望她们是做什么的？）。当其中一位女性紧张万分地为阿尔方斯德·拉马丁朗诵一首诗时，托克维尔看到这位"高大的年轻姑娘"在说话时拉长"可怕的脸"，"粗糙的脸颊两侧

向窗外挥手　407

淌着汗水",不禁被吓得后退。[73] 维多利亚时代的剧作家约翰·帕尔格雷夫·辛普森（John Palgrave Simpson）在巴黎度过了革命的最初几个月。他也对这500人投以挑剔的目光，认为她们是对巴黎女性享誉世界的美貌的糟糕宣传："如果这著名的'500名白衣小姑娘'是因为具备与可爱完全相反的品质而被选中的话，那这一选择真是再合适不过了。"[74]

这些评价可能看似微不足道，没有更重大的政治意义，但它们提醒我们，进入公共空间的女性会受到充满恶意的凝视，尤其当她们被理解为政治化的主体时。托克维尔的厌恶感部分是政治性的——他讨厌在他看来毫无意义的左翼共和派盛典，但这厌恶也根植于某种更深层次的东西，这东西使他没把厌恶的焦点集中在活动的策划者身上，而是集中在那些被允许参加活动的兴奋的年轻女性身上。就连安静地坐在法兰克福国民议会旁听席上倾听辩论的女性，也遭到男性记者的嘲笑，被指责忽视了自己的孩子和家庭。[75] 对心怀蔑视的人来说，这种感觉是本能的，进而也是"自然"的。而嘲弄和蔑视的潜流是父权制秩序的武器库中最有力的武器之一，它渗透到很多女性的意识中，甚至包括那些在政治上最为活跃的女性，她们奋力调和自己的激进思想与"继承下来的女性气质观念"。[76] 再没有什么比这一事实更能证明它的力量了。

很难断定，到底是女性激进主义者的不懈倡导，还是她们所挑战的父权结构的不可动摇更引人注目。一些女性致力于直接改变女性在政治和法律上的弱势地位，但收效甚微。1848年，在整个欧洲，没有任何女性获得选举权，亦没有堪比舍尔歇废奴法令的女性解放法案出台。在大多数欧洲国家，女性直到1918—1919年才获得选举权；在法国，女性到1946年才获得选举权。自19世纪30年代以来，法国严苛的离婚法一直是激进主义活动家的眼中钉，但它在法国一直实施到1884年。《法国民法典》对已婚女性的影响如此具有毁灭性，而低地国家直至 1905 年才停止使用。造成这种情况的根本原因经常被提及：在 19 世纪早期到中期的新兴"资产阶级社会"中，性别规范变得更为两极化。这意味着，那一年政治参与的急剧扩张将男性带到了女性无法企及的高度。[77] 那些直接挑战父权制的女性发现，克莱尔·德马尔是正确的：在所有的不平等堡垒之中，最为坚不可摧的和最根本的当数父权制。

当女性与 19 世纪中期社会盛行的规范和期望相配合，而不是与之对抗时，她们至少在中期会获得更大的成功。许多男性（和女性）并不反对提倡对女孩和年轻女性的教育，因为这符合那种广泛的观念，即母亲在年轻人的教育中起重要作用。由激进的德意志教育家弗里德里希·福禄培尔（Heinrich Froebel）发起的幼儿园运动就是一个很好的例子。福禄培尔的《为创建和发展德意志幼儿园……向德意志已婚和未婚女性提出的计划草案》(*Sketch of a Plan...for Founding and Developing a German Kindergarten...Presented to German Wives and Maidens*) 于 1840 年首次出版，他将高度创新的早期教育方法与对幼儿的专业化养育观念相结合，"将女性从以往被动和本能的状态中解救出来，并通过她们的养育使命将女性地位提高到与男性相同的水平"。此后，该计划一直被搁置，直到 1848 年，新一批年轻、激进的女性才采纳这一观点，并据此开设了 44 所新幼儿园。[78] 吸引马尔维达·冯·梅伊森布格的不仅是这项计划激进的教育学，也包括它为女性提供的职业机会："只有女性才能管理幼儿园，福禄培尔希望将幼儿教育单单托付给女性。在我看来，这是一个绝妙的想法。"[79]

与幼儿园运动计划相关联的女性解放愿景，全然不同于以巴黎女权主义报纸为中心的社会主义者的愿景，也不同于佩斯的匈牙利激进女性的愿景。亨丽埃特·布赖曼（Henriette Breymann）在 1849 年写道："我预见到女性将迎来一个全新的时代，届时她将……把具有最深刻意义的和最多样形式的母性精神……带给更广阔的社会。"布赖曼的目的是提高女性的地位，而方法并不是敦促女性挤占男性已然

向窗外挥手　409

占据的领域，而是颂扬她们已在履行的职责，用布赖曼的话说，就是让她们成为"社会的母亲，而不仅仅是自己家庭的母亲"。[80]女性应该接受正规培训才能在这个领域工作，这种理念可以进一步激励她们的积极性，因为它许诺了专业化，以及对成就的系统性认可。1849年，汉堡的一个女性协会邀请福禄培尔为年轻女性开设幼儿园培训课程。女子学院于次年成立，这是一所师范学校，梅伊森布格是学生之一。她后来回忆道："在该校上学的年轻女性中，包括一些杰出的人物，她们是真正的知识分子——在数学方面表现出特殊的天赋。"[81]

然而，即使在这个相对无害的活动领域，女性也面临男性的敌意和傲慢。1848年，在鲁多尔施塔特举行的一次会议上，一名与会的校长反对让女性负责提供特定教学方法，他宣称："我厌恶具有哲思的女性！"亨丽埃特·布赖曼对此感到震惊。就连福禄培尔也对参加教师培训课程的女性初显的职业抱负感到反感。1851年，普鲁士政府取缔了幼儿园，而汉堡参事会也很快效仿，关闭了女子学院。女童教育继续发展壮大，但大多在教会的监督下进行。在法国，随着1850年《法卢法》的颁布，女童受教育规模也有了显著的扩大，该法使宗教团体更容易创办宗教学校。男性共和党人嘲笑天主教女子学校是反启蒙的和倒退的，但天主教学校同样致力于女童的教育，并为有天赋的年轻女性（特别是修女）提供职业机会，这在其他地方是难以实现的。[82]在葡萄牙，1848年之后的女童受教育规模也急剧扩张，尽管1858年的人口统计显示，在公立学校上学的儿童中，只有不到10%是女孩。[83]

对一些文学界的女性来说，作为女性参与文学创作，与其说是为了挑战男性的霸权或进入公共领域，不如说是为了创造一个空间，让女性可以倾听其他女性的声音。1848年，27岁的加的斯诗人罗莎·巴特勒-门迭塔（Rosa Butler y Mendieta）在她发表的一首诗中，描述了这一幕：当她出神地在自然中沉思时，一位天使打断了她，这位天使从上帝那里来到她身边，给了她一把七弦竖琴，不是让她去与杰出的男性演奏家竞争，而是因为"痛苦的时候，七弦竖琴可以作为慰藉"。当诗人温和地拒绝，表示她对古罗马和古希腊的历史一无所知时，天使分派给她一个诗意的任务，这项任务精准捕捉到了文化共识为女性文学活动所设定的界限："歌唱天与地，歌唱鸟与花；……/唱出你的痛苦，唱出你所经历的感受。"[84] 然而，19 世纪 50 年代早期在西班牙出现的女性文学期刊，诸如《她们》《女性公报》《女性》，并没有退缩到不谈政治的女性专属空间之内，反而表达了一种愤怒和反叛的决心，以此颂扬女性的才华和英雄主义。[85]

19 世纪 50 年代，在诸多革命舞台上，从事文学创作的女性找到探索骚动对她们所具有的意义的途径。值得注意的是，1848 年后，那些在革命期间曾积极投身政治的女性写小说时，其叙事往往围绕一种艰难选择展开：是积极参与政治生活，还是退守安全和得体的地带。这种抉择有时具象化地体现在两个女人间的亲密友谊上：一个是被拉回家庭内部的焦虑内向者，另一个是投身于街头运动的大胆进取者。[86] 革命使个人直面这类选择，这一点尤其适用于女性，她们比男性更强烈地感受到安稳生活与抛头露面之间的两极性。卡廷卡·齐茨-哈莱因（Kathinka Zitz-Halein）曾是德意志天主教运动的活动家，倡导女性激进活动，也是人道主义协会的创始人，该组织为受伤、入狱或被放逐的革命者及其家人提供援助。在 1850 年发表的《前进与后退》(*Forwards and Backwards*) 一诗中，齐茨-哈莱因捕捉到了在这种鲜明的两极化选项之中做选择的纠结感。

> 前进！光明的使徒在召唤，
> 让我们成为照亮真理和正义的火炬。
> 后退！黑暗中的人群在吼叫，
> 避开火花的光亮。
>
> 我们挣扎着前进，我们奋斗着前进，

行动的意志让我们真切地活着。
后退，如果你偏爱安全和财富，
退回到原先的黑暗当中去。

前进！雄鹰惊空遏云，
展开骄傲的翅膀逐日高空。
后退！鸱鸮如泣如诉，
悄然滑入洞穴瑟瑟发抖。

前进！历史始终证明，
自由是我们所知的最崇高的奖赏。
后退！去喂饱你的肚子，而不是充实你的脑袋，
你将在褴褛中养育奴隶。[87]

梳理欧洲女性文学中后革命时期的认知变化，超出了本书的研究范围。但值得注意的是，对今天的革命史家来说，女作家提供了一种时人的理解和见证形式，它与众不同，有独特的价值。在现存的关于1848—1849年罗马生活的各种目击记述中，美国女权主义者玛格丽特·富勒的日记和新闻报道出类拔萃，因为她将自己敏锐的政治分析与对所有关键人物的富有想象力的同情相结合，不论他们的政治立场如何。玛丽·达古以达尼埃尔·斯特恩的笔名写作，创作了当时关于法国1848年革命最好的历史著作，远胜于同类作品。该书不仅文笔优美，而且分析犀利，有强烈的历史自觉意识。她致力于探究阶级对立在革命的起源和过程中的作用，全书故事即在这一框架内展开。该书的研究也比同题材的论著深入得多：达古翻阅了议会辩论记录、报告、公告和请愿书，还采访了许多重大事件当事人，从路易·勃朗，到南特的医生安热·盖潘，再到曾担任战争部长的拉摩里西尔（Lamoricière）将军。她前往泽西岛，拜访流亡此地的路易·勃

玛丽·卡特琳·索菲（Marie Catherine Sophie），即达古伯爵夫人，该肖像画由画家亨利·莱曼（Henri Lehmann）绘制。达古伯爵夫人是一位定居德意志的法国流亡贵族的女儿，她撰写了与1848年法国革命相关的历史杰作。这部三卷本的著作不仅文笔优美，而且研究深入，对革命所释放的社会和政治力量进行了精妙的论证。达古伯爵夫人是19世纪中叶选择完全自主生活的女性之一，她与当时的资产阶级道德观格格不入，但并不接受让娜·马里和苏珊·瓦尔坎等女权主义者的解放政治。如今，她最为人所知的是她与作曲家李斯特的关系：她与李斯特育有三个孩子，但未与李斯特结婚，也未与丈夫达古伯爵离婚。她与李斯特的次女科西玛后来嫁给了作曲家瓦格纳

资料来源：Musée Carnavalet, Paris. (Photo: CC0 Paris Musées)

朗。她从拉摩里西尔那里获取了一张地图，上面展示了1848年6月军队镇压巴黎起义者的部署安排。达古在批评时一视同仁，她几乎在每一个重要政治人物的身上都发现了关键的缺陷。[88] 尽管她并不着力掩饰自己的偏见，但她试图努力纠正这些偏见。而且就像富勒笔下的人物一样，达古笔下的重要角色都是立体的，无论着墨多少。都有权得到读者的同情。

克里斯蒂娜·特里武尔齐奥·贝尔焦约索从未创作过可与达古相媲美的历史画卷，但她关于米兰革命的新闻报道，以及后来构成其回忆录的笔记，均表现出一种情感和思想上的超然。这使她能够超越政治立场，在一个巨大的互动和危机机制当中，将持有各种观点的主要男性角色置于恰当位置。小说家、社会问题评论家贝蒂娜·冯·阿尼姆没有直接参与1848年在柏林发生的事件，但在那一年，令她的亲属大为惊恐的是，她主办了两类沙龙。第一类沙龙的参与者主要是她家庭所处的贵族阶层中的保守派和自由派显要。第二类沙龙则是"民主"沙龙，经常光顾的人包括：新任法国驻柏林大使埃马纽埃尔·阿拉戈（Emmanuel Arago，弗朗索瓦的弟弟）、俄国左翼人士米哈伊尔·巴枯宁（Mikhail Bakunin）、左翼共和主义者尤利乌斯·福禄培尔（Julius Froebel，弗里德里希的侄子）和波兰民主派人士尤利娅·莫林斯卡-沃伊科斯卡。冯·阿尼姆在动荡的几个月里的通信显示，她坚持不懈地在不同阵营间进行斡旋。[89]

较高的社会地位（达古、贝尔焦约索、冯·阿尼姆出身上层），或者置身于罗马的美国人（富勒）的疏离视角，可能有利于女性写作。但必然同样重要的是，在这些于性别分隔的世界中生活和写作的女性眼中，1848年的政治家和受欢迎的护民官都是**男性**。男性将彼此视为共和派、反动派、君主派、撒谎者、叛徒、变节者、敌人、盟友、江湖骗子、煽动者和共产主义者，而女性至少可以偶尔将他们单纯视为陷于政治竞争和敌意中的男人。[90]社会主义者让娜·德鲁安在《女性观点》一书中指出，女性对革命事件的看法与男性不同。德鲁安宣称，无论女性的政治观点如何，她们都团结起来寻求一种"有关和平与劳动的政策"，以取代驱使男性互相毁灭的"利己主义和残酷的政策"。"男性只看到斗争，只感受到仇恨，而女性看到的是斗争所产生的苦难，感受到的是怜悯。"[91]

自由与危险

"3 点半时,(我们得知)商店关闭,军队向市民开枪,等等。我跑了一小段路回家,到了下午 4 点,柏林已经建起几百个街垒!你真该看看我搬石头和滚木块的样子……所有的政治犯都被释放了(甚至是波兰人),所有的(政治)审判都被取消了。"莫里茨·施泰因施奈德(Moritz Steinschneider)于 1848 年 3 月 20 日给他在布拉格的未婚妻奥古斯特·奥尔巴赫(Auguste Auerbach)写下这段话。他并不是天生的革命者。他曾在米库洛夫(位于摩拉维亚)和布拉格学习《塔木德》(犹太古代法典),之后前往维也纳和柏林,致力于东方文学和比较语言学的研究。随着年岁渐长,他将作为一名学识渊博的目录学家和东方学家,享誉国际。[92] 施泰因施奈德的学术工作尤为深奥,技术要求高,但并不狭隘。几十年来,他研究了犹太人在整个中世纪所扮演的跨文化"译介者"的角色,整理和分析以多种语言写成的所有可想到的文献证据残片,以重建"犹太人、穆斯林和基督徒之间,希伯来语、阿拉伯语和拉丁语学术之间,作者、读者和译者之间的文化流转"。[93]

对于柏林发生的事件,令年仅 22 岁的施泰因施奈德兴奋的不是革命起义本身,而是人与人之间壁垒的崩塌:

> 数以百计的士兵和平民倒下或受伤,其中有相当数量的犹太人!他们正在准备一场集体葬礼和纪念活动,赞颂归于上帝,不再有任何"犹太人"或"基督徒"的说法。在四周之内,普鲁士的犹太人必将得到解放,因为人民已经在解放他们了。现在谁还会考虑自己呢?这些天来,柏林民众在文化上取得了巨大的进步,最近发生的事件所带来的结果在所有地方都是确定无疑的![94]

对全欧洲的许多犹太人，特别是像施泰因施奈德这样的年轻人来说，自由的钟声似乎终于在 1848 年敲响了。革命团体和议会所起草的诸多宪法都明确或暗示了犹太人在公民权上的平等：1848 年 3 月 15 日，佩斯的激进主义者发表了《十二条要求》，其中第 4 条呼吁"法律面前民事和宗教平等"。后来被采纳为准宪法的瓦拉几亚《伊斯拉兹宣言》第 21 条宣布："解放以色列人，赋予其他信仰的同胞政治权利。"柏林的普鲁士国民议会起草的《瓦尔德克宪章》第 18 条宣布："民事和政治权利的享有独立于宗教信仰或任何宗教团体。"1849 年罗马共和国宪法第 7 条"基本原则"规定："民事和政治权利的行使不取决于宗教信仰。"奥地利国民议会起草的《克莱雪尔宪法》第 14 条规定："公民在权利和义务上，不因宗教信仰不同而存在差异。"这些条款（除了《伊斯拉兹宣言》）没有明确提到犹太人，而且犹太人也不是唯一受其影响的群体，但除了犹太人，其他少数民族与宗教自由的理念都没有联系如此紧密，也没有为宗教自由发起过如此有效的运动。

因此，施泰因施奈德的热情是有充分理由的。在欧洲大陆的许多地区，1848 年革命的爆发给犹太社群带来了兴奋和大开眼界之感。犹太人在街垒上战斗和牺牲，参加游行示威和俱乐部，发表演讲，签署请愿书，编辑自由主义和激进主义的报纸，自愿加入公民卫队和爱国民兵组织，并在新成立的议会中担任代表。正如我们看到的，犹太教的拉比和基督教的神职人员共同主持了维也纳和柏林阵亡者的混合葬礼；而在罗马，犹太人和基督徒在毗邻犹太区的地区举办了联谊午餐会。在威尼斯共和国，"公民拉比"亚伯拉罕·拉特斯（Abraham Lattes）力劝其社区的男子加入公民卫队，并为新生的共和国提供财政捐助，由此成为社会名流。[95]

但是，如果说革命给许多社群带来了真正和持久的救济，那么它也带来了新的危险。在犹太社群中，传统主义者和同化主义现代化者之间早已存在深刻的分歧，革命进而点燃了（有时是暴力的）派系冲突。在加利西亚的伦贝格，传统主义犹太人谋杀了改革派拉比亚伯拉罕·科恩（Abraham Kohn），因为他们担心后者会利用革命动乱来推动现代化议程。[96] 在一些边境地区，犹太人在对立民族群体的夹缝之间生存。当一些革命行政官员的权威减弱时，他们给予的改良措施就被撤销了。也许最重要的是，犹太人解放的前景激起了民众的敌意，基督教多数派的部分人被动员起来反对他们周遭正在发生的变革。在一些地区，革命从一开始的特征就是针对犹太人人身和财产的暴力激增，而这些革命遗留下来的影响中，就包括新的、恶毒的反犹太偏见。

直到 1848 年，欧洲中部和南部大部分地区的犹太人都生活在限制性很强的特别法律之下。在哈布斯堡治下的伦巴第和威尼西亚，犹太人不能参选市政议会的议员，不能担任民事或司法职务，也不能从事药剂师或公证员等职业，而且仍然受专门的犹太司法管辖。[97] 在哈布斯堡的摩拉维亚，犹太人被限制居住于特定的城镇里，主要是位于该国说捷克语的南部和中部的集市小镇。他们居住在界线明确的犹太区内。[98] 在教宗国的首都罗马，他们仍然被隔绝在特韦雷河两岸圣安杰洛区的犹太区里。他们缴纳特殊赋税，无法享受重要的社会福利，在城外的行动受到严格控制。此外，犹太人每年还被迫参加一个屈辱性的公共仪式：在仪式上，一名拉比和两名社群领袖在众多当地居民和外国客人的围观下，跪在城市官员的面前，背诵一套陈词滥调，以表达自己的谦卑，恳请当局仁慈地对待犹太人。[99] 踢拉比的屁股以示对这套表演的奖励，这种做法到 19 世纪已经消失了。但正如一个犹太区领导人代表团在 1847 年 1 月 14 日给庇护九世的信中所说，这个仪式"对执行它的人来说是痛苦的，而对接受它的人来说是无效的和无足轻重的"。[100]

情况因为以下事实变得更加复杂：有些规定得到严格执行，而另一些规定的执行则漏洞百出。这在哈布斯堡王朝治下尤为明显。例如，在匈牙利，犹太人被禁止从事大多数职业、进入许多城市中心，但这并不妨碍他们在城市里非法定居，并在没有执照的情况下从事被禁止的职业。[101] 到 1848 年，维也纳可能有多达一万名非法定居的犹太人。哈布斯堡加利西亚的犹太人被禁止加入所有行业和行会，不得从事药剂师、酿酒师、磨坊主甚至旅馆老板的工作。而开旅馆其实是居住在波兰土地上的犹太人的传统职业，但地方当局也没有贯彻执行该项禁令，约有 2000 名犹太旅馆老板继续在奥属波兰经营着他们的生意。[102]

德意志邦联各邦国的犹太人受制于令人眼花缭乱的各种地方法规。在革命前夕，拿骚公国的犹太人仍然维持着 18 世纪的样子：他们是"受保护的犹太人"，没有公民权利，受到特殊限制。[103] 普鲁士王国的情况尤其复杂。在这里，1812 年拿破仑战争白热化时颁布的一项法令，将当时定居在普鲁士的犹太人定义为"国民和公民"，但该法令仅适用于 1812 年就隶属于普鲁士的省份。1814—1815 年重新规划领土时，新萨克森以及波兰和莱茵-威斯特伐利亚的部分土地被划归普鲁士，但上述法令并未扩展应用到这些地方。这意味着在 1815 年之后，普鲁士土地上的犹太人生活在 20 多个不同的地方辖区中，每个辖区都有自己的法规。

更重要的是，该法令推迟了对犹太申请者能否获得政府职位这一问题的判断。[104] 1815 年后，普鲁士当局百般限制犹太人在政府任职，理由是普鲁士人民的基督教信仰使他们必须将非基督徒排除在国家的行政管理和政治生活之外。犹太裔中尉梅诺·布尔格（Meno Burg）自 1812 年作为志愿步兵加入掷弹兵卫队以来，表现出色。1830 年，他晋升为上尉时，国王发布了一项内阁命令，称鉴于布尔格在普鲁士军官中的成就和生活经验，他应该已经认识到基督教信仰的真理和救赎力量，由此"他晋升的所有障碍得以清除"。[105]

这一时期的欧洲标准化正在推进，特权和司法例外日益受到压制，而犹太人依然代表一种以特权和特殊管辖权为规范的旧秩序。最大的例外是法国。在这里，宗教与公民身份之间的联系已被 1791 年的革命宪法完全斩断。该宪法认可普遍的公民身份和政治权利，犹太人的权利也在其中。但是，即便在法国，这一发展势头也在1808年一度被逆转。当时拿破仑对斯特拉斯堡的基督教商人和工匠的抱怨感到不安，于是在说德语的东部省份，对犹太人的经济活动施加了严格限制。战争结束后，1808年的法律在法国失效，但在由普鲁士和巴伐利亚控制的那部分莱茵兰地区，该法律继续实施了几十年之久。

1814年宪章保障所有法国公民的"宗教自由"，但它也给作为国教的天主教做了特别规定。直到1830年革命之后，这一特殊地位才被取消；在修订版宪章中，天主教仅被描述为"大多数法国人所信奉的"宗教。1831年2月8日，七月王朝将国家对天主教和新教神职人员的资助拓展到拉比身上，从而完全承认了犹太人的宗教平等。但有一种令人憎恶的歧视性规定仍然存在，即"附加犹太教宣誓"，它要求犹太人在某些法庭宣誓时宣读一段羞辱性的文本。在阿道夫·克雷米厄的努力下，该宣誓方式最终于1846年被废除，他在1848年2月加入临时政府。

上述简短的综述清晰地表明，犹太人摆脱消极特权、获得与他人无异的公民身份的旅程从来都不是一帆风顺的。法令宣布"宽容"和"解放"并不是表达普适权利或人权，而是对特定地区的特定社会群体的一次让步。这些让步可能会被撤销或作废。地缘政治的变化可能会带来法律环境的根本性转变。德意志西部和意大利一些地区的犹太人就遭遇了这种情况。这些地区在大断裂期间被兼并为法国附属国，后来又回归到更为保守的管理体制之下。直到19世纪40年代，将犹太人从法律限制中解放出来的想法才开始积聚势力。19世纪40年代中期，普鲁士各省议会开始呼吁给予犹太人充分的公民权利。在1839—1840年的会议上，匈牙利议会下院以压倒性多数票通过一项法案，它提议将犹太人与该国非贵族人口置于平等的地位。[106] 1842年，汉诺威和汉堡的法律管制有所松动；到1847年，甚至相对严格的巴伐利亚也放松了管控。[107] 在巴登，1846年新成立的邦议会中的自由派以2∶1的领先优势决定要求政府颁布解放犹太人的法令。[108] 1847

自由与危险 419

年秋，托斯卡纳最重要的几家自由派报纸——《里窝那报》《黎明报》《祖国报》《人民报》都讨论了这一问题。1847年12月，皮埃蒙特的自由派领袖马西莫·达泽利奥发表致教宗的《论犹太人的解放》公开信。在信中，他谴责罗马犹太区的肮脏情况，提醒他的读者，其居民的悲惨处境是法律歧视和偏见的结果，并坚持认为基督徒有道德义务将自己所享有的自由和机会同样授予犹太人。[109]

在争取解放的运动中，犹太活动家和宣传人员变得越来越重要。阿道夫·克雷米厄的案例以及他与"附加犹太教宣誓"的斗争表明，在公共领域的巧妙宣传有时可以带来更好的改变。还有其他犹太发言人在公开场合为犹太人的权利事业发声，如汉堡的加布里尔·里塞尔（Gabriel Riesser）和柯尼斯堡的约翰·雅各比。犹太领导人组织的卓有成效的请愿活动推动巴伐利亚在1847年放宽了反犹太法规。1848年元旦，《东方报》的编辑指出，犹太新闻界终于迎来了新时代，成为捍卫犹太人权利的利器。[110]

但是，当"基督教利益集团"成功迫使当局收回犹太人的权利或施加新的限制时，或者当舆论出于某种原因敌视犹太人时，同样的动力可能会朝相反的方向发挥作用。以下事例有助于解释解放过程的非线性特征：1839—1840年，匈牙利议会的下院通过了一项解放犹太人的法案（随后被上院否决）；但在1843—1844年，一项几乎相同的法案在下院未能通过，部分原因是城市代表们反对。在革命（1847—1848）爆发前的最后一次会议上，即制定《四月法令》的历史性会议，解放犹太人甚至没有被列入议程。[111]

政府拒绝放宽限制的情况很常见，理由是这会激起既得利益者的抗议，甚至会激发动乱，危及公共秩序。例如，在黑森-卡塞尔和汉堡，政府不愿意取消行会特权，这严重阻碍了犹太人融入当地经济——在许多方面，它仍是"基督教经济"。[112]而这反过来也意味着，国家并不是决定解放进程或确定"公民身份"含义的唯一机构。例如，巴登的犹太人在法定意义上是大公国的公民，但各种地方法律法规禁止他们在该国80%以上的城市内居住。[113] 在哈布斯堡的加利西亚，尽管有一份批准犹太人在整个省内定居的特许令，但许多城镇坚持援引其古老的"不容忍犹太人"的特权，拒绝犹太人进入。[114]

简而言之，如果从目的论的角度，把"解放"理解为一种争取社会自由化的、进步的、统一的转变，那么这一概念就不太符合犹太人在1848年革命之前和革命期间的历史经历，也不符合女性和被奴役的非洲人的经历。结束犹太人的法律限制是一个旷日持久的、杂乱无章的过程，它在不同的时期和地点以不同的速度推进，步履维艰。在许多管辖区，政策的制定基于这样的假设：解放远不是一种"权利"，而是犹太人必须争取的东西，正如黑森选侯国的枢密院所言，犹太人必须放弃"不光彩的公民活动"，如"经纪、兜售、私人借贷和贩卖二手货"。[115] 然而，这些恰恰是几个世纪以来的职业限制将绝大多数欧洲犹太人逼入的生存空间，要求他们放弃上述活动是无限期推迟解放的一个利器。推进解放议程的努力往往会在周边社会中引发强大的反对声量，这使情况变得更加复杂。赖因哈德·吕鲁普（Reinhard Rürup）写道，解放之路是"曲折而充满荆棘的"。将解放视为众多蜿蜒的"小径"，而不是一条为达到特定目标而预先规划好的道路，更说得通。[116]

普珥节于1848年3月20日举行。这个节日是为了纪念《圣经·以斯帖记》中所记载的一个故事。故事发生在大约公元前4世纪的波斯。仇恨犹太人的哈曼是波斯国王亚哈随鲁的宰相，他密谋消灭整个波斯的犹太人，但亚哈随鲁的犹太王后以斯帖以智谋战胜了哈曼。哈曼失势，并被处决。在一场血腥的清算之后，书珊城的犹太居民末底改取代了哈曼的位置，成为王国中最有权力的大臣。这个节日充满欢乐，令人回想起解放和胜利的时刻。节日当天，莫里茨·施泰因施奈德给未婚妻奥古斯特写信，在他心中，1848年的柏林和远古的书珊城合而为一，普珥节的故事似乎充满了积极的预兆。但在《东方报》的柏林匿名通讯员看来，情况有所不同。《东方报》是总部设在

自由与危险 421

莱比锡的刊物，关注过去和现在的犹太人生活。这名通讯员在思考欧洲最新政治事件的意义时，也将其与普珥节联系起来，但对他来说，这些信息似乎更加矛盾。一个软弱无力、摇摆不定的国王，一个反动的、仇视犹太人的大臣，一场血腥的革命：到底改变了多少？可以肯定的是，在法国，"现代的末底改"、左翼自由派的犹太律师阿道夫·克雷米厄，刚刚被任命为临时政府成员。然而，与此同时，"醉心于自由"的欧洲人却在阿尔萨斯和巴登攻击、殴打犹太人，掠夺他们的财产，以此来庆祝所谓的自由。法兰克福市参事会刚刚否决了一项关于废除对非基督教信仰的法律歧视的提案。这位通讯员写道："在法国，末底改担任部长职务；在德意志，有大批的哈曼！"自由似乎不是温顺的使女，而是"一个行为恶劣的女儿，向各个方向发难"。[117]

1847年4月27日晚9点，瓦尔塔河畔的兰茨贝格（今大波兰地区戈茹夫）市长诺伊曼惊慌失措地给奥得河畔的法兰克福省政府写信，请求军事增援。兰茨贝格处于"完全混乱的状态"。从下午5点开始，1000多名"劳动阶层"的男女老少涌向城市各处，"叫喊着要工作和食物"。临近8点时，骚乱似乎逐渐平息，但这时暴风雨来临的钟声开始敲响，"所有人群"涌向瓦尔大街，以搬空路易斯·博阿斯储藏的马铃薯。它们存放在从商人伊齐格松那里租来的地窖中。市长写道："他们这群暴徒现在还在忙着抢夺土豆。"

暴乱者似乎打算在满足自己的需求之后前往罗斯维泽街，去摧毁路易斯·博阿斯在那里的一家蒸馏酒厂。我们紧急请求：由于我们没有任何手段来镇压这些骚乱，请您根据最高指挥部的要求，仁慈地派遣军队到我们这儿来。同时，我们将尝试能否在我们公民的帮助下，平抚民众的激愤。愿上天保佑，让他们打不破酒厂大门。[118]

在整个欧洲，1847 年的物价飙升和粮食短缺引发了暴力浪潮（第一章），其中犹太人经常是显见的目标——路易斯·博阿斯和兰茨贝格商人伊齐格松都是犹太人。当诺伊曼市长遇到一群守在桥边的愤怒的男人、女人和孩子时，他问他们在等什么，得到的答复是："我们正在等待犹太人买走的一车车马铃薯。我们和家人忍饥挨饿，这全怪犹太人，他们活该挨揍。"[119] 在 1847 年春天和初夏，在布拉格和其他波希米亚城市出现了对犹太纺织厂的袭击。在巴登北部，官员们在 4 月初发现有一本小册子在流传，它把贵族和犹太人称为人民的主要敌人和暴力报复的潜在对象：

1. 贵族必须被消灭；
2. 犹太人必须被赶出德意志；
3. 国王、公爵和诸侯必须离开，德意志必须成为一个像美国一样的自由国家；
4. 所有官员都必须被处死，然后，德意志的一切都会好起来。[120]

于是，甚至早在巴黎二月革命之前，就已经出现了一种模式，它将社会苦难的压力与反犹太情绪联系在一起，在危急时刻把愤怒集中在特定企业和个人身上。随着革命在 1848 年春爆发，一股明显针对犹太人的暴力浪潮席卷了法国东部、德意志南部和哈布斯堡王朝。

骚乱开始于阿尔萨斯。与其他地方一样，随着 1846 年歉收和马铃薯减产的影响逐渐蔓延，零星的反犹太情绪在这里爆发，但真正导致事态升级的是巴黎的革命。2 月 26 日傍晚，共和国宣布成立的消息传到与瑞士接壤的小镇阿尔特基克。在几个小时之内，人群袭击并洗劫了犹太人的房屋，有时还殴打居住者。第二天早上发生了更多的抢劫事件，在此期间，人群闯入犹太教堂，捣毁圣物并玷污了教堂内部。更多劫掠者从附近村镇赶来。直到驻防许宁根和贝尔福的部队抵达，秩序才得以恢复。整个地区都爆发了类似的事件，迫使该地的许

自由与危险　423

多犹太人逃到邻近的巴登和瑞士。[121]

赶往现场的部队对破坏的规模感到震惊。在迪尔梅纳赫镇,他们发现有100多座房屋被洗劫一空,街道上一片狼藉。指挥官报告说:"此地看起来绝对像被武装部队占领,然后又几经易手。"另一份报告描述了上阿让塔勒村和下阿让塔勒村的情形,那里的官员发现"所有犹太人的房屋"都被"彻底掠夺和破坏"。抢劫者大胆到把他们能从房子里搬走的所有东西都据为己有后,还用马车,把赃物都运回自己家里。[122] 在大多数地方,维持秩序的力量无济于事。驻军虽然行动缓慢,但通常是可靠的,然而现在,在一些城镇,国民卫队向犹太人勒索"保护费";在其他地方,他们甚至公开站在袭击者的一边。在马尔穆捷,有五六百人聚集在一起,前往萨韦尔纳去解放被监禁在那里的抢劫者。他们到达时,工人们也加入他们的行列,以释放一名因袭击犹太人而被关押的屠夫。由于骚乱者人数占据绝对优势,萨韦尔纳的宪兵和一支60人的国民卫队干脆撤退了。这不仅仅是将犹太人赶出家门的问题,有时候,成群结队的当地人聚集在主要的出城路线上拦截犹太人,在他们逃离该地区时持棍行凶。有一次,一个小孩身受重伤,第二天就身亡了。最严重的骚乱在3月的第一周结束时基本平息,但零星的抢劫和袭击事件一直持续到4月的最后一周,此后该地区方才恢复和平。[123]

将物价飞涨和粮食短缺归咎于犹太人,这不算什么新鲜事,不过这次骚乱的持续时间之久和规模之大(有报道称,一些村庄的骚乱群众多达3000人)并不寻常。据目击者称,现场有一些工匠和有地农民,偶尔还有狂热的神职人员,但肇事者大多是无地的农村劳动者,他们是最容易受到经济衰退影响的社会阶层。有两件事使这些骚乱尤其令人不安。首先,在法国,法律意义上的犹太人解放进程已基本完成。在邻居都是公民同胞的法国城镇里,这样的场景怎么可能发生?其次,人们经常听到抢劫者高呼"共和国万岁",他们在动手时哼唱《马赛曲》。他们这样做的意图很难确定,当然也没有人费心去问他们。

或许他们从巴黎的新闻中看到了纪律普遍松动的信号,这是一个摆脱束缚的时刻。又或许,革命意味着从经济困境中解放出来,而他们把经济困境归咎于当地的犹太人。几个世纪以来,欧洲最贫穷的基督徒都是这么做的。无论动机如何,暴力事件,特别是法国犹太人逃往邻国瑞士和巴登大公国的情况,都让新政府感到难堪,尤其是可能因此让人们感到新管理机构无法管控国家。司法部长克雷米厄和他的非犹太人同僚敦促阿尔萨斯当局果断采取行动,并向该地区派出了一名犹太特派员,以调查这些暴行,并防止暴行再次发生。[124]

阿尔萨斯的暴力事件只是一个开端,在革命的最初几个月里,反犹太的骚动和暴乱浪潮席卷整个欧洲,"从阿姆斯特丹蔓延到罗马"。[125] 3月4日,巴登各地爆发了反犹太骚乱。房屋遭到石块投掷、洗劫或焚烧。3月17日,在普雷斯堡举行的致敬匈牙利革命领袖科苏特·拉约什的火炬游行中,成群结队的学徒和劳工利用这一活动向犹太人发起攻击。他们把火炬扔到犹太人房屋的屋顶上,并残暴殴打住户。[126] 在随后的几周里,暴力活动的范围扩大、强度增加,到4月初发展至白热化,屠杀从一个城市蔓延到另一个城市。据报道,4月14日,在刚开始接纳犹太人的城镇——塞克什白堡,60个犹太家庭全部被赶出了这里。[127] 仅4月24日一天,在普雷斯堡就有10名犹太人被杀,40人受伤。在普鲁士波森省的格雷茨镇(今大波兰地区格罗济斯克),波兰镇民占领了属于犹太人的房子,把里面的人赶到街上,并毁掉他们在屋内能找到的所有东西,包括门和窗框。[128] 4月底至5月初,图林根也发生了类似的骚乱,小镇伦斯费尔德是事发地之一,这里的一伙企图抢劫的人强迫治安法官签署一份文件,"正式地"允许他们掠夺该镇的犹太人。[129]

就像波浪一样,这些攻击几乎是同时发生的,但它们也有强烈的地方性,往往以关键人物(市长、指挥官、行政长官和犹太社区领袖)为中心,并与各地不同的地理环境和社会结构紧密相关。经济动机显然产生了影响。大多数暴乱者(尽管不是全部)都来自受危机影响最为严重的贫困社会阶层。这场危机于 1846 年从农业部门开始，到 1848 年春仍在啃噬贸易和制造业。在欧洲中部的城镇，犹太商人和工匠被视为不受欢迎的竞争者。在许多农村地区，他们位于战线的暴露阵地上，战线两侧分别是最脆弱的信贷提供方和风险最高的客户。在没有信贷机构的农村地区，犹太人是唯一愿意向当地小农户提供贷款的人。这是潜在的风险来源，特别是在经济危机时期，届时，违约债务人的焦虑和愤怒往往会集中在债权人身上。[130] 当然，犹太人并不是唯一的债权人。在巴登的一些地区，在对犹太人的房屋和企业进行第一波攻击之后，也出现了袭击大地主家庭地产的骚乱，尤其针对地产管理员记录佃户和小农户所欠税款及其他欠款的办公室。[131]

批判当时经济关系的流行出版物，特别是那些左翼的出版物，过于关注犹太人。1845 年出版的反犹小册子《犹太人，当代的国王》销售一空，并于两年后重新发行。在书中，仇英的傅立叶主义者阿尔方斯·图斯内尔（Alphonse Toussenel）认为，现代金融和商业受"外来"的犹太人控制，他们创造了一种现代化的"封建主义"形式。[132] 1846 年，前圣西门主义者、自称为"人道主义者"的皮埃尔·勒鲁在一篇同名文章中认可并推广了图斯内尔的论断。[133] 因此，这不仅仅是经济萧条的问题，而且是提供理解经济萧条的框架的问题，这些框架将对资本主义的敌意集中在它的极少数代表身上。在许宁根犹太人家里偷窃被褥的失业日工不太可能读过图斯内尔或勒鲁的著作，但这些动乱期间出现的传单和小册子表明，将犹太人与"封建"资本主义的"剥削"联系起来已成惯例。这就更容易理解为什么抢劫者和纵火犯会唱起《马赛曲》或高呼"共和国万岁"。将犹太人视为危机时期普遍的社会功能失调的象征，使得人们与真实犹太人"日常经历和接触"的多样性为"负面图式和刻板印象"所取代。[134]

因此，有人可能会说，在针对犹太人的暴力这件事情上，是 1846—1848 年普遍危机造成的压力，在一种现成的、流行的解释框架下直接外溢，导致了违法行为和骚乱，而犹太人比富裕、有权势的基督徒更容易成为攻击目标。但暴力事件发生的时机表明，政治动力也很重要。在巴登，骚乱开始于以下谣言——大公国议会即将赋予犹太人完全的法律平等地位。在一些地区，只有在当地犹太人宣布放弃他们群体的权利和特权的情况下，市民们才罢休。解放与暴力之间的联系是如此紧密，以至在巴登的一个社群里，犹太居民因为害怕进一步的报复，甚至向议会请愿不要解放自己。在普雷斯堡，类似的谣言触发了"血腥而悲惨的迫害"。[135] 在佩斯，暴乱始于3月21日。这一天，一项建议赋予所有城市居民（不论宗教信仰如何）市政投票权的法案被提交给了议会。[136] 在格莱维茨（今波兰的格利维采），支持和反对解放犹太人的小册子引发了5月1日的示威活动。[137] 简而言之，暴力不仅是经济苦难的表达，还是对特定政策的政治抗议。

在罗马，教宗庇护九世计划放宽对犹太人的居住限制。该消息在1847年夏就已激起了强烈的不满，在毗邻犹太区的地区尤为如此。为此人们组织了公共午餐会，试图推动雷戈拉区和特拉斯提弗列区的居民与他们的犹太邻居和解。主要协调者是战神广场区的葡萄酒批发商、深得人心的领袖安杰洛·布鲁内蒂，人们更熟悉的是他的昵称——"西塞鲁阿基奥"（Ciceruacchio，意思可能是"胖乎乎的"或"鹰嘴豆"）①。这些活动令人印象深刻，它们与法国的自由主义和激进主义宴会颇为相似——基督教和犹太教领袖发表演讲，还有精心设计的展现兄弟情谊的表演，包括屠宰场的工人与犹太人一起用餐，或者举着火把的基督教和犹太教人群相互走近，相互问候，然后汇合，经由犹太区进入特拉斯提弗列区。小册子和传单正面描绘了这一事件。这些活动从冬季一直持续到春季。1848年3月26日，咏礼司铎安布罗焦·安布罗索利（Ambrogio Ambrosoli）在布道时告诉听众，必须结束"迫害、争吵和仇恨"——不能将犹太人抛弃在"门廊"，让他

---

① 关于该昵称的来源有不同说法，除了"胖乎乎的"（ciccio）和"鹰嘴豆"（cicer）的说法，还有人认为源于西塞罗（Cicero），暗指他的口才可与西塞罗相媲美。——译者注

们啃食"文明宴会上的碎屑"。[138]字字暖心,尽管他在布道结束时仍虔诚地希望犹太人能尽快皈依基督教。4月17日,犹太区的大门打开,犹太人获许在首都自由走动。由于担心反犹主义的报复,西塞鲁阿基奥和一群同伴赶到现场,又组织了一场基督徒和犹太人之间的兄弟情谊表演。[139]

但与和解运动并行的是对解放的拒斥。1848年1月,萨皮恩扎大学希伯来语教授、修道院长路易吉·温琴齐(Luigi Vincenzi)发表了一本小册子,拒斥改革的主张。温琴齐认为,犹太人的地位低下并不是基督教不宽容的结果,而是"令人钦佩的神圣过程"的演示。[140]他向罗马犹太人传达的信息是:我不恨你们,也不审判你们。你们的地位低下是你们自作自受的结果,你们自己否认耶稣基督是上帝在人间的化身。对你们来说,唯一真实的解放形式是真诚地皈依天主教。文章主体部分的附文驳斥了马西莫·达泽利奥在《论犹太人的解放》中提出的论点。达泽利奥许诺,犹太人一旦摆脱法律限制,便会成为优秀公民。对此,温琴齐反驳道,犹太人永远不会效忠于意大利,因为他们的宗教所召唤的祖国是耶路撒冷。[141]温琴齐认为,把他们从传统的法律限制中解放出来,只会让他们把教宗的权威抛到一边,实现他们从未放弃的压迫基督教的梦想。

伴随温琴齐小册子而来的是潮水般的、敌视犹太人的地方抗议之声:带有方言色彩的神秘手写海报,呼吁罗马公民"屠杀"犹太人;鱼贩、工匠或商人认为自己受到了犹太人的威胁,纷纷抗议;还有无数自发的人身攻击,比如对犹太区小店主贝尼亚米诺·松尼诺的攻击。7月8日晚,欠店主钱的砖瓦匠贾科莫·博洛尼尼走近贝尼亚米诺,让他说"庇护九世万岁",虽然贝尼亚米诺很友好地照做了,但博洛尼尼一再地扇他耳光,直到店主和他的兄弟逃走。[142]1848年夏秋之际,随着该市政治氛围的恶化,此类事件急剧增加,而且越来越多地涉及枪击和刺伤,不再局限于拳打脚踢。尤其令人不安的是,公民卫队常常无力有效地应对暴力行为,有时甚至参与其中。在该市的八个营中，有四个营拒绝招募犹太人，并威胁称如果被迫如此就自行解散。这些营包括从犹太区旁边的特拉斯提弗列工人阶级街区招募人员的营。当暴徒在犹太区殴打或刺伤犹太人时，经常可以在他们中间看到公民卫队的制服。在1848年10月23日的大规模暴力事件中，一名男子用匕首在伊萨克·松尼诺的肩膀上刻了一颗（犹太）星。次日，当他穿着制服出现在负责巡逻犹太区的公民卫队分队中时，人们认出了他。[143]

1848年3月5日，犹太小说家贝特霍尔德·奥尔巴赫（Berthold Auerbach）告诉父亲："必须从更宏大的历史视野来看待愚蠢的德意志人偶尔对犹太人的愚弄。这类可恶行为的爆发迅速被自由主义者制止，而起义作为一个整体仍然是崇高而振奋人心的。"[144] 一些自由主义犹太评论家仍然崇尚这场本质上进步的历史运动，他们找到了方法，淡化掠夺和大屠杀等坏消息的负面影响。现代犹太研究的奠基人利奥波德·聪茨（Leopold Zunz）同样乐观。他在3月写道："某些地区的乌合之众针对犹太人的风暴，将像其他无稽之谈一样消失得无影无踪，而自由将存续。"[145] 一位评论家在维也纳的一份刊物上指出，可以肯定的是，这些无疑是现代最为严重的反犹暴行，但是，人们应该暂时抛开"一摞摞冒烟的瓦砾堆""破碎的家庭幸福""自己内心的痛苦"，转而关注更宏大的图景。敌意的根源是社会的而非宗教的——这无疑是个好消息。犹太人之所以成为被攻击的目标，只是因为暴乱者和抢劫者认为，针对他们的犯罪不太可能受到惩罚。作恶之徒只占基督教社会的一小部分——大多数人对少数暴力分子的过激行为感到惊恐。即使是迫害也有积极的一面，因为它使政府直面公共秩序问题，从而迫使政府加快解放进程。[146]

有多少同时代的犹太人持有这种乐观态度？革命受反犹暴力影响最为严重的阶段（1848年3—4月），恰好也是人们似乎最有理由期待解放即将来临的时候——当我们考虑到解放与暴力之间的因果关系时，这种情况好像就不那么吊诡了。3—4月，许多自由派领袖发表了诸多声明，众多立法机构几乎一致做出解放的决定，这表明解放的政治意愿是存在的。但是，正如过去经常发生的那样，现实总是相对滞后。1848年4月25日颁布的奥地利《皮勒斯多夫宪法》保证了犹太人宗教信仰自由，但第27条明确规定，"特定宗教派别成员在民事和政治权利上的差异"是即将召开的国民议会所要解决的问题。

匈牙利的革命政府也拖了后腿。科苏特·拉约什曾高调表示与犹太人团结一致，但提议给予犹太城市居民完全市政公民权的宪章被撤回。这意味着虽然许多农民现在拥有了投票权，但即使是最富有和受教育程度最高的犹太人仍没有此项权利。新的匈牙利国民议会投票赞成渐进式解放，要求犹太人通过各种资格审查，却没有通过相关立法。直到1849年7月28日，搬到塞格德的匈牙利国民议会才最终通过解放犹太人的法律。但在那时，挣脱了奥地利控制的匈牙利已濒临崩溃和解体。新法律仍然是一纸空文。[147] 直到1867年12月，在哈布斯堡王朝重组为奥匈双元帝国之后，解放法案才被匈牙利议会两院通过。

意大利在短期内呈现出乐观的前景：皮埃蒙特、托斯卡纳、摩德纳、伦巴第临时政府、威尼斯共和国，以及1849年的罗马共和国都通过了全面的解放法律。但在革命失败后，这些变化在意大利各邦（除皮埃蒙特外）都被逆转了。犹太人只能一直等到1861年统一战争的胜利和意大利王国的建立。在罗马，当教宗返回该城后，犹太人离开犹太区的权利被撤销，被迫退回古老的城墙之内。直到1870年，当罗马教宗落入意大利王国的军队手中时，罗马的犹太区才被彻底废除。

在德意志，解放进程同样遭遇复杂问题和挫折。曾有一项重大突破：法兰克福国民议会制定的《帝国宪法》宣布民事和公民权利不关乎宗教信仰，它随后得到了29个德意志小邦国的支持。在普鲁士、萨克森和汉诺威，1849年颁布的新宪法废除了所有的法律限制。但事实证明，就像促成这些成功的革命形势一般，诸多成功都是昙花一现。法兰克福《帝国宪法》中规定的"基本权利"被重新召集的革命前的邦联议会废除,使得1849年的官方认可变得毫无意义。一些邦国(包括萨克森和符腾堡)确实采取行动以保留权利平等,但在其他邦国,解放进程被中止甚至逆转。黑森-卡塞尔撤销了政治权利,甚至采取措施引入种族隔离教育。在普鲁士,1850年修订的宪法重申民事和公民权利独立于宗教信仰(第12条),但也宣布"基督教应构成所有与宗教活动有关的国家机构的基础"(第14条)。在整个19世纪50—60年代,后一条规定被用来将犹太人排除在几乎所有的国家公职之外。直到1866—1867年和1871年,随着北德意志邦联和德意志帝国的建立,这个问题才最终得到解决,全面解放犹太人得到支持。

尽管在中期内,犹太人问题在大多数司法管辖区通过解放立法得到解决,但1848年革命的经历仍给欧洲犹太人带来了许多惨痛教训。它提醒人们(如果需要提醒的话)解放运动是多么容易被中止或逆转。维也纳《中央机关报》驻柏林通讯员满怀希望地声称,屠杀会加速改革的步伐,但他错了。事实恰恰相反:作为对1848年4月恐怖事件的回应,科苏

约翰·雅各比画像(1863),可能出自赫尔曼·冈瑟之手。雅各比是柯尼斯堡一个商人的儿子,他属于第一代犹太活动家,致力于将自由和激进政治与解放犹太人的主张结合起来

资料来源:National Library, Warsaw. (Photo: Wikimedia Commons)

特主张，政府应该放弃支持民事权利平等，因为这会引发进一步的报复行径。[148]

一位犹太通讯员在评论 1848 年匈牙利北部米什科尔茨市的反犹太骚乱时指出，这并不是"我们第一次看到可怕的幽灵浮现，他们吸入中世纪偏见的气息而生机勃勃，然后肆虐作恶"。[149] 从这个角度来看，暴力似乎是过往时代的糟糕残余，是过去对现在的暂时入侵。然而，相关的小册子和文章在流传，其中不乏极为精妙成熟之作，作者们将犹太人当作资本主义和金钱力量的代名词。这些事实意味着，反犹情绪已经找到了新的现代表达方式。其中有一种观点主张，人们需要的不是把犹太人解放了，而是从犹太人手上解放出来。

这一观点在革命前就有复杂的渊源。如果说它在 1848 年后迅速流行起来，部分可归因于围绕"解放"一词的修辞膨胀。它也是在回应极少数犹太人的显赫财富，回应犹太人能作为政治俱乐部成员、民选议会成员或政府部长这一显而易见的事实——这也是 1848 年革命区别于 1830 年和 1789 年革命的一个特点。[150] 反过来说，这种新现象之所以成为可能，是因为在 19 世纪三四十年代，在一些国家，犹太少数群体的文化和经济地位迅速提高，自由派领袖和最进步的犹太人之间结成同盟。[151]

"从犹太人手上解放出来"的口号之所以重要，是因为它把犹太人置于历史的邪恶一方，将他们的解放描绘成狭隘利益的胜利，而不是普遍权利的胜利或公民身份概念的扩展。前革命者理查德·瓦格纳（Richard Wagner）在 1850 年写道："没有人注意到这一点，'国王的债主'变成了'轻信者之王'，鉴于我们意识到自己不得不为从犹太人手上解放出来而斗争，我们竟然发现这个国王对解放的要求极其天真。"[152] 这一观点在左、右两翼的政治话语之间架起一座桥梁，并成为现代反犹主义的核心论调之一。[153] 相比之下，对性别角色颠倒的讽刺性描述仍然处于闹剧的范围内，例如，一个穿着长裤的叛逆妻子告诉她的异装癖丈夫："奴隶制已被废除，现在轮到你做奴隶了。"

解放"罗姆奴隶"

1843 年,一份布加勒斯特刊物宣布,布加勒斯特已故的塞尔达尔·尼卡(Serdar Nika)的孩子和继承人正在出售 200 个"吉卜赛人"①家庭。清单上列出的人员包括锁匠、金匠、鞋匠、乐师和农业劳工。由于这些家庭只能以至少五户为一组批量购买,遗嘱执行人以"比正常价格低 1 达克特"的价格出售他们,并接受灵活的付款方式。[154]

当这一出售的公告发布时,罗马尼亚土地上的吉卜赛人奴隶制历史正进入终章。到 1830 年,两个多瑙河公国共有约 20 万被奴役的吉卜赛人。他们可分为三类:归国家所有、归教会所有、归私人所有。瓦拉几亚和摩尔达维亚分别于 1843 年和 1844 年通过法律解放了各自的国有奴隶,两地教会也分别在 1847 年和 1844 年受命释放自己手上的奴隶。然而,还有第三类"吉卜赛奴隶",他们是归私人所有的财产,主人包括波雅尔或非贵族地主、文官、医生、士兵,甚至是刚到公国不久的外国人。由于土地清册的调查中没有记录他们的名字,他们的确切数量不详,但到 1848 年瓦拉几亚革命爆发时,他们的数量可能在四五万。[155] 这些私人所有的吉卜赛人分为两大类:流浪吉卜赛人和定居吉卜赛人。前者浪迹全国各地,从事各种流动贸易,并每年向主人缴纳贡金。后者可能是充当家仆的"家庭吉卜赛人"或"庭院吉卜赛人",也可能作为"田野吉卜赛人"在主人的庄园里工作。[156]

正如 19 世纪 40 年代的废奴事件所表明的,早在革命爆发之前,要求废除吉卜赛人奴隶制的文化压力就已经开始积聚。1831 年,学识渊博的历史学家米哈伊尔·科格尔尼恰努出版了一份广受关注的关于"吉卜赛人的历史、习俗和语言"的"概述"。他在其中哀叹欧洲人对吉卜赛人命运的漠不关心:"他们(欧洲人)在美洲成立了旨在废除奴隶制的慈善协会,而在他们自己的欧洲大陆上,却有 40 万吉

---

① 吉卜赛人自称"罗姆人",是以游荡生活为特点的一个民族。——编者注

卜赛奴隶，另有20万吉卜赛人生活在愚昧和野蛮的阴影之下。"[157]科格尔尼恰努属于进步的摩尔达维亚人，支持解放国家和修道院所有吉卜赛奴隶的法律。一份自由派周刊的社论宣称，新法律"使我们的国家跻身最文明国家的行列"。他们接着说，在"法国殖民地和北美联邦的许多州充斥着数百万黑人"之时，摩尔达维亚人"已正式捍卫了人人生而自由的原则"。[158] 6月26日，布加勒斯特临时政府在成立的次日，就宣布解放所有剩余的吉卜赛奴隶："奴隶制时代已经结束，吉卜赛人如今是我们的兄弟。"[159]

殴打和其他形式的虐待行为被立即禁止；奴隶主受到警告，如果继续实施虐待行为，将失去获取补偿的权利。政府敦促地主们效仿那些无偿释放奴隶的"仁慈基督徒的榜样"。那些坚持自己有权"因释放灵魂而获得金钱"的人将获得补偿券。而被奴役的吉卜赛人将获得"解放券"，它可以兼作身份证使用：解放券上注明了签发日期、被解放者的姓名和年龄，显然还有前主人的姓名。卡片上的文字声明，当事人"根据国家宪法的原则获得自由"，从此进入"罗马尼亚土地上的自由居民阶层"。[160] 7月10日，新成立的奴隶解放委员会开始运行。该委员会事务繁忙：制定释放程序；拟定预算；安排印刷表格；为希望获得补偿的人设定两个月的提交证明文件期限，并处理随后递交上来的材料；签发相应的证明文书；与内政部、警方和各县行政机构沟通；受理并解决投诉和各类权利主张。

对一个如此小的行政机构来说，这是一项了不起的成就。但它实际难以应付所面临的实际困难。许多偏远地区的奴隶主抱怨费用太高，而且很难在规定期限内及时提交必要的文件。一些奴隶主无法提供材料，证明世世代代都归其家族所有的奴隶的真实存在和身份，他们要求当局派遣官员核实其奴隶的存在。申请解放者的人数多到让委员会分身乏术，于是委员会将签发解放券的工作下放给了县行政部门和下级行政机构，并将处理赔偿申请的工作延后进行。但到7月底，地方行政部门仍在等待表格。在由此造成的混乱中，人们对流程的不满日益加剧。6月的废奴公告使数万人为寻求自由开始行动，并在首都造成了交通堵塞。奴隶主和奴隶之间产生了冲突。奴隶主们错误地指控前奴隶偷窃或破坏他们的财产，并出现了违反新法律的即决驱逐和惩罚行为。与法属殖民岛屿上的情况一样，奴隶主援引迁移禁令和流浪法来阻止前奴隶离开他们的工作岗位，而后者拒绝留下，称他们需要"从奴役状态所遭受的虐待中解脱，重获新生"。在多尔日县，奴隶主的对抗异常坚决，以致整个地区都陷入混乱；8月中旬，该县的大部分吉卜赛人仍未获得自由。[161]

与犹太人和加勒比地区被奴役的非洲人情况类似，事实证明，对吉卜赛人来说，宣布废除奴隶制和落实解放之间存在巨大的差距。与产糖岛屿被解放的黑人遇到的情况类似，在这里，同样的问题逐渐显现：谁应该补偿前奴隶主？如果确有补偿，如何将解放和补偿的过程联系起来？解放应该是立即的、绝对的，还是部分的、渐进的？如何确保前奴隶融入瓦拉几亚社会，特别是如何防止他们在离开原来的工作场所后四处流浪？在短期内，这些问题是没有实际意义的，因为1848年9月奥斯曼帝国和俄国联合介入后，革命的崩溃使得整个解放进程终结。1848年9月28日，奥斯曼帝国新任特派员福阿德埃芬迪（Fuad Effendi）[①]和瓦拉几亚新任凯马坎（奥斯曼帝国地方长官称谓）康斯坦丁·坎塔库济诺（Constantin Cantacuzino）联合颁布了一项法令，规定：

> 废除革命期间颁布的所有有关私人所有的吉卜赛人的法令，6月11日至9月13日期间签发给所有这类吉卜赛人的证明（应）归还并销毁，私人所有的吉卜赛人的社会地位应恢复到6月11日事件之前的状态。[162]

---

① 埃芬迪又译"阿凡提"，土耳其语敬语，意为"先生、阁下"。——译者注

对瓦拉几亚被奴役的吉卜赛人来说，革命已经结束。法律解放的进程将在19世纪50年代中期更为有利的条件下重启。

解放的时代

1848年7月4日，西塞鲁阿基奥在托迪昆托街区举办和解盛宴，来自教宗国艾米利亚—罗马涅地区弗利市的马志尼主义作家兼杂志编辑托马索·扎乌利-萨亚尼（Tomaso Zauli-Sajani）在盛宴上致辞。扎乌利-萨亚尼在参加1831年革命后流亡马耳他，直到1846年教宗庇护九世即位大赦天下时，才返回家乡。在面向犹太人和基督徒的演讲中，扎乌利-萨亚尼回顾了伦敦和巴黎废奴运动，并提出人类平等是"现代文明的原则"。但他演讲的高潮是关于爱尔兰伟大爱国者丹尼尔·奥康奈尔的一段话。奥康奈尔曾为英国1829年的《天主教解放法案》而斗争，该法案允许爱尔兰和英格兰天主教徒进入议会，并允许他们担任几乎所有公职。

每当提到丹尼尔·奥康奈尔，罗马人都会激动不已，这是因为在1847年，年迈多病的奥康奈尔踏上了前往罗马的朝圣之旅，途中在热那亚去世。他的心脏被取出，放入骨灰盒中，送往罗马城安葬。几周后，著名的基廷会教士焦阿基诺·文图拉（Gioacchino Ventura）在罗马圣安德烈亚德拉瓦莱大教堂为这位爱尔兰英雄发表了一篇轰动一时的葬礼演说。其中，他利用奥康奈尔这一人物来反驳如下观点：天主教信仰在某种意义上与争取解放的普遍斗争并不相容。[163] 扎乌利-萨亚尼问听众中的天主教徒，在如今"这充满爱、兄弟情谊和新生的美好日子里，这充盈着伟大的圣父和不朽的庇护九世的慷慨意愿的美好日子里"，奥康奈尔的宽容精神怎么会在罗马，而不是其他任何地方，在为犹太人解除法律限制的问题上遇到障碍呢？[164] 这是一种巧妙的提问方式，因为它将犹太人的困境与爱尔兰天主教徒的困境联系在了一起。但这也反映了扎乌利-萨亚尼的信念，即犹太人的解放只是人类共同任务的一部分。[值得注意的是，他从未提及女性解放，尽管与他一起流亡的妻子伊菲杰尼娅（Ifigenia）是著名的政治小说作家。¹⁶⁵]

在小说、芭蕾舞剧、短篇小说、戏剧和歌剧中，欧洲文化无休止地演绎着有关上述四类解放的、充满想象力的故事。意大利作曲家朱塞佩·威尔第（Giuseppe Verdi）的歌剧《纳布科》（*Nabucco*, 1841）中的希伯来奴隶只是关注古代以色列人解放的一个例子，19 世纪早期和中期的基督教神学和政治修辞里一直存在对这一问题的思考。而德意志启蒙思想家戈特霍尔德·埃夫莱姆·莱辛（Gotthold Ephraim Lessing）的《智者纳旦》（*Nathan the Wise*）则聚焦于一位富有同情心、令人钦佩的犹太圣人，反对偏见和宗教歧视；到 19 世纪 40 年代，该剧已成为德意志舞台上的主打剧目。¹⁶⁶ 以反叛女性为主角的芭蕾舞剧不胜枚举，其中一些获得了巨大的成功，它们包括：路易·亨利（Louis Henry）的《美丽的阿尔塞纳》（*La Belle Arsène*, 1818, 1823）和《亚马孙人》（*Les Amazones*, 1823），意大利芭蕾编导塔里奥尼（Taglioni）的《新亚马孙人》（*Die neve Amazone*, 1835），以及奥古斯特·马比勒（Auguste Mabille）的《尼西达，或亚述尔群岛的亚马孙人》（*Nisida ou les Amazones des Açores*, 1848）。在塔里奥尼的《后宫叛乱》（*La Révolte dos femmes*, 1833）中，女性们拿起武器，表演战争舞蹈，并邀请她们的同伴（照剧目批注的说法）共同"反抗男性的专制"。¹⁶⁷ 从奴隶制中解放出来这一主题也不断侵入时人的想象，主要表现为对海地革命的再创作，作品从海因里希·冯·克莱斯特（Heinrich von Kleist）的《圣多明各的婚约》（*Die Verlobung in Santo Domingo*, 1811）和雨果的《黑奴王子》（*Bug-Jargal*, 1820），到尤利乌斯·冯·海登的《德萨利纳：浪漫主义人物和时代绘画》（*Dessalines: Ein romantisches Charakter-und Zeitgemälde*, 1836），匿名作者的《阿梅林……或黑人的反抗》（*Améline...ou la révolte des noirs*, 1843），以及菲利普·克贝尔（Philip Körber）的《海地黑人起义》

解放的时代　437

（Der Negeraufstand in Hayti, 1845）。[168]扬·海利亚德·勒杜列斯库的短剧《扬老爷》（Jupân Ion）描绘了忠心耿耿的吉卜赛家仆的理想形象，他致力于维护主人的孩子的福祉。切扎尔·博利亚克（Cezar Bolliac）和罗马尼亚剧作家瓦西里·阿列克山德里（Vasile Alecsandri）的诗歌和小说则描绘了善良的吉卜赛青年和美丽的吉卜赛女孩不被卑鄙利益迷惑，以此取悦读者。[169]这些作品和许多类似作品让欧洲文化精英们得以不断咀嚼着"解放"的意义，却始终未能理解其真谛。

这些解放还呈现出共同的时间结构和叙事模式。可能性不断扩大的时期与可能性不断收缩的时期交替出现。18世纪90年代初兴起了第一波对解放的兴趣和激进活动；19世纪30—40年代，围绕上述三个问题的宣传网络持续充实和扩大，例证便是西里尔·比塞特的《殖民地杂志》、维克托·舍尔歇的新闻报道、数次迭代的苏珊·瓦尔坎的《新女性》、尤利乌斯·菲尔斯特（Julius Fürst）的《东方报》、加布里尔·里塞尔的《犹太报》，以及罗马尼亚自由主义和激进主义作家出版的各色作品。我们已经看到，1848年的革命进一步强化了这项公共工作。对《东方报》的编辑尤利乌斯·菲尔斯特来说，宣传过程甚至比法律改革更为重要。1851年，菲尔斯特写道："重要的不是结果，而是促成这一结果的行动。"[170]这个一般性观点也适用于女性，尽管增速极缓，但在1848年后的共和运动中，对女性解放的支持在稳步增长，并最终结出了果实。[171]

然而，对本章所述的四个群体来说，革命的退潮意味着前景再次变得黯淡。废奴法令的部分内容被取消，限制女性参与政治组织的法令被重新引入，废除信仰歧视的法令被修改或完全废除。奴隶制（在法国殖民地）被废除了，但对曾经的被奴役者来说，真正的自主权和平等的公民权仍然遥不可及，法国的殖民和帝国政策并没有发生根本性的改变。[172]此外，对以前被奴役的女性而言，废奴带来了转变：原本的社会制度中，男女皆为财产可以随意交换；而在新生的社会制度中，女性屈从于男性权威。[173]在自由主义民族建设大获全胜之处，犹太人享有较好的待遇。但在 19 世纪 70—80 年代，自由主义能量的衰减带来了新一轮的民众和行政当局的反犹主义浪潮，它坚持公共机构的"基督教"特质，拒不接纳犹太人，同化程度最低的犹太人被斥为讨人厌的外来者，而同化程度最高的犹太人被斥为伪装的寄生虫和外族异类。瓦拉几亚就是一个很好的例子。革命失败后，《伊斯拉兹宣言》所赋予的权利被收回。1866 年罗马尼亚自由宪法的初稿——新民族国家的根本宪法——规定，包括犹太人在内的所有居民均可入籍。但摩尔达维亚的政治领导层对此提出抗议。于是，最终版本将公民权限制在基督徒的范围之内。19 世纪 70 年代末，零零碎碎地有犹太人个人获得解放；但迟至 1914 年，全国仍只有极少数犹太人获得了公民身份。20 世纪，一波限制性法规横扫整个中欧，其顶峰是 1933 年国家社会主义夺取政权的灾难。在瓦拉几亚的反革命行动中，吉卜赛人的解放是首个牺牲品——要等到 1855 年，解放私人所有的吉卜赛人的进程才会重新启动。不过，吉卜赛人实现解放、成为平等公民的进程可以说至今尚未完成。正如我们所看到的，女性在 1848 年革命中取得的成果最小，在争取基本政治权利道路上耗费的时间最长。

当时的一些人认为，各种解放斗争相互纠缠：美国废奴主义者威廉·劳埃德·加里森（William Lloyd Garrison）批评称，科苏特要求美国人支持匈牙利的斗争，却拒绝谴责涉及非裔美国人的奴隶制。在流亡美国的普鲁士异见者卡尔·海因岑（Karl Heinzen）看来，反对美国奴隶制的斗争和反对欧洲反动派的斗争是同一斗争的组成部分。曾遭受奴役的作家弗雷德里克·道格拉斯（Frederick Douglass）在其 1847 年创办的报纸《北极星报》中，将美国的废奴运动和欧洲的革命起义视为同一场全球斗争的不同表现形式。[174]

然而，女性、受奴役的非洲人、吉卜赛奴隶和犹太人的解放从未像 19 世纪人们对"解放"一词过度宣扬的那样，真正融合在一起。不同群体的命运深深地扎根于特定的历史和社会逻辑。种族或民族的差异、性别差异、犹太人的特殊困境，这三种歧视的理由并不能相互化约，它们不是彼此的函数，而是各自独立的基础要素。它们深深地内嵌于现代欧洲文化，以至它们似乎是原始的、自然的、神定的。在犹太人的困境中，神学、末世论、仇外心理和社会焦虑混合交织在一起，形成了一种极富弹性的怀疑和仇恨形式。打开自由之门的剧变也释放出了反作用力：相互竞争导致的怨恨、仇外心理、厌女情绪、对混乱的恐惧，以及对纪律和控制的狂热。承认这一点并不是要把1848年视作"失败"而一笔勾销，我们不应忽视它所取得的真正进步，尤其是在宣传领域。总而言之，解放进程中的矛盾和反复提醒我们，无论在当时还是现在，种族和性别不平等在政治行动的范畴具有特殊的顽固性。

第七章

熵

这是巴黎市政厅前的景象：阿尔方斯·德·拉马丁站在从大楼里边搬来的扶手椅上，向闹哄哄的人群发表讲话。在他周围站着临时政府的成员，杜邦·德勒尔、弗朗索瓦·阿拉戈、赖德律-洛兰、路易·勃朗、洛朗-安托万·帕内勒（Laurent-Antoine Pagnerre）、弗洛孔、阿尔贝、皮埃尔·马里·德·圣乔治、阿道夫·克雷米厄、加尼耶-帕热斯和阿尔芒·马拉斯特。现场烟雾弥漫。四处散落着最近战斗的痕迹：一门小火炮、街垒的瓦砾、一匹奄奄一息的马，还有一名躺在临时担架上的受伤战士，他受伤的右臂上缠着绷带，鲜血直流。这就是雕塑家贝诺，他在水塔受了致命伤。在一个标有"为伤员募捐"字样的箱子上，放着一个碗，里面装满了新捐献的硬币。可见，民众很慷慨，他们铭记着在战斗中牺牲的人。其他叙事也被编织到这片喧嚣当中：在一大堆可能是从王宫掠夺来的珍贵物品旁，躺着一具凌乱的尸体。这正是熟练泥瓦匠鲁，他因在战斗中偷窃而被战友枪杀。他血迹斑斑的胸前挂着一面横幅，上面写着"小偷去死"。一名雕像般的工人严肃地指着死者，似乎在向另一名围观者传递信息，后者惊恐地凝视着小偷，仿佛认出了他。画面中的其他人推着一辆装满金银财宝的手推车，向大楼内的安全地带走去。一个小男孩匆忙捡起掉在地上的银汤匙，并将它放回原处。他就是鼓手皮埃尔，在从政府军手里夺取水塔的战斗中带头冲锋。这是一群有道德的人，他们（以死亡）惩治小偷，严禁偷盗。这一主题继承自对1830年光荣三日的工人起义者的相关描绘。

在上百张面孔中，我们可以辨认出正规军、国民卫队、武装起义者、劳工、学徒和熟练工、戴着拉绒高顶礼帽的富裕资产阶级人士、小男孩和几位女性。拉马丁周围的空间被三面巨大的三色旗分隔，旗帜上面分别写着"废除死刑"（这些字眼与前景中被杀害的小偷形成一种矛盾）、"劳动组织"（在这里可以看到路易·勃朗）和"自由、平等、博爱"。但从左侧缓缓穿过人群的是一位头戴红色弗里吉亚帽、骑着白色战马的女性。她高举一面红旗，上面写着"共和国万岁"。她具有寓言人物般的宏伟气势，同时代表着"里尔的玛丽"，这位年轻女性因革命期间在炮火中照顾伤员而闻名，后被授予荣誉军团十字勋章。拉马丁注视着她，并举起了右手，这一手势的含义可以从下图的标题中得到破译。[1]

亨利·费利克斯·伊曼纽尔·菲利波托（Henri Félix Emmanuel Philippoteaux），《拉马丁在巴黎市政厅前拒绝红旗，1848年2月25日》（*Lamartine Refusing the Red Flag in Front of the Hôtel de Ville, 25 February 1848*，约1848年）。在这幅巨大的画布上，菲利波托描绘了暗含在巴黎二月革命中的紧张气氛

资料来源：Petit Palais, Musée des Beaux-arts de la Ville de Paris.(Photo: CC0 Paris Musées)

费利克斯·菲利波托在超过 18 平方米的画布上描绘了一个极具戏剧复杂性的场景。最奇怪的是这一场景发生的时间：背景中枪炮喷射出的熊熊燃烧的火药粉末暗示革命仍在进行，拉马丁左手的那卷文书（大概是共和国的宣言）却意味着革命已经完成。在一场已经完成的革命和一场尚未结束的革命的间隙里，菲利波托描绘了两种政治选择之间的对峙。一名女性提议在巴黎市政厅前插上社会革命的红旗，和身边的临时部长们一样腰缠三色腰带的拉马丁打算阻止这一行为。

这一幕的氛围很难解读。尽管有阶级和职业的界限，但至少在这一刻，人们愿意共同行动。然而，人们的面部表情过于多样化，每个人都过于沉浸在小范围的人际交流当中，无法展现一种集体的情绪状态。从这幅画中，我们难以看出，当新一天的太阳升起时，这些人是否仍然愿意或能够一起行动。本章追踪 1848 年的人民离开共同革命事业的旅程，在春天里，革命将他们团结在一起；而起义之后，一切都有待争夺。谁应该掌权？战斗停止时，革命是结束了，还是刚刚开始？如何协调革命运动中的矛盾要求？为什么动员农村支持革命目标如此困难？当相互冲突的民族运动把人们拉向两端时，自由主义者和激进主义者各自的内部团结又发生了什么变化？有时，激进主义者与自由主义者计划决裂，自立门户，如巴登 1848 年春的情况；有时，温和自由主义者以革命的名义粉碎了激进主义者运动，如巴黎夏天的情况。历史叙事往往需要统一的主题、透视线和交汇点，而这些事件犹如围绕同一圆心而受不同向心力作用的运动，它们沿着许多断层线走向对立，抵制了上述历史叙事工具。但是，如果说新孵化的黄蜂看似随机的分布，以及阳光下尘埃看似混乱的翻腾，实际上都展现了更深层次的模式和意义，那么 1848 年人民的庞杂旅程也定是如此。

漂泊的主权

1848 年春的革命既团结了人民，也分裂了人民，这一观点似乎很普通。所有重大的历史事件不都是如此吗？1848年革命的不同寻常之处在于其从团结到分裂的转变速度之快、幅度之大。首先是令人眩晕的团结一致的氛围，人们沉浸在集体自我的海洋当中；然后是焦虑和不信任，宛如断层线般出现，就像油漆表面的细小裂纹。

二月革命后，法国临时政府仍然脆弱不堪。部长们立即关闭已不复存在的君主制议事机构。而且，由于国王、他的大部分家人和诸多大臣都已逃离首都，新政府的权威似乎已经稳固，但街上仍然到处都是起义者。激进的政治俱乐部形成了一个密集的网络，其中最重要的是中央共和社与革命俱乐部，因为它们不仅有大批受众，而且决心直接推动革命进程。这两个组织分别由路易·奥古斯特·布朗基和阿尔芒·巴尔贝斯领导，两人都是社会主义者马丁·贝尔纳的前狱友（第三章）。布朗基比1839年起义前更为消瘦苍白。他的妻子在他入狱期间去世，而且，雨果后来回忆道："他已经到了不再穿衬衫的地步。他罩着过去12年来一直穿着的衣服——他的囚衣。他在俱乐部里带着悲伤的自豪感展示这些破布。"[2] 但他的分析能力依然存在，他"极富洞察力和反思性的话语"依然"像刀锋一样冷酷无情"。[3] 他仍然是资产阶级社会秩序的死敌。

在革命初期的几个月里，约有十万人定期参加政治集会。这些俱乐部不是社交聚会：它们将自己视为代表机构，因此也是人民主权的工具。街垒战士、前政治犯夏尔·克鲁斯（Charles Crousse）在中央共和社对大批听众说，"我们代表共和国与革命"，他力劝会员们夺取他们自己所创建的共和国的控制权。刚刚控制了共和国的温和自由派是"无能的宦官"，如果有可能，他们就会把共和国挥霍殆尽。克鲁斯提议："我们必须取代他们的位置，从而拯救共和国。"[4]

来自左翼的挑战显示，激进派与温和自由派对革命的理解已相去甚远。对自由派来说，革命是一起已经完成的事件，现在需要稳固其成果。相反，对巴黎的激进派来说，革命的进程才刚刚开始。对拥护三色旗的自由派而言，革命继承人面临的首要任务是政治改革；而对拥护红旗的激进派而言，革命意味着社会变革，从结构上改善社会不平等。没有什么议题比劳工问题更能说明他们之间的分歧。

2月25日，拉马丁"拒绝"红旗的当天，机器技师马尔什作为工人代表团的领袖，径直从街垒走进市政厅。他用步枪枪托有节奏地敲击地板，要求政府立即在法律上正式认可"劳动组织"和"有保障的工作权"，并设立基金以保护失业工人免受极端贫困之苦。拉马丁试图搪塞，但马尔什坚持己见。马尔什挖苦拉马丁的文学声誉，称人民"已经听够了花言巧语"。[5]

现在不是反驳武装的人民英雄的时候。在拉马丁与马尔什理论时，临时政府中的三名左翼成员，即以研究劳动组织而闻名的路易·勃朗，以及激进民主主义者亚历山大·赖德律-洛兰、激进报刊《改革报》的编辑费迪南·弗洛孔，正忙着起草一项法令，随后，政府的所有成员（怀着复杂的心情）签署了它。该法令于2月26日颁布，承诺"保障每个工人的劳动"，并确认"工人必须相互联合，以享受劳动带来的好处"。[6]正如这一事件所表明的，七月王朝倾覆时被驱散的权力尚未被任何单一机构完全夺回；它仍然是一个漂泊不定的主权，在动员起来的首都人口中流动，难以预测。[7]

在这种情况下，主动权的天平每天都可能发生变动。两天后，数千名工人列队经过巴黎市政厅，要求成立一个进步部来负责执行路易·勃朗的法令。较为保守的部长们对此予以拒绝，并转而提出成立一个特别委员会，由勃朗和阿尔贝担任主席，负责制订经济重组计划，供未来的国民议会审议。新委员会的总部设在富丽堂皇的卢森堡宫，但设立委员会的法令只字未提如何、何时甚至是否会执行委员会的建议。

与此同时，如何安置徘徊在首都大街小巷的数以万计的失业者，依然是个问题。路易·勃朗认为，治疗劳动力市场突然萎缩的良方在于建立一个由国家控制的合作社体系，以阻止工资贬值，并彻底解决失业问题。勃朗的部长同僚们意识到，必须对这批随时会引发社会动

漂泊的主权 445

荡的闲散男性劳动力采取一些措施。然而，部长们大多是拥护私有财产的自由主义者，他们和拉马丁一样，对国家深度干预经济的想法畏缩不前。为了取代勃朗所提议的体系，政府宣布成立国家工场，但它不由路易·勃朗管理，也不听卢森堡宫指示，而是由公共工程部长皮埃尔·马里·德·圣乔治主持。此人被称为"马里"，是一位律师，在七月王朝时期作为共和派报刊的辩护人和活动家，成绩斐然。但他也是社会主义的坚决反对者。国家工场的目的并不是在新的基础上组织劳动，而是缓解首都的社会危机，让那些贫困工人保持中立，否则他们可能流连于激进俱乐部或卷入示威抗议活动。人们对这些工场产生了极大的兴趣：在两个月内，就有10万人报名到那里工作。

看起来，拉马丁与温和自由派似乎已经战胜了政府内部的左翼。他们将"劳动组织"抛诸脑后，并利用老套的姑息手段来规避结构性改革。[8] 但这并不是故事的结局。卢森堡宫委员会的表现超出预期，成为巴黎政治化工人的"协调中心"。行业和公司代表在此处开会，讨论他们的分歧与共同利益。它具备了类似于议会的性质：有一个通过抽签选出的执行机构、一个附带为各专业人士举行单独会议的"全体大会"。《国民报》的温和自由主义者称勃朗在卢森堡宫组织的"不过是一个调查委员会"。勃朗不这样认为。在3月10日的一次讲话中，他将与会的劳工代表称为"生产者和受难者的代表"。3月28日，他将委员会描述为"劳工大会""人民的三级会议"。[9] 激进的警察局长马克·科西迪埃也认为卢森堡宫处于革命进程的核心：他写道，正是勃朗委员会的工作给"新共和国的特征下了精确的定义"。[10]

与巴黎形成鲜明对比的是，普鲁士的政治权力仍然集中在君主和内阁手中，旧政权人物与温和自由派尴尬地共事。但革命迫使政府对民众的倡议做出回应，这是普鲁士人前所未见的。当国王决定不成立新议会，而是重新召集1847年召开的那种联合省议会时，一场自发的抗议运动在普鲁士各省蔓延开来。在该市强势的民主运动压力下，西里西亚的布雷斯劳市政当局向柏林派出了一个代表团，要求建立"以直接选举为基础的人民代表制"。他们警告称，如果这一要求得不到满足，西里西亚"将有可能脱离普鲁士王国，要么并入奥地利，要么成立西里西亚共和国"。[11] 面对这一异常大胆的威胁，国王及其大臣做出了让步。联合省议会继续存在了一段时间，但最终被关闭，为基于男性普选的普鲁士国民议会让路。

与巴黎一样，这里的革命俱乐部和协会如雨后春笋般涌现。正如《施本纳报》所言，它们是"（城市）政治生活的脉搏"。[12] 激进的政治俱乐部（后来的民主俱乐部）成立于3月23日，是最初为安排3月牺牲者的葬礼而召开的集会所产生的几个团体之一。[13] 它将自己视为一个监督机构，旨在确保政府将"三月思想"付诸实践。到5月中旬，参加公开集会的人数从3000人左右增加到2万多人，其间工人队伍不断壮大。俱乐部还举办了特别会议，工人和帮工在会上讨论了他们的要求，然后通过代表团将要求传递给有关当局。[14] 这与卢森堡宫出现的"工人议会"有相似之处。在柏林群众中更受欢迎的是人民俱乐部，该俱乐部声称代表"所有阶级，尤其是那些构成人民骨干和核心的无产工人"。该俱乐部的既定目标之一是"真正代表人民"，这是对联合省议会这种"虚假"代表形式的猛烈批判。[15]

在这个集会纷繁、辩论激烈的世界里，起初，人们并不清楚哪些技能最能使男性获得领导地位（女性也寻求加入，但被排除在外）。能够穿透人群的洪亮声音至关重要：天赋异禀的社会主义者古斯塔夫·尤利乌斯（Gustav Julius）就因为声音过于微弱，被迫放弃在政治俱乐部中扮演领导角色的雄心。聪明的激进宣传家阿尔诺德·卢格在三月革命前曾是知名人物，但也没能在柏林俱乐部的舞台上大显身手，因为他既缺乏"政党人"的交际天赋，也欠缺"在大型会议中给人留下深刻印象并领导集会"的技巧。与之相对，会议很容易被某个不值得信赖却有公共演讲天赋的演说家左右。保罗·博尔纳回忆起一个名叫赫尔·冯·布兰德（Herr von Brand）的面色蜡黄的年轻人，能说

漂泊的主权　447

出"最精彩的词句",并能灵活地将这些词句结合在一起,"即使是房间里最清醒、最聪明的听众也常常被他演讲的气势所带动"。布兰德"像一颗流星划过革命的天空",然后消失得无影无踪,几个月后又以奥地利警方间谍的身份重新露面。一些演讲人则热衷于矫揉造作的表演。政治俱乐部的主要成员罗伯特·奥滕佐泽(Robert Ottensoser)因重复一些令人厌倦的口头禅而臭名昭著。"我戴着锁链躺在施潘道监狱里"和"我们发起了一场革命"是他最喜欢说的两句话。后一句以"抑扬顿挫的"语调说出的话,堪称"奥滕佐泽雄辩的巅峰之作"。[16]

革命动员的广泛分散性也给治安带来了影响。军队从柏林撤到波茨坦后,首都最主要的执法组织是公民卫队。但这是一个多元化的组织,其政治观点因地区而异。另外有不下 10 支隶属于公民卫队的半自治机动小队。截至 4 月中旬,由学生组建的这类小队的总人数已达 700 人,他们最初由大学教授管理。不出所料,当事实证明教授无法有效履行这一职责时,小队就改由学生来管理。校园里每一种政治倾向的派别都有一支学生武装小队,其中包括神学小队,以及莫内克小队——因其领导人而得名,是个令人畏惧的团体。该小队成员头戴黑色卡拉布里亚帽,帽上插着一根长长的红羽毛,以纪念德意志南部起义者弗里德里希·黑克尔(Friedrich Hecker,见下文)。莫内克的手下因要求惊恐的柏林居民为他们的机动小队"捐款"而臭名昭著。位于菩提树大街的柏林军械库的安全由工匠机动小队负责。这支队伍由 450 名熟练工组成,拥有 200 多支枪械。就连艺术家也组建了一支保卫美术馆和博物馆的机动小队。机器制造商、商贸学院的成员,以及城市高中的六年级学生也都各自组队。[17]

在维也纳,新的国民卫队(相当于柏林的公民卫队)在大部分军队撤离后接管了这座城市。但学生们被允许组建自己的"学院军团"。卡尔·博尔科夫斯基向父亲汇报称,他为自己成为军团中的一名"卫兵"(最低等级),并保管一支巨大的枪而深感自豪,这支枪是 17 世纪的一支笨重复杂的猎枪。国民卫队和学院军团之间的关系紧张。学生们经常感到自己夹在国民卫队的高级军官和"激愤的暴徒"之间。前者大部分是保守的有产者,而后者则往往出现在抗议和示威活动中。学生和国民卫队的普通士兵都不信任仍在城市中执行守卫任务的军队。

在巴黎,革命也使城市治安形势复杂化。令人憎恶的市政卫队被解散,城市由国民卫队掌控,但很快就出现了其他更为激进的武装力量,包括半官方的武装团体,如二月连、圣茹斯特连和里昂人。新任巴黎警察局长是共和主义者马克·科西迪埃,他的兄弟于1834年在里昂被政府军杀害并肢解,他的姐妹曾为奋战的里昂织工准备弹药和食物。科西迪埃管理着自己的革命警察部队——山岳派,包括约600名男子,都是表现超群的街垒战士。约瑟夫·索布里耶(Joseph Sobrier)是19世纪30年代起义的老兵,也是一位特立独行的激进分子,他从警察那里"借用"了一支军事小分队,并在时尚的里沃利街建立了自己的指挥部,这让他的资产阶级邻居们大为光火。这里不仅安置了其报社的编辑人员和俱乐部协会[①]的管理部门,而且安置着激进的俱乐部人士能够进入的最重要的军火库。[18] 玛丽·达古写道,要想拜访这位充满善意但令人不安的男人,前往他公寓的访客必须面对一长串"全副武装,以凶恶的态度索要暗号"的人。[19]

就目前而言,巴黎的左翼共和势力仍然相对自信和强大,保守派的反应则显得犹豫不决。但到了4月中旬,形势明显向着不利于左翼的方向迅速转变。在4月8日举行的选举巴黎各区国民卫队军官的投票中,几乎没有左翼共和派人士当选,也没有一个工人进入高层。左翼共和派尤为担心革命民兵落入温和派与保守派的控制,他们中的许多人有理由将国民卫队的投票视作左翼将在全国大选中失败的预警。如果情况确实如此,那么社会和劳工改革的时日就会被无限期地推迟。路易·勃朗写道:"他们焦虑地注视着那些仍笼罩在阴影中的省份,怀

---

① 一个协调各激进会社的组织。——译者注

疑自己的希望是否会在投票箱中破灭。"[20]

4月16日，约10万名激进工人聚集在战神广场，而后步行前往市政厅。他们的目的是提交一份国民卫队指挥职位的左翼共和派候选人名单，并要求在劳工改革问题上取得进展。现场气氛热烈但不失平和：人们没有携带武器，边走边高呼"临时政府万岁"。与他们同行的还有政府部长路易·勃朗、卢森堡宫委员会的副主席阿尔贝。但是，当他们到达位于市政厅前的格莱夫广场时，示威者发现有大批国民卫队成员在场，挥舞着装好的刺刀。排在前面的示威者被密密麻麻的武装人员挤在中间，在国民卫队成员的嘲笑声和叫骂声，以及"打倒共产主义者"的呼喊声中，他们慢慢地走到广场上。没有临时政府的成员愿意与群众或其代表进行谈判。一名市长助理出现了，但只是为了粗暴地把人们打发走。人群怀着困惑和愤怒散去。在随后的几个小时里，国民卫队袭击了首都各处主要激进俱乐部的驻地。[21]

这也许不是一场特别血腥的冲突，但对左翼来说具有重要的象征意义。毕竟，这次示威事先得到了相关当局的批准。组织者认为自己是临时政府的朋友和保护者，而不是潜在的叛乱分子。那么，为什么要出动国民卫队呢？政府为何要武装起来，对付自己的保护者？答案就在示威游行前夕扰动全城的谣言和宣传旋涡之中。[22]巴黎流传着有关俱乐部正准备暴力夺权的传闻。有人说，一个神秘的公共安全委员会即将成立，由极端激进的布朗基担任主席。路易·勃朗后来辩称，这些谣言并不是人们在自发地表达警觉和惊恐，而是故意制作的虚假消息，是为了引发危机而策划的假新闻。路易·勃朗声称，"不明身份的人"在事件发生前夜，"在城市的每一个角落"奔走，"散布精心策划、后果恶劣的谎言"。[23]关于这种说法是否有任何真实性还很难下定论。在两极分化和高度焦虑的情况下，人们往往认为自己的恐惧是真实的，而对手的恐惧则是人为操纵的。勃朗关于神秘夜间煽动者的描述，当然亦是道听途说和恐惧的结果。

尤其让左翼感到震惊的是，温和与保守的共和主义宣传人员已经在如此巧妙地利用临时政府内部的分裂。《国民议会》是温和共和派的喉舌，致力于支持即将举行的全国大选。4月16日上午，该报开篇堪称19世纪中叶的深度造假实录。报纸头版就是一篇据称是内政部长赖德律-洛兰的"宣言"。事实上，这是由部长简报中最具煽动性的语句拼凑而成的一篇文章。在这些从巴黎发出但在全国范围内刊载的官方通讯中，赖德律-洛兰发现了一种令人不安的语言，它在狂妄和焦虑之间摇摆。他警告道，旧政权的势力仍然无处不在。他们必须被赶下权力宝座。只有真正的共和主义者才能忠实地为共和国服务。保持警惕至关重要。"如果我们满怀信心地走在革命的道路上，那么革命的辉煌和繁荣将永无止境；如果我们的热情减退，那么一切都将不妙。"他对被派往法国各地监督新共和国建立的政治特派员们说："你们的权力是无限的。"他们将发挥主权人民的强大力量来完成任务。他们必须做好准备，以应对一切挑战。赖德律-洛兰力主将革命作为一个意义深远的变革进程继续下去，针对未来的任务，他表达了一种特别激进的观点。

《国民议会》的社论将部长的话理解为"新政府宣布新的独裁统治，他们希望在未来三天内开启独裁"。但他们根据部长简报的只言片语拼凑而成的"宣言"纯属捏造。编辑们宣称，面具已被撕下，敌人露出了真面目，战斗的号角已经吹响。"今天，在巴黎的所有墙上……我们可以读到新独裁统治宣言的第一章。"[24]

这篇文章引起了广泛的惊恐，但受其影响最深的还是赖德律-洛兰本人。由于担心自己被谴责为煽动起义、反对自己所任职的政府的叛徒，他下令调派大规模的武装国民卫队，对抗他本人曾批准的示威游行。4月15日错综复杂的角力揭示，左翼共和派人士已经向他们的温和派与保守派政敌割让了相当大的势力。拉马丁对陷入困境的内政部长说："您的通告对共和国所造成的伤害比10次战败导致的更甚。"[25]

法国各省都能感受到政治两极分化的影响。在1848年的整个春天，法国各地都出现了反纳税集会、为争夺森林资源而发生的地方争

漂泊的主权　451

斗，以及农村地区宪兵与农民之间的暴力冲突，而这一类冲突常常造成人员伤亡。[26] 外省的失业者工场成为抗议政府劳工政策的焦点，此外还出现了围绕工资问题展开的激烈斗争、对监工和警察的攻击，以及本地工人和外来工人之间的矛盾和争执。[27] 4月23日的选举是在男性直接普选且投票率极高的情况下进行的，但它远没能将革命的能量转化为现代民主的和平习性。相反，选举因100多个投票站发生的暴力事件而背负污点。选举期间的暴力导致981人被捕，237人受伤，49人死亡。投票站工作人员、市长和其他地方当局官员遭到人身攻击。抗议者砸毁或偷走投票箱，或者将一捆捆已清点的选票拿走。组织选举的官员和选民群体相互争吵斗殴。[28] 当工人们意识到保守派在利摩日获胜时，他们手持棍棒和长矛攻入该地区，将国民卫队推到一旁，并销毁了选举计票的官方记录。在接下来的几天里，工人们一直控制着城市，手持斧头在街上巡逻。直到两周后，他们才罢手，将城市控制权交还给国民卫队。[29]

那段时间里，最严重的骚乱发生在下塞纳省的诺曼底纺织城鲁昂。和其他许多地方一样，左翼候选人在这里惨败。就连派驻该省的激进政治特派员、赖德律-洛兰的亲密伙伴弗雷德里克·德尚（Frédéric Deschamps）也未能获得席位。在大规模人群面前，愤怒的工人队伍在市政厅附近与正规军及国民卫队发生冲突。在随后的斗争中，局势逐渐升级：从窗里意外射出的一枪引发了恐慌。整个内城里都建起了街垒。4月27日夜，起义者搜集枪炮，挖掘铺路石并将其搬上屋顶。接踵而来的是次日的激烈战斗，军队将起义者们赶出据点，并用大炮摧毁了街垒。总共有23名起义者被杀；还有更多的人受伤，其中不乏伤势严重者；500多人被捕。[30]

对选举结果的失望是起义的部分原因。但对大多数起义者来说，部分出于因生活水平下降和极度不稳定而产生的愤怒。自1847年冬以来，鲁昂的纺织业就一直处于危机之中。4月的选举结果之所以至关重要，是因为它似乎扼杀了社会革命为工人带来持久救济的一切希望。4月28日上午，弗雷德里克·德尚前去规劝起义者，希望能在枪战开始前让他们停手。他试图向他们解释其行为的荒谬。"即使你们成功了，"他对起义者说，"你们之后又能做什么呢？你们不是支持现任政府吗？"其中一个人回答说："你说得对，但被子弹打死总比饿死强。"[31]

在4月中旬的柏林，政治氛围也紧张起来。人们热烈讨论着即将召开的议会。不过，与巴黎不同，这里的关键问题不是选举时机，而是直接选举还是间接选举（激进主义者赞成直接选举，得到政府支持的温和派与保守派则不赞成）。与法国关于选举时机的争论一样，柏林的争论以温和派获胜告终。但结果很吊诡，相较于采取直接选举的法国，采取间接选举的普鲁士反而产生了一个激进得多的议会。

相较于选举权的争论，普鲁士王子即将从英国返回的消息激起了更激烈的公愤。正如我们所见，1848年春末，普鲁士国王的弟弟、王位继承人威廉王子是柏林民众最憎恨的人。据说，他拒绝了市民提出的将军队撤出宫殿广场的要求；3月18日下午，正是他示意龙骑兵向人群发起冲锋；正是他阻止了市政当局与国王之间的所有调停尝试；当第一批受伤的市民被抬进宫殿庭院时，他大声吼道："士兵们，你们为什么不当场射杀这些狗东西！"[32]在与他的国王兄长发生冲突后，威廉被说服离开柏林前往伦敦，但整个城市要求他放弃王储之位的呼声仍不绝于耳。当愤怒的人们聚集在他的宫殿前，打算将它拆毁或烧毁时，全副武装的学院军团在宫殿正面涂上"人民的财产"的字样，最终保住了宫殿。

没有任何事宜比王子返回普鲁士的问题更能使柏林两极分化了。关于这位霍亨索伦王储的争论在普鲁士首都民众中激起强烈的情绪，这并不是最后一次。激进派把威廉王储即将回归的流言视为反革命行动迫近的信号。一些温和自由派人士准备接受他的回归，但条件是这一重大政策问题必须由即将召开的国民议会而非行政命令加以解

漂泊的主权　453

决。然而，就在5月10日晚，《政府公报》上刊登了一份王室内阁命令，宣布即将召回王子。

激进学生保罗·博尔纳回顾在柏林的春天时认为，对王子回归的愤慨似乎标志着革命历史上的一个转折点。俱乐部里讨论得热火朝天，城墙上贴满了猛烈抨击政府计划的海报和传单，工厂和作坊里展开了激烈的辩论。博尔纳写道，有史以来第一次，柏林的全体居民似乎准备起义，"继续革命"。[33] 在大学召开大会后，学生们派出了一个四人代表团，向首相呈递要求。保罗·博尔纳是他们中的一员。据他回忆，这四个人的外表看上去与使命有些不相称：他们衣衫褴褛，其中一人腋下还夹着本书。与坎普豪森首相的会谈是友好的，但毫无成效。首相解释说，他对此无能为力；是的，令人遗憾的是，大学没有提前获悉召回王子的决定；年轻人的意见将得到认真考虑；等等。

比讨论内容更有趣的是博尔纳对坎普豪森外貌的描述。博尔纳写道，这个中等身材、一身朴素黑衣的男人给人留下了"不错的印象"。他丝毫没有首相的架子，看起来更像是一位"被围住的老师"，正在努力维持课堂秩序。"一双饱含善意的眼睛，忧郁而疲倦，从沉思的眉头下向外张望；他脸上的五官……显示出这个人无尽的疲惫，他似乎注定要被各方背叛和抛弃，信任所有人，却被所有人欺骗。"[34] 这段描述作为对1848年初夏身处政治齿轮间的自由主义者的生动写照，简直无可比拟。

反对王储的抗议活动仍在继续。在蒂尔加滕区的"帐篷区"（三月起义开始的地方），群众集会上的演讲者呼吁采取一致行动，以反对如今称为"反动"的行为。有布告呼吁志同道合的居民于5月14日周日下午5点集合。公民卫队和机动小队成员被要求"全副武装，排成行军队形"。[35] 有人提议向国王提交一份替换内阁的人员名单，其中激进派人士将担任司法、财政和贸易大臣。集会还成立了一个"国防委员会"来制订"战争计划"。一时间，这座城市似乎有意捍卫并扩大三月起义的成果，且在必要时动用武力。

然而，这个计划还没来得及实施，就已经开始出现裂痕。宪法俱乐部的自由派人士临阵退缩，与计划中的抗议活动保持距离。委员会改变了武装列队的想法，并发布新公告，恳请所有参与者将武器留在家中。示威游行当天，内阁官邸周围的街道上挤满了人。当代表团为与坎普豪森谈判而进入官邸时，他们发现首相去了波茨坦与国王磋商。现在该怎么办呢？代表团的成员们讨论了各种方案，一致认为人们应该继续占领内阁官邸，同时向波茨坦派出信使，以确保他们的要求得到正式答复。弗里德里希·威廉·黑尔德（Friedrich Wilhelm Held）是柏林革命时期最著名的激进演说家之一，在俱乐部里颇受欢迎，也是激进派报纸的编辑，他被选中到阳台上向人民发表演说。

这时，一件诡异的事情发生了。黑尔德没有传达代表团的决定，而是宣布示威队伍现在将原路返回"帐篷区"。紧张气氛随之消散。否认黑尔德的声明是不可能的——他深受民众信赖。[36] 示威结束了，人们渐渐离去。回首反思，保罗·博尔纳认为，这是柏林激进运动与历史失之交臂的时刻。[37] 在接下来的几周里，当军队欢欣鼓舞、保守派重回公众视野时，一种无望感开始侵蚀民主运动。重要俱乐部活动的参与人数下降。自3月开始凝聚的变革势头已经开始消散。[38]

黑尔德在人群上方的阳台上的转向实在令人费解，博尔纳甚至怀疑他是反革命方的卧底。[39] 事情果真如此吗？黑尔德很复杂。1841年，他出版了一本名为《普鲁士英雄》（*Prussia's Heroes*）的小册子，献给普鲁士的威廉王子。这本书是对几个世纪以来普鲁士军事实力的热情颂扬——在革命的几个月里，他的敌人偶尔会在演讲中挥舞这本书来让他难堪。短暂而不愉快的军旅生涯结束后，黑尔德在多个地方巡回剧院担任演员。他创办了许多激进报纸，其中包括《莱比锡机车》。1843年，当印数达到1.2万份时，这份报纸遭到萨克森当局查禁（三月起义之后，黑尔德在柏林重新创办该报）。那些熟悉他的人很难把他正经当回事：夸张悲怆的演说、带有演员风格的发型、日耳曼战士式的胡须、斜戴的宽边黑帽，这一切都表明他惯常装腔作势，而不是

漂泊的主权　455

一位实干的政治家。[40]但群众很喜爱他。至于黑尔德到底是卧底，还是只是在最后关头改变了主意，这并不重要。他是当天一系列事件中的关键一环，而这一环是由反复莫测、变化无常的因素构成的。1848年5月14日，像他这样的人竟然会登上如此重要的位置，这说明当时激进派缺乏一个有凝聚力的领导人物。

同样，在维也纳，3月的动乱后依然难以实现稳定。问题并不在于秩序的全面丧失，而在于同时出现了多种建立秩序的新方式。社会全面动员的迹象随处可见。工业界抗议活动变得更加频繁。见习木匠、石匠、助理印刷工、排字工、维也纳咖啡馆的服务员和锅炉工参与罢工、谈判或请愿活动，要求改善工作条件。[41]皇家歌剧院合唱队的男孩们拒绝前往教堂演唱，除非合唱队指挥把自己因他们的服务而获得的年金中的一部分分给他们。[42]几天后，另一家剧院的合唱队男孩列队行进至合唱队指挥的办公室，要求"增加费用，减少工作时间"，并威胁道，如果要求得不到满足，他们将停止演唱，并将"殴打"任何破坏他们抵制行动的男孩。[43]不同利益群体同时被赋予权力，这使得人们都尖刻起来了。新闻评论的语气变得更加愤怒和辛辣。向政敌或不受欢迎的公众人物邮寄匿名恐吓信突然成为一种时尚。[44]反教权主义者攻击耶稣会和至圣救主会——二者都被认为是宫廷中保守派的亲密盟友。群众将神职人员赶出城外，随后又与被派来恢复秩序的国民卫队发生冲突。[45]

1848年4—5月，两极分化最典型的标志就是越来越常见的"猫叫音乐会"。5月12日，卡尔·博尔科夫斯基在给父亲的信中兴奋地描述了这种现象：

> 一种新的手法已经开始发挥影响……迫使旧制度下的各种老顽固……放弃被他们滥用的职权。笛子、鼓、拨浪鼓和手摇风琴（都发挥了作用），但这些魔鬼交响曲的主要内容是猫叫声，学生

们以难以形容的精湛技艺模仿这类声音。更不用提狗叫、公鸡打鸣、乌鸦哀号和锅碗瓢盆的吭当声了。老实说，亲爱的父亲，这些猫叫音乐会……是真正的地狱音乐。[46]

4月底，博尔科夫斯基帮助组织了一场有两百多人参加的猫叫音乐会，意在反对首相菲凯尔蒙（Ficquelmont）伯爵。他为此创作了一首赞美诗，并将其复制并分发给他的同学们。诗歌有几句经典的诗句："菲凯尔蒙想干什么／没人真正知道。／他从未放过我们！／他今天就该退位。／……／否则我们就把他埋进坟墓！／我们要把那个顽固的家伙埋进坟墓！"尽管喧闹声震耳欲聋，但菲凯尔蒙方面丝毫不回应这些闹剧。首相显然不在家，他可能事先得到了警方密探的警告。但是，当看到一个惊慌失措的仆人关上一楼的百叶窗时，人们用铺路石打碎了窗户。博尔科夫斯基和他的同学们（也是学院军团的武装成员）费了些周折才阻止了事态的进一步升级："我们迅速冲到房屋缺口处，阻止民众冲进房子。"[47]许多维也纳市民起初曾为猫叫音乐会欢呼雀跃，认为这是年轻人积极进取的可爱表现；但后来他们把这视为社会普遍混乱、文明和尊重日渐式微的另一种症候。权威报刊上曾刊载文章谈论新近获得解放的"人民的代表"令人耳目一新的自信和直率，如今却哀叹这座城市社会关系中充斥着的放纵和粗鲁。

这种政治氛围的日渐恶化可能会深刻影响私人生活。激进主义神父安东·菲斯特（Anton Füster）写道："革命让我失去了两个最好的朋友，他们是我在维也纳仅有的朋友。"他们曾是亲密无间的老朋友，失去好友令人痛苦。是政治摧毁了这些友谊。菲斯特曾担任学院军团的随军神父。在他教牧关怀下的激进学生们有奉献精神，这点给他带来些许安慰。然而，许多学生也因城市的政治分裂而遭受了个人痛苦。在遥远的切尔诺维·茨，卡尔·博尔科夫斯基的父母因为爱而放任他激进冒险，但其他学生就没么幸运了。菲斯特认识许多被抛弃的学生，他们不仅被朋友和熟人抛弃，还被祖父母、父母、兄弟姐

漂泊的主权　457

妹抛弃。有些学生家境富裕,但父母与他们断绝关系并切断了经济支持,他们发现自己无处栖身,甚至无力支付军团制服的费用。菲斯特反思道,只有人们记得激进的学生是"新信仰的勇敢使徒",这种痛苦和分裂才是有意义的。基督曾说,"我来并不是叫地上太平,是叫地上动刀兵",毕竟,基督教本身也是一场革命,"一场最伟大、最血腥、最有效的革命"。[48]

有一个重要的区别:在巴黎和柏林,政治主动权逐渐向右翼倾斜;而在维也纳恰恰相反。4月25日,在大臣们的压力下,哈布斯堡王朝颁布了《皮勒斯多夫宪法》,它大致仿照比利时和巴登宪法制定。这类似于皮埃蒙特-撒丁王国的查理·阿尔贝特的做法,试图通过先发制人地满足自由派的要求,来避免进一步激进。假如政府在3月初提出同样的框架法律,那么这一策略可能会成功。但到了4月的最后一周,民众的期望值已经提得很高,这使得《皮勒斯多夫宪法》似乎已经无可救药地过时了。这并非由民选议会制定。与纳税相挂钩的选举权将大多数人排除在外。在德意志,人们正在筹备民主选举,要选出人民的制宪议会。与德意志的比较使维也纳人的不满情绪高涨。报刊上出现了咄咄逼人的评论。神父安东·菲斯特回忆道:"除了(哈布斯堡王朝的)廷臣和官僚,没有人对这一强加的宪法感到满意。"[49]

政府拒绝让步或改进方案,为事态的不断升级埋下了伏笔。随着大批学生和工人挑出特定的大臣和官员来进行仪式性羞辱,内城的猫叫音乐会越来越频繁。中央委员会是4月初组织起来的一个机构,旨在协调三月起义中诞生的不同团体的行动。委员会决定采取一项激进措施:通过大规模示威活动,直接向当局提交一份"风暴请愿书"。在这份请愿书中,委员会的要求包括:撤走剩余的正规军部队(这里敌视军队的情绪与柏林的一样高涨),由国民卫队成员负责所有军事岗哨,并成立一个安全委员会来监督城市管理。

面对日益增长的压力,政府犯了一个严重的错误,以致事态突然恶化。5月13日,政府下令解散中央委员会。城郊工业区工人则回敬以冲击工厂和捣毁纺织业所使用的模板印花机。学院军团和国民卫队在斯特凡广场武装列队，向王宫行进。午夜前，哈布斯堡王朝宣布同意所有要求。这与同时期的黑尔德在柏林阳台上的突然变卦形成无比鲜明的对照。在当时，不具名的作者匆匆对这些事件做了扣人心弦的记述，一个精明的书商迅速将其付梓。书中，一名激动的国民卫队成员表达了他的喜悦之情："在奥地利，种姓思想已死。人民是幸福的。他们欢呼雀跃！城市灯火通明。维也纳大学万岁！维也纳市民万岁！"[50]

人们还没来得及仔细审视新形势，皇帝及其宫廷就采取了令人震惊的行动：5月17日，在没有任何预警的情况下，他们离开了首都，前往相对平静和安全的因斯布鲁克。这一戏剧性的弃城姿态引起了困惑和惊愕。八天后，大臣们下令关闭大学并解散学院军团，但这不过是进一步激化了事态。5月26日，国民卫队和学院军团接管了守卫城市的职责，完全取代了残留的军事部队。不得人心的官员被撤职。一个安全委员会与新的市政府一并出现，并很快确立了自己在维也纳的实权地位。医生菲施霍夫在3月时曾挺身而出、在省议院前的广场上发言。如今，他成为委员会主席，在他任职期间，委员会开始着手处理城市危机。革命者现在真正控制了维也纳。

无论是在柏林还是在巴黎，革命运动的激进主义者都没能以这种方式收复失地。但即使是在那些帮助夺取这一胜利的人群队伍中，也有人为前景担忧。在6月5日写给父母的信中，卡尔·冯·博尔科夫斯基回忆了"俘获每个人心灵的普遍狂热"，但也承认自己内心的矛盾。"在我看来，"他告诉父母，"维也纳雅各宾派的重要性日益增强。这些天里，我们时常会想起1789年的'恐怖和恐惧'。"[51]

回头看，我们可以发现，1848年5月维也纳的胜利并没有表面上看起来那么稳固。与雅各宾派的类似机构相比，维也纳的安全委员会相当清醒和务实，但它无力增加收入或处理日益加深的经济危机。与巴黎、柏林和其他许多城市一样，一项紧急公共工程计划启动

漂泊的主权　459

1848 年 5 月 26 日，维也纳大学的街垒。在维也纳，激进分子成功夺回了革命的控制权。站在街垒上的学院军团在这一过程中发挥了核心作用

资料来源：Lithograph published by Franz Werner, 1848. Wien Museum, Vienna (Inv.-Nr. 87865).(Photo: Wien Museum CC0)

了。截至 6 月初，该计划吸引了来自维也纳及周边地区的两万名失业工人。然而，失业率继续飙升，消费者信心下降。富裕家庭纷纷携款逃离城市。街上满是突然被解雇的家庭佣人。人们囤积银币，导致银币在市场上消失。从罗马到布达佩斯，许多长期动荡的地区都出现了这种银币消失的现象。

诚然，宫廷已经撤出了首都。在一些激进主义者看来，这似乎是革命的伟大胜利。但实际上，这是君主制强大而非软弱的标志。宫廷能够出走，是因为维也纳只是帝国的一个御座，而奥地利也只是帝国的一个省。在那个动荡的季节里，哈布斯堡王朝的政府面临诸多威胁，它们来自伦巴第、威尼西亚、捷克领地、波兰、匈牙利，还有奥地利

本土。但是，君主制在一个地方有对手，在另一个地方就有朋友。多条战线同时存在，这有时看起来凶险万分，却也赋予了维也纳宫廷行动的自由，这是其他欧洲主权国家所缺乏的。就算失去了对维也纳的控制，它也能在其他地区掌握主动权。4月，加利西亚总督施塔迪翁伯爵宣布废除封建土地制度，此举旨在争取加利西亚农民的忠诚；而哈尔蒂希（Hartig）伯爵则在意大利忙着向伦巴第-威尼西亚人示好，承诺未来将实行政治改革，并减轻最讨人厌的赋税。[52] 5月，维也纳民主派组织大规模示威游行，宫廷逃往因斯布鲁克。与此同时，哈布斯堡王朝的保守派官员和士兵正与克罗地亚、乌克兰、斯洛伐克、塞尔维亚和罗马尼亚的民族运动合作，以削弱匈牙利和波兰争取民族自治的努力。

从这个角度来看，宫廷从一个地方"逃"到另一个地方，类似于中世纪查理曼的巡回王权，这种流动执政的能力是一种强大的资源，也是其得以幸存的关键。哈布斯堡王朝的贵族结构宛如满天星辰，它可能看似不堪一击，但当权力机构的一些部分陷入瘫痪或承受压力时，它却能保证机构的其他部分可以掌握主动权。6月，当奥地利正在民主选举新的制宪议会时，陆军元帅温迪施格雷茨指挥的哈布斯堡军队已经在布拉格重掌权威，而拉德茨基的军队正在夺回威尼斯周围的腹地。尽管首都的革命正在深化，哈布斯堡王朝也存在结构和人员方面的种种弱点，但哈布斯堡君主仍是一个自由的行动主体，有能力调遣武装力量并发动反扑。

激进派的割席

巴登大公国位于德意志西南角，与法国和瑞士接壤，是1848年德意志各邦中第一个发生严重政治动乱的邦国。巴登的邦议会在首都卡尔斯鲁厄集会，自19世纪40年代中期以来，一个反对派逐渐在邦议会中成形。巴登的激进派曾越过瑞士边境，在分离主义者联盟战争中为支持自由派而战。瑞士各自由州的胜利激励了大公国的激进运动。1848年2月27日，4000人受到来自巴黎的消息的激励，参加了在曼海姆举行的群众大会，激进派和自由派领导人在会上向人群发表讲话，阐明了一系列要求。[53]

在这几个月的革命浪潮中，曼海姆的律师、活动家弗里德里希·黑克尔脱颖而出，成为该革命浪潮中最有魅力、最令人难忘的人物之一。他深深地融入了资产阶级唯意志论的世界，而这种理念塑造了这个时代几乎所有政治活动家的生活。黑克尔年轻时加入了曼海姆音乐协会，后来又成为和谐俱乐部的成员。[54] 1842年，他成功当选巴登议会下议院的议员。19世纪40年代中期，黑克尔仍在与巴登的温和自由派主要领袖密切合作。罗伯特·布卢姆在1845年8月的莱比锡事件中发挥了重要作用，一批自由派人士联名写信向其表示祝贺，黑克尔亦参与其中。他也是哈尔加滕圈子的成员，该圈子汇集了德意志各邦杰出的反对派人士。此外，黑克尔还为各类自由派刊物撰稿。[55]

和许多同时代的政治活跃分子一样，黑克尔也踏上了探寻意识形态的旅程。1846—1847年，他转向左翼，采纳了日益激进的民主与共和观念。黑克尔拥有深受爱戴的"护民官"所需的所有特质和禀赋：他是一位"热情洋溢的演说家"，能让听众为之倾倒。卡尔·比德尔曼回忆称，他的行为举止中透着"青春活力和灵动"，"栗棕色的长发"衬托出他"迷人的面容"。他的言行举止令人着迷，气质在少年质朴与骑士风度之间自由转换，却并不令人生厌。[56] 海德堡大学历史学家、邦议会自由派前议员的路德维希·霍伊瑟尔（Ludwig Häusser）记得，黑克尔"年轻气盛""激情四射"，拥有资深律师的辩论才能。但霍伊瑟尔也注意到黑克尔略显轻浮和不成熟：这位激进派领袖"从过去到现在仍是以大学恶作剧的方式开展政治活动的冲动学生"。他的行事风格中有一种夸张的戏剧性，一种"古怪的、不寻常的和巴洛克的"倾向。[57] 黑克尔脱离了自由主义反对派的主流，成了塑造某种革命风格的领袖：他将宽松的裤子束进马靴，身穿宽大的衬衫，戴着披巾（最好是红色的），必不可少的饰有羽毛的宽边软帽（帽子要斜戴并装饰着三色帽徽或饰带），留着"男人味十足"的大胡子。德语口语中也出现了描述上述物件的新词：黑克尔帽、黑克尔衫、黑克尔胡子。[58]

1848年3月底，黑克尔作为选民代表加入在美因河畔法兰克福召集的德意志预备议会。形势很快明朗，对于革命是什么及革命应该如何继续这些问题，黑克尔等激进主义者与自由主义多数派之间存在根本分歧。自由派的方案大致如下：由民选代表组成的预备议会，将就建立民主的德意志国民议会所需的步骤达成一致。之后，预备议会解散，并将权力移交给"五十人委员会"，该委员会将与1815年成立的旧邦联议会协同工作，监督预备议会决议的执行情况。这种模式设想通过与旧秩序的合作来建立新秩序。海因里希·冯·加格恩（Heinrich von Gagern）是最雄辩、最具权威性的自由派人士之一，他敦促预备议会"不要破坏，而要建设"，这体现了温和派的观点。

相比之下，黑克尔及其同伴提出了权力集中的主张。预备议会不得解散，也不得向委员会移交权力：整个预备议会必须成为一个永久性的执行机构。他对议会成员说："德意志民族的执行机构必须是常设的，我们对你们的期望只有这一点。"这一要求的历史模板是1789年的法国大革命，当时第三等级从三级会议中脱离出来，宣称自己是唯一的人民机关和代表。黑克尔最亲密的伙伴、巴伐利亚的外科医生、曼海姆律师古斯塔夫·施特鲁韦（Gustav Struve）以一句话打断了加格恩的演说，提炼了激进派的观点："旧权威是一具尸体！"[59] 与一具尸体合作又有什么意义呢？

与他们在巴黎和柏林的同行一样，法兰克福预备议会中的激进派也发现自己属于少数派。在关于常设机构的辩论中，他们以148∶368败下阵来。在如何处理与邦联议会的关系这一问题上，紧张冲突达到了顶峰。邦联议会自1815年以来就一直在法兰克福集会，是由各邦王公派驻的特使组成的相当陈腐的机构。从本质上讲，这一

激进派的割席　463

事项关涉的真正问题是：一个机构需要在多大程度上与过去决裂，才能确实算得上是新机构。邦联议会此前裁撤了数名曾在19世纪30年代参与镇压行动的人的职务，并正式宣布支持德意志许多地区正在进行的三月改革。对自由派来说，这已经足够了。他们一如既往地热衷于避免不必要的分裂，并将邦联议会视为一个有用的行政遗留物。但激进派不以为然。他们认为，邦联议会要想继续集会，就必须满足以下前提——明确谴责自己早先对镇压性法律的默许纵容，并对人员进行彻底清洗。

曼海姆自由派人士弗里德里希·丹尼尔·巴塞尔曼（Friedrich Daniel Bassermann）试图通过对激进派提案提出修正来巧妙地解决这个问题。激进派此前提议，只有在清除邦联议会中的所有旧政权代表之后，才允许邦联议会继续集会。而巴塞尔曼修正案则建议，邦联议会在清除所有的旧政权代表的同时，继续开会。现在，问题的关键在于"之后"和"同时"之间的选择。令自由派惊讶的是，黑克尔宣布，如果巴塞尔曼修正案被接受，他将和他的伙伴们一起离开预备议会。温和派对这一策略感到震惊，于是团结起来，坚决抵制。当修正案以绝对多数票获得通过时，黑克尔和施特鲁韦带着大约40名志同道合的议员愤然离开议会。虽然他们第二天又回来了，但此举传达的信息很明确。这些活动家对自由派代议制政治的支持是有条件的——只有当议会满足激进派的要求时，这种支持才会继续下去。

当预备议会根本没有选出任何激进派人士进入临时的五十人委员会时，黑克尔改变了方针。他现在清楚地认识到，预备议会中的自由派是危险的拖延者：他们已经"走上了革命的道路"，但缺乏"在危急和行将毁灭的时刻做出决断"的勇气。他们的"喋喋不休"（黑克尔对议会辩论的说法）只会让反动派有机可乘。他后来回忆道，每天都有信件、信函和代表团到来，力劝他以共和国的名义发动武装起义。

共和主义在法国无处不在，但在德意志仍非常罕见，因为在德意志，人们仍热爱各个王朝。然而，在巴登，共和主义的力量相对较强，这部分得益于邻国瑞士和法国的影响。但这并不意味着共和主义可以得到群众支持。路德维希·霍伊瑟尔回忆道："在那些日子里，人们在政治上还很懵懂，想要君主制还是共和制的问题还没有触及大众。"[60]但是，这里的共和主义组织网络比欧洲其他德语区的都要发达。至少在黑克尔看来，似乎巴登的所有居民都绷紧了神经，随时准备迎接春天的到来。只需一句话，他们就会为了这项事业而团结起来。政治网络的一种力量就是，对在其中生活和思考的人而言，它似乎包罗万象。在一位亲密的政治伙伴被警方逮捕后，黑克尔逃离了曼海姆，前往巴登南部边境的康斯坦茨。1848年4月12日，他以"德意志共和国"的名义宣布起义。当他和一小队起义者行军穿越大公国时，又有新的志愿者加入了他们。最后，黑克尔的部队招募到了约1200人，分为步枪兵、火枪兵和镰刀兵。此外，他们还有一组小型且可能不太起作用的炮兵，掌握着两台三十年战争（1618—1648）时期的野战炮。由于没有马匹，甚至领袖也无马可骑，整支队伍都步行。作为回应，卡尔斯鲁厄的巴登政府调动了由巴登、黑森和符腾堡分遣队组成的邦联军队第八军。一周之后，黑克尔的小部队在坎登战役中被一支训练更有素、装备更精良、规模约是其两倍的军队彻底击败。

这是一次充满失望的经历。在那些撰写信件和请愿书来激励密谋者采取行动的人中，许多人在起义真正爆发时退缩了。在1848年年底出版的有关上述事件的回忆录中，黑克尔分析称，这些"叛徒"大多是受宫廷服务文化腐蚀的城市人。起义军的领导者们起初认为，在小村庄里事情会有所好转，因为那里的思想和心灵依然自由。但这也只是一种幻想。黑克尔震惊地发现，在一些地方，"妇女和女孩比男人更勇敢、更热情"，一些志愿者只有在妻子或女友的威逼下才会服役。在施蒂林根和其他一些小镇，他发现，自由派或保守派的宣传人员成功地引发了当地人对起义者的敌视。起义者被描述成"一群野蛮人"，或者"不是真正的公民"，而仅是"邪恶的暴徒"。[61]在多瑙埃兴根，起义者原本期待会有成千上万的武装人员做好战斗准备，却发现只有两三百人。阿马莉·施特鲁韦（Amalie Struve）也参加了这场战斗，她将此归咎于该镇曾是一个诸侯国的首府。[62]邦多夫当地著名的激进分子奥克森维特含泪恳求黑克尔放弃这项事业，这令黑克尔大吃一惊。

亦有一些美好的时刻，阳光冲破4月的雨云，青山沐浴在金色的光芒之中。在这样的瞬间，黑克尔和他的部下仿佛在历史中徜徉，走进了古老的编年史和被遗忘的童话世界。但在更多时候，他们穿着湿漉漉的衣服，在深深的淤泥中艰苦跋涉。战士们还因喝了脏水而腹泻。[63]当坎登战役彻底终结了这场起义时，一些起义者必然感到一种解脱。

另外两股力量也加入了起义。一支是德意志民主军团，由社会主义诗人格奥尔格·海尔维格（Georg Herwegh）指挥，是一支由来自巴黎和瑞士的近千名工匠和其他激进流亡者组成的志愿军。另一支500人的志愿军由大公国军队的前军官弗朗茨·西格尔（Franz Sigel）指挥。但这两支部队都没能在坎登惨败前与黑克尔成功会师。当海尔维格得知黑克尔战败后，他向东横穿整个国家，希望与西格尔会合，随后又试图撤退到瑞士的安全地带，但他的部队在多森巴赫的一场小规模战斗中被击溃。弗朗茨·塞拉夫·施蒂尔布兰德（Franz Seraph Stirnbrand）的画作即描绘了这场残酷的小型战役。画面中，在一座小山顶上，符腾堡第六步兵团的士兵正在用枪或用刺刀杀害一小群挥舞着镰刀的起义军，他们的战友则在向逃跑的起义者开火。海尔维格就是逃跑的起义者中的一员，他躲在其妻子艾玛的裙下，乘着敞篷马车逃到了瑞士边境。弗朗茨·西格尔得知坎登的灾难后，也向东行进，抵达绍普夫海姆。但和黑克尔一样，他发现当地居民不欢迎他们。他接着向弗赖堡进发，一些城市起义者已在那里筑起街垒。然而，他的部队在试图突破邦联军队的包围圈时被打散了。按照现代内战的标准，这并不是一场伤亡特别惨重的战役——在坎登，总共有10名起义者死亡。在多森巴赫有30人阵亡，在弗赖堡南郊也有20人丧命。在邦联军队重新夺回弗赖堡时，另有11人在街垒战斗中丧生。若将后来因伤死亡的人数计算在内，总死亡人数在 80 人左右。如人们预想的那样，由于双方兵力悬殊，政府军方面的死亡人数较少，总共 23 人左右。

从军事角度而言，第一次巴登起义是一场惨败。但战斗一结束，随着主要起义者的第一批文章和回忆录的面世，这场起义就转变为激进派记忆中的黄金篇章。前往美国之前，黑克尔在安全的巴塞尔出版了回忆录，令读者坚信这次冒险的重要性。黑克尔宣称："德意志第一次重大的共和起义，是我们人民历史上极其重要且影响深远的时刻，参与者有责任向子孙后代传达有关它的真实记录。"[64] 阿马莉·施特鲁韦于 1850 年在汉堡出版了关于同一事件的记述，献给"德意志女性"。她的作品以清晰、简洁的散文体写成（与黑克尔有所不同），坦率地指出了"自由军"的"幼稚天真"。对她来说，最重要的是这次起义的激励和示范作用。她写道，总有一天，"自由的德意志人民会怀着爱戴和崇敬之情，记住那些敢于率先公开高举共和国旗帜、反抗现行暴政的人"。[65] 在这一点上，她的预言是正确的。如今，在德意志南部和西部，人们仍然深切地怀念黑克尔。在当代人的记忆中，他的名声盖过了进行温和革命的同时代的自由主义者。

正如我们所看到的，对马志尼来说，壮烈的失败与胜利等同（甚至可能比胜利价值更高），因为它们给爱国运动注入了新的情感浪潮。班迪耶拉兄弟在两西西里王国的惨败就是一个典型的例子。从这个意义上说，第一次巴登起义是"马志尼式"的。但差异与共性一样有趣。班迪耶拉兄弟为意大利的爱国事业奉献，是受马志尼及其代理人的鼓励，巴登起义者则是代表自己的政治行动者和宣传者。他们不是远在伦敦的主谋的使者，而是大公国的本地人。与阿蒂利奥和埃米利奥不同，他们没有被行刑队枪毙，而是逃过一劫，留待日后再战。然而，就像马志尼笔下的英雄们一样，他们依然忠于事业。阿马莉和古斯塔夫·施特鲁韦先是逃到瑞士，而后又于 9 月返回德意志，以发动另一场起义——施特鲁韦起义，但这场起义的影响力甚至比之前的

画家弗朗茨·塞拉夫·施蒂尔布兰德1851年绘,《多森巴赫附近的战斗》(*The Fight near Dossenbach*)。1848年4月27日,符腾堡军队在多森巴赫小镇附近与激进主义诗人格奥尔格·海尔维格指挥的德意志民主军团起义军对峙。符腾堡人正在捅刺和射杀被逼入绝境的民主军团士兵,而他们的同伴则追击逃离者。革命民兵与政府军之间的交火往往规模不大,但残酷程度**丝毫不减**

资料来源：Ludwigsburg, Staatliche Schlösser.(Photo: akg-images)

更小,它仅在三天后就以失败告终。在狱中度过一段时间后,两人都加入了1849年夏德意志南部的激进斗争,这是一次规模更大、组织性更强的行动。之后他们再次逃亡,先是去了伦敦,后来又去了美国。在美国,阿马莉成了一名作家和著名的女权主义发言人；黑克尔依旧是一名政治活动家,并在南北战争期间为联邦做出了杰出贡献。晚年,他发表了一篇反对女性权利的文章。他在文中主张,女性的骨骼结构、骨盆形状、颅骨尺寸和较小的"脑容量",都使得她们没能力承担政治职务。他显然忘记了女性在他的冒险中所扮演的角色。尤其是阿马莉，她曾用一辆借来的马车运送枪支弹药，其间她穿越复杂的地形，从一个会合点奔向另一个会合点，这项高风险任务需要坚强意志。[66] 弗朗茨·西格尔成了美国联邦军队的一名少将，帮助招募讲德语的移民，不过作为一名战地指挥官，他的表现不尽如人意。埃玛·海尔维格曾在起义期间担任志愿军之间的特使，后来成为流亡激进主义者中的杰出人物之一。19 世纪 50 年代中期，她主持一个苏黎世沙龙，当时许多最优秀的、持不同政见的知识分子都时常光顾此处，这正是汤姆·斯托帕德（Tom Stoppard）在《乌托邦彼岸》（*The Coast of Utopia*）三部曲中生动描绘的充满活力而又岌岌可危的世界。

这是属于激进派名人的时代。起义爆发时，阿马莉和古斯塔夫·施特鲁韦就已声名鹊起。古斯塔夫前往康斯坦茨与黑克尔会合，途经特里贝格时，人们热情地围了上来。阿马莉隐瞒身份，首次行至施蒂林根，当她在旅馆拒绝吃肉时，马上就被人们认出：显然，每个人都知道她和她的丈夫作为生活改革运动的支持者，是素食主义者。[67] 黑克尔则成为欧洲最著名、辨识度最高的人物之一，他的着装被各地的潜在革命者模仿。如果说起义领导人都声名远扬，部分原因在于，在推动革命的政治动员的过程中，名人效应是不可或缺的一部分。自由派和保守派的记者与漫画家在试图对抗这种效应时，也着重关注个人而非议题。在诸多黑克尔的画像中，他都被描绘为一个海盗式的、目露凶光的狂热分子，身上带着多支手枪，堪称理智的资产阶级户主的恶魔分身（如果称得上具有反常的吸引力）。对海尔维格的描述往往集中在这样一个事实上：是他的妻子埃玛把他偷偷带离了战场。一首广泛流传的诗描绘了这一场景，当埃玛用马车载着海尔维格逃往瑞士时，他躲在埃玛的裙下，头被夹在她的大腿之间。在后来的几年里，知道这个故事的流亡同伴会打趣地问海尔维格是否碰巧知道"帮助他逃往瑞士的那个男人"的名字。海尔维格通常的回答是："我从来没想过要问他。"

巴登的故事为一种特殊形式的激进主义赋予了人性的面孔和具体的寓言色彩。在1848年秋出版的黑克尔回忆录中，满篇都是对各种君主制形态的憎恨。他写道，这种可怕的制度使得德意志人面目全非。"文明世界中没有其他任何民族"，"如此长久地牺牲了自己的幸福和荣誉，以如此轻信和耐心的态度服从君主制的魔神"。他在没有任何根据的情况下声称，"在对待他们的奴隶"时，西印度群岛的种植园主都要比统治德意志各邦的"34个家族""怀有更多的感激之情"。起义者在同胞中遇到的民众矛盾心理及其惰性，完全根植于君主制及其机构所造成的麻痹性影响。这种观点出奇地忽视社会方面的细微差别，它来自零和博弈的话语世界。在这里，富人吃的一切都是从穷人的嘴里夺走的。当西里西亚的织工们用"因发烧而颤抖的双手将青草、野树叶和烂树根放进嘴里"时，"（柏林霍亨索伦宫廷）的厨房和地窖里却弥漫着上好食品和饮料的浓郁香气"。[68] 按照这种说法，君主就像吞噬一切的怪物，是塞滕布里尼在1847年小册子中描述的"令人作呕的蠕虫"，或者是毕希纳和魏迪希1831年所写的《黑森信使》中剥削他人的寄生虫。这种对君主制深恶痛绝的想象在《黑克尔之歌》的仇恨言论中得到了最生动的表达。歌中想象断头台上"涂满了暴君的油脂"，想象共和国扎根于用王公鲜血所浇灌的土壤。直到20世纪，《黑克尔之歌》还在以多种变体流传。在20世纪20—30年代，反犹太版本的《黑克尔之歌》出现，成为救世军的行军曲。[69]

然而，并非所有的激进主义者都认同这种立场。罗伯特·布卢姆即是众多对此无感的人之一。他与黑克尔相识并共事多年。他是通过激进派关系网络认识黑克尔的，并曾出版黑克尔的文章。他在刊物《当代进步人士》的1847年圣诞相簿中收录了一篇黑克尔写的颂词，赞颂的是哈尔加滕圈子的温和进步派导师亚当·冯·伊茨施泰因。但当黑克尔因与旧邦联议会的关系问题而威胁要退出预备议会时，布卢姆便与他划清了界限。布卢姆无疑是个激进派人士，但他也重视代表制民主的程序和制度文化。当人们对巴塞尔曼修正案存在意见分歧时，

将弗里德里希·黑克尔绘作破坏和平的海盗的漫画（约 1850 年）。他的"黑克尔帽"为世界各地的革命者定下了基调

资料来源：Caricature of Friedrich Hecker, from a song-sheet (c. 1850). (Photo: akg-images)

布卢姆与黑克尔决裂，他说："我支持更尖锐的版本，但如果它被否决，我将尊重大多数人的意见。"和许多激进派人士一样，布卢姆为前景而感到沮丧，他们在可预见的未来仍将处于少数派位置。他竭尽全力与各个激进俱乐部建立良好关系，但拒绝加入那些对结果一不满就冲出议院的人。他不愿与自由派断绝往来，这让他遭到了极"左"翼的蔑视。当黑克尔和施特鲁韦退出议会转而发动起义时，布卢姆惊骇万分。"黑克尔和施特鲁韦在法律意义上背叛了国家——这还是最

微不足道的。"1848年5月3日，他在给妻子珍妮的信中写道，"而在发动这场疯狂的起义时，他们背叛了人民，他们阻碍了人民的胜利进程，这是令人作呕的罪行。"[70]

城市与乡村

欧洲农民是1848年革命的黑匣子。我们已经看到，围绕城市贫困这一话题存在道德恐慌。受欧仁·苏影响的"秘密"类书籍声称要探索内城小巷和城郊贫民区的隐秘世界。但事实上，真正隐秘的是农村社会。农村是大多数人生活的地方。在法国，3/4的人口都居住在乡下或人口不足两千的小村庄，农业劳动力约占总人口的一半。[71]在德意志北部、中部和西南部，这一占比在50%～59%。在欧洲中部、南部和东部的大部分地区，每10人中至少有7人在土地上劳作。[72]他们在令人眼花缭乱的制度体系下工作，这些制度是当地习俗和特殊情境层层累积而成的复杂存在，无法一概而论，现在亦是如此。马克思在一次著名发言中说道，"法国国民的广大群众，便是由一些同名数相加形成的，好像一袋马铃薯，由袋中的一个个马铃薯所集成。实际上，农村是类似于马赛克的高度分层的社会体系，以财富、地位、职业结构和权力的鲜明差异为标志性特征。奥地利农业专家汉斯·库德利希指出，在与贫穷无地农业劳工的关系中，拥有农场的农民，无论其土地规模大小，都表现得像蓝血贵族。尽管这两个阶层的孩子在学校、教堂和工作场所一起生活，但这两个截然不同的阶层之间的联姻是不可想象的，也从未发生过。[73]农村生活并不是19世纪中叶农民风俗画中所展现出的一成不变的风景，而是一个不断流变的领域，政治法律变革、经济力量和人口增长一直在催生新的矛盾和不稳定性。1848年，没有其他任何社会领域发出过如此矛盾的信号。

1848年春，革命的消息触发了农村动荡的浪潮。在伦巴第，在争夺米兰的战斗中，成千上万的农民听从乡村教堂里敲响的警钟，走向米兰。他们从村庄蜂拥而至，帮忙将奥地利人赶出伦巴第的各个小城镇。在威尼西亚，也有大量农民加入国民卫队。与柏林、巴黎、维也纳和许多省级城市相比，这里大量的农民和农村工匠新兵赋予了国民卫队真正的民众基础。[74] 在整个德意志西南部，小城镇的地方官们被赶出了自己的办公室，出现了针对不受欢迎的地方官员的猫叫音乐会，以及对街头小贩、"高利贷者"和犹太商人的攻击。村庄里的农民聚集在一起，组成暴力团伙，袭击庄园档案室和行政大楼，或要求管理人做出让步，如暂停缴纳各种款项或中止劳役，取消狩猎特权。[75] 3月26日，勃兰登堡莱布斯附近古索的庄园管理人报告说，约有100名佃农和日工组成了一支"队伍"，向他家的窗户扔石头，并强行闯入他的办公室，威胁他，并要求增加日工资、降低租金、降低木材和泥炭的价格。[76] 在上加龙省南部，一场小规模的农民恐怖活动在3月和4月间肆虐；上比利牛斯省拉巴鲁斯的饥饿村民们则回应巴黎发出的信号，前往圣戈当周围繁荣的低地大肆掠夺，直到被军队赶回山里。[77]

但这些抗议活动究竟是如何与城市中的革命联系起来的呢？伦巴第或威尼西亚的农民加入卫队或前来捍卫起义的城镇，此举是否意味着对革命的支持？或者说，是否意味着对在该地广受憎恨的"奥地利"制度（赋税、垄断和征兵）的一种否定？针对犹太人财产的暴力行为不能被轻易地纳入革命"政治化"的叙事当中，即便那些洗劫犹太公民房屋的人有时会唱《马赛曲》。威胁勃兰登堡古索庄园管理人的"队伍"关心的是租金、劳役和狩猎权，并没有提及宪法、选举、议会或出版自由。他们还威胁要袭击富裕农民的住宅：当晚，他们来到庄园外边一个名叫马伦的有产农民家中，强迫他交出钱和枪。正如罗伯特·冯·弗里德堡（Robert von Friedeburg）所观察到的那样，农民的暴力和抗议往往集中在对地方的不满上，针对的是特定的、据称有罪的人，包括专横的管理人、剥削的代理人，以及被视为不良雇主的有产农民。[78]

正如这些例子所示,要确定农村抗议与城市革命之间的联系究竟是何本质,并非易事。我们不应夸大城乡人民之间的差距或将其神秘化。许多城镇人口,尤其是中欧城镇的"流动人口",包括大量农民。农民通常在集市日进城,这也是革命消息向农村传播的途径之一。革命的典型机构迅速自我复制,即使是在相当小的农村社区。在波希米亚的沃季采镇,一个由 208 栋房屋组成的社区成立了国民卫队,尽管该镇无法为其成员提供武器——队员手持木雕枪行进,而当地的陶工则用黏土自制了一支步枪和一个小号。[79]

然而,对许多 19 世纪中期的城市居民而言,走进乡村就意味着进入了一个不同的世界和不同的时代。这里存在方言和语言学上的差异,许多地区仍然保留着在城市人看来奇异的服饰,这些都是这种疏离感的一部分。还有富裕城市居民风格化的城市气质,在空间界限上又叠加了阶级差异。交通和通信网络分布的不均衡意味着,一旦离开大城镇,生活节奏就会明显放缓。[80] 但核心原因只是农民生活的强烈地方性,这表现在他们倾向于通过家庭、宗族、派别和社群的利益来看待政治和其他一切事物。而这些相互冲突的利益可能会被新兴的阶级所打破。对威斯特伐利亚东部农民社会的一项经典研究表明,农村人口内部的分裂(有地农民与各种雇佣劳工之间的分裂),比"农民"与其他社会群体之间的冲突都更加令人担忧。人口的增长使无地人口的数量不成比例地膨胀,进而导致控制着稀缺耕地资源的人与"农村无产者"之间严酷的权力差异,后者除了一把子力气,再没有别的东西可卖。多年来,有地农民让无地农民受困于剥削性租赁的"准封建"制度。[81] 类似的情况也发生在伦巴第中部,那里出现了一个由代理人和佃农组成的管理阶层,他们作为大庄园主和小农户之间的中间人,推动劳动关系朝更具剥削性的方向发展,并催生了新的对立。[82]

地方和区域的土地管理历史造成了农民的不满和要求。在汉诺威和普鲁士东部省份等一些地区,土地私有化废除了公地,农民便要求恢复公地。相反地,在德意志南部地区,当局干预保护而非分配公有资源，农村的无地贫民便要求分割公地，希望借此得到的土地能为他们开辟一条摆脱贫困的出路。[83] 在威尼斯以北约120千米的奥龙佐迪卡多雷社区，村民要求将当地公有的森林划分给村里的各家各户。[84] 相比之下，在两西西里王国，土地已经普遍私有化，农村抗议活动往往集中在非法占有土地、焚烧树篱和毁坏田地这些问题上，农民随后会前往该省最近的城市毁坏租税记录簿，袭击土地和税务登记处。在这种情况下，农村骚乱很容易演变成对"富人"的普遍敌对行动。在当地地主贵族被视为主要剥削者和改善条件的障碍的地区，农民更有可能将国家视为潜在的盟友，奥斯曼帝国的农民也是如此。[85] 我们已经看到了这一假设对1846年加利西亚事件的影响有多大。这是哈布斯堡王朝领地上的默认情况，在那里，君主制历来相对积极地推行农业改革，而地方权贵对此加以反对。1848年夏秋两季，哈布斯堡王朝巧妙地利用了这种预期。

1848年7月，当米兰临时政府国防部长、物理学家兼流体静力学专家乔瓦尼·坎托尼（Giovanni Cantoni）观察伦巴第的农村人口时，他发现，没有什么是值得庆贺的。在相对干燥的中部地区，长期以来让众多农民家庭得以安居乐业的大型多户农庄体系正在分崩离析。为了收入的最大化，地主进一步细分了他们的土地，迫使佃户到面积更小的单户土地上生存。地主不再给农庄提供牲畜和农具，农民面临更高的成本。赋税增长了3倍，这进一步蚕食了农业收入。另外，许多地块太小，致使种植玉米无法获利，农民被迫以高昂的价格向地主租用额外的土地。[86] 坎托尼指出，将大庄园交给佃农或代理人管理的做法使得情况大为恶化，因为中间人"将自己置身于地主和农民之间"，自然极力通过任意提高租金和威胁驱逐农民来增加自己的收入。[87]

这个问题还涉及环境和生态层面：以最低成本实现回报最大化的压力诱使农民砍掉包围和分隔土地的厚厚的树篱，导致他们长期缺乏木柴和支撑葡萄藤的杆子。此外，"正如气象学家指出的，对树木的持续砍伐使得冰雹灾害和干旱更加频繁"。[88] 在米兰和洛迪周边以及波河河谷沿岸这些灌溉良好的地区，农村劳工的境况更为糟糕。坎托尼以"社会问题"类文体的纪实手法，如实地描述了水稻种植区的工人：

> 如果我们走过稻田，如果我们参观那些潮湿肮脏的住所，与那些……工人同坐，这些只剩一口微弱气息的幽灵，他们40岁上下，正值壮年，但他们的双脚已经踏入坟墓，死亡的面纱笼罩在他们死灰一样的脸上。如果我们观察他们的饮食、他们的劳作和艰辛，那么在此之后，我们一定会着力咒骂稻农中盛行的契约制度。[89]

农民陷入了与地主复杂的信贷与债务关系，但由于所有记录都由地主的代理人保存，因此无法监督账目是否得到妥当处理。农民应当如何知晓自己地里的农产品是否得到了公平的报酬呢？当管家说，他扣留这笔钱是为了抵消过去几年因设备租金或房屋修缮而积累的债务，或者是为了储存起来以备不时之需时，农民怎么知道这些款项是否得到了公正的记录和计算呢？尤其令人担忧的是，对一个不得不为独立而战、与强敌抗争的国家来说，这将带来道德后果。当一个政府以这样一种刻薄的方式对待其最贫穷的公民时，如何能指望他们为祖国做出牺牲呢？像坎托尼这样的爱国领袖应该如何激发农民已经"永远丧失"的勇气呢？[90]

这是对农村工人普遍状况的富有深度和同理心的分析。但这也是少见的。西欧国家的激进派和自由派领导人大多表现出对农村生活一无所知。在许多地方，1848年的动乱清除或削弱了精英阶层，而尽管精英阶层常常表现得居高临下，他们却对农村有很深的理解（因为他们本身是地主贵族）。代替他们的是来自报纸、俱乐部和城市工商业界的自由派人士和激进派人士。历史学家乔治·法泽尔（George

Fasel）在描写二月革命后的法国时指出，新领导层的愿望与"他们所生活的社会"之间存在"绝对的矛盾"。尽管有越来越多的证据表明，农村存在严重的社会危机，但巴黎临时政府没有提出任何有意义的农业改革，只是做出一些"微不足道的姿态"，例如给模范农民颁奖。[91] 这种对农村状况的漠不关心促成了临时政府最大的政策失误——45生丁税。3月，临时政府四处想方设法筹措资金，以便为巴黎失业工人创建国家工场，于是政府下令征收45%的附加税（这意味着本缴纳10法郎税款的人现在需要缴纳14.5法郎）。

纯粹从财政和金融角度来看，1848年的附加税是合理的。二月革命摧毁了人们对债券、股票和银行存款等纸质资产的信心，引发了黄金和白银的挤兑风潮，欧洲许多地区都有类似情况。暂停兑付到期国债、关闭股票市场、强制接受银行钞票、限制储蓄账户取款等紧急措施有助于抑制波动，但私营企业仍深陷危机。而尤其重要的原因是，银行倒闭导致信用证难以兑换成现金。为了缓解这一问题，临时政府的财政部长路易-安托万·加尼耶-帕热斯于3月7日设立了第一家贴现银行。这是一家信用票据发放机构，为巴黎和其他商业中心服务。截至1849年8月，于1848年3月19日开张的巴黎国民贴现银行已经促成了244 297笔交易，帮助私营企业顺利渡过了革命及其余波所带来的政治动荡。这是一场"银行业的革命"。它拓宽了信贷渠道，创建了第一家真正意义上的共和国银行。这一背离传统的大胆举措，其资金来源主要就是45生丁税的收入。[92]

问题在于筹集资金的方式。这项附加税的负担大部分落在了广大农民身上。比利时政府也要应对类似的特殊支出，但它选择了一条不同的路径，即发行2700万法郎的强制贷款，并根据不同的收入类别渐次调整分派额度。这种做法并不受欢迎，但远没有法国的45生丁税那么令人痛恨。[93] 路易-安托万·加尼耶-帕热斯之所以选择向农村征税，部分是因为他是一个致力于平衡收支的财政保守派人士，但也是因为他和许多城市自由派人士一样，认为法国的银行、商业和金融

城市与乡村　477

利益本质上是脆弱的,而法国的农业"尽管饱受苦难",却"具有取之不尽、用之不竭的无穷生产力,能从任何灾难中恢复"。[94] 政府确实试图通过引入特别豁免条款来减轻对最贫困阶层的影响,但许多地方官员对此置若罔闻。45 生丁税无可挽回地损害了新政府在农村的声誉,它将革命与法国农民的眼中钉、肉中刺——赋税——不可分割地联系在一起。政府的征税行动遭到了一致的暴力抵抗,尤其是在法国南部,那里经常需要军队来镇压抗税暴动。人们认为,这项赋税是在掠夺辛勤劳作的农民,以向巴黎的游手好闲之徒发放救济金。保守派与左翼共和派煽动者都发现,他们可轻易煽动起人们对这类赋税的不满情绪。此举的结果是,在法国的许多农村地区,人们远离新的自由派政治秩序。

我们在意大利各邦也看到了同样的问题。对奥地利人的敌意深入威尼西亚社会,这意味着,将"德意志人"赶出该地的斗争在农民社区引起了自发的团结行动。与 1846 年加利西亚的农民不同,威尼西亚农民支持的是起义的爱国者,而不是奥地利政权。但仅靠爱国主义无法留住农民的支持,他们对革命抱有更多的期望,例如,减少雇佣合同的剥削性;对那些农民手头不宽裕的社区,减少以现金形式征收令人憎恶的奥地利税(尤其是盐税和人头税);给主食价格设定上限,这对农村无地贫民来说是燃眉之需。共和政府确实降低了盐税,取消了人头税,这让许多农民感到欣喜,但这并不足以减轻农村社区的苦难。另外,也没有迹象表明,政府会议更加协调一致的努力来解决农村的社会困境。

有些人指出了日益增长的风险。农学家、改革派地主盖拉尔多·弗雷斯基(Gherardo Freschi)是弗留利农业协会(1846 年设立)的联合创建者和负责人。他多次警告称,忽视农村问题将招致危险,并敦促共和政府颁布法令以调整面包价格。他在宣扬农业改革运动的期刊《农民之友》上发表的社论言辞日渐激烈,令共和国当局在 1848 年 5 月初将该刊物关闭。[95] 威尼斯公务员福尔图纳托·谢里曼（Fortunato Sceriman）则要求政府积极解决剥削性短期合同的问题。但这些孤立的声音未能打破普遍的漠视。这种漠视也渗透到马宁政府对反奥地利战争的管理中，他们"几乎没有考虑到农村正在发生的事情"。[96] 米兰革命政府对农民不满的回应甚至比威尼斯革命政府更迟缓。迟至 6 月下旬，它才开始废除讨人厌的人头税。在伦巴第和威尼西亚，农民对革命乃至对反奥斗争的热情迅速消退。最初几个月间出现的自发的征兵活动销声匿迹。到了 7 月，第一声"拉德茨基万岁"的呐喊已经在伦巴第的乡村响起。（拉德茨基是奥地利的陆军指挥官，他将很快率军恢复哈布斯堡王朝的统治。）[97]

对首相包贾尼领导的匈牙利政府来说，土地政策是最难应付的问题，甚至比选举权、少数民族政策或犹太人解放等问题更为棘手。在这一政策领域，政府必须平衡农民的利益和地主阶级的利益，而地主阶级中有许多政治精英，其中包括政府成员（1848 年 6 月召集的新国民议会完全由地主组成）。但匈牙利革命者对农村的普遍状况既非一无所知，又并非漠不关心。自 19 世纪 20 年代以来，土地改革一直是匈牙利反对派的核心关切之一，那时农民在农奴保有权方面的谈判地位下降，触发了"新农奴制危机"。[98] 1836—1844 年的议会已经颁布了改革措施，确保了农民对"封建地产"相关土地（即农民根据世袭保有权耕种的土地）的所有权。自 1840 年以来，拥有世袭保有权的农民获许通过向领主一次性付款的方式赎买自己和土地，但条件极为烦琐严苛，只有 1% 的农民做到了。[99] 直到 1846 年，加利西亚的恐怖事件才促使匈牙利的自由派和激进反对派领袖与科苏特·拉约什共同提议，将农民解放作为一项坚定的政策承诺。[100] 这不仅仅缘于恐惧：对匈牙利反对派中支持改革的自由派贵族而言，他们无法想象一个不存在有产农民阶级的"现代"匈牙利。此外，还有战术层面的考量。哈布斯堡王朝历来在土地改革领域都相当积极主动；在争取农民忠诚的竞赛中，行动迟缓的马扎尔精英阶层面临着被维也纳超越的风险。[101] 1848年4月，新政府以大胆的姿态上台，废除了封建劳役、大部分什一税、世袭司法管辖权，以及前农奴土地的实物租税。在匈牙利法典中被称为"乡村性"的封建从属地位被废除。

然而，关于新法律所涵盖的土地类型和土地范围的复杂问题仍未得到解决。哪些土地应该算作"封建的"，哪些仅是属于领主的租赁土地？土地记录簿的官方说法与人们世代相袭的做法之间长期存在差异，这极有可能引发争议。新领导人意识到了这一问题。4月19日，包贾尼政府的财政大臣科苏特发布了一项命令，澄清了新法律中的几个要点，并指出，如果地主所主张的土地目前由农民耕种，那么地主有义务证明这些土地仍然是领主的财产。[102] 但这只是承认存在问题，而不是解决问题。所有权的"证据"需要多有力？过时的"封建负担"与地主要求租金的正当商业权利之间的分界线在哪里？谁应该拥有以前被领主圈占起来的公地？改革本身造成了新的不对称。一些什一税被废除，但葡萄酒什一税被保留了下来。一些贵族特权被取消，但另一些特权依然存在，例如贵族对葡萄酒销售的垄断（最终于9月废除），以及大多数狩猎和捕鱼的权利。最重要的是，4月的改革并没有惠及某一部分农民——他们在领主个人所有的土地上工作和生活，仍有义务提供传统的物品和服务。而他们的人数占了农民的半数以上！灰色地带如此之多，以至直到1896年，解决上述所有问题的进程才得以告终。[103] 在这里，与废除奴隶制和解除对犹太人的法律限制相似，一纸法案与可能延续好几代人的社会解放进程之间存在巨大的差距。

这也就解释了为什么明明相较于法国、伦巴第、威尼西亚或西西里的革命领导层，匈牙利革命领导层对农村社会问题的理解要透彻得多，但1848年的土地法规不仅远没有解决土地问题，反而引发了抗议浪潮。克罗地亚的农民发动叛乱，希望迫使该地区的贵族尽快实施佩斯法案。匈牙利南部的塞尔维亚人和特兰西瓦尼亚说罗马尼亚语的人民也出于同样的目的采取行动，他们的抗议聚焦于新立法的灰色地带：公有草地和森林的法律地位、新近圈占的土地、葡萄园、酒馆许可证和垄断权。[104] 与欧洲其他许多地方一样，这里也出现了要求归还"被侵占的"土地、拒绝付款和服役、反对武装占领土地的呼声。匈牙利南部巴兰尼亚州的农民告诉佩斯的新政府："我们置身于苦难中，三月事件的消息对我们来说是来自天堂的喜讯。"但他们的请愿书接着列举了许多与新法律实施相关的不满。[105] 整个春末夏初，什一税罢税、非法占地和骚乱仍在继续。在匈牙利大草原东部的蒂萨地区，农民以养牛为主业，这里的暴乱几乎持续不断。在贝凯什州，革命政府担心农民起义一触即发，甚至军队也难以维持秩序。[106] 1848 年 6 月 21 日，内政大臣塞迈雷·拜尔陶隆宣布全国进入戒严状态。在随后的镇压行动中，10 名起义领袖被公开处决。[107]

如果说 1848 年有哪个政府在以改革解决土地问题方面表现突出的话，那就是瓦拉几亚临时政府。与意大利许多地方一样，这里的农民怀着极大热情欢迎革命的消息。毫无疑问，新政府将给予土地改革极高的优先性。新政府成员中包括军人、历史学家兼记者尼古拉·伯尔切斯库，他是秘密爱国组织兄弟会的联合创建人之一。1846 年，伯尔切斯库发表了一篇关于土地所有权的社会史研究。他在其中指出，目前地产集中在强大的地主精英手中，这是长达几个世纪的掠夺的结果，其主要方式是强占农民的土地。[108] 由此，文章接着指出，要真正地、公正地解决土地问题，就必须重新分配土地并恢复农民对土地的完整所有权。这并不是马克思意义上的社会主义愿景，它表达的是对自由的自耕农的推崇。在这一点上，伯尔切斯库与 19 世纪 30 年代的波兰农业激进主义者、杰斐逊民主党人和拿破仑时代的普鲁士改革者观点类似。伯尔切斯库将那些在土地上劳作的人称为"扶犁人"，而不是农民或农夫。这种称呼使他们与古罗马理想的道德高尚的自由农民相一致，古罗马政治家卢修斯·昆提乌斯·辛辛那图斯就是这种理想的化身。[109] 伯尔切斯库认为，以自由小块土地所有制为基础的农业不仅更自由、更富生产力，而且会增强民族凝聚力。伯尔切斯库在

1848年写道:"那些拥有土地的人,将更好地捍卫自己的出生地,更深地融入民族情感,更坚定地抵御外来入侵。"[110] 在反革命最有可能以俄国或奥斯曼帝国入侵的形式出现的环境中,这是一个重要的考量因素。

对大多数同僚来说,伯尔切斯库的农业理念太过超前,他们中的一些人本身就是富有的地主。虽然临时政府的成员回避伯尔切斯库有关"掠夺"的观点,但他们确实承认,有必要解除封建财产关系,并对农民世世代代在庄园里的辛苦劳作做出补偿。《伊斯拉兹宣言》第13条宣布"解放农民,农民通过补偿成为土地所有者",随附的说明性文字赞扬农民是"扶犁人、城镇的哺育者、祖国真正的儿子",他们"承受了国家的一切苦难"。在18世纪废除农奴制后,政府曾向农民开征货币和劳务形式的赋役;革命政府成立后立即将其取消,并许诺给农民一块他们"数百年来用汗水赎回"的土地。与此同时,它还承诺补偿地主的"慷慨"。国家"就像一位善良而公正的母亲","根据正义的要求、福音的教诲和罗马尼亚人美好的心灵",为地主分给无地农民的"每一小块土地",而给予每个地主补偿。[111]

事实证明,在新政府的承诺中,这一项争议最大。文本的措辞既不准确又自相矛盾:农民是拥有某种权利或所有权,还是说分地取决于地主的"慷慨"？统观全国,让农民遵守庄园秩序的顺从心理和对惩罚的恐惧开始瓦解。许多农民拒绝在得到所承诺的土地之前履行传统的劳动义务。整个农业部门陷入了危机。一些地主家庭干脆远走他乡,等待动荡的结束。其他地主则公开抵制新措施,他们于7月1日聚集在莫莫洛酒店,谴责第13条"明显侵犯人权"。战争部长奥多贝斯库将军和萨洛蒙上校(他既是军事指挥官,也是一位富有的地主)率领部队向临时政府的宫殿行进,但被布加勒斯特市民的大规模干预阻止。警报一拉响,城里的人民就拿着刀枪跑了过来。宫殿庭院里迅速聚集起民众,将兵变的小股队伍团团围住。民众中有一位名叫安娜·伊帕特斯库的女性,她丈夫是财政部官员。她带着两把手枪,跳上一辆马车，直面兵变者的火力，并激励周围的人不要放弃战斗。在当时，她默默无闻，后来却被铭刻在罗马尼亚人民的记忆当中。在这场小规模冲突中，有 7 人丧生，9 人受伤。

为了平息局势，政府宣布成立"财产委员会"。委员会将由 34 名代表组成，瓦拉几亚的 17 个县各派一名地主代表和一名农民代表。他们将以"成熟"的方式商讨问题，并"通过各利益派别之间的清晰理解，找到充满兄弟情谊的解决方案"。[112] 尼古拉·伯尔切斯库可能是这一想法的发起者，尽管他未被邀请监督委员会的工作，这可能是因为他被认为过于激进，无法与他人达成共识。领导的任务落到了技术官僚、改革派农学家扬·约内斯库·德·拉·布拉德（Ion Ionescu de la Brad）的肩上。[113] 但在开幕词中，扬·约内斯库·德·拉·布拉德重复了伯尔切斯库 1846 年关于耕作者的著名文章中的论点，引起了在场诸多地主的不满。

在 1848 年的欧洲，财产委员会是一个独特的机构。没有任何其他政府试图以这种方式解决土地问题。由于委员会向公众开放，人们可以在旁听席上观看讨论，因此它更像是一个小型议会而非委员会（当时尚未举行国民议会的选举）。会上有精彩的辩论。一位农民提出抗议：他繁重的封建义务等同于"奴役"。作为回应，一位地主坚持认为，所有的义务，无论是以现金还是以实物支付，都只是租用他人土地的租金。农民们指出，所有在宪法上签字宣誓的地主，都有义务履行第 13 条的规定。这意味着，地主如果背弃其放弃部分土地的承诺，就是违法的。地主援引私人财产神圣不可侵犯的原则，但正如詹姆斯·莫里斯（James Morris）所说，农民"在拥有自己的财产之前，拒绝承认财产的神圣"。[114] 一名地主代表警告委员会，"整个欧洲"都在关注瓦拉几亚革命，如果各大国看到"我们和平而公开的革命……以废除财产权和瓦解人类社会秩序来开端"，他们肯定会拒绝给予同情和帮助。[115] 一位地主与他的伙伴决裂，在雷鸣般的掌声中宣布，他将信守向《伊斯拉兹宣言》立下的誓言：

城市与乡村　483

> 我对着宣言的21项条款宣誓。我发誓，我要给你们土地，供你们获取食物和养育牲畜。……你们曾是奴隶，人数甚至比吉卜赛人还要多……而我曾奴役你们，兄弟们。我曾打骂你们，扒光你们的衣服，你们为此咒骂了我36年！原谅我，我的农民兄弟，把我从你们那里偷走的东西拿回去。

旁听席上响起了呼喊声，"万岁……上帝原谅你了，兄弟！我们是兄弟！我们将和平共处！万岁！万岁！宪法万岁！"[116] 在这样的时刻，财产委员会类似于近来的加拿大真相与和解委员会。

这是一场出色的政治戏剧，但在最初的几次会议后，地主们开始以老套的借口逃回自己的庄园，让人怀疑委员会是否仍能达到开会所需法定人数。由于人们认为进一步的讨论难以产生可行的折中方案，政府决定将这一问题交由即将召集的国民议会处理（但国民议会从未召集）。在委员会第八次也是最后一次会议上，17名地主中，只有6人出席（还有1名农民缺席）。[117] 因为未能解决瓦拉几亚农民解放所引发的问题，革命试验的合法性在民众心中大打折扣。革命在9月被镇压后，一份调查揭示了农民叛乱的严重程度：他们大规模潜逃、非法放牧、偷盗森林和果园中的木柴，甚至袭击地主的房屋（尽管这种情况很少见）。[118] 用军事手段平息骚乱是不可能的，因为大多数新兵本身就是农民。但无所作为也是危险的，因为这会疏远地主精英，而他们的支持对革命的成功亦至关重要。

没有人可以指责瓦拉几亚革命政府没意识到农村社会问题的紧迫性。但在这里，正如在意大利和匈牙利一般，新当局缺乏解决欧洲社会最棘手问题的制度控制力，且尤其缺乏时间。土地问题的复杂性意味着，即使在革命者已经取得良好开端的国家，最终还是由革命后的政权来承担起清除农村"封建主义"残余的任务，这一过程往往有利于土地所有者，包括大庄园主和独立农民，而不是那些数量众多的、仅从事土地耕作的农村人口。[119]

诞生于1848年革命的许多政府都做了坚定努力，在农村人口中宣传，以争取他们对革命事业的支持。巴黎临时政府向各省派出了革命特派员，负责解释革命；教育部长伊波利特·卡诺（Hippolyte Carnot）则向全国各地派遣了一支使者队伍，动员城镇和乡村的学校教师支持新政府。负责默兹省"革命化"工作的特派员莱乌特向内政部长提交的报告，让人了解到这些官员如何着手实现他们的目标。莱乌特在任职的头两个月里不知疲倦地在全省各地奔波，向选民发表演讲；他会见了当地的文官和军官，并派遣"聪明而忠实的公民"到他无法亲自到达的地方进行宣传。他向各村庄发出通告；乡村全体公民则被鼓声召集到市政厅和教堂前的广场上，听官员大声宣读公告。[120] 瓦拉几亚也向公国的每个县派出了3~5名特派员。他们的使命宣言称，他们要充当"宪法的牧师"和"自由的使徒"，要把农民聚集到村子里聆听宪法的宣读。神职人员应在教堂举行感恩仪式。这种宗教与政治的融合是瓦拉几亚革命的特点，它的宪法宣言就充满了福音书式的语言。但这也反映了一个现实，即除了周日，在大多数瓦拉几亚村庄里都找不到人——在一周中其他日子前来宣传的特派员们发现，所有人都在田间劳作。[121]

尽管这些努力令人印象深刻，但它们都是单向的：新秩序的热心使者向应该心怀感激的农村公民单向传递思想和承诺。尽管有这些美好的开端，但混乱仍在继续，特派员们往往对此感到迷惑。莱乌特指出，他所在省的不同地点发生了"些许骚乱"。通过强硬打击、温和安抚与"做一些严厉的判决"等手段，"用有益的恐怖"打击"罪犯"，便足以平息事态。但他对动乱的描述颇具启发性：

> 这些混乱并非出于政治动机。它们往往是由社群之间甚至家庭之间的分歧造成的，任何巨大的社会动荡都必然会搅动人们的

思绪，进而重新引发分歧。森林有时也会受到威胁，但造成的破坏微不足道。[122]

这就接近了问题的症结。特派员们经常因农村选民所谓的无政治意义的动乱沮丧。对他们来说，农民似乎难以捉摸，反应迟钝。革命的政治理念似乎"在他们中间传播，却不留一丝痕迹"。[123]但革命的使者们没有看到，家族和社群的争斗，以及针对护林人的愤怒，正是农村政治的组成部分。为了理解这一点，他们必须花更多时间来倾听农民的心声，而不是向他们说教。他们不应该像福音传道者那样工作，而更应该学习人类学家。正因为他们未能处理农村土地改革的棘手问题，反革命势力才得以通过许诺或发起自己的改革计划，重新夺回主动权。

奥地利激进派人士、国民议会议员汉斯·库德利希写道："如果你不厌其烦地、耐心地按农民的思路思考，那么就不难与他们进行理性沟通。仅仅写出精辟的事实性文章，或者参加会议并发表完全符合维也纳律师俱乐部要求的演讲是不够的。你必须与农民坐在一张桌子旁，让他们畅所欲言。"[124]库德利希本人的父亲就是在旧封建土地制度下生活和工作的农民，且当时仍然在领主的庄园里履行令人憎恨的强制劳役。革命爆发时，库德利希正在维也纳求学。3月13日，他在维也纳省议院外的战斗中被刺刀刺伤。他加入了学院军团，于6月24日当选为奥地利国民议会议员，时年24岁的他是其中最年轻的议员。一个月后，他提交了一份草案，主张废除封建从属关系，以及从强制劳役到什一税的所有相关服务和赋税。该法案后来被称为《库德利希法案》，于1848年9月7日（经过一些小的修改）获得通过，但已经没有时间来实施其中措施了。10月，库德利希试图动员农村社区来支持维也纳革命的终局之战，但没有取得多大的成效。库德利希是罕见的了解农村政治的激进派对人士，他比大多数人都更清楚地看到，1848年的新政治领袖们完全没能考虑到折磨着农民的问题。

对农民缺乏革命热情，革命领袖傲慢地表示失望，这让他感到惊讶。"只有一个完全不了解农民的激进理论家才会相信，农民会为当权八个月后还没考虑过解放他们的革命政权而奋起！"[125]

民族问题

1847年9月，20岁的热那亚爱国者戈弗雷多·马梅利（Goffredi Mameli）创作了一篇歌词，并将其寄往都灵，由作曲家、热那亚同胞米凯莱·诺瓦洛（Michele Novaro）谱曲。这首歌被称为《意大利人之歌》或《意大利兄弟》，至今仍是意大利的国歌。这是一首具有强烈感染力的作品。开头的歌曲显示这首歌是写给"意大利的兄弟们"的——马梅利最初额外还写了一段歌词，呼吁全国的年轻姑娘缝制国旗和帽徽，但他后来删掉了这段，这意味着"姐妹们"最终未能出现在歌词里。[126] 这首歌告诉我们，意大利已经苏醒，戴上了古罗马英勇将领西庇阿的头盔。接下来是一个问题："胜利在哪里？"一旦找到胜利，歌曲继续唱道，就让它向意大利人俯首称臣吧，因为上帝把它创造为古罗马的奴隶。副歌部分号召人民武装起来，其主要内容是"准备把头颅抛"这一非同寻常的宣言，它每次重复4遍，到全曲唱完时共重复20遍。随后是一段对比过去与现在的歌词：意大利人曾经因为不团结而遭到压迫和鄙视，但那个时代已经过去了！因为意大利人团结的时刻已经到来，一切都将改变。歌曲第三节是用祈祷的口吻写成的：如果"我们"团结一致，彼此相爱，"天主的道路"就会向万民显现，有上帝在我们身边，"天下谁能敌"？第四节又回到了历史先例的主题：有关费鲁乔（16世纪的佛罗伦萨爱国者）和巴利拉（18世纪的热那亚爱国少年）的记忆仍历历在目，没有人忘记1176年莱尼亚戈的荣光（伦巴第联盟击败神圣罗马帝国皇帝"红胡子"弗里德里希一世），或1282年西西里晚祷的辉煌（巴勒莫起义反抗法国）。这首歌以对民族敌人的猛烈抨击为结尾。"奥地利之鹰"的羽毛脱落了。为什么？因为当奥地利之鹰吸食意大利人和波兰人的炽热鲜血时，它的心脏被灼伤。

这首曲子风格奇异又传统，让人不知道该说什么才好，只能说它在欧洲一系列同样激昂的国歌中显得格外和谐。诺瓦洛创作中紧凑的附点八分音符，以及副歌中的战斗号召（"让我们团结队列"）让人想起《马赛曲》。提及过去的屈辱是民族主义歌曲的惯用手法，在裴多菲·山陀尔为匈牙利人创作的民族之歌中也能找到这一主题。昔日的爱国者是另一个常见的主题。富有战斗性的第五节想象"奥地利之鹰"因意大利人和波兰人的血而患病。与之相呼应的是维比茨基1797年进行曲（至今仍是波兰国歌）中对意大利的认可。该曲副歌起头的歌词为"前进，前进，东布罗夫斯基，从意大利到波兰"。维比茨基写这首歌时，正在雷焦艾米利亚为拿破仑组织波兰军团。此外，马梅利这首歌与希腊国歌也有联系。希腊国歌歌词源自1823年由狄奥尼修斯·索洛莫斯（Dionysios Solomos）创作的诗，是世界上最长的国歌文本，共计158节（实际只唱前两节）。歌词明确提到了意大利的困境，暗指哈布斯堡之鹰正对它虎视眈眈，"用意大利人的内脏滋养它的翅膀和爪子"，几乎可以肯定，这就是马梅利歌词中"奥地利之鹰"段落的灵感来源。这里的联系既有人生经历和历史方面的，也有文本和文学方面的：索洛莫斯1808—1818年在克雷莫纳生活，在那里，他结识了意大利爱国者，用意大利语写诗，并加入了烧炭党。[127] 这类联系随处可见：1848年为芬兰国歌谱曲的作曲家帕修斯是德意志人，填词的鲁内贝格是瑞典人。匈牙利国歌的作者裴多菲·山陀尔曾将少数民族称为"祖国身体上的溃疡"。[128] 他有塞尔维亚或斯洛伐克血统（他出生证明上的名字是"亚历山大·彼得罗维奇"），讲匈牙利语时带有斯拉夫口音。尽管欧洲民族主义强调每个民族的独特品性和命运，但它实际上是一种彻头彻尾的跨民族现象。

民族主义以其他任何概念都无法比拟的方式，塑造着1848年的故事。时人可能感觉这些革命是泛欧洲的巨变，然而回首反思时却对其赋予民族色彩。[129] 在随后的一个半世纪里，欧洲各民族的历史学家和记忆塑造者纷纷将 1848 年革命吸纳进特定的民族叙事。这使得我们很难想象民族主义政治占据支配地位之前的世界。在那个世界里，民族情感是存在的，也可能非常强烈，却是非常易变和地方化的，是众多情感中的一种。这就意味着，我们需要在两个极端之间谨慎前行：一边是不加批判地采纳民族主义观点；另一边是矫枉过正的反向修正，即否认或淡化以民族为中心的情感的重要性。以这种方式平衡分析，我们可以关注民族主义双重的时间性：对欧洲人来说，民族情感的骤然高涨和建立民族国家机构的热潮可能被认为是突然甚至令人震动的转变，但这并不意味着它给人的感觉是新的或人为编造的。民族主义的独特力量在于，它在爱国者的情感中总是表现为对旧事物的恢复或延续，以及对过去的继承。民族主义可能令人震动，但从不令人意外。

在 1848 年革命爆发之前很久，人们就已经清楚，如果民族活动家试图通过政治手段来实现他们的文化项目，就会导致冲突。他们可能利用法律实现或保护某种特定语言在学校或政府机构中的使用，可能代表某个特定的语言群体谋求更多的公务职位，可能要求一定程度的地区自治，可能建立某种地区政府，在最极端的情况下，甚至可能建立一个新的、独立的民族国家，但无论他们采取何种手段，不同民族的拥护者最终都会在同一片土地上、在同一套制度中展开竞争。根本问题在于欧洲大陆的族群定居模式与政治地图的界线不匹配。一些民族被细分为多个主权国家；另一些民族要么被包围在某个国家中，受其他民族控制或支配，要么分散在多个国家中，但都不享有政治控制权。有些民族同时面临多种困境。德意志人遍布德意志的 39 个邦国，他们在丹麦的石勒苏益格却是少数民族。1848 年，意大利半岛上有 6 个意大利主权邦国，但在伦巴第、威尼西亚和亚得里亚海沿岸，意大利人生活在奥地利哈布斯堡王朝的统治之下。克罗地亚人分布在奥地利帝国的多个省，其中大部分由匈牙利当局统辖。罗马尼亚人分布在三个地区：由俄国和奥斯曼帝国共同控制的瓦拉几亚公国和摩尔达维亚公国，以及属于匈牙利王国的特兰西瓦尼亚。18 世纪的瓜分让波兰民族被撕裂为三个部分。

但这样说就已经把问题扁平化和简单化了，因为一个人的民族归属并不总是清晰的。一个讲意大利语、拥有南斯拉夫姓名、终生生活在亚得里亚海沿岸的奥地利达尔马提亚省的商人，他究竟是意大利人、克罗地亚人、奥地利人，还是达尔马提亚人？一项关于 19 世纪达尔马提亚的重要研究表明，地区归属往往比种族或民族归属更重要。[130] 斯捷潘·伊维切维奇（Stjepan Ivičević）指出："我们血缘上是斯拉夫人，而文化上是意大利人。"[131] 他是达尔马提亚律师、前烧炭党人，同时还用克罗地亚语写诗。维也纳的达尔马提亚爱国者团体领导人、修道院院长阿戈斯蒂诺·格鲁比西克（Agostino Grubissich）以不同的方式表达了同样的观点："我们不需要成为意大利人或斯拉夫人，而要成为达尔马提亚人。"[132] 居住在蒂罗尔、讲高地德语的人是德意志人，还是奥地利人或蒂罗尔人？在研究 19 世纪欧洲史的历史学家中，最近有很多人对"民族中立"群体产生了兴趣，原因则各式各样：这个群体建立了混血家庭，他们根据社会地位而非文化来定义自己，他们对一个种族混居的地区有强烈的归属感，他们避免两极化的爱国主义言论，例如，约瑟夫·马蒂亚斯·图恩（Joseph Matthias Thun）伯爵在 1846 年写道："我既不是捷克人，也不是德意志人，而是一个波希米亚人。"[133] 作为一名贵族，图恩属于一个跨民族的社会阶层，这一阶层能够在相当程度上抵抗民族主义的诱惑——波希米亚的许多贵族家庭血缘混杂，根本不可能给他们贴上单一的民族标签。"19 世纪，一个家庭是成为捷克人家庭、德意志人家庭还是波兰人家庭，往往仍悬而未决。"[134] 但我们也看到，在 1846 年的加利西亚，一些讲波兰语的农民将他们的地主视为"波兰人"，而将自己视为"帝国农民"。

放弃本质主义的分类，转而关注人们所使用的语言，这几乎足以解决问题。但仍存在特例，有许多爱国者不会说或写他们的"民族语言",或者至少不熟练。即使是像德拉戈伊拉·亚尔内维奇这样决心成为优秀的克罗地亚人的人,可能也要先学习克罗地亚语。匈牙利爱国者的主要愿望之一就是让他们的马扎尔同胞摆脱德语,转而更多、更好地讲匈牙利语。在中欧和东欧的部分地区,正如我们在第五章所看到的,爱国运动仍在努力构建供文学和科学交流的通用语言。罗马尼亚语的拼写规则仍然极不稳定。对克罗地亚语也没有一个统一的称谓,甚至对说这门语言的人也是如此:说着各不相同的方言的爱国者把这一语言称为伊利里亚语、斯洛文尼亚语或克罗地亚语。[135] 革命爆发时,第一份斯洛文尼亚语刊物刚刚创办。此外,在某些地方,宗教比语言更能划分人群——我们在 1847 年的瑞士内战中已经看到了这一点。在波兰人和德意志人混居的地区,讲波兰方言的新教徒被认为是"德意志人",而讲德语的天主教徒则被认为是"波兰人"。当德意志天主教徒谈到民族时,他们想象的是一个包括天主教奥地利人民在内的庞大共同体,这让人回想起德意志民族古老的神圣罗马帝国。新教徒则倾向于想象一个更加统一的、由普鲁士人主导的"小德意志",它将哈布斯堡王朝的领土排除在外。在表达民族情感的庆典和示威活动中,两个群体使用了不同的标志。[136] 意大利人之间也存在类似的分歧:有人寻求马志尼式的世俗的单一共和国;有人支持君主立宪制;有人渴望在世俗联邦共和国生活;还有人像焦贝蒂一样,更倾向于教宗庇护下的联邦或邦联国家。19 世纪 40 年代,在蒂罗尔说德语的人口中出现了两种平行的身份认同形式:一种强烈支持教权主义、天主教,亲近哈布斯堡王朝政权;另一种是自由主义的,对维也纳不那么恭顺。但二者同样捍卫蒂罗尔的地区自治权。[137]

然而,在民族冲突与政治动荡交织的地方,民族主义成了一种出奇强大的动员原则。除了民族主义,没有任何其他原因可以解释以下事件:1848 年 8 月初,伦巴第丘陵和山区的农民完全有理由对革命的社会成就感到失望,但仍有成千上万人涌向米兰,支持该地反抗奥地利人的最后一场保卫战。[138] 在匈牙利,尽管围绕土地改革和选举权还存在诸多悬而未决的问题，但将马扎尔人聚集在一个马扎尔政府之下的前景成功动员了民众，这是其他任何观念或论点都无法做到的。它吸引了大批城镇居民和农民参与争取民族自治甚至民族独立（1849年）的斗争。平等协会是由报纸编辑和佩斯国民议会代表成立的政治激进团体，到1848年9月已成功召集了1000名成员。但正是由于民族问题，协会进展甚微。乌克兰人在创办政治协会方面非常成功——奥属加利西亚大约有50个这样的团体，但这些协会几乎都只致力于巩固乌克兰人的权利和自治。波兰和乌克兰的种族分歧阻碍了将波兰激进组织网络扩展到农村的努力。在民族主义最具吸引力的时候，它可以将其他社会和政治要求挤压到次要地位，为了共同的斗争而压制或至少推迟内部冲突。在这种情况下，民族主义的地位可能会从一种大致的指导理念，上升为个人必须绝对服从的第一原则。

就像"历史"和"革命"两个词语一样，"民族"一词也经历了语义急剧膨胀的过程。人们在使用它时"几乎毫无保留地相信它具有合法化力量"。[139] 它指示着相互矛盾的事物，但这一点似乎并不重要。仿佛时光之流都要经由"民族"这条通道前行。对许多人来说，唯一可以想象的未来之路似乎就是通往更完满的民族形式的道路。1848年4月22日，赫尔辛基的芬兰语报纸《芬兰女性》发表的一篇评论文章记录了这种历史前进和命中注定之感。编辑指出，法兰西人、意大利人、德意志人、马扎尔人、斯堪的纳维亚人和斯拉夫人都希望"克服一切民族分裂的阻碍，一起过着团结友爱的同胞生活，从而……促进文明的发展"。这种"对本民族的感情"唤醒了每个人"前所未有的情感"。"从现在起，"这位芬兰作者总结道，"欧洲各民族都将以这种方式走向未来。"[140]

在意大利，对奥地利人把控北部的愤恨总能刺激这里的民族主义运动。伦巴第和威尼西亚三月革命的消息激起了人们混杂着兴奋和恐奥的狂热情绪。随着各个城市起义的爆发，哈布斯堡军队向东撤退，固守四边形要塞，战争的狂热席卷整个半岛。志愿者纷纷组建队伍以协助起义者。托斯卡纳、教宗国和两西西里王国都派出了军事分遣队支援反奥斗争。在罗马和那不勒斯，奥地利使馆上的哈布斯堡王朝徽章被拆下并公开焚毁。报纸发起了筹款运动。《圣经·旧约》中的语言被拿来使用：瘟疫、毁灭天使、天灾、牺牲的时刻和对选民的审判。[141] 奥地利人被视为怪物，"比穆斯林残忍一千倍"。[142] 如果说意大利人是以色列的儿女，正在摆脱囚禁，那么他们也是中世纪那类圣战的参与者。在威尼西亚，为对抗奥地利人而组建的队伍被称为"十字军"，这个词暗示着教宗的领导。"奥地利人不得不招募罪犯和土匪，"一名公民卫队指挥官从斯皮林贝戈镇发来的报告称，"因为没有基督徒会与受到不朽的庇护九世祝福和指引的救赎之师作战"。[143] 在帕多瓦，志愿者们在一种近乎神秘的热情状态之下排队登记入伍。其中一人评论道，看到这些"新十字军士兵澎湃的热情"真是非同寻常，"他们胸前印着模仿古代十字军的十字架标志，想要把压迫者赶过阿尔卑斯山"。[144]

人们的注意力集中在皮埃蒙特的查理·阿尔贝特身上，他是唯一一位不仅敌视哈布斯堡王朝，而且拥有足以影响这场斗争的武装力量的意大利君主。意大利各地都出现了支持皮埃蒙特干预的游行活动。在热那亚，有迹象表明，这场骚动已经带有共和色彩。接下来，3月23日，《复兴报》的编辑卡米洛·加富尔发表了一篇热血沸腾的社论。就在几周前，该报才为推动国王同意颁布宪法发挥了相当重要的作用。加富尔认为，意大利民族事实上已经与奥地利开战。意大利人正为此斗争而武装自己，准备北伐。因此，问题不再是**是否**要开启敌对行动，而是**如何**实行敌对行动：是通过"以人类和意大利之名"制定的"崇高"政策，还是通过"模棱两可和犹疑不定的政策造成的曲折道路"。在这种情况下，"勇敢（才是）真正的谨慎"，犹豫不决才是鲁莽。

像我们这样的人，头脑冷静，习惯于听从理性的指引而不是内心的冲动，在仔细斟酌了我们的每一句话之后，必须凭良心宣布，民族和国王面前只有一条路可走。战争！立即开战，刻不容缓！[145]

对查理·阿尔贝特这样的人来说，这种压力是不可忍受的。他曾希望通过颁布《阿尔贝特法令》拉拢公共舆论，现在却又有了甚至更危险的新要求。入侵伦巴第将是对1815年"欧洲秩序"的正面攻击。而萨伏依王室的君主和他的许多王室同僚一样，认为自己是这套秩序的一部分——毕竟皮埃蒙特也是这些条约的受益者。1831年，查理·阿尔贝特本人与奥地利签署了一份秘密协定，约定如果与法国发生战争，双方将派出联军作战。[146] 这位国王生性厌恶风险、优柔寡断，诗人乔祖埃·卡尔杜齐（Giosuè Carducci）后来称他为"意大利的哈姆雷特"。但是，他按兵不动的理由也很充分：军队的战备状态很差；他甚至连在伦巴第或威尼西亚作战的计划都没有，也没有可用的作战地图。

此外，如果国王不采取行动，他相信自己很可能会被赶下王位。他可能还在想，这是不是他的王朝一直在等待的时刻，一个在更大舞台上表演的机会。长期以来，他渴望着成为一个真正的意大利君主，进而成为一个真正的欧洲君主。加富尔的呼吁所使用的崇高语言，即诉诸与意大利和人类命运相适应的"崇高"政策，正中他的下怀。文章发表后的第二天，即1848年3月24日，他宣布将进行干预。但"哈姆雷特"仍在两头下注：他向各大国发出密函，向他们保证这场战役只是一次治安行动，目的是防止米兰起义演变成共和革命。

国王的决定一经宣布，便收到山呼海啸般的欢呼和掌声。但皮埃蒙特的犹豫不决很快展露无遗。军队以蜗牛般的速度穿过伦巴第（没有地图也不至于如此）。他们没有试图扰乱奥地利人的撤退，也没有试图在威尼西亚发动敌对行动，或是切断奥地利的补给线。直到他们接近米兰时，皮埃蒙特指挥官才意识到他们可能需要三色旗——米兰临时政府已经明确表示，萨伏依家族的旗帜在他们的城市不受欢迎。于是，他们在最后一刻及时预订了 70 面三色旗。

卡塔内奥周围的激进派在起义期间负责战斗，却受到皮埃蒙特君主的冷遇，后者更喜欢与当地贵族为伍。查理·阿尔贝特排斥从意大利其他各邦新近赶来的志愿者队伍，他认为这些人都沾染了马志尼共和主义思想。当国王下令举行全民公投，为伦巴第与皮埃蒙特的合并铺平道路时，当地人才恍然大悟，原来他推行的是王朝政策和兼并主义政策，而不是真正的民族政策和意大利政策。其他意大利君主一直密切关注查理·阿尔贝特的一举一动，他们的怀疑得到了证实。卡塔内奥等米兰共和党人亦是如此，他们曾警告称不要与国王合作，因为他们清楚地记得 1820 年和 1831 年的合作失败的惨痛教训。

即使没有非正规军的支持，查理·阿尔贝特及其意大利盟友部署的部队本应足以击退奥地利人。但国王在伦巴第按兵不动，似乎希望避免与奥地利人正面冲突。其他意大利分遣队也开始逐渐撤离：教宗对国王不断做出的新承诺越发警惕，他坚决命令他的军事分遣队返回教宗国；1848 年 5 月，两西西里国王费迪南多二世在第一次反革命反扑中击溃了那不勒斯的反对派势力，而后他也召回了自己的军队，这是一个沉重的打击，因为那不勒斯分遣队在北方作战英勇，表现出色。[147] 意大利联军的瓦解打击了士气，而迟迟没有主动出击又给了奥地利人宝贵的时间来巩固他们在威尼西亚的军事重镇，便于在时机成熟时发动反击。[148]

皮埃蒙特军队装备精良（尽管糟糕的后勤保障使其在前线的表现大打折扣），在指挥和控制方面却十分薄弱。据报道，拉德茨基看不起皮埃蒙特的将领，他命令炮手"放过敌军将领——他们对我方太有用了"。[149] 7 月 23 日，奥军在库斯托扎与皮埃蒙特军队和残存的少数意大利分遣队展开了胶着的最后战役，结果意方一败涂地。由于未能在明乔河沿岸做出有效的重新部署，皮埃蒙特人匆忙撤回米兰。米兰的起义军领导人试图说服国王留下来保卫这座城市，但未果——国

民族问题　495

王在军队撤出米兰的当晚也溜走了。十多万市民逃离了这座城市。民族主义运动笼罩在痛苦和相互指责的气氛中。但这并不是意大利革命的终结——威尼斯人和西西里人仍在坚持,罗马仍处于激进化进程当中,并且最终在1849年2月宣布成立罗马共和国。但库斯托扎战役确实标志着,意大利再也不可能通过各派势力的联合来向奥地利人施压,迫使其同意解决意大利问题的民族主义方案了。[150]

恩里科·丹多洛参加了"米兰五日",并在1848年伦巴第的春季和夏季攻势中与志愿者并肩作战,他回忆起早期的场景:人们热烈欢迎,兴高采烈。女性们在窗前挥手致意,向路过的战士们抛撒意大利三色徽章。他还提到了志愿者大军的勇气和悲情:他们在风雨泥泞中行进,装备简陋,穿着"各种款式和颜色的外套",包括废弃的奥地利制服、农民罩衫和"天鹅绒套装"——当时这种套装在米兰的爱国者中很流行,他们希望借此鼓励本土丝织业,但该装束完全不适合在潮湿的天气里、在崎岖的地形中行军。丹多洛还回忆了卡缅斯基上校指挥的波兰军团英勇非凡的气概,该军团"在战争中全军覆灭"。[151]但他在回忆录中也不留情面地描述了从一开始就破坏意大利统一事业团结的敌意和不信任。

丹多洛认为,如果说,事实证明志愿军部队无法与皮埃蒙特军队有效协调行动,那么原因在于来自半岛不同地区的各个爱国指挥官的自私和嫉妒心。在丹多洛看来,马志尼派的影响尤其有害,他们一直在进行反皮埃蒙特君主的宣传。最激进的共和派说:"比起皮埃蒙特人,我们更爱克罗地亚人。"然而,丹多洛认为,马志尼关于全民武装、亲手夺取自由的梦想在经受战争考验时惨败。各个城市先前曾驱逐占领各地的驻军;志愿军也表现出了非凡的勇气,他们守住了防御奥地利人的隘口,多次进攻奥地利人的战线,但他们所做的一切,正规军都能做得更好。许多意大利人表现出顽固的地方主义,不愿超越城市政治的视野来进行思考,这阻碍了联军的一切努力。丹多洛称,米兰战役一取得胜利,许多起义者就觉得他们的任务已经完成了。当临时政府张贴公告，邀请年轻人加入城市志愿军，与奥地利人决一死战时，只有 129 名武装人员应征。"城市之间的竞争……激起了最顽固的观念，推翻了所有的秩序和纪律"，而"（米兰革命）五日"这一光荣口号成了狭隘的城市自豪感的象征。[152]

丹多洛的记述存在派系偏见——他是一位温和自由主义者与君主立宪制拥护者，但他回忆录中幻灭的语气与欧洲人对意大利事件的普遍看法不谋而合。1848 年夏，在伦巴第爱国抵抗运动失败后，米兰共和党人与起义军领袖卡塔内奥逃往巴黎，他发现最具影响力的文学界和政界人士已经普遍认为，此次失败的根源在于意大利人民族主义信念的软弱无力。他们说，在意大利，大多数意大利人仍然是"精神上的奥地利人"，没有自由的民众基础。皮埃蒙特国王做出了"英勇的努力"，但这些努力被爱国者的"不和、懦弱与背信弃义"所挫败。巴黎的著名文人直白无礼地告诉卡塔内奥，整个意大利运动只不过是少数贵族的骗局，他们压迫和掠夺意大利农村本地的"棕色人种"，而这些乡下人从前唯一的保护者是奥地利人。法国人解释说，要打败奥地利人，需要提前做好一切准备；需要幼儿园、储蓄银行和铁路，要让农民摆脱懒散的安逸生活。他们向卡塔内奥保证，在两到三代人的时间里，人民就将成熟到足以夺取自由。卡塔内奥被这样的言论激怒了。与他对话的人包括卡芬雅克（Cavaignac）将军、历史学家奥古斯丁·梯叶里（Augustin Thierry）和弗朗索瓦·米涅（François Mignet），以及外交部长爱德华·德鲁安·德·吕（Édouard Drouin de Lhuys）。这些人在谈到意大利时，就好像把意大利当作一个殖民地，到处都是未开化的原住民；他们"向（他）传道，就像他们对埃及人所做的那样"。[153] 这些态度冒犯了卡塔内奥，但同时也暗示，法国人对意大利事业的热情很可能迅速消退。

卡塔内奥在 1848 年 9 月的几周里奋笔撰写有关反奥斗争的回忆录，并于次月出版，对当年的失败提出了截然不同的解释。卡塔内奥坚称，意大利人已经实实在在地展示了他们的美德和民族精神：谁能想到像米兰这样的城市会在某个清晨觉醒，赶走两万奥地利人？谁能想到威尼斯会成为"潟湖之主"，再次找回"古代宁静的恒久"？失败的根源不在于为这场斗争付出了一切的顽强的意大利人，而在于皮埃蒙特的背信弃义——在这个王国里，无人知晓意大利民族的自豪感。正是查理·阿尔贝特及其追随者的懦弱、野心和表里不一令民族斗争走向失败。卡塔内奥认为，皮埃蒙特人的梦想不是民族的梦想，而是廷臣和诡辩家的梦想，是"意大利北部""上意大利"和"非意大利人的意大利"的梦想。皮埃蒙特是"虚伪的大国"，是"有毒的外衣"。

卡塔内奥的回忆录是为了抨击他在"外国人心目中"发现的"想象中的意大利"。[154] 丹多洛的叙述则是对卡塔内奥的愤怒反击。他们彼此的争论不仅仅关乎君主制与共和制之间的抉择。卡塔内奥是共和主义者，但也是联邦主义者，反对马志尼的单一中央集权制。但与同为联邦主义者的焦贝蒂不同，卡塔内奥倾向于建立一种以城市自治为基础的政治秩序，而不是各邦国或地区的联盟。因为卡塔内奥坚信，一直以来，意大利的文明精髓都在城市这种建制之中，意大利正是在城市中获得最令人惊叹的繁荣发展的。[155] 在卡塔内奥看来，丹多洛所憎恨的"城市自治"是意大利民族最珍贵的传家宝。他写道，"城市"是"思想的脉络"，它赋予意大利三千年的历史以叙事的连贯性。[156] 尽管在统一事业当中动员"意大利民族"的努力揭示了意大利人在信念和勇气方面的强大后备力量，但也暴露了他们在未来愿景方面的深刻分歧。

在奥地利帝国的领地上，革命触发了一系列环环相扣的民族动员。一些德意志-奥地利民族主义者将法兰克福的议会视为重组欧洲德语区的关键。回想一下奥地利激进主义者舒泽尔卡，他在前往法兰克福的途中难以入眠，因为他"睁大眼睛梦想着德意志的统一和伟大"。[157] 波兰民族主义者希望，普鲁士的革命能为重建失落的波兰联邦提供新的契机。匈牙利新政府在自己的民族愿景的激励下，打算将匈牙利王国置于马扎尔人的政治和文化支配之下。最后一项规划尤其令人担忧，因为匈牙利王国实际上是一个多民族国家。匈牙利人虽然是其中最大的单一民族群体，但也仅占总人口的41.8%。除了480万马扎尔人，匈牙利还有224万罗马尼亚人、174万斯洛伐克人、135万德意志人、25万犹太人，以及由乌克兰人、克罗地亚人、塞尔维亚人和斯洛文尼亚人组成的110万斯拉夫人群体。匈牙利爱国者起初拒绝承认少数民族的权利，这常常被指责为目光短浅。但在这一方面，他们其实并不比其他欧洲民族主义运动更好或更坏。在少数民族中，也有像马扎尔人一样声势浩大、雄心勃勃、组织严密的民族主义运动。到1848年3月底，匈牙利王国的斯洛伐克人已经制定了一份官方民族诉求清单，其内容与匈牙利人的《十二条要求》类似，包括将斯洛伐克语引入学校、法院和国家行政部门。[158] 冲突在所难免。

克罗地亚地区的局势升级尤为迅猛，如果我们对该地区做一番简要考察，就能辨识出一些相关机制和驱动力。[159] 哈布斯堡王朝治下的克罗地亚，其地缘政治局势错综复杂，其复杂历史可以追溯至1102年，当时克罗地亚成为匈牙利的一部分。在克罗地亚王国，生活着50多万说克罗地亚语的人，王国享有一定程度的自治权。首都萨格勒布是王国议会所在地，其历史可追溯到中世纪。但该议会的政令实际来自普雷斯堡，即匈牙利议会所在地。克罗地亚各个等级会议都向普雷斯堡派去代表。1848年之前，克罗地亚的统治者一直由哈布斯堡统治者以匈牙利国王的身份来任命。超过16万说各种克罗地亚方言的人居住在与克罗地亚王国相邻、位于内陆更深处的斯拉沃尼亚王国。斯拉沃尼亚王国的领土由18世纪从奥斯曼帝国征服而来的土地拼凑而成，直接隶属于匈牙利王国。另有30多万人居住在达尔马提亚王国。这片土地原来是威尼斯帝国在亚得里亚海岸的属地，1815年改建为达尔马提亚王国，并由奥地利直接统治。还有一些人居住在亚得里亚海岸更北部的伊斯特里亚，或者是匈牙利本土的一些州内。

这是一种极其混乱的复合局面，也是现代民族国家兴起之前欧洲的典型状况。克罗地亚人的爱国运动蓬勃发展，但这些地区的居民并不共享一个单一、同质的"民族认同"。

奥地利皇帝兼任匈牙利国王，只要匈牙利本身仍完全从属于奥地利，那么匈牙利人就能合情合理地以匈牙利国王的名义在普雷斯堡统治各路克罗地亚人。但马扎尔民族运动的发展创造了新的局面。从19世纪40年代初开始，匈牙利便试图压制伊利里亚爱国主义的文化表达，此举令双方关系日益紧张。"他们从各个方面压迫我们，"愤怒的德拉戈伊拉·亚尔内维奇在1843年写道，"我们伊利里亚人有权使用自己的母语名字，我们必须有印刷自己作品的自由。匈牙利人绝不能……压制我们的母语，把他们的语言强加给我们。"[160] 维也纳和佩斯的双重革命使传统的秩序安排备受压力，也开启了民族构想相互冲突的未来。匈牙利爱国者希望加强对克罗地亚周边地区的控制，克罗地亚爱国者则打算抵抗马扎尔人的夺权行为。随着利益冲突的加剧，哈布斯堡君主的多重身份——奥地利皇帝、匈牙利国王和克罗地亚国王（仅举其中三个）——开始分崩离析。[161] 这是一个充满威胁和机遇的情势。

维也纳和佩斯事件的消息一传到萨格勒布，以伊利里亚活动家伊万·库库列维奇（Ivan Kukuljević）为首的一群爱国者就开始代表人民起草一份包含30条要求的清单。[162] 内容包括：最迟于5月1日召开"国民议会"；"根据我们的法律和历史精神"统一克罗地亚、斯拉沃尼亚和达尔马提亚；采用民族语言作为学校教育、教会生活和"我们王国"治理的语言；将"由匈牙利管理"的"国库"归还给克罗地亚控制；立即召回目前在意大利为哈布斯堡王朝作战的克罗地亚军队；克罗地亚军队必须宣誓效忠地方宪法，并"根据人道原则，效忠奥地利帝国的所有其他自由民族"。

《三十条要求》开篇即申明所有克罗地亚人忠于哈布斯堡王朝，文本中多次援引古代法律和先例。然而，在以这种方式掌握主动权的同时，爱国者们却突然宣布要革故鼎新。对传统最重大的背离是任命约瑟普·耶拉契奇上校为克罗地亚新任总督，他是一位富有的爱国人士，也是哈布斯堡军队在该地区的经验丰富的指挥官。从法律上讲，这个职位应由奥地利皇帝以匈牙利国王的身份授予。因此，爱国者和克罗地亚议会任命自己的国家元首属于越权行为。但他们坚持认为（根据《三十条要求》第 1 条），该国处于"特殊状态"下，当前形势赋予了他们任命领袖的合理性，新领袖将使王国回归"合法存在"的状态。[163]

回顾 1848 年的动荡，伊利里亚教育家米亚特·斯托扬诺维奇（Mijat Stojanović）回忆起革命初期的团结一致是如何迅速地让位于利益冲突的。一些说克罗地亚语的人支持匈牙利革命，他们被蔑称为"亲马扎尔人"。但斯托扬诺维奇属于"克罗地亚-斯拉沃尼亚爱国者"多数派，他们支持新任命的总督，并打算为"（克罗地亚）三位一体王国的古老地方自治权"而战。[164] 斯托扬诺维奇是一名爱国者，但他并不渴望建立一个克罗地亚民族国家。他甚至不称自己为克罗地亚人，他认为自己是克罗地亚军事边境的居民。这是哈布斯堡王朝历史上重要的边境地区，自 16 世纪以来，讲克罗地亚语、塞尔维亚语、德语、罗马尼亚语和其他语种的士兵-殖民者就在此定居，他们的任务是驻防该地区，这里是抵御奥斯曼帝国入侵的防线。来自这一地区的人们通常被称为"边民"，而不是被贴上某个民族标签。对斯托扬诺维奇来说，克罗地亚人本身就是"兄弟"，但塞尔维亚人也是"兄弟"，他甚至将塞尔维亚人视为"同胞兄弟"。（不过他后来放弃了这种伊利里亚信念，转而拥护更纯粹的克罗地亚民族主义。）

斯托扬诺维奇描述了他如何努力帮助村里人面对这个一切都在变化、突然需要做出战略选择的世界。他写道，当人们知道"克罗地亚兄弟"如何在耶拉契奇的旗帜下备战时，当地农民"开始大批地来找我，要求我给他们读报纸"，告诉他们"在普遍混乱的情况下我们应该做什么"，以及"在那个关键而危险的时刻，如何对待皇帝、总督，如何对待将我们斯拉沃尼亚地区视为国土的匈牙利邻居……"[165] 1848

民族问题　501

年4月21日（耶稣受难日），斯托扬诺维奇向一群村民解释道，军事边境的人民别无选择，只能服从皇帝，"走与我们的克罗地亚兄弟相同的道路"。两天后，人们起草了一份请愿书，声明边境的克罗地亚人打算加入他们的"克罗地亚兄弟"对抗匈牙利人的军事斗争。[166]

随着耶拉契奇被选为总督，克罗地亚运动获得了新的动力。对许多爱国者来说，这个身着华丽制服的人仿佛就是民族的化身。每当他从人民中间走过，都会掀起一阵激情的浪潮。米亚特·斯托扬诺维奇回忆起1848年6月初耶拉契奇在萨格勒布正式就职的情景。他说，一切都很欢快，一切都恢复了生机。首都的街道上停满了克罗地亚贵族的精致马车；代表和使节们骑着高头大马，每个人都穿着民族服装。国民卫队的士兵、男女老少、各个阶层的人从"祖国各地"和邻国大批涌入首都。"我都找不到足够有力的词语来形容人民的热情以及仪式的盛大。这是个罕见的情景——自弗兰科潘和舒比奇（17世纪的爱国贵族，因参与反对哈布斯堡的密谋而被处死）时代以来，还没有任何总督能像耶拉契奇那样受欢迎。"在1848年的民族运动中，没有任何地方能像这里一般，将爱国情感凝聚在耶拉契奇这样一个人物身上——他身上汇集了军事经验、冷酷无情、个人权威，以及富裕贵族的威严和独立。

在1848年革命全景的语境中，克罗地亚民族迸发的欢欣鼓舞令人熟悉：沉浸在集体自我中的感觉，强烈到近乎痛苦的情感。我们已经看过巴勒莫、那不勒斯、巴黎、柏林、维也纳和其他城市的街头如何洋溢着兴奋的气息。议员和其他"人民代表"现身，不同阶级和地区的人融为一体，缅怀过去的自由战士，世俗经验得到宗教升华：这些都属于革命情感的共通表现。在萨格勒布，革命的主体不是公民个人，而是作为共同遗产、源自历史的民族，这样的认识使革命的情感更为强烈。街上挂满了红、白、蓝三色旗，每个人都戴着帽徽。

这就是1848年的民族经验。它包罗万象，声气相通：红色的帽子和蓝色的"民族夹克"、徽章和鲜艳的三色旗，在最庄严的场合回荡着本民族语言的音乐，童年的世界突然与历史、公共生活和政治未来的世界联系到一起。(遗憾的是，斯托扬诺维奇没有透露在萨格勒布街头和餐厅里的食物是否也带有爱国性质，但如果有的话，我们就可以将味道和嗅觉增添到那天享受乐趣的感官知觉之中。)这些事件的奇妙之处在于，它们能够改变人们的意识，同时又让人们感觉这新颖性仿佛与深厚的历史相联系。

斯托扬诺维奇本人也在这一时刻发生了转变。他最初觉得自己是伊利里亚的边民，而不是克罗地亚人。但他在波萨维纳县的选民很快就选举他担任新成立的萨格勒布议会的议员。正是在这里，他才真正认识到作为克罗地亚民族一员究竟意味着什么。"萨格勒布的生活对我来说是一个务实的课堂，"他写道，"我更加了解我们国家的历史。""我在议会和委员会会议的审议中领悟到了我们古老法律的精神。"这不仅仅关乎法律的制定：斯托扬诺维奇参加了与有识之士的谈话，出席了只讲克罗地亚语的聚会和晚宴，观赏了戏剧和舞蹈，并"经常参观国家博物馆和新成立的国家图书馆"。[167]这种沉浸式体验既拓展也缩窄了他的视野。当一段被遗忘的历史进入记忆，通向民族未来的大门被打开，其他事物便退出了视野。情感和思想变化的速度是惊人的。新总督很快就会将克罗地亚人带入一场反对革命的匈牙利的战争。耶拉契奇将成为恢复奥地利帝国气运的关键人物之一。而那些必须被遗忘的事情包括《三十条要求》宣布的"根据人道原则"，与"奥地利帝国的所有其他自由民族"的团结。

在清静偏僻的卡尔洛瓦茨，德拉戈伊拉·亚尔内维奇惊讶地发现，政治在她的家乡如此迅速地"兴起"。街上到处都是戴着伊利里亚运动红帽、穿着民族夹克的市民，每个人都"渴望自由"。当耶拉契奇当选的消息传来时，整座城市都张灯结彩，向他致敬。街上响起了音乐和歌声，"每时每刻都能听到有人在高喊万岁！年轻人戴着红帽子，表现得像国民卫队的成员"。[168] 19世纪40年代的刊物沉闷乏味，不关心政治，它们主要刊载从别处翻译和转载的文章。如今，出现了

12种克罗地亚语的新出版物，它们是现代类型的政治报纸，涉及广泛的主题，并且在克罗地亚各地区广泛发行。[169]对亚尔内维奇本人来说，这是一个崇高但令人沮丧的场面：

> 作为一名女性，我是被排斥的一员，我无法参与这一终身事业。……日复一日，我为自己不是男性而感到遗憾，否则我就可以进入行动圈子，在其中，整个欧洲……都被政治化了，所有的事务都或多或少地在推进，只有我不被允许（参与）。[170]

在奥地利帝国的土地上，斯拉夫人和罗马尼亚人的团体则动员起来，反对匈牙利人、波兰人或德意志人的民族诉求。我们可以通过一系列的群众集会来追踪这些运动：3月25日，克罗地亚人在萨格勒布召开了一次群众集会；5月10—11日，斯洛伐克人在利普托夫斯基米库拉什召开了一场群众集会；5月13日，在斯雷姆斯基卡尔洛维奇，塞尔维亚爱国者集会，要求将匈牙利的斯雷姆、巴纳特、巴奇卡和巴拉尼亚地区并入塞尔维亚的伏伊伏丁那省。每个事件都非常独特，但又有相似之处。捷克人关注的焦点是那些在维也纳和法兰克福的德意志民族主义者，他们把布拉格视为德意志城镇，把波希米亚视作德意志的土地。与许多其他地区一样，1848年这里发生的事件使爱国者面临困境，迫使他们支持本民族的斗争，而忽视其他民族的斗争。1848年4月，德意志爱国者准备组建预备议会，以负责美因河畔法兰克福国民议会的创建。此时，应邀请哪些地区派出代表成了问题。当时，至少在德意志自由派看来，波希米亚爱国者可能希望参与这一伟大历史任务的假设依旧是合理的。他们的民族主义尚未失去世界主义的光环。他们理所当然地给捷克语言学家和历史学家弗朗齐歇克·帕拉茨基发去了邀请。帕拉茨基创作了《波希米亚和摩拉维亚捷克民族史》(*History of the Czech Nation in Bohemia and Moravia*)。这是一部基于档案研究的杰出著作，1836年以德文出版，随后被翻译成捷克文。[171]

帕拉茨基在4月11日婉拒了邀请，这份答复如今已成为革命时代最著名的文件之一。帕拉茨基承认，这一邀请本身就是一种"崇高人性和正义之爱"的有力证明，正是这种精神激励着法兰克福的德意志爱国者。但他无法参与议会的原因很简单，法兰克福计划是为了"加强德意志的民族感情"，而帕拉茨基本人并不是德意志人。他是"带有斯拉夫血统的波希米亚人"。波希米亚的历史并不能证明（他比任何人都了解），那里的斯拉夫人是或曾经是德意志民族的一部分。除了这些基于血统和历史的理由，帕拉茨基还补充了一个对克罗地亚人、斯洛伐克人和其他几个小民族也很重要的战略考虑：在建立一个更有凝聚力的德意志国家时，法兰克福爱国者意在"削弱奥地利作为一个独立帝国的力量"，甚至"使其不可能运行"。但波希米亚人民没有兴趣破坏奥地利这样一个国家，"它的维系、完整和巩固不仅是我们民族的大事，也是整个欧洲的大事"。长期以来，奥地利一直虐待其权杖下的民族，没有给予他们应有的尊重。然而，它仍然是对抗东方的"欧洲盾牌和避难所"，应"自然和历史"的召唤而存在。弱小民族的爱国者应该不惜一切代价停止追求完全的民族独立，因为把奥地利分割成众多小民族共和国，只会"为沙皇俄国的普遍君主制提供一个喜闻乐见的基础"。"事实上，要不是奥地利帝国早已存在，为了欧洲的利益和人类的利益，人们也必须尽快建立一个。"[172]

1848年6月2—12日，斯拉夫代表大会在布拉格召开。它最能体现斯拉夫文化精英齐心协力的意愿。363名代表分成三个工作部门，即捷克-斯洛伐克小组、波兰-乌克兰小组和南斯拉夫小组（包括克罗地亚人、塞尔维亚人和斯洛文尼亚人）。此次会议由布拉格大学图书馆馆长、匈牙利斯洛伐克语言学家和民族志学家帕沃尔·约瑟夫·沙法里克（Pavol Jozef Šafárik）提议，得到了克罗地亚新总督的支持，并由包括弗朗齐歇克·帕拉茨基和卡雷尔·扎普（Karel Zap）在内的著名捷克活动家所组成的委员会组织。这是一项令人瞩目的活动：围

民族问题 505

绕中欧民族主义这一前沿的知识和研究领域，许多领军人物首次在这里相遇。人们探索性地讨论了如何将奥地利帝国转变为一个由各自治民族组成的联邦。为了明确表达对维也纳（或至少对维也纳所代表的理念）的忠诚，捷克的组织者确保全体会议在一面巨大的黑黄色旗帜前举行，旗帜上印有哈布斯堡王朝的双头鹰。[173]

这次大会引起了德意志和马扎尔民族主义者怒不可遏的回应。他们谴责这是一场险恶的阴谋活动，旨在为俄国在东欧的泛斯拉夫主义霸权奠定基础。而现实情况是，各方代表团很难达成一致，甚至在敌人是谁的问题上亦是如此。捷克人担心德意志人在法兰克福的所作所为。塞尔维亚人、克罗地亚人和斯洛伐克人对马扎尔人更感到忧虑。乌克兰人担忧波兰人。一些波兰人希望利用俄国来实施泛斯拉夫主义的地缘政治转型计划，其他人则仍然致力于对抗俄国。[174]语言也是一个问题。至少在全体会议辩论中，代表们都竭尽全力避免说德语。一位加利西亚与会者回忆道：

> 在全体会议上，每个人都用自己的语言发言。我们假装完全理解了对方。然而，当我们想知道究竟发生了什么时，就必须请求发言者用德语重复他的言论。这种重复是私下进行的，因为不可能公开承认我们没有听懂。[175]

这一切都没有影响辩论的政治效果，因为大会缺乏任何形式的强制执行力或官方认可，会上讨论的提案没有一项得到正式通过。1848年6月12日，布拉格爆发起义，会议结束。在对抗匈牙利的战争中，需要付出巨大的努力，才能将克罗地亚人、塞尔维亚人、斯洛伐克人和特兰西瓦尼亚的罗马尼亚人团结起来，参加同一场斗争。

当国王弗里德里希·威廉四世宣布赦免因参与1846年失败的起义而被监禁的254名波兰人时，柏林一片欢腾。获释的波兰人立即组建了国民卫队的"波兰军团",有人看到他们的领袖卢德维克·梅罗斯瓦夫斯基在欢呼的人群面前挥舞着德意志三色旗。波兰和德意志激进主义者都在讨论将波森省以波兰人为主的地区割让给新建立的波兰国家,讨论即将对俄国开战,让德意志人和波兰人得以同时解决各自的民族问题。

然而,当波兰人和德意志人在柏林如兄弟般相处时,波森省却爆发了波兰人自发的起义。这表明,面临对同一领土的竞争性诉求,各民族之间的跨民族团结是多么脆弱。根据 1815 年的协议条款,波森被划归普鲁士。该省约 60% 的居民是信奉天主教的波兰人;34% 的居民讲德语,其中大部分是新教徒;6% 的居民是讲意第绪语的犹太人。3 月 20 日,随着普鲁士政府的权威在波兰人占主导的地区有所削弱,波兰人成立了民族委员会。同样,这里最初强调的也是民族间的合作——在 3 月 21 日的波兰-德意志混合游行中,德意志激进主义者同时穿戴了德意志三色服饰和波兰红白帽徽。波兰民族委员会早期的官方公告强调,波兰人和德意志人是共同革命斗争中的盟友。但波兰起义的速度和范围不断扩大,引起了新的恐慌。几天之内,波兰民族委员会就接管了波森市政厅。这座著名的 16 世纪建筑,拥有装饰繁复的门面、精致的门廊,以及一座时钟,时钟上的两只机械山羊会在正午钟声敲响时互相抵撞。市政厅很快就成了民族委员会的指挥部,而委员会又迅速发展为波兰临时政府。全省各地纷纷成立了下属委员会,附带临时的财政管理机构。梅罗斯瓦夫斯基从柏林抵达波森后,立即建立了一个民兵营地网络,里面住满了以镰刀和干草叉为主要武器的新兵。[176]

随着波兰民族委员会活动的扩大,德意志人也成立了自己的民族委员会。他们要求在波森市政厅设立行政办公室,但遭到拒绝。波兰领导人也拒绝接受德意志人关于合并两个民族委员会的提议。在领导层未能达成一致的同时,全省爆发了一波民族间的暴力冲突。在波兰人聚居区,针对犹太人和德语新教居民的袭击引发了第一波难民潮。

由于受到骚扰或威胁,许多普鲁士官员擅离职守,取而代之的是波兰委员,他们立即从广场和公共建筑上清除了普鲁士权威的所有象征,并抄没了市政金库。在西部和北部以德语为主的地区,德意志人组建民兵组织并恐吓波兰居民。在许多地区,犹太人都处于德意志和波兰民族主义动员的夹缝中。大多数犹太人要么仍然忠于普鲁士王室,要么出于文化原因而倾向于德意志人,这种态度使他们在波兰爱国者中没有朋友。[177]

3月23日,梅塞里茨镇率先向柏林派出代表,恳求国王保卫他的德意志臣民。另外,如果波森省要移交给波兰人,那么至少也要将梅塞里茨及其腹地并入德意志邦联。国王于3月24日发布政令,宣布对波森省进行"民族重组",但这只是加剧了混乱,因为没有人知道"民族重组"在实践中意味着什么。其他地区也纷纷请愿寻求帮助。因为不确定现在是谁在管理柏林的事务,一些城镇分别向国王、联合省议会和首相坎普豪森领导的内阁递交了请愿书。[178] 4月底,随着各地冲突激增,柏林政府出动了军队。秩序迅速恢复,梅罗斯瓦夫斯基的镰刀民兵根本不是正规军的对手。

民族主义是革命中最分散、情感最强烈、最具感染力的现象。它以超乎寻常的速度爆发,打破或逆转了中心与边缘之间的等级。石勒苏益格-荷尔斯泰因、伏伊伏丁那、达尔马提亚和波森省这类边缘地区突然成为人们关注的焦点。来自遥远冲突中心的消息在大型国民议会中引起反响。民族主义激发了新的团结,使巴伐利亚人和那不勒斯人能够代表荷尔斯泰因人和伦巴第人表达情感。几乎在所有地方,民族内部团结的增强都与民族间关系的恶化相伴而生。对石勒苏益格-荷尔斯泰因的德意志民歌的研究表明,在革命的这一年里,民歌的语调急剧尖锐:"起来,基尔!反对丹麦怯懦的傻瓜!"一首创作于1848年的歌曲如此呼吁。另一首歌则吟咏道:"普鲁士的武器再次闪耀,啊!丹麦的鲜血染红了它。"[179] 马志尼式的各民族携手迈向共同未来的愿景尚未消亡,毕竟,波兰人仍准备在巴黎、伦巴第、西西里、匈牙利和罗马战斗。约有1500名法国志愿者为意大利的民族事业而战;在许多冲突中,我们还可以看到西班牙和意大利志愿者的身影。[180]但是,在19世纪30—40年代发展起来的旨在维护团结和共同情感的机制,现在主要是在各个民族框架内推行了。

1848年的民族主义浪潮具有突然涌现的特质。充斥着民族声音、色彩和象征的群众集会对亲历者造成了深刻的影响,部分原因是它们太过新颖。以往默默无闻的人突然变得引人注目,比如深受欢迎的护民官埃伯哈德男爵弗赖赫尔·科尔贝·冯·施雷布(Eberhard Freiherr Kolbe Von Schreeb),他似乎在几周中代表了波森的德意志"民族"斗争,但在4月底又从人们的视野中消失。[181] 1848年5月15日,在迷人的、沉寂的特兰西瓦尼亚布拉日(一座约有2万居民的小镇),举行了约有4万名讲罗马尼亚语的人参与的抗议集会,这完全是个史无前例的现象。

然而,民族主义有着神奇的魔力,尽管引导欧洲人形成新的团结形式,但它本身表现得像是在揭示某种从过去继承下来的东西——伦巴第联盟的斗争、奥斯曼土耳其人与摩尔达维亚人之间的战地村战役、倒在科索沃平原的塞尔维亚人①、波兰-立陶宛联邦、各个时代的西西里起义者、德意志反抗拿破仑的"解放战争"。爱国者们在19世纪20—40年代的历史书籍、歌剧、学院派绘画、学术期刊和诗歌中所召唤的过去,仿佛开始涌入当下。

在这种对当下的神话式渲染的背后,隐含着这样的暗示:民族是最古老的,因此也是所有事物中最具合法性的。在1848年4月19日的一份请愿书中,东加利西亚的乌克兰人向哈布斯堡宫廷请求支持,以对抗波兰人的民族主张。他们提醒皇帝,乌克兰人也曾拥有"我们自己的王公,是弗拉基米尔大公的后裔"。的确,自那时起,波兰人

---

① 指1389年奥斯曼帝国与塞尔维亚之间的科索沃战役。——译者注

几乎抹去了乌克兰贵族（乌克兰人民的"天然代表"）的所有痕迹：

> 尽管如此，民族的核心依然存在——在所有这些政治和宗教风暴中，乌克兰人民仍然坚定无畏，始终保留自己的语言和文字。在所有这些磨难中，（乌克兰人民）保留了其祖先和民族的信仰，并将其作为无价的传家宝留给了我们。[182]

这是想象中的过去，而不是历史本身，因为对乌克兰人来说，历史是问题的一部分，而不是解决方案的一部分。正是历史，尤其是被波兰征服和歧视的历史，剥夺了加利西亚乌克兰人的自治权。但是，民族**不顾**历史而幸存下来，它始终存在，虽然被遗忘，但仍然鲜活，而且仍旧是政治权利的主体：

> 我们的确在波兰的统治下生活了四个世纪，但这并不意味着我们丧失了民族身份，因为民族的权利永远不会失效。几个世纪以来一直处于土耳其人统治下的希腊人并没有失去希腊人的身份——他们没有变成土耳其人。立陶宛人也没有变成波兰人，尽管他们也生活在波兰人的统治之下。[183]

根据这种幸存叙事，乌克兰人现在提议，让奥地利皇室将加利西亚省一分为二，西部为波兰管辖区，东部为乌克兰管辖区。

加利西亚波兰人的代表自然拒绝了这一提议，这么做也意味着他们拒绝了乌克兰人循环论证的逻辑。波兰人辩称，当"我们"出现在加利西亚土地上时，那里根本没有人。是波兰人在加利西亚的空地上定居，是波兰人建造了加利西亚的城镇。波兰人指出，乌克兰人的这些控诉中最令人震惊的是"这些抱怨直到现在才被提出来"。如果乌克兰人的要求确实是"压抑已久的愿望"的表达，那么为什么在18世纪瓜分波兰、奥地利政府接管加利西亚之后，没有收到乌克兰人的任何消息？他们这段时间去哪儿了？波兰向维也纳所递交的反驳乌克兰人的请愿书，花了相当大的篇幅论证乌克兰的民族性是用心险恶的活动家精心编造出来的。[184] 与许多民族主义者一样，波兰人在谈到自己的民族时是原生主义者，在谈论其他民族对同一领土的主张时则是建构主义者。

攻击敌对民族群体的历史合法性，是摆脱不可调和的民族诉求所造成的僵局的一种方法。另一个更激进的选择是抛开权利的权衡，接受历史本身（即武装冲突）才是此类争论的唯一最终仲裁者。激进的民主主义者威廉·约尔丹（Wilhelm Jordan）在法兰克福国民议会上表示，仅仅因为想到波兰衰落的故事令人感到悲伤，就"渴望重建波兰"，这是一种"愚蠢的多愁善感"。约尔丹认为，长期以来，德意志人一直沉浸在"无私的梦幻状态"之中。他们对他人的民族斗争"赞不绝口"，自己却忍受着"可耻的奴役，被世界其他民族踩在脚下"。现在是他们接受"健康的民族利己主义"的时候了，要在所有问题中把"祖国的福祉和荣誉"置于最高地位。德意志人对波兰人的权利不是一种历史的、法律的或道德的权利："我说得很清楚，这就是强者的权利，是征服的权利。"[185] 经常有人指出，约尔丹的言论背叛了革命激进主义的慷慨的、世界主义的愿景。如果我们秉持马志尼的理想化观点，这一论断无疑是正确的。但约尔丹本人有不同的看法："我想指出，正因为是民主主义者，我才这样说'。"[186] 他告诉议会，他的"利己主义"不是对德意志民族革命的背叛，而是德意志民族革命的表现。

自革命爆发后不到一个月，就石勒苏益格和荷尔斯泰因两公国的未来，一场危机爆发了。这两个以农业为主的公国横跨北欧德语区和丹麦语区。两个公国的法律和宪法地位是由三个棘手的事实所决定的。首先，一项可追溯到 15 世纪的法律禁止它们分离。其次，荷尔斯泰因是德意志邦联的成员，它派代表出席在法兰克福举行的邦联议会；

民族问题　511

但北边的石勒苏益格却不是邦联成员。最后，两公国的继承法与丹麦王国的继承法不同——丹麦王国可以通过母系继承，但在公国不行。19世纪40年代初，最后一个问题开始引起人们的不安。当时形势已然明朗，丹麦王储，即未来的弗雷德里克七世（Frederick VII），很可能无嗣而终。对哥本哈根政府来说，拥有大量讲丹麦语的少数民族人口的石勒苏益格可能会永远脱离丹麦王国，这一前景隐约可见。为了防止这种情况发生，王储的父亲克里斯蒂安八世（Christian VIII）于1846年发表了一封公开信，宣布丹麦的继承法从此也将适用于石勒苏益格。这封信在具有民族意识的德意志自由主义者中引起轩然大波，他们中的一些人现在希望普鲁士能在德意志的利益，特别是石勒苏益格德意志人的利益受到威胁时发挥领导作用。

1848年1月21日，国王弗雷德里克七世即位，宣布即将颁布一部丹麦国家宪法，并表示打算将石勒苏益格并入丹麦单一制国家。危机因此进一步升级。如今，边界两侧的局势都在不断升级：在哥本哈根，丹麦国王受到了民族主义艾德运动的压力。3月21日，丹麦新政府兼并了石勒苏益格。作为回应，公国南部的德意志人成立了革命临时政府。法兰克福的邦联议会对丹麦的兼并大为光火，投票决定让石勒苏益格成为德意志邦联的一员。在邦联的官方支持下，普鲁士人集结了一支军事特遣队，在德意志北部其他几个邦国派出的小股部队增援下，于4月23日进军石勒苏益格。德军迅速占领了丹麦的阵地，并向北推进到丹麦的日德兰半岛，但他们未能打破丹麦军队的海上优势。

1848年5月18日，国民议会在法兰克福集会，普鲁士人及其德意志盟友的成功激起了人们近乎疯狂的兴奋。代表们从德意志各邦国赶来，参加新的制宪国民议会会议，会场设在法兰克福市中心圣保罗教堂的圆形大厅。这个优雅的椭圆形空间充满民族的色彩，艺术家菲利普·法伊特的巨幅油画《日耳曼尼亚》俯视着整个空间。法伊特这幅具有象征意义的画作被绘制在帆布上，悬挂于主厅的管风琴阁楼前。

画面描绘了一个头戴橡树叶王冠的站立着的女性形象，她的脚边是一副已被挣脱的镣铐，在她身后冉冉升起的太阳射出道道光芒，穿透代表德意志的三色旗帜。会场的布置旨在回应石勒苏益格和荷尔斯泰因的消息。几位最著名的自由主义代表，格奥尔格·贝泽勒（Georg Beseler）、弗里德里希·克里斯托夫·达尔曼和历史学家约翰·古斯塔夫·德罗伊森（Johann Gustav Droysen），都与公国有密切的私人关系。他们呼吁为北部边境受困的德意志人采取一致行动，这在议会中掀起了强烈的情感波动。

法兰克福的民族主义者没有充分认识到的是，石勒苏益格-荷尔斯泰因问题正迅速演变成一项欧洲事务。在圣彼得堡，沙俄政府惊恐地看着普鲁士人正在与革命势力合作——俄国是这么理解的。沙皇尼古拉一世恰好是普鲁士国王的妹夫。他威胁说，如果柏林不从公国撤出普鲁士军队及其盟军，俄国就会出兵。俄国的强硬姿态进而引起了英国政府的警觉，它担心石勒苏益格-荷尔斯泰因问题可能会成为俄国把丹麦设为保护国的借口。由于丹麦人控制着波罗的海的出海口，这对英国来说是一个战略问题。在法国，人们同情的对象从普鲁士转变为丹麦。法国最初颇为热心地看待德意志在石勒苏益格掀起的反丹麦动员，但在普鲁士进军波森后，情况发生了变化。拉梅内在他的《人民宪法报》上大肆抨击德意志民族政策的"虚伪"，称其在丹麦的省份维护德意志人的权利，却在普鲁士的省份压制波兰人的权利。[187]法国对德意志起义者的热情很快就让位于对普鲁士扩张主义的焦虑。在来自俄国、法国和英国日益增长的国际压力下，柏林最终被迫同意根据1848年8月26日签署的《马尔默停战协定》条款，双方共同撤军。[188]

这一停战协定令法兰克福的议员们深感震惊。普鲁士人单方面签署了停战协定，甚至没有摆出要与议会进行磋商的姿态。没有什么比这更能暴露议会的无能了，它顶着临时"帝国政府"的名头，却没有自己的武装力量，也没有任何迫使德意志各邦（更不用说外国）政府服从它的意志的手段。停战消息传来后，在义愤填膺的氛围中，大多数议员也于9月5日投票决定阻止其实施。但这只是故作姿态。9月16日，议员们再次投票：这一次，他们屈服于强权政治的现实，接受了停战协定。

当天下午，随着投票消息的传开，法兰克福出现了骚乱。次日，包括国民议会左翼代表在内的一万多人聚集在老城东墙外的普芬斯特草地。投票支持停战的258名议员被斥责为"德意志人民、德意志自由和荣誉的叛徒"。有人呼吁左翼团体脱离议会，成立一个真正代表民族的替代机构。傍晚时分，一群强硬激进分子决定在第二天发动武装起义。法兰克福国民议会执行委员会内政大臣安东·里特尔·冯·施梅林（Anton Ritter von Schmerling）收到预警之后，请求军事援助。街头与议会之间的紧张关系再次暴露无遗。

第二天清晨，普鲁士和奥地利军队就进入了法兰克福。在议会集会教堂正前方的圣保罗广场与军队发生冲突后，平民们四散开来，在市中心各处筑起街垒。对起义者阵地的攻击于下午开始。停火谈判没有取得任何成果，施梅林知道军队正在调配大炮来摧毁街垒，因此拒绝做出任何让步。炮击开始了，士兵们占领了老城。起义者中有30人死亡，军方共计伤亡62人。两名议员在法兰克福街头被杀害，这进一步扩大了这次战败的道德影响。费利克斯·利赫诺夫斯基（Felix Lichnowsky）亲王和汉斯·冯·奥尔斯瓦尔德（Hans von Auerswald）将军都是保守派中的娱乐场俱乐部的成员，也都是普鲁士人。当他们骑马经过弗里德贝格尔门时，碰巧被愤怒的民众认出。人群追赶他们，把奥尔斯瓦尔德逼入绝境并杀害了他。袭击者中有面包师的女儿亨丽埃特·措贝尔（Henriette Zobel），她用棕色雨伞殴打了受害者。她的身份很容易辨认，因为目击者记得有一位衣着得体、戴着帽子和披巾、撑着雨伞的女人。验尸结果显示，奥尔斯瓦尔德是中枪身亡的，因此措贝尔不太可能对他造成什么实质伤害。但是，作为一名女性，她招致了公众的诽谤和相应的严厉判决。在入狱16年后，她因健康状况不佳而获释。今天在法兰克福历史博物馆，人们还可以看到她那把

（破损的）棕色雨伞。[189] 而利赫诺夫斯基亲王设法溜走，藏身于一个地窖。但他后来仍被人发现并拖了出来。由于伤势严重，他于当晚死亡。这些谋杀案引发的恐惧进一步孤立了左翼，并驱使许多自由派人士向右翼靠拢。

对激进派议员罗伯特·布卢姆来说，这是压垮骆驼的最后一根稻草。团结左翼一直是个难题。布卢姆领导的派别被称为荷兰宫派，与其他许多圣保罗教堂派系一样，该派别得名于他们聚会吃喝和讨论的旅店。较之更左的是唐纳山派，这是一个由极"左"激进主义者组成的截然不同的团体，他们经常投票反对布卢姆及其派系成员。布卢姆设法使他的派别摆脱了黑克尔巴登起义所造成的危机。他支持德意志的政治统一，因为和许多激进主义者一样，他认为将德意志分裂为39个邦国本质上是一种压迫性的和反革命的安排。但在1848年7月，他自己的派别在波兰问题上出现了分歧。布卢姆支持一项呼吁"重建独立波兰"的动议，理由是德意志人难以昧着良心称他们自己所主张的权利不能被邻近民族享有。他赞成在对波森省的民族构成进行全面客观的研究后，对该地区实行分治。而对此，他的激进派同侪威廉·约尔丹谴责主张波兰独立而背叛自己人民的人怀有"愚蠢的多愁善感"。约尔丹怒气冲冲地离开了荷兰宫派，组建了自己的小团体。9月，紧要关头来临，当时议会（但激进派没有）投票赞成批准《马尔默停战协定》。愤怒的无产者再次在法兰克福市中心筑起了街垒。布卢姆参加了在普芬斯特草地举行的集会。但第二天，他发现自己在帮助议会防备"人民"，对这位著名的百姓护民官来说，这一职责令他不适。

10月4日，布卢姆在给妻子珍妮的信中写道："德意志的四分五裂，不仅使各邦国和各民族相互疏远，而且像恶性肿瘤一样吞噬着个人，使他们与自己的同志分裂，与共同事业所必需的一切形式分裂。"在议会中作为少数派的挫败感、相互敌对派别之间的博弈，以及左翼无休止的内讧都让他筋疲力尽。"我从未像现在这样疲惫不堪，精力不济。"[190] 他决定加入议会代表团前往维也纳，那里刚刚爆发了更加激进的新一轮革命。毫无疑问，做出这一决定的部分原因在于，他在法兰克福已经开始被徒劳无功之感吞噬。但布卢姆也相信，维也纳现在是德意志革命的中心，是整个革命计划成功的关键所在。10 月 17 日，当布卢姆抵达奥地利首都时，他的生命只剩下三个多星期了。

1847 年 8 月，梅特涅对他的老友陆军元帅拉德茨基伯爵说："就算过去我们重担加身，那至少也比现在要好。""你我都知道如何与肉身作战，但面对幽灵，武力是无能为力的，今天，我们正在到处与幽灵作战。"[191] 19 世纪 40 年代，民族主义是在欧洲政治中游荡的最强大、最有影响力的幽灵。它支撑了匈牙利人非凡的独立战争，推动了许多议会和宪政方面的尝试，点燃了整个欧洲中部和南部的起义火种，甚至可以（至少是暂时）压制激进革命派与温和革命派之间的紧张关系。但它对革命整体的影响就像毒品对吸毒者身心的影响一般。

它让人产生了难忘的亢奋状态，以及不惜一切代价去冒险的惊人意愿。但它也破坏了革命运动之间的团结，政权因此有机会利用一些民族打击另一些民族，例如奥地利政府利用乌克兰人和克罗地亚人对抗匈牙利人和波兰人。奥地利激进主义者卡尔·舒泽尔卡认为："捷克人和马扎尔人通过他们的分裂主义和民族恐怖主义，为反革命提供了武器。"[192] 舒泽尔卡曾在法兰克福国民议会和奥地利国民议会任职，他的回忆录中充满了对捷克人的敌意和蔑视。但他并没有想到，他自己狂热的泛德意志民族主义也是问题的一部分。

民族主义所带来的团结感令人陶醉，但也可能具有欺骗性。许多涌向民族斗争旗帜的农民很快又四散而去。在德意志，事实证明，新教徒与天主教徒之间，激进共和主义者与温和自由主义者之间，对民族的愿景存在分歧。意大利人也是如此，正如我们所看到的，他们对意大利民族内涵的认识大相径庭，进而四分五裂。民族主义迫使许多欧洲人在他们的身份和政治之间做出选择。美国驻维也纳的临时代办打趣，1848 年，意大利和德意志本可以实现自由主义或民族统一，但他们试图一石二鸟，结果一无所获。这种说法实际上并不正确——出于多种原因，1848 年的意大利和德意志都无法实现民族统一，但它确实抓住了自由主义政治与民族认同这二者之间的关系的底层逻辑。[193] 1848 年 9 月，马扎尔人代表团（都是匈牙利议会成员）来到维也纳，请求在国民议会发表演说。当时，议会就是否允许他们进入会场发生了激烈的争论。波希米亚-德意志激进主义者路德维希·冯·勒纳承认马扎尔人犯有过错，但他也提醒代表们注意匈牙利所取得的巨大成就：在普遍压迫的时代，只有马扎尔人有勇气在"宪法的微弱光芒"下规划前进的道路。但是，勒纳对革命团结的呼吁敌不过代表们（主要是捷克代表）的愤慨。他们依次起身，谴责马扎尔人对斯拉夫民族的压迫。只要匈牙利人拒绝给予斯拉夫民族以公道，马扎尔人的代表就不会受到奥地利国民议会的欢迎。民族分歧战胜了革命团结。[194]

民族主义最危险的一个特征或许是，它把革命者引向了他们注定永远无法站稳脚跟的地缘政治领域。在这里，他们永远会为旧政权的力量所压制。当革命被干预的军队镇压时，当民族主义者将自己民族斗争的控制权拱手让给武装更精良的竞争对手时，这个问题就变得至关重要。意大利的爱国志愿军无法与皮埃蒙特的军队匹敌，就像法兰克福的议员无法与普鲁士的军队抗衡一样。革命后几十年的历史将表明，当民族主义与国家权力机器捆绑在一起时，它的力量最为强大。

自行结束的革命

到 1848 年夏，临时政府于 2 月成立的国家工场已成为法国最具争议性的革命机构。它们是在压力下匆忙诞生的。拉马丁后来将创建国家工场的决定形容为"权宜之计，糟糕但必要"。[195] 国家工场并不受巴黎独立企业家和雇主的欢迎，他们认为，这不是稳定社会的机构，而是对劳工骚乱的鼓励，因为在私营部门罢工的工人总是可以通过在工场寻求救济来维持生计。法国外省的纳税人对这些工场恨之入骨，因为他们要为工场买单。尽管工场使一些家庭免于挨饿，但它也令巴黎的失业者们感到沮丧。他们进入工场，期待会有一个使用非异化劳动的新领域，却发现自己往往只能承担毫无意义的工作，赚取微薄的工资，还被从中央理工学院（一所工程师培训学院）学生中招募的"小组长"支配。[196]

国家工场甚至不受其管理者的欢迎。[197]埃米尔·托马是"秩序事业的坚定拥护者，也是路易·勃朗及其所有主张的坚决反对者"。他在回忆录中谈到了"那项可怕而荒谬的法令（3月25日法令，路易·勃朗的杰作），承诺为所有公民提供工作"。[198]他位于邦迪街的指挥部经常弥漫着恐慌情绪。整个行动都是在资金紧缺的基础上进行的。而且事实证明，在一个饱经革命蹂躏的城市里，几乎不可能调和、控制贫穷人口的意愿与劳动力市场的不可预测性。埃米尔·托马后来写道："我们发现自己陷入了绝境。"[199]劳动力集中化和向工人发放救济金都不是他所接受的原则。他在回忆录中写道，他只要求人们"赞赏"他们的如下成果："建立了半军事化的秩序，创造了具有道德影响力的机制，正是这些机制让我在将近三个月的时间里维持了巴黎的秩序……并平息了无政府主义的持久骚动。"[200]

在埃米尔·托马努力控制巴黎失业人口的同时，巴黎的政治权力平衡也持续朝着不利于左翼的方向倾斜。5月9日，制宪议会以一个名为执行委员会的五人团取代了临时政府。新机构由四位温和派人士（加尼耶-帕热斯、马里·德·圣乔治、弗朗索瓦·阿拉戈和阿尔方斯·德·拉马丁）和一位激进派人士（亚历山大·赖德律-洛兰）组成。在日益两极化的议会中，新的执行委员会及其部长既没有得到左翼的支持，也没有得到右翼的支持。巴黎左翼共和派俱乐部也对其深恶痛绝，无法信任。这一点很重要，因为它意味着新政府无法在议会与俱乐部之间进行斡旋。双方之间的分歧随后进一步扩大，因为制宪议会中保守的多数派推动通过了一项决议，暂停俱乐部派遣代表团向议会递交请愿书的权利。这种递交请愿的做法源自 1792—1794 年无套裤汉①的传统，在 1848 年 2 月才刚刚得到恢复。

5 月 15 日上午，激进俱乐部的约两万名成员从巴士底广场出发，沿着几条林荫主干道向协和广场进发，而后前往议会的驻地波旁宫。他们的领导者是俱乐部协会的主席阿洛伊修斯·于贝（Aloysius Huber）。游行活动的目的是抗议普鲁士镇压波森省正在进行的波兰民族起义。来自波森和加利西亚的波兰使者请求议院的一位代表在 5 月 15 日的会议上提出波兰问题。左翼共和派俱乐部急于夺回大选以来失去的阵地，因而选择在这一天举行大规模游行，并打算在游行期间提交一份支持波兰人自由斗争的请愿书。[201] 如果说，他们对法国在国际战线上的不作为感到沮丧，那么在国内他们同样有理由感到愤慨——请愿权利被压制，而且议会未能在社会改革方面取得进展。游行运动的导火索是路易·勃朗于 5 月 10 日下午向议院呈交的一项提案，即成立一个进步部来控制社会问题。这并不是勃朗第一次提出这一要求，但它现在被视为对议会诚意的考验。他的提案被代表们大声否决，取而代之的是一项对贫困问题展开"调查"的计划。此时，激进媒体的愤怒之情喷涌而出。如果以前还看不出来的话，现在事情已经很明显了：共和主义与投身社会事业是不同的、可分离的两码事。因此 5 月 15 日的计划更具起义的性质，实际也确实如此。[202]

强闯制宪议会造成的混乱场面令人想到 2022 年 1 月 6 日在华盛顿特区发生的事件。1848 年 5 月 15 日，约 3000 名抗议者（其中一些人持有武器）挤进了议会厅。他们瞪着在座的代表们，仿佛后者是终于落网的逃犯。阿历克西·德·托克维尔在座位上观察现场。他听到一名穿着工人衬衫的男子指着坐在左侧高处长凳上、穿着黑白多明

---

① 原文为 Sans-culotte，是法国大革命时期对平民革命者的称呼，原是贵族对平民的讥称。当时法国贵族男子流行穿紧身短套裤，膝盖以下穿长袜；平民则穿长裤，无套裤。——编者注

自行结束的革命　519

我会道服的年长代表拉科代尔（Lacordaire）说："看看那边那只秃鹫，我真想扭断他的脖子。"托克维尔一直是个矛盾的人，他对这种粗暴表达感到震惊，但也对这种恰当的比喻印象深刻，因为他不得不承认，拉科代尔那瘦骨嶙峋的长颈、狭长的脸庞和闪闪发光的眼睛，令后者看起来确实像一只猛禽。[203]

此次强调议会事件的领导者瓦朗坦·于贝（Valentin Huber）忘了带上他本应向代表们大声宣读的关于波兰的文章，于是，科学家亚历山大·拉斯帕伊（Alexander Raspail）在喧闹声中费力地宣读了一段言辞激烈的、匆忙即兴创作的替代文本。路易·奥古斯特·布朗基是挺身而出、向议会发表讲话的众人之一，他要求重建波兰。第一次见到他的托克维尔对这位不知疲倦的激进斗争老兵望而却步。后来，他用充满七月王朝漫画视觉风格的语言对他进行了绘声绘色的描述："他的脸颊凹陷、干瘪，嘴唇发白，一副病态、恶毒、肮脏的样子，就像一具发霉的尸体；他没穿打底的亚麻布衣服，一件老旧的黑色礼服紧裹着他瘦削的四肢；他看上去就像住在下水道里，刚刚才出来似的。"[204]

布朗基简短地谈到了波兰，而后他被周围的人分散了注意力，他们推着他喊道："鲁昂！鲁昂！说说鲁昂！"这时，他转而谈起4月28日的大屠杀，他将纺织工人现在所遭受的苦难归咎于议会。阿尔芒·巴尔贝斯曾是布朗基在圣米歇尔山和杜朗的狱友。他紧接着发表讲话，提出一系列强制性要求：议会必须"立即投票决定派遣一支军队前往波兰"，向富人征收10亿法郎的税，将所有剩余部队调离巴黎——如果代表们拒绝，那么他们将被宣布为"祖国的叛徒"。[205]当他讲话结束时，议会厅陷入了一片混乱，各个激进派领导人站出来高喊要求，但在场的大多数人已经听不清了。

当国民卫队赶来驱逐闯入者时，三四千名游行者涌向市政厅，他们在那里宣布成立新政府，其成员包括路易·勃朗、"工人阿尔贝"、亚历山大·赖德律-洛兰、共产主义者艾蒂安·卡贝、共和社会主义者

1848年5月15日，愤怒的示威者闯入议会，并表达了巴黎激进分子的不满情绪，他们认为自己的代表与第二共和国政府忽视并抛弃了他们。这为镇压激进组织网络提供了借口，最终导致国家工场关闭和六月革命中暴力事件的发生。上图为维克托·亚当（Victor Adam）和路易-朱尔·阿尔努（Louis-Jules Arnout）的石版画（1848）

资料来源：Bibliothèque nationale de France, département Estampes et photographie (RESERVE QB-370 (113)-FT4).(Photo: BnF)

皮埃尔·勒鲁，以及激进的药剂师兼医生拉斯拜尔。游行者希望提醒议会谁才是掌权者；他们希望代表们明白，无论他们在各自选区得到多高的多数选票，他们仍然是"人民"的代表。组织者们事先并未就攻入议会厅后的行动达成一致。左翼领导人在任何情况下都能因意见不合和个人恩怨而分裂，就连巴尔贝斯和布朗基也闹翻了，尽管他们曾一起在狱中受了多年的苦。闯入议会厅的人都认为自己已失去了革命主权，而现在希望夺回部分革命主权。向波兰派遣军队的要求不仅是在表达团结的情感，也代表了在核心决策领域共同决定政府政策的愿望。

政府召集了国民卫队，并毫不犹豫地将起义者赶出市政厅，解除其武装。左翼共和派领导人被捕，警察局长马克·科西迪埃因未能对反叛者采取行动而被革职。他的助手索布里耶亦是如此，其武器和军火储备被当局查封。科西迪埃的部下仍然忠于他们的左翼首领，他们固守警察局指挥部，直到被围困后才被迫撤离。6月5日，制宪议会通过了一项限制公众集会的法律。国民卫队指挥官阿马布勒·德·库尔泰（Amable de Courtais）因拒绝下令向起义者开火而被捕，而后被指控犯有叛国罪，并遭撤职。

当时的许多保守派人士认为，这些事件让法国幸运地躲过了一场灾难。阿尔方斯·多普尔（Alphonse d'Hautpoul）在他位于奥德省的家族城堡里安全地读着报纸。那年冬天，他将支持路易-拿破仑·波拿巴获取总统候选人的资格。"感谢上天最近将法国从有史以来最大的危机中解救出来。"多普尔写道，假如巴尔贝斯成功了，革命委员会就会取代制宪议会，其后果"甚至比1793年的更恐怖"。"在法国的每一个村庄，人们都会宣称有必要在我们自己家里把我们都杀了。"[206] 这是对5月15日骚乱的过度反应。尽管这场骚乱看似令人惊恐，但它的准备工作其实严重不足。强闯议会事件真正暴露的是左翼的暴躁和混乱，而不是新雅各宾政变的迫近。但是，对左翼的恐惧往往为"共产主义"的幽灵所俘获，这恐惧本身就成了一股不可忽视的力量。[207] 5月29日，巴黎警察局的一份报告表明，巴黎市郊较富裕的地区越来越渴望与左翼进行某种形式的摊牌。警方的观察表明，拥有商业和工业利益的市民"宁愿选择暴力对抗，也不愿让事情拖延下去"。[208]

制宪议会愈加敌视执行委员会，甚至拉马丁也受到了怀疑，而他并未以任何方式参与起义策划。5月15日，他曾试图平息议会局势，但徒劳无功，后来他溜到街上，加入国民卫队的一支队伍，在市政厅附近追捕起义者。但是，他与赖德律-洛兰过从甚密，总体上对左翼持温和的态度，这如今招致保守的多数派的蔑视。6月12日，他在议会上发表讲话，警告称，路易-拿破仑·波拿巴在最近一次补选中的获胜可能会造成威胁。但他的声音被淹没了，一些代表激烈地指责他曾与5月15日的起义者合谋。拉马丁像往常一样试图用言辞智胜攻击者。"是的，毫无疑问，我与这些人合谋，"他嘲弄道，"你们知道我是怎么与他们合谋的吗？我们的合谋就像避雷针与闪电的合谋一样！"但这一次，观众并没有理解他精心设计的隐喻。[209] 这位二月革命伟大明星的突然下台，最能说明天平从左翼倒向右翼的程度之深。乔治·桑与一些激进派关系密切，曾帮助赖德律-洛兰草拟颇具争议的共和国简报。对她来说，历史显然已经迈过了一道门槛。在议会被强闯的第二天，她给一位朋友写道："我崩溃了，心碎了，资产阶级的反应让我悲伤到身体不适。昨天的事件让我们倒退了十年。多么可悲的疯狂！"[210]

在议会中占主导地位的温和共和派终于感到自己有足够的力量，可以公开反对国家工场了。成立国家工场的主要理由之一是，国家工场可以让工人们远离激进俱乐部和路易·勃朗的卢森堡宫委员会的影响。[211] 但人们后来发现，5月15日向议会进军的游行者中，半数以上是国家工场的雇员。于是，上述理由现在很大程度上已经失去了说服力。5月20日，一个由保守派人士组成的调查委员会受命对工场进行调查。委员们自然得出以下结论：用一位成员的话说，工场是"腐败的工具"，只不过是一场"每天花费国家17万法郎的永久的、有组织的罢工"。[212]

但是，简单粗暴地关闭工场是有风险的，因为尽管这些工场混乱不堪、备受争议，但暂时而言，它们也是政府维护首都社会安宁的最大希望。法卢（Falloux）伯爵是调查委员会的保守派成员，也是议会多数派的领导人之一。他指出了一个两难的困境：一方面，关闭工场

自行结束的革命　523

将是危险的，除非先找到振兴经济的办法，让被解雇的工人有地方可去；另一方面，工场的花费现在如此高昂且饱受非议，如果不撤销它们，就很难恢复经济信心。[213] 拉马丁提议通过一项经济恢复计划来为解散国家工场的影响提供缓冲。该计划以国家投资铁路为基础，类似于圣西门主义者技术官僚式的设想，实施起来需要时间。

但强硬派占了上风。新任公共工程部长于利斯·特雷拉（Ulysse Trélat）认为，左翼共和派在采取拖延战术，他对此感到非常不满，于是下令关闭这些工场。埃米尔·托马被传唤到部长办公室，被告知："你必须帮助我们摧毁你所创建的一切，以前必要的东西如今变得危险了。"[214] 托马反对这一计划，指出关闭工场会让10万名心怀不满的失业工人走上街头，但部长不再理会。5月25日晚，在夜幕的掩护下，根据部长的命令，托马被强行带离巴黎，前往波尔多。一位部长可以采取如此专横的方式行事，这表明了政府的软弱无能——它已经四分五裂，以至无法约束自己的成员。特雷拉本是一名医生，因参与1830年的战斗而受到表彰，又因在1832年霍乱危机期间救助贫困病人而闻名巴黎。他曾在《国民报》编辑部工作，加入过各种激进的秘密社团，包括烧炭党、人民之友社，以及一个名为"自助者天助"的协会。1834年，他违反了七月王朝的反煽动法，被判处在克莱尔沃监狱服刑三年。刑满出狱后，他决心退出政治舞台，重新投身科学事业。然而在1848年，作为公共工程部长，他积极推动国家工场的关闭，将工场负责人强行带离首都，作风一如路易十四手下挥舞着密札的官员。在这一点上，特雷拉受到了质疑。他后来表示，他不是以部长的身份行事，而是作为医生来处理紧急情况的。[215] 无论特雷拉转向威权主义的原因是什么，他的政治立场和其他人一样，都在不断变化。

第二天一早，托马失踪的消息就传遍巴黎，一连串抗议活动随即展开。在几周的时间里，反对政府的请愿书四处流传。这个问题在6月21—22日进入了白热化阶段，当时政府宣布将彻底关闭工场，失业者要么将被征召入伍，要么将被转移到法国外省的沼泽地从事排水工作，拒不服从者将被停发工资。

巴黎的六月起义就此拉开帷幕，这是工人的最后一搏，也是武装部队与工人起义者之间的残酷决战。六月起义看似是1834年和1839年密谋起义的更大规模的重演，但它比以前的起义更混乱、更具自发性。这并不奇怪，因为5月15日后的逮捕和武器收缴行动，基本上让巴黎左翼处于群龙无首的状态。尽管如此，还是勉强有人承担了领袖的工作，不过他只是一位有天赋的煽动者而非政治领袖。6月23日黎明，一个名叫路易·皮若尔的26岁男子在巴士底广场向大群抗议者发表了讲话。他站在七月纪念柱基座的骨灰堂前面，那里最近又添了2月阵亡者的遗体。他要求人们尊重革命阵亡者："脱帽！你们正站在第一批自由殉难者的墓前；跪下！朋友们，我们的事业是我们先辈的事业，他们的旗帜上写着：'不自由，毋宁死'。"[216]

正是皮若尔让游行者返回自己的街区，开始修建街垒。皮若尔是一名裁缝的儿子，曾在派往阿尔及利亚的轻骑兵团"非洲猎骑"服役。在因不服从命令而被关押一段时间后，他被释放并返回巴黎。在巴黎，他加入了路易·奥古斯特·布朗基的俱乐部，并报名参加了国家工场。5月15日，他与布朗基、约瑟夫·索布里耶一起闯入议会。皮若尔的演讲充斥着非正统的、通俗的天主教的语言——将受苦受难的穷人比作十字架上流血的基督是他常用的主题。大约在5月底，他出版了一本用拉梅内式的神秘主义语言编写的小册子。它开篇就是不吉之言："人民，我坦白告诉你们：我乃不幸的先知。"在写给政府的一长串赞美诗般的句子中，皮若尔将人民的苦难与政治领袖的傲慢进行鲜明对比："他们带着信任来到你们身边，你们却带着轻蔑拒绝了他们……他们用饥饿不幸的声音诉说，你们却对他们悲伤的抱怨充耳不闻……他们向你们诉说正义，你们却回以无礼的刺刀。"这本小册子的结尾诉诸革命暴力的净化力量："血腥的日子"近在咫尺，但自由将从革命风暴的怀抱中焕发光芒，"就像太阳带回宁静和丰收"。[217]要问皮若尔在随后的战斗日子里做了什么（如果有的话），人们知之甚少。他有煽动起义的雄辩口才，却缺乏领导起义所需的魅力和决断力。

6月23—26日的战斗十分惨烈，死伤人数远远超过了二月革命。约有4万名男女拿起武器反抗政府，而政府出动的兵力是他们的两倍。负责镇压起义的战争部长路易-欧仁·卡芬雅克（Louis-Eugène Cavaignac）将军拥有无可挑剔的共和派资历，他的父亲是雅各宾派国民公会成员，投票赞成处决国王；他1845年去世的哥哥戈德弗鲁瓦，曾在1830年光荣三日期间助力将三色旗插上卢浮宫的顶端。1832年，身为上尉的卡芬雅克因积极投身共和派政治活动而被调往阿尔及利亚。在那里，他采用了法国人征服阿尔及利亚原住民时备受争议的灭绝性战术：参与了采用焦土政策的大规模劫掠行动，并率先使用了烟雾战术，即用烟雾将困在山洞里的阿尔及利亚平民呛死。到了1848年，法国军队的高层基本上都参与过此类殖民战争。

1848年2月，临时政府将他晋升为师长。5月15日议会遭袭击后，执行委员会邀请他返回巴黎担任战争部长。6月23日，随着新的起义席卷巴黎，他被授予了全权，并被告知应采取一切必要手段来镇压叛乱。卡芬雅克决心将此事当作一项单纯的军事任务来处理。他从容不迫。尽管马克·科西迪埃主动提出要与街垒中的人交涉，但卡芬雅克没有派出任何人员与起义者谈判。[218]军队被集结起来，而后与炮兵部队共同出发，以压倒性的火力优势镇压叛乱。殖民暴力的幽灵盘踞在巴黎街头。尽管卡芬雅克在六月起义期间采用的战术在正式意义上与法军在北非的战术并不相似，而且战斗的主力是机动卫队而非正规军，但支持者和批评者都认为卡芬雅克在平叛行动中采用了"阿尔及利亚手段"。媒体将起义者的暴行描写得与早先报道的阿尔及利亚暴行如出一辙：据说起义者对被俘士兵施以酷刑并加以肢解，他们割下俘虏的舌头，用绳子串起来，或把孩童叉在长矛上，以分散军队狙击手的注意力。[219]在阿尔及利亚为"文明"服务而使用的工具、手段现在被用来对付首都"野蛮"的无产者，而阿尔及利亚现在反过来成为一个可以通过（强制）移民计划，让顽抗工人被"教化"的地方。[220]

数千人在战斗中丧生。双方都有俘虏被杀害，许多起义者在被俘后立即被枪决。巴黎大主教阿弗乐在巴士底广场上呼吁和谈时被击中。他可能是被政府方面射出的一颗流弹击中的，但更可能是被狂热的独狼起义者在毫无预警的情况下射杀的。[221] 医院收治了 2500 多名伤员，目前还无法确定另外还有多少人因为害怕被俘而到其他地方寻求帮助。近 1.2 万人被捕并被判驱逐出境。他们中的大多数人因为获释和赦免而幸免，但仍有 468 名"核心成员"被驱逐到阿尔及利亚。

那些日子的暴力和恐惧在亲历者的脑海中留下了难以磨灭的记忆。托克维尔一向为自己的冷静而自豪，但也把妻子送出了巴黎。许多代表都睡在议会厅里，卡芬雅克的指挥部也设在这里。他们中的一些人呼吁将议会撤到圣克卢郊区的宫殿，甚至更远的布尔日。[222] 人们还记得火药的气味，记得在意想不到的地方看到的血迹，记得废弃街道和广场的荒凉寂静。雨果参加了镇压起义者的战斗，在猛烈的炮火下领导了对街垒的多次进攻。"我安然无恙，但发生了太多深重的灾难！"一切结束后，他给情妇朱丽叶·德鲁埃写道。"我永远不会忘记在过去 40 个小时里我所看到的可怕场景。"[223] 6 月 26 日上午，经过一夜断断续续的炮火后，激进的俄国作家亚历山大·赫尔岑与他的朋友——旅行家兼记者 P. V. 安年科夫（P. V. Annenkov）一起走向香榭丽舍大街。炮声已经沉寂，但不时响起的枪声仍在城市上空回荡。在协和广场上，一个 17 岁左右的男孩正在向一小群听众发表演说，其中包括拿着扫帚的贫穷妇女、一些拾荒者和周围住宅的门房：

> 他和他的同伴，都是像他一样的男孩，喝得半醉，脸被火药熏黑，眼睛因彻夜不眠而布满血丝……"后来发生了什么，无须多说。"停顿了一下，他继续说道，"是的，他们的战斗力也很强，但为了我们的战友，我们得报复他们！……我用刺刀狠狠刺杀了其中的五六个人。他们会记住我们的。"他补充道，试图摆出一副

铁石心肠的惯犯的架势。女人们脸色苍白,沉默不语;一个看起来像门房的男人说道:"他们活该,这些恶棍!"但这种野蛮的评论没有引起丝毫反应。他们都属于太过无知的阶层,不会因为这场屠杀或这个被他人变成杀人犯的可怜男孩而动恻隐之心。[224]

在玛德莱娜附近,赫尔岑和他的同伴在一个检查站被士兵拦截并逮捕,一名军官声称"不止一次在(激进派)集会上"见过赫尔岑。这一时刻十分凶险:赫尔岑没有参加起义,但在那些日子,许多被抓获的嫌疑人都在拘留室中就被枪杀。这两位朋友最终平安获释,但有一个细节令人难过。在去警察局的路上,赫尔岑恰巧认出了一位制宪议会的议员。那就是托克维尔。但当他向这位著名作家求助时,托克维尔却礼貌地鞠了一躬,然后溜走了,并表示"立法机构"不宜干涉"执行机构"的行动。[225]

托克维尔在他关于1848年的回忆录中没有提到赫尔岑,但他对六月起义也记忆犹新。他回忆道,6月25日,他在好奇心的驱使下走向战斗现场,想弄明白"为什么战斗持续了这么长时间"。当他走近水塔时,他先是发现了最近战斗的痕迹:"房屋被炮弹或子弹打得坑坑洼洼,铺路石堆积如山,稻草混杂着血迹和泥土。"在水塔内,他发现政府军仍在对反叛者进行清剿。前方是一条长街,"街垒林立,一直延伸到巴士底狱"。他回忆道,当起义者出现在附近的屋顶上,开始向下面的部队开火时,后者惊恐万分。他周围的人们陷入了彻底的混乱,向四面八方射击,根本不知道自己在做什么。在溃败的恐慌中,托克维尔被骑兵撞倒和踩踏:"我丢了帽子,还差点丢了性命。"

对当时的政治活跃分子来说,缺乏明确的诉求是这次起义最显著的特征之一。前警察局长马克·科西迪埃写道:"他们感觉受骗了。看到家庭苦难有增无减,(人们)遂投身于孤注一掷的起义。"[226] 巴黎左翼的重要人物从未加入起义者的行列,否则他们本可以用伟大事业的话语来粉饰这一行动。甚至连路易·勃朗也拒绝支持起义者,尽管他曾试图劝说起义者停止行动,希望避免进一步的流血事件。除了"不自由,毋宁死"的凄凉呐喊,起义者缺乏明确的教义或原则。这甚至让敌对方的观察者也感到忧虑。他们为什么要在如此危险的处境下这样做?即便斗争的自杀性质显而易见,他们中为什么仍有那么多人坚持斗争?这个问题一直困扰着有思想的同时代人。

托克维尔并不同情起义者。然而,他在思考中不断回到这样一个观点:起义的动机是他们"真诚相信社会建立在非正义的基础之上"。而这难道不是事实吗?毕竟,托克维尔后来在一篇反思 1848 年社会主义失败的文章中写道:"我们所谓的必要的制度,往往只是我们所习惯的制度。"[227] 雨果仍然坚信,有必要镇压起义,但对战败起义者的潜在同情一直扰乱着他的内心。他在《悲惨世界》中沉思道,当然可以理解这种反叛的根源,"甚至可以在打击它的同时崇敬它"。他的矛盾心理发展到了一定地步令他的政治取向从秩序党转向"民主和社会共和国"的倡导者。[228] 从巴黎传来的消息让撤回诺昂庄园的乔治·桑陷入绝望。她在给出版商埃策尔的信中写道:"还有什么可说的呢?……未来看起来如此黯淡,以至我非常渴望、非常需要结束自己的生命。"即便是在 5 月的动荡期间一直忠诚支持其左翼共和派朋友的乔治·桑,也开始对左翼事业与法兰西共和国失去信心。"我们还没有做好准备迎接共和国。"她在给一位朋友的信中写道。"人民不支持我们",她在给另一位朋友的信中写道,无论如何,"我不相信一个以杀害无产者开场的共和国能存在多久"。[229]

马克思没有时间理会知识分子这种忧郁的模棱两可态度。他在 6 月的流血事件中发现了一个伟大的澄清时刻。在 6 月 29 日为《新莱茵报》撰写的一篇文章中,他从巴黎的暴力事件中汲取了一个典型的看似矛盾的教训。是的,工人们被"优势力量镇压下去了",但更深层次的现实是,被击溃的人打败了胜利者。马克思写道,"共和主义者"在取得对工人的一时胜利时,谋杀了它声称要捍卫的革命,因为它毁灭了二月革命的"幻想和空想"。毫不奇怪,制宪议会因惊愕

6月25日，政府军进攻前的圣莫尔街的街垒，夏尔-弗朗索瓦·蒂博（Charles-François Thibault）以银版摄影法拍摄（1848）。这张照片是在现在的圣殿街上的一栋房子里拍摄的，当时六月革命已接近尾声。请注意紧锁的百叶窗和空旷的街道。这个巴黎东部的工人阶级地区是最后落入政府军手中的地区之一

资料来源：Daguerrotype by Charles-François Thibault. Musée Carnavalet, Histoire de Paris. (Photo: CC0 Paris Musées)

而"陷入瘫痪"：议员们终于看到他们的问题和答案是如何让巴黎的马路淹没在血泊中的，他们目瞪口呆地看着自己的幻想消失在战火中。6月的报复行动是否标志着工人革命运动的终结？民主主义者是否应该因为政治斗争似乎是"空洞的、幻想的和毫无意义的"而放弃斗争？马克思回答道："只有意志薄弱的胆怯的思想家才会这样提出问题。"

> 资产阶级社会条件本身所产生的冲突，必须在斗争中加以解决，靠空想是消灭不了的。不掩盖社会矛盾，不用强制的因而是

人为的办法从表面上制止社会矛盾的国家形式才是最好的国家形式。能使这些矛盾进行公开斗争，从而获得解决的国家形式才是最好的国家形式。[230]

这不仅仅是一个观察，更是一个启示，它将继续推动马克思思想的发展，并贯穿于《法兰西阶级斗争》《路易·波拿巴的雾月十八日》及其他作品之中。

当时一些左翼人士对这一诊断表示认同，但大多数激进民主主义者和自由主义者不以为然。对以普选为基础的共和国的暴力反抗怎么可能是合法的呢？有些历史学家指出，六月起义的实际性质和过程与马克思关于初期阶级斗争的描述并不相符。对证据的研究表明，街垒双方的斗争力量都是从同一社会阶层招募的，而且双方的战斗人员都来自手工业的各个部门，近年来这些行业都承受着严峻的经济压力。他们之所以愿意投身各自的战线，并不是因为阶级出身，而是因为组织背景（如机动卫队高强度的训练环境）和不同的经历（如许多失业工人在国家工场关闭后感到愤怒）。[231] 乔治·桑更接近真相，她写道，1848 年 6 月不是"天敌"之间的战斗，而是"两派人民之间的冲突"。[232]

不过，必须为马克思辩护的是，对街垒两边的工匠和无产者进行数据统计，这种做法略微偏离了他的分析重点。马克思此前就大力推进阶级斗争的概念，并将继续如此。但在这篇早期反思文章（写于事发后的几日内）中，他还表达了另一种观点：6 月的暴力代表着自 2 月开始的某些事情的终结，即在"普选权"旗帜下建立革命统一战线的梦想的破裂。6 月的事件表明，要维系 2 月的神话（某种程度上是 1830 年 7 月神话的新版本），就只能将可能引发革命的社会诉求排除在外。马克思认为，更重要的是，6 月的流血事件揭示，这个神话的影响力最终并不取决于其核心理念的美好，而是取决于赤裸裸的暴力威胁。自由、财产和秩序的胜利是一种力量对另一种力量的胜利。

自行结束的革命　531

拉马丁慷慨激昂的言辞中迸发的火花，已转化为 6 月真枪实弹的炮火。在巴黎和意大利的起义运动中灵光初显的暴力理论再次现身，这是一个极具影响力的观念。但是，对那些曾为真正的"人民"政府形式而欢欣鼓舞的人来说，这种以暴制暴的胜利之中潜藏着悲凉。

在世纪的热潮中

追踪 1848—1849 年各个群体从共同事业中的每一次脱离，就好比通过接连叙述每一团火焰的独特传记来书写一场大火的历史。我们已经看到，1848 年的现象与历史学家使用的叙事工具不太匹配。与此同时，到 1848 年，物理学家开始认为热是一种流动的能量形式，他们多年的困惑是，当热从一个物体传递至另一个比它低温、惰性的物体时，会发生些什么。19 世纪 20 年代，萨迪·卡诺（Sadi Carnot）发表了一篇关于热能动力的论文。他的父亲是在 18 世纪 90 年代策划了革命全民动员的拉扎尔·卡诺（Lazare Carnot）。萨迪在文章中思考了热机工作的热力学原理。他考虑的是一种能够将热能完全转化为机械能的发动机，尽管他知道不存在这样的机器。据他观察，即使是当时最好的蒸汽机，也只能利用"可燃物动力"的 1/20。[233] 在 19 世纪 30—40 年代，克拉珀龙、克劳修斯、汤姆森（开尔文男爵）和兰金等科学家继续研究卡诺理论的内涵，但兴趣的重点变成：在热能向机械能转化时，热能是如何损失的。[234] 普鲁士科学家鲁道夫·克劳修斯（Rudolf Clausius）在 1850 年发表的一篇著名论文《论热的动力以及由此推出的关于热学本身的诸定律》中指出，卡诺式热机的运转不符合能量守恒原理。根据该原理，封闭系统的总能量保持恒定，且各种形式的能量可相互转化。在整个 19 世纪 50 年代，克劳修斯一直思考在不可逆热力学过程中热能耗散的方式。1865 年，他给这种不可逆的热损失起了一个名字：熵。[235]

如果认为这些对热力学的深奥思考，在某种意义上是对政治领域所获经验的转化或反映,那就太庸俗了。科学与社会的关系并非如此。但是,我们也不应该假设科学家的世界与革命者的世界相去甚远:巴黎二月临时政府中就有许多杰出的科学家,不知疲倦的波兰自由战士、工程师约瑟夫·贝姆也对蒸汽机做了杰出研究。[236] 1848 年后,许多德意志社会主义者将重心从哲学转向自然科学,相信自然科学可以更好地解释人类的状况。[237] 正如我们将看到的,革命的影响之一是,人们渴望一种更具"科学"基础的政治形式,它将更独立于启示和意识形态信念,而更依赖系统化的知识体系。这个时代的科学家们所使用的概念很容易与其他形式的经验相联系,诸如运动、能量从高温物体向惰性物体的转移、力量的耗散、凝聚力的丧失。

我们还可以在其他地方找到这些对应关系。19 世纪初的神经科学仍将人体描绘成一个电流瞬时通过的系统。但在 19 世纪中叶,重点发生了转移。在 1850 年和 1851 年,普鲁士科学家赫尔曼·冯亥姆霍兹(Hermann von Helmholtz)——利用新的精确测量技术证明,沿着神经细胞链传导的脉冲实际上会发生机体延迟,从而导致"时间损失",造成刺激和反应之间的"延迟期"。[238] 人体科学见证了研究重点的转变,早期神经科学采用电流的比喻,而后人意识到身体存在一个依赖血管的血液循环网络。神经的隐喻暗示着身体的所有部位都能同时接收或"感受"脉冲,当然也能同时发送脉冲。而循环的隐喻则为信息流的阻塞和空间多样化留出了位置。它聚焦于"身体(或政治体)中流量最大的动脉与流量较小的静脉之间的努力协调,而不仅仅是连接"。[239]

从这个角度来看,我们或许可以认为,罗伯特·布卢姆在 9 月的存在主义式疲惫或乔治·桑在六月起义之后的绝望是两个有隐喻的个案,他们暗示着更大范围的力量耗散与革命的热寂。我们可能会注意到,尽管时间上极度接近,但 1848 年的各场起义实际上开始于不同的时间,以不同的速度展开,在各式各样的分散环境中受到各不相同的当地状况的驱动。由此产生的不同步造成了阻塞和逆流,进而阻碍

阿道夫·门策尔（Adolph Menzel），《埋葬三月的死者》（*Laying Out the March Dead*，1848）。门策尔构思这幅画是为了表达他对三月事件的热情认同。但在那个夏天，他对这幅画失去了兴趣，一直没有完成。这幅画完美地捕捉到了 1848 年夏天革命情绪的消散

资料来源：Hamburg, Kunsthalle.(Photo: akg-images)

了整个欧洲大陆革命冲动的汇聚。1848 年 6 月，瓦拉几亚爆发革命，部分原因是一些曾住在巴黎的罗马尼亚学生抵达布加勒斯特。新的临时政府派遣特使到法国，希望获得资金和武器，却发现巴黎的保守派政府已经掌权，他们丝毫没有给瓦拉几亚人提供实际援助的兴趣。当位于美因河畔法兰克福的德意志国民议会结束了起草德意志宪法的漫长工作时，公众对革命的热情已经消退，普鲁士实际上已经掌握了德意志民族问题的控制权。1849 年夏，那些指望向巴黎寻求支持的罗马共和派人士发现，波拿巴总统共和制下的法国更倾向于镇压罗马共和国，恢复教宗的地位。联结与脱节的动力可能会矛盾地交织在一起：3 月，当身在巴黎的罗马尼亚激进学生们集体决定离去，返回布

加勒斯特发动国内革命时,他们是在建立联系还是切断联系? 正如一位罗马尼亚历史学家所指出的,至少留一个人在巴黎处理与新临时政府的关系,这难道不是更好吗?[240]

如果把革命的下行归结为全球的失序,就有点过头了。因为正如我们所看到的,凝聚力的减弱不仅源于革命过程中的内在熵增,也源于剧变所促成的新的、相互竞争的秩序建构形式。即便它们之间的关系不稳定,但从长远来看,我们不应忽视这样一个事实,其中的一些事业——自由主义、社会主义、激进民主主义、农业激进主义、社会民主主义、民族主义事业,将带来辉煌而又可怕的未来。然而,从短期来看,欧洲的政治行动者和思想家将从革命余烬的消散和冷却中汲取深刻的教训。

第八章
反革命

夏日的那不勒斯

1848年1月29日,那不勒斯市中心的每面墙上都贴上了王室法令,宣告即将颁布宪法。街上四处都是"双轮马车、四轮马车"和公共马车,车上"挤满装饰着彩带、挥舞着三色旗的人"。内皮尔勋爵的马车也在其中,他是"慷慨而自由的不列颠"的公使。深知英国对巩固巴勒莫革命助益良多的百姓为他欢呼喝彩。2月10日,君主正式向新宪法宣誓,当晚整个城市灯火通明。财政部大楼"灯火辉煌",所有公共建筑张灯结彩。集市广场上挂着一幅巨型油画,画中的国王正向宪法宣誓。凌晨1点,在军乐队的伴奏下,60个女孩和60个男孩组成的合唱团唱起了一首费迪南多国王的赞歌。市民们与军队交谈甚欢,亲善友爱;即便那些受人憎恨的警察密探也被接纳。"受害者和屠夫聚在一起,像挚友和兄弟一样拥抱。"自由主义剧作家兼记者弗朗切斯科·米基泰利如此写道。[1]

在这些日子的街头,最引人注目的是1821年革命的政治犯,他们现因大赦获释。一些人"面容阴沉,他们曾被判处终身监禁,在牢房里变得灰头土脸,日益苍老";另一些人"脸颊晒得通红",他们曾被判流放,在刑罚岛上受苦多年。[2]在那不勒斯,就像在巴黎、柏林和许多其他城市一样，"政治犯归来"是一个极富戏剧性的时刻。这不仅因为他们是革命带来的解放前景和个人风险的象征，还因为过往动乱中的老兵的突然再现，为当下赋予了一种历史深度、一种蓄势待发之感。[3]

这是一个壮观的开始。然而到了5月中旬，一切都完了。在残酷报复那不勒斯市中心的抗议者之后，国王镇压了在大陆的革命，随后派出一支远征军，从夺得西西里岛政权的爱国者手中收回控制权。最终，他抛弃了自己曾宣誓遵守的宪法和宣誓召集的议会。他将使两西西里王国恢复到革命前的"绝对君主制"状态。即便以那个动荡之年的标准来看，这种从革命到反革命的转变也异乎寻常地迅速和极端。这种转变何以可能？那不勒斯的例子又揭示了怎样的欧洲反革命动态？

本章将追踪反革命的轨迹，这条轨迹同革命本身的轨迹一样牵涉甚多。我们从那不勒斯开始，然后追踪从布拉格到意大利北部和维也纳的反革命行动。我们将观察巴黎和柏林的两场结构迥异的反革命。我们将探访伊奥尼亚群岛，尤其是凯法利尼亚岛，英国当局在那里严厉镇压了一场孤立无援的起义，以儆效尤。之后是1849年在罗马、萨克森、法兰克福、巴登、摩尔达维亚、瓦拉几亚和匈牙利掀起的"第二波"反革命浪潮。如此书写，目的不仅仅是记录这些通常十分暴力的镇压反革命事件，更重要的是反思反革命的驱动机制，以及同时代人从中所吸取的教训。

在那不勒斯，就像在柏林、维也纳、慕尼黑、教宗国和许多其他公国一样，起义并未摧毁君主权威，只是令它有所动摇。新大臣被安排担任要职，但他们不得不与旧制度遗留的保守派成员共存。这使得政府难以灵活地应对城市中瞬息万变的形势。问题还出在宪法本身。我们已经看到，国王选择了一版与1830年法国修订版宪章非常相似的宪章。但在现在看来，这份文件已经过时了。它在法国早已深陷争议，并将被巴黎二月革命彻底推翻。宪章刚颁布时引发的高涨情绪很快便让位于怀疑、困惑与沮丧。

事实证明，在那不勒斯，正如在巴黎、维也纳和柏林，起义开启的动员进程一旦开始，便很难停下。大报纷纷要求结束西西里战争，承认西西里岛的自治权。人们对新选举权受众范围狭窄和划给上院（国王任命的贵族院）的权力过多提出尖锐批评。对那不勒斯和其他地方的激进派来说，革命并非一桩事件，而是一个仍在展开的进程，在巴黎二月革命的消息传出之后，情况更是如此。巴黎二月革命是一个"可怕的幽灵"，在王宫门口游荡，提醒旧政权的追随者，如果政府不能走在舆论潮流前面可能会发生什么。弗朗切斯科·米基泰利写道："无论一个人是否愿意，都必须以某种方式遵循时代政治的潮流，随波逐流。"[4]

激进领袖在俱乐部（突然成了城市激进活动的中心）发表演说，在咖啡馆主持临时聚会与集会，还组织游行示威，这种活动在3月下旬变得越来越频繁。[5] 4月的第一周，主要由激进派发起和操纵的首都街头的政治动乱引发了一场政治危机。一连串街头抗议活动在一场冲击奥地利大使馆的示威活动中发展至顶峰。在游行过程中，经常光顾激进派博诺咖啡馆的学生拆下了大使馆外墙上的帝国盾徽，将其捣毁焚烧。第二天，一支游行长队沿着托莱多大街前往王宫，要求国王解散其政府，并派一支军事特遣队支持在伦巴第反抗奥地利的自由战士。4月3日，由于担心失去对这座城市的控制权，国王任命了几位激进派新大臣，这引发了政府内部的政策分歧。

最直言不讳的新大臣是奥雷利奥·萨利切蒂（Aurelio Saliceti）。他不苟言笑，令其政敌联想到罗伯斯庇尔。[6] 新政府取得了君主对宪法改革计划的支持，该计划将提升下院相对于上院的地位。4月7日，新任首相卡洛·特罗亚（Carlo Troia）说服国王派遣一支那不勒斯特遣队到伦巴第参加反奥战争。那不勒斯皇家海军被派往亚得里亚海，协助保卫威尼斯。

局势正朝着有利于激进派的方向转变。在内阁中，激进派成员仍是少数，但他们在街头和俱乐部的支持网络、他们在短时间内动员追随者的能力使之成为"实践上的多数派"。[7]和维也纳的情况一样，那不勒斯的狂热游行队伍朝着不得人心的大臣的宅邸走去，在那里，年轻人举办了猫叫音乐会。政治似乎在以"持久的民众游行"这一形式展开。[8]而且，这种激进活动并不局限于首都。那不勒斯街道与外省的诸多卡拉布里亚激进活动中心建立了联系。自激进主义者从1848年春开始从那不勒斯向各自家乡渗透后，这种联系尤为活跃。4月到5月初，两名著名激进派人士提出两份截然不同的宪法草案，它们既不同于国王近日提供的宪章，也不像受《加的斯宪法》影响的1820年宪法。

这几周最严重的分歧发生在进步的反教会人士和保守的教会捍卫者之间。在那不勒斯，就像在维也纳和许多其他地方一样，耶稣会士如矿井里的金丝雀，是危机的风向标。3月9日，激进学生聚集在精英耶稣会寄宿学校门前的梅尔卡泰洛广场，一个代表团走了进去，要求教士们搬出学校（这所学校也是耶稣会士的住所），离开这座城市。贴在街角的告示指示，把孩子送到这所学校的家庭须立即接回孩子，以免他们遭受人民的"正义之怒"的攻击。父母们要么步行，要么乘车赶到学校，"人民为自己的行为欢呼鼓掌，母亲们竭力在人群中开出一条道，吓坏了的可怜孩子在母亲颤抖的臂弯中啜泣，这景象着实让人触动"。[9]随着人群持续壮大，一个"代表人民"的代表团奔赴新任激进派司法大臣萨利切蒂的宅邸，要求大臣任命一位治安法官，着手清点寄宿学校里的财物。3月10日早晨，国民卫队封锁了学校周边地区，不许任何神职人员离开。130位会士被关在一个房间里过夜，当局查抄了他们能找到的少得可怜的钱财，封存了各种文书，将家具和银器纳入财库。次日（3月11日）早上，自由派大臣博泽利（Bozzelli）向耶稣会士下达了驱逐令。17辆马车从警察局赶来，在国民卫队的监视下将会士运送到码头。在那里，他们被转移至一艘汽船上。一辆马车上,"坐着一位年老体弱、显然失明的老耶稣会士,另外两人在旁搀扶。他们用微弱的声音不断诵经祈祷,就像为一个垂死之人祈祷……"[10]

那不勒斯激进主义者对耶稣会的敌意并不算特别。在法国1843年的一本反耶稣会士的畅销小册子中,历史学家儒勒·米什莱提出,对耶稣会的仇恨无处不在。"在街上随便找一个人,拉住路过的第一个人,问问他:'耶稣会士是什么人?'他定会毫不犹疑地回答:'反革命者。'"[11] 耶稣会士之于欧洲左翼,正如共济会员之于右翼:他们是一个神秘的全球阴谋集团,人们可以把一堆具威胁性质的或遭人厌弃的现象记在他们名下,归咎于他们。弗朗切斯科·米基泰利在关于这几个月的历史记录中,详细描述了此次驱逐事件,他坚信这种反耶稣会士措施的正义性。"自建立之初",他写道,耶稣会便"对人民的道德和政治教育造成有害影响"。他们谋划了"亚洲和欧洲的每一桩臭名昭著的罪行"。近年来,他们在瑞士煽动了"内战的恐怖"。米基泰利将欧仁·苏的小说《流浪的犹太人》(*Le Juif errant*)视为有关耶稣会问题的权威读物。这是一部奇幻的浪漫小说,它绘声绘色地描述了耶稣会从世界各地诱骗信徒、搜刮财富的诡计。苏宣称,耶稣会是一个巨大的警察网络,"比任何国家的警察网络都要精确和消息灵通",他们掌握着关于他们希望影响之人的大量信息,时刻谋划"黑暗行动"。[12]

毋庸置疑,人们可能在仇恨耶稣会士的同时热爱教会。但在那不勒斯,很多人,包括许多神职人员,都把被驱逐的耶稣会士看成整个教会的代表。记述梅尔卡泰洛广场群众的史料提到了"激进学生"。米基泰利对驱逐耶稣会士的记述提到,守卫耶稣会士住处的许多人"品行良好、聪慧利落",他们最后和会士们聊起了神职工作,谈起了"最初的耶稣会士、(罗耀拉的)制度",等等。为了感谢看守者的关照,耶稣会士赠之以书籍、印刷册等礼物。换言之,攻击者不是"人民"的代表,而是一群受过教育的反教权人士,他们只是恰巧让政府激进派大臣采纳了他们的意见。他们乐得看见会士们被护送到汽船上。而在激进的反教会圈子之外，情况有所不同。1848 年秋到 1849 年春，政府接到许多要求暂停实施宪法的请愿书，这表明驱逐那不勒斯耶稣会士的举措，是让民意疏远自由-激进革命计划的原因之一。[13] 这些请愿书来自"大陆南方"——西西里岛的情况不同，那里的耶稣会士站在革命一边。[14]

国王及其"阴谋集团"（包括军官、私人幕僚和廷臣）是否如当时某些自由派和激进派所担心的那样，已在计划一场反革命，目前尚不清楚，但确有迹象表明，一个反动派正在形成，其成员对革命怀有强烈敌意。4 月 25 日，那不勒斯市的出版商举行和平游行，虽然游行者如约解散，军队还是无预警地向群众开枪。在毗邻教宗国的普拉托拉，500 名武装人员在波旁王朝的横幅下游行，高呼："国王万岁！打倒宪法！打倒绅士！"[15] 5 月 11 日，更骇人的暴行发生了。一位激进派教士被那不勒斯皇家海军的水兵诱入教堂，遭刺刀连捅数刀。这位教士是著名的咏礼司铎佩利卡诺（Pellicano），他是马志尼的青年意大利的成员、雷焦卡拉布里亚自由派的精神领袖，也是 1847 年 9 月 2 日雷焦和墨西拿流产的起义的发动者之一。一个军事委员会曾判他死刑，但后减刑为无期徒刑，然后他被驱逐到尼西达岛服刑，直到 1848 年 1 月大赦才被释放。回到那不勒斯后，政府请他进行支持新宪法的布道，结果大获成功——他的肖像印刷在那不勒斯随处可见。这位前科犯的崛起速度惊人：3 月，政府委托他组建一个委员会来改革王国教育；4 月 8 日，新政府任命他为负责教会事务的副国务大臣，担此职务使他成为绝对主义政权拥护者最主要的仇恨目标之一。

佩利卡诺被水兵们扔下等死，但他活了下来，而后离开那不勒斯前往雷焦疗养。然而，这一袭击事件表明，革命的反对者可能即将被动员起来，并展开公开行动。有谣言称，秘密反动网络已经渗透到自由派组织甚至激进游行活动中。袭击次日，自由主义报《国家报》发表了三篇文章，指责政府暗中煽动骚乱，以便为武装镇压寻得借口。

其中一篇文章宣称,绝对主义政府曾经"战战兢兢,自轻自贱,堕落不堪",但现在,政府对革命的恐惧业已消散,它正要"使用所有背信弃义的武器来对抗革命"。[16]

实际上,宫廷或其他人已无须"组织"反革命或煽动骚乱——1月29日以来的两极化进程已隐含了这些后果。两极化并不是由阴谋或密谋推动的,而是政治普遍解禁、猜疑、恐惧与不可调和之观点固化导致的。但即使双方实际上都没有密谋准备袭击对手,他们也都怀疑对方正有此意。英国驻那不勒斯大使内皮尔勋爵报告,有谣言称反革命即将来临,但也有传言提及那不勒斯的"卡拉布里亚派或激进派"集会,说他们的人数"由于那个省的激进支持者的……到来而有所增加"。[17]

"地雷已经填满了火药,"自由主义记者朱塞佩·马萨里(Giuseppe Massari)写道,"所需要的只是一颗引爆它的火星,而这颗火星就是(对宪法)宣誓的问题。"[18] 1848年5月14日,当局公布了召集议会的方案,议会计划于次日开会。这将是一个辉煌壮丽的时刻。国民卫队将分成两列,从王宫出发,沿着托莱多大街一直走到圣洛伦佐教堂。上午11点,首都各要塞会鸣礼炮致意。在身着礼服的侍从和官员的簇拥下,王室马车和国务马车将在鼓号声中行进到圣洛伦佐教堂的入口。上下院各派10名成员组成代表团,在教堂入口处迎接国王,带领他走向王位。傍晚,"剧院和公共建筑将灯火通明"。但存在两个有争议的细节。方案第12条规定,宗教礼拜结束后,国王将"在议会厅中重申……(他已经)立下的誓言,也就是遵守宪章"。第13条规定"上院贵族和下院议员,以及出席仪式的所有其他人员",都将"同样宣誓"。[19]

许多议员对这一设想不满,说它实际上将每个人都框定在现行宪法之下,而未给代议制政府在必要时修改法律的权力留下空间。4月3日曾承诺通过宪法改革强化下院地位的协议现在又如何了?国王似乎打算背弃4月危机期间达成的协议,并重回1月29日的立场。这不是与王室合作的基础。5月14日下午及整晚,议员们都坐在市政厅商议,并派信使赴王宫呈交修改开幕式上誓言的提案。但他们最终没有达成任何协议:国王拒绝妥协。[20]

开幕式的前一天晚上,在意识到这种对峙局面后,自由派和激进派的同情者纷纷涌上主要街道。在看到四个瑞士卫队的兵团离开他们的营房时,人们惊慌失措,传言说国王打算利用他与议员的僵局,镇压集会、废除宪法。市民们在通往王宫的主干道上搭起街垒;与此同时,市中心的卫队和军队数量也在增加,最终部署了约5000人。[21] 英国大使内皮尔勋爵急于与国王沟通,在5月15日上午8点到达王宫附近:"我发现门口有骑兵和步兵守卫。而在距离宫殿窗户不到40步处,一个巨大的街垒封锁了托莱多大街的入口,由该地区的国民卫队看守。一些更狭窄的街道也以同样的方式被堵住。王宫在另一头,被隔绝开来,对峙势力静默地观察着彼此。"当内皮尔在上午9点离开时,他发现起义者采取了更多行动;他看见,身着制服的国民卫队成员带领或强迫"老百姓"去拉木材和马车,以及堆高铺路石。上午11点,国民卫队中的一声枪响引发了交火,政府开始进攻。

战斗一开始,国王的军队就冷酷精确地执行他们的任务:

> 街垒首先被两门大炮清除了,然后瑞士卫兵发起冲锋,攻占街垒。攻克这一障碍后,他们就分两列沿着街道前进,根据走在中间的军官的指示,分别向对侧的窗户开火。在攻占下一个街垒前,他们清剿了两座街垒之间的房屋里的战斗人员,然后跟之前一样发射炮火,发动进攻,毁坏房屋……起义者的伤亡情况无法确定。毫无疑问,许多无辜者甚至一些妇女、儿童在士兵最初闯入房屋时便成了受害者。[22]

据内皮尔估计,国王的军队中约有600人受伤,200人死亡。一项对档案记录的研究表明,实际数字更可能是6人死亡,约20人受伤。

内皮尔的夸大其词无疑反映了他对王室军队的同情。与欧洲各地的多数英国外交官一样，内皮尔厌恶起义，并对激进的保民官怀有强烈敌意。政府的报复行动似乎夺走了约 100 名公民的生命，伤及 600 多人。后来人们发现，很多伤亡人员其实手无寸铁。[23] 朱塞佩·马萨里被选为议会议员，但在骚乱发生时，他并不在场。他回忆起士兵们犯下的暴行：他们"强奸，抢劫，割断男孩和老头的喉咙，屠杀妇女"。马萨里描绘了一个让人想起 3 月 18 日夜里柏林战斗的场景，谈到了一个名叫桑蒂洛的年轻人的遭遇：士兵们冲进他的房间，他跳上床假装生病，希望能借此平息对方的怒火，然而，他竟在床上惨遭杀害。当天晚上，一月革命的发源地托莱多大街尸横遍野。[24]

1848 年 5 月 15 日，那不勒斯。那不勒斯王室军队夺回了对街道的控制权。那不勒斯的镇压是一个转折点，它计划周密，且执行精确到令人恐惧的地步。从这一刻起，革命再也没有恢复早期的势头

资料来源：Museo Civico del Risorgimento, Brescia.(Photo: DEA / Getty Images)

一系列反革命措施从这一刻展开。国王迅速组建了一个与 1 月 29 日内阁几乎完全相同的新内阁。这一迹象表明他希望将革命扼杀

544　第八章　反革命

在摇篮里，而激进派甚至连自由派都认为这是不可能的。那不勒斯处于戒严状态。一个委员会受命调查5月15日事件的起因。国民卫队和议会被解散，前往伦巴第的远征军与驶往威尼斯的海军分遣队被召回。政府很快便开始编造针对5月15日事件的说法。官方公告将5月15日描述为对存心散布无政府主义的"共产主义者"的胜利。为了遏制作为一切秩序之敌的"共和派"运动，这些镇压行动是必需的。但朱塞佩·马萨里质问，谁是这些"共和主义者"？加入这场斗争的公民大多是年轻人，他们反对绝对主义和腐败。马萨里总结，共和主义者仅仅存在于"趾高气扬的暴徒"的想象中，后者收获了屠杀的果实，并希望给受害者安上"他们从未有过的概念和计划"，借此诽谤他们。[25]

目前宪法仍然有效，人们要求通过选举建立新的议会。5月24日发布的一份公告表示，国王"最坚定不移的愿望"是保持2月10日宪法的"纯粹和完整，（避免受到）任何形式过激行为（的侵害）"。它仍将是他的人民与王室之命运所立足的"神圣方舟"。[26] 其他声明宣称，国王成功"捍卫了宪法"。6月15日，也就是选举日，戒严状态解除。7月1日，新议会开幕，这次开幕"在葬礼般的缄默中进行，没了盛大的排场"。年迈的公爵塞拉卡普里奥拉曾在革命爆发时主持政府工作，此次再度担任国务会议主席。在下院，自由立宪主义者占多数席位。总共164名议员中，约有20人支持政府。[27] 新的下院并不缺乏才识之士，但面临来自军方、大部分神职人员、地方官员和民众的敌意，更别提王室和政府的敌意了。议会的尊严与权利每天都在遭受侵犯。一位当选的议员需要通行证，以返回那不勒斯就职，但证件遭拒发；另一位议员年老体弱，却被要求在24小时内离开王国。相比许多欧洲城市爆发起义之前，如今的媒体氛围出现了异常逆转，政府报纸对议会投以冷嘲热讽，一些帮派组织了一种针对自由派和激进派报纸的非正式恐怖活动。引起当局敌视的刊物很容易受到不速之客的骚扰，他们会破坏刊物办公室，捣毁印刷机，并用棍棒殴打任何

夏日的那不勒斯　545

胆敢抗议的人。[28]

在街头，形势也发生了变化。自由派国民卫队成员和博诺咖啡馆的激进学生被赶走，取而代之的是一队队士兵和平民，他们高呼："打倒议会！绝对王权万岁！自由去死！"就连大臣们也充满敌意，他们如同议会里的鬼魂，拒不提出议案，甚至几乎不出席讨论。一些关键决定，如对西西里岛的大规模武装远征，是在未经任何协商的情况下做出的。在因毫无作为而陷入瘫痪两个月后，议会最终宣布休会。

重征西西里岛始于9月初，当时，2.4万人的那不勒斯王室军队越过海峡到达墨西拿，血腥的战斗持续了30个小时，直到英国和法国介入阻止，这场大屠杀才得以结束，王室军队最终得以控制这座城市。国王费迪南多二世提议西西里实行部分自治，但西西里政府拒绝。战争于是拖了很久，其典型特征是王室军队对西西里人民的异乎寻常的劫掠、肆无忌惮的迫害和滔天的暴行，包括无数的奸淫和对老幼的屠戮。被俘的西西里战士经常惨遭屠杀。在那些抵抗波旁王朝进攻的人中，也包括不屈不挠的卢德维克·梅罗斯瓦夫斯基，他曾参加1830—1831年的波兰十一月起义。他还曾参与策划1846年那场流产的加利亚起义，因此被普鲁士人逮捕并被判处死刑，后来又被国王减刑为监禁，并于1848年春在对政治犯的大赦中获释。正如我们所见，在1848年春，梅罗斯瓦夫斯基在普鲁士波森省帮助组织了波兰民族主义民兵。1848年12月到1849年4月，他在巴勒莫担任意大利革命军参谋部的首领。这支军队崩溃后，他前往巴登，加入那里的革命者队伍，与德意志各邦的王室军队做最后的斗争。他跨国参与争取自由的斗争，并提醒我们，尽管民族间的仇恨和沙文主义在兴起，但仍应坚持将世界主义的民族愿景作为指导解放的工具。诚然，世界主义本身并不是目的，它反映了许多波兰爱国者完全可以理解的信念，即要解决"波兰问题，就必须"推翻维系当前欧洲列强体系的政治秩序（这套秩序最终在1917—1918年崩溃）。

在重获西西里岛统治权后，国王在1849年2月1日再次召集了西西里议会。但这个议会就像那不勒斯的议会一样，注定名存实亡。议员们受到王室行政官和大臣们的轻视，被视为无关紧要的人。他们投票通过了致国王的一份文书，谴责现任内阁，并要求改变政策，但国王甚至拒绝接受该文件。议会辩论变成了一场木偶戏。议员们讨论着无关紧要的财政法案，因为大臣们选择使用王室法令来绕过他们。国王剥夺了那不勒斯议会的一切政治意义，并在使之受到普遍嘲笑后，于1849年3月13日永久解散了议会。当天，商务大臣托雷拉（Torella）亲王来到议会厅，在公民卫队指挥官耳边低声说了几句，指挥官就命令部下给步枪上膛。一个密封的信封被递给议长，这是一道解散议会的命令。议员们没有吵闹抗议便离开了。两个月后，西西里议会也正式解散。然而，国王既没有正式撤销宪法，也没有废除议会制：他更喜欢让这些制度像木乃伊一样存在，似乎他不愿让人们认为他退回了立宪前的时代。如果这是他的动机，那么这便无意中证明了自由主义宪法观念的力量。

革命现在确实彻底结束了，反革命却没有。随之而来的是一波清洗浪潮。即使是那些曾对行政措施表示默许的大臣，比如博泽利和托雷拉，也从公共生活中消失了。驯顺之人取而代之。预防性审查制度被重新引入，并针对一切出版物。警察开始滥用职权。在两场轰动一时的审判的掩护下，国王政府发起了针对所有卷入革命的人的报复运动。许多前议员和前大臣都被卷入审判。4月3日，前大臣夏洛亚被判处8年禁闭，后改判流放。国王前驻都灵全权公使彼得罗·莱奥帕尔迪被判永久流放。其他人被判处死刑，后减刑为戴镣铐监禁。自由派报纸《国家报》编辑西尔维奥·斯帕文塔（Silvio Spaventa）一度在保王派和激进派之间努力寻找中间道路，如今被指控犯有阴谋叛国罪，判处死刑，后减刑为无期徒刑。他总共在监狱里度过了11年。这可不是在城堡中的舒适软禁，没有宽敞的房间，下午也无法在城垛上散步：锁链在他的腿上留下了永久性伤疤，影响了他余生的步态。[29]

这一结局的影响远远超出了两西西里王国的疆界。那不勒斯分遣队撤出在伦巴第对抗奥地利的联军，严重打击了爱国军队的士气。那不勒斯的陆军和海军是意大利诸邦中规模最大的，那不勒斯国王费迪南多二世之所以同意派他们去北方，只是希望能借此遏制其对手查理·阿尔贝特的野心。他对有机会撤军感到十分高兴。[30] 奥地利军官卡尔·冯·舍恩哈尔斯（Carl von Schönhals）写道："国王在那不勒斯街头获胜，就等同于拉德茨基（奥地利指挥官）在波河岸边获胜。"那不勒斯王室军队撤离后，波河河岸上就只剩下"散兵游勇"的罗马志愿军了。一旦那不勒斯人不再支持他们，这群士兵就丧失了一切军事重要性。[31] 1.5 万名那不勒斯人途经意大利各城市向南返回，这对民族主义运动的士气产生了巨大影响，虽然这种影响无法量化。据一名英国见证者报告，在安科纳，"暴民"一听见撤军的消息，就拆下并焚毁了那不勒斯领事官邸的盾徽，还派出一个代表团拦截即将到来的军队，警告称这座城市不欢迎他们。[32]

撤回支援威尼斯的海军分遣队同样打击了士气。1848 年，威尼斯共和国海军拥有多艘装备精良的帆船护卫舰，却没有一艘蒸汽船，这意味着它在恶劣天气下很容易被击败。驻巴黎的威尼斯公使忙于谈判，试图购买一艘蒸汽动力船，但达尼埃莱·马宁以那不勒斯人很快就会带着五艘蒸汽船抵达为由，挫败了这些努力。1848 年 5 月，马宁告诉驻威尼斯的那不勒斯公使，那不勒斯舰队"受到我们全体人民的欢迎和热情接待"，因为它的到来标志着奥地利封锁的结束。然而，马宁写道，撤军的消息"推翻了"威尼斯人所制订的防御计划，让他们感到"无比深切的悲伤和震惊"。[33]

除了这些具体的连锁反应，那不勒斯的反革命行动还引发了时人意识的大幅转变。夏尔·德·马扎德（Charles de Mazade）后来回忆说，费迪南多突然开始进攻，并将革命逐步粉碎，这有助于"打破革命令人敬畏且强烈的魅力"。他有一个重大发现："一旦你直视这场革命，就会发现它并不像人民想象的那么强悍"。几个月来，革命"在政府的溃败和公共舆论的不确定性中,在各个首都肆意横行"。这是一个转折点,它并不源自巴黎、维也纳或柏林,而源自那不勒斯。[34] 这是一个转折点,因为它消除了那些憎恨革命但又不敢反对革命的人的恐惧。当时的一项分析简明扼要地表明了这一点,它将那不勒斯1848年5月15日的事件描述为"两种恐惧的失衡"。[35]

一旦克服了恐惧,欧洲各地的反革命分子就能够自行决定干预的时机,这是巨大的优势。正如我们所见,革命者无力控制革命的时间安排。他们往往像对手一样,对将他们推上权力宝座的剧变感到困惑。但反革命分子如今是在对既成事实做出反应,他们可以选择行动的时机和方式。在那不勒斯,国王率先行动,他违背了先前的妥协结果,并以加强武装力量来回应议员们的反对,这使得最终的决战无可避免。那不勒斯的镇压行动并没有惊慌失措和临时起意的痕迹,反而计划严密、执行精确。国王和他的军队也许没有刻意安排5月15日的冲突,但他们已经为这类冲突做了预案,在冲突到来时能立即采取行动。

那不勒斯的情况显示,反革命者还留有底牌。武装部队依然表示忠诚就是其中之一,但这张底牌只能在大环境合适时打出。春季的革命表明,当一个社会不再支持现政权时,仅靠武装力量是不够的。有效的反革命行动需要某种扎根于人民感情的锚点。也许5月15日事件所揭露的最醒目的事实是,革命与民意已渐行渐远。内皮尔勋爵在写给外交大臣帕麦斯顿的信中颇为欢喜地说:"下层阶级在这场反叛行动中没有发挥任何作用。相反,据说在集市广场和码头上,他们站出来解除了国民卫队的武装。他们举着白旗在街上游行,高呼'国王万岁',并协助那不勒斯士兵劫掠被占领的房屋,抓捕囚犯。"[36] 革命事业的支持者朱塞佩·马萨里也观察到君主武装力量与城市人口中最贫困阶层之间的这种联盟。"暴民中的败类为这场行动推波助澜,他们肮脏的贪婪和无节制的抢劫与士兵不相上下。""垂死者的呻吟被士兵和暴民的无耻叫骂声淹没了。"著名自由派人士的住宅遭到袭击。当天,一群士兵和流民三次来到前大臣萨利切蒂的宅邸,但都没有找

夏日的那不勒斯　549

到他。当被问及他们为何对一个没有对他们做过坏事的人怀有如此怨恨时,据说他们回答道:"我们已经答应把他的人头献给国王了!"[37] 无论这些人是谁,他们都不再是四天前请求萨利切蒂协助将耶稣会士赶出城的人。

革命退潮后,民众被动员起来反对革命。成千上万的请愿书和祈愿书从意大利半岛南部各地涌入那不勒斯,以表达对王座和圣坛的忠诚,乞求国王废除宪法。请愿者宣称,"宪法"是危险的东西,"仅凭着它的名字就能在所有人的心中激起恐惧的回响"。那是一团火焰,在干旱的森林中从一棵树燃烧至另一棵树;根据巴西利卡塔省议事会的说法,它就像"一座喷出烈焰和毁灭性巨火的火山"。来自莫利塞省切尔切马焦雷的请愿者写道,这是"一场电闪雷鸣般的事件,它点燃了欧洲",是"侵袭每个阶级、每个年龄和每种性别的政治霍乱"。与对宪法的攻击相伴随的,是对媒体、议会或自由主义"道德弊病"的谴责。[38] 其中许多文书都有数百人签名。有些文书声称代表了当地的一致意见。普拉托拉地区在5月15日之前就发生过反对宪法的示威游行,来自此地的一份请愿书的签署者声称,这是"匍匐在国王陛下脚下的该地区全体人民"的真实声音。还有些请愿书以那些无法签名的人的名义发言:"许多人……本想签名,但他们不会写字。"阿维利亚诺请愿书上的签名者名单结尾处附有一条注释:如果没有更多名字,那是因为"这里的……人们几乎都是文盲"。[39]

这些请愿书到底能在多大程度上忠实地反映真实的意见?其中部分请愿书显然是在地方神职人员和官员的授意下完成的,其他的则像是民众自发表达对绝对君主制道德秩序的忠诚。1848—1849年,没人能料到两西西里王国只剩下10年的寿命。1859—1860年,第二次意大利统一战争最终推翻了波旁王朝的政权。那时,加里波第将率领上千人的志愿军返回意大利,横扫整个那不勒斯王国,所到之处,他皆会招募数千名新兵。波旁王朝将流亡异地,为皮埃蒙特君主制下奉行自由宪政的意大利民族国家让路。许多那不勒斯官员曾签署拥护绝对君主制的请愿书，1859年后却希望能在新的民族国家和议会秩序中谋得一席之地。对他们来说，整个请愿事件突然变得非常尴尬。"你乞求波旁王朝放弃宪章！"如果谁试图攻击想在新的意大利政治舞台一展身手的那不勒斯人，这样的谴责就成了首选言辞武器。当被要求做出解释时，受指责者自然会辩称，自己当时别无选择：当环境强迫人们在顺从与个人毁灭之间做出选择时，抵抗是不可能的。[40]

毫无疑问，机会主义和压力下的顺从是推动请愿运动的部分原因，但至少还有三个理由表明事情没那么简单。第一，请愿者书写的文本足够多样和独特，这表明它们至少在某种程度上反映了当地的真实态度。第二，在统一后的数年里，意大利南部断断续续地出现暴力反抗新兴自由主义和民族秩序的运动。这场运动深深扎根于民众之中，特点是蔑视新国家体制，怀念已消亡的君主制秩序。换言之，即使绝对君主制的强制手段已经消逝，至少在那不勒斯内陆，对旧秩序的依恋依旧存在。在西西里，氛围略有不同：绝大多数人宁愿接受任何选择，只要不是波旁王朝，直到他们迎来了萨伏依王朝（即查理·阿尔贝特和皮埃蒙特人）。那时，至少某些西西里人对被推翻的波旁王朝的态度有所缓和。

认真对待反革命请愿的第三个原因，或许也是最重要的原因是，并非只有那不勒斯出现了这种保守主义的回潮。1849—1850年，在巴伐利亚，解放王国犹太人法案的通过引发了抗议这一措施的请愿浪潮（其中552份请愿书藏于今天的巴伐利亚州档案馆）。在这些请愿书中，对作为陌生人和经济竞争者的犹太人的反感、对受到威胁的传统权利的留恋，以及对1848年成立的议会政府的敌意交织在一起。与在那不勒斯一样，这里传达的信息似乎是，"无论政府还是（自由主义）报纸都无法控制人民"。[41]在普鲁士，反对革命的保守派也开始组织群众运动。早在1848年夏，一系列保守派协会就在勃兰登堡和波美拉尼亚遍地开花,例如退伍军人协会、普鲁士爱国联盟和农民协会。到 1849 年 5 月,已有超过 6 万人加入了这类组织,成员包括工匠、农民和小店主。[42] 在法国,1848 年 12 月的总统选举揭示了部分农村地区对革命"魅力"的抵触情绪。

这意味着什么?1848 年 6 月 1 日,恩格斯在《新莱茵报》发表了一篇论那不勒斯事件的文章。他承认军队与他认为的"那不勒斯的流氓无产阶级"之间的联盟是革命失败的决定性因素。他写道,流浪汉"倾向于人民",他们只是在最后一刻,看到革命注定要失败时变节了。但在同一篇文章的稍后部分,恩格斯改变了看法,指出那不勒斯的流浪汉一直同情"圣仰军"。[43] 这里提到的是圣仰军(全名是"我主耶稣基督的神圣信仰军")运动,它是一场抵抗运动,在 1799 年 6 月帮助推翻了革命法国的卫星国那不勒斯共和国(即帕登诺帕共和国)。圣仰军打着十字军的旗号,集结了一支主要由农民组成的武装力量,成员也包括强盗、神职人员和逃兵。这支队伍因清除异己和骇人暴行而臭名昭著。[44] 恩格斯的第一个猜想强调偶然性和机会主义的改旗易帜。第二个猜想则传达了不同的信息:在将 1848 年 5 月 15 日骚动的那不勒斯下层阶级与圣仰军过往相提并论时,恩格斯暗示,那不勒斯最贫穷者的反革命热情可能根植于比功利性计算更深层的东西,即对君主制和教会的依恋,这种依恋往往令他们拒斥城市自由主义者和激进主义者所提出的政治主张。

保守派倾向于持第二种观点。对他们来说,保守主义的反击所传达的信息是,如果你离开城市进入小城镇、乡镇和小村庄,你就可以重新与"小民"建立联系,他们的信仰和忠诚仍旧完好无损,他们的本能没有受到教育或城市报刊的玷污。他们是品行高尚的社会中坚力量,极度蔑视城市激进分子的滑稽行为。这是梅特涅声称从 1846 年加利西亚失败的波兰起义中学到的"教训",当时他很高兴民主派"误判了他们的群众基础",而"没有人民的民主只是一个空想"。[45] 在法国,1848 年和 1849 年的保守派议会知名人士庆祝他们在大选中的胜利，认为这是民众在证明保守派在传统社会中的优势地位。[46] 俾斯麦在退休后所撰的回忆录的一段话中，表达了对1848年革命的这种理解。其中，他描述了当革命的消息传到他所在的勃兰登堡农村地区时所发生的事情。他记得3月20日，他庄园的农民报告说，从唐格明德（附近一个风景如画的易北河河畔小镇）来的一些"议员"出现在俾斯麦庄园的村庄里，要求在庄园的塔楼上插上德意志三色旗。这些闯入者威胁说，如果当地人不服从，他们很快就会带着增援回来。"我问农民是否打算自卫，他们热烈而一致地回答'是'，于是我力主他们把那些城里来的家伙赶出村子。在女性的热切参与下，事情立马就办妥了。"[47]

无论这场遭遇是否像俾斯麦所述那般，它的含义都足够清楚。乡村健壮刚毅的自耕农（不论男女）永远不会支持革命。可以肯定的是，这一判断带有强烈的一厢情愿的成分。1848年秋至1849年春在法国，意大利中部，以及德意志中部、西部和西南部掀起的第二波革命动员表明，如果激进的倡议得到恰当的组织，农村会做出响应。[48] 在某种程度上，保守派了解这一点，并且作为回应，他们采取措施，将最贫困者排除在选举进程之外。法国1850年5月31日的法律采取严格的居住和纳税资格限制，以排除超过300万名公民的投票资格；而普鲁士1849年采用的三级选举制则使整套制度向最富有的男性选民倾斜。[49] 尽管如此，"无选民资格的人思想保守"这种直觉一旦确立，就很难改变，也许是因为它太有吸引力了，让人不忍放弃。1866年，俾斯麦提议以一个通过民主选举产生的国民议会为中心重组德意志邦联，这让他的朋友和敌人都倍感震惊。他对这一动议的辩护带有1848年的印记："在决策时刻，群众将永远站在国王一边。"[50]

帝国的反击

2月29日深夜，当阿尔弗雷德·迈斯纳（Alfred Meißner）正在参加布拉格协和俱乐部举办的化装舞会时,巴黎革命的消息传到了该城。布拉格的画家、建筑师、音乐家和作家身着精心设计的时代服装,十分惹眼,但俱乐部主席费迪南德·米科韦克(Ferdinand Mikowec)阴差阳错地成了众人瞩目的焦点。米科韦克讲德语,但人人知其是捷克爱国者。他打扮成古代斯拉夫歌神卢米尔的样子,服装主要由他从华沙订购的巨大狼皮制成。在灯光的炙烤和宾客的簇拥下,未经适当处理的狼皮开始散发出刺鼻的气味,令人作呕。前几天,米科韦克一直在处理这张皮:用杜松子的烟熏它,将它挂在寒冷的冬风中晾晒,把它浸泡在古龙水中。但现在很明显,这些方法全都失败了。随着狼皮继续发臭,这位"斯拉夫歌神"周围越来越空。

由于一位富有的银行家为迈斯纳提供了免费的座位,他正在包厢里围观这一滑稽场景。而此时,他突然注意到剧院另一侧的总督座位周围发生了骚动。"这座城市一定有大事发生了。"银行家紧张起来。正当银行家向旁边的年轻人询问发生了什么事时,他的一位同事冲进包厢,递来两封刚从巴黎寄来的信。第一封写着:"2月23日晚5点钟。巴黎已经爆发起义。圣厄斯塔什区和圣马丁广场发生了战斗。基佐内阁已经垮台。"第二封信是同一人的补充,简明扼要地写道:"路易·菲利普已经退位。波旁王朝没了!共和政府已经成立。"迈斯纳一遍又一遍地重复这些话。他回忆道:"我感觉仿佛有只恶魔的手把我举了起来,在空中打转。"[51]

布拉格的革命遵循了一种熟悉的欧洲模式:一开始,人们因听到外国骚乱消息、参加公众集会,以及看到一系列诉求而兴奋不已。3月8日,捷克爱国组织里皮尔的成员在布拉格张贴海报,邀请市民参加3月11日下午6点在圣瓦茨拉夫浴场举行的公众集会。这行动并非没有风险。在布拉格,未经批准的公众集会是非法的,这在整个哈布斯堡王朝都是如此。组织者选择的地点既靠近动荡的工人阶级街区波德斯卡利,又靠近政府军队的两个军营。每个人都记得1844年的"恐怖":当时工人在全城暴动,引发了武装部队的暴力镇压。捷克著名自由主义者约瑟夫·弗朗齐歇克·弗里奇（Josef František Frič）在家里储备了火器，以便在必要时保护自己的财产——不是防备国家机关，而是防备狂暴的无产阶级。[52]

奥地利总督鲁道夫·施塔迪翁（Rudolf Stadion）伯爵本可以禁止这次集会，但他没有，这可能是因为新闻报道了七月王朝当局禁止巴黎第十二区举行宴会时所发生的事情，给他提供了前车之鉴。[53] 3月11日晚，一位不走运的比利时著名大提琴家恰好举办音乐会，结果发现演奏大厅几乎空无一人，而他仍得支付场地租金。而滂沱大雨下，仍有大批人前往浴场。在到场的三四千人中，约800名穿着较体面的示威者被允许进入浴场参加会议。发起这项活动的是里皮尔的激进主义者，但到会议召开时，温和的自由主义爱国者已经取得控制权。最初的激进要求清单包含"劳动组织和工资"的内容，这个主题是从路易·勃朗那里借来的。但会议宣读的清单淡化了激进内容，同时强化了民族主义。清单没有提到劳动组织，但开头呼吁将捷克王室领地（即波希米亚和摩拉维亚）合并到统一的行政机构之下，并设立一个共同议会，会址轮流设在布拉格和布吕恩两地。自此以后，捷克语必须与德语处于同等地位。

这种形势从一开始就存在不稳定因素。到圣瓦茨拉夫浴场集会的绝大多数是捷克人。在一个统治阶级仍主要是德意志人的城市，这种人员构成可能是隐患。无产者人数很少，而且距离很远，即使冒雨到场，也很难让引导员允许他们入场参会。尽管人们对严重的城市骚动记忆犹新，但他们并没有尝试接触布拉格工业郊区的不安分子。这座城市的自由主义资产阶级，像维也纳的自由主义资产阶级一样，将工业郊区的非技术工人视为下层阶级，认为这群人"必须通过强制手段而不是改革手段来管控"。[54]人们还对温和派与激进派之间的力量对比感到担忧。许多温和派领袖人物都对这些早期会议敬而远之，因为担心它们将沦为激进的混战。其中也包括历史学家弗朗齐歇克·帕拉茨基，他曾写下著名的拒绝法兰克福国民议会参会邀请的信。新的执法机构与许多其他革命地区的一样松散：国民卫队和学院军团都既有德意志人又有捷克人，这种安排在和平的革命初期运作良好，但后期越发难以为继。除了这些机构，捷克爱国者还组建了全由捷克人组成的卫队，称为"团结卫队"。与其他以中产阶级为主的国民卫队不同，团结卫队鼓励布拉格工人阶级中有抱负的人加入——工薪阶层占卫队总人数的10%，按照1848年成立的国民卫队和公民卫队的标准，这个比例已经异常之高了。[55]

与其他几个革命地区一样，最早的抗议活动产生的管理委员会很快就发展成了行政权力机构。在3月11日成立的布拉格公民委员会负责组织临时行政机构，为新议会的选举与召开做必要的准备工作。在4月10日的一次群众大会上，宣读了新机构的任职名单。阿尔弗雷德·迈斯纳碰巧坐在圣瓦茨拉夫浴场旁边的花园里，校订一首关于三月革命的诗歌的草样，惊讶地听到隔壁的会议宣读了自己的名字。"听众们鼓掌欢呼以示赞同，就这样，我原本以孤独漫步者的身份来到圣瓦茨拉夫浴场，却突然变成了波希米亚国民委员会的成员。"委员会成员们穿过阳光明媚的街道，在国民统一卫队成员的簇拥下过河，沿着小城区来到总督府邸。

迈斯纳回忆道，鲁道夫·施塔迪翁伯爵是一位身材高大的中年贵族，"一副英式外表，优雅得近乎浮华"。他的头发梳得整整齐齐，胡子刮得干干净净，匀称立体的鼻梁上架着一副夹鼻眼镜，眼镜上系着黑色的宽绳。施塔迪翁以奥地利老派贵族和蔼可亲的魅力迎接来访者。他说，很高兴见到他的客人。毕竟他们是：

> 受到人民信任之人——是的，这是他想强调的，这让他感到特别高兴——这样说并不过分，实际上可能是轻描淡写了。这个圈子，嗯，是一个令人钦佩的圈子，里面都是**能人**，都是**令人尊敬**的名字。而他本人——一方面在他身处的位置为政府服务，另一方面要考虑国家的利益。[56]

施塔迪翁这些喋喋絮语被旅店老板、温和自由派人士彼得·法斯特（Peter Faster）打断了。他提醒伯爵，他和同僚代表一路上山来到总督府邸，可不是为了闲聊。如果施塔迪翁希望他们下地狱，没人会责怪他。但他们已经到这儿了，事已至此，没什么可说的了。他们是由人民选出的，要为议会的选举做准备，这是一场全国参与的选举。没有时间可以浪费了。顺便说一句，他们还将在必要时刻做出其他行政部署。

这位伯爵平生从未被人如此冒犯过。当施塔迪翁目瞪口呆地听着法斯特的发言时，眼镜从他的鼻梁上滑落，在眼镜绳的末端轻轻摆动。随后在隔壁房间进行更详细的讨论时，他似乎无法专心听来访者说话：

> 我永远忘不了他为他的折叠式夹鼻眼镜找到了那么多用途。他一会儿以政治家的神情凝重地观察它，然后掏出一块丝帕把它擦拭干净；一会儿又带着深思熟虑的庄重感地将它架在鼻梁上，然后又把它取下。有一次，他把眼镜折叠起来，拿到贴近鼻子的地方，但随后，他一紧张，不小心按下了小弹簧，结果镜架一下子弹开，狠狠地击中了他鼻子的一侧。而后，伯爵对这个小小的意外温和地笑了笑，将目光落在（围坐在他桌子周围的）一圈人身上。[57]

几周后，施塔迪翁辞职了，他认为这份工作无法推进。接下来的两个月，国民委员会成为波希米亚政治活动的中心，其中有激进主义者、自由主义者，以及哈布斯堡政府成员，主席是施塔迪翁的继任者——波希米亚总督图恩伯爵。

然而，更大范围内的政治局势仍不稳定。与巴黎、维也纳和柏林的工人一样，布拉格的工人感受到了同样的经济压力和不确定性，而这座城市从未真正安定下来。与波希米亚和摩拉维亚的其他城市的情况类似，猫叫音乐会越来越频繁。在捷克布杰约维采（今布德维斯），这种活动变得如此普遍，该城从晚上10点起就开始实行宵禁。[58] 5月的最后一周，出现了新一轮的平民抗议浪潮。这一次，群众集会由激进主义者主导。罢工和抗议游行越发频繁，随之而来的是对面包师和犹太商人的袭击。在这种动荡不安的环境下，哈布斯堡王朝军事领导层的关键人物温迪施格雷茨亲王即将返回布拉格，担任驻波希米亚的帝国军队指挥官的消息传来。这必将引爆怒火，人人都记得他在1844年镇压纺织工人起义时所扮演的角色。温迪施格雷茨于5月20日抵达，几天内，城里便随处可见军队活跃起来的迹象。武装巡逻更加频繁，在工人阶级地区尤其如此。军队举行了阅兵式，仪式上响起了对将军的欢呼声。城市的显要位置上架起了排炮，"以便为一切可能发生的情况做好准备"。[59]

这些部署与城市情绪的激进化同时发生。激进情绪在学生中发展得尤为迅猛，他们与维也纳的激进学生运动有密切联系。5月17日，皇帝和宫廷突然离开维也纳，迁往因斯布鲁克，这令许多激进主义者感到鼓舞，因为他们误认为这是旧政权濒临崩溃的迹象。学生们于5月27日和29日组织了两次集会，两次集会的发言者都要求立即罢免温迪施格雷茨。6月1日，布拉格出现了一份新的激进报纸《布拉格晚间邮报》，该报宗旨是"纠正敌视自由、仇恨我们民族、心怀恶意之人口中的不实谣言"。[60] 民族问题继续发酵。法兰克福派来的德意志特派员劝说波希米亚的德意志人投票选举德意志国民议会的代表，但该举动在街头遭到嘲笑和威胁。捷克人与德意志人的爱国俱乐部之间也出现了针锋相对的小冲突。[61] 6月11日，全城都出现了用红墨水印制的海报，它们要求军方将2000多支步枪、8万多发子弹和一整组排炮移交给学院军团，同时撤走已安置在该市各个地点的排炮。当温迪施格雷茨拒绝了大部分要求后，学生们组建了一个临时"战争部"。在大学的报告厅里，学生们分发自制的子弹，准备与军方决一死战。

局势的引爆点在 6 月 12 日周一到来，即圣灵降临节的第二天。激进学生聚集在圣瓦茨拉夫雕像前，以弥撒的形式举行集会。现场聚集了大批主要讲捷克语的人，其中包括来自工业区的 2000 多名工人。弥撒结束后，一群抗议者游行至附近的军事指挥部，与军队发生了冲突。整个城市都竖起了街垒。六月起义在首都持续了六天（6 月 12—17 日）。对温迪施格雷茨来说，这是一场充满痛苦的冲突：战斗的第一天，他的妻子从宅邸的窗户观察广场上的骚乱时，被流弹击中身亡。去世之前，她得知自己的儿子（一名军官）也在战斗中受了重伤。[62]

也许最令人惊讶的是温迪施格雷茨独立于维也纳政府行动的程度。政治领导层（维也纳的政府，而非已迁往因斯布鲁克的哈布斯堡宫廷），在起义期间派遣了一个两人委员会前往布拉格，以期让温迪施格雷茨接受停止敌对行动的协议。温迪施格雷茨最初同意辞职，但当布拉格街头出现布告，吹嘘军队已向起义者"投降"时，他改变了主意。他被这种妄自尊大的想法激怒，重新投入战斗，并加大了对起义行动的镇压。

温迪施格雷茨能够以这种方式让步又再次进攻，表明在 1848 年夏近乎群龙无首的状态下，组成哈布斯堡王朝体系的松散的权力网络仍在非常有效地运转。6 月 17 日，布拉格在炮火的轰炸下，屈服投降。次日，布拉格宣布进入戒严状态，警方开始围捕嫌疑人。共有 43 名起义者被杀害，其中 12 人是非技术工人，至少 29 人是从事体力劳动的。据我们所知，有 63 人受伤，其中 11 人是学生。[63] 战斗人员大多是年轻男性，但目击者称也有女性参与其中，包括一支由女校学生组成的小分队，她们帮忙修建街垒。

击溃起义后，温迪施格雷茨成立了一个委员会来搜捕参与者。受到怀疑的人包括恰好逗留在布拉格的波兰人和马扎尔人，以及当时在布拉格但似乎在起义中并未发挥任何作用的俄国无政府主义者巴枯宁。这些人的房屋被搜查，信件被拆封。当局呼吁民众告发嫌疑人，引得

帝国的反击　559

希望赢得当局青睐和清算旧账的市民发来一大波告发信函,以至警方费了很大力气才处理完所有文书工作。国民卫队遭到清洗,国民委员会和捷克爱国民兵团结卫队都被解散了。全国各地的城镇和村庄也实施了类似的关停措施。在波希米亚中部小镇沃蒂斯,国民卫队被关闭,并被勒令交出旗帜、鼓和武器。没人交得出武器,因为这些战士从未获得过武器。他们带着木制步枪行军(镇上的陶工除外,他用黏土制作了一把)。横幅也没了,因为它已恢复原本的用途,充作教堂尖塔上的风向标。鼓也无法上交,因为它是市政府的鼓,用来在颁布城市法令时伴奏。[64]这个充满小骚动的世界后来催生了精彩的角色帅克,他是雅罗斯拉夫·哈谢克(Jaroslav Hašek)的黑色喜剧小说《好兵帅克》(The Good Soldier Švejk)中的"蠢笨"主人公。

布拉格领导层和维也纳皮勒斯多夫政府之间的裂痕仍然存在。政府敦促将军解除戒严状态,但温迪施格雷茨和波希米亚总督图恩伯爵都拒绝了。某天,记者卡雷尔·哈夫利切克因其为《民族报》撰写的一篇文章而被捕,第二天则被选为五个不同地区在维也纳国民议会的议员,议会定于7月22日开幕。鉴于维也纳方面对他政策的支持正在减弱,温迪施格雷茨同意于7月20日解除戒严状态。调查委员会被关闭,对涉嫌叛乱分子的起诉移交普通法院处理。8月初到9月中旬,几乎所有嫌疑人都被释放了,只有那些被认为是叛乱主要煽动者的人仍被拘留。

随着当局的控制放松,激进运动开始复苏。温迪施格雷茨于8月2日发表公告,宣称他的调查委员会发现了一项涉及布拉格大部分人的阴谋。当地遂爆发了若干抗议集会。其中一场有400多名女性参与,这是布拉格有史以来的第一次女性政治集会。J. 斯拉沃米尔·瓦夫拉(J. Slavomil Wawra)发表在《布拉格晚间邮报》的一篇文章以热情却又居高临下的态度报道了这一事件。他在结尾写道,女性挺身而出,行使了通过革命而获得的结社和集会的权利。从"庄重高贵的严肃女士",到身着捷克国旗颜色的"可爱盛装的知名演员",再到"头发花白、眼含泪水的主妇",在那里,可以找到几乎所有社会类型的女性。这些女性轮流倾诉她们在暴行期间的经历。有的被抢劫过;有的遇见了技师施瓦策尔,他的一只耳朵被一名奥地利军官割掉了;还有的人则看到士兵抓着女性的头发在街道上拖拽她们。瓦夫拉对集会的守序和坦诚表示钦佩,"这实际上可以成为许多男性集会的榜样",并以积极的语气作结:"我们怀着崇敬和喜悦的心情欢迎这一在我国前所未有的现象,我们为国家受益而感到高兴……因此,我国的优秀妇女们,全体国民应欢呼三次,向你们致以赞美和感谢!"[65]

尽管这些示威游行令人振奋,但无法掩盖起义暴露出的弱点。布拉格的德意志人很少参加这些活动。7月5日,德意志娱乐场俱乐部的67名成员甚至提交了一份请愿书,要求继续戒严。起义参与率一直很低。大约10万人中只有1500人选择参加街垒战斗。其中约800人是学生,但活跃学生仅占该市学生总数的1/4左右。事实证明,在布拉格周边农村地区激发人们革命热情的努力几乎毫无成效。起义之后,新闻界所遭受的监视越来越严厉,间谍和线人无休无止地侵入政治生活的各个领域,这一切都压抑了许多爱国者的热情。起义后最令人沮丧的,或许是温迪施格雷茨依旧在任,而且出奇地仍大权独断。布拉格的捷克人对他恨之入骨,而且他面临将军队派往意大利的压力——哈布斯堡王朝的军队需要他们去镇压威尼西亚和伦巴第的革命。但他与宫廷显要相交甚好,不可能轻易被赶走,于是他留在了波希米亚首都。他最终离开,是因为维也纳爆发了新一轮革命。温迪施格雷茨决心在维也纳再现他在布拉格所取得的胜利。[66]

奥地利军队在意大利北部夺回主动权,得益于意大利对手的弱点。诚然,有许多篇章展现了意大利人的非凡勇气和决心。5月29日,在曼托瓦附近的库尔塔托内,一支由那不勒斯和托斯卡纳正规军及志愿者组成的小股混合部队,抵挡住了拉德茨基指挥的一支在人数上占优的奥地利部队的进攻。这次小规模行动缓解了附近皮埃蒙特阵

帝国的反击　561

地的压力,为次日他们在戈伊托战胜奥地利人铺平了道路。但在大部分时候,意大利爱国领袖未能协调好众多志愿者军团各队伍之间的关系,以及它们与正规军各部队的关系。另一个问题是缺乏军械:1848年4月8日向蒙特贝洛和索里亚的奥地利阵地进军的2000人中,只有五六百人拥有火器。

协调志愿军和正规军很难,部分原因在于大多数军事指挥官不信任且难以忍受非正规部队。祖基(Zucchi)将军就是一个很好的例子。和他那一代的许多军人一样,他曾是法兰西帝国军队的军官。他曾参加1821年和1831年意大利反抗奥地利的起义,并被奥地利军事法庭判处死刑。在减刑后,祖基在堡垒中度过了一段监禁期,直到1848年革命才获释。换句话说,他并不敌视起义和政治激进活动本身。他担心的是非正规军的无组织、无纪律。祖基在他的回忆录中写道,马宁派遣了150名志愿者到帕尔马诺瓦支援他的部队:

> 这些人给自己冠以"十字军"的头衔,但他们实际是哪一类人,从乌迪内革命委员会主席在他们到来时给我的警告中就可以看出:"公民将军,威尼斯的十字军今天就将抵达帕尔马诺瓦,他们应该受到最严格的监视。在(乌迪内)逗留的那两天,他们既粗鲁又傲慢,这已表明他们是社会的渣滓。"[67]

皮埃蒙特的指挥官们更不尊重志愿军。没人比国王查理·阿尔贝特更敌视他们,他甚至采取措施解散了很多在革命爆发后组建的部队。事实证明,要在实践中将志愿者运动的爱国热情与君主军队狭隘的王朝算计结合起来极为困难,即使双方似乎目标一致。

奥地利人在哈布斯堡反革命的胜利中所发挥的作用,无可否认。拉德茨基巧妙地调度了他的部队。他集中兵力攻打敌人部署的关键点,迅速地应对了战局变化。他比对手更好地利用了情报。并且,拉德茨基备受部属的尊重和信任,在这一点上,皮埃蒙特的将军们比不上他。[68]事实证明,奥地利人善于同时利用恐怖手段和对美好前景的许诺来操控意大利北部的民众。1848年4月中旬,拉德茨基派出两个营去清剿驻扎在维罗纳以西的新堡村及其周边的意大利志愿军,还说要烧毁整个村庄,屠杀所有居民。共计100多名儿童和成年男女在随后的行动中丧生。关于这一暴行的消息使该地区的各地方革命政府深陷恐惧,他们担心奥地利人也要让他们所在的社区遭受类似的噩运。[69]与此同时,负责"安抚"新收复地区的哈尔蒂希伯爵被派往威尼西亚,以促使当地人顺从奥地利的统治。4月中旬,他向伦巴第-威尼西亚人发布公告,承诺削减最令人讨厌的赋税。每占领一个重镇,他都会颁布法令,赋予市政当局和它周边地区的乡镇代表委员会更大的权力。与哈布斯堡王朝的许多地区,以及欧洲其他地方的情况类似,在一些关键的革命要求上做出让步是反革命军械库里的重要武器。5月,哈尔蒂希发表了一份致"好农民"的宣言,声称奥地利人的到来是为了将他们从煽动者的"专制统治"中"解放"出来,这些煽动者一心想让整个地区陷入战争与饥荒。[70]

在他国破坏革命凝聚力的社会政治紧张和冲突,也存在于意大利北部。共和派与君主派之间的停战协议迅速破裂,但共和派内部也存在分歧。1848年5月,以卡洛·卡塔内奥为中心的米兰共和派呼吁与临时政府决裂,并建立以民主选举为基础的伦巴第议会。但当他们向马志尼寻求支持时,后者拒绝了。[71]在许多城镇,社会原因引发的骚乱仍在继续。例如,在帕多瓦,马车夫发起了针对当地一家公共马车公司的暴力抗议,裁缝和帽匠使用暴力扰乱成衣和工厂制帽市场。一个受欢迎的帕多瓦保民官出现了,他在某些方面可与罗马的西塞鲁阿基奥相媲美。30岁的磨坊主乔瓦尼·佐亚(Giovanni Zoia)组建了自己的小型警队,这引起了该市一些富裕居民的恐慌。后者向威尼斯当局抱怨说,佐亚和其他突然冒出的民间领袖是"自由的暴君"。对这种动荡局势的惊恐促使许多政治活跃人士更愿与皮埃蒙特王国合作,而不愿在威尼斯共和国的统治下过着反复无常的生活。[72]在这些内部问题之外，我们还应该补充一点——1848年4月29日教宗训谕所带来的外来冲击。庇护九世明确表示与反抗奥地利的斗争划清界限，这不仅使爱国事业失去了精神领袖，而且粉碎了反奥运动的一个充满生命力的幻想，即在教宗领导下以联邦制的形式实现意大利统一。这进而又导致天主教徒逐渐远离民族事业。

尽管事实已经证明，永久驱逐奥地利人是可能的，但凝聚力的缺失，以及错综复杂的诸多利益与愿景，都必然会使得在意大利北部建立新政体的一切努力泡汤。根本的问题在于，早期对哈布斯堡军队的胜利既未扭转奥地利在该地区的战略优势，也没有削弱拉德茨基军队的作战能力。[73]当这些资源被用来抗衡意大利这个四分五裂、资源不足的对手时，最终结果只有一个。

7月24—25日，奥地利军队对库斯托扎四周的皮埃蒙特阵地发动猛攻，伦巴第决战由此拉开帷幕。查理·阿尔贝特国王动摇了，于是退回米兰。起初，他似乎决心死守。但在8月5日，国王向拉德茨基提出停战，根据停战条款，国王将带队撤回皮埃蒙特，把伦巴第和威尼西亚留给奥地利人。得知此事的人们感到愤怒和惊愕。暴怒的爱国者包围了国王在米兰的指挥部，而国王已离开米兰去了都灵，被许多人咒骂为懦夫和叛徒。像卡塔内奥这样的共和主义者早就警告过会发生这种情况。但对于此种晴天霹雳，即使早有预警，也无法让人平静。约1/3的米兰人选择离开，而不是目睹奥地利人再次进入他们的城市。革命还没有完全结束——达尼埃莱·马宁仍在威尼斯坚守，而皮埃蒙特将在第二年（徒劳地）对奥地利发动战争。但就目前而言，从奥地利的统治中解放这一梦想已然破碎。

在维也纳，5月26日确立的权力共享方案仍然有效。国民卫队和学院军团继续在街上巡逻，几乎看不到军队。在阿道夫·菲施霍夫的英明领导下，安全委员会以代理政府的身份在运行。首相弗朗茨·冯·皮勒斯多夫男爵性格随和，他努力跟进激进组织的政治要求。7月8日，皮勒斯多夫在与委员会发生冲突后辞职。他的继任者、自由派人士安东·冯·多布霍夫-迪尔（Anton von Doblhoff-Dier）男爵的任期仅持续了10天。多布霍夫-迪尔男爵的继任者是和蔼可亲、倾向于自由主义的前外交官约翰·菲利普·冯·韦森伯格-阿姆普林根（Johann Philipp von Wessenberg-Ampringen）。韦森伯格-阿姆普林根突然升任外交大臣，然后升任首相，这表明哈布斯堡宫廷已经别无选择。就政治而言，任命他是一个明智的选择，但他1831年就退休了。一位同情他的传记作者后来评论说，他从18世纪90年代开始取得的诸多职业成就都在激进主义报纸对他的谩骂声中完全被遗忘了。在这样的时代，唯有对帝国及其统治家族的深厚感情，才能驱使一位75岁的老人"放弃悠然安逸的私人生活"，去换取首相这项"荆棘冠"。然而，此时此刻，一切似乎都恰到好处。韦森伯格-阿姆普林根是君主立宪制的真诚支持者；内阁如今还包括著名的农民民主主义者亚历山大·巴赫博士，他担任司法大臣。宪政秩序似乎正在趋于稳定。7月22日，新组成的制宪国民议会在西班牙马术学校开幕。8月12日，皇帝回到维也纳的宫殿。

然而，仍然有可能出现社会动荡。安全委员会制订的紧急公共工程计划让维也纳捉襟见肘的财政雪上加霜。即将耗尽的不仅仅是金钱，还有政府中温和派资产阶级的耐心：他们越来越不愿意继续将公共资源投入于社会问题的解决。这与法国共和派对巴黎工场日益感到不耐烦有相似之处。新任劳工部长恩斯特·冯·施瓦策尔（Ernst von Schwarzer）是一位著名的民主宣传者。8月18日，他宣布，约两万名从事挖掘工作的土方工人的日工资将减少5克鲁泽（约合95欧分）。这不仅是一项节约措施，而且是一种权力的展示，是大臣们对平民的社会激进主义的否认。司法大臣亚历山大·巴赫明确指出了这一点，他宣称"不会容忍""无政府主义与共和主义团体"反对减薪的抗议活动。[74] 在这里，和巴黎一样，政府温和派与街头激进派彼此对立。

三天后，当局宣布，所有公共工程项目都将降低妇女和儿童的工资。这在整个内城引发了小规模冲突和示威活动,女性在其中发挥了重要作用。数千名女工游行前往安全委员会办公室,声称在撤销减薪决议之前,她们不会离开。这是奥地利历史上第一次由女性举行的政治示威游行。[75] 当激进主义神父安东·菲斯特出现在群众面前,并试图解释当局为何削减工资时,"上千名女性从喉咙里喊出'不!不!'的声音"。[76] 一名穿着得体的男子不请自来地挤进霍尔市场里的一群女性当中,开始向她们解释新政策,结果遭到了听众的"痛打"。[77]

8月23日,骚乱最终演变为大规模示威。工人们以狂欢节的方式回应5克鲁泽的工资削减政策:他们用黏土和稻草制作了一个塑像,根据制作者的设想,它是被政府通过克扣工资省下的硬币噎死的。他们把它放在停尸架上,贴上"克鲁泽大臣"的标签,精心策划了一场模拟送葬游行,告诉观众:"他吞下了4个克鲁泽,在吞第5个时噎住了。"[78] 这支队伍在手持铁铲和铁镐的工人陪同下,行进至位于该市北郊娱乐区中心的普拉特施特恩,这时他们发现,前路被大批国民卫队士兵挡住了。在互相辱骂之后,游行示威者开始了一场自发的猫叫音乐会。无论如何,这群骑着马的士兵对革命的热情正在迅速消退。他们被示威者激怒了,于是策马冲入人群,向挤在一起的男女老少挥舞军刀。[79] 许多人在逃离现场时肩部、背部或肋部被军刀砍伤。据报道,一名国民卫队士兵追到一家旅馆后面,去搜捕逃走的儿童,当旅馆老板试图阻止时,这个士兵砍断了老板的手臂。已知姓名的重伤者中包括10名女性。据《维也纳街头报》报道称,有282人受伤,18人死亡。次年,在伯尔尼出版了一本为德意志难民募款的激进小册子,它声称有"数百名男女"被"砍倒并枪杀",这一数字有所夸大了。[80]

无论确切数字是多少,对许多维也纳评论者来说,这都是相当震撼的。参与者赋予了这次活动特殊的象征意义。在去往普拉特施特恩的路上,行进的工人接到了"5月26日旗帜",它指的是发生在5月的第二次起义,当时国民卫队和学院军团夺取了这座城市的控制权。这意味着,工人们打算缩小革命的范围,他们将革命视为一个过程，而非一个事件。国民卫队从自己的立场出发，缴获了这些旗帜，把它们作为战利品，带着它们穿过城市。[81] 至少对左翼激进评论者来说，有一个令人不安的细节：学院军团对骚乱保持冷漠的态度。甚至连激进的法学院学生、安全委员会的创建者之一，以主张提高工资和 10 小时工作制著称的阿道夫·维尔纳（Adolf Willner），也没有站在工人一边，反而力劝他们不要挑战新政策。安全委员会和学院军团似乎正在疏远他们声称代表的工人。[82] 令卡尔·博尔科夫斯基感到欣喜的狂热兄弟情谊已经不复存在。从这个意义上说，8 月 23 日事件引起的关注虽然非常有限，却与巴黎的六月起义非常相似。与巴黎的温和派一样，维也纳的温和派也无意放弃他们的优越地位。大臣们相信他们自此以后能应付革命，于是不再与安全委员会分享权力。安全委员会认定自己未能完成核心任务，由此正式解散。

这是第一次严重的失败。工人阶级激进主义现在缺乏任何形式的政治平台。许多人有充分理由担心，对起义的武力镇压近在咫尺。一年后，激进主义流亡者阿尔贝特·罗森菲尔德（Albert Rosenfeld）回顾这次失败，犹记得 8 月 23 日是"我们这个时代历史的黑暗一页"。[83] 对激进报纸《维也纳街头报》来说，毫无疑问，革命已到达一个转折点。黑暗的未来就在眼前。工人们不允许自己再像牲口一样在街头被驱赶，而后被砍倒。从现在开始，他们将构建网络、相互密谋，他们埋葬的将不只是黏土和稻草制成的塑像。他们将组成一个"反对财产的方阵"。[84] 在 8 月 23 日的小冲突中，更具洞察力的评价者发现了革命结构的缺口。

维也纳反革命的导火索在匈牙利的南斯拉夫边境被点燃。正如上文所述，约瑟普·耶拉契奇将军在 3 月被任命为萨格勒布的总督和军事总督。支持耶拉契奇的并不是德拉戈伊拉·亚尔内维奇所熟识的伊利里亚激进主义者，而是克罗地亚保守派。他们希望这位热心的爱国者能够争取南斯拉夫人的支持，以共同反抗匈牙利，同时将伊利里

帝国的反击 567

亚革命导向安全的通道，避免社会实验。正如我们所见，他们的愿望实现了。作为政治领袖，耶拉契奇成为强烈爱国情绪的焦点。维也纳的反应很暧昧。因为哈布斯堡当局此时仍忙于与佩斯的新领导层谈判，以达成某种解决方案，所以他们很难正式认可一个反马扎尔的狂热分子在匈牙利王国南部边境掌权。

现在出现了一种近乎滑稽的复杂局面。维也纳官方拒绝承认新总督，并且认同马扎尔领导人的观点——军事边境仍由佩斯管辖。与此同时，以维也纳战争部为中心的保守派动员起来支持耶拉契奇，认为耶拉契奇是奥地利的忠诚拥护者。维也纳战争部继续向军事边境发布指令，仿佛边境的控制权从未被移交给佩斯。耶拉契奇一方则断然拒绝承认匈牙利政府的权威，甚至拒绝接受匈牙利战争部的信息。匈牙利人正式发函控诉这种不配合的行为，皇帝于是在5月7日发布公告，规定驻扎在"匈牙利-克罗地亚"（包括边境地区）的所有军队必须服从匈牙利战争部的命令。手握这份文件的匈牙利人派出了自己的"王室特派员"、代理陆军元帅约翰·赫拉博夫斯基·冯·赫拉博瓦（John Hrabowsky von Hrabova）前去罢免总督，恢复佩斯政府的权威。

耶拉契奇意识到了维也纳官方发出的这些不利信号，但他选择听信宫廷保守派联络人弗朗茨·库尔默（Franz Kulmer）男爵的保证。库尔默向他保证，匈牙利的王室特派员并未收到皇帝的任何命令，匈牙利国王（也即奥地利皇帝）也未正式剥夺总督的任何权力。受到这些保证的鼓舞，耶拉契奇开始沿德拉瓦河的克罗地亚-匈牙利边境集结部队。就在匈牙利人关注这些不祥的事态发展时，匈牙利南部的塞尔维亚人爆发了起义，他们现在宣称伏伊伏丁那自治。于是，现在有三个政府声称自己有权控制边境地区：塞尔维亚最高委员会、匈牙利王室特派员赫拉博瓦和总督约瑟普·耶拉契奇。耶拉契奇仍然有效控制着伊利里亚激进分子，但力度看起来越来越小。让事情变得更加复杂的是，目前在因斯布鲁克避难的皇帝回应了匈牙利政府的新一轮抱怨，他于6月10日发布命令，彻底罢免耶拉契奇的总督职务。

对耶拉契奇来说，情况并不像看上去那么绝望。形势正朝着有利于反革命的方向发展。拉德茨基正在意大利北部（威尼斯除外）击败意大利起义者；在 6 月 10 日的命令下达后没几天，温迪施格雷茨就镇压了布拉格的圣灵降临节起义。随着皇帝身边的保守派重拾信心，一个有凝聚力的"鹰派"开始形成。库尔默男爵向耶拉契奇保证，即使在维也纳，他也是时下的风云人物。他不必被那些相互矛盾的信令迷惑——罢黜他的命令是无效的，因为它从未得到任何大臣的联署。这些就是 1848 年夏人们利用哈布斯堡王朝松散的政治玩弄的云谲波诡的权力游戏。

到 9 月初，维也纳宫廷的信心已经恢复，要求武装干预匈牙利的压力也越来越大。就连维也纳的许多自由主义者也认为，在 1848 年春的恐慌中，他们已对匈牙利人做了太多让步。现在是时候收复失地了。8 月 29 日，政府宣布要重新集中控制君主国的财政和军事事务。自初夏以来，匈牙利人一直忙于组建民族军队，现在他们被告知立即停止这些准备工作。将边境控制权划分给佩斯的命令现如今被正式撤销：维也纳从此将直接控制军事边境。9 月 4 日，一道命令正式恢复了耶拉契奇的所有职务。

8 月 27 日，库尔默男爵告诉耶拉契奇，采取行动的时机已到。"只有在你真正跨过德拉瓦河之后，人们才会恢复对你的信任，而这种信任目前正在下降。你只要成功入侵匈牙利，就能得到帝国的认可。"8 天后，他又收到一条让人联想到有组织犯罪集团的警告：如果耶拉契奇不立即进攻匈牙利，结果很可能是维也纳与佩斯之间以克罗地亚为代价达成和解。[85] 耶拉契奇担心若不采取行动，匈牙利军队的规模将进一步扩大。于是在他的维也纳联络人的反复怂恿下，耶拉契奇孤注一掷，于 9 月 11 日跨过德拉瓦河。这不是一场令人震撼的战役。总督发现他的军队不服管控。当他们在匈牙利艰难行进，寻求与马扎尔民族军队决战的机会时，他的部下在所到之处留下了一系列杀人越货的罪迹。

帝国的反击　569

这就是 9 月最后一周的情况：在维也纳，关于克罗地亚非正规军跟在耶拉契奇军队后面犯下暴行的报道，助长了一波激进主义者抗议奥地利干预匈牙利的浪潮。[86] 在维也纳，讲德语的激进主义者为意大利人和捷克人的溃败而欢呼雀跃，他们将意大利人和捷克人视为混合居住区的竞争对手和敌人；而同时，其中许多人将匈牙利人视为对抗斯拉夫各民族的盟友。匈牙利王国境内的德意志爱国主义的一个显著特征则是，它不倾向于动员人们对抗马扎尔人，而是肯定"匈牙利-德意志双元民族性"的政治。[87] 这一次，民族主义破天荒地加强了跨民族的革命团结，而不是把革命一分为二。由于担心首都激进分子会强烈反对，奥地利政府耍起了老把戏：首相韦森伯格-阿姆普林根公开否认与耶拉契奇及其匈牙利冒险行为有任何联系。与此同时，佩斯与维也纳的关系也每况愈下：在佩斯，几位支持和解的温和派大臣辞职了；塞切尼现在精神濒临崩溃，逃离了佩斯，匈牙利宫廷总督（皇帝驻匈牙利代表）也紧随其后。

哈布斯堡宫廷以令人费解的欠妥行为回应了事态发展，任命弗朗茨·菲利普·兰贝格（Franz Philipp Lamberg）伯爵为匈牙利军事指挥官和临时总督，派他前往匈牙利就任新职务，重申对匈牙利政府的控制权，并监督和平的恢复。兰贝格于 9 月 28 日抵达布达。时机再糟糕不过了。兰贝格曾得人心、受尊敬。他是出生于匈牙利的奥地利人，精通匈牙利语。他曾做过记者和作家，最初为匈牙利语的报刊撰写文章，后来用匈牙利语和德语写作了很多作品，其中一本书是关于君主国的非匈牙利领土的著名指南。1844 年，人们曾考虑接纳他为匈牙利科学院的成员。但在革命之年的政治热潮中，这些成就意义甚微。兰贝格前往布达时仍未获得正式资格，因为他的任命尚未得到匈牙利首相包贾尼的会签。事后回想，把这个毫无防卫，并且肩负着行政、外交等多重使命的人，派到一个维也纳没有真正影响力的地方，似乎是一种疯狂之举。与此同时，宫廷的人都非常清楚，耶拉契奇的军队在维也纳的秘密支持下正步步逼近。匈牙利首都正为此恐慌。匈牙利激进主义者谴责兰贝格是一个没有正式地位的闯入者，布达出现了要求将他作为叛徒处死的海报。9月29日，当兰贝格乘坐出租马车，试图经舟桥穿越多瑙河，从布达前往相对安全的佩斯时，他被愤怒的人们认了出来。民众将他从马车上拖出来，加以拳脚，而后用刺刀捅穿他，将他开膛破肚。他的尸体碎片被一群嚎叫的暴徒插在镰刀尖上。就在同一天，耶拉契奇在向匈牙利首都进军的途中，遭到一支迅速组建的匈牙利民族部队的阻击。这种模棱两可的政策已经穷途末路，维也纳政府决定发动武装干涉。向匈牙利边境派兵的决定将触发维也纳最后一次，也是最壮烈的一场革命，这场起义比当年的任何一场起义都更猛烈。

10月6日早上7点，激进派议员汉斯·库德利希被他的朋友、法学院学生、学生委员会成员卡尔·霍费尔（Carl Hoffer）摇醒。卡尔告诉他，维也纳大学正处于一片骚动中。里希特营接到了向匈牙利进发的命令。卫队成员、学生和民众聚集在多瑙河大桥上，试图阻止他们离开维也纳。库德利希没吃早餐就匆匆赶往现场，出城后向东北方向走，他发现猎手街（今普拉特大街）挤满了人，他们兴奋地交谈着：是否应该允许军队行进？每个人都在谈论战争大臣特奥多尔·拜勒特·德·拉图尔伯爵，在工人阶级地区，他是一个遭人恨的人。当库德利希接近河边时，人群越来越密集，但他们似乎只是好奇，而非好斗。桥的入口被一队龙骑兵封锁了。库德利希向他们的指挥官做了自我介绍，并获准通过。为了防止骑兵过河，桥的大部分木板都被拆掉了。在桥上可以看到一小群掷弹兵，他们看上去茫然而孤立。再向北走向桥梁中段时，库德利希遇到了"近千名群众"，其中大多数人携带了武器。这里工人、士兵、卫队成员和少量学生混在一起，"议论纷纷，不停打着手势"，但所有人都决心"不惜一切代价"阻止军队出发。

库德利希被两名激进学生领袖认了出来。他被要求"说几句话"，

帝国的反击　571

然后被推上桌子。他所传递的信息是含混的。诚然，干预匈牙利是一项"反动"政策，这不正义，是对人民的背叛。但现在必须采取行动的是国民议会，是人民选出的代表（库德利希就是代表之一），而不是无组织的人民队伍。库德利希警告说，"反动派"一直在寻找借口，以"消灭自由、摧毁议会"。受诱惑去对抗军队是愚蠢的。人们要么解散，要么等议会开会并向政府发布新指示之后再做打算。[88]人群的答复（"掷弹兵不得通过！""拉图尔是罪魁祸首！"）表明他们拒不接受库德利希的谨慎建议。库德利希的话体现出对议会将长期享有重要性和权威性的信心。现在回想起来这似乎很奇怪，但当时许多较为进步的议员也持同样的看法。在离开现场赶回城里时，库德利希恳求一名骑兵指挥官不要向示威者开枪。草率行动将引发"全面起义，给议会、城市，甚至可能给君主制本身带来难以预料的后果"。只要有时间采取行动，议会就会进行调解，一切都会好起来的。[89]

上午 10 点左右，库德利希到达国民议会时，发现议会厅大门紧锁。约 100 名议员聚集在附近，他得以目睹政治观点的吊诡逆转。最激进的议员勒纳、齐默尔、戈德马克、舒泽尔卡，在得知最近的骚乱后都深感震惊，并对这座城市爆发革命的前景感到恐惧。相比之下，保守派的国民议会议长施特罗巴赫和捷克的代表们似乎很难抑制住"胜利的自信微笑"，简直就像他们希望局势很快失控一样。现在大家争论不休。勒纳和其他一些人力主国民议会召开紧急会议。但施特罗巴赫和他的保守派盟友拒绝接受这种打破常规的做法，他们认为当前的危机不是议会的问题，而是政府、"行政部门"的问题。库德利希的西里西亚同胞、来自特罗堡（今捷克共和国奥帕瓦）的保守派议员海因则喊道："是时候严肃对待这群大学流氓了！"这时，两个西里西亚人差点打起来。周围响起了"叛徒！叛徒"的喊声。施特罗巴赫离开房间时，激进主义代表斯莫尔卡起身尾随，以监视他的下一步行动。[90]

当库德利希跟着由 30 名代表组成的代表团去面见政府时，他发现情况如出一辙：较为平静温和的大臣们"低落而悲伤"，强硬派则感到自信、欣喜，并为下一步做好了准备。当代表团宣布国民议会打算召开紧急会议时，战争大臣拉图尔表示强烈反对。他感谢代表们的关心，但认为大家没有必要惊慌。虽然发生了一些小骚乱，但没有什么是当局应付不了的，每个人都该放松。库德利希警告大臣们，据说有一伙武装农民正在赶往维也纳，司法大臣亚历山大·巴赫给出了针锋相对的回击。代表们显然已经惯了对大臣指手画脚，但这种日子如今结束了："你们面前的行政部门不会容忍任何干涉，无论它是来自议会的一小部分，还是来自街头！"

政府和议会显然分裂了，这种分裂让人想起反革命时期那不勒斯的情况。巴赫告诉议员们，议会是否召开会议无关紧要，只要它别挡"行政部门"的路。[91] 把议会与"街头"相提并论，居然出自前民主派人士巴赫之口，这肯定刺痛了议员们。巴赫曾被列入警方嫌疑人名单——七个月前，他曾骑着白马穿过城镇，带着"人民的要求"前往省议院。那是一段跨越政治版图的漫长旅程，一直持续到19世纪50年代，那时巴赫将成为革命后的哈布斯堡新绝对主义政权的领袖之一。

当库德利希重新加入议会时，议会正在召开紧急会议，事态正在急剧恶化。讨论刚开始，温和派的首相霍恩斯特尔就冲进议会厅："先生们，战争部现在被占了，（战争大臣）拉图尔危在旦夕，（我们必须）营救战争大臣！"现在，一个由最受欢迎的议员组成的代表团举着一面巨大的白旗（白旗由从议会厅窗帘上撕下的布料制成），从马术学校前往战争部。他们打算将拉图尔置于国民议会的保护之下，这再次体现了对议会权威的坚定信念。他们的到来引起了入口处人群的一阵欢呼。议员们挤进大楼，发现里面有一小队惊慌失措的士兵和一大群武装工匠、劳工，以及国民卫队和学院军团的成员。激进派议员博罗什爬上一张桌子，向人群解释接下来的安排。战争大臣将受到国民议会保护，并择机离开。人民应该信任议会，大臣将对他的行为负责。但群众并不相信议会："他（拉图尔）该死！""他杀了我们的兄弟！"人们对博罗什的话充耳不闻，博罗什感到绝望，于是采取了更具戏剧性的做法。"如果你们一定要找个牺牲品，就拿我这颗头开刀吧！"他喊道，并豪放地将帽子扔向人群，仿佛他正在把自己的头颅扔给一只饥饿的老虎。"时至今日，"库德利希后来写道，"这一切也许听起来颇具戏剧性，但在那个严峻的时刻，（博罗什的）表演给人留下了最为深刻的印象！"[92]

离开战争部的代表们相信危机已过，但他们错了。就在博罗什和他的同伴向议会宣布调解成功时，新一批人涌入了战争部，他们都没看到他扔帽子的那一幕。由于担心出现最坏的情况，仍在战争部楼上的拉图尔换上便服，躲进了暗室。他的朋友们把家具堵在门口，将文件散落在地板上，制造出房间已被搜查过的假象。假如拉图尔留在这个黑暗的小房间里，他很可能会平安度过接下来关键的几个小时。当又一个议会代表团带着一支国民卫队来部里营救他时，他安心地走了出来。代表团成员包括温和派的安全委员会前主席菲施霍夫，以及匈牙利医生兼药剂师戈德马克——他也是犹太解放运动的主要支持者之一。他们向拉图尔解释说，只有他签署辞职文件，他们才能帮到他；拉图尔照办了，但加上了"等待皇帝陛下同意"的字样。在20名武装国民卫队成员和4名议会代表的护送下，68岁的拉图尔沿着主楼梯走下大厅，人们正在那里等他。他们把他的保卫者一个一个地赶走，向拉图尔抡起锤子和铁管，扬起刺刀。菲施霍夫和戈德马克试图用自己的身体保护他，却徒劳无功，他死在了他们的怀里。后来，人们在拉图尔的尸体上发现了43处裂开的伤口。他的尸体被剥光衣服，吊在战争部外的灯柱上，遭受进一步的侮辱。剥下的衣服被撕成碎片，作为"纪念物"流通，女人们在他的血里浸湿手帕。[93]为了增添场面的戏剧性，人们点亮了那根柱子顶部的三盏巨型灯笼；有人灵机一动，想出爬上柱子"上发条"的办法，让尸体在黄色灯光下缓缓旋转。一年后，流亡瑞士的前激进学生阿尔贝特·罗森菲尔德在回首往事时，仍震动不已，"成千上万的人，包括站在尸体周围男人、女人、孩子，没有人流一滴怜悯的眼泪；每个人的眼神里都写着复仇！……太恐怖了，我们不该再谈这个话题了！"[94]

在革命结束后的几年里，时人就10月6日的事件进行了一场相互指责的口水战。保守派归咎于学院军团的学生、左翼知识分子的煽动性学说，以及犹太人和外国特工的阴谋集团。这些说法造成了严重的后果。在因谋杀拉图尔而被判处死刑的人中，有犹太裔国民议会议员、学院军团医疗队成员约瑟夫·戈德马克（Joseph Goldmark），他已明智地逃出了这个国家。这对用双臂搂住拉图尔，使他免受众人锤子重击的戈德马克来说，是一个糟糕的回报。直到1870年，这一判决才被推翻，当时戈德马克已经在布鲁克林作为制造商发了财。[95] 安东·菲斯特神父回忆这些事情时仍然充满了对拉图尔的愤怒。在他看来，拉图尔比其他任何人都更能激起维也纳工人阶级的怒火——亚历山大·巴赫可能是个例外，他是"德意志民主的犹大"。[96] 一些人认为拉图尔遇害是左翼特工策划的暗杀行动或煽动性行动的后果。另一些人则坚持认为，凶手们是在盲目愤怒的状态下，临时起意采取了行动：拉图尔只是一粒掉进打开了的火药桶的"火星"。[97] 另一种说法是，维也纳人一向温厚，是被知识分子、外国间谍、无神论者和犹太人引入了歧途。汉斯·库德利希被这种说法激怒了。他指出，杀害拉图尔的凶手是工人，而不是黑格尔派。他们从未研读过大卫·弗里德里希·施特劳斯令人愤怒的《耶稣传》。他们既不属于议会左翼，也不属于任何民主团体。他们中没有一个犹太人或吉卜赛人，口袋里没有意大利或匈牙利的钱，也找不到马志尼或科苏特的指示。他认为，他们之所以愤怒，是因为他们知道拉图尔是革命不共戴天的敌人。[98] 此外，对保守派与许多温和自由派人士来说，拉图尔被谋杀就像兰贝格被私刑处死一样具有启示意义：对他们来说，这似乎暴露了骚乱核心的邪恶本质。这种说法催生了人们对复仇的渴望，进而为反革命插上翅膀。

约翰·克里斯蒂安·舍勒（Johann Christian Schöller）绘。1848 年 10 月 6 日，革命者在阿姆霍夫广场绞死了战争大臣特奥多尔·拜勒特·德·拉图尔伯爵，人们聚集在他的尸体周围。该画对拉图尔遭受私刑的过程做了处理。实际上，拉图尔被吊死在战争部外的灯柱上时，全身赤裸，肢体严重残缺。**请注意围观者中有女性**

资料来源：Wien Museum, Vienna (Inv. No. 104776). (Photo: Wien Museum CC0)

太阳刚刚落山。警钟在全城敲响，主要道路上出现了街垒，成群的人从郊区涌来。人们注意力的焦点转移到了帝国的军械库。由于未能说服里面的一小支守卫队离开，起义者用缴获的野战炮轰击了大门。炮轰失败后，他们又将一门重型大炮拖上附近的一座塔楼，从上方向军械库开火。然后，他们尝试将浸有沥青的燃烧着的床垫投掷到屋顶上。一位学生领袖回忆说,当大火在建筑物的部分区域蔓延时,"天空被染成了鲜红色"。"战士们的呼喊声和喧闹的警钟声响彻寂静的夜晚,熊熊火焰从圣斯特凡教堂和大学的塔楼上升起。这是一幅多么可怕又多么美丽的画面!"次日早上 7 点左右,一个小代表团说服部队打开军械库大门,并同意投降条件。很快,他们就在人群的欢呼声中离开了。工人们进去分发武器和弹药。"顿时,三万件可用的武器到了人民手中。"[99]

对皇帝及其宫廷来说,又到了离开这座城市的时刻。正午时分,冯·赫斯男爵步兵团的一个营奉命从东面经浮桥渡过多瑙河,前往老城西北方向的阿尔泽军营。在发现这里的卫成部队已经离开驻地之后,他们又前往美泉宫,在那里,他们接到护送皇室和宫廷出城的命令。[100] 马匹吃饱喝足,军官们领取了御膳房的点心。与此同时,行李箱和马车也都已收拾好,等待宫廷成员离开。10 月 7 日清晨,他们在一排大炮和 6000 名士兵的护送下离开维也纳,其中多数士兵都不知道他们在护送谁。直到队伍在距首都一段距离的地方停下来休息时,这一消息才向部队公布,士兵以震耳欲聋的欢呼声和挥舞的帽子作为回应。皇帝和索菲大公夫人为这种忠诚所感动,从马车里向士兵们打招呼,眼泪浸湿了面颊,大公夫人简直泣不成声。在为期六天的行程中,沿途满是民众的欢呼声和熊熊燃烧的篝火。在克雷姆斯,皇帝屏退待从,走到人群中,以他率真的做派对民众说道:

> 孩子们,我会信守承诺的。劳役、什一税和其他一切都已终结,我已经批准并签署了相关文件,以后也将保持不变。你们的皇帝给了你们承诺,你们应该相信他,他祝愿你们一切安好。但在维也纳,有些人对我有成见,他们想引诱你们,这可不行:我将不得不派兵去那里。

皇帝四周的农民报以震耳欲聋的欢呼声。[101] 沿途的每一站都上演了类似的情景。六天后，当皇帝抵达摩拉维亚的奥尔米茨（今捷克奥洛穆茨）时，他的马被卸下马具，马车被兴高采烈的民众拉进城。这是 1848 年旧势力的另一潜在优势。离开维也纳（或柏林、巴黎、罗马）的旅程似乎是通往一个革命尚未发生的世界。但这只是一种错觉：假如事实果真如此，那么哈布斯堡宫廷就不需要那些精心设计的安保措施了，包括在穿过居民区的路线上部署全副武装的克罗地亚人，以及将当地驻军限制在军营内，以防祸乱分子隐藏其中。但是，农民群众的热诚是发自内心的，他们的欢呼声是一种提醒，即在与农村人民建立联系方面，革命领袖们失败得多么彻底。

在接下来的三周里，维也纳处于最激进的革命者的掌控之下，并受到来自郊区的左翼国民卫队、学院军团的学生、民主俱乐部和武装工人队伍的支持。这是自 3 月以来席卷这座城市的动员过程的缩影：激进的学生、左翼律师和记者、民主工匠，以及来自工业郊区的起义无产者。他们看起来像是乌合之众，但蕴含着一种新型左翼政治的种子。这种政治就是后来被称为社会民主主义的政治，其中，社会和政治诉求将汇入一套清晰连贯的施政纲领。在国民议会议员中，中间派和保守派现在遵照皇帝的命令离开首都，前往奥尔米茨附近的克莱雪尔重新集会。较为保守的大臣们也离开了维也纳。最激进的议员们仍然留在这座城市，继续在西班牙马术学校开会、商议并通过决议。在一系列得到一致支持的大胆决议中，残缺议会确认，它过去是、现在仍然是一个"不可分割的整体"，代表着所有选举议员进入议会的民族；它仍然是一个"牢不可破的制宪议会"；在当前"充满威胁的环境"下，它将继续忠实地履行职责；它仍然是维系"立宪君主与主权人民之间联盟"的"唯一合法宪政机关"。[102] 这是一场激进革命，而不是一场共和主义革命。

现在有两个奥地利议会和两个奥地利政府。在维也纳，安全委员会被重组为革命的管理机构。巴黎革命和柏林革命出现的内部分裂在这里以更具戏剧性的形式呈现。与 6 月的巴黎相比，维也纳右翼和中间派领导人完全撤离了现场。他们的离去,就像海啸来临前海滩上的海水不祥地退去。位于奥尔米茨的帝国总部已向耶拉契奇和温迪施格雷茨下达了命令。前者现在正从匈牙利撤退,后者还在布拉格。根据指令,维也纳将是他们的下一个目标。首都的所有人都明白,决战即将到来。工人们轮班工作,不断加固防御工事,并在战略地点建立了粮食仓库和军火库。一些奥地利大城市——格拉茨、林茨、萨尔茨堡、布吕恩的激进主义团体送来了资金、补给和小型分遣队,但汉斯·库德利希动员农民的努力如预期一样收效甚微。现在要争取农民加入革命事业为时已晚,因为在农民看来,革命对他们几乎没有什么帮助。当激进主义者在为艰苦保卫他们的大本营做准备时,其他人,比如维也纳市政委员会的资产阶级成员,却玩起了更为首鼠两端的游戏。他们表面上干得热火朝天,在与防卫相关的任务上却拖拖拉拉,并向温迪施格雷茨的军队发出了试探。他们希望通过这种方式,确保委员会及其成员能够安然渡过即将到来的风暴。[103]

对未来的共同认知使这座城市陷入了一种诡异的平静。晚上,街头只能看到武装人员。在街垒后面,有时甚至是在街垒顶部,是穿着独特衬衫的武装工人点起的篝火。城墙上也点缀着小火堆,四周围坐的都是戴着卡拉布里亚帽子的学院军团士兵。太阳升起,女人和男孩们在寂静的街道上叫卖着报纸。学院军团士兵阿尔贝特·罗森菲尔德描述了当时的氛围:

> 思想的静谧黎明已成过往。每冒出一个诗意的念头、一个幻想,都会立即被转换为履行职责的念头,除了几个小时的睡眠,没有任何喘息之机。一醒来,人们就会贪婪地搜寻国民议会的报告。每双眼睛、每个想法都聚焦于国民议会,它是国家和城市生活敞开的中心。[104]

反叛的维也纳还有一线希望:10月10日晚,两名匈牙利特使带

帝国的反击 579

来保证，如果维也纳人能坚持足够长的时间，匈牙利将派遣三万正规军来援助该市。一支匈牙利军队最终于 10 月 30 日抵达，但那时已然无力回天：维也纳已经被围困，匈牙利人在施韦夏特（今天的维也纳机场所在地）被赶走。

10 月 24 日，维也纳战役正式打响。奥军对该城以北的布里吉特瑙区发起第一轮进攻后，双方在老城西北方向戒备森严的努斯多夫防线一带展开激烈的炮火对决。10 月 27 日，温迪施格雷茨向该城发出最后通牒：在 24 小时内投降，否则就等着被攻陷。这个提议遭到拒绝，温迪施格雷茨在 10 月 28 日上午晚些时候开始全面推进。包围圈在收紧，守军从努斯多夫防线后撤，让敌人占领了老城北郊人口稠密的利奥波德施塔特区。维也纳一家报纸的编辑回忆了那天的战斗。围城炮火的轰击如此猛烈，以至地面上都能感受到它们的余震。"一道道闪光使惊恐的观察者眩晕，爆炸声震耳欲聋（我们在 5 分钟内数出了 100 多声炮响！）。"[105] 第二天，也就是 10 月 29 日，守城部队总司令文策尔·梅森豪泽（Wenzel Messenhauser）提出投降。双方宣布停火，起义者开始停用武器。但在 10 月 30 日，学生委员会和国民卫队的激进分子在得知匈牙利援军抵达的消息后备受鼓舞，他们掌握了主动权，撕毁停火协议，并重新发起敌对行动。10 月 31 日，帝国军队在赶走匈牙利人后，突入城市周围的所有郊区，向城墙内的起义者发射炮弹。一枚射偏的炮弹击穿了霍夫堡的屋顶，点燃了里面的自然科学藏品。用于灭火的水损坏了帝国图书馆的许多书籍。老城一直坚守到傍晚时分，到那时，军队设法攻破了防御工事的大门，向市中心冲锋。起义者四散奔逃，扔掉了会暴露身份的卡拉布里亚帽子。其中许多人匆忙赶往理发店修剪长发，剃掉黑克尔胡子。

罗伯特·布卢姆当过青铜工人，卖过灯笼，做过剧院管理员，也是自学成才的激进文章和词典出版商。他于 10 月 17 日抵达奥地利首都，当时温迪施格雷茨指挥的奥地利军队正在逼近这座城市的外围。

他作为法兰克福国民议会的激进派议员赶来，给维也纳的姊妹议会带来了他所在党派的友好问候。他之所以来这儿，是因为他相信维也纳是德意志革命的最后机会。他在给妻子珍妮的信中写道："如果维也纳不能获胜，那么剩下的将只有一堆瓦砾和尸身。"[106] 在他看来，这并不是一次走向混乱的旅程，而是一次前往如今的革命秩序心脏的朝圣之旅。维也纳不仅是一座"革命城市"，国民议会的存续意味着它是"合法的奥地利国家"的法定首都。[107] 违法的是君主，而不是维也纳人民。

布卢姆对守军的工作印象深刻，也为这座城市的美景所陶醉。这是他第一次见到这座城市：维也纳"精致、宏伟，是我见过的最迷人的城市"。[108] 他以名人的身份来到这里。他是法兰克福团体中唯一受邀向维也纳残缺议会发表演讲的人。他在维也纳民主派喜欢的"红刺猬"餐厅与激进知识分子名流共进晚餐并展开辩论。他起初打算几天后就离开，但很快就改变了主意，决定留在城里，参加即将到来的斗争。当温迪施格雷茨于10月22日发布公告，称维也纳现在处于一伙罪犯的控制之下时，布卢姆在左翼机关报《激进分子》中发表了一篇尖锐而雄辩的文章作为回应。他在文中表示，犯罪分子和暴徒确实正在篡夺对首都的控制权，他们就是温迪施格雷茨及其指挥官同僚。温迪施格雷茨会记住这次侮辱。

10月25日，布卢姆被吸纳进国防军精英军团。鉴于他（现在的"布卢姆上尉"）没有任何战斗经验，这在很大程度上是一项荣誉任命。在普鲁士，他因为幼年患麻疹导致视力差而免于兵役。尽管如此，他仍以一贯的热情投入新工作，主要关注他过去担任剧院管理者时所负责的后勤问题。他先是被派去保卫索菲娅桥，该桥位于维也纳东北侧外围地区，横跨多瑙河。布卢姆在那里面对约瑟普·耶拉契奇总督领导的第一军团。第二天，他被派遣到北部的努斯多夫防线，一颗擦身而过的子弹在他的夹克上留下了一个洞。10月29日，他是主张投降的人之一，但当第二天匈牙利人似乎要突破包围圈时，他改变了主意。

帝国的反击　581

战斗结束、革命事业失败后，他写信给珍妮，说他很快就会回家。

布卢姆似乎相信，法兰克福国民议会议员的身份将保护他免受报复。他没有躲藏起来，等风声过后悄悄溜走，而是向军事指挥部的少将冯·科东（von Cordon）男爵递交了一份书面申请，请求允许他离开这座城市。科东立即下令逮捕他，因为布卢姆的名字，以及他的法兰克福激进派同人尤利乌斯·弗勒贝尔（Julius Fröbel）的名字，都在温迪施格雷茨发给科东的"危险人物"名单上。这两个人在旅馆被捕，并被关进一个名为员工楼的军队禁闭所。在那里，他们伙食很好，还得到了雪茄和报纸。布卢姆两次对他的逮捕提出书面抗议，指出作为法兰克福国民议会议员，他拥有（或者应该拥有）议会豁免权。

主要有两个因素阻碍了布卢姆获释。第一个因素是，维也纳国防军指挥官文策尔·梅森豪泽为使自己免于死刑，指控布卢姆有罪，（错误地）声称布卢姆蓄意破坏 10 月 29 日与温迪施格雷茨达成的停火协议。梅森豪泽还自诩是捍卫和平、对抗危险的外国煽动者的英雄。这些话并没能让他逃脱（他于 11 月 16 日被枪毙），但的确让布卢姆被释放的希望更加渺茫。第二个因素是一个巧合。碰巧的是，在三月起义前夕被梅特涅派往米兰的奥地利外交官许布纳当前正在维也纳，担任温迪施格雷茨妻弟费利克斯·冯·施瓦岑贝格亲王的顾问。1845 年布卢姆这安抚莱比锡群众时，许布纳正驻扎在那里。他那时提交的关于布卢姆在"8 月的那些日子"中所扮演角色的报告充满了傲慢和恶意：

> （布卢姆）从大众的骚动中发迹，靠在剧院卖票而获得了中产阶级的地位。作为一名三流作家和辩论家，最近又作为一名宗教使徒，他步入政坛，甚至到了能够轻松地充当（莱比锡）运动领袖的地步。该运动由此也很快丢掉了它仅仅是场街头骚乱的性质。多亏布卢姆，叛乱变成了一场革命。[109]

这是对布卢姆在莱比锡的作用的严重扭曲和片面的叙述，他实际上在莱比锡发挥了调解作用。这种说法将布卢姆与黑克尔置于同一地位，而事实上布卢姆一直对黑克尔直接行动的政治作风及其对议会审议的蔑视表示谴责和拒绝。许布纳在他的回忆录中将布卢姆认定为危险的"无政府主义者"，指责布卢姆对群众施加了重大影响，从而致使1848年9月危机期间法兰克福国民议会的两名普鲁士议员被私刑处决。无论过去还是现在，许布纳的说法都没有丝毫证据（布卢姆从不是无政府主义者；利赫诺夫斯基和奥尔斯瓦尔德被杀，是因为公众对议会回应石勒苏益格-荷尔斯泰因危机的方式感到愤怒）。[110] 在叙述布卢姆在维也纳所发挥的作用时，许布纳同样充满偏见。他指控布卢姆在大学里向由武装工人和"令人作呕的所谓亚马孙群体"（女战士）组成的人群发表讲话："我们将不得不让两千人拉图尔化！"[111] 这些都是反革命分子编造的虚假信息和臆想。在1848年11月的形势下，它们的影响可能是致命的。

在意大利逗留之后，许布纳于10月初被召回维也纳。他也成了陪同皇室前往奥尔米茨的随行人员。一到那里，他便每天与施瓦岑贝格亲王保持联系。施瓦岑贝格亲王是哈布斯堡王朝的中央集权主义者。宫廷已决定，一旦叛乱的硝烟散去，就让施瓦岑贝格接任奥地利首相。温迪施格雷茨一度提出释放布卢姆并将之驱逐出境，以免因其议会特权而给他的妻弟造成"外交上的不便"。施瓦岑贝格于11月7日从奥尔米茨回复说，"议会特权"在奥地利没有法律地位，布卢姆应得的唯一特权就是军法处置。布卢姆是"德意志无政府主义者中最有影响力的领袖"；如果他被定罪和枪决，"他的同志就会明白，在奥地利我们并不害怕他们"。[112] 几乎可以肯定，是许布纳向施瓦岑贝格如此介绍了布卢姆的情况，并建议他采取这一立场。

11月8日，布卢姆接受了军事法庭审判，被判处绞刑。但由于没有刽子手，法庭决定"用火药和铅弹"对其执行死刑。次日，他在凌晨5点被叫醒，一名神父前来给他做临终告解。布卢姆拒绝了，但为了表示感谢，他给了神父一个纪念物：他的发梳——对于一个拥有如此浓密鬓发的男人,这是必不可少的物品。更何况,他也没有别的可以赠送了。他在等待从牢房中被接走时给妻子珍妮写了封告别信,直到今天,这仍是19世纪德意志散文中最感人肺腑的文章之一:

> 我亲爱的、善良的、心爱的妻子,永别了!为了那段被唤作永恒,但实际上无比短暂的时光,请好好活着。请把我们的(现在只是你的)孩子养育成正直的人吧……在朋友的帮助下,卖掉我们为数不多的财产吧。上帝和好人都会帮助你的。我所感受到的一切都随着泪水消逝了,因此我再说一遍,好好活着,我亲爱的妻子!……别了!别了!一千个,又一千个,这是你的罗伯特给你的最后的吻。
>
> 11月9日早晨5点,写于维也纳;6点,一切就都结束了。
>
> 我忘记了提戒指的事:在婚戒上,我献给你最后一吻。作为怀念我的东西,把我的印章戒指留给汉斯,手表留给里夏德,钻石纽扣留给伊达,链子留给阿尔弗雷德。其他的一切,都按照你的意思安排吧。他们来了!别了!安好!

这封信成了历史纪念物,在激进组织网络中广泛传播,每份摹本都制作精良,致使持有者至今仍然相信自己手中的就是原件。[113] 它进入了革命的集体记忆,因为它表明布卢姆是眷恋家庭的人和进入公共生活的个人。即便这是英雄主义,那也是资产阶级基调的英雄主义。布卢姆在1841年与他人合编了《戏剧百科》,在"英雄"词条下,他指出,"英雄"的概念因"小说和戏剧中对英雄角色的夸张处理"而声名狼藉。"如果英雄想要引人注目,那么该角色的理想品格就必须与真正的人性保持平衡。它绝不该完全从人类的弱点和错误的领域中抽离出来。"[114] 布卢姆在市中心北部布里吉特瑙区的一片树林中被处决。他已成为德意志革命的化身。他与革命一同消亡,有一种恰如其分的悲凉。

《罗伯特·布卢姆的最后时刻》(*The Last Moments of Robert Blum*, 1848)，平版印刷画，由 H. 博斯（H. Boes）根据卡尔·斯特芬克（Carl Steffeck）的作品印刷并上色。1848 年 11 月 9 日上午，布卢姆被行刑队处决。与许多当时有关布卢姆行刑的图像一样，这幅画中的布卢姆身着敞开的白衬衫，在没有用布蒙住眼睛的情况下面对死亡。画作中的他拒绝了神职人员的帮助。没有证据表明这是处决现场的真实场景，但由于他已经背弃了天主教会，加入了反教宗的德意志天主教运动，这一举动有一定真实性

资料来源：Lithograph, printed and coloured by H. Boes after Carl Steffeck. Wien Museum, Vienna (Inv. No. 1720). (Photo: Wien Museum CC0)

温迪施格雷茨和施瓦岑贝格是致使布卢姆殒命的罪魁祸首，也是君主制复辟的主要策划者。斐迪南一世一如既往地无能，而这两人已经游说了一段时间，试图让年轻的大公弗兰茨·约瑟夫继承哈布斯堡皇位。现任皇帝的婚姻无法带来子嗣，因而皇位继承人是斐迪南一世的弟弟弗兰茨·卡尔（Franz Karl）。但弗兰茨·卡尔的性情几乎和斐迪南一世一样，难以担负皇帝的职责，因此一段时间以来，人们都寄望于他的长子、皇帝年仅 18 岁的侄儿弗兰茨·约瑟夫。施瓦岑贝格

成功说服斐迪南一世退位，说服弗兰茨·卡尔放弃继承权，让他的儿子继位。在交接仪式上，一向最和蔼可亲的斐迪南一世对年轻的新皇帝说："上帝保佑你！你要善良，上帝会保护你的。"[115] 弗兰茨·约瑟夫在哈布斯堡的帝位上一坐就是近 68 年。1848 年的他虽然年轻、缺乏经验，却聪明而坚定。与其伯父相比，他在战略上有一个至关重要的优势：他没有对革命做出任何让步，也从未签署遵循宪政的誓言。

铁网降临

巴黎六月起义之后，镇压法国左翼的行动仍在继续，并带着报复的色彩。新法律严格限制政治俱乐部的运作。政府重新引入了保证金和印花税法规，目的是取消最便宜的报纸，从而像拉梅内所说的，"让穷人噤声"。[116] 著名左翼分子遭到清洗。许多领袖被捕，包括"工人阿尔贝"、布朗基和拉斯拜尔；路易·勃朗和前警察局长马克·科西迪埃遭到猛烈攻击，为了躲避追捕，他们逃往伦敦。这些人是第二共和国的第一批流亡者。政治重心继续右倾。

7月31日，蒲鲁东向制宪议会提交了一项议案。一段时间以来，蒲鲁东一直主张建立一家外汇银行，银行以对农场和地产租金自动征税作为资本，并负责提供无息信贷。他相信，这一措施将大大有助于解决社会问题。蒲鲁东无疑是个激进分子，但他在 5 月和 6 月的暴力事件中没有发挥任何作用。他与左翼其他派别的关系是迂回的，有时嘲弄，总是讽刺。他甚至不觉得自己的计划是"社会主义"的，而认为它表达了严密的经济原理，能够吸引任何精通信贷技术的人。在一个由温和派、保守派主导的议会中，蒲鲁东发现鲜有人接受他的大胆实验，这或许并不奇怪。但真正说明问题的是议会的反应。在蒲鲁东的整个发言过程中，嘲笑声实在太大，完全盖过了他的声音。他的提议以 600∶2 被否决。雪上加霜的是，议会中的少数社会主义者，包括维克多·孔西得朗和皮埃尔·勒鲁，投了弃权票，因为他们有自己的社会主义"体系"。

这种政治右倾在共和国的宪法结构上留下了印记。人们就共和国行政权力的组织问题展开激烈的争论。是否应该设立总统？如果是的话，他应该拥有多大权力？如何阻止总统自立为新君主，或为君主制复辟打开大门？左翼共和派议员费利克斯·皮亚认为，将总统职位与议会分开将分割共和国的主权，这将是致命的，而且共和国主权应归民选代表集体所有。他认为，总统职位将会"包容、集中和吸收所有权力，代表人民、象征人民、体现人民，从而将共和国变成一个名副其实的君主国"。[117] 相比之下，秩序党主张强有力的总统行政权，总统由人民单独选举产生。一群人介于上述二者之间，包括一些左翼人士，他们支持由议会选举总统。这一方案的支持者包括费迪南·弗洛孔，他创办的《改革报》在二月革命中发挥了重要作用。

鉴于制宪委员会和议会的舆论状况，左翼不可避免地败下阵来。制宪委员会和议会的多数成员选择了由人民选举产生总统，尽管这显然很可能导致路易-拿破仑·波拿巴获胜，而人们普遍怀疑他存有复辟的野心。总统选举定于12月10日举行，而到10月底，波拿巴和卡芬雅克已成为这场选举中最可能的候选人。左翼集结力量推举亚历山大·赖德律-洛兰为山岳派候选人。另一个群体代表卡贝的伊加利亚派和密谋社会网络的残存部分，他们支持独立社会主义者候选人弗朗索瓦-樊尚·拉斯拜尔。一小撮右翼君主主义者推举尼古拉·阿内·泰奥迪勒·尚加尼耶（Nicolas Anne Théodule Changarnier）将军为正统派候选人。拉马丁仍对自己能够重建失去的声望充满信心，作为独立自由派候选人参加了竞选。

与1848年4月的选举相比，12月的选举顺利得多。这是一个充满希望的迹象，表明民主机制正在成形。但选举结果让人大受震动，甚至对于获胜者也是如此。

1848年12月10日总统选举				
候选人	政治派别	选民票数	百分比
路易-拿破仑·波拿巴	波拿巴派	5 434 226	74.44
路易-欧仁·卡芬雅克	温和共和派	1 448 107	19.65
亚历山大·奥古斯特·赖德律-洛兰	山岳派	371 431	5.08
弗朗索瓦-樊尚·拉斯拜尔	独立社会主义者	36 964	0.49
阿尔方斯·德·拉马丁	独立自由派	17 914	0.28
尼古拉·阿内·泰奥迪勒·尚加尼耶	正统派		0.06
总计			100

这是一种事先看起来不太可能，回想起来却不可避免的结果。卡芬雅克在镇压六月起义中所扮演的角色使他受到左翼的蔑视，而且他从未赢得秩序党的信任，后者决定把赌注押在波拿巴身上。卡芬雅克在选举前采取了巧妙的策略，利用他临时行政长官的身份与各保守派别讨价还价。波拿巴则表现得平庸而直率，一旦上任就会唯唯诺诺。事后看来，这显然是一个更有效的选举策略。

当然，在全国选举中，最重要的是人民群众的忠诚。这次选举显示，大量农民（可能多达 400 万人）选择了波拿巴。在他最令人难忘的政治辩论文章中，马克思斥责了这些愚昧的乡下人，指出他们选择了一位对改善他们的处境毫无兴趣的候选人。他相信，他们之所以这样选择，是因为他们对自身阶级的共同困境缺乏认识。他们不是具有政治意识的行动者，而只是"同名数"。在这方面，他们就像一袋马铃薯，除了他们自己，所有人都是这样看待他们的。[118]"马铃薯"们并不为卡芬雅克无可挑剔的共和主义资历或他在阿尔及利亚的军事记录所动，事实上，他们选择他的对手可能只是对现政权的一种不成熟的抗议。此外，他们确实喜欢"拿破仑"这个以前听说过的名字。它似乎预示着美好时光的回归。

但这并非农民独有的观点，波拿巴的选票也不仅仅来自农民。路易-拿破仑·波拿巴只在4个省未能获得相对多数，而在30个省中获得了绝对多数票，在34个省中获得了超过80%的选票。这是一种跨越职业和阶级界限的现象。正如我们在第三章中所看到的，十多年来，一个去除了争议性、政治立场中性版本的拿破仑一世，逐渐晋升到了国家偶像的地位。而在建构这个偶像的过程中，七月王朝的历届政府都积极助推。拿破仑三世从这一政治炼金术中获益匪浅。卡芬雅克并不是唯一的受害者。赖德律-洛兰和拉斯拜尔的选举结果表明，作为选举力量的共和派左翼在全国范围内急剧萎缩。尚加尼耶微不足道的几票为正统派事业敲响了丧钟，正统派从此一蹶不振。而拉马丁仅获得0.28%的选票，这糟糕的结果证明他在国家公共生活中突然变得无足轻重。如今，这位在改革宴会和二月革命中声名显赫的大人物已正式成为明日黄花。

在柏林，革命的能量也在迅速消散。从4月到6月，国王和大臣们就新宪法草案的文本展开了激烈争论——弗里德里希·威廉四世后来形容他与坎普豪森内阁的宪法讨论是"一生中最糟糕的时光"。新草案（在君主的坚持下）包括如下修订：宣称君主的统治来自"上帝的恩典"；君主对军队行使排他性控制权；宪法应被理解为国王与人民之间的"协议"，而不是由民意强加的基本法。[119] 在两极化氛围日益加重的6月，折中草案在国民议会中获得多数票的机会微乎其微。由于未能如愿，卢多尔夫·坎普豪森于6月20日辞职，他的同僚"三月大臣"达维德·汉泽曼受邀组建政府。新内阁首相是东普鲁士自由主义贵族鲁道夫·冯·奥尔斯瓦尔德（Rudolf von Auerswald），他的哥哥汉斯·冯·奥尔斯瓦尔德将于9月18日在法兰克福被民众杀害。由德高望重的民主派人士贝内迪克特·瓦尔德克担任主席的制宪委员会敲定了一项对抗性宪法草案，供议会审议。新草案限制了君主阻止立法的权力，并规定建立一支真正的人民大众的国民卫队。[120] 但这份草案和上一份草案一样备受争议。关于它的辩论使议会两极分化，

铁网降临　589

最终没有达成任何一致意见。宪法仍处于悬而未决的状态。

民事和军事权力机构之间的关系问题是打破柏林脆弱的政治妥协局面的最主要因素。7月31日，西里西亚城镇施韦德尼茨发生了一场暴力冲突，起因是当地军队指挥官下达了专断的命令，冲突导致14名平民死亡。这一事件引发了众怒。普鲁士西里西亚首府布雷斯劳一个选区的代表尤利乌斯·施泰因（Julius Stein）向国民议会提出了一项动议，建议采取措施，以确保官兵遵守宪法，确保"他们自身远离反动潮流"。这些措辞很含糊，但它们表达了新政治精英对军队坚不可摧的权力越来越警惕，这种忧虑是可以理解的。如果军队仍然是反对新秩序的利益集团的驯服工具，那么可以说，自由派及其机构不过是靠这些人的容忍而存活，自由派的辩论和立法只不过是一场闹剧。施泰因的议案触动了议会的神经，以绝大多数票获得通过。奥尔斯瓦尔德-汉泽曼政府意识到国王不会屈服于军事问题上的压力，因此竭尽全力避免正面冲突。但议员们的耐心很快就耗尽了，9月7日，他们通过了一项决议，要求政府执行施泰因的提案。弗里德里希·威廉四世果然勃然大怒，扬言要在他的"不忠且一无是处的首都"用武力恢复秩序。与此同时，施泰因提案引发的争议迫使政府下台。

新首相是恩斯特·冯·普菲尔将军，正是他在3月18日前夕指挥柏林及其周边地区军队。从某种程度上说，这是一个不错的选择。普菲尔性格平和，他青年时期曾与浪漫主义剧作家海因里希·冯·克莱斯特有过一段热烈的同性友谊。普菲尔是犹太沙龙的热心常客，在自由主义者的圈子里广受推崇。但即使是这个温文尔雅的人，也无法调和强硬的国王与倔强的议会。11月1日，他也辞职了。从维也纳传来的消息重振了国王的信心。自由派贵族卡尔·瓦恩哈根·冯·恩泽在10月16日评论道："在这里，一切都处于搁置状态，静候（维也纳）事态的发展；宫廷和人民都觉得他们的前景岌岌可危。"[121] "来自维也纳的消息给宫廷带来了勇气，"瓦恩哈根在11月2日写道，"他们已准备好采取行动。"[122]

11月2日的公告宣布，普菲尔的继任者将是弗里德里希·威廉·冯·勃兰登堡（Friedrich Wilhelm von Brandenburg）伯爵，听闻这一消息，自由派人士垂头丧气。勃兰登堡是国王的叔叔，也是布雷斯劳第六军团的前指挥官。他是国王身边的保守派人士所青睐的人选，任命他的目的也很明显。据利奥波德·冯·格拉赫的说法，他的任务是"以一切可能的方式表明，统治这个国家的仍然是国王，而不是议会"。[123] 11月2日，代表们向弗里德里希·威廉四世派遣了一个代表团，抗议新的任命，但被粗暴地驳回了。在柏林，正如在那不勒斯一样，"两种恐惧的失衡"显而易见。议会越来越感到四面楚歌、回天乏力；国王越来越有恃无恐，并且更愿意冒正面对抗的风险。

11月9日那个雾蒙蒙的清晨，勃兰登堡伯爵在位于御林广场的议会临时会场前宣布，根据王室诏令，议会将休会至11月27日，届时议会将在柏林以西约60千米处的省城勃兰登堡集会。这一天也是罗伯特·布卢姆被处决的日子，不过当时柏林没人知道这个消息。几个小时后，新任军事总司令弗兰格尔将军率领1.3万人的军队进入首都，骑马前往御林广场，亲自通知议员们必须解散。议会的回应是呼吁"消极抵抗"，并宣布抗税。[124] 11月11日，政府宣布戒严，公民卫队被缴械并解散，政治俱乐部被关闭，著名的激进报纸被取缔。11月27日，许多代表试图在勃兰登堡集会，但他们很快就被驱散，议会于12月5日正式解散。同一天，勃兰登堡政府宣布颁布新宪法，这项精明的政治举措后来被奥地利人效仿。

首都的革命已经结束，但莱茵兰的革命之火仍在暗暗燃烧。在那里，组织严密的激进派政治网络成功地动员了群众，起而反对柏林政府的反革命措施。国民议会在消亡时刻宣布抗税的行动得到了全省的大力支持。一个月来，社会主义左翼机关报《新莱茵报》每天都在报头栏上印着"不再纳税"的字样。科隆、科布伦茨、特里尔和其他城镇纷纷成立了"人民委员会"和"公民委员会"来支持抗税活动。种种情绪交织在一起：对解散议会的愤怒、各省对柏林的敌意、（天主

铁网降临　591

教徒中的）宗教怨恨，以及革命年间许多依赖纺织业的地区常见的经济压力与贫困模式而导致的不满。在杜塞尔多夫，如今已属非法的公民卫队举行了游行，并在活动高潮时刻公开宣誓，要为国民议会和人民的权利苦战到底。抗税运动揭示了莱茵兰民主运动的力量和社会深度，但国民议会的解散使他们失去了政治焦点。新部队抵达，加上在一些骚乱地带实施戒严，以及临时建立的左翼民兵迅速被缴械，种种因素足以重筑秩序与国家权威。[125]"戒严今已颁布，"11月18日，范妮·莱瓦尔德在柏林写道，"从那时起，似乎就有一张铁网压在了我们身上，我们甚至连天空都看不见了。"[126]

狭小地区的反革命

人们常说，英国在1848年躲过了革命，这反映了英国政治制度的成熟和宽容。是否应该将英帝国边缘地区爆发的骚乱归入1848年革命，这是一个有趣的问题，我将在下一章中再谈这个问题。但是，确实有一场1848年发生的欧洲起义给了英国政府一个展示其制度宽容度的机会，那就是在英王室控制下的伊奥尼亚群岛上发生的一连串骚动。

伊奥尼亚群岛共和国由七块领土组成*，1858年的总人口为24万。这些领土从前属于威尼斯共和国，1815年11月的《巴黎条约》将它们置于英王乔治三世的主权保护之下。英国对获得伊奥尼亚群岛表示欢迎，认为这是巩固英国海军在亚得里亚海和地中海东部优势地位的一种手段。由于它们是保护国而不是帝国属地，这些岛屿名义上仍然是独立的，这意味着英国王室在当地的代表不是总督，而是王室高级专员，他向殖民大臣而非外交大臣负责。

★ 包括科孚岛、帕克西岛、凯法利尼亚岛、伊萨基岛、圣莫拉岛（今莱夫卡扎岛）、赞特岛（今扎金索斯岛）和切里戈岛（今基西拉岛）。

由于《巴黎条约》向伊奥尼亚人承诺了"自由宪法",第一任专员托马斯·梅特兰(Thomas Maitland)爵士于1817年颁布了一份"具有宪法性质的宪章"。该宪章规定了一个由选举产生的立法议会和一个兼具立法和行政职能的参议院,但在其他方面极度不自由。立法议会完全由梅特兰所任命的人组成,提交的草案主要由专员本人起草。[127] 选举是在七月王朝时那种空论派选举制度下进行的,只有最富有的伊奥尼亚人才有选举资格,这意味着仅约1%的人有投票权。即使按空论派的标准来看,这种安排也是异常威权主义的,伊奥尼亚人必须从"双倍名单"中选择代表,这意味着每个选区只能从列有两个人姓名的名单中选择一人。这些(非常短的)名单由一个"基础委员会"制定,委员会成员由王室高级专员独自选出。[128] 因此,这里的专员们是"仁慈的暴君",其权力堪比王室殖民地总督。[129] "根据 T. 梅特兰爵士的宪法,"科孚岛的一位英国高级官员写道,"与都铎王朝统治下的英国相比,这里的媒体受到更多限制,议会也更听话。"[130]

但是,如果说这一制度赋予了专员们巨大的权力,它也加重了他们对投票选举并入主议会的一小群社会精英的依赖。这又反过来使得解决困扰伊奥尼亚社会的问题变得困难。其中,最根本的是殖民地土地保有权制度。根据该制度,土地所有者和临时租用土地的耕种者签订合同,规定各项具体条款和限制,其中重要的一项是,承租者要将部分产品支付给土地所有者以代替地租。这种制度还进一步受到一种复杂的传统信贷安排的束缚,它被称为"普罗斯蒂基奥"。这种安排只能为贷款提供非常脆弱的担保,从而阻碍了贷款和投资。与伦巴第的情况类似(那里盛行一种非常相似的制度),伊奥尼亚的土地所有者使用预付款让耕种者负债。[131] 英国行政官意识到这种制度的负面影响,但专员对岛内土地精英的政治依赖使得改革几乎不可能开展。与此同时,从早期的混合栽培向以橄榄(科孚岛)和黑醋栗(凯法利尼亚岛和赞特岛)为基础的单一栽培的转变,使岛屿社会更容易出现供应过剩、短缺和中断。

如果说，在希腊本土仍归属于奥斯曼帝国的那些岁月里，英国的统治似乎还算安逸，那么在希腊独立战争（1821—1829）之后，情况就并非如此了。这场战争激起了群岛人民的爱国热情。梅特兰报告说，居民"极为同情起义者，因为起义者和他们有着相同的宗教信仰，相似的生活习惯、语言和举止"。[132] 英国当局对伊奥尼亚人实行中立政策，监控难民的流动，以防止政治动荡。在岛民和土耳其难民之间发生两起严重暴力事件后，英国实施戒严，并处决了罪犯——赞特岛五人，狭小的切里戈岛五人。据报道，在戒严下的赞特，被处决的伊奥尼亚人尸体"被扔进铁笼子里，暴露在山顶上，好像是在杀鸡儆猴"。[133] 这些措施非但没有浇灭爱国情感，反而激起了民族主义的反抗。19世纪40年代，形成了号称"激进分子"的反对派运动，他们援引民族自决和人民主权的原则，质疑英国统治的合法性。[134]

1843年，西顿勋爵约翰·科尔伯恩（John Colborne）就任高级专员，带来了实质内容和基调上的变化。从上任伊始，西顿勋爵就力促改革，先是在财政领域降低黑醋栗税、削减军事捐纳，后来又扩展到宪法和政治领域——制定新宪章，限制伊奥尼亚立法议会的预算权力。他放松了对媒体的控制，本来在划归英国保护的早期，这些管制尤为严厉：除了在参议院和专员的直接控制下，伊奥尼亚各岛不允许有任何印刷厂或出版社。[135] 他启动了新的公共工程项目。与此同时，西顿勋爵开始向更广泛的本土精英开放英国的政府体系。他将种植黑醋栗的地主和其他名流的请愿书转交给伦敦。他就公众福祉的问题广泛征求意见。他接受了科孚岛文学社团"希腊娱乐场"的晚宴邀请，这个社团实际上是一个政治俱乐部，就像哈布斯堡王朝各地的娱乐场俱乐部和意大利的大众圈子一样。由于"希腊娱乐场"社团的主席是主要反对派报纸的编辑，是"反英派最杰出的领袖"，专员的到场使一些人高兴，而使另一些人感到震惊。后一群体包括科孚大学校长弗朗西斯·鲍恩（Francis Bowen），他是一个脾气暴躁的托利党人，也是一名信奉新教的爱尔兰人。他斥责西顿勋爵是英国人民的叛徒。鲍恩后来写道:"西顿勋爵的行为给伊奥尼亚群岛上与英国有联系的朋友们带来了沉重打击和极大沮丧,这就与(爱尔兰)总督在都柏林的和解大厅用餐所带来的那类影响相似。"[136]

这些变化为西顿勋爵赢得了岛上精英中改革派的感激和忠诚,但也巩固了激进主义反对派。对后者来说,改革太少,来得太迟,而英国实施的是一套过时的制度,阻碍了他们与祖国希腊的统一。1848年意大利和法国发生革命的消息传来,引发了政治俱乐部和新创办的报纸的热议,"处处都是对英国和英国人最尖刻的谩骂,人们批判英国的保护制度,公开主张并入希腊王国"。[137] 与此同时,黑醋栗价格大幅下跌,引发各种骚动。9月,凯法利尼亚岛爆发起义。数百名农民分成两群,向岛上的两个主要城镇进军。骚乱被英军轻松镇压了,但次年8月和9月又爆发了更严重的动乱——全岛农民起义。这如同1846年加利西亚叛乱的微缩版,一群群农民(有时由大盗领导)袭击并杀害了一些地主,其中,富绅尼科洛·梅塔克萨(Niccolo Metaxa)受伤后在自己的房子里被活活烧死。据说,当受害人向袭击者大喊:"我对你们做了什么……你们竟然杀我,难道我不是一个善良的爱国者吗?"他收到的答复是:"戴绿帽子的乌龟,你今天给黑醋栗开价多少?"[138]

从这段对话中可以看出,1849年9月的暴力事件更像是一场加利西亚式的农民暴动,而不是巴黎或维也纳式的成熟起义。为以儆效尤,英国当局在这次事件中的反应堪称残暴,是因为新任王室高级专员刚刚上任。新旧交接形成了一次鲜明的对比。即将离开的西顿勋爵是一位老派的托利党军人,曾在滑铁卢战役中表现英勇。新到任的亨利·沃德(Henry Ward)爵士则是下院中最进步的自由派的平民成员。他的到来受到了伊奥尼亚激进派的热烈欢迎,他们自然地认为,如果老托利党人对他们好,那么新辉格党人待他们会更好。他们大错特错了!沃德发现群岛上的气氛很不稳定。他在伊奥尼亚议会的第一次演讲赢得了热烈欢呼——由于前任所实施的改革,现在选举权多少扩大

狭小地区的反革命 595

了些，这届议会在此基础上产生。但第二天，他发现议会充满敌意，于是他宣布议会休会至10月。8月和9月发生骚乱的消息传来，沃德宣布在凯法利尼亚岛实行戒严，并派近500名士兵去那里恢复秩序。[139]他亲自坐船去了岛上，并立即采取积极措施镇压叛乱。一位在骚乱地区工作的军官报告："亨利·沃德爵士亲自与部队一起追捕嫌犯，踢开大门，显得非常活跃和兴奋。"[140]

他们一共进行了68次军事审判，判处了44人死刑，其中21人被处以绞刑。被绞死的人中只有两人真正犯有死罪。另有一些人在报复行动中被直接枪杀（据说有两名从未出庭受审的农民被即刻处决，当时沃德也在场）。此外，特别重要的是，很多人（官方数字是96人，但总数可能多达300人）在村庄里遭到即决鞭刑，原因是犯了"在警卫室寻衅滋事、妨碍士兵、拒绝作证"等罪行。这些刑罚是用"海军猫"（又称"九尾猫"①）执行的。据称，不计其数的人死于撕裂伤所引起的感染。这是岛民从未见过的刑罚，他们将其与"土耳其人以前的残酷行为"联系在一起。[141]除了这些暴行，岛民还提到了模拟处决，以及"烧毁房屋，将葡萄园和黑醋栗种植园的作物连根拔起，作为对嫌疑人或犯罪分子的惩罚"。[142]当局没怎么花力气去区分叛乱分子和普通村民。[143]群岛花了很长时间才安定下来，并且还发生了进一步的报复。1851年年初，许多知名人士在他们的住所被警察逮捕，未经审判或判决就被流放到切里戈岛。这些人包括：市议员；记者，如赞特《瑞加斯报》的主编卡利尼科；来凯法利尼亚岛的三名议员，皮拉里诺斯、泽尔沃斯和蒙费拉托，以及来自赞特岛的议员弗朗索瓦·多梅内吉尼。当时在非常狭小的切里戈岛上，除了30个贫穷的渔民家庭，几乎荒无人烟。被驱逐者没有基础设施可用，不得不像《鲁滨孙漂流记》里所描绘的那样勉强生存。皮拉里诺斯议员的处

---

① 即九尾鞭，是一种多股的软鞭，最初是英国皇家海军、陆军用作重体罚的刑具。
——编者注

境尤其糟糕，因为他在被流放时几近失明。在那艰苦的日子里，他完全失明了。一位访问该岛的法国人观察道："与切里戈岛流放者的命运相比，奥地利的'艰苦禁闭'简直是小儿科。"[144]

1849 年 11 月 10 日，亨利·沃德爵士在伊奥尼亚议会发表讲话时为自己辩解："我所面对的不是一场普通的叛乱，若是普通叛乱，我本该欣然抓住机会，在第一次镇压成功后宽大为怀。但我要面对的是社会上的聚众生乱的流氓……"[145] 伊奥尼亚人并不相信他的话，部分英国媒体也不信。《每日新闻》指出："在一座总人口不超过 7 万的岛屿上，因一次叛乱而判处 21 起绞刑，这显然不像是宽大处理的错误……"《纪事晨报》写道，在"惩罚的数量和严厉程度"方面，沃德的"严酷程度远远超过政治对手笔下的驻匈牙利的奥地利将军"。正如《每日新闻》所言，他"效仿了奥地利和俄国将军的残酷和严厉"。[146] 确实，即使按照官方确认的 21 起绞刑计算，考虑到岛上不到 7 万的人数，这种报复的强度也不亚于奥地利和那不勒斯的反革命暴力。

这桩丑恶的小插曲发生在远离欧洲文化中心的边缘地区，但它仍然具有启示意义。这并不是因为它不同寻常：面对 1848 年锡兰的叛乱，托林顿（Torrington）勋爵领导下的英国当局也采取了非常相似的做法。1865 年莫兰特湾叛乱后在牙买加发生的事情更糟，当时总督爱德华·约翰·艾尔（Edward John Eyre）宣布戒严，主持杀害了 400 多人，鞭打了 600 多人（包括孕妇）。但这些都是"殖民地"，在这些以森严的种族等级为特征的环境里，帝国主义暴力得以大显身手。

伊奥尼亚共和国不是殖民地，而是位于欧洲的保护国。当然，英国行政官和来访者认为伊奥尼亚人是"懒汉""白痴""粗人""野蛮人""东方人""无赖"，"与驴子相差无几"。[147] 这就是欧洲人在将他们的欧洲同胞变成"种族上的他者"时所找到的词汇。同时别忘了费迪南多·马尔维卡在革命初期看到"来自地狱的种族"进入他心爱的巴勒莫；还有来自工业郊区的"异族"，他们在维也纳的出现让卡尔·冯·博尔科夫斯基不安。亨利·沃德勋爵此前未担任过殖民地总

狭小地区的反革命 597

督。他在职业生涯之初，在瑞典、海牙和西班牙当过外交官；他还担任过驻墨西哥临时代办。他在为自己在凯法利尼亚岛的行为辩解时说，他"在西班牙和墨西哥看到了很多同类人，确信只有采取最严厉的措施才能起作用"。[148]

换句话说，对凯法利尼亚岛的报复并不意味着将欧洲以外的殖民做法重新引入欧洲。亨利·沃德爵士是一位"进步的自由主义者"，痴迷于古典经济学。作为议员，他曾反对1847年的《工厂法》，该法规定女性和年轻男性（13—18岁）每天在纺织厂的工作时间不得超过10小时。他也是宪章运动的激烈反对者，以阶级冲突的视角看待宪章运动。甚至在大饥荒之前，他就支持爱尔兰人移民，他认为爱尔兰人人数太多，对他们自己不利。简而言之，他是英国文化和政治精英中相当普通的一员。面对凯法利尼亚岛的平民骚乱，他的行为与许多欧洲大陆的同行的做法如出一辙。

1850年或1851年的冬天，英国政治家威廉·格莱斯顿（William Gladstone）来到意大利南部，在那里，他遇到了反对波旁王朝统治的自由主义者。这位那不勒斯自由主义者向他讲述了那不勒斯君主国政治犯所遭受的残酷命运。返回伦敦后，格莱斯顿决定向梅特涅的老朋友、在奥地利政府中仍有关系的阿伯丁勋爵提起此事。最终，阿伯丁给施瓦岑贝格亲王写了一封信，温和地恳请他向两西西里的费迪南多提出囚犯待遇的问题。施瓦岑贝格回信给阿伯丁，表示他将与费迪南多皇帝谈谈。但他补充说，他认为英国没有理由在人权问题上对他说教，并提到了英国最近镇压凯法利尼亚岛叛乱时所采取的措施。[149] 压迫性政权（以及被发现有压迫性行为的自由主义政权）总是沉溺于这种道德逃避和相互揭短的策略。但施瓦岑贝格的话不无道理。英政府并不认为沃德对凯法利尼亚岛危机的处理是恶劣或失当的，驻伊奥尼亚群岛王室高级专员也并没有受到正式谴责。1855年5月，亨利·沃德勋爵成了锡兰总督。

第二波

1848 年 11 月 24 日傍晚，教宗庇护九世逃离了罗马城。下午 5 点，他换下鞋面绣有十字架的摩洛哥丝绸拖鞋，摘掉红色天鹅绒教宗帽，穿上黑色法衣，戴上乡间神父的宽边帽。半小时后，他神色紧张地从内部楼梯离开了奎里纳尔宫的教宗接见室，蹑手蹑脚地走到庭院，那里有一辆马车正在等他。法国驻罗马教廷公使欧仁·达尔古公爵，独自一人在接见室里高谈阔论了 45 分钟，以打消附近的人对教宗已经离开了的怀疑。

在圣马塞兰和圣彼得教堂，巴伐利亚大使卡尔·冯·施保尔伯爵迎接了教宗的车辆。大使右手紧握手枪，以防在路上受到盘问。逃亡者匆忙上了一辆小型敞篷马车，驶出城外，帽檐和渐渐浓重的夜色遮掩了他的面容。在向南行驶约 16 千米后，他换乘一辆更大、更快的车，前往教宗国的南部边境，然后进入毗邻的那不勒斯王国。整整一夜，一行人都在向南飞驰，由于车速过快，有一次他们甚至不得不停下来，让马车夫扑灭车轴附近燃起的火花。第二天下午，庇护九世被安顿在加埃塔城墙内的一所朴素的房子里。他将在那不勒斯王国一直住到 1850 年 4 月。

庇护九世的隐秘逃亡是现代史上的标志性事件之一。它证实了天主教会与意大利乃至整个欧洲正在展开的政治改革及民族统一运动之间日益扩大的裂痕。在罗马城，它标志着一个转折点，为 1849 年的共和实验打开了大门，但也为随后的反动镇压奠定了基础。它预示教宗自 754 年以来在意大利中部所掌握的世俗主权的崩溃。对庇护九世本人来说，逃离和流亡的经历也是一次创伤，多年来，这种创伤对他性格的影响越来越深。而随着教廷根据革命后的形势调整其观点和公众参与规则，这次经历的影响还会波及更远的地方。

1848 年，随着革命席卷欧洲，教宗的软弱地位暴露无遗。维持意大利现状的梅特涅被迫逃离维也纳。革命者夺取了威尼斯和米兰的政权，迫使奥地利人撤军。传统教宗主权的地缘政治基础似乎正在坍塌。然而，与此同时，一股对教宗的爱国主义热情席卷了整个半岛。他的名字无处不在：在君主的公告中，在报纸文章中，在为意大利而战的志愿军的私人信件中，在爱国布道中，在临时政府的法令中。他是"伟大的""光荣的""不朽的"；他是"意大利之星"，是"众人所爱"，意大利人是仰慕他的"孩子"。教宗突然化作新时代的摩西，将他的人民（上帝的选民）从奥地利法老的奴役中解放出来。[150] 庇护九世不再仅仅是一个历史人物，而是成了一个神话人物，因为他成了一种思考世界的方式。自由主义和民族主义的教宗神话并不是教宗实际行动和决断所产生的结果；它也不源自教廷的政治立场，或现任教宗的优柔寡断和摇摆不定。它不是庇护九世建构的，甚至也不是他周围的人建构的。它本身就是一种文化和情感现象，是教宗本人要努力应对的一股力量。[151]

教宗立场上的矛盾越发难以掩饰。在罗马城，几乎所有人都支持将奥地利人赶出意大利北部的斗争。1847年，奥地利人注意到意大利中部局势日益动荡，于是增加了在教宗国北部边境费拉拉要塞的驻军，意大利人的反奥情绪因此沸腾。当伦巴第和威尼西亚起义的消息传来时，罗马民众涌入威尼斯广场，攻击奥地利公使馆，架上梯子，卸下带有奥地利双头鹰图案的盾徽。当一支教宗军队向北方进军，据说是为了守卫边境，防止可能的入侵时，人们欢呼雀跃。但教宗怎么可能投身反奥战争呢？

奥地利不仅是欧洲最重要的天主教强国，也是教宗安全的传统保卫者。对庇护九世来说，展开反抗奥地利的"意大利"战争是一个可怕的前景。在4月29日的训谕中，教宗断然与民族运动决裂，谴责那些"天主教的敌人"散布"谗言"，说他支持武力反抗奥地利的政策。他写道，有很多人在谈论教宗时，误以为他是"最近发生的公共骚乱的主要制造者"。是时候"驳斥某些人狡猾的劝告了……他们希望罗马教宗主持一个由意大利全体人民组成的新共和国"。[152]仅仅三天后，教宗就写信给奥地利皇帝，恳求他从战争中抽身，"这场战争永远无法为您的帝国重获伦巴第人和威尼西亚人的民心"，还将带来"总是与战争相伴随的一系列致命灾难"。他写道，他相信德意志民族（在这一语境中，他指的是奥地利人）"真诚地为自己的民族感到自豪"，不会"让意大利民族流血，从而损害自己的荣誉，而会高尚地视（意大利）为姐妹"。[153]这两则信息应被看作同一政策的两个方面。给奥地利皇帝的信件的开头提到了教宗训谕；庇护九世在把自己和自己的声誉从反奥战争中解脱出来后，（徒劳地）希望奥地利人也能做出克制的姿态。然而，写给斐迪南一世的信是私人通信，但教宗训谕在整个亚平宁半岛上被复制流传。这似乎暗示，教宗倾向于将伦巴第和威尼西亚留在奥地利手中。

教宗将给意大利人带来的一切幻想破灭了。这给爱国事业造成了无法估量的损失。"他的名字具有真正的道德分量，"玛格丽特·富勒写道，"这是对情感的有力号召。其他任何人都起不到同样的效果。在罗马的领地内，没有别的人能够成为真正的领袖，甚至没有一个具有同等伟大思想影响力的人。"[154]现在，教宗暴露出他是可恨的奥地利人的朋友，是"现存政权开倒车的捍卫者"。[155]训谕的信息给那不勒斯的反革命注入了活力，而教宗军队的撤军则沉重打击了北方爱国者的士气。

到1848年夏，罗马城出现了一个意志坚定且善于表达的自由派政治领导层，其基础是俱乐部构成的网络，成员包括来自意大利其他地区的流亡者。根据新的自由宪法，罗马举行了两院制立法机构的下院的选举。教宗犯了一个在现代欧洲历史上多次出现的错误。他认为两院仅是咨询机构，而没有意识到议员们认为自己代表了一种新的、将取代神权统治的政府形式。教宗与政府之间的僵局进一步加深，气氛进一步恶化，1846年的爱的盛宴的最后余烬也随之熄灭。玛格丽特·富勒在1848年5月写道："意大利曾如此幸福地爱着他，但现在

第二波　601

玛格丽特·富勒像，由约翰·普拉姆（John Plumbe）以银版摄影法拍摄（1846）。富勒是一位敏锐的婚姻批评家，她将婚姻描述为大多数女性的"噩梦般的命运"。作为一名日记作者和通讯员，尤其是在罗马，她对1848年的事件发表了一些最敏锐、最深刻的文章。1850年7月19日，在返回美国的途中，她与她意大利籍的丈夫和孩子在火岛附近的海难中溺水身亡

资料来源：National Portrait Gallery, Smithsonian Institution, Washington, DC (Object No. NPG.2018.3)

一切都结束了。他是现代的罗得之妻[①]，如今不再是一个活生生的灵魂，而是过去的冰冷盐柱。"[156]

  关于逃离罗马，庇护九世已经深思熟虑过一段时间。流亡是庇护九世任职期内反复出现的主题。1831年斯波莱托起义爆发，当时在该地担任大主教的庇护九世就曾逃离政治动荡。那时，他的避难所也是那不勒斯王国，当奥地利人忙于恢复其教区的秩序时，他在外地

[①] 《创世记》中记载，罗得的妻子在逃离索多玛和蛾摩拉这两座罪恶之城时，因好奇而回头了一次，变成了一根盐柱。——编者注

静待麻烦结束。可供选择的目的地不少，毕竟接待一位流亡教宗是一项值得争取的荣誉。西班牙热切希望将他接到巴利阿里群岛的某个岛上；一艘法国护卫舰在奇维塔韦基亚附近抛锚停下，如果教宗有需要便可搭船前往马赛；英国向意大利派遣了明轮蒸汽战舰"斗牛犬"号；美国人也承诺向他提供船，如果他需要的话。但直到 1848 年 11 月，庇护九世才下定决心离开。

促使教宗下定决心的，是他的朋友和知己佩莱格里诺·罗西（Pellegrino Rossi）遇刺身亡一事。佩莱格里诺是一个耐人寻味的人，他的传记令我们想起民族国家兴起以前的欧洲人是什么样的。罗西在比萨和博洛尼亚接受教育，曾支持那不勒斯的拿破仑政权，并在 1815 年政权垮台后逃往法国。他在日内瓦加尔文学院任教数年，在那里，他获得了瑞士公民身份，成为瑞士宪政改革的拥护者，还一度担任瑞士代表大会的代表。然后，他于 1833 年接受法兰西公学院政治经济学教席。获得法国公民身份后，他成为弗朗索瓦·基佐的积极支持者。1845 年，基佐政府派他出使教宗国，与罗马教廷谈判将耶稣会士驱逐出法国的事宜。由于圆满完成了这一任务，罗西被封为贵族并晋升为大使。1848 年 2 月，基佐政府和法国君主制一起垮台，罗西的任职也随之结束。但他留在了教宗国，先是作为教宗的朋友和顾问，然后又成为教宗行政机构中最积极的大臣。

罗西专注于技术解决方案和行政改革，他所代表的正是那种务实温和的政治，在由于冲突而两极化的环境中，这种政治很少能赢得支持。作为内政和治安大臣，他奉行温和自由主义与渐进主义方案，关注教宗行政机构的凡俗化和代议制政治的加强。这些政策，加上他众所周知的反对重启对奥战争的立场，使他招致民主派和保守派两方强硬分子的憎恨。

1848 年 11 月 15 日下午 1 点左右，罗西乘坐马车来到文书院宫入口，他将在这里主持教宗国下院会议开幕。与他同行的还有代理财政大臣彼得罗·里盖蒂（Pietro Righetti）。入口处聚集了大批公民卫队成员，以及刚从威尼西亚战役中被召回的军团士兵。里盖蒂试图从叫嚣着的人群中开辟出一条道路，却遭到了猛烈的推搡，因此不得不走在首相①身后。愤怒的士兵将罗西团团围住，但首相仍然保持平静，尽管他已收到警告，称他关于奥地利战争的立场使他面临被暗杀的危险。当他登上宫殿的楼梯时，一名袭击者出现，并将一把匕首插入他的脖子，切断了他的颈动脉。他倒在台阶上，周身一片血泊，各方的军团士兵则都掀起斗篷，以掩护袭击者逃跑。[157] 听闻首相惨死的消息，罗马群众开展狂热的庆祝活动。"刺向暴君之手有福了！"他们一边如此唱道，一边高举着意大利三色旗和一根杆子穿过城市，杆子上悬挂着刺客血迹斑斑的匕首。随后几日，教宗和他最亲密的助手均陷入恐惧。人群袭击了奎里纳尔宫，在入口前架起大炮，高级教士帕尔马阁下在自己房间的窗边站着时遭到枪杀。从广场射出的子弹射入了教宗的接见室。[158] 是时候离开了。

教宗的离去为1848年革命最精彩的事件之一做好了铺垫。就在巴黎、柏林和维也纳的革命奄奄一息时，罗马却迎来了新的开始。经过一段不确定和紧张谈判的时间，内阁会议宣布成立一个"临时最高国务委员会"，它将在"罗马制宪议会"建立之前，暂行政治行政机关的所有职能。庇护九世时期设立的那些软弱的审议会议被解散了；12月，国务委员会宣布选举将采取直接普选的形式，所有21岁及以上的男性公民都有资格投票，所有25岁及以上的男性公民都有资格参选。25万选民参加了投票。鉴于动员农民的困难、众多神职人员的强烈反对，以及教宗在两西西里王国流亡期间发布的声讨文章和革除教籍的指令，这个数字还算不错。1849年2月5日，议会在文书院宫召开第一次会议。

---

① "首相"只是俗称，正式头衔应为"内政大臣"。相关制度是由《教会国家世俗政府基本法》（1848年3月14日颁布）所规定的。1848年革命失败后，教宗宣布该法无效。——译者注

1849年2月9日宣布成立的罗马共和国是一个极其人道、克制的政权，它在短暂的存在期间取得了很多成就：宗教裁判所被废除；大学教学中的教士垄断被终结；教会的出版审查制度被废除，数十种新刊物出现；阻碍贸易和农业发展的保护性关税被取消；秘密教会法庭失去了司法垄断权，世俗司法机构取而代之；赋税得到调整，以帮助贫困公民；所有基于信仰的歧视都被废除，这意味着教宗国的犹太人终于彻底摆脱了传统负担。这些不起眼的成功都值得强调，因为共和国的敌人一直在不遗余力地传播恐怖故事。庇护九世下令革除所有议会成员和数十万给他们投票的人的教籍，这开启了抵制选举的悠久传统，它将一直延续到20世纪的意大利政治生活中。他的支持者们四处宣扬罗马共和国的肆意掠夺、残忍和暴行。然而，罗马城中的见证者证明，尽管警力不足，但该市的公共安全水平很高。

　　新宪法废除了死刑（这是第一部废除死刑的宪法——如果算上瓦拉几亚的《伊斯拉兹宣言》的话，就是第二部），并规定了普遍的宗教自由，尽管新领导人也向教宗保证了后者可继续管理天主教会的权利。在宪法开篇的八项"基本原则"中，早期草案中规定天主教是"国教"的条款后来被删除。第二条原则宣布"平等、自由和博爱"为新政权的指导思想。第三条原则像法国宪法一样，承诺共和国将致力于"改善所有公民的道德和物质条件"，尽管没有明确规定如何实现。新宪法还规定了出版自由和世俗教育。这份文件的起草者包括法学家、那不勒斯前司法大臣奥雷利奥·萨利切蒂，他在波旁王朝开启反革命反攻后流亡他乡。然而，在为未来做出这些规定的同时，共和国也在努力确保自身的物质生存基础。与19世纪中叶革命中的许多临时政权一样，共和国很快就耗尽了资金。随着有钱人带着现金逃离首都，银币从街头消失，共和国被迫以贬值的法币，以及印有鹰、古罗马束棒和炮弹图案的通货膨胀的纸币来维持运转。

　　如果说金钱短缺，那么名人则是过剩的。1月27日，威尔第的《莱尼亚戈战役》（*The Battle of Legnano*）在阿根廷剧院华丽首演，作曲家亲自指挥，市民们蜂拥而至。这是一部自始至终以爱国为目的的歌剧，旨在表达和放大当下情感。剧本改编自约瑟夫·梅里（Joseph Méry）的剧本《图卢兹之战》（*La Bataille de Toulouse*）。改编时，剧本作者萨尔瓦多雷·卡玛拉罗（Salvadore Cammarano）将剧情从法国搬到中世纪的意大利北部，描绘伦巴第联盟在莱尼亚戈战胜入侵的神圣罗马帝国皇帝"红胡子"弗里德里希一世的情景。尽管没什么取得现代版莱尼亚戈胜利的可能，但观众无须任何引导，就能将这个1176年的场景解读为当下意大利人愿望的寓言。从开场的合唱"意大利万岁！一项神圣的盟约将她所有的儿子紧密团结"，到结尾歌颂自由，愿"意大利身披荣光，拔地而起"，威尔第始终让歌剧保持着充沛的感染力。整场演出将满场观众推向"激情的狂潮"。当男主角高呼"意大利万岁"，并从阳台跳入护城河，准备游回自己的军队时，观众中的一名士兵激动得不能自已，把他的佩剑、外套和肩章，连同包厢里的所有椅子都扔到了舞台上，然后自己也跳上了舞台。[159]

　　全世界的意大利起义网络的大人物现在都来到了罗马。马志尼于1849年3月5日从伦敦经法国和瑞士抵达此处，这是他第一次来到这座城市。新议会已经全票通过，同意授予他共和国荣誉公民身份。他一抵达就受到狂热群众的欢迎，并像布卢姆抵达维也纳时一样，立即受邀向议会发表讲话。在激动人心的演讲中，他呼吁罗马人表现出不敌视宗教的爱国主义，他们应该向世界表明，自由与平等可以共存。良心自由和言论自由是每个人都应享有的权利；不应存在对政治对手的不宽容或仇恨，而应团结一致支持民族独立。马志尼对政府职位不感兴趣，但当议会以压倒性多数票决定为他提供一个职位时，他最终同意担任共和国行政机构的三巨头之一。他的执政方式比较温和，表现出出色的管理才能，并很快被默认为唯一的实际统治者。就像在伦敦一样，马志尼在罗马的生活低调，他在一个单人房间里工作，在附近的餐馆用餐，没有守卫。

　　长期以来，马志尼一直希望用一种以民族为中心的新精神形式取代教会的基督教，而暂居罗马对他产生了矛盾的影响。在他看来，共和国拥有宽容但明确的世俗宪法，显然是朝着正确方向迈出了一步。但深入罗马空间、了解罗马的行为方式也让他意识到，教会对广大信徒具有持久的道德权威。1849年复活节（周日），他与一位朋友前往圣彼得大教堂，在那里看到聚集在贝尼尼长廊下接受祝福的人海；在他们面前，矗立着大教堂宏伟的外墙，教堂上方是米开朗琪罗设计的巨大的白色穹顶。就将民族情感植入政治活跃的意大利人心中来说，马志尼居首功，但爱国者能拿什么与这一震撼人心的奇观相比呢？"这个宗教很强大，"他怅惘地对同伴、画家尼诺·科斯塔（Nino Costa）说，"而且在未来很长一段时间内，它还会强大下去，因为它看起来如此美好。"[160]

1849年4月底，加里波第率领一支军团分遣队抵达罗马。1848年春，加里波第曾提出为教宗和国王查理·阿尔贝特而战，但遭到二人拒绝。他参加了争夺米兰的战斗，并在奥地利胜利后撤退到瑞士。加里波第与阿尼塔以及他们的三个孩子在尼斯度过秋冬后，便来到罗马与马志尼会合。这些富有传奇色彩的人物赋予共和国一种几近超凡的感召力。正如一位狂热支持者所描述的那样，马志尼这位"革命的使徒"身上有一种超凡脱俗、宛若祭司般的高贵。对那些品位不那么朴实无华的人来说，加里波第则有着别样的魅力。加里波第骑着一匹白马进城，身穿红色短尾夹克，头戴黑色小毡帽，栗色的头发蓬乱地披散在宽阔的肩膀上。与加里波第形影不离的是其著名伙伴安德烈亚·阿古亚尔（Andrea Aguyar），他的父母是乌拉圭的奴隶。从在蒙得维的亚追随加里波第那一刻起，他就将自己的生命献给了这位意大利革命者。阿古亚尔上身穿着红色紧身衣，头顶的贝雷帽俏皮地倾斜着，下身穿着带绿色条纹的蓝色长裤。他骑着一匹油光水滑、漆黑锃亮的战马。加里波第和阿古亚尔一起骑马外出时（他们经常这样做），总是引起轰动。

这些人之所以能释放出强烈的情感，是因为他们与浪漫文化产生了共鸣。在这种浪漫文化中，世俗、精神和宗教主题深深纠缠在一起。而这种纠缠之所以成为可能，是因为宗教情感和教会权威之间的联系已经松动。1849年4月，曾是巴尔纳伯修会修道士的革命家乌戈·巴西（Ugo Bassi）在罗马郊外遇见了加里波第，他将加里波第描述为"我一生所能希望遇到的最值得歌颂的英雄"。巴西写道："我们的灵魂已经结合在一起，就好像我们来到尘世生活以前，曾是天堂里的兄弟。"[161] 曾围绕庇护九世的那种模糊的精神崇拜，现在流向了激烈的反教权冒险家加里波第。巴西将继续担任军团的神父和加里波第的精神顾问，直到四个月后被奥地利行刑队处决。与天主教会一样，罗马共和国也有自己的圣人，而且很快就会收获自己的殉道者。

克里斯蒂娜·特里武尔齐奥·贝尔焦约索是受吸引前往罗马的爱国名人之一。她是这个时代为数不多的欧洲女性名人之一，是"意大利的乔治·桑"。贝尔焦约索的名声有很多面向。1848年之前，她出名的原因包括：参与伦巴第爱国运动，流亡巴黎时风光无限，慷慨资助伦巴第侨民，以及对洛卡特庄园（她继承的遗产，位于帕维亚和米兰之间）的进步管理。她为庄园内的乡下孩子建立了一个幼儿园和若干所学校，还建立了培训有才干的农民的实验室和供冬季集体用餐的大型暖房。[162] 和桑一样，她也因一些性别特征而闻名，包括：她出众的外表、她身上男性与女性气质的令人难以捉摸的融合、她与男性的暧昧友谊。[163] 在米兰，她组织并资助了一支士兵队伍，参加了该市挣脱奥地利束缚而获取自由的斗争。在1848年夏的起义失败后，她返回巴黎，在《两个世界评论》上发表了对米兰事件洞若观火的分析。1849年春抵达罗马后，贝尔焦约索被安排负责管理罗马的军医院，为抵御反革命军队的干涉做准备。玛格丽特·富勒是她雇用的助手之一（可能是在马志尼的建议下雇用的），接管了台伯河岛西岸的慈善兄弟医院。

1849年5月下旬，罗马保卫战已经打响，富勒在一封信中指出，这位女亲王自离开米兰后就没有任何收入，"她的财产都在拉德茨基的手里"。然而，即使手头拮据，她似乎仍能像身怀巨款一样游刃有余。贝尔焦约索向罗马女性发出呼吁，要求捐赠棉絮和绷带，获得了巨大成功。她还发起了一场募捐活动，与另外两名蒙着面纱的女性一起走街串巷，邀请知名人士捐款。这种前所未闻的方式引发了一波捐赠热潮，其中包括一笔来自在罗马的美国人的 250 美元捐款，这笔钱中的"很大一部分来自领事布朗先生"。[164]

革命时间线的一个奇怪之处是，在 1848 年秋的反革命之后，又出现了另一波革命骚动，一直延续到次年春夏。第二波骚动与 1848 年春的骚动性质不同，是由激进主义者而非自由主义者主导。与春季骚动相比，第二波计划更周密，网络也更牢固。它们揭示了左翼人士从春夏的失败中汲取的教训。

许多自由主义者认为，选举议会、承认宪法、取消审查制度和采纳其他政治要求已经大体上实现了自由派的目标。他们远非"社会政治虚无主义者"，并非意识不到最贫困阶层所面临的社会经济压力。[165] 但大多数自由主义者不愿意将政治权威与满足社会需求联系起来，因为在他们看来，人类的社会和经济生活根植于私人关系之中，这是一个必须受到保护而不受国家干预的领域。正如拉马丁在与路易·勃朗的论战中所总结的那样，"在自由国家中，除了通过竞争、技能和道德来获取自由的回报，我们不承认存在其他可能的劳动组织！"[166] 自由主义一直是一种平衡和校准的政治，它主张"到此为止，不再前进"。1848 年，自由派及其政治纲领得到了满足，他们便希望革命就此止步。

但左翼的政治参与在继续深化，尽管自由派中间势力的政治参与热情有所消退。在德意志，1848 年 11 月普鲁士国民议会被迫关闭，是促使大规模民众动员走向激进化的最重要因素。当柏林的议员呼吁抵制赋税时，法兰克福国民议会就是否支持他们展开了激烈辩论。法兰克福议员中的温和-保守主义多数派投了反对票。作为回应，一群

第二波　609

左翼议员成立了"维护三月成就中央协会"。该协会一经启动,便迅速扩展到德意志南部和西部的民主地区。到1849年3月底,它已拥有950个俱乐部,约50万会员。

左翼运动人数越来越多,规模越来越大,尤其是在法国和德意志,这让自由派感到震惊。他们面临像小麦一样被碾碎的前景:一方面是反革命的磨石,另一方面是左翼动员的磨石。在一篇关于巴登大公国革命进程的分析文章(写于1849年)中,自由派政治家路德维希·霍伊瑟尔提出了批判性的意见。他认为,这些俱乐部不仅仅是左翼的清谈馆,而且是"组织严密的对抗性政府"和"国中之国"。[167] 自由派不喜欢"维护三月成就中央协会"将议会和议会外的激进活动相混合的方式,他们认为这是反议会之举,他们还记得法国大革命时期的俱乐部。他们喜欢议院的稳定程序,因此讨厌俱乐部的喧闹无序和那些哗众取宠的言辞。该协会对共和思想的开放态度是另一个问题,因为大多数德意志自由派都推崇君主立宪制。对他们来说,"共和"一词意味着叛乱、无政府状态、暴民的恐怖主义统治和资产阶级世界的解体。[168] 一些自由主义者准备效仿左翼,利用协会网络来深化和巩固自己的纲领。"让我们向敌人学习吧!他们已经组织起来了!"一份自由主义刊物在1849年8月敦促道(这里的"敌人"指的是激进主义者,而不是君主制反革命)。[169] 但自由派几乎总是不如他们的左翼竞争对手成功,既因为他们的官僚作风较少引起人民群众的共鸣,也因为他们的政治形式的社会覆盖范围比较小。

六月起义的灾难之后,法国也发生了类似的事情。一个新的伞状左翼共和派组织诞生了,它被称为共和团结社,到1849年1月已拥有350个附属俱乐部,并在法国3/4的省份设有附属机构。当局立即关闭了该组织。但地下动员仍在继续,结果秘密会社的结构扩大到前所未有的程度,共有700多个协会约10万人积极参与其中。这些团体的出现揭示了政治情绪深刻的两极化,也影响了1848年冬至1849年春的选举结果,使自由派备受冷落。在萨克森,1848年12月的选举导致下院 75 个席位中有 66 个落入民主派手中。[170] 1849 年 1 月和 5 月，普鲁士王国和法国各自的选举显示出中间派被削弱的状况，席位分配也呈左、右两极化。1848 年秋，同样的事情发生在符腾堡。在为 9 月下旬召集的改组后的符腾堡议会而进行的选举中，大卫·弗里德里希·施特劳斯成为议员候选人之一，他是引发苏黎世动乱（第三章）的麻烦人物。他既敌视"无政府左翼"，也敌视"贵族右翼"（他这样称呼他们），但中间地带几乎空空荡荡，没有人可以携手建立一个温和派系。[171]

中间派萎缩的一个原因是，自由主义政治的功能和更大的目标不再显而易见。自由主义者越害怕左翼，就越倾向于秩序的力量。无论自由派在政府的哪个位置，他们都力图将民主政治俱乐部、公众集会和示威游行置于警方的监视下，对它们采取严厉的反制措施，与此同时，他们对右翼对革命合法性的攻击视而不见。在革命议会中，自由派越来越倾向于与昔日的保守派敌人联合投票，反对温和派与激进派左翼的议员。[172]

这在某种程度上是自由派成功的标志。如果说自由派是一支"饱和的力量"，假设他们已经实现了奋斗目标，那么他们何不站在公共秩序和维护新建制一方呢？称心如意和自由主义的成就感当然是其动机组合的一部分，但自由派行为更深层、更重要的驱动力是对进一步动荡的恐惧。从 1848 年夏开始，他们越来越从程式化和末日论的角度看待政治和社会冲突。他们认为自己与代表着对资产阶级社会秩序绝对否定的敌人陷入了零和冲突。柏林作家、历史学家和自由主义犹太教育家西吉斯蒙德·施特恩（Sigismund Stern）在 1850 年举行一系列关于革命史的讲座，并描述了巴黎六月起义对欧洲有产阶级的影响：

> 资产阶级……一想到有可能被一个威胁要推翻社会、摧毁所有收入来源和手段的政党统治，就充满了恐惧。面对社会主义和

共产主义在整个欧洲的蔓延，资产阶级的这种恐慌为反革命在他们当中扎根提供了重要的立足点。[173]

1848年秋至1849年春，左翼的第二波动员与德意志问题的政治交织在一起。1848年10月下旬，法兰克福国民议会投票通过"大德意志"的民族问题解决方案：哈布斯堡的德意志（和捷克）土地将被纳入新德意志帝国，非德意志的部分则将组成一个独立的实体并由维也纳统治。这个计划的主要问题是奥地利人无意接受它。哈布斯堡宫廷很快就恢复了信心。1848年11月27日，维也纳新任首相费利克斯·施瓦岑贝格亲王宣布，哈布斯堡王朝仍将是一个统一且不可分割的政治实体，从而宣告"大德意志"方案破产。法兰克福的共识现在转向"小德意志"解决方案，支持这一方案的派系是温和自由派，以及大部分新教民族主义议员。根据"小德意志"解决方案的条款，奥地利会被排除在德意志邦联之外，而新联邦的主导权将落入普鲁士王国手中。

只有普鲁士君主同意成为"小德意志"政体的加冕元首，这一选项才有成功的机会。11月下旬，法兰克福临时帝国政府的新总理前往柏林，希望说服弗里德里希·威廉四世在原则上接受德意志帝国的王冠。国王最初的反应并不乐观。他轻蔑地说这是"用泥土和黏土制作的王冠"，但假如能够获得奥地利和其他德意志王公的同意，他也保留接受王位的可能性。虽然这不算一个好的基础，但足以让"小德意志"方案在接下来的几个月里存活下来。在一系列匆忙的辩论和决议中，法兰克福的代表们一致同意：第一，新德意志将是一个君主制国家（也就是说不是共和国）；第二，这个君主将是世袭的；第三，君主的位置将留给普鲁士国王。1849年3月28日颁布的《帝国宪法》预见到，德意志的行政机构将由一位拥有"皇帝"头衔的王公领导。大臣们将对两院制议会负责，议会拥有立法的权利。政府可以推迟两院支持的法律，但没有绝对的否决权。德意志皇帝的命令只有在大臣会签后才能生效。至于奥地利土地是否会在某个时候成为新实体的一部分，这个问题尚待决定。[174]

1849 年 4 月，普鲁士自由主义人士爱德华·冯·西姆松（Eduard von Simson）率领议会代表团前往柏林，向国王提出正式邀请，这是德意志现代史上具有象征意义的事件之一。国王亲切地接待了他们，并衷心感谢他们以德意志人民的名义给予他的信任。但他拒绝了王位，理由是只有在与其他德意志邦国合法君主达成一致的情况下，他才能接受这样的职位。国王的拒绝是对议会尊严的打击。这宣告民族计划将在纯粹君主而非议会的主持下推进，这也意味着法兰克福国民议会的议员们精心起草的《帝国宪法》遭到了粗暴拒绝。[175]

德意志民族问题现在处于一种悬而未决的状态。法兰克福有一个"帝国行政机构"，但它没有权力。他们有一顶王冠，但无人可戴。帝国宪法得到了 30 个小邦及弹丸小邦的批准，但遭到了几乎所有大邦，包括普鲁士、汉诺威、符腾堡、巴伐利亚、萨克森和奥地利的拒绝。

于是事情演变为：1849 年春，激进主义者大力发起一场运动，以迫使反革命邦国接受法兰克福国民议会制定的《帝国宪法》。从某种意义上说，这是一种出人意料的发展。《帝国宪法》在法兰克福国民议会仅以微弱多数通过。激进运动的左翼历来对宪法或形成宪法的审议程序不太感兴趣。格奥尔格·海尔维格在 1848 年 7 月首发的诗歌《谈话永无终结》（"Das Reden nimmt Kein End"）中，用嘲讽叠句捕捉到了这些圈子中普遍的对议会的轻蔑态度："在议——议——议会中，空洞的闲聊永远不会结束。"这首诗在结尾一节力促"人民"关闭法兰克福国民议会。（1968 年后，海尔维格的这首小诗在西德"议会外反对派"运动的极端激进学生中再度流行。）[176]

然而，在 1849 年春的境况中，动员人们支持《帝国宪法》的决定在策略上是明智的。作为"三月革命的文字结晶"，这部宪法是具有强大凝聚力的象征。[177]它因君主们的倨傲蔑视而愈显高贵。这是一份自由主义文件，但也带有一些激进的内容（例如一连串权利）。大多数德意志激进主义者都对软弱议会和强大议会做了区分：前者听从君主意愿开会议事,后者以人民主权的名义实行统治。唯有后者才能真正代表一个民族国家。[178] 因此,帝国宪法运动意味着人们依然致力于民族计划,这一进程经人民同意,由底层推动。由于保守的君主政府在反革命镇压浪潮中解散了各自的议会,如今《帝国宪法》成为在革命与反革命这两种截然不同的选项之间做出选择的一种方式。

借助扩大的第二波左翼网络,帝国宪法运动发展出令人惊叹的势头。维尔茨堡民主协会的地区委员会成功收集了一万个支持宪法的请愿签名。符腾堡罗伊特林根的人民俱乐部春季集会吸引了两万人。汉诺威策勒市的活动是由代表 75 个地方俱乐部的委员会组织的。从 1849 年 4 月中旬到 7 月,从萨克森和普鲁士莱茵兰到符腾堡和巴伐利亚的普法尔茨,一连串起义再次震撼了德意志各邦。所有统治者拒绝接受《帝国宪法》的德意志邦国都发生了抗议活动。

普鲁士发生了重大骚乱,特别是在工业化程度较高的莱茵兰,那是最成熟、最密集的激进组织网络的所在地。激进分子武装起来,建起街垒并成立"安全委员会"——地方政府的临时机构。最严重的骚乱发生在威斯特伐利亚的伊瑟隆,那里有大约 9000 名公民。伊瑟隆是一个工业小镇,生产金属丝、别针、丝绸、缎子,设有布匹制造厂、造纸厂、制革厂、青铜铸造厂和 60 多家其他企业。一段时人对该城镇的描述赞扬了其繁华活力与自然美景的完美结合:"群山与溪谷组成了围绕城市的芬芳青绿花环,它为远离车马喧嚣的人们提供了一个赏心悦目的休憩之地。"[179] 1849 年 4 月 10 日,一群人袭击城里的军械库,用斧头砸开大门。闯入者带走了他们能找到的一切:头盔、枪支、衬衫和裤子。一名女子看到一名男子穿着新抢来的靴子离开大楼,对她的丈夫大喊:"约翰,你没鞋穿,也去给自己拿些吧!"孩子们握着手枪跳上街头。有人看到一名"野性十足的女人"走在一群"狂野暴徒"的前面,她用一把抢来的军刀狠狠劈向鹅卵石,顿时碎石四溅。[180]

起义者用路障将自己围护在市中心后,成立了安全委员会。1849 年 5 月 13 日,委员会发布了一份强硬的"公告":

> 军械库已被占领，武器在人民手上。这群人民，伊瑟隆的公民，已在他们的街垒竖起了德意志邦联的旗帜；他们向国王发出最后通牒：必须解散勃兰登堡伯爵内阁，代之以人民内阁，而人民内阁的第一要务须是无条件承认德意志《帝国宪法》……[181]

普鲁士当局没有回复。四天后，军队攻入这座城市。100多名起义者丧生，其中大多数是工人和工匠。

在萨克森，国王弗雷德里希·奥古特都二世拒绝批准宪法，解散了议会两院，罢免了不合作的大臣。5月3日爆发了一场起义，德累斯顿各地都出现了街垒。国王、一批忠诚的大臣和宫廷成员收拾好行李，匆匆前往位于柯尼希施泰因的雄伟城堡。在他们离开后，激进主义者建立了一个革命临时政府，由萨克森议会下院杰出的激进民主主义律师萨穆埃尔·奇尔纳（Samuel Tzschirner）领导。作为民主祖国俱乐部的创立者之一，奇尔纳处于第二波激进动员的核心位置。1848年，在萨克森议会下院，他将民主主义少数派转变为具有高度凝聚力的反对派；10月选举后，民主主义派成为多数派，而他继续领导该派系。1849年1月，他领导了一个委员会，负责调查"萨克森公民"罗伯特·布卢姆被"杀害"的情况——该委员会没有使用"处决"一词。[182]奇尔纳在临时政府中的密切合作者包括律师奥托·霍伊布纳（Otto Heubner），他曾担任法兰克福国民议会代表，最初坐在温和左翼的位置上，后来加入了以布卢姆为中心的激进派。布卢姆之死必然对这些著名的萨克森民主派人士的政治观产生了深远影响，尽管这种影响很难量化。

奇尔纳和霍伊布纳是务实型的激进派，他们专注于程序与管理等日常事务。但革命也需要诗歌。1849年4月8日，萨克森宫廷管弦乐队指挥理查德·瓦格纳在德累斯顿发表了一篇文章，他在其中召唤革命的救赎性暴力，以一种让人想起拉梅内的方式传达了"革命女神"的预言之声：

第二波 615

> 我将摧毁把团结的人类分为敌对民族、强者和弱者、特权者和被剥夺者、富人和穷人的现存秩序，因为它的唯一作用就是让我们所有人都不幸福。我将摧毁使千百万人沦为少数人的奴隶，又使少数人成为他们自身权力之奴隶的秩序。我将摧毁这种使享乐与劳动相分离，使劳动成为负担、享乐成为恶习的秩序……我将摧毁……[183]

如此种种。起义的著名支持者包括建筑师戈特弗里德·森佩尔（Gottfried Semper），据说，他设计了一些在革命欧洲随处可见的最美观、最精致的街垒。俄国无政府主义者米哈伊尔·巴枯宁最近从布拉格来到该镇，共产主义者斯蒂芬·博恩（Stephan Born）也刚从柏林赶来。总之，临时政府可以依靠大约3000名活跃起义者和大约5000名临时民兵的支持，其中许多人只能以农具当武器。位于柯尼希施泰因城堡的流亡宫廷的惊恐很快就平复了。起义者完全不可能战胜萨克森王室的军队。而一旦萨克森王室的军队与逼近的普鲁士军队会师，起义军必然时日无多。5月9日，起义军阵地遭到一场猛烈攻击，德累斯顿起义宣告崩溃。在参加起义的约3000人中，有250人丧生，约400人受伤，伤亡率超过20%。

德累斯顿起义同时显示了第二波激进运动的优势和弱点。运动在建立激进组织网络上取得了惊人的成功：仅德累斯顿祖国俱乐部就有4000名会员。在整个萨克森，共有7.5万人加入了280个激进协会。这场运动的社会背景非常深厚，与自由主义组织网络所动员的社会阶层截然不同。工人占大多数，专业人士和学术界的积极分子人数也很多。后来因参与五月起义而被关进瓦尔德海姆监狱的180人中，有68.3%是工匠师傅、帮工和劳工，教师、艺术家、律师和商人则占13.3%。[184] 仅此一项便已是了不起的成就。

然而，第二波激进运动缺乏战胜武装力量所需的指挥结构和资源。问题部分在于很难招募到受过必要训练并愿意献身的武装人员，部分

1849年5月6日德累斯顿旧市场上的起义者。1849年的第二波起义表明，激进分子已经从上一年的挫折中吸取了很多教训：他们的网络更庞大，组织更严密，他们的政治主张更注重以务实的方式改善社会。但他们缺乏抵御王室军队的装备和人力。要想阻止反革命在整个欧洲大陆的发展，为时已晚

资料来源：Interfoto / Alamy

在于自诩革命者之人的才能和秉性并不符合危机管理和城市作战的实际需求。巴枯宁才华横溢、性格不羁、极具魅力，却没有组织革命的天赋。普鲁士进攻前的最后几天，他在街垒周围闲逛，抽着雪茄，取笑守军准备不足。他对德累斯顿保卫战的主要贡献是下令毁掉马克西米利安大道两旁的参天大树，将它们堆积起来，阻拦骑兵的前进，但这一措施未能对镇压起义的军队造成任何明显影响。当这座城市的居民因失去"参天乔木"而哭泣时，巴枯宁却冷嘲热讽，宣称"庸人的眼泪"是"众神的甘露"。[185] 4月7日晚，瓦格纳趴在圣十字教堂的尖塔上观察普鲁士军队的动向，并小心不被敌方狙击手射中。对方的子弹击中护墙，发出阵阵响声。这次经历使瓦格纳警醒过来。他后来回

第二波　617

忆称，他在次日清晨被夜莺叫醒，并于一天后离开了这座城市。5月中旬，正如我们从瓦格纳给妻子的一封信中所知，瓦格纳从这些经历中得出结论，他"压根不是一个真正的革命者"。对手无寸铁的人来说，起义城市的街道和尖塔绝非容身之地。他太过眷恋他的"妻子、孩子、壁炉和家庭"，而对破坏兴趣寥寥："我们这种人注定无法承担这项可怕的任务……我就此告别了革命。"[186]

直至巴登大公国的第二波革命失败，德意志的镇压行动才最终结束。1848年4月，黑克尔和施特鲁韦在这里发动了注定要失败的共和起义。9月，施特鲁韦回来发动了第二次未遂的起义。但与1849年的五月革命相比，这些事件就显得微不足道了。这一次，不同寻常的是，领导革命的是军队。1849年5月11日，拉施塔特要塞的驻军发生兵变，进而触发了其他卫戍城镇的一系列兵变。这一类似宣言的序幕鼓动了激进组织网络的积极性。在巴登，尤其是中小城镇，激进组织网络比德意志其他任何地方都更深厚且更密集。5月12日，巴登激进分子在奥芬堡组织了一次群众集会。一个代表团于5月13日抵达首都卡尔斯鲁厄，向当局提交要求清单，当时大公及其大臣们已经逃离巴登。于是，激进分子宣布成立共和国。人们升起德意志三色旗，奏响音乐，举办盛宴。旧议会被解散，新的制宪议会于匆忙之中被选出，并从6月10日开始举行会议。但起义者已时日无多。普鲁士军队与来自符腾堡、拿骚和黑森的分遣队会合，反革命势力慢慢逼近巴登共和国。1849年6月21日，邦联军队在瓦格霍伊瑟尔击败了一支起义军。这是一场惨烈而致命的交锋：革命者组建了一支超过4.5万人的武装部队，其中许多人受过军事训练，他们与敌军展开了激烈战斗。

1849年7月23日，饥肠辘辘、士气低落的革命军余部在拉施塔特要塞投降，南方的战役才结束。普鲁士占领当局在弗赖堡、曼海姆和拉施塔特设立了三个特别法庭，审判主要起义者。这些法庭由巴登律师和普鲁士军官组成，根据巴登法律，法庭对64名平民和51名军人做出了判决：共 31 人被判死刑，其中 27 人将在接下来的几周被执行死刑。其中一位站在行刑队面前的人是前钟表匠和咖啡馆老板格奥尔格·伯宁。伯宁曾作为志愿军离开祖国，参加希腊独立战争，并在瑞士军团中担任上校。伯宁是黑克尔风格的革命者，留着长发和浓密的胡须，戴宽边帽，穿宽松的衬衫，系红披巾。据说他留长发是因为希腊的一些土耳其人割掉了他的双耳。在军事法庭上，伯宁坚称自己没有反抗巴登大公国，他只是接受了临时政府（当时是这片土地上的合法政权）的请求，为保卫它而服役。伯宁于 8 月 17 日被处决。他拒绝了牧师的陪伴，抽着雪茄优哉游哉地走向刑场，并拒绝被蒙上眼睛。在枪声响起之前，他还有时间做一段简短的即兴祈祷："上帝，我请求您，让杀害我的凶手遭报应吧！"[187]

负责行刑的普鲁士士兵并不喜欢这一任务。据一位在拉施塔特要塞城墙内观察他们工作的目击者称，每次处决后，他们都"面如死灰"地回来。但他们绝对遵从长官的命令。在反革命可以动用的众多资源中，武装部队的持续忠诚和战斗力至关重要。1848 年 5 月，普鲁士军队进军波森，镇压了那里的波兰人起义。11 月，他们将普鲁士国民议会逐出柏林，几周后又关闭了它在勃兰登堡的继任机构。这支军队被召集处理全国无数的地方骚乱，配合了符腾堡、普法尔茨和巴登的反革命攻势。然而，这是一支由普鲁士公民组成的军队，士兵们来自支持革命的社会阶层。他们中的许多人是在 1848 年夏休假时被突然召回的，这意味着他们从参与革命直接转向协助镇压革命。[188]

因此，我们不禁要问，为什么没有更多人叛逃或拒绝服役，抑或是在武装部队中组建革命小组？当然，确实有人这样做了，尤其是在巴登。激进主义者竭力招募士兵，有时还取得了成功。我们看到巴登军队中的很大一部分士兵倒向了起义军一边，但绝大多数军队仍然忠于各自的君主。他们效忠的动机因当地情况和个人境遇而异，但有一个因素十分突出：负责镇压地方起义的士兵们普遍相信，他们是在

维护社会秩序，抵御激进分子的"无政府状态"与"混乱"。许多激进组织的恫吓性言语使这种观点具有了一定的可信度。1848 年 11 月，法国国民议会的左翼代表将自己改名为"山岳派"——法兰西第一共和国时期，雅各宾派主导的国民公会中左翼派别使用的就是这个名字。红旗越来越多地与三色旗并列出现，甚至取代了三色旗。革命的最后几个月涌现的符号与政令浪潮，可以说是 1792—1794 年伟大的雅各宾实验的回响：弗里吉亚帽、自由树，甚至为马拉和罗伯斯庇尔干杯。

然而，这些姿态掩盖了真正的前进方向，那就是采取更具混合性、政治上更加温和的左翼纲领。法国的第二波激进主义者后来被称为"社会民主主义者"，意思是"民主与社会共和国"的拥护者。这个词表明了选举制度改革和社会诉求的结合，而这一直是激进运动的核心。但他们在 1849—1851 年争取的政治变革是改良性的，而非变革性的：新国家将为赤贫农民补贴木材；将建立信贷机构（回想一下蒲鲁东的外汇银行计划）；将削减警察、官员和林务员的人数，从而减少赋税。他们的共和国并不是罗伯斯庇尔式的美德共和国。大多数激进主义者并未密谋反对财产秩序，他们只是承诺"保证那些无力为自己取得财产之人的富足"。[189] 罗马共和国三巨头的"纲领"简明扼要地指出："没有阶级战争，没有对现存财富的敌意，没有对财产权的肆意或不公正侵犯"，只有"持续改善最不幸阶级的物质条件"。[190] 左翼已经远离 19 世纪 40 年代的浪漫革命主义，走上了民主共和主义的道路，这种政治的重点是公民社会的福祉。[191] 困扰中产阶级自由派和保守派的"共产主义"幽灵使他们看不到或不理解激进主义者的实际诉求。第二波激进主义者恰恰不是"共产主义者"，他们是今天社会民主主义者的先驱。

地缘政治

我们通常认为，革命是发生在国境线之内的一种内乱。当革命引发跨越政治边界的一连串骚乱时，它们可能会产生跨国影响。但在关注革命的内部层面时，我们很容易忽视国家间的关系如何影响革命的开端、演变和后果。地缘政治的紧张局势与革命的爆发有密切关联。国际干预（和不干预）能影响革命的进程和结局。反过来看，革命也重塑了欧洲人的地缘政治思维。

我们看到，革命的导火索不是在巴黎，而是在欧洲大陆政治最不稳定的国家——瑞士——点燃的。甚至在斗争开始前，人们就很清楚这是一场欧洲规模的冲突。这不单是因为革命有跨国传染的危险，还因为瑞士问题是一个欧洲问题——瑞士宪法是欧洲打造的。《维也纳和约》的一个奇特之处在于，它不仅解决了前交战国之间的领土争端，还确保了几部具有重要战略意义的宪法的诞生。1820年《维也纳最后议定书》的附载文件包括新德意志邦联宪法和联邦条约，后者是1815年新成立的瑞士联邦的法律基础。国家间的条约与地区、国内的宪法解决方案错综复杂地交织在一起，使维也纳会议制定的和平秩序对全欧洲大陆的政治生活产生了格外深刻的影响。[192] 但这也意味着，维也纳会议的几大主导国将把这些安排遭到的内部挑战视为对"欧洲秩序"的威胁，并有可能以此为理由加以干涉。

正因如此，1846—1848年瑞士联邦制度面临的挑战给整个欧洲敲响了警钟。瑞士分离主义联盟的天主教各州在军事上居于劣势，它们之所以接受战争，是因为相信奥地利人会支持它们。1847年1月，当联邦政府落入激进的伯尔尼之手时，奥地利、俄国和普鲁士都将其外交代表从伯尔尼迁往苏黎世，以示抗议。但当时并没有军事干预，这种不干预对欧洲革命开端阶段的影响，同1849年的反革命干预对革命失败和结束的影响一样大。瑞士的例子提醒我们，在宪法解决方案与国际秩序相互交织的欧洲，有些时候，区分国内动荡和国际动荡是毫无意义的。

当然，"欧洲秩序"只是一个意识形态上的抽象概念，采用这一说法的人通常别有用心。那些诉诸"欧洲"的人往往是在追求自己国家的利益，不过这些利益也影响了革命的开始和早期进程。普鲁士就是一个很好的例子。我们已经看到，普鲁士的政治危机始于财政僵局。有消息称，法国政府正在建设一个战略铁路网，其东部终点站将对德意志邦联的安全构成潜在威胁。作为回应，普鲁士政府计划建设自己的铁路大动脉，把莱茵兰及法国边境与勃兰登堡及东普鲁士连接起来。问题是，为了给这个项目提供资金，政府需要大量借贷。而根据1822年的普鲁士《国家债务法》，如此规模的贷款只能由统一的全普鲁士代表大会批准。正是这一僵局迫使普鲁士政府召集了后来被称为1847年联合省议会的会议。我们已经看到这个机构在政治局势升级的过程中发挥了多么重要的作用，最终使得柏林革命成为可能。

在西西里岛的主要城市都能看到领事的身影，外国的武装船只停靠在那不勒斯和巴勒莫附近的水域，这些事实都赋予了各大国驻当地的代表们在革命期间左右事态发展的能力。领事们与那不勒斯军队就使用大炮攻击特定地区的问题讨价还价，向那不勒斯指挥官抱怨甚至提出威胁，又向革命临时政府提出建议，还在武装对手之间来回传递信息。外国战船提供了一块块漂浮的域外主权之地，交战各方可以在此会面、谈判。领事们经常谈到"欧洲"，但他们也追求特定的国家利益。对英国人来说，西西里岛是战略敏感地区，他们最关心的是防止法国人或俄国人利用这场混乱在地中海中部获得新的立足点。1848年夏，当这些威胁消失后，英国就对该岛失去了兴趣。

地缘政治也影响革命进程，因为革命者本身也从地缘政治的角度思考和行动。我们已经看到法国应对波兰问题的政策所激起的不满如何为5月15日的骚动推波助澜，并引发了一系列后果，最终在六月起义中达到顶峰。在罗马，"皮奥诺诺[①]万岁！"的呼喊很快就演变成地缘政治口号"庇护九世万岁！意大利国王万岁！德意志人去死吧"。皮埃蒙特驻罗马公使几乎无法反对阳台下的人群高喊"查

---

① 庇护九世的绰号。——译者注

理·阿尔贝特万岁！意大利万岁"。但如果人群冲上街道，拐过街角，涌入附近奥地利公使馆所在的威尼斯广场，并大喊大叫，威胁被吵醒的公使和他的家人，甚至强迫他举家迁出罗马，那就完全是另一回事了。正是为了应对此类示威游行，奥地利人增加了在教宗国北部边境费拉拉的驻军，这一举动极大地加剧了罗马城的动荡。从一开始，罗马街头激进主义者和自由主义者的改革热情就是国际关系中的一个因素。

教宗不仅是一名神职人员，而且是意大利一个大国的君主，他经选举产生，指挥着一支小规模的军队，因此他难免会以某种方式卷入意大利的民族斗争（也是一场欧洲的斗争）。罗马教廷作为一个国家、一个外交实体和一个跨国教会的领袖所在地的"多重角色"[193]，注定了它的苦难总与地缘政治纠缠不清。这一点不仅适用于对当地革命的镇压，也适用于革命的爆发。欧洲列强为掌控教宗政府复辟的条件而展开激烈的竞争。庇护九世在那不勒斯流亡期间没有自己的军队可用，因此请求奥地利、法国、那不勒斯和西班牙进行军事干预。四国全都同意派遣军队，但没有哪个国家比法国更加积极。法国天主教徒人数众多，他们很可能会支持教宗复辟。但自由主义者和激进主义者则不然。

法国总理奥迪隆·巴罗告诉法国国民议会，显而易见，法国必须以某种方式进行干预。"维持我们在意大利合法影响力的权利，帮助确保罗马人民建立一个基于自由制度的良好政府的愿望"，都要求法国立即向意大利中部派军。受这一逻辑的影响，1849年4月16日，议会多数成员投票决定向罗马派兵。但是，如何保证法国军队对罗马共和国的干预能带来一个建立在"自由制度"基础上的政府呢？只有教宗同意致力于自由主义的未来，这才有可能实现。但庇护九世对投身改革一直颇为冷淡，而11月的创伤使他的政治立场和性格变得更加强硬。在春季和夏季，他的首席顾问和政治友人是灵活世故的佩莱格里诺·罗西，而现在他受到狐狸般狡猾的枢机主教安东内利的影响。

地缘政治　623

安东内利是一个复仇心很重的反动分子，庇护九世于1848年11月底任命他为领枢机主教衔的国务卿。安东内利既倡导宣称捍卫自由制度的法国政策，又打算支持反革命教宗复职。法国政策制定者必须学会与这些矛盾共存。但这也有一个限度：随着法国议会对政府意图渐生疑窦，支持干涉的力量开始枯竭。议会在1849年4月16日投票赞成远征，11天后又投票通过一项禁止法国政府进攻罗马的决议。[194] 但该决议来得太晚，没能产生任何影响。

1849年4月24日，在乌迪诺将军的指挥下，一支由一万人组成的法国军队从罗马港口奇维塔韦基亚登陆，踏上了前往罗马的为期六天的征程。这些人心情甚佳，因为他们相信自己作为兄弟和为自由而奋斗的同伴，将受到罗马人的欢迎。在与罗马国民议会代表鲁斯科尼和佩斯坎蒂尼会面时，将军向对方保证，法国无意冒犯；军队来只是为了"保护罗马免受奥地利与那不勒斯的入侵"。代表们恼怒地回答，这次干预"没有多少友谊的味道，反倒让人怀疑法国企图恢复教宗统治"。但乌迪诺向两位代表保证，这与他的本意相去甚远。法国无意干涉罗马事务；他想请代表们立即返回罗马，并"让他们的公民像接待朋友一样接待他的士兵"。这一信息因一些公告而得到强化，这些公告向罗马人民保证，法国无意将违背他们意愿的政府强加给他们，而是本着"同情"之心，为了恢复"秩序与自由"而来。[195] 走在街上的人们看到树上贴着的法国宪法第5条时，感到十分困惑："法兰西共和国尊重外国，正如它期望其他国家尊重自己一样，它不发动任何征服战争，也从不动用军队侵犯任何人民的自由。"乌迪诺相信，对这座城市的占领将在短时间内结束。进攻前夕，当他和军队在罗马西郊扎营时，罗马国民议会的一个代表团赶来，恳求将军取消次日的进攻计划。他们警告说，如果他继续这样做，将会遇到顽强的抵抗。但乌迪诺从容不迫。在从奇维塔韦基亚出发的旅途中，他一直为部下的愉快心情和飒爽英姿所感染。"胡说八道，"他回复道，"意大利人不会打仗。我已经在米内尔夫酒店订了晚餐，打完就去那儿吃饭。"[196]

在第二天的战斗中，最先受到伤害的就是乌迪诺的好心情。当法军向城墙推进时，他们既没有带云梯，也没带重型攻城炮，还遭到了城墙上罗马炮兵部队的火力攻击。乌迪诺在慌乱中将他的部下部署到佩尔图萨门，打算用火药炸开它。但当他们到达那里时，却发现军事地图上标记的城门已经不存在了。几十年前，这座城门就已经被封起来了。于是乌迪诺将攻击方向转向卡瓦莱吉里门，却遭到城墙上猛烈的炮火攻击。为了攻破安杰利卡门，他们再次集结军队，但又一次遭到猛烈炮击。带头冲锋的炮兵上尉和拉着主炮的四匹战马都不幸阵亡。乌迪诺没能到米内尔夫酒店享用晚餐。那天晚上，他和部下在前往奇维塔韦基亚的路上一同吃了饭，一起埋葬死者，耳边是许多法国伤员的呻吟。这一挫折是暂时的。从长远来看，得到增援后，法军最终将攻破罗马城的防御工事，尽管这需要六十四天的苦战。

　　对罗马城内的人们来说，一段格外紧张和危险的日子即将来临。女人们制作绷带，收集石头，准备从城墙上扔向敌人，男孩们在城市里游荡，捡拾废炮弹和未爆炸的炮弹。加里波第的指挥部在炮火中化为废墟。玛格丽特·富勒在台伯河岛的医院里争分夺秒地工作。她在给拉尔夫·沃尔多·爱默生（Ralph Waldo Emerson）的信中写道，她根本不知道"枪伤和伤口发炎所导致的发热是多么可怕"；她被自己所照顾的年轻人的勇气感动，其中许多人是来自北方城市的学生志愿军：一个人勇敢地吻别了自己被截下的手臂，另一个人收集了从伤口中取出的骨头碎片，作为他生命中最美好时光的纪念物。米兰爱国者和志愿者领袖卢恰诺·马纳拉（Luciano Manara）现任加里波第的参谋长，他在用望远镜观察敌人阵地时胸部中弹身亡。热那亚爱国者戈弗雷多·马梅利是意大利国歌的词作者，也是加里波第的参谋，他在法军攻占城市时大腿受伤，几天后死于伤口感染所引发的败血症。加里波第的乌拉圭同伴安德烈亚·阿古亚尔因被法国炸弹的弹片击中头部而死。这是一场毫无希望的战斗，它以马志尼的方式进行，旨在扩大意大利殉道者的队伍。"对我来说，没有什么比为加里波第而死更受欢迎的了，"乌戈·巴西对一群军团士兵如此说道，"意大利需要殉道者、很多殉道者，然后才能变得自由而伟大。"[19]7月3日，法国军队终于攻进罗马。当天中午，当法军开进人民广场时，制宪议会的代表们正在卡匹托尔山上开会，第一次（也是最后一次）听取罗马共和国宪法的宣读。

在被征服的城市中保障"自由制度"属于无稽之谈。认为教宗可能会听从法兰西共和国外交部长（现在担任此职的恰好是托克维尔）所促成的妥协的想法完全是幻想。教宗在他的演讲中似乎对法国所发挥的作用毫无感激之情，他也没有因法国政府需要安抚国内自由主义舆论而做出任何让步。复辟后的教宗政权，并不是1848年后在皮埃蒙特和普鲁士等国出现的那种务实的宪政解决方案，它是对自由主义革命的真正颠覆，是一种倒行逆施的尝试。宪法被废除，而且没有替代品。自由主义者、激进主义者和被怀疑是同路人的人都被抓起来投入地牢。宗教裁判所恢复了。教宗统治初期，对犹太人的歧视性限制的放松曾引起广泛关注，如今也再次收紧了。犹太人离开犹太区的权利被收回，他们被迫回到古老的围墙内。直到1870年法国军队撤离，罗马教宗国落入意大利王国军队之手，罗马犹太区才被最终废除。

如我们所见，在德意志，地缘政治危机的爆发促使革命陷入内部斗争，并渗透到议会生活中。普鲁士就石勒苏益格-荷尔斯泰因问题对丹麦进行武装干预，令德意志诸邦兴奋，但也引起了其他大国的不安。俄国和英国已对此心存疑虑；法国也放弃普鲁士，转而支持丹麦。正是因为要求普鲁士撤军的国际压力日益增大，才促成了《马尔默停战协定》，进而引发了法兰克福9月的危机。

法兰克福国民议会如此关注的"德意志问题"过去是、现在也一直是欧洲问题，所有大国都牵涉其中。在1848年的呐喊声和炮火声中，弗里德里希·威廉四世听到了德意志的音乐。但他足够精明地意识到，来自普鲁士的"帝国君主"可能不会受到其他大陆强国的欢迎。1849年4月3日，普鲁士国王在拒绝皇帝头衔时，与法兰克福代表进行了友好的交谈。但在一封写给自己妹妹夏洛特并呈给她的丈夫沙皇尼古拉一世过目的信中，普鲁士国王表现出一种截然不同的态度："你已经看了我给来自法兰克福那群人-驴-狗-猪-猫代表团的回复。简单地说，它的意思是：'先生们！你们根本无权向我提供任何东西。请求，没错，你可以请求，但是授予——不行，因为如果要授予，你首先必须拥有可以授予的东西，**但事实并非如此**。'"[198]

这些话旨在打消沙皇的疑虑，即他的普鲁士内兄打算利用当前的混乱局面为普鲁士谋利。不过，弗里德里希·威廉四世确实仍对领导德意志邦联国家的想法感兴趣。他希望德意志的各个小邦国能支持他建立一个由普鲁士领导的德意志联盟，以回报他为反革命做出的贡献。1849年春夏，普鲁士与德意志的小邦国（巴伐利亚、符腾堡、汉诺威和萨克森）的代表进行了艰苦谈判。1849年6月，支持普鲁士领导的小德意志联盟的自由派和保守派人士受邀参加了在哥达市举行的一次会议。次年3月，在爱尔福特市又召集了一次"议会"，它由温和的自由派人士组成，遭到了激进派的抵制。但普鲁士试图将德意志联盟从革命废墟中拯救出来的这些努力还是失败了。德意志的小邦国仍对柏林的政治活动心存疑虑。巴伐利亚拒绝加入联盟，巴登和萨克森拒绝留下。当维也纳的坚决反对将德意志各邦推向内战边缘，迫使疲惫不堪的德意志君主们同意恢复1848年之前的状态时，整个计划骤然崩塌。哈布斯堡王朝永远无法吹响德意志统一的号角，但它还可以熟练地演奏旧德意志邦联这架老旧的手风琴。在德意志各个小邦国的耳中，这音乐仍旧听起来更加悦耳。

越是和地缘政治关系密切的地方，其国际关系就越与国内的争论纠缠不清。其中，最受地缘政治影响的是主要讲罗马尼亚语的摩尔达维亚和瓦拉几亚，它们处于奥地利、奥斯曼和俄国这三大帝国的交界地带。自1829年《亚得里亚堡条约》签署以来，这两个公国既是俄国的保护国，又是奥斯曼帝国的附庸国。它们与邻近的特兰西瓦尼亚有文化联系，后者是奥地利帝国境内主要讲罗马尼亚语的领地。瓦拉几亚和摩尔达维亚的政治生活是在《组织规程》的规范下展开的，这是一部类似于宪法的宪章，由改革派俄国总督起草，随后得到了奥斯曼帝国的批准。该宪章于 1831—1832 年通过，建立了一种威权主义和精英主义形式的代议制政府，类似于梅特兰在伊奥尼亚群岛建立的制度。19 世纪 40 年代，该地区的局势日趋紧张：俄国人不断朝着威权主义的方向调整法规，公国精英们认为这预示着全面兼并。罗马尼亚人的历史自觉和民族自我意识渐长，这滋养了对俄国监护的不耐烦情绪，这种情绪在 1848 年的骚乱中获得表达。[199] 瓦拉几亚和摩尔达维亚的谷物需要通过多瑙河三角洲出口到黑海，围绕这项贸易也出现了紧张冲突。到 19 世纪 40 年代，位于多瑙河苏利纳支流上的内陆城市加拉茨和布勒伊拉已成为繁荣的出口港，为伊斯坦布尔和伦敦的谷物市场提供服务。根据《亚得里亚堡条约》的规定，俄国人负责多瑙河三角洲的实际维护。他们担心这两个港口会从俄国黑海港口城市敖德萨抢走更多的关税，于是试图通过停止疏浚苏利纳河来阻断经过公国的交通，结果苏利纳河逐渐被淤泥填满。

　　这些情况给那些希望挑战公国传统掌权者的人造成了严重限制，但也为持不同政见的政治领袖创造了机会。至少在原则上，后者有望利用俄国人与奥斯曼土耳其人之间的真空地带。瓦拉几亚革命者非常注意避免与奥斯曼当局发生任何形式的冲突。5 月下旬，即布加勒斯特革命爆发前一个月，年轻的革命者扬·吉卡（Ion Ghica）被派往伊斯坦布尔，并捎去了一封信，信中陈述了一群"极具影响力"的瓦拉几亚人的愿望，他们"渴望在奥斯曼帝国的庇护下确保国内经济繁荣"。[200] 写信者包括一个月后上台的临时政府的大多数成员。瓦拉几亚的持不同政见者领导了 1848 年唯一一场真正有预谋的革命，并利用了领导这场革命的一个优势——为奥斯曼帝国提供了与尚未发生的起义和解的理由。

他们担心的是俄国人,而且有充分的理由如此担心。沙皇在 1848 年 3 月发表过一份宣言,阐述了俄国对当前事件的看法。宣言指出,除非革命威胁到国家的内部稳定,否则俄国无意进行干预。这主要是警告波兰流亡者不要破坏俄属波兰的平静。但俄国驻布加勒斯特领事明确向瓦拉几亚的进步派表示,如果公国爆发叛乱,俄国便会进攻。[201] 6 月 21 日,起义发生时,俄国发出了明确的信号。据报道,沙皇已授权一名俄国将军在时机成熟时入侵。

7 月 8 日,也就是瓦拉几亚起义爆发 17 天后,俄国军队进入摩尔达维亚,并占领雅西,以防骚乱越过边境向北蔓延。俄国入侵的消息在布加勒斯特引起了极大的恐慌,临时政府撤出该市,几日未归,让新政权的未来一时成了未知数。7 月 18 日,当临时政府恢复镇定并平复瓦拉几亚首都秩序后,他们便发布了一份官方回应,强调新政府的和平与温和性质,并表示希望沙皇接受这项"和平复兴"的行动。部长们警告说,如果沙皇拒绝,他们将向全欧洲求助,并将公国置于诸大国的保护之下。[202]

两周后,7 月 31 日的《圣彼得堡宣言》给了部长们答复。在这份文件中,沙皇表明他打算对叛乱省份进行干预。宣言对"大国"和纯粹的领土进行了明确的区分。"大国"是俄国会不时与之相互签订条约的实体——作为一个政权与另一个政权订约。"领土"则不是"公认的国家,纯粹是构成帝国一部分的省份,是主权国家的附属国,由它们各自的统治者暂为管理,其当选必须得到批准"。俄国既不承认,也不主张对其他大国的事务做保护性干涉的权利。但那些因国际协定而存在的小邦国则是另一回事。瓦拉几亚的叛乱分子以"假冒的(罗马尼亚)民族"的名义发动叛乱,而此民族之"起源早已迷失在历史的幽暗深处"。但他们不能允许这个政治实验成功,因为倘若这个政治实验成功,"组成奥斯曼帝国的所有不同民族"很快都会效仿。[203] 俄国表示关心其黑海竞争对手奥斯曼帝国的领土完整。很难想象除了俄国,还有谁会被这种高尚关切欺骗。

地缘政治　629

相比之下，奥斯曼帝国在瓦拉几亚奉行自由包容的政策。从7月底到8月初，他们与革命派进行谈判并达成协议。临时政府将自行解散，让位给苏丹的总督政府，其中温和自由派将占主导。《伊斯拉兹宣言》中的多项条款将有所变化。国民卫队将改名公民卫队。选举权范围将被缩小，只包括那些识字的人。激进主义者自然感到自己被出卖了。但以1848年夏季和秋季欧洲各地发生的事情为背景来看，土耳其宫廷的这一回应显得异常灵活明智。它在当地的代表苏莱曼（Suleiman）帕夏[①]和艾敏（Emin）埃芬迪都是坦齐马特传统的改革者和沙皇制度的批评者。随着苏丹总督政府的设立，瓦拉几亚首次建立了真正得到国际支持的政府。现在可以开始巩固新的行政秩序了。[204]

但奥斯曼帝国与瓦拉几亚之间的折中方案很快就受到俄国人的打压。他们指责苏莱曼帕夏鼓励布加勒斯特的"煽动性党派"，并以"大国对大国"的方式对待叛乱分子。俄国大使弗拉基米尔·帕夫洛维奇·蒂托夫（Vladimir Pavlovich Titov）极力在伊斯坦布尔游说，致使苏莱曼帕夏和艾敏埃芬迪两位改革者被召回。取代苏莱曼帕夏的是福阿德埃芬迪，他也是坦齐马特改革派的成员，但他希望通过改革向附属国人民灌输一种"奥斯曼主义"意识，从而消除分裂主义和民族主义倾向。根据法国领事的说法，他的使命是"重建事物的旧秩序"。[205]当来自总督政府的代表团根据苏莱曼帕夏的指示前往伊斯坦布尔呈交改革计划时，苏丹政府拒绝接见他们。

9月25日，一支奥斯曼军队（在俄国将军杜哈梅尔陪同下）进入布加勒斯特。据英国领事罗伯特·科洪（Robert Colquhoun）报告，奥斯曼帝国政府已"接受俄国的观点"，毁弃了先前与瓦拉几亚人的协议。科洪认为俄国施压是引发奥斯曼帝国干预的关键因素，这一观点当然是有道理的。粮食安全是另一个关注的重点：瓦拉几亚土地改

[①] 帕夏，是奥斯曼帝国行政系统里高级官员的官衔，相当于英国的"勋爵"。——编者注

革引发的土地骚乱可能会影响奥斯曼帝国的粮食供应。无论背后的原因是什么，俄国和奥斯曼帝国的干预都终结了瓦拉几亚革命。奥斯曼军队在接近首都时未受到任何抵抗，但当他们向灵山的军营进军时，一场战斗爆发了。在大约150分钟内，一支由该市消防员率领的900人部队与福阿德的军队展开了一场小规模战斗，造成200多人丧生。尽管灵山之战并没有改变更大的战略或政治格局，但它被刻成了一幅著名的版画，并在罗马尼亚人对1848年革命的民族记忆中占据了中心位置。

1848年9月13日，布加勒斯特的消防员与奥斯曼军队作战

资料来源：Lithograph. (Photo: Wikimedia Commons)

两周后，俄国人占领了整个瓦拉几亚，奥斯曼帝国不情愿地默许了这一点。俄国控制了公国的税收，修改了商业关税，并且禁止瓦拉几亚农产品出口。各公国不得不自己供养俄国占领军。圣彼得堡为它们提供借贷，这意味着它们很快欠下越来越多的俄国债务。伦敦敲响了警钟。1847年，通过加拉茨和布勒伊拉出口的玉米约有一半被英国买走，而且俄国的食品出口禁令引发了欧洲各国驻布加勒斯特领事

地缘政治 631

的抗议。[206] 该禁令最终被撤销，但俄国压制该地区对外贸易的举措持续引发它与其他大国的紧张冲突。在革命后的几年里，伦敦和其他欧洲首都的罗马尼亚政治流亡者将针对这一地缘政治主题大作文章。他们认为，俄国对公国的控制不仅危及公国的经济繁荣，也威胁欧洲的和平与稳定。[207]

匈牙利的斗争首先是争取自治，后来是争取独立。在各国革命中，匈牙利革命最为暴力，结构也最复杂。再没有其他战场能更好地说明这些革命的多向度特征了。匈牙利独立战争实际上是一系列相互勾连的内战。其核心问题是，这场革命为**所有**族裔开辟了未来，鼓励每个族裔为在最终解决方案中取得更大份额而战。我们已经看到，奥地利人试图利用最终结局的不确定性，以怂恿弱小民族拿起武器反对匈牙利革命政府。不过，弱小民族的大多数人并不需要来自高层的鼓励。这一政策的后果之一是耶拉契奇军队入侵匈牙利。从1848年夏天起，马扎尔人和匈牙利南部的塞尔维亚人之间的战斗尤为激烈，塞尔维亚人与巴纳特的罗马尼亚人、德意志人之间腥风血雨的地方冲突使情况变得更为复杂（其中，塞尔维亚本土的民族同胞越过边境来助力帝国里的塞尔维亚人）。在特兰西瓦尼亚，也发生了激烈的地区冲突。在这里，随着哈布斯堡王朝的崩溃，地区权力结构碎裂为众多微小的地方实体。

特兰西瓦尼亚出现了对抗科苏特及其马扎尔民族主义政府的松散联盟，这是哈布斯堡王朝复杂性的一个缩影。联盟成员包括集市城镇中保守的"萨克森"（意为德意志）市民、边境部队的罗马尼亚卫兵、东正教和东仪天主教神职人员、罗马尼亚各种政治派别的知识分子，以及人数最多的罗马尼亚农民游击队员。而最诡异的成员或许是一群极端保守的匈牙利显贵，他们偏好哈布斯堡王朝多民族的贵族世界，而不是科苏特自由主义-民族主义的匈牙利国家，这是个罕见的例子，显示社会结盟竟凌驾于种族和民族之上的属性。这个杂牌联盟与匈牙利军队作战，但也以不断变化的组合与斗志昂扬的塞凯伊民族战士交锋。塞凯伊民族定居在特兰西瓦尼亚，讲马扎尔语，他们在 1848 年 10 月宣布支持匈牙利。在许多情况下，种族矛盾因社会矛盾而加剧。1848 年 10 月，当奥地利指挥官安东·普赫纳男爵敦促特兰西瓦尼亚的罗马尼亚人"誓死搏斗，我为人人，人人为我"时，他引发了一场加利西亚式的针对地主阶级的混战。其中主要是罗马尼亚农民追捕并屠杀马扎尔贵族和官员，共有数千人被杀。而后塞凯伊人突然袭击，采取报复行动，他们把罗马尼亚村庄整片整片地夷为平地，其间又有几百人丧生。

鉴于匈牙利王国大部分地区的社会环境极不稳定，许多战线都爆发了冲突，而匈牙利政府竟还能设法武装自己，并尽可能久地将奥地利人拒之门外，这实在令人震惊。1848 年 3 月之前，匈牙利王国没有民族军队。虽然有匈牙利部队，但其中大多数在别处服役，而且这些部队往往仍效忠于维也纳。包贾尼政府可以征召大约 5 万名正规士兵，但他们分散在王国各地，来自许多不同的部队，起初缺乏共同目标感。匈牙利毫无军火工业可言。因此，建立一支有战斗力的民族军队是一项无比艰巨的任务。而到 1848 年 12 月，匈牙利建立起一支拥有 10 万人的匈牙利国防军，到次年 6 月人数增至 17 万人，这必须被视为独立政府的最大成就，或者更具体地说，是科苏特的最大成就——科苏特个人承担起越来越多的统筹匈牙利独立战争的责任。武器是从国外购买的，经费来自科苏特担任财政大臣时期从匈牙利王室国库查抄的金银。缴获的武器也被收集起来，并在必要时加以改装，以供匈牙利人使用。匈牙利军队部署的 508 门野战炮中，有 187 门是在全新的匈牙利专业铸造厂制造的。匈牙利军队装备日益精良，有时指挥也十分高明，终于成了奥地利人的强有力对手。

匈牙利人未能与奥地利人达成和平的妥协方案，原因有三。第一个原因是，混居地区的民族间纷争使他们难以集中一切资源战胜敌人。相当奇怪的是，奥地利人通过疏远所有非德意志民族而解决了这个问

地缘政治 633

题。1849年3月4日"强制推行"的奥地利宪法设想了一种集中统一的治理模式，一种不再是多民族的而是单一民族的帝国形式。这让激励许多南斯拉夫和罗马尼亚爱国者的区域自治梦想破灭，他们中的很多人现在后悔投靠了皇帝，对布达-佩斯的怨恨开始消减。

第二个原因是匈牙利领导层内部的政治分歧。在国内冲突中，政治和战争往往密不可分。战争给匈牙利革命领导人带来了沉重压力。和平党希望与奥地利达成某种协议。但这样的协议有可能实现吗？随着奥地利人在哈布斯堡王朝中心地带恢复实力，他们正变得更加顽固。科苏特属于激进主义者，他力主彻底宣布独立。1849年4月13日议会投票赞成匈牙利独立，次日正式宣布独立——由于奥地利人占领布达-佩斯，国民议会如今已转移到德布勒森召开。但领导人之间、军队内部都存在剑拔弩张的氛围，毕竟军队的军官们曾宣誓效忠作为匈牙利统治者的哈布斯堡家族。

科苏特路线的反对者包括马扎尔最杰出的战略家和指挥官格尔盖伊·阿尔图尔（Görgey Arthur）。格尔盖伊从不认为自己是政府的下属，更不认为自己是科苏特的下属。他自视为一个四处漫游、独立自主行事的军人兼政治家。当他反感政府的指示时，就直接置之不理。他负责自己的外交沟通，而且只要符合自己的目的，他就会毫不犹豫地与敌方指挥部达成交易。他对建立一个独立的匈牙利民族国家毫无兴趣。他希望匈牙利根据1848年"宪法"条款回归帝国。[208] 1849年1月5日，他向其位于多瑙河上游的军团发布公告，明确表示效忠帝国，而该军团当时正在保卫通往佩斯的道路，抵御即将到来的奥地利军队。他宣布，他的军队仍然"忠于对匈牙利宪法立下的誓言"，并将继续服从合法的战争大臣，即哈布斯堡王朝任命的人。这是对科苏特和他为指挥战争而建立的国防委员会的明确否定。但这也表达了我们在其他地方曾看到的对革命的不同看法：对格尔盖伊来说，革命是一个事件，其成果如今需要得到维护；而对科苏特来说，革命是一个延伸至未来的开放式进程。

科苏特得知 1 月 5 日的公告后勃然大怒，痛骂这位将军是叛徒。但格尔盖伊并不是叛徒。他只是一位忠于匈牙利的爱国者，而不是忠于科苏特的爱国者。由于大部分匈牙利军官赞同格尔盖伊的观点，他可能是维持军队凝聚力的最重要因素。科苏特恨他，却又无法摆脱他。尽管这两个人彼此厌恶，但在 1849 年春，他们之间争吵不断的伙伴关系对匈牙利的军事胜利来说至关重要，当时马扎尔人夺回了布达-佩斯，并控制了王国的大部分地区。

就在匈牙利人庆祝这些胜利时，一个更严重的威胁即将到来。匈牙利未能迫使维也纳达成和平协定的最主要原因是 1849 年夏季俄国的干预。在数次非正式的试探后，5 月 21 日，弗兰茨·约瑟夫皇帝前往当时属于俄国的城市华沙，亲自会见沙皇尼古拉一世，请求他协助维护"现代社会，使之免于某种毁灭"，并支持"社会秩序对抗无政府状态的神圣斗争"。会晤开始时的一个姿态证明了当时的地缘政治现实：弗兰茨·约瑟夫跪下亲吻沙皇的手。匈牙利冲突的最终结果现已一目了然。面对克罗地亚、奥地利和俄国指挥下的 37.5 万名士兵，匈牙利最多只能派出 17 万人。经过一系列极其惨烈、代价高昂的战斗，匈牙利独立战争于 1849 年 8 月 13 日结束，匈牙利人在维拉戈斯（今罗马尼亚希里亚）向俄国人投降。

地缘政治深深地嵌入中欧革命的终曲。沙皇尼古拉一世默许路易-拿破仑·波拿巴进攻罗马共和国，迫使法国接受了他的干预。尼古拉一世向帕麦斯顿勋爵保证，俄国军队只会在公国短暂停留（但他食言了）。不过，帕麦斯顿也对俄国的做法睁一只眼闭一只眼，因为他想保留奥地利帝国，（讽刺的是）将之作为对抗俄国的堡垒，以及阻碍普鲁士国王弗里德里希·威廉四世民族建设野心的障碍，普鲁士的德意志统一主义阴谋让他深感不安。对难以承担如此大规模行动的俄国人来说，还有一个额外的考虑：如果匈牙利革命者成功了，下一个民族叛乱的战场几乎可以肯定是俄属波兰。这并非杞人忧天。匈牙利方面最成功的指挥官之一是波兰退伍军人约瑟夫·贝姆将军。贝姆

地缘政治　635

在维也纳围城战期间担任指挥，并在维也纳落入温迪施格雷茨之手时设法逃离了该城。1848 年 12 月至次年 1 月，贝姆召集了一支临时军队，将奥地利-罗马尼亚联军赶出了特兰西瓦尼亚的大部分地区。总的来说，尽管匈牙利战争的目标是民族性的，但它的世界性令人震惊。奥地利人在阿拉德要塞处决了 13 名革命英雄，其中包括"1 名奥地利裔德意志人、1 名德奥混血儿、2 名匈牙利裔德意志人、1 名克罗地亚人、1 名来自巴纳特的塞尔维亚人和 2 名亚美尼亚裔匈牙利人"，剩下 5 个"纯"匈牙利人也不全都熟悉匈牙利语。[209]

匈牙利冲突结束后，英俄矛盾再次凸显，这不仅是由于多瑙河各公国所引发的紧张关系，还因为奥地利和俄国要求引渡在奥斯曼帝国避难的匈牙利革命者和波兰革命者。在后一个问题上，帕麦斯顿放弃了他先前声明中的平和态度，直接与尼古拉一世对抗。与其说他原则上反对引渡，不如说因为他发现引渡要求的背后是俄国对奥斯曼帝国主权的挑战，而这也是后来克里米亚战争爆发的一条导火索。[210]

诞生自反革命精神的现实主义

如果说从革命的混乱收尾阶段能得出什么启示的话，那就是跨国革命网络从未集结起能够抵御反革命国际威胁的力量。[211] 可以肯定的是，革命者认为他们从事的是一项全欧洲的事业。志愿军们踏上漫长而危险的旅程，为其他民族的革命而战。西西里人组织了一个国际征兵系统；到 1849 年，外国志愿军约占西西里战士的 10%。在罗马共和国的斗争中，我们发现两边都有法国的战士，他们在异乡参与了一场"法国内战"。激进主义者加布里埃尔·阿韦龙（Gabriel Aveyron）是蒲鲁东的通讯人，也是诗人兼作家热拉尔·德·内尔瓦尔（Gérard de Nerval）的朋友，他在保卫罗马时被法国人的子弹击中身亡，死后进入了意大利民族万神殿。这些行为有时纯属自愿，但偶尔也会得到准官方的支持——5 月底，数千名法国志愿军战士抵达马赛，准备乘船前往意大利，随身携带着巴黎警察局签发的官方通牒，而早在他们离开巴黎时，巴黎警察局掌握在激进主义者马克·科西迪埃手上。简而言之，的确存在一种与国家间关系平行的"人民外交"。[212]

但此类志愿军的数量始终很少。尽管他们中的许多人都是退伍军人，但他们缺乏正规军享有的装备和后勤保障。正规军一旦参战，革命军必败无疑。普鲁士人干预了萨克森、巴伐利亚和巴登的革命，法国人介入了教宗国，俄国人干涉了摩尔达维亚、瓦拉几亚和匈牙利。激进主义者和自由主义者在建立跨国网络方面取得了巨大成功，但这些网络是横向的：他们缺乏发挥决定性力量所必需的垂直结构和资源。相比之下，反革命利用了军队的综合资源，而这些军队对传统权力的忠心毋庸置疑。塔楼战胜了广场，等级制度战胜了网络，权力战胜了观念与论辩。

时人发现，革命的结果还有更深层次的意义。在 1850 年为《新莱茵报》而作的一系列文章中，马克思和恩格斯回顾了这一连串反革命，并指出意识形态，无论是革命的还是反动的意识形态，在 1848 年后的政治世界中似乎没有多大的分量。革命的响亮口号——进步、联合、道德法、自由、平等、兄弟情谊、家庭、共同体，仅仅是口号。它们对革命的成败并无实质影响，因为"真正的革命""只有在现代生产力和资本主义生产方式这**两个要素**互相发生矛盾的时候才有可能"。集团间的"争吵不休"（政治辩论）之所以可能，是因为所有相互竞争的党派都被牢牢束缚在同一个（资产阶级）生产体系中。[213] 力量先于政治理念，这真是辛辣讽刺之源。他们指出，资产阶级虽然取得了胜利，但只是因为召唤了它无法控制的力量。他们认为，反革命的真正根源不是一个政治理念，而是"工业繁荣"的回归。在每一次政治行动中，马克思和恩格斯都看到了受强制力量推动的双手：二月革命的领导人"在无产阶级的直接压力下"，为共和国设立了"社会机构"。国民卫队"不得不"招纳无产阶级新兵。巴黎的无产阶级被资产阶级"强行"推向六月起义。[214]

诞生自反革命精神的现实主义　　637

在马克思和恩格斯对当时国际关系发展的解读中，我们看到了类似的强调力量的模式。在概述1848年以来的欧洲政治时，他们重点关注了普鲁士在打击德意志革命中所发挥的作用。他们指出，这个王国不遗余力地镇压德意志南部各邦的激进势力，进而挽救了德意志小邦国的王朝。普鲁士人自然而然地假定（这又是一个讽刺），这些小邦国会加入普鲁士领导的、将奥地利排除在外的德意志联盟计划，以表达他们的感激之情。但它的美梦在力量的现实面前破灭了："普鲁士到处恢复反动的统治，而随着反动势力的加强，小公侯纷纷脱离普鲁士，投入奥地利的怀抱。"普鲁士追求建立德意志联盟，奥地利则反对。奥地利的背后有力量难以估量的俄国沙皇的支持。马克思和恩格斯在1850年10月预言："反叛的普鲁士最后必定会向沙皇的命令屈服，斗争的双方可以不流一滴血。"在这种分析中，支撑革命后国际秩序的不是王公使节的操纵手段或在爱尔福特的演说，而是俄国的强大实力。[215]

与马克思、恩格斯十分类似，俾斯麦也做了现实主义的重新定向。对俾斯麦而言，1850年的普奥对峙是一个极具启发性的事件。在11月28—29日于奥尔米茨举行的一次会议上，普鲁士人同意放弃他们的统一主义计划，并签署了一份被称为《奥尔米茨协议》的文件。其中普鲁士承诺与奥地利合作，就改革和重组邦联进行谈判。谈判如期举行，但改革的承诺并未兑现；1851年，旧的邦联在稍作修改后又恢复了。对热衷于统一计划的德意志爱国者来说，这一协议似乎是一次惊人的失败、奇耻大辱，是普鲁士荣誉上的一个污点，他们需要为此复仇。自由民族主义历史学家海因里希·叙贝尔（Heinrich Sybel）后来回忆起当时的失望情绪。他写道，普鲁士人曾为他们的国王担起民族事业，在石勒苏益格-荷尔斯泰因问题上为反对丹麦人而欢呼。"但现在不同了：匕首从颤抖的拳头中滑落，许多勇敢的战士伤心落泪，沾湿了胡须……一千个喉咙里发出同样的痛苦呐喊……"[216]

相比之下，俾斯麦对明朗的新形势表示欢迎。1850年12月3日，俾斯麦在普鲁士议会发表了一次著名演说，驳斥了那些具有民族思想、谴责《奥尔米茨协议》是耻辱的议员的论点，并补充说，他认为"为了心怀不满的议会名流而在德意志各地扮演堂吉诃德"并不符合普鲁士的利益。[217]他认为，在这些重大问题上，普鲁士政府的决策不应受到公众情绪左右，他们应该冷静而准确地评估特定时刻的威胁和紧急情况。此时，人们也从相互冲突的计划、论点和思想的喧嚣中走了出来，转而对各种力量的平衡做冷静评估。1851年，"小德意志"民族主义者和历史学家约翰·古斯塔夫·德罗伊森写道："现实开始战胜崇高理想，利益开始战胜抽象概念……德意志的统一不能通过'自由'，也不能通过民族决议来实现。我们需要的是用一股力量去对抗其他力量。"[218]

意大利的政治评论也有类似的重新定向。过去，他们一直批评1815年维也纳会议制定的国际体系建立在强权而非正义的基础之上。1848年夏季的灾难之后，有影响力的人开始追求权力。温和派人士马西莫·达泽利奥评论奥地利在意大利北部取胜时指出，这一"沉痛教训"教会了意大利人一些他们"本该知道的"东西，那就是："没有什么比力量更重要的了！"[219]

激进自由主义阵营的奥古斯特·路德维希·冯·罗肖的《现实政治原则》（1853，1859）也重新评估了思想与力量之间的关系。罗肖写道，所有政治理解的起点都在于分析"塑造、支持和改变国家的力量"。实现这种理解的第一步是认识到"权力法则对国家生活的支配，犹如万有引力法则对物质世界的支配"。[220]关于谁应该统治，是个人统治、少数人统治，还是多数人统治的问题，都属于哲学思辨的范畴；"实践的政治必须从一个事实出发——唯有权力才能统治。"[221]与马克思、恩格斯和俾斯麦的现实主义一样，罗肖的现实主义根植于1848年革命。它既试图解释革命的失败，又试图处理革命的成功所带来的后果。他写道，最近，"年轻的社会力量蓬勃增长，所有这些

诞生自反革命精神的现实主义　639

力量都要求在国家生活中得到承认，无论是单独承认，还是作为联合体被承认"。这些力量包括民族情绪、党派政治和新闻媒体。"精心制定的政策应当给予他们与他们的力量相匹配的正式承认。"[222] 上述论点彼此并不相同：罗肖注重文化力量，俾斯麦关注军事实力，而马克思和恩格斯则重视经济条件的变化所产生的力量。但这三种观点都希望以力量的实用主义取代激进主义与自由主义修辞，三者都将这种思考方式应用于国内和国际关系。

在 1826 年出版的著作《论政治事务中的力量》（*On Force in Political Affairs*）中，意大利流亡者、前雅各宾派人士路易吉·安杰洛尼·弗鲁西纳特（Luigi Angeloni Frusinate）借鉴了 18 世纪唯物主义哲学的各种观点，认为"宇宙中的一切事物都是力，因此我们地球上的政治中的一切也都是力"。[223] 安杰洛尼提出，"善""恶""正义""非正义""美德""恶习"都"只是词语，并不先天或抽象地存在于人类思想中"。他认为，"自然权利"不过是梦想，因为"宇宙中的一切都受力的支配"。每一种力都是"其他力的集合体"，较小的力总是为较大的力所制服。因此，对人类、社会和政治的研究必须从对力的分析开始。[224] 1839 年巴黎起义后，阿尔芒·巴尔贝斯拒绝在贵族院回答法官的问题时，也给出了类似的解释："我们和你们之间不可能有真正的正义……有的只是力量问题。"[225]

这些看法的要点并不在于安杰洛尼发明或预示了马克思、恩格斯、俾斯麦和罗肖后来阐述的观念。他们很可能都不知道安杰洛尼的书，毕竟这只是一本由作者自费印刷的无名小书。他们不是在回应安杰洛尼的论点，而是在回应 19 世纪中叶的反革命。问题的关键在于，一种已在意识形态上被祛魅的力学观念已从极"左"翼的位置（安杰洛尼是罗伯斯庇尔式起义者博纳罗蒂的密友）逃脱，并俘获了政治右翼和中间派人士的心。我们已经看到，19 世纪早期和中期的人并没有为固有的世界观所禁锢，而是开启一段漫长而独特的旅程，穿梭在论争的群岛和思想的山脉之间。但观念和智识风格也可能是流动的，在政治动荡的情况下尤其如此。引导我们从安杰洛尼经巴贝尔斯,到马克思、罗肖和俾斯麦的线索,是现实主义思潮的流动轨迹。曾经边缘的看法变成了主流,曾经深奥的观点变得稀松平常。

逝者

这场斗争代价不菲。在总结这段反革命的历史时,若抱持随后十年里盛行的失望而务实的心态,那就大错特错了。革命者理应拥有最终解释权。"准备把头颅抛。"戈弗雷多·马梅利《意大利的兄弟》的副歌如此吟咏道。声称准备牺牲不难,而马梅利的确做好了赴死的准备。1849年7月3日,他在特拉斯提弗列区的科尔西尼宅邸抵抗法军的最后进攻时,被刺刀刺伤了左大腿。他被截肢(在现代麻醉时代到来之前,这本身就是一种殉难),三天后他因伤口感染所引发的败血症去世,年仅21岁。自6月22日起,人们就清楚地意识到罗马围城战无法取胜,法国人攻占罗马城不过是时间问题。爱国战士恩里科·丹多洛质问道,为什么马志尼"要让无益的屠杀再持续八天?"丹多洛宣称,罗马共和国的最后日子充满了"无益的危险"和"毫无结果的勇敢表现"。丹多洛当时就在现场,他知道自己在说什么。[226]

但卢恰诺·马纳拉,这位在"米兰五日"期间协助赶走奥地利人、与皮埃蒙特军队并肩作战,然后南下参加罗马共和国斗争的米兰士兵,显然并不认为自己的死是徒劳无益的。"我们必须死,才能给'1848'带来一个严肃的结局,"他在7月2日被法国人枪击身亡之前写的最后一封信中宣称,"为了树立有效的榜样,我们唯有一死!"[227] 但是,给1848年带来一个"严肃的结局"究竟意味着什么?既然没有人相信,就连马纳拉都不相信有丝毫胜利的可能,那么他指的就不可能是军事意义上的成功。他的话暗示着一段叙事的结束,一个故事的完成。我们已经看到,1848年的男男女女是多么热衷于讲故事。如果民族是一部"情节剧",正如一位意大利历史学家所言,那么这场革命也是一部"情节剧"。[228] 这是一部由真实人物出演的戏剧,舞台上的死亡既是表演出来的,也是真实的。

回想一下巴尔纳伯修会修道士、加里波第的追随者乌戈·巴西的死。他在费拉拉附近被俘,并被一名报仇心切的奥地利军官草率地判处死刑。他平静地走到刑场,跪下静静祈祷。当一名士兵上前要蒙住他的眼睛时,他请求让一位神父来,这样他所感受到的最后一次触碰就来自一位同行。据说,奥地利人在布里吉特瑙区处决罗伯特·布卢姆时,他自己蒙上了眼睛。最著名的、赞颂布卢姆的歌曲,借布卢姆之口向后代发出呼吁:

> 他接过眼罩并把它系紧。
> "噢,我为之战斗的德意志,
> 我眼见就要为你早逝,
> 请继续追随自由之光!" [229]

尽管布卢姆极可能真的说过这些话,但这也无关紧要:这位剧院管理者忠于他为自己写的剧本,他的死是献给未来的礼物。

并非所有英雄都将自己呈现为美德的模范。1849 年夏,普鲁士人在拉施塔特枪杀了恩斯特·埃尔森汉斯,他是一个教士的儿子,却是无神论者。最后一次叛乱末期,在巴登突然冒出了大量临时刊物。埃尔森汉斯在其中一份刊物上发表了数篇"叛国"文章,因而被判处死刑。临近行刑时,他仍然坚持自己的无神论,因此当他请求让该市的新教牧师前来探监时,人们十分惊讶。林登迈尔牧师来看望了他,打算用福音书中的话安慰这个年轻人。但埃尔森汉斯只是给了他三个装着钱的信封,并要求他把这些信封分别交给他同时交往的三位女友。这位死刑犯说,其中一个女友曾资助过他一段时间。随后,林登迈尔失望地将三个信封都寄给了支持过埃尔森汉斯的那个女人,并附上一封信，说明另外两个信封是给谁的，"好让她知道她的爱人是多么配不上她的爱，因而也许会感到些许安慰"。但这位激进的浪子赴死时勇气可嘉，直面后人。埃尔森汉斯在蒙上自己的双眼前说的最后一句话是："仅仅因为表达自己的信仰就得去死，这是多么不近人情。"[230]

也并非所有死者都是雄辩的。一名波兰军团士兵在为罗马而战时被火枪子弹击中头部，脸上鲜血直流，他对法国进攻者咆哮道："射低一点，你们这些混蛋，射低点！"他们照做了，于是他倒地身亡。裴多菲是匈牙利《民族之歌》的词作者，也是佩斯三月起义的激进偶像。他惨遭杀害，地点不明，也许是在瑟克什堡（今罗马尼亚锡吉什瓦拉）战役中被哥萨克人所杀，他的遗体未被找到。1848 年 8 月 23 日，在普拉特施特恩被卫队骑兵"砍倒并枪杀"的女性们也没有留下任何激动人心的妙语。西塞鲁阿基奥是罗马人民的英雄，组织了犹太区犹太人与基督徒共同参与的友爱盛宴。他和他的两个儿子以及五名加里波第军团士兵一起被奥地利人俘虏。在罗马共和国垮台一个多月后，他们在试图逃入威尼西亚境内时被拦截，八人均未经审判就被处决。西塞鲁阿基奥是一位著名的激进主义政治家，人们普遍认为他的长子路易吉谋杀了佩莱格里诺·罗西。他们知道一旦落入奥地利人之手，生还的概率就十分渺茫。但西塞鲁阿基奥的幼子洛伦佐只有 13 岁。这位父亲恳求主持行刑的克罗地亚军官饶过这孩子，军官的回应却是下令先枪毙这个男孩。西塞鲁阿基奥巧舌如簧，但在这种情况下，想必连他也哑口无言。

在这些标志性人物墓地的周围，还有无名死者的无名墓地：四五万人在匈牙利独立战争中丧生，人们对他们的情况几乎一无所知；数千人在特兰西瓦尼亚内乱中丧命；在巴登、伦巴第和威尼西亚的战争中死去的人；六月起义的牺牲者；在特拉斯提弗列、墨西拿和巴勒莫街道上被弹片击中的流浪儿；在那不勒斯护城河边被即决枪杀的起义者；在新堡村被拉德茨基的军队屠杀的 100 多名老幼妇孺；不计其数的其他人。除此之外，反革命军队到来后，霍乱暴发，另有数

逝者　643

千人被夺去生命。霍乱死亡率在 1848 年秋就已上升，次年再度急剧攀升，这一事实表明，由于反革命军事冲突涉及军队跨越政治边界的调动，它比革命本身更容易传播这种致命疾病。[231] 单是前往匈牙利采取军事行动的俄国军队，在行动期间就埋葬了 11 028 名死于霍乱的人。如今，埋葬他们的地方早已长满青草。

第九章
1848 之后

当下即异乡

对欧洲革命的镇压以及紧随其后的报复行动都引发了大规模流离失所。到 1849 年 4 月底，已有 1.5 万名罗马尼亚人、塞凯伊人、德意志人和其他人从战乱频仍的特兰西瓦尼亚逃入瓦拉几亚。瓦拉几亚革命失败后，奥斯曼帝国扶植的保守派康斯坦丁·坎塔库济诺大公担任摄政王。他下令成立一个特别委员会，负责组织救济难民的工作。为难民举行的公开募捐吸引了新政治领导层、高级神职人员、著名商人、奥斯曼帝国和法国的公使，甚至俄国驻布加勒斯特代表杜哈梅尔慷慨解囊。[1] 随着匈牙利战争接近尾声，匈牙利国防军的所有营队，以及意大利军团和波兰军团的全部剩余力量，越过边境进入奥斯曼帝国。8 月 17 日，科苏特·拉约什带着约 50 名随从人员抵达土耳其。截至 10 月底，据估计有 5000 多名难民（其中大多数是军人）在奥斯曼帝国维丁（多瑙河南岸的一个港口城镇，位于今保加利亚西北部）的一个营地避难。[2]

那些只是为了躲避战火的难民，大多试图在恢复和平后立即回国。但大多数"政治"难民都在警方名单上，他们在各自的祖国面临惩处，于是在奥斯曼帝国的保护下留了下来。俄国人把许多被俘的匈牙利人移交给了奥地利人,但奥斯曼帝国拒绝了俄国和奥地利引渡政治难民的要求,哪怕俄国人暗示其顽固态度可能会导致军事干预。有些难民甚至皈依了伊斯兰教并加入了奥斯曼军队——约有300名匈牙利士兵参军,波兰指挥官约瑟夫·贝姆便是其中一员。贝姆曾参加1830—1831年的波兰起义,在俄国胜利后逃往巴黎。他在温迪施格雷茨围城战中,协助配合守卫维也纳,然后在匈牙利独立战争中指挥了一支塞凯伊军队。现在,贝姆成了穆拉德帕夏,并接受了阿勒颇总督一职。任职期间,他率军大败围攻阿勒颇的贝都因军队,随后在1850年死于疟疾。

值得注意的是,奥斯曼帝国对革命引发的难民危机持宽容态度。1849年9月14日的一份奥斯曼帝国政策备忘录称,俄国与奥斯曼帝国于1774年签署的《库楚克-开纳吉和约》包含一项条款,它涉及对犯有"死罪"者的引渡协议。备忘录指出,奥地利人和俄国人正极力施压,要求他们遣返难民。但备忘录接着表示,满足这一要求"将有损奥斯曼帝国的声誉。如果我们将他们遣返,那他们很可能会被处决或遭受酷刑,这会给奥斯曼当局带来负面影响。相反,他们应该得到庇护和保护"。[3] 这一建议反映了政府中的改革派,或者说亲坦齐马特人士的偏好。但奥斯曼帝国也希望通过彰显与奥地利和俄国政府的差异,塑造一个开明、进步的帝国形象,从而赢得西方自由主义大国,也就是英国和法国的同情。这些策略取得了成效:1853年,俄国违反与奥斯曼帝国签订的条约,再度占领多瑙河公国,遭到英法两国的反对。这两个国家都出现了亲奥斯曼的公共情绪,这在很大程度上要归功于1848年后奥斯曼帝国对难民问题的开明处理。[4]

在1848年革命的喧嚣归于平静后,一些曾在各条战线为自由不懈奋斗的人仍在继续战斗。出生于英国的士兵理查德·居永(Richard Guyon)是法国贵族家庭的后裔,他曾在葡萄牙与自由主义军队一起对抗国王米格尔,后来进入奥地利服役,成为匈牙利轻骑兵部队的一名军官;革命爆发后,他立即加入了匈牙利王室军队。他在帕科兹德、施韦夏特和卡波尔纳战役中表现出色,因此被晋升为将军。匈牙利战役失败后,他逃往土耳其为苏丹效力,并取得库尔希德帕夏的头衔,成为大马士革总督,而且未被要求改变宗教信仰。在伊斯坦布尔为参加克里米亚战争的英国军人所建的海达尔帕夏公墓,人们今天仍可以瞻仰他的墓地。意大利共和主义者路易吉·吉拉尔迪(Luigi Ghilardi)曾于 1830 年在葡萄牙和比利时作战,之后加入西班牙军队对抗卡洛斯派。意大利革命爆发时,他请求休假,以便参加反抗奥地利的独立战争。停战后,他前往西西里与波旁王朝作战,然后像奥雷利奥·萨利切蒂一样北上罗马,在那里与加里波第并肩作战,保卫共和国。罗马共和国战败后,吉拉尔迪逃离欧洲。第二次法墨战争(1861—1867)期间,他在墨西哥与自由派军队并肩作战时身负重伤。[5]

据信,意大利各邦国有 5 万多人因参加革命而流亡国外,其中大多数人优先选择在皮埃蒙特避难。[6] 巴登起义失败后,9000 人(主要是男性)逃往瑞士。据估计,19 世纪 50 年代,共有 8 万人因政治原因被迫离开巴登。[7] 五月起义失败后,数千名起义者逃离萨克森。在法国,波拿巴政权日渐稳固,引发了新一轮的抗议、监禁和驱逐浪潮,约有一万名共和主义者逃离法国,主要去往英国、瑞士和比利时。那些已在某地找到避难所的人后来往往又被转移到别处。例如,在皮埃蒙特,当局认为比较激进的难民对公共秩序构成威胁;而在法国,第二帝国当局反复催促许多外国难民(特别是波兰人)移居他国。[8] 巴登出钱让有政治问题的人移民到其他管辖区。[9] 普鲁士也鼓励获得部分赦免的政治犯移民,而巴伐利亚当局有时会赦免愿意移居美国的政治犯。[10] 这种现象实在太过普遍,以至一位历史学家将 1848 年的人称为"流亡的一代"。[11] 青年爱尔兰运动的七名领袖因在爱尔兰政治骚乱期间犯下的罪行而被英国当局逮捕,随后被送往范迪门斯地(今塔斯马尼亚岛);其他人,多数是目不识丁的农场工人,被怀疑曾"投奔"著名叛乱分子,在随后几年里遭到逮捕和流放。[12] 在西班牙,1848 年起义后的镇压引发了第一波大规模将人遣送至菲律宾的浪潮。[13]

理论上，对流亡行为的惩罚应该主要针对个人（男性）罪犯；但实际上，它往往是对嫌疑人家庭的集体惩罚。例如，当理查德·居永流亡至奥斯曼帝国时，奥地利人逮捕了他的妻儿。激进主义将军兼革命领袖派采尔·莫尔的妻子也被送进监狱；科苏特·拉约什的孩子们，以及他们的家庭教师也入了狱，在国际压力下才被释放。1849年，英国记者兼作家查尔斯·普里达姆（Charles Pridham）在布达短居期间发现，这位匈牙利领袖年迈的母亲和妹妹被关在堡垒的一个小地牢里，直到英国向奥地利当局投诉后才被释放。[14]当匈牙利起义政府在外流亡的前治安大臣豪伊尼克·帕尔的妻子豪伊尼克·亨利埃特申请赴巴黎探望丈夫时，她获得了一份仅供出境的单程通行证。没收不法流亡者的财产，也不可避免地影响他们的家属。"毁了我们的家庭有什么好处？"一位妻子在给司法部提交的请愿书中问道，她的丈夫逃离了符腾堡。请愿者常常发问，如果家庭而非个人是惩罚的实际单位，那么为何不在妻儿的清白与违法者所谓的罪行之间做一下权衡呢？[15]西班牙被驱逐者被迫乘长途船只去往古巴或菲律宾时，许多妻子同行，她们宁愿与丈夫一起流亡。[16]由于女性既要在窘迫的环境下生存，又要承担照顾孩子和其他亲属的责任，她们在流亡中承受的负担极为苛重。男人往往很难在流亡中觅到差事，而女人则常常教书、做针线活、从事翻译和其他文字工作以糊口。[17]

1848—1849年的流亡者并不是一个联系紧密或同质化的群体。他们的数量也远远多于19世纪20年代初的西班牙难民或30年代的波兰移民。1848年的流亡者来自各个动荡的地区。达尼埃莱·马宁在奥地利围攻威尼斯期间冒着生命危险多次奔走，通过谈判达成有条件投降协议，其核心条款包括对参与者的普遍赦免以及主要领导人的自愿流放。1849年8月24日，他登上一艘法国汽船离开意大利，从此再也没有回来。他为威尼斯的斗争奉献了自己的一切，八年后，他在巴黎穷困潦倒地离开人世。1849年夏，亚历山大·赖德律-洛兰和路易·勃朗逃离巴黎、前往伦敦，以避免因抗议路易-拿破仑·波拿巴的政策而遭到制裁。女权主义记者让娜·德鲁安在监狱服刑一段时间后，离开巴黎，带着最小的两个孩子来到伦敦，在牧羊丛街区当教师和刺绣工。特里尔的民主派律师、左翼法兰克福议员路德维希·西蒙（Ludwig Simon）逃往瑞士，因叛国罪被缺席判处死刑。《女性之声》背后的驱动力欧仁妮·尼布瓦耶流亡到了日内瓦，靠文学翻译的收入勉强度日。卡尔·舒尔茨曾参加巴登的革命军，在普鲁士人攻占拉施塔特要塞时，他被困其中。不过，他设法逃出，去了瑞士，然后乔装打扮回到普鲁士，将他的朋友、波恩革命者戈特弗里德·金克尔（Gottfried Kinkel）从狱中救出，并协助他逃到爱丁堡。舒尔茨本人前往巴黎，然后移居美国，成了一名重要的共和党政治家，并在南北战争中担任联邦一方的指挥官。

革命力量的分散如今表现为人民的分散。流亡带来了孤立无援、目标丧失的风险。为避免这种情况，流亡者们想出了许多策略。一位历史学家写道，对1848年后流亡的罗马尼亚人来说，团结网络中的"友谊和爱"是抵御流亡引发的颓唐、迷惘的重要武器。[18] 他们创办了报纸和俱乐部，在同胞经营的咖啡馆和餐馆聚会。流亡奥斯曼帝国期间，科苏特提议在伊兹密尔附近建立一个匈牙利"殖民地"，理由是"如果我们分散在世界各地，就会沦为个人，失去我们的团体性，无法代表任何东西……"[19] 他成功买下了一块合适的土地，并筹集了资金，但该计划因奥地利人和俄国人的反对而受阻。让娜·德鲁安继续在牧羊丛的居所支持工人合作社，并与英国、法国和美国的女权主义网络保持广泛联系。她为法国流亡者子女创办的寄宿学校因资金短缺而倒闭，部分原因是她坚持招收那些父母无力支付学费的孩子。伦敦前宪章派领袖威廉·库菲（William Cuffay）的父亲是海军厨师，母亲是被释放的奴隶。1848年，根据站不住脚的证据，他被判煽动叛乱罪，并被流放到塔斯马尼亚。1856年获赦后，他留在岛上，再次参与激进政治与工会运动。[20]

此前困扰革命的政治裂痕往往在流亡时期扩大。科苏特的显赫地位和无休止的自吹自擂激怒了匈牙利移民中其他流亡领袖。包贾尼·拉约什因在匈牙利革命政府中任职而被处决,其远房表亲包贾尼·卡兹梅尔(Batthyány Kázmér)流亡巴黎。他在《泰晤士报》上抨击科苏特,认为他"急躁冲动的脾气""对恶名的渴求"和"性格缺陷"是"其国家毁灭和垮台的主要原因"。[21] 塞迈雷·拜尔陶隆曾任包贾尼政府的内政大臣,并在 1849 年夏季科苏特短暂的摄政时期担任总理。他于 1852 年逃入土耳其,后移居巴黎。1853 年,他出版了一本小册子,谴责科苏特是一个趾高气扬的江湖骗子和莽撞的赌徒,胆敢在匈牙利民族的坟墓前夸夸其谈,却似乎没有看到这个民族的悲剧完全是自己的错误造成的。[22] 在意大利爱国者中,也出现了小册子和回忆录的笔战,关键人物争相将责任归咎于皮埃蒙特、共和派、志愿军或意大利城市的"地方自治主义"。马志尼经马赛和瑞士返回伦敦,继续策划注定失败的起义,并拒绝与皮埃蒙特君主制结盟。皮埃蒙特现在已由维克托·伊曼纽尔二世和他机敏的大臣、加富尔伯爵卡米洛·本索牢牢控制。一系列历史事件将缔造新的意大利王国,而马志尼成了这一切的旁观者。

退出革命的道路与进入革命的道路一样多。不管就流亡者的心路历程,还是就他们的职业生涯来说,这一点同样适用。有些人,比如马志尼,继续着相同的政治演算,就如什么也没发生过一样。其他人要么在新秩序中找到了安身立命之所,要么在政治上消极避世,要么投身于商业冒险。拉马丁很快就接受了拿破仑三世的威权主义政权:"我选择视而不见。"他再未担任任何政治职务,把 19 世纪 50 年代的大部分时间用来炮制低俗的历史读物,希望以此清偿债务(但未果)。[23] 一些社会主义者完全放弃了政治斗争,或者找到了新的事业来阐述,比如后来以犹太复国主义理论重出江湖的莫歇·赫斯(Moses Hess)。对皮埃尔-约瑟夫·蒲鲁东来说,1848 年的灾难表明,革命注定失败的原因是权力集中于行政部门,这一启示促使他在原则上敌视国家,从而成为无政府主义的奠基人之一。[24]

对一些体验过"革命碰撞"的人来说,弄明白发生了什么,承受冲击,然后修复创伤是一项劳心费力的任务。罗马共和国的垮台迫使克里斯蒂娜·特里武尔齐奥·贝尔焦约索女亲王流亡国外:她先是逃到马耳他,然后去了伊斯坦布尔,后来流亡到距安卡拉约200千米的偏远地区,她在那里一直待到1855年,其间到耶路撒冷短居了11个月。1850年秋,她在巴黎《国民报》上发表了她与一个朋友的来往信件的修改版,这是我们首次看到的她对自身经历的思考。在一封写于马耳他的信中,她思索了近期事件的影响。她告诉朋友,她计划"迎接一种新的生活",一种"能消除旧记忆的新生活"。最重要的是,她将不得不"改变(她的)思想路线,并暂时与政治决裂"。[25] 但是,在像罗马共和国垮台这样的大灾难后,"改变(一个人的)思想路线"究竟意味着什么?

1848年夏,贝尔焦约索逃离米兰后,曾为《两个世界评论》撰文,对革命临时政府的弱点做了高度政治化的敏锐评价,重点提到了派系间的紧张关系,以及那些突然被推上职位、负责解决问题的人,其能力与城市困境所提出的要求并不匹配。但当她在流亡地马耳他定下神

贝尔焦约索的肖像画,由亨利·莱曼(Henri Lehmann)绘制(1843)。她是米兰革命政治史的杰出评论家,曾管理陷入困境的罗马共和国的战地医院。当共和国崩溃时,她流亡奥斯曼帝国,并转向关注改善女性教育

资料来源:Private collection, Belgirate, Italy. (Photo: White Images / Scala, Florence)

当下即异乡　651

来，开始反思自己在 1849 年夏季罗马围城战中的经历时，她采取的叙述模式则截然不同。对于在短命共和国管理城市的男性，她不置褒贬。相反地，她完全专注于描述在罗马医院和她一起工作的女性。她写道，这两个月，她一直在"最极端的恐怖与痛苦"中劳作。她的指挥部设在奎里纳尔的临时军医院，这意味着她的住所就在教宗的宫殿中。实际上，她被分配到了枢机主教在秘密会议期间常住的一个房间。她所招募的当地女性并不好相处："罗马民众没有一丁点文明的风貌，你会以为他们昨天才从美洲丛林中蹦出来。"年轻女性的情况最为糟糕：贝尔焦约索不得不像严格的家庭女教师一样，手持棍子在病房里巡视，以防范各种不端行为，从小偷小摸到与伤员发生性关系。她问道，哪一个罗马女孩没有情人？哪一个罗马女人厌倦了自己的丈夫后不与他人寻欢作乐？但她要说的不止这些。

> 尽管如此，这些缺乏教养、放荡不羁的姑娘既不计较个人得失，也不好逸恶劳，当受到一种高尚情感的鼓舞时，她们就会变得忘我。我见到那些最堕落、最腐化的女人一旦走到垂死之人的床边，就不肯离开，连续三四个日夜不吃不睡。我见过她们承担最艰苦、最恶心的工作，俯身处理坏疽和化脓的伤口，忍受着因痛苦而恼怒的不幸者的破口大骂与反复无常，她们默默接受这一切，并没有表现出厌恶或不耐烦。我还看到，当火枪弹、子弹和炸弹从头顶飞过，从耳边呼啸而过时，她们依然镇静自若，专心照料着这些刚下战场、浑身血污的伤员。[26]

这种对罗马女性隐含批评的讴歌是对教宗反共和宣传诽谤的回击。在 1849 年 12 月 8 日的通谕《你和我们一样了解》中，庇护九世表示愤慨，因为罗马围城战中死在医院的伤员"被剥夺了一切宗教的帮助，被迫在放荡妓女的怀中咽下最后一口气"。[27] 贝尔焦约索在给教宗的一封冷嘲热讽的公开信中指出，她所有的医院都配有神父，

"教宗阁下所哀悼的罹难者,没有一人是在无神父帮助、无圣事安慰的情况下死去的"。她接着说,即使教宗不知道这一事实,他的代表们也是知道的,"因为一旦枢机主教们行使教宗阁下赋予他们的权力,所有在医院中履行神圣使命的神父就都要被关进宗教裁判所的监狱了"。[28]

女亲王在给《国民报》的信中对教宗的诽谤做了迂回反击,在性放纵问题上假装让步,但随后又反将一军,为那些尽忠职守的女性辩护。这是她在写作中经常使用的技巧。她在写自马耳他的信中说,工人阶级女性的美德乃至英雄主义毋庸置疑,"但是她们还要被剥夺接受教育的权利多久?"[29]意大利革命失败后,女性的教育问题开始在贝尔焦约索的写作中占据中心地位。她在奥斯曼帝国长期流亡期间,以东方主义模式撰写了两部中篇小说,都聚焦于这个问题。她的小说利用了陌生人闯入后宫这个传统主题,以戳破这一体裁的神秘色彩。[30]正如贝尔焦约索所描述的,后宫不是性感机智的山鲁佐德(《天方夜谭》中的苏丹新娘)的安全港湾,而是一个卫生条件糟糕而又沉闷乏味的地方,里面住着一群未受过教育而且思想狭隘的女性。在《库尔德王子埃米纳》(*Emina, a Kurdis Prince*)和《伊斯梅尔·贝的两个妻子》(*The Two Wives of Ismail Bey*)中,她把传统的东方主义主题与对父权制的批判结合起来。[31]贝尔焦约索在 1866 年撰写的一篇题为《女性的现状及其未来》("the present condition of women and their future")的文章中,几乎把重点完全放在教育上,认为教育是克服女性社会和法律劣势的关键。[32]简而言之,1849 年后,贝尔焦约索这位杰出的政治分析家从男性赖以成名和谋求工作的对抗性冲突的世界,转向了文学创作和倡导女性教育的世界。这并不是退出政治,而是用一种形式的政治代替了另一种形式的政治。与承认宪法和自由出版法一样,女性在文化上的提升也是社会进步必不可少的一环,但它并不以男性的政治改革机制为媒介,而这种机制曾对 1848 年革命至关重要。

1848年9月，当佩斯和维也纳之间的关系接近无可挽回的崩溃点时，对科苏特持批判态度的温和派改革家塞切尼·伊什特万伯爵精神崩溃，回到了维也纳。接下来的几年里，他在德布灵的精神病院陷入了重度抑郁状态。1857年，他逐渐康复，准备重新写作。刺激他再次加入战斗的是当年的一篇匿名宣传论文。这篇文章称赞了奥地利自反革命以来的政治演变，并为政府的镇压措施辩护。塞切尼怀疑该书作者是前民主派人士亚历山大·巴赫，他是对的（巴赫在革命后高升，成为哈布斯堡王朝最具权势的大臣）。因此，塞切尼发表了自己的匿名反驳小册子，对巴赫的书做了逐条驳斥，并且抨击了巴赫本人。文本以闲聊、嘲讽和打趣的语调，紧紧围绕对手的个性和动机展开。例如，巴赫声称，奥地利自1849年以来的政策减少了不平等现象，塞切尼对此回答说，在匈牙利，他们通过将王国的所有居民都降低到同等奴役地位才实现了这一目标。[33] 维也纳警方展开调查，试图揪出并起诉该小册子的匿名作者。塞切尼的压力越来越大，而他现在已脆弱到无法应对曝光的后果。1860年4月8日，他饮弹自尽。

巴赫博士与塞切尼伯爵，这是一场多么具有象征意义的对峙啊！一方是精明强干、才华横溢的资产阶级人士，他曾身骑白马、带着一份"人民的要求"穿越维也纳，在省议院将它递交给下奥地利议会。巴赫的崛起归功于革命，但他又成了反革命的代表之一。作为内政大臣，这位前民主派人士限制出版自由，取消公开审判，并主持推行"新绝对主义"的集权控制制度。另一方是匈牙利贵族，除了自己精神崩溃，对革命别无贡献。他从一开始就对起义持矛盾态度，并且一贯反对科苏特的冒险主义。十年后，塞切尼仍然相信，如果革命从未发生，匈牙利会更好。

激进主义神父安东·菲斯特在回忆录中谴责巴赫是"德意志民主的犹大"，对他来说，德意志欧洲似乎转瞬间就让激进主义者失去了容身之所。[34] 当菲斯特从奥地利经德累斯顿穿过普鲁士到汉堡，再前往美国时，他会想起恩斯特·莫里茨·阿恩特的爱国歌曲："德意志人的祖国是什么?"这首歌到 1848 年已成为非正式国歌。歌词中,阿恩特提出一系列质问:"德意志人的祖国是什么?是施瓦本还是普鲁士的海岸?是葡萄园所傍的莱茵河吗?还是海鸥鸣叫的波罗的海?噢,不!不!不!他的祖国比这些更广阔。"

> 仅仅一年之前(菲斯特写于 1849 年),我们还在庄严地唱着(这首歌),但如今它听起来不同了。"什么是德意志人的祖国?"是奥地利吗?不,我被迫从那里逃离。是普鲁士吗?不,我在那儿被捕了。是萨克森吗?不,我被它驱逐出境了。是汉诺威或者巴伐利亚吗?不,它们都张贴了写有我名字的"通缉"海报。是汉堡的自由城市吗?不,它像一位任性的君主,将我扫地出门。所以哪里才是德意志人的祖国呢?英格兰和美国!唯有在那里,不愿见自己的自由和荣誉被俄国、普鲁士和奥地利的刺刀压迫到窒息的德意志人才能找到一个安全宁静的避难所![35]

政治流亡的折磨之一,是看到其他人适应了新生活,并在新秩序下飞黄腾达。匈牙利作家约卡伊·莫尔的小说《政治时尚》(*Political Fashions*)是对后革命世界之生活意义最高深莫测、最有力的反思之一。约卡伊是训练有素的律师,也是有使命感的作家和剧作家,他曾是 19 世纪 40 年代佩斯反对派文化界的核心人物。他的第一部长篇小说《工作日》(*Working Days*)使他成为匈牙利小说界的领军新秀。他曾与科苏特合作创办《佩斯消息报》。他最亲密的文学友人是爱国诗人裴多菲。1848 年 3 月,25 岁的裴多菲和 23 岁的约卡伊都是十人社的成员,这是一个由裴多菲发起的俱乐部,其成员以马志尼的方式自称为"青年匈牙利人"。约卡伊最初是一位温和自由主义者,但他支持科苏特与维也纳决裂。当匈牙利军队在维拉戈斯向俄国人投降时,他也在场。

1861 年,哈布斯堡王朝治下的匈牙利迎来短暂的政治宽松时期,约卡伊决定写一部"回顾为自由而斗争"的小说。

> 我对1848—1849年的世界记忆犹新：那个时代充满荣耀和恐怖，所有伟大、渺小、悲剧、喜剧的人物，他们都生活在那里，让我魂牵梦萦。而我天真地相信，这一切都可以从灰烬、迷雾中再现。[36]

这部小说从对过去的反思中诞生，其情节支离破碎、闪烁其词，它围绕1848年的事件展开，却避而不谈，仅用以烘托氛围。叙事的主人公是普斯陶菲（Pusztafi），尽管他在小说中的实际出场十分细碎零散。这一虚构人物的原型就是裴多菲。普斯陶菲的外貌很显眼，"身材高大，肌肉发达，一头棕色松散鬈发，蓄着短髭和一缕西班牙式山羊胡"，让人猛然想起已故诗人裴多菲。他的名字中幽默地插入了puszta（有"大草原"之意）一词，这使他与匈牙利草原的传统景观相联系。这部小说重新想象了1849年裴多菲的命运。裴多菲/普斯陶菲没有在瑟克什堡被哥萨克杀害，而是带着一位受伤的朋友逃到沼泽地避难，当哥萨克追兵四处搜寻他们时，他躺在黑暗的水面下，通过芦苇呼吸空气。普斯陶菲的朋友失血过多，死在了他的身边，而他逃过一劫。小说的开篇是一段不可思议的情节，它唤起了一种沉浸式的经验，宛如悬停在过去与现在之间的梦境，仿佛普斯陶菲逃出哥萨克追兵之手也是一次跳脱历史时间之旅。

> 我像是一个行走在海底的潜水员。头顶，似乎有一场风暴；海天相拥，传说中的巨兽拍打着双翼……人类战争的声音与风暴的咆哮交织在一起；大炮声、桅杆折断声、战舰崩塌声……海下什么也没有：潜水员捡起正在孕育珍珠的贝壳，在海底的鱼群中漫步，要是他在红色珊瑚丛中发现了一个断锚、一根断裂的绳索，他也许会发现一门沉入泥沙中的大炮，或是一具面容熟悉的

遗体……[37]

躲过追兵后，普斯陶菲从叙事中完全消失了，只作为一个令人不安的存在，留在其他角色的记忆中。他就像凭空消失了一样。但在书的结尾，9 年后一个"寒冷的 10 月早晨"（这是一个重要的细节，因为它让人想起 1849 年 10 月 6 日奥地利处决了 13 名匈牙利叛军将领，即"阿拉德殉道者"），普斯陶菲出人意料地再次出现，并与他的老朋友拉沃伊·贝洛搭话。归来的诗人形容憔悴。他发须蓬乱，"白的比黑的多"，他衣衫污浊、身材臃肿、眉头深锁、面色通红，"就像一个借烈酒浇愁的人"。[38] 走进朋友的公寓，他高兴地发现没有镜子："这世上有很多我不愿意见的面孔，首先就是我自己的。我已经 9 年没照过镜子了。"普斯陶菲向他的朋友吐露，他喝酒是为了麻痹自己，抵御记忆的痛苦："当过去的记忆来袭……一杯酒下肚，它就睡着了。"当贝洛试图提醒他，一个人不只为自己而活，还为他的国家而活，想让他振作起来时，普斯陶菲猛地咳嗽起来，发表了以下结论：

> 他的国家？哈哈哈！请您解释一下那是什么，是一个镇，一个州，还是一整个省？想想我出生在伏伊伏丁那。或者你指的是比这更大的国家？……你是在谈论我的狭义国家还是广义国家？因为我不知道我许下了为哪个国家而活的诺言。

很快，我们就会清楚，普斯陶菲并不适应当下的生活。他表达了一种与社会环境彻底脱节的感觉："你不是我要的那种人，"他告诉他的朋友，"我想要那些恨我的人，当我坐在他们中间，他们会把椅子移走；当我说话，他们会堵住耳朵……"这个场景是否暗示普斯陶菲未能摆脱过去的批评？这是对奥地利反革命后压抑记忆的批判吗？[39] 还是对一个社会的谴责，这个社会疏远刚刚结束的过去，而且无法容纳其中最具标志性的代表人物？像所有优秀的小说家一样，约卡伊并未做出明确评判，但借他心灰意懒的主人公之口说出了意味深长的话："如果这个国家的人民心中还存有丝毫的骄傲，那么每个人就会低头走过大街。'我们'还活着，这难道不就是人类傲慢无礼的极端表现吗？"[40] 几页之后，普斯陶菲从一扇门走了出去，从此再也没有人见过他。他是一个流亡者，不是因为他离开了自己的国家，而恰恰是因为他回到了祖国。他对当下的彻底疏离感是对那些安于后革命世界"新常态"者的控诉。由此，约卡伊·莫尔既抓住了革命作为分水岭的特征，也阐明了一种无家可归之感——那些曾在 1848 年不惜一切代价的人，在希望破灭后便一直被这种感受折磨。

全球的 1848

当革命的消息越过欧洲边界，进入更广阔的世界时发生了什么？1848 年革命发生在跨洋电报时代之前。1848 年 3 月 18 日，法国宣布成立共和国的消息才经由"坎布里亚"号轮船传到了纽约，那时，柏林革命才刚刚开始。班船把消息从巴黎传到马提尼克岛大约需要 30 天。直到 1848 年 6 月 19 日周一，新南威尔士殖民地的悉尼公民才读到四个月前二月革命的消息。这些漫长的延迟是否影响了人们接受和处理革命的方式？更长、更复杂的路线，外加来自不同渠道的相互矛盾的报道，则更容易造成混乱。1848 年 7 月，《悉尼先驱晨报》称，欧洲爆发了一场全面战争（该报道后来被撤回）。而在牙买加，维多利亚女王前往怀特岛的消息则被讹传为她被迫退位。[41] 不过，遥远的距离也改变了新闻的时间结构，报纸通常包成一大捆送达，其中可能包含一周或一个月发行的多期报纸。这意味着，与亲历者相比，金斯顿、开普敦、奥克兰或悉尼的读者所感受到的革命发展节奏似乎更加紧凑。距离也减弱了目击者身临其境的那种兴奋感，反而让人们对事件的历史形态有了更加清晰的认识。

不过，即使相隔甚远，欧洲事件的报道也给读者留下了深刻的印

象。3月20日,《纽约先驱报》宣称:

> 这座大都市的每个人都在讨论(来自法国的消息),每个人的心都在为之悸动。过去两天,人们兴奋至极,公众以各种可能的方式表达他们的情绪——庆典、悬挂的旗帜,以及各种演讲和祝贺,在过去的40个小时里,人们一直忙于这些事。[42]

5月30日,智利瓦尔帕莱索的自由主义刊物《信使报》欣喜若狂:

> 1848年法国革命……在启蒙运动的指引下,在宗教的支持下,将为智利带来真正的自由。即使最前所未闻的力量联合在一起,共同遏制这种在这片土地上萌生已久的精神和情感,它今天也正在如此鲜活澎湃地崛起,势不可当。[43]

当我们把视线从欧洲移开,"冲击"的比喻变得不那么贴切了。即使在欧洲内部,我们也看到,革命的内容并没有直接从中心向外围"扩散"。在分散的各大剧场,时间的滞后产生了逆流,阻碍了革命动力的汇聚。有人可能会问,当革命的消息漂洋过海时,什么事物被传播或接受了?即使是那些发展较为同步的剧变,也可能演变成相互对立的关系。这一问题在中欧尤为突出。在那里,以民族或种族赋权为重点的相互矛盾的计划,有时会使革命者相互对立,从而掩盖曾经主导他们各自斗争的共同诉求。革命的政治冲突的性质使偏远地区的回应者面临选择。他们应该加入革命的哪一方?是民主主义者和社会主义者的激进革命,还是自由主义者的渐进革命?是街道、俱乐部和集会的激进政治,还是根据宪法选举产生的议院的渐进政治?是匈牙利反对奥地利的斗争,还是克罗地亚人反对匈牙利的斗争?革命的核心不止一个议题,而存在五花八门的议题——民主、代表、社会平等、劳动组织、性别平权、宗教、国家权力形式等，而这些问题的答案甚至更多，且相互矛盾。这也使得追溯革命对更广阔世界的影响变得日益复杂。

我们已经看到，在法属殖民地马提尼克岛和瓜德罗普岛，人们从废奴问题的角度来解读二月革命的消息。如此解读的不仅有奴隶，还有白人和混血精英。[44] 然而，即便革命在这里引发冲击的理由似乎毋庸置疑，奴隶解放运动也并不遵循线性叙事展开。巴黎消息的到来与被奴役者自发组织的岛内运动交织在一起，他们掌握了主动权。一旦海岛上掀起运动，岛屿间的消息传递开来，在其他帝国管辖的临近岛屿就会发生惺惺相惜的起义。但是来自中心的信号仍然很重要。西班牙是加勒比地区的重大利益方，它提供了一个鲜明的对照：官方并不打算解放奴隶。1848年西班牙本土的起义被纳瓦埃斯领导的温和派政府迅速镇压。因此，奴隶制在西班牙加勒比地区得以延续。与此相对，一些拉丁美洲国家曾是西班牙殖民地，现在是独立的共和国。在这些国家，巴黎二月革命的冲击引发了一系列行动。到19世纪50年代中期，秘鲁、阿根廷、厄瓜多尔、哥伦比亚、玻利维亚和委内瑞拉已经采取措施，废除了残存的奴隶制。[45]

偏远地区的行动者对革命的信息做出回应，常常是因为他们从中看到自己的主张得到了确证。比如在美国，最初的兴奋浪潮平息之后，关于革命的公开讨论就会通过美国的党派阵营进行过滤。3月29日，（俄亥俄州的）参议员威廉·艾伦（William Allen）提议，参议院应正式向法国人民表示祝贺，因为他们"最近将自由原则融入共和政府，而成功地巩固了自由"。这项提案很可能得到广泛支持。但第二天，当议会开始就艾伦的提议展开辩论时，（新罕布什尔州的）参议员约翰·P. 黑尔（John P. Hale）提出了一项修正案，主张祝贺法国人"通过采取措施立刻解放共和国所有殖民地的奴隶，而展现了其决心的真诚"。正是这项修正案引发了支持奴隶制的参议员的公开反对。（南卡罗来纳州的）参议员约翰·卡尔霍恩（John Calhoun）发言反对该提议。他狡猾地承认这场起义是"一个了不起的事件——在我看来，是历史上最不同寻常的事件"，但他接着说，对一场革命的真正考验在于，它是否持续"防范暴力和无政府状态"，鉴于法国二月革命尚未通过这一测试，"现在祝贺还为时尚早"。[46]

1851年12月5日，匈牙利爱国者科苏特·拉约什到达纽约后，也遇到了同样的问题。科苏特来访的目的是寻求美国的资金和外交支持，以帮助已丧失军事力量的匈牙利对抗奥地利帝国。他是一位超级巨星，所到城镇无不欢呼追捧；印第安纳州、密西西比州和俄亥俄州以他的名字为城镇命名，他的拥护者们还穿上了匈牙利风格的毛皮帽和皮靴。抵美几周后，一个非裔美国人代表团拜访了他，并请他发表几句话支持废奴主义事业。但科苏特拒绝了，因为他担心在这个争议性问题上偏袒任何一方，都可能会疏远潜在的慷慨捐赠者。他的这种保留态度促使《解放者》的废奴主义编辑威廉·劳埃德·加里森写下一封著名的斥责信：

> 那些坚决拥护公正自由的人，希望你至少说句同情和赞许的话——至少顺带对在这片自诩自由的土地上，竟存在这般丑恶奴役表达一下悲痛和羞愧。这是再自然不过的愿望……贵国同胞与奥地利政府的关系的确令人愤慨，但比起我国奴隶与政府的关系要有希望得多，要友善一百万倍，你却在为匈牙利人博取文明世界的同情……[47]

恰恰是让美国废奴主义参议员与法兰西共和国站在同一战线的这个议题，让反奴隶制运动与匈牙利失败的民族斗争的魅力代表之间生出嫌隙。[48]尽管科苏特仍然令人瞩目，但在看待匈牙利事业的自由主义和革命属性时，人们的心态日渐矛盾。1850年，弗朗西斯·鲍恩在他的《北美评论》上发表了一篇精辟的长篇文章。他主张，匈牙利的斗争根本不是"共和战争或独立战争"，而是"马扎尔无爵贵族（共

全球的1848　661

计60万人）维护该国古老封建宪法的尝试，该宪法保障了他们的贵族特权及其在民族中的统治权"。作者认为，这个计划很难合乎情理地博得美国人的同情。[49]

对1848年美国的研究揭示了革命的多种接受和传播方式。美国女权主义者、废奴主义者柳克丽霞·莫特（Lucretia Mott）在1848年8月指出，塞尼卡印第安人"正在从国外的政治骚乱中学到一些东西……他们在效仿法国乃至整个欧洲的运动，寻求更广泛的自由……"在1848年7月第一次美国女性权利大会——塞尼卡福尔斯大会上，发言人旗帜鲜明地将大会的主张与大西洋彼岸的重要事件联系起来。[50] 19世纪50年代美国文艺复兴的重要作品，从《红字》到《白鲸》和《草叶集》，都与大西洋彼岸的近期大事展开了深切对话。[51]美国人对欧洲发生的事件了如指掌，能够从革命清单中自行挑选、为己所用。例如，参议员约翰·卡尔霍恩更敬仰法兰克福的德意志革命者，而不是巴黎的法国革命者，因为他钦慕德意志人的联邦主义的严肃性和他们对各邦国权利的关注。[52]在美国的政治版图上，各个地区对1848年的反应各不相同。1848年重构了旧有的争论，加速了政治分化进程，并且产生了多样和分散的影响，很难对这些影响一概而论。[53]

当然，1848年的流亡者也是这个故事的一部分。革命失败后，德意志激进流亡者涌入美国，对美国19世纪中叶劳工组织的结构演变产生了深远影响。[54]伊斯坦布尔当地的波兰和匈牙利难民，对民族主义思想融入该市政治文化起到了关键作用。[55]在英国，"民主-社会"观念被纳入激进主义运动，尽管科苏特和马志尼这些公共传播大师的反社会主义言论，往往会使路易·勃朗低调的呼吁和他对国家组织劳动力的愿景无人问津。而流亡者之间的争吵和分裂也削弱了他们对英国激进主义者的影响。[56]玛蒂尔德·弗兰齐斯卡·安妮克（Mathilde Franziska Anneke）是一个有趣的例子。她与丈夫弗里茨一起参加了巴登起义，担任起义军的骑兵信使。1849年夏季，在普鲁士人攻占拉施塔特后,她和弗里茨逃往美国,然后她在那里创办了美国第一份由女性掌握的女权主义期刊《德意志女性报》,它的目标读者是当时讲德语的大量女性。在安妮克的例子中,影响是跨大西洋双向传播的。与各自的丈夫分开后,安妮克和她的生活伴侣玛丽·布思回到欧洲,组建了一个"二元文化写作团队",宣传废除奴隶制和女性权利等议题。[57]

这些跨越大洲的影响之所以存在,部分原因在于一些因素(帝国结构、后殖民的社会和文化纽带、人口大流散、共同的制度)仍然联结着宗主国的革命舞台与许多偏远地区和社会。英国就是一个很好的例子。我们已经看到,英国为防止动乱,采取了一些安抚国内民众,却加剧了帝国边缘地区紧张局势的政策。例如,将潜在闹事者转移至澳大利亚和开普殖民地;取消糖关税,这些关税过去保护了牙买加和英属圭亚那殖民地的种植园主,使之免受外部竞争影响。[58]在锡兰,为满足行政开销,同时不增加英国中产阶级纳税人负担,当局引入新税,进而引发了一场抗议运动,很快就有约6万人参加。一项新的土地法——1840年的《荒地条例》,确立了王国政府对公有地、荒地和森林的控制权,使得政府可以使用边缘土地种植咖啡,代价是牺牲最贫困的农民。这类似于那些受公地和森林私有化困扰的欧洲农村社区。

但在这些地区开展集约化耕作需要修建新路。[59]大约在同一时期,殖民地办公室的新负责人制定了新的税务指导方针。他在其中指出,赋税应该有利于那些"需要有文化、有教养的人指导"的贸易和产业部门,"比如糖业和咖啡业";并且"在足够谨慎的前提下","宁可向那些仅满足于温饱的人征税,也不能向有产者和奢侈品购买者征税"。[60]根据平衡殖民地预算、减轻英国纳税人负担的严格指示,锡兰总督托林顿勋爵匆忙将新税纳入法律。其中一项成果是《道路条例》,它要求居民要么为每名成年男性缴纳3先令的道路税,要么为岛上道路工程承担劳役。这样一来,最沉重的负担就落在了最贫困的家庭头上,因为他们无力缴税代役。而且,其中许多人的生计已经因为压制公地使用权而受到影响。[61] 结果，1848 年锡兰内陆的康提地区发生了一场暴乱，英国当局采取了与后来在凯法利尼亚岛一样过火的对策：超过 200 名康提人在平叛行动中惨遭杀害，18 人被处决，58 人被鞭笞，100 人被监禁和驱逐。[62] 从长远来看，帝国边缘地区的此类混乱将导致宪法的调整，从而改变英国议会与殖民地之间的关系。[63]

这种将政治纷争转嫁到边缘地区的做法提醒我们，冲突的可能性能够通过多种方式传播。全球的新闻传播是其中一种方式。锡兰抗税领袖将 1848 年 2 月法国推翻君主路易·菲利普之举视为典范，认为其值得那些在殖民统治枷锁下受苦的人效仿；新西兰的激进主义者在惠灵顿举办法式宴会；澳大利亚选举权改革运动倡导者亨利·帕克（Henry Parkes）斯称颂法国领袖阿尔方斯·德·拉马丁。[64] 但帝国的复杂关系使故事变得更加错综复杂，因为这些殖民地的动荡和骚乱不仅是欧洲 1848 年革命的回响，它们还根植于英国为防止本土革命而采取的措施所造成的压力。

在遥远的新南威尔士，《悉尼先驱晨报》的编辑们很快就发现了宗主国的宁静与边缘地区的动乱之间的联系。这群编辑在 1848 年 10 月最终得知巴黎六月起义的流血事件时问道，为什么近期把巴黎折腾得面目全非的流血事件，在英国没有发生？答案在于：英国拥有移民者殖民地——"那广袤的边缘土地，让过剩的群众可以在那里找到他们在国内无法获取的生计"。[65] 这种模式的缺点是，殖民地虽然让英国免受动乱影响，却使得反抗精神向外传播，直抵大英帝国的边缘地区。1854 年该报再次讨论了这一主题，当时澳大利亚维多利亚殖民地的巴拉腊特附近的金矿爆发了起义。巴拉腊特改革联盟发起了一场运动，反对高压治安措施和高昂的矿工执照费用。这场运动最终发展成 1854 年 12 月 3 日的尤里卡围栏之战，当时矿工与骑兵发生冲突，约有 35 人丧生，其中大多数是矿工。《悉尼先驱晨报》谴责了维多利亚殖民地矿工目无法纪的行为，但它补充说，这种动乱在帝国边缘地区不可避免，因为英帝国解决中心地区"品行不端人口"问题的办法就是定期将他们"赶到外围"。[66] 两周后，该报更深入地阐述了这一点。编辑们指出，似乎"多数叛乱分子都是爱尔兰南部人和外国人"。

> 这些头领不理解我们英国的道德力量原则和宪政辩论原则……他们采取了他们最为熟悉的计划，也就是革命与红色共和主义。你会发现马志尼的秘书也在场，被悬赏500英镑捉拿的汉诺威人维恩（Vern）也来了，据说他是巴黎六月起义的英雄之一。[67]

"马志尼的秘书"指的是拉法埃洛·卡尔博尼（Raffaello Carboni），他是乌尔比诺人，1849年曾在马志尼和加里波第领导下为罗马共和国而战，后来逃往伦敦，再到墨尔本。卡尔博尼的闲谈体作品《尤里卡围栏》（The Eureka Stockade）出版于1855年。这是唯一一本出版了的关于起义的完整一手记录。[68] "汉诺威人维恩"指的是德意志激进分子弗里德里希·韦恩（Friedrich Wern），他在革命后逃离欧洲大陆，以船员身份来到维多利亚。为避免被捕，韦恩逃出围栏，跑进了灌木丛。据我所知，他再也没有现身。维多利亚政府悬赏500英镑缉捕他，但并无所获。

在随后的审判中，大批民众支持被捕矿工，尤里卡也成为澳大利亚社会中寻求宪法改革的团体的焦点。巴拉腊特战斗后的两年里，维多利亚和新南威尔士政府被迫同意男性普选权和无记名投票，而且降低了公职人员的财产限制条件。"未来变革的机制已然建立。"[69] 但是，即使1848年革命是尤里卡故事的一部分，它的影响借此时机通过流亡者和被驱逐者传播开来，它也只是其中的一小部分。新南威尔士和维多利亚早已开展了争取选举权改革的运动，其思想基础主要与约翰·李尔本、理查德·奥弗顿、约翰·弥尔顿和约翰·洛克等人阐述的"生而自由的英国人"的权利相关，而与大陆激进主义传统关系甚微。1848年的记忆之所以能在此发挥作用，是因为它暂时与当地为实现自身目标所采取的行动相容。

在秘鲁，巴黎革命的消息与当地关于选举权的辩论产生共鸣：保守主义者倾向于保留阻碍大多数人投票的纳税资格限制，自由主义者则要求扩大选举权。正是后者从欧洲革命中看到了行动的动力。1849年1月，利马自由主义报纸《商业报》宣称："当整个世界都在运动时，我们不可能停滞不前。""欧洲人在血泊中推翻了王权……我们怎能继续沉睡？"[70]报纸成为政治变革的重要推动者，这令自由主义记者欢欣雀跃。《皮鞭报》的编辑们宣称，报纸"头一次实现了它在这世上注定要达到的目的，那便是成为人类自由的媒介"。[71]自大约1840年以来，自由主义、激进主义和保守主义的言论就开始在利马人员密集度和复杂程度大幅提升的公共空间广为流传。[72]

在智利的圣地亚哥，1848年的观念甚至在革命发生前就以书籍形式出现了。1848年2月，拉马丁的三卷本史诗巨著《吉伦特派史》运抵瓦尔帕莱索，掀起一阵狂热崇拜。一群著名的自由主义者在《进步报》的办公室里聚会，大声朗读这本书；该书早期版本的售价为每本6盎司（约170克）黄金，贵得能买下一座小型图书馆；拉马丁被尊为"像摩西一样的半神"。他的作品是对**第一次法国大革命**的史诗化叙述，兼具高度的浪漫主义风格和丰富的奇思妙想，但人们将它当作"预言书"来读，认为它是一把理解当下的钥匙。自由主义和激进主义知识分子中的杰出人士将他笔下角色的名字当化名。[73]拉马丁《吉伦特派史》的惊人影响力提醒我们，与法国大革命不同，1848年革命更容易被当时的人从当代历史的角度去解读。这不仅是因为马德里当局无法再过滤会读写的智利人可获取的信息。真正的原因是，如今存在一种思维模式，人们根据它预测、解释和"理解"19世纪中叶的革命，将其视为在当下正在展开的一段历史。

要量化思想所引发的激荡并非易事，要衡量它对事件与结构的影响更是难上加难。不过在圣地亚哥涌现的新社团，例如1849年的改革俱乐部和1850年的平等协会，以及新的运动刊物（《人民之友》），都表明大陆革命的消息所引发的讨论凝聚并升华了智利激进主义，使之成为一个包含"原则、象征、思想和形象"的体系。与此同时，它们强化了自由主义群体，其成员后来将担任智利政治体制中的最高公职。19 世纪最后 30 年智利所展现的自由主义面貌，很大程度上是在这一时期构想出来的。[74] 这种转变的关键人物是作家、自由主义政治家弗朗西斯科·毕尔巴鄂·巴尔坎（Francisco Bilbao Barquin）。革命爆发时，毕尔巴鄂正住在巴黎。1850 年，他回到智利，创立了平等协会，并于 1851 年领导了一场未遂的反政府起义。毕尔巴鄂并不只是一个从革命中心向美洲边缘地带传递思想的中间人：在巴黎逗留期间，他也一直是拉丁美洲共和思想的传播者。[75] 跨越大西洋的"浪潮"双向流动，产生了多种多样的影响。菲利克斯·弗里亚斯（Félix Frías）是 1848—1853 年流亡巴黎的阿根廷知识分子，革命的景象将他推向另一方向，使他成为工人阶级自由意志社会主义之敌。[76] 1848 年刚结束时，墨西哥自由派对科苏特·拉约什及其革命的报道往往强调马扎尔人的仇外心理和对非马扎尔民族的压迫；而在 10 年后，我们发现激进派记者们把 1848 年匈牙利革命当成了墨西哥争取政治自由的榜样。[77]

1848—1851 年的巴西普拉埃拉起义抗议社会不平等和不稳定的土地保有权，同时使用了源自欧洲先例的自由主义异见分子的语言。这场运动是多年来自由主义者与保守派庇护网络间积怨达到巅峰的体现。起义集中在伯南布哥州（今累西腓）的部分地区。在这些地方，国际糖价下跌，英国对奴隶生产的商品征收惩罚性关税，棉花枯萎病和长期干旱使部分农村人口陷入严重困境。起义者的诉求几乎完全集中于当地民怨，而沿海城镇的暴力起义在很大程度上出于对葡萄牙商贸精英的不满和憎恶。起义者在"自由、平等、博爱"的口号下对这些精英发起攻击。累西腓《进步报》的激进主义编辑安东尼奥·佩德罗·德·菲格雷多（Antônio Pedro de Figueiredo）对巴黎二月革命表示欢迎，但他也警告说，不该把"自由"和"博爱"这两个词引入巴西，因为在一个极大程度上由极端强制的庇护关系构成的社会中，它们毫无吸引力。[78]

我们可以进一步研究全拉丁美洲与1848年革命类似的案例，但这无济于事：魅力非凡的个人、报纸和印刷书籍将革命的戏剧与观念传播到偏远地区，一波又一波的兴奋和热情由此引爆，但也有批评和抵制。从长远来看，它们如何发挥作用取决于当地正在进行的论争进程。在不同的公共领域，革命的奇观往往会引发有微妙差异、选择性和矛盾的反应。比如，如果说奥斯曼帝国对欧洲革命兴趣浓厚，这不仅是因为政府在其中发现了对秩序的潜在威胁，更因为在坦齐马特改革时期（1839—1876），一场关于法律平等、政治凝聚力、立宪主义和"博爱"之含义的复杂讨论正在进行。[79]

倘若将1848年革命对世界的冲击，与18世纪70年代至拿破仑帝国终结这一轴心时代跨大西洋革命的变革力量相对比，那么1848年革命在全球范围内所占的分量可能显得相当有限。但只有当我们排除战争对政治和社会造成的巨大影响时，这种对比才有意义。1792—1815年，欧洲大陆饱受战争蹂躏，通过征兵制建构的大规模军队互相厮杀，与之相应，伤亡无比惨重。在美国独立战争中，法国插手对抗英国；英国联合了其他欧洲大陆强国，企图先遏制法国大革命，再遏制拿破仑统治下的法国。在更广阔的世界范围内，从印度和加勒比地区到埃及和爪哇，许多地方都因大国之间的冲突而受到冲击。

1848年的革命并不诞生于战火之中。尽管意大利、德意志南部和匈牙利革命触发的战争极其残酷，但它们都是反革命的治安行动。在多数情况下，一旦"秩序"恢复，这些行动也就戛然而止了。此类战争倾向于镇压革命，而非传播革命意识形态。能像18世纪90年代或拿破仑时期的法国那样，通过武力传播和展现意识形态的大陆革命力量从未出现。这并不是说19世纪中叶是全球和平的时代，恰恰相反，这是一个"世界范围内暴力盛行"的时期，这一时期的战争分散、去中心化且大多强度较低。这些年革命的独特之处，以及它与以往革命浪潮的不同之处在于，它缺乏任何"宏伟蓝图或核心体系"以联结各地革命。[80]

这有助于解释为何一旦远离欧洲国家及其帝国的管辖区，革命之间的因果联系就会变得十分微弱。人们很容易认为，1848年的欧洲革命与同时代规模最大的一场非欧洲革命运动——太平天国运动（1851—1864）——一定存在某种联系。这是中国晚清时期的一场大规模内战，交战双方是清廷与信奉"天下大同"的太平天国，战争总共导致数千万人丧生。然而，迄今为止，尚无任何证据说明太平天国运动与19世纪中叶欧洲城市的起义有直接联系。[81] 一位历史学家写道："没有任何迹象表明，中国的太平天国起义军听说过任何有关1848年欧洲革命的消息。"[82] 这绝不是在否定1848年革命的重要性。但它提醒我们，书写一部关注全球回响的1848年革命史和书写一部1848年全球大事记之间有霄壤之别。[83]

1848年，革命的消息只能在坊间流传。它们在咖啡馆和政治俱乐部中回荡，在比18世纪末更密集、更深入社会、更复杂的交际网络中传播。由此产生的不可预知的、发生在各个角落的对话，是一个思想观念极具多样性的时代的成果。信息传播引发的变革进程，在深度与重要性方面并不亚于1789年之后的变革，只是更为微妙。

新体系

1848年革命后，欧洲国家的政治生活有何不同？我们看到，在欧洲许多地方，严厉的镇压随即到来。著名的革命人士流亡异地，另一些人则被驱逐出境或监禁。出版限制卷土重来。警察队伍扩大了，职责范围也变得更宽泛。与梅特涅时代相比，国内外监视网络规模更大，组织更严密。在许多经历过1848年动乱的城市中，人们齐心协力，试图从公共意识中抹去起义的记忆。

然而，他们无法恢复革命前的原状，因为改变实在太多了。最明显的新事物是新宪法。在那些1848年之前根本没有宪法的国家，宪法的颁布标志着一个新的起点,因为它们带来了现代代议政治的全套机制:议会、政党、竞选活动和公开的议会辩论。而且,几乎在所有地方,宪法的出台或改革都起到了稳定局势的作用。1848年的荷兰宪政改革使权力重心从国王及其大臣手上转至选民的议会下院中,为当今尼德兰的议会民主制度奠定了基础。[84]各国之中,丹麦宪法最为民主:它规定议会两院几乎由男性普选产生,并大幅削减了君主特权。这不啻一场宪政革命,它使丹麦从一个绝对君主制国家,转变为世界上民主政治文化最发达的国家之一。事实证明,皮埃蒙特1848年3月颁布的宪法《阿尔贝特法令》超出了多数时人的预期,是一个更具活力和开放性的妥协方案。甚至连1848年12月强制实施的普鲁士宪法也是一个新的出发点:它受到绝大多数自由主义者与许多温和保守派的欢迎。[85]

宪法光谱的另一端是奥地利和法国。在奥地利帝国,新皇帝弗兰茨·约瑟夫通过颁布1851年12月31日的《除夕夜特许令》废除了1849年宪法。特许令重申了法律面前一切公民平等和废除奴隶土地保有制的原则,但也宣布1849年3月4日的宪法无效。它宣布,从今往后再无宪法,取而代之的是经由"经验"而得的智慧和"对所有条件的仔细考察"而适时产生的恰当法律。[86] 1852年1月14日的法国宪法是一份典型的波拿巴主义文件,旨在将近日背叛第二共和国的政变官方化。它"承认、确认并保证1789年宣布的原则",并重申了人民的"主权"。但与此同时,宪法也将大权集中在总统手中,并规定由总统主持和控制的参政院协助总统。议会上院(元老院)的人员由总统任命;下院(立法团)既不能修改法律,也不能谴责大臣们的行为。[87]

在所有这些国家中,政治基调和形态都发生了深刻变化。普鲁士、皮埃蒙特和尼德兰的议会中出现了利益联盟,灵活的保守派人士和自由主义人士可以通过联盟合作推行改革计划。在皮埃蒙特,革命后的首次选举在1849—1850年之交的冬季进行,产生了占压倒性多数的温和自由派议员。在皮埃蒙特-撒丁王国的 204 个选区中，123 个选择温和派候选人，38 个选择中左翼候选人，仅有 43 个选区选择了激进左翼候选人。在第一个立法期，议会代表中至少有 96 名律师。在这种情况下，激进派在议会绝无可能发起挑战。[88] 加富尔伯爵卡米洛曾以异常反动的政治立场著称，而他现在的立场是"中右翼"（1849 年后这个词才开始流行）。他的《复兴报》歌颂"一个出版和司法自由的时代，一个我们的机构能自由、广泛地开展活动的时代，一个政府既进步又强大的时代，一个辩论热烈但同时富有思想、精神平静、意图正直的时代"。[89]

1852 年，加富尔与前民主派人士乌尔巴诺·拉塔齐结盟。和加富尔一样，拉塔齐也转向了中间派，但他来自另一方向。离开民主派而加入温和自由派后，拉塔齐成为中左翼的领袖。加富尔和拉塔齐组成的意识形态灵活的联盟被称为"结合"或"联姻"，它能确保政府的现代化举措获得议会支持。[90] 维系这一新共识的力量之一是对天主教会政治野心的共同敌意。他们打压僧侣的修会，采取措施限制神职人员的政治影响，将教会财产部分世俗化。通过这种方式，皮埃蒙特王国将自己与教宗国及波旁王朝控制的南部地区区分开来，那些地区是 1848 年后天主教反动势力的称雄之处。[91] 19 世纪下半叶，反教权主义者与天主教徒之间的文化战争席卷欧洲，皮埃蒙特成为最早经历这些冲突的国家之一。新体制强大的标志在于，越山派天主教徒和反教权主义者之间的争执不但没有危及革命后的共识，反而带来了某种冲突中的稳定。过去左翼与右翼之间的厌憎被政治文化分歧取代，这种分歧虽然剧烈，却可以在不破坏体制稳定的情况下自行发展。尼德兰的新宪法方案也有类似的稳定体制的作用。它允许自由派、新教徒和天主教徒在文化战争议题上发生小规模冲突，如学校教育与宗教游行问题，而这不会损害后革命政治秩序。[92]

萨克森王国是 1849 年最令人震撼的"第二波"动员的现场之一，这里经历了一场比较激烈的反革命：1850 年 7 月，一场政变解散了

新体系　671

1849年年底选举产生的邦议会。当局根据改革前的1831年宪法召回旧议会，中止革命时期通过的法律，查封自由派和民主派协会，严控出版界和所有公共集会。1840年的反对派名流大多退出了政治生活。而即便在这里，议会内部的旧自由派与改革主义保守派也形成了联盟，这让威权主义的首相弗里德里希·冯·博伊斯特（Friedrich von Beust）得以实现司法和行政的现代化，并推行若干改革措施，如在乡村取消领主权等。一位历史学家写道，在博伊斯特的领导下，邦议会沦为纯粹的"公证人"，仅负责确认国家与社会之间的新契约。[93] 然而，与别国同僚一样，这位大臣推行技术官僚式改革的目的在于，通过选择性地借鉴1848年破产的计划，预防进一步的动乱。

即使在法国，在路易-拿破仑·波拿巴发动政变所造成的高度威权主义环境下，也出现了一些新东西。这个即将自称第二帝国的政权，其稳定与否不仅取决于强权威压（尽管这在早期也很重要），还取决于它利用1848年后温和共和主义与君主立宪主义的残余物来构建共识的能力。在这方面，革命后的"波拿巴主义"与革命前的"波拿巴主义"截然不同。新的"波拿巴主义"是一个更加"复合"的实体，其中，左翼人员与秩序力量共同寻求稳固的政府。[94] 即使是在反革命措施尤为严厉的奥地利，19世纪50年代的"新绝对主义"政府所采取的政策也反映了一种新的优先顺序。与1848年前奥地利政府奉行的政策相比，新政策考虑到了更广泛的社会和经济利益。在奥地利，革命后的10年"压根不是复辟性的，而是创新性的，在广泛的战线上，有一个清晰明了、雄心勃勃的计划"。[95] 严酷的反革命损害了宪法自由，但1848年获得的有限地方自治权保留了下来，君主制下农民的解放也得以存续，这本身就需要当局在着手建立君主国第一个中央集权的、充分标准化的行政机构时，采取重大的结构调整举措。[96]

在西班牙和葡萄牙也能看到类似模式。在19世纪中叶的伊比利亚政治中，关键的分歧不存在于自由派和保守派之间，而在自由派的威权主义分支与激进主义分支之间。纳瓦埃斯的温和派是威权自由主义的化身，他们无情地镇压了1848年的西班牙起义。直到1854年，西班牙才爆发了一场规模堪与1848年欧洲其他国家相比的起义。[97] 1854年之后出现的西班牙政府，也遵循我们在欧洲其他地方看到的模式。首先出现了被称为"进步两年"（1854—1856）的不稳定联合政府时期。联合政府在1856年的政治危机中垮台后，接替它的是西班牙政坛的一股全新力量。它最初被称为"议会中心"，后来被称为"自由联盟"，以左翼温和派与务实激进派的联盟为中心，辅之以一批持"折中主义和中间派态度"的年轻政治人物。[98] 它发展出了一套复合型方案，在其中，温和派传统的社会和宪政保守主义与进步的改革主义冲动（特别是在经济政策领域）共存。据联盟机关刊物《时代》的一篇社论所言，这套方案的目标是"以稳固的方式建立宪政体制，避免左翼的夸张、民主的混乱和反动派的过激行为"。新实体同时受到左、右两翼心怀不满之人的攻击，也是意料之中的事。[99]

邻国葡萄牙发生了两次严重动荡，分别是1846年的玛丽亚·达·丰特起义和紧随其后的1846—1847年的帕图雷亚起义。它们为1851年陆军元帅萨尔达尼亚（Saldanha）领导的新政权的问世创造了条件。萨尔达尼亚为其政府取名"复兴"，其内阁由一个"怪异的联盟"构成，成员是来自两大阵营的著名中间派人士。① 新政府还通过采纳反对派的一些要求（包括直接选举和废除死刑），使旧的保守宪法自由化。[100] 由此建立的政治体制被称为轮流执政制，因为两大政治派别在其中轮流执政。[101] 此后，葡萄牙经历了一段政治稳定时期。在拿破仑入侵到20世纪后半叶这段时间，这种稳定在葡萄牙是绝无仅有的。[102]

简而言之，新政治体系的具体形式因宪政条件而异，但在欧洲各国，政治议程是由革命后的和解来设定的。事实证明，这种和解能够

---

① 两大派别是由宪章派改组的复兴党和由九月党改组的进步党，萨尔达尼亚本人属于前一派。——译者注

满足旧进步派中较为温和的人士的愿望，以及旧保守派精英中求革新、思进取的人士的愿望。[103] 这种后革命秩序极其有效地控制了政治中间地带，于是成功将民主派左翼和旧右翼边缘化。在西班牙，进步党的调和派加入了自由联盟，而进步党左翼的纯净派则被弃至边缘，闷闷不乐。[104] 在葡萄牙，同样的命运也等待着那些拒绝与新统治联盟和平相处的九月党激进分子。在法国，随着后革命政权的群众基础逐渐巩固，旧共和主义激进分子也被边缘化了。[105]

旧极端保守派也遭遇了同样的命运。面对波旁家族的觊觎者"亨利五世"和奥尔良的"路易·菲利普二世"的虚张声势，大部分法国人漠然置之。在皮埃蒙特、普鲁士和奥地利，旧贵族右翼（极端保守派，意大利北部称之为"辫子派"）都被撤换，弃置一旁。加富尔与拉塔齐的"联姻"疏远并孤立了旧贵族右翼，而此前加富尔本人曾时不时地充当他们的代表。在西班牙，1855年的卡洛斯叛乱以失败告终，这表明极右翼孤立无援。[106] 传统保守主义政治，连同它对法团主义结构的虔诚迷恋，如今都显得狭隘、自私和倒行逆施。后革命政府在废除旧"封建主义"残余时，撕毁了他们与土地贵族过去的契约。普鲁士首相奥托·冯·曼陀菲尔（Otto von Manteuffel）向反对财政改革的乡村保守派指出，如果以为还能"像打理贵族庄园一样"治理普鲁士国家，那就太荒唐了。[107]

在瓦拉几亚，苏莱曼帕夏建立的苏丹总督政府因9月的军事干预而崩溃。但即使在这里，革命也标志着一个新的起点。1849年5月1日俄国与奥斯曼帝国签订的《巴尔塔利曼尼条约》确认了1831—1832年所确立的安排。据此，瓦拉几亚和摩尔达维亚既受奥斯曼帝国管辖，又是俄国的保护国。大公不再由寡头制的国民议会选举产生，而直接由奥斯曼政府任命，任期七年。这是一个前途暗淡的开端，瓦拉几亚新任大公巴尔布·迪米特里耶·什蒂尔贝伊（Barbu Dimitrie Știrbei）却开启了改革进程，旨在缓和引发了六月革命的紧张局势，弥合瓦拉几亚社会的裂痕。什蒂尔贝伊政府与奥斯曼当局密切合作，没收部分教会收入，拆分一些较大的庄园，投资基础设施建设，并消除农民肩上遗留的"封建"负担。这些政策与《伊斯拉兹宣言》的精神基本一致。从这个意义上说，1848年的思想深刻影响了瓦拉几亚"后革命改造"。[108]

流通的时代

1848年革命后，各国政府所采取的方案和修辞自然会因国家而异，根据具体情况和传统而有所不同，但它们也有许多共同点。在经济政策领域，各国从以利润或收益为导向的政策，转向以刺激中长期经济增长为目标的政策。这部分是通过以自由放任为原则的改革实现的，例如废除禁止成立股份公司的法规。这类改革的目的是废除旧制度下各种阻碍资本集中和投资的法律法规。[109]1852年1月和2月，加富尔政府与比利时、英国达成商贸条约，随后又与希腊、德意志关税联盟、尼德兰甚至奥地利签订了条约。这开启了一个自由贸易经济时代，它将持续到1887年，届时保护主义将卷土重来。[110]这股放松管制浪潮的受益者之一是冰岛，它是丹麦国王的属地。1851年，冰岛召集国民议会，意图获得更多自治权。丹麦人随即关闭议会。但在1855年，丹麦通过一项法律，废除国王授予岛上丹麦商人的传统贸易垄断权。冰岛可以开始享受自由对外贸易的好处了。[111]

国家也积极鼓励经济增长。在整个欧洲，用于国内投资的公共开支激增。政府重点投资那些只有国家才能承担的地方基础设施建设，因为这些工程最初可能难以实现盈利。在萨尔达尼亚统治下的葡萄牙，新成立的公共工程部启动了一项通过借贷融资的大型公共建设项目。1850年，葡萄牙还没有任何铁路或电报线路，而且总共只有53台蒸汽机，总功率仅777马力。到1856年，葡萄牙已初步建立铁路和电报网络，道路系统大为改善，政府还资助了一系列信贷机构，用以满足农业部门的投资需求。[112]

在西班牙，1848年起义促使温和派政权几乎立即转向更加积极主动的投资政策。1851年秋，新的商业、教育和公共工程部成立，它的任务是提供基础设施："建设公共工程、公路和铁路、运河、港口和灯塔是无可争议的必要工作，因为它们构成了流通的渠道，是我们生产者通往未来的唯一通道。"[113]这些趋势在"进步两年"和自由联盟时期进一步加强。1857年3月，发展部的一份传单宣称，基础设施投资必须"纳入固定体系"，以保证赢利所必需的"秩序和统一"。[114]1858年，政府制定了20亿雷亚尔的"特别预算"，资金来自教会财产的世俗化。预算用于"一项整体性计划，为期八年，内容包括整修、新建和完成一批道路、运河、港口、灯塔和其他此类工程……"[115] 1854—1863年，在政府的持续投资和支持下，一个电报网络建成，将马德里与所有省会城市相连，包括巴利阿里群岛和北非的休达。[116]自由联盟时期，公共投资在西班牙投资总额中的占比达到20世纪30年代初之前的峰值（1912年的短暂高峰是个例外）。[117]其成果是，基础设施网络得到改善和拓展，一体化的全国市场首次得以建立，传统生产部门也有可能在接下来数十年间逐步实现现代化。[118]自由联盟时期的基础设施投资不仅未像一些分析人士所说的那样，使其他工业部门陷入困境，从而阻碍经济增长，反而突破了19世纪中叶西班牙交通系统的瓶颈，使国民收入大幅增长。[119]

在对这些变革的所有分析中，法国都必然占据特殊地位，因为它的新国家元首本人就无出其右地体现了后革命时期的优先事项。[120]不妨简要讨论一下路易-拿破仑·波拿巴于1839年在布鲁塞尔出版的一本特别的书，他在书中阐述了自己的政治愿景，政变后他仍然绝对忠实于这幅蓝图。这本书就是《拿破仑思想》，出版时，由于作者声名狼藉，它在法国反响不佳。路易-拿破仑·波拿巴在其中明确表示，他不是保守派，而是进步史观的信徒。他问道："我们是否在一个封闭的循环中移动，其中启蒙与无知交替，文明与野蛮轮转？"答案是决然的否定："我们应摒弃这种可悲的想法……社会进步不断，不畏险阻，没有间歇，它唯一的限制就是地球本身。"这便是令马丁·贝尔纳和克莱尔·德马尔肃然起敬的历史急速前进的脚步。但进步并不是像飓风一样的无主体的运动。它经由各种机构实现，其中最重要的是政府。政府是"所有社会组织的有益动力"。路易-拿破仑·波拿巴写道，进步"从未消失，但常常被取代……从政府走向被统治者。革命的趋势总是把进步归还给统治者"。拿破仑一世就曾天才般地认识到，他的使命不是做掘墓人，而是成为革命的"遗嘱执行人"。

路易-拿破仑·波拿巴提出，若无执政府和帝国，法国大革命就会"淹没在反革命之中"。但事实恰恰相反，"因为拿破仑将1789年大危机带来的主要益处深深植入法国的土地，并将它们引向欧洲各地"。路易-拿破仑·波拿巴主张，反动政策不是对革命的否定，而只是对革命持久不稳定的抗拒。革命的唯一有益出路在于将其能量注入"普遍的融合"，这种融合并不放弃革命原则，而是将这些原则纳入"超越党派狭隘利益"的政治秩序。简而言之，路易-拿破仑·波拿巴凝视伯父时，也看见了他自己。这不仅仅是一种历史解释，更是推进后革命进步的路线图。

在19世纪50年代，这些想法与第二帝国威权主义的技术官僚浪漫主义完美融合。[121]那时建筑业蓬勃发展，铁路建设也进入黄金时代。在法国，铁路总里程从1851年的3248千米增长到1869年的16 465千米。钢铁工业对燃料的无穷需求推动了北部省煤矿的扩张。这不全是政府刺激措施的结果：维多利亚殖民地和加利福尼亚州的淘金热向该系统注入了大量黄金，促成了低息信贷浪潮，信贷的繁荣进一步为革命后的国家投资提供了动力。但这些宏观经济因素均由国家支持的制度变革所引导和集中。1852年，埃米尔·佩雷尔（Émile Pereire）和伊萨克·佩雷尔（Isaac Pereire）兄弟创立了动产信贷银行，这是一家旨在将资本引入工业项目的投资银行，其目的是实现圣西门所阐述的"实业制度"。正如我们在第一章看到的，圣西门认为，建立一个以功绩等级制和对生产劳动的尊重为基础的实业社会，将最终解决那些往往会引发动乱的问题和压迫,使社会走上一条将高速增长及创新与高水平的政治及社会稳定相结合的道路。佩雷尔兄弟是圣西门主义者,他们的新银行事业不折不扣地体现了他们于1832年在圣西门派运动机关刊物《地球报》上所拥护的观点。[122] 颇具影响力的经济学家、工程师兼皇帝的经济顾问米歇尔·舍瓦利耶(Michel Chevalier)也曾是圣西门主义者。1832年,一项法令通过,宣布圣西门派对公共秩序构成威胁。舍瓦利耶旋即因参与《地球报》事务而入狱六个月。

这就是为什么评论家圣伯夫称拿破仑三世为"马背上的圣西门",尽管至今还没人知道皇帝本人是否读过这位圣人的著作。但波拿巴的天赐魅力不应让我们忽视这样一个事实:1848年后,其他国家也发生了类似的重新定位。在普鲁士,人们高度重视国家为现代化目的而支配公共资金的权利。[123] 这些观点得益于当时德意志经济理论的有利风向:从德意志"自由贸易学派"严厉的反国家主义立场转向以下观点——国家需要实现某些宏观经济目标,而它们是社会中的个人或团体无法实现的。[124] 在皮埃蒙特,1851年加富尔出任财政大臣后,政府便采取措施促进工业和农业信贷、鼓励股份公司、减少粮食税和航海税等赋税。到1854年,时任首相加富尔仅在铁路上就花费了2亿多里拉。[125] 在汉诺威、萨克森、符腾堡、皮埃蒙特和奥地利帝国,有赖于大规模借贷维持的项目在国家的监管下启动,项目包括穿越阿尔卑斯山脉的隧道、铁路、运河、港口设施、学校、行政大楼、桥梁等。[126] 这些设施有助于将边缘地区与大都市中心相连,并且整体而言,有助于证明国家权威的合法性。不过,它们也成为国家玩弄权术的新形式。在弗兰茨·约瑟夫治下的奥地利,公共工程成为管理臣属民族的工具;在法国,政府可能会以修建铁路站点为条件,换取公民的赞成票。[127] 皮埃蒙特为热那亚人和其他利古里亚商贸群体提供特许权,允许他们建立通往撒丁岛和美国的航线,或扩大撒丁岛的采矿业务。这有助于加强都灵政府与传统上难以管理的地区精英之间的联系。[128]

后革命政府的经济干预措施之所以十分特殊,不仅因为它们更有雄心、掌握更丰厚的国家资源，还因为它们坚持以统一的方式、根据总体计划制定行政措施。如今在所有行政管理程序中发挥作用的标准化表格，在当时还是新鲜事物：在西班牙，司法部不断整理可靠的犯罪统计数据，发函恳请地方当局"准确填写"他们所收到的表格，并"以统一的方式回答表格中的问题"。这一命令显然暗示，负责执行该程序的官员对此尚不熟悉。[129]

1848 年前，萨克森和符腾堡的铁路建设或多或少有些随意和零散；而在 1848 年后，管理者坚持认为，铁路政策必须聚焦于建立一个统一合理的地区性网络。萨克森外交大臣弗里德里希·博伊斯特在 1857 年写道："国家可以并且必须将铁路视作一个整体。"[130] 在法国，1848 年后，政府也鼓励在铺设铁轨和制定政策时，在区域而非地方层面采取更加协调一致的方式，并再次借鉴了圣西门主义的观念和词汇。[131] 在 1846—1848 年商业危机期间，一些著名的普鲁士自由主义者呼吁国家接管经营王国铁路，并将它们统一为"一个有机整体"。[132] 19 世纪 50 年代，普鲁士财政大臣奥古斯特·冯·德·海特（August von der Heydt）也是一名自由主义企业家，他主持了普鲁士铁路的逐步"国有化"。他认定，唯有国家才能确保最终形成的系统从国家整体的角度来看是合理的，仅靠私人利益远远不够。[133]

这些将个别铁路的特许经营权纳入更宏大政策框架的尝试，反映了政府言论更普遍的转变。经济体系的有机联系在那个时代是一种普遍共识。拿破仑三世在 1860 年 1 月 15 日致其国务大臣阿希尔·富尔德（Achille Fould）的信中表达了他的信念："为使贸易繁荣，必须增加交换媒介；如果没有贸易，工业就会停滞不前，物价居高不下，阻碍消费增长；如果没有繁荣的工业来确保资本增长，就连农业也会停留在起步阶段。"[134]

尽管有关经济"政策"的探讨有时只是在掩饰务实的权宜之计，但强调将"政策"制定视作内政管理的一个关键方面，这种强调本身就具有重要意义。它与一种日益增长的趋势有关，那就是将国家概念和社会概念区分开。[135] 在葡萄牙，玛丽亚·达·丰特起义的起因是政府试图引入一种新的、更高效的税务制度，起义在政治精英中激起了恐慌。他们得出的结论是，政府今后必须做的不仅是呼吁"秩序"，而且要让民众事先了解政府的意图，并且明白政府计划采取什么措施来实现这些意图。从这一刻起，我们看到政治"计划"概念的急速传播。[136] 为使政府致力于制订相对连贯且有约束力的计划，旨在提高透明度、提高决策流程效率的结构性改革出现了。[137]

上述政策是革命的直接结果。它们之所以能够实施，是因为之前反对或抵制它们的保守主义政治团体已被推离权力中心。[138] 在普鲁士，如果没有1848年宪法，就不可能有19世纪50年代的大规模公共开支。通过建立第一个全普鲁士议会，革命使政府摆脱了《国家债务法》的束缚，该法在1848年前限制了公共支出。正如1849年3月普鲁士议会的一位议员所宣称的，政府过去在索要发展国家所需的资金时，一直遭到"吝啬的拒绝"。但现在，他接着道："我们站在政府一边，总是会批准改善交通，与支持商业、工业和农业所需的资金……"[139] 无论是1851年引入的新所得税（其合法性被认为来自新的地方选举权），还是1861年对旧土地税的改革（它纠正了传统的财政不平衡，过去财政偏袒工商业发达的西部省份），在1848年前，它们都是不可能实现的。[140]

物质进步

这些发展必然导致财政部及其领导者的威望越来越高。随着欧洲人逐渐适应这个大兴土木的世界，不再焦急地询问钱从哪里来，公众的信任流向了新秩序的缔造者。在皮埃蒙特，加富尔对财政部的断断续续的控制是他行使权力的关键，他在制定基础设施政策和经济政策方面的作用彻底改变了他的声誉，他被尊为专家和实干家，"严肃而勤奋的现代性的先驱，这种现代性很可能就是皮埃蒙特崭新的未来"。[141]西班牙财政大臣曼努埃尔·阿隆索·马丁内斯（Manuel Alonso Martínez）在"进步两年"内阁中发挥了主导作用；而在葡萄牙，前革命家、前财政和公共工程大臣的安东尼奥·马里·德·丰特斯·佩雷拉·德·梅洛（António Maria de Fontes Pereira de Melo）成为复兴政府最著名的代表。人们创造了术语"丰特斯主义"（fontismo），用来指1851年后政府投资和改良的急剧扩张，今天这个词仍在使用。[142]

各个后革命政权努力打造自己在公众心目中的正当性，在这些行动中，经济政策居于核心地位。采用"发展主义"论点本身并不新鲜，统一交通网络的概念或采用循环隐喻也不新奇；[143]后革命时代的独特之处在于，这些主题如今在政府宣传中占据了突出位置。法国再次提供了最显眼的例子：拿破仑三世向法国公众发出的呼吁始终强调其政权的经济成就，并试图从法国人民物质改善的角度，而非更高道德秩序的角度为其政权做辩护。[144]西班牙穆里略和奥当奈尔政府则反复提及"诉诸物质利益"。关于经济政策的官方声明措辞乐观，向民众承诺一切。在西班牙"进步两年"的大臣会议的纪要中，我们发现了这样一段话："（我们的目标是）开通文明的源泉；利用那些强大的交通工具（蒸汽机车）——它是现代文明之荣耀，将文明之泉引入我们国家；我们还要通过促进各省交流，来巩固我们的政治统一；要为我们的产品赋予流通性和价值。"[145]这个时代的金融和经济管理者被擢升至权威领袖、技术官僚式的救星，身兼拯救人类的使命。在1858年法国北方省省议会的会议上，有一份《国内水运报告》，从中我们可以看到对规划者和工程师极具特色的赞歌：

> 让我们向那些被国家委以重任之人致敬，他们的任务是确保我们获得人类精神之伟大造物（蒸汽机）所应许的福祉；（让我们祈愿）他们的行动与智慧得到慷慨回报……[146]

这种对物质成就的强调背后，是一种极具后1848时代特征的信念,即物质"进步"("物质"与"进步"两词常常连用)终将消除对旧政权下意识形态化和对抗性的政治的需求。一本葡萄牙激进刊物评论说,现在是"封闭内战深渊"的时候了。新时代并不需要修正案、"哲学性宪法"或"任何形式的共和国",而是需要切实改善国家物质条件。[147] 在西班牙,是发展部在1851年担起责任,成立了一个委员会,负责"调和巴塞罗那工厂主和纺织工人的互惠利益"。这种说法将"经济"定义为相互依存的网络,鼓励立法者相信政府的明智规划可以弥合社会鸿沟。[148] "和平、秩序和满足统御着整个国家,"1854年夏,葡萄牙萨尔达尼亚元帅对女王玛丽亚二世说,"人民放弃政治,以便专注于自己的私事。"他还写信告知他人,葡萄牙如此繁荣,"任何个人或政党都无力搅扰公共安宁"。[149]

1856年,法国农业、商业和公共工程部的一份报告明确指出了经济增长与政治平稳的关系。报告指出,二月革命时,法国已有3600千米的铁路。但在随后三年的政治动乱中,铁路建设完全陷入停滞,一条铁路轨道都没有铺设。直到波拿巴取得政权后,建设工作才突飞猛进,而"在我们的现代文明中,铁路已成为繁荣的必要条件,甚至是一个国家生存的必要条件"。[150]

换句话说,后革命的解决方案超越了"反革命式的预防"。它不只是投资于物质进步,将之作为削弱革命力量的手段。事情日益向着相反的逻辑发展:为了繁荣与进步,人们开始珍视政治和平。在很大程度上,由于政治局势平静下来,后革命国家才愿意在基础设施上投入更多财政资金。[151] 物质进步本身逐渐成为终极的公共福祉和政治正确。由此,优先事项被重新排序,这表现在如下例子中:1848年后,火车站被纳入了宏大历史叙事,它把这些交通枢纽与国家命运紧密关联;同时,政治话语日渐"经济化"。[152] 丰特斯认为,改善基础设施不仅带来税收,还能建立"血液循环的动脉和静脉",进而使衰弱的民族恢复生机。[153] 19世纪60年代末,拿破仑三世开始为他计划创作的一部小说打草稿。故事的主人公是伯努瓦先生,他在1847年离开法国，并于 1868 年返回。他震惊于革命以来发生的变化。他不仅注意到法国政治安宁，再也没有示威和骚乱，而且惊叹于基础设施的革新，包括电报、铁路，以及提升最底层民众生活水平的福利措施。这本小说最终没有写完。这些草稿没有告诉我们后革命秩序的客观特征，但它真切地告诉了我们，皇帝希望人们怎样铭记他。[154]

这个世界开始将"经济"视为一个独立、有活力的实体，将进步视为可量化的物质变革，在这样的世界里，整合连贯的统计数据越发重要。[155] 新兴的国家统计技术反过来又成为后革命国家在公民社会中吸纳改革力量的平台，许多精通统计技术之人长期以来积极参与政治和社会改革事业。[156] 在德意志，"作为一门独立学科的统计学"的实践者往往是进步人士，革命后新成立的统计局成为行政现代化的重要推动者。[157] 在西班牙，自由联盟的大臣们也坚持成立新的统计局，理由是如果不"调查和了解一个国家的财政和道德状况"，那么任何政府都无法促进"繁荣之种的萌芽"，无法消除"妨害人民进步与福祉的障碍"。当然，过去的政府也整理过统计数据，但这些数据还远远不够，因为它们都是"孤立"收集的，缺乏可靠的统计分析所必需的"联系和统一"。[158] 自由联盟的联合内阁促进了保守派和进步派统计方法的结合：温和派倾向于将统计视为社会控制和中央集权的工具，而进步派则视之为国家对经济实行进步性干预的工具。前者倾向于将统计置于内政部的职权范围内，后者倾向于将之置于发展部的职权范围内。1861 年，这两种倾向在新成立的统计总局中融合，这一机构将一直存续到 1945 年。[159]

在法国，国家统计局（成立于 1833 年）的职责在 1852 年大幅扩展，它可以独立整合汇编国家数据。在这里，与西班牙一样，官方"行政统计学家"长期以来一直在与进步的、政府外的"社会调查员"和"道德统计学家"相竞争。这一问题在 1860 年因巴黎统计学会的成立而得以解决。学会是一个秉持自愿原则的团体，它寻求并获得了贸易部的官方认可。[160] 这并不是说专注于统计是一件新鲜事——欧

物质进步 683

洲统计运动早在19世纪30年代就已开始，当时意大利诗人贾科莫·莱奥帕尔迪（Giacomo Leopardi，1798—1837）就在抱怨他的时代是一个"统计时代"。[161]而且我们已经看到，比利时数学家凯特勒（Quetelet）的"道德数学"在有关社会问题的进步评论中居于多么中心的地位。（它在路易·勃朗、安热·盖潘和欧仁·比雷等左翼分析家的作品中，比在奥诺雷·弗雷吉耶等保守派作家的作品中重要得多。）革命爆发时，统计技术和知识的交易网络已建立起来。[162] 19世纪50年代的独特之处在于统计与国家之间关系的转变。这一时期，至少在欧洲大陆的众多地区，纯粹的政府统计体制转变为以大众社会为基础的统计体制。在新体制中，革命前在改革派圈子中流行的设想，现在可以直接对政府产生影响。由此带来的行政影响，以数据申报要求的形式深入渗透至地方治理体系的末梢。

后革命的城市

城市空间管理领域受到多种因素的影响：革命动乱带来了挑战；人们近来尤为重视基础设施改善；同时，人们做好准备，接受大规模的公共支出。这些因素结合在一起，促使欧洲各国的首都采取了极其相似的举措。巴黎、柏林和维也纳都在1848年发生过巷战、竖起过街垒，马德里在1848年和1854年也出现过同样的情况。这四座城市在19世纪50年代都开展了重大的改善计划。最著名的例子是巴黎，塞纳省省长奥斯曼男爵发起了一项大规模计划，内容包括改造老城中心，扩建供水和排水系统并对其进行现代化改造，还为该系统提供清洁的自来水。一个核心问题是，人们认为有必要清除旧内城里人员和货物流通的障碍——城市规划者和自由经济理论家一样，非常重视"流通"这个概念。[163]马德里的改建计划展现出许多相似特征——铺设宽阔的大道、清理贫民窟、清扫和美化主要交汇处（太阳门广场是最著名的例子）、实现建筑法规的标准化，以及首次为工人阶级建造健康卫生的住房，尽管这一过程磕磕绊绊。这些年来最具雄心的项目是建造包括水坝、水管、渡槽和水库在内的水利系统，为城市输送清洁的淡水。这项创举于1851年启动，1855年遇到财政困难后，在巨额公共贷款的助力下进行了升级。它改变了马德里的城市风光，扫除了城市扩张的最大障碍。在这里，与巴黎一样，城市内部结构的合理化与城市的扩张齐头并进。扩建前，马德里外围大多是随意搭建的、公共设施不足的新街区。马德里外围边界的扩张主要是为了将它们置于市政当局的控制之下，换言之，是为了把秩序强加于已在进行中的自发扩张过程。城市规划者的目标是创造一个合理、卫生的城市空间，将空气及光线、比例和谐的公寓楼房、公园和林荫大道，以及城市生活的其他各种必要场所——市场、屠宰场、医院和监狱等因素合理地融合在一起。[164] 马德里的变革也许从未达到重塑巴黎城那种惊人的程度，但城市规划者的地位和政治话语权的提升证明，国家当局现在十分在意城市作为一个鲜活的系统的需求。梅索内罗（Mesonero）和卡斯特罗（Castro）等马德里规划者的项目特点在于"城市的整体概念"——它旨在提高城市"社会空间的同质性"，同时满足城市阶层结构的迫切要求。[165] 类似地，在奥斯曼的著作中，人们也可以看到"全面系统地解决城市问题的方法，以及对适宜处理这些问题的方法的总体性构思"。[166]

在柏林，人们也在努力对城市空间实行一种协调一致的新改造方法，而这里的主要推动者既不是市长也不是市政官员，而是一名警察：卡尔·路德维希·冯·欣凯尔代（Karl Ludwig von Hinckeldey）。与奥斯曼一样，欣凯尔代也展现了反革命与城市改革的密切联系。革命期间，欣凯尔代监督了柏林民事警察队伍的扩张和专业化，并因粗暴处理抗议示威活动而遭到民众的憎恨。他是对革命感到不安的弗里德里希·威廉四世特别信任的安全顾问之一，[167] 但他也是"单枪匹马地将柏林拖入现代社会"的创新者。他建立了现代化的消防设施，为最贫困百姓设立了食物施舍网络；他在最贫困的街区开设了公共浴室

后革命的城市　685

和洗衣房；他监督建立了失业女佣庇护所，她们是众所周知的社会弱势群体。1852年，他委托一家英国工程公司修建了供水系统，为城市提供清洁的饮用水。300年来，柏林头一次有了统一的建筑规范。

在欣凯尔代的传记中，没有什么比他的死亡方式更具象征意义了。1855年，在国王的敦促下，欣凯尔代命令手下关闭柏林赛马俱乐部，这是一个私人赌馆，开在北方酒店的一间豪华套房中，由年轻的纨绔贵族汉斯·冯·罗肖-普勒索（Hans von Rochow-Plessow）经营。1855年6月22日晚，警察突击搜查了罗肖的房间，逮捕了在场的年轻人，而后很快将他们释放。罗肖勃然大怒——欣凯尔代这样的平民竟敢破坏年轻贵族的私人娱乐活动！他前去找警察局长欣凯尔代讨要说法，后者实事求是地指出，国王授权了这次突击行动。事情本来可以就此结束，然而国王拒绝公开承认他确实授权了这次突袭。欣凯尔代和他的家人突然发现自己被宫廷社会拒之门外。贵族群体和资产阶级占主导的警察之间的关系日益紧张，双方在柏林街头频繁发生争执。

看到欣凯尔代已被抛弃，软弱可欺，罗肖得寸进尺，公开指责他撒谎，以掩盖自己的罪行。根据当时对资产阶级和贵族均有约束力的严格荣誉准则，欣凯尔代要维护自己的社会地位，就只能向罗肖发起决斗。可问题是，欣凯尔代高度近视，"几乎不知如何开枪"；而罗肖是个神枪手，能在20米外把子弹射入黑桃A的中心。两人于1856年3月10日在容芬海德（柏林北部一片迷人的荒野）约见时，结局已定。欣凯尔代的子弹打偏了，而罗肖的子弹正中警察局长的胸部，使他当场毙命。真正不同寻常的是公众的反应。这个曾经因纪律严苛遭人厌憎的人，如今却成了民间英雄。人们发起公开募捐，为他的遗孀和七个孩子筹钱。数以万计的柏林人跟随他的灵柩前往墓地，这被视为中产阶级"反对容克和《十字报》"（保守派贵族喜爱的报纸）的大规模示威活动。听闻欣凯尔代的死讯，国王"哀天叫地"，不过他流下"鳄鱼的眼泪"可能主要是因为，他感觉人们会将事情归咎于他："公众认为**是我把我心爱的欣凯尔代献祭给了我自己，就好像我**

是一个摩洛神！"这是关于国王背信弃义的又一教训——如果之前的还不够的话。更重要的是，它表明政治反动（罗肖是个一无所知的老派反动分子）不同于后革命的多变政治。[168]

维也纳没有经历巴黎那种彻底的结构性改革，但这里也有关于如何应对近期事件的争论——环绕并封锁内城的防御工事圈该保留还是拆除？[169]在这个问题上，革命的教训难以解读。在1848年动乱期间，起义军自己曾登上防御工事，将其用作射击阵地，对抗为恢复城内秩序而部署的军队。在革命刚结束的几年里，军事领导层在安全问题上拥有至高无上的权威。他们认为，城墙提供了一道不可或缺的防线，能抵御内城之外的工人阶级地区的潜在起义；并主张，近代早期修建的防线实际上应该进一步延伸和巩固。直到1857年，争论才得到解决，获胜方是那些倾向于拆除城墙之人，他们还认为应该利用由此获得的空间建造一条宽阔的环路，大道两侧是代表性建筑、绿地和高质量宅邸。[170]结果便是宽敞的环城大道的铺设，它至今仍环绕着维也纳内城。

对更有序的城市环境的渴望本身并非革命的产物。巴黎和马德里的公众在19世纪上半叶的大部分时间里，一直在讨论改善城市结构，开放维也纳内城的呼声至少存在了50年。[171]但革命带来了改变，进一步强化了过度拥挤且恶劣的卫生环境、疾病与政治动乱之间的联系。这个问题进一步催生的结果是，由卫生专家组成的民间或半官方委员会越来越多地参与城市管理，他们的咨询作用现已被新立法正式确定下来——1848年后，许多欧洲城市都出现了这种情况。[172]在这一领域，就像在其他各种行政管理的"技术"领域一样，各国政府越来越多地利用起公民社会进步团体所积累的专业知识。而且，甚至在1848年之前，这些团体的专业技术知识中就往往带有左派思想的特点。[173]在维也纳，正如在柏林、巴黎和其他地方一样，革命改变了国家和市政当局之间的权力平衡，使国家得以压制市政精英对重大公共开支的顽固反对意见。[174]

革命之后，城市规划范式发生了转变，其中一个最显著的特征是将社会问题纳入行政管理实践。卡尔·冯·欣凯尔代对统计数据有浓厚兴趣。他收集了关于人口增长、死亡率、死因、公寓成本、平均食品和市场价格、济贫卷宗及其他许多方面的表格。[175] 在他的监督下，在关于社会问题的论文和小册子中发展起来的观察、描绘环境的方式，成为维持城市治安的工具。在法国，革命也将社会问题提出的议题推向了高层政治。1849 年，国民议会代表兼慈善经济协会领袖阿尔曼德·德·梅伦（Armand de Melun）提出了一项反对"不卫生住房"的法案，其目的是授权公共当局对新建房屋执行住房质量标准。这项新法律于 1850 年 4 月 13 日颁布，规定土地所有者有法律责任确保自己土地上所盖的住房满足一定的卫生标准，否则将面临严厉的罚款，长期不达标者将被没收财产。旨在支持基础设施项目（例如铁路线和交汇处审查许可）的法律文书首次被应用于内城的发展。这些变化的影响远远超出了巴黎的范围——在斯特拉斯堡，市议会成立了一个住房委员会，负责监督新法律在当地的实施。该委员会编写了一份报告，其大部分内容可能引自路易·勃朗、安热·盖潘、欧仁·比雷、奥古斯特·布拉斯或恩格斯的著作：

> 城市狭小的街道和住房的状况是一场名副其实的灾难……人们大多衣衫褴褛，脸上带着苦难的印记，而他们的孩子，除了极少数例外，都虚弱佝偻，邋里邋遢，浑身疥疮，小脸污浊苍白，这见证了他们父母的不幸生活。[176]

当某种批判性、异见性亚文化的语言和论点，进入国家当局的语库时，这究竟意味着什么？人们可以将这种交汇解读为一种共同选择与中和的过程，或者说这是从反对派话语中提取足量灭活病毒注入系统，从而使系统对进一步的骚乱免疫。或者，人们可以将其视为关注社会问题的进步先贤的胜利，一种思想占领国家部分"高地"的故事。

再者，我们也可以承认，这两种说法可以同时成立。无论人们持哪种观点，专家在新政府中举足轻重。这与拿破仑时代的那批学者和专职人员相似，他们当时遍布欧洲，将帝国的法律和规范应用于新兼并的领土。与拿破仑时代的前辈一样，19世纪50年代的专家也是后革命时代稳定局势的重要动因。他们把在进步的公民社会团体中所孕育的理念和实践，带入了政府的核心部门。

从出版审查到公共关系

在复辟时期，出版审查制度（即在出版前对印刷材料的政治内容进行审查）一直是政府权力的重要工具，而废除审查制度是1848年前自由主义者和激进主义者的一大核心诉求。在整个欧洲，临时政府废除了旧的出版审查制度，并将出版自由写入法律和宪法。1848年颁布的许多宽松的出版法在"秩序"重建后都未能幸存。但在大多数国家，这并不意味着回到3月前的状况。因此，自由派纲领的很大一部分在革命失败中幸存了下来。[177]

在大多数国家，出版政策的关注点从对印刷品烦琐的预先审查，转为没收政府认为具有煽动性或危害公共治安的材料。这是一个重要的转变，因为它将政府措施公之于众。报纸和期刊只有在发行后，也就是在"危害"已经造成之后，才能受到惩罚。与此同时，对于什么算是非法的印刷言论，警察当局、司法部门和主管大臣/部长之间存在分歧，这意味着警方全面部署镇压措施的行动常常受挫。[178]

在法国，路易-拿破仑·波拿巴于1851年12月发动政变后，对反对派媒体采取了严厉措施。许多记者被捕，许多报刊直接销声匿迹。各省的共和派刊物几乎完全消失了，巴黎只剩下11种报纸仍在发行。[179] 难怪保守的普鲁士首相曼陀菲尔将法国的高压政策与普鲁士出版机构所享有的相对自由进行了对比。[180] 但不应夸大新立法的严厉程度。新制度确立后，停刊虽在理论上可行，在实践中却很少执行。更常见的是，官方警察向持异见的编辑发出警告。不过，从1853年夏起，随着佩尔西尼和后来的比约入主内政部，警告的频率也大大降低了。[181] 也许更重要的是，随着报纸在火车站以更低的价格（由广告补贴）出售，并迅速扩散至全国，报纸整体发行量急剧增长。[182] 事实证明，在法国，与西班牙、普鲁士、尼德兰和许多德意志小邦国一样，政治性出版物规模的扩张与政治化阅读群体的扩大，已呈不可逆转的趋势。[183]

各国政府为应对这种扩张，采取了更加灵活和一致的方式来影响公众态度。1850年12月23日，普鲁士中央出版事务局的诞生首次为协调普鲁士出版政策奠定了可靠的制度基础。该机构的职责包括：管理用于补贴出版界的资金，监督接受补贴的报纸，维护与国内外报纸的"关系"。他们希望以此开启"国家各部门与出版界之间的有机交流"。[184] 由此，新机构见证了从以出版审查制度为基础的系统，向以新闻和信息管理为基础的系统的转变。

在其他许多大陆国家也可以看到类似的变化。在法国，波拿巴政权早期，威权主义氛围更浓厚的时候，内政部长佩尔西尼就认为，镇压措施应辅以"行政部门的积极干预，以支持良好的社会原则"，并补充说，这种干预的最佳方式是"政府鼓励并在必要时资助出版物和小册子"。[185] 新政权的出现为公共舆论管理带来了更加积极和协调的方法。1856年，新成立的出版总局的创立人兼局长皮埃尔·拉图尔-迪穆兰（Pierre Latour-Dumoulin）在给皇帝的一份报告中指出，官方警告和起诉对公共舆论产生了负面影响，更好的办法是"防止报纸出现过激言论，这样就不必刻意打压它们"，也可以"通过温和地执行法律来缓和严法"。[186] 对欧洲其他地方的出版政策的研究揭示了许多相似之处。[187] 即使是非政府媒体，也在很大程度上受到政府赞助的渗透。在德意志邦联的各邦，几乎所有重要报纸都接受由政府新闻办公室支付薪资的记者和通讯员所提供的材料。[188]

天主教会也通过调整与媒体及公众的关系来应对1848年的动乱。

直到革命之后，在政治印刷品规模急剧扩张的压力下，罗马教宗才创办了自己的大量发行的机关报。之所以如此，有以下几个原因。在位伊始，庇护九世对出版界的态度就比他的前任更加灵活，尽管称不上更加积极；而且，教宗国内部也在尝试放宽出版管制。意大利战争造成的严重混乱局势使人们认识到，对教宗政治意图的误解具有潜在的破坏性，有必要纠正这些误解。1848年4月下旬，针对他鼓励伦巴第和威尼西亚的天主教徒反抗奥地利人的谣言，庇护九世向枢机主教们发表训谕，敦促他们驳斥这一谣言。随后，正如我们所看到的，教宗正式驳斥了"所有希望教宗成为全体意大利人的新共和国总统的报纸文章"。而后，在流亡加埃塔期间，他发表了一份个人声明，首次敦促主教们通过出版物捍卫"真相"。

在罗马接受培训的那不勒斯年轻耶稣会士卡洛·库尔奇（Carlo Curci）提议，创办一份价格适中、包含广泛文化内容的通俗刊物，以协助教廷直接对抗革命思想的传播。教宗欣然接受。库尔奇的上级、耶稣会会长P. 罗特汉（P. Roothaan）却提出反对意见。罗特汉也一直迫切希望出版一份新刊物，但他设想的是一份门槛颇高的期刊，专门讨论博学的话题，并以拉丁文出版。庇护九世更喜欢库尔奇的方案，甚至愿意承担第一期的费用。结果，《公教文明》于1850年4月创刊。它最初在那不勒斯出版，六个月后移至罗马，很快印数就超过1.2万份。为了最大限度地扩大这份新刊物的公共影响力，教会投入了大量精力：分发了约12万份刊物简介和4000份告示，并在天主教报刊上广泛宣传创刊号。[189]

如果认为这些事态发展标志着教宗现代"宣传政策"的出现，那就太言过其实了。教宗本人对出版界的看法仍然极其模棱两可。但显而易见的是，1848年后，《公教文明》为教宗提供了影响公共舆论的有力手段。1867年6月1日，该刊物发表了题为《向圣彼得致以新的敬意》（"A New Tribute to Saint Peter"）的社论，称天主教徒在献出黄金（彼得便士）和鲜血（祖阿夫志愿军运动）后，现在应该贡献智慧。具体形式是宣誓表示将忠实地、必要时甚至以殉道的方式捍卫教宗权威宣言的绝对正确性。这篇文章产生了非凡影响，特别是在法国，刊载教宗绝对正确誓言的传单在街头巷尾分发，而堂区神父被迫在平信徒收集的请愿书上签名。[190]

从这些观察中可以得出的较为重要的结论是，虽然教宗好像几乎没有从革命中学到管理国家的方法（教宗国仍处于政治停滞状态），但他确实在如何领导教会的问题上汲取了重要经验。历史严酷地对待了教宗君主国。1860年，由于该地区已经公开反抗教宗统治，皮埃蒙特-撒丁的军队征服了教宗国东部2/3的地区，而后将其并入次年宣布成立的意大利王国。欧洲袖手旁观，并未干预。罗马周围的残余领土（拉齐奥）仍在教宗的控制之下，但这片土地连同罗马城本身也将在1870年被意大利人占领。除了0.44平方千米的梵蒂冈，教宗失去了其他所有世俗领地。就像其他未能理解1848年革命意义的国家一样，例如汉诺威和那不勒斯，教宗国也被从欧洲版图上抹去，无人为之哀悼。[191]

然而，即便庇护九世的世俗领地萎缩了，他作为神职人员和精神领袖，而不是作为君主，还是在欧洲和更广阔的世界引领了天主教道德权威令人瞩目的复兴。至今仍在发行的《公教文明》便是这一复兴过程的重要组成部分。1854年，在对全世界天主教徒的虔诚状况进行广泛调查后，庇护九世决定将圣母马利亚无染原罪提升为天主教教义，这一决定反映了他对更为谦卑的天主教徒的虔敬文化的敏感性。他的超凡魅力丝毫未减，他继续接待朝圣者和崇拜者的代表团，并向他们发表演说。而在轮船和铁路的时代，这些人的数量急速上升。他成为有史以来首位将自己的演讲稿印刷出版以供大众阅读的教宗。他的形象被印成廉价彩色版画，进入数百万天主教徒的家。1861—1870年，来自近20个国家的7000多名天主教青年主要来自比利时、法国和尼德兰加入了被称为"祖阿夫"的志愿军，以保卫教宗国，抵御内部革命和外部入侵。[192]可以肯定的是，这位教宗是一位极端化人士：

在 1864 年的《现代谬误学说汇编》(Syllabus of Errors)中，他重申了教会对自由主义版本的现代性的强烈拒斥。但不可否认的是，他在激发天主教舆论和建立跨国同情共同体方面所取得的成就，在深度和广度上均超过了他的前任。

在所有后革命情势的趋同中，我们应当注意到一个重要的例外。西欧各国和罗马教宗在寻求管理信息和影响公共舆论的新方法时，尼古拉一世的俄国却进入了俄罗斯历史学家所说的"恐怖审查时代"。这一转变并不完全是 1848 年的结果：它始于 1847 年，当时莫斯科当局在帝国西部省份探查到了乌克兰民族感情觉醒的最初迹象。[193] 但是，革命的消息激起了政权内部的深切恐慌。3 月中旬，弗拉基米尔·佐托夫（Vladimir Zotov）伯爵从一位熟人那里得知了巴黎事件，而这位熟人是从他的兄弟那里听说的。当晚，佐托夫在剧院中场休息期间，晃悠到圣彼得堡警官特鲁贝切耶夫（Trubecheev）面前，说道："啊，法国人！他们做了什么！"他对警官的反应感到震惊：

> 特鲁贝切耶夫面色陡变，几乎是在耳语："请不要再对任何人说一个字了，无论是对我，还是对你的其他熟人……警察接到命令，向第三厅（负责国内安全）举报所有谈论革命的人。我们接到命令，甚至要逮捕那些不过是谈到鸡毛蒜皮之事的人。"[194]

在接下来的几年里，扩大的审查机构加强了对出版物，包括报纸和期刊，特别是面向穷人的书籍和传单的监视。审查员对任何哪怕稍稍提及社会不满的内容都反应过度，比如虚构故事中所暗示的不该得的财富，或者民谣集中一首名为《铁匠》的诗。当有关一些大学即将关闭的谣言四处流传时，教育大臣的一位门生在其庇护人的支持下，煞费苦心地写了一篇曲意逢迎的爱国文章，指出大学将学生变成了沙皇的忠诚臣民，因此应该继续开办。尼古拉一世勃然大怒，下令禁止此类作品发表。[195] 那是一个"恐怖"的时代，民粹主义作家格列布·乌斯宾斯基（Gleb Uspenskii）后来回忆说："人动弹不得，甚至做梦都不行；表现出任何想法都是危险的……你必须表现得恐惧、颤抖，哪怕没有真正的理由。"[196]

代表俄国政治观点的小圈子以复杂的方式解读这些革命。斯拉夫派保守人士从1848年的"血腥混乱"中看到，西方道德败坏，受一群贪婪暴力的资产阶级统治，俄国没什么可向西方学习的。革命是对基督的反叛，根植于"意志的放荡"，与俄国盛行的"谦卑与服从、力量与伟大"之精神相比，显得丑陋不堪。[197] "西方"作为先锋和模范的地位宣告终结，但这并非最后一次。俄国激进主义者因1848年左翼计划的失败，也产生了一种对西方自由主义者和社会主义者的幻灭和蔑视情绪。1852年12月，亚历山大·赫尔岑回忆起在离开俄国的前夜，他是多么向往"宽广、深刻、公开的斗争和自由的言论"。然而，他写道，从那时起，他只经历了"一切希望的破灭"和"难以言喻的道德崩溃"。自这种疏离情绪中，这样的观念诞生了：终有一天，俄国会径自向世界展示通往社会主义救赎的道路。[198]

结论

1856年，维多利亚时代的散文家沃尔特·白哲特（Walter Bagehot）发表了一篇关于1850年去世的英国政治家罗伯特·皮尔爵士的文章。这篇文章表面上是对皮尔回忆录的评论，但白哲特对这些书只字未提，甚至可能根本没有读过它们。令他真正感兴趣的是，皮尔代表了现代政治中一种典型的人格类型。白哲特围绕皮尔与其同代人拜伦勋爵之间的对比，来塑造皮尔的形象，这二人曾同在哈罗公学读书。白哲特认为，几乎没有比皮尔和拜伦更不同的两个人了。他写道，拜伦通过"强烈、深刻的思考"来获得对世界的理解：灵光乍现，一个形象便烙印在记忆中，无须第二次努力。拜伦的风格是"潇洒、自由而尖锐"的。白哲特继而写道,皮尔的思想恰恰相反,他的观点就像"肥沃的冲积土壤中日积月累、难以察觉的沉淀",随着时间推移,积少成多,有"睿智经验的沃土"在"平静广阔的智力平原"上堆积。拜伦的思想带有其独特个性的印记,而皮尔的则"并无独有的特征"。后者可能是任何人的观念,因为它们源自现代世界中"广泛传播的观察结果"。"就像一门科学一样",皮尔的思想"对所有人来说都是同等可信或不可信的"。

这不仅仅是一项有趣的人物比较研究。对白哲特来说,皮尔的平淡无奇、他与拜伦截然相反的严肃,象征着政治本质发生了更宏大的历史性转变。当前的政治(白哲特早在 1856 年就这么说了)不再是要做什么,而是**如何做**。现代政治家的立法活动在很大程度上只是"行政管理",它没有规定"我们的机构应该是什么,而是规定现存机构应以何种方式运转和发挥作用"。皮尔生逢其时,他的技能是政治管理,而非政治架构的设计。在一个领导意味着管理的世界里,数据的稳定积累与处理比激昂的演讲和灵感的乍现更重要。"旧时代的贵族式精致和漂亮装饰对皮尔来说是陌生的,新时代的琐碎枯燥却很适合他。"[199]

罗伯特·皮尔于 1850 年去世,享年 62 岁,但 1848 年革命后掌权的欧洲政治家都熟知他。在人们的记忆中,他是一位敢于接受自由和激进政策的保守主义者。他不顾老托利党的抗议,支持天主教徒的解放(1829);他决定与辉格党和激进派一起废除《谷物法》(1846),欧洲人认为他正在构想一条务实而灵活的新政治道路。弗朗索瓦·基佐在他于 1856 年出版的皮尔传记中,称赞皮尔"本质上具有务实精神,每一步都以事实为依据"。[200] 1850 年 3 月,在向皮埃蒙特议会发表的演讲中,加富尔提到了皮尔的"光辉榜样",皮尔抨击自己党内显要的特权,得罪了大部分朋友,自己也被指控为"变节和背叛"。加富尔认为,他的勇敢立场使英国免受"当时席卷整个欧洲的社会主义骚乱"的影响。[201] 加富尔在《复兴报》中写道,皮

结论 695

尔"以最出色的方式"展示了怎样以"既保守又改革""既积极又温和"的方式重建"一个民族的政治和经济体系"。皮尔"指出了一条道路，我们相信，唯此道路才能将这一代人从未来的危险中拯救出来"。[202] 1854年，塞哥维亚进步派议员贝尼托·阿莱霍·德·加明德（Benito Alejo de Gaminde）在西班牙议会的一次演讲中指出，皮尔懂得如何以正确重视经济问题来"扼杀政治问题"。"先生们，让我们也努力做到这一点。"[203] 在英国，皮尔被许多人视为摇摆不定的机会主义者，但在欧洲大陆，崇拜者则视之为绝对正确的原则的化身。年轻的葡萄牙国王佩德罗五世在1856年给阿尔伯特亲王的一封信中写道，皮尔是"英国最伟大的政治家之一"，他经常被党内同志抛弃，"因为他把对原则的忠诚置于对个人的忠诚之上"。[204]

皮尔与1848年的狂热氛围格格不入，但他身后的殊荣使他被后世追认为新政治的开拓者。1848年之后，与皮尔相似的政治领袖随处可见，他们更多地依赖协商和信息，而不是愿景、天资和魅力，并愿意以新的组合方式调和政治。与拜伦的浪漫思维相比，"皮尔的思维"可能没那么有趣，但毫无疑问，它更适合一个渴望通过技术和管理方式解决最具争议的问题的世界。

皮尔在其职业生涯中经常"变换"政治立场，这激怒了他的朋友，也让他的敌人感到困惑；与此类似，许多1848年之后掌权的人也经历了跨越政治光谱的漫长旅程。1848年，乌尔巴诺·拉塔齐当选都灵众议院代表时，与民主派坐在一起。但他后来转向温和自由派，并组建了一个新的中左翼团体，该团体进而又与以加富尔为中心的中右翼组建联盟。而加富尔也自另一方向经历了类似的转变历程。法国律师皮埃尔·马里·彼得里（Pierre Marie Pietri）参加过1832年起义，加入过秘密的人权社。他支持二月革命，并曾作为赖德律-洛兰的革命特派员前往科西嘉岛，在那里，他当选为制宪议会议员，居于左翼。但当路易-拿破仑·波拿巴在1848年深秋成为总统候选人时，彼得里转向右翼，投靠了这位王子。1852年1月27日波拿巴政变后，彼得里继任巴黎警察局长，并一直任职到 1858 年。亚历山大·巴赫曾是民主派人士，后来主持了 19 世纪 50 年代奥地利新绝对主义政权的现代化进程，他是一个极具戏剧性的例子。但类似的例子不胜枚举，这些人在革命浪潮中冲浪，而反革命爆发后他们仍在弄潮。[205] 这位前民主派人士在后革命时期警察机构中的突出地位尤其值得一提。[206]

这种跨越政治光谱的大规模流动本身就是一个引人关注的重要现象。有时是人在变动，根据不断变化的环境调整自己的想法和行动。对卷入其中的个人来说，这并不是什么新鲜事：他们这一代的大多数欧洲人，成年后一直在观念和论争的群岛之间航行，他们是训练有素的即兴演讲者。有时思想本身也在变化。起初在政治文化边缘活跃的主张和实践，后来又在中心附近重新出现。当概念或论点保持稳定，但其情感色彩有所变化时，思想观念也会发生改变。例如，1848 年之后与"物质进步"相联系的一组关键词，它们并不新鲜，但它们附带的魅力与承诺是新的。

有时一些人认为，革命打开了民族主义的潘多拉魔盒，分裂了欧洲大陆。但 1848 年之后欧洲行政管理全景的变化表明，革命也产生了同质化或"欧洲化"的影响。19 世纪 50 年代法国政府的档案中充斥着信件和通报，它们强调汇总各类技术流程外国范例的重要性，从棉纺织工艺到隧道开凿、铁路支线铺设、蔗糖精炼，以及商业汇票黏性印花的采用等。[207] 统计运动从一开始就是一项跨国事务，涉及思想和技术的交流，这先是通过爱好者组成的非正式网络，后来通过 1851 年开始举办的国际统计大会。[208] 这些传播知识的宽阔渠道鼓励政策制定者从跨国比较或竞争角度来思考他们的任务。[209] 马德里发展部的周刊《科学评论》发表了大量文章，里面尽是有关"比利时工业进步""英国工业和伦敦的扩张""英国和法国铁路的收入"，以及"英国的羊毛进口"的统计数据。[210]

部长或大臣，以及其他高层政治家很少承认跨国模式的影响，他们通常更愿意声称是自己主导了创新。但他们的中层下属则不同，他们从这些横向联系中获得了威望和职业信誉。警察局长欣凯尔代建立了自己的柏林统计办公室,以便获取关于该城市的数据;他还定期派代表参加国际统计大会,目的是紧跟该领域的最新动态。[211] 1848年后,进步的自由主义者和社会主义者普遍相信,1848年革命标志着"政治形而上学、神秘主义和革命的光照派"让位于方兴未艾的"积极有用的社会科学"。[212] 我们已经看到,洛伦茨·冯·施泰因在谈到从"宪法时代"到"行政时代"的转变时,也表现了这一变化。我们习

19世纪50年代的面孔。明智而务实的行政人员为19世纪50年代的改革定下了基调。普鲁士首相奥托·冯·曼陀菲尔以其严谨的外表和专业的举止,成为一种新型政治领导的典范

资料来源:ullstein bild / Getty Images

惯于将19世纪的欧洲划分为现代区域和落后区域。就社会变革进程来说，这种观点在一定程度上可能有一些道理，但它不怎么适用于受过教育的欧洲跨国"行政知识分子"，因为他们的文化和学识是同步的，是真正欧洲化的。[213]

最后，我们不妨思考一下1848年后出现的这种跨国模式的历史意义。支撑19世纪50年代政治格局的联盟最终被内部分歧和日渐低落的经济掏空。信贷的利息变得高昂。极右翼和极"左"翼复兴，给中间派的自由主义−保守主义共识带来压力。保护主义重新流行起来。

爱德华·巴尔杜斯（Édouard Baldus）摄，皮基尼车站的景色（View of Picquigny Station，1855）。这张照片收录于1855年维多利亚女王去法国参加世界博览会后为她准备的一本画册。巴尔杜斯是一位著名的建筑和景观摄影大师，他在这张看似平淡无奇的图片中表现了一些我们看不到的东西：新铁路网将这样一个沉闷的外省小站与伟大的巴黎大都市直接相连，这蕴含巨大前景与蓬勃生机

资料来源：Musée d'Orsay, Paris. (Photo: Scala, Florence, RMN−Grand Palaism / Alexis Brandt / Dist

社会问题以更具挑战性的形式卷土重来。对后革命年代的人们来说，"政治的终结"还遥不可及。但这个想法令人熟悉，也许是因为人们已经不止一次感受到它的吸引力（或威胁）。不难察觉，19世纪50年代的转型与拿破仑时代的威权主义改革之间有某些相似之处。拿破仑时代同样是国家进行重塑，以吸收革命残余能量的历史时刻。1945年后和1989年后，西欧也出现了类似的愿望，它受到如下愿景的鼓动：建立一种技术统治的跨国政治形式，将争议性资源的管理从党派和民族冲突的角斗场中解放出来。这两个时刻的特点都是，将经济政策置于政府工作的中心，在尊重公共舆论的同时，也积极地管理舆论。无论是对左翼还是右翼的伟大口号和政治分野，人们都已感到厌倦。另外，人们也都希望，技术方案能以某种方式让我们规避政治冲突与僵局。

尾 声

> 我们同样感到失望，感到彷徨，
> 落幕之后，问题依然悬而未决。
>
> ——贝托尔特·布莱希特《四川好人》
> (*Der gute Mensch von Sezuan*) 收场白

1848年革命是在一个存留着对早先变革时代记忆的世界里爆发的。从弗里吉亚帽和帽徽到自由树和三色旗，欧洲各地的革命者都用伟大先辈的象征符号和习俗来装点自己的事业。在他们脑海的背景中，如老电影般闪现的是法国大革命及此后拿破仑战争的场景。1848年3月，记者兼作家范妮·莱瓦尔德在到访巴黎时，惊讶地发现"自由、平等、博爱"的字样铭刻在所有场所，就好像人们"担心自己会忘记一样"。她听到一群群工人唱着《马赛曲》和革命时代流传下来的其他歌曲。[1] 令玛丽·达古震惊的是，拿破仑作为一种象征再度无所不在，这是任何现代人物都不可企及的。[2] "公共安全委员会"在诸多革命城市涌现。人们激烈地讨论要如何将曾遭谩骂的"1789年原则"应用到意大利。[3] 1848年夏在布加勒斯特广为传阅的匿名小册子《谁是工匠？》(*Ce sînt meseriașii?*)，是仔细参照《谁是第三等级？》

(*Qu'est-ce que le tiers-état?*)的教理问答形式创作的。后者是西耶斯神父于1789年创作的名篇。[4]我们处处都能发现这样的相似和回响。

对一些对1848年心存疑虑的观察者而言，这种模仿和自觉地交互参照的习气却是空洞的标志，意味着革命已然萎缩成了区区奇观。2月24日，在目睹一群武装激进主义者闯入众议院后，托克维尔无法打消如下感想："我们上演了一场有关法国大革命的闹剧。"[5]在1851—1852年之交的冬天，马克思将他对现状的失望转变为强劲批判的支柱。他在《路易·波拿巴的雾月十八日》中评论称，"革命危机"时代尤其容易落入历史的魔咒，因为人们将亡灵征用为动荡时代的监护人。而不能逃离传统的革命必然命途多舛，它将永远受困于模仿的逻辑。马克思声称，这便是1848—1849年欧洲革命的命运。革命的主角皆是大革命和拿破仑时代先辈们的拙劣、滑稽的模仿者。[6]

不过，与过去相比而相形见绌的感觉并不能真实或客观地反映不同时代之间的关系。它是一种反思性认识的模式，一种感知到的历史性形式。不存在关于1789年、1793年、1795年、1799年、1812年或1815年的单一记忆，也不存在哪个单一的叙事能够支配后代子孙的认知。事实上，有形形色色的先例和神话，政治人物可选择性地对之加以利用或改编，以支持各种各样的利益和目标。17世纪英格兰内战中的清教徒曾从摩西法典所记载的人物和事件中获取灵感和意义，而这一事实并不意味着他们在重演《圣经》的故事。托克维尔凭直觉感知到了这一点，他进一步叙述了对1848年的戏剧性特征稍有差别的评论："模仿的性质如此明显，以至事情可怖的独创性依然隐而不现。"[7]在这一问题上，甚至马克思对19世纪中叶革命的尖锐抨击也是模棱两可的。《路易·波拿巴的雾月十八日》开篇便痛斥1848年革命是对1789年革命的滑稽效仿，但很快便演化为更具开放性的探究：1848年革命未能达成预期，它诡异的失败有何意味？

这些革命是"成功"，还是"失败"？在数代人的时间里，这一问题始终困扰着该主题的历史写作。[8]问题似乎足够合理。但是，一场革命的"成功"意味着什么？法国大革命是成功的吗？1789年革命产生了深远的变革性影响，但它创建的君主立宪制旋即垮台。而后国民公会的恐怖统治又被热月政变颠覆，督政府的统治便由此开启。该政权同样因政治不稳定而摇摇欲坠，直至被拿破仑的统治扫荡。面对新政治形式的持续更迭，宣称法国大革命是"成功"的意味着什么？我们又是依据谁的标准来衡量成功与失败？一些激进主义者早在1848年4月就宣称革命已经失败，因为革命未能实现他们的期许。在许多邦国，议会选举是自由派的胜利，对某些激进派而言却是打击。在后者看来，即便选举权得以扩大，他们也不太可能掌控议会多数席位。一些人（主要是激进主义者）以马志尼式的方式主张，相比平庸的成功，悲壮的失败更伟大，具有更持久的历史价值。并且随着时间的推移，失败可以被重塑为成功：戴阿克·费伦茨（Ferenc Deák）和安德拉希·久洛（Gyula Andrássy）是1848年被挫败的人，而1867年，他们将在改组的奥匈帝国边界内，助力打造一个近乎独立的新匈牙利国家；一群革命者在1848年革命后逃出瓦拉几亚和摩尔达维亚，流亡期间，他们利用关系网络建构起"候任政府"，日后它将在独立的罗马尼亚接掌权力。[9]在法兰西第三共和国的缔造者之中，也有许多1848—1851年的老战士，他们对第二共和国的记忆将促成务实的共和派与温和的君主派之间的妥协，新政体则将在此基础上建立。新共和国能获得乡村选票很大程度上是因为，人们记得1849—1850年"第二波"动荡时期"民主-社会"动员的经历。[10]反革命者俾斯麦厌恶三月革命背后的观念和态度，但对他而言，革命无疑是一场胜利。他终生都承认，自己漫长的政治生涯以这场革命为基础。他意识到，由于政权结构的转变和开放，革命给像他这样的人创造了新机会。在退休后撰写的回忆录中，俾斯麦承认，他绝不可能在"1848年前的时代"开启政治生涯。[11]

在谈论一场海上风暴、一次太阳耀斑或一场长达16天的暴雪时，我们不会讨论它们是"成功"还是"失败"，只会测算它们的影响。诚然,革命是政治事件而非自然现象。有人或许会说,革命是意愿和意图造就之事。如果结果没能达成意图,那么我们必定有权说它"失败"了。不过这里我们遇到一个问题:尽管卷入革命之人的确有时(但确实不总是)发展出清楚连贯的意图,但是这一说法并不适用于革命本身。革命是诸多潜在的互不和谐甚至相互冲突的意图的总和。我们脑海中有一个神话般的理想革命,它是一个创造性的时刻,那时追求新秩序的参与者砸碎旧世界,并按照他们构想的画面重塑世界。可是哪场真实的革命曾符合这一严苛的标准? 1848年革命必然不符合。它由始至终都充满不同的声音,缺乏协调,承载着多方人士的各自意图和冲突的诸多轨道层层交叠。

不过革命即便纷乱,也影响深远。走出1848年的混乱无序的人已脱胎换骨。通过城市起义而卷入权力中心的自由主义者凭借新政治机构巩固自己的支配权,这些机构大多在革命之后保留了下来。在小团体和协会中,最重要的是在议会辩论中,自由主义者、激进主义者和保守派快速学习了现代政治的技巧。保守派学习与宪法、代议制议会共处,并利用大众动员的技巧扩大自己的社会基础。天主教徒支持教宗,建立了一种认信政治,其影响力将持续至20世纪后期。一种新式的左翼政治出现,它更多地聚焦于社会商品的供给,而非阴谋和夺权。大多数激进主义者克服了对普选权的矛盾情绪,在1848年之后的几十年里成为其坚定支持者。[12] 自由主义学习与右翼和左翼的潜在盟友合作,维系权力与自由间的微妙平衡。辩论游说的进程本身就催生出新关系网络、观念和论点,对那些胆敢挑战父权制性别政治的女性而言尤其如此。官员和政治家努力吸收与理解动乱、疏导其势头、防止进一步骚乱最直接相关的观念和技术,政府和行政机构的面貌随之发生转变。

从动乱(及其镇压)中产生的后革命的"融合",其基础是对民众阶级持久的政治排斥,是以他们之名主张的民主政治的边缘化。此前正是民众的勇气和暴力让革命成为可能。"这次"(不同于1830年)

"人民"将收获他们革命的政治回报,这一承诺并未兑现。革命遗产分配的不平衡让欧洲许多地区晚了至少半个世纪才争取到普选权,也给 1848 年后取得霸权的自由秩序打上了始终质疑民主的印记。[13] 与此同时,革命后的"融合"通过消化足够多的革命成果,来防止进一步的动荡。它给欧洲诸国提供了诸多新方法(利用商品、公共通信、货币、法律规范和成熟的警察制度),以抵御自由-保守资本主义秩序所遭受的威胁。

对社会主义者而言,1848 年是个伟大的高光时刻。大批社会主义的新报刊问世,还出现了一群新兴的工人阶级社会主义骨干领袖和组织者。魅力非凡的社会主义思想家艾蒂安·卡贝和弗朗索瓦-樊尚·拉斯拜尔成了著名公众人物,他们的形象通过肖像画和漫画而为人所熟知。社会主义演说家向大批听众演讲,甚至中间派报纸也在讨论社会主义的好处。[14] 但是对革命的镇压和随后稳定秩序的活动也使得社会主义异见的多样性大幅缩减:1848 年之前,人们探讨美好生活意义的声音极其丰富多彩,通往人类繁荣之路多种多样,而后它们都让位给了关注改良和福利、更具包容性和更务实的平台。自此,左翼将分化为改良主义的多数和革命的少数。1876 年,路易·勃朗宣称,卢森堡宫委员会 1848 年草拟的方案"如今大体上都被共和派采用"。[15] 他是正确的。

在地缘政治领域,革命同样影响深远。1859—1871 年的意大利和德意志民族国家的诞生是 1848 年的结果。这不是因为革命引发了新民族主义运动,而是因为它们给君主和民族激进主义者都上了一课,前者意识到民族主义的影响力,后者意识到国家权力必不可少。只有当国家权力与民族主义精英的文化分量捆绑在一起时,爱国者的梦想才能在政治地图上成形。不过相较于对意大利和德意志民族国家诞生本身发挥的影响,1848 年革命在造就二者截然不同的政治结构时所发挥的影响更为明显。即便没有革命,意大利和德意志也很可能建立民族国家。在德意志,邦联的大多数邦国在 1848 年之后开启后革命时代现代化国家建设工程,俾斯麦不得不同意用联邦的方式解决德意志问题。从德意志统一战争中诞生的德意志帝国不是一个单一制的国家,而是"诸侯联盟"。各邦国保留自身的主权和议会。

相较而言,在意大利,皮埃蒙特与南部之间划开一道鸿沟。早先政治动荡时,意大利的政治流亡者悉数逃离半岛;而1848年,他们都到自由和实行宪政的皮埃蒙特寻求庇护。[16]自由派精英被北部的萨伏依家族所吸引时,那不勒斯的波旁政府依然过度强调教会和军队,不能与南部最具活力的群体建立稳固的关系。在随后的年月里,皮埃蒙特拥抱革命后的"融合",教宗国和两西西里王国则拒绝了它。1839年南部波旁家族首先开通铁路,而那不勒斯—波蒂奇—皮埃蒙特的都灵—蒙卡列里线直到1848年才开通。不过1848年之后,皮埃蒙特政府投身于扩张铁路网的重任,南部的波旁政府却无所作为。在南部,铁路建设从来没有像在北部那样成为经济增长的引擎。到1861年,亚平宁半岛铁路总长刚过1800千米,其中1372千米在北部。[17]这一事实和其他原因导致意大利统一的结果与德意志大相径庭:几乎整个意大利被并入皮埃蒙特了。这种令人不适的解决方案引发了新冲突和不平衡,今天的意大利依然受到影响。类似地,在瓦拉几亚,什蒂尔贝伊大公主导的后革命政府追求改良主义的道路。它计划让公国与奥斯曼政府的政策保持一致,由此在克里米亚战争之后开辟道路,以实现独立、与摩尔达维亚统一,以及建立罗马尼亚民族国家的最初步骤。[18]这里与意大利类似,是革命之后的治理,而不(只)是革命本身造成了改变。

1848年革命以多种方式加深了俄国与西欧的分裂。西欧驱逐了俄国专制制度的拥护者,但也疏远了俄国左翼,后者此前曾将西方视作自己行动的榜样。双方都摒弃了1848年革命,转而寻求俄国通往救赎的特殊道路。在俄国政府中,自我批评的进程确实得以深入展开,并将在克里米亚战争之后的"大改革"时代(1861—1865)结出果实。但1865年之后改革进程部分倒退,且不存在创立立宪政府的改革。[19]

革命还煽动起将导致克里米亚战争（1853—1856）的仇恨。黑海沿岸的情况尤为严重。在这儿，围绕多瑙河诸邦发生的冲突加深了英国与俄国之间的不信任。1849年，俄国介入匈牙利事务，并奋力阻止普鲁士主导的德意志联盟的诞生。奥地利是这些行动的受益者。而1854年，当英国、法国和皮埃蒙特站在奥斯曼土耳其人一方参战时，维也纳拒不支持俄国，这一决定在圣彼得堡引发了深切的怨恨。而随后俄国决定不插手奥地利的防御，这转而对意大利人和德意志人成功建立各自的民族国家产生了至关重要的影响。

在21世纪的前25年将尽时回望1848年革命，我们不可能不为它的回响所震惊。革命提出的问题依然困扰着我们：工作的权利、劳动与资本的平衡、"工作贫穷"困境、不平等的加剧、城市的社会危机。他们所面临的结构性困局也困扰着我们。如何协调内阁的渐进政治与游行、互联网社交平台、"快闪族"和议会外运动等激进政治？就算真的有，暴力在什么时候才算得上一种合法的政治形式？我们应当如何优化自由体制的功能，同时顾及社会正义的要求，顾及应对气候变化的挑战所必需的深远（且潜在不得人心的）变革的要求？

如今"自由主义"已被剥去非凡魅力，已被抽空其历史。在左翼看来，它等同于殖民暴力、富豪统治和以市场为导向的经济；在右翼看来，它等同于极"左"狂欢和社会放纵。在这样的时代，记住自由主义曾是那么丰富、多样、危险而又生机勃勃是值得的。[20] 自由主义的形而上政治学的设想聚焦于对各种利益进行微妙的调节。无论现在还是那时，这种观点都是自由主义必不可少的组成部分。但自由主义者也是一组利益群体。激进主义者正确地抨击了自由主义者的盲点和自利所导致的前后不一。激进主义者对民主和社会正义的激进主张是对自由精英主义的重要修正。激进主义者首先察觉出，以议会和宪法为中心的政治最可能将谁抛在后面；他们首先认识到，极端不平等将如何侵蚀一个无法整合贫穷社会阶层的政治秩序。自由主义者与激进主义者不能彼此倾听，这是阻碍深层政治改革的核心因素之一。当自由主义者谴责民主派是"共产主义者",激进主义者奚落自由主义者的"议——议——议会"时,他们正在上演 1848 年的一场核心悲剧。此外,(除了一些道德高尚的例外)激进主义者和自由主义者都没太能理解乡村社会的棘手问题,而乡村人口占据了当时欧洲人口的绝大多数。这是个明显的疏忽,他们为此付出高昂的代价。

假如人们曾以不同方式行事,那可能会发生什么?思考这一问题颇具吸引力。假如自由主义者不依附于传统势力,而对激进政治的社会逻辑敞开怀抱,情况会怎样?假如激进主义者能够达成一个最低限度的社会方案,一个可以克服自由主义者反对意见的改良政治纲领,情况又会怎样?假如 1848 年的行动者意识到并避免了因民族主义与内乱纠缠在一起而引发的危险呢?假如自由主义者和激进主义者从一开始就统一战线,坚持完全控制包括军队在内的君主制国家的行政机构呢?假如欧洲的所有君主都像荷兰和丹麦的君主一样行事,主持一场向议会君主立宪制的和平转变呢?正如历史学家保罗·金斯伯格(Paul Ginsborg)早已指出的那样,这种反事实推测有趣但徒劳。[21] 然而,它们确实重要,因为反事实设想已嵌入某些论述,它们将革命的"失败"归咎于特定行动群体所遵循的错误道线,其中最常被指责的对象是自由资产阶级。它们还暗示了 1848 年进程中那些与当今读者最密切相关的设计缺陷:民主环境下凝聚力丧失;对话失败;逐渐僵化的正统观念拒绝接受任何意见;参与者无法确定关键目标的优先等级,且无力为实现这些目标而联合行动;在任何既定体系中,要修正某些经济和政治精英的优势都困难重重。尤其令人瞩目的是,在 1848 年占据核心位置的解放政治依然熠熠生辉:争取种族和性别平等的斗争在我们的时代仍在推进;新旧形式的反犹主义的兴起意味着,1848 年犹太人解放所提出的议题并未消失。

我在学校学习 1848 年革命时,感觉它似乎与古埃及一样老旧。它的复杂性就像是一种无用且古老的潦草涂鸦,无法形成能振奋现代人的那类叙事。但是有些事情已经改变。我们正在从他们那时尚未认知的事物中重生：高度工业化时代到来，经济"腾飞并持续增长"，大规模的意识形态政党政治队伍兴起，民族国家和福利国家崛起，大报和全国电视观众数量增多。这些我们过去称为"现代性"的东西，如今却在持续变化，而它们对我们的影响正在减弱。过去我们曾用左翼与右翼来划分政治道路，如今这一划分方式已不适用。德国联邦宪法保卫局受命监督对国家宪法和政治秩序构成威胁的团体活动。在 2022 年 7 月 7 日提交的报告中，该机构宣布，它已为既不属于右翼也不属于左翼的群体和网络开辟了一个新的观察类别。[22]

特朗普集会、占领华尔街、匿名者 Q、法国"黄马甲"、德意志"横向思考者"的反疫苗抗议，这些新运动带来的复杂局面是变化的表征。但如果我们结合 19 世纪中期革命的动荡来解读，那么新运动似乎就不那么陌生了。我们似乎能在 2021 年 1 月 6 日在美国华盛顿特区发生的冲击国会大厦事件中听到厚重的历史回响。一群反叛的暴徒闯入议院（这次是"右翼"而非"左翼"），否定选举过程，视之为骗局和谎言；即兴的戏剧表演和奇装异服；亢奋的姿态加上对"自由""权利""宪法"等崇高原则的呼吁：所有这些都让人想起 1848 年的骚乱。2022 年 1—2 月，卡车司机组成的"自由车队"让加拿大渥太华市中心瘫痪了三周。抗议活动中出现的充气城堡、烤乳猪和对议会民主的否定，都展现出狂欢作风和反叛逻辑的结合，不禁令人想起 1848 年的街头抗议活动。[23]

这绝不是要将路易·勃朗等人苦心经营的理性改良主义，与当今许多肤浅且缺乏连贯性的街头抗议政治相提并论。但是，不稳定的领导结构，不同意识形态的部分融合，当今许多政治异见的流动性、易变性和即兴性，都让人想起 1848 年革命。知识分子合理化这些事件的行动也是如此：例如，美国专栏作家罗斯·杜萨特（Ross Douthat）将"自由车队"理解为"务虚派"（有教养的精英）与"务实派"（用双手劳作的人）之间新阶级斗争的最新战役，这让人想起圣西门的拥趸所提出的"游手好闲者"与"勤劳者"之间的对立。[24]乔治·帕卡

2022年1月28日，在渥太华惠灵顿街的加拿大议会大厦前，卡车司机抗议防疫措施

资料来源：Roger Lemoyne / Redux / Eyevine

德（George Packard）认为，对城市中"聪明"的世界主义精英而言，"工人阶级"已经成为未知领域。这一论点让人想起19世纪40年代的"秘密"文学。[25] 概而言之，环境对动荡的意识增强，社会凝聚力减弱受到关注，这些都让人想起对19世纪40年代社会的悲观诊断。

当我们拒绝高度现代性的束缚，新的关联便成为可能。思考1848年的人民和情势会变得令人着迷，甚至富有教化意义：革命政治具有分裂、多样的特性，风云剧变却没有确定的前进方向，不平等和资源的有限性造成了社会焦虑，国内动荡与国际关系致命性地相互纠缠，暴力、乌托邦梦想和宗教信仰闯入政治领域。如果革命即将来临（而以非革命方式解决当前的"多重危机"似乎遥遥无期），那么它可能与1848年革命颇为类似：计划不周、行动零散、矛盾重重。历史学家应避免在过去之人身上找自己的影子，但在写作本书时，我深深感到，1848年的人们可以从我们身上看见他们自己。

2018年5月，图卢兹的"黄马甲"反政府游行。中间的女人戴着象征革命的红色弗里吉亚帽子，其中一面饰有三色帽徽。"黄马甲"抗议的戏剧性、多变的政治以及狂欢和民愤的混合，让人想起了1848年的民众骚乱

资料来源：Alain Pitton / NurPhoto / Getty Images

致　谢

　　1848年革命有一种难以概述的特质。它无边无际地向四处蔓延，主角蜂拥而至，彼此矛盾的主张和观点喧嚣刺耳。围绕这一石破天惊的现代事件产生了海量文献，其中充斥着有关民族国家、农业、政治、社会、历史编纂等各种问题。我不能宣称已然捕捉或理解了这场革命的全部，抑或是它的大部分——我每天都会想到那些本应在本书中出现，却被略过的事件、地点和人物。写作本书时，我时常想起我的已故友人兼博士导师乔纳森·斯坦伯格。在20世纪80年代晚期，乔纳森就1848年革命发表了一场设计精妙的演讲。讲座中，他用一个纸圆盘呈现1848年革命，圆盘中间别着双头箭，圆盘外围则写着1848年的各种"选项"：自由主义、激进主义、联邦主义、单一主义、君主主义、共和主义、绝对主义、宪政主义、民族主义、地方主义等。他顺时针或逆时针地转动着箭头，说道："我教了这个主题20年，却仍然不理解它！"

　　在试图理解这些相互关联的剧变的全貌时，我借助了许多友人和同事的专业知识和才智。特别感谢那些审阅了我手稿全文或片段，并提供评论和批判的朋友，包括：迈克尔·莱杰-洛马斯、马库斯·科拉、格伦达·斯卢加、费尔南达·加洛、夏洛特·约翰、詹姆斯·麦肯齐、亚当·图泽、阿米泰夫·高希、玛丽昂·康德、萨拉·皮尔索尔、乔恩·帕里、克里斯蒂娜·施波尔。我还尤其受惠于我此前指导的博士生：莉萨·尼迈耶、黛安娜·西克洛万、安娜·罗斯、詹姆斯·莫里斯、克里斯托斯·阿利普兰蒂斯。他们分别研究1848年的文学反响、政治理论家洛伦茨·冯·施泰因、19世纪50年代普鲁士的统治方式、瓦拉几亚的1848年经验，以及革命前后普奥的治安管理。他们的研究极大地深化了我对这些事件和议题的理解。与他们共事令我收获良多。有些问题在现存文献的含义含混不明，他们的建议让我受益。2018年，1848年革命170周年之际，两场国际学术研讨会在巴黎召开，展现了新一代学者所做的精彩研究。他们的研究有助于我将各次革命确定为是相互关联的现象。"1848年'人民之春'的欧洲参与者——纪念1848年革命170周年国际研讨会"由埃里克·安索和樊尚·罗贝尔组织，2018年5月底在法国索邦大学召开。"1848年的世界"会议由伊曼纽尔·菲雷、康坦·德莱穆奥斯和克莱芒特·蒂博组织，同年12月在法国社会科学高等研究院召开。与康坦·德莱穆奥斯、卡特琳·布里斯、樊尚·罗贝尔、卡特琳·奥雷尔、萨米埃尔·阿亚、埃里克·安索、罗米·桑切斯、德尔菲娜·迪亚、西尔维·阿普里勒、海伦娜·托特、乔纳森·比彻、海因里希·贝斯特、法布里斯·邦西蒙、伊尼亚齐奥·韦卡和皮埃尔-马里·德尔皮的交流为这本丰富的书增添了新的内容。樊尚·罗贝尔发表了关于法国宴会运动的权威性研究，从容地领着我在1848年革命前夜法国各个阶层的选民之间穿梭。尤为感谢乔纳森·比彻，在其杰作《作家与革命》于2021年付梓之前，他就将稿件发给我。我还要感谢伊格纳西奥·加西亚·德·帕索·加西亚，他给我寄了研究西班牙革命的选刊和新作。我就1848年那不勒斯所提的问题，从维维安娜·梅洛内处得到了有益的答复。戴维·拉文（在双重意义上）尖锐评论了意大利革命的事件及其史学材料。迪特尔·朗格维舍给我寄了他新旧文章的单行本。拉尔夫·泽尔巴克给了我一本他创作的扣人心弦的罗伯特·布卢姆传。在荷兰问题上，贝亚特丽斯·德·格拉夫和彼得·施特伦博格给了我宝贵的建议。瓦伦丁娜·凯西奇提供了敏锐的评论和翻译，为我打开了1848年克罗地亚世界的大门。戈西亚·沃希卡和安杰伊·亚伊什奇克引导我了解有关1846年加利西亚事件的波兰材料，奈利亚·沙姆古诺瓦在俄罗斯文献方面给予了我宝贵的协助。罗伯特·J. W. 埃文斯、迈克尔·布伦斯博、理查德·德雷顿、玛丽亚·菲洛梅娜、莫尼卡、若泽·米格尔·萨尔迪卡和于尔基·韦西坎萨分别就哈布斯堡王朝、丹麦、加勒比、葡萄牙和芬兰1848年经验的复杂性提供了建议。阿比盖尔·格林给了我她即将出版的新作《1848年的儿童》之中的两章。奥利弗·哈尔特加深了我对1848年各种宪法的认识。詹姆斯·莫里斯纠正了关于瓦拉几亚事件的错误。假如没有这些慷慨的帮助，本书中的错误会更多。加雷思·斯特德曼·琼斯是马克思的传记作者，也是19世纪早期社会问题的先锋分析者。自从我对1848年革命这一主题感兴趣以来，他就是极佳的对谈者。乔纳森·斯珀伯对1848年革命所做的综合性研究极具影响力（他写的其他诸多著作同样质量精良），他还参与编辑了关于革命的里程碑式论文集。对于熟悉文献的读者来说，我从斯珀伯那儿收获的益处是显而易见的。

谈话是不可或缺的研究工具，在与如下同僚的对话中，我受益良多，包括：克里斯托弗·贝利、迈克尔·奥布莱恩、约翰·汤普森、吉姆·希恩、霍利·凯斯、佩姬·安德森、阿克塞尔·克尔纳、尼娜·吕布伦、劳夫·阿尤比、拉维尼娅·阿尤比、迈尔斯·泰勒、加里·格斯尔、詹姆斯·雷塔莱克、利·肖-泰勒、雷诺·莫里厄、劳伦斯·科尔、彼得·贾德森、赫尔穆特·瓦尔泽·史密斯、彼得·贝克尔、克里斯托弗·达根、戴维·巴克利、詹姆斯·布罗菲、露西·里亚尔、理查德·伯克、尼姆·加拉格尔、理查德·埃文斯、内登·易卜拉欣、苏伊特·西瓦孙达拉姆。在写作的艰辛岁月里，我的孩子约瑟夫和亚历山大给予我许多帮助，尤其是在封控期间。我要感谢西蒙·温德尔，他是历史学者理想的责任编辑，帮我审阅了繁复的稿件。感谢包括安娜贝尔·赫胥黎、伊娃·霍奇金、理查德·杜吉德、利兹·帕森斯在内的企鹅出版社的团队。感谢尼尔·高尔绘制了精美地图，感谢塞西莉亚·麦凯在插图处理上的出色工作，感谢马克·汉兹利以他的博学多识编审了书中多种语言的文字，感谢马克·韦尔斯编纂了堪称典范的附录。很荣幸与 Wylie 版权代理公司合作，并尤其感谢其伦敦办公室的詹姆斯·普尔曼给予的指导与鼓励。感谢我无可取代的挚友——诗人、剧作家兼教师理查德·桑格，2022 年 9 月他因胰腺癌在多伦多辞世，临终之际他仍在阅读和评论我的稿件。我满怀爱意和感激将此书献给克里斯蒂娜·施波尔，感谢她在创作本书的岁月里给予的陪伴和情谊。

注　释

导　言

1. Axel Körner, *1848. A European Revolution? International Ideas and National Memories of 1848* (2nd rev. edn, Basingstoke, 2004).
2. Paul Boerner, *Erinnerungen eines Revolutionärs. Skizzen aus dem Jahre 1848* (Leipzig, 1920), vol. 1, p. 73.
3. Karl Marx, 'Financial Failure of Government–Cabs–Ireland–The Russian Question', *New York Daily Tribune*, no. 2844, 12 August 1853；重印版载于 *Karl Marx. Friedrich Engels Gesamtausgabe*, vol. 12: *Werke Artikel Entwürfe. Januar bis Dezember 1853* (Berlin, 1984), pp. 254 – 62, here p. 262。
4. Émile Thomas, *Histoire des Ateliers Nationaux. Considérés sous le double point de vue politique et social, des causes de leur formation et de leur existence, de l'influence qu'ils ont exercée sur les événements des quatre premiers mois de la République, suivi des pièces justificatives* (Paris, 1848), p. 17.
5. Giovanna Fiume, *La crisi sociale del 1848 in Sicilia* (Messina, 1982), p. 72.
6. Benjamin Vicuña Mackenna, *The Girondins of Chile. Reminiscences of an Eyewitness*, trans. J. H. R. Polt (Oxford, 2003), p. 3.

第一章

1. Ange Guépin and E. Bonamy, *Nantes au XIXe siècle. Statistique topographique, industrielle et morale, faisant suite à l'histoire des progrès de Nantes* (Nantes, 1835), pp. 484–5.
2. François Crouzet, 'Wars, Blockade, and Economic Change in Europe, 1792–1815', *The Journal of Economic History* 24/4 (Dec. 1964), pp. 567–8, 570.

3. Émile Souvestre, 'Nantes', *Revue des Deux Mondes*, 4th series, 9 (Jan.–Mar. 1837), pp. 53–74, here p. 62.
4. Henri Sée, 'La Vie politique et économique de Nantes pendant la Monarchie de Juillet, d'après la correspondance inédite de P.-F. Dubois', *Revue Historique* 163/21930), pp. 297–322, here p. 309.
5. Guépin and Bonamy, *Nantes au XIXe siècle*, pp. 455–7.
6. Ibid., p. 472.
7. Ibid., pp. 472–81.
8. Ibid., p. 484.
9. Ibid., pp. 488–9.
10. James Phillips Kay, *The Moral and Physical Conditions of the Working Classes Employed in the Cotton Manufacture in Manchester* (London, 1832), p. 19.
11. Louis-René Villermé, *Tableau de l'état physique et moral des ouvriers employés dans les manufactures de coton, de laine et de soie* (2 vols., Paris, 1840), vol. I, p. 82.
12. Ibid., vol. 1, p. 26.
13. Ibid., p. 29.
14. Carlo Ilarione Petitti, *Sul lavoro de' fanciulli nelle manifatture* (Turin, 1841), p. 16.
15. Philibert Patissier, *Traité des maladies des artisans et de celles qui résultent des diverses professions* (Paris, 1822), pp. 391–2.
16. Ibid., p. 392.
17. Ibid., pp. 395–6.
18. Marie-Claire Hoock-Demarle, 'Les écrits sociaux de Bettina von Arnim ou les débuts de l'enquête sociale dans le Vormärz prussien', *Le Mouvement social*, no. 1101980), pp. 5–33, here p. 7.
19. Heinrich Grunholzer, 'Erfahrungen eines jungen Schweizers im Vogtlande', 此文作为附录载于 Bettina von Arnim, *Dies Buch gehört dem König* (1843), pp. 534–98, here pp. 537–8。贝蒂娜·冯·阿尼姆本人的批判性评论则见于该书《老鼠的对话》一文。
20. Friedrich Engels, *Die Lage der arbeitenden Klasse in England* (Leipzig, 1845), p. 261.
21. Adolphe Quetelet, *Sur l'homme et le développement de ses facultés, ou Essai de physique sociale* (2 vols., Paris, 1835), esp. vol. 1, p. 13. 维莱姆阅读并评论了凯特勒的手稿，且在自己的《棉、羊毛及丝绸纺织厂工人的身体和道德状况表》中引用。拉·萨格拉也与凯特勒熟识，并且广泛引用凯特勒的作品。有关凯特勒之影响的精彩分析，参见 Alain Desrosières, *The Politics of Large Numbers. A History of Statistical Reasoning*, trans. Camille Naish (Cambridge, Mass., 1998)。引自 p. 74; 关于凯特勒对当时的社会分析造成的影响，参见 pp. 73–95。
22. Friedrich Wilhelm Wolff, ' "Die Kasematten von Breslau" , Breslauer Zeitung', n Franz

Mehring (ed.), *Gesammelte Schriften von Wilhelm Wolff* (Berlin, 1909), pp. 49–56. 对沃尔夫和他关于布雷斯劳的作品的讨论，参见 W. O. Henderson, *The Life of Friedrich Engels* (2 vols., London, 1976), vol. 1, pp. 245–8。

23. 这一时期的众多社会描述具有同质性，关于这一问题，参考 Dominique Kalifa, 'Enquête et "culture de l'enquête" au XIXe siècle', *Romantisme*, no. 149 (2010), pp. 3–23。
24. Eugène Sue, *The Mysteries of Paris*, trans. anon. (London, 1845), p. 2.
25. Berry Palmer Chevasco, *Mysterymania. The Reception of Eugène Sue in Britain, 1838–1860* (Oxford, 2003).
26. August Brass, *Mysterien von Berlin* (2nd edn, 2 vols., Berlin, 1844), 写于 1844 年 3 月的第一版前言（p. 4）。
27. Eugène Buret, *De la misère des classes laborieuses en Angleterre et en France. De la nature de la misère, de son existence, des ses effets, des ses causes, et de l'insuffisance des remèdes qu'on lui a opposés jusqu'ici; avec l'indication des moyens propres à en affranchir les sociétés* (2 vols., Paris, 1840), vol. 1, pp. 132–3.
28. 关于阿尼姆利用童话传奇的通行特征给社会批判编码，参见 Helen G. Morris-Keitel, 'The Audience Should be King. Bettina Brentano von Arnim's "Tale of the Lucky Purse" ', *Marvels and Tales* 11/ 1–2 (1997), pp. 48–60; 关于"调查文化"，参见 Kalifa, 'Enquête et "culture de l'enquête" '。
29. Engels, *Die Lage der arbeitenden Klasse*, p. 45.
30. Guépin and Bonamy, *Nantes au XIXe siècle*, pp. 5–6.
31. Pamela Pilbeam, *French Socialists before Marx. Workers, Women and the Social Question in France* (Teddington, 2000), p. 143.
32. Ange Guépin, *Philosophie du XIXe siècle. Étude encyclopédique sur le monde et l'humanité* (Paris, 1854), pp. 13, 573–4; 关于圣西门作品的续篇，可参见 p. 543。
33. Claude Henri de Rouvroy, comte de Saint-Simon, *Catéchisme des Industriels* (Paris, 1823), p. 4.
34. 关于社会问题的道德准则，参见 Giovanna Procacci, 'Social Economy and the Government of Poverty', in G. Burchel, C. Gordon and P. Miller (eds.), *The Foucault Effect. Studies in Governmentality* (Chicago, 1991), pp. 151–68, here pp. 157–8。这一词语出自 Jacques Donezelot, *The Policing of Families* (London, 1979)。社会话语和其他基于"问题"的更宽泛的话的"道德化"特征，参见 Holly Case, *The Age of Questions* (Princeton, 2018), 特别是 p. 73。
35. Engels, *Lage der arbeitenden Klasse*, p. 115.
36. Ramón de la Sagra, 'Ideas generales sobre la Beneficiencia publica', in La Sagra, *Discursos pronunciados en el Ateneo Scientifico y Literario de Madrid* (Paris, 1838), p. 4.
37. Honoré Frégier, *Des classes dangereuses de la population dans les grandes villes et des*

moyens de les rendre meilleures (Brussels, 1840), pp. 76–7. 有关穷人实际的无助情绪和中产阶级评论者有关其处境的批判之间的意识形态差距，可对比参考 19 世纪晚期的 Gareth Stedman Jones, *Outcast London. A Study in the Relationship between Classes in Victorian Society*。

38. Frégier, *Des classes dangereuses*, p. 7.
39. Ibid., pp. 295–6.
40. Buret, *De la misère des classes laborieuses*, vol. 1, p. 347.
41. Buret, *De la misère des classes laborieuses*, vol. 1, p. 389.
42. Buret, *De la misère des classes laborieuses*, vol. 1, p. 118，该书第三章的标题就是这么来的。
43. 关于西斯蒙第是政治经济学的"英雄"，参见 Buret, *De la misère des classes laborieuses*, vol. 1, p. 38。
44. 关于对妇女的描绘中措辞含糊的欲望，参见 Sally Alexander, 'Women, Class and Sexual Differences in the 1830s and 1840s. Some Reflections on the Writing of a Feminist History', *History Workshop* 17/1 (Spring 1984), pp. 125–49, here p. 126; 关于妇女在社会问题话语中的位置的深入分析，参见 Joan Scott, ' "L'ouvrière, mot impie, sordide...". Women Workers in the Discourse of French Political Economy, 1840–1860', in Scott, *Gender and the Politics of History* (New York, 1988), pp. 139–63。
45. La Sagra, 'Ideas generales sobre la Beneficiencia publica', p. 4. 关于拉·萨格拉对女性劳动力的兴趣，参见 Mónica Burguera, *Las Damas del Liberalismo Respetable. Los imaginarios sociales del feminismo liberal en España* (1834–1850) (Madrid, 2012), p. 86。
46. Buret, *De la misère des classes laborieuses*, vol. 1, p. 413.
47. Scott, 'L'ouvrière, mot impie, sordide', p. 6.
48. Engels, *Lage der arbeitenden Klassen*, p. 220.
49. Guépin and Bonamy, *Nantes au XIXe siècle*, pp. 636–7.
50. Ernst Dronke, *Berlin* (2 vols., Frankfurt/Main, 1846), vol. 1, pp. 50–55, 113.
51. 1847 年呼吁革命的匿名传单，转引自 Walter Grab (ed.), *Die Revolution von 1848/49. Eine Dokumentation* (Munich, 1980), pp. 27–8。
52. Ludwig Wittgenstein, *Tractatus Logico-Philosophicus* (London, 1922), p. 25.
53. 这是以下里程碑式研究的核心论点之一：Maurizio Gribaudi, *Paris ville ouvrière. Une histoire occultée, 1789–1848* (Paris, 2014), p. 74。
54. David McClellan, 'Introduction', in Friedrich Engels, *The Condition of the Working Class in England* (Oxford, 1993), pp. xix–xx.
55. Louis Blanc, *Organisation du travail* (Paris, [1840]), pp. 65, 94, 110–15.
56. Ramón de la Sagra, *Lecciones de economía social* (Madrid, 1840), p. 69; 关于拉·萨

格拉对工业进步的看法，参见 Alfonso Sánchez Hormiga, 'Saint-Simonism and Economic Thought in Spain (1834–1848)', *History of Economic Ideas* 17/2 (2009), pp. 121–54; Ascensión Cambrón Infante, 'Ramón de la Sagra, un Gallego ilustrado', *Anuario da Facultade de Dereito da Universidade da Coruña*, 1998, pp. 215–28; consulted online at https://core.ac.uk/download/pdf/61893609.pdf。

57. Steven C. Hughes, *Crime, Disorder and the Risorgimento. The Politics of Policing in Bologna* (Cambridge, 2002), p. 17.
58. Robert Lee, 'Urban Labor Markets, In-Migration, and Demographic Growth. Bremen, 1815–1914', *The Journal of Interdisciplinary History* 30/3 (1999), pp. 437–73, here p. 452.
59. Neil McAtamney, 'The Great Famine in County Fermanagh', *Clougher Record* 15/1 (1994), pp. 76–89, here p. 81。1837 年，Samuel Lewis 记录了弗马纳郡 9000 多个这样的居住点。Samuel Lewis, *A Topographical Dictionary of Ireland* (2 vols., London, 1837), vol. 1, p. 622.
60. Samuel Laing, *Notes of a Traveller on the Social and Political State of France, Prussia, Switzerland, Italy and Other Parts of Europe* (London, 1842), p. 473.
61. Berengo, M., *L'Agricoltura Veneta dalla Caduta della Repubblica all'Unità* (Milano, 1963), p. 223; Paul Ginsborg, 'Peasants and Revolutionaries in Venice and the Veneto, 1848', *The Historical Journal* 17/3 (1974), pp. 503–50, here p. 506.
62. Brian A'Hearn, 'Anthropometric Evidence on Living Standards in Northern Italy, 1730–1860', *Journal of Economic History* 63/2 (2003), pp. 351–81, here pp. 365–6; 19 世纪晚期的一项身高统计研究覆盖了伦巴第和皮埃蒙特的 12 个省份，研究报告了相似的结果，参见 Ridolfo Livi, *Antropometria militare* (2 vols., Rome, 1896 and 1905)。
63. Michela Coppola, 'The Biological Standard of Living in Germany before the Kaiserreich, 1815–1840. Insights from English Army Data', *European Review of Economic History* 14/1 (2010), pp. 71–109.
64. Blanc, *Organisation du travail*, p. 57.
65. Germán Rueda Hernanz, *España 1790–1900. Sociedad y condiciones económicas* (= Alfredo Alvar Esquerra (ed.), *Historia de España*, vol. 19) (Madrid, 2006), pp. 206, 196.
66. Joel Mokyr, *Why Ireland Starved. A Quantitive and Analytical History of the Irish Economy 1800–1850* (London, 1985), p. 282; Stanley Z. Pech, 'The Czech Working Class in 1848', *Canadian Slavonic Papers/Revue Canadienne des Slavistes* 9/1 (1967), pp. 60–73, here p. 61.
67. 在法国诸多地区，农业收入相较于工业收入更低廉，这一现象广泛传播的一个例子参见 Michel Hau, 'Pauvreté rurale et dynamisme économique. Le cas de l'Alsace au XIXe siècle', *Histoire, Économie et Société* 6/1 (1987), pp. 113–38, esp. pp. 122–6。

68. Fernand Rude, *Les Révoltes des Canuts (novembre 1831–avril 1834)* (Paris, 1982), p. 13.
69. Wilhelm Abel, *Massenarmut und Hungerkrisen im vorindustriellen Europa. Versuch einer Synopsis* (Hamburg, 1974); Joel Mokyr, 'Industrialisation and Poverty in Ireland and the Netherlands', *Journal of Interdisciplinary History* 10/3 (Winter 1980), pp. 429–58, here pp. 451–7.
70. Giovanni Gozzini, 'The Poor and the Life-Cycle in Nineteenth-Century Florence, 1813–59', *Social History* 18/3 (Oct. 1993), pp. 299–317, here p. 313.
71. Coppola, 'The Biological Standard of Living'.
72. B. R. Mitchell, *European Historical Statistics* (London, 1978), pp. 4–5; 关于博洛尼亚，参见 Hughes, *Crime, Disorder and the Risorgimento*, pp. 16–7; 关于爱尔兰，参见 Kenneth H. Connell, *The Population of Ireland 1750–1845* (Oxford, 1950); 有关近期的讨论，参见 Peter M. Solar, 'Why Ireland Starved and the Big Issues in Pre-Famine Irish Economic History', *Irish Economic and Social History* 42 (2015), pp. 62–75, esp. p. 66。
73. Mokyr, *Why Ireland Starved*；更简明的概要见 Joel Mokyr, 'Malthusian Models and Irish History', *The Journal of Economic History* 40/1 (1980), pp. 159–66. Morgan Kelly and Cormac Ó Gráda, 'Why Ireland Starved after Three Decades. The Great Famine in Cross-Section Reconsidered', *Irish Economic and Social History* 42 (2015), pp. 53–61。后一研究用不同的统计数据确证了莫基尔的结论。
74. J. Nadal Oller, *El fracaso de la revolución industrial en España, 1814–1913* (Barcelona, 1975), pp. 21–3.
75. Josef Mooser, *Ländliche Klassengesellschaft 1770–1848. Bauern und Unterschichten, Wirtschaft und Gewerbe im östlichen Westfalen* (Göttingen, 1984), p. 343.
76. Hughes, *Crime, Disorder and the Risorgimento*, p. 17.
77. Michael J. Neufeld, *The Skilled Metalworkers of Nuremberg. Craft and Class in the Industrial Revolution* (New Brunswick, 1989), pp. 36–41.
78. Hughes, *Crime, Disorder and the Risorgimento*, p. 84.
79. Robert Bezucha, *The Lyon Uprising of 1834. Social and Political Conflict in the Early July Monarchy* (Cambridge, Mass., 1974), pp. 43–4.
80. Rueda Hernanz, *España 1790–1900*, p. 206.
81. Henri Sée, 'La Vie politique et économique de Nantes pendant la Monarchie de Juillet, d'après la correspondance inédite de P.-F. Dubois', *Revue Historique* 163/2 (1930), pp. 297–322.
82. A. M. Bernal, *La Lucha por la tierra en la crisis del Antiguo Regimen* (Madrid, 1979),

pp. 420–25.
83. Vicente Cendrero Almodóvar, 'Pervivencias feudales y conflicto social en la Mancha. El derecho maestral de Calatrava (c. 1819–1855)', *Historia Social*, no. 83 (2015), pp. 19–36, here pp. 21–2, 25–6, 30–32, 34–5.
84. Manuel González de Molina and Antonio Ortega Santos, 'Bienes comunes y conflictos por los recursos en las sociedades rurales, siglos XIX y XX', *Historia Social*, no. 38 (2000), pp. 95–116.
85. Bernal, *La lucha por la tierra*, p. 422; 关于教士的角色，见 p. 423。
86. Lucy Riall, *Sicily and the Unification of Italy* (Oxford, 1998), pp. 47–8.
87. Denis Mack Smith, 'The Latifundia in Modern Sicilian History', *Proceedings of the British Academy* 51 (1965), pp. 85–124, here pp. 95–7.
88. Nadine Vivier, *Propriété collective et identité communale. Les biens commun-aux en France, 1750–1914* (Paris, 1998).
89. Peter Sahlins, *Forest Rites. The War of the Demoiselles in Nineteenth-Century France* (Cambridge, Mass., 1994).
90. Nadine Vivier, 'Une question délaissée. Les biens communaux aux XVIIIe et XIXe siècles', *Revue Historique* 290/1, no. 587 (1993), pp. 143–60, here p. 146; Vivier, 'Les biens communaux du Briançonnais aux XVIIIe et XIXe siècles', *Études rurales*, no. 117, *L'Architecture rurale. Questions d'esthétique* (1990), pp. 139–58, esp. pp. 151–3.
91. Heinz Monz, 'Der Waldprozeß der Mark Thalfang als Grundlage für Karl Marx' Kritik an den Debatten um das Holzdiebstahlsgesetz', *Jahrbuch für westdeutsche Landesgeschichte* 3 (1977), pp. 395–418, here p. 396.
92. 关于转变的非不可避免性，参见 Francisco J. Beltrán Tapia, 'Social and Environ-mental Filters to Market Incentives', *Journal of Agrarian Change*, no. 15/2 (2015), pp. 239–60; Peter McPhee, *Revolution and Environment in Southern France. Peasants, Lords and Murder in the Corbières, 1780–1830* (Oxford, 1999), p. 238; 关于"农民道路"，见 Florence Gauthier, *La Voie paysanne dans la Révolution française. L'Example de la Picardie* (Paris, 1977)。
93. González de Molina and Ortega Santos, 'Bienes comunes y conflictos por los recursos', pp. 103–4, 101, 112; Mónica Bosch, 'La defensa del "sagrado derecho de propiedad". La unió dels hisendats contra les ocupacions de terres durant el Trienni Liberal', in J. J. Busqueta and E. Vicedo (eds.), *Béns Comunals als Països Catalans i a l'Europa Contemporània. Sistemes Agraris, Organització social i poder local als Països Catalans* (Lleida, 1996), pp. 375–400; 关于这些冲突的环境特征，参见 Manuel González de Molina, Antonio Herrera, Antonio Ortega Santos and David Soto, 'Peasant Protest

as Environmental Protest. Some Cases from the Eighteenth to the Twentieth Century', *Global Environment* 4 (2009), pp. 48–77, here p. 77。

94. Curtis Sarles, 'The Instatement of Order. State Initiatives and Hegemony in the Modernization of French Forest Policy', *Theory and Society* 35/5–6 (2006), pp. 565–85, here p. 580.

95. Stefania Barca, 'Enclosing the River. Industrialisation and the "Property Rights" Discourse in the Liri Valley (South of Italy), 1806–1916', *Environment and History* 13/1 (2007), pp. 3–23, here p. 15.

96. Jiří Radimský, 'Dělnické bouře v Brně roku 1843', *Český lid* 36/ 1–2 (1949), pp. 9–13, here p. 11, col. 2.

97. Bernal, *La lucha por la tierra*, p. 430.

98. John Davis, *Merchants, Monopolists and Contractors. A Study of Economic Activity and Society in Bourbon Naples 1815–1860* (New York, 1981), pp. 323–9.

99. Paul Gonnet, 'Esquisse de la crise économique en France de 1827–1832', *Revue d'histoire économique et sociale* 33/3 (1955), pp. 249–92, here pp. 251–2.

100. Louise Tilly, 'The Food Riot as a Form of Political Conflict in France', *Journal of Interdisciplinary History* 2/1 (1971), pp. 23–57, here. 56.

101. Gonnet, 'Esquisse', p. 255.

102. M. Bergman, 'The Potato Blight in the Netherlands and Its Social Consequences (1845–1847)', *International Review of Social History* 12/3 (1967), 390–431, here pp. 393–4.

103. Joel Mokyr, 'Industrialisation and Poverty in Ireland and the Netherlands', *Journal of Interdisciplinary History* 10/3 (1980), pp. 429–58, here pp. 434–8.

104. 对这些事件的清晰反思，参见 Nadine Vivier, 'Pour un réexamen des crises économiques du XIXe siècle en France', *Histoire & Mesure* 26/1, *Revisiter les crises* (2011), pp. 135–55, here p. 151。

105. Mark Traugott, 'The Mid-Nineteenth-Century Crisis in France and England', *Theory and Society* 12/4 (1983), pp. 455–68.

106. Anthony Rowley, 'Deux crises économiques modernes. 1846 et 1848?', in *1848. Révolutions et mutations au XIXe siècle*, no. 2 (1986), pp. 81–90, here p. 82。

107. Gustav Adolf Bergenroth, 'Verhältnisse des Großherzogthums Luxemburg [...] in den Jahren 1844, 1845 und 1846', in *Zeitschrift des Vereins für deutsche Statistik* 2 (1848), p. 445, cited in Dietrich Saalfeld, 'Lebensverhältnisse der Unterschichten Deutschlands im neunzehnten Jahrhundert', *International Review of Social History* 29/2 (1984), pp. 215–53, here p. 250.

108. Bergman, 'Potato Blight', p. 399; Paul Servais, 'La crise des années 1845–1848 dans

l'est de la Wallonie. Une approche', *Histoire & Mesure* 26/1, *Revisiter les crises* (2011), pp. 157–86, here p. 171.
109. Saalfeld, 'Lebensverhältnisse', p. 250.
110. Manfred Gailus, 'Food Riots in Germany in the Late 1840s', *Past & Present* 145/1 (1994), pp. 157–93, here pp. 172–3.
111. 报告载于 1847 年 5 月 14 日的 *Leydsche Courant*, 转引自 Bergman, 'Blight in the Netherlands', p. 401。
112. Mokyr, 'Industrialization and Poverty', p. 433.
113. Amartya Sen, *Poverty and Famines. An Essay on Entitlement and Deprivation* (Oxford, 1981).
114. José García Cabrera, 'Tiempo de escasez, tiempo de carestía. La crisis de subsistencia de 1847 en Jerez de la Frontera', *Historia Social*, no. 42 (2002), pp. 21–38.
115. Gailus, 'Food Riots', pp. 184–5.
116. Ibid., pp. 187–97.
117. Servais, 'La crise des années 1845–1848', pp. 174–6.
118. Giovanni Federico, 'The Corn Laws in Continental Perspective', *European Review of Economic History* 16/2 (2012), pp. 166–87.
119. 英国福音派在饥荒和瘟疫等灾难中寻找看似荒诞的"伪装的赐福",关于这种倾向,参见 Boyd Hilton, *The Age of Atonement. The Influence of Evangelicalism on Social and Economic Thought* (Oxford, 1986), pp. 21–2;将这一理解方式运用到爱尔兰饥荒上,参见 Ciarán Ó Murchadha, *Famine. Ireland's Agony*, 1845–1852 (London, 2011), pp. 194–5。
120. Fernand Rude, *Les Révoltes des canuts, 1831–1834* (Paris, 1982), p. 27.
121. Ludovic Frobert and George Sheridan, *Le Solitaire du ravin. Pierre Charnier (1795–1857), canut lyonnais et prud'homme tisseur* (Lyons, 2014), p. 87.
122. Rude, *Les Révoltes des canuts*, p. 15;关于立法环境以各种方式歧视工人而偏袒雇主,参见 Bezucha, *The Lyon Uprising of 1834*, pp. 21–2。
123. 沙尔尼耶的备忘录,转引自 Fernand Rude, 'L'insurrection ouvrière de Lyon en 1831 et le rôle de Pierre Charnier', *Revue d'Histoire du XIX e siècle* 13/35 (1938), pp. 26–7;关于沙尔尼耶互助论的演化,参见 Frobert and Sheridan, *Le Solitaire du ravin*, pp. 85–98。
124. Villermé, *Tableau de l'état physique et moral des ouvriers*, p. 359.
125. 马塞利娜·德博尔德-瓦尔莫尔致让-巴蒂斯特·热尔热雷斯(Jean-Baptise Gergères)的信,写于 1831 年 11 月 29 日,里昂,consulted online at https://www.corres-pondancedesbordesvalmore.com/ 2018/05/revolte-ouvriers-Lyon-1831.html。
126. 关于记忆在里昂暴动政治文化中的地位,参见 Bruno Benoit, 'Relecture des

violences collectives lyonnaises du XIXe siècle', *Revue Historique* 299/2 (1998), pp. 255–85。

127. Rude, *Les Révoltes des canuts*, p. 24.
128. 'Lyon, 21 Novembre 1831', *La Glaneuse* 1/47, 25 November 1831, p. 1.
129.《工厂回声》发刊词，1831 年 10 月 23 日；consulted online at ENS de Lyon, *L'Écho de la Fabrique et la petite presse ouvrière Lyonnaise des années 1831–1835*, http://echo-fabrique.ens-lyon.fr/sommaire.php?id=61&type=numero。
130. 关于《工厂回声》饱含情感的词汇及其对傅立叶主义的借鉴，参见 Emmanuel Renault, 'Mépris et souffrance dans l'Écho de la Fabrique'；Jonathan Beecher, 'Le fouriérisme des canuts', in Ludovic Frobert (ed.), *L'Écho de la Fabrique. Naissance de la presse ouvrière à Lyon* (Lyons, 2010), pp. 87–110，111–39。
131. Bezucha, *The Lyon Uprising of 1834*, pp. 167–8.
132. Jean-Baptiste Monfalcon, *Histoire des insurrections de Lyon en 1831 et en 1834* (Paris, 1834), pp. 1–2, 331–2。
133. Mary Lynn McDougall, 'Popular Culture, Political Culture. The Case of Lyon, 1830–1850', *Historical Reflections/Réflexions Historiques* 8/2 (1981), pp. 27–41, here p. 28.
134. André Jardin and André-Jean Tudesq, *Restoration and Reaction 1815–1848*, trans. Elborg Forster (Cambridge, 1984), p. 294.
135. Bezucha, *The Lyon Uprising of 1834*, pp. 187–8.
136. 1835 年 7 月 2 日共和主义者夏尔·拉格朗日对贵族院的演讲，转引自 Bezucha, *The Lyon Uprising of 1834*, p. 190。
137. Félicité Robert de Lamennais, *La Liberté trahie (du procès d'avril et de la République)* [1834], ed. Lucien Scheler (Paris, 1946), p. 41.
138. Jonathan Beecher, *Writers and Revolution. Intellectuals and the French Revolution of 1848* (Cambridge, 2021), p. 84.
139. Jacques Viard, 'Les origines du socialisme républicain', *Revue d'histoire moderne et contemporaine* 33/1 (1986), pp. 133–47, here p. 134.
140. 关于这些联系，参见 Deborah Jenson, 'Myth, History and Witnessing in Marceline Desbordes-Valmore's Caribbean Poetics', *L'Esprit Créateur* 47/4 (2007), pp. 81–92。
141. Jeremy Popkin, 'Worlds Turned Upside Down. Bourgeois Experience in the Nineteenth-Century Revolutions', *Journal of Social History* 40/4 (Summer 2007), pp. 821–39.
142. Kateřina Tučková, Andrea Březinová and Tomáš Zapletal, *Fabrika. Příběh textilních baronů z moravského Manchesteru* (Brno, 2017). 该书生动地将布吕恩描绘为纺织业生产的历史中心，尤其是奥弗曼品牌的生产中心。
143. Radimský, 'Dělnické bouře v Brně roku 1843'.
144. 见证者的叙述引自 Rudolf Kučera, 'Marginalizing Josefina. Work, Gender, and Protest

in Bohemia 1820–1844', *Journal of Social History* 46/2 (Winter 2012), pp. 430–48, here p. 436。以下有关这些事件的论述得益于 Kučera 的精彩分析。
145. 关于英国的类似现象，参见 Anna Clark, *The Struggle for the Breeches. Gender and the Making of the British Working Class* (Berkeley, 1995)。
146. Michael Spehr, *Maschinensturm. Protest und Widerstand gegen technische Neuerungen am Anfang der Industrialisierung* (Münster, 2000).
147. Kučera, 'Marginalizing Josefina', p. 434.
148. Anon., 'Das Blutgericht (1844)', 彼得斯瓦尔道和朗根比劳织工之歌，重印于 Lutz Kroneberg and Rolf Schloesser (eds.), *Weber-Revolte 1844. Der schlesische Weberaufstand im Spiegel der zeitgenössischen Publizistik und Literatur* (Cologne, 1979), pp. 469–72。
149. 关于这些事件的论述大体上基于当时的报告，Wilhelm Wolff, 'Das Elend und der Aufruhr in Schlesien 1844'。该报告撰写于 1844 年 6 月，重印于 Kroneberg and Schloesser, *Weber-Revolte*, pp. 241–64。
150. 'The Manufacturing Districts of Germany', *The Times*, 18 July 1844, p. 6.《泰晤士报》数字档案馆（The Times Digital Archive），http://tinyurl.galegroup.com/tinyurl/BPsLc9，访问于 2019 年 7 月 22 日。
151. Kroneberg and Schloesser, *Weber-Revolte*, pp. 24–5.
152. 'Der "Preuße" stelle sich dagegen auf den richtigen Standpunkt', Karl Marx, 'Kritische Randglossen zu dem Artikel "Der König von Preussen und die Sozialreform" ', *Vorwärts!*, No. 63, 7 August 1844, pp. 392–409, here p. 404, consulted online at http://www.mlwerke.de/me/me01/me01_392.htm.
153. Anon. [Leopoldvon Sacher-Masoch], *Polnische Revolutionen. Erinnerungen aus Galizien* (Prague, 1863), p. 89.
154. Michael Chvojka, 'Zwischen Konspiration und Revolution. Entstehung und Auswirkungen der Revolution von 1846 in Krakau und Galizien. Wahrnehmung und Aktionsradius der Habsburger Polizei', *Jahrbücher für Geschichte Osteuropas*, new series, 58/4 (2010), pp. 481–507.
155. Moritz Freiherr von Sala, *Geschichte des polnischen Aufstandes vom Jahre 1846. Nach authentischen Quellen dargestellt* (Vienna, 1867), p. 50.
156. Arnon Gill, *Die polnische Revolution 1846. Zwischen nationalem Befreiung-skampf und antifeudaler Bauernerhebung* (Munich, 1974), pp. 76–8.
157. Hans Henning Hahn, 'The Polish Nation in the Revolution of 1846–49', in Dieter Dowe, Heinz-Gerhard Haupt, Dieter Langewiesche and Jonathan Sperber (eds.), *Europe in 1848. Revolution und Reform* (New York, 2001), pp. 170–85.
158. 卢德维克·梅罗斯瓦夫斯基给地区官员的指示，这些官员由国民委员会任命并派驻到加利西亚地区，转引自 [Sacher-Masoch], *Polnische Revolutionen*, p. 50。

159. Gill, *Die polnische Revolution 1846*, p. 186.
160. [Sacher-Masoch], *Polnische Revolutionen*, p. 95.
161. 例如，可参见如下论述 Ksiądz (Father) Karol Antoniewicz, *Misyjne z roku 1846* (Poznań, 1849), pp. 2, 7–8, 14, 16, 17, 24, 27, 35, 80–81。
162. [Sacher-Masoch], *Polnische Revolutionen*, p. 105; Sala, *Geschichte des polnischen Aufstandes vom Jahre 1846*, pp. 270–72.
163. 这些及其他恐怖事件被列在呈递给皇帝的祈愿书里，作者是亨里克·博古施，博古施家族为数不多的幸存成年男性之一，写作时间为 1846 年 4 月 15 日。相关内容转引自 Léonard Chodźko, *Les Massacres de Galicie et Krakovie confisquée par l'Autriche en 1846* (Paris, 1861), pp. 67–71。
164. [Sacher-Masoch], *Polnische Revolutionen*, pp. 182–4; Sala, *Geschichte des polnischen Aufstandes vom Jahre 1846*, pp. 232–4.
165. [Sacher-Masoch], *Polnische Revolutionen*, pp. 184–5; Sala, *Geschichte des polnischen Aufstandes vom Jahre 1846*, pp. 232–3. 按照文中说法，这些密谋者被农民围困在庄园的一座建筑里，他们以为奥地利巡逻队会很快现身，击退叛乱者。而巡逻队没能奇迹般地出现，农民攻击了这些受困者，并杀害了其中的许多人。
166. Ludwik Dębicki, *Z dawnich wspomnień* (Cracow, 1903), p. 72.
167. 有关 1846 年的波兰文献，参见 Gill, *Die polnische Revolution*, pp. 38–9; Lesya Ivasyuk, *Die polnische Revolution von 1846 in Galizien. Österreichische, ukrai-nische und polnische Wahrnehmungen* (Vienna, 2014), pp. 15–35。
168. Alan Sked, 'Austria and the "Galician Massacres" of 1846. Schwarzenberg and the Propaganda War. An Unknown But Key Episode in the Career of the Austrian Statesman', in Lother Höbelt and Thomas G. Otte (eds.), *A Living Anachronism? European Diplomacy and the Habsburg Monarchy. Festschrift für Roy Bridge zum 70. Geburtstag* (Vienna, 2010), pp. 49–118, here pp. 51–2; Chodźko, *Les Massacres*, p. 23. 关于波兰的细致入微的评估，参见 Antoni Podraza, 'Das Präludium der Revol-ution des Jahres 1848'. Die poinischen Erei gnisse des Jahres 1846', in Heiner Timm-ermann (ed.), *1848. Revolution in Europa. Verlauf, Politische Programme, Folgen und Wirkungen* (Berlin, 1999), pp. 173–82。
169. Chodźko, *Les Massacres*, p. 27.
170. Thus Léonard Chodźko, *Les Massacres de Galicie* (Paris, 1861), pp. 51–3, 58, and Dębicki, *Z dawnich wspomnień*, p. 52.
171. Gill, *Die polnische Revolution*, p. 17.
172. '...die Welt wäre nicht vielseitig ohne die vielen Einseitigkeiten'. [Karl Marx], 'Debatten über das Holzdiebstahlsgesetz. Von einem Rheinländer', *Rheinische Zeitung*, no. 300, 27 October 1842, pp. 116–24, here p. 118.
173. Metternich to Radetzky, 16 March 1846, 转引自 Alan Sked, 'The Nationality Problem

in the Habsburg Monarchy and the Revolutions of 1848. A Reassessment', in Douglas Moggach and Gareth Stedman Jones (eds.), *The 1848 Revolutions and European Political Thought* (Cambridge, 2018), pp. 322–44, here p. 330。

174. Sked, 'Austria and the "Galician Massacres" of 1846 ', and 'The Nationality Problem in the Habsburg Monarchy and the Revolutions of 1848'.
175. Édouard Conte, 'Terre et "Pureté ethnique" aux confins polono-ukrainiens', *Études rurales*, no. 138–140, *Paysans audelà du mur* (1995), pp. 53–85, here p. 60.
176. Antoniewicz, *Misyjne z roku 1846*, pp. 6, 23, 29.
177. László Péter 撰写的导言，见于 László Péter, Martyn Rady and Peter Sherwood (eds.), *Lajos Kossuth Sent Word . . . Papers Delivered on the Occasion of the Bicentenary of Kossuth's Birth* (London, 2003), pp. 1–14, here p. 5。
178. Wolfgang Höpken, 'The Agrarian Question in Southeastern Europe during the Revolution of 1848/49', in Dowe at al. (eds.), *Europe in 1848*, pp. 443–71, here p. 459.
179. Ivasyuk, *Die polnische Revolution, passim*.
180. Leopold Sacher-Masoch, *Graf Donski. Eine Galizische Geschichte, 1846* (1st edn, 1858, With the title *Eine Galizische Geschichte*, 1846 ; 2nd edn, Schaffhausen, 1864), pp. 339–51.
181. Dębicki, *Z dawnich wspomnień*, p. 60.
182. Leopold von Sacher-Masoch, 'Eine Autobiographie', *Deutsche Monatsblätter. Centralorgan für das literarische Leben der Gegenwart 2/3* (1879), pp. 259–69, here p. 260. 这里提到的狗舔舐起义者流淌到泥地里的血这幅画面，也出现于 [Sacher-Masoch], *Polnische Revolutionen*, p. 185。这样的相似使得以下理论更加可信：后一本书的作者实际上是小萨赫-马索克，他根据父亲收集的评论和文件进行创作（这一点可参见 Ivasyuk, *Die polnische Revolution*)。
183. Otto Lüning, 'Ein politisches Rundgemälde', in Lüning (ed.), *Dieß Buch gehört dem Volke* (Bielefeld, 1845), pp. 1–86, here p. 30.
184. Anon. [Luigi Settembrini], *Protesta del popolo delle due Sicilie* [Naples, 1847], p. 37.
185. Michael Spehr, *Maschinensturm. Protest und Widerstand gegen technische Neuerungen am Anfang der Industrialisierung* (Münster, 2000), p. 39.
186. Jack Goldstone, 'Population and Security. How Demographic Change Can Lead to Violent Conflict', *Journal of International Affairs* 56/1 (2002), pp. 3–21, here p. 8.
187. 关于社会冲突与革命激变的非线性关系，参见 Anna Maria Garcia Rovira, 'Radicalismo liberal, republicanismo y revolución (1835–1837), Ayer, no. 29, *La Política en el reinado de Isabel II* (1998), pp. 63–90。
188. [Karl Marx], 'Debatten über das Holzdiebstahlsgesetz'. 还可参考该系列的其他文章，见 *Rheinische Zeitung*, nos. 298, 303, 305, 307。consulted online at http://www.

mlwerke.de/me/me01/me01_116.htm, http://www.mlwerke.de/me/me01/me01_109.htm, http://www.mlwerke.de/me/me01/me01_124.htm, http://www.mlwerke.de/me/me01/me01_131.htm, and http://www.mlwerke.de/me/me01/me01_139.htm, respectively.

189. Monz, 'Waldprozeß der Mark Thalfang', p. 396.
190. Riall, *Sicily and the Unification of Italy*, p. 57; Rosario Romeo, *Il Risorgimento in Sicilia* (Bari, 1950), p. 187; Smith, 'The Latifundia', p. 98.
191. Ph. Vigier, 'Les troubles forestiers du premier XIX siècle français', *Revue forestière française* 32 (1980), pp. 128–35.
192. 参见 Vicente Fernández Benítez, *Carlismo y rebeldía campesina. Un estudio sobre la conflictividad social en Cantabria durante la crisis final del Antiguo Régimen* (Madrid, 1988); R. Vallverdú Martí, *La guerra dels Matiners a Catalunya (1846–1849)。Una crisi económica i una revolta popular* (Barcelona, 2002); 关于第二次卡洛斯战争在西班牙和更广阔的欧洲语境中的地位，参见 Rafael Ruzafa Ortega, 'Movimientos sociales en la España del siglo XIX', *Aula-Historia Social*, 22 (2008), pp. 18–38; Ignacio García de Paso García, 'El 1848 español. ¿Una excepción europea?', *Ayer*, no. 106 (2017) (2), pp. 185–206。
193. Ignacio de Paso García, ' "Ya no hay Pirineos". La revolución de 1848 en Aragón', *Revista de historia Jerónimo Zurita*, no. 91 (2016), pp. 183–203,here p. 199.
194. Gailus, 'Food Riots', p. 190.
195. Ibid., p. 172.
196. 庞森比子爵致帕麦斯顿的信，写于 1848 年 11 月 20 日，维也纳，见 Markus Mösslang, Torsten Riotte and Hagen Schulze (eds.), *British Envoys to Germany, 1816–1866* (Cambridge, 2006), vol. 3: 1848–1850, pp. 423–5, here p. 425。
197. Rhys Williams, 'Diary of a Utopia. Looting an Empty Utopia', 23 August 2011; consulted online at https://web.archive.org/web/20210813094529/https://finzion-imagazine.it/.

第二章

1. 卡尔·施米特致恩斯特·容格尔，1939 年 4 月 26 日，见 Helmuth Kiesel (ed.), *Ernst Jünger–Carl Schmitt. Briefe 1930–1983* (Stuttgart 1999), p. 84。
2. [Zoé] Gatti de Gamond, *Fourier et son système* (2nd edn, Paris, 1839), pp. i–ii.
3. Claire Démar, *Ma loi d'avenir. Ouvrage posthume, publié par Suzanne* (Paris, 1834), p. 51.
4. Ibid., p. 6.
5. Ibid., p. 6.

6. Ibid., p. 45.
7. Ibid., p. 49.
8. Ibid., p. 49.
9. Ibid., pp. 38, 53, 55, 56.
10. Démar, 'Appel d'une femme au peuple sur l'affranchissement de la femme', p. 67; 编者苏珊·瓦尔坎将这篇文章作为《我的未来法则》一书的附录出版。
11. Démar, 'Appel d'une femme au peuple', pp. 67–8.
12. Démar, *Ma loi d'avenir*, pp. 25, 55.
13. Patricia Springborg, *Mary Astell. Theorist of Freedom from Domination* (Cambridge, 2005), pp. 1–26, 32–3, 209–37.
14. Démar, *Ma loi d'avenir*, p. 26.
15. Suzanne Voilquin, 'Notice historique', in ibid., p. 7.
16. 出自德鲁安为加入圣西门"教会"而被要求撰写的《入教誓言》，转引自 Joan Wallach Scott, 'Feminist Family Politics', *French Politics, Culture & Society* 17/ 3–4 (1999), pp. 20–30, here p. 23。
17. Claire G. Moses, 'Saint-Simonian Men/ Saint-Simonian Women. The Transformation of Feminist Thought in 1830s' France', *The Journal of Modern History* 54/2, *Sex, Science, and Society in Modern France* (1982), pp. 240–67, here p. 249.
18. Charles Fourier, *Théorie des quatre mouvements et des destinées générales, suivi du Nouveau monde amoureux*, p. 29. (consulted online at https://inventin.lautre.net/livres/Fourier-Theorie-des-4-mouvements. pdf.)
19. 关于傅立叶残留的性别偏见，参见 Leslie F. Goldstein , 'Early Feminist Themes in French Utopian Socialism. The Saint-Simonians and Fourier', *Journal of the History of Ideas* 43/1 (1982), pp. 91–108, esp. pp. 102–7。
20. Démar, *Ma loi d'avenir*, p. 37.
21. Fourier, *Théorie des quatre mouvements*, p. 300. (consulted online at https://inventin.lautre.net/livres/ Fourier-Theorie-des-4-mouvements.pdf.)
22. Démar, *Ma loi d'avenir*, p. 24.
23. Suzanne Voilquin, *Souvenirs d'une fille du peuple, ou La Saint-Simonienne en Égypte, 1834–1836* (Paris, 1865), p. 78.
24. Voilquin, *Souvenirs d'une fille du peuple*, p. 77.
25. Jeanne Deroin, 'Profession de foi', 转引自 Françoise F. Laot, 'Jeanne Deroin and Mutual Education of Women and Workers'. Pionnières de l'éducation des adultes. Perspectives internationales, 2018, consulted online at https://hal.archives-ouvertes.fr/hal-02315376/document。
26. Laot, 'Jeanne Deroin', p. 4.

27. Bonnie S. Anderson, 'Frauenemancipation and Beyond. The Use of the Concept of Emancipation by Early European Feminists', in Katherine Kish Sklar and James Brewer Stewart (eds.) *Women's Rights and Transatlantic Antislavery in the Era of Emancipation* (New Haven, 2007), pp. 82–97, here pp. 89–90; 关于圣西门女性主义的限制性，可参见 Goldstein, 'Early Feminist Themes in French Utopian Socialism', pp. 95–7。
28. *Gazette des Femmes* 1/2 (1 August 1836), pp. 33–8.
29. 'Pétition au Roi, à messieurs les députés des départements, et à mm. les pairs du royaume de France, pour l'abolition des Peines contre l'adultère et la suppression entière et complète des articles suivants du Code pénal', ibid. 1/4 (1 October 1836), pp. 97–107, here p. 99.
30. 'Tonibreh de Mauchamps' (= Herbinot de Mauchamps), 'De la prostitution dans la ville de Paris', ibid. 3/3 (1 March 1838) pp. 40–43.
31. Ibid. 1/6 (1 December 1836), pp. 161–5.
32. Ibid. 2/1 (1 January 1837), pp. 12–6.
33. Ibid. 2/2 (1 Febuary 1837), pp. 33–6.
34. Ibid. 3/4 (1 January 1838), pp. 1–5.
35. Marie-Louise Puech, 'Une supercherie littéraire. Le véritable rédacteur de la Gazette des Femmes, 1836–1838', *La Révolution de 1848 et les révolutions du XIXe siècle* 32, no. 153 (June–July–August 1935), pp. 303–12; 关于七月王朝时期男性的女性主义，参见 Karen Offen, 'Ernest Legouvé and the Doctrine of "Equality in Differ-ence" for Women. A Case Study of Male Feminism in Nineteenth-Century French Thought', *The Journal of Modern History* 58/2 (1986), pp. 452–84。
36. Guépin and Bonamy, *Nantes au XIXe siècle*, p. 477.
37. Alfonso Sánchez Hormiga, 'Saint-Simonism and economic thought in Spain (1834–1848)', *History of Economic Ideas* 17/2 (2009), pp. 121–54, here p. 126.
38. The quotation is from Michael Levin, 'John Stuart Mill. A Liberal Looks at Utopian Socialism in the Years of Revolution 1848–9', *Utopian Studies* 14/2 (2003), pp. 68–82, 75; J. R. Hainds, 'John Stuart Mill and the Saint Simonians', *Journal of the History of Ideas* 7/1 (1946), pp. 103–12.
39. Cited in Stanley Z. Pech, *The Czech Revolution of 1848* (Chapel Hill, 1969), p. 327.
40. Éliane Gubin, Valérie Piette and Catherine Jacques, 'Les féminismes belges et français de 1830 à 1914. Une approche comparée', *Le Mouvement social*, no. 178 (1997), pp. 36–68, here p. 40.
41. Zoé Gatti de Gamond, *Fourier et son système* (Bordeaux, 1838); Gatti de Gamond, *Fourier y su sistema, principios de la ciencia social* (Bordeaux, 1840); 加泰罗尼亚版本匿名出版：*Fourier, ó sea explanación del sistema societario* (Barcelona, 1841); 另

参见 Juan Pro, 'Thinking of a Utopian Future. Fourierism in Nineteenth-Century Spain', *Utopian Studies* 26/2 (2015), pp. 329–48; 关于加蒂·德·加蒙对傅立叶的选择性阅读，参见 Valérie Piette, 'Zoe Gatti de Gamond ou les premières avancées féministes?' *Revue belge de philologie et d'histoire* 77/2 (1999), pp. 402–15, here p. 412。

42. Cited in Gisela Bock, *Geschlechtergeschichten der Neuzeit. Ideen, Politik, Praxis* (Göttingen, 2014), p. 111.
43. Cited in Joey Horsley, 'A German-American Feminist and Her Female Marriages. Mathilde Franziska Anneke (1817–1884)', FemBio. Notable Women International, consulted online at https://www. fembio.org/english/biography.php/woman/biography_extra/ mathilde-franziska-anneke/#_ftn1.
44. Flora Tristan, *Pérégrinations d'une Paria (1833–1834)* (Paris, 1838), p. xxiv；关于欧洲和秘鲁的相似性，见 p. 298。
45. Ibid., p. xxxiv.
46. Ibid.
47. Stéphane Michaud, 'Flora Tristan. Trente-cinq lettres', *International Review of Social History* 24/1 (1979), pp. 80–125, here p. 82.
48. Jules Janin, 'George Sand', *Gazette des Femmes* 1/4 (1 October 1836), pp. 113–5. Janin 是个不拘一格的剧评人，创作了 *L'Âne mort et la femme guillotinée*。
49. Alexander Herzen, *My Past and Thoughts. The Memoirs of Alexander Herzen*, trans. Constance Garnett, rev. Humphrey Higgins (4 vols., London, 1968), vol. 1, pp. xxiii (introduction) and 345, vol. 2, pp. 903, 972. 该书包括 Isaiah Berlin 撰写的导论。
50. Voilquin, 'Notice historique', in Démar, *Ma loi d'avenir*, pp. 13–4; 对这一篇章的讨论见 Caroline Arni, ' "Moi seule" 1833. Feminist Subjectivity, Temporality, and Historical Interpretation', *History of the Present* 2/2 (2012), pp. 107–21, here p. 108。
51. Herbinot de Mauchamps, review of *Pérégrinations d'une paria (1833–1834)*, by Flora Tristan, in *Gazette des Femmes* 3/4 (1 January 1838), pp. 10–11.
52. Aurélie de Soubiran, *Virginia* (2 vols., Paris, 1845); 关于充满敌意的评论，另参见 *Bibliographie Catholique. Revue critique des Ouvrages de Religion, de Philosophie, d'Histoire, de Littérature, d'Éducation etc.* 5 (1845–6), p. 536。
53. 米尔巴赫早期的小说已难以寻觅，参见 Renate Möhrmann, *Die andere Frau. Emanzipationsansätze deutscher Schriftstellerinnen im Vorfeld der Achtundvierziger-Revolution* (Stuttgart, 1977), pp. 73, 106; 此处米尔巴赫《多彩的世界》的文字引自 p. 76。
54. Helynne Hollstein Hansen, *Hortense Allart. The Woman and the Novelist* (Lanham, 1998).
55. 参见加丽塔·洛佩斯·莫拉撰写的附录，见 Jean Czinski, *Porvenir de las mujeres* (Cadiz, 1841), pp. 32–3。

56. Ida Frick, *Der Frauen Sclaventhum und Freiheit. Ein Traum am Hans-Heiling-Felsen. Allen deutschen Frauen und Jungfreuen gewidmet* (Dresden and Leipzig, 1845), p. 15.
57. Louise Aston, *Meine Emancipation, Verweisung und Rechtfertigung* (Brussels, 1846), p. 7.
58. Ibid., pp. 46–9.
59. 苏珊·瓦尔坎研究20世纪早期美国城市黑人贫民窟的非裔美国妇女的著作便以此为名。Saidiya Hartman, *Wayward Lives and Beautiful Experiments. Intimate Histories of Social Upheaval* (New York, 2019). 该书探讨的正是压迫性宏观结构与个人争取自治的努力之间的关系。
60. *Tribune des Femmes*, 1 October 1833, pp. 180–84, here p. 183, consulted online at https://gallica.bnf.fr /ark:/12148/bpt6k855277/f247.item.
61. Jörn Leonhard, *Liberalismus. Zur historischen Semantik eines Deutungsmusters* (Munich, 2001),esp. pp. 505–69.
62. Maurizio Isabella, *Risorgimento in Exile. Italian Émigrés and the Liberal International in the Post-Napoleonic Era* (Oxford, 2009).
63. 关于自由政治史的这一阶段，参见Helene Rosenblatt, *The Lost History of Liberalism. From Ancient Rome to the Twenty-First Century* (Princeton, 2018), pp. 41–87。
64. Daniel Gordon 对 Rosenblatt, *Lost History* 的评论，见网站 H-Diplo Roundtable XXI-4, https://networks. h-net.org/node/28443/discussions/4689724/ h-diplo-roundtable-xxi-4-lost-history-liberalism%C2% A0-ancient-rome。
65. Germaine de Staël, *A Treatise on the Influence of the Passions upon the Happiness of Individuals and of Nations*, trans. anon. (London, 1798), pp. 17, 196.
66. Michael Freeden and Javier Fernández Sebastián, 'European Liberal Discourses. Conceptual Affinities and Disparities', in Michael Freeden, Javier Fernández Sebastián and Jörn Leonhard (eds.), *In Search of European Liberalisms. Concepts, Languages, Ideologies* (New York, 2019), pp. 1–35, here p. 1;"情境之中、含意丰富的自由主义""不是封闭而是开放的，不是一致而必然是多元的"，关于这一概念的积极维度，参见 Andreas Kalyvas and Ira Katznelson, *Liberal Beginnings. Making a Republic for the Moderns* (Cambridge, 2008), p. 17。
67. M. Lorenzo de Vidaurre, 'Justificación motivada por las acusaciones en torno a la conducta seguida en Cuzco' (1814), cited in Javier Fernández Sebastián, 'Liberalismos nacientes en el Atlántico iberoamericano. "Liberal" como concepto y como identidad política, 1750–1850', *Jahrbuch für Geschichte Lateinamerikas* 45 (2008), pp. 149–96, here p. 172.
68. Benjamin Constant, *The Liberty of Ancients Compared with That of Moderns* (unknown, 1819), consulted online at https://oll.libertyfund.org/titles/constant-the-liberty-of-ancients-compared-with-that-of-moderns-1819。
69. David Barreira, 'El gran mito del liberalismo. Ni surgió in Inglaterra ni lo inventó John

Locke', *El Español*, 21 May 2020.
70. 'La représentation n'est pas le calcul de réduction... qui donne en petit l'image du peuple'; *Germaine de Stäel, Des circonstances actuelles qui peuvent terminer la Révolution et des principes qui doivent fonder la République en France*, ed. John Viénot (Paris, 1906), p. 18.
71. [Francisco Martínez de la Rosa], 'Exposición', *Estatuto Real para la Convocación de las Cortes Generales del Reino* (Madrid 1834), pp. 5–31, here p. 10.
72. Francisco Martínez de la Rosa, *El Espiritu del Siglo*, vol. 1 (Madrid, 1835), pp. 22–5.
73. Gabriel Paquette, 'Romantic Liberalism in Spain and Portugal, c. 1825–1850', *The Historical Journal* 58/2 (2015), pp. 481–511, here pp. 496–7, 499–502.
74. Massimo d'Azeglio, 'Risposta alla Lettera del Dottore Luigi Carlo Farini intitolata Dei nobili in Italia e dell'attuale indirizzo delle opinoni italiane', in Marco Tabarrini (ed.), *Scritti politici e letterari di Massimo d'Azeglio* (2 vols., Florence, 1872), vol. 1, pp. 197–217, here pp. 199–200, 215.
75. Dieter Langewiesche, *Liberalismus in Deutschland* (Frankfurt, 1988), pp. 7–11, 63.
76. 关于反教权主义作为"性别战争"的一种形式，参见 Michael B. Gross, *The War against Catholicism. Liberalism and the Anti-Catholic Imagination in Nineteenth-Century Germany* (Ann Arbor, 2005); Helena Rosenblatt, 'The Rise and Fall of "Liberalism" in France', in Freeden, Fernández Sebastián and Leonhard (eds.), *In Search of European Liberalisms*, pp. 161–84; 关于自由派天主教徒的命运，参见 Francesco Traniello, 'Le origini del cattolicesimo liberale', in Traniello, *Da Gioberti a Moro. Percorsi di una cultura politica* (Milan, 1990), pp. 11–24。
77. 对这种关系的经典解释，见 Pierre Rosenvallon, *Le Capitalisme utopique. Histoire de l'idée de marché* (Paris, 1979)。
78. Dieter Langewiesche, 'Liberalismus und Region', *Historische Zeitschrift. Beihefte*, new series, vol. 19: *Liberalismus und Region. Zur Geschichte des deutschen Liberalismus im 19. Jahrhundert* (1995), pp. 1–18.
79. Antonella Rancan, 'A Study in the Economic Culture of a "Strong People". The Italian Remodelling of Classical Trade Theory (1830–1860)', *History of Economic Ideas* 13/2 (2005), pp. 29–49, here p. 39.
80. Gábor Vermes, *Hungarian Culture and Politics in the Habsburg Monarchy 1711–1848* (Budapest, 2014), p. 316.
81. 今天对这些变动的经典研究是 David Todd, *Free Trade and Its Enemies in France* (Cambridge, 2015); 另参见 David Todd, 'John Bowring and the Global Disse-mination of Free Trade', *The Historical Journal* 51/2 (2008), pp. 373–97。
82. Todd, *Free Trade and Its Enemies*, p. 4.
83. *El Turia*, 3 August 1835, cited in Isabel Burdiel, 'Myths of Failure, Myths of Success. New

Perspectives on Nineteenth-Century Spanish Liberalism', *The Journal of Modern History* 70/4 (1998), pp. 892–912, here p. 906.
84. Louis Blanc, *Organisation du travail* (Paris, [1840]), pp. 65, 94, 110–5.
85. Flora Tristan, *L'Union ouvrière* (Paris and Lyons, 1844), pp. 5, 71.
86. Transcribed in Walter Grab (ed.), *Die Revolution von 1848/49. Eine Dokumentation* (Munich, 1980), pp. 27–8.
87. August Becker, *Was wollen die Kommunisten? Eine Rede, im Auszug vorgetragen vor einer am 4. August 1844 im Lokal des s.g. Kommunisten Vereins zu Lausanne, von Mitgliedern verschiedener Arbeiter-Vereine abgehaltenen Versammlung* (Lausanne, 1844), pp. 4, 34.
88. Viviana Mellone, *Napoli 1848. Il movimento radicale e la rivoluzione* (Milan, 2017), p. 40.
89. Wilhelm Weitling, *Garantien der Harmonie und Freiheit* (Vivis, 1842).
90. Christopher H. Johnson, *Utopian Communism in France. Cabet and the Icarians, 1839–1851* (Ithaca, 1974).
91. 傅立叶对"全世界和谐"的思考，参见 Jonathan Beecher and Richard Bienvenu (eds. and trans.), *The Utopian Vision of Charles Fourier. Selected Texts on Work, Love, and Passionate Attraction* (New York, 1972), pp. 81–2, 257–64, 271–328。
92. Martin Malia, *Alexander Herzen and the Birth of Russian Socialism, 1812–1855* (Cambridge, 1961), pp. 118, 326.
93. Blanc, *Organisation du travail*, pp. 14, 108, 110, 113–5.
94. Alphonse de Lamartine, 'Du droit au travail et de l'organisation du travail' (1844), published in *La Presse*; cited in Émile Thomas, *Histoire des Ateliers Nationaux. Considérés sous le double point de vue politique et social, des causes de leur formation et de leur existence, de l'influence qu'ils on exercée sur les événements des quatre premiers mois de la République, suivi des pièces justificatives* (Paris, 1848), pp. 22–6.
95. Lorenz Stein, *Der Socialismus und Communismus des heutigen Frankreichs* (Leipzig, 1842), p. 129. 以下对施泰因的讨论获益于如下研究中的有力分析：Diana Siclovan, 'Lorenz Stein and German Socialism 1835–1872', PhD Thesis, Cambridge University, 2014, pp. 57–78, consulted online at https://www.repository.cam.ac.uk。
96. Daniel Gordon 对 Rosenblatt, *Lost History* 一书的评论，见网站 H-Diplo Roun-dtable XXI-4。阅览网址：https://networks.h-net.org/node/28443/discussions/4689724/h-diplo-roundtable-xxi-4-lost-history-liberalism%C2%A0-ancient-rome。
97. Weitling, *Garantien der Harmonie und Freiheit*, p. 185.
98. Cited in Vermes, *Hungarian Culture and Politics*, p. 330.
99. Blanc, *Organisation du travail*, p. 105.
100. Ludovic Frobert, 'Politique et économie politique chez Pierre et Jules Leroux', *Revue d'histoire du XIXe siècle*, no. 40〔2010(1)〕, pp. 77–94.

101. Weitling, *Garantien der Harmonie und Freiheit*, pp. 227–8.
102. J. Poisson, *Le Romantisme social de Lamennais. Essai sur la métaphysique des deux sociétés: 1833–1854* (Paris, 1932), p. 303.
103. Roger Picard, 'Un Saint-Simonien démocrate. Ange Guépin', *Revue d'histoire économique et sociale* 13/4 (1925), pp. 456–94, here p. 486.
104. Stein, *Der Socialismus und Communismus*, pp. iii, viii, iv, 10.
105. Siclovan, 'Lorenz Stein', pp. 72–6.
106. Friedrich Carl von Savigny, *Vom Beruf unserer Zeit für Gesetzgebung und Rechtswissenschaft* (Heidelberg, 1814), pp. 10–11. 关于这一主张的重要意义，见 Charlotte Johann, 'Sovereignty and the Legal Legacies of Empire in Early Nineteenth-Century Prussia', PhD Thesis, Cambridge University , 2021, p. 46。
107. '...una monarquía sin iglesia preponderante, sin nobleza, poco puede diferen-ciarse de la república', *La Esperanza*, 28 February 1848.
108. Karl Ludwig von Haller, *Restauration der Staats-Wissenschaft, oder Theorie des natürlich-geselligen Zustands, der Chimäre des künstlich-bügerlichen entgegengesetzt* (Winterthur, 1816), esp. the Vorrede, pp. iii–lxxii; 关于契约论的政治后果，见 pp. 21–34, 218–68; 关于自然状态的维持，见 p. 327–9; 关于"自然优越性"，p. 342–6。要在早期保守主义语境中理解哈勒尔的主张，可参见两部早期经典著作：Fritz Valjavec, *Die Entstehung der politischen Strömungen in Deutschland, 1770–1815* (Munich, 1951); Klaus Epstein, *The Genesis of German Conservatism* (Princeton, 1966)。以下著作详细分析了哈勒尔观点在欧洲政治思想和观念中的回响：Ronald Roggen, '*Restauration*' – *Kampfruf und Schimpfwort. Eine Kommu-nikationsanalyse zum Hauptwerk des Staatstheoretikers Karl Ludwig von Haller* (Freiburg/Schweiz, 1999)。
109. Friedrich Christoph Dahlmann, *Die Politik, auf den Grund und das Maß der gegebenen Zustände zurückgeführt* (Leipzig, 1847), p. 3.
110. Joseph de Maistre, *Considérations sur la France* ([orig. Lausanne, 1796] 2nd edn, Paris, 1814), esp. pp. 2–4, 73–4.
111. Adam Müller, *Von der Nothwendigkeit einer theologischen Grundlage der gesammten Staatswissenschaften und der Staatswirtschaft insbesondere* (Leipzig, 1819), esp. pp. 9–10.
112. Diary entry, Leopold von Gerlach, Gerlach, 1 May 1816, BA Potsdam, NL von Gerlach, 90 Ge 2, Bl. 9.
113. Iván Zoltán Dénes, 'The Value Systems of Liberals and Conservatives in Hungary, 1830–1848', *The Historical Journal* 36/4 (1993), pp. 825–50, here p. 828.
114. Enrico Francia, *1848. La rivoluzione del Risorgimento* (Bologna, 2012), p. 18.
115. Karl Wilhelm von Lancizolle, *Über Ursachen, Character und Folgen der Julitage* (Berlin, 1831), pp. 66, 73.

116. Ibid., p. 66.
117. Ibid., pp. 48–9.
118. José A. Piqueras Arenas, 'La revolución burguesa española. De la burguesía sin revolución a la revolución sin burguesía', *Historia Social*, no. 24 (1996), pp. 95–132, here p. 102; 1830 年之后这种二分法在德意志和欧洲的流行，参见 Reinhart Koselleck, 'Revolution, Rebellion, Aufruhr, Bürgerkrieg', in Otto Brunner, Werner Conze and Koselleck (eds.), *Geschichtliche Grundbegriffe. Historisches Lexikon zur politisch-sozialen Sprache in Deutschland* (8 vols., Stuttgart, 1972–97), vol. 5 (1984), pp. 653–788, here p. 766；关于二分法对保守派理解革命的重要意义，参见 Ernst Wolfgang Becker, *Zeit der Revolution! –Revolution der Zeit? Zeiterfahrungen in Deutschland in der Ära der Revolutionen* (Göttingen, 1999), pp. 153–5。
119. Lancizolle, Über Ursachen, *Character und Folgen*, p. 73.
120. 利奥波德·冯·格拉赫在日记里虚构的对话中的一名谈话者便是如此。日记创作于 1830 年他在海牙停留之时。档案信息：Staatsarchiv Bundesarchiv Potsdam 90 Ge 7, fols. 2–44, here fols. 24–5。
121. Stanley G. Payne, 'Spanish Conservatism, 1834–1923', *Journal of Contemporary History* 13/4 (1978), pp. 765–89, here p. 775.
122. Adam Mickiewicz, 'The Books of the Polish Nation. From the Beginning of the World to the "Crucifixion" of the Polish Nation', in Mickiewicz, *The Books and the Pilgrimage of the Polish Nation*, trans. anon. (London, 1833).
123. Adam Mickiewicz, 'The Book of Polish Pilgrimage' in ibid., p. 93.
124. Adam Mickiewicz, *Livre des pèlerins polonais*, trans. Count Ch. de Montalembert (Paris, 1833), p. x（引自蒙塔朗贝尔的序言）。（奇怪的是，法语文本使用了错误的拼法 pélerin。）
125. Weitling, *Garantien der Harmonie und Freiheit*, p. 260.
126. Harold Bloom, *The American Religion. The Emergence of the Post-Christian Nation* (New York, 1993), p. 80.
127. Mickiewicz, *Livre des pèlerins polonais*, p. vi.（来自蒙塔朗贝尔的序言）
128. Félicité de Lamennais, *De la religion, considérée dans ses rapports avec l'ordre civil et politique* (Paris, 1826); 带有敌意的高卢主义者的评论，参见 Anon., *Sur les libertés gallicanes; réponse à l'ouvrage de M. de La Mennais* (Paris, 1826)。
129. Manfred Kridl, 'Two Champions of a New Christianity. Lamennais and Mickiewicz', *Comparative Literature* 4/3 (1952), pp. 239–67, here pp. 240, 252–3.
130. Félicité de Lamennais, *Words of a Believer*, trans. anon. (New York, 1834), pp. 13, 15, 16, 20–21, 46, 124, 125.
131. *Singulari nos*, 1834 年 6 月 25 日教宗格列高利十六世颁布的通谕。阅览网址：

https://www.catholicculture.org/culture/library/view.cfm?recnum=3885。

132. Nicholas V. Riasanovsky, 'On Lamennais, Chaadaev, and the Romantic Revolt in France and Russia', *The American Historical Review* 82/5 (1977), pp. 1165–86, here p. 1166; Alec Vidler, *Prophecy and Papacy. A Study of Lamennais, the Church, and the Revolution. The Birkbeck Lectures 1952–1953* (London, 1954), p. 244.
133. Sylvain Milbach, 'Lamennais: "une vie qui sera donc à refaire plus d'une fois encore". Parcours posthumes', *Le Mouvement social*, no. 246 (2014), pp. 75–96, here p. 77–8; 尽管有相当多的解释评论，但拉梅内依然令人费解，关于这一特质和理解他的困难，参见 Victor Giraud, 'Le "Cas" de Lamennais', in *Revue des Deux Mondes*, 6th period, 50/1 (1 March 1919), pp. 112–49。
134. Charles Sainte-Beuve, 'Review of "Paroles d'un croyant"', *Revue des Deux Mondes*, 3rd series, 2/3 (1 April 1834), pp. 346–56, here p. 351.
135. Jonathan Beecher, 'Fourierism and Christianity', Nineteenth-Century French Studies 22/3–4 (1994), pp. 391–403, here p. 394.
136. Cited in Edward Berenson, *Populist Religion and Left-Wing Politics in France, 1830–1852* (Princeton, 1984), pp. 41, 45, 48.
137. Ibid., p. 58.
138. "自由政府需要宗教，因为它需要公正无私；而怀疑，哪怕出于最单纯的目的，也会将一切事物，且必然将一切事物，还原为自由事业中的开明自利；但人需要知道如何去献身：对一个在尘世之外只能看到虚无的人而言，有什么能比生命更重要？" Benjamin Constant, *Du polythéisme romain, considéré dans ses rapports avec la philosophie grecque et la religion chrétienne* (2 vols., Paris, 1833), vol. 2, p. 92; 关于宗教的缺失有利于专制的自负，参见 Benjamin Constant, *De la religion, considérée dans sa source, ses formes et ses développements* (4 vols., Paris, 1824), vol. 1, p. 88。
139. Norbert Campagna, 'Politique et religion chez Benjamin Constant', *Revue de Théologie et de Philosophie*, 3rd series, 130/3 (1998), pp. 285–300, esp. pp. 290–92.
140. Maurizio Viroli, *As If God Existed. Religion and Liberty in the History of Italy* (Princeton, 2012), pp. 146–7. 维罗里（Viroli）对"自由宗教"做了有力的研究。他从克罗齐而非贡斯当那里借用了这一术语。维罗里将意大利统一精神的这一维度追溯至马基雅弗利，将之作为意大利文化和政治史中未能实现的一个选项来探讨。不过人们并不总是清楚，这本著作是在赞颂和阐释这一概念，还是在描绘它的历史。
141. Giuseppe Mazzini, *Scritti editi e inediti* (94 vols., Imola, 1906–43), vol. 36, pp. 225–33, here pp. 227, 228, 229.
142. Christopher Duggan, *The Force of Destiny. A History of Italy since 1796* (Boston, 2008), p. 128.

143. Christopher Clark, 'The Politics of Revival. Pietists, Aristocrats and the State Church in Early Nineteenth-Century Prussia', in Larry Eugene Jones (ed.), *Between Reform, Reaction and Resistance. Studies in the History of German Conservatism from 1789 to 1945* (Providence, 1993), pp. 31–60.
144. Jonathan Sperber, *Popular Catholicism in Nineteenth-Century Germany* (Princeton, 1984), pp. 55–7, 70–71; 依然富有洞见且重要：Wolfgang Schieder, 'Kirche und Revolution. Sozialgeschichtliche Aspekte der Trierer Wallfahrt von 1844', *Archiv für Sozialgeschichte* 14 (1974), pp. 419–54。
145. Joseph von Görres, *Die Wallfahrt nach Trier* (Regensburg, 1845), pp. 3–7, 17, 123.
146. Jorn Brederlow, 'Lichtfreunde' und 'Freie Gemeinden'. *Religioser Protest und Freiheitsbewegung im Vormarz und in der Revolution von 1848/49* (Munich, 1976).
147. Vermes, *Hungarian Culture and Politics*, p. 324.
148. Francisco Simón Segura, *La desamortización Española en el siglo XIX* (Madrid, 1973); Francisco Colom González, 'El hispanismo reaccionario. Catolicismo y nacionalismo en la tradición antiliberal española', in Francisco Colom González and Ángel Rivera (eds.), *El altar y el trono. Ensayos sobre el Catolicismo político iberoamericano* (Barcelona, 2006), pp. 43–82.
149. George Barany, 'The Hungarian Diet of 1839–40 and the Fate of Szechenyi's Middle Course', *Slavic Review* 22/2 (1963), pp. 285–303, here p. 293.
150. Christopher Clark, 'From 1848 to Christian Democracy', in Ira Katznelson and Gareth Stedman Jones (ed.), *Religion and the Political Imagination* (Cambridge, 2010), pp. 190–213, esp. pp. 205–8.
151. Boyd Hilton, *The Age of Atonement. The Influence of Evangelicalism on Social and Economic Thought, 1795–1865* (Oxford, 1988).
152. 米哈伊尔·科格尔尼恰努为米哈伊尔学院历史课程开课的致辞，见 Kogălniceanu, *Cuvânt pentru deschiderea cursului de istorie națională* (Iași, 1843), pp. 5–11。
153. Leopold von Ranke, *Die serbische Revolution, aus serbischen Papieren und Mitteilungen* (Hamburg, 1829), p. 40.
154. Latour 所作的序言，见 Silvio Pellico, *Mes Prisons. Mémoires de Silvio Pellico de Saluces*, ed. and trans. A. de Latour (2nd edn, Brussels, 1834); 对威尼斯的评论，见 Ilario Rinieri (ed.), *Della Vita e delle Opere di Silvio Pellico. Da lettere e documenti inediti* (3 vols., Turin, 1898–1901), vol. 1, p. 400。
155. 在英语世界里，George Szirtes 的译文更能引起共鸣：'Slaves we have been to this hour, / Our forefathers who fell from power / Fell free and lived as free men will, / On land that was their own to till.'（直到今天，我们都是奴隶 / 我们的祖先失去了权力 / 自由地死去，并像自由之人一样活着 / 在他们自己的土地上。）Consulted online at https://

www.babelmatrix.org/works/hu/Petöfi_Sándor- 1823/Nemzeti_dal/en/ 2086-National_Song.
156. 1843 年版本前言，见 Michele Amari, *History of the War of the Sicilian* Vespers, ed. The Earl of Ellesmere (3 vols., London, 1850), vol. 1, p. iii。
157. Michele Amari, *La Guerra del Vespro Siciliano* (4th edn, 1st Florentine edn, 1851), p. viii; 另参见 Ellesmere 所作序言，Amari, *History of the War of the Sicilian Vespers*, p. xviii; Roberto Dainotto, *Europe (in Theory)* (Durham, NC, and London, 2007), p. 189。
158. Bianca Marcolongo, 'Le idee politiche di Michele Amari', in Andrea Borruso, Rosa D'Angelo and Rosa Scaglione Guccione (eds.), *Studi Amariani* (Palermo, 1991), pp. 63–106, here p. 68.
159. Amari, *La Guerra del Vespro Siciliano*, pp. v, vi, ix.
160. See Axel Körner, *Politics of Culture in Liberal Italy* (London, 2009); Antonino de Francesco, *The Antiquity of the Italian Nation. The Cultural Origins of a Political Myth in Modern Italy, 1796–1943* (Oxford, 2013).
161. 攻击法纳尔人是精明的行动，因为希腊革命已经斩断了奥斯曼当局与传统希腊精英之间的信任关系，而传统希腊精英统治着奥斯曼帝国西部的众多地区。Mihail Kogălniceanu（书名页署名为 Michel Kogalnitchan），*Histoire de la Valachie, de la Moldovie et des Valaques transdanubiens* (Berlin, 1837), pp. xi, 113 n.1, 260, 369, 371–374。
162. Guðmundur Hálfdanarson, 'Iceland. A Peaceful Secession', *Scandinavian Journal of History* 25/1–2 (2000), pp. 87–100, here p. 95.
163. Joseph Remenyi, 'Mihály Vörösmarty, Hungarian Poet, Playwright and Critic', *The Slavonic and East European Review* 31/77 (1953), pp. 352–63.
164. Katalin Földi-Dósza, 'How the Hungarian National Costume Evolved', in Metropolitan Museum of Art New York (ed.), *The Imperial Style. Fashions of the Hapsburg Era* (New York, 1980), pp. 75–88.
165. Mark Hewitson, *Absolute War. Violence and Mass Warfare in the German Lands* (Oxford, 2017), pp. 211, 219–20.
166. Čeněk Zíbrt, 'Svérázný český kroj národní z roku 1848', *Český Lid* 31 (1931), pp. 41–4, here pp. 42–3.
167. Wolf D. Gruner, 'Der Deutsche Bund, die deutschen Verfassungsstaaten und die Rheinkrise von 1840. Überlegungen zur deutschen Dimension einer europäischen Krise', *Zeitschrift für bayerische Landesgeschichte* 53 (1990), pp. 51–78.
168. Nikolaus Becker, 'Der deutsche Rhein (Patriotisches Lied) 1840', consulted online at https://www. oxfordlieder.co.uk/song/348. 英语译文由作者提供。
169. Alfred de Musset, 'Le Rhin Allemand', consulted online at https://www.bonjourpoesie.fr/lesgrandsclassiques/poemes/alfred_de_musset/le_rhin_allemand. 英语译文由作者提供。
170. Ivan Turgenev, *On the Eve*, trans. Constance Garnett (London, 1973), p. 137.

171. Francesca Kaucisvili Melzi d'Eril, 'Montalembert e Pellico', *Aevum* 50 (September–December 1976), pp. 613–24, here p. 614.

172. Giovanni Dotoli, 'L'Italianisme et traduction en France au XIXe siècle', in Jean Balsamo, Vito Castiglione Minischetti and Giovanni Dotoli, *Les Traductions de l'italien en français au XIXe siècle* (Paris, 2004), pp. 7–112, here p. 61.

173. Ibid., p. 615; 拉梅内对该书的评论，参见 F. de Lamennais, *Lettres inédites à la Baronne Cottu* (Paris, 1910), p. 246。

174. 日记条目，1833 年 7 月 20 日和 21 日，参见 Dragojla Jarnević, *Dnevnik*, ed. Irena Lukšić (Karlovac, 2000), p. 37。

175. 这是以下两本书的一个核心主题：Alberto Banti, *La nazione del Risorgimento. Parentela, santità e onore alle origini dell'Italia unita* (Turin, 2000); Banti, *Il Risorgimento italiano* (Roma, 2004),esp. pp. v–vi。

176. '... moralnice avuții, prin carea o naţie se face puternică şi fericită ...', *Gheorghe Asachi, Albina Românească* 1, 1 June 1829; consulted online at https://tipariturirom-manesti.wordpress.com/2011/10/30/albina-romaneasca-primul-ziar-in-limba-romana-din-moldova/.

177. Chad Bryant, 'Zap's Prague. The City, the Nation and Czech Elites before 1848', *Urban History* 40/2 (2013), pp. 181–201.

178. 'Die Sprache also macht die rechte Gränze der Völker', *Ernst Moritz Arndt, Der Rhein, Teutschlands Strom aber nicht Teutschlands Gränze* (Leipzig, 1813), p. 10.

179. Johann Friedrich Ludwig Jahn, *Bereicherung des hochdeutschen Sprachschatzes, versucht im Gebiethe der Sinnverwandtschaft, ein Nachtrag zu Adelung's und eine Nachlese zu Eberhard's Wörterbuch* (Leipzig, 1806). 本书出版之后，雅恩在作者署名时不再使用 Johann。

180. Anon., *Dacia literară*, 1 (January–June 1840), p. 1.

181. Eva Maria Ossadník, 'Neue Denotate im kroatischen Zivilisationswortschatz. Die Revolution von 1848 und die Gesellschaft im Spiegel der zeitgenössischen Presse', *Wiener Slavistisches Jahrbuch* 57 (2011), pp. 159–64.

182. 1842 年科苏特在他的报纸 *Pesti Hírlap* 中如此要求，转引自 Istvan Deak, *The Lawful Revolution. Louis Kossuth and the Hungarians, 1848–1849* (New York, 1979), p. 45。

183. 关于共和国的公民资格，参见 Rogers Brubaker, *Ethnicity Without Groups* (Cambridge, Mass., 2004), p. 139; David A. Bell, 'Lingua Populi, Lingua Dei. Language, Religion, and the Origins of French Revolutionary Nationalism', *The American Historical Review* 100/5 (1995), pp. 1403–37, here pp. 1405–6。关于这一语言标准包含的潜在蕴涵，参见 Benedict Anderson, *Imagined Communities. Reflections on the Origin and Spread of Nationalism* (London and New York, 2006), p. 145。

184. Pieter Judson, *The Habsburg Empire. A New History* (Cambridge, Mass., 2016), p. 209.

185. Jenny Brumme and Beatrice Schmid, 'Una lengua, una visión. El pensamiento liberal sobre la educación lingüística en España durante el Trienio Constitucional. El Nuevo plan de enseñanza mútua (Barcelona, 1821)', *Revista Interna-cional de Lingüística Iberoamericana* 15/2 (2017), pp. 99–115, esp. pp. 109–10.
186. Gary Cohen, *The Politics of Ethnic Survival. Germans in Prague*, 1861–1914 (West Lafayette, 2006), p. 25.
187. 亚诺什·阿拉尼（János Arany）描绘了该学院在成立的头十年间的工作。
188. 关于匈牙利对拉丁语的反抗，参见 István Margócsy, 'When Language Became Ideology. Hungary in the Eighteenth Century', in Gábor Almási and Lav Šubarić (eds.), *Latin at the Crossroads of Identity. The Evolution of Linguistic Nationalism in the Kingdom of Hungary* (Leiden, 2015), pp. 25–34。
189. Judson, *The Habsburg Empire* , pp. 127–49.
190. Daniel Rapant, 'Slovak Politics in 1848–1849', *Slavonic and East European Review* 27/68 (1948), pp. 67–90, here p. 70.
191. Friedrich Ludwig Jahn, *Deutsches Volkstum* (Lübeck, 1810), pp. 7–8, 21.
192. Kogălniceanu, 'Cuvânt pentru deschiderea cursului de istorie națională', p. 10.
193. Friedrich Christoph Dahlmann, *Die Politik, auf den Grund und das Maß der gegebenen Zustände zurückgeführt* ([1835] 2nd edn, Leipzig, 1847), p. 5.
194. Dainotto, *Europe (in Theory)*, p. 6.
195. Laszlo Deme, 'Writers and Essayists and the Rise of Magyar Nationalism in the 1820s and 1830s', *Slavic Review* 43/4 (1984), pp. 624–40, here p. 627.
196. Robert Nemes, 'The Politics of the Dance Floor. Culture and Civil Society in Nineteenth-Century Hungary', *Slavic Review* 60/4 (2001), p. 812.
197. Irena Štěpánová, 'Obrazy a zrcadla. Etnografika a slavika v díle manželů Zapových', *Český lid* 93/2 (2006), pp. 137–51.
198. 日记条目，1843年2月24日，载 Jarnević, *Dnevnik*, p. 213。
199. 有关这一事件的精妙讨论，参见 Nemes, 'The Politics of the Dance Floor, pp. 802–823。
200. Miroslav Hroch, 'The Social Composition of the Czech Patriots in Bohemia', in Peter Brock and H. Gordon Skilling (eds.), *The Czech National Renascence of the Nineteenth Century* (Toronto, 1970), pp. 33–52, here pp. 36–9.
201. Stanley Z. Pech, *The Czech Revolution of 1848* (Chapel Hill, 1969), p. 27–9, 34.
202. Jarnević, *Dnevnik*, p. 11.
203. 日记条目，1836年4月26日，ibid, p. 72。
204. 日记条目，1836年11月4日，ibid, p. 79。
205. 日记条目，1837年10月26日，ibid, p. 97。
206. 日记条目，1839年7月13和14日，ibid, p. 120–121; Jelena Lakuš and Anita

Bajić, 'Interpreting Diaries. History of Reading and the Diary of the Nineteenth-Century Croatian Female Writer Dragojla Jarnević', *Information & Culture* 52/2 (2017), pp. 163–185, here p. 171。

207. 日记条目，1839 年 6 月 12 日，载 Jarnević, *Dnevnik*, p. 118。
208. 日记条目，1839 年 8 月 3 日，1841 年 3 月 31 日、12 月 30 日，1842 年 6 月 5 日，1843 年 1 月 22 日、4 月 3 日，ibid., pp. 124, 180, 184, 196, 211, 216。
209. 日记条目，1843 年 4 月 8 日，ibid., p. 217; 另可参见日记条目 1843 年 2 月 24 日："啊，我要如何为我亲爱的故乡助益；她是我的母亲、姊妹、丈夫和孩子；让我为她全力以赴；她蕴藏着我所有的珍宝"，ibid., p. 213。
210. 日记条目，1840 年 7 月 6 日，ibid., p. 157。
211. Friedrich Ludwig Jahn, *Merke zum Deutschen Volksthum* (Hildbur-ghausen, 1833), p. 112. 感谢玛丽昂·康德让我注意到这一篇章。
212. Jakob Friedrich Fries, *Von Deutschem Bund und deutscher Staatsverfassung* (Heidelberg, 1816), p. 6.
213. Joseph Eötvös, *The Village Notary. A Romance of Hungarian Life*, trans. Otto Wenckstern (3 vols., London, 1850 (Hungarian orig. Pest, 1845), vol. 1, pp. 245–6.
214. Judson, *The Habsburg Empire*, pp. 127–9.
215. Vermes, *Hungarian Culture and Politics*, p. 292.
216. Cited in Robert Nemes, *Another Hungary. The Nineteenth-Century Provinces in Eight Lives* (Palo Alto, 2016), p. 98.
217. Anna Millo, 'Trieste, 1830–1870. From Cosmopolitanism to the Nation', and Eva Cecchinato, 'Searching for a Role. Austrian Rule, National Perspectives and Memories of the "Serenissima" in Venice', in Lawrence Cole (ed.), *Different Paths to the Nation. Regional and National Identities in Central Europe and Italy, 1830–1870* (Houndsmills, 2007), pp. 60–81 and 122–43; Kent R. Greenfield, *Economics and Liberalism in the Risorgimento. A Study of Nationalism in Lombardy, 1814–1848* (Baltimore, 1965).
218. Dainotto, *Europe (in Theory)*, p. 182.
219. Zdravko Blažeković, 'György (Đuro) Arnold (1781–1848), the Musician with Two Homelands', *Studia Musicologica Academiae Scientiarum Hungaricae*, 44/1–2 (2003), pp. 69–89, here p. 81.
220. 关于这一总体趋势，参见 Karen Offen, 'How (and Why) the Analogy of Marriage with Slavery Provided the Springboard for Women's Rights Demands in France, 1640–1848', in Kathryn Kish Sklar and James Brewer Stewart (eds.), *Women's Rights and Transatlantic Antislavery in the Era of Emancipation* (Yale University Press, 2007), pp. 57–81。
221. Fourier, *Théorie des quatre mouvements*, pp. 50–1.

222. Cited in W. D. Howells, 'Niccolini's Anti-Papal Tragedy', *The North American Review* 115 (1872), pp. 333–66, here p. 340.
223. [Anon.], 'Italy', *Morning Chronicle* (London), no. 19188, Friday, 25 February 1831, p. 4, col. 1.
224. 1832年2月7日的信件，载 Ludwig Börne, *Briefe aus Paris* (6 vols., Offenbach, 1833–4), vol. 4, letter no. 26, pp. 131–55, here pp. 140–1。
225. Mickiewicz, *The Books and the Pilgrimage of the Polish Nation*, p. 39.
226. Rude, *Les Révoltes des canuts*, p. 97.
227. Pierre Leroux, 'De la philosophie et du christianisme', *Revue encyclopédique* (August 1832), pp. 281–340, here p. 306.
228. David Brion Davis, *The Problem of Slavery in the Age of Revolution 1770–1823* (Ithaca, 1975), p. 263.
229. Weitling, *Garantien der Harmonie und Freiheit*, pp. 33, 42–4.
230. 在评论 Wannenmann 做的黑格尔讲座笔记时，黑格尔学者 Karl Heinz Ilting 这么说，转引自 Susan Buck-Morss, *Hegel, Haiti, and Universal History* (Pittsburgh, 2009), p. 61。
231. Buck-Morss, *Hegel, Haiti, and Universal History*, pp. 42–5, 48, 52, 59.
232. 精彩的概述：Joel Quirk and David Richardson, 'Anti-Slavery, European Identity and International Society', *Journal of Modern European History/Zeitschrift für moderne europäische Geschichte/Revue d'histoire européenne contemporaine* 7/1 (2009), pp. 68–92, here pp. 78–9。
233. John F. Quinn, ' "Three Cheers for the Abolitionist Pope!" . American Reaction to Gregory XVI's Condemnation of the Slave Trade, 1840–1860', *The Catholic Historical Review* 90/1 (2004), pp. 67–93, here p. 70.
234. Valentim Alexandre, 'Portugal e a abolição do tráfico de escravos (1834–51)', *Análise Social*, 4th series, 26/111 (1991), pp. 293–333; 另参见 Roquinaldo Ferreira, 'The Suppression of the Slave Trade and Slave Departures from Angola, 1830s–1860s', *História Unisinos* 15/1 (2011), pp. 3–13。
235. João Pedro Marques, 'Resistência ou adesão à "causa da humanidade"？Os setembristas e a supressão do tráfico de escravos (1836–1842)' *Análise Social*, 4th series, 30/ 131–2 (1995), pp. 375–402.
236. S. Drescher, *Capitalism and Antislavery. British Mobilization in Comparative Perspective* (Oxford, 1987), 50–66.
237. Victor Schoelcher, *De l'esclavage des noirs, et de la législation coloniale* (Paris, 1833), pp. 8–10.
238. Ibid., pp. 11–52, 72–81, 90–94.
239. Ibid., pp. 123–31.
240. Sara E. Johnson, *The Fear of French Negroes. Transcolonial Collaboration in the Revolutionary Americas* (Berkeley and Los Angeles, 2012), p. 137.
241. See for example, [Anon.], 'L'Espagne, sa révolution. Son influence sur l'abolition de

l'esclavage colonial', *Revue des colonies* 3/2 (August 1836), pp. 49–54; ['Un Haïtien'], 'Haiti. Principe de sa constitution', *Revue des colonies* 3/3 (September 1836), pp. 97–100; [Anon.], 'Portugal. L'Abolition de la traite des noirs', *Revue des colonies* 3/6 (December 1836), pp. 239–41; [Anon.], 'Colonies françaises. Martinique. Pétition des hommes de couleur en faveur de l'abolition de l'esclavage', ibid., pp. 243–4; Ad. Gatine, 'Affaire Parfait–Liberté confisquée', ibid., pp. 225–32; [Anon.], Esquisses de moeurs créoles. Par un créole de Cayenne', ibid., pp. 253–61.

242. Johnson, *Fear of French Negroes*, p. 183 n.21.
243. ['Un Haïtien'], 'Haiti. Principe de sa constitution', p. 99; the preface to the inaugural issue is discussed in Kelly Duke Bryant, 'Black But Not African. Francophone Black Diaspora and the "Revue des colonies", 1834–1842', *The International Journal of African Historical Studies* 40/2 (2007), pp. 251–82, here p. 252.
244. Preface to Gatine, 'Affaire Parfait –Liberté confisquée', p. 225.
245. Seymour Drescher, 'British Way, French Way. Opinion Building and Revolution in the Second French Slave Emancipation', *The American Historical Review* 96/3 (1991), pp. 709–34, here pp. 713–20; Sue Peabody, 'France's Two Emancipations in Comparative Context', in Hideaki Suzuki (ed.), *Abolitions as a Global Experience* (Singapore, 2016), pp. 25–49, here p. 31.
246. Drescher, 'British Way, French Way', pp. 709–34, here pp. 715–23.
247. Lawrence C. Jennings, 'L'abolition de l'esclavage par la IIe République et ses effets en Louisiane 1848–1858', *Revue française d'outre-mer* 56/205 (1969), pp. 375–97, here p. 375; 舍尔歇的许多文章见 Victor Schoelcher, *Histoire de l'esclavage pendant les deux dernières années* (Paris, 1847)。
248. See the Conclusion to Schoelcher, *Histoire de l'esclavage*, pp. 541–8, here p. 541.
249. Démar, *Ma loi d'avenir*, p. 42.
250. Martin Bernard, *Dix ans de prison au Mont Saint-Michel et à la Citadelle de Doullens. 1838 à 1848* (Paris, 1861), p. 101.
251. Franco della Peruta, 'La Révolution française dans la pensée des démocrates italiens du Risorgimento', *Annales historiques de la Révolution française* 49/230 (1977), pp. 664–76, here pp. 664–5.
252. Cited in George T. Bujarski, '1815–1823. The Question of Cosmopolitanism and National Identity', *The Polish Review* 17/2 (Spring 1972), pp. 23–4.
253. 阿尔梅达在他 1830 年的文章 'Portugal na Balança da Europa' 中讨论了 19 世纪 20 年代革命的这一特征。对该文章的讨论见 Gabriel Paquette, 'An Itinerant Liberal. Almeida Garrett's Exilic Itineraries and Political Ideas in the Age of Southern European Revolutions (1820–1834)', in Maurizio Isabella and Konstantina Zanou (eds.),

Mediterranean Diasporas. Politics and Ideas in the Long 19th Century (London, 2015), p. 50。

254. 三处都转引自 Kôbô Seigan, 'L'influence de la mémoire de la Révolution française et de l'Empire Napoléonien dans l'opinion publique française face à la guerre d'Espagne de 1823', *Annales historiques de la Révolution française*, no. 335 (January/March 2004), pp. 159–81, here p. 174。

255. Leopold von Gerlach, diary entry, 28 and 29 October 1843, Abschriften aus den Tagebüchern Leopold von Gerlach, Staatsarchiv Bundesarchiv Potsdam 90 Ge 6, fol. 98.

256. Bujarski, '1815–1823. The Question of Cosmopolitanism and National Identity', pp. 17–18.

257. Martínez de la Rosa, *El Espíritu del siglo*, pp. xi, xiii, 30.

258. Cited in Wolfgang Mommsen, 'Die Julirevolution von 1830 und die europäische Staatenwelt', in *Mommsen, 1848. Die ungewollte Revolution. Die revolu-tionären Bewegungen in Europa 1830–1849* (Frankfurt/Main, 1998), pp. 42–67, here p. 58.

259. Bernard, *Dix ans de prison*, p. 196.

260. Robert A. Nisbet, 'The Politics of Social Pluralism. Some Reflections on Lamennais', *The Journal of Politics* 10 (1948), pp. 764–86; Louis le Guillou, 'Lamennais, ses amis et la Révolution française', *Revue d'histoire littéraire de la France* 90/4–5 (1990), pp. 715–24.

261. Della Peruta, 'La Révolution française dans la pensée des démocrates italiens du Risorgimento', pp. 670–3.

262. Cited in James Sheehan, *German History, 1770–1866* (Oxford, 1989), p. 568.

263. 关于马克思是创造性的观念集大成者，参见 Jonathan Sperber, *Karl Marx. A Nineteenth-Century Life* (New York, 2013)，多处。

264. Maria de Fátima Bonifácio, 'Costa Cabral no contexto do liberalismo doutrinário', *Análise Social*, 4th series, 28/ 123–4 (1993), pp. 1043–91, here pp. 1076–7.

265. Johan Rudolf Thorbecke, *Ueber das Wesen und den organischen Charakter der Geschichte. Ein Schreiben an Herrn Hofrath K. F. Eichhorn in Göttingen* (Göttingen, 1824), p. 7; 关于转变，参见 Izaak Johannes Brugmans, *Thorbecke* (Haarlem, 1932), pp. 17–36、53–84; Remieg Aerts, *Thorbecke wil het. Biografie van een staatsman* (Amsterdam, 2018), pp. 262–315。

266. Roger Boesche, 'Tocqueville and Le Commerce. A Newspaper Expressing His Unusual Liberalism', *Journal of the History of Ideas* 44/2 (1983), pp. 277–92.

267. Cited in Georges Navet, 'De l'Aventin à la Croix Rousse. Pierre-Simon Ballanche et le héros plébéien', *Le Cahier (Collège international de philosophie)*, no. 5 (1988), pp. 29–41, here p. 29.

第三章

1. 日记条目，1830 年 7 月 26 日，见 Juste Olivier, *Paris en 1830. Journal*, ed. André

Delattre and Marc Denkinger (Chapel Hill, 1951), p. 235。
2. 日记条目，1830 年 7 月 27 日，10.30 p.m., ibid., p. 239–43。
3. 日记条目，1830 年 7 月 28 日，6 p.m., ibid., pp. 248, 252, 255–6。
4. 日记条目，1830 年 7 月 29 日，9.30 p.m., ibid., p. 272。
5. David H. Pinkney, 'The Revolution of 1830 Seen by a Combatant', *French Historical Studies* 2/2 (1961), pp. 242–6.
6. Ibid., p. 245.
7. Ibid., pp. 242–6.
8. Daniel Stern [Marie d'Agoult], *Mes souvenirs, 1806–1833* (3rd edn, Paris, 1880), p. 327.
9. Ibid., pp. 328, 330.
10. Ibid., pp. 330–2.
11. Mark Traugott, *The Insurgent Barricade* (Berkeley, 2010), p. 105.
12. Arthur Asseraf, 'La mer immédiate. Nouvelles, télégraphe et impérialisme en Méditérranée, 1798–1882', *monde*(s), no. 16 (November 2019), pp. 46–66, here p. 57; 选举从 6 月 23 日持续至 7 月 19 日，因此到选举时间仅剩一周多时，这一消息才广为人知。
13. David H. Pinkney, *The French Revolution of 1830* (Princeton, 1972), p. 85.
14. 有关联合声明的文本，参见 Anon., *Événements de Paris, des 26, 27, 28, 29 et 30 juillet; par plusieurs témoins oculaires* (6th edn, Paris, 1830), pp. 11–5。
15. Edgar Newman, 'The Blouse and Frock Coat. The Alliance of the Common People of Paris with the Liberal Leadership of the Middle Classes during the Last Year of the Bourbon Restoration', *Journal of Modern History* 49/1 (1974), pp. 26–59, here p. 35.
16. Louis Blanc, *Révolution française. Histoire de dix ans 1830–1840* (11th edn, Paris, 1845), p. 188.
17. Vincent Robert, *Le Temps des banquets. Politique et symbolique d'une génération, 1818–1848* (Paris, 2010), p. 236.
18. 这些例子取自 Newman, 'The Blouse and Frock Coat', pp. 35, 37, 42, 43, 44, 48, 52–3。
19. Louise-Eléonore-Charlotte-Adélaide d'Osmond, comtesse de Boigne, *Récits d'une tante* (4 vols., Paris, 1922), vol. 3, 第 21 章, n.p., Project Gutenberg EBook of Récits d'une tante, https://www.gutenberg.org/files/32349/32349-h/32349-h.htm。最后访问日期：2020 年 4 月 13 日。
20. Traugott, *Insurgent Barricade*, p. 107.
21. 'Le Peuple', *Le Constitutionnel*, 31 July 1830, p. 2.
22. *Le Corsaire. Journal des spectacles, de la littérature, des arts, des moeurs et des modes*, 1 August 1830.
23. 日记条目，1830 年 7 月 30 日，载 Olivier, *Paris en 1830*, p. 275。

24. 'Le Peuple', *Le Constitutionnel*, 31 July 1830, p. 2.
25. Michael Marrinan, *Painting Politics for Louis-Philippe. Art and Ideology in Orléanist France, 1830–1848* (New Haven, 1988), pp. 35–6.
26. 1830 年 12 月 13 日法令，见 *Album des Décorés de Juillet* (Paris, 1831), pp. 12–16; consulted online at https://gallica.bnf.fr/ark:/12148/bpt6k5530375s/f6.image.texteImage。
27. M. Giraud-Mangin, 'Nantes en 1830 et les journées de juillet', *Revue d'histoire moderne* 6/36 (1931), pp. 455–68.
28. Julia A. Schmidt-Funke, 'The Revolution of 1830 as a European Media Event', European History Online (EGO), Published by Leibniz Institute of European History (IEG), Mainz 2017-08-16. Consulted online at http://www.ieg-ego.eu/ schmidt-funkej-2011-en, 最后访问时间：2020 年 4 月 14 日。我对 1830 年消息传播的论述借鉴了 Schmidt-Funke 的分析。
29. Heinrich Heine, *Heinrich Heine über Ludwig Börne* (Hamburg, 1840), pp. 126–7. 这份信件翻译件是否确实与这些事件属于同一时代仍有疑问，因此我提到"回忆"；参见 Jeffrey L. Sammons, *Heinrich Heine. A Modern Biography* (Princeton, 1979), p. 153。
30. Schmidt-Funke, 'The Revolution of 1830'.
31. 'Histoire d'un pavé', *La Glaneuse*, Sunday, 29 November 1831, p. 2.
32. Eugène de Pradel, 'L'histoire d'un pavé', *Paris. Ou le livre des cent et un* (15 vols., Frankfurt/Main, 1833), vol. 11, pp. 113–24. 关于普拉德尔作为即兴诗人的非凡造诣和声名，参见 Adrien Heurpé, *Eugène de Pradel, l'mprovisateur en vers français à Hombourg-ès-Monts* (Hombourg, n.d. [1828])。
33. 'Mémoires d'une glace', *La Glaneuse*, 29 September 1831, p. 2.
34. Bezucha, *The Lyon Uprising of 1834*, pp. 74–5.
35. Georges Weill, *Histoire du parti républicain en France de 1814 à 1870* (Paris, 1900).
36. Jean-Claude Caron, 'La Société des Amis du peuple', *Romantisme*, no. 28–9 (1980), pp. 169–79, here p. 174.
37. M. Gisquet, *Mémoires de M. Gisquet, ancien Préfet de Police* (Paris, 1840), vol. 2, p. 4.
38. 这一估算数字见于 Traugott, *Insurgent Barricade*, p. 21。政府一方的伤亡数字为 70 人死亡，200 多人受伤。
39. Pamela Pilbeam, *Republicanism in Nineteenth-Century France* (New York, 1995).
40. Jill Harsin, *Barricades. The War of the Streets in Revolutionary Paris, 1830–1848* (London, 2002), pp. 124–38.
41. Cour de Pairs (ed.), *Rapport fait à la Cour les 11 et 12 Juin 1839 par M. Mérilhou comprenant les faits généraux et la première série des faits particuliers* (Paris, 1839), p. 7.
42. Ibid., pp. 6–8.
43. Biliana Kassabova, 'Thoughts on Louis-Auguste Blanqui', Stanford History of Political

Thought Workshop, 4 December 2017, consulted online at https://sites.stanford.edu/history-political-thought/sites/default/files/blanqui_hpt_0.pdf.
44. See R. F. Leslie, 'Left-Wing Political Tactics in Poland, 1831–1846', *The Slavonic and East European Review* 33/80 (1954), pp. 120–39; M. K. Dziewanowski, 'The Beginnings of Socialism in Poland', ibid., 29/73 (1951), pp. 510–31.
45. 海因里希·海涅 6 月 5 日在巴黎的笔记，'Französische Zustände', in Heinrich Heine, *Sämtliche Werke* (12 vols., Stuttgart, n.d.), vol. 1, pp. 5–174, here p. 140。
46. 起义者裁缝 Louis Quignot 被警察没收的手写笔记，此处引自 Cour des Pairs (ed.), *Attentats des 12 et 13 Mai 1839. Réquisitoire de Franck Carré, Procureur Général, dans les débats ouverts le 13 janvier 1840* (Paris, 1840), p. 19。
47. 当时的一份文书提出这样的论点，它在一个叫贝罗（Béro）的人的公寓里被发现，混杂于火药和炸药包中。贝罗则在 1839 年骚乱后被捕。文件转录于 Cour des Pairs (ed.), *Attentat des 12 et 13 Mai 1839. Rapport fait à la Cour par M. Mérilhou, comprenant la seconde série des faits particuliers* (Paris, 1839), pp. 119–22。
48. 圣西门主义领袖普罗斯珀·昂方坦曾在 1832 年尝试过同样的事。Martin Bernard, *Dix ans de prison au Mont Saint-Michel et à la Citadelle de Doullens. 1838 à 1848* (Paris, 1861), p. 200; 关于这一策略的使用，参见 Bezucha, *The Lyon Uprising of 1834*, pp. 187–8。
49. 'Défense du Citoyen Louis-Auguste Blanqui devant la Cour d'Assises', in Auguste Blanqui, *Textes Choisis* (Paris, 1971), 由 V. P. Volguine 撰写序言和注释，consulted online at https://www.marxists.org/francais/blanqui/1832/defense.htm。
50. Cour des Pairs (ed.), *Attentat des 12 et 13 Mai 1839. Interrogatoires des Accusés* (Paris, 1839), pp. 1–3 及多处。
51. Silvio Pellico, *Le mie prigioni. Memorie* (Turin, 1832), pp. 20, 31–2 及以下各处。
52. Charles Klopp, 'Inklings and Effacements in Silvio Pellico's Le mie prigioni', *Italica*, 68/2 (Summer 1991), pp. 195–203.
53. 匿名评论，出自 *Le mie prigioni, Foreign Quarterly Review* 11 (January and April 1833), pp. 473–502, here p. 476。
54. Bernard, *Dix ans de prison*, p. 194. Bernard 起初打算在 1851 年出版该书，但因为他被迫流亡，项目暂时搁置。
55. Ibid., p. 202.
56. Ibid., p. ix.
57. Ibid., p. 47.
58. Ibid., pp. 83, x.
59. 例如，可参见德意志报刊对共产主义者 Karl Blind 从布鲁塞尔监狱获释的报道，*La Réforme*, 25 January 1848, p. 2：" 《科隆公报》抨击 Blind 先生是激进分子、是共产主义者；最为危险的是，他不是个激情澎湃之人，正相反，他是个冷酷沉静之人，单刀直入。"
60. Bernard, *Dix ans de prison*, pp. 87–9.
61. 经典的接受研究见 Alessandro Galante Garrone, *Filippo Buonarroti e i rivoluzionari dell'Ottocento* (Milan, 1951)。
62. Philippe Buonarroti, *Buonarroti's History of Babeuf's Conspiracy for Equality, with the Author's Reflections on the Causes and Character of the French Revolution and His Estimation of the Leading Men and Events of That Epoch. Also, His Views of Democratic Government, Community of Property and Political and Social Equality*, trans. Bronterre (London, 1836), p. xviii.
63. Buonarroti的手稿残篇，日期不详，转引自 Marc Vuilleumier and L. Fazy, 'Buonarroti et ses sociétés secrètes à Genève', *Annales historiques de la Révolution française* 42/201 (1970), pp. 473–505, here p. 495。
64. Arthur Lehning, 'Buonarroti and His International Secret Societies', *International Review of Social History* 1/1 (1956), pp. 112–40, here pp. 120–24.
65. 安德里安被逮捕和监禁的经历描绘于 Alexandre Andryane, *Memoirs of a Prisoner of State in the Fortress of Spielberg*, trans. Fortunato Prandi (London, 1838)。
66. Lehning, 'Buonarroti and His International Secret Societies', p. 140.
67. Ethel Matala de Mazza, 'Geschichte und Revolution', in Roland Borgards and Harald Neumeyer (eds.), *Büchner-Handbuch* (Stuttgart, 2009), pp. 168–75, here p. 173; Gideon Stiening, *Literatur und Wissen im Werk Georg Büchners. Studien zu seinen wissenschaftlichen, politischen und literarischen Texten* (Berlin, 2019), p. 60; Thomas Michael Mayer, 'Büchner und Weidig–Frühkommunismus und revolutionäre Demokratie. Zur Textverteilung des Hessischen Landboten', in Heinz Ludwig Arnold (ed.), *Georg Büchner* I/II (Munich, 1979, Text +Kritik. Sonderband, pp. 16–298, here pp. 43–5.
68. （Georg Büchner and Friedrich Ludwig Weidig）, *Der Hessische Landbote* ([Offenbach/Main], 1834; repr. Stuttgart, 2016), pp. 7, 20, consulted online at https://www.reclam.de/data/media/978-3-15-019242-9.pdf.
69. 关于魏迪希之死，参见 Sven Hanuschek, ' "Es muß endlich aufgeklärt werden." Weidig, Büchner und der *Hessische Landbote* im Werk von Jürg Amann', in Markus May, Udo Roth and Gideon Stiening (eds.), '*Friede den Hütten! Krieg den Pallästen!*' *Der Hessische Landbote in interdisziplinärer Perspektive* (Heidelberg, 2016), pp. 231–41。
70. Terence M. Holmes, 'Die "Absolutisten" in der Revolution', in Thomas Michael Mayer and Sebastian Wohlfeil (eds.), *Georg Büchner Jahrbuch 8, 1990–1994* (Tübingen, 1995), pp. 241–53.
71. Benjamin Seifert, ' "...das Volk aber liegt vor ihnen wie Dünger auf dem Acker." Der

751

"Hessische Landbote" als politisches Manifest des 19. und 20. Jahrhunderts', in Johanna Klatt and Robert Lorenz (eds.), *Manifeste. Geschichte und Gegenwart des politischen Appells* (Göttingen, 2010), pp. 47–71, esp. pp. 59–62.

72. Anon. (ed.), *Défense du citoyen Louis Auguste Blanqui devant la Cour d'Assises, 1832* (Paris, 1832), p. 14.
73. 关于布朗基对罗伯斯庇尔的憎恶，参见 Albert Mathiez, 'Notes inédites de Blanqui sur Robespierre', *Annales historiques de la Révolution française*, 5, No. 28 (July–August 1928), pp. 305–321, esp. pp. 310–311。
74. Biliana Kassabova, 'Blanqui between Myth and Archives. Revolution, Dictatorship and Education', Stanford History of Political Thought Workshop, 4 December 2017, consulted online at https://sites.stanford.edu/history-political-thought/sites/default/files/blanqui_hpt_0.pdf, esp. pp. 6–8.
75. Patrick H. Hutton, 'Legends of a Revolutionary. Nostalgia in the Imagined Lives of Auguste Blanqui', *Historical Reflections/Réflexions Historiques* 39/3 (2013), pp. 41–54.
76. Cited in Peter Reichel, *Robert Blum. Ein deutscher Revolutionär* (Göttingen, 2007), pp. 33–4.
77. 关于马志尼是个原"威尔逊"式的民主和平论支持者，参见下书编者所作的导论, Stefano Recchia and Nadia Urbinati (ed.), *A Cosmopolitanism of Nations. Giuseppe Mazzini's writings on Democracy, Nation-Building and International Relations*, trans. Stefano Recchia (Princeton, 2009), pp. 1–30, here pp. 3, 17–8。
78. 关于马志尼在全球的偶像性地位，参见 Christopher A. Bayly and Eugenio Biagini, Introduction, in Bayly and Biagini (eds.), *Giuseppe Mazzini and the Globalisation of Democratic Nationalism 1830–1920* (Oxford, 2008), pp. 1–7, here p. 5。
79. Cited in Moncure Daniel Conway, *Thomas Carlyle* (New York, 1881), pp. 123–4.
80. Leona Rostenberg, 'Mazzini to Margaret Fuller, 1847–1849', *The American Historical Review* 47/1 (1941), pp. 73–80, here p. 73.
81. 关于"小集团魅力"，参见 Roger Eatwell, 'The Concept and Theory of Charismatic Leadership', *Totalitarian Movements and Political Religions* 7/2 (2006), pp. 141–56。
82. Simon Levis Sullam, 'The Moses of Italian Unity. Mazzini and Nationalism as Political Religion' in Bayly and Biagini (eds.), *Giuseppe Mazzini*, pp. 107–124.
83. 马志尼致伊波利托·贝内利（Ippolito Benelli），1831年10月8日，巴黎（马赛），转引自 Levis Sullam, 'The Moses of Italian Unity', p. 115。
84. Franco della Peruta, 'Mazzini dalla letteratura militante all'impegno politico', *Studi Storici* 14/3 (1973), pp. 499–556, here pp. 527–8。
85. Buonarroti, *History of Babeuf's Conspiracy for Equality*, pp. 37–8 n.
86. 马志尼致彼得罗·奥利韦罗（Pietro Olivero），[1833年1—7月], in Giuseppe Mazzini, *Scritti Editi ed Inediti di Giuseppe Mazzini* (Imola, 1909), vol. 5: *Epistolario*,

pp. 353–8, here p. 354。
87. 对这些事件的深刻讨论，参见 Sergio Romagnoli 的评论，收录于 Gastone Manacorda (ed. and trans.), *Congiura per l'eguaglianza o di Babeuf –the Italian translation of Buonarroti's French text, Belfagor* 2/1 (15 Jan. 1947), pp. 123–7。
88. Anon., *Letter-Opening at the Post-Office. The Article on this subject from No. LXXXII of the Westminster Review, September 1844. Entitled Mazzini and the Ethics of Politicians, to which is added Some Account of the Brothers Bandiera by J. Mazzini* (London, 1844), p. 28.
89. 'Manifesto for Young Italy' (1831), in William Lloyd Garrison (ed.), *Joseph Mazzini. His Life, Writings and Political Principles* (New York, 1872), pp. 62, 69, 71–4.
90. Carlo Bianco di St. Jorioz, *Della guerra nazionale d'insurrezione per bande applicata all'Italia* (2 vols., Marseilles, 1830).
91. Bianco de St. Jorioz, 'Discorso preliminare', in *Della guerra nazionale d'insurrezione*, pp. xvii–c, here pp. xcvii, c.
92. Cited in Nunzio Pernicone and Fraser M. Ottanelli, *Assassins against the Old Order. Italian Anarchist Violence in Fin-de-Siècle Europe* (Champagne, 2018), p. 14.
93. Franco Della Peruta, *Mazzini e i rivoluzionari italiani. Il ''Partito d'azione' 1830–1845* (Milan, 1974), p. 160.
94. Cited in Christopher Duggan, 'Giuseppe Mazzini in Britain and Italy. Divergent Legacies, 1837–1915', *The Italianist* 27/2 (2007), pp. 263–81, here p. 263.
95. Christopher Duggan, *The Force of Destiny. A History of Italy since 1796* (London, 2007), p. 134.
96. Della Peruta, *Mazzini e i rivoluzionari italiani*, p. 174.
97. 参见以下深刻的讨论 Lucy Riall, 'The Politics of Italian Romanticism. Mazzini and the Making of a Nationalist Culture', in Bayly and Biagini (eds.), *Giuseppe Mazzini*, pp. 167–86; 另见 Lucy Riall, *Garibaldi. Invention of a Hero* (New Haven, 2007), esp. pp. 29–31。
98. Giuseppe Mazzini, 'Faith and the Future' (1835), in Mazzini, *The Duties of Men and Other Essays* by Joseph Mazzini, introd. T. Jones (London, 1936), pp. 56–7. 关于马志尼民族主义中的这些主题，参见 Maurizio Viroli, *For Love of Country. An Essay on Patriotism and Nationalism* (Oxford, 1995), pp. 146–56。
99. Della Peruta, *Mazzini e i rivoluzionari italiani*, p. 36.
100. C. R. Badger, 'A Study in Italian Nationalism. Giuseppe Mazzini', *The Australian Quarterly* 8/31 (Sep. 1936), pp. 70–80.
101. Riall, *Garibaldi: Invention of a Hero*；还可参见以下精彩讨论，'Garibaldi and the Risorgimento', BBC Radio 4, 'In Our Time', broadcast on Thursday, 1 December 2016, consulted online at https://www.bbc.co.uk/programmes/b083qx9j。
102. See Walter Bruyère Ostells, *La Grande Armée de la Liberté* (Paris, 2009).
103. Alfred de Musset, *La Confession d'un enfant du siècle* ([1836] London and Paris, 1912), pp. 3, 5.

104. Cited in J. J. Sheehan, *German History 1770–1866* (Oxford, 1989), p. 613.
105. Ewald Grothe, *Verfassungsgebung und Verfassungskonflikt. Das Kurfürstentum Hessen in der ersten Ära Hassenpflug 1830–1837* (Berlin, 1996), p. 35.
106. Ibid, p. 38.
107. Wolfram Siemann, *Metternich. Strategist and Visionary* (Cambridge, Mass., and London, 2019), p. 668.
108. Christos Aliprantis, 'Transnational Political Policing in Nineteenth-Century Europe. Prussia and Austria in Comparison, 1830–1870',PhD Thesis,Cambridge University, 2020. 特工的应用是该论文探讨的核心主题之一。
109. Grothe, *Verfassungsgebung und Verfassungskonflikt*, pp. 528–9.
110. Jonathan Sperber, *Rhineland Radicals. The Democratic Movement and the Revolution of 1848–1849* (Princeton, 1991), pp. 39–40.
111. Wolfgang Neugebauer, *Politischer Wandel im Osten. Ost-und West-preußen von den alten Ständen zum Konstitutionalismus* (Stuttgart, 1992), pp. 174, 179, 390.
112. Ibid., pp. 430–31.
113. James Brophy, *Popular Culture and the Public Sphere in the Rhineland, 1800–1850* (Cambridge, 2007), pp. 162–5.
114. 关于这些日历的特征和接受情况，参见 Brophy, *Popular Culture and the Public Sphere*, pp. 18–53。
115. Nils Freytag, *Aberglauben im 19. Jahrhundert. Preußen und die Rheinprovinz zwischen Tradition und Moderne (1815–1918)* (Berlin, 2003), pp. 179–82.
116. James M. Brophy, 'Carnival and Citizenship. The Politics of Carnival Culture in the Prussian Rhineland, 1823–1848', *Journal of Social History* 30/4 (Summer 1997), pp. 873–904; Brophy, 'The Politicization of Traditional Festivals in Germany, 1815–1848', in Karin Friedrich (ed.), *Festival Culture in Germany and Europe from the Sixteenth to the Twentieth Century* (Lampeter, 2000), pp. 73–106.
117. Brophy, *Popular Culture and the Public Sphere in the Rhineland*, pp. 54–104; Ann Mary Townsend, *Forbidden Laughter. Popular Humour and the Limits of Repression in Nineteenth-Century Prussia* (Ann Arbor, 1992), pp. 24–5, 27, 48–9, 93, 137; 关于"油嘴滑舌"之人应用的同样技巧，参见以下作品的开场，Aimé Césaire, *A Season in the Congo, trans. Gayatri Chakravorty Spivak* (London, 2010), pp. 5–6。
118. Heinrich Best and Wilhelm Weege, *Biographisches Handbuch der Abgeordneten der Frankfurter Nationalversammlung 1848/49* (Düsseldorf, 1969), pp. 188–90.
119. Sheehan, *German History*, p. 625.
120. Karl Obermann, 'Die Volksbewegung in Deutschland von 1844 bis 1846', *Zeitschrift für Geschichte* 5/3 (1957), pp. 503–25; James Sheehan, *German Liberalism in the Nineteenth*

Century (Chicago, 1978), pp. 12–4.
121. 'Offenburger Programme of the Southwest German Democrats', in Walter Grab (ed.), *Die Revolution von 1848/49. Eine Dokumentation* (Munich, 1980), pp. 28–9.
122. Kurt Düwell, 'David Hansemann als rheinpreußischer Liberaler in Heppenheim 1847', *Geschichte und Gesellschaft*, special issue 9, *Liberalismus in der Geselschaft des deutschen Vormärz* (1983), pp. 295–311, here p. 309.
123. 此综述由卡尔·马蒂撰写，发表于*Deutsche Zeitung* (Heidelberg), 15 October 1847。全文见 Ernst Rudolf Huber (ed.), *Deutsche Verfassungsdokumente 1803–1850 [German Constitutional Documents 1803–1850]*, vol. 1: *Dokumente zur deutschen Verfassungsgeschichte [Documents on German Constitutional History]* (3rd edn, Stuttgart, 1978), pp. 324–6. 此处译文来自德国历史研究院（位于华盛顿特区）德国历史文件网，http://germanhistorydocs.ghi-dc.org/docpage.cfm?docpage_id=429。
124. Anon., *Selbstbiographie von Robert Blum und dessen Ermordung in Wien am 9. November 1848, herausgegeben von einem seiner Freunde* [Leipzig and Meißen, (1848)], p. 6.
125. 罗伯特·布卢姆撰写的 "Beredsamkeit" （"口才"）词条，见 Robert Blum, K. Herloßsohn and H. Marggraf (eds.), *Allgemeines Theater-Lexikon oder Encyklopädie alles Wissenswerthen für Bühnenkünstler, Dilettanten und Theaterfreunde. Unter Mitwirkung der sachkundigsten Schriftsteller Deutschlands* (7 vols., 1839–1842), vol. 1 (2nd edn), p. 283。
126. Richard J. Bazillion, 'Urban Violence and the Modernization Process in Pre-March Saxony 1830–1831 and 1845', *Historical Reflections/Réflexions Historiques* 12/2 (Summer 1985), pp. 279–303, here p. 296.
127. 罗伯特·布卢姆撰写的 "Einheit" （"统一"）词条，见 Anon. (ed.), *Volksthümliches Handbuch der Staatswissenschaften und Politik. Ein Staatslexicon für das Volk, begründet von Robert Blum* (Leipzig, 1852), pp. 306–7, here p. 307。关于这个观念在自由派中间更广泛的重要性，参见 John Breuilly, *The Formation of the First German Nation-State 1800–1871* (Basingstoke, 1996), p. 32。
128. Cited in Ralf Zerback, *Robert Blum. Eine Biografie* (Leipzig, 2007), p. 181.
129. Bazillion, 'Urban Violence and the Modernization Process in Pre-March Saxony', pp. 300–1.
130. 1845 年 8 月 16 日的报告，转引自 Zerback, Robert Blum, pp. 182–3。
131. 布卢姆致约翰·雅各比，1845 年 11 月 3 日，转引自 Zerback, *Robert Blum*, pp. 187–8。
132. Louise Otto Peters, 'Über Robert Blum', *Frauenzeitung*, 2/21, 25 May 1850, pp. 259–61, here p. 259, 转引自 Zerback, *Robert Blum* , p. 181。
133. Robert Blum (ed.), *Fortschrittsmänner der Gegenwart. Eine Weihnachtsgabe für Deutschlands freisinnige Männer und Frauen* (Leipzig, 1847). 布卢姆本人是 "Arndt"

755

词条的作者；曼海姆的激进分子弗里德里希·黑克尔贡献了关于伊茨施泰因的章节，伊茨施泰因是哈尔加滕圈子的会议召集人。

134. Michael Ledger-Lomas, 'Strauß and the Life of Jesus Controversy', in Grant Kaplan and Kevin van der Schei (eds.), *The Oxford Handbook to German Theology* (OUP, 2023)，当时即将出版。感谢迈克尔·莱杰-洛马斯让我在出版前看到此文。
135. Adolf Hausrath, *David Friedrich Strauss und die Theologie seiner Zeit* (Heidelberg, 1876), pp. 379–382.
136. Ibid., pp. 395–7.
137. 黑格施魏勒写了 *Beyträge zur einer kritischen Aufzählung der Schweizerpflanzen und eine Ableitung der helvetischen Pflanzenformen von den Einflüssen der Außenwelt* (Zurich, 1831); 他去世后，瑞士博物学家 Oswald Heer 编辑并出版了他的 *Flora der Schweiz* (Zurich, 1840)。有关这些事件的论述，参见 Heer 所作的导论，pp. xxi–xxiv。
138. 关于这些事件，参见 Erik Linstrum, 'Strauss's "Life of Jesus". Publication and the Politics of the German Public Sphere', *Journal of the History of Ideas* 71/4 (2010), pp. 593–616; Marc H. Lerner, *A Laboratory of Liberty. The Transformation of Political Culture in Republican Switzerland, 1750–1848* (Leiden and Boston, 2012), esp. ch. 5, 'Popular Sovereignty in the Züriputsch', pp. 221–64。
139. 关于瓦莱的冲突，参见 Sandro Guzzi-Heeb, *Passions alpines. Sexualité et pouvoirs dans las montagnes suisses (1700–1900)* (Rennes, 2014), pp. 127–41; Anne- Lise Head-König, 'Religion Mattered. Religious Differences in Switzerland and Their Impact on Demographic Behaviour (End of the 18th Century to the Middle of the 20th Century)', *Historical Social Research/Historische Sozialforschung* 42/2 (2017), pp. 23–58, here p. 28。
140. Stefan Széchenyi, *Kreditwesen*, trans. Michael von Paziazi (Pest, 1830), pp. viii, 30.
141. Ibid., p. 118.
142. Ibid., pp. 147–8, 272. 关于这本书的讨论，参见 Peter F. Sugar and Péter Hanák, *A History of Hungary* (Bloomington, 1990), pp. 191–3; 引自 Gábor Vermes, *Hungarian Culture and Politics in the Habsburg Monarchy 1711–1848* (Budapest, 2014), p. 253; 另参见 Istvan Deak, *The Lawful Revolution. Louis Kossuth and the Hungarians 1848–1849* (New York, 1979), pp. 26–7。
143. 这一论断见 R. J. W. Evans, 'The Habsburgs and the Hungarian Problem, 1790–1848', *Transactions of the Royal Historical Society* 39 (1989), pp. 41–62, here p. 59。
144. John Paget, *Hungary and Transylvania, with Remarks on Their Condition, Social, Political and Economical* (London, 1850), p. 208; 关于米克洛什的亲英派思想，参见 Gál István, 'Wesselényi Miklós angliai levelei', *Angol Filológiai Tanulmányok* 5/6 (1944), pp. 180–88; 关于平版印刷媒体，参见 Ambrus Miskolczy and Katalin Vargyas, 'Questions de société, nationalité, opposition dans le mouvement réformiste hongrois en Transylvanie (1830–1843)

(Luttes de l'opposition libérale hongroise pour l'évolution bourgeoise en Transylvanie)', *Acta Historica Academiae Scientiarum Hungaricae* 33/1 (1987), pp. 1–34, here p. 21。

145. Auguste de Gerando, 'Hungary and Austria', *The Christian Examiner and Religious Miscellany*, 47 (July–September–November 1849), pp. 444–98, here pp. 482–3. 这是 "M.L.P." 的译本，原文是 1848 年发表的一篇法语文章。
146. Vermes, *Hungarian Culture*, p. 265.
147. Miskolczy and Vargyas, 'Questions de société', p. 4.
148. Vermes, *Hungarian Culture*, p. 287.
149. Andrew C. Janos, *The Politics of Backwardness in Hungary, 1825–1945* (Princeton, 1982), pp. 39–42.
150. Ibid., pp. 64–5.
151. Deak, *Lawful Revolution*, p. 29–31.
152. 关于科苏特作风与政治的分类，参见 P. Sándor, 'Sur la conception politique de Deák (Une de ses lettres inédites de 1842)', *Acta Historica Academiae Scientiarum Hungaricae* 26/ 1–2 (1980), pp. 179–204, here p. 197; 关于梅特涅的理性，Deak, *Lawful Revolution*, p. 35。
153. George Barany, 'The Hungarian Diet of 1839–40 and the Fate of Szechenyi's Middle Course', *Slavic Review* 22/2 (1963), pp. 285–303, here pp. 300–1.
154. Vermes, *Hungarian Culture*, p. 290.
155. Janos, *Hungarian Backwardness*, p. 74; Vermes, *Hungarian Culture*, p. 290.
156. Iván Zoltán Dénes, *Conservative Ideology in the Making* (Budapest, 2009), p. 42.
157. Janos, *Hungarian Backwardness*, pp. 58–9.
158. Deak, *Lawful Revolution*, pp. 56–8.
159. 在法国大革命期间和之后成年的 "1814 年人" 中，基佐占据何种地位，参见 Pierre Rosenvallon, *Le Moment Guizot* (Paris, 1985), p. 21; 另可参见 Laurence Jacobs, ' "Le moment libéral". The Distinctive Character of Restoration Liberalism', *The Historical Journal* 31/2 (1988), pp. 479–91。
160. 关于基佐作品中的这些主题，参见 Lucien Jaume, *Tocqueville. The Aristocratic Sources of Liberty* (Princeton, 2013), pp. 251–90。
161. Rebecca McCoy, 'Protestant and Catholic Tensions after the French Revolution. The Religious Nature of the White Terror in Languedoc, 1815', *Journal of the Western Society for French History* 43 (2015), consulted online at https://quod.lib.umich.edu/w/wsfh/0642292.0043.012?view=text; rgn=main; A. Cosson, '1830 et 1848. La Révolution de 1830 à Nîmes', Annales historiques de la *Révolution française* 65/258 (October–December 1984), pp. 528–40.
162. 弗朗索瓦·基佐对众议院的演讲，1843 年 3 月 1 日会议，参见 Guizot (ed.),

Histoire parlementaire de France. Recueil complet des discours prononcés dans les Chambres de 1819 à 1848 par M. Guizot (4 vols., Paris, 1864), vol. 4, p. 68。

163. Stanley Mellon, 'The July Monarchy and the Napoleonic Myth', *Yale French Studies*, no. 26 (1960), pp. 70–78, here p. 71.

164. Sudhir Hazareesingh, 'Napoleonic Memory in Nineteenth-Century France. The Making of a Liberal Legend', *MLN* 120/4 (2005), pp. 747–73, here p. 771.

165. Cited in Avner Ben-Amos, *Funerals, Politics and Memory in Modern France 1789–1996* (Oxford, 2000), p. 77.

166. Adrien Dansette, 'L'Échauffourée de Boulogne 6 août 1840. I & II', *Revue des Deux Mondes* 2nd period (15 April 1958), pp. 609–27 and 275–86.

167. Ibid., p. 275.

168. 到了 1846 年夏选举时，实际上的操作方法变得清晰起来。当时政府突然将选举名额扩充至 290 人，他们或者出身公务员，或者来自小选区，在那些地方，"如果我们有条铁路，便能任命一匹马"；参见 Robert Tombs, *France 1814–1914* (London, 1996), p. 370。

169. Dominique Kalifa, Philippe Régnier, Marie-Ève Thérenty and Alain Vaillant, *La Civilisation du journal. Histoire culturelle et littéraire de la presse française au XIX e siècle* (Paris, 2011).

170. See Michele Hannoosh, Baudelaire and Caricature. *From the Comic to an Art of Modernity* (University Park, 1992), p. 118.

171. William Reddy, *The Invisible Code. Honor and Sentiment in Postrevolutionary France, 1814–1848* (Berkeley, 1997), p. 184.

172. Hannoosh, *Baudelaire and Caricature*, p. 119.

173. Gabriel P. Weisberg, 'In Deep Shit. The Coded Images of Traviès in the July Monarchy', *Art Journal* 52/3, *Scatological Art* (Autumn 1993), pp. 36–40; Dorothy Johnson, 'Food for Thought. Consuming and Digesting as Political Metaphor in French Satirical Prints', in Manon Mathias and Alison M. Moore (eds.), *Gut Feeling and Digestive Health in Nineteenth-Century Literature, History and Culture* (Basingstoke, 2018), pp. 85–108, here p. 105.

174. Irene Collins, 'The Government and the Press in France during the Reign of Louis-Philippe', *The English Historical Review* 69/271 (1954), pp. 262–82, here pp. 262, 265, 269–70, 276, 279–80.

175. Amy Wiese Forbes, 'The Lithographic Conspiracy. How Satire Framed Liberal Political Debate in Nineteenth-Century France', *French Politics, Culture & Society* 26/2 (2008), pp. 16–50, here p. 33.

176. Sandy Petrey, *In the Court of the Pear King. French Culture and the Rise of Realism* (Ithaca, 2005), p. 137.

177. Jo Burr Margadant, 'Representing Queen Marie-Amélie in a "Bourgeois" Monarchy', *Historical Reflections/Réflexions Historiques* 32/2 (Summer 2006), pp. 421–51, esp. pp. 421–3, 449.
178. Collins, 'The Government and the Press in France', p. 282.
179. 这里有关宴会的论述源自经典研究 Vincent Robert, *Le Temps des banquets. Politique et symbolique d'une génération (1818–1848)* (Paris, 2010), 多处。
180. John J. Baughman, 'The French Banquet Campaign of 1847–48', *The Journal of Modern History* 31/1 (1959), pp. 1–15, here p. 6.
181. Jacqueline Lalouette, 'Les femmes dans les banquets politiques en France (vers 1848)', *Clio. Femmes, Genre, Histoire*, no. 14 (2001), Festins de femmes, pp. 71–91, here pp. 74–5, 89–90.
182. Charles de Mazade, 'Lamartine, sa vie littéraire et politique', *Revue des Deux Mondes*, 2nd period, 第一部分, 'Introduction' 88 (July and Aug. 1870), pp. 563–82; 第二部分, 'Sa vie politique, I. Lamartine sous le gouvernement de 1830' 89 (Sep. and Aug. 1870), pp. 585–601; 第三部分, 'Lamartine et la Republique de 1848' 90 (Nov. and Dec. 1870), pp. 38–57, 此处出自第三部分, p. 40。
183. Baughman, 'The French Banquet Campaign', p. 13.
184. Marco Minghetti, *Miei Ricordi* (3 vols., 2nd edn, Turin, 1888), vol. 1, pp. 115–6.
185. Vincenzo Gioberti, *Del primato morale e civile degli italiani* (1st Neapolitan edn, Naples, 1848), p. 37.
186. Ibid., p. 54.
187. Ibid., p. 44.
188. Ibid., pp. 88, 91, 99, 151.
189. 关键词, ibid., 多处。关于无政府和专制, 参见 ibid., p. 103。西西里出现了类似的发展, 新中产阶级避开民主激进主义, 而转向传统主义的改革主义, 它关注"贵族"和"英式"的 1812 年西西里宪法。参见 Rosario Romeo, *Il Risorgimento in Sicilia* (Rome, 1982), pp. 285–90。
190. 这一论断出自 Enrico Francia, *1848. La rivoluzione del Risorgimento* (Bologna, 2012), pp. 20–21。
191. Bruce Haddock, 'Political Union without Social Revolution. Vincenzo Gioberti's Primato', *The Historical Journal* 41/3 (1998), pp. 705–23, here pp. 706, 708, 711–2.
192. 参见 'Avvertenza per la Seconda Edizione', 该文是为回复第一版的批评者而写的, 见 Gioberti, *Del primato*, vol. 1, p. 37; ibid., pp. ccclxix–cclxxiv。
193. Fernanda Gallo, *Dalla patria allo Stato. Bertrando Spaventa, una biografia intellettuale* (Rome, 2012), pp. 17, 28–9, 67, 87–90; Luca Mannori, 'Le consulte di stato', *Rassegna storica toscana* 45/2 (1999), pp. 347–79, here p. 350.

194. Roberto Romani, 'Reluctant Revolutionaries. Moderate Liberalism in the Kingdom of Sardinia, 1849–1859', *The Historical Journal* 55/1 (2012), pp. 45–73, here p. 47.

195. Maurizio Isabella, 'Aristocratic Liberalism and Risorgimento. Cesare Balbo and Piedmontese Political Thought after 1848', *History of European Ideas*, DOI:10.108 0/01916599.2012.762621, pp. 5–7.

196. Romani, 'Reluctant Revolutionaries', p. 47.

197. Steven C. Hughes, *Crime, Disorder and the Risorgimento. The Politics of Policing in Bologna* (Cambridge, 2002), pp. 155–8.

198. Piero Del Negro, 'Il 1848 e dopo', in Mario Isnenghi and Stuart Woolf (eds.), *Storia di Venezia. L'Ottocento e il Novecento* (3 vols., Rome, 2002), vol. 1, pp. 107–68.

199. Beatrice de Graaf, Ido de Haan and B. Vick, 'Vienna 1815. Introducing a European Security Culture', in Graaf, Hahn and Vick (eds.), *Securing Europe after Napoleon. 1815 and the New European Security Culture* (Cambridge, 2019), pp. 1–18; Cornel Zwierlein and Beatrice de Graaf, 'Security and Conspiracy in Modern History', *Historical Social Research* 38/1 (2013), pp. 7–45; Christos Aliprantis, 'Transnational Political Policing in Nineteenth-Century Europe. Prussia and Austria in Comparison, 1830–1870', PhD Thesis, 2020, ch.2.

200. Rüdiger Hachtmann, *Berlin 1848. Eine Politik-und Gesellschaftsgeschichte der Revolution* (Bonn, 1997), p. 175.

201. Jonathan House, *Controlling Paris. Armed Forces and Counter-Revolution, 1789–1848* (New York, 2014), pp. 45–51.

202. Cited in Siemann, *Metternich*, p. 130.

203. Siemann, *Metternich*, p. 137.

204. Ibid., pp. 741–2.

205. Henry Kissinger, 'The Conservative Dilemma. Reflections on the Political Thought of Metternich', *The American Political Science Review* 48/4 (Dec. 1954), pp. 1017–30.

206. Siemann, *Metternich*, p. 616.

207. Ibid., p. 602.

208. Cited in Wolfgang Mommsen, 'Die Julirevolution von 1830 und die europäische Staatenwelt', in Mommsen, *1848. Die ungewollte Revolution. Die revolutionären Bewegungen in Europe 1830–1849* (Frankfurt/Main, 1998), pp. 42–67, here p. 58.

209. D. Biagini, *Ragguaglio storico di quanto è avvenuto in Roma è in tutte le provincie dello Stato Pontificio in sequito del perdono accordato dalla Santità di N.S. Papa Pio IX come dal suo Editto del 16 Luglio 1846* (Rome, 1846), p. 4.

210. 玛格丽特·富勒日记，1847年12月17日，罗马，见 Fuller, *At Home and Abroad; Or Things and Thoughts in America and Europe*, ed. Arthur B. Fuller (London, 1856; repr. Forgotten Books, London, 2013), p. 263。

211. Carlo Curci, *La nuova Italia ed i vecchi zelanti. Studii utili ancora all'ordinamento dei partiti parlamentari* (Florence, 1881), p. 50.
212. Hughes, *Crime, Disorder and the Risorgimento*, p. 159.
213. Stefano Tomassini, *Storia avventurosa della rivoluzione romana* (Milan, 2008), pp. 41–42.
214. 梅特涅致奥波尼（Apponyi），1847 年 8 月 6 日，维也纳，见 K. von Metternich, *Mémoires, documents et écrits divers laissés par le prince de Metternich*, ed. Prince R. de Metternich (Paris, 1883), vol. 7, pp. 414–16。
215. Margaret Fuller, 'Art, Politics and the Hope of Rome', dispatch to the Tribune, Rome, May 1847, in Fuller, *These Sad But Glorious Days. Dispatches from Europe, 1846–1850*, ed. Larry J. Reynolds and Susan Belasco Smith (New Haven, 1991), Dispatch 14, pp. 131–9, here p. 136.
216. Hughes, *Crime, Disorder and the Risorgimento*, p. 170.
217. Il Popolo, 5 September 1847, Cited in Francia, *1848*, p. 43.
218. Francia, *1848*, p. 49.
219. [Luigi Settembrini], *Protesta del Popolo delle Due Sicilie* [Naples, 1847], pp. 3, 4, 21, 22, 35, 36, 37.
220. Martino Beltrani-Scalia, *Memorie storiche della rivoluzione di Sicilia, 1848–1849* (2 vols., Palermo, 1932), vol. 1, p. 249.
221. Francesco Michitelli, *Storia degli ultimi fatti di Napoli fino a tutto il 15 maggio 1848* (Naples, 1849), pp. 41–3.
222. Eric Dorn Brose, *The Politics of Technological Change in Prussia. Out of the Shadow of Antiquity, 1809–1848* (Princeton, 1993), pp. 223–4, 235–9; D. Barclay, *Friedrich Wilhelm IV and the Prussian Monarchy 1840–1861* (Oxford, 1995), p. 120.
223. Heinrich Simon, *Annehmen oder Ablehnen? Die Verfassung vom 3. Februar 1847, beleuchtet vom Standpunkte des bestehenden Rechts* (Leipzig, 1847), p. 5. Simon 在此文本中提到的"石头"是 1847 年 2 月 3 日颁发的王室特许令（关于等级议会机构的特许令），它规定了国王提议召集联合省议会的条件，http://www.verfassungen.de/preussen/plandtag47-index.htm。
224. 演讲文本见 Eduard Bleich (ed.), *Der erste vereinigte Landtag* (4 vols., Berlin, 1847), vol. 1, pp. 22, 25–6。
225. H. Obenaus, *Anfänge des Parlamentarismus in Preussen bis 1848* (Düsseldorf, 1984), pp. 704–5; Huber, *Verfassungsgeschichte*, vol. 2, p. 494; 关于一个改革主义"政党"的组成，参见 Johannes Gerhardt, *Der Erste Vereinigte Landtag in Preußen von 1847. Untersuchungen zu einer ständischen Körperschaft im Vorfeld der Revolution von 1848/49* (Berlin, 2007)。他认为联合省议会中的改革派议员应当被描述为"改革-保守主义者"，但我并不赞同。

226. 关于19世纪40年代"保守"一词的使用，参见 Rudolf Vierhaus, 'Konser-vatismus', in Otto Brunner, Werner Conze and Reinhard Koselleck (eds.), *Geschichtliche Grundbegriffe. Historisches Lexikon zu politisch-sozialer Sprache in Deutschland* (Stuttgart, 1972), pp. 531–65, esp. pp. 540–551; Alfred von Martin, 'Weltanschauliche Motive im altkonservativen Denken', in *Gerd-Klaus Kaltenbrunner, Rekonstruktion des Konservatismus* (Freiburg, 1972), pp. 139–80。

227. L. von Gerlach, *Denkwürdigkeiten aus dem Leben Leopold von Gerlachs, Generals der Infanterie und General Adjutanten König Friedrich Wilhelms IV* (Berlin, 1891), vol. 1, p. 118.

228. 1848年2月19日的信件，见 [Isaac Jacob] Adolphe Crémieux, *En 1848. Discours et lettres de M. Ad. Crémieux, Membre du Gouvernement Provisoire* (Paris, 1883), pp. 165–77, here p. 166。

229. J. M. Rudolf, *Der Freischaarenzug gegen Luzern am 31. März, 1. u. 2. April 1845 und seine nächsten Folgen mit besonderer Rücksicht auf den zweiten Ochsenbein'schen Bericht geschichtlich-militairisch dargestellt* (Zurich, 1846), p. 4.

230. Ellen Lovell Evans, *The Cross and the Ballot. Catholic Political Parties in Germany, Switzerland, Austria, Belgium and the Netherlands, 1785–1985* (Boston, 1999), p. 47.

231. W. B. Duffield, 'The War of the Sonderbund', *The English Historical Review* 10/40 (1895), pp. 675–98, here pp. 684–5.

232. Joachim Remak, *A Very Civil War. The Swiss Sonderbund War of 1847* (Boulder, 1993).

233. Rudolf, *Der Freischaarenzug nach Luzern*, p. 193.

234. 达尔马蒂（Dalmatie）致基佐，1846年10月23日，转引自 Roger Bullen, 'Guizot and the "Sonderbund" Crisis, 1846–1848', *The English Historical Review* 86/340 (1971), pp. 497–526, here p. 505。

235. Thomas Brendel, *Zukunft Europa? Das Europabild und die Idee der internati-onalen Solidarität bei den deutschen Liberalen und Demokraten im Vor märz (1815–1848)* (Bochum, 2005), pp. 380–82; Harald Müller, 'Der Widerhall auf den schweizer Sonderbundskrieg 1847 in den Staaten des deutschen Bundes', *Jahrbuch für Geschichte* 7 (1972), pp. 211–41.

236. Ferdinand Freiligrath, 'Im Hochland fiel der erste Schuß', in Freiligrath, *Neuere politische und sociale Gedichte* (Cologne, 1849), pp. 36–40. 这首诗标明的时间和地点为"1848年2月25日，伦敦"，但从诗的内容来看，它可能是当年晚些时候完成的。

237. Thomas Maissen, 'Fighting for Faith? Experiences of the Sonderbund campaign', in Joy Charnley and Malcolm Pender (eds.), *Switzerland and War, Occasional Papers in Swiss Studies*, vol. 2 (Bern, 1999), pp. 9–42, here pp. 13–4, 17–8, 28.

第四章

1. Giuseppe La Farina, *Istoria documentata della Rivoluzione Siciliana e delle sue relazioni co' governi italiani e stranieri (1848–1849)* (Milan, 1860), pp. 25–6; Martino Beltrani-Scalia, *Memorie storiche della Rivoluzione di Sicilia* (2 vols., Palermo, 1932), pp. 242–3.
2. 声明由弗朗切斯科·巴尼亚斯科誊录，见 'L'Autore dei Proclami di Gennaro 1848', Francesco Ferrara (ed.), *Memorie sulla rivoluzione Siciliana del 1847 e 1848*, no. 8 (Palermo, 1848), pp. 130–3。
3. The Earl of Mount Edgcumbe, *Extracts from a Journal Kept during the Commencement of the Revolution at Palermo in the Year 1848* (London, 1849), p. 6.
4. Alphonse de Lamartine, *Histoire de la Révolution de 1848* (2 vols., Paris, 1849), vol. 1, pp. 64–5.
5. Anon., *Storia militare della rivoluzione avvenuta in Palermo nel Gennaio del 1848* (Venice, 1848), p. 7.
6. Alfonso Scirocco, 'Il 1847 a Napoli. Ferdinando II e il movimento italiano per le riforme', *Rassegna Storica Toscana* 45 (1999), pp. 271–304, here p. 280. See also Angelantonio Spagnoletti, *Storia del Regno delle Due Sicilie* (Bologna, 1997), pp. 274–6.
7. Giuseppe Restifo, 'L'insorgenza messinese del 1847', *Humanities* 6/11 (2017), pp. 13–26, here p. 17.
8. Ibid., p. 22; Anon., *Storia militare della rivoluzione*, p. 7.
9. Alfio Crimi, 'L'istruzione popolare nell'epoca borbonica in Sicilia', in *Nuovi quaderni del Meridione* 11 (1973), pp. 63–9.
10. 施瓦岑贝格致梅特涅，1847 年 9 月 7 日，那不勒斯，载 Giovanni Schininà, *La Rivoluzione siciliana del 1848 nei documenti diplomatici austriaci* (Catania, 2011), p. 98。
11. Edgcumbe, *Extracts from a Journal*, p. 1.
12. Stefan Lippert, *Felix Fürst zu Schwarzenberg. Eine politische Biografie* (Stuttgart, 1998), p. 109.
13. Anon., *Storia militare della rivoluzione*, pp. 9–10.
14. 1 月 9 日公告，见 'L'Autore dei Proclami di Gennaro 1848', Ferrara (ed.), *Memorie sulla rivoluzione Siciliana del 1847 e 1848*, p. 131。
15. Edgcumbe, *Extracts from a Journal*, p. 18.
16. 施瓦岑贝格致梅特涅，1848 年 1 月 13 日，载 Schininà (ed.), *La Rivolu-zione siciliana*, p. 102。
17. Edgcumbe, *Extracts from a Journal*, p. 24.
18. Anon., *Storia militare della rivoluzione*, p. 18.
19. 具有高度批判性的评论，参见 Giacinto De'Sivo, *Storia delle Due Sicilie dal 1847 al 1861* (2 vols., Rome, 1863), vol. 1, pp. 187–99; 另见 Anon., *Storia militare della*

rivoluzione, pp. 14–7, 26, 及多处。

20. 施瓦岑贝格致梅特涅, 1848 年 1 月 21 日, 载 Schininà (ed.), *La Rivoluzione siciliana*, p. 105。
21. Anon., *Storia militare della rivoluzione*, p. 23.
22. Matthew Drake Babington, *Messina 1848. Diario inedito*, ed. and trans. Rosario Portale (Moncalieri, 2012), p. 149.
23. Ibid., p. 163.
24. Ibid., p. 149.
25. Ibid., pp. 181, 183.
26. Babington, *Messina 1848*, p. 237.
27. 巴勒莫政府公告, 1848 年 1 月 18 日, 由第四委员会主席鲁杰罗·塞蒂莫签署, 载 [Elpidio Micciarelli], ed., *Ruggiero Settimo e la Sicilia. Documenti sulla Insurrezione Siciliana del 1848* (Italy, March 1848), p. 10。
28. Anon., *Storia militare della rivoluzione*, p. 12.
29. 内皮尔勋爵致帕麦斯顿子爵, 1848 年 2 月 14 日, 那不勒斯, *Correspondence Respecting the Affairs of Naples and Sicily. Presented to Both Houses of Parliament by Command of Her Majesty* (London, 1849), doc. 82, p. 127。在英国官方通信中, 1812 年宪法被援引的频率相当高。
30. 明托伯爵（外交大臣帕麦斯顿派往两西西里王国的特使）致内皮尔勋爵（英国驻那不勒斯临时代办）, 1848 年 3 月 21 日, 巴勒莫, Correspondence Respecting the Affairs of Naples and Sicily, enclosure in doc. 139, p. 252。
31. 帕麦斯顿子爵致外交部尊敬的坦普尔先生, 1848 年 11 月 3 日, ibid., doc. 341, pp. 558–63, here p. 561。
32. Paola Gemme, 'Imperial Designs of Political Philanthropy. A Study of Antebellum Accounts of Italian Liberalism', *American Studies International* 39/1 (2001), pp. 19–51, here pp. 33, 48–9.
33. 施瓦岑贝格致梅特涅, 1848 年 1 月 24 日, 那不勒斯, 载 Schininà, *La Rivoluzione siciliana del 1848*, pp. 111–2。
34. 施瓦岑贝格致梅特涅, 1848 年 2 月 3 日, 那不勒斯, ibid., p.114。
35. 梅特涅致施瓦岑贝格, 1848 年 2 月 6 日, 维也纳, ibid., p 116。
36. Babington, *Messina 1848*, p. 131.
37. Ibid., p. 145.
38. Edgcumbe, *Extracts from a Journal*, p. 39.
39. Cited in A. Blando, 'La guerra rivoluzionaria di Sicilia. Costituzione, controrivlouzione, nazione 1789–1848', *Meridiana*, no. 81 (2014), pp. 67–84, here p. 80. 就我所知, 西纳（Scinà）的 "Documenti raccolti per scrivere l'istoria della rivoluzione

del 1820 in Sicilia"一文依然未刊。
40. Cited in Giovanna Fiume, *La crisi sociale del 1848 in Sicilia* (Messina, 1982), p. 72.
41. Salvatore Lupo, 'Tra Centro e Periferia. Sui modi dell' aggregazione politica nel Mezzogiorno contemporaneo', *Meridiana*, no. 2 (1988), pp. 13–50, here pp. 18–19; Lucy Riall, 'Elites in Search of Authority. Political Power and Social Order in Nineteenth-Century Sicily', *History Workshop Journal*, no. 55 (Spring 2003), pp. 25–46, here pp. 35–7.
42. Babington, *Messina 1848*, pp. 152–3.
43. Edgcumbe, *Extracts from a Journal*, p. 39.
44. Francesco Crispi, *Ultimi casi della rivoluzione siciliana esposti con documenti da un testimone oculare* (Turin, 1850), p. 10.
45. Anon., *Storia militare della rivoluzione*, p. 18.
46. Anon., *Storia militare della rivoluzione*, p. 31.
47. Mark Traugott, *The Insurgent Barricade* (Berkeley, 2010), pp. 292–4.
48. 各个层面的多层次互动如何导致对革命"浪潮"的分析复杂化？对此问题的启发性思考，参见 Colin J. Beck, 'Reflections on the Revolutionary Wave in 2011', *Theory and Society* 43/2 (2014), pp. 197–223。
49. 'L'insurrection en Sicile', 'L'Italie', 'Nouvelles Diverses', 'Dernière nouvelles de l'Italie', in *La Réforme*, 23 January 1848, pp. 1–3. 第四版通常刊登广告、财经新闻和庭审报告。
50. 'Le soulèvement en Sicile', 'Nouvelles diverses', in *La Réforme*, 26 January 1848, pp. 1–2.
51. Leader Article, *La Réforme*, 1 February 1848, p. 1.
52. 翻译自《福斯报》（柏林）的文章，同上报第 1 版。
53. 'La Suisse', ibid.
54. Philippe Faure, *Journal d'un combattant de février* (Jersey, 1859), pp. 75–6.
55. 'Discussion de l'Addresse', *La Réforme*, 30 January 1848, p. 1.
56. 托克维尔 1848 年 1 月 27 日对众议院的演讲，引自 Tocqueville, *The Recollections of Alexis de Tocqueville*, trans. Alexander Teixeira de Mattos (New York, 1896), pp. 15–6。这一演讲因为以下事实而愈加引人注目：它似乎摒弃了托克维尔在 1840 年出版的《论美国的民主》第三部分第 21 章提出的论点，即在法国和美国这种大多数居民都是有产者的国家，"大规模革命"很可能越来越少。相对立的论点参见 Seymour Drescher, ' "Why Great Revolutions Will Become Rare" . Tocqueville's Most Neglected Prognosis', *The Journal of Modern History* 64/3 (1992), pp. 429–54。
57. 'Discussion de l'addresse', *La Réforme*, 28 January 1848, p. 1.
58. 对关联性的讨论，参见 John Breuilly, '1848. Connected or Comparable Revolutions?', in Axel Körner (ed.), *1848. A European Revolution? International Ideas and National Memories of 1848* (2nd rev. edn, Basingstoke, 2004), pp. 31–49。

59. *El Clamor público*, 20, 22, 23, 24, 25, 26, 27 February 1848. 1848 年 2 月 27 日的引文：
"巴黎的事件对各国国王和政府是严厉且有说服力的教训，轻视舆论的国王和政府会违背国民的立法需求，将私利置于公共利益之上。"
60. 'Los pueblos y sus opresores', leader article, *El Eco del Comercio*, 22 February 1848, p. 2.
61. *El Siglo*, 25 and 26 February 1848.
62. 参见 "Correo estranjero" 栏目之下的报道，载 *El Heraldo*, 1, 2, 4, 5, 6 January, 18, 19, 20, 21 February 1848, 及多处。
63. *Algemeen Handelsblad*, 12 Feb. 1848, in Siep Stuurman, '1848. Revolutionary Reform in the Netherlands', *European History Quarterly* 21/4 (1991), pp. 445–80, here p. 454.
64. Rüdiger Hachtmann, ' "... ein gerechtes Gericht Gottes" . Der Protestantismus und die Revolution von 1848–das Berliner Beispiel', *Archiv für Sozialgeschichte* 36 (1996), pp. 205–55; 另参见 Rüdiger Hachtmann, *Berlin 1848. Eine Politik-und Gesellschafts-geschichte der Revolution* (Bonn, 1997), p. 117。
65. *Vossische Zeitung*, 17 January 1848, pp. 5–8.
66. Ibid., 25 January 1848, pp. 7, 9, 10; 25 January, pp. 5, 6.
67. See yrki Vesikansa, *Sinivalkoiseen Suomeen. Uuden Suomen ja sen edeltäjien historia (1847–1939)* (2 vols., Keuruu, 1997), vol. 1, pp. 38–9.
68. 'Chronica Straina', *Curierul Românesc*, 29 January 1848 (OS), p. 1.
69. Ibid., 5 February 1848 (OS), p. 2.
70. Ibid., 19 February 1848 (OS), p. 2.
71. 例如，参见《特兰西瓦尼亚公报》的 "Chronica Straina" 栏目，19 January 1848, pp. 23–4（该报纸各期累积计页）。
72. Le comte de [Joseph Alexander, Graf von] Hübner, *Une année de ma vie. 1848–1849* (Paris, 1891), p. 5.
73. 关于后拿破仑时代的 "安全文化"，参见 Beatrice de Graaf, Ido de Hahn and B. Vick (eds.), *Securing Europe after Napoleon*, esp. pp. 1–18, 以及 Graaf, *Fighting Terror after Napoleon: How Europe Became Secure after 1815* (Cambridge, 2020)，多处。
74. 对这些事件的出色分析，见 Vincent Robert, *Le Temps des banquets. Politique et symbolique d'une génération (1818–1848)* (Paris, 2010), here pp. 373–4。本书论述对此分析有所借鉴。
75. 'Paris, 8 February 1848', in *La Réforme*, 9 February 1848, p. 1; *La Réforme*, 10 February 1848, p. 1.
76. Robert, *Le Temps des banquets*, here p. 368.
77. 这篇演讲摘录于 'Chambre des députés. Séance du 9. Février', *La Réforme*, 10 February 1834, p. 3。
78. Jonathan Beecher, *Victor Considerant and the Rise and Fall of French Romantic Socialism*

(Berkeley, 2001), pp. 108–9.
79. Cited in 'Discussion de l'addresse. Les banquets réformistes', *La Réforme*, 12 February 1848, p. 1.
80. 'Les devoirs de l'opposition', *La Réforme*, 14 February 1848, p. 1.
81. *La Réforme*, 21 February 1848, p. 1.
82. 关于储备物资，参见 Jonathan House, *Controlling Paris. Armed Forces and Counter-Revolution, 1789–1848* (New York, 2014), p. 54; *La Réforme*, 14 February 1848, p. 1。
83. 克雷米厄夫人［本名路易丝·阿梅莉·西尔尼（Louise Amélie Silny）］的信，（1848年）2月23日，巴黎，见 [Isaac Jacob] Adolphe Crémieux, *En 1848. Discours et lettres de M. Ad. Crémieux, Membre du Gouvernement Provisoire* (Paris, 1883), pp. 177–82, here p. 178。
84. 1848年2月22日日记，见 Faure, *Journal d'un combattant de février*, p. 137。
85. House, *Controlling Paris*, p. 59.
86. Pierre Rosanvallon, *Le Moment Guizot* (Paris, 1985), p. 350.
87. 1848年2月23日，见 Faure, *Journal d'un combattant de Février*, pp. 138, 141。
88. 克雷米厄夫人的信，（1848年）2月24日，巴黎，见 Crémieux, *En 1848*, pp. 185–90, here pp. 187–8。
89. Leader article, *La Réforme*, 24 February 1848, p. 1; 'Nouvelles diverses', ibid., 23 February 1848, p. 2; Leader article, ibid., 25 February 1848, p. 1.
90. Ibid., 16 February 1848, p. 1.
91. Robert, *Le Temps des banquets*, p. 385.
92. 拉多维茨给妻子的信，1848年2月28日，载 Hans Fenske (ed.), *Vormärz und Revolution. Quellen zur deutschen Revolution 1840–1849* (Darmstadt, 1996), pp. 44–5。
93. 关于同时性和"与此同时"的重要性，参见 R. J. W. Evans, '1848–1849 in the Habsburg Monarchy', in Evans and Hartmut Pogge von Strandmann (eds.), *The Revolutions in Europe 1848–1849. From Reform to Reaction* (Oxford, 2000), pp. 181–206, here p. 183。
94. 'Nicht-amtlicher Theil', *Wiener Zeitung*, no. 70, 10 March 1848, pp. 317–8.（第317页是本篇标题页。）
95. Herwig Knaus and Wilhelm Sinkowicz, *Wien 1848. Reportage einer Revolution* (Vienna, 1998), pp. 27–8.
96. 宣言的公共影响可以忽略不计；寄回报社的宣言大部分是警察开封并抄没的。以不伦瑞克为基地的自由派期刊收到了一份宣言，并发表出来，见 *Der Leuchtturm*. Heinrich Reschauer, *Das Jahr 1848. Geschichte der Wiener Revolution* (2 vols., Vienna, 1872), vol. 1, p. 122。
97. 例如，参见 J. J. 弗赖贝格尔致首相科洛弗拉特的信，1848年3月7日，转引自 Reschauer, *Das Jahr 1848*, vol. 1, pp. 128–9。

767

98. 下奥地利议会的 33 名代表给下奥地利议会众议院的备忘录，1848 年 3 月 3 日，转引自 ibid., pp. 131–2。
99. Ibid., p. 143.
100. Istvan Deak, *The Lawful Revolution. Louis Kossuth and the Hungarians 1848–1849* (New York, 1979), p. 67; Mike Rapport, *1848 Year of Revolution* (London, 2008), p. 60.
101. Theresa Pulszky, *Memoirs of a Hungarian Lady* (2 vols., Philadelphia, 1850), vol. 1, p. 144.
102. 这一时刻对菲施霍夫及其友人的意义，参见阿比盖尔·格林在《1848 年的儿童》（*The Children of 1848*）第二章中的讨论。感谢阿比盖尔让我在这一文本出版此书之前供我参考。
103. William Henry Stiles（美国派驻维也纳宫廷的前临时代办）, *Austria in 1848–1849. Being a History of the Late Political Movements in Vienna, Milan, Venice and Prague, with Details of the Campaigns of Lombardy and Novara; a Full Account of the Revolution in Hungary and Historical Sketches of the Austrian Government and the Provinces of the Austrian Empire* (2 vols., New York, 1852), vol. 1, p. 105。
104. Peter Frank-Döfering, *Die Donner der Revolution über Wien. Ein Student aus Czernowitz erlebt 1848* (Vienna, 1988), pp. 32–3.
105. Knaus and Sinkowicz, *Wien 1848*, pp. 35–6.
106. 对这些事件的细致描述，参见 Matthias Kneisel, *Unvergeßlicher Frühling des österreichischen Kaiserstaates im Jahre 1848*［Iglau, (1848)］, pp. 65–6。
107. Gabriella Hauch, *Frau Biedermeyer auf den Barrikaden. Frauenleben in der Wiener Revolution* (Vienna, 1990), pp. 173–4.
108. Anon., 'Verzeichnis der bisher erkannten Gefallenen', *Der Humorist* 12/69, 21 March 1848, p. 274.
109. Frank-Döfering, *Die Donner der Revolution*, p. 39.
110. Kneisel, *Unvergeßlicher Frühling*, pp. 65–6.
111. Ibid., pp. 77–107.
112. Wolfram Siemann, *Metternich. Strategist and Visionary* (Cambridge, Mass., and London, 2019), p. 833.
113. Hübner, *Une année de ma vie*, p. 10.
114. Ibid., p. 16.
115. Cited in Alan Palmer, *Councillor of Europe* (London, 1972), p. 311.
116. Moritz Saphir in *Der Humorist* 12/64, 15 March 1848, cited in Knaus and Sinkowicz, *Wien 1848*, p. 44.
117. Cited in *Wiener Zeitung*, no. 77, 17 March 1848, p. 1. 这期报纸的一篇文章概述了前些天发生的事情，本书论述受益于此。
118. Alice Freifeld, *Nationalism and the Crowd in Liberal Hungary* (Washington

DC, 2000), pp. 47–9.
119. Cited in Deak, *Lawful Revolution*, p. 73.
120. György Spira, *A Hungarian Count in the Revolution of 1848* (Budapest, 1974), p. 25.
121. 3 月 15 日下午，声明的文本招贴在城市里，引自 Frank-Döfering, *Die Donner der Revolution*, p. 40。
122. *Wiener Zeitung*, no. 77, 17 March 1848, 报道了此前三天的事件。
123. Frank-Döfering, *Die Donner der Revolution*, p. 40.
124. Spira, *A Hungarian Count*, pp. 28–29。我对 3 月 15—17 日匈牙利谈判的论述来自 Spira 的分析。
125. 引文出自塞切尼致其秘书 Antal Tasner 的信，引文和有关塞切尼日记的内容都引自上书第 31、32 页。
126. Freifeld, *Nationalism and the Crowd*, p. 47.
127. Ibid., p. 50.
128. Spira, *A Hungarian Count*, p. 16.
129. Robert Nemes, 'Women in the 1848–1849 Hungarian Revolution', *Journal of Women's History* 13/3 (2001), pp. 193–207, here p. 194.
130. Frank-Döfering, *Die Donner der Revolution*, pp. 39–40.
131. Carl Schurz, *The Reminiscences of Carl Schurz*, trans. Eleonora Kinnicutt, vol. 1, ch. 6, 'Uprising in Germany', 无页码。consulted online at https://en.wikisource.org/wiki/The_Reminiscences_of_Carl_Schurz/Volume_One/Chapter_06.
132. 卡尔洛瓦茨日记，1848 年 3 月 2 日，Dragojla Jarnević, *Dnevnik*, ed. Irena Lukšić (Karlovac, 2000), p. 337。
133. Enrico Francia, *1848. La rivoluzione del Risorgimento* (Bologna, 2012), p. 247.
134. Paul Boerner, *Erinnerungen eines Revolutionärs. Skizzen aus dem Jahre 1848* (Leipzig, 1920), vol. 2, p. 49.
135. *Vossische Zeitung (Extrablatt)*, 28 February 1848。http://www.zlb.de/projekte/1848/vorgeschichte_image.htm; 最后访问日期：2004 年 6 月 11 日。
136. Muzio (pseud.), 'Physiognomie Berlins im Februar und März 1848', in [Albert Schwegler (ed.)], *Jahrbücher der Gegenwart. 1848*, no. 27 (April 1848), pp. 106–7, here p. 106.
137. Boerner, *Erinnerungen eines Revolutionärs*, vol. 1, p. 73.
138. Karl August Varnhagen von Ense, 'Darstellung des Jahres 1848' (written in the autumn of 1848), in Konrad Feilchenfeld (ed.), *Karl August Varnhagen von Ense. Tageblätter* (5 vols., Frankfurt/Main, 1994), vol. 4: *Biographien, Aufsätze, Skizzen, Fragmente*, pp. 685–734, here p. 724.
139. Hachtmann, *Berlin 1848*, pp. 107–8.
140. Wolfram Siemann, 'Public Meeting Democracy in 1848', in Dieter Dowe, Heinz-Gerhard

Haupt, Dieter Langewiesche and Jonathan Sperber (eds.), *Europe in 1848. Revolution und Reform* (New York, 2001), pp. 767–76; Hagen Schulze, *Der Weg zum Nationalstaat. Die deutsche Nationalbewegung vom 18. Jahrhundert bis zur Reichsgründung* (Munich, 1992), pp. 3–48.

141. Boerner, *Erinnerungen eines Revolutionärs*, vol. 1, pp. 81–2.
142. Ibid., pp. 106–7, 109.
143. Alessandro Manzoni, *The Betrothed*, trans. Archibald Colquhoun (orig. 1827; London, 1956), pp. 188–9.
144. 对 3 月 15 日宫殿广场事件的描述，参见 Karl Ludwig von Prittwitz, *Berlin 1848. Das Erinnerungswerk des Generalleutnants Karl Ludwig von Prittwitz und andere Quellen zur Berliner Märzrevolution und zur Geschichte Preußens um die Mitte des 19. Jahrhunderts*, ed. Gerd Heinrich (Berlin, 1985), pp. 71–3。
145. 卡尔·奥古斯特·瓦恩哈根·冯·恩泽日记，1848 年 3 月 15 日，见 Feilchenfeld (ed.), *Varnhagen von Ense*, vol. 5: *Tageblätter*, pp. 429–30。
146. Prittwitz, *Berlin 1848*, p. 116.
147. Cited in Prittwitz, *Berlin 1848*, p. 120.
148. 人群的构成和氛围的变化，参见 Hachtmann, *Berlin 1848*, pp. 154–5；关于在人群边缘的工人，见 Wilhelm Angerstein, *Die Berliner MärzEreignisse im Jahre 1848* (Leipzig, 1864), p. 31。
149. Prittwitz, *Berlin 1848*, pp. 129–30.
150. Boerner, *Erinnerungen eines Revolutionärs*, vol. 1, pp. 135–6.
151. Feilchenfeld (ed.), *Varnhagen von Ense*, vol. 5: *Tageblätter*, 18 March 1848, p. 433.
152. Hachtmann, *Berlin 1848*, p. 158.
153. Boerner, *Erinnerungen eines Revolutionärs*, vol. 1, pp. 137–8.
154. Cited in Prittwitz, *Berlin, 1848*, p. 174.
155. Boerner, *Erinnerungen eines Revolutionärs*, vol. 1, pp. 144–5.
156. 理发师助手路易斯·贝格纳（Louis Bergener）的书面证词的附录。Adalbert Roerdansz, *Ein Freiheits-Martyrium. Gefangene Berliner auf dem Transport nach Spandau am Morgen des 19. März 1848* (Berlin, 1848), pp. 178–81, here p. 179.
157. Prittwitz, *Berlin 1848*, p. 232.
158. 演讲文本，ibid., p. 259。
159. 在军队撤离柏林的事情上，对军方和弗里德里希·威廉四世的作用的不同论述，参见 Felix Rachfahl, *Deutschland. König Friedrich Wilhelm IV. und die Berliner Märzrevolution von 1848* (Halle, 1901); Friedrich Thimme, 'König Friedrich Wilhelm IV., General von Prittwitz und die Berliner Märzrevolution', *Forschungen zur Brandenburg-Preußischen Geschichte* 16 (1903), pp. 201–38; Friedrich Meinecke, 'Friedrich Wilhelm

IV. und Deutschland', *Historische Zeitschrift* 89/1 (1902), pp. 17–53, here pp. 47–49。

160. Heinrich, *Geschichte Preußens*, p. 364.
161. David Blackbourn, *History of Germany 1780–1918. The Long Nineteenth Century* (2nd edn, Oxford, 2003), p. 107.
162. 由于相当一部分柏林人依然忠于君主，参见 Hachtmann, *Berlin 1848*, p. 116。
163. Wolfgang Heinrich Riehl, *Nassauische Chronik des Jahres 1848*（1849 年最早以连载的形式在 *Nassauische Allgemeine Zeitung* 发表）, ed. Winfried Schüler and Guntram Müller Schellenberg（重印：Idstein/Wiesbaden, 1979）, p. 14。
164. Hübner, *Une année de ma vie*, p. 11.
165. Ibid., p. 23. 奥唐奈·冯·蒂尔康奈（O'Donnell von Tyrconnell）伯爵马克西米利安·卡尔·拉莫拉尔是奥地利政府官员和公务员，也是爱尔兰贵族的后代。1853 年，他因为保护奥匈帝国皇帝免于匈牙利民族主义者暗杀而被升为帝国伯爵。由于封赏头衔的诏令拼错了他的名字，奥唐奈从此以"O'Donell"之名为人所知。
166. Ibid., p. 25.
167. Ibid., pp. 26, 48–9.
168. Ibid., pp. 54, 56–7.
169. Enrico Dandolo, *The Italian Volunteers and the Lombard Rifle Brigade. Being an Authentic Narrative of the Organization, Adventures and Final Disbanding of These Corps, in 1848–49* (London, 1851), p. 36.
170. Carlo Osio, *Alcuni Fatti delle Cinque Gloriose Giornate* (Milan, 1848), pp. 11–2.
171. Carlo Cattaneo, *L'Insurrection de Milan* (Paris, 1848), p. 1.
172. Ibid., pp. 17–8.
173. Ibid., p. 21.
174. Ibid., pp. 36, 39–40.
175. Ibid., pp. 69–70.
176. Hübner, *Une année de mavie*, pp. 61–2.
177. Cattaneo, *L'insurrection de Milan*, pp. 72–4.
178. Dandolo, *The Italian Volunteers and the Lombard Rifle Brigade*, p. 38.
179. Piet de Rooy, *A Tiny Spot on the Earth: The Political Culture of the Netherlands in the Nineteenth and Twentieth Century* (Amsterdam, 2015), p. 84.
180. Remieg Aerts, *Thorbecke wil het. Biografie van een staatsman* (Amsterdam, 2018), pp. 262–315.
181. Gerlof D. Homan, 'Constitutional Reform in the Netherlands in 1848', *The Historian* 28/3 (1966), pp. 405–25, here pp. 405–12.
182. Jeroen van Zanten, *Koning Willem II, 1792–1849* (Amsterdam, 2013), p. 530.
183. Zanten, *Koning Willem II*, p. 544.

184. Homan, 'Constitutional Reform', p. 414
185. Zanten, *Koning Willem II*, pp. 545–54; Aerts, *Thorbecke wil het*, pp. 348–9; Johan Christiaan Boogman, *Rondom 1848. De politieke ontwikkeling van Nederland 1840–1858* (Haarlem, 1978); 关于激进运动，参见 M. J. F. Robijns, Radicalen en het Nederland (1840–1851) (Leiden, 1967)。
186. Handelingen, *Tweede Kamer, 17 August 1848*, p. 674. 近期有研究强调荷兰"共识文化"起到了抑制政治异议影响的作用，参见 Geerten Waling and Niels Ottenheim, 'Waarom Nederland in 1848 geen revolutie kende', *Tijdschrift voor Geschiedenis*, 133/1 (2020), pp. 5–29, esp. p. 16。
187. Handelingen, *Tweede Kamer*, 28 March 1848, p. 277.
188. Johannes Kneppelhout, *Landgenooten!* (Utrecht, 1848), pp. 3–5.
189. Rooy, *A Tiny Spot*, p. 85.
190. Aerts, *Thorbecke wil het*, pp. 367–8; Boogman, *Rondom 1848*, p. 53.
191. Stuurman, 'Revolutionary Reform in the Netherlands', p. 455.
192. Brecht Deseure, 'From Pragmatic Conservatism to Formal Continuity. Nineteenth-Century Views on the Old-Regime Origins of the Belgian Constitution', *Journal of Constitutional History* 32/2 (2016), pp. 257–77.
193. Els Witte, *Belgische republikeinen. Radicalen tussen twee revoluties (1830–1850)* (Antwerp, 2020), pp. 280–1.
194. Ibid., pp. 282–3.
195. Editorial, *The Times*, 21 March 1848, p. 5, cols. 3–5.
196. Leslie Mitchell, 'Britain's Reaction to the Revolutions', in Evans and Strandmann (eds.), *The Revolutions in Europe*, pp. 83–98.
197. Gareth Stedman Jones, *Languages of Class. Studies in English Working-Class History 1832–1982* (Cambridge, 1984), pp. 44, 57, 94–6.
198. Fabrice Bensimon, 'British Workers in France', *Past & Present* 213/1 (2011), pp. 147–89, esp. pp. 171–3; Arthur Lehning, *From Buonarroti to Bakunin: Studies in International Socialism* (Leiden, 1970), ch. 6; Henry Weisser, *British Working-Class Movements and Europe, 1815–48* (Manchester, 1975), pp. 134–71; Salvo Mastellone, 'Northern Star, Fraternal Democrats e Manifest der Kommunistischen Partei', *Il pensiero politico* 37 (2004), pp. 32–59; Roland Quinault, '1848 and Parliamentary Reform', *The Historical Journal* 31/4 (1988), pp. 831–51.
199. Boyd Hilton, *A Mad, Bad and Dangerous People? England, 1763–1846* (Oxford, 2006), pp. 618–9.
200. Mitchell, 'Britain's Reaction', p. 92.
201. Cited in ibid.

202. Hilton, *A Mad, Bad and Dangerous People?*, p. 613.
203. 对米努托利的英国之旅及其与柏林管理机构的分析，参见 Christos Aliprantis, 'The Origins of Transnational Political Policing in Europe, 1830–1870', PhD Thesis, Cambridge University, ch. 2。
204. Miles Taylor, 'The 1848 Revolutions and the British Empire', *Past & Present* 166/1 (2000), pp. 146–80.
205. Cited in Raymond Carr, *Spain: A History* (New York, 2000), p. 431.
206. Ignacio García de Paso García, 'El 1848 español. ¿Una excepción europea?', *Ayer*, no. 106［2017(2)］, pp. 185–206, here p. 191.
207. 被称为"6月18日社"的秘密社团和波韦尼尔学社都曾一度充当军械库。后一社团致力于教授科学、文学和高雅艺术。参见 Manuel Morales Muñoz, 'La oposición democrática en la génesis revolucionaria (1848–1868)', *Bulletin d'Histoire Contemporaine de l'Espagne*, 55 (2020), paragraphs 3, 10; consulted online at http://journals.openedition.org/bhce/1497。
208. Cited in Florencia Peyrou, '1848 et le Parti démocratique espagnol', *Le Mouvement social*, no. 234 (2011), pp. 17–32; consulted online at https://www.cairn.info/revue-le-mouvement-social1-2011-1-page-17.htm.
209. Clara E. Lida: 'Los ecos de la República democrática y social en España. Trabajo y ciudadanía en 1848', *Semata. Ciencias Sociais e Humanidades*, no. 12 (2000), pp. 323–338, here p. 331.
210. 这些观察源自大学教授 Jerónimo Borao y Clemente, *Historia del alzamiento de Zaragoza en 1854* (Zaragoza, 1855), pp. 26–8；转引自 Ignacio García de Paso García, '"Ya no hay Pirineos". La revolución de 1848 en Aragón', *Revista de historia Jerónimo Zurita*, no. 91 (2016), pp. 183–203, here p. 193。我对西班牙外省骚乱事件的叙述得益于伊格纳西奥·加西亚富有洞见的分析。
211. García de Paso García, 'El 1848 español', p. 193.
212. Edgcumbe, *Extracts from a Journal*, pp. 35–7.
213. Ibid., p. 44.

第五章

1. 比尔瓦克斯咖啡馆门前的空地是动荡时群众乐于聚集的场所，关于这点，参见 'Österreichische Monarchie', *Siebenbürger Wochenblatt, Kronstadt*, 19 September 1848, no. 76, p. 468。
2. Paul Boerner, *Erinnerungen eines Revolutionärs. Skizzen aus dem Jahre 1848* (Leipzig, 1920), vol. 1, p. 74.
3. 范妮·莱瓦尔德日记，1848年3月12日，巴黎，见 Hanna Ballin Lewis, *A Year of*

Revolutions. Fanny Lewald's Recollections of 1848 (1870), ed. and trans. Hanna Ballin Lewis (Oxford, 1998), pp. 41–2。
4. Anon., 'Tagesgeschichte. Die Erhebung von Pesth', Illustrierte Zeitung, no. 254, 13 May 1848, p. 313, col. 2.
5. 海因里希·布罗克豪斯日记，1848年4月6日，见于 (Heinrich Brockhaus), Aus den Tagebüchern von Heinrich Brockhaus (5 vols., Leipzig, 1884), vol. 2, p. 179。
6. Francesco Michitelli, Storia degli ultimi fatti di Napoli fino a tutto il 15 maggio 1848 (Naples, 1849), p. 139.
7. Anon., 'Tagesgeschichte. Die Erhebung von Pesth', Illustrierte Zeitung, no. 254, 13 May 1848, p. 313, col. 2.
8. Peter A. Schoenborn, Adalbert Stifter. Sein Leben und Werk (Bern, 1992), p. 358.
9. Heinrich König, Ein Stilleben. Erinnerungen und Bekenntnisse (2 vols., Leipzig, 1861), vol. 2, pp. 344–5.
10. Alexis de Tocqueville, Recollections, trans. George Lawrence, ed. J. P. Meyer and A. P. Kerr (London, 1970), pp. 71–2.
11. 范妮·莱瓦尔德日记，1848年3月15日，巴黎，见 A Year of Revolutions, pp. 42–3。
12. Gabriella Hauch, Frau Biedermeier auf den Barrikaden. Frauenleben in der Wiener Revolution (Vienna, 1990), pp. 177–9.
13. Anon., 'Tagesgeschichte. Die Erhebung von Pesth', Illustrierte Zeitung, nr. 254, 13 May 1848, p. 313, col. 2.
14. Einheitsplatz, Freiheitsgasse, Märzstraße, Studentenstraße, Versöhnungsstraße and Volksplatz; see 'Straßennamen', Wien Geschichtewiki, consulted online at https://www.geschichtewiki.wien.gv.at/Stra%C3%9Fennamen。
15. 'Designazione della sede del Monumento commemorativo dei Martiri della Patria, a nuova denominazione della Porta Tosa in Milano', 6 April 1848, 誊录于 Emmanuele Bollati (ed.), Fasti legislativi e parlamentari delle rivoluzioni italiane nel secolo XIX, vol. 1: 1800–1849 (Milan, 1863), doc. 131, p. 262。
16. Marie-Éve Thérenty, 'Les "Boutiques d'esprit". Sociabilités journalistiques et production littéraire (1830–1870)', Revue d'histoire littéraire de la France 110/3 (2010), pp. 589–604, esp. pp. 592–3.
17. Boerner, Erinnerungen eines Revolutionärs, vol. 1, pp. 71–2, 75.
18. W. Scott Haine, The World of the Paris Café. Sociability among the French Working Class, 1789–1914 (Baltimore, 1996), pp. 61, 142–3; 关于咖啡馆更广泛的政治重要性，见 Susanna Barrows, '"Parliaments of the People". The Political Culture of Cafés in the Early Third Republic', in Susanna Barrows and Robin Room (eds.), Drinking, Behaviour and Belief in Modern History (Berkeley, 1991), pp. 87–97。

19. Viviana Mellone, 'La rivoluzione napoletana del 1848. Fonti e metodi per lo studio della partecipazione politica', *Meridiana*, no. 78 (2013), pp. 31–51,here pp. 37–9.
20. Giovanni La Cecilia, *Memorie storico-politiche dal 1820 al 1876* (5 vols., Rome, 1877), vol. 4, pp. 164–5.
21. Mellone, 'La rivoluzione napoletana del 1848', pp. 37–9.
22. Fernanda Gallo, *Dalla patria allo Stato. Bertrano Spaventa, una biografia intellettuale* (Rome, 2012), p. 9.
23. Mellone, 'La rivoluzione napoletana del 1848', pp. 37–9.
24. La Cecilia, *Memorie storico-politiche*, vol. 4, p. 165.
25. Karl Schlögel, 'Horror Vacui. The Terrors of Simultaneity', in Schlögel, *In Space We Read Time: On the History of Civilization and Geopolitics, trans. Gerrit Jackson* (New York, 2016), pp. 28–38, here p. 28.
26. Maurizio Gribaudi, 'Ruptures et continuités dans l'évolution de l'espace parisien. L'îlot de la Trinité entre les XVIIIe et XIXe siècles', *Histoire & Mesure*, 24/2 (2009), pp. 181–220, here p. 214; David P. Jordan, 'Baron Haussmann and Modern Paris', *The American Scholar*, 61/1 (1992), pp. 99–106, here p. 100.
27. Rüdiger Hachtmann, *Berlin 1848. Eine Politik-und Gesellschaftsgeschichte der Revolution* (Bonn, 1997), pp. 851–2.
28. 'Funérailles des victimes des 22, 23 et 24 février', *La Réforme*, 5 March 1848, p. 1.
29. 事实上，1840年的游行队伍从圣日耳曼奥塞尔教堂开始，这是举行宗教礼拜的地方（而玛德莱娜教堂当时还不是圣地），队伍随后经卢浮宫码头抵达路易十五广场，而后再从玛德莱娜广场沿林荫大道行至巴士底广场。
30. Pierre Karila-Cohen, 'Charles de Rémusat et l'impossible refondation du régime de juillet', *Revue d'histoire moderne et contemporaine* 44/3 (1997), pp. 404–23, here p. 417.
31. 关于公众哀悼的这一层面，参见 Emmanuel Fureix, 'La construction rituelle de la souveraineté populaire. Deuils protestataires (Paris, 1815–1840)', *Revue d'histoire du XIXe siècle*, no. 42[2011(1)], pp. 21–39, here p. 24。
32. 关于长矛的象征意义，参见 Stefan Gasparri, 'Kingship Rituals and Ideology in Lombard Italy', in Frank Theuws and Janet L. Nelson (eds.), *Rituals of Power, From Late Antiquity to the Early Middle Ages* (Leiden, 2000), pp. 95–114, here pp. 99–100。
33. 关于仪式、纪念碑、铭文、演讲文稿等的细节，见 'Notizie interne', *Gazzetta di Milano*, 6 April 1848, pp. 1–3。
34. Wilhelm Angerstein, *Die Berliner März-Ereignisse im Jahre 1848. Nebst einem vollständigen Revolutionskalender, mit und nach Actenstücken sowie Berichten von Augenzeugen. Zur Feststellung der Wahrheit und als Entgegnung wider die Angriffe der reaktionären Presse* (Leipzig, 1864), p. 55.

35. Boerner, *Erinnerungen eines Revolutionärs*, vol. 1, p. 174.
36. Angerstein, *Die Berliner März-Ereignisse*, p. 56.
37. Boerner, *Erinnerungen eines Revolutionärs*, pp. 174–7.
38. 目击报告作者为柏林市长 Krausnick，转引自 Karl Ludwig von Prittwitz, Berlin 1848. *Das Erinnerungswerk des Generalleutnants Karl Ludwig von Prittwitz und andere Quellen zur Berliner Märzrevolution und zur Geschichte Preußens um die Mitte des 19. Jahrhunderts*, ed. Gerd Heinrich (Berlin, 1985), pp. 229–30; D. Barclay, *Friedrich Wilhelm IV and the Prussian Monarchy 1840–1861* (Oxford, 1995), p.145; 关于同情的眼泪，未署名的证词，转引自 Adolf Wolff, *Berliner Revolutions-Chronik. Darstellung der Berliner Bewegungen im Jahre 1848 nach politischen, socialen und literarischen Bezeihungen* (3 vols., Berlin, 1851–4), vol. 1, p. 250。
39. Boerner, *Erinnerungen eines Revolutionärs*, pp. 178–9.
40. Cited in Wolff, *Revolutions-Chronik*, vol. 1, p. 250.
41. Dirk Blasius, *Friedrich Wilhelm IV: 1795–1861. Psychopathologie und Geschichte* (Göttingen, 1992), pp. 116–28; 对 1848 年 3 月 19 日事件的精彩讨论见 Hachtmann, *Berlin 1848*, pp. 204–7。
42. Hachtmann, *Berlin 1848*, p. 215.
43. Cited in Wolff, *Berliner Revolutions-Chronik*, vol. 1, p. 321.
44. Wolff, *Berliner Revolutionschronik*, vol. 1, p. 322.
45. Giambattista Cremonesi 对 Ignazio Cantù, *Gli ultimi cinque giorni degli Austriaci in Milano. Relazioni e reminiscenze* (Milan, 1848) 一书的评论，见于 'Appendice', *Gazzetta di Milano*, 1 April 1848, pp. 1–2。我们不应过于为 Cantù 的书折服：它仅有 84 页，还眷录了许多官方公告。
46. Wolff, *Berliner Revolutions-Chronik*, vol. 1, p. 324.
47. Ibid., vol. 1, pp. 326–7; 对这两个演讲富有洞见的讨论见 Hachtmann, *Berlin 1848*, pp. 217–9。
48. Anon., 'Der Leichenzug der für die Freiheit gefallenen, am 17. März 1848', *Österreichisches Morgenblatt. Zeitschrift für Vaterland, Natur und Leben*, 20 March 1848, pp. 2–3.
49. Anon., 'Leichenbegängniß der am 13. März Gefallenen', *Wiener Zeitschrift*, 20 March 1848, p. 3; Anon., 'Der Leichenzug der für die Freiheit gefallenen', *Österreichisches Morgenblatt*, 20 March 1848, p. 2.
50. 曼海默演讲的全文，参见 I. N. Mannheimer, 'Am Grabe der Gefallenen', *Sonntagsblätter*, 19 March 1848, pp. 11–2。
51. Anton Füster, *Memoiren vom März 1848 bis Juli 1849. Beitrag zur Geschichte der Wiener Revolution* (2 vols., Frankfurt/Main, 1850), vol. 1, pp. 59–62.

52. Ibid., vol. 1, pp. 54–6.
53. Ignazio Veca, 'Bénir, prêcher, s'engager. L'acteur ecclésiastique du printemps des peuples en France et en Italie', and Pierre-Marie Delpu, 'Des passeurs locaux de la révolution. Les prêtres libéraux du royaume des Deux-Siciles (1847–1849)', 这些论文提交给了2018年5月31日至6月2日在巴黎索邦大学举办的研讨会"1848年'人民之春'的欧洲参与者——纪念1848年革命170周年国际研讨会"；关于瓦拉几亚教士，评论来自 C. S. 尼古拉埃斯库·普洛普绍尔社会科学与人文研究院下属罗马尼亚研究院的 Nicolae Mihai。
54. 'Falke', 'Die Leichenfeier der Gefallenen', *Die Gegenwart. Politisch-Literarisches Tagblatt*, 20 March 1848, p. 3. "法尔克"真名格奥尔格·彼得，作为极"左"激进分子参与十月革命之后，他先后流亡伦敦和美国。直到1867年奥地利实行大赦时，他才回国，并同时将笔名用作法定姓名。
55. 关于"过渡"这一隐喻的解释力不足，参见 Samuel Hayat, *1848. Quand la République était révolutionnaire. Citoyenneté et représentation* (Paris, 2014), pp. 71–4。
56. 参见那些参与这些事件的人员的陈述，见以下著作第一卷附录中的"证明文件"（'pièces justicatives'）：Léonard Gallois, *Histoire de la révolution de 1848* (2 vols., Paris, 1851), vol. 2, pp. 455–9。
57. Élias Regnault, *Histoire du Gouvernement provisoire* (2nd edn, Paris, 1850), p. 65.
58. Stern [d'Agoult], *Histoire de la révolution de 1848*, vol. 1, pp. 314–5.
59. Hayat, *1848. Quand la République était révolutionnaire*, pp. 75–6.
60. Stern [d'Agoult], *Histoire de la révolution de 1848*, vol. 1, p. 316; Regnault, *Histoire du Gouvernement provisoire*, p. 117.
61. Hayat, *1848. Quand la République était révolutionnaire*, p. 80.
62. 'Parte Ufficiale', *Gazzetta di Milano*, no. 1, 23 March 1848.
63. Christine Trivulce de Belgiojoso(Cristina Trivulzio di Belgiojoso), 'L'Italie et la révolution italienne de 1848', *Revue des Deux Mondes*, new series, 23 (July–Sep. 1848), pp. 785–813, here p. 792.
64. Giovanna Fiume, *La crisi sociale del 1848 in Sicilia* (Messina, 1982), pp. 224–31.
65. Paul Ginsborg, *Daniele Manin and the Venetian Revolution* (Cambridge, 1979), pp. 93–4. 关于这些事件的叙述，Ginsborg 的作品依旧是最好的。
66. Ibid., p. 98.
67. 一篇报道这么写，它首先发表在《辩论日报》，而后在《泰晤士报》重印，见 'The Popular Movement in Sicily', *The Times*, no. 19776, 3 February 1848, p. 5, cols. 3–4。
68. 参见巴勒莫1848年1月14日与15日的公告，载 [Elpidio Micciarelli, (ed.)], *Ruggiero Settimo e la Sicilia. Documenti sulla Insurrezione Siciliana del 1848* ('Italia', 1848), pp. 1–6。

69. 直到他将自己认定为"第四委员会主席"那一刻,"国防和公共安全总委员会才在巴勒莫的执政官宫集会,并对所有西西里人开放",1848 年 1 月 25 日巴勒莫公告,同上书,第 21-24 页;关于他当选总统和外交事务,参见下书第一部分的时间表:Giovanni Mulè Bertòlo, *La Rivoluzione del 1848 e la Provincia di Caltanisetta* (Caltanissetta, 1898), n.p.
70. 《国防和公共安全总委员会在巴勒莫的执政官宫集会,并对所有西西里人开放》, 1848 年 1 月 25 日巴勒莫公告,见 [Micciarelli (ed.)], *Ruggiero Settimo e la Sicilia*, p. 23.
71. Ibid., pp. 22–3.
72. Hachtmann, *Berlin 1848*, p. 290.
73. Cited in Erich Hahn, 'Ministerial Responsibility and Impeachment in Prussia 1848–63', *Central European History* 10/1 (1977), pp. 3–27, here p. 5.
74. James Morris, 'The European Revolutions of 1848 and the Danubian Princi-pality of Wallachia', PhD Thesis, University of Cambridge, 2019, p. 57.
75. Doré de Nion, to Alphonse de Lamartine, Bucharest, 26 March 1848, in Arhivele Naționale ale României (ed.), *Revoluția Româna de la 1848 în Context European* (Bucharest, 1998), pp. 75–8.
76. Morris, 'The European Revolutions of 1848', p. 52.
77. 埃米尔·冯·里希特霍芬致普鲁士外交大臣卡尼茨,1848 年 3 月 17 日,见 Arhivele Naționale ale României (ed.), *Revoluția Româna de la 1848*, pp. 69–71.
78. Apostol Stan, 'Revolution and Legality in the Romanian Principalities in 1848', *Revue Roumaine d'Histoire* 37 (1998), pp. 105–11, here p. 107. 我在此处的论述参考了下文的分析, Morris, 'The European Revolutions of 1848', pp. 60–61.
79. Regnault, *Histoire du Gouvernement provisoire*, p. 6.
80. Giovanna Procacci, 'To Survive the Revolution or to Anticipate It?', in Dieter Dowe, Heinz-Gerhard Haupt, Dieter Langewiesche and Jonathan Sperber (eds), *Europe in 1848. Revolution und Reform*, trans. David Higgins (New York and Oxford, 2001), pp. 507–27, here p. 511; Hayat, *1848. Quand la République était révolutionnaire*, p. 120.
81. Giuseppe La Farina, *Storia della Rivoluzione Siciliana e delle sue relazioni coi governi Italiane e stranieri 1848–49* (Milan, 1860), pp. 156–9.
82. Wilhelm Ribhegge, *Das Parlament als Nation. Die Frankfurter Nationalvers-ammlung 1848/49* (Düsseldorf, 1998), p. 24.
83. Jiří Kořalka, 'Revolutions in the Habsburg Monarchy', in Dowe et al. (eds), *Europe in 1848*, pp. 145–69, here pp. 149–50.
84. Franz Schuselka, *Das Revolutionsjahr März 1848–März 1849* (2nd edn, Vienna, 1850), p. 229.
85. Stanley Z. Pech, *The Czech Revolution of 1848* (Chapel Hill, 1969), pp. 72–3.
86. Andreas Gottsmann, 'Der Reichstag 1848/49 und der Reichsrat 1861 bis 1865', in Helmut

Rumpler and Peter Urbanitsch (eds.), *Die Habsburgermonarchie* (12 vols., Vienna, 1973–), vol. VII/1: *Verfassung und Parlamentarismus. Verfassungsrecht, Verfassungswirklichkeit, zentrale Repräsentativkörperschaften* (Vienna, 2000), pp. 569–665, here p. 573.

87. 弗朗齐歇克·帕拉茨基致法兰克福国民议会"五十人委员会", 1848年4月11日, 见 Palacký (ed.), *Gedenkblatter* (Prague, 1874), pp. 149–51。
88. Jiří Kořalka, 'Revolutions in the Habsburg Monarchy', in Dowe et al. (eds.), *Europe in 1848*, pp. 145–69, here p. 152.
89. Schuselka, *Das Revolutionsjahr*, p. 229. 这趟旅程是必须的, 因为奥地利帝国皇帝已经逃离首都。
90. Gottsmann, 'Der Reichstag 1848/49', p. 574.
91. Kořalka, 'Revolutions', p. 151.
92. Schuselka, *Das Revolutionsjahr*, p. 151. 国民议会成员是有报酬的, 除了旅费, 他们还有每月200弗洛林的补助, 而当时高级官员每年的报酬是每年300~500弗洛林, 参见 Gottsmann, 'Der Reichstag 1848/49', p. 592。
93. Daniel Stern [Marie d'Agoult], *Histoire de la révolution de 1848* (2nd edn, Paris, 1862) vol. 2, p. 210.
94. Schuselka, *Das Revolutionsjahr*, pp. 83–6.
95. Ralf Zerback, *Robert Blum. Eine Biografie* (Leipzig, 2007), p. 220.
96. Hans Kudlich, *Rückblicke und Erinnerungen* (3 vols., Vienna, Pest and Leipzig, 1873), vol. 2, p. 6.
97. Schuselka, *Das Revolutionsjahr*, p. 170.
98. Antonio Zobi, *Catechismo costituzionale, preceduto da un' avvertenza storica* (Florence, 1848), pp. 26, 69. 关于1848年意大利议会选举如宗教仪式般的庄重, 参见 Enrico Francia, *1848. La Rivoluzione del Risorgimento* (Bologna, 2012), pp. 207–8。
99. Schuselka, *Das Revolutionsjahr*, p. 170.
100. Ibid., p. 147.
101. Kudlich, *Rückblicke und Erinnerungen*, vol. 2, p. 88.
102. Ibid., pp. 82, 88. 关于议长们的无法胜任的表述, 参见 pp. 83, 85。
103. Schuselka, *Das Revolutionsjahr*, p. 90.
104. Ibid., pp. 94–6.
105. Stern [d'Agoult], *Histoire de la révolution de 1848*, vol. 3 (1853), p. 2.
106. Heinrich Best, 'Structures of Parliamentary Representation in the Revolutions of 1848', in Dowe et al. (eds.), *Europe in 1848*, pp. 475–505, here pp. 483–4.
107. Gottsmann, 'Der Reichstag 1848/49', p. 573.
108. Ibid., pp. 581–2.
109. Best, 'Structures of Parliamentary Representation', p. 483.

110. Tocqueville, *Recollections*, p. 95.
111. Schuselka, *Das Revolutionsjahr*, p. 194.
112. Laszlo Deme, 'The Society for Equality in the Hungarian Revolution of 1848', *Slavic Review* 31/1 (1972), pp. 71–88, here p. 72 n.3.
113. Stern [d'Agoult], *Histoire de la révolution de 1848*, vol. 3, p. 4.
114. Schuselka, *Das Revolutionsjahr*, p. 97. 关于法兰克福国民议会占主导地位的自由团体的保守观念，参见 Gunther Hildebrandt, *Politik und Taktik der Gagern-Liberalen in der Frankfurter Nationalversammlung, 1848/1849* (Berlin, 1989)。
115. Charles de Mazade, 'Le Roi Ferdinand II et le Royaume des Deux-Siciles, II: Les Révolutions de 1848, la Réaction à Naples et le nouveau roi', *Revue des Deux Mondes*, 2nd period, 22/4 (15 August 1859), pp. 797–830, here p. 812.
116. Stern [d'Agoult], *Histoire de la révolution de 1848*, vol. 2, p. 500.
117. 范妮·莱瓦尔德日记，1848 年 6 月 6 日，柏林，见 Lewald, *A Year of Revolutions*, p. 100。
118. 关于这一事件（包括引文），参见 Hachtmann, *Berlin 1848*, pp. 561–2。关于早前联合省议会中的类似趋势，参见 p. 293。
119. [George Sand], Bulletin de la République No. 16, Paris, 15 April 1848, in *Bulletins de la République émanés du Ministère de l'Intérieur du 13 Mars au 6 Mai 1848. Collection complète* (Paris, 1848), pp. 68–70, here pp. 68–9。对乔治·桑简报的精彩分析，参见 Jonathan Beecher, *Writers and Revolution. Intellectuals and the French Revolution of 1848* (Cambridge, 2021), pp. 98–100。
120. George Fasel, 'The Wrong Revolution. French Republicanism in 1848', *French Historical Studies* 8/4 (1974), pp. 654–77, here p. 662.
121. Stern [d'Agoult], *Histoire de la révolution de 1848*, vol. 3, p. 4.
122. Pierre-Joseph Proudhon, 'La réaction', *Le Représentant du Peuple*, no. 28, 29 April 1848, pp. 1–2; Proudhon, 'Les mystifications du suffrage universel', ibid., no. 29, 30 April 1848, p. 1.
123. Proudhon, 'Les mystifications du suffrage universel', ibid., no. 29, 30 April 1848, p. 1.
124. Fasel, 'The Wrong Revolution', p. 662.
125. Hachtmann, *Berlin, 1848*, p. 561.
126. Pech, *Czech Revolution*, p. 169.
127. Francia, *1848. La rivoluzione del Risorgimento*, p. 209.
128. Best, 'Structures of Parliamentary Representation', p. 487.
129. Karl Biedermann, *Erinnerungen aus der Paulskirche* (Leipzig, 1849), p. 3.
130. Best, 'Structures of Parliamentary Representation', p. 487; Biedermann, *Erinnerungen aus der Paulskirche*, p. 5.

131. Biedermann, *Erinnerungen aus der Paulskirche*, pp. 8, 9, 170–2.
132. Ibid., pp. 15–19.
133. Stern [d'Agoult], *Histoire de la révolution de 1848*, vol. 2, p. 230.
134. 来自马尔维卡未刊手稿的节选, The Storia della rivoluzione di Sicilia negli'anni 1848 e '49 transcribed in Fiume, La crisi sociale, p. 233。
135. Ribhegge, *Das Parlament als Nation*, p. 142.
136. 宣传册由 Comitato de' Circoli Italiani di Popoli dello Stato Romano 出版，转引自 Gian Luca Fruci, 'L'abito della festa dei candidate. Professioni di fede, lettere e programmi elettorali in Italia (e Francia) nel 1848–49', *Quaderni Storici* 39/117〔2004(3)〕, pp. 647–72, here pp. 659–60。
137. Ibid., p. 667.
138. Dieter Langewiesche, 'Die Anfänge der deutschen Parteien. Partei, Fraktion und Verein in der Revolution von 1848/49', *Geschichte und Gesellschaft*, 4/3 (1978), pp. 324–61, here p. 335.
139. M. Hewitson, ' "The old forms are breaking up,…our new Germany is rebuilding itself " : Constitutionalism, Nationalism and the Creation of a German Polity during the Revolutions of 1848–49', *The English Historical Review* 125/516 (2010), pp. 1173–1214, here p. 1214.
140. Jean-Michel Johnston, *Networks of Modernity. Germany in the Age of the Telegraph, 1830–1880* (Oxford, 2021), pp. 96–7.
141. Delphine Gardey, 'Scriptes de la démocratie. Les sténographes et rédacteurs des débats (1848–2005)', *Sociologie du travail*, 52/2 (2010), pp. 195–211, here pp. 196, 197, 200.
142. 关于这一问题，参见历史学附录, Hyppolite Prévost, *Nouveau manuel complet de sténographie, ou art de suivre la parole en écrivant* (Paris, 1855), p. 84。
143. Ludovic Marionneau and Josephine Hoegaerts, 'Throwing One's Voice and Speaking for others. Performative Vocality and Transcription in the Assemblées of the Long Nineteenth Century', *Journal of Interdisciplinary Voice Studies* 6/1 (2021), pp. 91–108. Franz Wigard 一度在德累斯顿担任萨克森议会的首席速记员，而后成为法兰克福国民议会的一名议员。他比普雷沃更坚持一字不差地忠实记录，但也要求熟练的速记员必须机敏，以便于传达出言辞的"意义"，过滤掉不必要的材料，参见 Franz Wigard, *Lehrbuch der Redezeichenkunst. Nach Gabelsbergischem Lehrgebäude als Leitfaden für Lehrer wie zum Selbstunterricht* (2 vols., Dessau, 1853), vol. 2, pp. 388–94。
144. 关于 Groen van Prinsterer, 参见 'De Stenografie Groent', Parlement.com. 网址：https://www.parlement.com/id/vhnnmt7i83xj/de_stenografie_groent; on the Dutch stenography service, see Wt. J. Bastiaan, Gedenkschrift ter gelegenheid van het honderdjarig bestaan van de Stenographische Inrichting van de beide kamers der Staten-Generaal–1849–1949 (' s-Gravenhage, 1949)。
145. Best, 'Structures of Parliamentary Representation', pp. 487–8.

146. Langewiesche, 'Die Anfänge der deutschen Parteien', pp. 330–1.
147. Ibid., p. 335.
148. Stanley Z. Pech, 'Czech Political Parties', *Canadian Slavonic Papers/Revue Canadienne des Slavistes* 15/4 (1973), pp. 462–87, here p. 485.
149. Michael Wettengel, 'Party Formation in Germany. Political Formations in the Revolution of 1848', in Dowe et al. (ed.), *Europe in 1848*, pp. 529–58, here p. 553.
150. 关于宪政的分类，参见 Jörg-Detlev Kühne, 'Verfassungsstiftungen in Europe 1848/49. Zwischen Volk und Erfolg', in Dieter Langewiesche (ed.), *Demokratiebewegung und Revolution 1847 bis 1849* (Karlsruhe, 1998), pp. 52–69, esp. p. 59; Kühne, 'Revolution und Rechtskultur. Die Bedeutung der Revolutionen von 1848 für die Rechtsentwicklung in Europa', in Dieter Langewiesche (ed.), *Die Revolutionen von 1848 in der europäischen Geschichte. Ergebnisse und Nachwirkungen* (Munich, 2000), pp. 57–72; Martin Kirsch, 'Verfassungswandel um 1848 –Aspekte der Rezeption und des Vergleichs zwischen den europäischen Staaten', in Martin Kirsch and Pierangelo Schiera (eds.), *Verfassungswandel um 1848 im europäischen Vergleich* (Berlin, 2001), pp. 31–62, esp. p. 38。
151. Cited in Giorgio Rebuffa, *Lo Statuto albertino* (Bologna, 2003), p. 52.
152. Ibid., p. 54.
153. Odilon Barrot, *Mémoires posthumes de Odilon Barrot* (2nd edn, 3 vols., Paris, 1875), vol. 2, p. 321.
154. Procacci, 'To Survive the Revolution or to Anticipate It?', p. 516.
155. Stern [d'Agoult], *Histoire de la révolution de 1848*, vol. 2, pp. 500–1.
156. 前言第四条称："它的原则是自由、平等、博爱。它的基础是家庭、工作、财产、公共秩序。"全文见网页 Constitution de 1848, IIe République, 网址：https://www.conseil-constitutionnel.fr/les-constitutions-dans-l-histoire/constitution-de-1848-iie-republique。
157. J. C. Boogman, *Rondom 1848. De politieke ontwikkeling van Nederland 1840–1858* (Bussum, 1978), p. 62. 关于新旧宪法之间差异的详尽列表，参见 https://www.denederlandsegrondwet.nl/ id/vi7aaw43p5mk/grondwet_van_1848_ministeriele。
158. Ron de Jong, 'Hooggespannen verwachtingen. Verkiezingen en de grondwet-sherziening van 1848', *De Moderne Tijd* 3/4 (2019), pp. 324–35, here p. 324.
159. Cited in N. C. F. van Sas, *De metamorfose van Nederland. Van oude orde naar moderniteit, 1750–1900* (Amsterdam, 2004), p. 460.
160. Jeroen van Zanten, 'De electorale negentiende eeuw in vogelvlucht, 1814–1917', *De Moderne Tijd* 1/ 3–4 (2017), pp. 236–46, here p. 237.
161. Zanten, 'De electorale negentiende eeuw', p. 239.
162. 选民总人数从约 9 万下降至约 8 万；关于这方面的转变，参见 Piet de Rooy,

Republiek van rivaliteiten. Nederland sinds 1813 (Amsterdam, 2002), p. 55。

163. Remieg Aerts, *Thorbecke wil het. Biografie van een staatsman* (Amsterdam, 2018), pp. 394–5. 166. Handelingen, *Tweede Kamer*, 14 February 1849, p. 1.
164. Handelingen, Tweede Kamer, 14 February 1849, p. 1.
165. Jens Peter Christensen, 'The Constitutional Act as the Framework for Danish Democracy', in Peter Munk Christiansen, Jørgen Elklit and Peter Nedergaard (eds.), *The Oxford Handbook of Danish Politics* (Oxford, 2020), pp. 9–27, here pp. 10–11. 关于新的丹麦宪法是战争和对社会动乱的恐惧所塑造的变革，参见 Michael Bregnsbo, 'Dänemark and 1848. Systemwechsel, Bürgerkrieg and Kansensus-Tradition', in Heiner Timmermann (ed.), *1848. Revolution in Europa. Verlauf, Politische Programme, Folgen und Wirkungen* (Berlin, 1999), pp. 173–82。
166. Ferenc Hörcher, 'Reforming or Replacing the Historical Constitution? Lajos Kossuth and the April Laws of 1848', in Ferenc Hörcher and Thomas Lorman, *A History of the Hungarian Constitution. Law, Government and Political Culture in Central Europe* (London, 2020), pp. 92–121.
167. 最权威的资料集是 Horst Dippel (ed.), *Constitutions of the World from the late 18th Century to the Middle of the 19th Century: Sources on the Rise of Modern Constitutionalism* (Berlin and New York, 2010)。这份超凡的材料包括近 1600 份宪法、修正案、人权宣言和从未施行的宪法草案。
168. Georg-Christopher von Unruh, 'Die demokratischen Grundgesetze für Schleswig-Holstein und Lauenburg von 1848 und 1849', *Der Staat* 27/4 (1988), pp. 610–24, here pp. 611–2.
169. 在英帝国语境中，宪法作为政治权力的工具具有多功能性，关于这一点，参见 Linda Colley, *The Gun, the Ship and the Pen. War, Constitutions and the Making of the Modern World* (London, 2021)。
170. 全文见 https://www.jku.at/fileadmin/gruppen/142/pillersdorfsche_Verfassung.pdf。最后访问时间：2021 年 7 月 25 日。
171. 以下作品序言 Statuto del Regno, *4 March 1848*, 全文见 https://it.wikisource.org/wiki/Italia,_Regno_-_Statuto_albertino。
172. Morris, 'The European Revolutions of 1848', p. 24.
173. 《伊斯拉兹宣言》第 1 条和第 13 条，阅览网址：https://ro.wikisource.org/wiki/Proclamația_de_la_Islaz。
174. 第二共和国宪法序言第一条，https://www.conseil-constitutionnel.fr/les-constitutions-dans-l-histoire/ constitution-de-1848-iie-republique。
175. 关于施泰因作品中的这一主题，参见 Diana Siclovan, 'Lorenz Stein and German Socialism 1835–1872', PhD Thesis, Cambridge University, 2014, pp. 131–78, esp. p. 132。

第六章

1. Heinrich Heine, *Werke und Briefe in zehn Bänden* (10 vols., Berlin and Weimar, 1972), vol. 3, p. 193 (first published in Hamburg, 1830).
2. Karl Hermann Scheidler, 'Emancipation', in Johann Samuel Ersch and Johann Gottfried Gruber (eds.), *Allgemeine Encyclopädie der Wissenschaften und Künste* (167 vols., Leipzig, 1830–89), vol. 34 (1840), pp. 2–12; Karl Martin Grass and Reinhard Koselleck, 'Emanzipation', in Otto Brunner, Werner Conze and Reinhard Koselleck (eds.), *Geschichtliche Grundbegriffe: Historisches Lexikon zur politisch-sozialen Sprache in Deutschland* (8 vols., Stuttgart, 2004) vol. 2, pp. 153–97.
3. See, for example, 'Pétition à la chambre des députés sur l'inexécution des nouvelles lois, Paris, 20 January 1846', 'Ordonnances du 18 mai, 4 et 5 juin 1846 relative à l'instruction religieuse et élémentaire, au regime disciplinaire, à la nourriture et à l'entretien des esclaves', 'Une femme, nourrice, frappée à coups de baton et blessée par un géreur. Condamnation à 100 francs d'amende par les juges sans assesseurs', 'Supplice dont l'antiquité même ne fournit pas d'exemple. Peine de 15 jours de prison prononcée par les juges sans assesseurs', 'Les colons sont cruels parce qu'ils sont maîtres', 'Suicides d'esclaves', Victor Schoelcher, *Histoire de l'esclavage*, pp. 43–6, 59–75, 331–4, 410–3, 413–7, 455–68.
4. Guillaume Suréna, 'Schoelcher/Césaire et le destin des people noirs', *Le Coq-Héron*, no. 195 (2008), pp. 57–65.
5. Ibid.
6. Henri Wallon, *Histoire de l'esclavage dans l'antiquité* (3 vols., Paris, 1847). 该作品最后一卷以以下训诫词结尾："是言行合一的时候了，其方式是全然修正我们父辈的罪行和错误样板，在我们之中重新确立神圣的人权，并努力让它们得到全世界认可。"瓦隆的废奴主义在以下著作的导论中表达得更为直白，见 Henri Wallon, *De l'esclavage dans les colonies. Pour servir d'introduction à l'Histoire de l'esclavage dans l'antiquité* (Paris, 1847)。该导论曾以单行本的形式出版。
7. Jacques Adélaïde-Merlande, 'La Commission d'abolition de l'esclavage', *Bulletin de la Société d'histoire de la Guadeloupe*, nos. 53–4 (1982), pp. 3–34, here p. 16.
8. Ibid., p. 16.
9. Ibid., p. 21.
10. Ibid., pp. 20, 21, 17.
11. Ibid., p. 15.
12. Nelly Schmidt, '1848. Liberté et peurs sociales aux Caraïbes. La citoyenneté républicaine face aux réalités coloniales', in Jean-Claude Caron, Philippe Bourdin, Lisa Bogani and Julien Bouchet (eds.), *La République à l'épreuve des peurs. De la*

Révolution à nos jours (Rennes, 2016), pp. 119–35, 此处是第十段。https://books. openedition.org/pur/47370; 引自 Adéläide-Merlande, 'La Commission', p. 19。
13. Jean-Pierre Sain-ton, 'De l'état d'esclave à "l'état de citoyen"'. Modalités du passage de l'esclavage à la citoyenneté aux Antilles françaises sous la Seconde République (1848–1850)', *Outre-mers*, 90/ 338–339 (2003), pp. 47–82, here p. 64.
14. Adéläide-Merlande, 'La Commission', pp. 5, 27.
15. Sainton, 'De l'état d'esclave à "l'état de citoyen"', p. 52; 关于体系长时期中的毁坏，参见 Oruno D. Lara and Iñez Fischer Blanchet, 'Abolition ou destruction du système esclavagiste?', and Nelly Schmidt, 'L'élaboration des décrets de 1848. Application immédiate et consequences à long terme', in *Les Abolitions de l'esclavage, de L. F. Sonthonaux à V. Schoelcher, 1793, 1794, 1848. Actes du colloque international tenu à l'Université de Paris VIII, les 3, 4, 5 février 1994* (Vincennes, 1995), pp. 335–44, 345–54。
16. 'Aimé Césaire sur l'abolition de l'esclavage', Ina Histoire, 22 April 2020, https://www.facebook.com/InaHistoire/videos/aimé-césaire-sur-labolition-de-lesclavage/533912767317934/; 最后访问日期：2021 年 8 月 6 日。
17. Édouard de Lépine, *Dix semaines qui ébranlèrent la Martinique* (Paris, 1999), p. 158.
18. 参见阿道夫·加蒂纳在 'Affaire Parfait' 中的论述。它讲述了一名奴隶被已故奴隶主解放，而解放又遭奴隶主继承人否定的事。Adolphe Gatine, 'Affaire Parfait–Liberté confisquée', *Revue des colonies* 3/6 (1836), pp. 225–32. 其他地方也有类似的冲突，参见 Mariana P. Candido, 'African Freedom Suits and Portuguese Vassal Status. Legal Mechanisms for Fighting Enslavement in Benguela, Angola, 1800–1830', *Slavery and Abolition* 32/3 (2011), pp. 447–59。
19. Johnson, *The Fear of French Negroes*, p. 145.
20. Anon., *Courrier de la Martinique*, 27 March 1848, Cited in Lépine, *Dix semaines qui ébranlèrent la Martinique*, p. 19.
21. Lépine, *Dix semaines qui ébranlèrent la Martinique*, p. 26.
22. Ibid., pp. 42–4.
23. Ibid. p. 34; Tyler Stovall, 'The Myth of the Liberatory Republic and the Political Culture of Freedom in Imperial France', *Yale French Studies*, no. 111 (2007), pp. 89–103, here p. 99.
24. David Rigoulet-Roze, 'À propos d'une commémoration. L'abolition de l'esclavage en 1848', *L'Homme, 145, De l'esclavage* (1998), pp. 127–36, here p. 133; see also Roger Botte, 'L'esclavage africain après l'abolition de 1848. Servitude et droit du sol', *Annales. Histoire, Sciences Sociales*, 55/5 (2000), pp. 1009–37, here pp. 1009–11.
25. 对这些发展的详述，参见 Minister van Kolonien (ed.), *Tweede Rapport der Staatscommissie, benoemd bij koninklijk besluit van 29 November 1853, no. 66, tot het voorstellen van maatregelen ten aanzien van de slaven in de Nederlandsche Kolonien*

(s'Gravenhage, 1856), pp. 53–68; 近期一个强有力的分析见 Jessica Vance Roitman, '"A mass of mestiezen, castiezen, and mulatten". Contending with Color in the Netherlands Antilles, 1750–1850', *Atlantic Studies* 14/3 (2017), pp. 399–417。

26. Robin Blackburn, *The Overthrow of Colonial Slavery, 1776–1848* (London, 1988), pp. 507–8; Neville A. T. Hall, *Slave Society in the Danish West Indies: St. Thomas, St. John, and St. Croix*, ed. B. W. Higman (Baltimore, 1992), p. 208; Wim Klooster, 'Slave Revolts, Royal Justice, and a Ubiquitous Rumor in the Age of Revolutions', *The William and Mary Quarterly*, 3rd series, 71/3 (2014), pp. 401–24.
27. M. Kuitenbrouwer, 'De Nederlandse afschaffing van de slavernij in vergelijkend perspectief', *Low Countries Historical Review* 93/1 (1978), pp. 69–100, here pp. 77–8.
28. Cited in Benjamin Claude Brower, 'Rethinking Abolition in Algeria. Slavery and the "Indigenous Question"', *Cahiers d'Études africaines*, no. 195 (2009), pp. 805–28, here p. 808. 比若评论的是 1844 年的废奴提案。
29. Botte, 'L'Esclavage africain après l'abolition de 1848', p. 1020; Jenna Nigro, 'The Revolution of 1848 in Senegal. Emancipation and Representation'.https://ageofrevolutions.com/2018/04/30/the-revolution-of-1848-in-senegal-emancip-ation-and-representation/，最后访问日期：2021 年 8 月 7 日。
30. Adéläide-Merlande, 'La Commission', p. 18.
31. Mamadou Badji, 'L'abolition de l'esclavage au Sénégal. Entre plasticité du droit colonial et respect de l'Etat de droit', *Droit et Cultures*, no. 52 [2006(2)], pp. 239–74,consulted online at https://journals.openedition.org/droitcultures/729, para. 24。
32. Martin A. Klein, 'Slaves, Gum and Peanuts: Adaptation to the End of the Slave Trade in Senegal, 1817–48', *The William and Mary Quarterly*, 3rd series, 66/4 (2009), pp. 895–914, here p. 912.
33. Cited in Lawrence C. Jennings, 'L'abolition de l'esclavage par la IIe République et ses effets en Louisiane 1848–1858', *Revue française d' outre-mer* 56/205 (1969), pp. 375–97, here p. 380. 下文以这篇出色的论文为基础，讨论废奴条款对路易斯安那的法国公民的影响。
34. Ibid., pp. 382, 378.
35. Jennings, 'L'abolition de l'esclavage'.
36. Oruno D. Lara, *La Liberté assassinée. Guadeloupe, Guyane, Martinique et La Réunion en 1848–1856* (Paris, 2005), p. 184.
37. Dale Tomich, 'Visions of Liberty: Martinique in 1848', *Proceedings of the Meeting of the French Colonial Historical Society* 19 (1994), pp. 164–72, passim; Ulrike Schmieder, 'Martinique and Cuba Grande: Commonalities and Differences during the Periods of Slavery, Abolition, and Post-Emancipation', *Review (Fernand Braudel*

Center) 36/1 (2013), pp. 217–42, here p. 233; Lara, 'La Liberté assassinée', pp. 175–92.

38. 哈梅林致费代尔布的信，1855 年 6 月 21 日，转引自 Botte, 'L'Esclavage africain après l'abolition de 1848', p. 1021。

39. Serge Daget, 'A Model of the French Abolitionist Movement and Its Variations', in Christine Bolt and Seymour Drescher (eds.), *Anti-Slavery, Religion, and Reform. Essays in Memory of Roger Anstey* (Folkestone, 1980), pp. 64–79, here p. 77.

40. Tim Roberts, 'The Role of French Second Republic's Incorporation of Algeria in American Proslavery Territorial Expansion', 论文提交给 2018 年 12 月 12—14 日在巴黎的社会科学高等研究院举办的国际研讨会。组织者包括伊曼纽尔·菲雷、康坦·德莱穆奥斯和克莱芒特·蒂博。

41. Brower, 'Rethinking Abolition', p. 806.

42. Ulrike Schmieder, 'Martinique and Cuba Grande', pp. 89, 93–4; Romy Sanchez, 'Indices de 1848 à Cuba. Échos révolutionnaires dans l'Île Très Fidèle et dans son exil séparatiste', 论文提交给 2018 年 12 月 12—14 日在巴黎的社会科学高等研究院举办的国际研讨会。组织者包括伊曼纽尔·菲雷、康坦·德莱穆奥斯和克莱芒特·蒂博。感谢罗米·桑切斯将论文文本交给我。

43. Vanessa S. Oliveira, *Slave Trade and Abolition: Gender, Commerce and Economic Transition in Luanda* (Madison, 2021), p. 102.

44. Silyane Larcher, 'L'égalité divisée. La race au cœur de la ségrégation juridique entre citoyens de la métropole et citoyens des "vieilles colonies" après 1848', *Le Mouvement social*, no. 252 (2015), pp. 137–58; 即便在正式解放了奴隶的社会里，种族主义的肤色歧视问题依旧顽固，关于这点，参见 Roitman, 'Contending with Color'。关于阿尔及利亚，参见 Thomas C. Jones, 'French Republicanism after 1848', in Dou-glas Moggach and Gareth Stedman Jones (eds.), *The 1848 Revolutions and European Political Thought* (Cambridge, 2018), pp. 70–93, here pp. 80–81。

45. Emily Musil Church, 'In Search of Seven Sisters. A Biography of the Nardal Sisters of Martinique', *Callaloo* 36/2 (2013), pp. 375–90, here p. 377.

46. 关于这幅画，参见 Thomas Gaehtgens, 'Die Revolution von 1848 in der europäischen Kunst', in Dieter Langewiesche (ed.), *Die Revolutionen von 1848 in der europäischen Geschichte. Ergebnisse und Nachwirkungen* (Munich, 2000), pp. 91–122, here pp. 96–7; 参见 R. 克雷奇默的版画《街垒后的投掷手》("Kugelgießer hinter einer Barrikade")，它描绘了同一活动，刊于 *Wiener Illustrierte Zeitung*, Saturday, 15 April 1848, p. 8。在这幅图中，我们可以看到一名妇女正在从窗框中扯下铅条，四个年轻男孩在熔铸子弹。画面左边，腰间别着短斧的男子（或许是他们的父亲），正在固定他长枪上的绑带。

47. 'Extrablatt der Freude', *Königlich Privilegirte Berlinische Zeitung von Staatsund gelehrten Sachen*, 20 March 1848, p. 3.
48. Rüdiger Hachtmann, *Berlin 1848. Eine Politik-und Gesellschaftsgeschichte der Revolution* (Bonn, 1997), p. 181.
49. David Barry, *Women and Political Insurgency. France in the Mid-Nineteenth Century* (New York, 1996), p. 51.
50. Gabriele Clemens, 'Des femmes sur les barricades? Engagement révolu-tionnaire en Italie et en Allemagne', 论文提交给了2018年5月31日至6月2日在巴黎索邦大学举办的研讨会"1848年'人民之春'的欧洲参与者——纪念1848年革命170周年国际研讨会"。
51. Stanley Z. Pech, *The Czech Revolution of 1848* (Chapel Hill, 1969), p. 149.
52. Gerlinde Hummel-Haasis, *Schwestern, zerreißt eure Ketten. Zeugnisse zur Geschichte der Frauen in der Revolution von 1848/49* (Munich, 1982), pp. 185–239.
53. Laura Strumingher, 'The Vésuviennes. Images of Women Warriors in 1848 and Their Significance for French History', *History of European Ideas* 8/ 4–5 (1987), pp. 451–88; 关于民间传说的背景，David Hopkin, 'Female Soldiers and the Battle of the Sexes in France. The Mobilization of a Folk Motif ', *History Workshop Journal*, no. 56 (Autumn 2003), pp. 78–104。
54. [Anon., no title], *Der Humorist* 12/94, 19 April 1848, p. 382.
55. [Eugénie Niboyet], 'Profession de foi', *La Voix des Femmes* 1/1, 20 March 1848, p. 1.
56. 关于3月16日宣言（当时并未出版），参见Michèle Riot-Sarcey, 'Émancipation des femmes, 1848', Genèses, no. 7, *Lieux du travail* (1992), pp. 194–200, esp. pp. 197–200。
57. 对这份文件的精彩讨论，见Robert Nemes, 'Women in the 1848–1849 Hungarian Revolution', *Journal of Women's Studies* 13/3 (2001), pp. 193–207。
58. Riot-Sarcey, 'Émancipation des femmes, 1848', pp. 194–6.
59. Jeanne Marie, 'Ce que veulent les socialistes', *La Voix des Femmes* 1/20 (1848), 11 April 1848, p. 2. 关于这份声明的语境和作者身份，参见Karen Offen, 'A Nineteenth-Century Feminist Rediscovered: Jenny P. d'Héricourt, 1809–1875', *Signs. Journal of Women in Culture and Society* 13/1 (1987), pp. 144–58, esp. p. 153 n.23。
60. Nemes, 'Women in the 1849–1849 Hungarian Revolution'.
61. 乔治·桑致《改革报》编辑，1848年4月8日，*La Réforme*, 9 April 1848, p. 3。
62. Jonathan Beecher, *Writers and Revolution. Intellectuals and the French Revolution of 1848* (Cambridge, 2021), p. 99.
63. Daniel Stern（Marie d'Agoult）, *Histoire de la révolution de 1848* (2nd edn, Paris, 1862), vol. 2, p. 31.
64. 关于19世纪是个问题时代，参见Holly Case, *The Age of Questions, or, A First*

Attempt at an Aggregate History of the Eastern, Social, Woman, American, Jewish, Polish, Bullion, Tuberculosis, and Many Other Questions over the Nineteenth Century, and Beyond (Princeton, 2018)。

65. （M. G. Saphir）, *Der Humorist* 12/66, 17 March 1848, p. 264.
66. Beecher, *Writers and Revolution*, p. 34.
67. Cited in Vicki de Fries, 'Silencing La Voix des Femmes ', *The French Review* 89/1 (2015), pp. 82–97, here p. 88.
68. 日记条目，1848 年 4 月 16 日，载 Dragojla Jarnević, *Dnevnik*, ed. Irena Lukšić (Karlovac, 2000), p. 339。
69. Hachtmann, *Berlin 1848*, p. 514.
70. Henning Türk, ' "Ich gehe täglich in die Sitzungen und kann die Politik nicht lassen" . Frauen als Parlamentszuschauerinnen und ihre Wahrnehmung in der politischen Öffentlichkeit der Märzrevolution 1848/49', *Geschichte und Gesellschaft* 43/4 (2017), pp. 497–525, here p. 509.
71. Cited in Türk, 'Frauen als Parlamentszuschauerinnen', p. 515.
72. Judith A. DeGroat, 'The Public Nature of Women's Work: Definitions and Debates during the Revolution of 1848', *French Historical Studies* 20/1 (1997), pp. 31–47, here pp. 39–40.
73. Alexis de Tocqueville, *Souvenirs* (Paris, 1964), p. 145, 转引自 DeGroat, 'The Public Nature of Women's Work', p. 45。
74. J. Palgrave Simpson, *Pictures from Revolutionary Paris. Sketched during the First Phases of the Revolution of 1848* (Edinburgh, 1849), p. 214, 转引自 DeGroat, 'The Public Nature of Women's Work', p. 44。
75. Gabriele Clemens, 'Des femmes sur les barricades?'.
76. Ruth Whittle, ' "Die neue Frau", in the Correspondence of Johanna Kinkel, Malwida von Meysenbug, and Fanny Lewald', *German Life and Letters* 57/3 (2004), pp. 256–7, here p. 257. 关于自我强加的、阻碍妇女进步的限制，参见 Helen Morris-Keitel, 'Not "Until Earth Is Paradise": Louise Otto's Refracted Feminine Ideal', *Women in German Yearbook* 12 (1996), pp. 87–100, esp. p. 96。
77. 经典叙述见 Ute Frevert, 'Mann und Weib, Weib und Mann'. *Geschlechter-Differenzen in der Moderne* (Munich, 1995)。
78. Ann Taylor Allen, 'Spiritual Motherhood: German Feminists and the Kindergarten Movement, 1848–1911', *History of Education Quarterly* 22/3 (1982), pp. 319–39。下文对幼儿园运动的讨论借鉴了艾伦的精彩研究。
79. Malwida von Meysenbug, *Memoiren einer Idealistin* (2 vols., Stuttgart, 1922), vol. 1, p. 194.
80. Mary Lyschinska, *Henriette Schrader-Breymann: Ihr Leben aus Briefen und Tagebüchern zusammengestellt* (2 vols., Berlin and Leipzig, 1922), vol. 1, pp. 64, 86; vol. 2, p. 238.

81. Meysenbug, *Memoiren einer Idealistin*, vol. 1, p. 224.
82. Allen, 'Spiritual Motherhood', pp. 327–37; Patrick Harrigan, 'Women Teachers and the Schooling of Girls in France: Recent Historiographical Trends', *French Historical Studies* 21/4 (1998), pp. 593–610.
83. Direção-Geral da Segurança Social. Nucleo de Documentação e Divulgação (ed.), *A mulher em Portugal. Alguns aspetos do evoluir da situação feminine na legislação nacional e comunitária* (Lisbon, 2014), p. 29.consulted online at https://www.seg-social.pt/documents/10152/18931/A+mulher+em+Portugal+volume+I.pdf/6f6bd84c-e3db-45dc-969d-abf8a318b151/6f6bd84c-e3db-45dc-969d-abf8a318b151.
84. 对"我的竖琴"的讨论，见 Susan Kirkpatrick, 'La tradición femenina de poesía romantica', in Iris M. Zavala (ed.), *Breve historia feminista de la literatura Española* (en lengua Castellana), vol. 5: *La literatura escrita por mujer. Desde el siglo XIX hasta la actualidad* (Barcelona, 1998), pp. 39–74, here p. 55。
85. Christina Arkinstall, 'No Shrinking Violets But Tall Poppies: Ambition, Glory, and Women Writing in Spain's Mid-Nineteenth Century', in Casa-Museo Emilia Pardo Bazán (ed.), *La Tribuna. Cadernos de Estudios da Casa-Museo Emilia Pardo Bazán*, no. 14 (2019), pp. 58–86; Gloria Espigado Tocino, 'Mujeres "radicales": utópicas, republicanas e internacionalistas en España (1848–1874)', *Ayer*, no. 60 (2005), pp. 15–43, 研究强调傅立叶和卡贝对西班牙激进妇女网络的影响。
86. 一个例子是莉迪亚与爱丽丝的友谊，见 Louise Aston's *Revolution und Contrerevolution* (2 vols., Mannheim, 1849)。对这一主题的讨论，参见 Ruth-Ellen Boetcher Joeres, '1848 from a Distance: German Women Writers on the Revolution', *MLN* 97/3 (1982), pp. 590–614。
87. Kathinka Zitz-Halein, 'Vorwärts und Rückwarts', Brigham Young University ScholarsArchive, https://scholarsarchive.byu.edu/sophpm_poetry/3469。英译文由作者翻译，诗歌包括八节，此处引用的是第 1、2、3、7 节。
88. 关于作为历史学者的达古，Beecher, *Writers and Revolution*, pp. 146–66。
89. Barbara Becker-Cantarino (ed.), *Bettina von Arnim Handbuch* (Berlin, 2019), pp. 324–5.
90. 值得注意的是，在观察当时的著名女性时，达古不那么超然公正，不那么有洞见。《1848年革命史》中有关女性境况的论辩史的部分是该书最薄弱的篇章，其中达古无视了19世纪30年代的激进分子，视之为过度亢奋的幻想者。
91. [Jeanne Deroin], 'Qu' est-ce que l'opinion des femmes?', *L'Opinion des femmes*, 21 August 1848, p. 1.
92. See Reimund Leicht, Gad Freudenthal and Rachel Heuberger (eds.), *Studies on Steinschneider. Moritz Steinschneider and the Emergence of the Science of Judaism in Nineteenth-Century Germany* (Leiden, 2011); esp. the essay by Ismar Schorsch

'Moritz Steinschneider: The Vision beyond the Books', pp. 3–36.
93. Gerhard Endress, 'Kulturtransfer und Lehrüberliefung. Moritz Steinschneider (1816–1907) und "die Juden als Dolmetscher" ', *Oriens* 39/1 (2011), pp. 59–74, here p. 60.
94. 莫里茨·施泰因施奈德给他在布拉格的（未婚妻）奥古斯特·奥尔巴赫的信，1848 年 3 月 20 日，载 Adolf Kober, 'Jews in the Revolution of 1848 in Germany', *Jewish Social Studies* 10/2 (1948), pp. 135–64, here pp. 163–4。
95. Mario Rossi, 'Emancipation of the Jews in Italy', *Jewish Social Studies* 15/2 (1953), pp. 113–34, here pp. 128–9.
96. Tobias Grill, 'Ein Märtyrer für Licht und Wahrheit? Das Wirken Rabbiner Abraham Kohns in Lemberg (1844–1848)', *Jahrbücher für Geschichte Osteuropas*, new series, 56/2 (2008), pp. 178–220.
97. Elena Bacchin, 'Per i diritti degli ebrei: 'percorsi dell'emancipazione a Venezia nel 1848', *Annali della Scuola Normale Superiore di Pisa. Classe di Lettere e Filosofia*, 2013, series 5, 5/1 (2013), pp. 91–128.
98. Marsha L. Rozenblit, 'Jews, German Culture, and the Dilemma of National Identity: The Case of Moravia, 1848–1938', *Jewish Social Studies* 20/1 (2013), pp. 77–120.
99. L. Scott Lerner, 'Narrative over the Ghetto of Rome', *Jewish Social Studies*, 8/ 2–3 (2002), pp. 1–38, here p. 14.
100. Giancarlo Spizzichino, 'Pio IX e l'Università degli Ebrei di Roma: Speranze e delusioni (1846–1850)', in Claudio Procaccia (ed.), *Ebrei a Roma tra Risorgimento ed emancipazione (1814–1914)* (Rome, 2014), pp. 263–338, here p. 281.
101. Istvan Deak, *The Lawful Revolution. Louis Kossuth and the Hungarians 1848–1849* (New York, 1979), p. 51.
102. Paul Bernard, 'The Jews in the Habsburg Monarchy before the Revolutions of 1848', *Shofar* 5/3 (1987), pp. 1–8, here p. 5.
103. V. Eichler (ed.), *Nassauische Parlamentsdebatten*, vol. 1: *Restauration und Vormärz*, 1818–1847 (Wiesbaden, 1985), pp. 333–7.
104. Stefi Jersch-Wenzel, 'Legal Status and Emancipation', in Michael A. Meyer and Michael Brenner (eds.), *Jewish-German History in Modern Times*, vol. 2: *Emancipation and Acculturation 1780–1871* (New York, 1997), pp. 5–49.
105. Christopher Clark, *The Politics of Conversion. Missionary Protestantism and the Jews in Prussia 1728–1941* (Oxford, 1995), p. 99; Nathan Samter, *Judentaufen im neunzehnten Jahrhundert. Mit besonderer Berücksichtigung Berlins dargestellt* (Berlin, 1906), p. 19. 布尔格最终获得了晋升，那时他已不可能体面地保住职务，参见 (Gabriel Riesser), 'Die Rechte der Juden in Preußen', *Preußische Jahrbücher* 5 (1860), p. 141。
106. Miklós Konrád, 'Entre émancipation et conversion. Dilemmes juifs en Hongrie dans la

première moitié du XIXe siècle', *Histoire, Économie et Société* 33/4 (2014), pp. 58–74, here p. 61.
107. Jersch-Wenzel, 'Legal Status and Emancipation', pp. 5–49, here p. 47.
108. Michael Anthony Riff, 'The Anti-Jewish Aspects of the Revolutionary Unrest in Baden and Its Impact on Emancipation', Leo Baeck Institute Yearbook 21 (1976), pp. 27–40, here p. 27.
109. Massimo d'Azeglio, *Dell'Emancipazione civile degl'Israeliti* (Florence, 1848).
110. (Julius Fürst), 'Unser Programm auf das Jahr 1848', Der Orient. Berichte, Studien und Kritiken für jüdische Geschichte und Literatur 8, 1 January 1848, p. 1.
111. J. (Ignác)Einhorn, *Die Revolution und die Juden in Ungarn nebst einem Rückblick auf die Geschichte der Letzteren* (Leipzig, 1851), p. 53; Konrád, 'Entre émancipation et conversion', p. 61.
112. Gerhard Hentsch, *Gewerbeordnung und Emanzipation der Juden im Kurfür-stentum Hessen* (Wiesbaden, 1979), pp. 68–9; 关于汉堡将犹太人排除在行会控制的手工业之外，参见 M. Zimmermann, *Hamburgischer Patriotismus und deutscher Nationalismus. Die Emanzipation der Juden in Hamburg* (Hamburg, 1979), pp. 25–6, 59。
113. Reinhard Rürup, 'Die Emanzipation der Juden in Baden', in Rürup (ed.), *Emanzipation und Antisemitismus*, pp. 58–9.
114. Bernard, 'The Jews in the Habsburg Monarchy', p. 5.
115. Hentsch, *Gewerbeordnung und Emanzipation*, pp. 43–4.
116. Reinhard Rürup, 'The Tortuous and Thorny Path to Legal Equality: Jew Laws and Emancipatory Legislation in Germany from the Late Eighteenth Century', *Leo Baeck Institute Yearbook* 31 (1986), pp. 3–33; 关于解放存在多种"道路"，见 Pierre Birnbaum and Ira Katznelson (eds.), *Paths of Emancipation. Jews, States and Citizenship* (Princeton, 1995), 特别是 p. 11。
117. [Anon.], 'Berlin, 12 March', *Der Orient. Berichte, Studien und Kritiken für jüdische Geschichte und Literatur* 9/13, 25 March 1848, pp. 97–9, here p. 98.
118. 治安法官诺伊曼致位于奥特河畔的法兰克福省政府的信，1847年4月27日于兰茨贝格内政部，见 Gebhard Falk (ed.), *Die Revolution 1848/49 in Brandenburg. Eine Quellensammlung* (Frankfurt, 1998), pp. 52–4。
119. Cited in Manfred Gailus, 'Food Riots in Germany in the Late 1840s', *Past & Present* 145/1 (1994), pp. 157–93, here p. 177.
120. Riff, 'Anti-Jewish Aspects', p. 28.
121. Daniel Gerson, 'Die Ausschreitungen gegen die Juden im Elsass 1848', *Bulletin des Leo Baeck Instituts* 87 (1990), pp. 29–44.
122. Cited in ibid., pp. 32–3.

123. Ibid., p. 34.
124. Ibid., pp. 38–9.
125. Stefan Rohrbacher, *Gewalt im Biedermeier. Antijüdische Ausschreitungen in Vormärz und Revolution* (1815–1848/49) (Frankfurt, 1993), p. 182.
126. 'Preßburg, 18. März', *Der Orient* 9/15, 8 April 1848, p. 118.
127. 'Stuhlweißenburg [the German name for Székesfehérvár], 14 April 1848', ibid. 9/18, 29 April 1848, p. 144.
12. Deak, *The Lawful Revolution*, p. 113; 'Grätz, 17 April 1848', *Der Orient* 9/18, 29 April 1848, p. 140.
129. 'Von der Werra, 7. Mai', *Der Orient* 9/21, 20 May 1848, p. 162.
130. Riff, 'Anti-Jewish Aspects', pp. 29–35.
131. Ibid.
132. 关于图斯内尔作品的意义和影响，参见 Jean-Philippe Schreiber, 'Les Juifs, rois de l'époque d'Alphonse Toussenel, et ses avatars. Le spéculation vue comme anti-travail au XIXe siècle', *Revue belge de philologie et d'histoire* 79/2 (2001), pp. 533–46; Emil Lehouck, 'Utopie et antisémitisme. Le cas d'Alphonse Toussenel', in *Société de l'histoire de la revolution à la veille des journées de Fevier，1848, les utopismes sociaux. Utopie et action à la veille des journées de Février* (Paris, 1981), pp. 151–60。
133. Oliver Schulz, 'Der "jüdische Kapitalist". Anmerkungen zu Ursprung und Entwicklung eines antisemitischen Stereotyps im Frankreich der 1840er-Jahre', in Mareike König and Oliver Schulz (eds.), *Antisemitismus im 19. Jahrhundert aus internationaler Perspektive* (Göttingen, 2019), pp. 41–58.
134. 关于这一作用，参见 Rainer Erb and Werner Bergmann, *Die Nachtseite der Judenemanzipation. Der Widerstand gegen die Integration der Juden in Deutschland, 1780–1860* (Berlin, 1989), pp. 38–9。
135. 关于巴登，参见 Riff, 'Anti-Jewish Aspects', p. 29; 'Preßburg, 13 April 1848', *Der Orient* 9/18, 29 April 1848, p. 143。
136. Deak, *The Lawful Revolution*, pp. 85–6.
137. 'Gleiwitz, 3. Mai', *Der Orient* 9/23, 3 June 1848, p. 180.
138. 对于这些调解行动富有洞见的分析，参见 Ignazio Veca, 'La strana emanci-pazione: Pio IX e gli ebrei nel lungo Quarantotto', *Contemporanea* 17/1 (2014), pp. 3–30, here p. 21。
139. Ibid., p. 22.
140. Luigi Vincenzi, *Alcuni pensieri sopra gli atti di beneficenza del Sommo Pontefice Papa Pio IX. felicemente regnante verso gli Ebrei di Roma, e sopra vari commenti manifestati al pubblico su questo proposito ovvero L'Ebraismo in Roma e nell'Impero innanzi e dopo l'era volgare* (Rome, 1848), p. vi.

141. Ibid., p. 102.
142. Veca, 'La strana emancipazione', p. 17.
143. Spizzichino, 'Pio IX e l'Università degli Ebrei di Roma', pp. 301–6; Salo W. Baron, 'The Impact of the Revolution of 1848 on Jewish Emancipation', *Jewish Social Studies* 11/3 (1949), pp. 195–248, here p. 227.
144. Anton Bettelheim, *Berthold Auerbach. Der Mann, Sein Werk, Sein Nachlaß* (Stuttgart and Berlin, 1907), pp. 211–2.
145. Cited in Reinhard Rürup, 'Progress and Its Limits. The Revolution of 1848 and European Jewry', in Dieter Dowe, Heinz-Gerhard Haupt, Dieter Langewiesche and Jonathan Sperber (eds.), *Europe in 1848. Revolution und Reform, trans. David Higgins* (New York and Oxford, 2001), pp. 749–64, here p. 753.
146. Anon., 'Judenverfolgung und die Judensache', *Österreichisches Central-Organ für Glaubensfreiheit, Cultur, Geschichte und Literatur der Juden*, 24 March 1848, pp. 78–80.
147. Deak, *The Lawful Revolution*, pp. 314–5.
148. Ibid., pp. 113–4.
149. 'Miskolz, 20. April', *Der Orient* 9/21, 20 May 1848, pp. 165–6.
150. Reinhard Rürup, 'Die "Judenfrage" im 19. Jahrhundert', in Hans-Ulrich Wehler, *Sozialgeschichte heute. Festschrift für Hans Rosenberg zum 70. Geburtstag* (Göttingen, 1974), pp. 388–415, here p. 398.
151. 这种进步犹太人与1848年以前的自由派领导人之间"心照不宣的联盟"是以下著作的中心议题之一，Catherine Horel, 'Les Juifs de Hongrie 1825–1849. Problèmes d'assimilation et d'émancipation', doctoral thesis, Paris, 1993。
152. Richard Wagner, *Das Judentum in der Musik* [(1850) Leipzig, 1869], p. 11.
153. Thomas Nipperdey and Reinhard Rürup, *Emanzipation und Antisemitismus. Studien zur 'Judenfrage' der bürgerlichen Gesellschaft* (Frankfurt/Main, 1987); Olaf Blaschke, 'Wider die "Herrschaft des modern-jüdischen Geistes". Der Katholizismus zwischen traditionellem Antijudaismus und modernem Anti-semitismus', in Wilfried Loth (ed.), *Deutscher Katholizismus im Umbruch zur Moderne* (Stuttgart, 1991), pp. 236–65; Michal Frankl, *'Emancipace od židů'* (Emancipation from the Jews). *Český antisemitismus na konci 19. Století* (Prague, 2007).
154. Victor Tissot, *Chez les Tziganes* (Paris, 1899), p. 26; discussion in Moses Gaster, 'Bill of Sale of Gypsy Slaves in Moldavia', *Journal of the Gypsy Lore Society*, 3rd series, 2/2 (1923), pp. 68–81, here p. 68.
155. Venera Achim, 'Emanciparea țiganilor și programul legislativ al guvernului provizoriu din 1848', *Revista istorică* 20/ 1–2 (2009), pp. 63–72, here pp. 63–4.
156. Elena Marushiakova and Vesselin Popov, 'Gypsy slavery in Wallachia and

Moldavia', 2013, p. 6.consulted online at https://www.researchgate.net/publication/235698657_Gypsy_Slavery_in_Wallachia _and _Moldavia.
157. Mihail Kogălniceanu（他的名字被写成了"Michel de Kogalnitchan"）, *Esquisse sur l'histoire des moeurs et la langue des Cigains, connus en France sous le nom de Bohémiens, suivie d'un receuil de sept cents mots cigains* (Berlin, 1837), p. iv。
158. Raluca Tomi, 'Abolitionismul românesc la 1848. Influente, trăsături', *Revista istorică* 20/1–2 (2009), pp. 47–61, here p. 54.
159. Ibid., p. 59.
160. *Anul 1848 în Principatele Române. Acte şi documente*, vol. 2 (Bucharest, 1902), doc. no. 578, pp. 105–6, discussion in Achim, 'Emanciparea ţiganilor', p. 64.
161. Achim, 'Emanciparea ţiganilor', pp. 68–9.
162. Ibid., p. 70.
163. 演说词随后发表：Gioacchino Ventura, *Elogio funebre di Daniello O'Connell membro del Parlamento Britannico, recitato nei solenni funerali celebratigli nei giorni 28 e 30 giugno dal Rmo. P. D. Gioacchino Ventura ex Generale de' Chierici Regolari. Consultore della Sacra Congregazione de' Riti ed Esaminatore dei Vescovi e del Clero Romano* (Rome, 1847)。对演说及其影响的讨论，参见 E. Costa, 'Da O'Connell a Pio IX. Un capitolo del cristianesimo sociale del P. Gioacchino Ventura' (1847), in L. Morabito (ed.), *Daniel O'Connell. Atti del Convegno di Studi nel 140° Anniversario della Morte* (Savona, 1990), pp. 93–115; Alberto Belletti, 'Daniel O'Connell's Funeral Oration by Father Gioacchino Ventura, 1847. An Attempted Conciliation between Catholicism and Liberalism as Well as Democracy in Italy', *Nuova Rivista Storica* 100/1 (2016), pp. 219–42。
164. 对扎乌利-萨亚尼演讲的讨论，见 Veca, 'La strana emancipazione', pp. 18–9。
165. Oliver Friggieri, 'L'attività di autori esuli italiani a Malta durante il Risorgimento', *Forum Italicum* 50/3 (2016), pp. 1070–98, doi:10.1177/0014585816678846.
166. Hugo Dezius, *Lessing's Nathan der Weise auf der Berliner Bühne* (Berlin, 1843), esp. p. 10.
167. 感谢舞蹈史学者玛丽昂·康德博士向我介绍这些著作。
168. 这只是 Marlene L. Daut 编写的书目的一小部分，完整书目见 https://www.haitianrevolutionaryfictions.com。关于海地的范例在 19 世纪政治修辞中的存在，参见 Francis Arzalier, 'Exemplarité de la révolution haïtienne', *Présence Africaine*, new series, no. 169 (2004), pp. 33–40。
169. Tomi, 'Abolitionismul românesc', p. 55.
170. 参见菲尔斯特写的导论，Einhorn, *Die Revolution und die Juden in Ungarn*, p. iii。
171. Thomas C. Jones, 'French Republicanism after 1848', in Moggach and Stedman Jones

(eds.), *The 1848 Revolutions and European Political Thought*, pp. 70–93, here pp. 79–80.
172. Nelly Schmidt, '1848 et les colonies. Dimensions françaises, perspectives internationales', in Jean-Luc Mayaud (ed.), *1848. Actes du colloque international du cent cinquantenaire, tenu à l'Assemblée nationale à Paris, les 23–25 février 1998* (Paris, 2002), pp. 373–88; 关于奴隶制与巴黎革命之间联系的随机性, 参见 Shelby T. McCloy, *The Negro in the French West Indies* (Westport, 1974), p. 147。
173. Myriam Cottias, 'Gender and Republican Citizenship in the French West Indies, 1848–1945', *Slavery & Abolition* 26/2 (2005), pp. 233–45.
174. Benjamin Fagan, ' "The North Star" and the Atlantic 1848', *African American Review* 47/1 (2014), pp. 51–67, here p. 60.

第七章

1. 一个几乎同时代的人对这幅画做了解释, 确定画中人物, 并补充了故事细节, 见 C. L. 德比为下书写的注释: Pennsylvania Academy of the Fine Arts (ed.), *Catalogue of the Thirty-Fifth Annual Exhibition of the Pennsylvania Academy of the Fine Arts, 1858* (Philadelphia, 1858), p. 14。另参见(细节更多的) Anon., 'Scene in the French Revolution of 1848', in Buffalo Fine Arts Academy (ed.), *Catalogue of the Permanent Collection of Sculpture and Paintings*, with Some Additions (Buffalo, 1907), pp. 39–40。
2. Cited in Maurice Agulhon, *The Republican Experiment 1848–1852*, trans. Janet Lloyd (Cambridge, 1983), p. 40.
3. Thus Charles Robin, Cited in Maurice Dommanget, *Auguste Blanqui et la révolution de 1848* (Paris, 1972), p. 34.
4. *Le Peuple, Le Représentant du peuple, L'Ami du peuple, La Sentinelle du peuple, La Souveraineté du peuple, La Presse du peuple, Le Réveil du peuple, Le Peuple souverain, Le Peuple constituant*. 关于这些名称中隐含的对代议制的主张, 参见 Samuel Hayat, *1848. Quand la République était révolutionnaire. Citoyenneté et représentation* (Paris, 2014), pp. 97–8。
5. Daniel Stern [Marie d'Agoult], *Histoire de la révolution de 1848* (2nd edn, Paris, 1862), vol. 2, p. 38; Rémi Gossez, *Les Ouvriers de Paris* (Paris, 1967), pp. 10–14.
6. Stern [d'Agoult], *Histoire de la révolution de 1848*, vol. 2, pp. 4–6.
7. 这是 Hayat, *1848. Quand la République était révolutionnaire* 研究的中心论点。
8. 这是埃利亚斯·勒尼奥的解读, 他认为委员会是温和自由派部长设计的一种手段, 用以剥夺路易·勃朗的政治影响力, 同时又利用它平息激进运动。See Élias Regnault, *Histoire du Gouvernement provisoire* (2nd edn, Paris, 1850), p. 126.
9. 转引自 Hayat, *1848. Quand la République était révolutionnaire*, pp. 93–5. 本书对这些

事件的叙述紧跟阿亚提出的论点。
10. Marc Caussidière, *Mémoires de Caussidière. Ex-préfet de police et représentant du peuple* (Bruxelles, 1848), p. 64.
11. Rüdiger Hachtmann, *Berlin 1848. Eine Politik-und Gesellschaftsgeschichte der Revolution* (Bonn, 1997), p. 291.
12. Cited in ibid., pp. 24, 27.
13. Paul Boerner, *Erinnerungen eines Revolutionärs. Skizzen aus dem Jahre 1848* (Leipzig, 1920), vol. 2, p. 48.
14. Hachtmann, *Berlin 1848*, pp. 275–7.
15. Ibid., p. 278.
16. Boerner, *Erinnerungen eines Revolutionärs*, vol. 2, pp. 56–9.
17. Hachtmann, *Berlin 1848*, pp. 251–4.
18. Peter Amann, 'A "Journée" in the Making: May 15, 1848', *The Journal of Modern History* 42/1 (1970), pp. 42–69, here p. 51.
19. Stern [d'Agoult], *Histoire de la révolution de 1848*, vol. 2, p. 121.
20. Louis Blanc, *Pages d'histoire de la révolution de février 1848* (Paris, 1850), p. 109.
21. Ibid., p. 114.
22. See esp. 'Paris, 17 Avril', *La Réforme*, 17 April 1848, p. 1.
23. Blanc, *Pages d'histoire*, pp. 115–6.
24. 'Manifeste de M. Ledru-Rollin' and 'Encore une conspiration', *L'Assemblée Nationale*, 16 April 1848, no. 47, p. 1.
25. Stern [d'Agoult], *Histoire de la révolution de 1848*, vol. 2, pp. 182–3.
26. Aurélien Lignereux, *La France rébellionnaire. Les résistances à la gendarmerie (1800–1859)*, (Rennes, 2008).
27. Thomas R. Christofferson, 'The French National Workshops of 1848. 观点来自 Provinces', *French Historical Studies* 11/4 (1980), pp. 505–20。
28. 关于 1848 年 4 月的选举暴力事件，参见 Olivier Ihl, 'The Ballot Box and the Shotgun. Electoral Violence during the 1848 French Constituent Assembly Election', trans. Jennifer Fredette, *Revue française de science politique* (English) 60/1 (2010), pp. 1–29, esp. pp. 1–2, 5–11, DOI: 10.3917/rfspe.601.0001。
29. George Fasel, 'Urban Workers in Provincial France, February–June 1848', *International Review of Social History* 17/2 (1972), pp. 661–74, here pp. 669–71.
30. André Dubuc, 'Les émeutes de Rouen et d'Elbeuf (27, 28 et 29 avril 1848)', *Etudes d'histoire moderne et contemporaine* 2 (1948), pp. 243–75, here pp. 262–4; 另参见 John M. Merriman, 'Social Conflict in France and the Limoges Revolution of April 27, 1848', *Societas. A Review of Social History*, 4 (1974), pp. 21–38。

31. Dubuc, 'Les émeutes de Rouen', p. 274.
32. Karl Haenchen, 'Flucht und Rückkehr des Prinzen von Preußen im Jahre 1848', *Historische Zeitschrift* 154/1 (1936), pp. 32–95, here pp. 40–1.
33. Boerner, *Erinnerungen eines Revolutionärs*, vol. 2, p. 173.
34. Ibid., vol. 2, p. 182.
35. 通知的文本由编者 E. 门克-格吕克特提供, ibid., vol. 2, p. 300 n.189。
36. Ibid., vol. 2, p. 212.
37. Ibid., vol. 2, p. 173.
38. Hachtmann, *Berlin 1848*, p. 343.
39. Boerner, *Erinnerungen eines Revolutionärs*, vol. 2, p. 212.
40. Karl Griewank, 'Friedrich Wilhelm Held und der vulgäre Liberalismus und Radikalismus in Leipzig und Berlin 1842–49',PhD thesis (Rostock, 1922), cited in Wilmont Haacke, 'Johann Friedrich Wilhelm Franz Held', *Neue Deutsche Biographie* 8 (1969), pp. 462–3, https://www.deutsche-biographie.de/pnd116681896.html#ndbcontent.
41. 例如，参见 'Auch die Tischlergesellen', 'Die Marqueurs und Feuerburschen', 'Eine Deputation von Buchdrucker-und Schiftgießergehilfen', *Wiener Abendzeitung. Tägliches Ergänzungsblatt der "Sonntagsblätter"*, nos. 13 and 14, Monday, 10 April 1848, and Tuesday, 11 April 1848, pp. 56, 59。
42. 'Neuigkeits-Courier', *Allgemeine Theaterzeitung*, no. 81, Tuesday, 4 April 1848, p. 327.
43. Herwig Knaus and Wilhelm Sinkovicz, *Wien 1848. Reportage einer Revolution* (Vienna, 1998), pp. 82–3.
44. 'Anonyme Drohbriefe', *Wiener Abendzeitung*, no. 15, Wednesday, 12 April 1848, p. 63.
45. 'Die Liguorianerinnen!', ibid., no. 12, Saturday, 8 April 1848, p. 52.
46. Peter Frank-Döfering, *Die Donner der Revolution über Wien. Ein Student aus Czernowitz erlebt 1848* (Vienna, 1988), pp. 67–8. 关于"猫叫音乐会"和其他"音乐"抗议形式，参见 Wolfgang Häusler, 'Marseillaise, Katzenmusik und Fuchslied als Mittel sozialen und politischen Protests in der Wiener Revolution 1848', in Barbara Boisits (ed.), *Musik und Revolution. Die Produktion von Identität und Raum durch Musik in Zentraleuropa 1848/49* (Vienna, 2013), pp. 37–80。
47. Frank-Döfering, *Die Donner der Revolution über Wien*, pp. 69–70.
48. Anton Füster, *Memoiren vom März 1848 bis Juli 1849. Beitrag zur Geschichte der Wiener Revolution* (2 vols., Frankfurt/Main, 1850), vol. 1, pp. 90, 98–9.
49. Ibid., vol. 1, p. 108; 关于该城的激进化，参见 R. John Rath, 'The Failure of an Ideal. The Viennese Revolution of 1848', *The Southwestern Social Science Quarterly* 34/2 (1953), pp. 3–20。
50. 'Ein Nationalgardist der bis um 12 Uhr am Josefsplatz war', *Die Sturmpetition in der*

Burg (Vienna, 1848), 小册子见于网站 Wienbibliothek im Rathaus, https://www.digital. wienbibliothek.at/wbrobv/content/pageview/1980040, pp. 3–4。

51. 博尔科夫斯基致他父母的信，1848 年 6 月 3 日，in Frank-Döfering, *Die Donner der Revolution über Wien*, pp. 75–87, here pp. 78–9。
52. Paul Ginsborg, *Daniele Manin and the Venetian Revolution* (Cambridge, 1979), p. 183.
53. 'Adresse der Mannheimer Volksversammlung an die badische Kammer (27.2. 1848)', in Hans Fenske (ed.), *Vormärz und Revolution. Quellen zur deutschen Revolution 1840–1849* (Darmstadt, 1996), pp. 264–5.
54. Frank Möller, 'Die lokale Einheit der bürgerlichen Bewegung bis 1848', *Historische Zeitschrift. Beihefte*, new series, 16, *Stadt und Bürgertum im Übergang von der traditionalen zur modernen Gesellschaft* (1993), pp. 391–412, here p. 398.
55. Hans Blum, *Robert Blum. Ein Zeit-und Charakterbild* (Leipzig, 1878), p. 213; Ralf Zerback, *Robert Blum. Eine Biografie* (Leipzig, 2007), pp. 112, 187.
56. Karl Biedermann, *Mein Leben und ein Stück Zeitgeschichte* (2 vols., Breslau, 1886), vol. 1, p. 327.
57. Ludwig Häusser, *Denkwürdigkeiten zur Geschichte der badischen Revolution* (Heidelberg, 1851), p. 115.
58. Jan Randák, 'Symbolické chování v revoluci 1848: Revoluční Móda', *Český lid* 93/1 (2006), pp. 49–69, here pp. 58–9; 关于时尚与革命在德意志的结合，参见 Isabella Belting, *Mode und Revolution. Deutschland 1848/49* (Hildesheim, 1997)。
59. Hans Blum, *Robert Blum*, p. 259.
60. Häusser, *Denkwürdigkeiten*, p. 121.
61. Friedrich Hecker, *Die Erhebung des Volkes in Baden für die deutsche Republik im Frühjahr 1848* (Basel, 1848), pp. 30, 34, 41, 45.
62. Amalie Struve, *Erinnerungen aus den badischen Freiheitskämpfen. Den deutschen Frauen gewidmet* (Hamburg, 1850), pp. 31–2.
63. Hecker, *Die Erhebung des Volkes in Baden*, pp. 35, 46.
64. Hecker, *Die Erhebung des Volkes in Baden*, p. 1.
65. Struve, *Erinnerungen aus den badischen Freiheitskämpfen*, pp. 33–4.
66. Friedrich Hecker, 'Weiblichkeit und Weiberrechtelei', in Hecker, *Reden & Vorlesungen von Friedrich Hecker* (St. Louis and Neustadt an der Haardt, 1872), pp. 92–119; Sabine Freitag, ' "Rasende Männer und weinende Weiber". Friedrich Hecker und die Frauenbewegung', *Österreichi sche Zeitschrift für Geschichtswiss-enschaften* 9/4 (1998), pp. 568–75; 关于施特鲁韦卷入军火运输，参见 Struve, *Erinnerungen aus den badischen Freiheitskämpfen*, p. 33。

67. Struve, *Erinnerungen aus den badischen Freiheitskämpfen*, p. 36.
68. Hecker, *Die Erhebung des Volkes in Baden*, pp. 1, 2, 8.
69. 这首歌可以追溯至19世纪30年代的一首激进主义歌曲，对其改编的分析，参见 Michael Kohlstruck and Simone Scheffler, 'Das "Heckerlied" und seine antisemitische Variante. Zu Geschichte und Bedeutungswandel eines Liedes', in Michael Kohlstruck and Andreas Klärner, *Ausschluss und Feindschaft. Studien zu Antisemitismus und Rechtsextremismus. Festschrift für Rainer Erb* (Berlin, 2011), pp. 135–58。
70. Cited in Hans Blum, *Robert Blum*, p. 306.
71. George Fasel, 'The Wrong Revolution. French Republicanism in 1848', *French Historical Studies* 8/4 (1974), pp. 654–77, here p. 655.
72. D. B. Grigg, 'The World's Agricultural Labour Force 1800–1970', *Geography* 60/3 (1975), pp. 194–202.
73. Hans Kudlich, *Rückblicke und Erinnerungen* (3 vols., Vienna, Pest and Leipzig, 1873), vol. 1, p. 65.
74. Paul Ginsborg, 'Peasants and Revolutionaries in Venice and the Veneto, 1848', *The Historical Journal* 17/3 (1974), pp. 503–50, here pp. 516–7, 521(quotation).
75. Christof Dipper, 'Rural Revolutionary Movements. Germany, France, Italy', in Dieter Dowe, Heinz-Gerhard Haupt, Dieter Langewiesche and Jonathan Sperber (eds), *Europe in 1848. Revolution und Reform*, trans. David Higgins (New York and Oxford, 2001), pp. 416–40, here p. 420.
76. 古索的庄园管理人致莱布斯地区治安法官卡贝的报告，1848年3月26日，见 Gebhard Falk (ed.), *Die Revolution 1848/1849 in Brandenburg. Eine Quellensammlung* (Frankfurt, 1998), pp. 80–82。
77. Louis Clarenc, 'Les Troubles de La Barousse en 1848', *Annales du Midi* 63 (1951), pp. 329–48.
78. Robert von Friedeburg, 'Dörfliche Gesellschaft und die Integration sozialen Protests durch Liberale und Konservative im 19. Jahrhundert. Desiderate und Perspektiven der Forschung im deutsch-englischen Vergleich', *Geschichte und Gesellschaft 17/3, Neue Aspekte der reichsdeutschen Sozialgeschichte 1871–1918* (1991), pp. 311–43, here p. 336.
79. 'Votice po r. 1848', consulted online at https://www.mesto-votice.cz/votice-po-r-1848/d-4527.
80. 从城市到乡村的旅行仿佛一场穿越时间之旅，关于这点，参见 Nina Lübbren, Rural Artists' Colonies in Europe, 1870–1910 (Manchester, 2001), pp. 145–7。
81. Josef Mooser, *Ländliche Klassengesellschaft 1770–1848. Bauern und Unter-schichten,*

Wirtschaft und Gewerbe im östlichen Westfalen (Göttingen, 1984), pp. 247–8.
82. Giovanni Cantoni, 'Sulle condizioni economico-morali del contadino in Lombardia', *L'Italia del popolo*, 分三部分出版：(1) no. 60, 20 July 1848, p. 1, col. 4–p. 2, col. 2; (2) no. 61, 21 July 1848, p. 1, col. 3–p. 2, col. 2; (3) no. 65, 25 July 1848, p. 1, col. 2–p. 2, col. 1, here part 1, p. 2, col. 1。
83. Dipper, 'Rural Revolutionary Movements', pp. 419, 422.
84. Ginsborg, *Daniele Manin and the Venetian Revolution*, p. 174.
85. 19世纪中叶奥斯曼农民倾向于站在中央政权一边，对抗压迫他们的地方要人，关于这一趋势，参见 E. Attila Aytekin, 'Peasant Protest in the Late Ottoman Empire: Moral Economy, Revolt, and the Tanzimat Reforms', *International Review of Social History* 57/2 (2012), pp. 191–227, here pp. 219–20。
86. Giovanni Cantoni, 'Sulle condizioni economico-morali', part 1, p. 2, col. 1.
87. Ibid., part 2, p. 1, col. 3.
88. Ibid., part 1, p. 2, col. 1.
89. Ibid., part 3, p. 2, col. 1.
90. Ibid.
91. Fasel, 'The Wrong Revolution', pp. 654, 667–8.
92. Nicolas Stoskopf, 'La fondation du comptoir national d'escompte de Paris, banque révolutionnaire (1848)' in *Histoire, économie et société* 21/3 (2002), pp. 395–411, here pp. 396, 397, 401, 409.
93. Els Witte, *Belgische republikeinen. Radicalen tussen twee revoluties (1830–1850)* (Antwerpen, 2020), pp. 282–3.
94. Rémi Gossez, 'La résistance à l'impôt. Les quarante-cinq centimes', *Bibliothèque de la Révolution de 1848* 15 (1953), pp. 89–132, here p. 92.
95. Claudio Zanier, 'Freschi, Gherardo', *Dizionario biografico degli Italiani* 50 (1998). Consulted online at https://www.treccani.it/enciclopedia/gherardo-freschi_(Dizionario-Biografico)/.
96. Ginsborg, *Daniele Manin and the Venetian Revolution*, p. 167.
97. Ginsborg, 'Peasants and Revolutionaries', pp. 535–6; Ginsborg, *Daniele Manin and the Venetian Revolution*, pp. 14–5, 21, 177, 302.
98. 关于"对新农奴制的批判"，参见 Béla K. Király, 'Neo-Serfdom in Hungary', *Slavic Review* 34/2 (1975), pp. 269–78, esp. pp. 272–3, 278。
99. Gábor Pajkossy, 'Kossuth and the Emancipation of the Serfs', in Péter, Martyn Rady and Peter Sherwood (eds.), *Lajos Kossuth Sent Word…Papers Delivered on the Occasion of the Bicentenary of Kossuth's Birth* (London, 2003), pp. 71–80, here p. 71.
100. Lászlo Péter, 'Introduction', in ibid., pp. 1–14, here p. 5.

101. Wolfgang Höpken, 'The Agrarian Question in Southeastern Europe', in Dowe et al., *Europe in 1848*, pp. 443–71, here p. 447.
102. Róbert Hermann, 'Kossuth, Parliamentary Dictator', in Péter et al. (eds.), *Lajos Kossuth Sent Word*, pp. 41–69, here p. 58; Höpken, 'The Agrarian Question', pp. 449–50.
103. Robert W. Gray, 'Bringing the Law Back In. Land, Law and the Hungarian Peasantry before 1848', *The Slavonic and East European Review* 91/3 (2013), pp. 511–34.
104. Höpken, 'The Agrarian Question', pp. 455–6.
105. Cited in Coloman Benda, 'La question paysanne et la révolution hongroise en 1848', *Études d'histoire moderne et contemporaine* 2 (1948), pp. 221–30, here p. 223.
106. Benda, 'La question paysanne', p. 225.
107. Istvan Deak, *The Lawful Revolution. Louis Kossuth and the Hungarians 1848–1849* (New York, 1979), pp. 116–7.
108. Nicolae Bălcescu, 'Despre starea socială a muncitorilor plugari în Principatele române în deosebite timpuri'（关于不同时期多瑙河沿岸邦国农夫的社会地位）, *Magazinu istoricu pentru Dacia* 2 (1846), pp. 229–46; 关于强制没收，参见 pp. 235–6。
109. James Morris, 'The European Revolutions of 1848 and the Danubian Principality of Wallachia', PhD Thesis, Cambridge University, 2019, p. 24.
110. Nicolae Bălcescu, 'Discurs despre împroprietărirea țăranului'(1848), cited in Alex Drace-Francis, *The Traditions of Invention. Romanian Ethnic and Social Stereotypes in Historical Context* (Leiden, 2013), p. 51.
111. 全文（罗马尼亚语）可查询 'Proclamația de la Islaz', Wikisource, https://ro.wikisource.org/wiki/Proclamația_de_la_Islaz; last consulted 27 November 2021。
112. Cited in Morris, *The European Revolutions of 1848*, p. 111.
113. 扬·约内斯库·德·拉·布拉德是副总统，但是比起地主兼有名无实的总统亚历山德鲁·拉科维策，布拉德起到了更积极的塑造作用。
114. Morris, *The European Revolutions of 1848*, p. 115.
115. Ibid., p. 7.
116. Cited in ibid., p. 116.
117. Morris, *The European Revolutions*, p. 115.
118. Ibid., p. 120.
119. 例如在奥地利帝国，尽管法律由库德利希起草、经制宪会议通过，但是新绝对主义政权设定了将农民与耕地相分割所必需的补偿安排。See E. Niederhauser, 'La emancipación de los siervos in Hungría en Europa Oriental', in Jacques Godechot (ed.), *La abolición del feudalismo en el mundo occidental*, trans. Pilar López Máñez (Madrid, 1971), pp. 194–200. W. von Hippel, 'El régimen feudal en Alemania en el siglo XVIII y su disolución', in ibid., pp. 102–15; Rainer Koch, 'Die Agrarrevolution

in Deutschland 1848. Ursachen–Verlauf–Ergebnisse', in Dieter Langewiesche (ed.), *Die Deutsche Revolution von 1848/49* (Darmstadt, 1983), pp. 362–94.

120. V. Léoutre, Rapport au Citoyen Ministre de l'Intérieur sur la situation politique et matérielle du département de la Meuse, Bar-sur-Ornain, 25 May 1848, transcribed in Pierre Braun, 'Le département de la Meuse en 1848', *La Révolution de 1848. Bulletin de la Société d'histoire de la Révolution de 1848* 6/36 (1910), pp. 391–404.

121. Morris, *The European Revolutions of 1848*, p. 99.

122. Léoutre, Rapport au Citoyen Ministre de l'Intérieur, p. 401.

123. 由此，让·鲍德里亚的表述传达了一种类似后马克思时代对"群众"的费解性和消极性的困惑，见 Jean Baudrillard, *In the Shadow of the Silent Majorities, or The End of the Social and Other Essays*, trans. Paul Foss, Paul Patton and John Johnston (New York, 1983)。与我同代的许多人文学科本科生类似，我在20岁出头时为鲍德里亚着迷。后来，我对这种似乎更关注神秘性而不是阐释的解释模式感到厌倦。但这篇文章依然强有力地展现出这样一种症候，即政治分析脱离了所谓构成"社会"的大多数人民的愿望和行为。

124. Kudlich, *Rückblicke und Erinnerungen*, vol. 1, p. 285.

125. Ibid., vol. 2, pp. 106–7. 关于自由派没能理解农民问题，参见 Ernst Brückmüller, 'Das Agrarproblem in den europäischen Revolution von 1848', in Helgard Frohlich, Margarete Grandner and Michael Weinzierl (eds.), *1848 in europüischen Kontext* (Vienna, 1999), pp.35–59。

126. 'Tessete, o donzelle, / bandiere e cocarde, / fa l'alme gagliarde / l'invito d'amor!' Mauro Stramacci, *Goffredo Mameli, tra un inno e una battaglia* (Rome, 1991), p. 57.

127. Michele Calabrese, 'Il Canto degli Italiani: genesi e peripezie di un inno', *Quaderni del 'Bobbio'. Rivista di approfondimento culturale dell'I.I.S. "Norberto Bobbio" di Carignano* 3 (2011), p. 105–40, here pp. 108–9.

128. Cited in Benedict Anderson, *Imagined Communities. Reflections on the Origin and Spread of Nationalism* (London and New York, 2006), p. 103.

129. Axel Körner, *1848. A European Revolution? International Ideas and National Memories of 1848*, 2nd rev. edn (Basingstoke, 2004).

130. 关于吸引了这一地区众多知识分子的"斯拉夫-达尔马提亚"混合体，参见 Konrad Clewing, *Staatlichkeit und nationale Identitätsbildung. Dalmatien in Vormärz und Revolution* (Munich, 2001)。

131. Cited in ibid., p. 324.

132. Dominique Kirchner Reill, *Nationalists Who Feared the Nation. Adriatic Multi-Nationalism in Habsburg Dalmatia, Trieste, and Venice* (Stanford, 2012), p. 184.

133. Cited in Hugh LeCaine Agnew, 'Noble Natio and Modern Nation. The Czech Case',

Austrian History Yearbook 23 (1992), pp. 50–71, here p. 71.
134. Rita Krueger, *Czech, German and Noble. Status and National identity in Habsburg Bohemia* (Oxford, 2009), p. 31.
135. Clewing, *Staatlichkeit und nationale Identitätsbildung*, p. 223.
136. Jonathan Sperber, 'Festivals of National Unity in the German Revolution of 1848–1849', *Past & Present* 136/1 (1992), pp. 114–38.
137. Lawrence Cole and Hans Heiss, 'Unity Versus Difference. The Politics of Region-Building and National Identities in Tyrol, 1830–1867', in Lawrence Cole (ed.), *Different Paths to the Nation. Regional and National Identities in Central Europe and Italy, 1830–1870* (Houndsmills, 2007), pp. 37–59.
138. Ginsborg, *Daniele Manin and the Venetian Revolution*, p. 253.
139. Peter Judson, *The Habsburg Empire. A New History* (Cambridge, Mass., 2016), p. 201.
140. 'Ulkomaalta', *Suometar*, 22 April 1848, p. 4.
141. Enrico Francia, *1848. La rivoluzione del Risorgimento* (Bologna, 2012), pp. 142–3.
142. Ibid., p. 144.
143. 4月9日报告，转引自 Ginsborg, *Daniele Manin and the Venetian Revolution*, p. 165。
144. Cited in Francia, *1848. La rivoluzione del Risorgimento*, p. 145.
145. Camillo Cavour, *Il Risorgimento*, no. 74, 23 March 1848, p. 1, excerpted in Giuseppe Talamo, *Cavour. Con una nota introduttiva di Giuliano Amato* (Rome, 2010), pp. 152–5, here p. 152.
146. 关于这一术语，参见 '3.1140 Secret Protocol between Austria and Sardinia against France', in Douglas A. Gibler (ed.), *International Military Alliances 1648–2008* (2 vols., Washington DC, 2009), vol. 1, p. 127。
147. 例如5月底，在撤离的命令到达之前，那不勒斯和托斯卡纳正规军和志愿者的一支小分队竭力抵挡拉德茨基率领的、人数占优势的奥地利军队。他们拖延了足够长的时间，使得戈伊托的皮埃蒙特军队有时间准备抵御奥地利人即将对其阵地发起的进攻。See Ginsborg, *Daniele Manin and the Venetian Revolution*, p. 172.
148. Christopher Duggan, *The Force of Destiny. The History of Italy since 1796* (London, 2007), p. 171. 书中这些事件做了精彩的解释性概述。
149. Harry Stearns, *1848: The Revolutionary Tide in Europe* (New York, 1974), p. 137.
150. Ibid., pp. 138–9.
151. Enrico Dandolo, *The Italian Volunteers and the Lombard Rifle Brigade. Being an Authentic Narrative of the Organisation, Adventures and Final Disbanding of These Corps, in 1848–49* (London, 1851), pp. 56, 77–8, 93, 133–4.
152. Ibid., pp. 148（克罗地亚人），45（129人），89–90（城市里的对手），41（口号）。

153. 参见 1849 年增订版前言：Carlo Cattaneo, *Dell'insurrezione di Milano nel 1848 e della successiva Guerra. Memorie* (Lugano, 1849), pp. iii–iv。
154. Cattaneo, *Dell'insurrezione di Milano*, p. 289.
155. Axel Körner, 'National Movements against Nation States. Bohemia and Lombardy between the Habsburg Monarchy, the German Confederation and Piedmont-Sardinia', in Moggach and Stedman Jones (eds.), *The 1848 Revolutions and European Political Thought*, pp. 345–82, here p. 375.
156. Carlo Cattaneo, 'La città considerata come principio ideale delle istorie italiane'; 文章连载于 *Crepuscolo*, nos. 42 (pp. 657–9), 44 (pp. 689–93), 50 (pp. 785–90) and 52 (pp. 817–21), 日期分别为 1858 年 10 月 17 日、10 月 31 日、12 月 12 日、12 月 16 日。引文出自 *Crepuscolo*, 42, p. 657。
157. Franz Schuselka, *Das Revolutionsjahr März 1848–März 1849* (2nd edn, Vienna, 1850), pp. 83–6.
158. Daniel Rapant, 'Slovak Politics in 1848–1849', *The Slavonic and East European Review* 27/68 (1948), pp. 67–90, here p. 82.
159. Vlasta Švoger, 'Political Rights and Freedoms in the Croatian National Revival and the Croatian Political Movement of 1848–1849: Re-establishing Continuity', *The Hungarian Historical Review* 5/1 (2016), pp. 73–104, here pp. 76–7。关于克罗地亚人定居地的复杂政治结构，参见 Wolfgang Häuser, 'Der kroatisch-cenarische konflikt von, 1848 und die Krise der Habsburger Monarchie', in Heiner Timmermann (ed.), *1848. Revolution in Europa. Verlauf, Folgen und wirkungen* (Berlin, 1999), pp. 209–30, esp. pp. 214–6。
160. 亚尔内维奇日记，1843 年 4 月 12 日, in Irena Lukšić (ed.), *Dnevnik* (Karlovac, 2000), pp. 217–8。
161. Paul Lendvai, *The Hungarians. A Thousand Years of Victory in Defeat*, trans. Ann Major (London, 2021), p. 229.
162. Aleksandra Kolarić, 'Ivan Kukuljević i narodna zahtijevanja 1848. godine', *Papers of the Institute for Scientific Research of the Croatian Academy of Sciences and Arts* 6–7 (1994), pp. 117–21, here pp. 117–9.
163. Kolarić, 'Ivan Kukuljević i narodna zahtijevanja'; 要求的全文（只有克罗地亚语）可见于 https://hr.wikisource.org/wiki/Zahtijevanja_naroda。
164. Mijat Stojanović, *Sgode i nesgode moga života*, ed. Dinko Župan, Stanko Andrić and Damir Matanović (Slavonski Brod and Zagreb, 2015), p. 66.
165. Ibid., p. 66.
166. Ibid., p. 67.
167. Ibid., p. 78.

168. 日记条目，3月24日与27日，in Jarnević, *Dnevnik*, ed. Lukšić et al., pp. 337–8。
169. Vlasta Švoger, 'Political Rights and Freedoms in the Croatian National Revival and the Croatian Political Movement of 1848–1849. Reestablishing Continuity', *The Hungarian Historical Review* 5/1 (2016), pp. 73–104, here p. 76.
170. 日记条目，3月18日，4月16日，in Jarnević, *Dnevnik*, ed. Lukšić et al., pp. 337, 339。
171. 关于作为爱国历史学家的帕拉茨基，参见 Monika Baar, *Historians and Nationalism. East-Central Europe in the Nineteenth* Century (Oxford, 2010), pp. 29–35, 241。
172. 弗朗齐歇克·帕拉茨基致法兰克福国民议会"五十人委员会"，1848年4月11日，in František Palacký (ed.), *Gedenkblatter* (Prague, 1874), pp. 149–51。
173. Maria Wawrykowa, 'Der Slavenkongreß 1848 und die Polen', *Jahrbücher für Geschichte Osteuropas*, new series, 27/1 (1979), pp. 100–108.
174. 关于议会中的波兰泛斯拉夫主义，参见 Alexander Maxwell, 'Walerjan Krasínski, Panslavism and Germanism (1848): Polish Goals in a Panslav Context', *New Zealand Slavonic Journal* 42 (2008), pp. 101–20。
175. 波兰化的乌克兰贵族列昂·萨佩哈亲王的回忆，转引自 Lawrence D. Orton, 'Did the Slavs Speak German at Their First Congress?', *Slavic Review* 33/3 (1974), pp. 515–21, here p. 517。
176. Robert E. Alvis, *Religion and the Rise of Nationalism. A Profile of an East-Central European City* (Syracuse, NY, 2005), p. 163.
177. Salo W. Baron, 'The Impact of the Revolution of 1848 on Jewish Emanci-pation', *Jewish Social Studies* 11/3 (1949), p. 236.
178. Wolfgang Kohte, *Deutsche Bewegung und preussische Politik im Posener Lande 1848–49* (Posen, 1931), pp. 19–45, esp. pp. 35–6. 该书持民族主义立场，但以档案为基础，描述了动员波兹南德语居民对抗波兰民族委员会的活动。
179. Otto Holzapfel, 'Deutsch-dänische Grenz-und Abgrenzungsschwierigkeiten. Patriotismus und Nationalismus im Spiegel einiger schleswig-holsteinischer Liederbücher von 1802 bis 1864', *Jahrbuch für Volksliedforschung* 27/28 (1982/1983), pp. 225–34, here p. 232.
180. 志愿者的角色和影响，参见 Anne-Claire Ignace, 'Le volontaire international, acteur du printemps des peuple', 论文提交给了2018年5月31日至6月2日在巴黎索邦大学举办的研讨会"1848年'人民之春'的欧洲参与者——纪念1848年革命170周年国际研讨会"。
181. Kohte, *Deutsche Bewegung und preussische Politik*, pp. 39, 40, 65, 70, 84–5, 100, 108; 关于个体"极端主义者"在搅弄螺旋上升的风潮时的作用，参见 Körner, 'National Movements against Nation States', p. 361。
182. 'Petition by the Ukrainian people of Galicia, which has been passed to His Majesty

through the hands of His Excellency the Governor of Galicia, Franz Count Stadion', in Rudolf Wagner (ed.), *Die Revolutionsjahre 1848/49 im Königreich Galizien-Lodomerien (einschließlich Bukowina). Dokumente aus österreichischer Zeit* (Munich, 1983), pp. 26–8.

183. 关于加利西亚乌克兰人的备忘录，写作目的是澄清他们当前的状况，1848 年 7 月 31 日由位于伦贝格的鲁塞尼亚议会发布，ibid., pp. 34–43。

184. （波兰）加利西亚人致（位于维也纳的奥地利帝国）各大臣的备忘录，关于加利西亚的分裂，1848 年 11 月 27 日，见 ibid., pp. 61–73。

185. Wilhelm Jordan 在全德制宪国民议会第 46 次会议上的发言，1848 年 7 月 2 日，见 Franz Wigard (ed.), *Stenographischer Bericht über die Verhandlungen der deutschen constituirenden National-versammlung zu Frankfurt am Main* (2 vols., Frankfurt/Main, 1848), pp. 1144–5。

186. Ibid., p. 1144. 关于"堂区辩论的背景和影响"，参见 Wolfgang Wippermana, "'Gesunder Volksegoismus'. Vorgeschichte, Verlauf und Folgen dar Polendebatte in der Paulskirche', in Timmermann (ed.), *1848*, pp. 351–65。

187. Lawrence C. Jennings, 'French Diplomacy and the First Schleswig-Holstein Crisis', *French Historical Studies* 7/2 (1971), pp. 204–25, here pp. 209, 210, 216, 219–25.

188. 关于来自其他欧洲国家的压力，见 Winfried Baumgart, *Europäisches Konzert und nationale Bewegung. Internationale Beziehungen 1830–1878* (Paderborn, 1999), pp. 324–5; W. E. Mosse, *The European Powers and the German Question, 1848–1871. With Special Reference to England and Russia* (Cambridge, 1958), pp. 18–9。

189. 细节参见网站 Historisches Museum Frankfurt。阅览网址：https://www.historisches-museum-frankfurt.de/de/node/33850。

190. 罗伯特·布卢姆致珍妮·布卢姆（本姓金特），1848 年 10 月 4 日，转引自 Hans Blum, *Robert Blum*, p. 449。

191. 梅特涅致拉德茨基，1847 年 8 月 22 日，维也纳，见 Richard de Metternich and M. A. de Klinkowstrœm (eds.), *Mémoires. Documents et écrits divers laissés par le prince de Metternich* (8 vols., Vienna, 1880–84), vol. 7 (1883), doc. no. 1632, p. 476。

192. Schuselka, *Das Revolutionsjahr*, vol. 1, p. 185.

193. Priscilla Robertson, *Revolutions of 1848. A Social History* (Princeton, 1952), p. 115. 关于自由派和激进派革命者的批判，这些人混淆了宪法权利和国民权利；另参见 Georgios Varoufakis, '1848 and British Political Thought on the Principle of Nationality', in Moggach and Stedman Jones (eds.), *The 1848 Revolutions and European Political Thought*, pp. 140-161, here p. 158; 关于保守派的批判，Richard Smittenaar, 'Feelings of Alarm. Conservative Criticism of the Principle of Nationality in Mid-Victorian Britain', *Modern Intellectual History* 14/2 (2017), pp. 365–91。

194. Stanley Z. Pech, *The Czech Revolution of 1848* (Chapel Hill, 1969), p. 185. 关于民族主义在德意志案例中的破坏作用，参见 Matthew Levinger, *Enlightened Nationalism: The Transformation of Prussian Political Culture 1806–1848* (Oxford, 2000), p. 225。1848 年及之后哈布斯堡王朝内的捷克人与德意志人的紧张对立，参见 Jeremy King, *Budweisers into Czechs and Germans: A Local History of Bohemian Politics 1848–1948* (Princeton, 2005), pp. 22–30。
195. Alphonse de Lamartine, *Histoire de la Révolution de 1848* (2 vols., Paris, 1849), vol. 2, p. 123.
196. Agulhon, *The Republican Experiment*, pp. 36–7.
197. Émile Thomas, *Histoire des Ateliers Nationaux. Considérés sous le double point de vue politique et social, des causes de leur formation et de leur existence, de l'influence qu'ils ont exercée sur les événements des quatre premiers mois de la République, suivi des pièces justificatives* (Paris, 1848), p. 31, 但"懒惰"的危险是反复出现的主题，参见 pp. 89, 93, 141, 207。
198. Donald Cope McKay, *The National Workshops: A Study of the French Revolution of 1848* (Cambridge, Mass., 1933), p. 40.
199. Thomas, *Histoire des Ateliers Nationaux*, p. 88.
200. Ibid., p. 31.
201. Amann, 'A "Journée" in the Making', pp. 48–50.
202. Ibid., pp. 51–2.
203. Alexis de Tocqueville, *Recollections*, trans. George Lawrence, ed. J. P. Meyer and A. P. Kerr (London, 1970), p. 117.
204. Ibid., p. 118.
205. Jill Harsin, *Barricades: The War of the Streets in Revolutionary Paris, 1830–1848* (London, 2002), p. 289.
206. Estienne Hennet de Goutel (ed.), *Mémoires du général marquis Alphonse d'Hautpoul, pair de France (1789–1865)* (Paris, 1906), p. 310.
207. 1848 年，甚至在共产主义根本不存在的地方也出现了对共产主义的恐慌，关于这一点，参见 Bertel Nygaard, 'The Specter of Communism. Denmark 1848', *Contributions to the History of Concepts*, 11/1 (2016), pp. 1–23。
208. 巴黎警长的报告，1848 年 5 月 29 日，参见 Roger Price (ed.), *Documents on the French Revolution of 1848* (Basingstoke, 1996), pp. 79–81。
209. 关于这一场景，参见 Jonathan Beecher, *Writers and Revolution. Intellectuals and the French Revolution of 1848* (Cambridge, 2021), p. 67；引言出自 Maurice Toesca, *Lamartine ou l'amour de la vie* (Paris, 1969), p. 451。
210. 乔治·桑致艾蒂安·阿拉戈，1848 年 5 月 16 日，转引自 Beecher, *Writers and*

Revolution, p. 104。

211. Agulhon, *The Republican Experiment*, p. 55.
212. Cited in Christopher Guyver, *The French Second Republic, 1848–1852: A Political Reinterpretation* (New York, 2016), p. 117.
213. Guyver, *The French Second Republic*, p. 119.
214. Thomas, *Histoire des Ateliers Nationaux*, p. 285.
215. 这记录在一篇关于特雷拉的文章中，文章载于 1848 年汇编的一份令人瞩目的纲要中，它介绍了国民议会的代表。Anon. (ed.), *Biographie impartiale des représentants du peuple à l'Assemblée Nationale* (Paris, 1848), pp. 464–5.
216. Cited in 'Pujol, Louis, Ferdinand', *Le Maitron. Dictionnaire biographique. Mouvement ouvrier. Mouvement social*, consulted at https://maitron.fr/spip.php?article36644.
217. Hippolyte Monin, 'Notice sur Louis Pujol', and Louis Pujol, 'Prophéties des jours sanglants', *La Révolution de 1848. Bulletin de la Société d'histoire de la Révolution de 1848* 1/4 (1904), pp. 132–7.
218. 街垒是"呼吁谈判"之地，而 1848 年 6 月之前人们的决议并不允许这种谈判发生。我对此的关注受益于 Alexandre Frondizi, 'Le pronunciamento en contexte républicain. Une pratique révolutionnaire intercontinentale?', 该论文被提交给 2018 年 12 月 12—14 日在巴黎社会科学高等研究院举办的国际研讨会"1848 年的世界"。
219. 以下研究是对这些事件的基础性分析，我的论述获益于此，参见 Jennifer E. Sessions, 'Colonizing Revolutionary Politics: Algeria and the French Revolution of 1848', *French Politics, Culture & Society* 33/1 (2015), pp. 75–100, here p. 86。
220. Ibid., 'Colonizing Revolutionary Politics'; also Allyson Jaye Delnore, 'Empire by Example?: Deportees in France and Algeria and the Re-Making of a Modern Empire, 1846–1854', *French Politics, Culture & Society* 33/1 (2015), pp. 33–54. 应当注意的是，尽管一大批被流放者被送到阿尔及利亚的罪犯流放地，但新殖民地的绝大多数人口是有农耕经验的劳动阶级志愿者。1848 年，他们受临时政府的鼓励前往殖民地，希望在非洲开始新的生活。See Yvette Katan, 'Les colons de 1848 en Algérie. Mythes et réalités', *Revue d'histoire moderne et contemporaine* 31/2 (1984), pp. 177–202.
221. 对大主教死亡原委的司法分析，参见 R. Limouzin-Lamothe and J. Leflon, *Mgr Denys-Auguste Affre, archevêque de Paris (1793–1848)* (Paris, 1971), pp. 350–4。
222. Mike Rapport, *1848, Year of Revolution* (London, 2008), p. 202.
223. Cited in ibid., p. 184.
224. Alexander Herzen, *My Past and Thoughts. The Memoirs of Alexander Herzen*, trans. Constance Garnett, rev. Humphrey Higgins (4 vols., London, 1968), vol. 3, pp. 22–3. 以赛亚·伯林为这版写了导论。

225. Ibid., vol. 3, p. 24.
226. Marc Caussidière, *Memoirs of Citizen Caussidière, Ex-Prefect of Police, and Representative of the People* (2 vols., London, 1848), vol. 2, p. 243.
227. 参见 Beecher, *Writers and Revolution*, pp. 214–6, 239, 附带引文的材料来源。就知识分子如何处理 1848 年巴黎的事件，我的理解深受比彻精彩论述的启发。
228. ibid., pp. 185–93, 附带引文的材料来源。
229. 乔治·桑致马克·迪弗赖斯，1848 年 7 月 4 日；乔治·桑致夏洛特·马利亚尼，1848 年 7 月中，皆转引自上书 pp. 107–8。
230. Karl Marx, 'Französische Republik', *Neue Rheinische Zeitung*, Thursday, 29 June 1848, p. 1.
231. 对这一问题的经典处理，见 Mark Traugott, 'Determinants of Political Orientation: Class and Organization in the Parisian Insurrection of June 1848', *American Journal of Sociology* 86/1 (1980), pp. 32–49。
232. Beecher, *Writers and Revolution*, cited at p. 107.
233. R. H. Thurston (ed.), *Reflections on the Motive Power of Heat, from the Original French of N.-L.-S. Carnot, Accompanied by an Account of Carnot's Theory by Sir William Thomson (Lord Kelvin)* (2nd edn, New York, 1897), p. 125.
234. Stephen G. Brush, 'The Development of the Kinetic Theory of Gases. VIII: Randomness and Irreversibility', *Archive for History of Exact Sciences* 12/1 (1974), pp. 1–88, here pp. 19–32; Anon., 'Rudolf Julius Emanuel Clausius', *Proceedings of the American Academy of Arts and Sciences* 24 (May 1888–May 1889), pp. 458–65.
235. R[udolf] Clausius, 'Ueber die bewegende Kraft der Wärme und die Gesetze, welche sich daraus für die Wärmelehre selbst ableiten lassen', *Annalen der Physik* 155/3 (1850), pp. 368–97; 关于克劳修斯和熵，见 Brush, 'Kinetic Theory', pp. 29–30; Anon., 'Rudolf Julius Emanuel Clausius', p. 460。
236. Józef Bem, *O Machinach Parowych* (Lviv, 1829); 关于 1848 年的"公民-科学家"，见 Jonathan Barbier, 'Les savants-citoyens en 1848', 该论文提交给了 2018 年 5 月 31 日至 6 月 2 日在巴黎索邦大学举办的研讨会"1848 年'人民之春'的欧洲参与者——纪念 1848 年革命 170 周年国际研讨会"。
237. Diana Siclovan, '1848 and German Socialism', in Moggach and Stedman Jones, *The 1848 Revolutions and European Political Thought*, pp. 254–75, here pp. 266–7.
238. 关于亥姆霍兹与机体延迟，参见 Henning Schmidgen, 'Brain-Time Experi-ments: Acute Acceleration, Intensified Synchronization and the Belatedness of the Modern Subject', in Dan Edelstein, Stefanos Geroulanos and Natasha Wheatley (eds.), *Power and Time* (Chicago, 2020), pp. 223–48; K. M. Olesko and F. L. Holmes, 'Experiment, Quantification and Discovery: Helmholtz's Early Physiological Researches, 1843–50',

in D. Cahan (ed.), *Hermann von Helmholtz and the Foundations of Nineteenth-Century Science* (Berkeley, 1993), pp. 50–108; 关于自然科学与社会描述语言之间的象征性关系，参见 Laura Otis, *Networking: Communicating with Bodies and Machines in the Nineteenth Century* (Ann Arbor, 2001), esp. pp. 49–80，120–46; 关于"似水流年"一词引发的文化（尤其是普鲁斯特式的）联想，参见 Marco Piccolino, 'A "Lost Time" between Science and Literature. The "Temps Perdu" from Hermann von Helmholtz to Marcel Proust', *Audiological Medicine* 1/4 (2003), pp. 261–70。

239. 这里我借鉴了以下研究的讨论，Jean-Michel Johnston, *Networks of Modernity. Germany in the Age of the Telegraph, 1830–1880* (Oxford, 2021), pp. 185–6。

240. 论点出自 Traian Ionescu, 'Misiunea lui Al. Gh. Golescu la Paris în 1848', *Revista de Istorie* 27 (1974), pp. 1727–46。感谢詹姆斯·莫里斯让我注意到这篇文章。

第八章

1. Francesco Michitelli, *Storia degli ultimi fatti di Napoli fino a tutto il 15 maggio 1848* (Napoli, 1849), p. 120.
2. Ibid., pp. 120, 132, 139–40.
3. 获释的政治犯是 1848 年革命城市的象征性人物，让我关注到这一点的是埃琳娜·巴金的 'Political Prisoners and 1848'，该论文提交给了 2018 年 5 月 31 日至 6 月 2 日在巴黎索邦大学举办的"1848 年'人民之春'的欧洲参与者——纪念 1848 年革命 170 周年国际研讨会"；另见 Elena Bacchin, 'Political Prisoners of the Italian Mezzogiorno. A Transnational Question of the Nineteenth Century', *European History Quarterly* 50/4 (2020), pp. 625–49。
4. Michitelli, *Storia degli ultimi fatti di Napoli*, p. 171.
5. Viviana Mellone, *Napoli 1848. Il movimento radicale e la rivoluzione* (Milan, 2017), pp. 100, 123, 124–5, 142.
6. Charles de Mazade, 'Le Roi Ferdinand II et le Royaume des Deux-Siciles. II: Les Révolutions de 1848, la réaction à Naples et le nouveau roi', *Revue des Deux Mondes*, 2nd period, 22/4 (15 August 1859), pp. 797–830, here p. 809.
7. Mellone, *Napoli 1848*, p. 193.
8. Mazade, 'Le Roi Ferdinand II et le Royaume des Deux-Siciles', p. 806.
9. Michitelli, *Storia degli ultimi fatti di Napoli*, p. 180.
10. Ibid., pp. 182–3.
11. Jules Michelet, *Des jésuites* (Paris, 1843), p. 9.
12. Eugène Sue, *The Wandering Jew*, trans. anon. (3 vols., London, 1889), Book III, chaps. 15, 16, 53.
13. Marco Meriggi, *La nazione populista. Il Mezzogiorno e i Borboni dal 1848 all'Unità*

(Bologna, 2021), p. 222.
14. Ignazio Veca, 'Bénir, prêcher, s'engager. L'acteur ecclésiastique du printemps des peuples en France et en Italie', 该论文提交给了"1848年'人民之春'的欧洲参与者——纪念1848年革命170周年国际研讨会"。
15. Mellone, *Napoli 1848*, p. 253.
16. Cited in ibid., p. 254.
17. 内皮尔勋爵致帕麦斯顿子爵，1848年5月16日，那不勒斯，British Government (ed.), *Correspondence Respecting the Affairs of Italy* (London, 1849), vol. 2: *From January to June 30, 1848*, p. 495。
18. Giuseppe Massari, *I casi di Napoli dal 29 gennaio 1848 in poi: Lettere politiche* (Turin, 1849), pp. 148–9.
19. 这一计划的文本见内皮尔勋爵致帕麦斯顿子爵信件的附件，1848年5月14日，那不勒斯，British Government (ed.), *Correspondence Respecting the Affairs of Italy* (London, 1849), vol. 2 (January–30 June 1848), p. 494。
20. 内皮尔勋爵致帕麦斯顿子爵，1848年5月18日，那不勒斯，载 *Correspondence Respecting the Affairs of Italy*, vol. 2, p. 512；费迪南多似乎已经告诉内皮尔，他同意将誓词当中有争议的段落修改如下："我承诺并宣誓忠于宪法，它应当由议会两院和国王一同制定和修改。"内皮尔适时地将此消息报告给帕麦斯顿。但是这一版本的说辞没能获得其他那不勒斯材料的证明。君主一方或许是想通过给自己贴上"君主立宪"的证书，来争取留住英国的支持，而上述说辞是他们采取的部分行动。我就此细节咨询了维维安娜·梅洛内教授，感谢她给出的启发性回复。
21. Mellone, *Napoli 1848*, p. 226.
22. 内皮尔勋爵致帕麦斯顿子爵，1848年5月18日，那不勒斯，*Correspondence Respecting the Affairs of Italy*, vol. 2, p. 512。
23. Mellone, *Napoli 1848*, p. 226.
24. Massari, *I casi di Napoli*, pp. 161–2.
25. Ibid., p. 164.
26. Cited in Mazade, 'Le Roi Ferdinand II et le Royaume des Deux-Siciles', p. 817.
27. Massari, *I casi di Napoli*, p. 193.
28. Mazade, 'Le Roi Ferdinand II et le Royaume des Deux-Siciles', pp. 818–9; Massari, *I casi di Napoli*, p. 190.
29. Massari, *I casi di Napoli*, p. 190.
30. Denis Mack Smith, 'The Revolutions of 1848–1849 in Italy', in Robert Evans and Hartmut Pogge von Strandmann (eds.), *The Revolutions in Europe 1848–1849. From Reform to Reaction* (Oxford, 2000), pp. 55–81, here p. 68.

31. General Schoenhals, *Campagnes d'Italie de 1848 et 1849*, trans. Théophile Gautier fils (Paris, 1859), p. 182.

32. 乔治·汉密尔顿爵士致帕麦斯顿子爵，1848 年 6 月 6 日，佛罗伦萨, in British Government (ed.), *Correspondence Respecting the Affairs of Italy*, vol. 2, p. 577。

33. 威尼斯共和国临时政府致那不勒斯公使，1848 年 5 月 25 日，威尼斯，由马宁、平凯莱、曾纳里署名，见于总理事道金斯致帕麦斯顿子爵信件的附件，1848 年 5 月 28 日威尼斯，ibid., vol. 2, pp. 547–8; Paul Ginsborg, *Daniele Manin and the Venetian Revolution* (Cambridge, 1979), p. 300。

34. Mazade, 'Le Roi Ferdinand II et le Royaume des Deux-Siciles', p. 815.

35. 这一评论是朱塞佩·马萨里从利古里亚语报纸《商业信使报》上的一篇文章中援引的，不过马萨里并没有指出作者姓名，而我也未能找到这一出版物；参见 Massari, *I casi di Napoli*, p. 163。关于反革命信心的传染力，参见 Kurt Weyland, 'Crafting Counterrevolution. How Reactionaries Learned to Combat Change in 1848', *The American Political Science Review* 110/2 (2016), pp. 215–31, here p. 221。

36. 内皮尔勋爵致帕麦斯顿子爵，1848 年 5 月 16 日，那不勒斯，*Correspondence Respecting the Affairs of Italy*, vol. 2, pp. 495–7, here p. 497。

37. Massari, *I casi di Napoli*, pp. 161–2.

38. Meriggi, *La nazione populista*, pp. 197–203.

39. Ibid., pp. 97–100, 187, 197–203.

40. Ibid., pp. 256–8.

41. James Harris, *Let the People Speak! Anti-Semitism and Emancipation in Nineteenth-Century Bavaria* (Ann Arbor, 1994), esp. pp. 132, 114.

42. Wolfgang Schwentker, *Konservative Vereine und Revolution in Preussen, 1848/49. Die Konstituierung des Konservativismus als Partei* (Düsseldorf, 1988), pp. 142, 156–74, 176, 336–8.

43. Friedrich Engels, 'Die neueste Heldentat des Hauses Bourbon', in *Neue Rheinische Zeitung*, no. 1, 1 June 1848, reprinted in Jürgen Herres and François Mélis, *Karl Marx Friedrich Engels. Artikel, Entwürfe, Februar bis Oktober 1848* [= MEGA, section 1, vol. 7] (Berlin, 2016), pp. 40–2.

44. 关于圣仰派的暴行，参见 Tommaso Pedìo, *Giacobini e sanfedisti in Italia meridionale. Terra di Bari, Basilica e Terra d'Otranto nelle cronache del 1799* (Bari, 1974); 更早的叙述，见 Benedetto Maresca, *Il Cavaliere Antonio Micheroux nella Reazione Napoletana del 1799* (Naples, 1895), pp. 240–1; Michael Broers, *The Politics of Religion in Napoleonic Italy. The War against God (1801–1814)*; 关于许多地方队伍的暴力，见 John A. Davis, *Naples and Napoleon. Southern Italy and the European Revolutions (1780–1860)*, pp. 109–10。

45. 梅特涅致拉德茨基，1846 年 3 月 16 日，转引自 Alan Sked, 'The Nationality Problem in the Habsburg Monarchy and the Revolutions of 1848. A Reassessment', in Douglas Moggach and Gareth Stedman Jones (eds.), *The 1848 Revolutions and European Political Thought* (Cambridge, 2018), pp. 322–44, here p. 330。
46. Anne-Sophie Chambost, 'Socialist Visions of Direct Democracy. The Mid-Century Crisis of Popular Sovereignty and the Constitutional Legacy of the Jacobins', in Moggach and Stedman Jones (eds.), *The 1848 Revolutions and European Political Thought*, pp. 94–119, here p. 103.
47. Otto von Bismarck, *Gedanken und Erinnerungen* (2 vols., Stuttgart, 1898), vol. 1, p. 20.
48. 关于激进组织网络在德意志莱茵地区乡村民众中的力量，参见 Michael Wettengel, *Die Revolution von 1848/1849 im Rhein-Main-Raum. Politische Vereine und Revolutionsalltag im Großherzogtum Hessen, Herzogtum Nassau und in der Freien Stadt Frankfurt* (Wiesbaden, 1989)；关于法国乡村激进化的两个经典研究，见 Philippe Vigier, *La Seconde République dans la Région Alpine. Étude politique et sociale* (2 vols., Paris, 1963), vol. 2: *Les Paysans*, 以及 Maurice Agulhon, *La République au village. Les Populations du Var de la Révolution à la Seconde République* (Paris, 1970)；另可参见 John Merriman, 'Radicalisation and Repression. A Study of the Demobilisation of the 'Démoc-Socs' during the Second French Republic', in Roger Price, *Revolution and Reaction. 1848 and the Second French Republic* (London, 1975), pp. 210–35; Roger William Magraw, 'Pierre Joigneaux and Socialist Propaganda in the French Countryside, 1849–1851', *French Historical Studies* 10/4 (1978), pp. 599–640。关于证实了索阿雷观察的 1851 年农村起义，参见 Ted W. Margadant, *French Peasants in Revolt. The Insurrection of 1851* (Plinceton, 1979)。
49. Paul Raphaël, 'La loi du 31 mai 1850', *Revue d'histoire moderne et contem-poraine* 14/3 (1910), pp. 296–331; Thomas Kühne, *Dreiklassenwahlrecht und Wahlkultur in Preußen, 1867–1914. Landtagswahlen zwischen korporativer Tradition und politischem Massenmarkt* (Düsseldorf, 1994)；对三级选举权制度更为积极的观点，参见 Hedwig Richter, *Moderne Wahlen. Eine Geschichte der Demokratie in Preußen und den USA im 19. Jahrhundert* (Hamburg, 2017), esp. pp. 252–63。
50. Cited in Erich Eyck, *Bismarck and the German Empire* (3rd edn, London, 1968), p. 116.
51. Alfred Meißner, *Ich traf auch Heine in Paris. Unter Künstlern und Revolutionären in den Metropolen Europas*, 查阅网站 Projekt Gutenberg，无页码，参见《布拉格的革命阶段》("Revolutionstage in Prag") 一章。网址 https://www.projekt-gutenberg.org/meissner/heinepar/chap010.html。
52. Stanley Z. Pech, *The Czech Revolution of 1848* (Chapel Hill, 1969), pp. 47–52.
53. Josef Polišenský, *Aristocrats and the Crowd in the Revolutionary Year 1848. A*

Contribution to the History of Revolution and Counter-Revolution in Austria (New York, 1980), p. 111.
54. Pech, *The Czech Revolution*, p. 51.
55. Mirjam Moravcová, 'Sociální složení členů pražského sboru "Svornost" v roce 1848', *Český Lid* 68/1 (1981), pp. 34–42.
56. Meißner, *Ich traf auch Heine in Paris*.
57. Ibid.
58. Michael Michner, 'Revoluce 1848 v Českých Budějovicích', *Magisterská diplomová práce/Master's thesis* (Olomouc, 2020).
59. Anon., *Alfred, Fürst zu Windischgrätz, k.k. Feldmarschall-Leutnant und kommandirender General in Böhmen. Eine treue, unpartheiische Darstellung der letzten Prager Ereignisse, nach authentischen Quellen bearbeitet, nebst zwei Original-Aktens-tücken und einer biographischen Lebensskizze des Fürsten* (2nd edn, Vienna, 1848) pp. 16–7.
60. 'Zpráwy z Prahy', *Pražský wečerní list*, no. 1 (1 June 1848), pp. 1–2.
61. Franz Schuselka, *Das Revolutionsjahr März 1848–März 1849* (2nd edn, Vienna, 1850), p. 108.
62. Anon., *Alfred, Fürst zu Windischgrätz*, p. 20.
63. Pech, *The Czech Revolution*, p. 148.
64. 'Votice po r. 1848', consulted online at https://www.mesto-votice.cz/votice-po-r-1848/d-4527.
65. *Pražský wečerní list*, 17 August 1848, p. 1.
66. Pech, *The Czech Revolution*, pp. 160, 162–3, 165, 223.
67. Carlo Zucchi, *Memorie del Generale Carlo Zucchi, ed. Nicomede Bianchi* (Milan, Turin, 1861), p. 127. 祖基也表达了对某些志愿者队伍行动的敬重，不过他的大部分叙述都不是在赞美，见 pp. 109, 128, 164。
68. 拉德茨基对他手下军官和士兵的影响，参见 Le comte de [Joseph Alexander, Graf von] Hübner, *Une année de ma vie. 1848–1849* (Paris, 1891), pp. 35, 65。
69. Ginsborg, *Daniele Manin and the Venetian Revolution*, pp. 190–1.
70. Ibid., pp. 183, 242–3.
71. Ibid., p. 206.
72. Ibid., p. 192.
73. D. Laven, 'The Age of Restoration', in J. A. Davis (ed.), *Italy in the Nineteenth Century* (Oxford, 2000), pp. 51–73, here pp. 67–9.
74. Ernst Fischer, *Österreich 1848. Probleme der demokratischen Revolution in Oesterreich* (Vienna, 1946), p. 89.
75. Gabriella Hauch, *Frau Biedermeier auf den Barrikaden. Frauenleben in der Wiener*

Revolution (Vienna, 1990), p. 206.
76. Anton Füster, *Memoiren vom März 1848 bis Juli 1849. Beitrag zur Geschichte der Wiener Revolution* (2 vols., Frankfurt am Main, 1850), vol. 2, p. 101.
77. Hauch, *Frau Biedermeier auf den Barrikaden*, p. 207.
78. Albert Rosenfeld, *Das Studenten-Comité in Wien im Jahre 1848. Zum Besten deutscher Flüchtlinge in der Schweiz* (Bern, 1849), p. 108.
79. Hauch, *Frau Biedermeier auf den Barrikaden*, p. 208.
80. Rosenfeld, *Das Studenten-Comité in Wien*, pp. 109–10.
81. Fischer, *Österreich 1848*, p. 91.
82. 结论来自 Rosenfeld, *Das Studenten-Comité in Wien*, p. 110。
83. Rosenfeld, *Das Studenten-Comité in Wien*, p. 110.
84. 'Der Herr Minister Schwarzer und die 5 Kreuzer', *Wiener Gassenzeitung*, no. 79, 25 August 1848, p. 1.
85. 库尔默致耶拉契奇，1848 年 8 月 27 日，维也纳，转引自 G. E. Rothenberg, 'Jelačić, the Croatian Military Border and the Intervention against Hungary', *Austrian History Yearbook* 1 (1965), p. 59。
86. 本亚明·克瓦尔日记，1848 年 9 月 12 日，Wolfgang Gasser (ed.), *Erlebte Revolution 1848/49. Das Wiener Tagebuch des jüdischen Journalisten Benjamin Kewall* (Vienna and Munich, 2010), p. 182。
87. Alexander Maxwell, 'Hungaro-German Dual Nationality. Germans, Slavs, and Magyars during the 1848 Revolution', *German Studies Review* 39/1 (2016), pp. 17–39.
88. Hans Kudlich, *Rückblicke und Erinnerungen* (3 vols., Vienna, Pest and Leipzig, 1873), vol. 3, pp. 4–5.
89. Ibid., vol. 3, p. 8.
90. Ibid., vol. 3, pp. 9–11.
91. Ibid., vol. 3, pp. 12–4.
92. Ibid., vol. 3, p. 17.
93. Priscilla Robertson, *Revolutions of 1848. A Social History* (Princeton, 1952), pp. 238–9.
94. Rosenfeld, *Das Studenten-Comité in Wien*, p. 154.
95. Robertson, *Revolutions of 1848*, p. 239. 据安东·菲斯特回忆，拉图尔将军遇害时，是菲施霍夫而非戈德马克将拉图尔护在怀里，见 Füster, *Memoiren vom März 1848 bis Juli 1849*, vol. 2, p. 181。
96. Füster, *Memoiren vom März 1848 bis Juli 1849*, vol. 2, pp. 180–1.
97. Rosenfeld, *Das Studenten-Comité in Wien*, p. 155.
98. Kudlich, *Rückblicke und Erinnerungen*, vol. 3, p. 24.
99. Rosenfeld, *Das Studenten-Comité in Wien*, pp. 156–7.

100. Leopold Auspitz (ed.), *Das Infanterie-Regiment Freiherr von Heß Nr. 49. Eine Chronik* (Telchen, 1889), p. 71.
101. Rosenfeld, *Das Studenten-Comité in Wien*, pp. 169–71.
102. Cited in Ibid., pp. 173–4.
103. Bertrand Michael Buchmann, 'Politik und Verwaltung', in Peter Csendes and Ferdinand Opll (eds.), *Wien. Geschichte einer Stadt* (3 vols., Vienna, 2006), vol. 3: *Von 1790 bis zur Gegenwart*, pp. 85–128, here p. 116.
104. Rosenfeld, *Das Studenten-Comité in Wien*, p. 185.
105. C. A. Ritter, *Tagebuch der letzten Oktober-und ersten November-Tage Wiens. Herausgegeben von dem Redakteur des Wiener-Postillons* (2 vols., Vienna, 1848), vol. 1, p. 17.
106. 布卢姆致珍妮·布卢姆，1848年10月17日，转引自 Ralf Zerback, *Robert Blum. Eine Biografie* (Leipzig, 2007), p. 269。下文关于布卢姆生命最后几日的论述借鉴了泽尔巴克所作的出色传记。
107. 布卢姆致党内同志，1848年10月17日，法兰克福，ibid., p. 270。
108. Ibid., p. 271.
109. 许布纳致梅特涅，1845年8月20日，莱比锡，转引自 Zerback, *Robert Blum*, pp. 285–6。
110. Hübner, *Une année de ma vie*, pp. 314, 317.
111. Ibid., p. 421.
112. Ibid., p. 427.
113. Zerback, *Robert Blum*, pp. 289–90.
114. 罗伯特·布卢姆撰写的"Der Held"（"英雄"）词条，载 Robert Blum, K. Herloßsohn and H. Marggraf (eds.), *Allgemeines Theater-Lexikon oder Encyklopädie alles Wissenswerthen für Bühnenkünstler, Dilettanten und Theaterfreunde. Unter Mitwirkung der sachkundigsten Schriftsteller Deutschlands* (7 vols., 1839–42), vol. 4 (1841), pp. 208–9。
115. Steven Beller, *Francis Joseph* (London, 1996), p. 49.
116. Maurice Agulhon, *The Republican Experiment 1848–1852*, trans. Janet Lloyd (Cambridge, 1983), p. 62.
117. Cited in Samuel Hayat, 'Se présenter pour protester. La candidature impossible de François-Vincent Raspail en décembre 1848', *Revue française de science politique* 64/5 (2014), pp. 869–903, here p. 878.
118. Karl Marx, *The Eighteenth Brumaire of Louis Bonaparte*, chap. VII ('Summary'), translated by Saul K. Padover, 译自1869年德语本，https://www.marxists.org/archive/marx/works/1852/18th-brumaire/。
119. D. Barclay, *Friedrich Wilhelm IV and the Prussian Monarchy 1840–1861* (Oxford, 1995),

p. 164.
120. Manfred Botzenhart, *Deutscher Parlamentarismus in der Revolutions-zeit, 1848–1850* (Düsseldorf, 1977), pp. 538–41; Ernst Rudolf Huber, *Deutsche Verfassungsgeschichte seit 1789* (8 vols., Stuttgart, 1957–90), vol. 2: *Der Kampf um Einheit und Freiheit 1830 bis 1850* (1988), pp. 730–2.
121. 日记条目，1848 年 10 月 16 日， 载 Karl August Varnhagen von Ense, *Tagebücher. Aus dem Nachlaß Varnhagen's von Ense* (Leipzig, 1862), vol. 5, pp. 238–9.
122. Ibid., vol. 5, p. 260.
123. 格拉赫致勃兰登堡，1848 年 11 月 2 日，转引自 Barclay, *Friedrich Wilhelm IV*, p. 179。
124. Rüdiger Hachtmann, *Berlin 1848. Eine Politik-und Gesellschaftsgeschichte der Revolution* (Bonn, 1997), pp. 749–52; Botzenhart, *Deutscher Parlamentarismus*, pp. 545–50; Barclay, *Friedrich Wilhelm IV*, pp. 179–81; Sabrina Müller, *Soldaten in der deutschen Revolution von 1848/49* (Paderborn, 1999), p. 299.
125. Jonathan Sperber, *Rhineland Radicals. The Democratic Movement and the Revolution of 1848–1849* (Princeton, 1991), pp. 314–36.
126. Fanny Lewald, *A Year of Revolutions. Fanny Lewald's Recollections of 1848 [1870]*, ed. and trans. Hanna Ballin Lewis (Oxford, 1998), p. 146.
127. Bruce Knox, 'British Policy and the Ionian Islands, 1847–1864. Nationalism and Imperial Administration', *The English Historical Review* 99/392 (1984), pp. 503–29, here pp. 504–5.
128. David Hannell, 'The Ionian Islands under the British Protectorate. Social and Economic Problems', *Journal of Modern Greek Studies* 7/1 (1989), pp. 105–32, here p. 107.
129. Knox, 'British Policy and the Ionian Islands', p. 505.
130. George Ferguson Bowen, *The Ionian Islands under British Protection* (London, 1851), p. 49.
131. Hannell, 'The Ionian Islands', pp. 111, 114.
132. Cited in J. J. Tumelty, 'The Ionian Islands under British Administration, 1815–1864', PhD Thesis, Cambridge University, 1953, p. 125.
133. 一位赞特岛原住民致《泰晤士报》的信，1823 年 1 月 11 日，转引自 Maris Paschalidi, 'Constructing Ionian Identities. The Ionian Islands in British Official Discourses, 1815–1864', PhD Thesis, University College London, 2009, p. 141。
134. Eleni Calligas, ' "The Rizospastai" (Radicals–Unionists). Politics and Nationalism in the British Protectorate of the Ionian Islands, 1815–1864', PhD Thesis, University of London, 1994。
135. Eleni Calligas, 'Lord Seaton's Reforms in the Ionian Islands, 1843–8. A Race with Time', *European History Quarterly*, 24/1 (1994), pp. 2–29, here p. 15.

136. [Bowen], *The Ionian Islands*, p. 147.

137. Ibid., p. 52.

138. Hannell, 'The Ionian Islands', p. 127.

139. Viscount Kirkwall, *Four Years in the Ionian Islands. Their Political and Social Condition, with a History of the British Protectorate* (2 vols., London, 1864), vol. 1, pp. 186, 188, 192.

140. (An Ionian), *The Ionian Islands: what they have lost and suffered under the thirty-five years' administration of the Lord High Commissioners sent to govern them; in reply to a pamphlet entitled 'The Ionian Islands under British protection'* [by G. F. Bowen] (London, 1851), p. 108.

141. (Bowen), *The Ionian Islands*, p. 91.

142. (An Ionian), *The Ionian Islands*, p. 7.

143. Paschalidi, 'Constructing Ionian Identities', p. 234.

144. François Lenormant, *Le Gouvernement des Îles Ioniennes. Lettre à Lord John Russel* [sic] (Paris, 1861), pp. 63–6.

145. Cited in (Bowen), *The Ionian Islands*, p. 93.

146. Cited in (An Ionian), *The Ionian Islands*, pp. xv, xviii, xix.

147. Calligas, 'Constructing Ionian Identities', p. 49 及多处。

148. 沃德勋爵致约翰·罗素爵士，1849年12月8日，转引自 Paschalidi, 'Constructing Ionian Identities', p. 237。

149. 关于这封信的讨论，见 D. Hannell, 'A Case of Bad Publicity. Britain and the Ionian Islands, 1848–1851', *European History Quarterly* 17/2 (1987), p. 139。

150. Enrico Francia, *1848. La rivoluzione del Risorgimento* (Bologna, 2012), p. 142.

151. 对这一神话的精彩研究见 Ignazio Veca, *Il mito di Pio IX. Storia di un papa liberale e nazionale* (Rome, 2018)。早期研究中最好的属以下经典传记：Giacomo Martina, *Pio IX (1846–1850)* (Rome, 1974)。它从教宗本人瞻前顾后的行为和政治手段这一角度，阐释当时的人对教宗的看法。

152. 庇护九世，1848年4月29日训谕，见 J. F. Maclear, *Church and State in the Modern Age. A Documentary History* (New York, 1995), pp. 145–7。

153. Cited in E. E. Y. Hales, *Pio Nono. A Study in European Politics and Religion in the Nineteenth Century* (New York, 1954), p. 79.

154. 玛格丽特·富勒，信件XXIV，5月17日，附在一封写于1848年4月19日罗马的信后，见 Margaret Fuller, *At Home and Abroad; Or Things and Thoughts in America and Europe*, ed. Arthur B. Fuller (London, 1856; repr. Forgotten Books, London, 2013)。

155. David I. Kertzer, *The Pope Who Would be King. The Exile of Pius IX and the Emergence of Modern Europe* (Oxford, 2018), p. 78.

156. 富勒致伊丽莎白·德·温特·克兰奇，1848年5月14日，罗马，见 Robert N.

Hudspeth (ed.), *The Letters of Margaret Fuller* (5 vols., Ithaca, 1988), vol. 5: 1848–49, pp. 64–5。

157. Giuseppe Monsagrati, *Roma senza il Papa. La Repubblica del 1849* (Rome, 2015), pp. 3–4.
158. Luigi Carlo Farini, *Lo stato romano dall'anno 1815 al 1850* (2 vols., Florence, 1853), vol. 2, p. 379.
159. Charles Osborne, *The Complete Operas of Verdi* (New York, 1985), p. 192.
160. Cited in Christopher Duggan, *The Force of Destiny. The History of Italy since 1796* (London, 2007), p. 132.
161. Kertzer, *The Pope Who Would be King*, pp. 183–4.
162. Cristina Giorcelli, 'A Humbug, a Bounder and a Dabbler. Margaret Fuller, Cristina di Belgioioso and Christina Casamassima', in Charles Capper and Cristina Giorcelli (eds.), *Margaret Fuller. Transatlantic Crossings in a Revolutionary Age* (London, 2007), pp. 195–220, here p. 197.
163. 例如，参见 Farini, *Lo stato romano*, vol. 2, p. 29。
164. 玛格丽特·富勒，信件XXX，1849年5月27日，罗马，见 Fuller, *At Home and Abroad*, p. 385。
165. 这一主张出自 Eckart Pankoke, *Sociale Bewegung–Sociale Frage–Sociale Politik. Grundfragen der deutschen 'Socialwissenschaft' im 19. Jahrhundert* (Stuttgart, 1970), p. 176。
166. Lamartine, 'Du droit au travail et de l'organisation du travail' (1844), in Alphonse de Lamartine, *La Politique de Lamartine. Choix de discours et écrits politiques. Précédé d'une étude sur la vie politique de Lamartine* (2 vols., Paris, 1878), vol. 2, pp. 145–65, here p. 165. 拉马丁在1848年9月14日对国民议会的有趣演讲中回归这一主题。当时他将财产定义为"不可改变的事实"，这是父权制社会秩序的基础。他坚称，社会问题的解决之道只能是逐步地将所有阶级纳入一个完美的财产秩序形式，'Le Droit au Travail', ibid., pp. 365–84。
167. Ludwig Häusser, *Denkwürdigkeiten zur Geschichte der badischen Revolution* (Heidelberg, 1851), pp. 168, 215; 但也可参见 p. 152，作者在此提到了由"革命道德"的"残酷教义"鼓动的"俱乐部和党派领导的反政府"活动。
168. Dieter Langewiesche, 'Die Anfänge der deutschen Parteien. Partei, Fraktion und Verein in der Revolution von 1848/49', *Geschichte und Gesellschaft* 4/3 (1978), p. 352.
169. Cited in ibid., p. 350.
170. Hans-Josef Rupieper, 'Sachsen', in Christof Dipper and Ulrich Speck (eds.), *1848. Revolution in Deutschland* (Frankfurt am Main, 1998), pp. 69–81, here p. 79.

171. Norbert Waszek, 'David Friedrich Strauss in 1848', in Moggach and Stedman Jones (eds.), *The 1848 Revolutions and European Political Thought*, pp. 236–53.
172. Jonathan Sperber, *The European Revolutions, 1848–1951* (2nd edn, Cambridge, 2012), pp. 204–5.
173. Sigismund Stern, *Geschichte des deutschen Volkes in den Jahren 1848 und 1849. In zwölf Vorträgen* (gehalten in Berlin) (Berlin, 1850), pp. 253–4.
174. Huber, *Deutsche Verfassungsgeschichte seit 1789*, vol. 2, pp. 821–33.
175. Frank Lorenz Müller, *Die Revolution von 1848/49* (3rd edn, Darmstadt, 2009), pp. 131–2.
176. 文本和简短评论见 https://de.wikipedia.org/wiki/Das_Reden_nimmt_kein_End%E2%80%99。
177. Christoph Klessmann, 'Zur Sozialgeschichte der Reichsverfassungskampagne von 1849', *Historische Zeitschrift* 218/2 (1974), pp. 283–337, 330.
178. Hewitson, ' "The old forms are breaking up,...our new Germany is rebuilding itself". Constitutionalism, Nationalism and the Creation of a German Polity during the Revolutions of 1848–49', *The English Historical Review* 125/516 (2010), pp. 1204–6.
179. W. Hoffmann and A. F. Meissner, *Romantisch-geographische Gemälde des Königreichs Preußen. Nach den besten Quellen als Haus-und Reisebuch bearbeitet* (Nordhausen, 1847), p. 630.
180. Julius Köster, *Die Iserlohner Revolution und die Unruhen in der Grafschaft Mark Mai 1849. Nach amtlichen Akten und Berichten von Zeitgenossen dargestellt* (Berlin, 1899), pp. 71–5.
181. Ibid., pp. 112–3.
182. 参见 Tzschirner et al. 'Bericht der Außerordentlichen Deputation zur Prüfung der Robert Blum's Tödtung betreffenden Fragen', in *Landtags-Acten vom Jahre 1849. Dritte Abtheilung, die von den Ausschüssen der zweiten Kammer erstatteten Berichte enthaltend*, vol. 1 (Dresden, 1849), pp. 19–21。
183. Richard Wagner, 'Die Revolution', *Die Volksblätter*, no. 14, Dresden, Sunday, 8 April 1849; translation cited in E. Michael Jones, *Dionysos Rising. The Birth of Cultural Revolution out of the Spirit of Music* (San Francisco, 1994), pp. 8–9.
184. Müller, *Die Revolution von 1848/49*, p. 134.
185. Jones, *Dionysos Rising*, p. 12.
186. Ibid., p. 13.
187. Albert Förderer, *Erinnerungen aus Rastatt 1849* (Lahr, 1899), p. 126. Förderer 将名字错拼成 'Bönnig'。
188. Müller, *Soldaten in der deutschen Revolution*, p. 124 and passinm.
189. Sperber, *The European Revolutions*, p. 207.

190. George Macaulay Trevelyan, *Garibaldi's Defence of the Roman Republic* (London, 1921), p. 107.
191. Thomas C. Jones, 'French Republicanism after 1848', in Douglas Moggach and Gareth Stedman Jones (eds.), *The 1848 Revolutions and European Political Thought* (Cambridge, 2018), pp. 76–7；关于这一转变，参见 Sudhir Hazareesingh, *From Subject to Citizen. The Second Empire and the Emergence of Modern French Democracy* (Princeton, 1998), and Edward Berenson, *Populist Religion and Left-Wing Politics in France* (Princeton, 1984), pp. 97–126。
192. 该决议牵扯范围广和半宪法的特性是它稳定且灵活的关键因素之一，有关这一点，参见 Wolf D. Gruner, 'Was There a Reformed Balance of Power System or Cooperative Great Power Hegemony?', *The American Historical Review* 97/3 (1992), pp. 725–32。
193. Mariano Barbato, 'A State, a Diplomat and a Transnational Church. The Multi-Layered Actorness of the Holy See', *Perspectives 21/2, The Changing Role of Diplomacy in the 21st Century* (2013), pp. 27–48.
194. Kertzer, *The Pope Who Would be King*, p. 225.
195. Farini, *Lo stato romano*, vol. 4, pp. 3–4, 5.
196. Kertzer, *The Pope Who Would be King*, pp. 188–9.
197. Cited in ibid., p. 243.
198. Walter Bussmann, *Zwischen Preußen und Deutschland. Friedrich Wilhelm IV* (Berlin, 1990), p. 319.
199. Keith Hitchins, *A Concise History of Romania* (Cambridge, 2014), p. 92.
200. James Morris,'The European Revolutions of 1848 and the Danubian Principalities of Wallachia,' PhD Thesis, Cambridge University, 2019, p. 140。
201. 英国领事科洪致帕麦斯顿子爵，1848年4月6日，ibid., pp. 138–9。
202. Cited in ibid., p. 142.
203. 全文以印刷信函的形式递送给了欧洲各地的俄国公使，参见 i'Circulaire addressée par le Comte de Nesselrode, ministre des affaires étrangères de l'Empéreur de toutes les Russies, aux Missions de Russie près les cours d'Europe. En date de St Petersbourg, 1 August 1848', in Georg Friedrich Martens, Friedrich Saalfeld and Frédéric Murhard (eds.), *Archives diplomatiques générales des années 1848 et suivantes, faisant suite au receuil-général et nouveau receuilgénéral de traités, conventions et autres actes remarquables etc.* (2 vols., Göttingen, 1855), vol. 2, pp. 564–9。
204. Morris, *The European Revolutions of 1848*, p. 68.
205. Cited in ibid.，莫里斯对这些事件的精彩叙述让我受益匪浅。
206. Ibid., p. 153.

207. Angela Jianu, *A Circle of Friends. Romanian Revolutionaries and Political Exile, 1840–1859* (Leiden, 2011), p. 131.

208. 关于格尔盖伊与科苏特的分歧和之后的妥协，参见 Arthur Görgey, *My Life and Acts in Hungary in the Years 1848 and 1849* (2 vols., London, 1852), pp. 315–9。

209. Paul Lendvai, *The Hungarians. A Thousand Years of Victory in Defeat* (London, 2021), pp. 239–40.

210. 后来特兰西瓦尼亚介入了克里米亚战争的爆发，关于介入的意义，参见 Eugene Horváth, *Origins of the Crimean War. Documents Relative to the Russian Intervention in Hungary and Transylvania 1848–1849* (Budapest, 1937)。

211. See Simon Sarlin, 'The Anti-Risorgimento as a Transnational Experience,' *Modern Italy* 19/1 (2016), pp. 81–92.

212. Anne-Claire Ignace, 'Le volontaire international. Acteur du printemps des peuples'. 关于1848年加入巴黎街垒战的外国志愿者，参见 Delphine Diaz, 'J'ai fait mon service comme un brave citoyen français'. Parcours et récits de combattants étrangers sur les barricades parisiennes en février et juin 1848', 该论文提交给了"1848年'人民之春'的欧洲参与者——纪念1848年革命170周年国际研讨会"。

213. Karl Marx and Friedrich Engels, *The Class Struggles in France*, IV：'The Abolition of Universal Suffrage in 1850'. consulted online at https://www.marxists.org/archive/marx/works/1850/class-struggles-france/ch04.htm.

214. Ibid., part I: 'The Defeat of June', consulted online at https://www.marxists.org/archive/marx/works/1850/class-struggles-france/ch01.htm.

215. Karl Marx and Friedrich Engels, 'Review. May–October 1850' (Published in *Neue Rheinische Zeitung*. Politisch-ökonomische Revue). consulted online at https://www.marxists.org/archive/marx/works/1850/11/01.htm.

216. Heinrich von Sybel, *Die Begründung des Deutschen Reiches durch Wilhelm I.* (6 vols., 3rd edn, Munich and Berlin, 1913), vol. 2, pp. 48–9.

217. Cited in Bismarck, *Gedanken und Erinnerungen*, vol. 1, p. 95.

218. Cited in Felix Gilbert, *Johan Gustav Droysen und die preussisch-deutsche Frage* (Munich and Berlin, 1931), p. 122.

219. Massimo d'Azeglio, *Timori e speranze* (Turin, 1848), p. 29. 关于意大利政治评论中的现实主义转折，参见 Miroslav Šedivý, *Si vis pacem, para bellum. The Italian Response to International Insecurity 1830–1848* (Vienna, 2021), pp. 241–2, 259–60。

220. Ludwig Rochau, *Grundsätze der Realpolitik, angewendet auf die staatlichen Zustände* (2 vols., 2nd edn, Stuttgart, 1859), vol. 1, p. 1. 这一观念对德意志自由派更普遍的重要性，参见 James Sheehan, *German Liberalism in the Nineteenth Century* (London, 1982), pp. 108–13。

221. Ibid., vol. 1, p. 2.
222. Ibid., vol. 1, p. 11. 关于罗肖，参见 Duncan Kelly, 'August Ludwig von Rochau and Realpolitik as Historical Political Theory', *Global Intellectual History* 3/2 (2018), pp. 301–30。
223. Luigi Angeloni Frusinate, *Della forza nelle cose politiche. Ragionamenti quattro* (London, 1826), p. xv. 安杰洛尼的讨论，参见 Maurizio Isabella, *Risorgimento in Exile. Italian Émigrés and the Liberal International in the Post-Napoleonic Era* (Oxford, 2009), pp. 58–9, 100, 128, 136–7; James H. Billington, *Fire in the Minds of Men. Origins of the Revolutionary Faith*, pp. 114–17, 168–72。
224. Angeloni, *Della forza nelle cose politiche*, pp. 118, 168–70, 171–4.
225. Cour des Pairs (ed.), *Attentat des 12 et 13 Mai 1839. Interrogatoires des accusés* (Paris, 1839), pp.1–3, see above, chap.3.
226. Enrico Dandolo, *The Italian Volunteers and the Lombard Rifle Brigade. Being an Authentic Narrative of the Organisation, Adventures and Final Disbanding of These Corps, in 1848–49* (London, 1851), p. 260.
227. Monsagrati, *Roma senza il Papa*, p. 184.
228. Carlotta Sorba, *Il melodramma della nazione. Politica e sentimenti nell'età del Risorgimento* (Rome and Bari, 2015; 2nd edn, 2021), 多处。
229. 'Er schlinget sich die Binde / Wohl um der Auge Licht / "Oh mein Deutschland, für das ich gestritten / Für das ich im Leben gelitten / Verlass die Freiheit nicht!" '. 英文译文由作者翻译。
230. Förderer, *Erinnerungen aus Rastatt*, pp. 121–2.
231. Richard J. Evans, 'Epidemics and Revolutions. Cholera in Nineteenth-Century Europe', *Past & Present* 120/1 (1988), pp. 123–46, here p. 135.

第九章

1. James Morris, (The European Revolutions and the Danubian Principalities of Wallachia), PhD Thesis, Cambridge University, 2019, p. 115.
2. György Csorba, 'Hungarian Emigrants of 1848–1849 in the Ottoman Empire', in Hasan Celal Güzel, Cem Oğuz and Osman Karatay (eds.), *The Turks* (6 vols., Ankara, 2002), vol. 4: *The Ottomans*, pp. 224–32, here pp. 224–5.
3. 呈交给大维齐尔的备忘录，1849 年 9 月 14 日，档案信息：Grand Vizirate Correspondence Important Documents Chamber, Başbakanlık Osmanlı Arşivleri (BOA = The Prime Minister's Ottoman Archives) A.MKT.MHM.17/16 1 1. 感谢鲍努·图尔纳奥卢在翻译该文件时给予的帮助。
4. M. Şükrü Hanioğlu, *A Brief History of the Late Ottoman Empire* (Princeton, 2008), p. 77.

5. Lawrence Douglas Taylor Hansen, 'Voluntarios extranjeros en los ejércitos liberales mexicanos, 1854–1867', *Historia Mexicana* 37/2 (1987), pp. 405–34, here pp. 407, 408–9, 414–5, 428.
6. Gian Biagio Furiozzi, *L'emigrazione politica in Piemonte nel decennio preunitario* (Florence, 1979), p. 17.
7. Marianne Walle, ' "Le pain amer de l'exil". L'émigration des Allemands révolutionnaires (1848–1850) vers les Etats-Unis', in *Themenportal Europäische Geschichte*, 2007, www.europa.clio-online.de/essay/id/fdae-1397.
8. 关于综述，参见 Sylvia Aprile, Delphine Diaz and Antonin Durand, 'Times of Exile', in Delphine Diaz and Sylvia Aprile (eds.), *Banished. Travelling the Roads of Exile in Nineteenth-Century Europe* (Berlin, 2022), pp. 11–39, here pp. 29–30。
9. Heléna Tóth, 'The Historian's Scales. Families in Exile in the Aftermath of the Revolutions of 1848', *The Hungarian Historical Review* 1/ 3–4 (2012), pp. 294–314, here p. 303; 关于这件事的标准参考论述，参见 Heléna Tóth, *An Exiled Generation. German and Hungarian Refugees of Revolution, 1848–1871* (Cambridge, 2014), p. 58。
10. Walle, ' "Le pain amer de l'exil" '.
11. 这一现象的参考研究为 Tóth, *An Exiled Generation*。
12. Peter MacFie, 'Tasmania–Home for Ireland's Forgotten Rebels of 1848 Who Became Settlers', consulted online at https://petermacfiehistorian.net.au/wpcontent/uploads/Forgotten-Rebels-2017-04-03.pdf.
13. 1848 年 8 月至 9 月，超过 500 人被报告驱逐至菲律宾，参见 Juan Luis Bachero Bachero, 'La deportación en las revueltas españolas de 1848', *Historia Social*, no. 86 (2016), pp. 109–31, here pp. 114–5, 119。
14. Charles Pridham, *Kossuth and Magyar Land. Personal Adventures during the War in Hungary* (London, 1851), p. 200.
15. 这些例子来自 Tóth, 'The Historian's Scales', pp. 297–9, 305–6。
16. Bachero Bachero, 'La deportación en las revueltas españolas', p. 115.
17. Tóth, *An Exiled Generation*, p. 110.
18. Angela Jianu, *A Circle of Friends. Romanian Revolutionaries and Political Exile, 1840–1859* (Leiden, 2011), p. 359.
19. Cited in Csorba, 'Hungarian Emigrants', p. 226.
20. Fabrice Bensimon, '1848, les chartistes et le monde', 该论文提交给了 2018 年 12 月 12—14 日在巴黎举办的国际研讨会 "1848 年的世界"。
21. Casimir [sic] Batthyany, 'The Hungarian Revolution', Paris, 10 December 1851, *The Times*, 30 December 1851, no. 20998, p. 5, cols. 3–6.
22. Bartholomäus Szemere, *Graf Ludwig Batthyány, Arthur Görgei, Ludwig Kossuth.*

Politische Charakterskizzen aus dem ungarischen Freiheitskriege (Hamburg, 1853), part 3: *Ludwig Kossuth*, p. 4. 塞迈雷对科苏特的论述在匈牙利流亡者中激起了愤怒，但也影响了关于匈牙利独立战争的早期历史编纂，尤其是影响了霍瓦特·米哈伊的三卷本著作《匈牙利独立抗争史，1848—1849》，该书 1865 年出版于日内瓦。马克思对匈牙利革命的理解也受塞迈雷的影响，参见 Ruszoly József, 'Az Örök Második'（对塞迈雷的《政治特色》重印本的评论）, *Aetas* 7/1 (1992), pp. 242–6。

23. Jonathan Beecher, 'Lamartine, the Girondins and 1848', in Douglas Moggach and Gareth Stedman Jones (eds.), *The 1848 Revolutions and European Political Thought* (Cambridge, 2018), pp. 14–38, here p. 36.
24. Edward Castleton, 'The Many Revolutions of Pierre-Joseph Proudhon', in Moggach and Stedman Jones (eds.), *The 1848 Revolutions and European Political Thought*, pp. 39–69, here pp. 39–40, 54, 64.
25. Cristina Trivulzio di Belgioioso, *Ricordi dell'esilio*, ed. and trans. Luigi Severgnini (Rome, 1978), p. 45. 这些信件在《国民报》连载了 23 期。关于细节，参见 Maurice Gasnier, '*Je privé Je* politique dans les *Souvenirs dans l'exil* de la princesse Christine Trivulce de Belgiojoso', in Guillaume Pinson (ed.), *La Lettre et la presse. Poétique de l'intime et culture médiatique*, 2021 年 9 月 14 日在 Médias 出版电子版，https://www.medias19.org/publications/la-lettre-et-la-presse-poetique-de-lintime-et-culture-mediatique/je-prive-je-politique-dans-les-souvenirs-dans-lexil-de-la-princesse-christine-trivulce-de-belgiojoso。
26. Belgioioso, *Ricordi dell'esilio*, pp. 49–50.
27. *Nostis et Nobiscum. On the Church in the Pontifical States*，1849 年 12 月 8 日发布于那不勒斯，https://www.papalencyclicals.net/pius09/p9nostis.htm。
28. Cited in David I. Kertzer, *The Pope Who Would be King. The Exile of Pius IX and the Emergence of Modern Europe* (Oxford, 2018), p. 310.
29. Ibid., p. 50.
30. Barbara Spackman, 'Hygiene in the Harem. The Orientalism of Cristina di Belgioioso', *MLN* 124/1 (2009), pp. 158–76.
31. Lara Michelacci, 'Cristina Trivulzio di Belgioioso allo specchio dell'oriente', *Lettere Italiane* 66/4 (2014), pp. 580–95.
32. Cristina Trivulzio di Belgioioso, 'Della presente condizione delle donne e del loro avvenire', in *Nuova antologia di scienze, lettere ed arti* 1 (1866), pp. 96–113.
33. [István Szécheny], *Ein Blick auf den anonymen 'Rückblick' welcher für einen vertrauten Kreis, in verhältnismässig wenigen Exemplaren im Monate Oktober 1857, in Wien, erschien* (London, 1859).

34. Anton Füster, *Memoiren vom März 1848 bis Juli 1849. Beitrag zur Geschichte der Wiener Revolution* (2 vols., Frankfurt am Main, 1850), vol. 2, pp. 180–1.
35. Ibid., vol. 2, p. 302.
36. See 'Utóhang a "Politikai Divatok" -hoz', in Mór Jókai, *Politikai Divatok* [= *Összes Művei* [Collected Works] vol. 17] (Budapest, 1894), pp. 445–52, here pp. 445–6.
37. Jókai, *Politikai Divatok*, pp. 140–1.
38. Ibid., pp. 422–3.
39. 这一暗示来自 Catherine Horel, 'La mémoire de 1848 en Hongrie. Lajos Kossuth et István Széchenyi', 该论文提交给了 2018 年 5 月 31 日至 6 月 2 日在巴黎索邦大学举办的研讨会 "1848 年'人民之春'的欧洲参与者——纪念 1848 年革命 170 周年国际研讨会"。感谢奥雷尔教授提醒我关注约考伊的非凡小说。
40. Jókai, *Politikai Divatok*, pp. 428–29.
41. Miles Taylor, 'The 1848 Revolutions and the British Empire', *Past & Present* 166/1 (2000), pp. 146–80, here p. 172.
42. Anon., *New York Herald*, 20 March 1848 (Editorial).
43. Anon., *El Mercurio*, 30 May 1848, Cited in Cristián Gazmuri, *El '48' Chileño. Igualitarios, reformistas radicales, masones y bomberos* (Santiago de Chile, 1999), p. 64.
44. Anon., *Courrier de la Martinique*, 27 March 1848, Cited in Édouard de Lépine, *Dix semaines qui ébranlèrent la Martinique*, 25 mars–4 juin 1848 (Paris, 1999), p. 19.
45. Robin Blackburn, *The Overthrow of Colonial Slavery, 1776–1848* (London, 1988), p. 509.
46. Matthew Norman, 'Abraham Lincoln, Stephen A. Douglas, the Model Republic and the Right of Revolution, 1848–61', in Daniel McDonough and Kenneth W. Noe (eds.), *Politics and Culture of the Civil War Era. Essays in Honor of Robert W. Johannsen* (Selinsgrove, 2006), pp. 154–77, here pp. 158–9.
47. William Lloyd Garrison, 'Letter to Louis Kossuth', *The Liberator*, 20 February 1852, p. 1.
48. Timothy M. Roberts and W. Howe, 'The United States and the Revolutions of 1848', in R. J. W. Evans and Hartmut Pogge von Strandmann (eds.), *The Revolutions in Europe 1848–1849. From Reform to Reaction* (Oxford, 2000), pp. 157–79, here p. 169.
49. Francis Bowen, 'The War of Races in Hungary', *North American Review* 70 (1850), pp. 78–136, here p. 82. 这篇文章表达的观点并非无可争议：同年（1850 年），哈佛大学监会以这些观点为由，阻挠鲍恩担任麦克莱恩历史教授一职。Bruce Kuklick, *The Rise of American Philosophy. Cambridge, Massachusetts, 1860–1930* (New Haven, 1979), p. 29；关于科苏特的影响，参见 Donald S. Spencer, *Kossuth and Young America. A Study of Sectionalism and Foreign Policy, 1848–1852*

(Columbia, 1977); 另参见 Tibor Frank, 'Lajos Kossuth and the Hungarian Exiles in London', and Sabine Freitag, ' "The Begging Bowl of Revolution". The Fundraising Tours of German and Hungarian Exiles to North America, 1851–1852', 两文同载 Freitag (ed.), *Exiles from European Revolutions. Refugees in Mid-Victorian England* (New York and Oxford), pp. 121–43，164–86。

50. Cited in Bonnie S. Anderson, 'The Lid Comes Off. International Radical Feminism and the Revolutions of 1848', *NWSA Journal* 10/2 (1998), pp. 1–12, here p. 6.
51. Larry J. Reynolds, *European Revolutions and the American Literary Renaissance* (New Haven, 1988), pp. 15–20.
52. Roberts and Howe, 'The United States and the Revolutions of 1848', p. 169.
53. Timothy Mason Roberts, *Distant Revolutions. 1848 and the Challenge to American Exceptionalism* (Charlottesville, 2009); 另参见 Richard C. Rohrs, 'American Critics of the French Revolution of 1848', *Journal of the Early Republic* 14/3 (1994), pp. 359–77。
54. Bruce Levine, *The Spirit of 1848. German Immigrants, Labor Conflict, and the Coming of the Civil War* (Urbana, 1992), esp. pp. 111–45.
55. Fatih Yeşil, 'European Revolutionaries and Istanbul', at History of Istanbul，https://istanbultarihi.ist/431-european-revolutionaries-and-istanbul.
56. Margot Finn, *After Chartism. Class and Nation in English Radical Politics, 1848–1874* (Cambridge, 1993), pp. 60–105; Gregory Claeys, 'Mazzini, Kossuth and British Radicalism, 1848–1854', *Journal of British Studies* 28/3 (1989), pp. 225–61; Miles Taylor, *The Decline of British Radicalism, 1847–1860* (Oxford, 1993), pp. 197, 211, 214.
57. 关于安妮克在美国的激进活动，参见 Mischa Honeck, *We are the Revolutionists. German-Speaking Immigrants and American Abolitionists after 1848* (Athens, Ga., 2011), pp. 104–36。
58. Taylor, 'The 1848 Revolutions and the British Empire', pp. 146–80.
59. Indrani Munasinghe, 'The Road Ordinance of 1848 and the Kandyan Peasantry', *Journal of the Royal Asiatic Society Sri Lanka Branch*, new series, 28 (1983/84), pp. 25–44, here p. 26.
60. Philip D. Curtin, 'The Environment beyond Europe and the European Theory of Empire', *Journal of World History* 1/2 (1990), pp. 131–50, here p. 149.
61. Munasinghe, 'The Road Ordinance of 1848'.
62. Taylor, 'The 1848 Revolutions and the British Empire', p. 150.
63. Robert Livingston Schuyler, 'The Abolition of British Imperial Preference, 1846–1860', *Political Science Quarterly* 33/1 (1918), pp. 77–92; 斯凯勒暗示，这些调整"差点解散英帝国"，here p. 92。
64. Taylor, 'The 1848 Revolutions and the British Empire', p. 171.

65. Leader article, *Sydney Morning Herald*, Wednesday, 11 October 1848, p. 2.
66. Ibid., Thursday, 7 December 1848, p. 2.
67. Ibid., Monday, 18 December 1854, p. 2.
68. Raffaello Carboni, *The Eureka Stockade* [1855] (Carlton, 2004).
69. Jerome O. Steffen, 'The Mining Frontiers of California and Australia. A Study in Comparative Political Change and Continuity', *Pacific Historical Review* 52/4 (1983), pp. 428–40, here p. 434.
70. El Comercio, 2 January 1849, cited in Claudia Rosas Lauro and José Ragas Rojas, 'Las revoluciones francesas en el Perú. Una reinterpretación (1789–1848)', *Bulletin de l'Institut Français d'Études Andines*, 36/1 (2007), pp. 51–65, here p. 59.
71. Cited in José Frank Ragas Rojas, 'Ciudadanía, cultura política y representación en el Perú. La campaña electoral de 1850', thesis for he Licenciad en Historia at the Pontificia Universidad Católica del Perú, Lima, 2003, p. 128; viewed online at http://tesis.pucp.edu.pe/repositorio/bitstream/handle/123456789/5828/RAGAS_ROJAS_JOSE_%20CIUDADANIA.pdf?sequence=1&isAllowed=y.
72. Lauro and Ragas Rojas, 'Las revoluciones francesas en el Perú', p. 56.
73. 拉斯塔里亚成了布里索，毕尔巴鄂成了韦尼奥，多明戈·圣马里亚成了卢韦，等等。诗人兼音乐家欧塞比奥·利略以鲁日·德·李尔为笔名，日后他将成为报纸《人民之友》的主笔。圣地亚哥·阿科斯成了马拉。如这份选集清晰展示的那样，拉马丁的书不只是关于吉伦特派的；参见 Benjamin Vicuña Mackenna, *The Girondins of Chile*, trans. J. H. R. Polt (Oxford, 2003), pp. xxix, xxxviii, xl (introduction by Cristián Gazmuri), 9。
74. Clara A. Lida, 'The Democratic and Social Republic of 1848 and Its Repercussions in the Hispanic World', in Guy Thomson (ed.), *The European Revolutions of 1848 and the Americas* (London, 2002), pp. 46–75, here p. 64; Gazmuri, *El '48' Chileño*, pp. 71, 205.
75. Edward Blumenthal, 'Impérialisme, circulations politiques et exil en Amérique Latine. Autour de Francisco Bilbao', 该论文提交给了国际研讨会"1848年的世界"。
76. David Rock, 'The European Revolutions in the Rio de la Plata', in Thomson (ed.), *The European Revolutions of 1848 and the Americas*, pp. 125–41, here p. 136.
77. Jorge Myers, ' "Una revolución en las ideas". Intellectual Repercussions of 1848 in Latin America', 该论文提交给了国际研讨会"1848年的世界"。
78. Nancy Priscilla Naro, 'Brazil's 1848. The Praieira Revolt in Pernambuco, Brazil', in Thomson (ed.), *The European Revolutions of 1848 and the Americas*, pp. 100–24, here p. 111.
79. 关于这些辩论，参见 Banu Turnaoğlu, *The Formation of Turkish Republicanism* (Princeton, 2017), esp. pp. 50–85; 关于当时的奥斯曼土耳其人对革命的兴趣，参

见 Levent Düzcü, 'Korku ile Tedbir Arasinda Bir Ihtilâli Izlemek. 1848 Ihtilâli ve Osmanli Hükümeti' [Observing a Revolution with Caution and Fear. The 1848 Revolution and the Ottoman State], in *Tokat Gaziosmanpaşa Üniversitesi Sosyal Bilimler Araştırmaları Dergisi* 38 (2016), pp. 51–78。

80. Michael Geyer and Charles Bright, 'Global Violence and Nationalizing Wars in Eurasia and America. The Geopolitics of War in the Mid-Nineteenth Century', *Comparative Studies in Society and History* 38/4 (1996), pp. 619–57, here pp. 629–30.

81. Jonathan Spence, *God's Chinese Son. The Taiping Heavenly Kingdom of Hong Xiuquan* (New York, 1996), pp. 30–2.

82. Jürgen Osterhammel, *The Transformation of the World. A Global History of the Nineteenth Century, trans. Patrick Camiller* (Princeton, 2014), p. 547.

83. 对这一差别的反思，参见 David A. Bell, 'This is What Happens When Historians Overuse the Idea of the Network', *The New Republic*, 26 October 2013。

84. 关于作为"里程碑"的新宪法，参见 J. C. Boogman, *Rondom 1848. De politieke ontwikkeling van Nederland 1840–1858* (Bussum, 1978), p. 197; 关于主权与议会的关系，参见 Ron de Jong, 'Hooggespannen verwachtingen. Verkiezingen en de grondwetsherziening van 1848', *De Moderne Tijd* 3/4 (2019), pp. 324–35, here p. 324; Gerlof D. Homan, 'Constitutional Reform in the Netherlands', *The Historian* 28/3 (1966), p. 425; 关于印刷媒体，参见 H. L. van Kranenberg, Franz C. Palm and Gerard A. Pfann, 'The Life Cycle of Daily Newspapers in the Netherlands', *De Economist* 146/3 (1998), pp. 475–94。

85. D. Barclay, *Friedrich Wilhelm IV and the Prussian Monarchy 1840–1861* (Oxford, 1995), p. 183; H. Wegge, *Die Stellung der Öffentlichkeit zur oktroyierten Verfassung und die preußische Parteibildung 1848/49* (Berlin, 1932), pp. 45–8; G. Grünthal, *Parlamentarismus in Preußen 1848/ 49–1857/58* (Düsseldorf, 1982), p. 185.

86. 'Kaiserliches Patent vom 31. December 1851', *Allgemeines Reichs-Gesetz und Regierungsblatt für das Kaiserthum Oesterreich*, consulted online at ALEX. Historische Reichts-und Gesetzestexte online, https://alex.onb.ac.at/cgi-content/alex?aid=rgb&datum=1852&page=111&size=45.

87. See 'French Constitution of 1852', https://en.wikisource.org/wiki/French_Constitution_of_1852.

88. Rosario Romeo, *Vita di Cavour* (Rome, 1984), p. 181.

89. Cited in ibid., p. 182.

90. Alberto Carraciolo, 'Storia economica', pp. 612–7; Denis Mack Smith, *Victor Emanuel, Cavour and the Risorgimento* (Oxford, 1971), pp. 56–76; Denis Mack Smith, *Cavour* (London, 1985), pp. 94–106; Giacomo Perticone, *Il regime parlamentare nella storia*

dello Statuto Albertino (Rome, 1960); Romeo, *Vita di Cavour* ; *Rosario Romeo, Dal Piemonte sabaudo all'Italia liberale* (Turin, 1963); Stefano Merlini, 'Il governo costituzionale', in Raffaele Romanelli (ed.), *Storia dello Stato Italiano* (Rome, 1995), pp. 3–72, here pp. 3–10, 13–5, 17–9.

91. Romeo, *Vita di Cavour*, p. 186.
92. 参见 Christopher Clark and Wolfram Kaiser (eds.), *Culture Wars. Secular–Catholic Conflict in Nineteenth-Century Europe* (Cambridge, 2003)。对文化战争意味深长的讨论，参见 Gary Gerstle, *The Rise and Fall of the Neo-Liberal Order. America and the World in the Free Market Era* (New York, 2022)。它聚焦于20世纪90年代，将文化战争视作一种充满冲突的稳定形式，吊诡地确认了一种潜在的共识。关于葡萄牙再生时期（1851—1868）发生的教俗冲突，参见 'Portugal during the Regeneration', 载 Maria Fátima Bonifacio, *O século XIX português* (Lisbon, 2002), pp. 65–71；关于尼德兰，见 Hans Knippenberg, 'The Changing Relationship between State and Church/Religion in the Netherlands', *GeoJournal* 67 (2006), pp. 317–30, here pp. 321–3。
93. Andreas Neemann, *Landtag und Politik in der Reaktionszeit. Sachsen 1849/50–1866* (Düsseldorf, 2000).
94. Bernard Ménager, *Les Napoléon du peuple* (Aubier, 1988), pp. 355–7.
95. Robert J. W. Evans, 'From Confederation to Compromise. The Austrian Experiment, 1849–1867', *Proceedings of the British Academy*, 87 (1994), pp. 135–67, here p. 137.
96. John Deak, *Forging a Multinational State. State Making in Imperial Austria from the Enlightenment to the First World War* (Stanford, 2015), pp. 99–136.
97. Manuel Espadas Burgos, 'Madrid, centro de poder político', in Luis Enrique Otero Carvajal and Ángel Bahamonde Magro (eds.), *Madrid en la sociedad del siglo XIX* (Madrid, 1986), pp. 179–92, here p. 188.
98. Maria Cruz Seoane, *Historia del periodismo en España*, 3 vols., vol. 2: *El siglo XIX* (Madrid, 1983), pp. 241–2; Victor G. Kiernan, *The Revolution of 1854 in Spanish History* (Oxford, 1966), p. 6; José Ramón Urquijo Goitia, 'Las contradicciones políticas del Bienio Progresista', *Hispania*, 57/195 (1997), pp. 267–302; Charles J. Esdaile, *Spain in the Liberal Age. From Constitution to Civil War, 1808–1939* (Oxford, 2000), pp. 109–22; José Ramón de Urquijo y Goitia, *La revolución de 1854 en Madrid* (Madrid, 1984).
99. *La Época*, 1856年3月25日社论；另参见1856年3月31日社论，文章讨论了左、右两派对联盟的攻击。
100. "怪异的联盟"似乎有悖于葡萄牙的政治传统，当时英国对此联盟的评论，参见 *The Times*, 31 May 1851, p. 4, col. f; 以及同上报, 11 June 1851, p. 4, col. B。关于帕图雷亚起义和玛丽亚·达·丰特起义，参见 Maria de Fátima Bonifácio, *História*

da Guerra Civil da Patuleia, 1846–47 (Lisbon, 1993); Padre Casimiro, *Apontamentos para a história da revolução do Minho em 1846 ou da Maria da Fonte*, ed. José Teixeira da Silva (Lisbon, 1981); José Brissos, *A insurreição miguelista nas resistências a Costa Cabral (1842–1847)* (Lisbon, 1997)。关于再生时期的综合性研究，参见 José Miguel Sardica, *A Regeneração sob o signo do Consenso. A política e os partidos entre 1851 e 1861* (Lisbon, 2001); José Miguel Sardica, 'A Regeneração na política portuguesa do século xix', in Sardica (ed.), *Portugal Contemporâneo. Estudos de História* (Lisbon, 2013), pp. 157–84, here pp. 158–9; also Bonifacio, *O século XIX português*, pp. 61–83。新政权成立前，科斯塔·卡布拉尔曾白费力气地引入中间派政治，关于这一点，参见 Maria Fátima Bonifácio, 'Segunda ascensão de Costa Cabral (1847–1851)', *Análise Social* 32/142 (1997), pp. 537–56, esp. p. 541。

101. João Luís César das Neves, *The Portuguese Economy. A Picture in Figures. XIX and XX Centuries* (Lisbon, 1994), p. 45.
102. Nelson Durán de la Rua, *La Unión Liberal y la modernazión de la España isabelina. Una convivencia frustrada 1854–1868*, pp. 345–6; 对西班牙与葡萄牙发展相似性的有趣反思，参见 Ignacio Chato Gonzalo, 'Portugal e Espanha em 1856. A dispar evolução política do liberalismo peninsular', *Análise Social*, 42/182 (2007), pp. 55–75。
103. 对普鲁士和奥地利"保守派-自由派现代化"进行的精彩的比较讨论，参见 Arthur Schlegelmilch, 'Das Projekt der konservativ-liberalen Modernisierung und die Einführung konstitutioneller Systeme in Preußen und Österreich, 1848/49', in Martin Kisch and Pierangelo Schiera (eds.), *Verfassungswandel um 1848 im europäischen Vergleich* (Berlin, 2001), pp. 155–77。
104. Seoane, *Historia del periodismo en España*, vol. 2, p. 244; Kiernan, *The Revolution of 1854*, p. 5.
105. Howard C. Payne and Henry Grosshans, 'The Exiled Revolutionaries and the French Political Police in the 1850s', *The American Historical Review* 68/4 (1963), pp. 954–73.
106. Kiernan, *The Revolution of 1854*, p. 5.
107. Grünthal, *Parlamentarismus*, p. 476.
108. Süheyla Yenidünya Gürgen, '1848 İhtilali'nden Sonra Eflak'ın Yeniden Yapılanmasına Dair Bir Değerlendirme. Ştirbei'in Müesses Nizam Arayışları (1849—1851)', *Tokat Gaziosmanpaşa Üniversitesi Sosyal Bilimler Araştırmaları Dergisi* 15/1 (2020), pp. 11–23, here pp. 20–1.
109. Clive Trebilcock, *The Industrialization of the Continental Powers* (Harlow, 1981), p. 152; Roger Price, *The French Second Empire. An Anatomy of Political Power* (Cambridge, 2001), p. 228; 关于西班牙，Pablo Martin Aceña, 'Development and Modernization of the Financial System, 1844–1935', in Nicolás Sánchez-Albornoz,

The Economic Modernization of Spain, trans. Karen Powers and Manuel Sañudo (New York, 1987), pp. 107–27, here p. 110; Durán de la Rua, *Unión Liberal*, pp. 162–3; 关于普鲁士和奥地利，James J. Sheehan, *German History 1770–1866* (Oxford, 1989), p. 734; Harm-Hinrich Brandt, *Der österreichische Neoabsolutismus. Staatsfinanzen und Politik 1848–1860* (Göttingen, 1978), pp. 231–438。

110. Romeo, *Vita di Cavour*, pp. 193–4.
111. Thorvaldur Gylfason, 'The Anatomy of Constitution Making. From Denmark in 1849 to Iceland in 2017', 论文提交给 2016 年 8 月 11—12 日在墨西哥城经济学研究和教学中心举办的会议"民主秩序下的宪法创制", consulted online at https://notendur.hi.is/gylfason/Mexico%20Paper%20The%20Anatomy%20of%20Constitution%20Making%20Revised%20Black.pdf。
112. Durán de la Rua, *Unión Liberal*, p. 345; Maria Filomena Mónica, *Fontes Pereira de Melo* (Lisbon, 1998).
113. 1851 年 10 月 20 日皇家法令，转引自 José María García Madaria, *Estructura de la Administración Central (1808–1931)* (Madrid, 1982), p. 129。
114. 'Circular de la Dirección general de 5 de Marzo de 1857 dictando las reglas para el servicio de las obras de reparación', *Archivo Histórico Nacional Madrid*, FC OP, leg. 51, Expt 14.
115. 1858 年月 12 月 10 日皇家法令，转引自 Durán de la Rua, *Unión Liberal*, pp. 137–8; 关于"进步两年"的经济改革，参见 Urquijo Goitia, 'Las contradicciones políticas'。
116. Luis Enrique Otero Carvajal, 'El telégrafo en el sistema de comunicaciones Español 1800–1900', in Javier María Donézar and Manuel Perez Ledesma (eds.), *Antiguo Regimen y liberalismo. Homenaje a Miguel Artola* (3 vols., Madrid, 1994), vol. 2, pp. 587–98, here p. 593.
117. Albert Carreras de Odriozola, 'Gasto nacional bruto y formación de capital en España, 1849–1958. Primar ensayo de estimación', in Pablo Martin Aceña and Leandro Prados de la Escosura (eds.), *La nueva historia económica en España* (Madrid, 1985), pp. 32–3.
118. Durán de la Rua, *Unión Liberal*, p. 151.
119. Antonio Gomez Mendoza, 'Los ferrocarriles en la economía española, 1855–1913', in Martin Aceña and Prados de la Escosura (eds.), *La nueva historia económica*, pp. 101–16, here p. 113. 据戈麦斯·门多萨估计，假如没有 19 世纪 50 年代开启的基础设施建设项目，到 1878 年国民收入（不算返还给外国投资者的那些收入）本可能比实际数字低 6.5%~12%。整体而言，这一结论得到以下研究的支持：Nicolás Sánchez-Albornoz, 'Introduction. The Economic Modernization of Spain', in Sánchez-Albornoz (ed.), *Economic Modernization*, pp. 1–9, here p. 5. 与之相对的观点出自 Gabriel Tortella Casares, *Los orígenes del capital financiero en España. Banca, industria*

y ferrocarriles en el sigli XIX (Madrid, 1972), esp. cha 5–6；以及 Esdaile, *Spain in the Liberal Age*, pp. 113–4。有关法国情况的争论大体相似，参见 Allan Mitchell, 'Private Enterprise or Public Service? The Eastern Railway Company and the French State in the Nineteenth Century', *The Journal of Modern History* 69/1 (1997), pp. 18–41, esp. pp. 18–21。

120. Trebilcock, *Industrialization*, p. 152; Price, *The French Second Empire*, p. 211; Alain Plessis, *The Rise and Fall of the Second Empire*, trans. Jonathan Mandelbaum (Cambridge, 1985), p. 62; Éric Anceau, *Napoléon III. Un Saint-Simon à cheval* (Paris, 2008), pp. 343–66; Pierre Milza, *Napoléon III* (Paris, 2004), pp. 464–99; Antoine Olivesi and André Nouschi, *La France de 1848 à 1914* (Paris, 1997), pp. 49–70; Dominique Barjot, *Jean-Pierre Chaline and André Encrevé, La France au XIXe siècle 1814–1914* (Paris, 1995), pp. 377–405.

121. 关于皇帝是圣西门主义的技术统治论者，重点参见 Anceau, *Napoléon III*。

122. Franck Yonnet, 'Claude-Henri de Saint-Simon, l'industrialisme et les banquiers', *Cahiers d'économie politique* 46/1 (2004), pp. 147–74; Franck Yonnet, 'La structuration de l'économie et de la banque sous le Second Empire. Le rôle du Crédit Mobilier des Pereire', in Nathalie Coilly et Philippe Régnier (eds.), *Le Siècle des saint-simoniens. Du Nouveau christianisme au canal de Suez* (Paris, 2006), pp. 124–9.

123. Charles Tilly, 'The Political Economy of Public Finance and the Industrialization of Prussia 1815–1866', *The Journal of Economic History* 26/4 (1966), pp. 484–97, here p. 492; Grünthal, *Parlamentarismus*, p. 476.

124. Harald Winkel, *Die deutsche Nationalökonomie im 19. Jahrhundert* (Darm-stadt, 1977), pp. 86–7, 95; 关于这一观点是德意志支持"斯密主义"的例证，参见 Emma Rothschild, '"Smithianismus" and Enlightenment in Nineteenth-Century Europe', King's College Cambridge: Centre for History and Economics, October 1998。

125. Rondo E. Cameron, 'French Finance and Italian Unity. The Cavourian Decade', *The American Historical Review* 62/3 (1957), pp. 552–69, here pp. 556–61; Romeo, *Vita di Cavour*, pp. 199–205.

126. 关于汉诺威、萨克森和符腾堡的基础建设投资，参见 Abigail Green, *Fatherlands. State-Building and Nationhood in Nineteenth-Century Germany* (Cambridge, 2001), pp. 223–66。

127. R. J. W. Evans, 'From Confederation to Compromise', pp. 138–9.

128. Romeo, *Vita di Cavour*, p. 203.

129. 司法部, 'Instrucción para llenar con exactitud las hojas de la estadistica civil creada por Real decreto de Diciembre de 1855', 30 January 1856, in *Colección legislativa de España, 1st Term 1856*, vol. 67 (Madrid, 1856), p. 109。还可参考一大沓新近

为统计收支设计的表格，它们附属于 'Real decreto creando en cada Provincia una Junta economica de obras publicas', 15 November 1854, 档案信息：Archivo Histórico Nacional Madrid, FC Fomento (OO.PP.), Leg. 41, Expt 29。

130. Cited in Green, *Fatherlands*, p. 251.
131. M. Blanchard, 'The Railway Policy of the Second Empire', trans. J. Godfrey, in François Crouzet, William Henry Chaloner and Walter Marcel Stern (eds.), *Essays in European Economic History 1789–1914* (London, 1969), pp. 98–111, here p. 104; 关于圣西门主义和铁道，参见 M. Wallon, *Les Saint-Simoniens et le chemins de fer* (Paris, 1908); Georges Ribeill, 'Des saintsimoniens à Léon Lalanne. Projets, thèses et controverses à propos de la réorganisation des réseaux ferroviaires', *Revue d'histoire des chemins de fer 2* (1990), pp. 47–80。
132. David Hansemann, cited in James M. Brophy, *Capitalism, Politics and Railroads in Prussia, 1830–1870* (Columbus, 1998), p. 50。
133. Brophy, *Capitalism, Politics and Railroads*, p. 56. 引言（出自达维德·汉泽曼），第 50 页。奥古斯特·冯·德·海特的国有化政策在 19 世纪 60 年代被逆转。
134. Cited in Plessis, *Second Empire*, p. 62.
135. Paul Nolte, *Die Ordnung der Gesellschaft* (Munich, 2000), pp. 52–3.
136. Jorge Borges de Macedo, 'O aparecimento em Portugal do conceito de programa político', *Revista Portuguesa de História* 13 (1971), pp. 396–423.
137. 关于在西班牙统一政府结构的行动，参见 García Madaria, *Estructura de la Administración Central*, p. 128; 1856 年 2 月 29 日的王室法令，Cited in ibid., p. 142; 参见 'Instrucción para promover y ejecutar las obras públicas de caminos, canales, puertos y demas análogos; aprobada por Real decreto de 10 de Octobre de 1845', 档案信息：Archivo Histórico Nacional Madrid, FC OP, leg. 2; 关于奥地利，R. J. W. Evans, 'From Confederation to Compromise', p. 138; George Barany, 'Ungarns Verwaltung 1848–1918', in *Die Habsburgermonarchie 1848–1918*, vol. 2: *Adam Wandruszka and Peter Urbanitsch* (eds.), *Verwaltung und Rechtswesen* (Vienna, 1975), pp. 329–62。
138. Plessis, *Second Empire*, p. 62, 强调圣西门主义对皇帝的影响；James F. McMillan, *Napoleon III* (Routledge, 2014), pp. 138–9, 持怀疑态度。关于奥尔良派对旧式财政体系的支持，参见 Plessis, *Second Empire*, p. 76。
139. Tilly, 'Political Economy of Public Finance', p. 490.
140. Ibid., p. 494.
141. Romeo, *Vita di Cavour*, p. 204.
142. Urquijo Goitia, 'Las contradicciones políticas del Bienio Progresista', pp. 282–3; César das Neves, *Portuguese Economy*, pp. 46–7; 关于整体情况，参见重要研究 Mónica,

Fontes Pereira de Melo。

143. 在铁路出现之前，有关运河建设方面的对唯发展主义观点的利用，参见 Telesforo Marcial Hernindez and Javier Vidal Olivares, 'Infraestructura viaria y ferrocarriles en la articulación del espacio económico valenciano, 1750–1914', *Hispania* 51/177 (1991), pp. 205–43, here p. 225; 关于法国公共基础建设计划的连续性，参见 Cecil O. Smith, 'The Longest Run. Public Engineers and Planning in France', *The American Historical Review* 95/3 (1990), pp. 657–92，研究重点是涉及路桥公司的统制主义传统；史密斯强调法国国家建设工程的长期连续性，但也评论称，19 世纪 50 年代初见证了铁路发展的重组，重组的第一个特点是法国 28 个铁路公司合并为 6 个地区垄断集团，第二个特点是政府相当成功地刺激了私人投资（p. 677）。

144. McMillan, *Napoleon III*, pp. 137–41.

145. 1854 年 12 月 19 日理事会法案，转引自 Urquijo Goitia, 'Las contradicciones políticas del Bienio Progresista', p. 270。

146. 1858 年北方省省议会，档案信息：Rapport par M. F. Kuhlmann, Archives Nationales, F/12/6848/B, p. 14。

147. Leader Article，*A Revolução de Setembro*, 16 September, 21 November and 27 December 1851 and 23 October 1852, cited in Mónica, *Fontes Pereira de Melo*, p. 20.

148. Ministerio de Fomento, 'Real decreto, creando una comisión para que proponga los medios de armonizar los intereses recíprocos de los fabricantes y trabajadores de Barcelona', 10 January 1851, in *Colección legislativa de España (Primer cuatrimestre de 1851)*, vol. 64 (Madrid, 1855).

149. Cited in (J. A. Smith), Conde da Carnota (ed.), *Memoirs of Field-Marshal The Duke of Saldanha with Selections from His Correspondence* (2 vols., London, 1880), pp. 315, 326.

150. 农业、商业和公共工程部给皇帝的报告，1856 年 11 月 30 日，巴黎，档案信息：Archives Nationales Paris F/14/8508A。

151. Charles Tilly, 'German Industrialization', in Mikuláš Teich and Roy Porter, *The Industrial Revolution in National Context. Europe and the USA* (Cambridge, 1996), pp. 95–125, here p. 103.

152. Sheehan, *German History*, p. 734.

153. 1852 年 3 月 30 日皇家法令绪论，转引自 Mónica, *Fontes Pereira de Melo*, pp. 29–30。

154. McMillan, *Napoleon III*, p. 136; Price, *The French Second Empire*, p. 250.

155. Ian Hacking, *The Taming of Chance* (Cambridge, 1990), pp. 33–4; T. Huertas, *Economic Growth and Economic Policy in a Multinational Setting. The Habsburg Monarchy, 1841–65* (New York, 1977); W. Goldinger, 'Die Zentralverwaltung in Cisleithanien–Die Zivile Gemeinsame Zentralverwaltung', in Wandruszka and Urbanitsch

(eds.), *Verwaltung und Rechtswesen*, pp. 100–189, here pp. 135, 177; Richard J. Bazillion, *Modernizing Germany. Karl Biedermann's Career in the Kingdom of Saxony, 1835–1901* (New York, 1990), p. 268.

156. 这一过程在英国广为人知，得益于劳伦斯·戈德曼有关维多利亚时代早期和中期的统计运动，以及统计与政府日益密切的关系方面的研究。See L. Goldman, 'Statistics and the Science of Society in Early Victorian Britain. An Intellectual Context for the General Register Office', *Social History of Medicine* 4/3 (1991), pp. 415–34; Lawrence Goldman, 'The Social Science Association 1857–1886. A Context for Mid-Victorian Liberalism', *The English Historical Review* 101/398 (1986), pp. 95–134. 在欧洲大陆，这类研究还有待推进。

157. Bazillion, *Modernizing Germany*, p. 268.

158. 大臣会议主席，建立统计委员会的王室法令的序言，1856 年 11 月 3 日，载 *Colección legislativa de España (Segundo trimestre de 1856)*, vol. 68 (Madrid, 1856), pp. 194–6。

159. Juan Pro Ruiz, 'Statistics and State Formation in Spain (1840–1870)', 工作文件，西班牙科学技术研究总局编号 PB97–0056 的研究计划的一部分。Viewed ouline at citeseerx.ist.psu.edu/viewdoc/ download?doi=10.1.1.202. 温和的增长和发展观的一个范例见 *1848 prospecto* of the Ministry of Commerce, Education and Public Works in *Boletín Oficial del Ministerio de Comercio, Instrucción y Obras Públicas*, vol. 1 (1848), pp. 1–3，它承认国家干预的必要性，但是将国家的任务定义为抑制和最小化改变造成的影响。

160. Alain Desrosières, 'Official Statistics and Medicine in Nineteenth-Century France. The Statistique Générale de la France as a Case Study', *Social History of Medicine* 4/3 (1991), pp. 515–37.

161. 关于统计运动，参见 Silvana Patriarca, *Numbers and Nationhood. Writing Statistics in Nineteenth-Century Italy* (Cambridge, 1996); Lawrence Goldman, 'The Origins of British "Social Science". Political Economy, Natural Science and Statistics, 1830–1835', *The Historical Journal* 26/3 (1983), pp. 587–616; M. J. Cullen, *The Statistical Movement in Early Victorian Britain. The Foundations of Empirical Social Research* (Hassocks, 1975); 当时论文的选集，参见 Richard Wall (ed.), *Comparative Statistics in the Nineteenth Century* (Farnborough, 1973)，转引自 Emma Rothschild, 'The Age of Insubordination', *Foreign Policy*, no. 119 (Summer 2000), pp. 46–9。

162. Wolfgang Göderle, 'State-Building, Imperial Science, and Bourgeois Careers in the Habsburg Monarchy in the 1848 Generation', *The Hungarian Historical Review* 7/2 (2018), pp. 222–49, here pp. 227–34.

163. Nicholas Papayanis, *Horse-Drawn Cabs and Omnibuses in Paris. The Idea of Circulation*

and the Business of Public Transit (Baton Rouge, 1997), pp. 92–5. 关于英国语境中的类似困扰，参见 Martin Daunton, 'Introduction', in Daunton (ed.), Cambridge Urban History of Britain, vol. 3: 1840–1950 (Cambridge, 2001), pp. 1–56, esp. pp. 1–13。如今，有大量的文献关注奥斯曼领导下的巴黎重建，其中对我最有用的是 David H. Pinkney, *Napoleon and the Rebuilding of Paris* (Princeton, 1958), and Ann-Louise Shapiro, *Housing the Poor of Paris, 1850–1902* (Madison, 1985)。

164. Santos Juliá, *David Ringrose and Cristina Segura, Madrid. Historia de una capital* (Madrid, 1994), pp. 288–313.

165. Fernando Roch, 'Reflexiones sobre le reordenación urbanistica en el Madrid de mediados del siglo XIX', in Otero Carvajal and Bahamonde Magro (eds.), *Madrid*, pp. 89–96, here pp. 92–3.

166. Françoise Choay, 'Pensées sur la ville, arts de la ville', in M. Agulhon (ed.), *La Ville de l'âge industriel. Le Cycle haussmannien* (Paris, 1983), pp. 159–271, here p. 168; Jeanne Gaillard, *Paris, la ville 1852–1870. L'Urbanisme parisien à l'heure d'Haussmann* (Paris, 1976).

167. Anna Ross, *Beyond the Barricades. Government and State-Building in Post-Revolutionary Prussia, 1848–1858* (Oxford, 2019), p. 142.

168. 对这些事件做出最好解释，并且我在此有所借鉴的是 Barclay, *Friedrich Wilhelm IV*, pp. 75, 237–238, 关于欣凯尔代，见 pp. 237–44, 273–75; Frank J. Thomason, 'The Prussian Police State in Berlin 1848–1871', PhD Thesis, University of Baltimore, 1978, p. 185。尽管它是在旧式"反动的十年"的学术框架下写就的，但至今依然有用。See B. Schulze, 'Polizeipräsident Carl von Hinckeldey', *Jahrbuch für die Geschichte Mittel-und Ostdeutschlands* 4 (1955), pp. 81–108; Heinrich von Sybel, 'Carl Ludwig von Hinckeldey 1852 bis 1856', *Historische Zeitschrift* 189/1 (1959), pp. 108–23.

169. M. Masanz and M. Nagl, *Ringstraße. Von der Freiheit zur Ordnung vor den Toren Wiens* (Vienna, 1996), p. 66.

170. Walter Wagner, 'Die Stellungnahmen der Militärbehörden zur Wiener Stadterweiterung in den Jahren 1848–1857', *Jahrbuch des Vereins für die Geschichte der Stadt Wien* 17–18 (1961/2), pp. 216–85, here p. 223; Masanz and Nagl, *Ringstraße*, pp. 65–71.

171. Clementina Díez de Baldeón García, 'Barrios obreros en el Madrid del siglo XIX. Solución o amenaza para el orden burgués?', in Otero Carvajal and Bahamonde Magro (eds.), *Madrid*, pp. 117–34; Roger-Henri Guerrand, *Propriétaires et locataires. Les Origines du logement social (1850–1914)* (Paris, 1967). 关于疾病与政治动乱的联系，参见 Richard J. Evans, *Death in Hamburg. Society and Politics in the Cholera Years* (Oxford, 1987), pp. 118–19。

172. Shapiro, *Housing the Poor of Paris*, pp. 16–28.

173. 例如，参见以巴塞罗那为基地的 *Boletín enciclopédico de nobles artes. Redactado por una reunión de arquitectos* (1846–7)。它讨论并传播了傅立叶主义和圣西门主义的观点，影响了对巴塞罗那变革的规划；对这些联系的讨论，见 Ferran Sagarra i Trias, *Barcelona, ciutat de transició (1848–1868). El projecte urbà a través dels treballs de l'arquitecte Miquel Garriga i Roca* (Barcelona, 1996), esp. pp. 106–19。关于后革命时代的政治调整与城市规划之间更宽泛的联系，参见 Anna Ross, 'Down with the Walls! The Politics of Place in Spanish and German Urban Extension Planning, 1848–1914', https://ora.ox.ac.uk/catalog/uuid: 719b05c8-217b-41fe-8f9c-8780f190c8ae/download_file?file_format=application%2Fpdf&safe_filename=JMH% 2Brevised%2BII.pdf。

174. Papayanis, *Horse-Drawn Cabs*, pp. 96–97; Elfi Bendikat, *Öffentliche Nahverkehrspolitik in Berlin und Paris 1890–1914. Strukturbedingungen, politische Konzeptionen und Realisierungsprobleme* (Berlin, 1999), pp. 66–70; Juliá, Ringrose and Segura, *Madrid*, pp. 288–313; 关于柏林的类似现象，见 Schulze, 'Polizeipräsident Carl von Hinckeldey', pp. 93–4。

175. Ross, *Beyond the Barricades*, pp. 143–4.

176. Cited in Philipp Heckmann-Umhau, 'A Tale of New Cities. Urban Planning in Strasbourg and Sarajevo, 1848–1918', PhD Thesis, Cambridge University, 2022. 关于消除斯特拉斯堡脏乱住宅的努力，参见 Alexander Dominicus, *Die Thätigkeit der Kommission gegen die ungesunden Wohnungen in Strassburg* (Strasbourg, 1901); Leonardo Benevolo, *Die sozialen Ursprünge des modernen Städtebaus. Lehren von gestern–Forderungen für morgen* (Gütersloh, 1971), pp. 108–9; Jeanne Hugueney, 'Un centenaire oublié. La première loi d'urbanisme, 13 avril 1850', *La Vie urbaine* 58 (1950), pp. 241–9。

177. Heinz Dietrich Fischer, *Handbuch der politischen Presse in Deutschland, 1480–1980. Synopse rechtlicher, struktureller und wirschaftlicher Grundlagen der Tendenzpublizistik im Kommunikationsfeld* (Düsseldorf, 1981), pp. 60–1, 65; Kurt Koszyk, *Deutsche Presse im 19. Jahrhundert* (Berlin, 1966), p. 123; Franz Schneider, *Pressefreiheit und politische Öffentlichkeit* (Neuwied, 1966), p. 310.

178. Klaus Wappler, *Regierung und Presse in Preußen. Geschichte der amtlichen Pressestellen, 1848–62* (Leipzig, 1935), p. 94; Richard Kohnen, *Pressepolitik des deutschen Bundes. Methoden staatlicher Pressepolitik nach der Revolution von 1848* (Tübingen, 1995), p. 174; Seoane, *Historia del Periodismo en España*, vol. 2, p. 228.

179. Pierre Guiral, 'La Presse de 1848 à 1871', in Claude Bellanger, Jacques Godechot, Pierre Guiral and Fernand Terrou, *Histoire générale de la Presse française* (Paris, 1969), pp. 207–382, here p. 242.

180. Wappler, *Regierung und Presse*, p. 94.

181. Guiral, 'La Presse', p. 252; Roger Bellet, *Presse et journalisme sous le Second Empire* (Paris, 1967), p. 11.
182. Bellet, *Presse et journalisme*, pp. 284–5.
183. Van Kranenberg, Palm and Pfann, 'The Life Cycle of Daily Newspapers in the Netherlands', *De Economist*, pp. 475–94; Manfred Kossok and Mauricio Pérez Saravia, 'Prensa liberal y revolución burguesa. Las revoluciones en Francia y Alemania en 1848 y en España en 1854', in Alberto Gil Novales (ed.), *La Prensa en la revolución liberal. España, Portugal y América Latina* (Madrid, 1983), pp. 390–444, here pp. 433–4.
184. Wappler, *Regierung und Presse*, pp. 16–7, 5.
185. Cited in Natalie Isser, *The Second Empire and the Press* (The Hague, 1974) pp. 15–16.
186. Cited in Price, *The French Second Empire*, p. 172.
187. Green, *Fatherlands*, pp. 148–88; Guiral, *La Presse*, p. 250; Isser, *The Second Empire and the Press*, p. 16. Eberhard Naujoks, 'Die offiziöse Presse und die Gesellschaft (1848/1900)', in Elger Blühm (ed.), *Presse und Geschichte. Beiträge zur historischen Kommunikationsforschung* (Munich, 1977), pp. 157–70. 在论述德意志邦国"官方媒体"时，瑙约克斯对这些期刊的成功持不太乐观的态度（在我看来，这一观点不太有说服力）。
188. Kohnen, *Pressepolitik des deutschen Bundes*, p. 150.
189. Angelo Majo, *La stampa cattolica in Italia. Storia e documentazione* (Milan, 1992), p. 49; Roger Aubert, *Le Pontificat de Pie IX (1846–1878)* (Paris, 1963), p. 39; Francesco Dante, *Storia della 'Civiltà Cattolica' (1850–1891). Il laboratorio del Papa* (Rome, 1990), pp. 57–63, 141–52.
190. Anon., 'Un nuovo tributo a S. Pietro', *Civiltà Cattolica*, series 6, vol. X (1867), pp. 641–51; Klaus Schatz, *Vaticanum I, 1869–1870* (3 vols., Paderborn, 1992–4), vol. 1, pp. 201–2.
191. 在过去的十来年里，就1860年两西西里王国为什么那样崩溃这一问题，意大利历史编纂领域爆发了一场论战。经典意大利复兴运动研究的结论是，王国因自身缺陷而寿终正寝；"新波旁主义"的论述主张，王国繁荣且管理良好，它是皮埃蒙特征服和国际阴谋的牺牲品。对1848—1860年历史的优秀概述见 Renata de Lorenzo, *Borbonia Felix. Il Regno delle Due Sicilie alla vigilia del crollo* (Rome, 2013)。
192. Simon Sarlin, 'The Anti-Risorgimento as a Transnational Experience', *Modern Italy* 19/1 (2016), p. 84.
193. Daniel Balmuth, 'The Origins of the Tsarist Epoch of Censorship Terror', *The American Slavic and East European Review* 19/4 (1960), pp. 497–520.
194. Aleksandr Sergeevich Nifontov, *1848 god v Rossii. Ocherki po istorii 40-kh godov* (Moscow, 1931), pp. 110–11.

195. Ibid., pp. 178, 179, 186, 190, 193, 199–200.
196. Gleb Ivanovich Uspensii, *Polnoe Sobranie Sochinenii* (6 vols., St Petersburg, 1908), vol. 1, pp. 175–6, cited in Isaiah Berlin, 'Russia and 1848', *The Slavonic and East European Review* 26/67 (1948), pp. 341–60, here p. 353.
197. D. V. Dolgushin, 'Rossiya i revolutsia v istorisofskikh interpretatsiakh V. A. Zhukovskogo i F. I. Tiutcheva'（弗拉基米尔·茹科夫斯基与费奥多尔·秋切夫对俄国与革命的历史哲学解释）, in *Vestnik Tomskogo gosudarstvennogo universiteta*, no. 431 (2018), pp. 29–37, DOI: 10.17223/15617793/431/4, http://journals.tsu.ru/uploads/import/1730/files/431_029.pdf; Anna Mesheryakova, 'Russkiye conservatory i evropeyskiye revolyutsii 1848–1849'（俄国保守派与1848—1849年欧洲革命）, in *Tetradi po konserv- atizmu. Almanakh*, no. 2 (2017), pp. 61–7; A. P. Dmitriev, 'S. T. Aksakov o religioznom smyslie supruzheskoi liubvi i spasitelnykh urokakh Frantsiskoi revoliutsii 1848 g.' 论家庭之爱的宗教内涵和1848年法国革命的救赎教训, *Sfera Kultury* 1/3 (2021), pp. 194–200。
198. Frederick C. Barghoorn, 'Russian Radicals and the West European Revolutions of 1848', *The Review of Politics* 11/3 (1949), pp. 338–54, here p. 348. 赫尔岑语出自 Frederick C. Barghoorn, *Byloe i Dumy* (Leningrad, 1946), esp. pp. 465–7; 列宁语出自 Frederick C. Barghoorn, *Sochineniya*, (2nd edn, Moscow, 1949), vol. XV, pp. 464–9; 皆转引自 Barghoorn, 'Russian Radicals', pp. 348, 354。
199. Walter Bagehot, 'The Character of Sir Robert Peel (1856)', in Mrs Russell Barrington (ed.), *The Works and Life of Walter Bagehot* (9 vols., London, 1915), vol. 2, pp. 177–214, here pp. 191, 192, 208, 211, 212, 213。有关同时代人和历史上对皮尔的看法，经典的讨论见 Boyd Hilton, 'Peel. A Reappraisal', *The Historical Journal* 22/3 (1979), pp. 585–614。
200. François Guizot, *Sir Robert Peel. Étude d'histoire contemporaine* (Paris, 1856), p. 2.
201. 加富尔伯爵卡米洛·本索1850年3月7日的演讲，见 Cavour, *Discorsi parla-mentari del Conte di Cavour, raccolti e pubblicati per ordine della Camera dei Deputati* (11 vols., Turin, 1863–72), vol. 1 (1863), pp. 395–409, here pp. 408–9。关于皮尔是加富尔的"英雄"，参见 Adolfo Omodeo, *L'opera politica del Conte di Cavour 1848–1857* (Florence, 1945), p. 63。
202. Count Camillo Benso di Cavour, *Risorgimento* 3/780 (8 July 1850).
203. 加明德1854年12月20日的演讲, *Diario de las sesiones de las Cortes Consti-tuyentes de 1854 a 1855* (Madrid, 1855), p. 529。对身处欧洲大陆的同时代人而言，皮尔意味着什么？这个问题并未得到系统性研究，且将是有趣的研究项目。
204. 佩德罗五世致阿尔伯特亲王，1856年10月5日，里斯本，见 Maria Filomena Mónica (ed.), *Correspondência entre D. Pedro V e seu tio, o príncipe Alberto*

(Lisbon, 2000), pp. 140–53, here p. 145。

205. R. J. W. Evans, 'From Confederation to Compromise', pp. 146–7; Durán de la Rua, *Unión Liberal*, p. 345.
206. Ménager, *Les Napoléon du peuple*, pp. 128–9.
207. Ministry of Public Works, First Division, Central Office of Statistics, 'Demande de renseignements statistiques sur la construction des tunnels', 26 May 1853, Ministry of Agriculture, Commerce and Public Works, Archives Nationales Paris F/14/8508A; 关于商业汇票黏性印花，见法国领事从安特卫普发来的邮件，1856年12月12日，载 Archives Nationales Paris F/12/2480 (Douanes: Projet de loi portant retrait des prohibitions (1856); dossier de la Commission du Corps législatif; pétitions pour et contre le retrait; précédents (1855–1856); voeux des conseils généraux, voeux des chambres de Commerce (1855–1856); 关于蔗糖精炼与消费（强调跨国比较），见 F/12/2483 (Douanes: réforme douanière de 1860 à rapports et mémoires, travaux préparatoires, 1857–1860)。
208. Goldman, 'The Origins of British "Social Science"', esp. pp. 594–5.
209. 关于国际展览的"中转功能"和这一领域工作的匮乏，参见 Wolfram Kaiser, 'Inszenierung des Freihandels als weltgesellschaftliche Entwicklungsstrategie. Die "Great Exhibition" 1851 und der politische Kulturtransfer nach Kontinentaleuropa', in Franz Bosbach and John R. Davis (eds.), *Die Weltausstellung von 1851 und ihre Folgen* (Munich, 2002), pp. 163–80; M. H. Geyer and J. Paulmann (eds.), *The Mechanics of Internationalism* (Oxford, 2001), 特别是编者写的导论，pp. 1–25。
210. 'El progreso industrial en Bélgica', 'Importación de lanas en Inglaterra', 'La industria inglesa y la expansión de Londres', 'La industria algodonera en Alemania', 'Ingresos de los ferro-carriles ingleses y franceses', in *Revista Científica del Ministerio de Fomento* 2 (1863), pp. 28–9, 50–5, 60–1, 193–211, 225–34, 250–1.
211. Ross, *Beyond the Barricades*, p. 145. 重要的是不夸大这个例子。在马德里发展部的文件中，我发现了数份《来自统计领域的通告》，它由奥地利帝国商务部行政统计委员会发布，由驻维也纳的西班牙大使尽职地带回马德里。对其进行细致考察发现，这些文件使用的是毛边纸。首相安东尼奥·卡瓦列罗致发展部，1854年8月7日，马德里，档案信息：Archivo Histórico Nacional, Madrid, FC OP (Fomento) leg. 2361。
212. Widukind de Ridder, 'The Legacy of the Abstinence from Revolution in Belgium', in Moggach and Stedman Jones (eds.), *The 1848 Revolutions and European Political Thought*, pp. 185–215, here p. 214. 就连马克思和恩格斯也将1848年标记为"乌托邦"社会主义让位给一种"更高级、更'科学'的变体"的时刻，见 Diana Siclovan, '1848 and German Socialism', in ibid., pp. 254–275, here p. 255。

213. "行政知识分子"一词借自 Goldman, 'The Social Science Association', p. 100。

尾声

1. Fanny Lewald, *A Year of Revolutions. Fanny Lewald's Recollections of 1848 [1870]*, ed. and trans. Hanna Ballin Lewis (Oxford, 1998), pp. 41–2.
2. Daniel Stern [Marie d'Agoult], *Histoire de la révolution de 1848* (Paris, 1850), vol. 3, p. 86; 关于拿破仑在革命认识中的存在，参见 A. Tudesq, 'La Légende napoléonienne en France en 1848', *Revue Historique* 218/1 (1957), pp. 64–85。
3. Simonetta Soldani, 'Approaching Europe in the Name of the Nation. The Italian Revolution, 1846/49', in Dieter Dowe, Heinz-Gerhard Haupt, Dieter Langewiesche and Jonathan Sperber (eds.), *Europe in 1848. Revolution and Reform*, trans. David Higgins (New York and Oxford, 2001), pp. 59–90, here p. 62.
4. Keith Hitchens, *The Romanians, 1774–1866* (Oxford, 1996), pp. 238–9; for the full text, see Ioan C. Brătianu (ed.), *Anul 1848 în Principatele române. Acte și documente publicate cu ajutorul Comitetului pentru rădicarea monumentului* (6 vols., Bucharest, 1902–10), pp. 460–67, here p. 460.
5. Alexis de Tocqueville, *Recollections*, ed. J. P. Mayer and A. P. Kerr, trans. George Lawrence (London, 1970), p. 53.
6. Karl Marx, Der achtzehnte Brumaire des Louis Bonaparte, ed. *Hauke Brunkhorst* (Frankfurt am Main, 2007).
7. Tocqueville, *Recollections*, p. 53.
8. 关于将 1848 作为"失败的革命"记忆，参见 Heinz-Gerhard Haupt and Dieter Langewiesche, 'The European Revolution of 1848. Its Political and Social Reforms, Its Politics of Nationalism, and Its Short-and Long-Term Consequences', in Dowe et al. (eds.), *Europe in 1848*, pp. 1–24, 引自 p. 13。
9. Angela Jianu, *A Circle of Friends. Romanian Revolutionaries and Political Exile, 1840–1859* (Leiden, 2011), p. 360; Silvia Marton, 'Les acteurs de 1848 après 1848. Vies et survie du républicanisme roumain au XIXe siècle', 论文提交给了 2018 年 5 月 31 日至 6 月 2 日在巴黎索邦大学举办的研讨会"1848 年'人民之春'的欧洲参与者——纪念 1848 年革命 170 周年国际研讨会"。
10. Thomas C. Jones, 'French Republicanism after 1848', in Douglas Moggach and Gareth Stedman Jones (eds.), *The 1848 Revolutions and European Political Thought* (Cambridge, 2018), p. 92.
11. Otto von Bismarck, *Gedanken und Erinnerungen* (2 vols., Stuttgart, 1898), vol. 1, p. 2.
12. Anne-Sophie Chambost, 'Socialist Visions of Direct Democracy. The Mid-Century Crisis of Popular Sovereignty and the Constitutional Legacy of the Jacobins', in Moggach and

Stedman Jones (eds.), *The 1848 Revolutions and European Political Thought*, p. 108.

13. Annelien de Dijn, *Freedom. An Unruly History* (Cambridge, Mass., 2020), esp. pp. 277–310 and 344–5. Samuel Hayat, 'The Revolution of 1848 in the History of French Republicanism', *History of Political Thought* 36 (2015), pp. 331–53.
14. Samuel Hayat, 'Working-Class Socialism in 1848 in France', in Moggach and Stedman Jones (eds.), *The 1848 Revolutions and European Political Thought*, pp. 120–39, here p. 128.
15. Louis Blanc, 'A mes électeurs', in Blanc, *Questions d'aujourd'hui et de demain. Troisième série. Politique* (Paris, 1880), pp. 503–17, here p. 505. 关于"民主－多元秩序"在长时段中的胜利，参见 Hannelore Horn, 'Zum Wander des Revolutions begriff (1848–1998)', in Heiner Timmermann (ed.), *1848. Revolution in Europa. Verlauf, politische Programme, Folgen und Wirkungen* (Berlin, 1999), pp. 39–68。
16. Gian Biagio Furiozzi, *L'emigrazione politica in Piemonte nel decennio preunitario* (Florence, 1979), p. 7; Renata de Lorenzo, *Borbonia Felix. Il Regno delle Due Sicilie alla vigilia del crollo* (Rome, 2013), pp. 74–101.
17. De Lorenzo, *Borbonia Felix*, p. 17.
18. Süheyla Yenidünya Gürgen, '1848 İhtilali'nden Sonra Eflak'ın Yeniden Yapılanmasına Dair Bir Değerlendirme. Ştirbei'in Müesses Nizam Arayışları (1849–1851)', *Tokat Gaziosmanpaşa Üniversitesi Sosyal Bilimler Araştırmaları Dergisi* 15/1 (2020), pp. 11–23, here p. 21.
19. Imanuel Geiss, 'Die europäische Revolution 1848–1998. Markro und welthistorische Perspoktiven', in Timmermann (ed.), *1848. Revolution in Europa*, pp. 69–94.
20. 有关纪念宪政自由主义的"胜利"而做出的优秀案例研究，见 Ángel Rivero, 'Dos Conceptos de liberalismo. Constant, España y el bautizo del liberalismo', *Cuadernos de Pensamiento Político* 49 (January–March 2016), pp. 203–18。关于近期从这个方向推进的对自由主义的一份重要的重新评价，见 Helena Rosenblatt, *The Lost History of Liberalism. From Ancient Rome to the Twenty-First Century* (Princeton, 2018)。
21. Paul Ginsborg, *Daniele Manin and the Venetian Revolution* (Cambridge, 1979), p. 367.
22. 'Extremismus wird vielfältiger', *Badische Zeitung*, 8 June 2022, p. 1.
23. 对渥太华抗议活动的精妙分析，参见 Richard Sanger, 'Diary', *London Review of Books* 44/8 (21 April 2022), pp. 40–1。
24. Ross Douthat, 'A New Class War Comes to Canada', *The New York Times*, 19 February 2022. Viewed online at https://www.nytimes.com/2022/02/19/opinion/class-war-canada-truckers-protest.html.
25. George Packard, 'How America Fractured into Four Parts', *The Atlantic*, July/August 2021. Viewed online at https://www.theatlantic.com/magazine/archive/2021/07/george-packer-four-americas/619012/.

译后记

1848年春,一股革命的浪潮席卷欧洲。一时间,不论是在巴黎、米兰、维也纳和柏林这样的大城市,还是在布加勒斯特和雅西这些较为偏远的城市,革命运动纷纷爆发。1848年欧洲革命在西方被称为"人民之春"或"民族之春"。在那一时期,民众普遍要求设立议会、颁布宪法、建立国民卫队,在各地竖起飘扬的三色旗。这样一套革命剧本在1789年大革命中发展成熟,到了1848年在欧洲各地正式上演。但短暂的胜利之后,革命者一方迅速分裂,反革命一方则很快组织起镇压力量。革命如潮水般袭来,又迅速土崩瓦解。

于是,相比1789年和1917年的革命,1848年革命较少得到称颂和纪念,反而常常遭到揶揄。马克思曾讽刺1848年革命是对1789年革命的拙劣模仿。法兰克福国民议会则被恩格斯嘲讽为"老太婆议会"。1848年革命中的一些行动或许错漏百出,但不可否认的是,这场革命不仅在剧烈程度和波及范围方面独一无二,增添了纷繁复杂的新内涵,而且使欧洲的面貌与革命之前大不相同。

本书正是剑桥大学著名德国史、欧洲史教授克里斯托弗·克拉克对1848年革命详尽、生动而深刻的描绘。在克拉克看来,1848年的革命者并不是在拙劣地模仿前辈,而是在有意识地对当时进行历史化改造。与1789年革命(乃至1917年革命)不同,1848年革命并不是在某个强势力量的介入下由中心向四周蔓延的，而是更为分散，更具地方特色。用克拉克的话来说，1848年革命像波一样，由一处的振动唤起另一处的共振，是各种波的叠加，最终呈现参差错落的景象。在1789年式革命剧本成熟的同时，各式各样的自由主义、民族主义、激进主义和社会主义的实验性方案也得以提出和实践。19世纪中期的人们并没有被固有的观念所禁锢，而是在"论争的群岛和思想的山脉"之间穿行，进行着漫长而独特的探索。除了巴黎二月革命、"米兰五日"、维也纳和柏林的三月革命这些人们所熟知的运动，妇女、黑人、犹太人和吉卜赛奴隶等弱势群体，也在艰难地推进着自己的解放计划。1848年的诸多方案虽然没有立即取得成功，但设定了19世纪下半叶乃至20世纪的政治议题。在接下来的半个世纪里影响世界历史走向的许多重要人物，都是在1848年的风暴中登上历史舞台的。他们推行新一轮的经济建设、政治改革和社会整合计划，而在这些计划中往往能看到1848年方案的影子。从这个角度来说，1848年革命承载着当时的人们为新世界做出的抗争和努力。

与其前作《梦游者》相似，克拉克在这部著作中，亦着眼整个欧洲，细致地考察各个地区此起彼伏的政治运动，以及相互之间繁复的关联。他既关注法国、奥地利这类大国，也关注生活在亚欧几大帝国交界处、民族意识正在萌发的罗马尼亚、捷克、塞尔维亚等地的弱小民族。他既绘声绘色地描绘重大历史时刻，又孜孜不倦地揭秘无名之辈不为人知的历史行动。

本书原著出版于2023年。中信出版社独具慧眼，极为迅速地将这本深邃厚重又触动人心的研究著作引介给我国读者。能够翻译如此波澜壮阔的历史巨著，对译者而言是一大幸事，也是一大挑战。感谢中信出版社给予的信任和支持。

本书的翻译是一项集体工作，具体分工如下：王亦威译导言、第一章；王力子译第二、三章；姚聪译第四、五章；袁尚译第六、七章；张雨枫译第八、九章；朱莹琳译尾声、致谢、注释，并负责全文统校。每位译者所面对的都是不短的翻译篇幅，以及大量的资料查对工作。感谢各位伙伴的辛勤工作。感谢华东师范大学周保巍教授细致专业的审校。感谢复旦大学李宏图教授给予的支持和帮助。

朱莹琳

2025年3月9日